LE GUI

R. Mattès/MICHELIN

Italie

46, avenue de Breteuil – 75324 Paris Cedex 07
☎ 01 45 66 12 34
www.ViaMichelin.fr
LeGuideVert@fr.michelin.com

Manufacture française des pneumatiques Michelin
Société en commandite par actions au capital de 304 000 000 EUR
Place des Carmes-Déchaux – 63 Clermont-Ferrand (France)
R.C.S. Clermont-Fd B 855 200 507

Dépôt légal juin 2002 – ISBN 2-06-100358-3 – ISSN 0293-9436
Printed in France 6-2002/6.1

Photocomposition et impression : MAURY IMPRIMEUR S.A., Malesherbes
Brochage : Aubin à Ligugé

Maquette de couverture extérieure Carré Noir, Paris 17e Arr.

À la découverte de l'Italie

Italie : un seul nom, et pourtant, que de pays différents ! Du Nord au Sud, vous allez découvrir avec émerveillement une accumulation de richesses naturelles et artistiques qui n'a pas d'égal en Europe - ni sans doute dans le monde. Chaque région, chaque vallée de la péninsule a son caractère propre, unique, splendide et majestueux. Et sa part d'histoire et de gloire : de l'Empire romain à la Papauté, de la Renaissance à l'Italie moderne, chaque siècle a laissé une marque profonde dans les villes et dans les campagnes.

Et, avec l'Italie, découvrez les Italiens. Travailleurs, courageux, dynamiques et, bien sûr, « débrouillards », ils vous accueilleront avec chaleur ! Paysans des plaines du Pô, verriers de Venise, aristocrates florentins, industriels milanais, ébénistes des Pouilles : tous aiment leur pays et vous le feront aimer.

Quels que soient vos projets, tout au long de votre voyage, ce Guide Vert « Italie » sera un compagnon fiable, à la hauteur de vos attentes. Nadia Bosquès, rédactrice en chef des Guides Verts, a coordonné les travaux de mise à jour de ce guide effectués sur place par Erica Zane et Maura Marca, membres de la rédaction italienne des guides Michelin.

Cette édition 2002 a été spécialement soignée. La maquette a été entièrement revue afin d'accroître le confort de lecture des textes. Comme dans chacun des 70 titres que compte aujourd'hui la collection des Guides Verts, tous les plans de villes et les cartes ont été réalisés par notre équipe de dessinateurs et de cartographes à partir d'observations de première main recueillies sur le terrain.

Plusieurs centaines d'adresses d'hôtels, de restaurants, de magasins ou de distractions ont été ajoutées afin de faciliter votre séjour. Malgré nos efforts, il se peut que des erreurs ou des oublis se soient glissés ici ou là ; si tel était le cas, signalez-le nous ! Car, depuis plus de cent ans, notre souci est de vous offrir le meilleur des guides.

Merci d'avoir choisi le Guide Vert et bon voyage en Italie !

Hervé Deguine

Directeur des Guides Verts

Directeur.LeGuideVert@fr.michelin.com

Sommaire

Légende 8
Carte « Les plus beaux sites » 10
Carte « Circuits de découverte » 14
Carte « Lieux de séjour » 28

Informations pratiques

Avant le départ 20
Transport 22
Hébergement, restauration 24
L'Italie au quotidien 33
Propositions de séjour 36
Itinéraires à thème 37
Sports et loisirs 38
Souvenirs 40
Calendrier festif 41

Invitation au voyage

Le pays de la « Dolce Vita » 46
Saveurs italiennes 48
Entre mer et montagne 50
Les civilisations antiques 56
De la naissance de Rome à nos jours 64
ABC d'architecture 70
Quelques termes d'art 78
Le pays de l'art 80
Littérature 92
Musique 96
Cinéma 100
La mode et le costume 102

W. Buss/HOA QUI

Le cloître S. Andrea (16e s.), à Gênes

Maximilian Stock Ltd/PHOTONONSTOP

Spécialités italiennes

Villes et sites

Les Abruzzes 106 – Anagni 111 – Ancône 112 – Arezzo 114 – Promontoire de l'Argentario 116 – Ascoli Piceno 118 – Assise 120 – Bari 124 – Bassano del Grappa 125 – Belluno 126 – Bénévent 127 – Bergame 128 – Bologne 132 – Bolzano 139 – Riviera de la Brenta 140 – Brescia 141 – Brindisi 144 – La Calabre 145 – Île de Capri 149 – Palais royal de Caserte 153 – Parc national du Cilento 155 – Cortone 157 – La Côte amalfitaine 158 – Crémone 163 – Delta du Pô 164 – Les Dolomites 166 – Île d'Elbe 174 – Fabriano 178 – Faenza 179 – Fermo 180 – Ferrare 181 – Fiesole 185 – Florence 187 – Gaète 206 – Promontoire du Gargano 207 – Gênes 209 – Gubbio 217 – Herculanum 176 – Île d'Ischia 219 – Région des Lacs 221 – Lagune vénitienne 233 – L'Aquila 237 – Lecce 238 – Lorette 241 – Lucques 242 – Mantoue 247 – Massa Marittima 251 – Matera 252 – Merano 253 – Milan 256 – Modène 270 – Le Molise 271 – Abbaye du Mont-Cassin 273 – Montecatini Terme 273 – Montefalco 275 – Montepulciano 275 – Naples 277 – Golfe de Naples 291 – Orvieto 299 – Padoue 302 – Pæstum 306 – Parme 307 – Pavie 311 – Pérouse 313 – Pesaro 317 – Pienza 320 – Pise 322 – Pistoia 327 – Plaisance 319 – Golfe de Policastro 328 – Pompéi 329 – Promontoire de Portofino 335 – La Pouille 337 – Prato 336 – Ravenne 344 – Reggio de Calabre 348 – Reggio Emilia 349 – Rieti 350 – Rimini 351 – la Riviera ligure 353 – Rome 360 – Salerne 383 – Saluces 383 – République de Saint-Marin 387 – San Gimignano 385 – Sansepolcro 388 – Sienne 389 – Spolète 395 – Sulmona 398 – Tarente 399 – Tarquinia 400 – Terracina 402 – Tivoli 403 – Todi 405 – Tolentino 406 – Îles Tremiti 419 – Trente 419 – Trévise 422 – Trieste 424 – Turin 407 – Udine 426 – Urbino 428 – Valcamonica 430 – Val d'Aoste 430 – Venise 435 – Vérone 448 – Versilia 452 – Vicence 456 – Vipiteno 458 – Viterbe 459 – Volterra 461.

Les îles

La Sardaigne 466

Alghero 468 – Arzachena 470 – Barbagia 471 – Barumini 473 – Cagliari 474 – La Côte d'Émeraude 474 – Nuoro 476 – Oristano 477 – Île de Sant'Antioco 478 – Sassari 478

La Sicile 480

Agrigente 483 – Caltagirone 486 – Villa romaine du Casale 486 – Catane 487 – Cefalù 489 – Îles Égades 490 – Enna 491 – Îles Éoliennes 492 – Erice 494 – Etna 495 – Messine 496 – Noto 497 – Palerme 498 – Île de Pantelleria 507 – Raguse 507 – Ségeste 508 – Cité antique de Sélinonte 509 – Syracuse 510 – Taormine 513 – Trapani 515 – Île d'Ustica 516.

Index 517

M. Jean/RMN

Céramique de Faenza du 16e s.

R. Mazin/PHOTONONSTOP

Façade à Bologne

Cartographie

Les cartes routières qu'il vous faut

Les produits Michelin sont complémentaires. Chaque site présenté dans ce guide est accompagné, dans la rubrique « la situation », de ses références cartographiques sur les différentes gammes de cartes que nous proposons :

- la **Carte Michelin n° 988 Italie**, à l'échelle 1/1 000 000, permet de se rendre aisément d'un point à l'autre du territoire
- l'**Atlas Michelin Italie**, à l'échelle 1/300 000, comporte un index alphabétique des localités et les plans d'agglomération de près de 70 villes
- la **Carte Michelin n° 428**, **Italie Nord-Ouest** (Lombardie, Piémont, Val d'Aoste, Ligurie), à l'échelle 1/400 000, avec un index des localités
- la **Carte Michelin n° 429**, **Italie Nord-Est** (Vénétie, Trentin-Haut-Adige, Frioul-Vénétie-Julienne, Émilie-Romagne), à l'échelle 1/400 000, avec un index des localités
- la **Carte Michelin n° 430**, **Italie Centre** (Toscane, Ombrie, Latium, Marches, Abruzzes, République de Saint-Marin), à l'échelle 1/400 000, avec un index des localités
- la **Carte Michelin n° 431**, **Italie Sud** (Pouille, Molise, Campanie, Calabre, Basilicate), à l'échelle 1/400 000, avec un index des localités
- la **Carte Michelin n° 432**, **Sicile**, à l'échelle 1/400 000, avec un index des localités
- la **Carte Michelin n° 433**, **Sardaigne**, à l'échelle 1/400 000, avec un index des localités

Enfin, sachez qu'en complément de ces cartes, un serveur Minitel **3615 ViaMichelin** permet le calcul d'itinéraires détaillés avec leurs temps de parcours, et bien d'autres services. Les **3617** et **3623 Michelin** vous permettent d'obtenir ces informations reproduites sur fax ou imprimante. Les internautes pourront bénéficier des mêmes renseignements en surfant sur le site **www.ViaMichelin.fr**

Cartes thématiques

Les plus beaux sites	10
Circuits de découverte	14
Le réseau autoroutier	22
Lieux de séjour	28
Le relief	52
Les régions italiennes	54
Civilisations et cités antiques	56
L'unité italienne	68
Lacs de Garde et d'Iseo	232
Promontoire de Portofino	335
Sardaigne	467
Sicile	480

Plans de villes

Arezzo	114
Assise	121
Bergame	128
Bologne	133
Brescia	142
Ferrare	182
Florence	192
Gênes	214
Gubbio	217
Lecce	238
Lucques	244
Mantoue	247
Milan	260
Naples	277
Orvieto	299
Padoue	302
Parme	308
Pérouse	315
Pise	324
Ravenne	344
Rome	371
San Gimignano	385
Sienne	389
Turin	412
Venise	435
Vérone	448
Volterra	462
Sicile : Catane	487
Sicile : Palerme	498
Sicile : Syracuse	511

Plans de sites

Herculanum	177
Pæstum	306
Pompei	332

Cartes des circuits décrits

Les Abruzzes	107
Île de Capri	152
La Côte amalfitaine	160
Les Dolomites	168
Île d'Elbe	176
Promontoire du Gargano	207
Île d'Ischia	219
Région des Lacs	222
Golfe de Naples	294
La Riviera ligure	356, 357
Autour de Trente	420
Val d'Aoste	432

Légende

Monuments et sites

- Itinéraire décrit, départ de la visite
- Église
- Temple
- Synagogue - Mosquée
- Bâtiment
- Statue, petit bâtiment
- Calvaire
- Fontaine
- Rempart - Tour - Porte
- Château
- Ruine
- Barrage
- Usine
- Fort
- Grotte
- Habitat troglodytique
- Monument mégalithique
- Table d'orientation
- Vue
- Autre lieu d'intérêt

Signes particuliers

- Gendarmerie (Carabinieri)
- Nuraghe
- Palais, villa
- Temple, vestiges gréco-romains

Sports et loisirs

- Hippodrome
- Patinoire
- Piscine : de plein air, couverte
- Cinéma Multiplex
- Port de plaisance
- Refuge
- Téléphérique, télécabine
- Funiculaire, voie à crémaillère
- Chemin de fer touristique
- Base de loisirs
- Parc d'attractions
- Parc animalier, zoo
- Parc floral, arboretum
- Parc ornithologique, réserve d'oiseaux
- Promenade à pied
- Intéressant pour les enfants

Abréviations

H	Hôtel de ville (Municipio)
J	Palais de justice (Palazzo di Giustizia)
M	Musée (Museo)
P	Préfecture (Prefettura)
POL.	Police (Polizia) (dans les grandes villes : Questura)
T	Théâtre (Teatro)
U	Université (Università)

	site	station balnéaire	station de sports d'hiver	station thermale
vaut le voyage	★★★			
mérite un détour	★★			
intéressant	★			

Autres symboles

	Information touristique
	Autoroute ou assimilée
	Échangeur : complet ou partiel
	Rue piétonne
	Rue impraticable, réglementée
	Escalier - Sentier
	Gare - Gare auto-train
S.N.C.F.	Gare routière
	Tramway
	Métro
P R	Parking-relais
	Facilité d'accès pour les handicapés
	Poste restante
	Téléphone
	Marché couvert
	Caserne
	Pont mobile
	Carrière
	Mine
B F	Bac passant voitures et passagers
	Transport des voitures et des passagers
	Transport des passagers
3	Sortie de ville identique sur les plans et les cartes Michelin
Bert (R.)...	Rue commerçante
AZ B	Localisation sur le plan
►►	Si vous le pouvez : voyez encore...

Carnet pratique

20 ch. : 118,79/ 180,76€	Nombre de chambres : prix de la chambre pour une personne/ chambre pour deux personnes, petit déjeuner compris
« ch. doubles »	Chambres pour deux personnes uniquement
5,16€	Prix du petit déjeuner lorsqu'il n'est pas indiqué dans le prix de la chambre
demi-pension ou pension complète 78,45€	Prix par personne, sur la base d'une chambre occupée par deux clients (pension ou demi-pension obligatoire)
100 appart./ ch. sem. 200/300€	Nombre d'appartements ou de chambres, prix mini/maxi par semaine (seulement « agriturismo » ou hébergement loué obligatoirement à la semaine en été)
100 lits 15,49€	Nombre de lits (auberges de jeunesse, refuges ou équivalents) et prix par personne
150 empl. 19,63€	Nombre d'emplacements de camping : prix de l'emplacement pour deux personnes avec voiture
10/26€	Restaurant : prix mini/maxi pour un repas complet (boisson non comprise)
réserv.	Réservation recommandée
	Cartes bancaires non acceptées
P	Parking réservé à la clientèle de l'hôtel
	Piscine
	Air conditionné
	Hôtel : chambres réservées aux non-fumeurs Restaurant : salles réservées aux non-fumeurs
	Chambres accessibles aux handicapés physiques

Les prix sont indiqués pour la haute saison.

Les plus beaux sites

ÖSTERREICH
SLOVENIJA
HRVATSKA
LJUBLJANA
Rijeka
MARE ADRIATICO
MARE TIRRENO
Merano
Bolzano
Vipiteno
Bressanone
PASSO PORDOI
CORTINA D'AMPEZZO
CANAZEI
MARMOLADA
GRUPPO DI BRENTA
DOLOMITI
Trento
Belluno
Villa Manin
Cividale del Friuli
Udine
Aquileia
MONTE GRAPPA
Conegliano
Asolo
Bassano del Grappa
Treviso
Portogruaro
Grado
Trieste
Lignano Sabbiadoro
Castelfranco Veneto
Vicenza
Murano
Lido di Venezia
VERONA
Padova
VENEZIA
ABANO T.
Riviera del Brenta
Laguna Veneta
Mantova
Delta del Po
Pomposa
Ferrara
Comacchio
Modena
Reggio Emilia
BOLOGNA
RAVENNA
Faenza
Forlì
RIMINI
Pesaro
Fano
MONTECATINI T.
San Marino
Camaldoli
San Leo
Urbino
Ancona
Portonovo
Pistoia
Prato
Fiesole
Jesi
Collodi
FIRENZE
Sansepolcro
Frasassi
Loreto
LUCCA
S.Maria a Pié di Chienti
SAN GIMIGNANO
Arezzo
Gubbio
Fabriano
Volterra
SIENA
Cortona
Perugia
Fermo
Lago Trasimeno
Tolentino
ASSISI
Monte Oliveto Maggiore
Montepulciano
Spello
Ascoli Piceno
S. Galgano
Chiusi
Riserva Naturale dei Calanchi
Pienza
Montefalco
Civitella del Tronto
Massa Marittima
S. Antimo
Spoleto
Atri
Orvieto
Todi
Gran Sasso
Grosseto
Bolsena
Terni
L'Aquila
S. Clemente a Casauria
Chieti
Greccio
Viterbo
Villa Lante
Rieti
ABRUZZO
Promontorio dell' Argentario
Tuscania
Pal. Farnese di Caprarola
Sulmona
Tarquinia
Lago di Bracciano
TIVOLI
PARCO NAZ. D'ABRUZZO
Subiaco
Civitavecchia
Cerveteri
ROMA
VILLA ADRIANA
Anagni
Casamari
Castelli Romani
Alatri
Ostia
Montecassino
Fossanova
Anzio
Parco Naz. del Circeo
Terracina
Gaeta
Brenner
Drau
Piave
Tagliamento
Brenta
ADIGE
PO
Reno
Potenza
Ombrone
TEVERE

Orvieto
Bolsena
Todi
Spoleto
Greccio
Terni
Gran Sasso
Atri
Riserva Naturale dei Calanchi
L'Aquila
Viterbo
Villa Lante
Rieti
Chieti
Tuscania
ABRUZZO
S. Clemente a Casauria
Pal. Farnese di Caprarola
TEVERE
Tarquinia
Sulmona
Lago di Bracciano
TIVOLI
Subiaco
PARCO NAZ. D'ABRUZZO
Sangro
Civitavecchia
Cerveteri
ROMA
VILLA ADRIANA
Anagni
MOLISE
Alatri
Casamari
Altilia Saepinum
Ostia
Castelli Romani
Montecassino
Volturno
Anzio
Fossanova
S. Angelo in Formis
Benevento
Parco Naz. del Circeo
Terracina
Gaeta
Capua
Reggia di Caserta
NAPOLI
VESUVIO
Pozzuoli
Cuma
POMPEI
Salerno
I. di Ponza
ISCHIA
Ercolano
CORSE
GOLFO DI NAPOLI
Bonifacio
Arcipelago della Maddalena
CAPRI
Amalfi
RAVELLO
Sorrento
COSTIERA AMALFITANA
POSITANO
Costa Smeralda
Arzachena
PORTO CERVO
Sassari
Lago di Coghinas
Porto Torres
Santissima Trinità di Saccargia
Alghero
NETTUNO
Tirso
Nuoro
Dorgali
MARE
Barbagia
SARDEGNA
STRADA ARBATAX-DORGALI
Monti del Gennargentu
Lago Omodeo
Oristano
Tortolì
Tharros
Barumini
Flumendosa
Mannu
Isola di Ustica
Isola di Sant'Antioco
STRADA DI MURAVERA
Cagliari
PALERMO
Solunto
Cefalù
ERICE
MONREALE
Trapani
SEGESTA
Isole Egadi
SICILIA
Marsala
Enna
Selinunte
Salso
AGRIGENTO
MARE MEDITERRANEO
Isola di Pantelleria

Isole Tremiti
MARE
ADRIATICO
Vieste
PROMONTORIO DEL GARGANO
Monte Sant'Angelo
S 159
Barletta
Foggia
A14
Bari
A 16
S 16
CASTELLANA
TERRA DEI TRULLI
Castel del Monte
PUGLIA
Brindisi
S 379
ALBEROBELLO
Ofanto
Matera
A 14
S 7
Bradano
Potenza
Taranto
Lecce
A 3
S 407
Otranto
S 16
S 106
PAESTUM
Certosa di Padula
Parco Nazionale
del Cilento
Velia
Maratea
A 3
Capo
Palinuro
Golfo di
Policastro
S 534
Crati
Lago di
Cecita
S 177
S 107
La Sila
Cosenza
Lago Arvo
Crotone
TIRRENO
S 109
S 280
Catanzaro
STROMBOLI
Tropea
A 3
CALABRIA
ISOLE EOLIE
Lipari
S 106
MARE
IONIO
VULCANO
Messina
A 20
Reggio di Calabria
Tindari
A 18
TAORMINA
ETNA
Simeto
A 19
Catania
VILLA IMPERIALE
DEL CASALE
S 114
Caltagirone
SIRACUSA
Ragusa
S 115
Noto
0
100 km

Circuits de découverte
Pour de plus amples explications, consulter la rubrique du même nom dans la partie "Informations pratiques" en début de guide
BERN
Lac de Neuchâtel
SCHWEIZ
SUISSE
SVIZZERA
LAUSANNE
L. Léman
Rhône
Simplon
San Gottardo
S. Bernardino
Rhein
Inn
★★Locarno
★★ Lago di Lugano
★★★ LAGO DI GARDA
LAGO MAGGIORE ★★★
LAGO DI COMO ★★★
BREUIL-CERVINIA
COURMAYEUR
Aosta ★
St. Vincent ★
Stresa ★★
★★★ LUGANO
Como ★
Lecco
★Gardone Riviera
Bergamo ★★
★Brescia
★★ Sirmione
Valle d'Aosta
Piccolo S. Bernardo
Petit Saint-Bernard ★
Ivrea
VAL D'ISÈRE
★Col du Mt Cenis
Col de l'Iseran ★
MILANO ★★★
★★★ CERTOSA DI PAVIA
★ Pavia
★ Piacenza
★★ Parma
Susa
TORINO ★★
Il Monferrato ★
★★★ SACRA DI S. MICHELE
Asti
Alba
★★GENOVA
Rapallo
Savona
La Spezia
Cuneo
★★★ PROMONTORIO DI PORTOFINO
★★ Cinque Terre
RIVIERA DI LEVANTE ★★★
★ RIVIERA DI PONENTE
C. d. Tenda
★Sospel
VIAREGGIO
Versilia
★★★ PISA
FRANCE
San Remo
MONTE CARLO ★★★
NICE ★★★
MARE LIGURE
1 Le golfe de Gênes et les Alpes Maritimes: 700 km (7 jours)
2 Du Val d'Aoste au Monferrat vinicole: 600 km (4 jours, dont une journée à Turin)
3 Des grands lacs lombards à la plaine du Pô: 850 km (10 jours)
4 Des Dolomites à la Sérénissime et à Trieste: 800 km (10 jours, dont 2 à Venise)
5 Des riches cités de la plaine aux lagunes de l'Adriatique: 600 km (10 jours, dont 2 à Venise)
6 Art, nature et spiritualité en Toscane et en Ombrie: 750 km (15 jours, dont 2 à Florence)
7 Du cœur de l'Ombrie à l'Adriatique: 850 km (8 jours)
8 De Rome et ses environs aux Abruzzes: 1000 km (8 jours, dont 3 à Rome)

ÖSTERREICH
SLOVENIJA
HRVATSKA
MARE ADRIATICO
MARE TIRRENO
CORTINA D'AMPEZZO
Bolzano
CANAZEI
Udine
Belluno
Trento
DOLOMITI ★★★
Trieste
Treviso
Portogruaro
Grado
Vicenza
VENEZIA
VERONA
Padova
Riviera del Brenta
Laguna Veneta
Chioggia
Mantova
Ferrara
Pomposa
Delta del Po
Modena
RAVENNA
BOLOGNA
RIMINI
MONTECATINI T.
Pistoia
San Marino
Pesaro
Fano
Prato
Ancona
Fiesole
Urbino
LUCCA
FIRENZE
Arezzo
SAN GIMIGNANO
Gubbio
Volterra
Cortona
SIENA
Montepulciano
Perugia
ASSISI
Chiusi
Ascoli Piceno
Monte Oliveto Maggiore
Pienza
Todi
Spoleto
Orvieto
Gran Sasso
Terni
L'Aquila
S. Clemente a Casauria
Viterbo
Rieti
ABRUZZO
Sulmona
Tarquinia
TIVOLI
Scanno
PARCO NAZIONALE D'ABRUZZO ★★★
ROMA
Anagni
Casamari
Montecassino
Ostia
Alatri
Castelli Romani
Anzio
Région dont la description s'accompagne d'une carte détaillée.
50 km

9 Les trésors de la côte napolitaine: 600 km (7 jours)

10 Richesses méconnues de la Pouille: 1000 km (7 jours)

11 Sicile et Calabre: 1800 km (10 jours dont 7 en Sicile)

12 Sardaigne: 1100 km (7 jours)

Majolique du cloître de Santa Chiara à Naples

Informations pratiques

Avant le départ

adresses utiles

Internet

Pour les amoureux de l'Italie, Internet offre une mine d'informations. Il vous sera par conséquent difficile de vous orienter parmi toutes les sources potentielles. Vous pourrez toutefois aller jeter un œil sur le site de l'**ENIT**, l'Office national italien du tourisme (www.enit.it), où sont regroupés les aspects les plus intéressants du pays ; y sont également mentionnés les adresses des différents Offices de tourisme locaux.

B. Morandi/MICHELIN

Un coin de campagne toscane, du côté du Val d'Orcia

Offices de tourisme

Pour organiser son voyage, rassembler la documentation nécessaire, vérifier certaines informations, s'adresser en premier lieu à l'**Office national italien du tourisme** ou **ENIT (Ente Nazionale Italiano per il Turismo)** :
- à **Paris**, 23, rue de la Paix (75002), ☎ 01 42 66 66 68 ; documentation sur le numéro vert : 00 800 00 48 25 42 ; fax 01 47 42 19 74 ; Minitel : 3615 INFOITALIE, 3617 ITALIE.
- à **Bruxelles**, avenue Louise 176 (1050), ☎ (0032) 02/647 11 54 ou 02/647 17 41 ; documentation au 00 800 00 48 25 42.
- à **Zürich**, 32, Uraniastrasse (8001), ☎ (0041) 1/211 36 33 ; fax 1/211 28 85

On peut également s'adresser à la **Compagnie Italienne de Tourisme (CIT)** - dont le siège parisien est au 3, boulevard des Capucines (75002), ☎ 01 44 51 39 51, fax 01 44 51 39 67 - qui possède un site Internet (www.citvoyages.com) ainsi que plusieurs bureaux dans un certain nombre de grandes villes (Bordeaux, Cannes, Lille, Lyon, Marseille et Nice).

On peut aussi consulter la bibliothèque de l'**Institut culturel italien** (50, rue de Varenne, 75007 Paris, ☎ 01 44 39 49 39) et profiter des nombreuses activités et manifestations proposées.

En Italie, dans une grande partie des capitales de province, il existe un Office provincial de tourisme portant le nom de **APT (Azienda di Promozione Turistica)** ; dans d'autres provinces, le nom est **EPT (Ente Provinciale per il Turismo)** ; dans chaque station touristique, une **Azienda Autonoma di Soggiorno, Cura e Turismo (AS)**, qui fait office de Syndicat d'initiative, fournit les renseignements touristiques nécessaires sur la localité elle-même, rôle que remplissent ailleurs les agences **Pro Loco**.

Le *Guide Rouge Italia* (hôtels et restaurants) donne les adresses des Offices de tourisme des villes qu'il traite. On s'adressera de préférence à eux pour obtenir des renseignements plus précis sur une ville, une région, les manifestations touristiques ou les possibilités d'hébergement. Il fournit aussi les adresses des bureaux de **l'Automobile Club Italien (ACI)**.

Ambassades et consulats

France - Ambassade : à **Rome**, palais Farnese, piazza Farnese 67, ☎ 06 68 60 11. Consulats à : **Florence**, piazza Ognissanti 2, ☎ 055 23 02 556 ; **Milan**, via della Moscova 12, ☎ 02 655 91 41 ; **Naples**, via Crispi 86, ☎ 081 598 07 11 ; **Rome**, via Giulia 251, ☎ 06 68 77 568 ; **Turin**, via Roma 366, ☎ 011 57 32 311 ; **Venise**, Dorsoduro 1397, ☎ 041 52 22 392.

Belgique - Ambassade : à **Rome**, via dei Monti Parioli 49, ☎ 06 36 09 511. Consulats à : **Cagliari**, via Alghero 35, ☎ 070 65 22 20 ; **Florence**, via dei Servi 28, ☎ 055 28 20 94 ; **Gênes**, salita Spianata Castelletto 26, ☎ 010 24 61 281 ; **Milan**, via Vespucci 2, ☎ 02 29 00 47 55 ; **Palerme**, via G. La Farina 3, ☎ 091 25 12 88 ; **Turin**, via Ettore Perrone 14, ☎ 011 54 25 13 ; **Venise**, San Marco 1470, ☎ 041 52 24 124.

Suisse - Ambassade à : **Rome**, via Barnaba Oriani 61, ☎ 06 80 95 71. Consulats à : **Cagliari**, via 20 settembre, 16, ☎ 070 66 36 61 ; **Florence**, piazzale Galileo 5, ☎ 55 22 24 31 ; **Gênes**, piazza Brignole 3/6, ☎ 010 54 54 11 ; **Milan**, via Palestro 2, ☎ 02 77 79 161 ; **Naples**, via dei Mille 16, ☎ 081 410 70 46 ; **Venise**, Dorsoduro 810 campo S. Agnese, ☎ 041 52 25 996.

formalités

Papiers d'identité

Pour un voyage de moins de 3 mois, il suffit aux citoyens de l'Union européenne (UE) d'être en possession d'une carte d'identité en cours de validité ou d'un passeport (éventuellement périmé depuis moins de cinq ans). Pour les mineurs, se renseigner auprès de la mairie ou du commissariat de police.

Conducteurs

Permis de conduire français à 3 volets ou permis de conduire international.

Documents pour la voiture

Outre les papiers du véhicule, il est recommandé de se munir d'une carte internationale d'assurance automobile, dite « **carte verte** ». Se renseigner auprès de sa propre compagnie d'assurances.

Santé

Afin de profiter d'une assistance médicale en Italie au même coût que dans leur pays d'origine, les citoyens de l'UE doivent se procurer le formulaire **E 111** (il en est de même pour les citoyens de la Principauté de Monaco). Les Français doivent s'adresser à leur centre de paiement de Sécurité sociale (obtention possible par Internet : www.cerfa.gouv.fr). Pour les accidents de voiture, les Suisses jouissent de la convention prévue par le formulaire ICH.

Animaux domestiques

Se munir d'un certificat vétérinaire de moins de dix jours prouvant que son animal de compagnie a été vacciné contre la rage depuis plus d'un mois et moins de onze.
Attention, les Italiens ont beaucoup moins d'animaux domestiques que les Français. Nombre d'établissements hôteliers et de terrains de camping ne les admettent pas : consulter le *Guide Rouge Italia* de l'année pour choisir un hôtel acceptant les chiens.

quand partir ?

La bonne période

Les meilleurs moments pour partir à la découverte de l'Italie sont les mois d'avril, mai, juin, septembre et octobre, quand le climat est doux et que touristes et estivants n'ont pas encore envahi les sites et les lieux de villégiature. Pour les inconditionnels de la plage, juin (surtout au Sud, pour les plus frileux) et septembre sont les meilleurs moments. Dans la mesure du possible, mieux vaut éviter les mois de juillet et août, d'une part à cause de la chaleur, mais aussi car, sur place, ce sont également les vacances d'été, avec tout ce que cela implique (prix à la hausse, files d'attente, etc.). Si vous décidez toutefois de partir à cette période, prenez soin de réserver vos billets d'avion, de train ou de bateau, ainsi que les hôtels, suffisamment à l'avance.

Jours fériés

Un jour férié se dit *giorno festivo*, un jour ouvrable *giorno feriale*. Sont fériés les 1er et 6 janvier, dimanche et lundi de Pâques, 25 avril (anniversaire de la libération de 1945), 1er mai, 15 août (Ferragosto), 1er novembre, 8, 25 et 26 décembre. De plus, en Italie, chaque ville fête son saint patron.

tourisme et handicapés

Un certain nombre de curiosités décrites dans le guide (musées, palais, etc.) sont accessibles aux handicapés et signalées à votre attention par le signe ♿. Le signe (♿) indique que l'édifice n'est pas équipé en totalité et qu'il n'est accessible que partiellement.
Toutes les précisions concernant l'accessibilité aux handicapés des sites et monuments peuvent être obtenues auprès du Consorzio Cooperative Integrate (CO.IN), via Enrico Giglioli, 54/a ; ☎ 06 71 29 011, fax 06 71 29 01 40 (bureaux ouverts du lundi au vendredi de 9h à 18h ; sam. et veilles de j. fériés : de 9h à 13h). Le site Internet www.coinsociale.it/Turismo/default.htm fournit des informations sur les hôtels, restaurants, musées et monuments accessibles aux personnes handicapées.
Pour de plus amples renseignements sur les conditions d'accessibilité, nous vous conseillons toutefois de téléphoner préalablement au musée que vous souhaitez visiter.

Transport

comment arriver ?

Voir la rubrique « voyager moins cher » *(p. 33)* pour les tarifs les plus intéressants pour les billets d'avion et de train.

En voiture

Les voies d'accès pour l'Italie, hormis le passage côtier Menton/Ventimille, sont tributaires des cols et tunnels alpins. Les routes principales utilisent le col du Montgenèvre près de Briançon, le tunnel du Fréjus et le col du Mont-Cenis près de Saint-Jean-de-Maurienne, le col du Petit-Saint-Bernard près de Bourg-Saint-Maurice et le tunnel du Mont-Blanc. Au départ de la Suisse, trois routes sont possibles : par le col ou le tunnel du Grand-Saint-Bernard, le col du Simplon, et celui du Saint-Gothard qui, via le Tessin et Lugano, permet d'accéder à la région des lacs lombards.

Pour définir l'itinéraire entre votre point de départ en France et votre destination en Italie, consultez les **cartes Michelin** *(voir Cartographie, p. 6)* et sur Minitel le **3615 ViaMichelin** : outre l'itinéraire, ce service Minitel affiche le coût des péages sur le parcours français, le

kilométrage total et le temps de parcours (ainsi que les sites touristiques et la sélection Michelin des hôtels, des restaurants et des terrains de camping).

En train

Les grandes villes italiennes sont reliées à **Paris** par des trains de nuit fort pratiques : le *Stendhal* pour Milan (environ 10h), le *Rialto* pour Venise (environ 12h), le *Galilée* pour Florence (environ 12h), le *Palatino* pour Rome (environ 15h) et le *Napoli Express* pour Naples (environ 20h, via Gênes et Rome).
Pour ceux qui veulent gagner du temps, il existe également une liaison TGV entre Paris et Milan (7h) qui passe par Chambéry.
Les grandes villes de province (comme Lyon, Nice, Bordeaux, Strasbourg...) et celles de Belgique et de Suisse sont également reliées par le chemin de fer à l'Italie. Partant de **Bruxelles**, l'*Italia Express* dessert les villes de Milan, Bologne, Florence et Rome. **Genève** est reliée quotidiennement à Milan.
Pour obtenir des **réductions**, penser à se renseigner auprès de la SNCF en France et des chemins de fer belge (SNCB) et suisse (CFF).

En autocar

De Paris, plusieurs liaisons hebdomadaires sont assurées par la compagnie Eurolines ; se renseigner au 28, avenue du Général-de-Gaulle, BP 313, 93541 Bagnolet Cedex, ☎ 08 36 69 52 52, www.eurolines.fr

En avion

Les principales villes d'Italie sont reliées aux capitales et autres grandes villes de France, de Belgique et de Suisse. Se renseigner auprès des agences Air France et Alitalia de la ville de départ. Les aéroports desservis quotidiennement au départ de Paris sont ceux de Turin, Milan, Venise, Rome, Pise (Florence nécessite souvent un changement à Milan, mais il existe des trains directs entre l'aéroport de Pise et le centre de Florence : compter une heure pour le transfert), Bologne, Gênes (via Bruxelles), Naples, Cagliari en Sardaigne et Catane en Sicile ; vols non journaliers ou avec transit à Milan pour Vérone, Bari et Palerme.

Par la mer

Sicile et Sardaigne

Reliées au reste de l'Italie par des navettes et des hydroglisseurs, les nombreuses **îles d'Italie** sont des destinations touristiques très fréquentées, surtout pendant l'été. Il est par conséquent conseillé de réserver longtemps à l'avance son billet, en particulier si l'on souhaite traverser avec son véhicule ou voyager en cabine. Les jeunes ou les plus « sportifs » feront la traversée sur le pont : une réservation est alors préférable mais non nécessaire (il est possible d'obtenir un billet en se présentant à l'embarquement quelques heures avant le départ).

Dans tous les cas, pour obtenir des informations détaillées, consulter le *Guide Rouge Italia* de l'année qui fournit les adresses, numéros de téléphone et durée indicative de la traversée.

Sicile – Les principales liaisons maritimes sont effectuées par la *Tirrenia Navigazione* pour les trajets :
- Reggio di Calabria/Messine, Catane ou Syracuse
- Gênes/Palerme, Catane ou Syracuse
- Cagliari/Palerme ou Trapani.

La société *Grandi Navi Veloci* effectue : Gênes/Palerme et Livourne/Palerme ; et la Société *Caronte* : Villa San Giovanni/Messine.

Sardaigne – Les principales liaisons sont assurées par les mêmes compagnies :
- la *Tirrenia Navigazione* : Civitavecchia/Cagliari, Olbia ou Arbatax ; Gênes/Cagliari, Olbia, Arbatax ou Porto Torres ; La Spezia/Olbia ; et Naples/Cagliari.
- la *Sardinia Ferries* : Livourne/Golfo Aranci, Civitavecchia/Golfo Aranci
- la *Grandi Navi Veloci* : Gênes/Cagliari, Olbia, Arbatax ou Porto Torres

Îles mineures – *Voir les encadrés propres à chaque île.*

sur place

Au volant

Code de la route

Le réseau routier comprend des routes départementales, des nationales et des autoroutes. Les départementales et les nationales sont balisées par des panneaux de signalisation routière bleus avec des inscriptions en blanc, les autoroutes par des panneaux verts avec des inscriptions en blanc.

Limitations de vitesse en Italie pour les voitures (moins de 3,5 t) :
130 km/h sur autoroute, 110 km/h sur route principale hors agglomération, 90 km/h sur route secondaire hors agglomération, 50 km/h en agglomération.
Le port de la **ceinture de sécurité** est obligatoire à l'avant et à l'arrière du véhicule.

Avertissements routiers – Pour les indications routières les plus communes, consulter le lexique en dernière page.

Indications touristiques - Lorsque vous circulez en voiture en Italie, les curiosités touristiques sont portées à votre attention par des panneaux de signalisation à fond jaune.

PÉAGES

Le **péage sur les autoroutes italiennes** peut être effectué en espèces ou avec la carte **Viacard**. Cette carte magnétique est en vente dans les bureaux régionaux de l'Automobile Club français et, en Italie, à l'entrée des autoroutes, dans les restaurants Autogrill ou dans les bureaux de l'ACI (Automobile Club Italiano).

PARKING

Il est fréquent de trouver des parkings surveillés par des **gardiens**, en particulier dans la région de Naples. Se renseigner sur les tarifs avant de se garer, afin d'éviter toute surprise désagréable. Il est cependant conseillé, dans le Sud, d'accepter ces conditions plutôt que de laisser sa voiture sans surveillance.
Dans de nombreuses villes, de grands panneaux rectangulaires portant l'inscription « **Zona a traffico limitato riservata ai veicoli autorizzati** » ceinturent le centre historique. Ils signalent le début d'une zone à trafic limité (réservée aux véhicules autorisés) : éviter de pénétrer dans ces quartiers anciens, aux rues généralement très étroites, voire sans trottoirs, et prévoir de se garer impérativement en dehors.

G. Targat/MICHELIN

Bateau de croisière, au large de Capri

CARTES ET PLANS

Outre les **cartes Michelin** *(p. 6)*, vous pouvez vous référer aux cartes au 1/200 000 couvrant les différentes régions du pays qu'édite le **Touring Club Italien (TCI)**, corso Italia 10, 20122 Milano, ☎ 02 85 261 à Milan.

SECOURS ROUTIER

Secours routier de l'ACI (Automobile Club Italiano) : ☎ 803 116.

CARBURANT

Super = essence super.

Senza piombo = essence sans plomb, indice d'octane 95.

Super Plus ou **Euro Plus** = essence sans plomb, indice d'octane 98.

Sur les **routes**, les stations-service ferment généralement de 12h30 à 15h. Le règlement peut être effectué directement sur certaines pompes, soit par carte de crédit, soit en liquide.

Hébergement, restauration

les adresses du guide

Pour que votre séjour soit le plus agréable possible, nous avons sillonné toute l'Italie pour repérer les gîtes d'agritourisme, les hôtels, les restaurants, et même des campings, les plus représentatifs possibles de la Péninsule, que ce soit par leur position remarquable ou par leur cuisine traditionnelle. Nous avons pris en compte tous les types de budgets, en n'oubliant pas les plus jeunes.
Le *Guide Rouge Italia* de l'année recommande un choix d'hôtels beaucoup plus large.
N'oubliez pas que les prix des chambres augmentent sensiblement en haute saison (juillet et août) et qu'il est préférable de réserver assez tôt. Si vous voulez limiter vos frais et si vous voyagez par vos propres moyens, n'hésitez pas à loger loin des villes : vous bénéficierez souvent d'un service agréable et d'un bon rapport qualité/prix.

Mode d'emploi

Au fil des pages, vous découvrirez nos « carnets pratiques » : ils proposent une sélection d'adresses à proximité des villes ou des sites touristiques auxquels ils sont rattachés dans le guide. Lorsque cela était nécessaire, nous avons clairement indiqué la route à suivre pour vous y rendre. Dans chaque carnet, les hôtels et restaurants sont classés en trois catégories de prix pour répondre à toutes les attentes.

Dans la catégorie « **À bon compte** », vous trouverez des campings, des auberges de jeunesse, des hôtels ou des pensions sobres, mais honnêtes et bien tenus, qui proposent des chambres simples pour moins de 45€, et des tables où, sans renoncer à la qualité, vous dépenserez moins de 22€ (sans la boisson) pour un repas comprenant une entrée, un plat principal et un dessert.

Si votre budget est un peu plus large, piochez vos étapes dans la catégorie « **Valeur sûre** », vous y trouverez des hôtels plus confortables, souvent pleins de charme, et des restaurants plus traditionnels. Les tarifs vont de 45 à 85€ pour l'hébergement, toujours pour une chambre simple, et de 22 à 42€ pour le repas.

Pour ceux, enfin, qui souhaitent se faire plaisir ou veulent rendre leur séjour inoubliable, la catégorie « **Une petite folie !** » signale de grandes maisons, des chambres d'hôte et des gîtes offrant un confort maximal dans une atmosphère luxueuse qu'agrémente très souvent l'originalité des lieux, ainsi que des restaurants qui raviront les palais les plus délicats. Les prix pratiqués sont, bien entendu, à la hauteur des lieux.

L'HÉBERGEMENT

Nous ne saurions trop vous conseiller d'effectuer vos réservations longtemps à l'avance, notamment si vous partez dans des régions très touristiques ou des villes d'art, en particulier pour la période allant d'avril à octobre.
Généralement, de novembre à mars et exception faite des cités d'art, les prix pratiqués sont revus à la baisse pour l'hébergement et de nombreux établissements pratiquent des tarifs intéressants ou proposent des forfaits économiques pour des week-ends ou des séjours prolongés.
Pour chaque établissement, le premier prix indiqué est celui d'une chambre simple et le second celui d'une chambre double. Les cas particuliers sont signalés (les gîtes d'agritourisme, par exemple, qui ne disposent souvent que de chambres doubles). Le petit-déjeuner est généralement compris, mais il arrive que les petits établissements ne pratiquent pas cette formule. Dans ce cas, le prix du petit-déjeuner est indiqué immédiatement après celui des chambres.

Les délices de Norcia

G. Bludzin/MICHELIN

Forfaits intéressants – Pour des séjours courts dans des villes données, ne pas hésiter à consulter une agence de voyages pour obtenir un forfait train + hôtel ou avion + hôtel. Une carte permettant d'accéder à divers musées de la ville peut également faire partie du forfait.

LES AUBERGES ET LES PENSIONS

Il n'est pas toujours facile de faire la différence entre une pension et un hôtel. Habituellement, une pension est une petite structure familiale, parfois située dans un immeuble résidentiel, qui offre un confort de base (en particulier, les chambres sont souvent dépourvues de salle de bains).
Dans tous les cas, avant de réserver, il vaut mieux vérifier les prix par téléphone car ils peuvent varier en fonction de la période de l'année ou de la disponibilité des chambres. En raison du nombre limité de chambres par rapport à la demande, les hôteliers vous demanderont une confirmation par fax avec indication d'un numéro de carte de crédit.

AGRITOURISME

C'est ce qui correspond à nos gîtes ruraux. Dans la plupart des cas, la formule prévoit l'hébergement et la possibilité de goûter aux produits et spécialités de la ferme (huile, vin, miel, légumes et viande). Ces dernières années, certaines régions italiennes ont connu un véritable boom de l'agritourisme et la formule se fait parfois si raffinée que le client est traité aussi bien que dans les meilleurs hôtels (en termes de prix aussi, il faut bien le reconnaître !).
Dans certaines structures, vous pourrez vous régaler d'un repas préparé avec les produits de l'exploitation ; dans d'autres, votre appartement sera équipé d'un coin cuisine, ce qui vous permettra d'être totalement autonome. Il existe également des gîtes qui ne proposent que le petit-déjeuner. Concernant les établissements inclus dans le guide, il est généralement possible de ne rester qu'une seule nuit, mais, pendant la haute saison, certains gîtes privilégient les séjours à la semaine ou proposent une formule avec demi-pension ou pension complète pour un séjour d'une durée minimum. Les prix de ces formules ne sont indiqués que lorsque celles-ci sont obligatoires. Notez également

que, dans la plupart des cas, les gîtes proposent seulement des chambres doubles et que le prix indiqué se réfère par conséquent à une chambre pour deux personnes ; si vous voyagez seul, vous pouvez toujours essayer de négocier le prix, on ne sait jamais ! Dans tous les cas, vu le succès croissant de ce genre d'établissements, nous ne pouvons que vous recommander de réserver très longtemps à l'avance.

Pour avoir les coordonnées et caractéristiques des gîtes, se procurer dans toute bonne librairie italienne les guides *Vacanze e Natura* (édité par l'Associazione Terranostra, ☎ 06 46 821, 06 46 82 370, www.terranostra.it), *Agriturismo e Vacanze Verdi* (édité par l'**Associazione Agriturist** – ☎ 06 68 52 342, www.agriturist.it), *Guida all'Agriturismo* de Demetra et *Vacanze Verdi*, publié par Edagricole, qui offrent une sélection de plus de 400 adresses. Pour plus d'informations, on peut aussi contacter **Turismo Verde** (Via Caio Mario, 27, Roma – ☎ 06 36 11 051,www.turismoverde.it).

BED AND BREAKFAST

Si vous cherchez un autre mode de logement pour un prix intéressant, vous pourrez aussi loger chez l'habitant. Vous serez hébergés chez un particulier qui mettra à votre disposition plusieurs chambres (en général de 1 à 3). Sachez qu'une durée minimum de séjour est souvent demandée, et que les cartes de crédit sont rarement acceptées. En règle générale, cependant, les Bed and Breaksfast vous offrent une ambiance plus intime et plus familiale qu'un hôtel, à des prix compétitifs.
Pour avoir une vue d'ensemble du secteur, contactez les **Bed & Breakfast Italia**, Palazzo Sforza Cesarini, corso Vittorio Emanuele II, 282, 00186 Roma, ☎ (00 39) 06 68 78 618, fax ☎ 06 68 78 619, www.bbitalia.it, ou les **Bed & Breakfast Bon Voyage**, via Procaccini, 7, 20154 Milano, ☎ (00 39) 02 33 11 814 ou 02 33 11 820, fax 02 33 13 009. Voir également les sites : www.dolcecasa.it, www.caffelletto.it

LES CAMPINGS

Malgré leur nombre limité et la distance qui les sépare du centre-ville, les campings permettent de se loger, pour un prix très abordable, dans un cadre souvent verdoyant. Ils disposent en général d'un restaurant, d'un bar et d'un petit magasin d'alimentation, et parfois même d'une piscine : certains mettent à votre disposition des bungalows ou des mobile homes d'un confort moins spartiate.
Renseignez-vous directement auprès des campings pour les tarifs. Les prix indiqués dans le guide s'entendent par nuit, pour deux personnes et un emplacement de tente.
Pour toute information, adressez-vous à la **Federazione Italiana del Campeggio e del Caravanning**, via Vittorio Emanuele, 11, 50041 Calenzano (FI), ☎ 055 88 23 91, fax 055 88 25 918, www.federcampeggio.it

LES AUBERGES DE JEUNESSE

Réservées aux seuls membres. La carte peut être facilement obtenue auprès de n'importe quelle auberge associée à la Fédération et permet de séjourner dans les centaines d'auberges situées dans le monde entier. Il n'y a pas de limite d'âge et la carte est valable une année. À côté de ces auberges officielles existent de nombreuses structures, fréquentées surtout par des jeunes, et qui proposent des dortoirs ou des chambres à plusieurs lits pour des prix intéressants. Pour une vue d'ensemble de ces établissements, voir les siteswww.italiayhf.org et www.hostels-aig.org

En Italie, ces auberges sont gérées par l'Association italienne des Auberges de jeunesse (l'**Associazione Italiana Alberghi per la Gioventù** ou **AIG**), via Cavour, 44, 00184 Roma, ☎ 06 48 71 152.

LES COUVENTS ET MAISONS RELIGIEUSES

C'est une façon économique de passer une nuit dans une grande ville. Le cadre est simplissime, mais soigné. Seul inconvénient : le « couvre-feu » ! Il faut être rentré vers 22h30 ou 23h. Pour toute information, contacter les Offices de tourisme ou le Centre italien de tourisme social, Association pour l'hébergement religieux (CITS, Centro Italiano Turismo Sociale, Associazione dell'ospitalità religiosa) ☎ 06 48 73 145.

La restauration

Les horaires des restaurants varient d'une région à l'autre (ils ouvrent et ferment souvent plus tard dans le Centre et au Sud). En règle générale, ils sont ouverts de 12h30 à 14h30 et le soir de 19h30 à 23h. Le service est souvent compris, mais il est de coutume de laisser un pourboire. Les rares cas où le service n'est pas compris ont été indiqués : après le prix, vous trouverez le pourcentage à appliquer en sus. Le pain et le couvert *(pane e coperto)* devraient être inclus dans le prix, mais dans certaines trattorias, et surtout dans les pizzerias, ils sont encore comptés à part. Rappelez-vous que les cartes de crédit sont rarement acceptées dans les petits restaurants et dans les trattorias familiales.

Pour toute information sur la cuisine italienne, reportez-vous au chapitre « *Gastronomie* ».

RESTAURANTS, TRATTORIAS ET OSTERIAS

Il n'est plus si facile aujourd'hui de distinguer nettement ces trois types d'établissements : en règle générale, dans un **restaurant**, vous trouverez un service et un cadre soignés, voire élégants ; dans une **trattoria** ou une **osteria**, de gestion familiale, on vous servira une cuisine authentique à des prix plus abordables, dans une atmosphère animée et conviviale, arrosée d'un pichet de vin maison (de qualité variable). Dans les trattorias typiques, ne vous étonnez pas si le serveur ou le propriétaire vous énonce à haute voix la liste des plats du jour ; pour éviter toute mauvaise surprise au moment de l'addition, n'hésitez pas à demander un menu ! Attention au menu touristique, le choix est parfois très limité. On vous proposera en général une carte offrant une bonne sélection de vins régionaux.

PIZZERIAS ET REPAS SUR LE POUCE

La pizza est souvent une alternative savoureuse, rapide et économique à un véritable repas au restaurant. Nous vous signalons dans ce guide quelques pizzerias que nous avons particulièrement appréciées.
Toutefois, étant donné le nombre de ces établissements, il y a de grandes chances que ce soit vous qui nous recommandiez de nouvelles adresses « immanquables », découvertes au hasard d'une promenade. Les prix des pizzas ne sont pas indiqués pour chaque établissement ; on compte en moyenne 13€ par personne, boisson comprise.
Pour ceux qui souhaitent prendre un repas sur le pouce, notamment le midi, nous avons également choisi quelques adresses où vous trouverez aussi bien des sandwichs (délicieux !) que des plats du jour. De même que pour les pizzerias, les prix ne sont pas indiqués, mais comptez qu'un sandwich vous coûtera en moyenne 5€, et un plat du jour 10€, boisson comprise.

Tomates de Toscane

B. Morandi/MICHELIN

G. Targat/MICHELIN

Les citrons juteux de la Côte amalfitaine

BARS À VINS ET ŒNOTHÈQUES

Étant donné la richesse œnologique du pays, les bars à vins et les œnothèques ont connu ces dernières années un large succès. Ils proposent souvent des plats du jour et des amuse-gueule, mais vous y trouverez surtout un très grand choix de vins, servis à la bouteille ou au verre.

« et aussi... »

LE GUIDE ROUGE ITALIA

Si d'aventure, vous n'avez pas pu trouver votre bonheur parmi toutes nos adresses, vous pouvez consulter le *Guide Rouge Italia*. Il recommande de nombreuses adresses. Pour chaque restaurant, les prix minimum et maximum sont indiqués, auxquels s'ajoutent de nombreux renseignements pratiques.

choisir son lieu de séjour

Sur la carte des lieux de séjour sont indiquées les destinations, disposant toutes d'une bonne capacité d'accueil.
Pour ceux qui privilégient un **séjour culturel**, les **encadrés verts** indiquent une ville à ne pas manquer. Si en revanche vous n'êtes que de passage, mais souhaitez visiter une des nombreuses cités d'art qui fleurissent en Italie, arrêtez-vous dans les **villes étapes**, soulignées sur la carte.
Pour avoir une idée des différents **lieux de séjour**, jetez un œil aux zones qui apparaissent en vert **(parcs naturels)**, et aux symboles ⚕ **(stations thermales)**, ≙ **(stations balnéaires)** et ✻ **(stations de sports d'hiver)**.

Lieux de séjour

INNSBRÜCK
ÖSTERREICH
DOLOMITI
ORTISEI
SELVA
MERANO
Avelengo
CORTINA D'A.
CANAZEI
Caldaro
S. MARTINO DI C.
Sappada
LJUBLIANA
SLOVENIJA
MOLVENO
Dolomiti Bellunesi
Piancavallo
TRENTO
Levico T.
Caldonazzo
Lignano Sabbiadoro
Duino
Trieste
RIVA
Recoaro Terme
CAORLE
Grado
BIBIONE
Rijeka
Padova
VENEZIA
LIDO DI JESOLO
VERONA
Lido di Venezia
HRVATSKA
MONTEGROTTO T.
ABANO TERME
Ferrara
Lido degli Estensi
Lido di Spina
MARE
Modena
Marina di Ravenna
BOLOGNA
MILANO MARITTIMA
Ravenna
CESENATICO
ADRIATICO
Castel S. Pietro Terme
BELLARIA
Sestola
Castrocaro Terme
RICCIONE
Porretta Terme
RIMINI
GABICCE MARE
Abetone
San Marino
Fano
Bagni di Lucca
M. Falterona
CATTOLICA
SENIGALLIA
MONTECATINI T.
Bagno di Romagna
PESARO
Numana
FIRENZE
Porto Recanati
Monsummano Terme
Terme di Fontecchio
LUCCA
PORTO S. GIORGIO
SIENA
Casciana Terme
Castiglione d. L.
Marina di Cecina
Passignano s. T.
S. BENEDETTO D. TRONTO
M.Sibillini
Terme di Montepulciano
PERUGIA
ALBA ADRIATICA
S. VINCENZO
CHIANCIANO
GIULIANOVA LIDO
Abbadia S. Salvatore
Roseto d. Abruzzi
Follonica
Punta Ala
Prati di Tivo
Terme di Saturnia
Gran Sasso
Porto Azzurro
Bolsena
S. Gemini
PESCARA
Terminillo
Talamone
CASTIGLIONE D. PESCAIA
Maiella
Caramanico Terme
Porto Ercole
Bracciano
Scanno
Porto S. Stefano
Bagni di Tivoli
Abruzzo
PESCASSEROLI
Rivisondoli
ROMA
FIUGGI
Roccaraso
Lido di Ostia
Terracina
Nettuno
Sperlonga
Anzio
Sabaudia
S. Felice Circeo
MARE
TIRRENO

Bolsena
S. Gemini
Terme di Saturnia
Terminillo
Prati di Tivo
Gran Sasso
PESCARA
Caramanico Terme
Termoli
Maiella
Sangro
TEVERE
A 24
A 25
S 1
Bracciano
A 12
Bagni di Tivoli
Scanno
Rivisondoli
Abruzzo
FIUGGI
Roccaraso
PESCASSEROLI
ROMA
Campitello Matese
Lido di Ostia
Nettuno
A 1
Volturno
Telese
Anzio
Terracina
Sperlonga
Sabaudia
S. Felice Circeo
Reggia di Caserta
NAPOLI
POSITANO
Procida
ISCHIA
Ponza
CAPRI
COSTIERA AMALFITANA
CORSE
Bonifacio
La Maddalena
Baia Sardinia
S. TERESA GALLURA
PORTO CERVO
Asinara
Porto Rotondo
Castelsardo
Tempio Pausania
Stintino
S. Teodoro
Sassari
Lago di Coghinas
Porto Conte
S 199
ALGHERO
Tirso
S 131
S 131 d.c.n.
Cala Gonone
MARE
SARDEGNA
Gennargentu
Lago Omodeo
Aritzo
Tortolì
Sardara
S 125
Flumendosa
Mannu
Poetto
Muravera
Cagliari
Villasimius
Carloforte
S. Antioco
Porto Pino
S. Margherita
Mondello
Terrasini
PALERMO
Cefalù
S. Vito lo Capo
Castellammare del Golfo
A 19
A 20
A 29dir
A 29
S 115
SICILIA
S 640
Sciacca
Agrigento
Salso
MARE MEDITERRANEO
Pantelleria
Lampedusa

Tremiti
Rodi Garganico
Peschici
Vieste
Pugnochiuso
Gargano
Mattinata
Manfredonia
MARE
ADRIATICO
Barletta
S 159
Foggia
A 14
Bari
A 16
Polignano a Mare
Torre Canne
S 16
Marina di Ostuni
S 379
Brindisi
Ofanto
A 14
Bradano
Taranto
S 7
Contursi Terme
A 3
S 407
S 106
Lido Silvana
S 16
S. Cesarea Terme
Lido di Metaponto
Porto Cesareo
Gallipoli
Castro Marina
Cilento
Pollino
Palinuro
A 3
Maratea
Marina di Leuca
Trebisacce
Marina di Camerota
S 534
Praia a Mare
Scalea
Crati
S 106
Diamante
Cirò Marina
Terme Luigiane
CAMIGLIATELLO S.
TIRRENO
Amantea
Terme Caronte
Isola di Capo Rizzuto
S 280
Catanzaro Lido
Copanello
Pizzo
Soverato
Tropea
Panarea
A 3
Palmi
S 106
MARE
Lipari
Scilla
Messina
Castroreale Terme
Gambarie d'A.
IONIO
Reggio di Calabria
A 20
A 18
Capo d'Orlando
TAORMINA
Linguaglossa
GIARDINI NAXOS
Nicolosi
Acireale
Simeto
Catania
A 19
S 114
Siracusa
S 115
Marina di Ragusa
0
100 km

à table !

Constitution d'un repas

Le repas traditionnel se compose d'un **antipasto** ou hors-d'œuvre (crudités, charcuterie, légumes confits, etc.) ; d'un **primo** (*primo piatto* : le premier plat), essentiel, composé de riz et surtout de pâtes sous toutes leurs formes et accommodées de multiples façons ; d'un **secondo** (viande ou poisson) que l'on peut accompagner d'un **contorno** (légumes ou salade). Après le fromage – **formaggio** –, sont servis les fruits ou **frutta**, ainsi que de nombreux desserts : gâteau ou **dolce** (dont le célèbre *tiramisù* parfumé au café), glace ou **gelato**, gâteau glacé ou **semifreddo**.

Boisson – L'**eau** se consomme peu en carafe (on peut néanmoins demander *acqua naturale*) mais plutôt en bouteille : on demande alors de l'*acqua minerale,* sans préciser de marque, *non gassata* (plate) ou *gassata* (gazeuse). Les **vins** se commandent à la carte, mais de nombreux établissements en proposent en pichet lorsque l'on souhaite moins d'une bouteille (demander du vin *in caraffa* ou **vino sfuso**, en précisant un quart – *un quartino* – ou un demi-litre – *mezzo litro*) ou la cuvée du patron *(vino della casa)*. Quant à la **bière**, elle peut être servie en bouteille ou à la pression *(alla spina)* ; les principales marques italiennes sont : Moretti, Forst, Peroni (la rafraîchissante « Nastro Azzurro »)...

Spécialités

Petit dictionnaire des pâtes les plus courantes

Cannelloni : gros tubes farcis de ragoût ou d'une autre sauce.
Farfalle : pâtes en forme de papillon.
Fettuccine : tagliatelle romaines (légèrement plus étroites).
Fusilli : petites pâtes en spirale.
Lasagne : larges feuilles de pâte que l'on prépare en superposant plusieurs fois pâte, ragoût à la sauce tomate et parmesan, le tout passé au four.
Maccheroni : pâtes en forme de petits tubes.
Ravioli : petits coussinets fourrés à l'intérieur de ragoût ou d'épinards.
Spaghetti : le grand classique, pâtes fines et longues.
Tagliatelle : rubans de pâte étroits et longs.
Tortellini : pâtes enroulées sur elles-mêmes garnies de viandes ou de fromage et servies dans un bouillon.

Le café

Grande spécialité des Italiens, qui, semble-t-il, le torréfient légèrement plus que les Français, le café se boit à toute heure. L'**espresso** est particulièrement serré et remplit juste le fond de la tasse. Si l'on préfère un café un peu plus long, de l'ordre de l'express français, demander alors un **caffè lungo**. Le café **corretto** est « corrigé » d'eau-de-vie. Le **caffè latte** est un simple café au lait, différent du café **macchiato**, servi dans une petite tasse et simplement « taché » de lait, s'apparente à notre « noisette ». Le célèbre **cappuccino** (ou *cappuccio*), enfin, se rapproche du café crème quoique le lait soit battu en mousse et saupoudré à volonté de cacao.

Le sucre en morceaux est très peu utilisé en Italie : ne pas s'étonner par conséquent de ne trouver que du sucre en poudre au comptoir des bars (présenté généralement dans des récipients oblongs à couvercle, quelquefois en argent, où chacun se sert grâce à une cuillère à long manche).

En règle générale, dans les bars, on paye d'abord sa consommation à la caisse, et ensuite seulement, muni du ticket, on peut commander au comptoir auprès du serveur qui ne manipule pas d'argent.

Les glaces

Réputés à travers le monde, les glaces et sorbets italiens – **gelati** – participent au plaisir des vacances. Outre les sorbets les plus originaux, quelques parfums sont peu connus des Français : la **stracciatella** est une glace au lait relevée de pépites de chocolat ; la **gianduia** fait référence à de petits chocolats au lait, oblongs et fondants, parfumés à la noisette ; le **bacio** est une glace au chocolat au lait, la **fior di latte** (ou **panna** qui lui ressemble énormément) simplement à la crème de lait ; la **cassata**, proche de notre plombière et la **crema**, une crème jaune parfumée de vanille.

Les sandwichs

À la différence de la France, la garniture d'un sandwich n'a rien de vraiment traditionnel. On ne peut pas dire que l'on trouvera imperturbablement un jambon-beurre ! Premier point : faites votre deuil du beurre (un mince filet d'huile rendra tout aussi onctueux votre pain) et savourez la dentelle de jambon cru ou cuit – **prosciutto crudo** ou **cotto** – assaisonnée de cœurs d'artichauts, de tomates, de petits champignons ou d'épinards. La **mortadella** est également fréquente. Vous trouverez parfois des anchois, ainsi que des fromages frais tels que la **mozzarella** ou le **stracchino**... Bref, n'hésitez pas à prendre tout votre temps pour choisir ce que vous verrez exposé derrière une petite vitrine (comme chez nos

pâtissiers) déjà tout préparé ou en mesure de l'être selon votre goût (bocaux et charcuterie à la coupe pourront répondre à votre envie du moment).
Ne vous laissez pas surprendre par les différents types de « pain ». Généralement plus petits, les sandwichs italiens se présentent principalement sous trois formes :
- la **schiacciata** ou **focaccia** : sandwich à base d'onctueuses galettes à l'huile, légèrement salées, de large diamètre et se présentant fréquemment comme des parts de gâteau.
- le **tramezzino** : sandwich triangulaire fait avec du pain de mie coupé en diagonale.
- le **panino** : tout simplement préparé avec un petit pain rond ou long.
N'oubliez pas non plus qu'un **taglio di pizza** peut faire l'affaire : la pizza dans les bars est effectivement préparée sur de grandes plaques de métal et donc vendue à la part *(taglio)*.

L'Italie au quotidien

voyager moins cher

Pour les offres de logement les plus économiques, reportez-vous directement aux « carnets pratiques », à l'intérieur des différents chapitres ; vous y trouverez des adresses de campings, de gîtes d'agritourisme, d'hôtels et de pensions, de couvents et de maisons religieuses *(pour ces dernières, voir la rubrique « les adresses du guide »)*.

Les tarifs les plus intéressants...

En train

La **Carta Prima** (67,14€, valable un an) donne droit à une réduction de 20 % sur tous les billets de train de 1re classe, pour la partie italienne du trajet. Carte personnelle et non cessible.
La **Carta Amicotreno** (51,13€, valable un an) quant à elle permet de profiter d'une réduction de 50 % sur quelques trains locaux et de 20 % sur de nombreux trains (moyen et long trajet), avec quelques restrictions sur les jours d'utilisation. Intéressante surtout si vous avez l'intention de vous déplacer souvent dans la région ou dans le pays. Les réductions sont également valables pour une personne accompagnant le titulaire de la carte.

En avion

Pour bénéficier d'un tarif réduit sur les vols Alitalia, achetez votre billet 21, 14 ou 7 jours avant le départ (plus vous vous y prenez à l'avance, plus la réduction est importante). Profitez aussi des tarifs week-end : type « week-end court » pour un départ le samedi et un retour le lendemain même ; type « long week-end » avec un départ et un retour aux mêmes conditions, mais une validité d'un mois.

Voyager jeune...

En train

La **Carta Verde** (25,82€, valable un an) vous permet de bénéficier d'une réduction de 20 % en 1re et 2e classes, dans tous les trains, pour la partie italienne du trajet. Carte personnelle et non cessible.

En avion

Tarifs réduits pour les jeunes de plus de 12 ans et de moins de 26 ans au moment du départ.

... et moins jeune

En train

Les plus de 60 ans pourront bénéficier, grâce à la **Carta d'Argento** (25,82€, valable un an) d'une réduction de 20 % en 1re et 2e classes, dans tous les trains, pour la partie italienne du trajet. Carte personnelle et non cessible.

En avion

Les plus de 60 ans au moment du départ ont droit à des réductions. Les plus de 65 ans au moment du départ bénéficient d'une réduction de 10 % sur le tarif Pex réservé aux « moins » jeunes.

Voyager en famille ou en groupe

En train

Les familles et les groupes de 3 à 5 personnes bénéficient d'une réduction de 20 % en 1re et 2e classes, à condition de voyager ensemble ; les enfants de 4 à 12 ans ne payent que la moitié du prix réduit, les enfants de moins de 4 ans voyagent gratuitement. L'offre est valable sur tous les trains, sauf en juillet, août, et pendant les périodes de Pâques et de Noël.

En avion

Les familles bénéficient de tarifs avantageux aux conditions suivantes : que le groupe familial voyage ensemble et soit composé d'au moins 4 personnes (2 adultes maximum, et 2 enfants minimum, âgés de 2 ans à moins de 12 ans), qu'au moins un des adultes soit le père ou la mère des enfants, l'autre adulte ne devant pas avoir nécessairement de lien de parenté avec le groupe familial.

bon à savoir

Urgences

Quelques numéros de téléphone toujours valables en cas d'urgence (appels gratuits) :
SOS Police Secours : ☎ 113 (Police, Croix-Rouge... n'appeler qu'en cas d'urgence absolue)
Intervention d'urgence des carabiniers : ☎ 112
Pompiers : ☎ 115
Urgences sanitaires : ☎ 118
SOS Feux de forêt : ☎ 1515
Secours routier de l'ACI : ☎ 803 116

Santé

Les pharmacies *(farmacia)* sont signalées par une croix rouge et blanc. Les jours de fermeture, on y trouve affichés les noms des médecins et de la pharmacie de garde.

Argent

Devises

Depuis début 2002, la lire a laissé place à l'euro. Pour les Français et les Belges, aucun change n'est à prévoir.

Banques

Elles sont généralement ouvertes de 8h30 à 13h30 et de 15h à 16h, et fermées le samedi, le dimanche et les jours fériés.
Pour les ressortissants de pays n'appartenant pas à la CEE, on peut également changer de l'argent à la poste (sauf les chèques de voyage) et dans les agences de change. Une commission est toujours perçue. Quelques appareils automatiques assurent également le change à partir de billets de banque suisses.

Cartes de crédit

Il est de plus en plus courant de pouvoir payer par carte, les commerçants et les établissements hôteliers (tout particulièrement dans les grandes villes) s'étant équipés des appareils nécessaires. Le *Guide Rouge Italia* signale les cartes de crédit acceptées par les hôtels et restaurants sélectionnés par ses soins, lorsque ces établissements permettent ce type de paiement. Attention, en Italie deux systèmes cohabitent : le « Bancomat » et la carte de crédit (ce qui explique que les Italiens ont pour la plupart deux cartes distinctes). Le **Bancomat** exige de taper son code personnel et retient une commission par opération. En revanche, le système **carte de crédit** ne prend pas de frais et se distingue par la simple apposition de la signature sur le ticket de paiement. Il est donc conseillé de réclamer le paiement dit par *carta di credito* lorsque quelqu'un vous réclame votre numéro de carte, que ce soit à l'hôtel, au restaurant ou pour un achat, afin d'éviter la commission *Bancomat.*
En revanche, la délivrance de billets dans les distributeurs automatiques (nombreux dans toutes les grandes villes) n'est possible que par Bancomat.

Poste

Les bureaux de poste sont ouverts de 8h30 à 13h50 (11h50 le samedi). Dans les grandes villes, certains bureaux de poste sont ouverts l'après-midi jusqu'à 18h les jours ouvrables, et le samedi jusqu'à 14h.
Les timbres *(francobolli)* sont en vente dans les postes et les bureaux de tabac. Pour des envois en Italie et en Europe, comptez 0,41€ pour une lettre ordinaire (jusqu'à 20 g), et 0,62€ pour une lettre ordinaire expédiée par courrier prioritaire (jusqu'à 20 g).
En Italie, les boîtes aux lettres sont rouges. Les lettres pour l'étranger peuvent aussi être postées dans les boîtes aux lettres bleues réservées au courrier international que vous trouverez dans les grandes villes italiennes.

Téléphone

Parallèlement aux cabines à pièces (de plus en plus rares), vous trouverez des **cabines à carte.** On peut se procurer des cartes *(scheda telefonica)* dans les agences Telecom Italia ainsi que dans les bureaux de tabac. Prix des cartes : 5,16€ ou 2,58€.
Parmi les numéros utiles (outre les « urgences », *voir plus haut*) :
☎ **176** : **Renseignements internationaux** (International Directory Assistance). Fournit des informations sur les numéros de téléphone à l'étranger, en italien et en anglais. Service payant.
☎ **170** : **Appels internationaux par l'intermédiaire d'opérateurs** (Operator Assisted International Calls). Service payant.

Appels internationaux

Appels depuis l'Italie :
– vers la France : 00 + 33 + le n° du correspondant sans le 0 initial ;
– vers la Belgique : 00 + 32 + n° de la zone sans le 0 + n° du correspondant ;
– vers le Luxembourg : 00 + 352 + n° de la zone sans le 0 + n° du correspondant ;
– vers la Suisse : 00 + 41 + n° de la zone sans le 0 + n° du correspondant.

Appels vers l'Italie :
depuis la France, la Belgique, le Luxembourg et la Suisse : 00 + 39 + n° du correspondant.

APPELS À L'INTÉRIEUR DU PAYS

Composer l'indicatif de la ville commençant toujours par 0 + le n° du correspondant.
Attention : nouvelle numérotation pour les portables sans le 0 initial.

Électricité

Le voltage est le même qu'en France (220 V), mais l'écartement des prises de branchement varie parfois quelque peu par rapport aux normes françaises : il est recommandé en conséquence de se munir d'un adaptateur.

Journaux

La presse est très décentralisée, tout au moins en ce qui concerne les quotidiens, presque toutes les grandes villes ayant le leur. Toutefois, *La Repubblica* de Rome, le *Corriere della Sera* de Milan et *La Stampa* de Turin sont diffusés dans tout le pays, ainsi que le plus important quotidien économique *Il Sole 24 ore* de Milan. La passion des Italiens pour le sport permet, en outre, à plusieurs quotidiens sportifs de paraître conjointement dont *La Gazzetta dello Sport* de Milan et *Tuttosport* de Turin, auxquels s'ajoute l'hebdomadaire *Guerin Sportivo*.

Shopping

Avant même d'essayer, sachez que les tailles des vêtements italiens ne correspondent pas aux tailles françaises : retirez 2 tailles pour obtenir la taille française (un 44 italien correspond à un 40 français). À l'inverse, pour les pointures de chaussures, ajoutez-en une (un 37 italien correspond à un 38 français).

HORAIRES D'OUVERTURE

Dans le centre des grandes villes, les magasins restent généralement ouverts à l'heure du déjeuner. Les autres adoptent l'horaire suivant : 9h-12h, 15h30-19h30. Beaucoup de magasins restent ouverts tard le soir dans les stations balnéaires.

horaires de visite

Dans la partie descriptive du guide, les conditions de visite des monuments sont précisées. Ces informations sont données à titre indicatif dans la mesure où les prix peuvent varier et les horaires être modifiés pour cause de restauration. Il est donc conseillé de téléphoner auparavant.
Ces indications sont valables pour les touristes voyageant seuls et ne bénéficiant d'aucune réduction. Pour les ressortissants de l'UE, beaucoup d'institutions prévoient l'entrée gratuite pour les moins de 18 ans et les plus de 65 ans, et une réduction de 50 % pour les moins de 25 ans. Renseignez-vous à la caisse avant d'acheter votre billet. Pour les groupes, il est généralement possible d'obtenir des conditions particulières concernant les horaires et les tarifs, sous réserve d'accord préalable.
À l'occasion de la Semaine du patrimoine (Settimana dei Beni Culturali), dont la date est fixée d'une année sur l'autre, certaines institutions publiques ouvrent leurs portes gratuitement. Informations plus détaillées auprès des Offices de tourisme.
Si, dans un musée, une église ou une institution, un gardien vous accompagne pendant votre visite, il est d'usage de lui laisser un pourboire.

Symboles et abréviations

Le symbole ♿ indique l'accessibilité totale ou partielle aux personnes handicapées.
Les jours de la semaine : lun., mar., mer., jeu., ven., sam., dim.
Les mois : janv., fév., mars, avr., mai, juin, juil., août, sept, oct., nov., déc.
Matin et après-midi : mat., ap.-midi.
Jours ouvrables et jours fériés : j. ouvrables, j. fériés.

Musées, sites archéologiques et parcs

La plupart des musées ferment leur billetterie une demi-heure ou une heure avant leur fermeture même. Cette règle, rigoureusement appliquée, rend pratiquement impossible l'entrée dans un musée à quelques minutes de sa fermeture. En général, ils sont fermés le lundi.
Les monuments archéologiques et les parcs publics ferment environ une heure avant le coucher du soleil, selon l'horaire suivant :
- du 1er novembre au 15 janvier : de 9h à 15h ;
- du 16 janvier au 15 février : de 9h à 15h30 ;
- du 16 février au 15 mars : de 9h à 16h ;
- du 16 mars au dernier jour à l'heure d'hiver : de 9h à 16h30 ;
- du premier jour à l'heure d'été au 15 avril : de 9h à 17h30 ;
- du 16 avril au 1er septembre : de 9h à 18h ;
- du 2 septembre au dernier jour à l'heure d'été : de 9h à 17h30 ;
- du premier jour à l'heure d'hiver au 30 septembre : de 9h à 16h30 ;
- du 1er au 31 octobre : de 9h à 16h.

Dans de nombreux musées, les sacs doivent être déposés au vestiaire. En outre, l'usage du flash est généralement interdit.

Églises

En règle générale, elles sont fermées de 12h à 16h. Lorsque leur ouverture est soumise à un horaire différent, celui-ci est précisé dans les conditions de visite. Les grandes basiliques sont ouvertes de 7h à 18h.
Une tenue appropriée est de mise (pantalons pour les hommes, jupes d'une longueur correcte et épaules couvertes pour les femmes). Le personnel responsable est habilité à refuser l'entrée aux visiteurs ne respectant pas cette règle.
Les visites sont interdites pendant les offices.
Il est préférable de programmer la visite le matin, car, pour des problèmes de personnel, les églises n'arrivent pas toujours à assurer l'ouverture de l'après-midi ; en outre, on peut le matin bénéficier d'un meilleur éclairage naturel de l'intérieur. Il est également utile d'avoir de la monnaie pour l'éclairage de certaines œuvres. Il est conseillé de se munir de jumelles afin de pouvoir admirer dans les meilleures conditions les œuvres d'art situées en hauteur.

Visites guidées

Les agences de voyages donnent tous les renseignements utiles. On peut également contacter le Sindacato Nazionale CISL, Centro Guide Turistiche, via S. Maria alle Fornaci, 8 ☎ 06 63 90 409.

Propositions de séjour

circuits de découverte

Consultez la **carte des circuits de découverte** *(p. 14)* pour avoir une vue d'ensemble des circuits conseillés si vous avez un peu de temps pour vous promener à travers l'Italie.
Pour ceux qui souhaitent se consacrer à la région de Dante, *Le Guide Vert Toscane* vous donnera quelques idées selon que vous disposez d'un week-end, de trois ou quatre jours ou d'une semaine entière.

Le Golfe de Gênes et les Alpes maritimes 1

Ce circuit longe la côte de la Ligurie, des **Cinque Terre** à la Côte d'Azur, et s'enfonce dans l'arrière-pays, en passant par le col de Tende (déconseillé aux personnes qui ne supportent pas la voiture !).

Du Val d'Aoste au Montferrat vinicole 2

Un circuit réservé aux amoureux de la montagne. Il passe tout près des **Alpes** françaises et prévoit une étape culturelle à **Turin**, à la **Sacra di S. Michele** qui vous rappellera certainement l'atmosphère mystérieuse du livre et du film *Le Nom de la Rose*, et une petite pause dans les collines de **Montferrat**, jolie région vinicole.

Des grands lacs lombards à la plaine du Pô 3

Ce circuit, qui vous conduit au cœur de la Lombardie, part de **Milan**, capitale de la région. Cette ville frénétique n'est pas qu'un centre d'affaires et un haut lieu de la mode : elle révèle son véritable visage de cité artistique chargée d'histoire aux visiteurs qui prennent le temps de l'explorer et de la découvrir.
Le circuit se poursuit ensuite dans la **plaine du Pô**, terre de brumes au charme quelque peu mélancolique pour atteindre **Vérone**, point de départ idéal pour découvrir la **région des Lacs**.

Des Dolomites à la Sérénissime et Trieste 4

Partons de **Venise** (consulter *Le Guide Vert* du même nom) pour découvrir une terre aux charmes mêlés, appartenant à la fois à l'Italie et à l'Europe centrale. À **Trieste**, nous vous conseillons de faire une petite pause dans le célèbre café S. Marco, où vous pourrez respirer une atmosphère littéraire et irrédentiste.
Poursuivons notre circuit dans les roches des Dolomites, entre **Cortina** et **Bolzano**, où se parle un dialecte aux accents ladins et allemands. Descendons ensuite à **Trente**, que domine le château du Buonconsiglio décoré des fresques des Mois, et concluons notre voyage par **Vicence**, patrie de Palladio.

Des riches cités de la plaine aux lagunes de l'Adriatique 5

Ce circuit, qui traverse la Vénétie, la Lombardie et l'Émilie-Romagne, vous fera découvrir dans une atmosphère byzantine le **delta du Pô**, **Bologne** la rouge, **Ravenne** et ses mosaïques, **Ferrare**, et les **villas de la Brenta** et de la **lagune vénitienne**.

Art, nature et spiritualité en Toscane et en Ombrie 6

Allons à la découverte des villes d'art de la Toscane en partant de **Florence** pour poursuivre vers **Lucques** et ses villas, **Pise**, les « Balze » de **Volterra** et les tours de **San Gimignano**. Le circuit touche le cœur de la Toscane en passant par **Sienne**, ville douce et agressive à la fois, patrie de saint Bernardin et de sainte Catherine, avant de poursuivre vers la région de saint François et sainte Claire, l'**Ombrie**.

Du cœur de l'Ombrie à l'Adriatique 7

Ce circuit vous fera traverser des paysages très différents, de la douce campagne d'Ombrie dominée par les cités artistiques et religieuses (**Gubbio**, **Pérouse**, **Assise** et **Spolète**) aux **Abruzzes** jusqu'à l'Adriatique, en passant par **Ascoli Piceno**. De **Rimini**, pénétrons dans l'arrière-pays pour visiter **Saint-Marin**, puis le majestueux palais du duc Federico da Montefeltro à **Urbino**.

De Rome et ses environs aux Abruzzes 8

Rome, Ville éternelle : il vous faudra sans nul doute consacrer plusieurs jours à la découverte de la capitale italienne, pour laquelle nous vous renvoyons au *Guide Vert* du même nom.
Partons ensuite à la découverte des paysages qui l'entourent, des lacs, des châteaux et des vestiges étrusques de **Tarquinia**. L'étape suivante est le **Parco Nazionale d'Abruzzo**, où se mélangent nature et culture, entre les abbayes de **Casamari**, **Montecassino** et **San Clemente a Casauria**.

Les trésors de la côte napolitaine 9

Sans doute le plus lumineux des circuits, coloré du bleu intense de la mer, du rose fuchsia des bougainvilliers et du blanc des maisons qui s'élèvent sur la **Côte amalfitaine**.
Visite de **Naples**, de son golfe, de **Capri**, du Vésuve et de sa non moins célèbre victime, **Pompei**. Faites un tour par **Pæstum** avant de rejoindre la **Calabre**, jusqu'au **golfe de Policastro**.

Richesses méconnues de la Pouille 10

Un circuit maritime et marqué par la singularité architecturale, qui va du **Gargano** à la **Terre des Trulli**, de **Lecce**, la baroque, à la mer Ionienne, jusqu'aux **Sassi de Matera**.

Sicile et Calabre 11

Un itinéraire qui vous fera passer de Charybde en Scylla, du massif de la **Sila** et de l'**Aspromonte** aux vestiges d'antiques monastères, jusqu'en **Sicile**, île pour laquelle nous vous renvoyons au *Guide Vert* du même nom.

Sardaigne 12

Terre âpre et rude entre toutes, la **Sardaigne** est une île façonnée par le vent qui porte les parfums des fleurs sauvages. Voyage au cœur d'une nature préservée, d'impressionnantes formes d'art primitif, et plongée dans des eaux si limpides qu'elles semblent être un mirage.

Itinéraires à thème

routes historiques

On peut être surpris, en voyageant en Italie, de constater qu'un grand nombre d'axes routiers portent des noms propres. Il s'agit là d'un héritage de l'époque romaine, largement étendu au fil des siècles lors de la construction de nouveaux axes. Voici les noms de quelques-uns des anciens chemins de pèlerinage.

La Via Francigena

Vous aurez peut-être l'occasion, lors de votre voyage en Italie, d'apercevoir le logo de la Via Francigena : un pèlerin aux allures de statue romane, un peu courbé, tenant dans une main un bâton et un baluchon sur l'épaule. La Via Francigena menait de Canterbury à Rome et était empruntée par de nombreux pèlerins du Moyen Âge, qui parcouraient en général une vingtaine de kilomètres par jour.
Les étapes étaient les suivantes : Canterbury, Calais, Bruay, Arras, Reims, Châlons-en-Champagne, Bar-sur-Aube, Besançon, Pontarlier, Lausanne, le Grand-Saint-Bernard, Aoste, Ivrée, Santhià, Vercelli, Pavie, Plaisance, Fiorenzuola, Fidenza, Parme, Fornovo, Pontremoli, Aulla, Luni, Lucques, S. Genesio, S. Gimignano, Sienne, S. Quirico, Bolsena, Viterbe, Sutri, Rome.

La Via Aurelia

Construite en 241 avant J.-C., elle reliait Rome et Arles, en passant par Gênes. C'est aujourd'hui la SS 1, appelée « Aurelia » et que l'on peut parcourir à partir de Vintimille.

La Via Appia

Sa construction fut entreprise en 312 avant J.-C. Elle allait, au moment de sa plus grande extension, de Rome à Brindisi. Il n'en reste plus qu'un court tronçon, limité aux abords immédiats de la capitale.

La Via Cassia
Pavée au 2e s. avant J.-C., traversait l'Étrurie, de Rome à Arezzo. Par la suite, elle fut prolongée jusqu'à Florence et Modène. L'actuelle SS 2, qui porte le même nom, relie Rome et Florence.

La Via Emilia
Elle remonte à 187 avant J.-C. et allait de Rimini à Plaisance et a donné son nom à l'Émilie. Sous l'Empire, elle fut prolongée jusqu'à Aoste et Aquilée. L'actuelle Via Emilia suit très exactement le tracé antique.

La Via Flaminia
Datant de 220 avant J.-C., elle conduisait de Rome à Rimini. C'est aujourd'hui l'une des artères modernes de la Ville éternelle.

Sports et loisirs

L'Italie possède un territoire à la morphologie très variée, à même de satisfaire tous les goûts. Les Alpes offrent des sentiers de randonnée et des lieux d'escalade adaptés à tous les niveaux de préparation physique. Dans la région des Lacs, ruisseaux et rivières se prêtent également à la pêche. Le Trentin-Haut-Adige, la Riviera de la Brenta, la Toscane et l'Ombrie sont les régions les mieux adaptées au cyclotourisme. La Maremme est l'endroit idéal pour pratiquer l'équitation. Les côtes sont un véritable paradis pour les adeptes de la natation, de la planche à voile... ou des siestes sur la plage. Ainsi le littoral adriatique, aux eaux peu profondes et aux plages étendues conviendra particulièrement aux familles avec des enfants ; les eaux du Gargano, du golfe de Policastro, de la Sicile et de la Sardaigne sont réputées pour leur pureté cristalline et leurs reflets changeants ; la Côte amalfitaine et les Faraglioni de Capri sont sans doute les paysages côtiers les plus connus d'Italie. Les Alpes servent de toile de fond à la Versilia, haut lieu de rencontre des habitués des plages, et la Riviera ligure offre des criques encaissées au milieu des collines plongeant dans la mer.

Planche à voile en eaux turquoise

G. Bludzin/MICHELIN

Pour toute information sur la pratique des activités sportives, vous pouvez vous adresser aux Offices de tourismes régionaux ou locaux dont les adresses figurent pour chaque chapitre sous la rubrique « la situation ».

les parcs

Les parcs nationaux
Ils constituent par excellence le but d'un voyage privilégiant le contact avec la nature plutôt que le tourisme culturel. Pour plus de précisions, on peut consulter le site Internet http://web.ctsviaggi.com/parchionine/

Les principaux parcs italiens sont :

- le **Parc du Grand Paradis** *(voir le chapitre VALLE D'AOSTA)* : il s'étend entre le Val d'Aoste et le Piémont. *Depuis Turin, on peut s'y rendre en empruntant soit la SS 460 jusqu'à Ceresole Reale, soit l'autoroute A 5 que l'on quitte après Aoste pour Cogne.*
- le **Parc du Stelvio** : il englobe le massif de l'Ortles-Cevedale, le Valfurva et les vallées de Martello, d'Ultimo, de Solda et de Trafoi. *On y accède, soit à partir de la Lombardie en empruntant la SS 38 qui permet de gagner Bormio, soit à partir du Trentin en empruntant l'autoroute puis la SS 43 et en poursuivant jusqu'à Rabbi.* Informations aux Offices de tourisme de Solda (☎ 04 73 61 30 15), Malè (☎ 04 73 90 12 80) ou à l'Associazione Turistica Val Martello (☎ 04 73 74 45 98).
- le **Parc des Dolomites de Belluno** : il s'étend sur la rive droite de la Piave, entre Feltre et Belluno, et inclut trois massifs principaux – les Vette Feltrine, les Monti del Sole et la Schiara. *On y parvient depuis Belluno par la SS 50, ou depuis Trévise par la SS 348 jusqu'à Feltre, où se trouve le siège du parc* (piazzale Zancanaro, 1 – ☎ 04 39 33 28).

– le **Parc de la Maremme** : il comprend les Monti dell'Uccellina, *accessibles par l'autoroute A 12 en direction de Grosseto. Après cette ville, poursuivre en direction d'Alberese,* où se trouve le centre d'accueil des visiteurs (Office de tourisme, ouvert de 7h30 à 18h).

– le **Parc des monts Sibillini** : il couvre un vaste massif calcaire entre les Marches et l'Ombrie. *On y parvient de Macerata par la S 78 vers Sernano et Amandola ou de Spolète par le col de Forca di Cerro, la S 209, puis la S 320 et la S 396 pour Norcia.* Informations auprès du service de tourisme de la région des Marches, à Ancône (via Gentile da Fabriano, 9, 60125 Ancona – ☏ 071 80 61).

– le **Parc du Gran Sasso** *(voir le chapitre ABRUZZO)* : pour information, contacter l'Office de tourisme de L'Aquila (☏ 08 62 41 08 08).

– le **Parc des Abruzzes** *(voir « la situation » du chapitre ABRUZZO).*

– le **Parc de la Majella** : *on peut l'atteindre depuis les sorties de Sulmone, Bussi, Torre de' Passari et Scafa sur l'autoroute A 5.* Informations au bureau du Parc, auprès de la présidence de région (viale Bovio, 425, 65123 Pescara – ☏ 085 85 74 003).

– le **Parc du Circeo** *(voir le chapitre TERRACINA).*

– le **Parc du Cilento et du val de Diano** *(voir le chapitre CILENTO).*

– le **Parc du Gargano** : il englobe la totalité du promontoire de ce nom et s'étend jusqu'aux îles Tremiti. Les centres de visite se trouvent à San Marco in Lamis (via della Vittoria, 64 – ☏ 08 82 83 32 82) et sur la commune de Monte Sant'Angelo, à Foresta Umbra (☏ 08 84 56 09 44). On peut contacter le Service provincial du tourisme de Foggia (via E. Perrone, 17 – ☏ 08 81 23 141).

– le **Parc du Pollino** : il s'étend sur les pentes du mont Pollino (2 248 m), l'un des sommets des Apennins lucano-calabrais. Signalons le Museo del Lupo (musée du Loup) à Alessandria del Carretto, le Museo Naturalistico del Pollino à Rotonda, le Museo Albanese (Musée albanais) à Civita et le Museo della Cultura Arberesh (musée de la Culture Arberesh) à San Paolo Albanese. Pour toutes informations, voir le paragraphe « la situation » du chapitre *CALABRIA*.

– le **Parc de Calabre** : il couvre les massifs boisés de la Grande et de la Petite Sila et de l'Aspromonte. Renseignements auprès du bureau du parc, à Cosenza (viale della Repubblica, 26 – ☏ 09 84 76 760).

– le **Parc du golfe d'Orosei, du Gennargentu et d'Asinara** : le meilleur point de départ pour les excursions est Nuoro, où des renseignements sont donnés par le Service provincial de tourisme (piazza Italia, 19 – ☏ 07 84 32 307).

Les parcs d'attractions

Grands et petits vivront une journée inoubliable, faite de jeux et de sensations fortes, dans l'un des parcs sélectionnés ci-dessous.

Edenlandia – Viale Kennedy, 76, Naples *(voir plan d'agglomération dans le Guide Rouge Italia ou sur la carte Michelin n° 431).* ☏ 081 23 99 693, www.edenlandia.it

Fantasy World Minitalia – Via Vittorio Veneto, 52, Capriate *(37 km à l'Est de Milan par l'autoroute A 4 (voir carte Michelin n° 219 pli 20) : quitter l'autoroute à la sortie Capriate.* ☏ 02 90 90 169, www.minitaliaworld.com

Fiabilandia – Località Rivazzurra di Rimini *(carte Michelin n° 429 ou 430 J 19), accès par l'autoroute A 14, sortie Rimini Sud.* ☏ 0541 37 20 64, www.fiabilandia.it

Gardaland – Località Ronchi, commune de Castelnuovo del Garda *(carte Michelin n° 428 ou 429 F 14). Accès par les autoroutes A 4, sortie Peschiera del Garda, ou A 22, sortie Affi.* ☏ 045 64 49 777, www.gardaland.it

Italia in Miniatura – Via Popilia, 239, Viserba *(carte Michelin n° 429 ou 430 J 19), accès par l'autoroute A 14, sortie Rimini Nord.* ☏ 0541 73 20 04, www.italiainminiatura.com

Mirabilandia – Statale Adriatica 16, km 162, Savio di Ravenna *(sur la S 16, au Sud de Ravenne – carte Michelin n° 429 ou 430 I 18), accès par l'autoroute A 14, sortie Ravenna (en venant du Nord) ou sortie Rimini Nord (en venant du Sud), puis la S 16.* ☏ 0544 56 11 11, www.mirabilandia.it

sports

Alpinisme

Tant les Alpes que les Apennins présentent un bon réseau de parcours et sentiers de diverses difficultés. Pour toute information, s'adresser à la **Federazione Italiana Escursionismo**, via La Spezia, 58r, 16149 Gênes, ☏ 010 41 41 94 ; **Club Alpino Italiano (sezione di Milano)**, via S. Pellico, 6, 20122 Milan, ☏ 02 86 46 35 16, www.caimilano.it

Canoë-Kayak
Pour toute information, s'adresser à la Federazione Italiana Canottaggio e Federazione Italiana Canoa e Kayak, viale Tiziano, 70, 00196 Rome, ☎ 06 32 33 801 et 06 36 85 85 25.

Chasse
Pour toute information, s'adresser à la Federazione Italiana della Caccia, viale Tiziano, 70, 00196 Rome, ☎ 06 32 33 779.

Cyclotourisme
Pour toute information, s'adresser à la **Federazione Ciclistica Italiana**, Stadio Olimpico, curva Nord, cancello L, porta 91, 00194 Foro Italico, Rome, ☎ 06 32 34 192.

Équitation
Pour toute information, s'adresser à la **Federazione Italiana di Turismo Equestre**, piazza Antonio Mancini, 4, 00196 Rome, ☎ 06 32 65 02 30, www.fiteec-ante.it

Golf
Pour toute information, s'adresser à la **Federazione Italiana Golf**, viale Tiziano, 74, 00196 Rome, ☎ 06 32 31 825.

Pêche
Pour toute information, s'adresser à la **Federazione Italiana Pesca Sportiva e Attività Subacquee**, via Vittorio Colonna, 27, ☎ 06 32 31 709 (pour Rome), **CONI**, viale Tiziano, 70, ☎ 06 36 851.

Ski nautique
Pour toute information, s'adresser à la **Federazione Italiana Sci nautico**, via Piranesi, 44, 20137 Milan, ☎ 02 75 29 181, www.scinautico.com

Spéléologie
Pour toute information, s'adresser à la **Società Speleologica Italiana**, via Zamboni, 67, 40127 Bologne, ☎ 051 25 00 49, www.ssi.speleo.it

Sports d'hiver
Pour toute information, s'adresser à la **Federazione Italiana Sport Invernali**, via Piranesi, 44b, 20137 Milan, ☎ 02 75 731, www.fisi.org

Voile et planche à voile
Pour toute information, s'adresser à la **Federazione Italiana Vela**, piazza Borgo Pila, 40, Corte Lambruschini, Torre A, ☎ 010 54 45 41.

thermalisme

L'Italie est, depuis les Étrusques, une destination privilégiée pour qui veut profiter des vertus thérapeutiques des eaux thermales, partout présentes. Consultez la carte des lieux de séjour *(voir p. 28)* pour avoir une idée des stations thermales dont vous pouvez profiter en Italie. Pour toute information, consulter le site de l'ENIT *(voir plus haut les « adresses utiles »)*.

Souvenirs

Chacune des régions d'Italie possède un patrimoine artisanal qui fait, à juste titre, sa fierté. C'est pourquoi nous avons choisi de vous présenter région par région, une petite liste des produits d'artisanat artistique traditionnel :
Val d'Aoste : mobilier rustique, objets en bois (sculptures, jouets) et en fer forgé, dentelles au fuseau (surtout à Cogne), et *drap* (tissus aux couleurs vives) de Valgrisenche.
Lombardie : soie de qualité (Côme), instruments de musique à cordes (Crémone), meubles (Brianza).
Trentin-Haut-Adige : vêtements de style tyrolien, sculptures en bois (Val Gardena), objets en étain, cuivre, laiton et fer forgé.
Frioul-Vénétie Julienne : objets en bois (meubles, sculptures, masques), en fer, en cuivre et en céramique ; mosaïques.
Vénétie : verre (Murano), dentelle (Burano) et céramiques (Bassano).
Ligurie : il est possible de trouver des *mezzari* (carrés de toile d'origine orientale) à Gênes ; on travaille l'ardoise sur la Riviera du Levant (Chiavari et Lavagna).
Toscane : maroquinerie, articles en papier et broderies, objets en céramique et en terre cuite *(terra-cotta)*.
Ombrie : majoliques (Deruta) et dentelles (Assise et Orvieto).
Marches : étains travaillés, dentelles au fuseau, instruments de musique.
Émilie-Romagne : majoliques de Faenza.
Latium : parapluies de Carpineto Romano, objets en cuir de Tolfa et cornemuses de Villa Latina.
Campanie : corail de Torre del Greco, majoliques de Vietri, santons à Naples.

Abruzzes : ouvrages en laine, objets en bois et en fer forgé.
Pouille : sifflets en terre cuite à Rutigliano, carton-pâte à Lecce.
Basilicate : sifflets en terre cuite, jarres, amphores et céramiques.
Sicile : *pupi* (marionnettes), santons, objets en fer forgé, en céramique (Caltagirone et S. Stefano di Camastra) et en corail.
Sardaigne : tapisseries en laine à dessins traditionnels (géométriques ou simples), paniers tressés (Castelsardo), objets en sucre, corail ; alliances sardes, en argent comme le veut la tradition.

Sans oublier, bien sûr, les spécialités culinaires italiennes : pâtes, parmesan, jambon de Parme ou de San Daniele, vinaigre balsamique de Modène, huiles d'olive parfumées, et toutes sortes de vins délicieux. Pour plus de détails, reportez-vous au chapitre *« Gastronomie »*.

Calendrier festif

30 et 31 janvier

Foire de Sant'Orso : vente des produits de l'artisanat valdotain.	**Aoste**

1re-2e semaine de février

« Sagra del mandorlo in fiore » (Fête de l'amandier en fleur).	**Agrigente**
Carnaval	
Fêtes sur les places, spectacles théâtraux, concerts.	**Venise**
Manifestations folkloriques, dont la célèbre bataille d'oranges.	**Ivrée**
Grands défilés de chars allégoriques et de personnages masqués : manifestations folkloriques.	**Viareggio**
Défilé dit du « venerdì gnocolar » (le vendredi des gnocchi).	**Vérone**

1er avril

Investiture des Régents de la ville.	**Saint-Marin**

Semaine sainte (jeudi et vendredi)

Rites de la Semaine sainte : processions de l'Addolorata (Notre-Dame-des-Sept-Douleurs) et des Mystères.	**Tarente**

Dimanche de Pâques

« Scoppio del Carro » : dans la matinée, sur la piazza del Duomo, explosion d'un char provoquée par une colombe glissant sur un fil, à partir du maître-autel de la cathédrale. Défilé historique.	**Florence**
Fête de la « Madonna che scappa in Piazza ».	**Sulmona**

Du mercredi après Pâques au dimanche suivant

Festival international de musique sacrée.	**Lorette**

Mai et juin

Mai musical florentin : nombreuses manifestations artistiques.	**Florence**

1er mai

Fête de Sant'Efisio.	**Cagliari**

1er dimanche de mai

Fête du Miracle de saint Janvier, à l'intérieur de la cathédrale.	**Naples**

1er jeudi après le 1er mai

« Calendimaggio » (pendant trois jours).	**Assise**

1re semaine de mai

Fête de la Saint-Nicolas : le 7, grand cortège historique ; le 8, messe et procession sur le rivage, la statue du saint est emmenée au large. — **Bari**

15 mai

Course des « Ceri » (cierges). — **Gubbio**

2e ou 3e dimanche de mai

« Vogalonga ». — **Venise**

Dernier dimanche de mai

« Cavalcata sarda ». — **Sassari**

Dernier dimanche de mai

« Palio della Balestra » : compétition de tireurs à l'arbalète, sur la piazza della Signoria. — **Gubbio**

Fin mai-début juin

Fête du Costume et de la Charrette siciliens. — **Taormine**

Début juin

« Cavalcata Oswald von Wolkenstein » : tournoi et fête médiévale inspirés par le poète sud-tyrolien. — **Castelrotto, Siusi et Fiè allo Sciliar**

De juin à septembre, tous les deux ans

Biennale des Arts (les années impaires). — **Venise**

16 et 17 juin

« Luminaria di San Ranieri » (fête de saint Rainier). — **Pise**

24 juin, et deux autres jours variables du mois

« Calcio Storico Fiorentino » : partie de ballon en costumes sur la piazza Santa Croce, s'accompagnant de défilés en costumes du 16e s. Feux d'artifice sur le piazzale Michelangelo. — **Florence**

Avant-dernier dimanche de juin

« Giostra del Saracino » (Joute du Sarrasin). — **Arezzo**

Fin juin – mi-juillet

Spoleto Festival : festival international de théâtre, de musique et de danse. — **Spolète**

Juillet-août

Festival de jazz d'Ombrie. — **Pérouse**

De fin juin à fin août

Saison lyrique dans les arènes. — **Vérone**

2 juillet

« Palio delle Contrade » (cf. 16 août). — **Sienne**

3e samedi de juillet

Fête du Rédempteur : spectacle pyrotechnique dans la nuit du samedi au dimanche, célébrations religieuses et régate le dimanche. — **Venise**

Dernière semaine d'août

Ferrara Buskers Festival : exhibitions de musiciens ambulants. — **Ferrare**

1er dimanche d'août

« Torneo cavalleresco della Quintana » (Tournoi chevaleresque de la Quintaine) : défilé des représentants des différents quartiers, en costumes du 15e s. et joute de cavaliers. — **Ascoli Piceno**

14 août

Discesa dei Candelieri (procession des Chandeliers). — **Sassari**

16 août

« Palio delle Contrade » (cf. 2 juillet). **Sienne**

29 août et avant-dernier dimanche d'août

« Sagra del Redentore » (Fête du Rédempteur). **Nuoro**

Début septembre

Festival international du Cinéma (Mostra), au Lido. **Venise**

1er dimanche de septembre

« Giostra del Saracino » (Joute du Sarrasin). **Arezzo**
Régate historique sur le Grand Canal. **Venise**

7 septembre

Fête de la « Rificolona » (lanterne en papier colorié) ; manifestations musicales et folkloriques, dans les différents quartiers. **Florence**

8 septembre

Fête de la Nativité de la Vierge. **Lorette**

2e vendredi, samedi et dimanche de septembre, les années paires

« Partita a scacchi » (partie d'échecs géante). **Marostica**

2e dimanche de septembre

« Palio della Balestra » : concours de tir à l'arbalète, en costumes du Moyen Âge. **Sansepolcro**
Festival delle Sagre. **Asti**

13 septembre

« Luminara di S. Croce ». **Lucques**

2e et 3e dimanches de septembre

« Giostra della Quintana » (Joute de la Quintaine). **Foligno**

19 septembre

Fête du Miracle de saint Janvier, à la cathédrale. **Naples**

3e dimanche de septembre

Course du Palio. **Asti**

1er octobre

Investiture des Régents de la ville. **Saint-Marin**

Octobre

« Barcolana » (régate). **Trieste**

Mi-novembre

Fête de la truffe. **Asti**

21 novembre

Fête de la Madonna della Salute. **Venise**

Fin novembre-décembre

Marchés de Noël. **Bolzano, Bressanone, Merano**

Nuit entre le 9 et le 10 décembre

Fête de la Translation de la Santa Casa. **Lorette**

Vue du Val de Funes

Invitation au voyage

Le pays de la « Dolce Vita »

Terre peuplée de saints, de poètes, de héros et de navigateurs, l'Italie est un pays dont la tradition trouve ses racines dans une foi ancienne, puise sa force dans l'histoire, porte les cicatrices des dominations passées et renferme les graines de la rébellion. Un pays qui, bien que tenu à la terre par une mince bande de terre, rêve et découvre des territoires au-delà de l'horizon. L'Italie est tout cela mais pas seulement...

Pizza, spaghettis et mandoline

Les Italiens se résument pour un touriste à ces trois mots : « pizza, spaghettis et mandoline ». Cette tendance a été encouragée par des chansons mondialement connues et au demeurant magnifiques, telles que *That's Amore* de Dean Martin, dans laquelle les mots italiens se trouvent déformés par l'accent quelque peu laborieux de l'Italien émigré : le fameux « pasta e fagioli » devient dans la chanson « pasta fazool » et « scusa » (excuse-moi) y est prononcé « scuzza ».

L'image caricaturale, et si répandue de l'immigré napolitain, est un autre de ces clichés. Dans son film *Ricomincio da tre*, **Massimo Troisi** y fait allusion rapidement, mais d'une façon particulièrement significative et en fin de compte, assez mélancolique. Il suffit que Gaetano, le personnage interprété par Troisi, dise qu'il est Napolitain pour qu'on lui demande s'il est un immigré. Las, le protagoniste renonce à expliquer qu'il n'est qu'un touriste et finit par murmurer... un petit « oui » résigné. Quant à l'Italien sûr de lui, le fameux *latin lover*, il est parfaitement incarné par **Alberto Sordi** dans le film *Un Américain à Rome* où il singe avec brio l'Italien xénophile, qui renie ses origines mais ne peut pourtant se passer de son plat de spaghettis.

L'image qu'ont les Italiens d'eux-mêmes n'a évidemment rien à voir avec le portrait qu'en dresse un étranger, qu'il soit influencé par l'imaginaire collectif ou sa propre expérience de l'Italie. Si les témoignages de voyageurs illustres vous intéressent, vous n'aurez que l'embarras du choix. Outre des chefs-d'œuvre de la littérature tels que le *Voyage en Italie* de Goethe ou les nombreux textes de Stendhal (*Rome, Naples et Florence* ou *Promenades dans Rome*), on peut recommander le très distrayant *Voyage des innocents* de Mark Twain, récit plein d'humour, non dénué cependant d'un certain cynisme et de quelques lieux communs, qui permet de suivre les aventures, en Europe et en Terre sainte, de voyageurs qualifiés d'« innocents », car dépourvus de connaissances linguistiques, artistiques et même sociales.

L'Italie, le « Bel Paese »

Le « Bel Paese », le beau pays : outre le célèbre fromage du même nom, ce surnom affectueux désigne bien sûr l'Italie depuis l'ouvrage éponyme de l'abbé Antonio Stoppani (1824-1891). Car au-delà des caricatures, la beauté à la fois surprenante et hétéroclite de cette « botte » de terre cernée par la mer fait l'unanimité. Hétéroclite car l'Italie est faite de roches escarpées, sur lesquelles même la neige peine à s'accrocher, de plaines brumeuses et mélancoliques, de plages et de pinèdes sans fin, de criques baignées par une eau couleur d'émeraude, de villes frénétiques et de collines sur lesquelles somnolent depuis le Moyen Âge de petits villages regorgeant

Ascoli Piceno : piazza del Popolo

G. Bludzin/MICHELIN

de tours et de remparts, où aujourd'hui encore on préfère ce qui est important à ce qui est urgent. C'est cette richesse du paysage italien qui fait toute la diversité de ses habitants dont les vies, les caractères et les langues (car les dialectes sont bien, ici, de véritables langues) varient d'une région à l'autre.

« L'Italie est variée, non complexe. D'un kilomètre à l'autre, elle change [...] ; c'est un mélange de goûts, d'usages, d'habitudes, de traditions, de langages, d'hérédités raciales. Ces diversités, vécues comme des faits de nature, engendrent certes des querelles et des incompréhensions mais qui ne vont jamais jusqu'à la rupture » écrivait Guido Piovene (1907-1974). La lecture de son *Voyage en Italie* est particulièrement intéressante, car ce carnet de voyage d'un Italien qui observe d'un œil à la fois curieux et lucide chaque recoin de son pays vous permettra de parcourir toute la Péninsule, depuis Bolzano tout au Nord jusqu'à l'extrême Sud, à la recherche de l'âme de chacune des régions et de ses habitants.

Un film, un pull-over, un mode de vie

C'est en 1960 que Fellini tourne *La Dolce Vita (La Douceur de vivre)*, chef-d'œuvre du cinéma d'auteur qui influencera à la fois la société et la langue italienne. C'est en effet depuis ce film que le terme de *paparazzo* (nom que le cinéaste invente pour un photographe « harcelant » qui pourchasse les vedettes afin d'en rapporter un « cliché » monnayable) est entré dans le vocabulaire courant. Pourtant, cette « dolce vita », ce mode de vie quelque peu oisif qui tourne autour de la prestigieuse via Veneto et évoque inévitablement la baignade désormais mythique d'Anita Ekberg dans la Fontaine de Trevi, tient plus du légendaire cinématographique que de la réalité quotidienne. Un caractère franc et jovial, l'amour de la bonne chère et le respect des traditions, qu'elles soient liées au cycle vital de la nature (Fête du printemps) ou à la religion (fêtes de Noël et de Pâques), sont le trait commun de tous les Italiens, même si, bien sûr, la mentalité, la cuisine et les traditions sont différentes d'une région à l'autre. Ce sont ces « vertus » qu'il faut avoir à l'esprit lorsque surgit la séduisante et dangereuse tentation de faire des généralisations. Car la « dolce vita » des Italiens n'a rien à voir avec un « dolce farniente ». Elle est plutôt une envie de vivre en harmonie, grâce à des efforts quotidiens et un peu de fantaisie, avec la beauté que la nature et l'œuvre d'Italiens de génie ont généreusement offerte à cette péninsule.

Saveurs italiennes

Hormis les spécialités que l'on retrouve dans le monde entier (les spaghettis, la pizza, l'espresso), il est impossible de parler d'une cuisine nationale : méditerranéenne oui, mais seulement dans le Sud, tandis qu'au Nord l'influence de la montagne se fait sentir, avec ses alpages et ses riches plateaux. Bref voyage dans la cuisine italienne.

Spaghettis, tomates, aubergines et ricotta pour la Pasta alla Norr

Plat du **Val d'Aoste**, la *fonduta* est une fondue à base de fromage, délayé à chaud dans du lait, à laquelle on ajoute un œuf et des truffes blanches. Le **Piémont** est connu pour sa *bagna cauda* (sauce chaude faite d'huile, d'anchois et de beaucoup d'ail), ses *agnolotti* (sorte de ravioli), son *brasato al barolo* (bœuf braisé au barolo), ses *bolliti* (pot-au-feu), son *fritto misto alla piemontese* (friture mélangée) et, pour finir en douceur, son *bunet* (flan au chocolat). Le Montferrat et les Langhe fournissent des vins remarquables (*barolo, barbaresco, barbera, grignolino, freisa, gavi, asti spumante* – mousseux au goût de raisin prononcé – et *moscato*).

En **Lombardie**, Milan a donné son nom à plusieurs préparations dites *alla milanese* : le **minestrone**, potage de légumes verts, lard et riz ; le *risotto* au safran ; la *cotoletta*, côtelette de veau panée ; l'*ossobuco*, jarret de veau avec os et moelle. La *polenta*, purée de maïs constituant l'alimentation de base de la cuisine paysanne traditionnelle est toujours largement consommée. Les fromages les plus courants sont le *gorgonzola*, le *grana padano* et le *taleggio*. Parmi les pâtisseries les plus typiques, signalons le *panettone* (gâteau brioché fourré de raisins secs et de cédrat confit) et le *torrone* de Crémone. Parmi les vins les plus réputés figurent le *franciacorta*, les rouges produits sur la rive droite du Pô, dans la région de Pavie, et ceux de la Valtellina.

Les plats typiques de **Vénétie** incluent aussi la *polenta*, ainsi que les *bigoli* (sorte de spaghettis), les *risi e bisi* (riz aux petits pois), le *risotto al radicchio* (à la chicorée) ou *al nero di seppia* (à l'encre de seiche) et le *fegato alla veneziana* (foie de veau sauté aux oignons). La région excelle dans la préparation des poissons : le *baccalà alla vicentina* (morue à la mode de Vicence), cuit dans beaucoup d'huile et de lait, ainsi que les *sardelle in saor* (sardines à l'escabèche). Le roi des fromages régionaux est l'*asiago*, tandis que les pâtisseries comptent la spécialité de Vérone, le *pandoro*, brioche à section étoilée parfumé à la fleur d'oranger. La région de Vérone produit les meilleurs vins : *valpolicella, bardolino* et *soave*.

Du **Haut-Adige**, on déguste les *canederli* (sorte de gnocchi de pain et de farine servis en bouillon ou égouttés), le *gröstl* (tourte aux pommes de terre et à la viande) et le *maiale affumicato con crauti* (porc fumé accompagné de choucroute). Les pâtisseries y sont excellentes, et tout particulièrement le *strüdel*. Les *cialzons* (pâtes fourrées), la *jota* (soupe avec de la viande) et les salaisons (jambon de San Daniele) sont représentatifs de la table du **Frioul** avec les spécialités de la mer (*scampi*, langoustines – *grancevole*, araignées de mer), le *frico* (omelette au fromage) et le fromage *montasio*. Parmi les vins, citons le sauvignon, le pinot, le tokay, le cabernet et le merlot.

En **Ligurie**, Gênes a comme spécialités principales la *cima* (poche de viande farcie) et le *pesto*, sauce à base de basilic, pignons, ail, fromage de brebis et huile d'olive : on en assaisonne notamment les typiques *trenette* et les lasagnes. Les *pansotti* (sorte de ravioli) avec une sauce aux noix sont excellents. Naturellement les plats de poissons sont renommés, comme la *buridda* (soupe de poisson), le *cappon magro* (salade de poissons et légumes hachés) ou la *zuppa di datteri* de la Spezia, soupe de couteaux (coquillages) que les Ligures arrosent de vins blancs tels le vermentino et le pigato. Le *sciacchetrà* est un excellent vin de dessert.

On prétend que Bologne, capitale de l'**Émilie-Romagne** serait celle de la gastronomie italienne. Variées et savoureuses, les pâtes sont représentées par les *tagliatelle alla bolognese*, arrosées d'un ragoût à la sauce tomate, *tortellini* ou *cappelletti* et les lasagnes. La région produit le parmesan (*parmigiano*, fromage fort et affiné) et des vins très réputés, tels le *lambrusco*, le *sangiovese*, et l'*albano*.

PRIMA PRESS

Les plats **toscans** sont les divers minestrone et soupes (la *ribollita*) et les *pappardelle* (grosses tagliatelles). Florence offre ses spécialités « alla fiorentina » : la *bistecca* (entrecôte), très épaisse, cuite au gril et servie accompagnée d'huile, sel et poivre ; le *baccalà* (morue) à l'huile, ail et poivre ; les *fagioli all'uccelletto* (haricots cuisinés à la sauce tomate). Livourne propose ses *triglie* (rougets) et son *cacciucco* (soupe de poisson), et Sienne son *panforte*, gâteau compact au sucre candi, amandes, miel et fruits confits. Parmi les fromages, on retiendra le *pecorino* (fromage de brebis) et la *caciotta*. Exporté dans le monde entier, le *chianti* est le vin italien le plus connu, mais on n'omettra pas de citer le *brunello* de Montalcino et le *nobile* de Montepulciano, et, parmi les blancs, le *vernaccia* de San Gimignano et le *vin santo* qui termine souvent les repas.

Norcia est la capitale de la cuisine **ombrienne** tant pour son *tartufo nero* (truffe noire) que ses spécialités de viande porcine. Parmi les vins on trouve le célèbre orvieto (blanc). Les *vincisgrassi*, timbales de lasagnes, sont une spécialité des **Marches**, tout comme les olives farcies dites *all'ascolana* (d'Ascoli Piceno), le *brodetto* (soupe de poisson) et le *stocco* (merluche) d'Ancône. Le tout est accompagné par un *verdicchio* (blanc), un *rosso conero* ou un *rosso piceno*.

On retrouve dans la « consistante » cuisine **romaine** les *fettuccine* (pâtes en fines lanières), les *spaghetti all'amatriciana* (assez relevés) et *alla carbonara*, les *gnocchi alla romana*, les *saltimbocca* (petites escalopes de veau roulées dans du jambon et de la sauge) ; l'*abbacchio* (agneau) au four ou *alla cacciatora*, les *carciofi alla Giudia* (artichauts cuits à l'huile, avec ail et persil), que les Romains de l'Antiquité dégustaient dans le quartier juif, d'où leur nom. Parmi les fromages, on trouve le *pecorino*, au lait de brebis, la *caciotta* et la *ricotta* (fromage frais de brebis caillé). Les vins, blancs, sont de Montefiascone et des Castelli (*frascati*).

Dans le chapitre des pâtes en **Abruzzes** et **Molise** on note les *maccheroni alla chitarra*, spaghettis de section carrée découpés en lanières à la main.

On déguste en **Campanie** les *maccheroni* (macaronis) *alla napoletana* (assaisonnés de tomates, ail et origan), les traditionnels spaghettis, pizzas et *calzoni* (sorte de chaussons fourrés), l'*impepata di cozze* (moules cuites dans un jus très relevé), la délicieuse *mozzarella* de bufflonne, et pour finir la *pastiera* napolitaine, gâteau caractéristique de Pâques, à base de *ricotta* et de fruits confits. La carte des vins propose un *fiano di Avellino*, un *greco di Tufo* ou un *ischia*, sans oublier le célèbre *lacryma christi* (blancs) ; les amateurs de vin rouge pourront goûter le *taurasi*.

La **Pouille** présente les *orecchiette con le cime di rapa*, pâtes en forme de petites oreilles servies avec des pousses de navets, le *riso con le cozze*, riz aux moules, les *seppie ripiene*, seiches farcies, les huîtres de Tarente et le *capretto ripieno al forno*, chevreau rôti farci aux herbes. Parmi les vins, on retiendra le *locorotondo* et le *san severo* (blancs) et le *castel del monte* (rosé). La **Basilicate** a pour spécialités la *pasta alla potentina* (pâtes au ragoût de veau à la mode de Potenza) et les préparations à base d'agneau, de brebis et de mouton. Les fromages : *caciocavallo*, *scamorza*, *ricotta*. La **Calabre** offre les *maccheroni ripieni* (farcis), de la viande de porc et de chevreau à la broche. Le *cirò* (rouge) figure parmi les vins.

Parmi les plats typiques de la **Sicile** on trouve la *pasta con le sarde* (pâtes avec sardines) et *alla Norma* (sauce tomate et aubergines), les plats d'espadon et, dans la région de Trapani, le *cuscusu*, d'origine arabe, servi avec une soupe de poisson. L'île, riche de fruits, est célèbre pour ses pâtisseries et ses glaces en particulier la *granita*, glace pilée parfumée au sirop de fruit. La véritable *cassata* sicilienne est un gâteau à base de fromage blanc, pépites de chocolat et fruits confits, à demi-glacé ; les *cannoli* sont fourrés à la ricotta et aux fruits confits. À savourer également les pâtes d'amandes *(paste di mandorla)* et le massepain *(dolce di marzapane)*. Les vins de dessert sont renommés : le *malvasia* des îles Lipari, le *passito de Pantelleria* et, le *marsala*, sombre et corsé.

Figurent parmi les spécialités **sardes** les *malloreddus*, coquillettes accompagnées de saucisses et de sauce tomate, la soupe de langouste et le *porceddu allo spiedo* (cochon de lait à la broche), servi avec un pain à pâte fine, le *carasau*. Les fromages sont nombreux (*caprino*, *fiore* et *pecorino sardo*). Les *sebadas* sont des pâtisseries, frites et recouvertes de miel. Les Sardes accompagnent leurs pâtes du vin blanc *vermentino* ou du vin rouge *cannonau*.

B. Juge/MICHELIN

Entre mer et montagne

Étirée sur 1 300 km du Nord au Sud, de la latitude de Dijon à celle de Tunis, l'Italie avance au sein de la Méditerranée, entre l'Espagne et la Grèce, sa caractéristique « botte », bénéficiant d'une extraordinaire variété de climats et de paysages.

Un relief rude et contrasté

Des plaines couvrant environ un quart des 301 262 km^2 que représente sa superficie totale, ainsi qu'un littoral d'un exceptionnel développement (près de 7 500 km) baigné par quatre mers intérieures (Ligure, Tyrrhénienne, Ionienne et Adriatique) : tels sont les principaux traits de l'espace italien.

La gigantesque barrière des **Alpes**, jaillies lors d'un plissement survenu à l'ère tertiaire, protectrices et dispensatrices d'une formidable énergie électrique, est franchie par plusieurs cols et traversée par des tunnels reliant l'Italie à la France et à l'Europe du Nord. Le point culminant du massif est le Mont Blanc (France) avec 4 807 m d'altitude ; les Alpes italiennes culminent dans le massif du Monte Rosa (à la frontière suisse) au-dessus des 4 600 m. À leur pied s'étendent de nombreux lacs glaciaires enchâssés entre les monts et la vaste et fertile plaine du Pô.

Se greffant sur les Alpes non loin de Gênes et se prolongeant jusqu'en Sicile, la longue chaîne des **Apennins**, issue un peu plus tardivement que les Alpes d'un plissement tertiaire, partage la Péninsule en deux contrées. Ses reliefs, essentiellement calcaires, vigoureux, présentent des altitudes plus modestes que les sommets alpins (le plus haut sommet se trouve dans le massif du Gran Sasso, au milieu de la Péninsule, à 2 914 m).

L'arc de terres qui s'étend de Naples à la Sicile est soumis depuis toujours à une violente activité souterraine : volcans, tremblements de terre modifient périodiquement le relief de cette partie extrême de l'Italie.

L'Italie région par région

Conformément à la charte constitutionnelle – bien que l'application n'ait été effective qu'en 1970 –, l'Italie est divisée en vingt régions, dont cinq (le Val d'Aoste, le Trentin-Haut-Adige, le Frioul-Vénétie Julienne, la Sicile et la Sardaigne) bénéficient d'un statut spécial leur conférant davantage d'autonomie. Les régions regroupent 95 provinces, elles-mêmes divisées en communes dirigées par un maire.

Ce vaste et profond sillon, creusé entre les plus hautes montagnes d'Europe, est arrosé par la Doire Baltée, dont les affluents forment de pittoresques vallées latérales : Valtournenche, val de Gressoney, val d'Ayas, val Grisenche. Au Sud-Ouest s'étend le **Parc national du Grand Paradis**.

Aoste est la capitale de cette région qui jouit d'une large autonomie administrative depuis 1947. Ses ressources principales sont, outre une activité propre aux pays de montagnes, le tourisme, favorisé par les tunnels du Mont-Blanc et du Grand-Saint-Bernard, ainsi que l'industrie hydroélectrique et sidérurgique.

De Pont-Saint-Martin à Courmayeur, les villes et les villages ont conservé leurs noms français ; on y parle encore la langue française et divers patois.

Lara Pessina/MICHELIN

Montagne de la Paganella (dans le Trentin-Haut-Adige)

Le Piémont

« Au pied des monts », fermé sur trois côtés par les Alpes et les Apennins, le Piémont s'étire dans la partie centrale de la vaste plaine du Pô, où alternent prairies, champs de blé et rizières (les 3/5 de la production italienne de riz sont concentrés dans les régions de Vercelli et de Novara). Les divers cours d'eau qui la traversent (le Tessin, la Sesia, la Doire Ripaire et la Doire Baltée, le Tanaro, la Bormida et la Scrivia) appartiennent pour la plupart au bassin du Pô, qui, depuis sa source au mont Viso (une centaine de kilomètres au Sud-Ouest de Turin), parcourt 652 km avant de se jeter dans la mer Adriatique en formant un large delta.
De nombreuses usines hydroélectriques fournissent l'énergie nécessaire aux importantes industries textile (Biella), métallurgique, mécanique et chimique (Turin).

La Lombardie

Occupant la verte plaine du Pô entre le Tessin et le Mincio qui, avec l'Adda, alimentent les lacs Majeur, de Côme et de Garde, la Lombardie est une région active fortement orientée sur le commerce grâce à sa position géographique favorable. Au Nord, de grandes vallées lacustres donnent accès aux cols alpestres. Les mûriers de la **Brianza** permettent l'une des meilleures productions de soie en Italie. Des prairies naturelles ou artificielles favorisent une industrie laitière moderne.
Dans la **Lomellina**, de vastes espaces sont dévolus à la culture du riz.
Les nombreuses villes qui parsèment la campagne furent, dès l'époque médiévale, le siège d'une intense activité bancaire et commerciale ; Côme (soie), Brescia (sidérurgie, chimie et mécanique), Bergame (textiles et mécanique), Mantoue (pétrochimie, production de matières plastiques), Crémone (agriculture), Pavie (importante université) font honneur aujourd'hui encore à la réputation méritée de travailleurs efficaces dont jouissent les Lombards.
Mais c'est **Milan**, capitale économique de toute l'Italie, qui concentre la plus forte densité de population et d'affaires.

La Vénétie

Elle est essentiellement formée par la vaste plaine alluviale du Pô et de ses affluents, que dominent au Nord les Préalpes vénitiennes et, plus au Nord, les massifs orientaux des Dolomites dans la partie dénommée **Cadore**. C'est une région avant tout agricole, produisant blé et maïs, exploitant le mûrier, les oliviers, les arbres fruitiers, la vigne.
La Vénétie bénéficie d'un solide tissu industriel : raffineries de pétrole, fonderies, industries chimiques sont concentrées près de Venise à Mestre-Marghera, tandis que les vallées s'enfonçant dans les Préalpes utilisent la forte production d'énergie hydroélectrique pour se consacrer à l'industrie textile.
Deux petits ensembles volcaniques mettent une note inattendue dans le paysage : les monts Berici au Sud de Vicence et les **collines Euganéennes** près de Padoue, reliefs noirâtres dont les pentes fertiles portent vignes, vergers de pêchers et sources thermales. Dans le **delta du Pô** et celui de l'Adige s'étendent des régions autrefois déprimées mais dont la bonification commence à être profitable : blé et betterave y sont cultivés industriellement.
La côte est formée de lagunes, qui sont à la fois une source de richesse et une menace pour **Venise**.

Le Trentin-Haut-Adige

De langue et de culture en partie germaniques, la région est divisée en deux provinces autonomes : Trente et Bolzano. Elle comprend les vallées de l'Adige, de l'Isarco, et les montagnes qui les encadrent. Le val d'Adige, au débouché du Brenner, a été de tout temps un passage facile et très emprunté. Profondément creusé, mais ouvert à un ensoleillement abondant, il est fort riche : céréales, vignes, vergers et pâtures (race de chevaux célèbre à Avelengo, près de Merano). Les **Dolomites** s'étendent dans le Trentin-Haut-Adige et en Vénétie. C'est un massif calcaire très travaillé par l'érosion.

Le Frioul-Vénétie Julienne

Prolongeant la Vénétie à l'Est, cette région située à la frontière de l'Italie, de la Slovénie et de l'Autriche jouit d'une grande autonomie sur le plan administratif et

culturel. Elle s'étend au pied des **Alpes carniques**, massif couvert de forêts de résineux et de vastes alpages. **Udine** est l'un des centres actifs de la région.
Le chef-lieu, **Trieste**, s'ouvre sur un port qui est le débouché naturel de l'Autriche.

L'Émilie-Romagne

La plaine longeant l'Apennin a tiré son nom de la Via Emilia, voie romaine rectiligne qui la traverse de Plaisance à Rimini ; au Sud et à l'Est de Bologne, elle prend le nom de Romagne. La terre, objet de cultures intensives, produit essentiellement du blé et de la betterave. La campagne, monotone, offre un aspect de vastes champs, coupés à intervalles réguliers de mûriers et de vignes qui grimpent également sur les pentes des Apennins.
Les villes s'échelonnent sur la Via Emilia : la plus importante, **Bologne**, réputée pour sa très ancienne université, est un nœud de communications, un centre d'industries sidérurgiques, mécaniques, alimentaires, et un marché pour le froment et les porcs. Des rizières occupent la région située à l'Est de Ferrare, traversée par le Pô. Au Sud de celle-ci s'étend la zone lagunaire des **« Valli di Comacchio »**, aux caractéristiques paysages, où l'on pratique la pêche à l'anguille.

La Ligurie

Striée de vallées étroites et profondes, perpendiculaires à la côte, la Ligurie connut, avant l'époque romaine, une civilisation maritime. Les pentes rapides des vallons intérieurs sont parsemées de bourgs veillant sur des bois de châtaigniers ou d'oliviers et sur des cultures en terrasses. Le littoral, rocheux, découpé, est assez peu poissonneux, mais, depuis les Ligures, a toujours connu une vie maritime intense (cabotage), favorisée par de nombreux petits ports en eau profonde. C'est l'Empire romain qui a donné son aspect actuel au paysage, composé d'oliveraies et de vignes auxquelles se sont ajoutés légumes, fruits (melons, pêches), fleurs en cultures industrielles.
La **Riviera du Ponant**, à l'Ouest de Gênes, est plus ensoleillée que celle du **Levant**, qui offre une végétation plus abondante. Les villes principales sont Imperia, Savone, **Gênes** (port pétrolier, chantiers navals, sidérurgie, centrale thermo-électrique) et La Spezia (port marchand et militaire, centrale thermo-électrique, industrie des armes).

La Toscane

Le paysage toscan présente un exceptionnel attrait : au relief de petites collines basses s'est ajouté au cours des siècles le décor savant et harmonieux aménagé par l'homme. Oliviers, vignes et cyprès composent sous une lumière subtile et dorée une architecture naturelle où l'on retrouve le goût artistique inné du peuple toscan.
Pourtant, des sols variés composent cette région. L'archipel toscan, avec l'**île d'Elbe**, montueuse et riche en fer, fait face à un littoral rocheux au Sud de Livourne, plat et sablonneux dans la **Versilia** (région de Viareggio). Au Nord de l'Arno se dressent les **Alpes apuanes** où l'on exploite le marbre (dont le plus célèbre, celui de Carrare).
Fertile et beau, le **bassin de l'Arno**, au sein duquel s'élève **Florence**, est le cœur de la Toscane : vignes et oliviers se mêlent aux champs de blé, de tabac et de maïs ; parmi les mûriers poussent poivrons, citrouilles et les célèbres haricots de Lucques. Les fermes, aux nobles architectures, occupent des positions isolées au sommet des collines.
La Toscane méridionale est faite de collines douces et couvertes de vignes dans le **Chianti** au Sud de Florence, pastorales autour de **Sienne**, arides et désolées vers Monte Oliveto Maggiore, puissantes et mystérieuses dans la région des **Collines métallifères**, au Sud de Volterra. Aux confins du Latium, la **Maremme** était une région de marécages aujourd'hui bonifiée.

L'Ombrie

L'Ombrie est un pays d'aspect paisible, composé de collines, de vallées et de vastes bassins. Les vallées sinueuses, où les peupliers dressent leur cime sur le fond d'un ciel extrêmement lumineux, sont particulièrement typiques : c'est la « verte Ombrie » de la **vallée du Clitumne**, dont les pâturages étaient déjà renommés dans l'Antiquité. L'Ombrie possède deux lacs, le **Trasimène** et le Piediluco, et de nombreux cours d'eau dont le Tibre. Des cités médiévales qui ont succédé aux agglomérations étrusques dominent conques et vallées : l'austère Gubbio, l'altière **Pérouse**, capitale de la région, Assise la religieuse, Orvieto, Spolète, Spello. D'autres occupent le centre d'une plaine comme Foligno et Terni, le Creusot italien.

Les Marches

Jadis provinces frontalières de l'empire des Francs et du domaine papal, d'où leur nom, les Marches forment, entre Saint-Marin et Ascoli Piceno, un pays très compartimenté, car les chaînons des Apennins, parallèles, tombent dans l'Adriatique en déterminant une succession de vallées profondes et étroites. La côte, plate et rectiligne, est jalonnée de nombreuses plages et de ports-canaux.

À l'exception de la capitale, **Ancône**, port actif, la plupart des agglomérations anciennes sont situées dans l'arrière-pays sur des hauteurs ; parmi elles, Urbino et Lorette occupent une place particulière.

Le Latium

Entre la mer Tyrrhénienne et les Apennins, de la Maremme toscane à Gaète, le Latium, berceau de la civilisation romaine, borde un littoral sablonneux où les ports antiques, tel Ostie à l'embouchure du Tibre, ont été comblés par les alluvions. Aujourd'hui, **Civitavecchia** est le seul port moderne du littoral. Au centre du Latium, **Rome**, capitale politique et religieuse qui voit affluer fonctionnaires, ecclésiastiques et touristes.

À l'Est et au Nord, des collines volcaniques, dont les cratères enserrent des lacs solitaires, dominent la **campagne romaine** aimée des écrivains et des peintres qui

Abruzzo : *Abruzzes*
Basilicata : *Basilicate*
Calabria : *Calabre*
Campania : *Campanie*
Emilia-Romagne : *Émilie-Romagne*
Friuli Venezia Giulia : *Frioul-Vénétie Julienne*
Lazio : *Latrium*
Liguria : *Ligurie*
Lombardia : *Lombardie*
Marche : *Marches*
Molise : *Molise*
Piemonte : *Piémont*
Puglia : *Pouille*
Sardegna : *Sardaigne*
Sicilia : *Sicile*
Toscana : *Toscane*
Trentino Alto Adige : *Trentin-Haut-Adige*
Umbria : *Ombrie*
Valle d'Aosta : *Val d'Aoste*
Veneto : *Vénétie*

Paysage toscan, non loin de Pienza

ont décrit ses étendues désolées, où surgissent des ruines antiques. Aujourd'hui, ces terrains, où sévissait la malaria, ont repris vie : l'assainissement des Marais Pontins, près de Latina, a été spectaculaire.

Au Sud, se trouve la caractéristique **Ciociaria** : cette région doit son nom aux chaussures qui faisaient partie du costume traditionnel, les *ciocie*, formées d'une semelle épaisse et de lanières s'enroulant autour du mollet. Les centres principaux sont Frosinone et Cassino.

Les Abruzzes

De par la nature grandiose et sauvage des massifs du Gran Sasso et de la Maiella, c'est la partie des Apennins qui revêt le plus un aspect de haute montagne. Le Parc national des Abruzzes, le doyen des parcs nationaux italiens, fut institué en 1921 dans la haute vallée du Sangro. Dans les bassins abrités croissent de riches cultures (vignes, amandiers, oliviers) ; l'industrialisation, commencée autour de Chieti et Pescara, s'est ensuite diffusée dans les régions de Vasto (industrie du verre), Sulmona (automobiles), L'Aquila (sidérurgie) et Avezzano (industrie textile et alimentaire). Sans oublier le tourisme, qui concerne surtout la zone côtière et les stations d'hiver du Gran Sasso.

Le Molise

Le Molise, dont la capitale est **Campobasso**, s'étend au Sud des Abruzzes avec lesquels il présente des traits communs : relief montagneux, profondes vallées et bois sauvages.

Dans la région de Termoli se concentre la grande industrie, bien que l'économie demeure essentiellement fondée sur l'agriculture (froment, maïs, pommes de terre, vignes).

La Campanie

Ses terres fertiles entourent le golfe de Naples. Les cultures de chanvre, de tabac et de céréales alternent avec les oliviers et les vignes. Le merveilleux **golfe de Naples**, qui fascinait déjà les Anciens, est dominé par la silhouette caractéristique du **Vésuve** ; bien qu'abîmés par les constructions, ses rivages ont conservé quelques sites enchanteurs comme la presqu'île de **Sorrente** ou l'île de **Capri**.

Pouille, Basilicate, Calabre

Ces trois régions couvrent le pied de la botte italienne. La Pouille, face à l'Adriatique, n'est pas dénuée de ressources : céréales dans la plaine entre Foggia et Manfredonia surtout, mais aussi dans celles de Bari, de Tarente, de Lecce, de Brindisi. La vigne croît un peu partout et se mêle aux oliviers (la production de l'huile d'olive est très importante) et aux amandiers sur la côte. Le **promontoire du Gargano**, formant « éperon », se distingue par son relief relativement élevé. **Bari** est un port actif, et le centre de nombreuses relations commerciales avec le Moyen-Orient : capitale de la Pouille, elle constitue, avec Tarente et Brindisi, l'un des trois grands complexes industriels de la région.

La Basilicate, ou **Lucanie**, et la Calabre se composent de terres très diverses : la corniche rocheuse, du golfe de Policastro à Reggio ; les sévères et grandioses montagnes du massif de la **Sila**, aux vastes alpages et aux horizons infinis ; à l'extrême pointe de la Péninsule, resserré entre deux mers, se trouve l'**Aspromonte**, boisé de pins, de hêtres, de châtaigniers etµ d'une âpre beauté.

Entre la Basilicate et la Calabre se trouve le Parco Nazionale del Pollino, créé en 1990, où pousse le pin Laricio. Dominé par le massif du même nom, il est particulièrement intéressant pour sa faune et sa flore, que l'on retrouve dans ses musées.

Sardaigne, Sicile *(voir les chapitres correspondants à la fin de la partie « Villes et sites »).*

Les civilisations antiques

À partir du second millénaire avant J.-C., l'Italie a vu fleurir de grandes civilisations, dont la culture occidentale est aujourd'hui encore imprégnée. Après l'installation des Ligures au Nord-Ouest, des Vénètes sur les côtes du Nord de l'Adriatique, des Latins au centre et des Italiques ou Italiotes, installés dans le centre et au Sud, ce fut au tour des Grecs de s'implanter...

Les Étrusques

C'est en Italie centrale que les Étrusques ont créé, à partir de la fin du 8e s. avant J.-C., un puissant empire qui devait durer jusqu'à l'affirmation de la suprématie romaine (3e s. avant J.-C.). Il s'agit d'un peuple assez mal connu, dont on a cependant réussi à déchiffrer l'alphabet et certaines inscriptions funéraires, et qui pour les uns serait autochtone, tandis que d'autres, à la suite d'Hérodote, le disent venu de Lydie en Asie Mineure. Les Étrusques occupèrent d'abord les régions comprises entre l'Arno et le Tibre, puis essaimèrent en Campanie et dans la plaine du Pô, leur apogée se situant au 6e s. avant J.-C. L'**Étrurie** formait alors une fédération de douze cités-États nommées « lucumonies » : Tarquinia, à laquelle était reconnue une certaine primauté, Vulci, Vetulonia, Cerveteri, Arezzo, Chiusi, Roselle, Volterra, Cortone, Pérouse, Véiès et Orvieto (l'ancienne Volsinii). La société étrusque était dominée par une puissante aristocratie terrienne,

Akragas : *Agrigente*
Caere : *Cerveteri*
Clusium : *Chiusi*
Faesulae : *Fiesole*
Felsina : *Bologne*
Poseidonia : *Paestum*
Tuder : *Todi*
Velitrae : *Velletri*
Veii : *Véies*
Volssinii Novi : *Bolsena*
Volsinii (veteres) : *Orvieto*
Zancle : *Messine*

La Chimère d'Arezzo

Museo Archeologico, Firenze/SCALA

La géographie du mythe

Les rivages de Sicile et d'Italie du Sud ont exercé une sorte de fascination sur les Grecs primitifs, pour lesquels ils représentaient les proches confins des terres habitées. De nombreuses scènes de la mythologie grecque s'y déroulent : les Champs Phlégréens, près de Naples, cachent l'entrée du royaume d'Hadès ; Zeus écrase les Titans, avec l'aide d'Héraklès (Hercule), à l'emplacement de l'Etna, où habitaient aussi les Cyclopes et où Hephaïstos (Vulcain) avait ses forges ; Coré (Perséphone), la fille de Déméter (Cérès), est enlevée par Hadès (Pluton), sorti du fleuve Tartare près d'Enna.
Dans l'*Odyssée*, Homère (9e s. avant J.-C.) raconte les aventures d'Ulysse (Odusseus), après la guerre de Troie, tombant de Charybde en Scylla dans le détroit de Messine, et en proie au chant envoûtant des sirènes dans le golfe de Sorrente.

tandis que les classes moyennes s'adonnaient au travail des métaux (cuivre, bronze et fer) ou à d'actifs échanges commerciaux, favorisés par la richesse en minerais de la région.

L'art

Habituellement située en position élevée, la ville étrusque, souvent ceinte de murs construits avec d'énormes pierres, marque un sens de l'urbanisme très avancé, fréquemment basé sur les modèles grecs.
Dans les environs des centres d'habitation s'étendent de grandes nécropoles souterraines, dont les chambres (hypogées), ont conservé d'importants témoignages sur les us et coutumes étrusques. De caractère primitif, bien que fortement influencé par l'Orient et la Grèce (surtout à partir du 6e s. avant J.-C.), l'art étrusque présente une personnalité très marquée, faite de réalisme et de force d'expression dans le mouvement.

Les arts figuratifs – À défaut de vestiges architecturaux, la **sculpture** apparaît comme la source principale pour l'étude de l'art étrusque dont la grande époque se situe au 6e s. avant J.-C., lorsque les temples étaient décorés de statues.
Plus originaux sont les bustes de personnages, d'un réalisme parfois sans pitié en raison de la forte intensité de l'expression et d'une approche moins cultivée mais plus naturaliste par rapport à la sculpture grecque de la même époque. Les mêmes caractères stylistiques se retrouvent dans les célèbres groupes de personnages à demi étendus sur les sarcophages et qui étaient souvent les véritables portraits des défunts. Les Étrusques obtinrent également d'excellents résultats dans la sculpture de bronze, ainsi qu'en témoigne la fameuse *Chimère d'Arezzo* (Musée archéologique de Florence).
De la **peinture** étrusque, seules subsistent les fresques murales des nécropoles (Cerveteri, Véiès et surtout Tarquinia), dont le rôle consistait à rappeler aux morts les plaisirs de la vie (banquets, jeux et spectacles, musique et danse, chasses). Ces peintures, d'une grande finesse artistique et chromatique, témoignent d'un sens étonnant de l'observation et constituent un excellent document sur la vie des Étrusques.

La céramique et l'orfèvrerie – Les Étrusques furent des artisans de génie et de grands producteurs de céramiques, parmi lesquelles le célèbre « **bucchero** », une terre cuite noire et lustrée, fabriquée selon une technique très raffinée. D'abord de lignes très pures et simples, les vases présentèrent aux cours des siècles des formes et une ornementation de plus en plus complexe. Au 5e s. commence la production des canopes, vases funéraires à forme animale ou humaine.

R. Mattes/MICHELIN

Harmonie et élégance du temple de Neptune à Pæstum

De somptueux bijoux paraient hommes et femmes : massifs, souvent en or, ils témoignent de l'habileté insurpassable des orfèvres étrusques, notamment dans la technique du filigrane et dans celle, typique, des granulations, dont le diamètre n'excède pas quelques fractions de millimètre.

Les Grecs

Tandis que les Étrusques occupaient le Centre, les Grecs fondèrent, entre le 8e et le 5e s. avant J.-C., un grand nombre de colonies sur les côtes d'Italie méridionale, qui constituèrent la **Grande Grèce**, et sur les côtes de Sicile. On y distinguait les colonies ioniennes, achéennes et doriennes, d'après les peuples qui les avaient développées. L'élément fondamental de ces colonies était la « cité-État », qui contrôlait les territoires environnants.
Aux 6e et 5e s. avant J.-C., période d'apogée de la civilisation grecque en Italie, les cités grecques de l'Italie méridionale s'enrichirent par le trafic maritime au point que Syracuse put rivaliser avec Athènes.
Malheureusement, le nombre et la diversité des cités les firent sombrer dans les rivalités et les dissensions. Des luttes entre tyrans de villes voisines et la difficile coexistence avec les Carthaginois furent la cause d'un déclin qui se termina par la conquête romaine à la fin du 3e s. avant J.-C.

La cité

La subdivision rationnelle du territoire en lieux de culte, espaces publics et espaces destinés au logement, fut établie approximativement dès les premières vagues de colonisation au 8e s. avant J.-C. En principe, le plan de la cité était établi selon le système de la maille orthogonale - mis au point par **Hippodamos de Milet**, philosophe et géomètre grec ayant vécu en Asie mineure au 5e s. avant J.-C. - organisé autour de deux axes : le **cardo** (*stenopos* en grec), orienté du Nord au Sud, et le **decumanus majeur** (*plateia* en grec), orienté d'Est en Ouest. Le réseau de rues était complété par les *cardi* et les *decumani* mineurs, qui délimitaient les pâtés de maisons. À l'intérieur de ce plan en damier étaient insérés les complexes et édifices divers, parmi lesquels l'*agorà,* place principale et centre de la vie publique, l'*ekklesiastérion*, édifice public profane réservé aux réunions de l'assemblée populaire *(ekklesià)* et le *bouleutérion*, destiné à accueillir le conseil restreint *(boulé)* des habitants de la cité.

Les temples, parfois à l'extérieur du périmètre urbain, étaient fréquemment entourés d'enceintes sacrées, qui pouvaient comprendre, dans les structures plus monumentales, des portiques, des monuments votifs, des gymnases et des théâtres. L'espace urbain était en général protégé par des fortifications, au-delà desquelles s'étendaient les terres agricoles subdivisées en parcelles familiales, et la zone consacrée à l'enterrement des morts.

Le temple

Le cœur de l'édifice est le *naos*, qui renferme la statue du dieu ; il est orienté vers l'Est, de telle sorte que le soleil levant, principe de la vie, illumine la divinité. Devant le *naos* se trouve le *pronaos*, sorte d'antichambre, tandis que dans la partie postérieure l'*opisthodome* sert de chambre du trésor. Tout autour se déploie une colonnade, le *péristyle*. Le temple est soutenu par un soubassement ; sur le dernier

gradin, le *stylobate*, reposent les colonnes qui soutiennent l'entablement. La couverture est constituée d'un toit à deux versants.
Le style prédominant en Grande Grèce et en Sicile est le style dorique : les colonnes, imposantes et sobres à la fois, se dressent, sans base aucune, directement sur le stylobate. Le chapiteau, dépourvu de décorations sculptées, est constitué d'un simple coussinet rond, l'échine, que surmonte un élément de forme carrée, l'abaque. L'entablement dorique est composé d'une architrave simple, dont la partie supérieure est formée par une frise sur laquelle alternent métopes (panneaux généralement constitués de bas-reliefs sculptés) et triglyphes (panneaux présentant deux profondes cannelures au centre et deux autres plus petites sur les côtés).
En raison de la simplicité de la structure et la parfaite harmonie des proportions, l'architecture du temple dorique fut souvent et longtemps considérée comme le prototype de la beauté idéale. Les architectes, ayant constaté la tendance de l'œil humain à déformer les lignes des édifices de grandes dimensions, pouvaient apporter à la structure conventionnelle quelques corrections optiques : les entablements, dont la partie centrale semblait s'affaisser légèrement, furent surhaussés au centre, adoptant ainsi une imperceptible forme arquée ; afin de créer une impression de parfait équilibre, les colonnes disposées au bord de la façade des temples furent inclinées vers l'intérieur, de façon à éviter l'effet de divergence ; enfin, dans les édifices particulièrement grands (tels le temple de la Concorde à Agrigente et la basilique de Pæstum), comme les colonnes semblaient se rétrécir dans la partie supérieure, l'on faisait en sorte de compenser cette illusion d'optique avec un renflement *(entasis)* à environ deux tiers de la hauteur du fût.
D'un point de vue décoratif, les temples présentaient fréquemment des cycles de sculptures et bas-reliefs, et étaient généralement peints en rouge, bleu et blanc, afin de donner le maximum de relief plastique et chromatique à la décoration sculptée et à la projection des colonnes sur le *naos*.
Dans l'ensemble, la comparaison avec les édifices sacrés de la patrie d'origine révéla pour les temples de Grande Grèce et de Sicile une propension persistante à la monumentalité et aux effets spatiaux, ainsi qu'à un goût particulier pour l'abondance de l'ornementation.

Sculpture

Le manque de marbre et le goût particulier des Italiques pour les effets picturaux et les clairs-obscurs firent du calcaire et du grès les matériaux privilégiés. L'argile fut largement employée dans les frontons et les acrotères des temples, ainsi que dans les statuettes votives de terre cuite. À partir de la fin du 6e s. avant J.-C., le style dorique, caractérisé par une importante individualisation des traits, un élément d'intensité dramatique croissante et une grande douceur des formes, s'affirma dans les colonies. Parmi les principaux centres artistiques de la période, figurent Tarente, Naples, Pæstum, Agrigente et Syracuse.

Peinture et céramique

Les Grecs considéraient la peinture comme l'expression artistique la plus noble et la plus éloquente ; malheureusement, en raison de la détérioration des pigments, rares sont les témoignages de cet art. Les uniques exemples, témoins clés, de la peinture monumentale grecque sont conservés à l'intérieur des tombes ou sur les façades des hypogées.
Les vases à figures noires sur fond rouge ou jaune remontent à l'époque archaïque et au début de l'époque classique. Les détails des figures sont obtenus simplement en incisant le vernis noir avec une pointe d'acier. Les scènes les plus récurrentes sont généralement liées à la mythologie et à la vie quotidienne. Les vases à figures rouges apparaissent en Italie du Sud vers la fin du 5e s. avant J.-C. Le vernis noir, employé auparavant pour dessiner les figures, sert alors uniquement de fond aux décorations réalisées en rouge brique avec des touches de noir et de blanc. Cette inversion, qui confère une plus grande liberté de composition, constitue une découverte révolutionnaire pour les artistes, dont les dessins gagnent en traits plus doux. Les thèmes représentés ne subissent en revanche pas de variations notables.
À partir du 3e s. avant J.-C., la production artistique italique et de Grande Grèce tend de plus en plus vers l'ornementation.

Les Romains

Pour la partie historique, voir p. 62.

La ville romaine

Les villes romaines de fondation nouvelle ont souvent une origine militaire ou sont intégrées, lors de l'établissement du projet, au plan du *castrum*, le camp militaire. Les nouvelles villes, réalisées selon ce modèle, entourées d'une enceinte pendant les périodes troublées, étaient divisées en général en quatre quartiers par deux rues principales, le *decumanus* et le *cardo*, se coupant à angle droit et aboutissant à des portes. Les autres rues, parallèles à ces deux premières, donnaient à la ville un aspect de damier.

Les **rues** de la ville étaient bordées parfois de trottoirs hauts de 50 cm et pouvaient être longées de portiques destinés à protéger les promeneurs de la pluie ou la neige en hiver, ou des ardeurs du soleil en été. La chaussée, revêtue de grandes dalles parfaitement jointes, était par endroits coupée de bornes plates aussi hautes que le trottoir, entre lesquelles pouvaient passer les chevaux et les roues des chars. Ces bornes permettaient aux piétons de traverser la rue de plain-pied.

La maison romaine

Les fouilles d'Herculanum, Pompéi et Ostie ont exhumé deux types fondamentaux de maison romaine : les *insulæ*, immeubles de rapport à plusieurs étages divisés en appartements, souvent avec boutiques donnant sur la rue, et les *domus*, grandes et luxueuses habitations patriciennes avec atrium, évolution, d'origine hellénistique, de la *domus* italique. La nudité extérieure des murs et la rareté des fenêtres donnaient à ces dernières un aspect modeste. Mais l'intérieur, décoré de mosaïques, de statues, de peintures, de marbres, et comprenant parfois des thermes privés et un vivier, témoignait de la richesse de leur propriétaire. À l'entrée, une inscription ou une mosaïque *(cave canem)* invitait parfois le visiteur à prendre garde au chien, tandis qu'un vestibule, sur lequel s'ouvrait la loge du gardien, conduisait à l'atrium.

L'atrium (1), constituant dans un premier temps le centre de la *domus*, se transforma par la suite en une cour intérieure, se déployant autour d'un bassin destiné à recevoir les eaux de pluie *(impluvium)*. Sur les côtés de l'atrium, seule partie de la maison où les étrangers étaient habituellement admis, s'ouvraient quelques pièces pourvues d'un lit *(cubicula)* ; le fond était occupé par le **tablinum (2)**, salle à manger-séjour. L'atrium et les pièces qui y prenaient jour constituaient la forme la plus primitive de la maison romaine, telle que l'ont conservée les citoyens peu fortunés.

La partie réservée à la famille s'organisait autour d'un **péristyle (3)**, cour entourée d'un portique, se présentant généralement sous forme de jardin avec bassins pavés de mosaïques, jets d'eau et statues. Tout autour donnent des locaux d'habitation. Les *cubicula*, simples pièces à dormir, comportent un lit en maçonnerie appliqué contre la paroi ou un lit mobile ; il y a matelas, coussins, couvertures, mais pas de draps. La salle à manger, ou **triclinium (4)**, prend son nom des trois lits où les convives étendus sur des coussins prenaient leur repas, selon la coutume grecque, appuyés sur un coude. La table centrale n'était donc entourée que sur trois côtés, le quatrième restant ouvert aux esclaves chargés du service. Enfin l'ensemble était complété d'un grand salon ou **œcus**, parfois doté d'une colonnade. Les communs comprenaient : la cuisine avec tout-à-l'égout, fourneau en

R. Corbel/MICHELIN

La maison romaine et ses spécificités architecturales : un atrium ①, un tablinum ②, un péristyle ③ et un triclinum ④.

B. Kaufmann/MICHELIN

Tombeau antique sur la via Appia à Rome

maçonnerie, four ; les bains, qui sont une réduction des thermes ; les logements des esclaves ; les greniers, celliers, écuries, etc. Les latrines occupaient un coin de la cuisine pour bénéficier de la même canalisation.

Le forum

Grande place souvent entourée d'un portique à l'époque impériale, le forum, qui était à l'origine un marché généralement situé à l'intersection des deux rues principales, devint le centre de la vie publique et commerciale des villes romaines. Autour du forum sont groupés les édifices officiels : la curie ou siège de l'administration locale, les salles de vote pour les élections, la tribune aux harangues d'où les candidats rivalisent d'éloquence, la basilique « argentaria » (des changeurs), le trésor municipal, les greniers publics, la basilique judiciaire (tribunal), la prison et les temples.

Les tombes

Les nécropoles romaines se situaient à l'extérieur de l'enceinte de l'agglomération, le long des routes. Les tombes étaient signalées par une simple stèle, par un autel, ou, pour les familles plus aisées, par un mausolée. Pour les familles les moins fortunées, l'on utilisait une pièce, dite *colombarium*, dont les parois étaient quadrillées de niches destinées à accueillir les urnes cinéraires. La plus célèbre nécropole romaine est celle de la Via Appia Antica, au Sud de Rome. Aussitôt après sa mort, le défunt était exposé sur un lit spécial entouré de candélabres et de guirlandes de fleurs, puis enterré ou incinéré par les siens. Le corps était accompagné d'un mobilier funéraire qui devait servir après la mort : vêtements, armes, outils pour les hommes ; jouets pour les enfants ; parures et objets de toilette pour les femmes.

L'architecture

L'architecture romaine diffère de l'architecture grecque, dont elle emprunte quelques éléments du vocabulaire, non seulement par sa vocation fondamentalement « plastique » et organique, mais encore par l'étroit rapport entre la forme extérieure et l'espace intérieur ; de plus, d'importantes innovations techniques et la liberté de conception permirent de recourir largement aux formes incurvées, plus douces et plus souples, telles que l'arc, la coupole et la voûte. La colonne, qui dans l'architecture grecque était le fondement du système (dont les éléments de base étaient deux colonnes portant une architrave), fut remplacée pour des raisons fonctionnelles par le mur et le pilastre. L'utilisation du **béton**, coulé en coffrage, rendit possible la réalisation d'énormes espaces unitaires couverts. Le caractère technique et urbain, essentiellement public, de l'art de la construction romaine doit être souligné puisqu'il se traduit dans la réalisation d'ouvrages gigantesques, comme les ponts, les aqueducs, les routes, les tunnels, les égouts, les installations thermales, les théâtres et amphithéâtres, les stades et cirques, les basiliques et nymphées, les palestres, colonnades et autres arcs de triomphe. Les ordres architecturaux romains dérivent des ordres grecs, dont ils se distinguent uniquement par quelques détails : à Rome, prédominent le style corinthien et le style composite.

SCALA

L'arc de Trajan à Bénévent

Les temples

Il s'agit de lieux dédiés aux cultes des dieux et des empereurs, élevés au rang de divinité à partir d'Auguste. Le temple, inspiré des modèles grecs, comprend une *cella*, qui contient l'effigie du dieu, et que précède un portique entouré d'une colonnade.

Les arcs de triomphe

À Rome, ils étaient destinés à commémorer le « triomphe » de généraux ou d'empereurs vainqueurs ; des bas-reliefs y évoquaient leurs faits d'armes. Dans les provinces, comme à Aoste, Bénévent, ou Ancône, ce sont des arcs municipaux rappelant des événements importants ou honorant quelque membre de la famille impériale.

Les thermes

Les thermes romains, publics et gratuits, sont un élément important de la vie sociale : on ne fait pas qu'y prendre des bains et s'exercer à la palestre, on y donne aussi rendez-vous, on y converse, lit, joue, traite ses affaires. Dans ces vastes bâtiments fastueusement décorés de marbre, mosaïques, statues et colonnes, le baigneur suit en principe un itinéraire médicalement établi : de la palestre on passe dans une salle tiède, le **tepidarium** qui prépare à l'étuve et au bain chaud ou **caldarium** ; puis, on repasse par une salle tiède avant de se plonger dans une piscine d'eau froide ou **frigidarium**. Un système complexe de chauffage courant sous le dallage et le long des parois permet, à partir de chaudières souterraines (les hypocaustes), de porter l'atmosphère des pièces et l'eau des bassins aux températures souhaitées.

L'amphithéâtre

Cette création romaine est une grande construction à plusieurs étages, de forme légèrement elliptique, destinée à recevoir les spectateurs des jeux du cirque. L'anneau extérieur était surmonté d'un mur auquel pouvait être suspendu un immense voile, le **velarium**, qui protégeait le public du soleil et des intempéries. À l'intérieur, clôturant l'arène, un mur défendait les spectateurs des premiers rangs contre les bêtes féroces lâchées sur la piste. Un ensemble de galeries circulaires, d'escaliers et de couloirs permettait aux spectateurs de gagner leurs places sans bousculades depuis les différentes entrées ou vomitoires.

Les spectacles, fort prisés et annoncés par des affiches peintes qui détaillent le programme, consistent essentiellement en combats variés : animaux entre eux, gladiateurs contre fauves ou gladiateurs entre eux. En principe, un duel de gladiateurs

doit toujours se terminer par la mort de l'un des adversaires, mais le public peut demander sa grâce et le président des jeux lever le pouce en signe d'assentiment. Le combattant victorieux reçoit une forte somme d'argent si c'est un professionnel, ou, s'il s'agit d'un esclave ou d'un captif, il obtient l'affranchissement.
Dans certains cas, l'arène pouvait être inondée pour accueillir de spectaculaires combats navals, les naumachies, réalisés avec des embarcations spéciales à fond plat.

Le cirque

En général relié au palais impérial, long et droit, avec un des côtés court en courbe et un autre rectiligne (ligne de partage), le cirque était utilisé pour les courses de chars et de chevaux. Les spectateurs prenaient place sur les gradins. Au centre de la piste se trouvait la *spina*, autour de laquelle tournaient les concurrents. À l'époque tardive, le cirque accueillit tout type de spectacles. Le stade, d'origine grecque et au départ destiné aux compétitions d'athlétisme, présente une forme analogue à celle du cirque, dont il dérive, mais en plus petit.

Les théâtres

Formant un hémicycle, ils comprenaient des gradins souvent terminés par une colonnade, l'**orchestre** réservé aux personnages illustres ou à la figuration, et la **scène**, surélevée par rapport à l'orchestre. Les acteurs évoluaient en avant d'un imposant mur de scène richement décoré de colonnes, niches et sculptures, et revêtu de marbre et de mosaïques, à l'image d'une façade de palais. La perfection de l'acoustique était obtenue grâce à un ensemble de facteurs architecturaux d'une grande subtilité. Les décors étaient tantôt fixes, tantôt mobiles et l'on pouvait, du sous-sol ou des cintres, faire fonctionner toutes sortes de machines produisant des effets spéciaux qui n'auraient rien à envier aux scènes modernes (fumées, éclairs, coups de tonnerre, apparition de dieux – le fameux *deus ex machina* – ou de héros).
Si le théâtre servait avant tout à la représentation des comédies (les Romains étaient particulièrement friands de farces et de pantomimes souvent assez grossières) et des tragédies (le plus fréquemment simples transpositions de leurs homologues grecques), on s'y rendait également pour assister à des concours, des tirages de loterie ou des distributions de pain et d'argent.
Jusqu'à la fin du 2e s. avant J.-C., tous les acteurs portaient des perruques dont la forme et la couleur variaient avec la nature du personnage interprété ; après cette date, ils adoptèrent un masque en carton-pâte qui correspondait également à un rôle déterminé. Pour paraître plus majestueux, les acteurs de tragédie portaient (comme les tragédiens grecs) des cothurnes, sandales pourvues d'une très haute semelle de liège.

Thermes de Caracalla (Rome)

De la naissance de Rome à nos jours

Suivons pas à pas la progression de l'histoire italienne et les traces qu'elle a laissées. Une louve légendaire marque le début du parcours. César et ses concitoyens nous conduisent le long de routes qu'empruntent encore aujourd'hui les Italiens et qui traversent tout le pays. Les Barbares arrivent, les empereurs naissent et meurent, les combats font rage entre guelfes et gibelins, un Nouveau Monde s'ouvre au-delà des mers, en même temps qu'une époque où l'homme devient la mesure de toute chose. Commençons le voyage…

B. Morandi/MICHELIN

Des origines à l'Empire (753 avant J.-C. – 27 avant J.-C.)

• **753** – Selon la légende, **Romulus** fonde Rome (née en fait de l'union de villages latins et sabins, vers le 8e s.).
• **7e-6e s.** – Après le règne des rois sabins, s'installe à Rome la dynastie des **Tarquins** : le roi, le Sénat et les comices se partagent le pouvoir.
• **509** – Établissement de la République : les pouvoirs sont attribués à deux consuls élus pour un an.
• **451-449** – Loi des XII Tables, premier pas vers l'égalité civile entre patriciens (nobles pouvant prouver leurs origines) et plébéiens (jusqu'alors dépourvus de tout droit politique).
• **390** – Les Gaulois envahissent l'Italie, occupent Rome, mais en sont chassés par Camille.
• **281-272** – Guerre contre Pyrrhus, roi d'Épire, et soumission à Rome de tout le Sud de la péninsule.
• **264-241** – Première guerre punique : Carthage cède la Sicile aux Romains.
• **218-201** – Deuxième guerre punique. **Hannibal** traverse les Alpes, bat les Romains au lac Trasimène, les écrase à Cannes, mais au lieu de marcher sur Rome il s'amollit dans les « délices de Capoue ». En 210, **Scipion** porte la guerre en Espagne, puis en Afrique ; Hannibal est rappelé à Carthage. En 202, Scipion est vainqueur d'Hannibal à Zama.
• **146** – La Macédoine et la Grèce deviennent provinces romaines. Destruction de Carthage.
• **133** – Occupation de toute l'Espagne et fin des grandes conquêtes en Méditerranée.
• **133-121** – Échec de la politique des Gracques, promoteurs de lois agraires en faveur du peuple.
• **125** – Les Romains en Gaule méridionale.
• **112-105** – Guerre contre Jugurtha, roi de Numidie (l'actuelle Algérie), qui est vaincu par **Marius**.
• **102-101** – Marius arrête les invasions des Cimbres et des Teutons.
• **88-79** – **Sylla**, le rival de Marius, triomphe de Mithridate et établit sa dictature à Rome.
• **70** – Pompée et Crassus, nommés consuls, deviennent maîtres de Rome.
• **63** – **Conjuration de Catilina**, démasquée par Cicéron, déclaré « père de la patrie ».
• **60** – **Premier triumvirat** : Pompée, Crassus, César. Rivalité des trois hommes.
• **59** – César consul.
• **58-51** – Campagne des Gaules (52 : reddition de Vercingétorix à Alésia).

• **49** – César franchit le Rubicon et chasse Pompée de Rome.

• **49-45** – **César** triomphe de Pompée et de ses partisans en Espagne, en Grèce et en Égypte. Il écrit ses *Commentaires sur la guerre des Gaules*.

• **Début 44** – César se fait nommer dictateur à vie.

• **15 mars 44** – César est assassiné par des partisans de la République, dont Brutus, son fils adoptif.

• **43** – **Deuxième triumvirat** : Octave (neveu et héritier de César), Antoine, Lépide.

• **41-30** – Lutte ouverte entre Octave et Antoine. Après sa défaite à Actium (31), Antoine se suicide avec Cléopâtre, auprès de laquelle il s'était réfugié.

Le Haut-Empire (27 avant J.-C. – 284 après J.-C.)

• **27** – Octave, seul maître de l'Empire, reçoit du Sénat le titre d'**Auguste** et tous les pouvoirs.

• **14 après J.-C.** – Mort d'Auguste.

• **54-68** – Règne de **Néron**, qui fait mourir Britannicus, sa mère Agrippine, ses femmes Octavie et Poppée, incendie Rome et organise la 1re persécution violente des chrétiens.

• **68** – Fin de la **dynastie des Julio-Claudiens** : Auguste, Tibère, Caligula, Claude, Néron.

• **69-96** – **Dynastie des Flaviens** : Vespasien, Titus, Domitien.

• **96-192** – « Siècle d'or des **Antonins** » : règnes heureux de Nerva, Trajan, Hadrien, Antonin le Pieux, Marc Aurèle, qui consolident l'organisation de l'Empire.

• **193-275** – **Dynastie des Sévères** : Septime Sévère, Caracalla, Héliogabale, Alexandre Sévère, Dèce, Valérien, Aurélien.

• **235-268** – Anarchie militaire, période troublée : les légions font et défont les empereurs.

• **270-275** – Aurélien rétablit l'unité de l'Empire.

Le Bas-Empire et la décadence (284 – 476 après J.-C.)

• **284-305** – Règne de **Dioclétien** ; institution de la **tétrarchie** ou gouvernement à quatre ; persécution des chrétiens (303) ; ceux-ci appellent le règne de Dioclétien « l'ère des martyrs ».

• **306-337** – Règne de **Constantin**, qui décrète par l'**édit de Milan** (313) la liberté de tous les cultes. **Constantinople**, nouvelle capitale de l'Empire.

• **379-395** – Règne de **Théodose le Grand**, empereur chrétien, qui en 382 déclare le christianisme religion d'État. À sa mort, partage de l'Empire entre ses deux fils : Arcadius (Orient) et Honorius (Occident), qui s'établit à Ravenne.

• **5e s.** – L'Empire romain est livré aux assauts répétés des Barbares : en 410, Alaric, roi des Wisigoths, s'empare de Rome ; en 455, prise et sac de Rome par les Vandales de Genséric.

• **476** – Le Germain **Odoacre** dépose l'empereur Romulus Augustule : fin de l'empire d'Occident.

De l'Empire romain au Saint-Empire romain germanique

• **493** – Odoacre est chassé par les Ostrogoths de Théodoric.

• **535-553** – L'empereur romain d'Orient **Justinien** (527-565) reconquiert l'Italie.

• **568** – Invasion lombarde conduite par le roi Alboin.

• **590-604** – Le pape **Grégoire Ier le Grand** amorce l'évangélisation des peuples germaniques et anglo-saxons.

• **752** – Rome menacée par les Lombards : le pape fait appel à Pépin le Bref.

Laurent le Magnifique

• **756 – Donation de Quierzy** : Pépin le Bref restitue au pape Étienne II les territoires autrefois byzantins reconquis sur les Lombards, événement qui, sans aucun doute, fut à l'origine de l'État pontifical et du pouvoir temporel du pape.
• **774** – Le fils de Pépin, **Charlemagne**, devient roi des Lombards.
• **800** – À Rome, le pape Léon III couronne Charlemagne empereur d'Occident.
• **9e s.** – La dissolution de l'Empire carolingien provoque en Italie l'anarchie la plus complète et la création de nombreux États féodaux rivaux. La papauté traverse une période de graves troubles et de décadence ; la corruption se répand parmi les membres de la hiérarchie ecclésiastique.
• **51** – Intervention en Italie du roi de Saxe **Otton Ier** qui devient roi des Lombards.
• **62** – Otton Ier, sacré empereur, fonde le Saint-Empire romain germanique.

La querelle du Sacerdoce et de l'Empire

• **11e s.** – Installation progressive des Normands en Sicile et en Italie du Sud.
• **1076** – La réforme grégorienne **(Grégoire VII)** tente de redonner du prestige à l'Église. La **querelle des Investitures** éclate à la suite d'une rencontre entre le pape et l'empereur Henri IV.
• **1077** – L'empereur Henri IV s'humilie devant le pape Grégoire VII à Canossa.
• **1155** – **Frédéric Barberousse** sacré empereur par le pape. Reprise de la lutte entre l'Empire et la papauté : conflits entre **gibelins** (partisans de l'empereur) et **guelfes** (partisans du pape).
• **1167** – Création de la **Ligue lombarde** (union de villes guelfes du Nord de l'Italie contre l'empereur, sous l'égide du pape).
• **1176** – Bataille de Legnano et préliminaires de paix entre Frédéric Barberousse et le pape Alexandre III, qui se réconcilient en 1177.
• **1216** – À la mort d'**Innocent III**, la papauté a atteint l'apogée de sa puissance.
• **1227-1250** – Nouvel épisode de la lutte entre l'Empire (Frédéric II) et la papauté (Grégoire IX et Innocent IV). Nouveau triomphe de la papauté.

Influence française et déclin de l'influence impériale

• **13e s.** – Apogée de la prospérité économique des Communes.
• **1252** – Le **florin**, frappé à Florence en argent depuis 1182, devient une pièce d'or, très en faveur dans les échanges internationaux.
• **1265** – Charles d'Anjou, frère de Saint Louis, est couronné roi de Sicile.
• **1282** – **Vêpres siciliennes** : massacre des Français établis en Sicile.
• **1300** – Boniface VIII instaure le premier jubilé.
• **1302** – La **dynastie d'Anjou** s'établit à Naples.
• **1303** – **Attentat d'Anagni**, fomenté par Philippe le Bel contre le pape Boniface VIII *(voir Anagni)*.
• **1309-1377** – Établissement des papes en Avignon (de Clément V à Grégoire XI, qui revient à Rome sur la prière de sainte Catherine de Sienne).
• **1328** – Échec de l'intervention en Italie de l'empereur Louis de Bavière. De cette époque date la lente renonciation des empereurs germaniques à leur volonté de pouvoir politico-religieux sur les territoires de l'antique Empire romain.
• **1378-1418** – **Grand schisme d'Occident** (antipapes à Pise et à Avignon), auquel met fin le concile de Constance (1414-1418).
• **1402** – Dernière intervention allemande en Italie (l'empereur est battu par les milices lombardes).
• **1442** – **Alphonse V**, roi d'Aragon, devient roi des « Deux-Siciles ».
• **1453** – Constantinople, capitale de l'Orient chrétien, tombe aux mains des Turcs.
• **1492** – Mort de **Laurent le Magnifique** et découverte de l'Amérique.
• **1494** – À la demande de Ludovic le More, intervention du roi de France Charles VIII en Italie.

L'âge d'or économique et culturel (15e s. et début du 16e s.)

Alors que le Sud maintient ses structures féodales fondées sur la grande propriété, le Centre et le Nord sont transformés par l'activité dynamique des corporations et ateliers d'artisans. Le poids économique de l'Italie à cette époque s'explique non pas tant par le volume des biens de consommation produits (tissus, cuir, verre, céramique, armes...) que par le commerce et l'importante activité bancaire qu'il génère. Les négociants et banquiers installés à l'étranger contribuent à divulguer à travers l'Europe la civilisation italienne, qui s'épanouit alors dans toutes les grandes cours. Entretenir les artistes et posséder le plus beau palais devient un véritable terrain de rivalité pour ces souverains-mécènes que sont les Médicis à Florence, les Sforza à Milan, les Montefeltre à Urbin, les Este à Ferrare, les Gonzague à Mantoue et les papes à Rome (comme Jules II et Léon X).

Mais la découverte du Nouveau Monde entraîne un inexorable déclin. Le déplacement vers l'Atlantique des courants commerciaux est dommageable pour les républiques maritimes, si florissantes au Moyen Âge : Gênes est rapidement ruinée, Pise est absorbée par Florence sa rivale de toujours, Amalfi et Venise connaissent de sérieuses difficultés en raison de l'avancée des Turcs vers l'Ouest.

La fragmentation politique de la Péninsule, en outre, en fera inévitablement une proie pour les nations plus puissantes alors naissantes.

Du 16e s. à l'époque napoléonienne

- **16e s.** – Lutte entre la France et l'Espagne pour la suprématie en Europe.
- **1515-1526** – François Ier, vainqueur à Marignan, vaincu à Pavie, doit renoncer à l'héritage italien.
- **1527** – Sac de Rome par les lansquenets de **Charles Quint**.
- **1545-1563** – Avec le **concile de Trente**, l'Église tente de retrouver l'autorité et la crédibilité auxquelles la réforme protestante avait porté atteinte.
- **1559** – Traité du Cateau-Cambrésis : domination espagnole sur le Milanais et les royaumes de Naples, de Sicile et de Sardaigne jusqu'au début du 18e s.
- **17e s.** – La Savoie devient l'État le plus puissant du Nord de l'Italie.
- **1713** – Victor-Amédée II de Savoie obtient la Sicile, dont il devient roi et qu'il échangera en 1720 contre la Sardaigne.
- **1796** – Campagne de Bonaparte en Italie, qui crée la République cispadane au Sud du Pô.
- **1797** – Traité de Campoformio : cession de la Vénétie à l'Autriche. Création des Républiques cisalpine et ligurienne.
- **1798-1799** – Proclamation des Républiques romaine et parthénopéenne (Naples).
- **1805** – Napoléon Ier transforme la République italienne en royaume, ceint la couronne de fer des rois lombards et confie la vice-royauté à son beau-fils Eugène de Beauharnais.
- **1808** – Rome occupée par les troupes françaises. Murat devient roi de Naples.
- **1809** – Les États pontificaux rattachés à l'Empire français. Pie VII prisonnier en France (1812).
- **1814** – Écroulement de la politique napoléonienne. Pie VII de retour à Rome.

Vers l'Unité italienne (1815-1870)

Bien que Machiavel eût déjà rêvé au 16e s. d'une unité italienne, il fallut attendre la Révolution française pour que l'on commence à envisager concrètement le rassemblement sous un même régime politique des diverses régions du pays.

L'unification des provinces d'Italie nécessita quelque cinquante années et s'élabora au cours d'événements nombreux et complexes. Amorcé dès le lendemain du Congrès de Vienne en 1815, le **Risorgimento** fut préparé par un grand nombre de *carbonari* et de tentatives diverses d'insurrection durement réprimées. La fondation du mouvement de la Jeune-Italie en 1831 par **Giuseppe Mazzini** enflamma plus tard les âmes des patriotes. En 1848 éclate la **première guerre d'indépendance** contre l'Autriche, menée par Charles-Albert de Savoie, roi de Sardaigne. Après des débuts victorieux, la défaite piémontaise à Custoza entraîna l'abdication de Charles-Albert (mars 1849) et l'avènement de **Victor-Emmanuel II**. La politique subtile de son premier ministre **Cavour** et la participation du Piémont à la guerre de Crimée aux côtés de la France (1854) portèrent la question italienne au centre des préoccupations européennes. Les accords de Plombières entre Cavour et Napoléon III (1858), conduisirent l'année suivante à la **seconde guerre d'indépendance**, à l'issue de laquelle Piémontais et Français sortirent victorieux (victoires de Magenta et Solferino). À la suite des révoltes

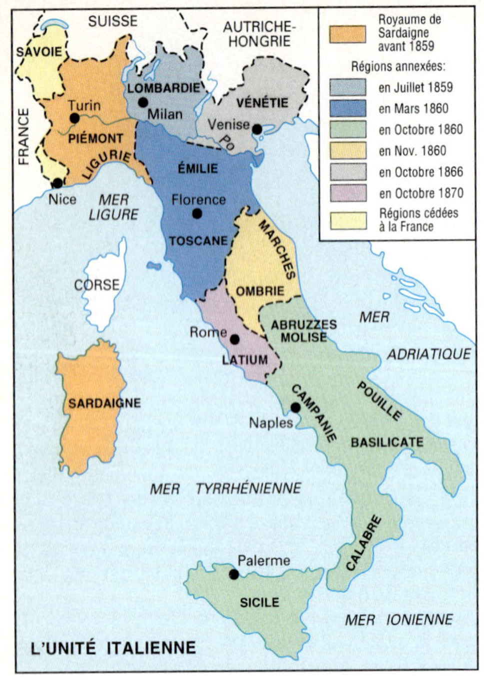

populaires dans l'Italie centrale et du Nord, la Lombardie, l'Émilie-Romagne et la Toscane furent annexées au royaume de Sardaigne. En 1860, après que **Garibaldi** et l'**expédition des Mille** eurent libéré la Sicile et l'Italie du Sud de la domination des Bourbons (la Savoie et Nice furent en revanche cédées à la France), le Mezzogiorno, les Marches et l'Ombrie furent rattachés à l'État italien naissant. **Le 17 mars 1861**, **le Parlement de Savoie proclama le royaume d'Italie** ; Victor-Emmanuel II en devint le souverain, Turin la capitale jusqu'en 1866, date à laquelle Florence lui succéda pour des raisons politiques.

Avec la **troisième guerre d'indépendance**, l'Italie, alliée à la Prusse contre l'Autriche, parvient malgré les défaites de Lissa et Custoza à obtenir l'annexion de la Vénétie. Quatre années plus tard, le 20 septembre 1870, les troupes du général Cardona entrèrent dans Rome par la **brèche de la Porta Pia** : Rome fut alors annexée à l'Italie et proclamée capitale (1871).

De 1870 à nos jours

- **1882** – L'Italie, l'Allemagne et l'Autriche signent la **Triple Alliance**.
- **1885** – Les Italiens s'installent en Érythrée et sur la côte des Somalis.
- **1900** – Assassinat du roi Humbert Ier par l'anarchiste Bresci. Avènement de Victor-Emmanuel III.
- **1903-1914** – « Dictature parlementaire » de **Giolitti**, qui ne règle pas les graves problèmes de chômage et de misère, poussant à l'agitation révolutionnaire et anarchiste (grandes grèves).
- **1904-1906** – Rapprochement de l'Italie avec la France et l'Angleterre.
- **1911-1912** – Guerre italo-turque. Occupation de la Libye et du Dodécanèse.
- **1914** – La **Première Guerre mondiale** éclate. L'Italie entre en guerre le 24 mai 1915 aux côtés de la France, de la Grande-Bretagne et de la Russie (la Triple Entente) contre l'Autriche-Hongrie, puis (le 28 août 1916) contre l'Allemagne.
- **1918** – Avec la victoire de la bataille de **Vittorio Veneto**, l'Italie conclut (4 novembre) la Première Guerre mondiale.
- **1919** – Le traité de Saint-Germain-en-Laye accorde à l'Italie le Trentin et le Haut-Adige, Trieste et l'Istrie. D'Annunzio, à la tête de ses *arditi* (légionnaires), s'empare de Fiume (Rijeka en Croatie) qui sera ensuite annexée à l'Italie en 1924. Les déceptions nationalistes et la crise économique persistante profitent aux partis extrémistes : fondation des « Faisceaux de combat » par Mussolini (début du fascisme).
- **1920-1921** – Désordres sociaux (occupations d'usines, grèves) ; premières affirmations du parti fasciste de Benito Mussolini.
- **1922** – Marche sur Rome par les fascistes : **Mussolini** nommé chef du gouvernement.
- **1925** – Après l'assassinat du député socialiste Matteotti (1924), qui avait dénoncé les méthodes fascistes, et la protestation des parlementaires de l'opposition (« Aventino »), Mussolini proclame les lois d'exception (les lois fascistissimes) : un régime dictatorial s'installe.
- **1929** – Les **accords du Latran** entre le gouvernement italien et la papauté mettent fin à la séculaire « Question romaine » des rapports entre l'État et l'Église.
- **1936** – Après le succès de la guerre d'Éthiopie, occupation coloniale du pays par les Italiens et fondation de l'Empire. La Société des Nations condamnant Mussolini, celui-ci se rapproche de l'Allemagne nazie : création de l'axe Rome-Berlin.
- **1939** – Début de la **Seconde Guerre mondiale**.
- **1940** – L'Italie entre en guerre aux côtés de l'Allemagne contre la France et la Grande-Bretagne.

• **1943** – 10 juillet : les Alliés débarquent en Sicile. 25 juillet : destitution et arrestation de Mussolini. 8 septembre : armistice ; une grande partie du pays est occupée par les troupes allemandes. 12 septembre : libéré par les Allemands, Mussolini fonde dans le Nord la **République sociale italienne** avec Salò comme capitale (lac de Garde).
• **1944-1945** – Difficile reconquête de l'Italie par les Alliés. Dans le Centre-Nord, occupé par les nazis-fascistes, la Résistance prend place. Libération (25 avril 1945) du pays et fin de la guerre : Mussolini, en fuite vers la Suisse, est arrêté et fusillé sur les rives du lac de Côme.
• **1946** – En mai, abdication de Victor-Emmanuel III ; avènement de Humbert II. **2 juin** : **proclamation de la République** à l'issue d'un référendum.
• **1947** – Le traité de Paris enlève à l'Italie ses colonies ainsi que l'Istrie, la Dalmatie et le Dodécanèse, et lui impose des rectifications de frontière au profit de la France.
• **1948** – Le 1er janvier : entrée en vigueur de la nouvelle Constitution.
• **1954** – Trieste est définitivement rattachée à l'Italie.
Fervent défenseur de l'unité européenne, aux côtés de Jean Monnet, Robert Schuman et Konrad Adenauer, le démocrate-chrétien **De Gasperi** est élu président de la Communauté européenne du charbon et de l'acier (CECA).
• **1955** – L'Italie adhère à l'ONU.
• **Mars 1957** – **Traité de Rome** instituant la Communauté économique européenne (Marché commun) : l'Italie entre dans l'« Europe des Six ».
• **1966** – Graves inondations en Italie : nombreux dégâts à Florence et à Venise.
• **1970-1980** – Les « Années de plomb » : des actes terroristes secouent l'Italie.
• **1973** – Échec de la tentative de « compromis historique » proposé par le Parti communiste à la Démocratie chrétienne pour créer un gouvernement de coalition.
• **1978** – Assassinat d'Aldo Moro, ancien président du Conseil, par les terroristes des « Brigades rouges ».
• **1981** – Attentat contre le pape Jean-Paul II commis par le turc Mehmet Ali Agca place St-Pierre.
• **1982** – Assassinat le 3 septembre du préfet de Palerme, Alberto Dalla Chiesa, de sa femme et d'un garde du corps.
• **1991** – Scission historique du PCI (Parti communiste italien) dirigé par Achille Occhetto en PDS (Partito Democratico della Sinistra) et RC (Rifondazione Comunista). Au mois de mars, avec un déferlement de réfugiés commence le débarquement dramatique des Albanais sur les côtes de la Pouille.
• **1992** – Début de l'époque des scandales de Tangentopoli et de l'opération « mains propres » dirigée contre la corruption économico-politique, qui entraîne l'effondrement de la classe dirigeante de la Ire République.
Assassinat des juges Giovanni Falcone et Paolo Borsellino, engagés dans la lutte contre la Mafia.
• **1994** – Le centre-droit dirigé par Berlusconi gagne les élections organisées avec la nouvelle loi électorale au scrutin majoritaire. Début de la IIe République.
• **21 avril 1996** – Victoire électorale de la coalition de l'Ulivo : pour la première fois de l'histoire de la République, la gauche est au pouvoir.
• **27 mars 1998** – L'Italie entre dans le club de la monnaie unique européenne.
• **2000** – **Anné jubilaire** couplée avec l'Année sainte. En août, à l'occasion des Journées mondiales de la jeunesse (JMJ), près d'un million de jeunes venus du monde entier se rassemblent autour de Jean-Paul II.
• **2001** – En juillet, à l'occasion de la réunion du G7, dans Gênes transformée en bunker, manifestants antimondialistes (au milieu desquels sont infiltrés des anarchistes) et forces policières s'opposent violemment : un mort et de très nombreux blessés.

« La Question romaine »

Au cours du 19e s., la papauté fut impliquée dans les événements du Risorgimento : l'unification du pays ne pouvait en fait être complète si le souverain pontife ne renonçait pas au pouvoir temporel qu'il exerçait sur une partie de la Péninsule. Lorsqu'en 1870 les troupes de Victor-Emmanuel II entrèrent dans Rome, le pape Pie IX s'enferma au Vatican, se considérant prisonnier de l'État italien. Ce n'est qu'en 1929 que la « Question romaine » fut résolue définitivement, sous le pontificat de Pie XI, avec les **accords du Latran** passés entre le Saint-Siège et le gouvernement fasciste de Benito Mussolini. Ils reconnaissaient la souveraineté du pape à l'intérieur de la Cité du Vatican, l'extraterritorialité de quelques édifices et institutions romains et même une autorité spécifique de l'Église en matière d'enseignement et de mariage en Italie. Les accords furent intégrés en 1947 à la nouvelle Constitution de l'Italie républicaine et redéfinis en termes plus modernes dans le nouveau Concordat de 1984.

ABC d'architecture

Art antique

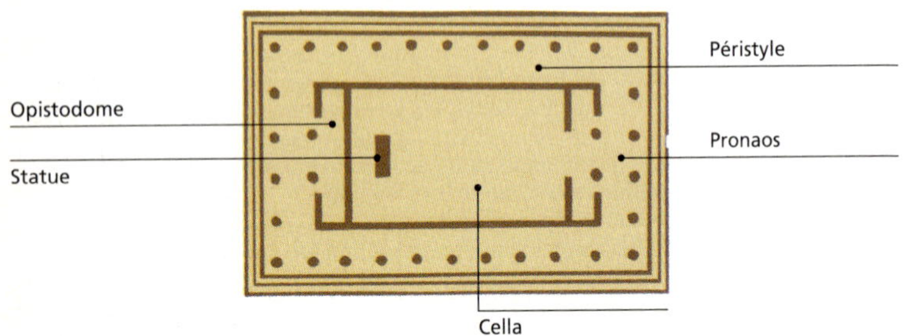

Élévation d'un temple d'ordre corinthien

L'architrave, la frise et la corniche forment l'**entablement**.

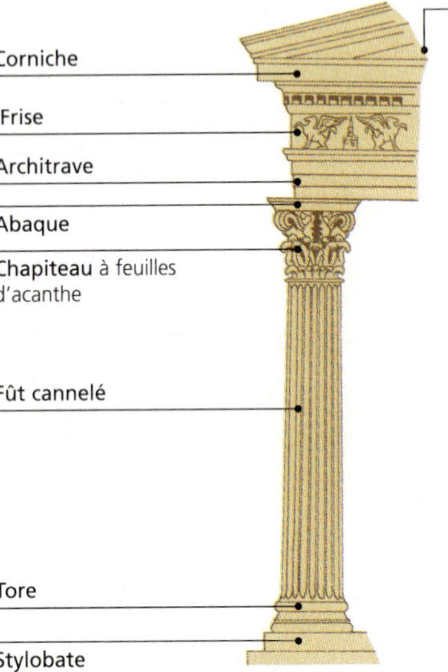

Ordres

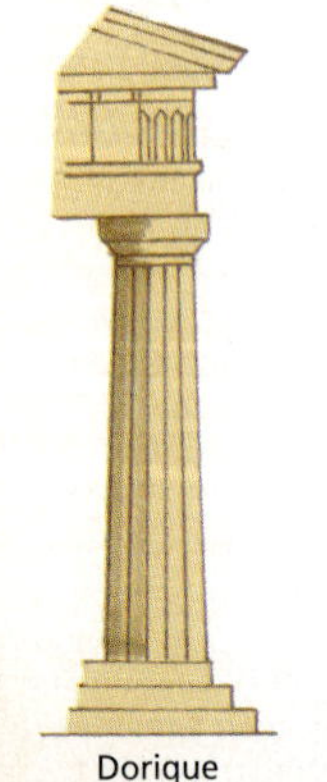

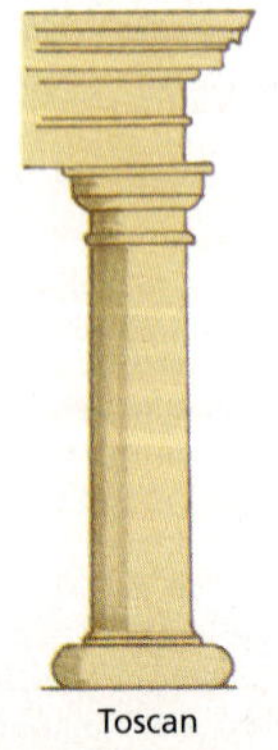

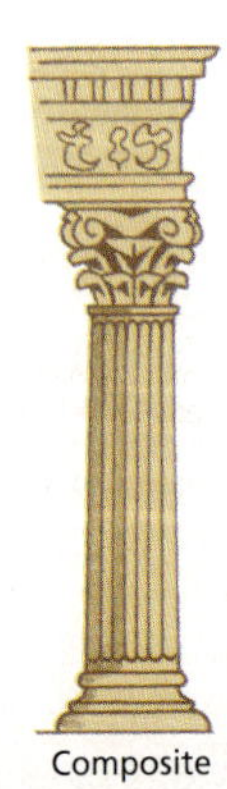

Thermes de la villa romaine du Casale (3e-4e s.)

Apodyterium : vestiaires
Aqueduc approvisionnant en eau le complexe
Palestre : local accolé aux thermes, consacré à la détente et aux soins du corps et de l'esprit
Tepidarium : salle où l'on prend des bains tièdes
Piscine
Laconicum : étuve sèche, réservée aux bains de vapeur
Caldarium : étuve, réservée aux bains chauds
Frigidarium : salle où l'on prend des bains froids

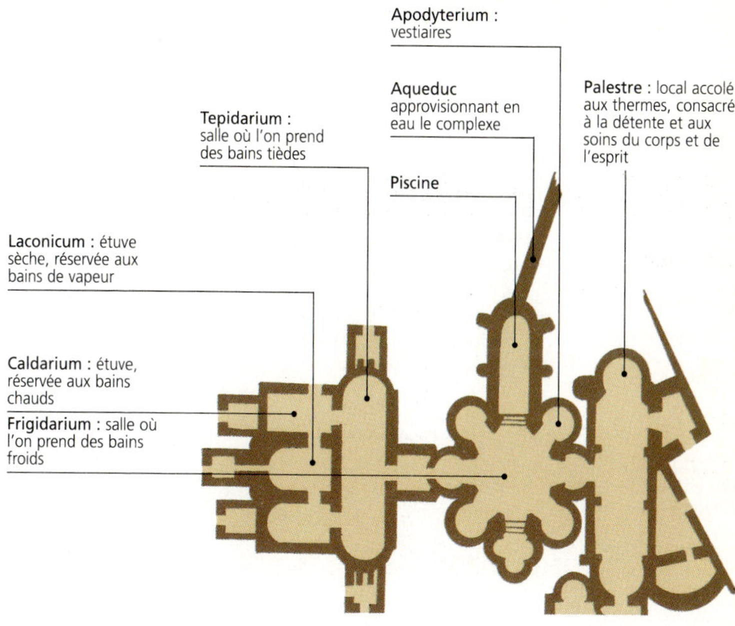

Colisée (1er s.)

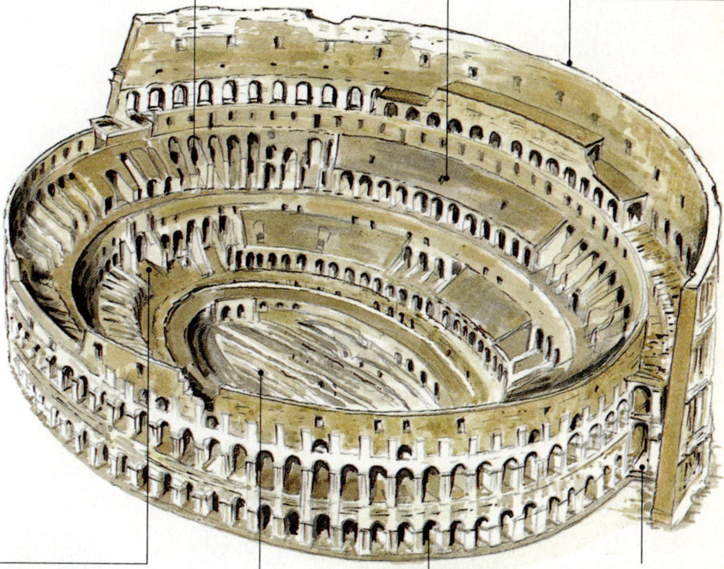

Couloir jadis situé sous les gradins et canalisant le flot de spectateurs vers les **vomitoires** (accès à la cavea)
Cavea : partie (elliptique ici) de l'amphithéâtre constituée de gradins (aujourd'hui disparus) et réservée aux spectateurs
Couronnement en maçonnerie sur lequel était fixé le **velarium**, immense voile tendu au-dessus de l'amphithéâtre pour garantir du soleil
Entrée Nord de l'amphithéâtre, réservée à l'empereur et à sa suite ; trois autres entrées principales se trouvent aux extrémités des deux axes de l'ellipse
Promenoir
Arcades d'entrée numérotées de I à LXXX (à l'exception des quatre entrées principales) pour faciliter le repérage des places par les spectateurs, tous munis de tessères, plaquettes ou jetons délivrés en fonction de leur rang social
Arène, initialement recouverte par un plancher
R. Corbel

Architecture religieuse

Plan de la cathédrale de Parme (12e-14e s.)

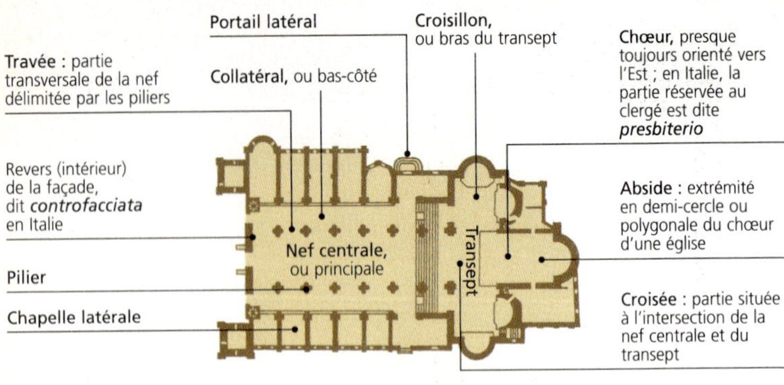

Coupe d'une église

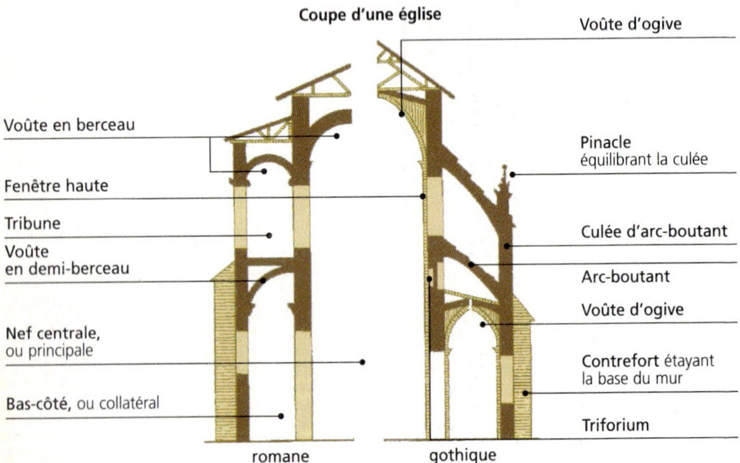

ÉGLISE ROMANE
Milan – Basilique St-Ambroise (11e-12e s.)

Chef-d'œuvre d'équilibre et d'harmonie, la basilique fascine par l'apparente simplicité de sa composition et le rapport très élaboré entre le matériau et la lumière.

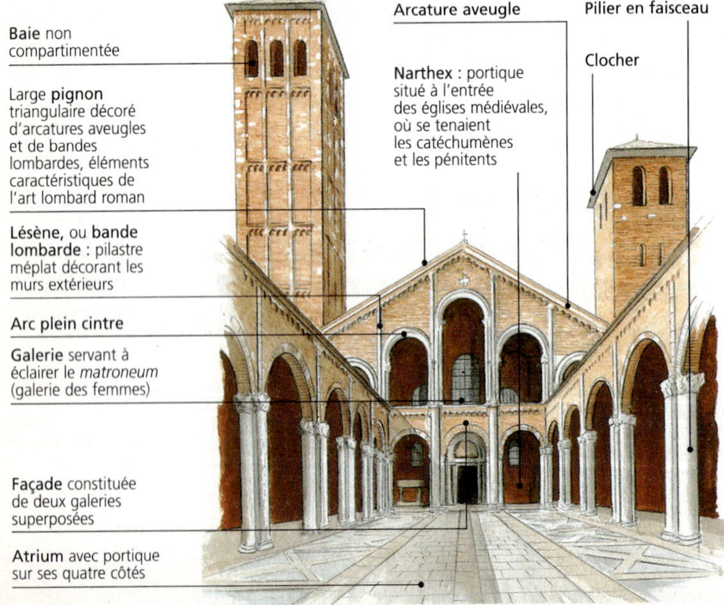

ÉGLISE GOTHIQUE
Milan – Abside de la cathédrale (14e-15e s.)

Remarquable et unique exemple de style gothique tardif en Italie, le dôme fut entrepris en 1386 à l'initiative de Jean Galéas Visconti. Les travaux s'étalèrent jusqu'à la fin du 19e s., qui vit l'achèvement de la façade. Très fortement influencé par les réalisations transalpines, l'édifice se révèle assez éloigné des expériences effectuées à l'époque en Toscane.

Rosace : motif décoratif circulaire fait d'éléments floraux stylisés disposés autour d'un centre

H. Choimet

ÉGLISE RENAISSANCE

Rimini – Temple Malatesta (cathédrale – 15e s.)

Élevée pour glorifier Sigismond Malatesta, l'église est une réinterprétation de la culture et de la civilisation classiques, dont elle reprend les formes et les éléments décoratifs, adaptés à la finalité religieuse de l'édifice.

Pilastre

Fronton incomplet

Arcature aveugle

Série de **piliers** et d'**arcs** évoquant les aqueducs romains

Médaillon : motif décoratif circulaire ou ovale utilisé pour orner les murs et donner du relief à certains éléments architecturaux

Frise : bandeau horizontal orné de sculptures

Portail, dont la forme est inspirée des arcs de triomphe romains

Demi-colonne : colonne engagée dans un mur jusqu'à son centre

Soubassement : socle long et continu servant de base à un édifice

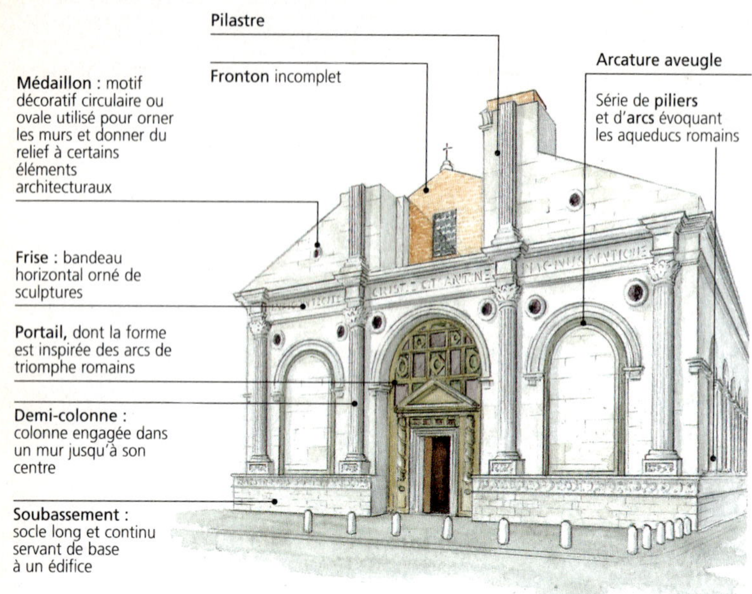

Florence – Intérieur de la chapelle des Pazzi (1430-1445)

L'harmonie de proportions et l'élégant jeu chromatique du gris de la *pietra serena* (soulignant les éléments d'architecture) et des enduits blancs créent une ambiance d'une noble et austère simplicité.

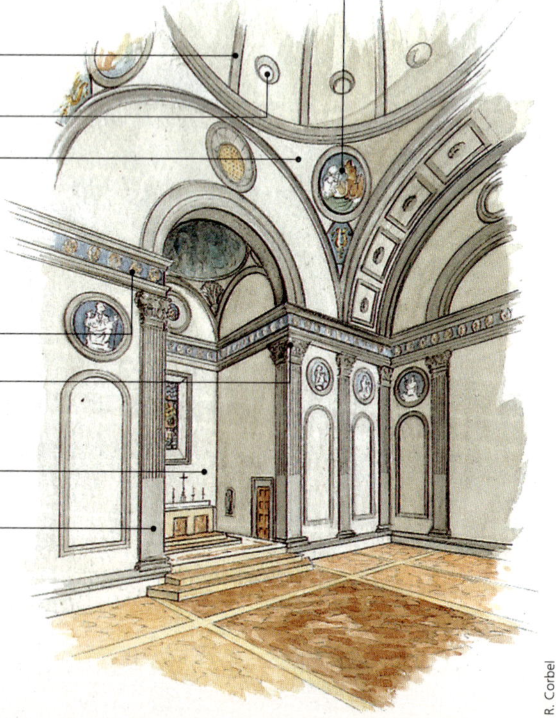

Médaillon en céramique

Nervure de la coupole, dont elle constitue l'ossature ; elle est visible ou cachée, selon les cas

Oculus : ouverture circulaire

Pendentif : espace triangulaire concave permettant de passer d'un plan carré à un plan circulaire ou octogonal et soutenant ainsi une partie de la coupole

Frise

Chapiteau corinthien décoré de feuilles d'acanthe

Absidiole carrée

Pilastre en *pietra serena*

R. Corbel

ÉGLISE BAROQUE
Lecce – Basilique de la Sainte-Croix (15e-17e s.)

À Lecce, le style baroque se nourrit des expériences romanes et de la préciosité espagnole ; le goût pour l'exubérance et l'explosion décorative renvoient au style plateresque espagnol (15e-16e s.), où les façades se cisèlent avec la même minutie qu'un ouvrage d'orfévrerie.

Couronnement : élément décoratif ornant la partie supérieure d'un édifice
Fronton brisé
Rose
Balustrade soutenue par des atlantes (ou télamons) et des animaux fantastiques
Plate-bande : linteau monobloc (ou architrave) sculpté soutenu par des colonne ou des piliers
Entablement : couronnement mouluré d'un édifice
Niche avec statue
Frise
Corniche à arcatures
Colonnes accouplées reposant sur des plinthes biaises

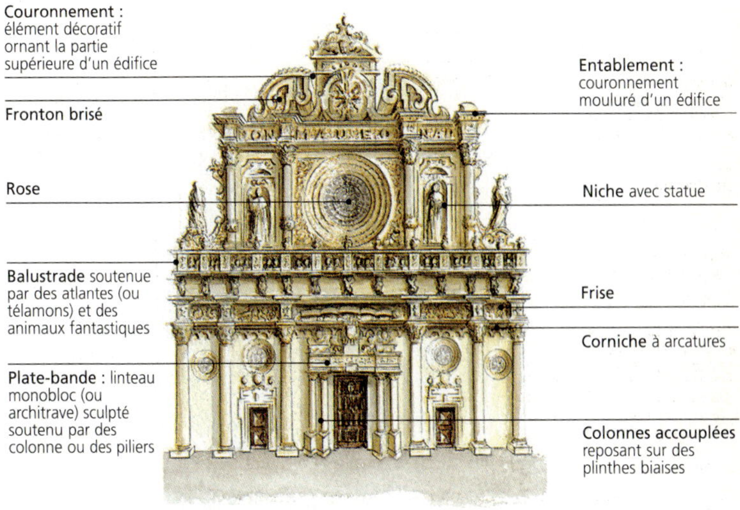

Rome – Intérieur de la basilique St-Jean-de-Latran (4e-17e s.)

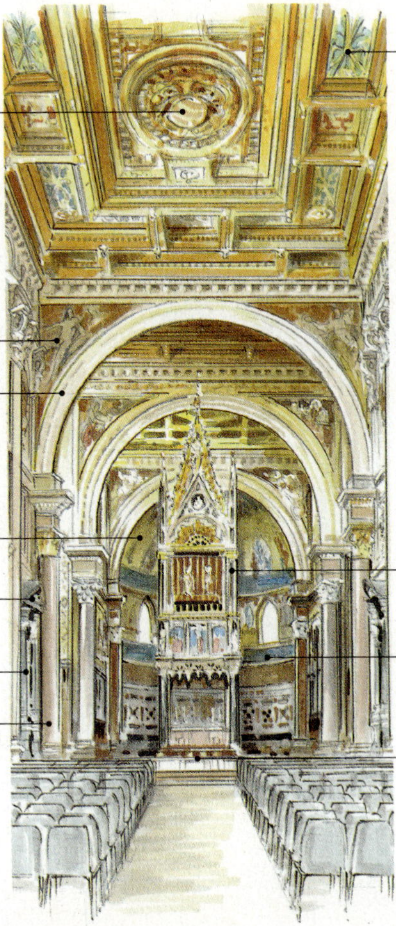

Armes pontificales
Écoinçon : surface comprise entre la courbe d'un arc et son encadrement orthogonal
Arc triomphal
Voûte absidale en cul-de-four (formée d'un quart de sphère)
Fronton
Édicule
Colonne à chapiteau corinthien
Plafond à caissons
Baldaquin à pinacles
Abside
Autel papal

R. Corbel

Architecture civile

Castel del Monte (13e s.)

Édifié à l'initiative de Frédéric II, probablement comme lieu de repos, le château est dominé par le chiffre 8 : de plan octogonal, il comprend huit tours également octogonales et huit pièces par étage.

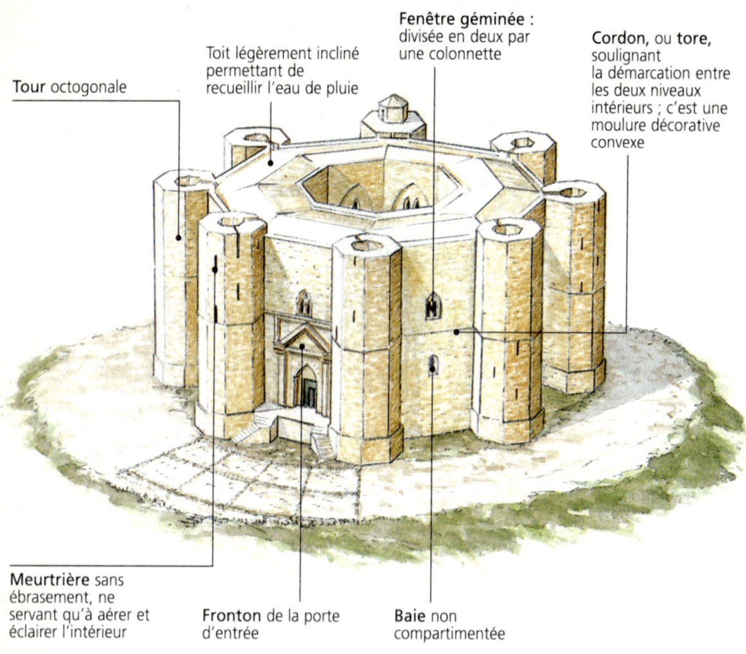

Florence – Palais Rucellai (1446-1451)

Les trois ordres classiques (dorique, ionique et corinthien) se superposent sur la façade de ce palais, conçu sur une trame de lignes verticales (les pilastres) et horizontales (les corniches)

Turin – Palais de Carignan (1679-1681)

Le jeu de droites et de courbes caractérise la façade de ce palais, mais l'emploi de la brique est un trait spécifique de l'Émilie, dont était originaire l'architecte, Guarino Guarini.

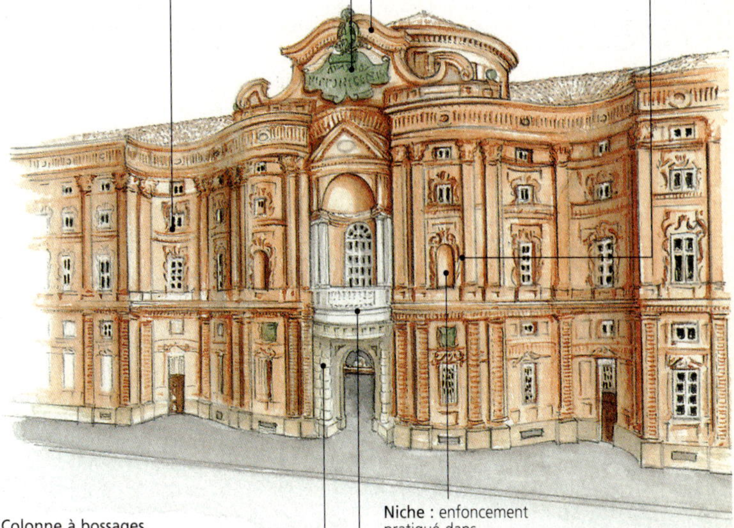

Partie concave
Cartouche portant les armoiries
Cimaise : corps de moulures (ici des volutes curvilignes) couronnant une corniche
Drapés décoratifs s'inspirant des draperies des baldaquins
Colonne à bossages
Corps central convexe
Niche : enfoncement pratiqué dans l'épaisseur d'un mur pour recevoir un élément décoratif (statue, groupe, buste, vase)

Milan – Théâtre de la Scala (1776-1778)

Réalisation sobre et mesurée de Giuseppe Piermarini, la célèbre scène italienne, qui associe à la simplicité de sa façade la richesse de son décor intérieur, devint un modèle pour les théâtres néoclassiques construits par la suite.

« **Pigna** » : élément décoratif en forme de pomme de pin
Balustrade : parapet formé de balustres
Colonnes accouplées, regroupées deux à deux
Festons décoratifs
Pilastres accouplés
Portique : galerie couverte délimitée par des colonnes, des arcades ou des piliers, ayant vocation décorative ou d'entrée monumentale
Tympan : partie triangulaire comprise entre le linteau horizontal et les deux rampants obliques ou l'arc d'un fronton
Entablement : partie supérieure d'un ordre d'architecture superposant architrave, frise et corniche

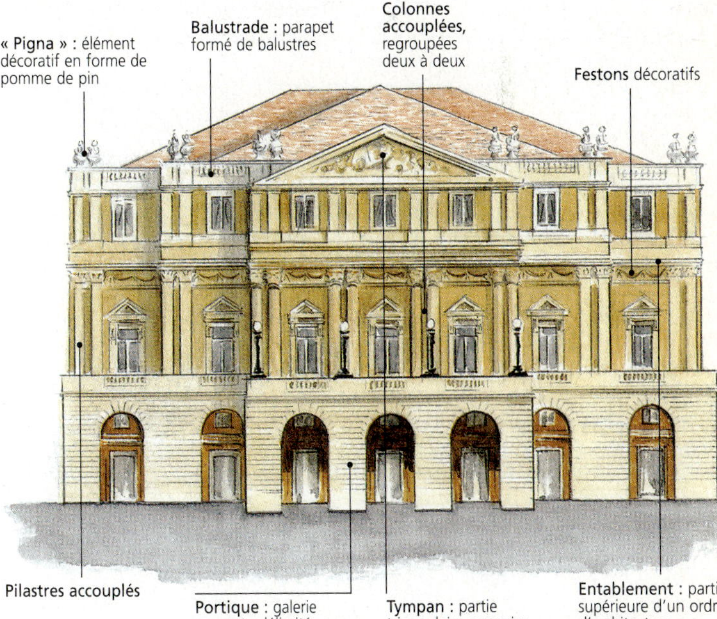

H. Choimet

Voûtes

en berceau plein cintre

Quelques termes d'art

Abside : extrémité, en demi-cercle ou polygonale, d'une église, derrière l'autel ; le terme indique aussi bien la partie extérieure que la partie intérieure.

Absidiole : petite chapelle ouvrant sur le déambulatoire d'une église romane ou gothique.

Archivolte : ensemble des arcs ornant une arcade. Il peut être en plein cintre ou brisé.

Atlante (ou **Télamon**) : statue masculine servant de support.

Atrium (ou **portique à quatre arcades**) : cour bordée de portiques, devant la façade des édifices religieux paléochrétiens et romans.

Basilique : édifice religieux rectangulaire, bâti sur le plan de basiliques romaines et divisé en trois ou cinq nefs.

Bas-relief : sculpture adhérant à un fond, dont elle se détache avec une faible saillie.

Bastion : dans l'architecture militaire, ouvrage de défense polygonal en saillie par rapport à l'enceinte fortifiée.

Bossage : motif ou revêtement architectural formé de bosses, pierres taillées uniformément en saillie sur la paroi externe. Celles-ci sont entourées de ciselures profondes ou de lignes de séparation. Le bossage était très en vogue à la Renaissance.

Chaire (ou **ambon**) : dans les églises, tribune élevée au-dessus du sol aux emplacements différents, d'où le prédicateur parlait à ses fidèles.

Chapiteau : élément qui forme le sommet d'une colonne, constitué d'une partie lisse qui le relie au fût, et d'une partie décorée. On distingue trois ordres classiques : dorique *(voir p. 461)*, ionique (à double volute), et corinthien, décoré de feuilles d'acanthe. Ce dernier est souvent utilisé dans les édifices des 16e-17e s.

Chœur : dans les églises, partie à l'arrière de l'autel où se tiennent les chantres et meublée de stalles en bois à décorations variées.

Ciborium : dans l'église, édicule surmontant un autel.

Claveau : pierre taillée en forme de coin qui entre dans la composition d'un arc.

Console (ou **cul de lampe** ou **corbeau**) : élément en pierre ou en bois en forte saillie sur un mur, destiné à être le support de poutres ou de corniches.

Contrefort : bloc de maçonnerie externe, élevé en saillie contre un mur, qui s'oppose aux poussées des arcs et des voûtes.

Cordon : élément ornemental horizontal accusant la démarcation des étages.

Croisée : structure en pierre ou en bois qui divise la baie d'une fenêtre ou d'une porte. Les éléments verticaux sont appelés meneaux.

Croix (plan en) : on distingue la croix grecque, à branches égales, et la croix latine dont les branches du transept sont plus courtes.

Crypte : excavation creusée sous une église où l'on plaçait les corps des saints. Il s'agit souvent d'une véritable église ou d'une chapelle.

Déambulatoire : prolongement des bas-côtés autour du *presbiterio (voir ce mot)* et permettant aux fidèles de circuler devant les reliques dans les églises de pèlerinage.

Ébrasement : disposition biaise, par rapport au plan d'axe du mur, des parois latérales d'une baie de porte ou de fenêtre.

Encorbellement : saillie par rapport à l'alignement.

Enroulement : motif décoratif constitué de feuilles s'enroulant en spirale.

Entablement : couronnement constitué de l'architrave, la frise et la corniche.

Exèdre : partie munie de sièges, placée au fond des basiliques romaines ; par extension, édicule aux formes arrondies ou espace semi-circulaire en plein air.

Arcs

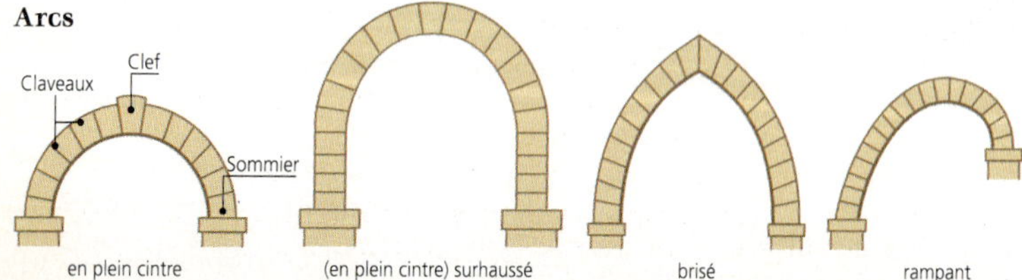

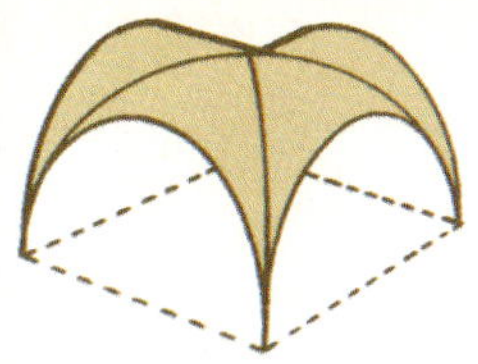
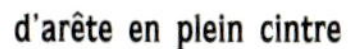
d'arête en plein cintre

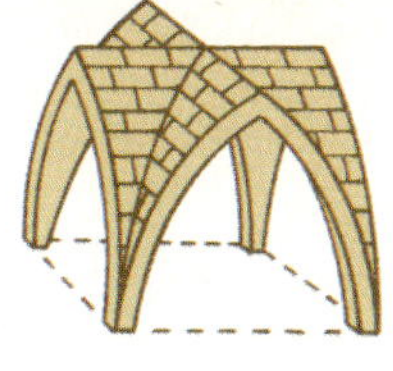
d'ogives

Coupole sur pendentifs

Fenêtres jumelées, **trilobées**, **bigéminées** : fenêtres divisées verticalement par deux, trois, quatre compartiments.

Fronton : ornement, généralement triangulaire, placé au-dessus des édifices, portes, fenêtres, niches.

Gâble : pignon ornemental triangulaire surmontant des portails.

Grotesque : motifs d'ornementation fantastiques inspirés des motifs de décoration de l'Antiquité. Le terme provient de « grottes », nom donné aux vestiges romains enfouis de la Domus Aurea, découverts à la Renaissance.

Haut-relief : sculpture au relief très accusé sans pour autant qu'il se détache du fond (se situe entre le bas-relief et la ronde bosse).

Jambage (ou **piédroit**) : montant vertical qui délimite latéralement une baie (porte, fenêtre, etc.) et qui soutient le linteau.

Lanternon : tambour avec des fenêtres, surmontant une coupole.

Lésène : pilastre de faible saillie, se détachant légèrement du mur, utilisé comme ornement.

Linteau : élément horizontal qui sert à relier des pilastres ou des colonnes et qui constitue la partie inférieure de l'entablement (dans les édifices classiques comme le temple).

Matroneum : dans les édifices religieux paléochrétiens et romans, galeries réservées aux femmes.

Merlon : dans les fortifications, petit pilier de pierre érigé à intervalles réguliers.

Modillon : petite console soutenant une corniche.

Moulure : élément ornemental linéaire constitué d'une bande façonnée en saillie.

Narthex : portique précédant la nef d'une église.

Nef : chaque partie de plan allongé d'une église. La nef centrale, souvent de dimensions plus grandes, est appelée simplement nef, tandis que les nefs latérales sont appelées bas-côtés.

Nervure : élément de séparation de la surface d'une coupole et d'une voûte, qui sert à décharger le poids sur les structures inférieures.

Ogive : arc tendu diagonalement qui sert à soutenir une voûte.

Ove : ornement en forme d'œuf.

Pendentifs : éléments triangulaires venant se raccorder aux murs et permettant de passer du plan carré au plan octogonal ou circulaire (couronné par la coupole).

Péristyle : colonnade formant un portique qui entoure l'extérieur d'un édifice.

Polyptyque : ensemble de panneaux peints ou sculptés liés entre eux par des charnières.

Prédelle : partie inférieure d'un polyptyque ou d'un retable.

Presbiterio : dans les églises, espace autour de l'autel réservé au clergé.

Pronaos : dans le temple grec, espace qui se trouve devant la *cella*. Par la suite, portique sur colonnes qui précède l'entrée dans une église ou dans un palais.

Retable : construction verticale portant un décor peint ou sculpté, placée sur un autel ou en retrait de celui-ci.

Rosace : fenêtre circulaire souvent placée sur la façade d'une église, ornée de délicats motifs en pierre (petites colonnes, volutes, dessins) disposés en éventail.

Tambour : élément cylindrique ou polygonal sur lequel repose la coupole.

Transept : vaisseau transversal coupant la nef et donnant à l'église la forme d'une croix.

Tribune : dans les églises paléochrétiennes, galeries en hauteur, ouvertes sur la nef. Plus tard, élément de décoration des parties extérieures.

Triptyque : panneau peint ou sculpté formé de deux volets latéraux se rabattant sur la partie centrale qu'ils recouvrent.

Trompe-l'œil : peinture qui donne l'illusion de relief et de perspective.

Tympan : dans les édifices, portes et fenêtres, section triangulaire comprise entre l'entablement horizontal et les deux rampants du fronton.

Voûte : couverture d'une travée.

Le pays de l'art

Promenade au cœur d'un pays au patrimoine artistique d'une exceptionnelle richesse. Partout, l'éclat des mosaïques, les perspectives jouant avec la lumière, la pureté des lignes et le réalisme surprenant des œuvres s'attachent à vos pas. Au point de se demander, comme Oscar Wilde, si dans cette Italie artistique, ce n'est pas finalement la nature qui imite l'art...

Associazione Turistica di Naturno

S. Procolo, *fresque du 8e s.*

L'art en Italie

Pour bien comprendre l'art italien, la profusion et la variété des œuvres qu'il n'a cessé de produire, du 12e s. à la fin du 18e s., il faut avoir clairement présentes à l'esprit les conditions qui ont favorisé son développement : d'une part, il est demeuré sans conteste l'héritier des civilisations étrusque, grecque et romaine dont il reprend, à chaque époque, un certain nombre de motifs essentiels et de caractères profonds ; d'autre part, la géographie même du pays, s'étirant des Alpes à la Sicile, a favorisé la pénétration de multiples influences extérieures.

Après Byzance qui, dès la chute de l'Empire romain d'Occident, imprime son sceau pendant plusieurs siècles sur les rives septentrionales de l'Adriatique, ce sont les Ostrogoths, les Lombards, les Francs, les Arabes et les Normands qui apportent à chacune des régions conquises des solutions formelles originales.

C'est l'extraordinaire souplesse du caractère italien, capable d'absorber les leçons étrangères et de les mettre à profit, qui permettra à Florence, Sienne, Vérone, Ferrare ou Milan, puis Rome, Venise, Naples et Gênes, d'être l'une après l'autre le foyer d'une éclosion artistique particulière.

En dépit des particularismes régionaux, les artistes de la Péninsule présentent, dès le 12e s., un certain nombre de traits communs qui iront se multipliant jusqu'à la Renaissance : un intérêt prononcé pour l'harmonie et la rigueur des formes, ainsi qu'un sens inné de l'espace, probablement hérité de la culture classique. Grâce à ce patrimoine, il est possible d'affirmer que l'art italien est caractérisé par un sens de la mesure et de l'harmonie, interprété comme l'ordre rationnel et intelligible des choses, étranger aux autres civilisations artistiques.

Rejetant les accents naturalistes propres aux écoles du Nord, atténuant en même temps l'abstraction intellectuelle et le côté décoratif importés d'Orient, l'artiste italien invente peu à peu un système de représentation qui lui permet de mettre en perspective sa propre émotion, ressentie comme parfaite et définitive. La tendance classique à l'idéalisation se manifeste particulièrement dans le culte voué à la figure humaine, qu'il soit d'inspiration religieuse ou profane. En dépit de cette conception savante et élitiste, l'art en Italie a toujours été un important facteur de la composante sociale. Parallèlement à cette recherche de l'ordre, toujours soutenue par une tension intellectuelle, se développe peu à peu une ouverture au réalisme, constamment idéalisé par la mémoire des modèles grecs. En témoigne la **place** médiévale, cette fameuse *piazza* qui regroupe sur le modèle de l'antique forum romain les principaux édifices de la vie sociale : l'église et le baptistère d'abord, le palais communal ou celui du prince ensuite, auxquels s'ajoutent parfois un tribunal ou un hôpital ; au centre s'élève souvent une fontaine ; des marchés,

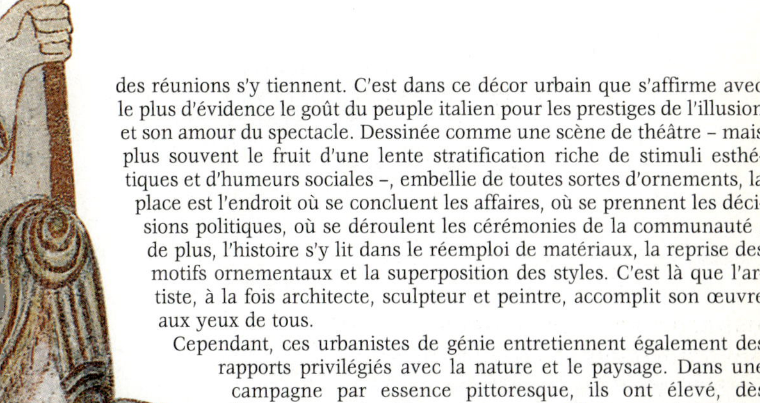

des réunions s'y tiennent. C'est dans ce décor urbain que s'affirme avec le plus d'évidence le goût du peuple italien pour les prestiges de l'illusion et son amour du spectacle. Dessinée comme une scène de théâtre – mais plus souvent le fruit d'une lente stratification riche de stimuli esthétiques et d'humeurs sociales –, embellie de toutes sortes d'ornements, la place est l'endroit où se concluent les affaires, où se prennent les décisions politiques, où se déroulent les cérémonies de la communauté ; de plus, l'histoire s'y lit dans le réemploi de matériaux, la reprise des motifs ornementaux et la superposition des styles. C'est là que l'artiste, à la fois architecte, sculpteur et peintre, accomplit son œuvre aux yeux de tous.

Cependant, ces urbanistes de génie entretiennent également des rapports privilégiés avec la nature et le paysage. Dans une campagne par essence pittoresque, ils ont élevé, dès l'époque romaine, de somptueuses **villas** entourées de jardins en terrasses que des sources et des bassins rafraîchissent, que des plantations choisies avec soin et savamment agencées ombragent. Toutes ces « fabriques » invitent au repos, à la méditation ou au spectacle, tantôt intime, tantôt grandiose, de la nature. Ainsi, de la Villa d'Hadrien, à Tivoli, aux terrasses fleuries des îles Borromées, en passant par le charme tout oriental de la Villa Rufolo de Ravello, par les élégantes constructions de la campagne florentine, par les fantaisies maniéristes de Rome, Tivoli ou Bomarzo, ornées de grottes et de statues, enfin par les délicieuses résidences des rives du Brenta dessinées par Palladio ou par les mises en scène urbanistes de Juvara dans le Piémont, les architectes et les jardiniers italiens, indifférents à la grandeur solennelle que privilégie le classicisme français, ont créé une infinité de lieux où l'homme entretient un rapport paisible et harmonieux avec la nature.

Le courant byzantin

L'époque des invasions barbares eut de considérables répercussions dans le domaine artistique, causant la disparition du langage « impérial » romain tardif et l'émergence du substrat populaire et narratif qui avait caractérisé le développement de l'art paléochrétien et aurait été à la base de l'impressionnisme romantique.

Choisie par **Honorius** comme capitale de l'Empire d'Occident, **Ravenne**, après la mort de Théodoric et la guerre contre les Wisigoths, passa sous le contrôle de l'empereur byzantin **Justinien**, devenant le centre politique et culturel d'un empire qui n'occupait qu'une partie de la Péninsule. Si les empereurs ne purent se maintenir à Ravenne et en Vénétie julienne au-delà du 8e s., ils continuèrent cependant à exercer leur domination sur une partie de l'Italie du Sud jusqu'au 11e s.

L'art byzantin tire ses racines de la tradition artistique hellénistico-romane, dont dérivent un certain réalisme et le sens classique de la mesure, les incorporant avec d'importantes influences orientales, qui en caractérisent le développement en un sens abstrait et décoratif.

Architecture et sculpture

L'architecture s'insère dans la tradition romaine tardive en développant, avec des résultats extraordinaires, les potentialités de la voûte et de la coupole. À côté de ces solutions très complexes – tant dans leur

SCALA

Saint Pierre et saint André, abandonnant leurs filets pour suivre Jésus – *Ravenne, S. Apollinare Nuovo*

Guidoriccio da Fogliano *par Simone Martini – Sienne, Palazzo Pubblico*

conception que dans leur exécution – et donc d'un coût très élevé (dont le meilleur exemple en Italie est la basilique St-Vital à Ravenne), le simple plan basilical est très largement utilisé. La simplicité structurale est compensée par l'admirable qualité de la décoration de mosaïque et de marbre. Sur les panneaux des sarcophages, des transennes (clôtures du chœur) et des ambons (chaires), les bas-reliefs manifestent un symbolisme hautement décoratif par l'utilisation de figures d'animaux stylisés.

Mosaïques

C'est dans cette forme d'art somptueuse que les artistes byzantins donnèrent toute leur mesure. La préciosité du matériau fit, en fait, de cette technique la plus adaptée à rendre la transcendance des figurations sacrées ou des apparitions de la Cour. Composées de tesselles, fragments de pierres dures, émaillées, taillées irrégulièrement de façon à accrocher la lumière et la refléter à travers une infinité d'angles, les mosaïques revêtent culs-de-four, parois et coupoles, leurs ors scintillant doucement dans une pénombre mystérieuse. Des figures énigmatiques et grandioses se détachent sur un ciel bleu de nuit et sur un paysage qu'animent arbres, plantes et animaux.

Les plus célèbres parmi ces mosaïques sont celles de Ravenne (5e et 6e s.), mais aux 11e et 12e s., le style byzantin reste prédominant à Venise (St-Marc) et en Sicile (Cefalù, Palerme, Monreale) et perdure à Rome, avec de remarquables variantes, jusqu'au 13e s.

Le Moyen Âge : roman et gothique (11e-14e s.)

Comme tous les pays d'Europe, l'Italie du Moyen Âge se couvre d'édifices religieux ; pourtant, le goût de l'équilibre propre à cette nation et l'exemple de la monumentalité romaine feront que l'art italien ne cherchera jamais à atteindre le sublime vertige des grandes réalisations gothiques de France et d'Europe du Nord.

Époque romane

La renaissance du 11e s., préliminaire nécessaire pour le développement d'un style architectural nouveau et grandiose, mêle campagne et ville. Les nouvelles cathédrales et nouveaux monastères bénédictins combinent l'héritage classique de l'art carolingien et ottonien aux diverses expériences. Les éléments fondamentaux du langage architectural roman, toujours réalisés de sorte que leur fonction structurale soit évidente, sont l'alternance colonne-pilastre, qui rythme l'espace et génère une plastique vigoureuse, et sa continuation dans les systèmes de couverture, où elle se prolonge en archivoltes et tiercerons supportant les voûtes.

Dans la phase de formation du nouveau langage, un rôle de relief revient aux ouvriers de l'Italie du Nord, connus sous le nom de **maestri comacini**, artisans d'édifices exceptionnels, en pierre dans la zone de prémontagne, en brique dans les plaines, et de **maestri campionesi**, originaires de la région de Lugano et des lacs lombards.

La tradition des nombreuses régions du centre de l'Italie se réfère aux autres modèles culturels et il en résulte ainsi de grandes différences : à Florence, le legs

Palazzo Pubblico, Siena/SCALA

classique est tellement apprécié qu'il est à l'origine d'un « classicisme médiéval », souvent finement intellectuel et d'un grand raffinement chromatique, qui tend à résoudre, tant en surface qu'en plasticité, les problèmes de forme et de structure, tandis qu'à Rome, demeure présente une vive hérédité paléochrétienne, constituée par les célèbres basiliques de l'époque de Constantin. En Toscane, en particulier à Pise, Lucques et Pistoia, le langage roman se développe à partir de la fusion d'une structure architecturale d'origine lombarde et du classicisme florentin, enrichi d'importants détails décoratifs probablement importés d'Orient : les étagements de galeries à arcatures ornant les façades, la succession de hautes arcades aveugles sur les flancs et les absides, les décorations à losanges et autres petits motifs en marqueterie de marbre polychrome, sont typiques. Dans le Latium dominaient les **Cosmates** (12e-13e s.), corporation de marbriers, spécialisés dans l'assemblage de fragments de marbre multicolores (pavements, trônes épiscopaux, ambons et chaires, chandeliers pour cierges pascaux) et dans l'incrustation d'émaux bleus, rouges et dorés sur les colonnettes et les frises des cloîtres. En Italie du Sud et en Sicile, enfin se mêlent les influences lombardes et sarrasines, normandes et byzantines. Le style siculo-normand qui en résulte est élevé et monumental, fastueusement oriental dans la vibration créée par les effets de lumière des surfaces décorées, et classique dans le rythme solennel des colonnades *(voir aussi la partie consacrée à la Sicile).*

La **sculpture** est étroitement liée à l'architecture, avec une prédominance marquée pour le bas-relief, parfois développé en cycles complexes de caractère didactique, symbolique ou profane, dans lesquels se construit un nouveau langage très expressif, au point de conjuguer, avec autonomie prononcée et personnalité, des courants disparates.

La **peinture**, comme la **mosaïque** qui en constitue une variante plus précieuse, se développe principalement dans les grandes cathédrales où les immenses surfaces de maçonnerie sont littéralement transfigurées par les couleurs, voûtes comprises. L'aspect actuel, dépouillé et austère, de la majorité des églises, est presque toujours le fruit des méfaits du temps et des restaurateurs. La décoration fantaisiste et vive alternait en fait avec des cycles de fresques grandioses et absorbants, constituant souvent une véritable « bible des pauvres », où l'expérimentation décomplexée d'un nouveau langage figuratif se joignait à l'héritage byzantin.

Époque gothique

D'un point de vue structural, l'architecture gothique représente l'évolution de quelques prémices inhérentes à l'architecture romane. Le développement de l'utilisation de l'arc ogival, dont la potentialité n'avait pas été exploitée précédemment, permet de porter les croisées à une hauteur maximale, de concentrer le poids sur de très hauts et spectaculaires pilastres formés par des faisceaux de colonnes et de libérer l'ossature de maçonnerie de sa fonction porteuse. Il devient donc possible de substituer aux masses opaques des murs les immenses surfaces vitrées inondant l'église de lumière « divine ». À l'extérieur, l'édifice, qui atteint des hauteurs auparavant impensables, est renforcé par un grand nombre de contreforts et d'arcs rampants, qui, invisibles à l'intérieur, accentuent le côté vertigineux de l'espace et intensifient l'élan vertical. En Italie, l'architecture gothique, introduite par les moines cisterciens, se maintient dans la lignée des modèles élaborés antérieurement, acceptant seulement, et de façons chaque fois différentes, un plus grand emploi de la lumière, comme élément structural. Le caractère concret de la plastique de l'édifice, à côté de l'omniprésence de l'héritage classique, demeure un

fondement inaliénable. La diffusion minutieuse du gothique est due aux innombrables nouveaux ordres religieux, Franciscains et Dominicains en tête, qui adoptent souvent le modèle traditionnel de la basilique paléochrétienne, pratique et économique, l'adaptant aux coutumes courantes.
C'est dans l'architecture civile, les palais et les loggias publiques des villes alors en plein essor, que se manifeste avec le plus d'originalité la manière gothique. À Venise, le style « gothique fleuri » qui allège les façades grâce à l'ouverture de loggias et de fenêtres ouvragées, persistera jusqu'au 15e s.
En **sculpture** la dynastie des **Pisano** va donner une impulsion décisive, en recourant soit aux modèles antiques, revus à travers le classicisme défendu par l'empereur Frédéric II, avec **Nicola** (v. 1215-v. 1280), soit à l'élaboration d'un réalisme d'une vigueur expressive extrême d'origine implicitement gothique avec **Giovanni** (1248-après 1314). Ces maîtres, suivis par l'architecte et sculpteur **Arnolfo di Cambio** (v. 1245-1302), inventent de nouveaux thèmes et réalisent des programmes ambitieux, tels que chaires et monuments funéraires d'où émane une nouvelle humanité.
Les premiers témoignages de la **peinture** italienne remontent au 12e s. avec les crucifix peints ou sculptés. Insensiblement, le hiératisme issu de l'art byzantin et ottoman s'assouplit ensuite. Le Romain **Pietro Cavallini** (actif de 1273 à 1321) exécute à la fin du 13e s. des fresques et des mosaïques se réclamant des modèles de l'Antiquité, tandis que le Florentin **Cimabue** (v. 1240-v. 1302) témoigne dans les fresques de l'église supérieure d'Assise d'un sens du drame intense et nouveau, rompant en partie avec la tradition byzantine.
C'est **Giotto** (1266-1337), dont l'œuvre est illuminée par le mouvement, par la profondeur de champ, par la solide volumétrie des personnages qui créent l'espace, par une construction innovante de la scène et par une grande émotion, qui recueillera les fruits de cette évolution artistique et proposera une véritable révolution picturale, d'école laïque et civile, avec ses cycles de fresques à Assise, Padoue et Florence. Toute la peinture suivante, jusqu'à Masaccio et Michel-Ange qui s'en inspirèrent directement, ne pourra faire abstraction de la nouveauté giottesque.
À Sienne, **Duccio di Buoninsegna** (v. 1255-1318/1319) reste dans un premier temps fidèle à la tradition byzantine, mais la grâce de son dessin, le goût marqué pour la couleur décorative et surtout l'extraordinaire sens musical du tracé, font de lui l'initiateur de l'école de Sienne, qui sera par la suite portée à de hauts niveaux par **Simone Martini** (1284-v. 1344) et par les frères Pietro (v. 1280-v. 1348) et Ambrogio (1285-v. 1348) **Lorenzetti**.
Les maîtres du Trecento (14e s.) florentin développent un style empreint à la fois de réalisme et de mysticisme, éloigné du langage rude et plein de vie de Giotto, que caractérisent souvent des lignes élégantes, des couleurs vives et un grand raffinement décoratif. Entre-temps était né dans les cours européennes le phénomène du **« gothique international »**, auquel adhérèrent surtout des artistes de l'Italie du Centre et du Nord, mûri par l'évolution en terme décoratif des cycles de fresques réalisés par Simone Martini et Matteo Giovannetti (?-1367), à Avignon. Parmi les représentants principaux de cette époque artistique très raffinée, éclatante bien qu'en partie décadente, qui se prolonge jusqu'au 15e s., rappelons les peintres originaires de Vérone : **Stefano da Zevio** (v. 1379-après 1438), **Pisanello** (v. 1395-1455), portraitiste, animalier et médailleur prestigieux *(voir aussi Vérone)* et **Gentile da Fabriano** (v. 1370-1427).

Le Quattrocento (15e s.)

Une curiosité passionnée pour l'Antiquité, une société urbaine fortement organisée autour d'un prince mécène, une nouvelle conception de l'homme, considéré désormais comme le centre de l'univers, une pléiade d'artistes, de savants, de poètes caractérisent la première **Renaissance** italienne, qui atteint l'apogée de son expression dans la ville des Médicis, Florence.

Architecture

La nouvelle conception artistique est défendue par son « fondateur », le Florentin **Filippo Brunelleschi** (1377-1446), sculpteur et architecte, disciple passionné de l'Antiquité. Sa puissante personnalité permit la mutation du maître-maçon médiéval,

Ph. Benet, R. Holzbachova/MICHELIN

Détail du Printemps, *par Botticelli (Florence, Galerie des Offices)*

fort de sa solide pratique, en architecte créant son œuvre à sa table de travail. Avec Brunelleschi, l'artiste devient un intellectuel. C'est à lui que l'on doit l'invention de la « perspective géométrique », qui lui permit de concevoir des édifices incroyablement harmonieux et rationnels. Il avait intuitivement perçu que les deux dimensions d'une toile pouvaient reproduire objectivement la réalité tridimensionnelle, recherche qui s'avéra fondamentale en peinture après lui. Sa rigueur intellectuelle détermina le caractère abstrait de ses créations architecturales, que ses successeurs imitèrent et banalisèrent sans toutefois le comprendre. **Leon Battista Alberti** (1406-1472) exploita en revanche sa connaissance de l'Antiquité pour donner vie à un langage expressif nouveau, établi sur un rapport émotionnel entre les pleins et les vides, qui aurait influencé Bramante.

Sculpture

Lorenzo Ghiberti (1378-1455), dans l'exécution des admirables portes du baptistère de Florence, réinterprète la tradition gothique à la lumière de la leçon classique ; mais la figure la plus puissante de la sculpture de ce siècle reste **Donatello** (1386-1466). Profondément intéressé par l'homme et peu enclin à la spéculation intellectuelle, il sut interpréter avec un esprit libre et novateur la forme classique, en l'innervant d'un dynamisme violent et en la portant au sommet de la puissance expressive. Après l'expérience de Padoue, où il créa une œuvre normative pour tout l'art de l'Italie du Nord, il retourna à Florence et, dans le climat changé de la seconde moitié du siècle, il donna forme à une humanité durement éprouvée par la souffrance, présageant la crise de la fin du siècle. Incompris de son temps, il fut considéré avec grand respect par Michel-Ange, dont il anticipa la dissolution bouleversante de la forme classique. Son contemporain **Luca Della Robbia** (1400-1482), se spécialisa dans les ouvrages de terre cuite vernissée et coloriée, tandis que **Agostino di Duccio** (1418-v. 1481), **Desiderio da Settignano** (1430-v. 1464) et **Mino da Fiesole** (1429-1484), continuèrent la manière donatellienne, en esquivant toutefois l'intensité dramatique.

Peinture

Avec Brunelleschi et Donatello, **Masaccio** (1401-1428) est le troisième protagoniste de la révolution du 15e s. Il applique avec cohérence la perspective brunelleschienne et la renforce en utilisant la lumière pour donner du volume aux corps, qui acquièrent une telle « vérité » physique que, pour la première fois, ils jettent de l'ombre : le nouvel espace en perspective est habité de personnages palpables, dont la matérialité est marquée de dignité morale. Interprétant différemment l'espace, **Paolo Uccello** (v. 1397-1475) utilise une perspective établie sur des points de fuite plus nombreux, démontrant ainsi qu'il est possible de reproduire le visible de diverses façons, avec les implications philosophiques que cela comporte. Parallèlement, **Fra Angelico**, également appelé « il Beato Angelico », (1387-1455), spirituellement attaché encore à la tradition gothique, s'ouvre aux théories nouvelles de la Renaissance, tandis que **Benozzo Gozzoli** (1420-1497) les adapte à la description de brillantes fêtes profanes. **Andrea del Castagno** (1419-v. 1457) met l'accent sur la vigueur du modelé et la monumentalité des formes. **Sandro Botticelli** (1444-1510) possède un dessin d'une extrême pureté qui donne à ses personnages une grâce fragile, quasi irréelle, conférant à ses scènes allégoriques une atmosphère de profond mystère. Mais au changement de siècle, avec la crise des valeurs humanistes, il donnera forme à d'hallucinants personnages, faits de lignes âpres et de couleurs accusées. **Domenico Ghirlandaio** (1449-1494) révèle pour sa part une véritable veine narratrice avec des cycles de fresques grandioses

présentant, dans une atmosphère de sérénité accrue, la classe dirigeante de Florence.
Le plein équilibre atteint par la Renaissance toscane se manifeste dans la personne sublime de **Piero della Francesca** (1415-1492 – *voir Arezzo*), dont la synthèse perspective des formes et couleurs, immergée dans une lumière cristalline, concrétise les idéaux les plus intellectuels et spéculatifs de son temps. À Mantoue, à la cour des Gonzague, **Andrea Mantegna** (1431-1506) réalise des scènes pleines de grandeur et de rigueur, utilisant les modèles antiques pour créer des héros aussi impénétrables que la pierre. Dans l'atmosphère baignée de gothique tardif, d'ésotérisme et d'alchimie de Ferrare, **Cosmè Tura** (1430-1495) invente la plus féroce des galeries de personnages que la peinture ait jamais vue, projetant les hommes et les objets dans une matière chromatique qui semble constituée de métaux affûtés et de pierres précieuses.
L'autre grand pôle se situe à Venise, où dans les années 1470, grâce à l'apport de la peinture « atmosphérique » du Sicilien **Antonello da Messina** (1430-1479), qui avait assimilé la grande leçon flamande, et à la connaissance de Piero della Francesca, **Giovanni Bellini** (1432-1516) oppose à la construction géométrique, intellectuelle et antinaturaliste des peintres florentins une vision plus empirique de l'espace, dont la profondeur est rendue par la richesse chromatique de l'œuvre et l'utilisation des tons fondus.

Le Cinquecento (16e s.)

Au 16e s., la sensibilité humaniste qui avait profondément marqué le siècle précédent atteint sa totale maturation. Les artistes sont de plus en plus attirés par la mythologie, l'art de l'Antiquité, la découverte de l'homme. Le foyer de la Renaissance se déplace de Florence à Rome, où les papes rivalisent d'efforts pour orner palais et églises.
À la fin du siècle, les modèles esthétiques de la Renaissance sont exportés dans toute l'Europe. L'âge d'or, auquel aspiraient poètes et humanistes, était cependant destiné à décliner probablement même avant d'être né, emporté par la tourmente luthérienne et par le bouleversement des structures politiques en Europe.

Architecture

Le siècle commence avec l'arrivée de **Bramante** (1444-1514), vétéran de l'expérience fondamentale milanaise, à Rome, où il concevra les plans de la nouvelle basilique St-Pierre, terminée par Michel-Ange. En dépit des apparences, son architecture n'est pas radicalement classique, car elle s'inspire de suppositions picturales et illusionnistes (faux chœur de S. Maria près de S. Satiro à Milan) qui simulent une profondeur qui n'existe pas. Il s'ensuit que l'architecture n'est plus un système rationnel de connaissance et de représentation de l'existence : c'est la crise du langage classique, qui trouvera une solution dans la grande architecture baroque.
Michel-Ange, qui s'inspire en partie de ses idées, conçoit l'architecture comme une sculpture, avec anthropomorphisme, en tentant de modeler un espace d'une très grande tension plastique.
Le Vignole (1507-1573) et **Palladio** (1508-1580), qui laisse une empreinte profonde surtout à Vicence *(voir ce nom)*, traduisent le classicisme théorisé dans leurs traités d'architecture par l'édification d'un grand nombre d'églises, de palais et villas, à Rome, dans le Latium, et en Vénétie.

Sculpture

Le siècle est dominé par **Michel-Ange** (1475-1564). Après avoir travaillé dans sa jeunesse à Florence, il s'installe à Rome, où des œuvres d'une vigueur plastique inégalée expriment son génie créateur, tourmenté et idéaliste. Le problème de la révélation divine est au cœur de son art, comme l'ardent désir de faire la distinction entre existence terrestre, incomplète et caduque, et éternité de l'âme, qui tend à se libérer des liens de la chair et de la souffrance dialectique entre la raison et la foi. S'inspirant et de l'Antiquité et de l'œuvre de Donatello, il les revisite dans un itinéraire d'une impressionnante tension morale. Dans ses dernières œuvres, il parvient à dissoudre la matière, interprétée comme la matérialité du corps humain, à travers l'immatérialité de la lumière, l'esprit, effritant ainsi sans appel l'optimisme du classicisme humaniste.

Gallerie dell'Accademia, Venezia/SCALA

La Tempête, *par Giorgione - Venise, Galleria dell'Academia*

Son héritage devient l'inévitable pierre de touche de tous les artistes du siècle, parmi lesquels l'élégant et raffiné **Benvenuto Cellini** (1500-1571), arti-san du célèbre *Persée* florentin, et le Flamand **Jean Bologne** (1529-1608), auteur de nombreux groupes sculptés à Florence et dans les environs, qui comme ses contemporains, soumet la sculpture aux impératifs d'un art de cour raffiné.

Peinture

Le 16e s. a produit un nombre impressionnant de peintres de tout premier plan, et les grandes lignes de la nouvelle peinture humaniste s'élaborèrent d'abord et surtout à Florence, qui fut relayée ensuite par Rome d'abord, puis Venise. Trois artistes exceptionnels, mais dans une certaine mesure complémentaires, ouvrent le siècle.

Léonard de Vinci (1452-1519), fascinante personnalité qui illustre à merveille la curiosité des nouveaux humanistes, invente le *sfumato*, un modelé vaporeux qui rend sensible la distance séparant les objets. Son constant souci de rechercher et de vérifier les mécanismes du mouvement et du fonctionnement des choses, sa tentative pour traduire la somme colossale de ses observations dans un système cohérent, font de lui un précurseur de la science (et du désir de connaissance) des temps modernes. Ses réflexions sur les « mouvements de l'âme » et leurs illustrations dans d'éminents modèles picturaux (*La Cène* de Milan) influencèrent radicalement ses successeurs.

Raphaël (1483-1520) n'est pas uniquement un prodigieux portraitiste et le peintre de Madones au dessin d'une extrême douceur : c'est aussi un décorateur d'une fabuleuse invention, notamment dans les « Chambres » du Vatican, où il fait preuve d'une science exceptionnelle de la composition. Son langage, classique dans le sens le plus complet du terme, est à même de communiquer les contenus les plus intellectuels et les plus subtils, en figurations d'une logique persuasive, séduisante et apparemment facile.

Michel-Ange, s'il fut avant tout sculpteur, réussit également à transférer dans la peinture son extraordinaire expressivité dramatique et son sens des volumes, comme en témoignent les admirables fresques de la Chapelle Sixtine : une humanité grandiose et héroïque, bouleversée par le message divin, ébranle la sécurité du classicisme contemporain pour imposer aux générations successives d'artistes le dilemme entre l'art du « divin » Raphaël et celui du « terrible » Michel-Ange.

L'école vénitienne du 16e s. se développe dans le sens du colorisme. **Giorgione** (1478-1510) porte sa méditation sur le rapport entre l'homme et la nature dans une atmosphère mystérieuse. **Titien** (1490-v. 1576), qui fut l'élève des Bellini et travailla dans sa jeunesse avec Giorgione, porte l'art vénitien à son apogée, soit dans de grandes compositions mythologiques ou religieuses, soit dans des portraits pénétrants, souvent exécutés sous le mécénat de princes italiens et de souverains européens. Ses dernières œuvres, caractérisées par de hardies compositions très originales et par des dégradés de couleurs en touches denses et grumeleuses, constituent l'héritage impressionnant et très personnel d'un des principaux témoins du siècle. **Le Tintoret** (1518-1594) apporte violence et vertige au luminisme de ses prédécesseurs et s'en sert pour rendre plus dramatique ses grandes compositions religieuses. **Véronèse** (1528-1588) atteint une luminosité extraordinaire et des effets de scène originaux dans ses vastes compositions aux nombreux personnages et aux échappées architecturales grandioses, tandis que **Jacopo Bassano** (1518-1592) crée des scènes nocturnes ou rustiques, ouvertes sur la réalité de façon très novatrice, avec une grande liberté de touche et de composition.

Les années d'inquiétude

La crise de la fin du 15e s., l'invasion en Italie d'armées étrangères, avec pour conséquence une perte de liberté pour de nombreux États, l'accroissement des tensions religieuses (mise à sac de Rome, développement du protestantisme, Contre-Réforme), eurent des répercussions dramatiques sur les artistes les plus sensibles de l'époque.

En Italie du Nord, **Lorenzo Lotto** (1480-1556) analyse, avec une pénétration psychologique cinglante les anxiétés spirituelles et morales des aristocrates et bourgeois provinciaux. À Brescia, où dans le sillage de Foppa s'était formée une solide attention au « vrai » et au « moral », divers peintres se consacrèrent à la représentation de la douloureuse réalité de l'époque : **Romanino** (1484-1559), avec un expressionnisme violent influencé par les écoles du Nord et anticlassique, **le Savoldo** (1480-v. 1548), avec une intensité lyrique et intérieure, et **le Moretto** (1498-1554), avec un esprit de foi touchant, proche du monde des humbles.

Néanmoins, les résultats les plus éclatants de la crise anticlassique sont visibles à Florence, où **le Pontormo** (1494-1556) incarne le rôle de l'artiste, génial mais tourmenté et névrosé, lunatique et visionnaire. Ses œuvres, mûries de la méditation de Raphaël et Michel-Ange, prennent très vite une tension hagarde et inquiétante, bouleversant par leurs couleurs acidulées et leur spatialité irréelle l'ordre de la Renaissance.

Le maniérisme (16e-17e s.)

Le terme ambigu de « maniérisme » désigne un phénomène culturel se situant entre la Renaissance et la période baroque. Il marque l'achèvement de la première, dont il reprend les motifs de « manière » toujours plus insistante, esquivant ou transformant en termes de formalisme intellectuel la crise de conscience de la génération précédente. On peut parler du maniérisme comme d'un art destiné à un public raffiné, d'une thèse qui, voulant se rattacher aux idéaux de beauté suprême définis par Raphaël et Michel-Ange, évolua vers un culte obsessionnel de l'élégance formelle et de la virtuosité d'exécution. Citons comme représentant caractéristique de cette tendance, **Giorgio Vasari** (1511-1574), auteur des *Vies des plus excellents peintres, sculpteurs et architectes italiens*, ouvrage qui a influencé le jugement historique et critique jusqu'à nos jours. Tandis qu'en Europe la tendance maniériste se diffuse librement, elle est en partie endiguée en Italie par l'Église catholique qui, après le concile de Trente (1545-1563), est résolue à conformer l'art religieux à une plus grande lisibilité et clarté doctrinales.

Le 17e s. : naturalisme, classicisme et baroque

Peinture

La première réaction contre les excès du maniérisme vient de l'**académie des « Incamminati »** de Bologne, qui sous la direction des **Carrache** propose un art moins affecté et plus proche de la nature. À partir de ces positions se développent plusieurs courants artistiques successifs. Le classicisme évolue, sur les prémisses posées par les Carrache, dans les sphères bolonaises et romaines, d'où il se répandra partout. Il pose pour principe fondamental que les formes artistiques classiques empruntées à l'Antiquité et à Raphaël incarnent les modèles de perfection idéale. La voûte du palais Farnèse à Rome, peinte par Annibal Carrache, ouvre en revanche la voie au style baroque avec sa dynamique irrésistible et ses effets accentués de perspective. Tant la peinture que l'architecture baroques sont caractérisées par l'art du mouvement, par la perspective renversée, par les volutes et par le goût du faux relief. La peinture intègre l'architecture et donne vie à d'impressionnantes visions, telles que l'on peut en voir sur le plafond de l'église du Gesù à Rome, littéralement « ouvert » par **le Baciccia** (1639-1709), qui introduit dans l'espace architectural une vision tangible de la réalité céleste.

Pinacoteca Ambrosiana, Milano/SCALA

Le Panier de fruits, *par le Caravage – Milan, Pinacoteca Ambrosiana*

L'autre aspect de la révolution qui secoue plusieurs siècles d'idéalisme en Italie vient du **Caravage** (1573-1610), dont l'œuvre, héritière de la tradition lombarde et bresciane et riche de scènes et de personnages empruntés au monde populaire, est marquée par un réalisme cruel et sans compromis ; elle frappe par l'intensité dramatique et les violents contrastes d'ombre et de lumière, expédients utilisés pour dévoiler la réalité morale qui se plie aux agissements et aux sentiments humains. L'exemple offert par l'artiste lombard sera par la suite suivi en Italie, en France et aux Pays-Bas, par de nombreux artistes appelés les « caravagesques ».

Architecture et sculpture

L'architecture maniériste, qui évolue entièrement sur plan et s'avère donc intellectuelle et statique, diffère fondamentalement de l'architecture baroque caractérisée quant à elle par le dynamisme spatial, la compénétration entre l'intérieur et l'extérieur, l'utilisation de lignes courbes et brisées et de la lumière comme véhicule des interventions divines. Le vrai style baroque, structural et essentiellement romain, est la création d'artistes œuvrant souvent à la fois comme architectes, peintres, sculpteurs et scénographes. Les transformations exécutées par **le Bernin** (1598-1680) à la basilique St-Pierre sont la plus parfaite illustration de ce style : la très célèbre colonnade, en permettant de corriger la massive et inerte verticalité de la façade, résout le problème de l'espace en développant, entre ses deux bras symboliquement ouverts pour accueillir les fidèles, une perspective d'arrière-plan à la place ouverte sur la ville.

À l'intérieur, la cascade de lumière de la basilique et l'imposante masse du baldaquin, qui s'anime dans l'espace, compensent le décentrage de la nef, que son allongement transforme en un extraordinaire tunnel perspectif de tension croissante. Dans l'architecture de **Borromini** (1599-1667) apparaissent en revanche les tensions déchirantes, les contrastes, les « folles » résolutions d'un esprit inquiet et tourmenté, tendant davantage à approfondir le dilemme et les contradictions de la souffrance spirituelle moderne qu'à exalter la grandeur des vicaires de Dieu sur terre. Une variante intéressante de l'architecture baroque se retrouve dans la Pouille (notamment à Lecce) et en Sicile, où se dressent, sous l'influence du style plateresque espagnol, des édifices d'une fantaisie somptueuse et raffinée dans la recherche décorative.

Le 18e s.

Les profondes transformations culturelles du nouveau siècle, projeté vers une vision rationnelle et philosophique des phénomènes, se reflètent sur l'art : le courant baroque, vidé des contenus les plus intimement religieux, évolue dans un sens toujours plus laïc et décoratif. L'art tend à se libérer de toute signification référentielle, à gagner davantage d'autonomie et à devenir une fin en soi, destinée à divertir plus qu'à instruire. Née en France, cette tendance est appelée *rocaille*. L'Italie, qui a désormais perdu la fonction de pays phare dans le domaine artistique, produit toutefois quelques figures au relief exceptionnel, en particulier dans le Piémont. La réorganisation urbaine et architecturale de Turin, parvenue au rang de capitale européenne, constitue l'entreprise la plus fascinante de l'époque. Dépassant les tensions et l'intensité dramatique de l'architecture baroque du 17e s. de son prédécesseur **Guarino Guarini** (1624-1683), **Filippo Juvara** (1678-1736) conçoit une architecture urbaine novatrice au goût théâtral très prononcé, scène idéale pour les apparitions costumées de la cour de la maison de Savoie (longues avenues plantées d'arbres et encadrées par les édifices). La peinture extrêmement lumineuse du Vénitien **Giovan Battista Tiepolo** (1696-1770), créateur des arrière-plans perspectifs peints non plus pour leur intérêt propre mais pour le plus grand plaisir du spectateur, offre une nouvelle vision de l'art qui a désormais une valeur pour ses qualités simplement artistiques.

Le 19e s.

Entre la fin du 18e s. et le début du 19e s., l'Italie participe aussi à la vague antiquisante, née de l'intérêt pour Herculanum et Pompéi, par opposition au style baroque, à la « licence » duquel on souhaite substituer une simplicité sobre (et morale), sereine et harmonieuse, modelée à partir des exemples immortels de l'Antiquité. Le néoclassicisme italien est surtout représenté par le sculpteur **Antonio Canova** (1757-1822), dont les œuvres semblent adhérer parfaitement aux principes de « simplicité noble et grandeur tranquille » que Winckelmann attribuait à l'art grec (connu en réalité seulement à travers les copies romaines). Dans l'une de ses plus célèbres sculptures, le groupe des *Grâces*, l'extrême perfection des formes se traduit cependant par une sensibilité ambiguë, rendue vibrante par la nostalgie d'un monde considéré comme parfait mais irrémédiablement perdu, faisant subtilement allusion à la barrière impalpable entre la vie et la mort qui caractérise toute son œuvre et la poétique romantique du temps.
Le courant antiquisant s'impose également en architecture ; combiné à d'autres courants, il conduira à l'éclectisme et régnera à travers tout le siècle avec des résultats très inégaux. **Alessandro Antonelli** (1798-1888), qui constitue un cas à part, innerve le langage néoclassique avec des principes inédits d'ingénierie, mêlant la tradition académique aux expérimentations européennes les plus originales.
En peinture, parallèlement au courant néoclassique, souvent de caractère explicitement académique, s'affirme le langage romantique de **Hayez** (1791-1882), ami de Canova qui, à travers le prétexte de figurations d'histoire médiévale, fait allusion aux événements du Risorgimento. À partir de 1855 et pour environ une vingtaine d'années, une réaction à l'académisme apparaît avec les **Macchiaioli**, qui anticipent quelques aspects du mouvement impressionniste, sans connaissances théoriques précises, en plantant leur chevalet à l'extérieur et en optant pour la couleur, la touche simplificatrice et l'inspiration naturaliste. Les principaux protagonistes du mouvement sont **Giovanni Fattori** (1825-1908), **Lega** (1826-1895), **Signorini** (1835-1901). Certains artistes sont en contact avec le milieu impressionniste de Paris. À la fin du 19e s., tandis que se répand une forme de peinture à caractère anecdotique, **Segantini** (1858-1899), **Pellizza da Volpedo** (1868-1907) et **Previati** (1852-1920) développent une peinture divisionniste. Reflet des théories des postimpressionnistes français, elle approfondit d'une part l'analyse de la réalité, avec de fortes connotations sociales, et s'ouvre d'autre part aux thématiques allégoriques, très empreintes de symbolisme, en accord avec ce qui se passait en Europe. Leurs solutions furent fondamentales pour les avant-gardes artistiques du 20e s.

Le 20e s.

Le 20e s. commence de manière explosive avec la réaction décapante et antiesthétique des **futuristes** qui, sous l'influence du poète **Marinetti** (1876-1944), le théoricien du groupe, proclament haut et fort leur foi en la machine, la vitesse et la foule. Leurs toiles tentent de traduire le dynamisme du monde moderne par des formes fragmentées, apparentées au langage cubiste, dont elles se différencient néanmoins profondément par leur sens du mouvement dans lequel se condensent des leçons de philosophes contemporains comme Bergson et par leurs désordres violents et passionnés d'origine expressionniste.
Boccioni (1882-1916), **Balla** (1871-1958), **Severini** (1883-1966), **Carrà** (1881-1966) et l'architecte **Sant'Elia** (1888-1916) sont les protagonistes de cette avant-garde. **Giorgio De Chirico** (1888-1978), flanqué de Carrà qui avait renié la velléité juvénile, inventa la **peinture métaphysique**, mettant en scène d'inquiétantes manifestations où les

Pinacoteca di Brera, Milano/Alinari-GIRAUDON

La Rixe dans une galerie, *par Boccioni (Milan, Pinacothèque de Brera)*

objets, associés de manière imprévisible dans des perspectives impossibles, mais crédibles, vivent dans une atmosphère ambiguë et énigmatique. Partant de fondements en partie analogues, **Giorgio Morandi**, avec de simples objets regroupés sur un plan unique, invite en revanche à une méditation silencieuse sur le sens le plus profond de l'histoire et de la signification de la peinture.

Après la Grande Guerre, le climat général de « retour à l'ordre » touche aussi de nombreux artistes italiens. C'est à cette époque que se forme le groupe du **Novecento** (20e s.), qui développe les fondements du naturalisme, filtrés à travers une relecture de la métaphysique et de l'art médiéval et classique italien, avec des résultats souvent très poétiques et d'une remarquable concentration formelle. La majeure partie des peintres, sculpteurs et architectes italiens adhèrent à cette attitude ou du moins en sont influencés, surtout lorsque dans les années 1920, le régime s'exprimera en faveur de cette tendance stylistique. S'y opposant explicitement ou tacitement, s'élèvent les voix de ceux qui ne renoncent pas à s'insérer dans une problématique moins provinciale. Autour des représentants du groupe milanais de **Corrente**, de l'**École romaine** et des **Six de Turin** se rassemblent quelques-unes des forces les plus vives de l'art italien de cette époque qui, même dans l'individualisation précise de chaque parcours, ont en commun un intérêt pour les solutions expressionnistes. Celles-ci débouchent souvent sur un réalisme intensément tragique, d'une grande tension sociale et d'une profonde substance humaine. **Renato Guttuso** (1912-1987) parvient à une relecture personnelle des formules postcubistes, appliquées à des modèles explicitement antifascistes. Parmi les sculpteurs, une des voix les plus significatives est celle de **Manzù** (1908-1991), qui sut même renouveler, en laïc, les formes de l'art chrétien. Son sens profond de la lumière, qui confère à sa sculpture, notamment aux bas-reliefs, une vitalité donatellienne, lui permet de procéder à une dénonciation de la violence, perçue comme la mortification de l'être humain.

L'après-guerre

La tragédie de la guerre n'est pas sans influencer la pratique artistique : les artistes s'interrogent sur l'importance de l'accomplissement artistique dans un monde où les valeurs morales ont été brutalement effacées. On parle de « mort de l'art », même dans la nouvelle société de consommation et l'aisance des années 1950 et 1960. Le langage artistique n'est plus ressenti comme le mode d'expression de la réalité esthétique ; aussi emprunte-t-il de nouvelles voies que l'on peut estimer antiesthétiques pour avoir été jusqu'alors étrangères à toute représentation artistique, ces nouvelles orientations allant souvent jusqu'au désaveu du support physique traditionnel, la toile. C'est, en partie, le cas de **Burri** (1915-1995), qui se rapproche tardivement de la peinture, sans passer par le milieu académique. En procédant à des collages sur de vieilles toiles abîmées, il n'entend pas représenter autre chose que ce qu'il donne à montrer, mais exposer un fragment de matière qui n'acquiert de signification que par l'intervention de l'artiste, lequel donne ainsi forme à sa propre expérience. **Fontana** (1899-1968) perçoit également les limites traditionnelles de l'expression artistique et cherche, en pratiquant des incisions dans la toile, de nouvelles solutions au vieux problème de l'espace, qui peut être créé mais pas représenté ; ainsi, il souligne l'importance du « geste », de l'action qui met en contact l'en deçà et l'au-delà de la toile, et détruit la classique mise en scène de l'espace. D'autres artistes s'inscrivent dans la tendance dite **« art pauvre »**, par nette opposition à un monde vu comme « riche ». Pour ces artistes, la rupture avec l'approche classique de l'art est totale et va jusqu'au refus radical de jouer un rôle, ressenti comme mystificateur et soumis au système qu'ils contestent.

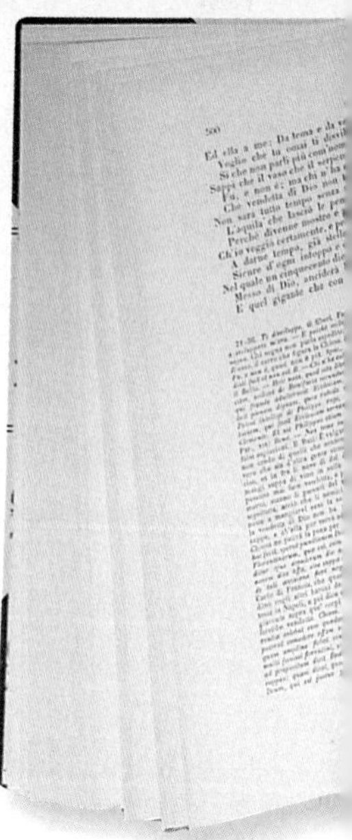

Littérature

Ce livre s'ouvre à l'époque de saint François d'Assise et continue encore aujourd'hui de s'écrire...

Naissance et splendeur de la littérature italienne

Les origines de la littérature italienne, liées à l'évolution de la langue, remontent au 13e s. L'émouvant *Cantique des créatures*, composé par **saint François d'Assise** (1182-1226) en dialecte ombrien pour répondre au vœu de l'ordre d'utiliser la langue populaire, se situe parmi les œuvres les plus anciennes. Le 13e s. est aussi celui de l'**école sicilienne**, qui, à la cour de Frédéric II, développe une poésie courtoise inspirée de la tradition lyrique provençale. La tendance poétique la plus célèbre fut le **dolce stil nuovo** (doux style nouveau). Ce terme, forgé par Dante, qui y adhéra au début de son activité littéraire, indique un genre lyrique qui célèbre en vers très musicaux l'amour spirituel et édifiant pour une femme élevée au rang d'ange. Guinizzelli et Cavalcanti ont eux aussi été adeptes de ce style.

Auteur de la *Vita Nuova*, des *Rime*, du *Banquet* et de *De vulgari eloquentia*, **Dante Alighieri** (1265-1321) pose les bases de la future langue nationale, le toscan, et lui offre le plus grand des chefs-d'œuvre de la littérature italienne, *La Divine Comédie*. Au cours de ce voyage allégorique dans l'outre-tombe, Dante, accompagné de Virgile dans les deux premiers règnes (Enfer, Purgatoire) et de Béatrice au Paradis, rencontre de célèbres damnés, dont les peines sont proportionnelles à la conduite qu'ils eurent de leur vivant. **Pétrarque** (1304-1374), poète et humaniste, chante son amour pour Laura dans son *Canzoniere*, recueil de sonnets et de chansons qui inspirèrent la lyrique de l'époque, même au-delà des frontières italiennes. **Boccace** (1313-1375), dans son *Décaméron*, œuvre sans scrupules et ironique, rassemble cent nouvelles inspirées de l'idéal de vie de la bourgeoisie naissante, composée de l'humanité la plus complexe et la plus variée.

Humanisme et Renaissance

Le nouveau mouvement culturel, s'inspirant des goûts classiques grecs et latins, développe le concept d'*humanisme*, incarné par les grandes figures d'artistes et savants que sont Filippo Brunelleschi, Leon Battista Alberti, Léonard de Vinci.

À Florence, centre littéraire dynamique, se développe l'activité culturelle de Laurent de Médicis, dit **le Magnifique** (1449-1492), figure idéale d'humaniste. **Le Politien** (1454-1494), attaché à la maison Médicis, fut l'auteur d'une synthèse de culture latine, de lyrique italienne et de poésie populaire ; son nom dérive de la dénomination latine de son pays natal, *Mons Politianus* (Montepulciano). **Boiardo** (environ 1441-1494), auteur du *Roland amoureux*, poème chevaleresque mêlant la poésie épique du cycle carolingien à la poésie courtoise du cycle breton, écrit à la cour de Ferrare.

La découverte de l'Amérique, point culminant d'une série d'explorations, bouleverse, pour les ouvrir à l'imagination, les horizons délimités par les superstitions traditionnelles, incarnées par les Colonnes d'Hercule, limite infranchissable du monde connu. C'est l'époque de la pensée féconde, celle de **Machiavel** (1469-1527), – qui, dans *Le Prince*, démontre que l'homme auquel il appartient de sauver l'État ne peut y parvenir (et à n'importe quel prix) que par une politique sévère contre qui menace la vie civile –, celle aussi de **Guichardin** et de **l'Arioste** (1474-1533), auteur du *Roland furieux* *(voir Ferrare)*.

S. Senini/MICHELIN

En feuilletant
La Divine Comédie

Parmi les auteurs d'inspiration classique, citons **Bembo** (1470-1547) qui codifie la langue toscane, **Castiglione** (1478-1529) dont le *Courtisan* définit les vertus du parfait homme courtois et **Michel-Ange** (1475-1564), qui concentre son activité littéraire sur une conception platonique de l'amour et de l'art.

Les comédies enjouées de **l'Arétin** (1492-1556), qui se situent à l'opposé de l'idéal courtois par le contenu et par le style, sont étrangères au classicisme aristocratique, tout comme celles de **Ruzzante** (v. 1502-1542), au goût marqué par le réalisme exprimé en dialecte padouan, ou l'œuvre littéraire de **Cellini** (1500-1571), sculpteur et orfèvre à l'existence aventureuse.

Vasari (1511-1574), peintre et architecte, excelle dans le genre biographique ; il présente, dans *Vies*, plus de cent artistes, de Cimabue à lui-même.

La Contre-Réforme et le baroque

La découverte de l'Amérique avec ses contrecoups sur l'économie méditerranéenne et la propagation de la protestation luthérienne débouchèrent sur une période plus tourmentée. Ce fut une époque d'inspiration mineure et de grand conformisme, où le problème de la langue fut résolu par l'Académie de la « Crusca », créatrice du *Vocabulaire*, remarquable œuvre lexicographique qui immortalisait la langue littéraire.

La mutation du climat spirituel se manifeste par exemple avec la personnalité tourmentée du **Tasse** (1544-1595) et sa *Jérusalem délivrée* *(voir Ferrare)*.

Scientifique et méthodologiste de la recherche, **Galilée** (1564-1642) se réfère à Archimède et réfute la théorie d'Aristote ; en différenciant la méthode scientifique de celle applicable à la théologie et la philosophie, il se met involontairement dans une situation problématique vis-à-vis de l'Église. Celle-ci, déjà secouée par la tourmente du protestantisme, défend obstinément une position désormais fragile. Face à l'intransigeance doctrinale de l'Inquisition se développe alors le **conceptisme**, caractéristique de la poésie baroque en quête avant tout de « merveilleux ».

Des Lumières au Décadentisme

Au début du 18e s., l'Académie des Lettres de l'**Arcadia** opposait au « mauvais goût » baroque un « bon goût » inspiré de la pureté de la poésie bucolique classique. C'est également l'époque de **Giambattista Vico** (1668-1744), qui élabora la théorie des flux et reflux historiques, fondée sur les trois stades (sens, imagination et raison) de l'histoire des civilisations, puis du dramaturge **Métastase** (1698-1782).

Le centre de la culture italienne se situe à Milan grâce à des personnalités comme **Verri** (1728-1797) et **Beccaria** (1738-1794), qui, dans son célèbre traité *Des délits et des peines*, se bat avec une logique rigoureuse pour l'abolition de la peine de mort.

Le cœur du théâtre se trouve à Venise avec **Carlo Goldoni** (1707-1837) : dans son œuvre comique, le parler vénitien confère vivacité et spontanéité à la réalité qui est représentée.

Giuseppe Parini (1729-1799) fut un écrivain didactique, tandis que **Vittorio Alfieri** (1749-1803) reste connu pour ses tragédies, dans lesquelles les thèmes de la liberté et de l'opposition à la tyrannie sont récurrents. **Ugo Foscolo** (1778-1827), en se risquant au genre épistolaire *(Les Dernières Lettres de Jacopo Ortis)* et à la poésie lyrique *(Les Tombeaux)*, s'inscrit dans la tradition littéraire européenne de Richardson, Rousseau, Goethe et Gray.

Le 19e s. s'ouvre avec deux écrivains tout aussi sublimes que différents, **Giacomo Leopardi** (1798-1883), et **Alessandro Manzoni** (1785-1873). Le premier élabora le concept de « pessimisme historique », fondé sur le contraste entre la Nature, état originellement heureux, et la Raison (ou civilisation), coupable d'avoir apporté le malheur ; cette réflexion le conduit ensuite au « pessimisme cosmique », qui, en incluant dans la condamnation la nature elle-même, considère le malheur comme la condition intrinsèque de l'homme. Le second contribue au développement du roman historique, genre permettant de combiner veine créatrice et vraisemblance historique, avec *Les Fiancés*, grandiose épopée des humbles fondée sur une conception providentielle de l'existence humaine.

Dans les œuvres de **Giovanni Verga** (1840-1922), principal représentant du **vérisme**, n'apparaissent plus la providence manzonienne et l'espérance optimiste du rachat des plus démunis, représentés comme les « vaincus ».

La poésie lyrique de la seconde moitié du 19e s. est représentée par **Giosuè Carducci** (1835-1907), premier Italien à recevoir le prix Nobel de littérature en 1906 ; personnalité mélancolique inspirée par la poésie classique, il critiqua le romantisme dont il ne retenait essentiellement que la composante sentimentale.

Appartenaient au courant décadentiste (bien que de manière très différente) **Gabriele D'Annunzio** (1863-1938), au style raffiné et précieux, animé d'un goût sensuel pour le langage, et **Giovanni Pascoli** (1855-1912), pour qui l'évocation poétique de la prime enfance est l'expression de l'art en tant que rêve et moment d'émerveillement.

Du Décadentisme à nos jours

Le début du 20e s. vit la naissance de **revues** politiques, culturelles, morales et littéraires, auxquelles collaborèrent Giuseppe Prezzolini (1882-1982) et Giovanni Papini (1881-1956).

Les théories du **futurisme**, mouvement qui s'étendait à toute forme d'expression artistique, furent exposées dans le *Manifeste* de 1909 par son animateur, **Filippo Tommaso Marinetti** (1876-1944), qui exalta la vitesse, les mythes de la machine et de la guerre et « l'insomnie fébrile ». Ces théories trouvèrent leur expression formelle dans la désarticulation de la syntaxe et de la ponctuation, et dans la libre mise en place des mots sur le papier.

En harmonie avec la nouvelle sensibilité européenne, exprimée par Musil, Proust et Joyce, la littérature italienne adhéra au goût de la « découverte », communiqué par les études psychanalytiques naissantes sur l'intériorité et l'inconscient. Dans *La Conscience de Zeno,* **Italo Svevo** (1861-1928) sonde l'aliénation du personnage principal, inepte par définition, dont le passé et le présent s'entrecroisent dans un monologue intérieur. **Pirandello** (1867-1936) analyse lui aussi la tragique solitude de l'homme. Il met en scène des personnages dont l'identité se disloque en facettes contradictoires au contact de leur entourage et dont l'unique issue est la folie.

Mêlant influences vériste et dannunzienne, **Grazia Deledda** (1871-1936) raconte et recrée le monde sarde en le baignant dans une atmosphère de mythe, où dominent de puissantes passions et un profond sens religieux de la vie et de la mort.

Né après la Première Guerre mondiale, l'**hermétisme** lutte pour la poétique même du langage, qui doit se libérer du poids d'une tradition emphatique et mémorielle. Dans les poésies de **Giuseppe Ungaretti** (1888-1970), le langage est évocateur, prégnant, et essentiel. **Salvatore Quasimodo** (1901-1968) autre porte-parole de l'hermétisme, est particulièrement apprécié pour ses traductions des auteurs grecs et latins et de Shakespeare.

Méritent une attention particulière, la poésie d'**Eugenio Montale** (1896-1981), qui chante avec une éloquence acerbe et incisive l'angoisse et le « mal de vivre » intrinsèques à la nature humaine ; celle d'**Umberto Saba** (1883-1957), nourri par sa ville natale, Trieste, d'une culture de l'Europe centrale, qui voit la langue soutenue et la langue familière se conjuguer dans une matière intensément lyrique et autobiographique.

Après la Seconde Guerre mondiale, le **néoréalisme**, qui trouva un moyen d'expression idéal et plus immédiat dans le cinéma, se proposait de traiter de façon plus réaliste la vie et la misère des ouvriers, des paysans et des gamins des rues. **Cesare Pavese** (1908-1950) y adhéra ; son œuvre a pour thèmes la solitude et la difficulté d'être, reflets d'un malaise intérieur irrésolu qui le conduisit au suicide. Dans *Les Indifférents*, **Alberto Moravia** (1907-1990) parle de chute et de résignation au sein d'une famille de la moyenne bourgeoisie romaine. On n'aura garde d'oublier *La Storia* de la grande **Elsa Morante** (1912-1985), dont l'univers fait resurgir l'enfance sous les traits les plus inattendus.

Auteur de fables subtilement ironiques, **Italo Calvino** (1923-1985) fut néoréaliste à ses débuts ; il fut aussi un chercheur perspicace et un expérimentateur des mécanismes de l'écriture. Le Sicilien **Leonardo Sciascia** (1921-1989), profond connaisseur des maux italiens, et plus particulièrement de la Mafia, fut un écrivain à la prose très pure, un essayiste et un auteur de nouvelles policières, d'évocations historiques et d'enquêtes romancées. La plume de **Carlo Emilio Gadda**, « l'ingénieur », se distingue en revanche par une expérimentation linguistique géniale, qui capture les hypocrisies, les folies et les maux obscurs de la société contemporaine. **Pier Paolo Pasolini** (1922-1975), figure provocatrice et contestée, vécut avec une intensité tragique le contraste entre l'idéologie marxiste, la spiritualité chrétienne et les valeurs paysannes.

Dino Buzzati (1906-1972), à la fois poète, écrivain, illustrateur et journaliste ; s'illustre par un penchant pour le fantastique et le surréel, alimenté de scepticisme, qui peut rappeler Poe ou Kafka à certains égards.

Le panorama littéraire des années 1990 voit l'immense succès du *Nom de la rose* (1980), thriller gothique du sémiologue et essayiste **Umberto Eco** (1932). Le siècle se termine en beauté, avec l'attribution en 1997 du prix Nobel de littérature à l'auteur et acteur de théâtre **Dario Fo** (1926), sorte de ménestrel médiéval qui, dans ses spectacles, critique le pouvoir et défend les opprimés.

Luigi Pirandello

HARLINGUE VIOLLET

Musique

Si l'on considère, comme souvent, que les Italiens sont un peuple de saints, de poètes, de héros et de navigateurs, il ne faut pas oublier que ce sont également des musiciens. La notation musicale est inventée en Italie, où le violon développe toute sa potentialité ; où Vivaldi naît et compose, inspirateur de Bach et inexplicablement négligé jusqu'au début du 20e s. ; où Verdi, favorable à la cause du Risorgimento, donne vie à des opéras applaudis dans les théâtres du monde entier.

La Scala, vers 1830

Les origines

À la suite de la grande vague du **chant grégorien**, doté d'une écriture complexe (les notes n'existaient pas mais il y avait un système de signes particuliers appelés *neumi*), le bénédictin **Guido d'Arezzo** (997-v. 1050) introduisit la notation musicale et fixa le nom des notes à partir des syllabes initiales des six premiers vers de l'hymne à saint Jean-Baptiste : « Ut *queant laxis*/Resonare *fibris*/Mira *gestorum*/Famuli *tuorum*/Solve *polluti*/Labii *reatum Sancte Johannes* », auxquels s'ajouta le « si » composé à partir des initiales de *Sancte Johannes*, tandis que l'« ut » se transforma en « do » au 17e s.

Au 16e s., dans le sillage de l'exemple flamand, la polyphonie vocale, alors très en faveur, connaît son âge d'or grâce à **Giovanni Pierluigi da Palestrina** (v. 1525-1594), compositeur de musique surtout religieuse, extrêmement fécond (105 messes, dont sa fameuse *Missa Papæ Marcelli*). À la même époque, **Andrea Gabrieli** (v. 1510-1586) et son neveu **Giovanni** (v. 1557-1612) furent organistes à la basilique St-Marc de Venise et excellèrent dans la musique polyphonique tant sacrée que profane. Giovanni composa même des sonates pour violon, parmi les premières du genre.

Le grand réformateur musical fut **Claudio Monteverdi** (1567-1643), dont le chef-d'œuvre demeure la « fable en musique » *Orfeo* (1607). Le musicien, qui préconisait l'usage d'un langage musical fondé sur un lien parfait entre paroles et musique, a laissé, outre ses compositions pour la scène, des pièces de musique sacrée et des madrigaux (compositions vocales polyphoniques).

Après s'être consacré à la composition d'œuvres vocales, **Girolamo Frescobaldi** (1583-1643) se tourna vers la musique instrumentale pour orgue et clavecin.

L'époque baroque et le 18e s.

Ce n'est qu'aux 17e et 18e s. que l'Italie voit naître une véritable école musicale – aussi bien dans le domaine lyrique qu'instrumental – marquée par le charme et la fraîcheur de l'inspiration ainsi que le génie de la mélodie. **Alessandro Scarlatti** (1660-1725), prolifique et représentatif auteur de l'école napolitaine, apporta tout son talent à la mise en valeur de l'aria, partie essentielle du mélodrame, et son fils **Domenico** (1685-1757) écrivit de célèbres sonates pour clavecin.

ROGER VIOLLET

Le Vénitien **Antonio Vivaldi** (1678-1741), le célèbre « Prêtre roux », se distingue par son inépuisable gaieté créatrice : il écrivit de nombreux concertos se développant selon un schéma tripartite *allegro/adagio/allegro* et présentant parfois des passages descriptifs (ou « musique à programme »), tels, entre autres, les célèbres *Quatre Saisons*. Dans une veine assez proche, **Baldassarre Galuppi** (1706-1785), originaire de Burano (île voisine de Venise), mit en musique des livrets de Goldoni et composa des sonates pour clavecin au rythme trépidant. Vivant les dernières heures glorieuses de son histoire, Venise fut généreuse à cette époque en donnant naissance également aux frères **Marcello - Benedetto** (1686-1739) et **Alessandro** (1684-1750), l'auteur du fameux *Concerto pour hautbois, cordes et orgue* (au magnifique adagio) - ainsi qu'à **Tomaso Albinoni** (1671-1750), dont les compositions instrumentales rappellent celles de Vivaldi. Les intermèdes comiques donnés entre les actes d'une œuvre furent à l'origine de l'**opéra bouffe**, où excellait l'école napolitaine, dont les principaux représentants furent **Pergolèse** (1710-1736), **Cimarosa** (1749-1801), auteur du *Mariage secret*, et **Paisiello** (1740-1816), auquel on doit notamment *Nina, ossia la Pazza per amore*.

L'Italie du 18e s. connut par ailleurs d'importantes personnalités travaillant à l'extérieur des frontières. Dans le domaine de la musique de chambre, le violoncelliste **Luigi Boccherini** (1743-1805), natif de Lucca mais établi en Espagne, fut un grand mélodiste particulièrement connu pour ses menuets. Il composa en outre une puissante *Symphonie en ré mineur*, la « Maison du diable ». **Antonio Salieri** (1750-1825), originaire de Vénétie, fut un compositeur actif et un illustre professeur :

Le violon

Né comme « perfectionnement » de la viole, il reste de ce fait associé aux anciennes écoles de lutherie (deuxième moitié du 16e s.-début 18e s.), presque toutes crémonaises, au point de rendre le binôme luthier-instrument pratiquement naturel (dans tous les programmes de concerto le violon est indiqué sous le nom de son fabricant : Gasparo da Salò, Amati, Guarneri, Stradivari). Dans le domaine de la virtuosité, le violon s'est remarquablement exprimé avec **Arcangelo Corelli** (1653-1713), qui s'essaya dans les sonates pour violon et basse continue (« la basse continue » est la base musicale, riche de notes tenant les sons fondamentaux de l'accord, sur lequel l'instrument soliste construit la mélodie), dont la célèbre Follia ; **Giuseppe Torelli** (1658-1709), auteur d'importants concerti grossi (le « concerto grosso » est une composition dans laquelle les voix des instruments solistes s'opposent au « grosso » de l'orchestre) ; **Giuseppe Tartini** (1692-1770), à qui l'on doit deux sonates aussi déchirantes que brillantes de virtuosité *Le Trille du diable* (le diable semble avoir inspiré nombre de morceaux de musique, surtout de violon) et *Didon abandonnée* ; **Pietro Locatelli** (1695-1764), qui affina par la suite la technique du violon dans ses *Caprices* et *Sonates* ; Giovan Battista Viotti, et, naturellement, l'inégalable Niccolò Paganini.

Vivaldi, le « Prêtre roux »

Beethoven, Schubert et Liszt furent formés par lui. Vers la fin de sa vie, il traversa une grave crise psychologique qui le conduit à s'accuser de la mort de Mozart. Cet épisode fut exploité par Milos Forman dans son film *Amadeus* (1984). Contemporain de Salieri, le Piémontais **Giovanni Battista Viotti** (1755-1824) apporta beaucoup au répertoire du violon avec ses 29 excellents concertos pour violon. Il vécut à Paris et à Londres où il mourut ruiné par la faillite d'un commerce de vins.

Même s'il ne fut pas musicien, on ne peut passer sous silence **Lorenzo Da Ponte** (1749-1838) qui contribua par son talent poétique à de grandes œuvres musicales. Sa vie aventureuse le mena jusqu'à New York, où il mourut, mais surtout à Vienne, capitale musicale de l'époque. C'est là qu'il collabora avec Mozart, en écrivant les livrets d'opéra qui lui assurèrent la célébrité : *Les Noces de Figaro, Don Giovanni* et *Così fan tutte.*

Enfin pour clore cette période faste, l'époque romantique fut illustrée magnifiquement et curieusement (puisque le violon avait cédé la place en terme de mode au piano) par l'incomparable violoniste **Niccolò Paganini** (1782-1840). Sa vie aventureuse, sa géniale richesse d'interprétation et sa virtuosité légendaire tout autant que sa maigreur et sa haute taille contribuèrent à lui donner une réputation démoniaque. Parmi ses nombreuses œuvres, les plus connues sont ses 24 *Capricci* et ses 6 concertos, dont le final du second est la célèbre *Campanella.*

L'opéra

Au 19e s., la musique instrumentale, hormis Paganini, ne connut pas de grands compositeurs, la production ayant été accaparée par l'art lyrique propice à l'expression des passions exacerbées du Risorgimento. **Rossini** (1782-1868) opère le passage entre l'âge classique et le romantisme *(Otello, Guillaume Tell)* tout en alimentant brillamment le répertoire de l'opéra bouffe *(L'Italienne à Alger, La Pie voleuse, Le Barbier de Séville).* **Vincenzo Bellini** (1801-1835), dont les orchestrations demeurent un peu faibles, a laissé d'admirables mélodies qui se suffisent à elles-mêmes *(La Somnambule, Norma).* Son rival, **Gaetano Donizetti** (1797-1848), outre quelques œuvres mélodramatiques *(Lucia di Lammermoor)*, où l'action sacrifie au *bel canto*, composa d'agréables opéras bouffes : *L'Élixir d'amour, Don Pasquale...*

Acclamé comme le compositeur majeur de cette période troublée (pendant la domination autrichienne, « Viva VERDI » signifiait aussi « Viva Vittorio Emanuele Re D'Italia »), **Giuseppe Verdi** (1813-1901) marque l'apogée du genre avec des œuvres dramatiques aux situations et sentiments passionnés totalement romantiques : *Nabucco, Rigoletto, Le Trouvère, La Traviata, Don Carlos, Aïda*... Il est également l'auteur d'un admirable *Requiem*. Amilcare Ponchielli (1834-1886) connut un succès considérable à l'époque avec sa *Gioconda*, qui inclut le morceau si facile à retenir qu'est *La Danse des heures*. Le mouvement vériste ensuite remporta du succès grâce à Mascagni *(Cavalleria Rusticana)*, Leoncavallo *(Paillasse)* et surtout **Puccini** (1858-1924) qui conclut ce siècle lyrique avec *La Tosca, Madame Butterfly, La Bohème* ou *Turandot* a donné quelques chefs-d'œuvre de mélodramatisme musical populaire.

LE PIANO

Il naît comme une « évolution » du clavecin, grâce à **Bartolomeo Cristofori** (1655-1732) : celui-ci substitua aux sautereaux qui pincent les cordes du clavecin, les marteaux qui frappent les cordes du piano. Toutefois, le premier Italien qui en diffusa la renommée dans toute l'Europe fut le pianiste **Muzio Clementi** (1752-1832) rival en sa matière de Mozart. Il composa une centaine d'études pour cet instrument, ainsi que le *Gradus ad Parnassum* et six Petites Sonates *(Sonatine)*, agréable trait d'union entre les sonates de Mozart et celles de Beethoven. Par sa grande richesse de sons et de timbres, le piano fut l'instrument idéal des romantiques, pour lesquels il permettait d'exprimer admirablement aussi bien les déchirements mélancoliques et les atmosphères nocturnes que les passions les plus fortes. À une époque plus récente, le Toscan **Ferruccio Busoni** (1866-1924) transcrivit de nombreuses pièces de Bach pour le piano.

Par réaction, la génération suivante travailla essentiellement pour la musique orchestrale. **Ottorino Respighi** (1879-1937) est l'auteur de poèmes symphoniques impressionnistes : *Les Fontaines de Rome, Les Pins de Rome* et *Les Fêtes romaines*. **Dallapiccola** (1904-1975) demeure connu pour avoir été le chef de file de l'école dodécaphonique italienne (fondée sur l'utilisation de la totalité des douze tons de la gamme et non sur leur dépendance à l'intérieur d'une tonalité). **Luigi Nono** (1924-1990) est un éminent représentant de la technique sérielle.

Scènes et interprètes

Si les nombreux conservatoires fournissent des salles de concerts d'une très bonne acoustique, les théâtres italiens les plus connus sont la prestigieuse Scala de Milan, le Regio et le tout nouveau Lingotto de Turin, le Carlo Felice de Gênes, la Fenice de Venise (malheureusement détruite par un incendie en janvier 1996, sa reconstruction est envisagée), le Ponchielli de Crémone, le San Carlo de Naples, si cher à Stendhal, et le Politeama de Palerme. L'été, l'amphithéâtre de Vérone et, à Rome, les thermes de Caracalla prêtent leur cadre à de grandioses représentations alors qu'à la fin du printemps c'est à Florence que se concentrent les grandes manifestations du Mai florentin.

Parmi les grands orchestres et les groupes de musique de chambre, il faut citer l'Orchestre de l'Académie de Ste-Cécile (Rome), le Filarmonica de la Scala, les Solisti Veneti et l'Orchestre de Padoue et de Vénétie.

Aujourd'hui, les grandes scènes d'Italie et du monde accueillent les successeurs de Toscanini, tels Claudio Abbado, Carlo Maria Giulini, Riccardo Muti, Riccardo Chailly, Claudio Scimone, aussi bien que des solistes réputés : les violonistes Accardo et Ughi, les pianistes Pollini, Campanella, Ciccolini, Lucchesini et Maria Tipo, les violoncellistes Brunello et Filippini.

Succédant à Caruso et Beniamino Gigli et Renata Tebaldi, de magnifiques voix servent la célébrité du pays du *bel canto* comme Renato Bruson, Cecilia Bartoli, Fiorenza Cossotto, Cecilia Gasdia, Luciano Pavarotti, Katia Ricciarelli, Renata Scotto et Lucia Valentini Terrani. Enfin, il ne faut pas oublier les grandes ballerines italiennes actuelles : Carla Fracci, Luciana Savignano et Alessandra Ferri.

GIUSEPPE SINOPOLI

Ce grand chef d'orchestre italien, mort à Berlin le 20 avril 2001, à l'âge de 54 ans, alors qu'il dirigeait le célèbre *Aida*, fut un grand wagnérien et un véritable « génie pluridisciplinaire ». Outre « son » art, il se consacrait également avec passion et un grand professionnalisme à la psychiatrie et à l'archéologie.

CAHIERS DU CINEMA

Cinéma

De Turin, qui lui a consacré un musée, à Venise, Cannes, Los Angeles...

Les débuts et le néoréalisme

Né à Turin au début du siècle, le cinéma italien connut très vite un essor considérable (50 sociétés de production en 1914) et un succès international. D'abord spécialisés dans le film historique, les producteurs s'orientèrent vers le film d'aventures dans les années 1910, puis, dans les années 1930, vers un cinéma de propagande et surtout d'évasion subventionné par l'État, qui permettait au spectateur d'échapper, le temps d'une projection, à la réalité de l'Italie fasciste.
En 1935, sont fondés à Rome les studios de Cinecittà et un centre expérimental de cinématographie qui compte parmi ses élèves Rossellini, De Santis... Pour combler la distance qui s'est instaurée à l'écran entre la vie et son image pendant le fascisme, ces réalisateurs proposent un retour au concret, une observation attentive des réalités quotidiennes : la guerre et ses tragiques conséquences sont le premier thème du **néoréalisme**. **Rossellini**, avec *Rome, ville ouverte* (1945) et *Allemagne année zéro* (1948) dévoile l'oppression nazie-fasciste. **De Sica**, dans *Sciuscià* (1946), et *Le Voleur de bicyclette* (1948), brosse le portrait de l'Italie d'après-guerre, en proie au chômage et à la misère. De Santis avec *Riz amer* (1949) et *Pâques sanglantes* (1950) décrit un milieu populaire partagé entre la soumission à l'idéologie dominante et des aspirations révolutionnaires. Le néoréalisme s'éteint au début des années 1950, ne répondant plus aux souhaits d'un public désireux d'oublier la misère de l'époque. L'influence du mouvement continuera pourtant à s'exercer sur les générations suivantes.

Des années 1960 à nos jours

Les années 1960 représentent l'apogée du cinéma italien : soutenue par une puissante infrastructure industrielle, la production très importante (plus de 200 films par an) est de grande qualité. Trois grands auteurs caractérisent cette époque. **Fellini** (1920-1993), révélé au grand public en 1954 par *La Strada*, réalise en 1960 *La Dolce Vita* (Palme d'Or du Festival de Cannes). Ses films aux images fabuleuses sont le miroir de ses songes (*Huit et demi*, 1963 ; *Le Satyricon*, 1968 ; *Amarcord*, 1976 ; *La Voce della luna*, 1989).
Antonioni (né en 1912) est lancé en 1959 avec *L'Avventura*. Son œuvre, qui influencera considérablement le cinéma de ces années-là (*Le Désert rouge*, 1960 ; *La Nuit*, 1961 ; *Blow up*, 1967) dresse le constat de l'incommunicabilité entre les êtres.
En 1960, **Visconti** (1906-1976) réalise *Rocco et ses frères* et, en 1963, *Le Guépard* (qui obtient la Palme d'Or à Cannes). Ses films, empreints de faste et d'esthétisme, se nourrissent d'une observation attentive de tout ce qui fuit, se dégrade ou est voué à la mort. Mais les années 1960 marquent aussi les débuts de cinéastes qui mettent en scène leur engagement politique et social : **Pasolini**, Olmi, Rosi, Bertolucci, les frères Taviani...
Le cinéma italien rayonne ainsi jusqu'au milieu des années 1970 avec de grandes œuvres : *Mort à Venise* (1970) et *Ludwig* (1972) de Visconti ; *Casanova* (1976) de Fellini, *Profession : reporter* (1974) d'Antonioni ; *L'Affaire Mattei* (1971) de **Rosi** et *Dernier tango à Paris (1972)*, de Bernardo Bertolucci... À la fin des années 1970, victime de la concurrence télévisuelle et de l'effondrement du marché, il traverse une crise à laquelle il résiste malgré tout grâce à des films d'auteurs : *La Nuit de San Lorenzo* des frères Taviani (1982), *Le Bal* (1983) et *La Famille* (1987) de **Ettore Scola**, *Le Dernier Empereur* de Bertolucci (1987), *Cinema Paradiso* de Tornatore (1989), et, plus récemment, la fable poignante de **Roberto Benigni**, *La vie est belle* (1998) ; grâce aussi à la réaction de jeunes cinéastes, réalistes à leur tour, qui mettent en scène des héros engagés dans la bataille sociale et donnent priorité à l'écriture et au récit (Nanni Moretti, Daniele Luchetti, Pupi Avati, Marco Risi...).

Claudia Cardinale dans Le Guépard, *de Visconti*

Il est toutefois impossible de tracer un profil du cinéma italien sans rappeler la comédie à l'italienne, représentée par *Gendarmes et Voleurs* (1951), *Le Pigeon* (1958), *La Grande Guerre* (1959), *L'Armée Brancaleone* (1966) et *Mes chers amis* (1975) de **Mario Monicelli** et *Divorce à l'italienne* (1962) de **Pietro Germi**.
La nouvelle génération de cinéastes parle d'engagement social et met en scène des personnages névrosés, en mal d'existence. Comptent parmi les œuvres les plus intéressantes : *Bianca* (1984), *La messe est finie* (1985) et *Journal intime* (1993) de **Nanni Moretti,** qui a remporté la Palme d'Or à Cannes en 2001 pour son film *La Chambre du fils* ; *Le Porteur de serviette* (1992) et *L'École* (1995) de **Daniele Luchetti** ; *Regalo di Natale* (1986) de **Pupi Avati** ; *Mery per sempre* (1989), *Ragazzi fuori* (1989) et *Il muro di gomma* (1991) de **Marco Risi** ; *Nuit italienne* (1987) et *Vesna va veloce* (1996) de **Carlo Mazzacurati**. En 2000, **Silvio Soldini** s'est distingué avec un film délicat, *Pain, tulipes et comédie*, dans lequel les protagonistes, des originaux à la douce excentricité, vivent dans une Venise authentique et dépourvue de touristes.
Le cinéma italien des vingt dernières années se caractérise également par un type de comédie à l'italienne dont de grands acteurs-auteurs ont permis la diffusion hors des frontières italiennes : *Ricomincio da tre* (1981), *Non ci resta che piangere* (1984), *Le vie del Signore sono finite,* de **Massimo Troisi** et *Le Facteur* (1994), de Michael Radford, interprété par le même regretté Massimo Troisi ; *Un sacco bello* (1980), *Compagni di scuola* (1988) et *Maledetto il giorno che ti ho incontrato* (1992) de **Carlo Verdone** ; *Le Cyclone* (1996) de **Leonardo Pieraccioni**, *Le Petit Diable* (1988), *Johnny Stecchino* (1991) et *Le Monstre* (1994) de **Roberto Benigni**, qui triomphe aux Oscars de 1999 avec l'émouvant et délicat *La vie est belle* (1998).
La grandeur du cinéma italien est cependant la récompense aussi de ses grands acteurs : Vittorio Gasmann, Gina Lollobrigida, Sophia Loren, Anna Magnani, Giulietta Masina, Marcello Mastroianni, Alberto Sordi, Ugo Tognazzi, Totò...

Oscars de l'Academy Awards

La vie est belle de R. Benigni : 3 Oscars, dont celui du meilleur film étranger (1999).
Mediterraneo de G. Salvatores : meilleur film étranger (1992).
Cinema Paradiso de G. Tornatore : meilleur film étranger (1990).
Le Dernier Empereur de B. Bertolucci : 9 Oscars, dont ceux du meilleur film et de la meilleure mise en scène (1988).
Amarcord de F. Fellini : meilleur film étranger (1975).
Le Jardin des Finzi-Contini de Vittorio de Sica : meilleur film étranger (1972).
Enquête sur un citoyen au-dessus de tout soupçon d'Elio Petri : meilleur film étranger (1971).
Hier, aujourd'hui, demain de Vittorio de Sica : meilleur film étranger (1965).
Huit et demi de F. Fellini : meilleur film étranger (1964).
Les Nuits de Cabiria de Federico Fellini : meilleur film étranger (1957).
La Strada de F. Fellini : meilleur film étranger (1954).

Palmes d'Or au Festival de Cannes

La Chambre du fils, de N. Moretti (2001).
L'Arbre aux sabots d'E. Olmi (1978).
Padre Padrone des frères Taviani (1977).
L'Affaire Mattei de Rosi et *La classe ouvrière va au paradis* de Petri (1972).
Signore e Signori (Mesdames et Messieurs) de Pietro Germi (1966).
Le Guépard de Luchino Visconti (1963).
La Dolce Vita de Federico Fellini (1960).
Deux Sous d'espoir de R. Castellani (1952).
Miracle à Milan de Vittorio de Sica (1951).

Lions d'Or à Venise

Così ridevano de Gianni Amelio (1998).
La Légende du saint buveur d'Ermano Olmi (1988).
La Bataille d'Algérie de G. Pontecorvo (1966).
Sandra de L. Visconti (1965).
Le Désert rouge d'Antonioni (1964).
Main basse sur la ville de Rosi (1963).
Le Général Della Rovere de Rossellini et *La Grande Guerre* de M. Monicelli (1959).
Juliette et Roméo de Castellani (1954).

Ours d'Or à Berlin

La Maison du sourire de Ferreri (1991).
Les Contes de Canterbury de Pasolini (1972).
Le Jardin des Finzi-Contini de Vittorio de Sica (1971).
Le Diable de Luigi Polidoro (1963).
La Notte (La Nuit) d'Antonioni (1961).

La mode et le costume

« Chacun doit aller bien vêtu, selon sa condition et selon son âge, car une mauvaise mise est signe de mépris pour autrui » (extrait du « Galatée » de Giovanni Della Casa, 16e s.)

Est-ce un art ?

Quel est le but, si tant est qu'il en ait un, de cet aspect capricieux de la vie de tant de personnes ? On peut sans nul doute évoquer tout d'abord **la recherche du Beau**, destiné à s'harmoniser avec la beauté physique et spirituelle de chacun de nous.
Par ailleurs, intervient également **le besoin de se distinguer**. Il convient à ce point d'opérer une distinction entre luxe et élégance. Le luxe peut ainsi tendre au tape-à-l'œil, dès lors qu'il est constitué d'objets et de vêtements choisis uniquement en fonction de leur prix et non selon des critères esthétiques, qui restent l'apanage de l'élégance. Le luxe est « le résultat de vol, d'usure, de la sueur des paysans », tonnait saint Bernardin ; l'élégance est sobre au point de passer presque inaperçue et ne se laisse pas influencer par la fugacité de la mode.

Un élément essentiel

Il s'agit de **la couleur**, dont la splendeur a surtout caractérisé la Renaissance. Le goût chromatique change d'un siècle à l'autre : jusqu'au 13e s., la couleur de prédilection est surtout le bleu sombre, que l'on retrouve dans les mosaïques de San Vitale. Au 14e s., les vêtements de deux couleurs, nettement séparées par la ligne médiane verticale sont à la mode. Au 15e s., le rose est au goût du jour, tandis qu'au siècle suivant l'or, l'argent et le noir rendent les vêtements beaucoup plus solennels (il suffit de penser aux portraits du Titien). Au 17e s., les dames apprécient les couleurs claires et au 18e s., le blanc et les teintes pâles font fureur. Le blanc et le noir seront les couleurs de prédilection du 19e s., et les teintes sombres marquent encore le début du 20e s.

Aujourd'hui comme hier...

Qu'il s'agisse d'artistes, de grands stylistes, de *designers* ou de citoyens lambda, sans génie artistique particulier, il semble que les Italiens aient une propension naturelle au bon goût. Celle-ci se retrouve aussi bien dans les luxueuses vitrines de mode de la via Montenapoleone à Milan et de la via dei Condotti à Rome, que sur les étals des marchés. Le vêtement « décontracté » à l'italienne n'est jamais synonyme de négligé.

Les grandes marques

Les grands noms de la mode italienne aujourd'hui concernent aussi bien les vêtements que les parfums, les bijoux ou le mobilier.
La créativité de **Giorgio Armani** s'exprime dans sa célèbre « veste déstructu-

Costume ou mode ?

Le terme « costume » date du 16e s. Il désigne la « façon de se vêtir » et s'inscrit à la fois dans la tradition et la durée. Le terme « mode », apparu au 17e s., insiste quant à lui sur la nouveauté dans la manière de s'habiller, à laquelle vient s'ajouter une notion de provisoire.

Lara Pessina/MICHELIN

Bref défilé de mode à travers les siècles : quelques grandes étapes

13e s. : la sobriété des siècles précédents fait quelques concessions à la diversité. Les deux principales nouveautés sont les **boutons** et les **lunettes** (on en trouve la toute première représentation à Trévise, dans la salle du chapitre de San Nicolò, portées par le cardinal Ugo di Provenza, dans une fresque datée de 1352).

16e s. : l'Italie exerce une telle influence sur les pays voisins que le Hollandais Érasme pourra s'exclamer que : « Tous ceux qui, comme nous, sont cultivés sont un peu Italiens ». Curiosité : les **talons** peuvent atteindre jusqu'à 60 cm ! À Venise, on a coutume de dire que « les talons font les Vénitiennes si grandes que sur la place St-Marc, on croirait voir des naines transformées en géantes ». On porte des **boucles d'oreilles,** bien que ces dernières soient jugées inconvenantes car inspirées des habitudes des « Maures ».

18e s. : à Venise, le **voile noir**, le **masque** et le **tricorne** sont très en vogue.

19e s. : on porte de longues vestes à ceinture haute. En pleine période romantique, les manches sont bouffantes, les corsets enserrent la taille, qui s'affine à l'extrême (la fameuse « taille de guêpe »). Curiosité : la crinoline, ample sous-jupe froncée et baleinée de crin, fait son apparition.

rée », dans ses robes du soir auxquelles il associe des chaussures à talon plat, et dans ses motifs orientaux qu'il revisite en les épurant à l'extrême.

Benetton est la marque phare des jeunes, mondialement connue. Une célébrité due en grande partie aux polémiques suscitées par les photographies publicitaires d'Oliviero Toscani.

Laura Biagiotti est surtout connue pour ses vêtements en cachemire.

Enrico Coveri est une marque aux choix... audacieux.

Dolce e Gabbana sont les inventeurs d'un look ironique, branché et faussement négligé, caractérisé par des couleurs très vives, des chemises de dentelle, des pantalons taille basse portés avec de large ceinturons.

Fendi est le nom de quatre sœurs, dont les objectifs sont : « la recherche, l'originalité, l'artisanat, une constante créativité et une attention permanente à la qualité ».

Gianfranco Ferré met l'accent sur « la qualité, le confort, l'unicité, le naturel ».

Gucci est le styliste « classique » par excellence : il a habillé Grace Kelly, Audrey Hepburn, Jacqueline Kennedy, Maria Callas.

Krizia, Mariuccia Mandelli – qui a choisi son nom d'artiste dans les *Dialogues* de Platon – est la styliste « du perfectionnisme, des finitions parfaites et du soin des détails ».

Missoni est une entreprise familiale spécialiste de la maille et qui mixe dans ses créations couleurs et matières.

Moschino tient son nom du styliste contestataire décédé en 1994, dont le credo était *De gustibus non est disputandum (Des goûts et des couleurs, il ne faut pas disputer)*.

Prada compte parmi les marques aux lignes classiques et rigoureuses.

Trussardi privilégie les lignes simples, une coupe et une finition irréprochables, tout en évitant les motifs inutiles.

Valentino reconnaît à chaque femme un style et une assurance indépendante des vêtements qu'elle porte. Ceux qu'il a lui-même créés sont d'un classicisme raffiné.

Versace est le nom d'une famille de stylistes : Gianni, Donatella et Santo. Le style de Gianni Versace (et de ses successeurs), riche et somptueux, demeure très apprécié de plusieurs stars du rock (Elton John, Jon Bon Jovi).

La citadelle de Gradara

Villes et sites

Abruzzo

Les Abruzzes

Cette terre rude et sauvage surprend par l'immensité et la diversité de ses paysages. Phénomènes karstiques, forêts, hauts plateaux désertiques et fertiles pâturages se rencontrent dans les trois parcs nationaux : le Parc des Abruzzes (le plus ancien d'Italie), le Parc du Gran Sasso et celui de la Maiella. La côte se prête, quant à elle, au tourisme estival avec de célèbres stations balnéaires : Alba Adriatica, Giulianova Lido, Roseto degli Abruzzi, Silvi Marina et Vasto.

La situation

Carte Michelin n° 430 N-R 21-26. On peut facilement rejoindre les Abruzzes depuis Rome en empruntant la A 24, et, depuis la côte adriatique, grâce à la A 25. ℹ *Via N. Fabrizi, 171, 65122 Pescara,* ☎ *085 42 90 01, n° vert : 800 502 520 ; www.regione.abruzzo.it/turismo.* Pour le Parco Nazionale d'Abruzzo, en voiture, les principaux accès sont Bisegna au Nord, Barrea à l'Est et Forca d'Acero à l'Ouest. S'adresser au : ℹ *Centre des Parcs de Rome, ou aux bureaux de zone à Pescasseroli, Villetta Barrea, Civitella Alfedena, Villavallelonga et Campoli Appennino, 9h-12h, 15h-19h. Service opérationnel du Parc : Pescasseroli, viale S. Lucia,* ☎ *0863 91 07 15. Siège central : Rome, viale Tito Livio, 12,* ☎ *06 35 40 33 31.*

Pour poursuivre la visite, voir les chapitres ASCOLI PICENO, L'AQUILA, SULMONA. Á proximité, voir MOLISE.

carnet pratique

Restauration

• *À bon compte*

Al Focolare di Bacco – *Via Solagna, 18 - 64026 Roseto degli Abruzzi - 31 km au NO de Pescara sur la S 16 -* ☎ *085 89 41 004 - fermé mar., mer. à midi (sf j. fériés), nov. - ▤ - 19/26€.* Cet établissement, plongé dans la tranquillité des collines abruzzaines, est connu et apprécié pour ses spécialités à la braise. L'ambiance y est à la fois rustique et élégante, avec une vue panoramique sur la mer, et vous y goûterez des saveurs du terroir.

Peppe di Sora – *Via Benedetto Croce, 1 - 67032 Pescasseroli -* ☎ *0863 91 908 - fermé lun. (en hiver) - 21/31€.* Tout près du fleuve, cette trattoria classique vous offre une cuisine typiquement régionale, égayée par le feu de cheminée allumé pendant la saison hivernale. Possibilité d'hébergement dans des chambres assez simples, mais bien tenues.

• *Valeur sûre*

Don Ambrosio – *Contrada Piomba, 49 - 64029 Silvi Marina - 14 km au NO de Pescara sur la S 16 -* ☎ *085 93 51 060 – fermé mar., 3 au 15 nov., 15 au 28 fév. - 22,20/34,65€.* Situé dans l'immédiat arrière-pays, dans une ferme centenaire, c'est un lieu où se succèdent de petites salles en pierres apparentes, décorées de souvenirs de l'agriculture d'autrefois. Les plats traditionnels abruzzains qui vous y seront proposés sont copieux et de qualité. Service dans le jardin en été.

Hébergement

• *À bon compte*

Hotel Il Vecchio Pescatore – *Via Benedetto Virgilio - 67030 Villetta Barrea - 15,5 km à l'E de Pescasseroli sur la S 83 -* ☎ *0864 89 274 - fax 0864 89 255 - 12 ch. : 28,41/49,06€ ☕ - restaurant 15/23€.* Un petit hôtel simple et accueillant, situé en plein cœur du Parc national des Abruzzes. Les pièces ne sont pas très grandes mais lumineuses et le mobilier est moderne, en bois clair. À deux pas se trouve le restaurant du même nom, de même gestion.

• *Valeur sûre*

Albergo Archi del Sole – *Via della Pretara 12 - 67033 Pescocostanzo -* ☎ *0864 64 00 07 - fax 0864 64 00 07 - archidelsole@virgilio.it - fermé lun. (hiver) - 10 ch. : 67,14/82,63€ ☕.* Parfaitement intégré dans le contexte du village-musée, c'est une adresse de charme où chaque chambre est meublée et décorée en fonction de la couleur de la fleur dont elle porte le nom. Le parquet au sol et les poutres apparentes au plafond viennent compléter un cadre déjà très agréable.

• *Une petite folie !*

Hotel Villino Mon Repos – *Viale Colli dell'Oro - 67032 Pescasseroli -* ☎ *0863 91 28 58 - fax 0863 91 28 30 - 17 ch. : à partir de 87,80€ ☕.* Construite au début du 20e s., autrefois résidence d'été de Benedetto Croce, cette villa se dresse dans un magnifique parc planté d'arbres centenaires. Ses chambres sont confortables, meublées et décorées avec raffinement et vous accueilleront pour un séjour de classe.

comprendre

Avec plus ou moins de succès, différentes populations italiques dominent le territoire jusqu'au 3e s. avant J.-C., période qui voit Rome s'imposer définitivement. À la chute de l'Empire romain, la région passe sous domination lombarde, et franque par conséquent. Au 12e s., elle entre dans le royaume de Naples, dont elle suivra la destinée jusqu'à l'unité italienne.

Au Moyen Âge, la diffusion de la règle de saint Benoît, que l'abbaye du Mont-Cassin respecte en partie, entraîne la construction de cathédrales, abbayes et églises. On y trouve ciboriums et chaires magnifiquement ornées, qui représentent la véritable grandeur de l'art des Abruzzes. Aux 15e-16e s., les meilleurs témoignages des idées nouvelles de la Renaissance se comptent parmi les œuvres de l'architecte et peintre **Cola dell'Amatrice**, du peintre **Andrea de Litio**, du sculpteur **Silvestro dell'Aquila** ou les précieux ouvrages d'orfèvrerie de **Nicola da Guardiagrele**. Parmi les célèbres Abruzzains, citons Ovide (43 avant J.-C.-17 après J.-C.), Gabriele d'Annunzio (1863-1938), Benedetto Croce (1866-1952) et Ignazio Silone (1900-1978).

découvrir

Parco Nazionale d'Abruzzo★★★

10h-13h, 15h-19h. En voiture, les principaux accès sont Bisegna au Nord, Barrea à l'Est et Force d'Acero à l'Ouest. Pour toute information à propos du parc, on peut s'adresser au Centre des Parcs à Rome ou aux bureaux de zone à Pescasseroli, Villetta Barrea, Civitella Alfedena, Villavallelonga et Alvito. Le siège opérationnel du Parc se trouve à Pescasseroli, viale S. Lucia, ☎ 0863 91 07 15 ; le siège social à Rome : viale Tito Livio, 12, ☎ 06 35 40 33 31, fax 06 35 40 32 53 ; www. pna.it

Au cœur du massif, une réserve naturelle a été créée en 1923, dans le but de sauvegarder la faune, la flore et les sites de la région. Couvrant 40 000 ha environ, auxquels s'ajoutent les 4 500 du territoire des Mainarde (en Molise), entouré d'une zone de protection de 60 000 ha, le parc, constitué aux 2/3 de forêts de hêtres, érables, chênes et pins noirs, est le dernier refuge des animaux qui vivaient autrefois sur tout le massif des Apennins : ours marsicain, loup des Apennins, chamois des Abruzzes, chat sauvage, loutre, martre et aigle royal. **Pescasseroli**☼, qui s'élève dans une cuvette aux bords recouverts de hêtraies et de pinèdes, est le centre principal de la vallée du Sangro et le siège du parc national.

circuits

GRAN SASSO★★ 1

De L'Aquila à Castelli

160 km – prévoir une demi-journée sans la visite de L'Aquila et de ses environs.

C'est le plus haut massif des Abruzzes dont le principal sommet, le **Corno Grande**, culmine à 2 912 m. S'abaissant doucement au Nord en longues échines ravinées, abruptement au Sud sur d'immenses plateaux glaciaires bordés de profondes vallées, il offre le contraste frappant d'un versant foisonnant de bois et de prairies et d'un autre d'une désolation grandiose.

L'Aquila★ *(voir ce nom)*

Campo Imperatore★★

Accès en téléphérique. 8h30-17h ; août : 8h30-18h. Sam. et j. fériés 11,36€ AR, lun.-ven. 9,30€ AR. ☎ 0862 60 61 43 ou 0862 40 00 07. Accès également possible en voiture par Fonte Cerreto en empruntant la S 17 bis (fermée déc.-avr.).

On traverse un grandiose paysage de montagnes où errent de grands troupeaux de chevaux ou de moutons. C'est de Campo Imperatore que **Mussolini** s'évada le 12 septembre 1943, grâce à un coup de main audacieux d'aviateurs allemands qui se posèrent près de l'hôtel où le Duce était interné.

Revenir à Fonte Cerreto. Prendre la route du Valico delle Capannelle (fermé à la circulation de décembre à avril), puis la S 80 vers Montorio al Vomano.

La route épouse ensuite les contreforts du Gran Sasso, le long de la verdoyante **vallée du Vomano★★**, puis s'encaisse dans de magnifiques gorges où se découvrent d'extraordinaires bancs rocheux stratifiés.

À la sortie de Montorio, prendre à droite la S 491 jusqu'à Isola del Gran Sasso, où l'on trouve une signalisation pour Castelli.

Castelli★

Bâti sur un promontoire boisé au pied du Mont Camicia, Castelli est connu depuis le 13e s. pour ses céramiques dont le **plafond★** du 17e s. de l'**église S. Donato** offre un exemple admirable. Un peu en dehors de l'agglomération, l'ancien couvent franciscain (17e s.) abrite le **musée de la Céramique** (Museo delle Ceramiche), qui illustre l'histoire de l'art de Castelli du 15e au 19e s. à travers les œuvres de ses plus grands maîtres. (♿) *Juil.-sept. : 10h-13h,15h-19h ; oct.-mars : 10h-13h ; avr.-juin : 9h-13h ; de mi-déc. à mi-janv. : 10h-13h, 15h-18h. 2,58€. ☎ 0861 97 93 98.*

LES GRANDS PLATEAUX 2

Circuit au départ de Sulmona

140 km – prévoir une journée au moins, sans la visite de Sulmona.

Sulmona★ *(voir ce nom)*

Piano delle Cinquemiglia

Après des passages en balcon offrant une belle vue sur la vallée de Sulmona, la route débouche sur le plus important des grands plateaux qui s'étendent entre Sulmona et Castel di Sangro. À 1 200 m d'altitude en moyenne, le Piano, long de 5 milles romains (8 km), d'où son nom, était autrefois un passage obligé pour les diligences en route vers Naples ; il était assez redouté pour la rigueur de ses hivers et les incursions des brigands.

En vue du vieux village de Rivisondoli, prendre à gauche la route S 84.

Pescocostanzo★

Jolie bourgade aux rues dallées ou pavées et aux maisons anciennes, où l'artisanat est resté florissant (fer forgé, cuivre, bois, dentelle, orfèvrerie). La collégiale **S. Maria del Colle**, sur un plan Renaissance, présente quelques survivances romanes et des ajouts baroques (buffet d'orgue, plafond et grille du collatéral gauche). *8h30-11h, dim. et j. fériés 8h30-10h. Laisser une offrande. Pour toute information, contacter Don Angelo di Ianni ☎ 0864 64 14 30.*

Alfedena★

Cette petite ville groupe ses maisons autour d'un château en ruine. Au Nord, des sentiers mènent à l'antique Alfedena, dont subsistent des murs mégalithiques et une nécropole.

Scanno★

Au cœur d'un site de montagne, dominant le joli **lac de Scanno★** formé par l'éboulement qui barra le cours du Sagittario, cette station de villégiature a su préserver les témoignages de son passé, notamment ses rues étroites et escarpées, bordées de vieilles maisons et d'églises.

En poursuivant vers Anversa degli Abruzzi, la route s'enfonce dans les profondes et sinueuses **gorges du Sagittario★★**, qui, sur 10 km, offrent un spectacle sauvage et majestueux.

visiter

Alba Fucens

50 km au Sud de L'Aquila. Fouilles : 9h-1h avant le coucher du soleil. Contacter Sig. Di Mattia, ☎ 0863 23 561. Laisser une offrande.

Il s'agit des **fouilles** d'une colonie romaine fondée en 303 avant J.-C. Parmi les édifices italiques d'origine, il faut souligner les vestiges de la basilique, du forum, des thermes, du marché couvert et de l'**amphithéâtre**, de même que ceux des rues pavées, des puits et des latrines. Dominant les fouilles, l'**église S. Pietro★** fut érigée au 12e s. sur les restes d'un temple d'Apollon du 3e s. avant J.-C. L'**intérieur** renferme deux œuvres illustres : un **ambon★★** et une magnifique **iconostase★★** du 13e s., anormales par rapport à la production romane abruzzaine puisqu'on y retrouve l'expression des Cosmates. *Église : pour la visite, contacter Sig. Di Mattia quelques jours à l'avance. ☎ 0863 23 561. Laisser une offrande.*

Atri

40 km au Nord-Ouest de Chieti. L'ancienne *Hatria-Picena*, italique de fondation puis colonie romaine, jouit d'une belle position sur une colline dominant l'Adriatique. Le noyau historique de la ville renferme des ruelles pittoresques et de beaux édifices d'époque médiévale, Renaissance et baroque.

Cattedrale★ – *Juin-sept. : tlj sf mer. 10h-12h, 16h-20h ; oct.-mai : tlj sf mer. 10h-12h, 15h-17h. Fermé j. fériés. 2,58€. ☎ 085 87 98 140.*

Élevé aux 13e et 14e s. sur les vestiges d'une construction romaine, cet édifice est un bel exemple de transition romano-gothique, avec une série de **portails★** sculptés, qui s'imposèrent par la suite comme modèles dans les Abruzzes. Le campanile roman, sur plan carré, s'achève par une élégante flèche du 16e s. de facture lombarde. À l'**intérieur**, on admire, dans l'abside, les **fresques★★** du peintre abruzzien **Andrea de Litio** (1450-1473). Le cycle, représentant des scènes de la vie de Joachim et Marie, fait preuve d'une richesse formelle d'inspiration encore gothique, alliée à une solide construction et à un réalisme d'inspiration toscane. Sous le chœur, on peut voir les restes des thermes romains et des pavements de mosaïque du 3e s. après J.-C.

Par le cloître contigu, on accède à la **citerne romaine** et au **Musée capitulaire**, qui renferme une belle collection de céramiques des Abruzzes.

Sur la piazza Duomo, les restes de l'ancienne cité romaine sont encore visibles.

Bominaco

30 km au Sud-Est de L'Aquila. Église : visite uniquement accompagnée par le gardien, Sig. Cassiani (réserver quelques jours à l'avance). Laisser une offrande. ☎ 0862 93 604 ; www.webabruzzo.it/bominaco

À quelque 500 m au-dessus du hameau de Bominaco se dressent deux églises romanes, ultimes témoignages d'un monastère bénédictin détruit au 15e s. L'**église S. Pellegrino★** est un oratoire du 13e s. dont l'intérieur présente des **fresques★** du 13e s. également, de facture maladroite mais au dessin minutieux, évoquant la vie du Christ et de saint Pèlerin. Deux élégants **panneaux** du 10e s., délimitant la zone réservée au clergé, présentent sur la bande médiane le charmant ***Calendrier de Bominaco***, illustré de scènes de style courtois inspirées de la tradition française. L'**église S. Maria Assunta★** (11e-12e s.), avec ses belles absides élégamment ornées, est l'un des exemples les plus significatifs du style roman abruzzain. L'**intérieur**, dont la pureté émane d'une simplicité clairement empruntée à l'expression bénédictine, recèle une harmonieuse colonnade romane jouant sur un savant équilibre des lumières et des volumes, et d'où se détache un bel **ambon★** du 12e s.

Chieti

Bâtie au sommet d'une colline d'oliviers et encerclée d'impressionnantes et puissantes montagnes, cette position a valu à Chieti le surnom de « balcon des Abruzzes ». Le **corso Marrucino**, bordé de porches élégants, est l'artère la plus animée de la ville.

Museo Archeologico Nazionale d'Abruzzo★★ – ♿ *9h-19h30. 4,13€. ☎ 0871 33 16 68 ; www.muvi.org/musarc/*

Perdu au cœur des beaux **jardins★** de la néoclassique Villa Communale, le musée rassemble la plus grande partie des pièces archéologiques découvertes sur le territoire des Abruzzes. Le rez-de-chaussée recèle des œuvres de l'art abruzzain d'époque romaine : statues et portraits (dont un ***Hercule assis***, provenant d'Alba Fucens) retracent certaines pages de l'histoire locale et nous conduisent à la découverte des comportements, us et coutumes de l'époque. Complètent cette partie du musée la précieuse **collection numismatique** réunie par le Sulmonais **Giovanni Panza** (ex-voto, objets de la vie quotidienne et petites statues de bronze, dont l'***Hercule de Venafro***) et un splendide **lit funéraire★** en os (1er s. avant J.-C.-1er s. après J.-C.). Au premier étage, consacré aux cultes funéraires des Abruzzes préromaines, on trouve des trousseaux funéraires provenant des plus grandes nécropoles abruzzaines (10e-6e s. avant J.-C.). Le célèbre ***Guerrier de Capestrano★★*** (6e s. avant J.-C.), érigé en symbole des Abruzzes, constitue l'œuvre la plus prestigieuse de la civilisation picénienne. De sa majesté émane un caractère inquiétant et magique ; il protégeait une sépulture royale, comme l'atteste l'inscription du pilier droit, interprétée comme « Me, bella immagine, fece Aninis per il re Nevio Pompuledonio » (Moi, belle image, j'ai été fait par Aninis pour le roi Nevius Pompuledonius).

Vestiges romains – Trois **petits temples** (1er s. après J.-C.), érigés près de l'actuel corso Marrucino, ont été retrouvés en 1935. Non loin apparaissent les restes du **théâtre** (même époque), qui pouvait accueillir 5 000 spectateurs au moins. Les **thermes** (même époque) se trouvent dans la partie Est de la ville, en dehors du centre historique. Alimentés par une grande citerne constituée de neuf salles creusées dans la colline, ils étaient chauffés par une chaudière et un ensemble de doubles murs et de cheminées communiquant entre eux.

Civitella del Tronto★ *(voir Ascoli Piceno)*

Riserva Naturale dei Calanchi★★

2 km au Nord-Ouest d'Atri sur la SS 353. Les calanques, appelées ici *scrimioni* (striures), résultent de l'érosion par affouillement d'un haut plateau formé à l'ère tertiaire. Comparées aux fosses qu'évoque Dante, elles sont impressionnantes par la série de corniches qui descendent progressivement sur des centaines de mètres et par la rareté de la végétation qui, associée à la blancheur des sédiments, confère au paysage un aspect lunaire.

S. Clemente a Casauria★★

30 km au Sud-Ouest par la SS 5. Visite de l'aube au coucher du soleil. Possibilité de visite guidée, sur réservation quelques jours à l'avance. ☎ 085 88 85 828 ; www.torrede passeri.com

Fondée en 871 par l'empereur Louis II, la puissante abbaye fut reconstruite au 12e s. par les moines cisterciens après avoir été dévastée par les Sarrasins. C'est alors que l'**église** reçut son style de transition romano-gothique. La **façade** est remarquable : un profond portique présente trois arcs puissants reposant sur de beaux chapiteaux ; le **portail** principal, orné d'une exceptionnelle décoration sculptée, est fermé par une porte de bronze fondue en 1191, sur laquelle sont représentés les châteaux relevant de l'abbaye. À l'**intérieur**, dont la mystique sobriété seyait à saint Bernard et aux cisterciens, un monumental **chandelier pascal★** et une splendide **chaire★★★** du 12e s. témoignent du roman abruzzain. Le maître-autel est constitué par un sarcophage paléochrétien du 5e s., que surmonte un admirable **ciborium★★★** roman, finement sculpté. La crypte du 9e s., dont les voûtes reposent sur des colonnes antiques, est l'un des rares vestiges de la construction primitive.

S. Clemente al Vomano, à Guardia Vomano

15 km au Nord-Ouest d'Atri. Fermée pour restauration au moment de la rédaction de ce guide. ☎ 085 89 81 28.

Cette église fut bâtie au 9e s. et plusieurs fois reconstruite. Le beau portail d'inspiration classique (12e s.) s'ouvre sur l'intérieur d'une étonnante simplicité, où trône le **ciborium★** (12e s.), orné de jours et de décorations en forme d'animaux et de plantes. L'autel, en dessous, est enrichi de motifs orientaux et de marqueterie en terre cuite. Certaines parties du bâtiment d'origine apparaissent à travers les dalles vitrées du pavement.

San Giovanni in Venere

35 km au Sud-Est de Pescara, sur la S 16. 7h-20h. ☎ 0872 60 132.

Sur un **site panoramique★** au-dessus de l'Adriatique s'élève cette belle abbaye, fondée au 8e s. sur les restes d'un temple de Vénus, puis remaniée au 13e s. Sur la façade s'ouvre le **portail de la Lune★** (13e s.), orné de reliefs aux sujets sacrés et profanes. L'intérieur, marqué par l'austérité du style cistercien, comporte trois vaisseaux avec un chœur rehaussé : la **crypte** repose sur des colonnes romanes de récupération et renferme des fresques du 12e au 15e s.

Anagni★

Anagni est une petite ville d'aspect médiéval. Plusieurs papes y naquirent, dont Boniface VIII (1235-1303) qui y reçut la célèbre « gifle ». En 1303, après des années de conflit, le roi de France Philippe le Bel, alors excommunié, envoya à Anagni une délégation chargée de juger l'action du pape et de l'accuser d'hérésie et de corruption : c'est cette cuisante humiliation infligée au pape qui engendra la légende de la gifle reçue par le pontife, connue dans l'histoire comme « gifle (ou attentat) d'Anagni ».

La situation

20 144 habitants - Carte Michelin n° 430 Q 21 - Latium. Située sur un éperon dominant la vallée du Sacco, Anagni est toute proche de l'A 1, à 30 km de Frosinone.
ℹ *Piazza Innocenzo III Papa, ☎ 0775 72 78 52.*

visiter

Cattedrale★★

Été : 9h-13h, 16h-19h ; hiver : 9h-13h, 16h-18h. Crypte et Museo del Tesoro (visite guidée uniquement), Museo Lapidario : 2,58€ (pour chaque musée) ; 6,71€ avec l'entrée aux 3 musées. ☎ 0775 72 83 74.

Le principal édifice de la ville est la **cathédrale★★**, qui occupe l'emplacement de l'ancienne acropole. Construite au cours des 11e et 12e s. en style roman, elle fut remaniée au 13e s. avec des ajouts gothiques. En faisant le tour, on remarquera les trois absides romanes à bandes et arcatures lombardes, la statue de Boniface VIII (14e s.) au-dessus de la loggia du flanc gauche et le puissant campanile roman détaché de la construction. L'intérieur se compose de trois nefs dont le **pavement★** (13e s.) est l'œuvre des Cosmates. Le maître-autel est surmonté d'un ciborium roman ; le **trône épiscopal**, ainsi que le **chandelier pascal** à colonne torse, décoré d'incrustations polychromes, reposant sur deux sphinx et surmonté d'un enfant supportant une coupe, ont été exécutés par Pietro Vassaletto dans le style des Cosmates. La **crypte★★★**, au pavement cosmate également, est ornée de magnifiques fresques (13e s.) évoquant des scènes de l'Ancien Testament, la vie des saints et montrant quelques personnages scientifiques, comme Galien et Hippocrate. Le trésor conserve de beaux objets de culte dont la chape de Boniface VIII.

Le quartier médiéval★

Presque entièrement composé d'édifices du 13e s., il est particulièrement évocateur. On y trouve notamment le **palais de Boniface VIII** dont la façade est caractérisée par deux galeries superposées et ajourées, l'une d'immenses baies en plein cintre, l'autre de jolies fenêtres géminées à colonnettes ; à l'un des angles de la piazza Cavour, l'**hôtel de ville** (Palazzo Comunale), des 12e s.-13e s., repose sur une énorme **voûte★** et présente une façade postérieure de style cistercien.

alentours

Abbazia di Casamari★★

35 km au Sud-Est d'Anagni sur la S 6 et la S 214. Visite guidée uniquement (sf dim. matin) 9h-12h, 15h-18h. Laisser une offrande. ☎ 0775 28 23 71 ou 0775 28 28 00.

Bâtie dans un lieu solitaire, selon la règle bénédictine, l'abbaye de **Casamari** fut consacrée en 1217 par le pape Honorius III. Les moines cisterciens qui poursuivirent la construction reprirent le modèle établi à Fossanova *(voir ce nom)* et les principes d'austérité préconisés par saint Bernard, enjoignant à la communauté de se suffire à elle-même.

D'inspiration bourguignonne, l'église est un bel exemple des premières manifestations du gothique en Italie. La façade, d'une grande simplicité, est précédée d'un porche d'entrée. Le portail central, en plein cintre, possède un **tympan** richement ouvragé. Au-dessus de la croisée du transept s'élève un clocher représentatif de l'architecture cistercienne. La présence de petites roses, à la façade et au chevet, apporte une note de fantaisie à l'architecture extérieure de l'édifice.

La nef comprend trois vaisseaux, séparés par d'imposants piliers cruciformes avec colonnes engagées qui supportent des voûtes d'ogives très hautes. Le plan est en croix latine présentant un chœur peu profond et un chevet plat, quelque peu troublés par un baldaquin plus tardif.

À droite de l'église se trouve le **cloître** aux colonnes jumelées, avec son puits et son jardin fleuri. Sur le côté Est, s'ouvre, à son emplacement traditionnel, une remarquable salle capitulaire dont les voûtes ogivales ornées de fines nervures reposent sur quatre piliers fasciculés.

Alatri★

25 km au Nord-Ouest de Casamari par les SS 214 et 155. Bâtie au 6e s. avant J.-C., cette importante cité a conservé une partie de son enceinte de murs cyclopéens (4e s. avant J.-C.). L'**acropole★**, de plan trapézoïdal, à laquelle on accède à pied par la grandiose porte de Civita, est l'une des mieux conservées d'Italie. On y jouit d'une très belle **vue★★** sur Alatri et le val de Frosinone.

Dans cette ville aux escaliers en raidillons et aux ruelles ornées de maisons gothiques s'élève, outre le **palais Gottifredo** du 13e s. *(largo Luigi di Persiis)*, l'**église S. Maria Maggiore★**, de transition roman-gothique, dont la façade s'ouvre par trois porches ; à l'intérieur, on découvre d'intéressants **bois sculptés★** du 12e au 15e s. Sur la route de contournement, l'**église S. Silvestro**, du 13e s., construite en pierres sèches, abrite des fresques du 13e au 16e s.

Subiaco

37 km au Nord-Ouest d'Alatri sur les SS 155 et 411 (route panoramique). Saint Benoît de Nursie fondateur de la règle bénédictine, s'y retira au 5e s. avec sa sœur jumelle Scholastique et y construisit douze petits monastères avant de gagner le mont Cassin.

Accès aux monastères de Ste-Scholastique et de St-Benoît : 3 km par la route de Frosinone, puis à gauche peu avant le pont sur l'Aniene.

Monastero di S. Scolastica – *9h30-12h30, 15h30-18h30, dim. et j. fériés 9h-10h, 11h30-12h30, 15h30-19h. Visite guidée uniquement. Laisser une offrande. ☎ 0774 85 525 ; www.benedettini-subiaco.org*

Dominant les gorges de l'Aniene, il a conservé un majestueux campanile du 11e s., une église remaniée au 18e s. et trois cloîtres dont le troisième est une œuvre des Cosmates *(voir l'Introduction)*, admirable de simplicité.

Monastero di S. Benedetto★ – *9h-12h30, 15h-18h30. Réserver la visite avec un peu d'avance. Laisser une offrande. ☎ 0774 85 039.*

Au-dessus du monastère de Ste-Scholastique, dans un site sauvage, à flanc de rocher, se trouvent les constructions du couvent et de l'église, remontant aux 13e et 14e s. L'église comporte deux étages : l'**église supérieure** est ornée de fresques de l'école siennoise du 14e s. et de l'école ombrienne du 15e s. ; l'**église inférieure**, elle-même à deux niveaux, a ses murs couverts de fresques dues au Magister Consolus, peintre de l'école romaine du 13e s.

On pénètre dans le **Sacro Speco**, grotte où saint Benoît se retira pendant trois ans. Par un escalier en colimaçon, on peut monter à une chapelle où est conservé le premier portrait de saint François (représenté sans stigmates et sans auréole), témoignant de sa visite au sanctuaire. La **Scala Santa** permet de descendre dans la chapelle de la Vierge (fresques de l'école siennoise) et dans la grotte des Bergers. On voit enfin la roseraie où saint Benoît se jeta sur les ronces afin de résister à la tentation.

Ancona★

Ancône

Principale ville des Marches, Ancône est bâtie sur un promontoire en forme de coude (en grec « ankon ») qui lui a donné son nom. Fondée au 4e s. avant J.-C., république maritime autonome au Moyen Âge, c'est aujourd'hui un port commercial actif où l'on embarque pour la Croatie (Zadar, Split et Dubrovnik) ou la Grèce (Corfou, Igoumenitsa, Patras et Céphalonie). La ville offre d'intéressantes attractions, souvent négligées par le touriste pressé de se rendre au port, et le centre historique regorge d'églises et de musées.

La situation

98 329 habitants – Carte Michelin n° 430 L 22 – Plan dans l'Atlas Michelin Italie – Marches. Ancône se trouve le long de l'autoroute A 14. Au Sud de la ville, vous pourrez admirer la magnifique Riviera du Conero, l'une des côtes les plus belles et les plus spectaculaires de l'Adriatique. ℹ *(juil.-août) Gare maritime, ☎ 071 20 11 83.* *Pour poursuivre la visite, voir le chapitre LORETO.*

visiter

Duomo★

7h30-12h, 15h-19h. Pour toute information : Curia Arcivescovile – Piazza Duomo, 9. ☎ 071 20 03 91.

Placé sous le vocable de saint Cyriaque, martyr au 4e s. et patron de la cité, le Dôme a été édifié en style roman alliant des éléments architecturaux byzantins (plan en croix grecque) et lombards (bandes et arcatures des murs extérieurs). La façade est

carnet pratique

RESTAURATION

• ***Valeur sûre***

La Moretta – *Piazza Plebiscito, 52 - ☎ 071 20 23 17 - fermé dim., 1er au 10 janv., 13 au 18 août - 23/39€ + 10 % serv.* Géré par la même famille depuis 1897, ce restaurant plein d'histoire propose des spécialités du terroir, ainsi que des produits de la mer. L'intérieur rustique est sans aucun doute très agréable, mais c'est à l'extérieur, avec vue sur la place et l'église S. Domenico, que vous profiterez au mieux de votre repas.

HÉBERGEMENT

• ***Valeur sûre***

Hotel City – *Via Matteotti,112/114 - ☎ 071 20 70 949 - fax 071 20 70 372 - fermé 24-26 déc. - P ▤ - 39 ch. : 54,23/87,80€ ☕.* Une bonne solution si vous arrivez en voiture et désirez loger dans le centre. Les chambres, décorées dans un style moderne et fonctionnel, ne sont pas très grandes mais agréables. L'été, petit-déjeuner sur la grande terrasse.

précédée d'un majestueux **porche** gothique en pierre rose reposant sur des lions. L'intérieur est scandé par des colonnes monolithes de marbre à **chapiteaux** romano-byzantins. En passant sous la coupole, remarquer l'habileté du passage du carré au tambour supportant la calotte dodécagonale. Dans le chœur, tombeau de l'ermite Beato Giannelli (1509) dû au sculpteur dalmate Giovanni da Traù.

Museo Archeologico Nazionale delle Marche

À l'extrémité Sud de la piazza del Senato. (♿) Tlj sf lun. 8h30-19h30. Fermé 1er janv., 1er mai, 25 déc. 4,13€. ☎ 071 20 26 02 ; www.regione.marche.it

Aménagé dans le palais Ferretti, il abrite d'intéressantes collections préhistoriques et archéologiques. Exceptionnel ensemble de grands **bronzes romains de Cartoceto**.

S. Francesco delle Scale

Cette église construite au 15e s. possède un splendide portail gothique vénitien, chef-d'œuvre de Giorgio Orsini.

Galleria comunale Francesco Podesti

Via Ciriaco Pizzecolli. Mar.-ven. 9h-19h, lun. 9h-13h, sam. 8h30-18h30, dim. 15h-19h. Fermé j. fériés et 4 mai. 2,58€. ☎ 071 22 25 045 ; www.comune.ancona.it

Œuvres de C. Crivelli, Titien, L. Lotto, C. Maratta, Le Guerchin. Galerie d'art moderne (toiles de Bartolini, Campigli, Cassinari, Tamburini).

Au fond de la rue, tourner à droite vers le port.

S. Maria della Piazza★

8h-12h, 15h-19h. Pour toute information : Curia Arcivescovile, Piazza Duomo, 9. ☎ 071 20 03 91.

Cette petite église romane du 10e s. à la charmante façade (1210), ornée de sculptures populaires, s'élève sur les vestiges de deux **sanctuaires primitifs** des 5e et 6e s., conservant des pavements à mosaïques.

Loggia dei Mercanti★

Édifiée au 15e s., la loge des Marchands présente une belle façade de style gothique vénitien, œuvre de Giorgio Orsini.

Arco di Traiano

Cet arc de triomphe honore Trajan, qui fit aménager le port en l'an 115.

alentours

Jesi

30 km au Sud-Ouest d'Ancône. L'ancienne Æsis romaine devint au 12e s., une riche commune libre, jouissant de la protection de Frédéric II, né à Jesi en 1194. La ville entra ensuite dans les États de l'Église dont elle suivra la destinée jusqu'à l'unité italienne. De son passé, Jesi a conservé un noyau urbain, principalement médiéval et Renaissance, entouré d'une splendide enceinte de **remparts★★** (13e-16e s.) interrompue par des portes et des tours de guet. Le théâtre municipal (18e s.) est dédié au célèbre compositeur originaire de Jesi, **Jean-Baptiste Pergolèse**. Le **corso Matteotti**, artère principale de la ville, est flanqué de beaux palais et d'églises.

Pinacoteca Comunale★ – *♿ Été : tlj sf lun. 10h-13h, 17h-23h ; le reste de l'année : mar.-sam. 10h-13h, 16h-19h, dim. et j. fériés 10h-13h, 17h-20h. 2,07€. ☎ 0731 53 83 42.* Elle est logée dans le palais Pianetti, qui présente au premier étage une admirable **galerie★** rococo, surchargée de symboles et d'allégories. La collection recèle un petit ensemble convaincant d'œuvres du Vénitien **Lorenzo Lotto** *(voir Loreto)*. Le ***Retable de sainte Lucie*** figure parmi les chefs-d'œuvre de l'artiste.

Palazzo della Signoria★ – Il fut érigé à la fin du 15e s. sur un projet de Francesco di Giorgio Martini, élève siennois de Brunelleschi. L'imposant bâtiment carré présente une élégante façade ornée d'un kiosque en pierre.

La Riviera du Conero★

Portonovo★ – *12 km au Sud-Est d'Ancône.* Site pittoresque formé par le rivage rocheux du massif du **Conero**. Un chemin privé conduit à travers bois à la charmante **église S. Maria★** bâtie au 11e s. sur plan presque carré inspiré des églises normandes. *Visite guidée uniquement (pour s'informer et réserver, contacter : Portonovo Srl, c/o Hôtel La Fonte, Loc. Portonovo, Ancône). ☎ 071 56 307.*

La **route panoramique** qui longe la côte vers le Sud sur une vingtaine de kilomètres traverse quelques villages charmants tels que **Sirolo** et **Numana**, d'où l'on peut rejoindre par la mer de très jolies petites criques isolées.

Arezzo★★

Arezzo, située dans un bassin fertile où sont cultivés céréales, arbres fruitiers et vignes, a conservé de nombreux témoignages de son passé historique et a donné naissance à plusieurs hommes illustres parmi lesquels on compte le bénédictin Guido d'Arezzo (990 - vers 1050), inventeur du système de notation musicale, Pétrarque (1304-1374), l'Arétin (1492-1556), Giorgio Vasari, et probablement Mécène (vers 70-8 avant J.-C.), le légendaire protecteur des artistes. Mais c'est Piero della Francesca, né à Sansepolcro à une quarantaine de kilomètres d'Arezzo, qui donna à la ville ses lettres de noblesse.

La situation

91 729 habitants – Carte Michelin nº 430 L 17 – Voir aussi Le Guide Vert TOSCANE – Toscane. Arezzo se trouve à 11 km de l'autoroute Florence-Rome et à 81 km de Florence. ℹ *Piazza della Repubblica, 29, ☎ 0575 20 839.*
Pour poursuivre la visite, voir les chapitres Sansepolcro, SIENA.

carnet pratique

RESTAURATION

• ***À bon compte***

Trattoria il Saraceno – *Via Mazzini, 6/a - ☎ 0575 27 644 - fermé mer., 7 au 25 janv., 7 au 28 juil. - 20/25€.* Cette petite trattoria à gestion familiale, qui a le charme « d'antan », est idéale pour découvrir les plats authentiques de la région, que l'on peut accompagner d'une bonne bouteille de vin. On y trouve également un grand choix de pizzas cuites dans le four à bois.

HÉBERGEMENT

• ***Valeur sûre***

Albergo Casa Volpi – *Località Le Pietre 2 - 1,5 km au SE d'Arezzo direction Sansepolcro – ☎ 0575 35 43 64 - fax 0575 35 59 71 - fermé 1er au 15 août - P ▤ - 12 ch. : 61,97/82,63€ - ☕ 7,75€ - restaurant 18/31€.* Aux portes de la ville, dans la tranquillité d'un grand parc, cette villa du 19e s. vous accueillera dans un décor élégant avec ses lits en fer forgé, ses plafonds peints et ses poutres apparentes. Très belle terrasse avec vue panoramique sur Arezzo.

CALENDRIER

En été, sur la Piazza Grande, se déroule la **Joute du Sarrasin** (Giostra del Saracino) durant laquelle les plus habiles des cavaliers d'Arezzo attaquent, armés d'une lance, un mannequin représentant un Maure.

découvrir

S. Francesco

Été : lun.-ven. 9h-18h30, sam. 9h-17h30, dim. et j. fériés 13h-17h30 ; le reste de l'année : lun.-ven. 9h-17h30, sam. 9h-17h, dim. et j. fériés 13h-17h. Visite sur réservation uniquement : contacter le ☎ 0575 90 04 04 (ou sur www.pierodellafrancesca.it), ou le 06 32 810. Assurez-vous que l'on vous donne un numéro de réservation avec lequel vous vous présenterez à la billetterie. Fermé 13 juil. et 4 oct. 4,13€ + 1,03€ pour la réservation. Il est vivement conseillé de téléphoner.

Vaste église à une seule nef, destinée à la prédication franciscaine, élevée dans le style gothique du 14e s., puis transformée aux 17e et 18e s. Les moines franciscains, gardiens des Lieux Saints, vénéraient particulièrement la Sainte Croix et demandèrent à Piero della Francesca de décorer le chœur de leur église.

Fresques de Piero della Francesca★★★ – Véritable jalon de l'histoire de l'art, ce cycle de fresques exécuté entre 1452 et 1466 sur les parois de l'abside compte parmi les chefs-d'œuvre de la Renaissance. Il illustre la ***Légende de la vraie Croix***, l'un des thèmes de prédilection des franciscains au Moyen Âge, et s'inspire du texte de Jacques de Voragine, la *Légende dorée* (13e s.).

Circulation réglementée dans le centre-ville

Cavour (Via)	ABY	2	Maginardo (Viale)	AZ	14	Pileati (Via dei)	BY	28
Cesalpino (Via)	BY	3	Mecenate (Viale)	AZ	16	Ricasoli (Via)	BY	30
Chimera (Via della)	AY	5	Mino da Poppi (Via)	BZ	17	S. Clemente (Via)	AY	32
Fontanella (Via)	BZ	6	Mochi (Via F.)	AY	19	S. Domenico (Via)	BY	33
Garibaldi (Via)	ABYZ	8	Monaco (Via G.)	AYZ	20	Saracino (Via del)	AY	35
Giotto (Viale)	BZ	9	Murello (Piagga del)	AY	22	Sasso Verde (Via)	BY	36
Grande (Piazza)	BY		Niccolò Aretino (Via)	AZ	23	Vittorio Veneto (Via)	AZ	38
Italia (Corso)	ABYZ		Pellicceria (Via)	BY	25	20 Settembre (Via)	AY	40
Madonna del Prato (V.)	AYZ	13	Pescioni (Via)	BZ	26			

Museo Archeologico .... AZ M1 Museo d'Arte Medievale e Moderna .... AY M2

se promener

Piazza Grande★

Vous pourrez y admirer quelques maisons médiévales avec leurs tours crénelées, ainsi que l'abside romane à arcades et les loges de S. Maria della Pieve.

S. Maria della Pieve★ – Cette belle église romane est flanquée d'un puissant campanile, appelé campanile « aux cent trous » en raison de ses nombreuses ouvertures à baies géminées. Sa construction, qui commença au 12e s., se poursuivit jusqu'au 14e s. où l'église fut remaniée, principalement par Vasari. La **façade★★**, de style pisan, est animée par trois étages de colonnettes ornées de motifs variés et dont l'écartement diminue avec la hauteur.

Duomo

Ce vaste édifice, construit entre 1278 et 1511 et dont la façade fut remaniée au 20e s. dans un style néogothique, présente sur le côté droit un joli portail romano-gothique datant de la première moitié du 14e s. L'intérieur est riche en **œuvres d'art★** dont une belle fresque de Piero della Francesca (la *Madeleine*).

Prendre la via Ricasoli et tourner dans la via Sasso Verde.

S. Domenico

Construite au 13e s., cette église de style gothique, restaurée à l'époque moderne, présente une façade asymétrique et abrite des fresques de l'école siennoise de Duccio et de l'école arétine. Sur le maître-autel, ***Crucifix★★*** de **Cimabue**.

visiter

Museo d'Arte Medievale e Moderna★

Tlj sf lun. 8h30-19h30. Fermé 1er janv., 1er mai., 25 déc. 4,13€. ☎ 0575 40 90 50.
Installé dans le palais Renaissance Bruni-Ciocchi, il abrite des sculptures, des meubles, de l'orfèvrerie et de nombreuses peintures du Moyen Âge au 19e s. ; belle collection de **majoliques★★** d'Ombrie, armes et numismatique.

Museo Archeologico

♿ 8h30-19h30 (la billetterie ferme à 19h). Fermé 1er janv., 1er mai., 25 déc. 4,13€, gratuit pendant la Semaine du patrimoine. ☎ 0575 20 882.
En bordure de l'**amphithéâtre romain**, des 1er et 2e s. Remarquable collection de statuettes étrusques et romaines en bronze du 6e s. avant J.-C. au 3e s. après J.-C. ; vases grecs (cratère d'Euphronios), vases arétins rouges, céramiques d'époques hellénistique et romaine.

S. Maria delle Grazie

1 km par le viale Mecenate en direction du Sud. Cette église, construite vers la moitié du 15e s., est précédée d'un gracieux **portique★**, dû au Florentin Benedetto da Maiano (15e s.). À l'intérieur, **retable★** en marbre d'**Andrea Della Robbia**.

Promontorio dell'Argentario★

Promontoire de l'Argentario

Cette ancienne île, aujourd'hui reliée au continent par des tombolos (tombolo della Feniglia et tombolo della Giannella), est constituée par le petit massif calcaire du mont Argentario, culminant à 635 m. Trois chaussées y donnent accès et une route épouse à peu près son contour, permettant de découvrir de pittoresques aspects.

La situation

Carte Michelin n° 430 O 15 – Voir également le Guide Vert TOSCANE – Toscane. Pour aller au promontoire de l'Argentario par la Via Aurelia, sortir à Albinia ou à Orbetello. *ℹ Piazza della Repubblica, 1, Orbetello. ☎ 0564 86 04 47.*
Pour poursuivre la visite, voir les chapitres CAPALBIO et MAREMMA.

circuit

LE TOUR DE L'ARGENTARIO EN PARTANT D'ORBETELLO

43 km – environ 2h.

Orbetello

Installée sur une étroite langue de terre au milieu de la lagune, où passe la route principale d'accès à la presqu'île (SS 440), la ville a gardé ses **fortifications**, témoignage de la domination des Siennois puis des Espagnols (16e-17e s.) qui en firent la capitale d'un petit État. Sa **cathédrale** fut construite à la fin du 14e s. à l'emplacement d'un temple romano-étrusque.

Porto Santo Stefano♨♨

Bourg principal de la presqu'île et point de départ pour l'île du Giglio, il étage ses maisons à flanc de colline, de part et d'autre d'un fort aragonais du 17e s., d'où l'on bénéficie d'une belle **vue★** sur le port et le golfe de Talamone.

Quitter Porto Santo Stefano et prendre la route panoramique au Nord.

Dans la partie la plus haute, vous pourrez profiter de très belles **vues★★** sur les petites criques rocheuses du littoral au Sud-Ouest, sur l'île Rouge (Isola Rossa) et, à gauche, sur les cultures en terrasse et les hauteurs de l'Argentario.

Porto Ercole♨♨

Cette station balnéaire possède un minuscule quartier ancien auquel donne accès une porte médiévale avec hourd et mâchicoulis, reliée à la forteresse qui surmonte la ville par deux murs parallèles crénelés. La piazza S. Barbara, bordée par les arcades de l'ex-palais du gouverneur (16e s.), offre une jolie vue.

Restauration

• *À bon compte*

Il Moresco – *Via panoramica, 156, Cala Moresca - 58019 Porto Santo Stefano - 5,5 km au SO de Porto Santo Stefano - ☎ 0564 82 41 58 - fermé mar., mer. pour le déjeuner de juin à sept, fév. - 21/26€.* Donnant directement sur la falaise, ce restaurant un peu à l'écart vaut le détour pour sa vue panoramique sur l'île du Giglio, mais aussi pour ses plats traditionnels et produits de la mer... pour allier le plaisir des yeux à celui du palais.

• *Valeur sûre*

Il Cavaliere – *Route nationale 440, 39/41 (à la sortie du passage souterrain de la gare) - 58016 Orbetello Scalo - ☎ 0564 86 43 42 - fermé mer., 10 au 25 nov. - ▤ - réserv. conseillée - 25/35€.* Isolé de la foule des touristes qui envahit le promontoire à toute heure, ce restaurant est fréquenté par une clientèle locale qui y apprécie les *antipasti* (hors-d'œuvre), ainsi que les délicieux plats à base de poissons. L'endroit est simple (un peu bruyant cependant à cause des trains) et géré en famille.

Hébergement

• *Valeur sûre*

Azienda Agraria Grazia – *Località Provincaccia 110 - 58016 Orbetello Scalo - 7 km à l'E d'Orbetello, au km 140 de la Via Aurelia en direction de Rome - ☎ 0564 88 11 82 - fax 0564 88 11 82 - m.grazia.cantore@tin.it - ⊭ - 3 appart. : 82,63/129,11€ ☕.* Des appartements lumineux, à la fois rustiques et modernes, confortables et bien équipés, situés dans une oasis de verdure. Y sont élevés des cerfs, des daims, des mouflons et des sangliers que vous pourrez observer en liberté. Pour les amateurs d'équitation et d'activités en plein air.

• *Une petite folie !*

Antica Fattoria La Parrina – *Località Parrina - 58010 Albinia - 5 km au N d'Orbetello Scalo, au km 146 de la Via Aurelia en direction de* Florence *- ☎ 0564 86 55 86 - fax 0564 86 26 26 - parrina@dada.it - **P** – 16 ch. : à partir de 140€.- ☕ 5€ - restaurant 23/35€.* Dans une ferme du 18e s. encore en activité, un agritourisme raffiné, décoré avec des meubles d'époque, pour découvrir la campagne en « seigneur ». Une jolie véranda pour prendre petits-déjeuners et dîners en été. Production artisanale de fromages, vins et huile.

Petite pause

Bar Bagianni – *Piazza Garibaldi, 8 - 58015 Orbetello - ☎ 0564 86 81 34 - lun.-sam. 7h-1h, dim. 7h-13h, 15h-1h.* À la fois glacier artisanal, bar, café Internet et salon de thé, le Bar Bagianni, qui dispose d'une jolie terrasse sur la place principale, est animé de l'aube jusqu'à tard dans la nuit.

Baretto – *Lungomare Andrea Doria, 41 - 58018 Porto Ercole - ☎ 0564 83 26 54 - juil.-août : 8h-3h ; le reste de l'année : fermé mer. - fermé un mois en hiver.* Parmi tous les bars et cafés du port, la terrasse du Baretto jouit d'une position centrale. Très populaire auprès des jeunes de l'Argentario, vous y trouverez un accueil chaleureux et de délicieux cocktails aux fruits frais.

alentours

Cité antique de Cosa★

11 km au Sud d'Orbetello, à l'extrémité du tombolo méridional. Mai.-sept. : 9h-19h ; oct.-avr. : 9h-13h30. La visite du site archéologique est gratuite. Musée : 2,07€. *☎ 0564 88 14 21.*

La cité antique de Cosa, située près de la Via Aurelia, est une ancienne colonie romaine qui prospéra du 3e s. avant J.-C. au 4e s. de notre ère.

Les fouilles ont permis de mettre au jour deux parties bien distinctes : l'acropole se trouve sur le sommet du promontoire tandis que la ville elle-même est située plus au Nord.

Ascoli Piceno★★

Ville du travertin et des cent tours, appelée la « petite Sienne » pour l'harmonie et la grâce de ses édifices médiévaux et Renaissance, Ascoli est située au creux d'une vallée, à la confluence du Tronto et du Castellano.

La situation

51 827 habitants – Carte Michelin n° 430 N 22 – Plan dans le Guide Rouge Italia – Marches. Ascoli Piceno se trouve sur la Via Salaria, à une trentaine de kilomètres de l'Adriatique. *Piazza del Popolo, 17, ☎ 0736 25 30 45.*

Voyage dans le temps

De la florissante Asculum romaine demeurent de nombreux vestiges, pour la plupart intégrés par la suite dans le tissu urbain. À l'époque médiévale et Renaissance, bien qu'elle ait été le théâtre de luttes acharnées entre factions rivales, la ville connut alors une prospérité dont témoigne la remarquable floraison des édifices civils et religieux. Si l'art Renaissance s'y développa sous l'impulsion d'artistes locaux tels **Cola dell'Amatrice**, la vitalité artistique et commerciale de la ville attira aussi des personnalités étrangères, tel le Vénitien **Carlo Crivelli** (1430-1494), qui en fit sa patrie d'adoption. Formé au contact des expériences de Mantegna et Bellini, son langage original, où les solides volumes Renaissance se mêlent à une préciosité ornementale appartenant au style gothique tardif, influença profondément les peintres locaux et favorisa l'essor artistique de toute la région.

carnet pratique

Restauration

• ***Valeur sûre***

Zunica – *Piazza Filippi Pepe, 14 - 64010 Civitella del Tronto - ☎ 0861 91 319 - fermé mer., 10 au 30 nov. - 26/37€.* Situé sur la place, jouissant d'une position panoramique sur la vallée, cet édifice datant de la fin du 19e s. accueille un restaurant raffiné. Le cadre y est sobre et moderne, et la cuisine typique de la région. Chambres fonctionnelles, dont certaines avec vue.

Petite pause

Caffè Meletti – *Piazza del Popolo - ☎ 07 36 25 96 26.* Sous les arcades de la piazza del Popolo, ce café historique, ouvert en 1904, est un bijou de style Liberty, rendu célèbre par son « anisette » et par le film *Les Dauphins* (1960) de Citto Maselli.

Calendrier

Le premier dimanche d'août, la ville renoue avec son passé à travers le célèbre **tournoi de la Quintaine** (Torneo cavalleresco della Quintana), vieille tradition dont les modalités furent fixées dans les statuts de la ville en 1377.

se promener

Piazza del Popolo★★

Allongée et harmonieuse, cette place est le rendez-vous de toute la ville. Pavée de larges dalles, elle est entourée de monuments gothiques et Renaissance et fermée d'élégantes arcades.

Le **palais des Capitaines du peuple★**, bâti au 13e s., prit sa forme actuelle au 16e s. avec le remaniement auquel participa Cola dell'Amatrice, qui en réalisa l'austère façade postérieure. À l'intérieur s'ouvre une jolie cour à arcades (16e s.).

L'**église S. Francesco★** (13e-16e s.) présente certains éléments d'influence lombarde. Sur le côté droit se trouvent un beau portail du 16e s. surmonté d'un monument dédié à Jules II et la **loge des Marchands★** (loggia dei Mercanti), élégante construction du 16e s. qui rappelle les exemples toscans (chapiteaux). Sur le flanc gauche s'ouvrent le **grand cloître** (16e-17e s.), qui abrite un marché de fruits et légumes très coloré, et le **petit cloître** du 14e s., plus intime *(accès par la via Ceci)*. Dans la partie absidiale, l'église se distingue par un élégant ensemble élancé à double campanile.

Corso Mazzini★

Il s'agit de la rue noble de la ville, bordée de palais de diverses époques, sur lesquels se détachent des maximes en latin et en langue vulgaire. Au n° 224, le **palais Malaspina** (16e s.) présente d'originales arcades aux colonnes en forme de tronc d'arbre. À l'entrée de la via delle Torri s'élève l'église Renaissance **S. Agostino**, qui renferme une fresque de Cola dell'Amatrice et une *Madone de l'Humilité* dans le style de l'école de Fabriano (14e s.). *Église : pour s'informer et réserver, contacter don Giuseppe Sergiacomi (☎ 0736 25 92 88).*

Via delle Torri

Elle doit son nom aux nombreuses tours qui s'y élevaient et dont les **tours jumelles** du 12e s. sont encore une belle illustration. Au bout de la rue s'élève l'**église S. Pietro Martire** du 14e s.

S.S. Vincenzo e Anastasio★

Pour visiter, contacter Mme Tedeschi : ☎ 0736 25 22 05.
Bel exemple d'architecture romane, l'église, d'origine paléochrétienne, se distingue par une **façade★** du 14e s., divisée en 64 panneaux auparavant couverts de fresques. L'intérieur, d'une étonnante simplicité, renferme une **crypte** du 6e s., où l'on peut voir des restes de fresques du 14e s.

Pont romain de Solestà★

Pour s'informer et réserver : ☎ 0736 29 82 04.
Précédé d'une porte du 14e s., cette audacieuse construction de l'époque d'Auguste ne comporte qu'une seule arche s'élevant à plus de 25 m. Un peu plus loin, on peut admirer un beau **lavoir** du 16e s.

Via dei Soderini

C'était l'artère principale de la ville médiévale, comme en témoignent les nombreux palais, les tours féodales et les pittoresques rues transversales. Le bâtiment le plus intéressant demeure le **petit palais Lombard** (Palazzetto Longobardo – 11e-13e s.), flanqué de l'élégante **tour des Ercolani**, dépassant 40 m, dont la porte d'entrée est surmontée d'une architrave typique d'Ascoli Piceno, portant un arc de décharge triangulaire percé horizontalement.

visiter

Duomo

8h-12h30, 16h-19h30. Laisser une offrande. ☎ 0736 25 97 74.
Élevé au 12e s., le Dôme possède une grandiose façade Renaissance due à Cola dell'Amatrice. Sur le côté gauche, la **porte de la Muse** est une précieuse réalisation de la Renaissance tardive. À l'**intérieur**, dans la chapelle du Sacrement *(bas-côté droit)*, on peut admirer un magnifique **polyptyque★** de **Carlo Crivelli**, où la grâce du style gothique tardif de la *Vierge à l'Enfant* s'oppose à la dramatique *Pietà* rappelant Mantegna.
À gauche du Dôme s'élève le **baptistère★** du 11e s., bel édifice carré couronné d'une lanterne octogonale ajourée d'élégantes fenêtres trilobées. La porte d'entrée est surmontée d'un arc de décharge triangulaire, percé à l'horizontale, élément caractéristique de l'architecture d'Ascoli Piceno.

Pinacoteca★

♿ 9h-19h. Fermé 1er janv., 25 déc. 3,10€. ☎ 0736 29 82 13.
Située à l'étage noble de l'hôtel de ville, elle renferme une riche collection de peintures et sculptures du 15e au 19e s. (Guido Reni, Titien, Luca Giordano, Carlo Maratta). Dans le domaine de l'art, les œuvres de **Carlo Crivelli**, **Cola dell'Amatrice** et **Pietro Alamanno**, un élève de Crivelli, sont les plus représentatives des Marches. Le joyau du musée est une magnifique **chape★** du 13e s. de fabrication anglaise, offerte en 1288 par le pape Nicolas IV au chapitre de la cathédrale.

Face à l'hôtel de ville, le palais Panichi accueille le **Musée archéologique**, qui présente des pièces de l'époque picénienne (9e-6e s. avant J.-C.), ainsi que des mosaïques romaines du 1er s. après J.-C. *♿ 8h30-19h30. Fermé 1er janv., 1er mai, 25 déc. 2,06€. ☎ 0736 25 35 62.*
Non loin, dans la via Bonaparte, au nº 24, le **palais Bonaparte** apparaît comme l'un des meilleurs exemples de l'architecture civile de la Renaissance.

alentours

Civitella del Tronto★

24 km au Sud-Est. Ce charmant village, perché sur une colline de travertin à 645 m au-dessus du niveau de la mer dans un **site★★** magnifique, présente, le long de ses ruelles tortueuses et pittoresques, de beaux édifices civils et religieux des 16e et 17e s. Civitella est dominé par l'imposante **forteresse★** du 16e s., dernière citadelle des Bourbons à capituler face aux armées sardo-piémontaises en 1861. (♿) *10h-1h avant le coucher du soleil ; août : 10h-24h ; hiver : 10h-13h, 15h-17h. Fermé 25 déc. 3,10€. Il est conseillé de prendre des vêtements chauds (la forteresse se trouve à 650 m au-dessus du niveau de la mer). ☎ 0861 91 588 ; www.fortezzacivitella.it*

Assisi★★★

Assise

La ville d'Assise, encore entourée de ses remparts, n'a guère changé depuis le Moyen Âge. Elle reste imprégnée du souvenir de saint François, comme en témoignent les nombreux récits de sa vie et de ses miracles. Sous l'influence de l'ordre religieux qu'il avait fondé, la cité a vu s'épanouir un art nouveau qui marque un tournant dans l'histoire esthétique de l'Italie. La leçon spirituelle du fils du drapier d'Assise, faite de renoncement, d'acceptation humble et de joie mystique, a déterminé une nouvelle vision artistique qui s'exprime dans la pureté et l'élégance de l'art gothique.
Tout d'abord austères et nues, destinées à la prédication populaire, les églises s'enrichirent au cours du 13e s. d'un nouveau faste traduisant, grâce aux récits légendés de saint Bonaventure, l'amour tendre et intime de saint François pour la nature et ses créatures. Dès la fin du 14e s., Assise réunit les maîtres de Rome et de Florence qui, sur le chantier de la basilique S. Francesco, infléchirent définitivement la rigueur byzantine vers un art plus dramatique et empreint d'une émotion spirituelle dont Cimabue d'abord, puis Giotto, furent les interprètes les plus puissants.

La situation

25 464 habitants – Carte Michelin nº 430 M 19 – Ombrie. Assise, gracieusement étalée sur les pentes du mont Subasio, se trouve entre Pérouse et Foligno, le long de la S 75.
Piazza del Comune, 12, ☎ 075 81 25 34.
Pour poursuivre la visite, voir le chapitre PERUGIA.

carnet pratique

RESTAURATION

• *À bon compte*

Da Erminio – *Via Montecavallo, 19 - ☎ 075 81 25 06 - fermé jeu., 15 janv. au 3 mars, 1er au 15 juil. - 15/31€.* Après San Rufino, dans un quartier résidentiel peu fréquenté par les touristes, le lieu idéal pour vous reposer de la fatigue de la montée. Cuisine régionale traditionnelle, dont les fameux strangozzi al tartufo (sorte de spaghettis, plus épais, aux truffes) à déguster devant une agréable cheminée.

Da Cecco – *Piazza San Pietro, 8 - ☎ 075 81 24 37 - fermé mer., 10 déc. au 15 mars - 20/28€.* Un petit restaurant, très simple, où vous pourrez déguster une cuisine familiale respectueuse de la tradition locale, mais aussi des plats très variés. Une ambiance agréable, entre le rustique et le moyenâgeux.

HÉBERGEMENT

• *À bon compte*

Casa di Santa Brigida – *Via Moiano, 1 - ☎ 075 81 26 93 - fax 075 81 32 16 - - 18 ch. : 30,99/56,81€* . Un havre de paix, propice à la méditation et au repos, où vous pourrez profiter du joli jardin ombragé et fleuri et apprécier la tranquillité des chambres quelque peu « sévères ». Demi-pension et pension complète, avec une cuisine légère et authentique.

Hotel Berti – *Piazza San Pietro, 24 - ☎ 075 81 34 66 - fax 075 81 68 70 - fermé 11 janv. à fin fév. - 10 ch. : 38,73/61,97€ - 4,65€.* Ancien relais de poste pour les bêtes de somme des pèlerins qui se rendaient à l'ermitage (Eremo delle Carceri), ce petit hôtel à gestion familiale offre un accueil chaleureux et propose des chambres agréables et bien tenues. À deux pas vous trouverez le restaurant Da Cecco, tenu par les propriétaires de l'hôtel.

découvrir

Basilica di S. Francesco★★★

Avr.-oct. : tlj sf dim. 9h30-12h, 14h30-18h. Fermé 15 août, 4 oct. 1,55€. ☎ 075 81 90 01.
De l'esplanade où est dessinée la croix ou de la route qui mène d'Assise à la plaine, la basilique apparaît imposante et émouvante à toute heure de la journée. La façade est ornée d'une simple rosace de conception cosmate *(voir p. 83)*.
L'ensemble, consacré en 1253, se présente comme une superposition de deux édifices, reposant sur d'immenses arcades. Son plan, imaginé aussitôt après la mort du saint, est l'œuvre du frère Élie qui orienta l'ordre franciscain vers le faste et la décoration.

Basilique inférieure – L'intérieur, sombre et trapu, à nef unique précédée d'un narthex allongé, est composé de quatre travées sur plan carré que recouvrent entièrement des **fresques★★★** des 13e et 14e s.
De la nef, on accède à la première chapelle gauche qui présente des **peintures★★** de **Simone Martini** (vers 1284-1344) évoquant la vie de saint Martin, fresques remarquables par la finesse du dessin, l'harmonie de la composition et le jeu varié des couleurs. Plus loin, au-dessus de la chaire, *Couronnement de la Vierge*, fresque due

Saint François

Fils d'un marchand d'étoffes, François d'Assise (1182-1226) vécut une jeunesse agitée, animée d'idéaux chevaleresques, qui dans le *Testament* spirituel est désignée comme l'époque de « quand je vivais dans le péché ». Sa conversion remonterait à l'année 1206, lorsque dans la chapelle du couvent de saint Damien, au pied du Crucifix, il s'entendit confier une mission : « François, va et répare ma maison qui tombe en ruine ». Se dépouillant littéralement des richesses et des habits paternels, François fonda l'ordre des Frères mineurs ou Franciscains, inspiré de l'esprit de **fraternité** entre tous les êtres de la Création, de **minorité**, comprise comme utile à tous, et d'**absolue pauvreté**.

La simplicité de son existence se traduit dans une langue adaptée aux plus humbles, le dialecte ombrien, qu'il utilise pour écrire son *Cantique des créatures*, une des premières et des plus belles compositions de la littérature italienne, et dans la joie d'imaginer des méthodes efficaces et toujours nouvelles pour essayer de sauver les autres. L'inspiration la plus chère à l'esprit populaire est peut-être l'invention de la crèche, étroitement liée à la religiosité du pays qui reconnaît chez « le Petit Pauvre » (le *Poverello*) son saint patron.

à Maso, élève de Giotto (14e s.). La **voûte★★** du chœur est ornée de scènes symbolisant le Triomphe de saint François et les Vertus qu'il pratiqua, œuvres d'un disciple de Giotto.

Le croisillon gauche est décoré de **fresques★★** représentant, à la voûte, l'histoire de la Passion : riches d'invention narrative et de détails, elles sont attribuées à l'école de **Pietro Lorenzetti** ; aux parois, les fresques, dues au maître lui-même, frappent par leur expression dramatique ***(Descente de Croix)***. Dans le croisillon droit, on admire une ***Madone avec quatre anges et saint François*★★**, majestueuse composition de **Cimabue**.

Depuis le cloître Sixte IV, on accède au **trésor★★** abritant de nombreux objets de culte et à la **collection Perkins** (peintures du 14e au 16e s.).

Au bas de l'escalier, sous le centre de la croisée du transept, se trouve le **tombeau de saint François**.

Basilique supérieure – Contrastant avec les volumes trapus de l'église inférieure, le vaisseau élancé de cette haute nef unique offre le spectacle d'une structure gothique accomplie, baignée de lumière grâce aux fenêtres élevées qui trouent les parois. L'abside et le transept sont décorés de fresques (malheureusement abîmées) par Cimabue et son école. Dans le croisillon gauche, on admire une ***Crucifixion*★★★** du maître, d'une grande intensité tragique.

De 1296 à 1304, **Giotto** et ses aides ont représenté sur les parois de la nef un cycle de 28 **fresques★★★** évoquant la *Vie de saint François*. Par la définition claire et aérée de chaque scène et le souci toujours plus affirmé de réalisme, ces peintures ouvrent une nouvelle voie au langage figuratif de l'art italien que la Renaissance va porter, deux siècles plus tard, à son sommet.

se promener

Via S. Francesco★

Pittoresque rue bordée de maisons médiévales et Renaissance. Au no 13 A, l'**oratoire des Pèlerins** contient des fresques du 15e s., notamment de Matteo da Gualdo. *Tlj sf dim. 9h-12h, 15h-18h. ☎ 075 81 22 67.*

Piazza del Comune★

Elle occupe l'emplacement de l'ancien forum. On peut y voir le **temple de Minerve★** (1er s. avant J.-C.), aujourd'hui transformé en église, et à sa gauche le palais du Capitaine du peuple (13e s.).

Vue d'Assise, en arrivant de la plaine

R. Mattes/MICHELIN

Duomo (S. Rufino)★

Le Dôme date du 12e s. Sa **façade★★** romane, l'une des plus belles d'Ombrie, est harmonieusement rythmée par ses ouvertures et ses ornements. L'intérieur, sur plan basilical, a été refait en 1571. À droite en entrant se trouvent les fonts baptismaux où furent baptisés saint François, sainte Claire et l'empereur Frédéric II.

S. Chiara★★

Précédée d'une terrasse d'où s'offre une jolie vue sur la campagne ombrienne, cette église construite de 1257 à 1265 reprend la structure gothique de l'église supérieure de la basilique S. Francesco. L'intérieur conserve de nombreuses œuvres d'art, notamment des fresques du 14e s. d'inspiration giottesque, représentant la vie et l'histoire de sainte Claire. Dans la petite église St-Georges contiguë *(côté droit de la nef)*, on peut voir le crucifix byzantin provenant du couvent St-Damien et, dans la crypte, le tombeau de sainte Claire.

▶▶ Rocca Maggiore★★ (vue★★★), S. Pietro★.

alentours

Eremo delle Carceri★★

4 km à l'Est. Pâques-nov. : 6h30-19h15 ; le reste de l'année : 6h30-17h30. ☎ 075 81 23 01.
Cet **ermitage** est situé au cœur d'une forêt de chênes verts plus que millénaire ; un de ces arbres aurait vu s'envoler, après qu'ils eurent été bénis par saint François, une multitude d'oiseaux symbolisant la diffusion des franciscains dans le monde. L'ermitage fut fondé par **saint Bernardin de Sienne** (1380-1444) dans ce lieu mélancolique où François et ses disciples aimaient se retirer comme en une prison (*carcere* en italien) pour, selon un de ses biographes, chasser « de l'âme le plus petit grain de poussière, que le contact avec les hommes y aurait laissé ».
Par des passages étroits qui soulignent la structure du couvent (construit en suivant les contours de la roche), on arrive à la grotte de saint François et à l'ancien réfectoire, dont les tables datent du 15e s.

Convento di S. Damiano★

2 km au Sud par la Porta Nuova. Été : 10h-12h30,14h-18h ; hiver : 10h-12h30, 14h-16h30. ☎ 075 81 22 73.
Isolés au milieu des cyprès et des oliviers, le couvent et la petite église attenante sont intimement liés à l'histoire de saint François, qui y reçut sa vocation au cours d'une « conversation » avec le Crucifié et y composa le *Cantique des créatures*, et celle de sainte Claire, qui y mourut en 1253. L'intérieur, humble et austère, constitue un émouvant exemple de couvent franciscain au 13e s.

S. Maria degli Angeli★

5 km au Sud-Ouest, dans la plaine. 6h30-20h ; août : 6h30-20h, 21h-23h. ☎ 075 80 511.
La basilique fut construite au 16e s. autour de la chapelle de la **Portioncule** (Porziuncola), dont le nom dérive du terrain *(petite portion)* où elle fut édifiée avant l'an 1 000 Dans la Portioncule, où François consacra Claire « épouse du Christ », se trouve une **fresque★** (1393) représentant des épisodes de l'histoire des franciscains *(au-dessus de l'autel)*. Dans la chapelle voisine, dite du Transit, François mourut le 3 octobre 1226. Dans la crypte de Ste-Marie-Majeure, **polyptyque★** en terre cuite vernissée d'**Andrea Della Robbia** (vers 1490). Près de l'église se trouvent le rosier qui aurait perdu ses épines le jour où le saint s'y jeta pour échapper à la tentation ainsi que la grotte où il priait. Dans le corridor qui mène au rosier, on remarque une statue du saint portant un nid où se posent de vraies colombes.

Spello★

12 km au Sud-Est. Petite ville pittoresque et tranquille, dont les bastions et les portes témoignent du passé romain. L'église **S. Maria Maggiore** conserve des **fresques★★** *(chapelle à gauche)* du **Pinturicchio**, représentant l'Annonciation, la naissance de Jésus et la prédication au Temple *(parois)*, ainsi que les sibylles *(voûte)*. De part et d'autre du maître-autel, fresques du Pérugin. Non loin de là, dans l'église **S. Andrea**, remontant à 1025, tableau du Pinturicchio et crucifix attribué à Giotto. Le village est également connu pour sa Fête des fleurs (« Le infiorate »), organisée le jour du Corpus Domini.

Foligno

18 km au Sud-Est. Sur la piazza della Repubblica s'élèvent le **palais Trinci**, bâti au 14ᵉ s. par les seigneurs de la ville, ainsi que le **Dôme** d'origine romane, orné d'un magnifique portail à décor géométrique de style lombard.

Palazzo Trinci – ♿ *Tlj sf lun. 10h-19h. Fermé 1er janv., 25 déc. 2,58€. ☏ 0742 35 76 97.* L'attrait du palais réside dans ses **fresques★**, où la représentation de la perspective semble presque parfaite. Celles de la Loggia illustrent la légende de Romulus et Rémus et semblent être en relief. Celles du cabinet d'études (dit la Chambre des Roses car les Trinci, comme tout vicaire apostolique, avaient reçu cet emblème) sont consacrées aux deux cycles des arts libéraux de l'enseignement médiéval : le *trivium* (grammaire, rhétorique, dialectique) et le *quadrivium* (arithmétique, géométrie, musique, astronomie). Les heures du jour y sont associées aux âges de la vie et aux planètes. La présence de trônes gothiques laisse à penser qu'elles furent réalisées par des artistes venus du Nord.
Les fresques et dessins du couloir conduisant à la cathédrale figurent les grands personnages de l'Antiquité d'un côté, les sept âges de l'Homme de l'autre.
Seules les fresques de la chapelle, représentant la vie de la Vierge, sont signées. C'est Ottaviano Nelli, qui les acheva en 1424.

Bevagna★

24 km au Sud. Bevagna est un centre médiéval typique, divisé en quatre *guaite* ou quartiers, qui regorge de vestiges de l'époque romaine (certains remontent au 2ᵉ s. après J.-C.) : promenoir du théâtre romain, temple, **thermes de Mevania** où se trouvent de très belles mosaïques d'animaux marins, cachées derrière la porte d'une maison *(en descendant de la piazza Garibaldi, tout de suite à droite)*.

Piazza Silvestri – Jolie place médiévale, bordée par les églises **S. Michele**, datant de la fin du 11ᵉ s., et **S. Silvestro**, fin du 12ᵉ s. (remarquez l'épigraphe sur la façade), et par le **palais des Consuls**, qui accueille le charmant **théâtre Torti**.

Bari

Centre agricole et industriel, Bari doit toutefois sa principale activité à son port. La Foire du Levant (Fiera del Levante), qui a lieu en septembre, est une importante manifestation créée en 1930 afin de favoriser les échanges commerciaux avec les autres pays de la Méditerranée. Bari se compose d'une vieille ville serrée sur son promontoire et d'une ville moderne aux larges avenues en damier ouvertes au 19ᵉ s.

La situation

331 848 habitants – Carte Michelin nº 431 D 32 – Pouille. Pour rejoindre le chef-lieu de la Pouille, qui domine l'Adriatique, emprunter la A 14 Adriatique ou la voie express S 16. 🅸 *Piazza Aldo Moro, 32/a,* ☎ *080 52 42 244.*

Pour poursuivre la visite, voir les chapitres Promontorio del GARGANO, PUGLIA.

Un regard sur le passé

Selon la légende, Bari fut bâtie par les Illyriens, puis colonisée par les Grecs. Du 9ᵉ au 11ᵉ s., la cité fut le centre de la domination byzantine dans le Sud italien. Très prospère au Moyen Âge en raison, notamment, du pèlerinage de Saint-Nicolas de Bari et de l'embarquement des croisés vers l'Orient, elle déclina avec les Sforza de Milan et la domination espagnole au 16ᵉ s.

visiter

S. Nicola★★

Située au cœur de la vieille ville, au centre de ce que l'on appelle la *cittadella nicolaiana*, cette basilique commencée en 1087 fut consacrée en 1197 et dédiée à saint Nicolas, évêque de Myre en Asie Mineure, dont les reliques furent ramenées par des marins de Bari. Ce saint jouissait d'une vénération toute particulière pour avoir, selon la légende, ressuscité trois enfants qui avaient été tués et découpés en morceaux par un boucher. L'église, l'un des exemples les plus remarquables de l'art roman, a servi de modèle à toute l'architecture religieuse de la région. La façade, sobre et puissante, flanquée de deux tours, n'est égayée que par quelques baies géminées et un portail sculpté dont les colonnes s'appuient sur des taureaux. Sur le flanc gauche s'ouvre le riche portail des Lions (12ᵉ s.). L'intérieur est à trois vaisseaux, avec triforium et beau plafond à caissons ajouté au 17ᵉ s. Un important ciborium (baldaquin) du 12ᵉ s. surmonte le maître-autel, derrière lequel se trouve un **trône épiscopal★** en marbre blanc du 11ᵉ s. Dans la chapelle latérale gauche, *Vierge à l'Enfant et les saints*, du Vénitien Bartolomeo Vivarini ; sur l'autre face, *Le Cabinet de saint Jérôme*, de Costantino da Monopoli. La crypte, soutenue par des colonnes de marbre couronnées de beaux chapiteaux aux décorations riches et variées, abrite le tombeau de saint Nicolas.

Cattedrale★

De style roman (11ᵉ-12ᵉ s.) avec adjonctions postérieures, la cathédrale a été remaniée par la suite. Les collatéraux sont prolongés par des chapelles orientées se terminant, comme l'abside, en cul-de-four. L'intérieur est animé par un faux triforium surmontant les arcades et abrite de nombreuses œuvres d'art, dont une chaire et un baldaquin, reconstitués avec des éléments des 11ᵉ, 12ᵉ et 13ᵉ s. Dans le bas-côté gauche, on peut voir la copie de l'**Exultet** (l'original étant conservé dans la curie, à la sortie de l'église), précieux parchemin du 11ᵉ s. d'origine byzantine, composé en « bénéventine », écriture médiévale très en usage dans l'Italie méridionale. Une particularité : les images qui accompagnent la sainte écriture ont été enluminées à l'envers par rapport au texte, de manière à pouvoir être vues des fidèles tandis que le parchemin était déroulé pour les chanteurs.

Castello★

(♿) *Tlj sf lun. 8h30-19h30. Fermé 1ᵉʳ janv., 1ᵉʳ mai, 25 déc. 2,07€.* ☎ *080 52 86 210 ; www.castelli-puglia.org*

Élevé en 1233 par Frédéric II de Hohenstaufen sur des édifices byzantins et normands préexistants, ce château conserve de l'époque souabe une grande cour trapézoïdale et deux des tours d'origine, mais a été renforcé au 16ᵉ s.

Pinacoteca

Lungomare Nazario Sauro, au-delà de la piazza A. Diaz. ♿ *Mar.-sam. 9h30-13h, 16h-19h, dim. 9h-13h. Fermé j. fériés. 2,58€.* ☎ *080 54 12 423.*

Aménagée au 4ᵉ étage du palais de la Province *(ascenseur)*, elle abrite des œuvres d'art byzantin (sculptures et peintures), un **Christ★** en bois peint (12ᵉ-13ᵉ s.), une peinture de Giovanni Bellini *(Le Martyre de saint Pierre)*, des toiles de l'école napolitaine (17ᵉ-18ᵉ s.).

Une adresse

Al Sorso Preferito – *Via Vito Nicola De Nicolò, 46 -* ☎ *080 52 35 747 - fermé mer., dim. soir - ▤ - réserv. conseillée - 18/31€.* Bien que la clientèle soit nombreuse et les prix modérés, c'est la qualité qui distingue cet établissement, notamment grâce à une rigoureuse sélection des matières premières. On peut y déguster des plats maison traditionnels, aussi bien de poisson que du terroir.

Museo Archeologico

Au 1er étage de l'université. Fermé pour restauration au moment de la rédaction de ce guide. ☎ *080 54 12 423.*
Collections gréco-romaines, provenant des fouilles effectuées dans l'ensemble de la Pouille. Intéressante collection de vases antiques et exposition de pièces découvertes dans la cité grecque de Canosa di Puglia *(voir Puglia)*.

alentours

La côte

La route qui conduit de Bari à Barletta traverse quelques jolies petites villes côtières que les menaces venues de la mer, depuis les raids des Sarrasins durant le Haut Moyen Âge jusqu'aux incursions des Turcs à la fin du 15e s., amenèrent à se fortifier : **Giovinazzo**, dont le port de pêche est dominé par une petite cathédrale du 12e s. ; **Molfetta**, que couronne sa cathédrale de style roman apulien en calcaire blanc ; **Bisceglie**, pittoresque port de pêche possédant une cathédrale, terminée au 13e s., dont la façade s'orne d'un beau portail central posé sur deux lions.

Bassano del Grappa★

Bassano, réputé pour ses céramiques et son eau-de-vie, la *grappa*, est bâti sur la Brenta dans un site charmant. La ville, formée de rues étroites aux maisons peintes et de places bordées d'arcades, a pour centre la piazza Garibaldi. Très populaire en Italie, le pont couvert construit au 13e s. fut plusieurs fois détruit et reconstruit.

La situation

39 973 habitants – Carte Michelin n° 429 E 17 – Vénétie. Bassano del Grappa, célèbre pour son pont, se trouve le long de la S 47, qui va à Padoue. ℹ *Largo Corona d'Italia, 35,* ☎ *0424 52 43 51.*
Pour poursuivre la visite, voir les chapitres PADOVA, TREVISO, VICENZA.

visiter

Museo Civico★

Mar.-sam. 9h-18h30, dim. 15h30-18h30. Fermé j. fériés. 3,62€, *gratuit 1er dim. du mois.* ☎ *0424 52 22 35 ; www.x-land.it/museobassano*
Installé dans le couvent contigu à l'église S. Francesco, le **Musée municipal** abrite la **pinacothèque** qui conserve des œuvres de la famille Da Ponte, peintres natifs de Bassano, dont Jacopo, dit **Jacopo Bassano**, est au 16e s. le membre le plus éminent. On peut admirer plusieurs chefs-d'œuvre de cet artiste favori de Louis XIV et inventeur d'un réalisme pittoresque soumis à des forces lumineuses violentes et contrastées, en particulier un ***Saint Valentin baptisant sainte Lucile***. D'autres peintres vénitiens sont représentés parmi lesquels Vivarini, Pietro Longhi, Tiepolo. Voir également deux belles toiles du Génois A. Magnasco (18e s.) et la salle consacrée aux sculptures de Canova.

Piazza Garibaldi

La place est dominée par la tour carrée d'**Ezzelino** (13e s.). L'**église S. Francesco** (12e-14e s.), que précède un élégant porche datant de 1306, abrite un beau Christ de Guariento (14e s.).

alentours

Monte Grappa★★★

32 km au Nord, alt. 1 775 m. Après avoir traversé des forêts de conifères et d'austères pâturages, la route mène au sommet d'où l'on découvre un magnifique **panorama** sur les Dolomites et, par beau temps, sur la Vénétie jusqu'à Venise et Trieste.
Des ossuaires rappellent le souvenir des combats de la Première Guerre mondiale.

Asolo★

14 km à l'Est. Dominée par son château fort, cette petite ville pittoresque, aux rues bordées de palais décorés de fresques, garde le souvenir du poète britannique Robert Browning et de la Duse – célèbre interprète des rôles de D'Annunzio – qui reposent dans le cimetière de Sant'Anna.

Marostica

7 km à l'Ouest. Petite cité au charme médiéval dont la place centrale, **piazza Castello★**, sert d'échiquier géant lors de la « **partita a scacchi** », originale partie d'échecs en costumes.

Cittadella

13 km au Sud. Ville forte construite en 1220 par les Padouans pour répondre à Castelfranco, élevée par les Trévisans. Belle **enceinte★** de brique.

Possagno

18 km au Nord-Est. C'est la patrie du sculpteur **Antonio Canova**. On visite sa **maison natale** et, à côté, la **gypsothèque** (Gipsoteca Canoviana) qui conserve de nombreuses maquettes et esquisses de l'artiste. *Mai-sept. : tlj sf lun. 9h-12h, 15h-18h ; oct.-avr. : tlj sf lun. 9h-12h, 14h-17h. Fermé 1er janv., 1er mai, Pâques, 25 déc. 3,10€. ☎ 0423 54 43 23.*

Sur une éminence, se trouve le **temple** construit sur les plans du maître ; il abrite son tombeau et sa dernière sculpture, la ***Déposition★***. *Été : tlj sf lun. 9h-12h, 15h-18h ; le reste de l'année : tlj sf lun. 9h-12h, 14h-17h. Pour monter dans la coupole, demander au gardien. Gratuit. ☎ 0423 54 43 23.*

Castelfranco Veneto★

26 km au Sud-Est. L'agréable citadelle de Castelfranco, entourée de douves et animée de quelques jolies maisons à arcades, s'enorgueillit d'avoir donné le jour au peintre **Giorgione** et de posséder dans son **Dôme** l'une des rares œuvres qui lui soit quasi unanimement attribuée par la critique : ***Vierge à l'Enfant entre saint François et saint Libéral★★***.

Visiter également la **maison natale du peintre** *(piazza del Duomo)*, aménagée en musée. *Tlj sf lun. 9h-12h, 15h-18h. Fermé j. fériés. 1,55€. ☎ 0423 49 12 40 ; www.bibliotecacastelfrancoveneto.tv.it*

Belluno★

Cette agréable cité est située sur une avancée dominant le confluent du Piave et de l'Ardo, dans un beau cadre de hautes montagnes : au Nord s'étendent les Dolomites, au Sud les Préalpes de Belluno. Commune libre au Moyen Âge, elle se place dès 1404 sous la protection de la république de Venise.

La situation

35 077 habitants – Carte Michelin n° 429 D 18 – Plan dans le Guide Rouge Italia – Vénétie.

Belluno se trouve le long de la A 27, qui mène à Venise. *Piazza dei Martiri, 8, ☎ 0437 94 00 83.*

Pour poursuivre la visite, voir le chapitre DOLOMITI.

se promener

Pour goûter la beauté de la ville, emprunter la via Rialto, par la porte Dojona (13e s., transformée au 16e s.), parcourir la **piazza del Mercato★** bordée de maisons Renaissance à arcades et ornée d'une fontaine datant de 1409 ; suivre la via Mezzaterra, la via S. Croce jusqu'à la porte Rugo. La via del Piave offre une ample **vue★** sur la vallée du Piave et les montagnes environnantes. La **piazza del Duomo★** est entourée du **palais des Recteurs★** (Palazzo dei Rettori), de style vénitien (fin 15e s.), du **palais épiscopal** (Palazzo dei Vescovi) et de la cathédrale du 16e s., flanquée d'un campanile baroque dessiné par Juvara ; elle renferme quelques beaux tableaux de l'école vénitienne, dont une toile de Jacopo Bassano et, dans la crypte, un **polyptyque★** du 15e s. de l'école de Rimini. Le palais des Juristes (Palazzo dei Giuristi) abrite le **Musée municipal** (Museo Civico), composé d'une pinacothèque (peintres locaux et vénitiens), d'une riche collection numismatique et de documents évoquant le Risorgimento. *Avr.-sept. : 10h-12h, 16h-19h, dim. j. fériés 10h30-12h30 ; oct.-mars : mar.-ven. 10h-12h, 15h-18h, sam.-lun. 10h-12h. 2,07€. ☎ 0437 94 48 36 ; www.comune.belluno.it*

alentours

Feltre

31 km au Sud-Ouest. Groupée autour de son château, la ville a conservé une partie de ses remparts et, **via Mezzaterra★**, des maisons anciennes ornées de fresques. La **piazza Maggiore★** frappe par l'ordonnance scénographique de ses bâtiments et des nombreuses arcades, escaliers ou balustrades qui l'animent.

Le **Musée municipal** (Museo Civico – *Via L. Luzzo, 23, près de la porte Oria*) rassemble des tableaux de L. Luzzo, originaire de Feltre, de P. Marescalchi, G. Bellini, Cima da Conegliano, M. Ricci et Jan Metsys ; en outre, le musée possède une section historique rassemblant des documents sur l'histoire de la ville et une section archéologique. (♿) *Été : tlj sf lun. 10h-13h, 16h-19h ; hiver : 10h-13h, 16h-18h. 4,13€. ☎ 0439 88 52 42.*

Benevento

Bénévent

Antique capitale des Samnites qui freinèrent longtemps l'expansion des Romains (en 321 avant J.-C., ceux-ci furent condamnés à passer sous le joug des Fourches Caudines), elle fut occupée par les Romains après leur victoire sur Pyrrhus en 275 avant J.-C. (à cette occasion, les vainqueurs transformèrent l'ancien nom Maleventum en Beneventum). Elle connut son apogée sous Trajan, qui en fit le point de départ de la Via Appia Traiana vers Brindisi. Siège d'un duché lombard à partir de 571, puis importante principauté, Bénévent fut aussi le théâtre d'une fameuse bataille (1266) à l'issue de laquelle Charles d'Anjou, appelé par le pape Urbain IV, s'empara du titre de roi de Sicile au détriment du roi Manfred.

La situation

63 284 habitants – Carte Michelin n° 431 D 26 – Campanie. Pour rejoindre Benevento, emprunter la route S 88, qui la relie à Isernia et à la A 16, ou la Via Appia, qui mène à Caserta. **i** *Via Nicola Sala 31, ☎ 0824 31 99 11.*

Pour poursuivre la visite, voir le chapitre Reggia di CASERTA.

visiter

Arco di Traiano★★

Du corso Garibaldi, prendre à gauche la via Traiano. La Porte Dorée (Porta Aurea), érigée en 114 après J.-C. en hommage à l'empereur qui avait fait de Bénévent un point de passage obligé vers la Pouille, est l'arc de triomphe le mieux conservé d'Italie. Elle porte des sculptures d'une haute valeur artistique, à la gloire de l'empereur Trajan : scènes et œuvres pacifiques côté ville, devises de guerre et scènes de la vie des provinces côté campagne

Teatro romano

Entrée par la via Port'Arsa, à gauche de l'église S. Maria della Verità. ♿ *Avr.-oct. : 9h-19h ; nov.-mars : 9h-16h. 2,07€. ☎ 0824 29 970.*

Bâti au 2e s. après J.-C. par Hadrien et agrandi par Caracalla, c'est l'un des plus vastes qui aient été conservés. Il accueille en été différents spectacles de théâtre, danse et opéra.

De la piazza Duomo, dominée par la cathédrale, très endommagée par les bombardements de 1943 (de l'édifice d'origine, il ne reste que la façade et l'énorme clocher, tous deux du 13e s.), on s'engage **corso Garibaldi**, où se trouvent les monuments les plus représentatifs de l'histoire de la ville, tel l'**obélisque égyptien** du temple d'Isis (88 après J.-C.).

Ah, ces sorcières égyptiennes !

Au 1er s. après J.-C., Bénévent est l'un des centres les plus importants du culte d'Isis, qui prospère jusqu'au 6e s. À l'arrivée des Lombards, l'image des rites magiques et mystérieux devient inconciliable avec le christianisme. On raconte cependant que les fidèles continuèrent à se retrouver pour célébrer les rituels à l'extérieur de la ville, près d'un noyer dans la vallée du fleuve Sabato. Ce serait là l'origine des mythes de la sorcellerie sabbatique et des sorcières de Bénévent, auxquels, selon la tradition, saint Barbato mit fin au 7e s. en abattant le noyer. Toutefois, le souvenir de cette légende reste présent grâce à la fameuse liqueur *Strega* (Sorcière), créée en 1861 par **Giuseppe Alberti**, qui fut aussi le promoteur du prestigieux prix littéraire homonyme.

S. Sofia

Piazza Matteotti. Été : 8h-11h, 17h-20h, dim. 8h-13h ; hiver : 8h-11h, 17h-19h. ☎ 0824 21 206.

Cette église du 8e s. fut reconstruite au 17e s. L'intérieur révèle un plan audacieux, même surprenant, constitué d'un hexagone central contenu dans une structure en décagone et semi-stellaire. Dans les absides, restes de fresques du 8e s. Dans les dépendances du **cloître★** (12e s.) aux admirables colonnades soutenant des arcades de style mauresque, le **musée du Samnium★** (Museo del Sannio) présente d'importantes collections archéologiques et un bel ensemble de peintures de l'école napolitaine. ♿ *Tlj sf lun. 9h-13h. Fermé 1er janv., Pâques, 25 et 26 déc. 2,58€. ☎ 0824 21 818.*

▶ Au bout du corso Garibaldi (piazza IV Novembre) s'élève la sévère **forteresse des Recteurs** (Rocca dei Rettori), construite au 14e s. sur les vestiges d'une forteresse lombarde.

Bergamo★★

Bergame

Située au débouché des vallées Brembana et Seriana, Bergame est l'une des principales villes de Lombardie. Cité d'art en même temps qu'actif centre commercial et industriel, elle se compose d'une ville basse, moderne et accueillante, et d'une ville haute ancienne et très pittoresque, riche en monuments évocateurs du passé ainsi qu'en pâtisseries anciennes, dont les vitrines présentent les typiques petits gâteaux jaunes *polenta e osei*.

La situation

117 837 habitants – Carte Michelin no 428 E 10/11 – Lombardie. Bergame, dont la ville haute est visible depuis l'autoroute A 4, se trouve à une cinquantaine de kilomètres de Milan, au pied de vallées montagneuses très fréquentées et non loin des lacs de Côme, d'Iseo et de Garde. ℹ *Viale Vittorio Emanuele II, 20, ☎ 035 21 02 04 ; Ville haute : vicolo Aquila Nera, 2, ☎ 035 24 22 26.*

Pour poursuivre la visite, voir les chapitres BRESCIA, MILANO, Regione dei LAGHI.

comprendre

L'histoire – Aux environs de 1200 avant J.-C., une tribu de Ligures s'installe à l'emplacement de l'actuelle ville haute. Vers 550, les Gaulois s'emparent du village auquel ils donnent le nom de Berghem. Nommée Bergomum par les Romains qui s'en rendent maîtres en 196 avant J.-C., détruite par les Barbares, elle connaît une période de tranquillité au 6e s. avec les Lombards et plus particulièrement sous le gouvernement de la reine Théodolinde.

Commune libre du 11e au 13e s., elle entre dans la Ligue lombarde en lutte contre Frédéric Barberousse. Guelfes (partisans du pape) et gibelins (partisans de l'empereur) s'affrontent, déchirant la ville. Sous la domination de **Bartolomeo Colleoni** (1400-1475), elle tombe tour à tour aux mains des Visconti de Milan et de la république de Venise, auxquels le célèbre condottiere loue successivement ses services avant de la rendre définitivement à la Sérénissime.

Bergame passe sous gouvernement autrichien en 1814, puis, en 1859, est libérée par Garibaldi.

Bergame et ses peintres – Outre une pléiade d'artistes natifs de la région de Bergame, comme Previtali, Moroni, Cariani, Baschenis, Fra Galgario, divers peintres œuvrèrent dans la ville, notamment **Lorenzo Lotto**, Giovanni da Campione et Amadeo.

Masques et Bergamasque – C'est à Bergame qu'est née au 16e s. la **commedia dell'arte**. Il s'agit d'une improvisation, ou *imbroglio*, sur un thème réglé d'avance et appelé *scenario*. Des personnages masqués incarnant des types populaires : le valet (Arlequin), paysan du val Brembana, obtus mais rusé ; le fanfaron (Polichinelle) ; la soubrette (Colombine) ; l'amoureux (Pierrot) ; le fourbe (Scapin) ; le reître (Fracasse ou Scaramouche) ; le bouffe (Pantalon) et le musicien (Mezzetin) y profèrent des traits de moquerie bouffonne, ou *lazzi*. Cette forme de théâtre, dont les aspects caricaturaux peuvent devenir triviaux, exerça une notable influence en France aux 17e et 18e s.

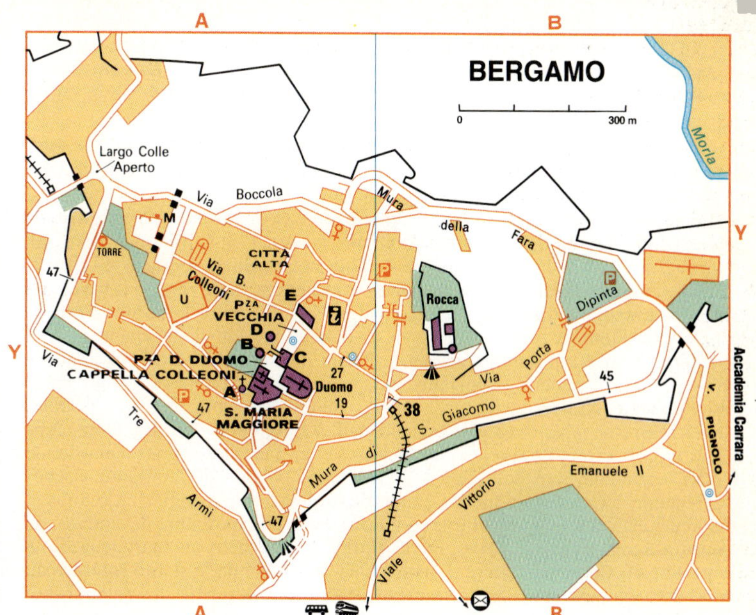

Circulation réglementée dans le centre-ville

Colleoni (Via B.) .... AY
Donizetti (Via G.) .... AY 19
Gombito (Via) .... AY 27
Mercato delle Scarpe (Piazza) .... BY 38
Mura di S. Agostino (Viale delle) .... BY 45
Mura di S. Grata .... AY 47

Battistero .... AY B
Palazzo della Ragione .... AY C
Palazzo Scamozziano .... AY E
Teatro Donizetti .... BZ T
Tempietto di Santa Croce .... AY A
Torre .... AY D

visiter

CITTÀ ALTA (VILLE HAUTE)★★★

On y accède en voiture *(se garer en dehors des remparts)*, ou par un funiculaire *(gare située viale Vittorio Emanuele II)* qui aboutit à la pittoresque **piazza del Mercato delle Scarpe** (place du Marché-aux-Chaussures).

Piazza Vecchia★

C'est le centre historique de la ville. Le **palais de la Ragione**, le plus ancien palais communal d'Italie, remonte à 1199, mais a été reconstruit au 16e s. : arcades et harmonieuses baies trilobées, balcon central surmonté du Lion de saint Marc (symbole de la domination vénitienne). Un escalier couvert (14e s.) donne accès au majestueux **beffroi** du 12e s. avec son horloge du 15e s. *De déb. mai à mi-sept. : 10h-20h, ven.-sam. 10h-22h ; de mi-sept. à fin oct. : 9h30-12h30, 14h-19h, w.-end et j. fériés 10h-19h ; nov.-fév. : sam. 10h30-12h30, 14h-16h, dim. et j. fériés 10h30-16h ; mars-avr. : mer.-sam. 10h30-12h30, 14h-18h, dim. et j. fériés 10h30-18h. 1,03€. ☎ 035 24 22 26 ; www.apt.bergamo.it*

carnet pratique

Restauration

• ***À bon compte***

Osteria D'Ambrosio – *Via Broseta, 58/a, ville basse - ☎ 035 40 29 26 - fermé sam. midi, dim. et j. fériés, Pâques, 5 au 25 août, 25 déc. - ▭ - réserv. conseillée - 15€.* Une vraie osteria de style rustique, où règne une ambiance chaleureuse (la personnalité excentrique de la très sympathique propriétaire fait toute la particularité du lieu). On y mange à la bonne franquette à midi, pour un prix défiant toute concurrence. Cuisine typique.

• ***Valeur sûre***

Baretto di San Vigilio – *Via Castello, 1, San Vigilio - à 5mn de la ville haute en funiculaire - ☎ 035 25 31 91 - fermé lun. - 35/45€.* Situé à l'arrivée du funiculaire, ce café-restaurant propose des plats typiques de Bergame et de sa région, ainsi que de délicieuses pâtisseries. En été, la terrasse, installée sur la petite place attenante, offre une vue superbe sur la ville.

En face, le **palais Scamozziano** est de style palladien. La fontaine ornant le centre de la place fut offerte en 1780 à la ville par le doge de Venise, Alvise Contarini. Par les arcades du palais de la Ragione, on rejoint la **piazza del Duomo★★**, sur laquelle s'élèvent les principaux monuments de la vieille ville.

Cappella Colleoni★★

♿ Mars-oct. : 9h-12h30, 14h-18h30 (la billetterie ferme à 18h) ; nov.-fév. : 9h30-12h30, 14h-16h30 (la billetterie ferme à 16h). Fermé lun. en hiver, 1er janv., 25 déc. Gratuit.

L'architecte de la chartreuse de Pavie, **Amadeo**, éleva de 1470 à 1476 ce joyau de la Renaissance lombarde destiné à servir de mausolée à Bartolomeo Colleoni. Construite sur ordre du condottiere à l'emplacement de la sacristie de Sainte-Marie-Majeure, la chapelle funéraire s'ouvre et s'encastre sur le côté de la basilique. Son corps principal, surmonté d'une coupole, s'appuie contre le porche Nord de l'église habituellement utilisé pour servir de pendant à l'édicule, également coiffé d'une coupole, qui intérieurement abrite l'autel du mausolée. L'élégante **façade** revêtue de précieux marbres polychromes présente une décoration pleine d'allégresse, enrichie de fines sculptures : *putti*, colonnettes cannelées et torsadées, pilastres sculptés, vases et candélabres, médaillons, bas-reliefs où se mêlent, dans un goût propre à cette époque, éléments sacrés et profanes (allégories, épisodes de l'Ancien Testament, représentation de personnages illustres de l'Antiquité, scènes de la légende d'Hercule auquel le condottiere aimait à s'identifier). L'intérieur, somptueux, est décoré de sculptures en méplat d'une extraordinaire délicatesse, de fresques allégoriques de Tiepolo, et de **stalles** Renaissance en marqueterie. Le **monument du Colleoni**, œuvre d'Amadeo, est surmonté de la statue équestre du condottiere, en bois doré ; délicatement ciselés, les bas-reliefs des sarcophages portent des scènes du Nouveau Testament séparées par des niches qu'occupent des statuettes représentant les Vertus ; entre les deux sarcophages figurent les portraits des enfants du condottiere ; sa fille préférée, Medea, morte à l'âge de 15 ans, repose auprès de lui dans un tombeau *(à gauche)*, merveille de pureté délicate, également dû à Amadeo.

La chapelle Colleoni et son style Renaissance délicat

B. Juge/MICHELIN

S. Maria Maggiore★

Été : 9h-12h30, 14h30-18h, dim. et j. fériés 9h-12h45, 15h-18h ; hiver : 9h-12h30, 14h30-17h. Laisser une offrande. ☎ 035 22 33 27.

Cette basilique remonte au 12e s., mais Giovanni da Campione lui a ajouté, au 14e s., les deux beaux **porches** Nord et Sud à loggias et reposant sur des lions, dans le style roman lombard.

L'intérieur, remanié dans le style baroque (fin 16e - début 17e s.), offre une riche décoration de stucs et d'ors. Les murs du bas-côté gauche, du chœur et du bas-côté droit sont revêtus de neuf splendides **tapisseries★★** florentines (1580-1586), d'un très beau dessin, exécutées d'après des cartons d'Alessandro Allori et contant la vie de la Vierge. Sur le mur du fond de la nef, la somptueuse tapisserie flamande représentant la **Crucifixion★★** fut tissée à Anvers (1696-1698) sur des cartons de L. Van Schoor. Cette partie de l'église abrite également la tombe de Donizetti (1797-1848). Noter, dans le bas-côté gauche, un étonnant confessionnal baroque du 18e s. D'intéressantes fresques du 14e s. ornent le transept. Quatre superbes **panneaux de marqueterie★★** illustrant l'Ancien Testament sont enfermés dans la balustrade du chœur : ils furent exécutés au début du 16e s. d'après des dessins de Lorenzo Lotto.

Sortir de l'église piazza di Santa Maria Maggiore pour admirer le portail Sud (14e s.), ainsi que le charmant **Tempietto di S. Croce**, de plan quadrilobé, bâti vers l'an 1000 en style roman primitif. Regagner la piazza del Duomo en contournant la basilique par le **chevet★** dont les absidioles sont ornées de gracieuses arcades.

Battistero★

Couronné de statues, ce charmant **baptistère** octogonal que souligne une galerie en marbre rouge de Vérone ornée de graciles colonnettes et de statues (14e s.) représentant les Vertus est une reconstruction de l'œuvre de Giovanni da Campione (1340). Élevé au fond de la nef de Santa Maria Maggiore, mais jugé trop encombrant, il fut démoli en 1660 et rebâti en 1898 à son actuel emplacement.

▶▶ Dôme, Via Bartolomeo Colleoni (maison), Citadelle (vues★).

CITTÀ BASSA (VILLE BASSE)★

De pittoresques ruelles entourent l'académie Carrare, tandis qu'une zone moderne et commerçante s'étend autour de la piazza Matteotti.

Accademia Carrara★★

♿ *Avr.-sept. : tlj sf lun. 10h-13h, 15h-18h45 ; oct.-mars : tlj sf lun. 9h30-13h, 14h30-17h45. Fermé 1er janv., Pâques, 1er mai, 25 déc. 2,58€, gratuit dim. ☎ 035 39 96 77 ; www.accademiacarrara.bergamo.it*

Installée dans un palais néoclassique, elle renferme des peintures du 15e au 18e s., italiennes et étrangères.

Après les œuvres du début du 15e s. qui se rattachent encore au gothique international, on s'attardera devant deux célèbres portraits : ***Julien de Médicis***, au profil accusé, par Botticelli, et ***Lionel d'Este***, élégant et raffiné, par Pisanello. Leur succèdent des œuvres de l'école vénitienne : des Vivarini, de Carlo Crivelli, de Giovanni Bellini (douces madones à l'expression songeuse, d'une facture voisine de celles de son beau-frère Mantegna), de Gentile Bellini (portraits fins et incisifs), de Carpaccio *(Portrait du doge Leonardo Loredan)* et de Lorenzo Lotto. Suivent des œuvres de la fin du 15e s. et du début du 16e s., de **Cosmè Tura**, maître de l'école de Ferrare (*Vierge à l'Enfant*, au réalisme accentué et au modelé anguleux influencés par l'art flamand), du Lombard Bergognone (lumière douce), du Bergamasque Previtali. Pour le 16e s., on admirera les tableaux du Vénitien Lorenzo Lotto (dont une splendide ***Sainte Famille avec sainte Catherine***), du Bergamasque Cariani, également bon portraitiste, des maîtres vénitiens Titien et Tintoret. Raphaël influencera, par ses coloris et la délicatesse de son dessin, Garofalo (Benvenuto Tisi), surnommé le « Raphaël de Ferrare », tandis que le Piémontais Gaudenzio Ferrari et Bernardino Luini, le principal représentant de la Renaissance en Lombardie, s'inspirent de l'art de Léonard de Vinci. La section des **portraits** (16e s.) est remarquablement illustrée : par l'école de Ferrare, spécialisée dans ce domaine, et par le Bergamasque Moroni (1523-1578). Parmi les étrangers, Clouet *(Portrait de Louis de Clèves)* et Dürer figurent en bonne place. De l'école de Bergame des 17e et 18e s., œuvres de Baschenis (1617-1677) et excellents portraits de Fra Galgario (1655-1743). On s'arrêtera devant l'ensemble flamand-hollandais du 17e s. (œuvres de Rubens, Van Dyck, Bruegel...) que domine la délicieuse marine de Van Goyen. La visite s'achève sur un aperçu de la peinture vénitienne du 18e s. : scènes d'intérieur de Pietro Longhi, « vues » de Carlevarijs, Bernardo Bellotto, Canaletto et Francesco Guardi.

Vieux quartier★

Il s'étend autour de la longue **via Pignolo★**, sinueuse et bordée de palais anciens, des 16e et 18e s. principalement, et d'églises riches en œuvres d'art, dont **S. Bernardino**, qui renferme, au-dessus de l'autel, une charmante ***Vierge en majesté et saints★***, réalisée par **Lorenzo Lotto** en 1521 (bien remarquer la valeur des couleurs, avec la combinaison du rouge vif de l'habit de la Vierge et du vert intense du drap porté par les anges), et **S. Spirito**, qui possède un *Saint Jean-Baptiste* entouré de saints et un polyptyque de Previtali, un polyptyque représentant la Vierge par Bergognone, et une *Vierge à l'Enfant* de L. Lotto.

Piazza Matteotti★

Cette immense place est située en plein cœur de la ville moderne. Elle est longée par le **Sentierone** (Grand Sentier), promenade préférée des habitants. Sur la place s'élèvent le **théâtre Donizetti** et l'**église S. Bartolomeo**, qui renferme le **retable Martinengo★** de **Lorenzo Lotto**, représentant la Vierge en majesté entourée de saints.

alentours

▶▶ Val Brembana★ *(25 km au Nord)*, **San Pellegrino Terme‡‡**, musée de la Crèche★ (Museo del Presepio – *8 km au Sud-Ouest. 4 km en sortant de l'autoroute à Dalmine. Suivre les indications pour le musée.* 🅿 *☎ 035 56 33 83*).

Bologna★★

Bologne

Bologne, que l'iconographie traditionnelle dépeint comme érudite, opulente et rouge, est une ville antiaristocratique et communautaire par vocation. « Bologne l'érudite », ou plutôt « Bologne la savante » grâce à sa prestigieuse université, la plus vieille d'Europe avec la Sorbonne parisienne. « Bologne l'opulente » pour sa richesse agricole et son abondance gastronomique, qui fait d'elle le temple par excellence de la cuisine italienne. « Bologne la rouge » enfin. Le rouge qui, avec le temps, a pris d'évidentes connotations politiques, désigne en réalité la couleur de ses édifices, de ses tours, de ses 37 km d'arcades sous lesquelles se déroule la vie active, mais sans frénésie, d'une ville proclamée capitale culturelle de l'Europe pour l'an 2000.

La situation

381 161 habitants – Cartes Michelin nos 429 et 430 I 15/16 (avec plan général) – Plan d'agglomération dans le Guide Rouge Italia – Émilie-Romagne. Bologne est extrêmement bien située pour rejoindre les côtes adriatique et toscane, ainsi que les Dolomites. Important nœud autoroutier, elle se trouve en effet au croisement de l'A 1, de l'A 14 de l'Adriatique et de l'A 13 et non loin de l'A 22 du Brenner.

Piazza Maggiore, 6, ☎ 051 24 65 41.

Pour poursuivre la visite, voir le chapitre MODENA.

carnet pratique

Transports

En voiture – Située à 100 km de Florence, 200 km de Milan, 150 km de Venise, Bologne est un important nœud autoroutier, au trafic en général intense. Si l'on prévoit donc de passer un peu de temps dans la ville et si l'on ne souhaite pas se déplacer en voiture, il est conseillé d'emprunter les autres moyens de transport, et d'éviter ainsi les problèmes inévitables de stationnement.

Par le train – La gare se trouve piazza Medaglie d'Oro, à l'extrémité de la via dell'Indipendenza ; pour toute information ☎ 848 88 80 88 (7h-21h). Les autobus nos 17 et 25 conduisent à la piazza Maggiore, au centre-ville.

Par avion – L'aéroport Guglielmo Marconi est situé à 6 km au Nord-Ouest de la ville, à Borgo Panigale, ☎ 051 64 79 615. Il est desservi par les principales compagnies aériennes nationales et internationales, qui le relient aux principales villes italiennes et européennes. **L'aérobus** permet d'atteindre depuis l'aéroport les centres névralgiques de la ville : centre, gare (20mn de trajet) et quartier de la foire. Il fonctionne de 5h20 à 0h et passe toutes les 30mn. 4,13€ (incluant le transport des bagages) pour le trajet complet, 2,07€ pour les arrêts intermédiaires. Les tickets sont en vente auprès des billetteries ATC, des guichets automatiques ou directement dans le bus. Pour toute information, contacter ☎ 051 29 02 90.

Transports urbains – Un vaste réseau de transports urbains dessert la ville de Bologne. Pour tout renseignement : ☎ 051 29 02 90. Les tickets peuvent être achetés auprès des billetteries ATC, des points de vente autorisés et des guichets automatiques. Il existe différents types de tickets : le City pass (6,20€, valable pour 8 trajets de 60mn chacun durant la journée et de 70mn entre 20h30 et 6h30 ; utilisable par une ou plusieurs personnes à la fois avec une validation par passager), le ticket à la journée (3,10€, valable 24h une fois composté) et le ticket horaire (0,93€, valable 60mn dans la journée et 70mn entre 20h30 et 6h30).

Taxi – COTABO (Cooperativa Taxista Bolognese) radio-taxi ☎ 051 37 27 27 et CAT (Consorzio Autonomo Taxisti) radio-taxi ☎ 051 53 41 41.

Visites

Auprès des billetteries des musées marquées d'un losange et des billetteries ATC, vous pourrez vous procurer un passe pour visiter tous les musées municipaux. *Tarifs : 6,20€ (valable un jour) ou 8,26€ (valable 3 jours).*

Restauration

• *À bon compte*

Da Bertino – *Via delle Lame, 55 - ☎ 051 52 22 30 - fermé dim., lun., 10 août au 8 sept., 1er janv., 25 déc. - ▤ - 21/26€.* Cette vieille trattoria au style simple et authentique, fréquentée par des clients fidèles, propose une cuisine familiale typiquement bolonaise. Des « premiers plats » délicieux et pâtes faites maison.

Gigina – *Via Henri Beyle Stendhal, 1 - 4 km au NE du centre - ☎ 051 32 23 00 - fermé 15 j. en août - réserv. conseillée - 21/31€.* En dehors du centre-ville, au-delà des portes, cette trattoria renommée sert des plats traditionnels bolonais. Une cuisine authentique dans une ambiance familiale qu'accompagne un service de qualité.

• *Valeur sûre*

Teresina – *Via Oberdan, 4 - ☎ 051 22 89 85 - fermé dim., 5 au 23 août - ▭̸ - réserv. conseillée - 31/37€.* Cette trattoria très fréquentée propose d'alléchants menus dégustation : c'est le lieu idéal pour découvrir la gastronomie locale dans une ambiance simple et familiale. On s'y sent un peu à l'étroit, mais il est possible de manger dehors en été.

• ***Une petite folie !***

L'Anatra e l'Arancia – *Via Rolandino, 1/2 - ☎ 051 22 55 05 – fermé dim., 10 au 20 août - 49/65€.* Près de l'église S. Domenico, un mélange atypique entre bistrot et restaurant très à la mode à Bologne. Cuisine éclectique : spécialités de poissons, crustacés, foie gras...

Hébergement

À l'occasion de manifestations commerciales ou touristiques, les prix des hôtels pourraient subir une légère hausse : informez-vous au moment de la réservation.

• ***Valeur sûre***

Albergo Accademia – *Via delle Belle Arti, 6 - ☎ 051 23 23 18 - fax 051 56 35 90 - www.hotelaccademia.it - 28 ch. : 41,32/108,46€.* Les chambres sont modernes et fonctionnelles ; certaines sont sans salle de bains et donc moins chères. Possibilité de parking (payant), précieux avantage dans le centre historique de Bologne.

Albergo San Vitale – *Via San Vitale, 94 - ☎ 051 22 59 66 - fax 051 23 93 96 - 17 ch. : 46,48/77,47€.* Aménagé dans un ancien couvent dont on a conservé une partie du jardin, ce petit hôtel est agréable et très soigné. Ses chambres, simples et confortables, vous garantissent un séjour reposant. Excellent rapport qualité/prix.

Albergo Villa Azzurra – *Viale Felsina, 49 - 5 km à l'E du centre historique, vers Strada Maggiore - ☎ 051 53 54 60 - fax 051 53 13 46 - fermé 10 ou 15 j. en août - 15 ch. : 54,23/77,47€.* Cette élégante villa d'époque nichée dans un beau jardin propose des chambres spacieuses et meublées avec goût. Excellente adresse pour tous ceux qui arrivent en voiture, ne souhaitent pas se loger au centre et désirent un peu de tranquillité.

Albergo Centrale – *Via della Zecca, 2 - ☎ 051 22 51 14 - fax 051 23 51 62 - fermé 10 j. en août - 25 ch. : 61,97/82,63€.* Dans un beau palais d'époque, cet hôtel, accueillant et lumineux, propose des chambres spacieuses, au style agréablement dépouillé. À signaler : la chambre n° 9 qui a conservé son mobilier d'origine Art déco. Certaines chambres, moins chères, n'ont pas de salle de bains privée.

• ***Une petite folie !***

Hotel Roma – *Via Massimo d'Azeglio, 9 - ☎ 051 22 63 22 - fax 051 23 99 09 - 82 ch. : à partir de 86,76€ - restaurant 31,50/39,25€.* Dans une rue piétonne très tranquille, près de la basilique de S. Petronio, un hôtel agréable malgré des chambres et des espaces communs un peu étroits. Une touche kitsch avec les tapisseries fleuries et les fauteuils rouge vif de la salle à manger.

Hotel Corona d'Oro 1890 – *Via Oberdan, 12 - ☎ 051 23 64 56 - fax 051 26 26 79 - fermé 22 juil. au 29 août - 35 ch. : à partir de 201€.* Cet hôtel, élégant et raffiné, est un savant mélange de styles : un rez-de-chaussée Liberty, des chambres Renaissance avec plafond à caissons... et un premier étage du 14e s. soutenu par des colonnes en bois et suspendu dans le vide !

Petite pause

Osteria dell'Orsa – *Via Mentana, 1/f - ☎ 051 23 15 76 - orsa@alinet.it - 12h-15h, 19h-1h.* Cette *osteria* est une véritable institution dans le quartier universitaire : c'est là que se retrouvent professeurs et étudiants pour écouter d'excellents concerts de jazz.

Paolo Atti & Figli – *Via Caprarie, 7 - ☎ 051 22 04 25 - info@paoloatti.com - lun.-mer., ven. 8h30-13h, 16h30-19h15, sam. et jeu. 8h30-13h.* Une pâtisserie légendaire, fondée en 1880, et qui a accueilli, dans son décor Liberty, Giosuè Carducci et le peintre Morandi. C'est en outre une excellente rôtisserie, spécialisée dans les tortellinis.

Tamburini – *Via Caprarie, 1 - ☎ 051 23 47 26 - lun.-sam. 8h-19h.* C'est la cantine la plus chic du quartier, mais aussi une belle rôtisserie qui vous propose toutes les spécialités de la région. Jambons, pâtes originales et colorées, fromages... à déguster sur place ou à emporter, si vous résistez à la tentation de tout dévorer immédiatement.

Enoteca Regionale Emilia-Romagna – *Église Santa Maria dell'Assunta, Rocca Sforzesca - 45050 Dozza - 29 km au SE de Bologne. - ☎ 0542 67 37 82 - enoteca@tin.it - mar.-sam. 9h30-13h, 15h-21h, dim. 10h-13h, 15h-21h.* À l'intérieur de la belle forteresse, cette grande cave réunit tous les vins de l'Émilie-Romagne.

Sorties

Bottega del Vino Olindo Faccioli – *Via Altabella, 15/b - ☎ 051 22 31 71 - été : lun.-ven. 18h-1h ; reste de l'année : lun.-sam. 18h-1h - fermé août.* Transmise de père en fils depuis 1924, cette œnothèque propose un choix de 500 vins provenant de toute l'Italie. Installé à une table ou au bar, c'est l'endroit parfait pour découvrir les différents vignobles italiens.

Cantina Bentivoglio – *Via Mascarella, 4/b - ☎ 051 26 54 16 - jazz@bentivoglio.dsnet.it - mar.-dim. 20h-2h.* Dans ce bar élégamment décoré de meubles anciens, vous pourrez déguster, dans un cadre idéal, l'une des 400 bouteilles proposées (parmi lesquelles quelques raretés), tout en vous laissant envoûter par les airs de jazz qui s'y jouent chaque soir.

Enoteca des Arts – *Via San Felice, 9/a - ☎ 051 23 64 22 - lun.-jeu.16h30-2h, ven.-sam. 16h30-3h - fermé août.* Un bar à vins-cave dans un long « couloir » voûté et décoré de vieilles bouteilles, où se retrouvent nombre d'étudiants bolonais. On y boit des vins italiens ou étrangers, choisis avec passion.

Il Circolo Pickwick – *Via San Felice, 77/a - ☎ 051 55 51 04 - lun.-sam., été : 12h-15h, 18h-23h ; reste de l'année : 12h-15h, 18h-1h.* Dans un décor original (une ancienne épicerie), ce pub est particulièrement propice à la discussion et aux rencontres. Vins italiens, bières anglaises et cocktails cubains.

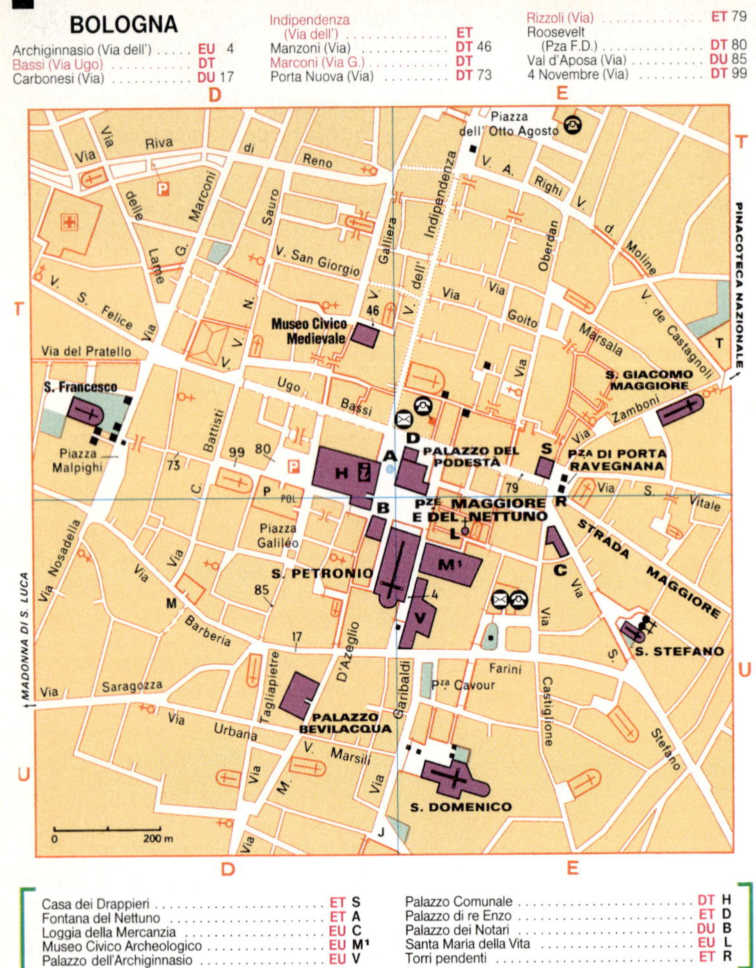

comprendre

L'étrusque Felsina fut conquise au 4e s. avant J.-C. par les Gaulois boïens qui furent à leur tour chassés par les Romains dès 190 avant J.-C. La Bononia romaine tomba ensuite aux mains des Barbares et ne se releva vraiment qu'au 12e s. Au siècle suivant, conduite par un gouvernement communal indépendant, la cité se développa rapidement et se dota de remparts et de tours, s'enrichit de palais et d'églises et se fit universellement connaître par le renom de son université. Celle-ci se présentait comme « l'université des étudiants » (c'est-à-dire directement administrée par les étudiants), par opposition à l'université parisienne, considérée comme « l'université des maîtres ». Si, au Moyen Âge, Paris était le berceau de la culture théologique, Bologne, quant à elle, était le centre de la grande école de droit, qui se fit juge lors de la controverse entre la Papauté et l'Empire dans la querelle des Investitures *(voir p. 64)*.

Dans la lutte qui opposait les gibelins, partisans de l'empereur, et les guelfes, souhaitant l'autonomie communale, ces derniers l'emportèrent et vainquirent à Fossalta en 1249 l'armée de l'empereur Frédéric II, retenant prisonnier son fils Enzo, qui mourut en captivité à Bologne vingt-trois ans plus tard.

Au 15e s., à l'issue de luttes violentes entre familles rivales, la ville tomba aux mains des **Bentivoglio**, qui restèrent au pouvoir jusqu'en 1506. C'est à cette date que la cité passa sous le contrôle du pape et y demeura jusqu'à l'arrivée de Bonaparte. Après quelques mouvements de rébellion sévèrement réprimés par les Autrichiens, la cité fut réunie au Piémont en 1860.

Bologne a vu naître plusieurs papes parmi lesquels **Grégoire XIII**, auteur du calendrier grégorien (1582). C'est à Bologne en 1530, dans la basilique San Petronio, que Charles Quint obligea le pape Clément VII à le couronner, à la suite de sa victoire de Pavie sur François Ier et du sac de Rome par ses troupes.

L'école de peinture de Bologne – On désigne sous ce nom la réaction esthétique représentée par les frères Augustin (1557-1602) et Annibal (1560-1609) **Carrache** et par leur cousin Ludovic (1555-1619), contre les excès du maniérisme. Elle s'attache à une composition plus « classique » et à un art plus naturel, susceptible d'exprimer une spiritualité simple et intime. De nombreux artistes, notamment les Bolonais l'Albane, **le Guerchin**, **le Dominiquin** et **Guido Reni**, se rallièrent alors à ce que l'on nommait l'**académie des « Incamminati »** (les acheminés), dont l'enseignement était fondé sur l'étude directe de la nature. En 1595, Annibal Carrache s'établit à Rome, au service des Farnèse, et avec les fresques du palais Farnèse son art s'oriente vers un dynamisme et un illusionnisme qui préludent l'art baroque.

visiter

LE CENTRE MONUMENTAL★★★

Les deux places contiguës, **piazza Maggiore** et **piazza del Nettuno★★★**, forment, avec la **piazza di Porta Ravegnana★★**, un ensemble d'une grande harmonie constituant le cœur de Bologne.

Fontana del Nettuno★★

Le Géant de bronze du sculpteur flamand **Jean Bologne** (1529-1608), avec sa puissante musculature et les sirènes pressant leurs seins pour en faire jaillir l'eau, constitue une œuvre à la fois puissante et gracieuse, à l'image de la ville.

Palazzo Comunale★

♿ *Salle rouge et salle du Conseil : tlj sf dim. et j. fériés 10h30-12h30 ; chapelle et salle Farnese : 8h-18h30 ; chapelle palatine : tlj sf lun. 8h-18h. Gratuit. ☎ 051 20 31 11 ; www.comune.bologna.it/bolognaturismo*

Sa façade est composée de bâtiments de différentes époques : 13e s. à gauche, 15e s. à droite ; au centre, le grand portail du 16e s. est surmonté d'une statue du pape Grégoire XIII ; à gauche du portail, en haut, charmante *Vierge à l'Enfant* par Niccolò dell'Arca (1478). Au fond de la cour, sous la galerie à gauche, une superbe rampe à degrés (autrefois utilisée par les chevaux) donne accès aux riches salons du 1er étage et se poursuit jusqu'au 2e étage, où s'ouvrent (au fond de la vaste salle Farnèse couverte de fresques du 17e s.) les somptueuses salles abritant les **Collections municipales d'art**, bel ensemble de mobilier et de **peintures★** essentiellement de l'école émilienne, du 14e au 19e s. Le **musée Morandi★** rassemble la plus riche collection d'œuvres du peintre et graveur bolonais ; il expose des toiles, des dessins, des aquarelles et des eaux-fortes ainsi que la reconstitution du studio de l'artiste et sa collection d'art antique. *Collections : (♿) mar.-sam. 9h-18h30, dim. et j. fériés 10h-18h30 (la billetterie ferme à 18h). Fermé 1er janv., 25 déc. 4,13€. ☎ 051 20 36 29 ; www.comune.bologna.it/iperbole/MuseiCivici/ Musée : tlj sf lun. 10h-18h. Fermé 1er janv., 25 déc. 4,13€, gratuit 26 déc. et 6 janv. ☎ 051 20 33 32 ; www.museomorandi.it*

Un Bolonais d'exception

Ocre, bleu, blanc, ivoire, brun, gris... la peinture de **Giorgio Morandi** (1890-1964) récrit le spectre chromatique pour interpréter avec une intense sobriété un univers austère, dominé par l'absence de personnages. Les bouteilles, vases, carafes, coupes à fruits, savamment composés et recomposés dans de nombreuses versions, sont des pictogrammes, des images sans poids, tandis que les paysages, mesurés et géométriques, révèlent l'influence de Cézanne.

À gauche du palais communal s'élève le sévère **palais des Notaires**, des 14e-15e s.

B. Juge/MICHELIN

La façade hétéroclite du palais communal avec la statue du pape Grégoire XIII

Palazzo del Podestà*

Les palais du Podestat et du roi Enzo ne sont ouverts qu'à l'occasion d'expositions ou d'événements particuliers. Pour toute information ☎ 051 22 45 00.

Sa façade Renaissance donnant sur la piazza Maggiore présente un rez-de-chaussée à arcades séparées par des colonnes corinthiennes et surmontées d'une balustrade ; l'étage comporte des pilastres et un attique percé d'oculi. Contigu au palais du Podestat, le **palais du roi Enzo**, du 13e s., possède une belle cour intérieure, un magnifique escalier menant à une galerie, à gauche de laquelle s'ouvre une cour dominée par la tour de l'Arengo, et au salon du Podestat.

S. Petronio**

Commencée en 1390, la construction de cette basilique fut interminable et les voûtes ne furent posées qu'au 17e s. La façade, dont la partie supérieure n'a pas reçu son revêtement en marbre, est surtout remarquable par son **portail**** central, ouvrage majeur du sculpteur siennois **Jacopo della Quercia** (1425-1438), qui a orné linteau, ébrasements et piédroits de scènes robustes et expressives.

L'intérieur, l'un des plus vastes connus, contient de nombreuses **œuvres d'art*** : fresques de Giovanni da Modena (15e s.), dans les 1re et surtout 4e chapelles de gauche ; *Saint Sébastien* (école ferraraise, fin 15e s.), dans la 5e chapelle gauche ; *Madone* (1492) de Lorenzo Costa dans la 7e chapelle et tombeau d'Elisa Baciocchi, sœur de Napoléon. L'orgue, à droite dans le chœur, est l'un des plus anciens d'Italie (15e s.).

Près de la basilique, se trouvent le musée municipal d'Archéologie (voir plus loin) et le **palais de l'Archiginnasio**, du 16e s., qui abrite une importante bibliothèque (10 000 manuscrits) et l'**amphithéâtre d'anatomie**, bâti aux 17e-18e s. (♿) *Tj sf dim. 9h-13h. Fermé j. fériés. Gratuit. ☎ 051 27 68 11 ou 051 23 64 88 ; www.comune.bologna.it/archiginnasio*

Près de l'église **S. Maria della Vita**, on peut admirer le dramatique **groupe*** en terre cuite pleurant la mort du Christ de Nicolò dall'Arca (15e s.).

Torre pendente**

Sur la pittoresque piazza di Porta Ravegnana, s'élèvent **deux hautes tours** nobiliaires, vestiges des luttes qui opposaient au Moyen Âge les familles ennemies guelfes et gibelines ; la plus élevée, la **tour des Asinelli**, datant de 1109, atteint presque 100 m : 486 marches conduisent à son sommet, d'où l'on jouit d'un admirable **panorama**** sur la ville ; la seconde, dite **Garisenda**, a 50 m et une inclinaison de plus de 3 m. Au n° 1, **maison des Drapiers**, de style Renaissance. *Tour des Asinelli : été 9h-18h ; le reste de l'année 9h-17h. 2,58€. ☎ 051 24 65 41 ; www.comune.bologna.it/bolognaturismo*

Sur la place contiguë, la **Loggia della Mercanzia***, ou loge des Marchands (14e s.), est ornée de nombreux écussons des corporations et de statues.

AUTOUR DU CENTRE MONUMENTAL

S. Giacomo Maggiore*

Avr.-oct. : 10h-13h, 15h-19h ; nov.-mars : 10h-13h, 14h-18h. Laisser une offrande. ☎ 051 22 59 70 ; http: //web. tiscalinet. it/agostiniani

Fondée en 1267, cette église est ornée d'une belle galerie Renaissance sur son flanc gauche. À l'intérieur, à l'extrémité du bas-côté gauche s'ouvre la splendide **chapelle Bentivoglio***, dont la décoration picturale fut en partie réalisée par l'artiste ferrarais Lorenzo Costa, qui exécuta les *Triomphes de la Réputation et de la Mort* et la belle *Vierge et la famille Bentivoglio sur un trône*. La chapelle abrite par ailleurs un des chefs-d'œuvre de Francesco Francia (fin du 15e s.), la *Vierge et les saints sur un trône* (environ 1494), imprégnée d'une veine mélancolique et élégiaque. Face à la chapelle, dans le déambulatoire, se trouve la **tombe*** du juriste A. Bentivoglio (environ 1433) de Jacopo della Quercia.

L'**oratoire S. Cecilia** *(accès par la via Zamboni, 15)*, petite église fondée au 13e s. et remaniée au 15e s., recèle un remarquable cycle de **fresques** (1506) dédiées à sainte Cécile, réalisé par F. Francia, L. Costa et A. Aspertini.

En continuant la via Zamboni, on arrive à la Pinacothèque nationale (voir plus loin).

Strada Maggiore*

En parcourant cette élégante rue flanquée de beaux palais (remarquer au n° 19 la **maison Isolani**, rare exemple d'habitation du 13e s. avec un portique en bois), on rejoint le **musée d'Art industriel et galerie Davia Bargellini** (Museo d'Arte Industriale e galleria Davia Bargellini), abrité dans un beau palais datant de 1658 *(au n° 44)* : on y admire des collections d'« art industriel » (c'est-à-dire d'arts appliqués et décoratifs) et des tableaux du 14e au 18e s. (♿) *Mar.-sam. 9h-14h, dim. 9h-13h. Fermé 1er janv., Pâques et j. fériés dans la semaine. Gratuit. ☎ 051 23 39 41 ; www.comune.bologna.it/iperbole/MuseiCivici*

Un peu plus loin, sur la droite, se dresse l'église **S. Maria dei Servi**, fondée au 14e s. Elle est précédée d'un **portique à quatre arcades*** Renaissance et se termine par un bel ensemble absidial. L'intérieur conserve, dans la troisième chapelle à droite, une ***Vierge en majesté***** de **Cimabue**.

S. Stefano★

9h-12h, 15h30-18h, dim. et j. fériés 9h-13h, 15h30-18h30. ☎ 051 22 32 56.
Cet ensemble d'édifices religieux (7 à l'origine) donne sur une place bordée de palais Renaissance. On y pénètre par l'**église du Crucifix**, ancienne cathédrale lombarde, restructurée au 11e s. et fortement remaniée au 19e s. On accède à gauche à l'**église du St-Sépulcre** (12e s.), de forme polygonale et renfermant le tombeau de saint Pétrone, patron de Bologne. Les colonnes de cipolin noir proviennent du temple antique dédié à Isis (100 après J.-C.), transformé en baptistère et donc situé dans l'église actuelle : la fontaine, à l'origine consacrée par les eaux du Nil, fut reconsacrée avec celles du Jourdain. Sur la gauche se trouve l'**église des saints Vital et Agricola** (8e-11e s.), aux lignes sobres et vigoureuses. Toujours depuis l'église du St-Sépulcre, on rejoint la belle **cour de Pilate** (11e-12e s.) et, de là, l'**église de la Trinité** (13e s.), ancien martyrium (4e-5e s.), dans lequel furent transférés les corps des martyrs. À droite de la cour de Pilate, au fond, s'ouvre un cloître roman donnant accès à un petit **musée** (peintures, statues, objets de culte).

S. Domenico★

Cette église, commencée au début du 13e s. et remaniée au 18e s., abrite le célèbre et magnifique **tombeau du saint★★★** : l'admirable sarcophage est l'œuvre de **Nicola Pisano** (1267), tandis que le couronnement avec les statues (1468-1473) fut exécuté par **Niccolò da Bari** (surnommé par la suite Niccolò dell'Arca) et achevé par **Michel-Ange** en 1494 (les deux saints Procule et Pétrone et l'ange de droite). Les bas-reliefs de Nicola Pisano représentent la vie et les miracles de saint Dominique, tandis que la corniche de Niccolò est une célébration de la création, symbolisée par les putti (le Ciel), les guirlandes (la Terre) et les dauphins (la Mer).

> **Les chiens du Seigneur**
> Durant sa grossesse, la mère du futur saint eut une vision dans laquelle apparut un chien avec un flambeau, symbole de fidélité et de la foi. Le nom de l'ordre fondé en 1216 par l'Espagnol Domenico Guzman renvoie dans sa forme latine à cette légende (*Domini canes*, les chiens du Seigneur), renouvelée par le petit chien avec la torche qui parfois accompagne la représentation de **saint Dominique**.

La chapelle à droite du chœur renferme un beau tableau de **Filippino Lippi**, le ***Mariage mystique de sainte Catherine*** (1501). Le chœur quant à lui conserve les précieuses stalles exécutées par le moine Damiano da Bergamo en 1541.

Non loin, dans la via D'Azeglio, s'élève le palais **Bevilacqua★**, bel édifice Renaissance à bossages, de style florentin.

S. Francesco★

Cette église, érigée vers le milieu du 13e s., est l'un des plus précieux exemples du style gothique en Italie. En arrivant de la piazza Malpighi, on remarque les trois belles arches (coffres) des glossateurs (les commentateurs du droit) réalisées au 13e s. Au fond se détache le remarquable **ensemble absidial★**, caractérisé par d'imposants contreforts et des arcs rampants d'influence française. À l'intérieur, sur le maître-autel, trône un beau **retable★** de marbre (1392), œuvre du sculpteur vénitien Paolo delle Masegne.
Une porte sur la droite conduit au cloître des Morts, de style Renaissance, d'où l'on bénéficie d'une belle vue sur le flanc de l'église et sur les deux campaniles.
Non loin de S. Francesco se trouve le Musée municipal médiéval *(voir plus loin)*.

LES MUSÉES

Pinacoteca Nazionale★★

Via Belle Arti 56, en dehors du plan. Accès par la via Zamboni. ♿ Mar., mer., ven. 9h-14h, jeu. 9h-19h, sam. 9h-14h, dim. 9h-13h. Fermé 1er janv., 1er mai, 25 déc. 4,13€. ☎ 051 24 32 22.
La Pinacothèque nationale rassemble d'importantes collections de tableaux du 13e au 18e s., pour la plupart d'école émilienne. Parmi les œuvres les plus anciennes se distinguent le tourbillonnant ***Saint Georges et le dragon★*** de Vitale da Bologna et la *Vierge à l'Enfant sur un trône* de Giotto. Dans la partie Renaissance, on peut admirer le tragique fragment représentant *Marie-Madeleine* d'Ercole de' Roberti, la *Pala dei Mercanti* de Francesco del Cossa, la ***Madone à l'Enfant en majesté★*** du **Pérugin** et la ***Sainte Cécile★★*** de **Raphaël**, dont le thème de la renonciation aux biens terrestres est symbolisé par les instruments abandonnés à terre. La **salle des Carrache★★** accueille de nombreux chefs-d'œuvre de Ludovic, grand interprète de la nouvelle spiritualité, tantôt intime et recueillie, tantôt très émotionnelle, de la Contre-Réforme : la délicate *Annonciation*, la *Madone Bargellini* (remarquer la vue de Bologne), une Madone commandée par les carmes déchaux, et la dramatique *Conversion de saint Paul*, qui prélude à la peinture baroque. D'Augustin, initiateur et théoricien de l'Académie, on admirera la *Communion de*

saint Jérôme, tandis que parmi les œuvres d'Annibal, signalons l'*Assomption de la Vierge*, œuvre dans laquelle l'artiste construit un espace déjà baroque. La **salle de Guido Reni★★** recèle de magnifiques œuvres de cet artiste qui, après son adhésion initiale aux modèles des Carrache, aboutit à un classicisme qui se réfère à l'antique et à Raphaël. Dans le célèbre ***Massacre des Innocents***, on peut apprécier l'habile structure de la composition et l'équilibre entre l'architecture et les personnages qui forment un triangle renversé. L'intense ***Portrait de veuve***, considéré comme un portrait de sa mère, est une œuvre très psychologique dotée d'un équilibre chromatique remarquable ; il s'agit là de l'un des plus beaux portraits du 17e s. italien. Dans le **corridor du Baroque** est exposé l'***Adoubement de Guillaume d'Aquitaine★*** du Guerchin, qui à la leçon des Carrache associe les suggestions chromatiques et la peinture par touches dérivée de Titien. Parmi les productions du 18e s. figurent les œuvres de Giuseppe Maria Crespi, l'un des principaux peintres du 18e s. italien (la ***Scène de cour★*** et la délicieuse *Jeune fille avec une rose et un chat*).

Museo Civico Archeologico★★

♿ Mar.-sam. 9h-18h30, dim. et j. fériés 10h-18h30 (la billetterie ferme à 18h). Fermé 1er janv., 1er mai, 25 déc. Possibilité de visite guidée (1-2h). 4,13€. ☎ 051 23 38 49 ; www.comune.bologna. it/bologna/Musei/Archeologico/

L'atrium et la cour intérieure abritent une collection lapidaire, et l'aile contiguë la gypsothèque. Au 1er étage sont exposés les riches mobiliers funéraires (7e s. avant J.-C.), des tombes de la nécropole de Verucchio (près de Rimini), grand centre de la culture villanovienne en Émilie. Également issu de cette civilisation, l'**askos Benacci**, probable récipient à onguents et parfums.

Le musée comprend également des sections préhistorique, égyptienne, gréco-romaine (belle copie romaine de la **tête de l'Athéna Lemnia** de Phidias) et étrusco-italique.

Museo Civico Medievale

(♿) Mar.-sam. 9h-18h30, dim. et j. fériés 10h-18h30 (la billetterie ferme à 18h). Fermé 1er janv., 1er mai, 25 déc. 4,13€. ☎ 051 20 39 30 ; www.comune.bologna.it/iperbole/museicivici/

Les collections de ce musée, logé dans le beau **palais Fava-Ghisilardi★** (fin 15e s.), qui se dresse sur le site d'un palais impérial romain, évoquent le développement de l'art urbain du Moyen Âge au début de la Renaissance. Figurent parmi les œuvres exposées les arches (coffres) des glossateurs de l'université, la statue de Boniface VIII de Manno Bandini (1301), une précieuse chape anglaise du 13e s., et l'admirable dalle funéraire de Domenico Garganelli, réalisée par Francesco del Cossa vers 1478.

alentours

Madonna di S. Luca

5 km au Sud-Ouest. Quitter le centre de la ville par la via Saragozza. L'église, du 18e s., est reliée à la ville par un **portique★** de 4 km et 666 arcades. Dans le chœur, on peut voir la *Madone de Saint-Luc*, peinture du 12e s. exécutée dans la manière byzantine. Belle **vue★** sur Bologne et les Apennins.

Bolzano / Bozen★

Au creux d'une conque aux pentes recouvertes de vignobles et de vergers, Bolzano conserve dans son architecture urbaine la trace de l'influence exercée par le Tyrol et l'Autriche, du 16e s. jusqu'en 1918. Aujourd'hui ville industrielle, commerçante et touristique, elle a son centre entre la **piazza Walther** et la caractéristique **via dei Portici★** bordées de belles maisons.

La situation

97 232 habitants – Carte Michelin n° 429 C 15/16 – Schéma : DOLOMITI – Plan dans l'Atlas Michelin Italie – Trentin-Haut-Adige. Capitale du Haut-Adige (province autonome de Bolzano), Bolzano est situé sur l'A 22, la route du Brenner, au confluent de l'Isarco et de l'Adige. ℹ *Piazza Walther 8, ☎ 0471 30 70 00.*

Pour poursuivre la visite, voir les chapitres DOLOMITI et TRENTO.

carnet pratique

Restauration

• *Valeur sûre*

Vögele – *Via Goethe, 3 – ☎ 0471 97 39 38 - fermé sam. soir, dim. et j. fériés, 15 au 30 juil.* ⊭ *- 26/43,50€.* Près de la piazza delle Erbe, un restaurant rustique et familial. Vous y mangerez des plats typiques sur des tables en bois, sans nappe, dans le brouhaha des conversations. À l'étage supérieur, élégantes petites salles style 19e s., réservées aux non-fumeurs.

Hébergement

• *À bon compte*

Albergo Belvedere-Schönblick – *39050 San Genesio - ☎ 0471 35 41 27 - fax 0471 35 42 77 - schoenblick.bz@dnet.it - fermé 1er janv. -* 🅿 ▤ *- 20 ch. : 38,73/72,30€* ☕. À quelques minutes de Bolzano en voiture, une oasis de paix, avec une vue splendide sur la ville, pour les randonneurs et les passionnés de *mountain bike* et d'équitation. Décor tyrolien avec une touche de fantaisie et cuisine typique très soignée. Demi-pension très intéressante.

visiter

Duomo★

En grès rosé, coiffé de tuiles vernissées polychromes, le Dôme est le fruit de diverses phases de construction datant de l'époque paléochrétienne (5e-6e s.), carolingienne (8e-9e s.), romane (fin 12e s.) et gothique (13e s.). Le campanile (1501-1519), de 62 m de haut, s'ajoure de baies de style gothique tardif. Sur le flanc Nord, le « petit portail du vin », au décor lié à la vigne et aux vendanges, témoigne du privilège de cette église qui avait l'exclusivité du droit de vente du vin s'effectuant devant cette porte. À l'intérieur, vestiges de fresques des 14e et 15e s. et belle **chaire sculptée★** du gothique tardif en grès (1514).

Museo Archeologico dell'Alto Adige★

Via Museo, 43, au fond de la via dei Portici. Tlj sf lun. 10h-18h, jeu. 10h-20h (la billetterie ferme 1h avant). Fermé 1er janv., 1er mai, 25 déc. 6,71€. Pour éviter les longues files d'attente, il est conseillé de réserver les billets : ☎ 0471 98 20 98 ; www.iceman.it

Surnommé « **le musée d'Ötzi** » et réparti sur quatre niveaux, il illustre dans sa chronologie l'histoire du Haut-Adige, de la dernière glaciation (15 000 ans avant J.-C.) jusqu'à l'époque carolingienne.

La star du premier étage est « l'homme venu des glaces », le célèbre « Ötzi », qu'un couple d'alpinistes allemands retrouva en 1991 près du glacier du Similaun, dans les Alpes de l'Ötztal. Mort vers l'âge de 45 ans (touché par une flèche selon une étude menée en 2001), Ötzi a franchi dans sa gangue de glace les 5 300 années séparant l'âge du cuivre du 20e s. Une chambre froide assure le maintien de la momie à une température de moins 6 °C et à hygrométrie constante. Voir Ötzi derrière une vitre, le voir dans son complexe équipement avec sa hache et son manteau, est d'un effet aussi touchant que surprenant. Films et audioguides permettent à chacun de se sentir concerné par la visite.

Chiesa di Dominicani

Piazza Domenicani. 9h30-18h. ☎ 0471 97 91 33 ; www.bolzano-bozen.it

Construite au début du 14e s. en style gothique, elle subit ensuite des transformations et même des dommages après la sécularisation de 1785. Immédiatement à droite après le jubé, la **chapelle S. Giovanni** est entièrement ornée de fresques d'école giottesque rappelant la chapelle des Scrovegni de Padoue et illustrant les histoires de Marie, saint Jean-Baptiste, saint Nicolas et saint Jean l'Évangéliste. Un 2e cycle de fresques, œuvre de Friedrich Pacher (15e s.), est visible dans le **cloître**, à droite de l'église.

Chiesa dei Francescani

Via Francescani, 1. 10h-12h, 14h30-18h. ☎ 0471 97 72 93 ; www.bolzano-bozen.it Incendiée en 1291, l'église fut reconstruite au 14e s. et les voûtes d'ogives ajoutées au 15e s. On peut admirer l'**autel de la Nativité★** en bois sculpté, orné d'un retable, de Hans Klocker (16e s.). Charmant petit cloître aux élégantes voûtes compartimentées ornées de fresques de l'école de Giotto.

Chiesa parrocchiale di Gries

Accès par le corso Libertà, après l'église S. Agostino. À l'origine romane, l'église fut reconstruite en style gothique au 15e s. Elle abrite un crucifix roman de bois *(face à l'entrée)* et un autel au **retable★** sculpté par le Tyrolien Michael Pacher (vers 1430-1498), à droite du maître-autel. L'ensemble représente le couronnement de la Vierge placée entre l'archange Michel, qui s'apprête à frapper le diable, et saint Érasme, qui tient le cabestan qui le martyrisa en lui arrachant les boyaux. Le fond a été peint par un peintre bavarois (1488). Un détail curieux : observez les lunettes du personnage représenté en bas à droite.

excursions

Le Renon★ (Ritten)

Le Renon (Ritten en allemand) est ce haut plateau qui domine la vallée de l'Isarco (Eisacktal) entre Bolzano et Ponte Gardena.

Il est facilement accessible en voiture depuis Bolzano Nord ou en **téléphérique** de Bolzano à Soprabolzano, mais le **petit train électrique** qui relie Maria Assunta/Maria Himmelfahrt à Collalbo (Klobenstein) permet de le découvrir de façon plus romantique.

C'est un haut plateau où le vert intense des prairies n'est interrompu que par des clôtures, des cabanes de bergers et de petites églises qui apparaissent soudain, solitaires, sur un site panoramique, telle l'église S. Verena, entre Longostagno et Sant'Igenuino.

Le Renon est tourné vers les Dolomites, que l'on peut admirer plus à loisir en prenant le téléphérique pour le Corno del Renon ; il recèle de minuscules et très jolis villages, dont l'un, Barbiano, possède un gracieux clocher tordu.

Plus vive sur certains terrains que sur d'autres, l'érosion y produit une bizarrerie naturelle, des **cheminées des fées**, dites ici « pyramides de terre ».

L'eau érode les moraines autour des rochers, qui protègent ainsi la terre située au-dessous. Des colonnes se forment alors, protégées par les rochers qu'elles portent sur leur sommet et résistant aussi longtemps qu'elles peuvent supporter cette lourde masse. Quand, par l'effet de l'eau, elles deviennent trop fines, le rocher tombe et les cimes, privées de protection, se désagrègent.

Il existe trois groupes de cheminées des fées dans le Renon : l'un, que l'on voit du téléphérique, à Soprabolzano, un second, que l'on atteint en suivant le sentier n° 24 depuis Longomoso, à Monte di Mezzo, et le troisième à Auna di Sotto.

Riviera del Brenta★★

Riviera de la Brenta

La riviera de la Brenta, bande de terre au charme bucolique où les doges aimaient à se retirer pour profiter de la campagne, étale ses somptueuses villas★ qui, de Padoue à la lagune, se reflètent dans les eaux tranquilles du canal. Le visiteur qui arrive en bateau, à bicyclette ou en voiture y trouve le goût délicieux, un peu littéraire, d'une villégiature privilégiée.

La situation

Carte Michelin n° 429 F 18 – 35 km à l'Est de Padoue – Vénétie. Entre Strà et Fusina, le long du canal de la Brenta, se succèdent un certain nombre de **villas**, érigées dans le style classique et harmonieux de Palladio. La **visite** peut être effectuée avec le « **Burchiello** », embarcation reliant Venise à Padoue, ou par la route qui longe la Brenta et traverse les localités de Strà, Dolo, Mira, Malcontenta.

Pour poursuivre la visite, voir les chapitres PADOVA et VENEZIA.

comprendre

À l'époque romaine, la Brenta se divisait, au niveau de Ponte di Brenta, en deux cours d'eau nommés autrefois *Medioacus maior* et *Medioacus minor*. Ces noms ont disparu mais c'est le long du *Medioacus maior* que débuta l'histoire tourmentée de cette rivière, que se disputaient déjà en 1100 les Padouans et les Vénitiens.

Les villas au fil de l'eau

Si vous souhaitez vous retrouver pour une journée dans la peau d'un voyageur du 18ᵉ s., empruntez le « Burchiello ». Même si l'embarcation actuelle est un bateau moderne, le trajet est resté le même que par le passé.

♿ (accompagnés). Le « Burchiello » fonctionne de mi-mars à oct. Départ de Padoue (piazzale Boschetti : 8h15) mer., ven. et dim. matin. et arrivée à Venise (piazza S. Marco, en fin d'ap.-midi). Au cours de la navigation, visite des villas Pisani, Valmarana, et Foscari dite « la Malcontenta ». Départ de Venise mar., jeu. et sam. (pontile della Piet : 9h). Le programme de la visite est le même dans l'autre sens (arrivée à Padoue en fin d'ap.-midi). Fermé lun. 56,81€. Pour toute information, s'adresser à : Il Burchiello di Sita Spa ☎ 049 87 74 712 ; www.ilburchiello.it

visiter

Strà

Villa Pisani★ dotée d'un majestueux jardin à perspective et bassin. Le palais (18ᵉ s.) possède de vastes **appartements★** décorés de peintures dont l'***Apothéose de la famille Pisani★★***, chef-d'œuvre de **Giambattista Tiepolo**. *Été : tlj sf lun. 9h-18h ; le reste de l'année : tlj sf lun. 9h-16h. Fermé 1ᵉʳ janv., 1ᵉʳ mai, 25 déc. Parc : 2,58€, parc et villa : 5,16€. ☎ 049 50 20 74.*

Mira

On y voit le **palais Foscarini** et la **villa Widmann-Foscari**, du 18ᵉ s., dont la **salle de bal★** est entièrement décorée de fresques. *Villa Widmann ♿ Avr.-nov. : tlj sf lun. 10h-18h ; mars : uniquement w.-end et j. fériés 10h-17h ; déc.-fev. : visite uniquement sur réservation. 4,13€. ☎ 041 56 09 350.*

Malcontenta

Villa Foscari★, élevée en 1574 par Palladio. Appartements décorés de fresques par B. Franco et G.B. Zelotti. Son nom lui vient de la femme d'un des membres de cette famille, qui fut fort « mécontente » d'y être reléguée. ♿ *6,20€. Pour s'informer et réserver ☎ 041 52 03 966.*

Lara Pessina/MICHELIN

Villa Pisani, demeure du doge Alvise Pisani

Brescia★

Au pied des Préalpes lombardes, la ville de Brescia est bâtie sur le plan régulier de l'ancien *castrum* romain de Brixia. Dominée au Nord par la masse d'un château médiéval, elle s'enorgueillit de nombreux monuments et églises romains, romans, Renaissance ou baroques, groupés dans le centre urbain.

La situation

191 317 habitants – Cartes Michelin nᵒˢ 428 et 429 F 12 – Lombardie. Brescia se trouve le long de l'A 4, près du lac de Garde. ℹ *Piazza Loggia, 6, ☎ 030 24 00 357 ; www.comune.brescia.it, www.gardanet.it/aptbs*

Pour poursuivre la visite, voir les chapitres BERGAMO, Regione dei LAGHI et VERONA.

Piazza della Loggia★

La **Loggia**, aujourd'hui hôtel de ville, a été construite entre la fin du 15e s. et le début du 16e s. ; Sansovino et Palladio contribuèrent à l'édification de l'étage supérieur. En face, s'élève la **tour de l'Horloge** surmontée de deux jaquemarts qui sonnent les heures. Au Sud de la place, **palais de l'ancien** (1484) et du **nouveau** (1497) **mont-de-piété**. Au Nord de la place, s'étend un pittoresque quartier populaire aux nombreuses voûtes et maisons anciennes.

Piazza Paolo VI

Le **nouveau Dôme** (17e s.) y écrase de sa masse de marbre blanc l'**ancien Dôme★**, édifice roman de la fin du 11e s., bâti sur un sanctuaire plus ancien et nommé aussi la Rotonda en raison de sa forme. À l'intérieur, magnifique sarcophage en marbre rose surmonté d'un gisant d'évêque et, dans le chœur, toiles des peintres de Brescia Moretto et Romanino. L'orgue est un Antegnati de 1536. À gauche du nouveau Dôme, le **Broletto** est un édifice austère, de style roman, surmonté d'une solide tour carrée et présentant, en façade, un balcon des Proclamations.

Pinacoteca Tosio Martinengo★

(♿) *Juin-sept. : 10h-17h ; oct.-mai : 9h30-13h, 14h30-17h. Fermé lun. (sf lun. de Pâques), mar. après Pâques, 1er janv., 25 déc. 2,58€. ☎ 030 29 77 834 ; www.comune.brescia.it/musei*

On y voit surtout des œuvres représentatives de l'**école de Brescia**, caractérisée par la richesse des tonalités et l'équilibre solide de la composition : Moretto, peintre de scènes religieuses et de portraits, et Romanino, auteur de fastueuses scènes religieuses à la vénitienne, sont présents avec de nombreux tableaux, ainsi que V. Foppa et Savoldo. Mais on peut également admirer des œuvres de Clouet, Raphaël, le Maître d'Utrecht, L. Lotto et Tintoret.

Castellini (Via N.) .... CZ 3
Fratelli Porcellaga (Via) .... BY 7
Loggia (Piazza della) .... BY 9
Martiri della Libertà (Corso) .... AZ 13
Mercato (Piazza del) .... BY 15

Via dei Musei★

Cette rue pittoresque offre à l'amateur d'archéologie des promenades intéressantes dans les ruines du **temple Capitolin★** (73 après J.-C.), avec ses restes de la *cella*, de la curie et du **théâtre romain** adjacent. Après les vestiges du forum, on atteint le monastère fondé en 753 par le dernier roi des Lombards, Didier, et son épouse Ansa. Selon le célèbre écrivain Alessandro Manzoni, la fille de Didier, Ermengarde, y serait enterrée. Le monastère se compose de la basilique lombarde de S. Salvatore, de l'église romane de S. Maria in Solario et de l'église Renaissance de S. Giulia. Cet ensemble abrite à présent le **musée de la Ville★** (Museo della Città), qui présente des pièces relatives à l'histoire locale, de l'âge du bronze à nos jours. Admirer la coupole de S. Giulia ornée d'une fresque de Dieu le Père bénissant sur fond de ciel étoilé et la **croix de Didier★★** (8e-9e s.), richement parée de pierres dures, de camées

Voyage dans le temps

Le temple Capitolin et les vestiges de l'ancien forum témoignent du temps de splendeur que connut la romaine Brixia sous l'Empire.

Au 8e s. Brescia devint un duché lombard, et aux 12e et 13e s. une commune libre, membre de la Ligue lombarde, particulièrement prospère et active grâce à ses manufactures d'armes qui fournirent l'Europe entière jusqu'au 18e s.

De 1426 à 1797, Brescia fut soumise à la domination de la république de Venise et se dota alors de nombreux édifices civils et religieux ; d'excellents peintres créèrent l'école de Brescia dont les protagonistes furent, au 15e s. Vincenzo Foppa, au 16e s. Romanino et Moretto, Savoldo et Civerchio.

Palestro (Corso) . . . . BY
Paolo VI (Piazza) . . . . BY 16
Pastrengo (Via) . . . . AY 17
S. Crocifissa di Rosa (Via) . . . . CY 18
Vittoria (Piazza) . . . . BY 20
Zanardelli (Corso) . . . . BZ 21
10 Giornate (Via delle) . . . . BY 22

Broletto . . . . BY P
Loggia . . . . BY H
Palazzo del Monte di Pietà Vecchio e del Monte di Pietà Nuovo . . . . BY B
Santa Maria dei Miracoli . . . . AZ A

et de verres colorés, et portant les portraits supposés de Galla Placidia *(voir Ravenna)* et de ses fils (3e-4e s.). ♿ *Juin-sept. : 10h-18h ; oct.-mai : 9h30-17h30. Fermé lun. (sf lun. de Pâques), mar. après Pâques, 1er janv., 25 déc. 5,16€.* ☎ *030 29 77 834 ; www.comune.brescia.it/musei*

Castello

Édifié en 1343 par les Visconti sur les vestiges d'un temple romain, ce château a été renforcé de bastions au 16e s. et porte, à l'entrée, le Lion de saint Marc. Il abrite le **musée d'Armes** (Museo delle Armi) **Luigi Marzoli**, intéressante collection d'armes et d'armures du 14e au 18e s. À l'intérieur du musée, on peut voir les vestiges romains. (♿) *Juin-sept. : 10h-17h ; oct.-mai : 9h30-13h, 14h30-17h. Fermé lun. (sf lun. de Pâques), mar. après Pâques, 1er janv., 25 déc. 2,58€.* ☎ *030 29 77 834 ; www.comune.brescia.it/musei*

▶▶ S. Francesco★ (13e s.), S. Maria dei Miracoli (façade★), S.S. Nazaro e Celso (*Couronnement de la Vierge*★ de Moretto), S. Alessandro (*Annonciation*★ de Jacopo Bellini, *Déposition de Croix*★ de Civerchio), S. Agata (*Vierge de Miséricorde*★ de l'école de Brescia (16e s.) et *La Vierge au corail*★), S. Giovanni Evangelista, Madonna delle Grazie, Madonna del Carmine.

Brindisi

Son nom est probablement dérivé du grec *brenteséion* (tête de cerf), qui évoque la forme de la vieille ville enserrée entre ses deux anses du Levant et du Ponant. C'est Trajan qui, substituant à la vieille Via Appia une nouvelle route, la Via Traiana, à partir de Bénévent, contribua à accroître l'importance de Brindisi dès 109 après J.-C. Après la conquête normande, la ville devint, au même titre que Barletta, un point d'embarquement pour les croisés de Terre sainte et vit partir la 6e croisade (1228) conduite par l'empereur Frédéric II de Souabe. Avec Tarente et Bari, elle constitue un des sommets du fameux « triangle » de mise en valeur industrielle du Mezzogiorno.

La situation

93 454 habitants - Carte Michelin n° 431 F 35 - Pouille. Important port militaire et commercial situé dans le talon de la botte, Brindisi est relié quotidiennement par des services maritimes avec la Grèce. On peut s'y rendre par la S 379. ℹ *Lungomare Regina Margherita, ☏ 0831 52 30 72.*

Pour poursuivre la visite, voir les chapitres LECCE, PUGLIA et TARANTO.

visiter

Les monuments intéressants sont concentrés dans le centre. La **porte Mesagne**, ouverte au 13e s., constituait l'accès principal à la ville. Le **château souabe**, édifié sur ordre de Frédéric II en 1227 pour protéger l'anse du Ponant, accueille aujourd'hui l'amirauté. Près du port s'élève une **colonne romaine** de marbre, probable survivante des deux colonnes qui marquaient le terme de la voie Appienne.

Piazza Duomo

Autour de la place se dressent la façade de la **Loggia Balsamo** *(à l'angle de la via Tarantini)*, construite au 14e s., le **porche des Templiers** (14e s.) et la cathédrale romane reconstruite au 18e s. À l'intérieur, au fond du collatéral gauche et autour du maître-autel, subsitent des restes de l'ancien pavement de mosaïque. Sur cette même place, le **Musée archéologique F. Ribezzo** regroupe de nombreux objets de fouilles, notamment une précieuse collection de vases apuliens, messapiens et attiques. *8h30-19h30. Fermé 1er janv, 1er mai, 25 déc. 3,10€ (parc et musée), 2,07€ (parc ou musée seulement). ☏ 080 48 27 895 ; www.egnazia.3000.it*

Les églises

Le noyau historique réunit de nombreuses églises. Le portail de **S. Giovanni al Sepolcro**, église des Templiers érigée au 11e s., est précédé d'un auvent soutenu par des lions. L'intérieur de **S. Benedetto** (11e s.), très simple, présente trois vaisseaux séparés par des colonnes à chapiteaux corinthiens et décor zoomorphe (bœufs, lions, béliers) sous voûte à croisée d'ogives. L'ancien cloître est ceinturé d'un portique à colonnettes polygonales, aux chapiteaux très stylisés.
La chapelle romane **S. Lucia** garde des traces malheureusement très partielles de fresques du 13e s. Sous l'édifice subsiste le sanctuaire basilien antérieur, avec ses voûtes à croisée d'ogives portées par des colonnes à chapiteaux corinthiens. Les murs sont décorés de **fresques** du 12e s., parfois bien conservées, telles la *Vierge à l'Enfant* et, à sa droite, une *Marie-Madeleine* tenant un petit ciboire et deux burettes.

environs

Église de S. Maria del Casale★

Environ 5 km au Nord, près de l'aéroport. Magnifique exemple de transition romano-gothique, elle fut édifiée au 14e s. à l'initiative de Philippe d'Anjou et de sa femme, Catherine de Valois. La façade, animée par les jeux géométriques de sa marqueterie bichrome, est caractérisée par un auvent décoré d'arcatures lombardes reprenant le motif utilisé pour celles qui courent sur la façade. Le cycle de fresques intérieures est, comme souvent à l'époque, d'inspiration byzantine. Remarquer notamment, au revers de la façade, les quatre registres du *Jugement dernier* et, dans le collatéral droit, *L'Arbre de la Croix.*

Calabria★

La Calabre

La couleur de ses eaux, qui peuvent même prendre des tons violets, comme en témoigne le nom de la côte qui s'étend de Gioia Tauro à Villa San Giovanni, permet peut-être d'éviter de penser à la terre, qui, en Calabre, est à moitié investie par la montagne. Du Nord au Sud, son épine dorsale est formée par le massif du Pollino (2 248 m), la Sila et l'Aspromonte.
Ses principales activités agricoles sont les oliviers, fournissant une huile excellente – celle de Rossano a un très faible taux d'acidité – et les agrumes, essentiellement les clémentines, les oranges blondes et la bergamote.

La situation

Carte Michelin n° 431 G-N 28-33. Extrémité méridionale de la péninsule italienne, étroite langue de terre comprise entre le golfe de Policastro et celui de Tarente, la Calabre s'incurve vers la mer au point de presque toucher la Sicile. On peut s'y rendre en empruntant la A 3 Salerno-Reggio Calabria.
Pour le Parco Nazionale del Pollino : Office du Parco Nazionale del Pollino, via Mordini, 20, 85048 Rotonda (Potenza), ☎ 0973 66 78 43, www.parcopollino.it

VOYAGE DANS LE TEMPS

Grecs, Byzantins et moines basiliens (saint Basile, père de l'église grecque, vécut de 330 environ à 379) façonnèrent l'art et l'histoire de la Calabre antique : les premières colonies furent fondées au 8e s. avant J.-C. par les Grecs sur le littoral ionien. Ce n'est qu'au 3e s. avant J.-C. que Rome entreprit la conquête de l'Italie méridionale. Après la chute de l'Empire, la Calabre subit, comme les régions voisines, la domination des Lombards, des Sarrasins et des Byzantins avant d'être réunie au royaume de Naples puis des Deux-Siciles, avec lequel elle fut rattachée à l'Italie en 1860.
Les catastrophes naturelles, telles que les violents tremblements de terre de 1783 et de 1908, les famines, la misère, le brigandage, les problèmes sociaux et l'émigration ont durement éprouvé cette région, qui, grâce à la réforme agraire et à un engagement dans les domaines touristique et culturel, entretient désormais le légitime espoir de connaître une renaissance.

découvrir

Massif de la Sila★★

Le nom de Sila dérive d'un nom antique signifiant forêt : *hyla* en grec et *silva* en latin. Trois adjectifs l'accompagnent : Grande, Piccola et Greca. C'est un haut plateau de 1 700 km^2, où forêts de mélèzes et de hêtres alternent avec les prairies. L'altitude moyenne est de 1 200 m.
Dans la Sila Grande se trouvent les deux villages de Camigliatello et Lorica. À une dizaine de kilomètres de Camigliatello, le centre d'accueil des visiteurs (Centro Visitatori) du **Parc national de Calabre** offre la possibilité de se promener autour d'enclos, où, dans des cabanes de bois aux fenêtres à vitres réfléchissantes, on peut voir sans être vu daims et loups dans leur environnement. Le centre propose également un parcours botanique et un parcours géologique.
Les maisons en bois qui apparaissent çà et là contribuent à provoquer l'illusoire impression que l'on se trouve dans un pays du Nord, surtout le long des berges des lacs Cecita, **Arvo★** et Ampollino.
Le tour des lacs peut s'achever à **San Giovanni in Fiore**, où Joachim de Flore (vers 1130-vers 1202) fonda un ermitage et établit une congrégation nouvelle dite « de Flore », dont la règle est semblable à celle des cisterciens, avec toutefois plus de rigueur.

Aspromonte★

L'extrême pointe de la Calabre est formée par le massif de l'Aspromonte, culminant à près de 2 000 m. Le versant tyrrhénien plonge rapidement dans la mer, en formant de larges terrasses ; du côté de la mer Ionienne, la pente est plus douce. Richement couvert de châtaigniers, chênes, pins et hêtres, l'Aspromonte est un réservoir d'eau d'où rayonnent de profondes vallées creusées par les *fiumare*, ces larges lits de torrents, à sec l'été, mais qui peuvent se remplir de courants très violents et causer d'importants dégâts. La route S 183, de la S 112 à Melito di Porto Salvo, permet d'admirer la variété et la beauté des paysages, et de jouir de nombreux et étonnants **panoramas★★★**.

carnet pratique

Restauration

• *À bon compte*

Hostaria de Mendoza – *Piazza degli Eroi, 3 - 87036 Rende - 10 km au NO de Cosenza - ☎ 0984 44 40 22 - fermé 10 au 18 août, mer., dim. (juil. et août) - ⊭ - réserv. conseillée - 13/18€.* Un petit restaurant tout simple, dont le mobilier est issu de l'artisanat local et où d'innombrables objets suspendus décorent les murs. En été, vous pourrez déguster de savoureuses spécialités maison sous un grand abri en bois installé sur la place.

Il Normanno – *Via Duomo, 12 - 89852 Mileto - 30 km au SE de Tropea sur la S18 - ☎ 0963 33 63 98 - fermé 1er au 15 sept., lun. (sf en août) - ⊭ - 13/21€.* Charmante *trattoria du centre, aux parois lambrissées et à la décoration sobre, où il est possible, en été, de déjeuner sur la petite terrasse intérieure. On y goûte une cuisine traditionnelle de qualité à des prix réellement intéressants.*

Trattoria del Sole – *Via Piave, 14 bis - 87075 Trebisacce - 15 km au N de Sibari sur la S 106 - ☎ 0981 51 797 - fermé dim. (sf 15 juin au 15 sept.) - 14/23€.* Perdu dans le dédales des ruelles du centre historique, un endroit simple et familial où vous pourrez vous laisser conseiller par les hôtes et déguster de délicieux plats de poisson, de fruits de mer ou de viande, préparés à base de produits d'une qualité irréprochable. Service en terrasse l'été.

• *Valeur sûre*

Gambero Rosso – *Via Montezemolo, 65 - 89046 Marina di Gioiosa Ionica - 10 km au N de Locri sur la S 106 - ☎ 0964 41 58 06 - tlj sf lun. - ▤ - 34/46€.* Un restaurant classique qui donne sur la rue principale de la ville, très passante. Un grand choix d'*antipasti*, présentés sur un buffet à l'entrée de la salle principale, et de nombreuses spécialités de produits de la mer, d'une extrême fraîcheur.

Hébergement

• *À bon compte*

Hotel Punta Faro – *Località Grotticelle, Capo Vaticano - 89685 San Nicolò di Ricardi - 10 km au SO de Tropea - ☎ 0963 66 31 39 - fax 0963 66 39 68 - fermé 23 sept. à mai - P 🏖 - 25 ch. : 33,56/67,13€ ☕ - restaurant 13,42/17,55€.* Hôtel situé à quelques mètres de la mer et disposant d'un parking intérieur très pratique. Les chambres sont décorées et meublées simplement, dans un style sobre et moderne, et disposent d'une agréable petite terrasse, avec vue sur les îles éoliennes et la Sicile. Parasol gratuit.

• *Valeur sûre*

Stillhotel – *Via Melito di Porto Salvo, 102/a - 88063 Catanzaro Lido - 14 km au S de Catanzaro - ☎ 0961 32 851 - fax 0961 33 818 - P ▤ ♿ - 32 ch. : 51,64/61,97€ ☕ - restaurant 24/35€.* Dans une zone vallonnée très calme, un hôtel de type commercial, aux chambres spacieuses et bien aménagées et au service discret. Dans le restaurant annexe, vous pourrez goûter des plats de poisson et de viande traditionnels.

Hotel Aquila-Edelweiss – *Via Stazione, 11 - 87052 Camigliatello Silano - 31 km au NE de Cosenza sur la S 107 - ☎ 0984 57 80 44 - fax 0984 57 87 53 - fermé nov. et déc. - 48 ch. : 51,65/82,63€- ☕ 5,16€ - restaurant 25/50€.* Au milieu des forêts de conifères du massif de la Sila, déjà chanté par Virgile, un hôtel confortable à l'atmosphère familiale et meublé dans le style années 1950. Faites un saut au restaurant, qui propose une cuisine typique et des produits régionaux.

Hotel Annibale – *Località Le Castella - 88841 Isola di Caporizzuto - 10 km à l'O de Caporizzuto - ☎ 0962 79 50 04 - fax 0962 79 53 84 - P - 20 ch. : 72,30/82,63€ ☕ - restaurant 28/39€.* Au centre de l'ancien bourg de pêcheurs, cet établissement propose des chambres rustiques, meublées en pin massif. Dans la salle du restaurant, vous pourrez profiter de la cheminée tout en admirant la profusion de marmites et de charcuteries accrochées au plafond en bois. En été, service dans le jardin, sous une tonnelle.

circuits

LA CÔTE TYRRHÉNIENNE

200 km environ. Compter une demi-journée.

Paola

Saint François de Paule y naquit vers 1416. Un **sanctuaire** à son nom, visité par de nombreux pèlerins, s'élève à 2 km au-dessus de la ville. Vaste ensemble de bâtiments, la basilique, à la belle façade baroque, abrite les reliques du saint. Cloître et ermitage creusés en grottes rassemblent de nombreux et impressionnants ex-voto. *Été : 6h30-12h30, 15h-20h ; hiver : 6h30-12h30, 15h-17h30. ☎ 0982 58 25 18.*

Tropea★★

Tropea s'élève sur une roche arénacée. Solitaire, lui faisant face, accrochée à un rocher, se tient l'église S. Maria dell'Isola. Le plus beau souvenir du passé est la **cathédrale** romane normande, qui a conservé sa façade et sa partie latérale d'origine. Le portique souabe rattaché à la façade relie l'église à l'évêché.

Palmi

Perchée au-dessus de la mer, cette petite ville dispose d'une belle plage de sable et d'un petit port de pêche. En outre, elle possède un intéressant **Musée municipal** (Museo Comunale – *Casa della Cultura, via San Giorgio*) dont la **section ethnographique★** évoque la vie traditionnelle en Calabre (costumes, artisanat, céramiques, etc.). *9h-13h30 ; lun. et jeu. 9h-13h30, 15h30-17h50. Fermé w.-end et j. fériés. 1,55€. ☎ 0966 26 22 50.*

Scilla★

Dans ses eaux, comme dans celles de Bagnara Calabra, on pêche l'espadon. Son nom est mythologique : **Scylla** est une femme pouvant se transformer en monstre marin. Elle vit entourée de chiens dévorant le voyageur qui se trouve à passer dans les parages. Ce fut le destin de six compagnons d'Ulysse.
En face, près de Messine, guette Charybde, monstre marin par volonté de Zeus qui entendait le punir de sa voracité. Cependant, même monstrueuse, **Charybde** ne perd pas son appétit : trois fois par jour, elle engloutit les flux, avalant ainsi tout ce qui se trouve dans la mer, après quoi elle rejette l'eau, provoquant un fort courant. Ulysse lui échappa de justesse, grâce à un... figuier, auquel il s'agrippa à l'entrée de la grotte du monstre.
Le quartier des pêcheurs, la Chianalèa, est un enchevêtrement de maisons et passages qui ne prend fin qu'en s'ouvrant sur la mer. Plus haut, le château des Ruffo (1255) embrasse le village de son regard noble et rassurant.

APRÈS LA POINTE DE LA « BOTTE », EN REMONTANT LA CÔTE IONIENNE

500 km environ. Compter 2 jours.

Pentedattilo★

10 km au Nord-Ouest de Melito di Porto Salvo. Pentedattilo est un impressionnant village fantôme. Une légende veut que la menaçante main rocheuse qui le domine (en grec, *pentedàktylos* signifie « cinq doigts ») mettra fin à la violence des hommes. Il y a du vrai dans cette prophétie : depuis les années 1960, plus une voix ne résonne dans les ruelles de Pentedattilo, déclaré zone dangereuse pour risque d'éboulement et vidé de ses habitants...

Locri

Locres fut fondé par les Grecs au 7e s. avant J.-C. La ville, régie par des lois sévères édictées par Zaleucos, premier législateur de la Grande Grèce, fut la rivale de Crotone, qu'elle vainquit lors de la bataille de Sagra. Après avoir pris le parti d'Hannibal, comme les autres villes de la côte ionienne, pendant la seconde guerre punique, elle perdit son importance et fut détruite par les Sarrasins au 9e s. de notre ère. La plupart des antiquités de Locres sont au musée de Reggio di Calabria. Néanmoins, une zone archéologique intéressante *(Locri Epizefiri)* s'étend au Sud de la ville.

Gerace

Au Nord-Ouest de Locri, sur la route S 111. Gerace s'élève sur une colline à 480 m d'altitude. Son symbole est l'épervier, *hierax* en grec, terme qui a forgé le nom de la localité. Elle conserva longtemps la culture et la liturgie grecques. Byzantins et Normands y vécurent, puis elle fut dominée par les Souabes, les Angevins et les Aragonais. Ce fut un célèbre centre épiscopal, qui possédait tant d'églises qu'on l'appelait « la ville aux cent clochers ». Sa **cathédrale** du 11e s. est de vastes dimensions : 73 m x 26 m. Les trois vaisseaux sont divisés par 20 colonnes grecques et romanes.
Dans le largo delle Tre Chiese se dresse l'**église S. Francesco**, qui possède un portail où se mêlent influences arabe et gothique, et un **maître-autel★** du 17e s. en marbre polychrome.

T. Zane/MICHELIN

La Cattolica de Stilo, délicate expression de l'art gréco-byzantin (10e s.)

Stilo

15 km à l'Ouest de Monasterace Marina. La ville natale de **Tommaso Campanella** (1568-1639), qui accueillit plusieurs ermitages et monastères basiliens, est perchée sur les flancs d'une montagne, à 400 m d'altitude. Plus haut s'élève son joyau byzantin, la **Cattolica★★**, qui semble presque vouloir se camoufler. Cette église du 10e s., sur plan carré, est couronnée par cinq petits dômes cylindriques. La disposition des briques, la fenêtre géminée du dôme central ainsi que les tuiles composent l'ornementation extérieure, très raffinée. À l'intérieur, la croix grecque est formée de neuf carrés, fermés par quatre colonnes de marbre et surmontés de petites coupoles et de voûtes en berceau. On est malheureusement privé du plaisir de contempler les mosaïques, très endommagées.(♿) *De mi-mars à mi-oct. : 8h-20h ; de mi-oct. à mi-mars : 8h-18h. Gratuit. ☎ 0964 77 60 06 ; www.recil.net/racil/stilo*

Cap Colonna

Appelé promontoire Lacinium dans l'Antiquité, il fut à partir des dernières décennies du 8e s. avant J.-C. le siège d'un temple de Junon (Héra Lacinia). Celui-ci, qui comptait parmi les plus célèbres de la Grande Grèce, connut sa période de gloire au 5e s. avant J.-C. et commença à décliner en 173 avant J.-C., après que le consul Fulvius Flaccus l'eut dépouillé d'une partie de son toit en marbre. Contraint de le remettre en place, le consul échoua du fait de la complexité de la conception d'origine. Le temple fut ensuite la proie des pirates et servit de carrière aux Aragonais qui, au 16e s., y puisèrent les matériaux pour fortifier Crotone. Le coup de grâce fut porté par le tremblement de terre de 1683. Pour imaginer aujourd'hui ce que fut ce grand temple voué à la principale déesse de l'Olympe, il ne subsiste plus qu'une de ses 48 colonnes.

En 1964, **Pier Paolo Pasolini** tourna ici quelques scènes de son *Évangile selon saint Matthieu.*

Crotone

Colonie achéenne de la Grande Grèce fondée en 710 avant J.-C., Crotone a été célébrée dans l'Antiquité pour sa richesse, la beauté de ses femmes et les prouesses de ses athlètes, tel Milon de Crotone, chanté par Virgile.

Vers 532 avant J.-C., **Pythagore** y fonda plusieurs communautés religieuses adonnées aux mathématiques et qui, devenues plus tard trop puissantes, furent chassées vers Métaponte.

Rivale de Locres, qui la vainquit au milieu du 6e s. avant J.-C., Crotone réussit à éliminer Sybaris, son autre concurrente. Ayant accueilli Hannibal lors de la deuxième guerre punique, elle fut annexée peu après par Rome.

Aujourd'hui la ville, qui abrite également un **Musée archéologique (Museo Archeologico)**, est un port maritime florissant, doté de nombreuses industries. ♿ *9h-20h (la billetterie ferme à 19h30). Fermé 1er et 3e lun. du mois et lors de la préparation des expositions. 2,07€. ☎ 0962 23 082.*

S. Severina★

La cathédrale, du 13e s., conserve un remarquable **baptistère★** du 8e s., d'inspiration byzantine, sur plan circulaire, et dont la coupole s'appuie sur huit colonnes d'origine antique. Voir également le château normand.

Rossano

Cette ville, étagée sur les pentes d'une colline couverte d'oliviers, fut au Moyen Âge la capitale du monachisme grec en Occident ; les moines basiliens chassés ou persécutés vinrent s'y réfugier, occupant des grottes que l'on visite encore. Rossano a conservé de cette période une parfaite petite église byzantine, **S. Marco**, au chevet plat, sur lequel font saillie trois chapelles semi-cylindriques, percées de jolies baies. À droite de la cathédrale, le **Musée diocésain** (Museo Diocesano), ancien archevêché, abrite le précieux ***Codex Purpureus*★**, évangéliaire du 6e s. aux pages de couleurs vives. (♿) *Mar.-sam. 9h30-12h30, 16h-19h, dim. et j. fériés 10h-12h, 16h30-18h30. 3,10€. ☎ 0983 52 52 63.*

À 20 km à l'Ouest de la ville, la route mène à une petite église, **S. Maria del Patire**, unique vestige d'un grand couvent basilien, présentant trois belles absides ornées d'arcs aveugles et quelques mosaïques figurant divers animaux.

Sibari

Fondée au 8e s. avant J.-C., au cœur d'une plaine d'une fertilité extraordinaire qui fut la principale source de l'exceptionnelle richesse de l'antique **Sybaris**, la ville fut rasée en 510 avant J.-C. par la cité voisine de Crotone. On visite un petit **Musée archéologique** (Museo Archeologico) et, au Sud de la ville, une **zone de fouilles**, le **Parco Archeologico della Sibaritide**. *Musée : ♿ 9h-20h. Fermé 1er janv., 1er mai, 25 déc. 2,07€. ☎ 09 81 79 392 ; www.museodellacalabria.com*

Parc : 9h-1h avant le coucher du soleil. Fermé 1er janv., 1er mai, 25 déc. Gratuit. ☎ 0981 79 166 ; www.museodellacalabria.com

Rocca Imperiale★

Village pittoresque qui monte à l'assaut de la colline au sommet de laquelle se dresse un puissant château érigé par Frédéric II de Souabe.

alentours

Cosenza

Plan dans l'Atlas Michelin Italie. La cité moderne est surplombée par la vieille ville dont les rues et les palais rappellent la prospérité que connurent les époques angevine et aragonaise : Cosenza était alors considéré comme la capitale artistique et religieuse de la Calabre. Le **Dôme**, des 12e-13e s., rendu à sa forme première par une restauration récente, abrite le **mausolée★** du cœur d'Isabelle d'Aragon, morte à l'entrée de Cosenza en 1271 alors qu'elle revenait de Tunis avec la dépouille de son beau-père, le roi Saint Louis. Son corps, ramené en France, reçut une sépulture digne d'elle à la basilique St-Denis.

QUEL EST LE RAPPORT ENTRE LA CALABRE ET SOUCCOTH ?

Souccoth est la fête juive des Cabanes, célébrée en souvenir des temps de l'Exode, quand les Juifs dormaient dans des cabanes. D'après *Le Lévitique*, 23. 39-40 :

Le quinzième jour du septième mois, quand vous récolterez les produits du pays, vous célébrerez donc une fête à l'Éternel, pendant sept jours : le premier jour sera un jour de repos, et le huitième sera un jour de repos. Vous prendrez, le premier jour, du fruit des beaux arbres, des branches de palmiers, des rameaux d'arbres touffus et des saules de rivière ; et vous vous réjouirez devant l'Éternel, votre Dieu, pendant sept jours.

Le fruit que la tradition requiert pour la fête et dont elle exige également des critères de choix très précis, est le cédrat. C'est pourquoi, chaque été, arrivent du monde entier à **Santa Maria del Cedro**, dans la province de Cosenza, où les cédratiers bénéficient de conditions idéales, les rabbins chargés de choisir les cédrats pour leur communauté.

Altomonte

Au-dessus du gros bourg d'Altomonte se dresse une imposante cathédrale angevine, construite au 14e s. et dédiée à **S. Maria della Consolazione**. Sa façade est ornée d'un portail et d'une élégante rosace. L'intérieur, à nef unique et chevet plat, abrite le beau **tombeau★** de Filippo Sangineto. À côté de l'église, le petit **Musée municipal** (Museo Civico) contient un ***Saint Ladislas*★** attribué à Simone Martini, ainsi que d'autres œuvres précieuses. *Avr.-sept. : 9h-13h, 15h-20h ; oct.-mars : 10h-13h, 16h-19h. 2,07€. ☎ 0981 94 82 16 ; www.altomonte.comune.cs.it*

Serra San Bruno

Entre la Sila et l'Aspromonte, dans les montagnes calabraises des Serre, Serra San Bruno est un petit bourg qui s'est développé, au milieu de **forêts★** de hêtres et de conifères, autour d'un **ermitage** fondé par saint Bruno. Une chartreuse du 12e s. et la grotte *(4 km au Sud-Ouest de la chartreuse)* où l'ermite se retirait évoquent le souvenir du saint, qui y mourut en 1101.

Isola di Capri★★★

Île de Capri

Les empereurs Auguste et Tibère succombèrent à son charme, à la douceur de son climat et à la diversité de la végétation luxuriante qui la couvrait... on ne s'étonnera pas, dès lors, que dès le 19e s., Capri soit devenue l'un des lieux de prédilection des personnalités du monde des arts et du spectacle. Un engouement d'ailleurs partagé par les milliers de touristes du monde entier qui se pressent en toutes saisons sur la fameuse « piazzetta ».
On débarque sur le port de Marina Grande★, au Nord de l'île, où les maisons blanches et colorées se détachent sur de hautes falaises, qui leur offrent un cadre grandiose. Un funiculaire relie le port à Capri (piazza Umberto I), d'où partent les bus pour Anacapri.

La situation

7 235 habitants – Carte Michelin n° 431 F 24 – Campanie. Pour se rendre à Capri, emprunter les bacs au départ de Naples ou de Sorrente. ℹ *Pour la traversée : Caremar-Agenzia Angelina, via C. Colombo 10, 80073 Capri, ☎ 081 83 70 700 ; Alilauri, Marina Grande 2/4, 80073 Capri, ☎ 081 83 76 995 ; Navigazione Libera del Golfo, piazza Vittoria, 80073 Capri, ☎ 081 83 70 819. Funiculaire : 3,87€, billet combiné pour le bus et le funiculaire, validité journalière.*
Pour poursuivre la visite, voir les chapitres COSTIERA AMALFITANA, ISCHIA, NAPOLI et Golfo di NAPOLI.

carnet pratique

RESTAURATION

• ***À bon compte***

Le Arcate – *Viale T. De Tommaso, 24 - 80071 Anacapri - ☎ 081 83 73 325 - www.caprionline.it - fermé lun., 15 janv. au 1er mars.* Très fréquenté par les touristes qui y déjeunent sur le pouce à midi, l'endroit est plus tranquille en soirée. C'est une bonne adresse où vous pourrez aussi bien déguster une pizza que des plats plus consistants, dans une ambiance simple, à deux pas du centre de la petite ville.

Pulalli Wine Bar – *Piazza Umberto I - 80073 Capri - ☎ 081 83 74 108 - pulalli@libero.it - fermé mar., 1er au 27 déc., 3 janv. au 15 mars - ▤ - 13€.* En descendant les escaliers qui longent l'Office du tourisme, vous découvrirez les petites tables posées sur la terrasse panoramique de cette belle œnothèque. L'intérieur, moderne et raffiné, est également très agréable. Vous pourrez y consommer d'excellents vins et un large choix de plats, ou simplement un casse-croûte.

Verginiello – *Via Lo Palazzo, 25/a - 80073 Capri - ☎ 081 83 70 944 - fermé 10 au 25 nov. - ▤ - 18/39€.* Aux portes de Capri, une grande terrasse et une véranda font face à la mer et aux falaises de Marina Grande. Un endroit simple et familial, tenus par des hôtes sympathiques qui vous proposeront une cuisine à base de produits de la mer à des prix très intéressants.

La Savardina - Da Eduardo – *Via lo Capo, 8 - 80073 Capri - à environ 40mn à pied de Capri sur la route qui mène à la Villa Jovis - ☎ 081 83 76 300 - fermé mar. en avr., 4 nov. au 27 déc., 3 janv. au 1er mars - 21/26€ + 10 % serv.* Si vous décidez de visiter la Villa Jovis ou que vous avez seulement envie d'une belle balade, ne manquez pas de faire une pause ici pour vous restaurer. Les saveurs, l'ombre des orangers et la vue incomparable que vous y goûterez vous feront de magnifiques souvenirs.

• ***Valeur sûre***

Da Giorgio – *Via Roma, 34 - 80073 Capri - ☎ 081 83 75 777 - www.caprihotels.com - fermé mar., 8 janv. à Pâques - 22/39€ + 12 % serv.* Installez-vous dans cette grande véranda, dont l'immense baie vitrée donne sur le magnifique golfe de Naples. Dans une ambiance sympathique, vous pourrez à votre guise opter pour des plats traditionnels ou une bonne pizza. *À deux pas du centre de Capri.*

Da Paolino – *Via Palazzo a Mare, 11, Marina Grande - 80073 Capri - ☎ 081 83 76 102 - fermé à midi (juin-sept.), nov. à Pâques - 31/39€ + 10 % serv.* Enivrés par le parfum des citronniers, vous aurez la délicieuse sensation de dîner dans le jardin d'Éden version méditerranéenne. Une ambiance sympathique et familiale, à laquelle les tables en fer forgé ajoutent une touche de recherche, et où vous pourrez manger aussi bien du poisson que d'autres spécialités.

Aurora – *Via Fuorlovado, 18 - 80073 Capri - ☎ 081 83 70 181 - fermé janv.-mars - 28/57€ + 15 % serv.* Un endroit chaleureux, de tradition familiale, qui compte parmi ses clients de nombreux VIP. L'ambiance y est informelle, mais soignée, et l'on vous proposera des plats de poisson et de viande accompagnés d'un large choix de vins. L'extérieur est également très agréable.

HÉBERGEMENT

• ***Valeur sûre***

Hotel Florida – *Via Fuorlovado, 34 - 80073 Capri - ☎ 081 83 70 710 - fax 081 83 70 042 - fermé nov.-fév. - 19 ch. : 51,65/87,80€- ☕ 9,81€.* Un petit hôtel aux prix abordables, sur un île où ce n'est pas la règle, assez central et à seulement deux minutes de la plage en funiculaire. Le mobilier est simple, dans le style années 1950, et rajeuni par son laqué blanc. Petit-déjeuner dans un jardin avec terrasse.

Hotel Villa Eva – *Via La Fabbrica, 8 - 80071 Anacapri - à 100 m de l'arrêt du bus pour la Grotta Azzurra - ☎ 081 83 71 549 - fax 081 83 72 040 - fermé nov.-mars - ▭ 🏊 - réserv. conseillée - 10 ch. doubles : 87,80/92,96€ ☕.* Une oasis de tranquillité dans une île de rêve, tout près de la mythique Grotta Azzurra. De petites structures au style composite, mais typiquement méditerranéen, entourées d'un jardin luxuriant, et qui se prêtent idéalement à de petites siestes en hamac ou à un plongeon rafraîchissant dans la piscine.

• ***Une petite folie !***

Capri Palace Hotel – *Via Capodimonte - 80071 Anacapri - ☎ 081 83 73 800 - fax 081 83 73 191 - fermé nov.-mars - 🏊 ▤ - 80 ch. : à partir de 185,92€ ☕ - restaurant 52€.* Pour un séjour grand luxe, profitez de l'élégance, du bon goût et des détails soignés dans cet hôtel des Mille et Une Nuits, qui propose également des suites et des chambres avec piscine privée. Et si ça n'était pas encore suffisant, vous pourrez vous faire dorloter dans le centre « spécial bien-être » qui s'y trouve.

visiter

CAPRI★★★

La ville ressemble à un décor d'opérette : petites places et maisonnettes blanches, avec, en coulisses, des ruelles rustiques évoquant le style mauresque. À cet attrait s'ajoute, au hasard des promenades, celui qu'offre la juxtaposition de lieux fréquentés par une foule animée et de sites sauvages et solitaires, propices à la rêverie.

B. Morandi/MICHELIN

Une des multiples vues de rêve de Capri

Piazza Umberto I★
C'est le centre, minuscule lui aussi, de la ville, où, à l'heure de l'apéritif, se rassemble le Tout-Capri. Alentour, des ruelles animées, comme l'étroite **via Le Botteghe★**, abritent des boutiques de souvenirs ou d'articles de luxe.

Belvedere Cannone★★
On y accède par la **via Madre Serafina★**, presque entièrement sous voûtes. Il permet de découvrir un aspect plus silencieux et plus secret de Capri.

Belvedere di Tragara★★
Accès par la via Camerelle et la via Tragara. La vue est magnifique sur les Faraglioni.

Certosa di S. Giacomo et Giardini d'Augusto
Mar.-sam. 9h-14h, dim. 9h-13h. Fermé j. fériés. Gratuit. ☎ *081 83 76 218.*
Du 14e s., la **chartreuse** possède deux cloîtres dont le plus petit abrite des statues romaines retrouvées dans un nymphée de la grotte Bleue. Les jardins d'Auguste offrent une belle **vue★★** sur la pointe de Tragara et les Faraglioni ; en contrebas, la **via Krupp★**, accrochée à la paroi rocheuse, conduit à Marina Piccola.

Marina Piccola★
Au pied de la paroi abrupte du mont Solaro, Marina Piccola possède de jolies petites plages et sert d'abri aux barques de pêche.

Villa Jovis★★
9h-1h avant le coucher du soleil. Fermé j. fériés. 2,07€. ☎ 081 83 70 381.
C'est l'ancienne résidence de l'empereur Tibère ; les fouilles ont permis de retrouver les logements des serviteurs, des citernes alimentant les bains, les appartements impériaux disposant d'une loggia donnant sur la mer. De l'esplanade où a été édifiée une église, **panorama★★** sur l'île entière.
En descendant par le grand escalier en arrière de l'église, on peut voir le **Saut de Tibère★** où l'empereur avait coutume, dit-on, de précipiter ses victimes.

Arco Naturale★
Rocher creusé d'une arche gigantesque et suspendu au-dessus de la mer. Dans la **Grotta di Matromania**, située en contrebas, les Romains vénéraient Cybèle.

ANACAPRI★★★
Plan dans le Guide Rouge Italia.

Par la via Roma et une très belle route de corniche, on accède à ce joli bourg dont les ruelles fraîches et ombragées, moins envahies que celles de Capri, se glissent entre les jardins et les maisons, petits cubes à terrasses d'aspect oriental.

Villa San Michele★
Accès à partir de la piazza della Vittoria. Mai-sept. : 9h-18h ; oct.-avr. : 9h30-1h avant le coucher du soleil. 4,13€. ☎ 081 83 71 401 ; www.caprionline.com/axelmunthe
Construite à la fin du siècle dernier par le médecin et écrivain suédois Axel Munthe (mort en 1949), qui y vécut jusqu'en 1910 et en a décrit l'ambiance dans le fameux *Livre de San Michele*, cette villa est garnie de meubles des 17e et 18e s., de copies d'œuvres antiques et de quelques sculptures romaines originales. Son beau jardin se termine par une pergola dominant vertigineusement la mer, d'où le **panorama★★★** sur Capri, Marina Grande, le mont Tibère et les Faraglioni est splendide.

Au-dessous de la villa aboutit la **Scala Fenicia**, sentier en escalier qui compte près de 800 marches et qui fut longtemps la seule voie reliant Anacapri au port. Sur ces marches, Axel Munthe rencontra la vieille Maria « Portalettere », qui avait charge de distribuer le courrier mais ne savait pas lire, et dont il a fait l'une des figures de son roman.

S. Michele

Juin-sept. : 9h30-19h ; oct.-mai : 10-1h avant le coucher du soleil. Fermé fév. 1,03€. ☏ 081 83 72 396.

C'est du haut de la tribune d'orgue que l'on admire le mieux le beau **pavement★** de majolique (1761), réalisé à partir d'un dessin de Solimena et représentant le Paradis terrestre.

Monte Solaro★★★

Avr.-oct. : 9h30-17h ; nov.-mars : 9h30-15h30. Fermé mar. (seulement en hiver). 5,16€ AR. ☏ 081 83 71 428.

Un télésiège, au départ d'Anacapri, survole agréablement les jardins à la riche végétation et mène au sommet d'où l'on bénéficie d'un inoubliable **panorama★★★** sur l'île de Capri, le golfe de Naples et, au-delà, jusqu'à l'île de Ponza, les Apennins et les monts du Sud de la Calabre.

Belvedere di Migliara★

1h à pied AR. Passer sous le télésiège pour prendre la via Caposcuro. **Vue★** remarquable sur le phare de la Punta Carena et sur des falaises vertigineuses.

excursions

Grotta Azzurra★★

Au départ de Marina Grande. Accès également possible par route (8 km au départ de Capri). Visite de la grotte toute l'année (sf jours de grosse mer ou de grande marée), 9h-1h avant le coucher du soleil. Durée : 1h. 8,01€. Excursion au départ de Marina Grande. 12,65€ avec les compagnies suivantes : Laser Capri (☏ 081 83 75 208) et Gruppo Motoscafisti (☏ 081 83 75 646) ; le prix comprend le trajet en vedette, la barque et la visite de la grotte. Dim. et j. fériés, le prix est majoré de 0,36€ pour la barque et de 0,52€ pour la vedette du Gruppo Motoscafisti.

C'est la plus fameuse des nombreuses grottes qui s'ouvrent sur la côte très escarpée de l'île. La lumière, pénétrant par réfraction, donne à l'eau un admirable coloris bleu azuré.

Tour de l'île★★★

Au départ de Marina Grande. Trajet en bateau toute l'année (sf jours de grosse mer), départs réguliers de Marina Grande 9h30-15h (été), 10h-12h (hiver), avec les compagnies suivantes : Gruppo Motoscafisti (☏ 081 83 75 646) et Laser Capri (☏ 081 83 75 208). Durée : 2h environ. 7,75-10,33€ (selon la compagnie), + 8,01€ pour la visite de la Grotta Azzurra ; dim. et j. fériés, les prix sont majorés.

Ce « périple » permet de découvrir une côte accidentée le long de laquelle se succèdent les grottes, les écueils aux formes fantastiques, de petites criques paisibles ou de hautes falaises tombant à pic dans la mer. L'île n'est pas grande, pourtant : à peine 6 km de long et 3 km de large. Le climat, particulièrement tempéré, favorise le développement d'une flore très variée, faite de pins, de lentisques, genévriers, arbousiers, asphodèles, myrtes et acanthes.

Effectuant le tour de l'île dans le sens des aiguilles d'une montre, le bateau rencontre d'abord la **Grotta del Bove Marino** (du Bœuf marin), ainsi nommée en raison du mugissement de la mer par gros temps ; on contourne ensuite la pointe du Cap, dominée par le **Monte Tiberio**. Ayant laissé derrière soi l'impressionnant Saut de Tibère *(voir plus haut)*, on approche de la Punta di Tragara au Sud, où surgissent les célèbres **Faraglioni**, îlots aux formes hérissées et fantastiques, sculptées par les flots. La **Grotta dell'Arsenale** était un nymphée au temps de Tibère. On passe devant le petit port de Marina Piccola avant d'atteindre la côte Ouest, plus basse. Le bateau termine son trajet par la côte Nord où s'ouvre la grotte Bleue.

Reggia di Caserta★★

Le palais royal de Caserte

Charles III de Bourbon eut la prudence, pour faire construire son Versailles parthénopéen, de choisir un lieu assez éloigné des vulnérables côtes napolitaines et c'est Caserta qui fut ainsi désignée pour accueillir le palais. Ce dernier est aujourd'hui inscrit au Patrimoine mondial de l'Unesco, ainsi que l'aqueduc de Vanvitelli et la manufacture de soie de S. Leucio, fondée en 1789 par Ferdinand IV de Bourbon.

La situation

Carte Michelin n° 431 D 25 – Campanie. Le palais royal de Caserte se situe à quelques kilomètres de la A 1, à une vingtaine de kilomètres de Naples.
Pour poursuivre la visite, voir les chapitres BENEVENTO, COSTIERA AMALFITANA, NAPOLI et Golfo di NAPOLI.

Lara Pessina/MICHELIN

De mystérieuses présences mythologiques peuplent le parc du palais royal

visiter

Il Palazzo

(♿) *Tlj sf lun. 8h30-19h. Fermé 1er janv., 1er mai, 25 déc. 6,20€. ☎ 0823 44 71 47.*
Charles III de Bourbon commanda la construction de ce **palais** à l'architecte **Luigi Vanvitelli** qui, par rapport aux grandioses résidences royales de la même époque, dota l'édifice d'un plan rigoureux et géométrique, reflétant sa propre personnalité. Mais si la pureté des lignes apparaît déjà comme une anticipation du style néoclassique, le goût de l'apparat qui prédomine dans la distribution des pièces est encore typiquement rococo.
L'édifice est un énorme bloc rectangulaire (249 x 190 m) s'articulant autour de quatre cours intérieures que relie un magnifique **vestibule★**. La façade qui accueille le visiteur se présente avec un avant-corps à colonnes et une double rangée de fenêtres reposant sur des appuis à bossages ; la façade principale, côté jardin, reprend cet ornement, mais enrichi de pilastres au flanc de chaque fenêtre. Le grand **escalier d'honneur★★**, somptueux chef-d'œuvre de Vanvitelli, donne accès à la chapelle Palatine *(ne se visite pas)* et aux fastueux appartements royaux, meublés en style néoclassique. L'**appartement du 18e s.**, avec ses voûtes peintes de fresques sur le thème des quatre saisons et ses vues de ports par J.-P. Hackert, est particulièrement intéressant. Le charmant **appartement de la reine** est meublé avec la frivolité du goût rocaille : parmi les pièces les plus curieuses, le lampadaire aux petites tomates et la pendule à cage avec un petit oiseau empaillé. Dans la salle elliptique est apprêtée une **crèche napolitaine★** du 18e s.

Il Parco

(♿) *Tlj sf lun 8h30-1h avant le coucher du soleil. Fermé 1er janv., 1er mai, 25 déc. 6,20€. ☎ 0823 44 71 47.*

Il incarne l'idéal du grandiose jardin baroque, dominé par une perspective infinie et organisé autour d'un axe central (le canal). Les fontaines et les viviers sont alimentés par l'aqueduc carolin, œuvre pharaonique de Vanvitelli, qui traverse 5 montagnes et 3 vallées sur une distance de 40 km. Parmi les différents groupes de sculptures aux thèmes mythologiques, le plus remarquable est celui de ***Diane et Actéon***, avec la splendide meute de chiens se jetant sur le cerf, situé au pied de la **grande cascade★★** (78 m de hauteur).

À droite de la cascade s'étend le pittoresque **jardin anglais★★** créé pour Marie Caroline d'Autriche.

alentours

Caserta Vecchia★

10 km au Nord-Est. Cette petite ville, dominée par les vestiges de son château du 9e s., offre le charme désuet de ses ruelles à demi abandonnées, courant entre de vieux murs de tuf brun. La **cathédrale**, précieux édifice du 12e s., témoigne des influences siculo-arabe, locale et lombarde. À l'intérieur du monument a été conservée une belle chaire du 13e s. *9h-13h, 15h30-20h. ☎ 0823 37 13 18.*

Basilica di S. Angelo in Formis★★

15 km au Nord-Ouest de Caserta Vecchia (prendre la SS 87 jusqu'à S. Iorio). 10h-13h, 15h-18h. En cas de fermeture, contacter don Franco Duonnolo ☎ 0823 96 04 92.

C'est l'un des plus beaux monuments du Moyen Âge campanien. La basilique, dont on doit la construction au 11e s. à Desiderio, abbé du Mont-Cassin, allie un plan architectural plutôt rudimentaire à un cycle pictural parmi les plus riches de la peinture romane. L'intérieur est entièrement couvert de **fresques** aux thèmes bibliques : Jugement dernier *(contre-façade)*, vie du Christ *(nef)*, Ancien Testament *(bas-côtés)* et Majesté *(abside)*. Bien qu'exécutées par l'école locale, elles manifestent une nette inspiration byzantine (due à l'œuvre de peintres grecs qui avaient travaillé au Mont-Cassin), tempérée cependant par la culture régionale, qui transparaît dans des passages chromatiques plus marqués et dans le dynamisme de certaines scènes. Dans l'abside, l'abbé Desiderio est représenté tandis qu'il offre l'église à Dieu (l'auréole bizarrement carrée prouve qu'au moment de la représentation, l'abbé était encore vivant).

Capua

6 km au Sud-Ouest de S. Angelo in Formis.

Cette petite ville de fondation lombarde, entourée de remparts, est la patrie de Pier della Vigna, chancelier de Frédéric II, et d'Ettore Fieramosca, le capitaine des 13 chevaliers italiens qui sortirent vainqueurs du défi de Barletta (1503) contre les Français.

Piazza dei Giudici, l'église baroque S. Eligio, un arc gothique surmonté d'une loggia et l'hôtel de ville (16e s.) y forment un bel ensemble urbain. À proximité, l'**église de l'Annonciation** (16e s.) possède un beau dôme sur tambour et, à l'intérieur, un chœur et des plafonds de bois d'une précieuse facture.

Duomo – *Lun.-sam. 8h30-11h30, 17h-19h, dim. et j. fériés 8h-11h. ☎ 0823 96 10 81.* Élevé au 9e s., mais plusieurs fois détruit et reconstruit, cet édifice possède un campanile lombard, dont la base englobe des fragments antiques. Dans l'atrium, on remarque des colonnes aux beaux **chapiteaux corinthiens** (3e s.), tandis que l'intérieur renferme un chandelier pascal du 13e s., une *Assomption* de F. Solimena et, dans la crypte, un *Christ mort*, belle sculpture du 13e s.

Museo Campano★ – *À l'angle de la via Duomo et de la via Roma. Mar.-ven. 9h-13h30, dim. 9h-13h. Fermé j. fériés. 4,13€. ☎ 0823 96 14 02.*

Le musée de la Campanie est installé dans un palais du 15e s. doté d'un beau **portail** catalan en péperin. La section archéologique réunit une étonnante série de ***Matutæ*** (6e-1er s. avant J.-C.), déesses-mères italiques portant leurs nouveau-nés dans les bras, ainsi qu'une remarquable **mosaïque**. Dans la section médiévale sont exposées de précieuses sculptures, restes de l'imposante porte de ville construite par Frédéric II vers 1239 (tête de femme dite *Capua Fidelis*).

Au Sud-Est du musée s'étend une zone concentrant plusieurs intéressantes églises de fondation lombarde (S. Giovanni a Corte, S. Salvatore Maggiore a Corte, S. Michele a Corte, S. Marcello).

Santa Maria Capua Vetere

5 km au Sud-Est de Capua. Il s'agit de la célèbre Capoue romaine, où Hannibal s'amollit dans les « délices » qui lui furent fatals. Réputée pour sa production de vases en bronze et de céramiques au vernis noir, Capoue était considérée comme l'une des villes les plus opulentes de l'Empire romain. Après les déprédations causées par

les Sarrasins au 9e s., ses habitants émigrèrent vers un méandre du Volturno, où ils fondèrent l'actuelle Capoue. L'**amphithéâtre campanien★**, rénové au 2e s. après J.-C. est, après le Colisée, le plus grand du monde romain. Il fut le siège de la prestigieuse école de gladiateurs, où éclata, en 73 après J.-C., la révolte menée par Spartacus. *Tlj sf lun. 9h-1h avant le coucher du soleil. Fermé 1er janv., 1er mai, 25 déc. 2,58€ avec l'entrée au mitreo et au musée dell'Antica Capua. ☎ 0823 79 88 64.*
Le **mitreo** (2e s. après J.-C.) est une salle rectangulaire souterraine décorée d'une précieuse **fresque★** du dieu perse Mithra sacrifiant le taureau. *Tlj sf lun. 9h-20h. Fermé 1er janv., 1er mai, 25 déc. 2,58€, avec l'entrée à l'amphithéâtre et au musée dell'Antica Capua. ☎ 0823 84 42 06.*
L'agréable **Musée archéologique** *(via R. d'Angiò, 48)* rassemble d'intéressants témoignages de l'histoire locale, de l'âge du bronze à l'époque impériale, parmi lesquels de belles terres cuites architectoniques peintes et trois *Matres Matutæ. Tlj sf lun. 9h-20h.* Fermé 1er janv., 1er mai, 25 déc. 2,58€, *avec l'entrée à l'amphithéâtre et au mitreo. ☎ 0823 84 42 06.*

Parco Nazionale del **Cilento★**

Parc national du Cilento

Institué en 1991 et inscrit en 1997 par l'Unesco au nombre des réserves de la biosphère, c'est le parc méditerranéen par excellence, lieu de rencontre, de nature et de civilisation depuis des millénaires, point de jonction d'expériences culturelles d'origines les plus diverses, du bassin méditerranéen aux Apennins. La diversité de son territoire invite aux expériences les plus variées : des excursions à la recherche des témoignages du passé aux vacances balnéaires sur des plages de rêve, sillonnées de grottes et de promontoires légendaires.

La situation

Carte Michelin no 431 F-G 26-28 – Campanie. Le territoire du Parc national s'étend de la côte tyrrhénienne au Vallo di Diano (lac du pléistocène progressivement comblé par les alluvions du Tanagro). Il est délimité au Nord par les monts Alburni et au Sud par le golfe de Policastro. On s'y rend en empruntant la A 3 Salerno-Reggio Calabria.

ℹ *Via O. De Marsilio, 84078 Vallo della Lucania, ☎ 0974 71 99 11.*

Pour poursuivre la visite, voir le chapitre CALABRIA.

comprendre

La très grande diversité de ses paysages est due à l'ambivalence de la nature des roches : au flysch du Cilento, caractéristique de la partie occidentale et côtière (monts Stella et Gelbison), aux doux paysages et à la végétation méditerranéenne s'opposent les roches calcaires de la zone intérieure (monts Alburni et mont Carviati) et de la côte méridionale (du cap de Palinuro à Scario), plus arides, aux forêts de hêtres et aux phénomènes karstiques spectaculaires, comme les nombreuses grottes terrestres et marines. L'espèce florale la plus intéressante est la primevère de Palinuro, symbole du parc, tandis que la faune compte loutres, loups, aigles royaux, renards et lièvres.

carnet pratique

HÉBERGEMENT ET RESTAURATION

• ***À bon compte***

Bed & Breakfast Iscairia – *Località Velia - 84058 Marina di Ascea - ☎ 0974 97 22 41 - fax 0974 97 23 72 - 10 ch. : 36,15/72,30€ - restaurant 21€.* Au pied des vestiges grecs de Velia, un B&B à mi-chemin entre mer et montagne. Vous y dormirez dans des lits en fer forgé et y prendrez un solide petit-déjeuner au milieu des oliviers. Parcours sportif pour les plus courageux, et, sur demande, possibilité de repas régionaux.

• ***Valeur sûre***

Hotel Giacaranda – *Contrada Cenito - 84071 San Marco - 30 km au NO de Velia sur la S 267 (1 km au S de San Marco) - ☎ 0974 96 61 30 - fax 0974 96 68 00 - fermé 23 au 26 déc. - 4 ch. : 56,81/92,96€ ☕ - restaurant 36,15/41,32€.* Lits en fer forgé et draps de lin, commodes fin 19e s., *journal le matin... et une salle illuminée par des baies vitrées, où vous pourrez vous reposer ou déguster des pâtes. Des initiatives intéressantes, tant sur le plan culturel que gastronomique.*

circuit

Les sites touristiques apparaissent dans un circuit idéal qui, de Velia, descend par la côte pour remonter vers le Nord-Ouest. 170 km – compter au moins une journée.

Velia★

La colonie fut fondée en 535 avant J.-C. par des Phocéens fuyant les Perses de Cyrus. Port actif et prospère, Velia (*Elea* pour les Grecs) devint municipe romain en 88 avant J.-C., sans pour autant abandonner la culture, les traditions et la langue grecques. La ville est restée célèbre pour son école de philosophie, particulièrement florissante aux 6e et 5e s. avant J.-C., au sein de laquelle se distinguèrent Parménide et son disciple Zénon.

Les fouilles – *Pour y accéder, passer sous la voie ferrée. 9h-1h avant le coucher du soleil. Fermé 1er janv., 1er mai et 25 déc. 2,07€. ☎ 0974 97 23 96.*

Dès l'entrée, on a une intéressante vue d'ensemble sur la zone archéologique de la **ville basse**, où l'on peut reconnaître les vestiges de l'ancien phare, une section de la muraille du 4e s. avant J.-C., la porte de Mer Sud et les thermes romains de l'époque impériale (restes de pavements en mosaïque et marbre). Des thermes, la voie de la Porte Rose traverse l'agora et monte jusqu'à l'ancienne porte (6e s. avant J.-C.) et à la **porte Rose★** (4e s. avant J.-C.), bel exemple d'arc à claveaux, qui constitue le plus important monument civil grec de l'ancienne Grande Grèce.

Sur le promontoire portant l'**acropole** subsistent les vestiges d'un château médiéval élevé sur les fondations d'un temple grec, et la chapelle palatine, qui accueille diverses pièces gravées. Un peu plus bas, on distingue les ruines du théâtre grec, réaménagé à l'époque romaine. À mi-pente, près de la ville basse, on a mis au jour une villa grecque, dont les pièces présentent encore des traces de fresques.

27 km au Sud-Est par la S 447.

Cap Palinuro★★

Il porte le nom mythologique du nocher d'Énée, qui tomba dans la mer et fut enterré ici. Le port de Palinuro est le point de départ d'**excursions** en bateau pour la **Grotta Azzura★** (grotte Bleue) et d'autres grottes cachées au cœur de l'imposant promontoire, sur lequel on peut admirer au printemps la primevère de Palinuro.

♿ *Avr.-oct. : 9h-18h, (durée 1h30, comprend la visite des grottes et une pause sur une petite plage). 10,33€. ☎ 0974 93 82 94 ou 0974 93 16 04.*

De la S 562, on peut gagner l'**arche naturelle** de l'embouchure du Mingardo et les magnifiques plages de la côte *(voir aussi Golfo di POLICASTRO).*

66 km au Nord-Est par la SS 562, la SS 447 (passer par Poderia et prendre la direction de Policastro Busentino), la SS 517 et la SS 19.

Certosa di S. Lorenzo★, à Padula

♿ *9h-20h (de mi-juin à mi-sept. : sam. jusqu'à 23h). 4,13€. ☎ 0975 77 745.*

La **chartreuse St-Laurent**, fondée en 1306, est l'un des ensembles architecturaux les plus vastes de l'Italie méridionale. Les dimensions données au bâtiment, essentiellement baroque dans sa forme actuelle, exigèrent plusieurs siècles de travaux. Du cloître de la Foresteria, un magnifique portail en cèdre du 14e s. conduit à la fastueuse **église** baroque, qui renferme deux admirables **chœurs** du 16e s., l'un pour les frères convers, l'autre pour les pères, ainsi qu'un remarquable maître-autel couvert de majolique. Autour du **grand cloître**, de très vastes dimensions (104 m x 149 m), s'ouvrent les cellules des moines. En franchissant le portail de gauche, on parvient à un grand **escalier★** du 18e s., majestueux et théâtral, inspiré des réalisations de Vanvitelli.

35 km au Nord-Ouest par la S 19.

Grotte di Pertosa

(♿) *Visite guidée uniquement (1h). Avr.-sept. : 9h-19h ; oct.-mars : 9h-16h. 5,16€ pour le petit parcours, 7,75€ pour le parcours long (conseillé). ☎ 09 75 39 70 37 ; www.vipnet.it/pert/grotte.html.*

Dans le magnifique amphithéâtre naturel des Alburni, s'ouvrent, sur environ 2,5 km, des **grottes** auxquelles on accède par un petit lac formé par une rivière souterraine. Habitées depuis le néolithique, elles renferment de belles concrétions, de bicarbonate de sodium pour la plupart ; la **salle des Éponges** (Sala delle Spugne) présente un intérêt particulier.

La S 166 monte jusqu'au Passo della Sentinella (932 m) à travers un **paysage★** enchanteur ponctué au printemps de l'or des genêts.

42 km au Nord-Est par la S 19.

Oasis WWF de Persano

(♿) *Visite guidée uniquement (2h). Juin-sept. : mer. et w.-end. 9h et 17h ; oct.-mai : mer. et w.-end 10h et 15h (réserv. obligatoire au moins une semaine à l'avance). 5,16€, gratuit le jour de la Fête des Oasis. ☎ 0828 97 46 84.*

Elle occupe environ 110 ha d'une plaine alluviale formée par le fleuve Sele, entre les monts Alburni et Picenti. Les paysages où l'on trouve la végétation la plus caractéristique sont ceux du marais et du bois hygrophile, l'un des derniers refuges de la loutre, symbole de l'oasis. Parmi les autres habitants du lieu, outre de nombreux oiseaux aquatiques, on trouve renards, blaireaux, sangliers, belettes et fouines.

Cortona★★

Cortone

Cortone, accrochée aux pentes d'une colline plantée d'oliviers sur le Val di Chiana, près du lac Trasimène, occupe un site★★ panoramique absolument splendide.

Avant de devenir colonie romaine, Cortone faisait partie de la Ligue des Douze Cités étrusques. C'est au Moyen Âge que les fortifications étrusques furent remplacées par des bastions, encore existants aujourd'hui, soutenant une imposante forteresse. Passée sous le contrôle de Florence en 1411, la ville conserve encore un aspect Renaissance.

La situation

22 436 habitants – Carte Michelin n° 430 M 17 – Plan dans le Guide Rouge Italia – Voir aussi Le Guide Vert TOSCANE – Toscane. Cortone est proche de la S 71, qui va d'Arezzo au lac Trasimène. Cortone étant située à flanc de colline, dominant le Val di Chiana, les routes alentours sont très escarpées. *Via Nazionale 42, ☎ 0575 63 03 52.*
Pour poursuivre la visite, voir le chapitre AREZZO.

visiter

En bordure des remparts, la **piazza del Duomo** offre une belle vue sur la vallée. Le **Dôme** roman, remanié à la Renaissance, abrite quelques œuvres d'art.

UNE VILLE D'ARTISTES ET DE SAINTS

Dès le 14e s., Cortone devient un centre actif qui attire de nombreux artistes et où prévaut la tradition siennoise, du moins jusqu'à l'arrivée de Fra Angelico. La ville doit surtout sa renommée aux grands maîtres qu'elle a vus naître : **Luca Signorelli** (1450-1523), **Pierre de Cortone** (1596-1669) et **Severini** (1883-1966) qui attacha son nom au mouvement futuriste.

Museo Diocesano★★

Face au Dôme. Avr.-sept. : tlj sf lun. 9h30-13h, 15h30-19h ; oct. : tlj sf lun. 10h-13h, 15h30-18h ; nov.-mars : tlj sf lun. 10h-13h, 15h-17h. 4,13€. ☎ 0575 62 830.
Remarquable collection de peintures où l'on peut admirer une belle ***Annonciation*** de **Fra Angelico**, ainsi qu'une de ses *Madone entourée de saints.* L'école siennoise est représentée par des œuvres de Duccio, Pietro Lorenzetti, Sassetta. Le musée

carnet pratique

RESTAURATION

• ***À bon compte***

Osteria del Teatro – *Via Maffei, 5 - ☎ 0575 63 05 56 - osteria del teatro@inwind.it - fermé mer., 15 j. en nov. - réserv. conseillée - 18/26€.* Une *osteria* intime, aux murs décorés de très belles photos de théâtre en noir et blanc. L'ambiance est informelle et les cuisiniers n'hésitent pas à quitter leur cuisine pour venir vous servir leurs délicieux plats traditionnels.

HÉBERGEMENT

• ***Valeur sûre***

Albergo Italia – *Via Ghibellina, 5 - ☎ 0575 63 02 54 - fax 0575 60 57 63 - hotel.italia@technet.it - fermé 26 nov. au 15 déc., restaurant : jeu. (sf avr.-oct.) - ▤ - 26 ch. : 59,39/87,80€* ☕. En plein centre historique, cet hôtel dispose d'une terrasse avec une vue magnifique sur le Val di Chiana. Chambres confortables, certaines avec meubles d'époque. Le restaurant est creusé dans une grotte et possède un puits du 16e s.

• *Une petite folie !*

Il Falconiere – *Località San Martino 370 (3 km au N) - ☎ 0575 605252 - fax 0575 604348 - ilfalcon@ilfalconiere.com - ▤ 🏊 - 17 ch. : 200/240€* ☕. L'éperon de l'acropole s'offre à vous depuis les fenêtres des chambres adorablement décorées et fleuries par Silvia. Riccardo, de sa haute stature, s'attache à gérer la propriété comme si chaque hôte était « son » invité. Et Marcello, impeccable maître d'hôtel toujours souriant et disponible, à la tête d'une efficace brigade très stylée, saura vous faire saliver de son accent chantant avant que les plats savoureux (en grande partie faits des produits de la propriété) ne viennent conforter ses dires sous vos papilles. Un lieu magique où tout est calme et volupté.

PETITE PAUSE

Caffè degli Artisti – *Via Nazionale, 18 - ☎ 0575 60 12 37 - été : 7h-2h ; reste de l'année : fermé jeu., nov.* Ce café doit son nom aux nombreuses stars américaines qui le fréquentaient autrefois. Le secret de son succès ? La bonne humeur, une ambiance chaleureuse et le fameux cocktail de la maison !

Pasticceria Banchelli – *Via Nazionale, 64 - ☎ 0575 60 31 78 - pasticceriabanchelli@technet.it - été : 7h-24h ; reste de l'année : 7h-21h.* Le sucre est roi dans cette pâtisserie, connue autant pour ses gâteaux *(pan pepato* ou *pan etrusco)* que pour ses glaces artisanales. Le petit salon de thé vous accueillera pour des pauses gourmandes.

réunit aussi un ensemble choisi de peintures de **Signorelli** et une remarquable ***Extase de sainte Marguerite*** par le Bolonais G.M. Crespi (1665-1747). Voir également un beau sarcophage romain du 2e s. *(Combat des Centaures et des Lapithes)*.

Palazzo Pretorio★

Le palais des Préteurs fut édifié au 13e s. et remanié par la suite. Sa façade latérale, datant de l'origine, est ornée de blasons tandis que celle située piazza Signorelli, précédée d'un grand escalier, date du 17e s. Il abrite le **musée de l'Académie étrusque★** (Museo dell'Accademia etrusca) qui réunit des objets étrusques, mais aussi romains, égyptiens, du Moyen Âge et de la Renaissance. Parmi les objets étrusques, il faut signaler une curieuse **lampe à huile★★** en bronze (5e s. avant J.-C.) ornée de seize becs anthropomorphes. Œuvres et souvenirs de Severini, cédés par l'artiste à sa ville. *Avr.-oct. : tlj sf lun. 10h-19h ; nov.-mars : tlj sf lun. 10h-17h. Fermé 1er janv., 25 déc. 4,13€. ☎ 0575 63 72 35 ; www.accademia-etrusca.net*

Santuario di S. Margherita

Il renferme le beau **tombeau★** gothique (1362) de la sainte. À droite du sanctuaire aboutit la via Santa Margherita, que Severini a orné de mosaïques représentant les stations du chemin de croix.

S. Domenico

Largo Beato Angelico. Cette église recèle, dans la chapelle latérale de droite, une *Madone avec des anges et des saints* de Luca Signorelli, à l'autel un polyptyque de Lorenzo di Niccolò, et une fresque de Fra Angelico.

S. Maria del Calcinaio

3 km en direction de l'Ouest. Construite entre 1485 et 1513 par **Francesco di Giorgio Martini** dans un style qui rappelle fortement celui de Brunelleschi, cette église est admirable par l'élégance et l'harmonie de son dessin, l'équilibre de ses proportions. Une coupole surmonte l'intérieur, lumineux et élancé, sur plan en croix latine. À l'oculus de la façade, remarquable **vitrail** (1516) du Berrichon **Guillaume de Marcillat** (1467-1529).

Non loin de l'église, vers l'Ouest *(sur la route d'Arezzo)*, mausolée étrusque de forme circulaire (4e s.), dit « tombe de Pythagore ».

Costiera amalfitana★★★

La Côte amalfitaine

Depuis toujours, artistes et voyageurs de toutes les origines sont tombés sous le charme des petits villages perdus au milieu d'une végétation luxuriante, où alternent orangers, citronniers, oliviers, amandiers, vignes et bougainvilliers. À l'attrait d'une côte sauvage et accidentée unique au monde est venu s'ajouter, dans les années 1950 et 1960, le glamour de la « Dolce Vita ». Celle-ci fut surtout incarnée par les actrices et les mondains de la jet-set internationale, à la recherche de chaussures ou de vêtements artisanaux et de soirées fastueuses sur les yachts de luxe. Aujourd'hui, la Côte attire des foules de touristes en tout genre, toujours fascinés par les innombrables beautés qu'elle renferme tel un écrin précieux.

La situation

Carte Michelin n° 431 F 25 – Campanie. Entre Sorrente et Salerne, la route suit en corniche les accidents de la plus belle côte d'Italie, qui pour sa valeur naturelle et artistique figure parmi la liste du Patrimoine mondial de l'Unesco depuis 1997.

ℹ Corso delle Repubbliche Marinare, 27/29, 84011 Amalfi (Salerno), ☎ 089 87 11 07.

Pour poursuivre la visite, voir les chapitres CASERTA, NAPOLI, POMPEI et SALERNO.

circuit

LE LONG DE LA CÔTE [5]

Les itinéraires [1] à [4] sont décrits au chapitre Golfo di NAPOLI, conclusion ou point de départ idéal à ce voyage.

79 km – compter une journée. Ce circuit constitue une suite idéale à l'itinéraire [4], décrit au chapitre Golfo di NAPOLI. Pour ceux qui souhaitent se consacrer exclusivement à la découverte de la Côte, le meilleur point de départ est Positano.

Positano⛱⛱⛱

Ancienne bourgade de marins, dont les petites maisons cubiques et blanches d'allure mauresque se dissimulent parmi de verdoyants jardins qui descendent en terrasses vers la mer. Positano est le « seul endroit au monde conçu sur un axe vertical » (Paul Klee). Autrefois très prisé des artistes et intellectuels (Picasso,

Restauration

• ***Valeur sûre***

Giardiniello – *Corso Vittorio Emanuele, 17 - 84010 Minori - 5 km au NE d'Amalfi sur la S 163 - ☏ 089 87 70 50 - fermé mer. (sf juin-sept.), 6 nov. au 6 déc. - 26/40€.* Situé au cœur de la petite ville, le restaurant dispose d'une vaste salle intérieure. En été, vous pourrez être servi dehors, sous une agréable tonnelle. On vous y proposera de savoureuses spécialités locales, essentiellement à base de poisson, à un bon rapport qualité/prix. Vous pourrez aussi déguster des pizzas au dîner.

Chez Black – *Via del Brigantino, 19/21 - 84017 Positano - ☏ 089 87 50 36 - fermé 7 janv. au 7 fév. - 31/47€ + 12 % serv.* Juste en face de la plage, à l'endroit le plus stratégique de la ville. Vous pourrez prendre un repas complet ou un seul plat (pourquoi pas une pizza) sans pour autant vous faire montrer du doigt. La grande salle ne fait qu'un avec la véranda, donc, où que vous soyez, la vue sur la mer est assurée.

Buca di Bacco – *Via Rampa Teglia, 4 - 84017 Positano - ☏ 089 87 56 99 - fermé nov.-mars - 35/63€.* Lieu de rendez-vous des artistes et des intellectuels du début du siècle, c'est aujourd'hui une partie de l'hôtel du même nom, situé au centre de la ville. Spécialités de poisson et fruits de mer, à savourer sur la terrasse panoramique qui donne directement sur la mer et le golfe.

• ***Une petite folie !***

Palazzo della Marra – *Via della Marra, 7/9 - 84010 Ravello - ☏ 089 85 83 02 - fermé mar. (sf avr.-oct.), nov.* - réserv. conseillée *- 43/57€ + 15 % serv.* L'intérieur est sobre, agrémenté par de hauts plafonds à voûtes d'arêtes, comme il se doit à un palais nobiliaire dont les origines remontent au 12e s. Le restaurant se caractérise par une cuisine librement inspirée de la tradition médiévale.

La Caravella – *Via Matteo Camera, 12 - 84011 Amalfi - ☏ 089 87 10 29 - fermé mar., 10 nov. au 25 déc. - ▤ - réserv. conseillée - 47/65€.* Trois petites salles jointes, aux murs blancs et meublées avec sobriété (dont une dans le style années 1940), où déguster d'exquises spécialités de poisson et fruits de mer, accompagnées de très bons vins. Le service est à la hauteur de la carte.

Hébergement

• ***Valeur sûre***

Albergo Hostaria di Bacco – *Via Lama, 9 - 84110 Furore - ☏ 089 83 03 60 - fax 089 83 03 52 - tlj sf 25 déc.* (restaurant fermé en basse saison) - **P** *- 17 ch. : 57/73€ - ☕ 5,16€ - restaurant 21/36€.* Dominant le charmant village, témoignage de l'amour entre Roberto Rossellini et Anna Magnani, l'hôtel et le restaurant vous offrent une superbe vue sur la mer. La gestion est familiale, l'ensemble confortable, à proximité de la « Côte »... mais à des prix raisonnables.

Hotel Le Fioriere – *Via Nazionale, 138 - 84010 Praiano - 11 km au SO d'Amalfi - ☏ 089 87 42 03 - fax 089 87 43 43 -* **P** ▤ *- 14 ch. : 56,81/82,63€ ☕.* Les chambres sont spacieuses, de style moderne, simple et fonctionnel, et disposent pour certaines d'une agréable petite terrasse fleurie donnant sur la mer. En saison, un copieux petit-déjeuner vous y sera servi. Un bon endroit pour profiter de la « Côte » sans vider votre portefeuille, mais un peu bruyant.

Hotel Santa Lucia – *Via Nazionale, 44 - 84010 Minori - 5 km au NE d'Amalfi sur la S 163 - ☏ 089 85 36 36 - fax 089 87 71 42 -* **P** ▤ *(payant) - 30 ch. : 61,97/82,63€ ☕ - restaurant 21/30€.* L'hôtel date des années 1960, mais le mobilier et la décoration sont beaucoup plus récents. L'ambiance est familiale. La plage, située à 100 m seulement, est en partie réservée aux clients. On vous y proposera des spécialités régionales ou nationales.

• ***Une petite folie !***

Albergo Marincanto – *Via Colombo, 36 - 84017 Positano - ☏ 089 87 51 30 - fax 089 87 55 95 - fermé nov.-mars -* **P** ▤ *- 25 ch. : à partir de 108,46€ ☕.* Décoration simple et un peu « rétro ». L'hôtel dispose d'un parking (payant), bien pratique pour qui arrive en voiture. Quant à la belle terrasse-jardin, avec vue sur la mer, il ravira tous les voyageurs sans exception.

Hotel Villa San Michele – *Via Carusiello, 2 - 84010 Castiglione di Ravello - 5 km au S de Ravello - ☏ 089 87 22 37 - fax 089 87 22 37 - fermé 7 janv. au 10 fév. -* **P** ▤ *- 12 ch. : à partir de 134,28€ ☕ - restaurant 23€.* En à pic sur la mer, cet hôtel jouit d'une vue magnifique sur le golfe et sur le Capo d'Orso. Le jardin luxuriant, l'escalier qui descend à la plage et les chambres lumineuses, aux dominantes de blanc et de bleu et aux pavements de majolique ancienne, vous assurent un séjour exceptionnel.

Hotel Aurora – *Piazza dei Protontini, 7 - 84011 Amalfi - ☏ 089 87 12 09 - fax 089 87 29 80 - fermé nov.-mars (ouvert le 25 déc.) - 29 ch. : à partir de 161€ ☕.* Bien situé, donnant directement sur la mer et à deux pas du petit môle touristique. L'ensemble est lumineux, enrichi de majoliques et de mobilier clair, de style moderne. Une terrasse-jardin très agréable, à l'ombre d'un bougainvillier.

Hotel Palazzo Murat – *Via dei Mulini, 23 - 84017 Positano - ☏ 089 87 51 77 - fax 089 81 14 19 - fermé 4 nov. au 20 mars - ▤ - 31 ch. : à partir de 181€ ☕ - restaurant 51,64/77€.* Cette demeure est l'illustration parfaite du baroque napolitain du 18e s. et de l'école de Vanvitelli, et a notamment fasciné Murat, qui en fit sa résidence d'été. Entourée d'un jardin botanique où se mélangent plantes exotiques et fleurs multicolores, elle offre également des chambres au style et aux meubles d'époque.

G. Targat/MICHELIN

Positano

Cocteau, Steinbeck, Moravia et Noureiev – qui acheta l'îlot Li Galli), ainsi que par des habitués de la « Dolce Vita » qui se retrouvaient à la *Buca di Bacco*, ce village est aujourd'hui un des lieux les plus fréquentés de la Côte amalfitaine. C'est ici que naquit dans les années 1950 la « mode Positano », aux formes légères et aux tissus de couleurs vives. Tout aussi célèbres : les sandales, dont les femmes du beau monde faisaient provision au cours de leurs voyages à Positano.

Vettica Maggiore

Joli village touristique, ses maisons sont dispersées sur les pentes. On a, de l'esplanade, une belle **vue**★★ sur la côte et la mer.

Vallone di Furore★★

Entre deux tunnels, la « gorge de la Fureur » est la plus impressionnante entaille de la Côte, par la sombre profondeur de ses parois rocheuses resserrées et escarpées, par le mugissement d'une mer sauvage qui, les jours de gros temps, déferle avec force. Une bourgade de pêcheurs s'est pourtant installée là, à l'endroit où débouche le lit d'un torrent. Les maisonnettes accrochées aux pentes et les barques de couleurs vives tirées sur la grève surprennent un peu dans ce paysage farouche. Anna Magnani ne put échapper à ce ravissement : lors de son séjour à Furore en 1948 en compagnie de Roberto Rossellini pour le tournage de *L'Amore*, elle voulut

acquérir une petite maison de pêcheurs. Pour découvrir les divers aspects du site, on peut suivre le sentier qui longe un des côtés de la gorge. Ainsi, à côté d'œuvres plus traditionnelles, on pourra aussi admirer les « **murs d'auteurs** », peintures et sculptures contemporaines en plein air évoquant l'histoire locale.

Grotta dello Smeraldo★★

Accès par ascenseur depuis la route, 9h-16h. 5,16€ (ascenseur et visite de la grotte). On peut également y accéder par bateau depuis le port d'Amalfi, 5,16€ AR (plus l'entrée).

L'eau de cette grotte marine, d'une transparence exceptionnelle, est éclairée indirectement par réflexion des rayons qui lui donnent cette admirable couleur émeraude. Le fond de la grotte, qui paraît tout proche malgré 10 m. de profondeur, n'a pas toujours été recouvert par la mer, ainsi qu'en témoignent les stalagmites surgissant curieusement de l'eau ; son immersion résulte du lent mouvement local d'affaissement de la croûte terrestre.

Amalfi★★

Amalfi, est une petite ville d'allure espagnole dont les hautes maisons blanches sont juchées sur les pentes d'un vallon qui fait face à une mer très bleue, composant un **site★★★** merveilleux, jouissant d'un climat très agréable, vivement apprécié des vacanciers.

Depuis la piazza Duomo, les via Genova, via Capuano *(son prolongement)* et **via dei Mercanti** *(parallèle sur la droite)* constituent le **centre historique★** et commerçant de la ville, pittoresque de par ses façades toutes différentes, ses balcons et ses niches fleuries. Ruelles, petits escaliers et passages voûtés qui débouchent sur des placettes ornées de fontaines sont les particularités du plan urbain, inspiré du modèle arabe.

Voyage dans le temps

Amalfi est la plus ancienne république d'Italie : fondée en 840, elle atteignit son apogée au 11e s., époque à laquelle la navigation en Méditerranée était réglée par les Tables amalfitaines, le plus ancien code maritime du monde. Entretenant un commerce régulier avec les ports de l'Orient, plus particulièrement avec Constantinople, Amalfi possédait un **arsenal** *(à gauche de la Porte de la Mer)* où étaient construites des galères comptant jusqu'à 120 rameurs, les plus grandes de l'époque ; la flotte amalfitaine prit une part importante au transport des croisés.

Duomo (S. Andrea)★ – *Visite du cloître du Paradis et du Musée diocésain. Juin-sept. : 9h-21h ; de mars à mi-juin et de mi-sept. à oct. : 9h-19h ; le reste de l'année : 10h-12h45, 14h30-17h15. 1,55€. ☎ 089 87 10 59.*

Fondée au 9e s., agrandie aux 10e et 13e s. puis maintes fois transformée, cette **cathédrale** témoigne du goût des cités maritimes pour la splendeur orientale. La façade, refaite au 19e s. sur le modèle de l'ancienne, s'élève au sommet d'un imposant escalier et frappe par son appareil de pierres polychromes formant des motifs géométriques variés. À gauche, le campanile est tout ce qui reste de la

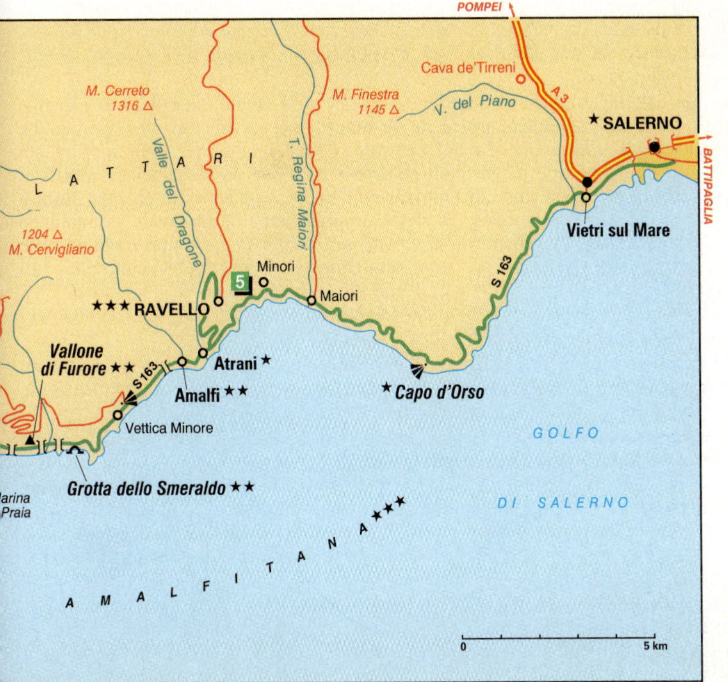

construction d'origine. Un vaste atrium précède l'église dans laquelle on pénètre par une belle **porte★** de bronze (11e s.), provenant de Constantinople. À l'intérieur, de style baroque, on peut admirer deux colonnes antiques, deux candélabres et deux ambons du 12e s.

Par l'atrium, on pénètre dans le **cloître du Paradis★★**, bâti en 1268, où se mêlent l'austérité romane et la fantaisie arabe, et dont les galeries abritent quelques beaux sarcophages. Le **Musée diocésain** est installé dans la basilique du Crucifix, qui correspond à l'ancienne cathédrale du 9e s. Faisant autrefois partie de l'édifice principal puis transformée dans le style baroque, elle a désormais retrouvé ses formes romanes d'origine (remarquer la tribune ornée de fenêtres géminées ou simples, ainsi que les chapelles contenant des restes de fresques). Depuis la basilique, on accède à la crypte qui renferme les reliques de l'apôtre saint André, transférées de Constantinople à Amalfi en 1206.

Atrani★

Au débouché de la vallée du Dragon, Atrani est un agréable village de pêcheurs qui possède deux églises anciennes : S. Maria Maddalena et S. Salvatore. Cette dernière, fondée au 10e s., conserve une porte de bronze qui semble inspirée par celle de la cathédrale d'Amalfi. Une route admirable, en lacet, serpente le long de la colline du Dragon au milieu des vignes et des oliviers et conduit jusqu'à Ravello.

Ravello★★★

Ravello, suspendue entre ciel et mer, accroche à une colline ses ruelles, escaliers, passages voûtés, qui composent un **site★★★** inoubliable. Au cours des siècles, l'aristocratique sobriété de Ravello ne fut pas sans attrait pour les artistes, musiciens et écrivains ; parmi eux, le Bloomsbury Group de Virginia et Leo Woolf, D.H. Lawrence, Graham Greene, Gore Vidal, Escher et Mirò.

Villa Rufolo★★★ – *Piazza Vescovado, où s'élève la cathédrale. (♿) Avr.-août : 9h-20h ; sept.-mars : 9h-18h. Fermé 1er janv., 25 déc. 3,10€. ☎ 089 85 76 57.*

Bâtie au 13e s. par les Rufolo, riche famille de Ravello citée par Boccace dans le *Décaméron*, elle servit de résidence à plusieurs papes, à Charles d'Anjou, et, en 1880, à **Richard Wagner**, qui, en quête d'inspiration pour *Parsifal*, se serait exclamé à la vue du splendide jardin de la villa : « J'ai trouvé le jardin de Klingsor ! ». On y pénètre par une belle allée ombragée ; ayant franchi la tour gothique de l'entrée, on parvient à la « cour mauresque » aux arcatures très aiguës, de style siculo-normand, surmontées d'entrelacs : il s'agit en fait d'un ancien cloître du 11e s. Une puissante tour, également du 11e s., domine les jardins somptueusement fleuris et l'architecture tout en décrochements de cette élégante villa. Des terrasses, splendide **panorama★★★** sur des sommets découpés jusqu'au cap d'Orso, la baie de Maiori et le golfe de Salerne. Au premier plan : coupoles de l'église de l'Annunziata. En été, les jardins sont le lieu idéal pour les concerts, avec pour coulisses le décor incomparable d'arbres, de fleurs et de mer. *Pour toute information, contacter la Società dei Concerti di Ravello, ☎ 089 85 81 49, fax 089 85 82 49, ou l'Ufficio del Turismo (☎ 089 85 70 96) ; www.ravelloarts.org*

Duomo – Fondé en 1086 et transformé au 18e s., le Dôme a gardé un campanile du 13e s., et une splendide **porte de bronze★** signée Barisanus de Trani, 1179, avec des figures en relief. La nef centrale, dont les colonnes antiques ont été dégagées, conserve une magnifique **chaire★★** couverte de mosaïques à motifs et animaux fantastiques d'une extrême variété (1272). À gauche, un élégant **ambon** du 12e s. est orné de mosaïques vertes représentant Jonas avalé et recraché par la baleine. La crypte abrite un petit **musée** qui réunit des fragments de sculptures, des mosaïques et une **tête-reliquaire** en argent contenant les reliques de sainte Barbe. *Mars-oct. : 9h30-13h, 15h-19h ; nov.-fév. : seulement dim. et j. fériés (lun.-sam. sur demande uniquement). 1,03€. ☎ 089 85 83 11 ; www.diocesi.amalficava.it/ravello*

À gauche de la cathédrale, la Cameo Factory abrite un minuscule **musée du Corail** qui présente des pièces d'une grande valeur artistique, dont une très précieuse tabatière incrustée de camées.

S. Giovanni del Toro – *Juil.-sept. : 9h-13h, 15h-18h30 ; oct.-juin : sur réservation uniquement. Laisser une offrande. ☎ 089 85 83 11.*

La rue du même nom, le long de laquelle se découvre sur la droite un splendide **belvédère★★**, conduit à cette belle église à trois vaisseaux du 11e s. À l'intérieur, les arcades reposent sur des colonnes antiques. Elle abrite une **chaire★** du 11e s. richement décorée, un sarcophage romain *(collatéral droit)* et des fresques du 14e s. *(abside et crypte)*.

Villa Cimbrone★★ – *9h30-20h. 4,13€. ☎ 089 85 74 59.*

Une charmante **ruelle★** conduit de la piazza Vescovado à la villa, en passant sous le porche gothique du couvent de S. Francesco. Érigée au début du 19e s. par Lord William Bechett, dans un style éclectique qui renvoie par endroits à S. Francesco et à la villa Rufolo, la villa Cimbrone est un hommage à l'histoire de Ravello, mais aussi un point de référence pour le **Bloomsbury Group**, dont l'idéal esthétique de clarté, d'ordre et d'harmonie est incarné par le splendide jardin. À l'entrée de la villa s'ouvrent sur la gauche un magnifique cloître et une belle salle aux voûtes en ogives. Une grande allée traversant les splendides jardins mène au belvédère dont la terrasse est jalonnée de bustes de marbre : le **panorama★★★** dont on bénéficie sur les collines couvertes de cultures en terrasses, Maiori, le cap d'Orso et le golfe de Salerne est vertigineux.

Capo d'Orso★

Composé de roches bizarrement découpées, ce cap offre un point de vue intéressant sur la baie de Maiori.

Vietri sul Mare

Étagée à l'extrémité de la Côte amalfitaine sur laquelle elle offre de magnifiques **vues★★**, Vietri est renommée pour son artisanat traditionnel de la céramique.

Salerno★ *(voir ce nom)*

Cremona★

Crémone

D'abord cité gauloise, puis latine, Crémone fut au Moyen Âge une commune libre, constamment ravagée pourtant par les luttes intestines entre les guelfes et les gibelins. En 1334, elle fut conquise par les Visconti. Réunie au duché de Milan au 15e s., Crémone connut à nouveau sous la Renaissance une brillante activité artistique. Aux 18e et 19e s., les Français et les Autrichiens se la disputèrent jusqu'à la période du Risorgimento, auquel les Crémonais participèrent activement.
Crémone donna le jour à Claudio Monteverdi (1567-1643), inventeur, avec l'*Orfeo* et *Le Couronnement de Poppée*, de l'opéra moderne.

La situation

71 611 habitants - Cartes Michelin nos 428 et 429 G 11/12 - Lombardie. Crémone se trouve au cœur de la plaine du Pô. Accès facile par l'A 21 qui va de Brescia à Plaisance. ℹ *Piazza del Comune, 5, ☎ 0372 23 233.*
Pour poursuivre la visite, voir les chapitres BRESCIA, PIACENZA.

ADRESSE

Alba – *Via Persico, 40 - ☎ 0372 43 37 00 - fermé dim., lun., 24 déc. au 7 janv., août - ▤ - réserv. conseillée - 15/23€.* Trattoria typique à l'ambiance familiale et au décor très simple, avec murs lambrissés. Une cuisine authentique qui reflète la tradition locale, tout particulièrement en hiver. Goûtez le délicieux *cotechino* (saucisson à cuire) cuit au four dans une croûte de pain.

visiter

Campanile del Torrazzo★★★

Fermé pour restauration au moment de la rédaction de ce guide. ☎ 0372 27 633 ou 0330 71 59 35.
Relié à la façade de la cathédrale par une galerie Renaissance, le Torrazzo est un admirable campanile élevé à la fin du 13e s. Son corps massif est allégé par un élégant couronnement octogonal ajouté au 14e s. De son sommet (112 m), belle **vue★** sur la ville.
Son horloge astronomique, remontant à 1471, subit divers remaniements, dont le dernier dans les années 1970 : elle se distingue tout particulièrement par ses représentations d'étoiles et de constellations du zodiaque.

Duomo★★

Ce magnifique édifice lombard, commencé en style roman et achevé en gothique (de 1107 à 1332), possède une riche façade de marbre blanc, précédée d'un porche ; de nombreux éléments ajoutés en forment l'ornementation, notamment une frise de l'école d'Antelami, une grande rose du 13e s. et, au portail central, quatre statues-colonnes qui rappellent celles de Chartres. L'**intérieur**, de vastes proportions, abrite des **fresques★** dues à l'école de Crémone (B. Boccaccino, les Campi, les Bembo et Romanino da Brescia, Pordenone et Gatti). Noter également, à l'entrée du chœur, un élégant **haut-relief★★** d'Amadeo, l'architecte-sculpteur de la chartreuse de Pavie.

Battistero★

Cette belle construction octogonale, ornée d'un porche lombard et d'une galerie à colonnes, a été modifiée à la Renaissance.

Le son angélique et diabolique venu du bois

Ébène, érable, sapin : de ces bois et de quelques crins de cheval peuvent naître *Caprices*, *Trille du Diable* ou *Palpiti*... autant de sons bouleversants, incroyablement proches de la voix humaine, dont les tonalités touchent parfois au surnaturel.
Pour que ce miracle s'accomplisse, les maîtres luthiers de Crémone sont à l'œuvre depuis le 16e s. et la tradition se perpétue encore aujourd'hui grâce à l'École internationale de Lutherie.
Crémone est la patrie des plus grands luthiers de tous les temps, dont les instruments sont encore aujourd'hui recherchés par les violonistes de renom.
Le premier luthier crémonais réputé fut **Andrea Amati** (1505-1580). Son œuvre fut poursuivie par ses fils et son neveu Nicola, maître d'**Andrea Guarneri** et du très célèbre **Antonio Stradivari(us)** (1644-1737), qui créa plus de 1 100 instruments à cordes. Le plus connu de tous les Stradivarius est le « Cremonese » datant de 1715. Très recherchés également, les **« Guarneri del Gesù », surnom donné à** Giuseppe Guarneri (1698-1744) en raison du trigramme IHS *(Jésus sauveur des hommes)* que portent ses violons. Le mélomane averti distinguera facilement le timbre d'un Stradivarius, d'une pureté cristalline, de celui d'un « Guarneri del Gesù », puissant et profond.
On ne peut bien sûr évoquer le violon sans parler de **Paganini** (1782-1840). Virtuose génial, il sut exploiter toutes les possibilités techniques, jusqu'alors ignorées, de l'instrument et ses prouesses furent considérées comme « diaboliques » à l'époque. Parmi les violons crémonais passés entre les mains expertes de Paganini figure le célèbre « Cannone », un Guarneri de 1743, que l'artiste légua à la ville de Gênes.

Palazzo Comunale

♿ *Été : 8h30-18h, dim. et j. fériés 10h-18h ; le reste de l'année : tlj sf lun. 8h30-18h, dim. et j. fériés 10h-18h. Fermé 1er janv., 1er mai, 25 déc. 3,10€, gratuit pendant la Semaine du patrimoine. ☎ 0372 22 138 (possibilité d'écouter jouer un violon ancien en réservant au moins 15 jours à l'avance) ; www.rccr.cremona.it*

Bâti au 13e s., puis remanié, l'**hôtel de ville** abrite cinq célèbres **violons** des luthiers crémonais : le *Charles IX* (Amati), l'*Hammerle* (Amati), le *Quarestani* (Guarneri), le *Cremonese 1715* (Stradivarius) et le *Stauffer* (Guarneri del Gesù).
À sa gauche, la jolie **loge des Soldats** (Loggia dei Militi) remonte au 13e s.

Museo Civico Ala Ponzone

♿ *Tlj sf lun. 8h30-18h, dim. et j. fériés 10h-18h. Fermé 1er janv., 1er mai, 25 déc. 5,16€. ☎ 0372 46 18 85 ; www.rccr.cremona.it*

Installé dans un palais du 16e s., il comprend une **pinacothèque**, essentiellement consacrée aux œuvres de l'école crémonaise, où l'on remarque une douloureuse ***Méditation de saint François*** du **Caravage**, ainsi qu'un *Portrait avec des légumes* d'Arcimboldo.

Museo Stradivariano

(♿) *Tlj sf lun. 8h30-18h, dim. et j. fériés 10h-18h. Fermé 1er janv., 1er mai, 25 déc. 3,10€. ☎ 0372 46 18 86 ; www.rccr.cremona.it*

Le musée Stradivarius présente les modèles, formes de bois et outils du grand luthier, ainsi que des instruments à cordes du 17e au 20e s.

▶▶ Palais Fodri★, Palais Stanga, Palais Raimondi, S. Agostino, S. Sigismondo.

Delta del Po

Delta du Pô

L'ancien delta du Pô, « le grand fleuve » comme l'appelait Guareschi, autrefois pauvre et malsain, a été assaini grâce aux installations de pompage. Aujourd'hui, cette zone, en grande partie agricole, est devenue un Parc naturel régional.
La route Chioggia-Ravenne (90 km) qui la traverse offre à perte de vue un paysage plat, désert, ponctué de temps à autre par une grande ferme isolée. Les futaies de peupliers et de pins parasols viennent rompre la monotonie de ces étendues infinies et néanmoins séduisantes, quelle que soit la saison. Dans les nombreux canaux qui sillonnent ce pays, la pêche à l'anguille est une tradition.
Dans la partie romagnole du delta, les Valli di Comacchio forment une zone lagunaire, la plus importante d'Italie, d'une mélancolique beauté.
Le Polésine, partie de la plaine vénitienne allant de Rovigo au delta, comprend l'antique cité d'Adria et Porto Tolle, dernière ville que rencontre le Pô avant de se jeter dans la mer. L'apparence actuelle du Polésine est le résultat des actions combinées du Pô, de l'Adige et de l'homme. En 1951, une terrible inondation ravagea toute la région.

Lara Pessina/MICHELIN

La poésie quelque peu mélancolique du delta, près de Ferrare

La situation

Carte Michelin nº 429 H 18 – Émilie-Romagne, Vénétie. Le delta du Pô est la zone comprise entre Venise et Ravenne, appartenant aux provinces de Rovigo et de Ferrare.

ℹ pour la partie romagnole : Castello Estense, Ferrara, ☎ 0532 29 93 03 ; Abbazia di Pomposa, ☎ 0533 71 91 10 ; Consorzio Parco del Delta, Via Cavour, 11, 44022 Comacchio (Ferrare), ☎ 0533 31 40 03.

ℹ pour la partie vénitienne : Via Dunant, 10, 45100 Rovigo, ☎ 0425 36 14 81 ; Via dei Pini, 4, 45010 Rosolina Mare, ☎ 0426 68 012.

Pour poursuivre la visite, voir les chapitres FERRARA, LAGUNA VENETA, RAVENNA et VENEZIA.

carnet pratique

Restauration

• ***Valeur sûre***

La Capanna – *Località Ponte Vicini - 44021 Codigoro - 6 km à l'O de l'abbaye de Pomposa - ☎ 0533 71 21 54 - fermé mer. soir, jeu., 15 août au 12 sept. - ▤ - réserv. conseillée - 31,50/41,83€.* Des chaises en paille et un décor très simple pour cette osteria typique qui offre néanmoins un service de qualité. Une cuisine familiale avec plats de poisson et plats de gibier en hiver. Différentes spécialités parmi lesquelles l'anguille arros in umad (grillée et accompagnée de sauce tomate) et des schille (crevettes) servies avec de la polenta blanche.

Hébergement

• ***Valeur sûre***

Hotel Villa Belfiore – *Via Pioppa, 27 - 44020 Ostellato - 27 km à l'O de Comacchio - ☎ 0533 68 11 64 - fax 0533 68 11 72 - P ⛱ ▤ - 18 ch. : 70/80€ ☕ - restaurant 21/29€.* Des chambres spacieuses avec des meubles rustiques en bois massif (datant pour certains du 19ᵉ s.) et un service de qualité. Situé dans le magnifique Parc du delta du Pô, un endroit très tranquille pour profiter pleinement de la campagne.

visiter

Comacchio

Bâtie sur le sable et l'eau, vivant depuis toujours de la pêche des anguilles, Comacchio rappelle Chioggia. Ses maisons colorées, ses canaux franchis par de curieux ponts, parfois triples, ses barques de pêche font tout son charme.

Mesola

28 km au Nord de Comacchio. Mesola accueille un robuste château de brique, bâti en 1583 par les Este.

Abbazia di Pomposa★★

(♿) 8h30-19h. Fermé 1er janv., 1er mai, 25 déc. 4,13€. ☎ 0533 71 91 30.

Abbaye bénédictine fondée au 6ᵉ s., dont le rayonnement fut immense, particulièrement du 10ᵉ au 12ᵉ s., époque à laquelle saint Gui de Ravenne, son abbé, et **Guido d'Arezzo**, inventeur de la gamme musicale, l'illustrèrent. Juillet et août voient s'y dérouler des concerts

La très belle **église** préromane est précédée d'un narthex dont la décoration marque le style byzantin. À sa gauche, un admirable campanile roman (11ᵉ s.) s'élance vers le ciel ; remarquer, d'une part, la progression du nombre et de la taille de ses baies, d'autre part, la sobriété élégante des bandes et arcatures lombardes qui décorent ses neuf étages, enfin la variété du décor géométrique obtenu par l'emploi des briques.

La nef a gardé partiellement son magnifique **pavement** de mosaïques et deux bénitiers, l'un roman, l'autre de style byzantin. Les murs sont revêtus d'un exceptionnel ensemble de **fresques** du 14e s. inspirées des miniatures ; on lit de droite à gauche, au registre supérieur, des épisodes de l'Ancien Testament, au registre inférieur, des scènes de la vie du Christ ; dans les écoinçons des arcades, scènes de l'Apocalypse ; au revers de la façade, *Jugement dernier* ; dans la chapelle absidiale, *Christ en majesté*.
Devant l'église s'élève le palais de la Ragione, où l'abbé rendait la justice.

Dolomiti★★★

Les Dolomites

Entre Vénétie et Trentin-Haut-Adige s'ouvre l'éventail de ces rocheux « Monts Pâles » (« Monti Pallidi »), qui s'embrasent au crépuscule pour s'éteindre soudain lorsque le soleil disparaît. Entre leurs roches abruptes, les Dolomites enferment de petits lacs cristallins et des mystères qui ont tissé la trame d'innombrables légendes poétiques.

La situation

Carte Michelin n° 429 C 16/19 – Vénétie/Trentin-Haut-Adige. Pour rejoindre les Dolomites du Trentin-Haut-Adige, prenez l'A 22 du Brenner ; de la Vénétie, empruntez l'A 27 qui va à Belluno.

L'Office du tourisme des Dolomites, piazzetta S. Francesco, 8, 32043 Cortina d'Ampezzo (Belluno), ☎ 0436 3231 ; www.apt-dolomiti-cortina.it

Association touristique Alta Badia, strada Col Alt, 36, 39033 Corvara, ☎ 0471 83 61 76 ; Association touristique Val Gardena, via Dursan, 78/bis, 39047 S. Cristina, ☎ 0471 79 22 77 ; Association touristique Rosengarten-Latemar, 39050 Ponte Nova, ☎ 0471 61 03 10 ; Comité touristique Sciliar-Alpe di Siusi, via Sciliar, 16, 39040 Siusi, ☎ 0471 70 70 24. Site Internet pour tout le Haut-Adige : www.hallo.com
Pour poursuivre la visite, voir les chapitres BELLUNO, BOLZANO et TRENTO.

comprendre

Les Dolomites ou les rochers d'antan

Les Dolomites sont composées d'une roche calcaire blanche, la dolomie, du nom du géologue français Déodat de Dolomieu, qui, au 18e s., en étudia la composition.
Il y a 150 millions d'années, cette partie du globe était envahie par la mer de Thétis où, sur les fonds marins, marnes, calcaires et massifs de corail commencèrent à former les couches géologiques des « Monts Pâles ».
Il y a 70 millions d'années environ, au moment de l'orogenèse des Alpes (plissement de la croûte terrestre), les strates subirent une compression exceptionnelle et montèrent en surface. Ainsi émergèrent les Dolomites, qui aujourd'hui encore, offrent au randonneur des fossiles marins.

Les « Tre Cime di Lavaredo »

Lara Pessina/MICHELIN

Cette formation ne s'acheva pratiquement qu'au cours des périodes glaciaires du quaternaire (il y a 2 millions d'années environ), lorsque les glaciers adoucirent les formes et creusèrent les vallées. Seules la flore et la faune manquaient ; elles commencèrent à peupler les Dolomites quand les glaciers se retirèrent.

Les massifs – Au Sud-Est se dressent le Pelmo (3 168 m) et le Civetta (3 220 m), tandis qu'au Sud, près de la Cima della Vezzana, les « Pale di San Martino », striées de fissures, se divisent en trois chaînes séparées par un haut plateau. Les massifs du Latemar (2 842 m) et du Catinaccio (2 981 m), où se dressent les fameuses « tours du Vaiolet », encadrent le col de Costalunga. Au Nord de ce dernier se trouvent le Sasso Lungo et le colossal massif de Sella, dont une route fait le tour.

À l'Est, les Dolomites de Cortina ont pour sommets principaux les Tofane, le Sorapiss et le Cristallo. Enfin, au centre, le massif de la **Marmolada** (3 342 m) constitue le point culminant des Dolomites.

Le **Cadore** prolonge les Dolomites à l'Est et au Sud-Est de Cortina ; son axe est la vallée de la Piave, sa capitale Pieve di Cadore. Les plus hauts sommets de ce massif sont l'Antelao (3 263 m) et les « Tre Cime di Lavaredo ».

Faune et flore – Les paysages des Dolomites doivent leurs couleurs aux forêts de conifères, crocus, gentianes, edelweiss, rhododendrons, lys, campanules alpestres, ou raiponce en épis.

Même si les touristes font fuir les animaux, les Dolomites, en grande partie parc naturel, se présentent encore comme un milieu hospitalier pour le chamois, la marmotte, l'aigle royal et le coq de bruyère.

Le flamboiement des roses sur les Monts Pâles

Une légende rapporte qu'un prince qui vivait au pied des Alpes avait épousé la fille du roi de la Lune. Fleurs et prés emplissaient de joie le cœur de la jeune femme, troublée cependant par la teinte sombre des rochers. La nostalgie des montagnes pâles de son pays la rongeait tant, qu'elle dut retourner sur la Lune. Le prince, désespéré, vit venir à son secours des gnomes, qui mirent en pelotes les rayons de la Lune, tissèrent des toiles à l'aide de ces fils lumineux, puis les déposèrent sur les montagnes. Alors la princesse revint et on autorisa les gnomes à habiter le royaume.

Au coucher du soleil cependant, les Monts Pâles se paraient des couleurs du feu, sous l'effet sans doute du magnifique rosier qui poussait sur la montagne où vivait le roi des gnomes. Un jour, attirés par cette couleur, des guerriers étrangers pénétrèrent dans le royaume et s'emparèrent du roi, qui maudit la plante, la condamnant à n'être vue ni de jour, ni de nuit. Mais la malédiction n'évoquait pas le crépuscule, cet instant suspendu entre jour et nuit. Aussi, à ce moment de la journée, le massif du Catinaccio, appelé Rosengarten en allemand, c'est-à-dire « jardin des roses », continue à resplendir, et avec lui chaque roche des Dolomites s'illumine.

circuit

LA ROUTE DES DOLOMITES★★★ 1

De Bolzano à Cortina – 210 km – compter 2 jours.

C'est une route historique, admirable par ses panoramas et ses caractéristiques techniques. À la Renaissance déjà, elle constituait la route commerciale entre Venise et l'Allemagne ; elle fut aussi utilisée pendant la Première Guerre mondiale.

Bolzano / Bozen★ *(voir ce nom)*

Gorge du Val d'Ega / Eggental★

Étroit défilé de grès rose défendu par le **château de Cornedo**.

Nova Levante / Welschnofen★

Dominé par le Catinaccio, ce village avec son clocher à bulbe s'étale au bord d'un torrent.

Lago di Carezza★

Ce lac minuscule est enchâssé dans la mer sombre des bois de conifères et dominé, à l'arrière-plan, par les massifs du Latemar et du Catinaccio.

Passo di Costalunga / Karerpass★

Appelé aussi col de Carezza ; **vue★** vers le Catinaccio d'un côté, le Latemar de l'autre.

Vigo di Fassa★★

Occupant une belle **situation★** dans le Val de Fassa, cette localité est un centre d'alpinisme et d'excursions dans le massif du Catinaccio *(téléphérique)*.

Canazei★★★

Au cœur du massif, encadré par le Catinaccio, les tours du Vaiolet, le massif de Sella et la Marmolada, Canazei est le point de départ des excursions et des difficiles escalades dans les chaînes de la Marmolada. L'église au toit en bardeaux et au clocher à bulbe offre une façade peinte d'un saint Christophe.

À Canazei, prendre à droite la route S 641.

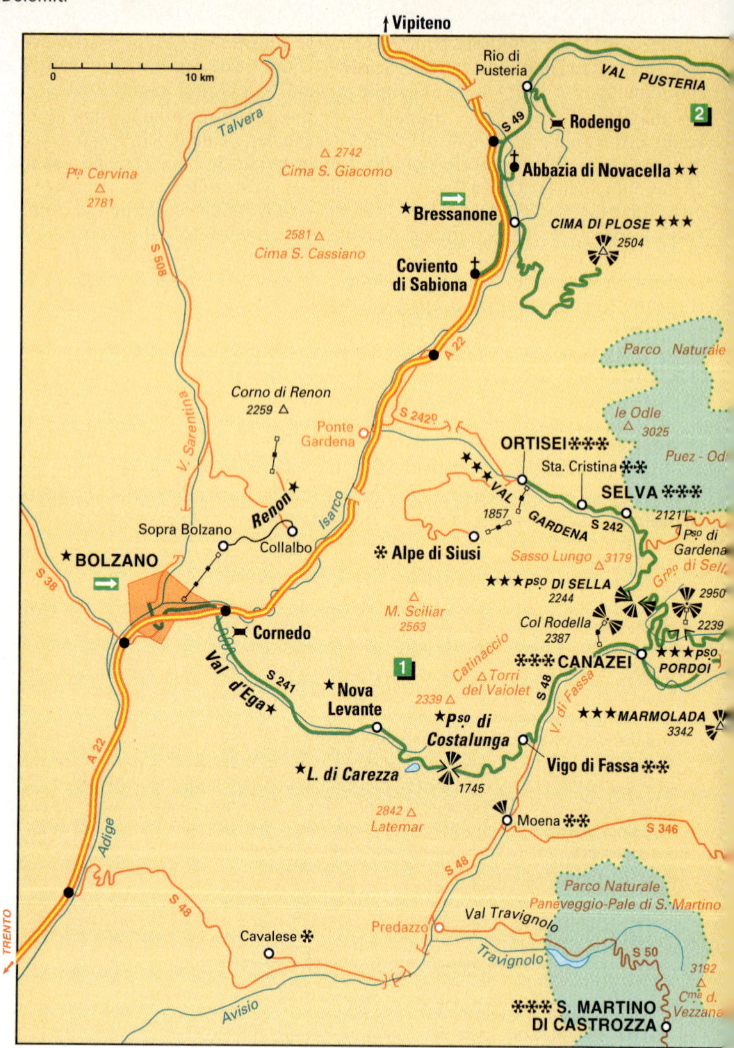

Correspondance entre les toponymies

Adige/Etsch	Cervina (Punta)/Hirzerspitze
Alpe di Siusi/Seiseralm	Chuisa/Klausen
Badia/Abtei	Cornedo/Karneid
Badia (Val)/Gadertal	Corvara in Badia/Kurfar
Bolzano/Bozen	Costalunga (Passo di)/Karerpass
Braies (Lago di)/Pragser Wildsee	Croda Rossa/Hohe Geisel
Bressanone/Brixen	Dobbiaco/Toblach
Brunico/Bruneck	Ega (Val d')/Eggental
Campo Fiscalino/Fischleinboden	Gadera/Gaderbach
Carezza (Lago di)/Karersee	Gardena (Passo)/Grödnerjoch
Catinaccio/Rosengarten	Gardena (Val)/Grödnertal

Elle offre de très belles **vues**★★ sur la Marmolada et son glacier. Au débouché d'un long tunnel, surgit le **lac de Fedaia**★ que domine la masse de la Marmolada.

Marmolada★★★

Ce massif, le plus élevé des Dolomites, possède un glacier et une piste de ski très rapide. De **Malga Ciapela**, un téléphérique permet d'atteindre 3 265 m, belvédère d'où l'on bénéficie d'un des plus beaux **panoramas**★★★ sur les montagnes de Cortina (Tofane, Cristallo), les pains de sucre du Sasso Lungo, l'énorme masse tabulaire de Sella, et, tout à fait à l'arrière-plan, les sommets des Alpes autrichiennes jusqu'au Grossglockner.
Revenir à Canazei puis, à 5,5 km, prendre à gauche.

talienne et allemande

Isarco/Eisack	San Giacomo (Cima)/Jakobspitze
Lavaredo (Tre Cime di)/Drei Zinen	San Vigilio di M./St. Vigil
Nova Levante/Welschnofen	S.-Cristina/St-St-Christina
Odie (le)/Geislerspitze	Sarentina (Valle)/Sarntal
Ortisei/St-Ulrich	Sasso Lungo/Langkofel
Plan de Corones/Kronplatz	Sella (Passo)/Sellajoch
Plose (Cima d.)/Plose Bühel	Selva in Val Gardena/Wolkenstein in Gröden
Rienza/Rienz	Sesto (Val di)/Sextental
Riscon/Reischach	Talvera/Talfer
San Candido/Innichen	Tre Scarperi (Cima)/Dreischusterspitze
San Cassiano (Cima)/Kassianspitze	Vipiteno/Sterzing

Passo di Sella★★★

Ce col fait communiquer la vallée de Fassa avec celle de Gardena et offre un superbe **panorama**★★★, l'un des plus étendus et des plus caractéristiques des Dolomites, embrassant le massif de Sella, le Sasso Lungo et la Marmolada.

Val Gardena / Grödnertal★★★

C'est une vallée aussi belle que bondée de touristes. On y parle encore une langue née sous l'occupation romaine, le rhéto-roman, ou ladin, dont les sons ne résonnent plus désormais que dans certaines vallées des Dolomites, dans les Grigioni ou les Alpes Carniques.

carnet pratique

Restauration

• *À bon compte*

Concordia – *Via Roma, 41 - 39046 Ortisei - ☎ 0471 79 62 76 - fermé nov., de mi-avr. à mai - 18/36€.* L'un des rares restaurants de la région qui mérite cette appellation. Vous y trouverez des plats traditionnels délicieux et préparés avec soin, ainsi qu'une ambiance typique et conviviale.

Gérard – *Via Plan de Gralba, 37 - 39048 Selva di Val Gardena - ☎ 0471 79 52 74 - fermé 15 avr. au 10 juin, 15 oct. au 8 déc. - ⊄ - 19,60/37,80€.* Si la cuisine qu'on y sert est classique (*polenta* et produits locaux), la vue splendide dont on jouit dans ce refuge situé à 2 000 m d'altitude est quant à elle absolument unique : le massif de Sella et le Sassolungo vous enchanteront littéralement. Possibilité d'hébergement.

Rifugio Larin – *Località Senes - 32046 San Vito di Cadore - 9 km au S de Cortina d'Ampezzo sur la S 51 - ☎ 0436 91 12 - fermé oct.-mai - 22/31€.* Vous pouvez y aller en voiture mais vous manquerez alors une très belle promenade, revigorante de surcroît. Ce restaurant-refuge classique offre une cuisine et un décor typiques, particulièrement soignés. Très beau panorama.

• *Valeur sûre*

Unterwirt – *Località Gudon - 39043 Chiusa d'Isarco - 34 km au NE de Bolzano sur la S 12 - ☎ 0472 84 40 00 - fermé mar., mer., janv.-mars - ⊄ - 28/51€.* Dans les anciennes stuben (pièces traditionnelles équipées d'un poêle), vous vous régalerez de plats typiques savamment interprétés et présentés. Un jardin fleuri et une piscine pour se reposer au calme et des chambres « écologiques » pour passer la nuit. Situé dans un très joli village.

Hébergement

• *À bon compte*

Hotel Gran Ancëi – *39030 San Cassiano - 26,5 km à l'O de Cortina d'Ampezzo - ☎ 0471 84 95 40 - fax 0471 84 92 10 - fermé 21 avr. au 9 juin, 11 oct. au 3 déc. - P - 29 ch. : 27,50/61€ ☐ - restaurant 26/42€.* Entouré de forêts et situé près des pistes, un hôtel de style montagnard tout en bois. Les espaces en plein air et la vue splendide sur les Dolomites vous garantissent un séjour reposant et très tranquille.

Hotel Erika – *39030 Braies - 5 km au N du lac de Braies - ☎ 0474 74 86 84 - fax 0474 74 87 55 - fermé 20 avr. au 15 juin, 3 nov. au 20 déc. - P ⊁ ♿ - 28 ch. : 31/62€ - ☐ 7,75€ - restaurant 19/24€.* Cet hôtel vous permettra de profiter pleinement, quelle que soit la saison, du charme des Dolomites et de la gentillesse des habitants. Accueil sympathique et enthousiaste, chambres confortables avec mobilier en bois massif (celles du troisième étage sont particulièrement jolies) et possibilité de demi-pension et de pension complète.

• *Valeur sûre*

Hotel Cavallino d'Oro – *Piazza Krausen - 39040 Castelrotto - 26 km au NE de Bolzano - ☎ 0471 70 63 37 - fax 0471 70 71 72 - fermé 10 nov. au 5 déc. - 25 ch. : 43/116€ ☐ - restaurant 22/32€.* Pour tous ceux qui apprécient les ambiances romantiques, les lits à baldaquin et les meubles d'époque de style tyrolien. Même le restaurant, installé dans les *stuben* caractéristiques du 17e s, est intimiste.

Monika Hotel – *Via del Parco, 2 - 39030 Sesto - ☎ 0474 71 03 84 - fax 0474 71 01 77 - fermé 3 avr. au 19 mai, 15 oct. au 15 déc. - ⊄ P - 27 ch. : 43,38/141,50€ ☐ - restaurant 24,26/40,77€.* Situé dans une zone tranquille et verdoyante, cette jolie maison-bonbonnière, de style classique tyrolien, vous accueille dans un décor élégant où le bois domine. Des chambres simples et agréables et une très belle salle à manger plus luxueuse.

Hotel Lavaredo – *Via M. Piana, 11 - 32040 Misurina - ☎ 0435 39 227 - fax 0435 39 127 - fermé nov. - P - 31 ch. : 85/108,45€ - ☐ 10,35€ - restaurant 18,10/42,35€.* Face au lac, surplombé par les majestueuses Cime di Lavaredo, un hôtel familial tout en bois qui propose des chambres très confortables. Cuisine italienne et internationale.

• *Une petite folie !*

Hotel Colfosco-Kolfuschgerhof – *Via Ronn, 7 - 39030 Corvara in Badia - 2 km à l'E du col de Gardena sur la S 244 - ☎ 0471 83 61 88 - fax 0471 83 63 51 - fermé oct., avr. à mi-juin - P ⛱ ♿ - 44 ch. : à partir de 154,93€ ☐ - restaurant 30/33€.* Situé tout près des remontées mécaniques, cet hôtel est également fréquenté l'été par les amateurs d'alpinisme et de trekking (de nombreuses activités sportives sont proposées dans la région). Squash, tennis de table, sauna, bain turc et massages agrémenteront votre séjour dans cet établissement tranquille à l'ambiance typiquement tyrolienne.

Sorties

Enoteca – *Via Mercato, 5 - 32043 Cortina d'Ampezzo - ☎ 0436 86 20 40 - lun.-sam. : 10h30-13h, 16h30-21h ; en haute saison : toute la journée - fermé mi-mai à mi-juin.* Une porte ancienne et très élégante s'ouvre sur la petite salle avec plafond en bois de cette œnothèque sympathique et accueillante. Un endroit idéal pour déguster les vins de la région.

Loisirs

Groupe des Guides alpins École d'alpinisme (Gruppo Guide Alpine Scuola di Alpinismo) – *Corso Italia, 69/a - 32043 Cortina d'Ampezzo - ☎ 0436 86 85 05 - guidecortina@mnet-climb.com - lun.-sam. 8h-12h, 16h-20h ; dim. 16h-20h - fermé mi-sept. à dernière semaine de juin.* Cascades, lacs, grottes, escalade sportive (accessible à tous)... les formidables excursions organisées par cette école d'alpinisme resteront à jamais gravées dans votre mémoire et dans celle de vos enfants.

SPORT

SENTIERS ET RANDONNÉES D'ALTITUDE

Les Dolomites sont parcourues par un réseau de sentiers très dense. Que l'on veuille se promener tranquillement ou que l'on soit un alpiniste aguerri, l'éventail des moyens offerts est large pour découvrir de près les Monts Pâles. Cartes et guides des sentiers, refuges et bivouacs sont en vente partout.

Signalons parmi les sentiers d'altitude :

– **n° 2 (Bressanone-Feltre)** : il traverse la Plose, le massif de Puez, la Gardenaccia, le Sella, la Marmolada ;

– **n° 3 (Villabassa-Longarone)** : il s'étend à travers la Val Pusteria, la Croda Rossa, Misurina, le Cristallo, le Sorapis et l'Antelao ;

– **n° 4 (San Candido-Pieve di Cadore)** : il passe par les Dolomites de Sesto, les Cadini di Misurina et les Marmarole.

Pour partir « en connaissance de cause », condition requise pour toute excursion en montagne, il est conseillé de contacter les Offices de tourisme indiqués dans la rubrique « La situation ».

École de vol Fly Ten (Scuola di Volo Fly Ten) – *Via Dolomiti, 75 - 38031 Campitello di Fassa - ☏ 335 67 57 667 (portable) - 8h45-12h.* Le parapente en tandem ne requiert aucune préparation physique, mais un minimum de préparation « psychologique » est nécessaire pour oser se lancer dans le vide, au milieu de ces magnifiques montagnes ! Des sensations incroyables et un panorama spectaculaire une fois en l'air.

Les artisans de la vallée se consacrent surtout à la sculpture sur bois, comme en témoignent les nombreux jolis magasins des villages les plus célèbres, Selva, Santa Cristina et Ortisei.

Selva di Val Gardena / Wolkenstein✲✲✲ – Station de villégiature au pied du massif de Sella. L'artisanat y est très vivant : objets en bois, étains, porcelaines.

Ortisei / St. Ulrich✲✲✲ – Un téléphérique conduit à **Alpe di Siusi / Seiser Alm**✲, un haut plateau de 60 km² occupant un **site**★★ splendide entre le Sasso Lungo et le Sciliar. Point de départ idéal d'excursions, quels que soient les centres d'intérêt et le niveau de préparation.

Revenir à la route des Dolomites.

Passo Pordoi★★★

À 2 239 m d'altitude, ce col, le plus haut de la route des Dolomites, occupe un site impressionnant entre d'énormes blocs de rochers à parois verticales et des sommets tronqués.

Passo del Falzarego

Au fur et à mesure que l'on approche de Cortina d'Ampezzo, la route se fait toujours plus belle. On passe par les Tofane et à côté des Cinq Tours au paysage aride, dont, paraît-il, Tolkien se serait inspiré pour *Le Seigneur des Anneaux*.

Cortina d'Ampezzo✲✲✲

Admirablement située à 1 210 m d'altitude dans la combe d'Ampezzo, au cœur du massif des Dolomites dont elle est la capitale, Cortina est une élégante station d'hiver et d'été, remarquablement équipée. Plusieurs excursions au départ de la localité permettent d'apprécier le somptueux **décor montagneux**★★★ qui l'entoure.

Tondi di Faloria★★★ – *Téléphérique pour Faloria, via Ria di Zeto. De Faloria à Tondi di Faloria : en hiver, téléski « Tondi » et télésiège « Girilada » ; en été, service de 4x4.* Du sommet, on jouit d'un panorama grandiose. Magnifiques champs de ski.

Tofana di Mezzo★★★ – *Téléphérique « Freccia del Cielo » : pour toute information, téléphoner à l'Office du tourisme (voir plus haut).*

Le téléphérique porte à 3 244 m, d'où se dévoile un panorama superbe sur les montagnes environnantes.

Belvedere Pocol★★ – *S'y rendre au coucher du soleil, de préférence. 1er déc. à Pâques, 15 juil. au 15 sept. Service d'autobus : départ toutes les heures de la piazza Roma.*

Il permet de découvrir une très belle vue sur la vallée de Cortina.

La Val Pusteria et ses environs 2

La Val Pusteria, ou Pustertal, est fermée par les Dolomites au Sud et les Alpes centrales au Nord. De la fin du 13e s. au 16e s., elle fit partie du comté de Göritz (Gorizia) et constituait un maillon de la route d'Alémanie reliant Venise à l'Allemagne. Pour ce circuit, nous partons de Bressanone pour ensuite nous diriger vers la Val Pusteria.

Bressanone / Brixen★

Au confluent de la Rienza et de l'Isarco, Bressanone est une gracieuse petite ville typiquement tyrolienne, qui jouit d'un climat sec et vivifiant et d'un exceptionnel ensoleillement.

Nombreux sont les témoignages de son riche passé : conquise par les Romains en 15 avant J.-C., siège d'un prince-évêque de 1027 à 1803, domaine bavarois de 1806 à 1813, puis autrichien jusqu'en 1919, date où elle devint une ville italienne.

Duomo – Cette construction baroque, romane à l'origine, présente une façade flanquée de deux clochers et un pronaos néoclassique de Jakob Pirchstaller (1783). L'intérieur, dont les dorures intensifient la lumière, est orné de marbres, stucs et fresques de Paul Troger. À droite du Dôme, un beau **cloître★** roman voûté d'arêtes au 14e s. présente d'intéressantes fresques des 14e et 15e s. Du cloître, on accède à l'église de S. Giovanni Battista *(visite impossible)* du 11e s., décorée de fresques romanes du 13e s. et gothiques du 14e s.

Palazzo vescovile – Construit par le prince-évêque Bruno von Kirchberg après 1250, le **palais épiscopal** subit ensuite de nombreuses transformations, mais a conservé un belle **cour★** à trois étages d'arcades. Résidence des princes-évêques et siège de leur administration, il abrite le vaste **Musée diocésain★**, où sont exposés, en particulier, un remarquable ensemble de **sculptures★★** sur bois polychromes (art tyrolien roman et gothique), des **retables sculptés★** en ronde-bosse de la Renaissance, le **trésor★** de la cathédrale et des **crèches★** datant du 18e au 20e s. *De mi-mars à oct. : tlj sf lun. 10h-17h ; déc.-janv. : 14h-17h. 4,13€ (tarif famille : 8,2€). ☎ 0472 83 05 05 ; www.dioezesanmuseum.bz.it*

Se diriger vers le Sud en direction de Chiusa.

Convento di Sabiona

10 km au Sud. Laisser la voiture sur le parking Nord de Chiusa et gagner le couvent à pied (30mn). Ce couvent de sœurs cloîtrées bénédictines fut édifié au 17e s. dans un site splendide, sur un rocher où s'élevait un palais épiscopal détruit par la foudre en 1535.

Plose★★

Au Sud-Est. Altitude : 2 446 m. Téléphérique : du village de S. Andrea, au Sud-Est de Bressanone, télécabine pour Valcroce (hiver et juil.-sept.), puis télésiège pour la Plose (en hiver uniquement). Pour des informations plus détaillées, s'adresser à l'Association touristique de Bressanone. ☎ 0472 83 64 01, ou à la Société du téléphérique (Società Funivia Plose) ☎ 0472 20 04 33.

Le téléphérique de Valcroce, puis la télécabine de la Plose permettent de découvrir un **panorama★★★** sur les Dolomites au Sud et, au Nord, sur les sommets autrichiens.

Revenir en arrière et continuer sur la SS 49. L'abbaye de Novacella se trouve à 3 km au Nord de Bressanone.

Abbazia di Novacella★★ / Neustift

3 km au Nord. Visite sur réservation (obligatoire). Pour toute information sur les horaires et tarifs : ☎ 0472 83 61 89 ; www.kloster-neustift.it

Fondée en 1142 par l'évêque de Bressanone, Hartmann, cette abbaye est régie par des moines réguliers augustins. Dans la cour, le **puits des Merveilles** est orné des « huit » Merveilles du monde, nombre incluant l'abbaye. L'**église** de style baroque bavarois surprend par la richesse de son décor. Le **cloître**, roman à l'origine, était entièrement décoré de fresques qui furent recouvertes d'une peinture à la chaux au cours de l'épidémie de peste du 17e s. et partiellement remises au jour au 20e s. La magnifique salle rococo de la **bibliothèque** conserve 76 000 volumes, dont des incunables et des manuscrits enluminés.

En s'engageant dans la vallée par la route nationale qui part de l'autoroute du Brenner, le premier village que l'on rencontre est Rio di Pusteria. Quelques minutes plus tard surgit le **château de Rodengo**, qui abrite le plus vieux cycle de fresques romanes profanes (elles datent du 13e s.), inspirées du poème épique *Iwein*, de Hartmann von Aue. *De mi-mai à oct. : tlj sf lun. Visite guidée uniquement (1h). 3,62€. Pour toute information : ☎ 0472 45 40 56.*

Brunico / Bruneck✲✲

Ce principal centre de la Val Pusteria présente à **Teodone** un **Musée ethnographique★** (Museo Provinciale degli Usi e Costumi), exposant sur trois hectares des édifices ruraux de divers types, de la résidence noble au fenil, qui illustrent les activités et la vie des paysans et de la noblesse rurale d'autrefois. (♿) *Tlj sf lun. 9h30-17h30, sam. 9h30-17h30, dim. et j. fériés 14h-18h (la billetterie ferme 30mn avant). Fermé nov.-Pâques. 3,62€. ☎ 0474 55 20 87 ; www.provinz.bz.it/volkskundemuseen*

De Brunico, continuer en direction de Dobbiaco. Après Monguelfo, tourner à droite en suivant l'indication Lago di Braies.

Les Ladins

Les Ladins sont une population qui parle une langue présentant des affinités avec le latin populaire du Haut Moyen Âge. On estime à 30 000 le nombre de Ladins vivant dans la région des Dolomites.

Dans le Ciastel de Tor, à **San Martino in Badia**, se trouve le **museumladin★**, un musée très bien documenté consacré à la culture ladine. L'aménagement très bien étudié et les différents moyens technologiques utilisés (des projections, des ordinateurs, des personnages peints qui s'animent et racontent leur histoire, une longue vue qui permet de découvrir S. Martino tel qu'il était auparavant) rendent la visite de ce musée extrêmement intéressante. *Du dim. des Rameaux à oct. : mar.-sam. 10h-18h, dim. 14h-18h ; le reste de l'année : mer.-ven. 14h-18h. Fermé nov. 5,16€. ☎ 0474 52 40 20 ; www.museumladin.it*

Lago di Braies / Pragser Wildsee★★★
À 1 495 m d'altitude, ce **lac** semblable à une tache aux couleurs changeantes effleure la Croda del Becco. En une heure, on en fait le tour. On peut aussi y louer des bateaux, ou emprunter des sentiers plus aventureux.

Poursuivre le long de la Val Pusteria. Avant Dobbiaco, tourner à droite vers Cortina (panneau). Continuer par Misurina puis par les Tre Cime di Lavaredo. Le dernier tronçon de route est à péage. 15,49€ par voiture.

Tre Cime di Lavaredo★★★
Du refuge Auronzo, on atteint le refuge Lavaredo en une demi-heure. De là, on arrive en une heure au refuge Locatelli. C'est cette dernière partie du sentier qui permet d'admirer la vue époustouflante sur les Tre Cime. On est ici dans le Parc naturel des Dolomites de Sesto. On peut aussi rejoindre les Tre Cime depuis Sesto, en suivant le sentier 102 qui conduit au refuge Locatelli en deux heures et demie.

En revenant des Tre Cime, il est conseillé de s'arrêter au lac de Misurina.

Lago di Misurina★★
À 1 759 m, au milieu de sapinières, ce lac est un excellent point de départ pour atteindre les montagnes qui l'entourent, des Tre Cime di Lavaredo au Cristallo.

Dobbiaco / Toblach✲
Cette ville, qui fut importante au Moyen Âge lorsqu'elle se trouvait exactement à la rencontre de la route d'Alémanie, possède une église paroissiale du baroque tardif, de la deuxième moitié du 18e s.

San Candido / Innichen★
Ce gracieux village se prévaut de son église romane, la plus importante du Haut-Adige. C'est au 13e s. que la **collégiale★** acquit son aspect actuel ; le campanile est quant à lui du 14e s. Au-dessus du portail Sud se trouvent les fresques de Michael Pacher (1430 environ-1498), peintre et sculpteur. Mais l'œuvre la plus marquante est la *Crucifixion*, impressionnant groupe sculptural sur bois du début du 13e s., où les pieds de Jésus reposent sur la tête d'Adam.

À San Candido, tourner à droite pour Sesto en quittant la Val Pusteria, qui se poursuit en Autriche.

Sesto / Sexten★
Tourné vers les Dolomites, Sesto offre un très grand choix de promenades, sentiers et parcours d'escalade pour approcher le plus possible ce décor extraordinaire. Le téléphérique du mont Elmo réduit déjà les distances. Pour se promener tranquillement, le sentier 4 D traverse la forêt et les hauts alpages, dévoilant un panorama sur la Meridiana di Sesto (du sommet Neuf au sommet Un).

À San Giuseppe / Moos s'ouvre la Val Fiscalina, qui arrive jusqu'à **Campo Fiscalino / Fischleinboden★★**, d'où la vue sur la Meridiana di Sesto et le sommet des Tre Scaperi est impressionnante.

visiter

On peut, au Sud de Cortina, effectuer d'autres excursions dans les Dolomites.

Valle del Cordevole★★
La route qui, de Caprile, rejoint Belluno, est extrêmement pittoresque avec ses villages suspendus et ses gorges impressionnantes. **Alleghe** est un bon centre d'excursions au bord d'un **lac★**.

San Martino di Castrozza✲✲✲
Dans un site superbe, San Martino est le point de départ de nombreuses excursions.

Pieve di Cadore★
La patrie du **Titien** s'élève à l'extrémité d'un lac artificiel. L'église conserve une de ses œuvres, et sa maison natale abrite un **musée**. *De mi-juin à mi-sept. : tlj sf lun. 9h30-12h30, 16h30-19h ; de mi-sept. à mi-juin : uniquement sur réservation. 1,29€. ☎ 0435 32 262.*

San Vito di Cadore★
Au pied de l'Antelao, ce joli village possède deux petites églises à toits pentus recouverts de bardeaux.

Isola d'Elba★★

Île d'Elbe

Elbe est la plus grande des îles de l'Archipel Toscan★★, qui comprend également les îles de Gorgona, de Pianosa, de Capraia, du Giglio, de Giannutri et de Montecristo. L'île est avant tout un lieu de séjour agréable qui offre de jolies possibilités d'excursions. Il est également intéressant de l'explorer en voiture, par petits bouts, ce qui vous prendra environ deux jours.

La situation

Carte Michelin n° 430 N 12/13 – Voir aussi Le Guide Vert TOSCANE – Toscane. L'île d'Elbe est facile à rejoindre de Piombino, d'où partent les bateaux pour la capitale de l'île, Portoferraio, et pour Rio Marina. ℹ *Calata Italia, 26, 57037 Portoferraio,* ☎ *0565 91 46 71 ; www.arcipelago.turismo.toscana.it.* ℹ *Agences de navigation :* Navarma-Moby Lines - *Via Giuseppe Ninci, 1, 57037 Portoferraio (Livourne),* ☎ *0565 91 81 01 ; www.mobylines.it ;* Toremar - *Calata Italia, 22, 57037 Portoferraio (Livourne)* ☎ *0565 91 80 80 ; www.toremar.it*

UN PEU D'HISTOIRE

Faisant autrefois partie d'un continent disparu, la Tyrrhénide, l'île principale de l'Archipel Toscan présente, comme la Corse, la Sardaigne, les Baléares et les massifs des Maures et de l'Esterel, un profil découpé abritant de petites criques, des grottes ou des plages, et offre une végétation méditerranéenne composée de palmiers, d'eucalyptus, de cèdres, de magnolias et surtout d'oliviers et de vignes, qui produisent des vins parfumés et puissants comme le moscato blanc et l'aleatico. Son relief, granitique, culmine au mont Capanne (1 018 m). Dans la partie orientale de l'île, les mines de fer (qu'exploitaient déjà les Étrusques) sont désormais abandonnées.

L'île d'Elbe est en outre liée au souvenir de Napoléon, qui y fut exilé après son abdication de Fontainebleau. Du 3 mai 1814 au 26 février de l'année suivante, en effet, l'empereur déchu, entouré d'une petite cour et d'une garnison d'environ 1 000 soldats, régna sur l'île.

circuits

Au départ de Portoferraio, suivre les itinéraires indiqués sur le schéma : le **circuit de l'Ouest** *(environ 70 km, 5h)* et le **circuit de l'Est** *(68 km, environ 3h).*

Portoferraio

Au fond d'une baie admirable, la capitale de l'île conserve des restes de murailles et deux forteresses. Dans la partie haute de la ville, on visite le petit **Musée napoléonien** (Museo Napoleonico), aménagé dans la villa des Moulins (Villa dei Mulini), simple maison avec terrasses et jardins qu'occupa Napoléon, et qui conserve la bibliothèque ainsi que quelques souvenirs personnels de l'empereur déchu. *Tlj sf mar. 9h-20h (la billetterie ferme à 19h), dim. et j. fériés 9h-13h30 (la billetterie ferme à 13h) ; en été nocturne le sam. jusqu'à 23h. Fermé 1er janv., 25 déc. 3,10€, 4,65€ en été ; 5,16€, 7,75€ en été : forfait avec l'entrée à la villa des Moulins, valable 3j.* ☎ *0565 91 46 88 ; www.ambientepi.arti.beniculturali.it, www.elbaisola.com*

Après **Biodola**, qui offre une vaste plage de sable, la route gagne **Marciana Marina**, port protégé par deux jetées, dont l'une supporte une tour ronde ruinée, puis escalade les pentes boisées du mont Capanne.

Golfe Stella

DOUBLE'S

Restauration

• **À bon compte**

Da Pilade – *Località Marina di Mola - 57031 Capoliveri - sur la route pour Capoliveri - ☎ 0565 96 86 35 - www.elbalink.it/hotel/dapilade - fermé de mi-oct. à Pâques - réserv. conseillée - 21/26€.* Près de la mer, ce restaurant dont la spécialité est l'anguille grillée propose également de délicieux *antipasti*, chauds et froids. Les chambres et appartements disposent tous d'un petit jardin ou d'une terrasse avec vue sur la mer.

• **Valeur sûre**

Affrichella – *Via S. Chiara, 10 - 57033 Marciana Marina - ☎ 0565 99 68 44 - fermé mer. - réserv. conseillée - 26/31€.* Connu pour ses spécialités de poisson, ce petit restaurant, derrière le Dôme, propose de nombreux *antipasti*, chauds et froids, et un grand choix de vins. Une terrasse sur la petite place attenante où l'on peut dîner en été à la lumière des bougies.

La Lanterna Magica – *Via Vitaliani, 5 - 57036 Porto Azzurro - ☎ 0565 95 83 94 - fermé lun. (sf juin-sept.), déc. et janv. - ▤ - 26/34€.* Dans ce restaurant donnant sur la mer, avec de grandes baies vitrées d'où l'on peut contempler le golfe de Porto Azzuro, vous pourrez déguster des plats locaux, dont certains sont typiques de l'île. Le vin et l'huile, de grande qualité, sont produits dans l'exploitation agricole de la famille.

Hébergement

• **Valeur sûre**

Hotel Residence Villa Giulia – *Località Lido di Capoliveri - 57036 Porto Azzurro - 7,5 km au NO de Capoliveri direction Portoferraio - ☎ 0565 94 01 67 - fax 0565 94 01 10 - villagiulia@infoelba.it - fermé de mi oct. à Pâques - P - 35 ch. : 51,65/82,63€ ☕.* Cet hôtel, divisé en quatre bâtiments, offre des chambres confortables, joliment décorées avec des meubles en rotin et disposant de balcons ou de petits jardins. En été, les repas, réservés aux hôtes, sont servis sur la terrasse avec vue sur la mer.

Da Giacomino – *57030 Sant'Andrea - 6 km au NO de Marciana - ☎ 0565 90 80 10 - fax 0565 90 82 94 - fermé nov.-Pâques - P 🏊 - 33 ch. : 46,48/72,30€ - ☕ 12,91€ - restaurant 19/40€.* Un endroit idéal pour passer ses vacances. L'hôtel est à l'abri de la falaise et dispose d'un jardin magnifique en à pic sur la mer, à l'endroit le plus beau de l'île. Les chambres sont lumineuses et agréables, l'accueil est chaleureux.

Sorties

Calata Mazzini – *Calata Mazzini - 57037 Portoferraio.* Dans cette rue, malheureusement très bruyante, vous trouverez une quantité de cafés et salons de thé offrant une jolie vue sur le port et les bateaux.

Loisirs

Centro Velico Naregno – *Plage de Naregno, au NO de Capoliveri. - 57031 Capoliveri - ☎ 0565 96 87 64 - cvn@centroveliconaregno.it - 8h-20h - fermé mi-oct. à fin mars.* Cette école de voile propose des cours et loue planches à voile, catamarans, dériveurs, Hobbie Cat, scooters des mers...

Nautilus Bagni Lacona – *Grande Plage - 57031 Capoliveri - ☎ 0565 96 43 64 - sur réservation - fermé nov.-avr.* Ce bateau sous-marin est un moyen agréable de découvrir la faune et la flore sous-marine pour ceux qui ne sont pas tentés par la plongée. Les sportifs pourront louer des bateaux à moteur, canoës, voiliers et parachutes ascensionnels.

Monte Capanne★★

Accès par télécabine au départ de Marciana. Alt. 1 018 m. Juil.-oct. : 10h-12h15, 14h30-17h30 ; Pâques-juin : 10h-12h15, 14h30-17h30. 11,36€ *AR, 6,71€ l'aller ou le retour. ☎ 0565 90 10 20.*

Du sommet, proche de la gare d'arrivée, splendide **panorama★★** sur toute l'île, la côte toscane à l'Est, la côte orientale de la Corse à l'Ouest.

Marciana

Ce joli bourg bien situé offrant une belle **vue★** sur **Poggio**, village perché sur un éperon, Marciana Marina et le golfe de Procchio possède un petit **Musée archéologique** (objets préhistoriques, poteries grecques, etc.). *Fermé pour restauration au moment de la rédaction du guide.*

Madonna del Monte

À partir de la route du château surplombant Marciana, un chemin rocheux mène à ce sanctuaire érigé sur le versant Nord du mont Giove. Près de la chapelle du 16e s., on voit une curieuse fontaine en hémicycle datée de 1698 et l'« ermitage », où Napoléon habita quelques jours durant l'été 1814 avec Marie Walewska.

Marina di Campo

En bordure d'une plaine plantée d'oliviers et de vignobles, au fond d'un golfe pittoresque, Marina di Campo est un petit port de pêche que prolonge une belle plage fréquentée.

Museo Nazionale di Villa Napoleone di San Martino★

Tlj sf lun. 9h-20h (la billetterie ferme à 19h), dim. et j. fériés 9h-13h30 (la billetterie ferme à 13h) ; en été nocturne le sam. jusqu'à 23h. Fermé 1er janv., 25 déc. 3,10€, 4,65€ en été ; 5,16€, 7,75€ en été : forfait avec l'entrée à la villa des Moulins, valable 3 j. ☎ 0565 91 4688 ; www.ambientepi.arti.beniculturali.it, www.elbaisola.com

Dans un cadre de collines plantées de chênes verts et de vignes, cette modeste maison qui fut la résidence d'été de l'Empereur possède une belle vue sur la baie de Portoferraio. En contrebas, palais de style néoclassique, malencontreuse construction du prince Demidoff, gendre du roi Jérôme.

Capoliveri

Non loin de ce bourg, **panorama★★** dit des « Trois Mers » permettant d'admirer le golfe de Portoferraio, celui de Porto Azzurro et le golfe Stella.

Porto Azzurro

Joli port dominé par la forteresse de Portolongone (17e s.), aujourd'hui transformée en pénitencier.

Rio Marina

Agréable village et port minier que protège une tour à merlons.

Après **Cavo**, petit fort abrité par le cap Castello, on entre à Portoferraio par une **route★★** élevée procurant des vues remarquables sur les ruines du Volterraio, la baie de Portoferraio et la mer.

Ercolano★★

Herculanum

Fondée, d'après la tradition, par Hercule, cette ville romaine fut ensevelie, comme Pompéi, lors de l'éruption du Vésuve en 79 après J.-C. Les patriciens riches et cultivés l'avaient choisie comme lieu de villégiature en raison de la beauté de son site au sein du golfe de Naples. Le site a été inscrit sur la liste du Patrimoine mondial de l'Unesco en 1997.

La situation

57 638 habitants – Carte Michelin n° 431 E 25 – Campanie – Voir la carte au chapitre Golfo di NAPOLI. Ercolano se trouve au pied du Vésuve, sur la A 3 Napoli-Pompei-Salerno. *Pour poursuivre la visite, voir les chapitres COSTIERA AMALFITANA, NAPOLI et Golfo di NAPOLI.*

visiter

Visite : 2h. Attention : certaines des maisons décrites peuvent être périodiquement fermées en raison de travaux de restauration et de conservation. (♿) Avr.-oct. : 8h30-19h30 (la billetterie ferme à 18h) ; nov.-mars : 8h30-17h (la billetterie ferme à 15h30). Fermé 1er janv., 25 déc. 8,26€ avec l'entrée (valable 1 journée) à Pompei, Oplontis, Stabia et Boscoreale ; 13,42€ avec l'entrée (valable 3 j.) à Pompei, Ercolano, Oplontis, Stabia et Boscoreale. ☎ 081 85 75 347 ; www.pompeiisites.org

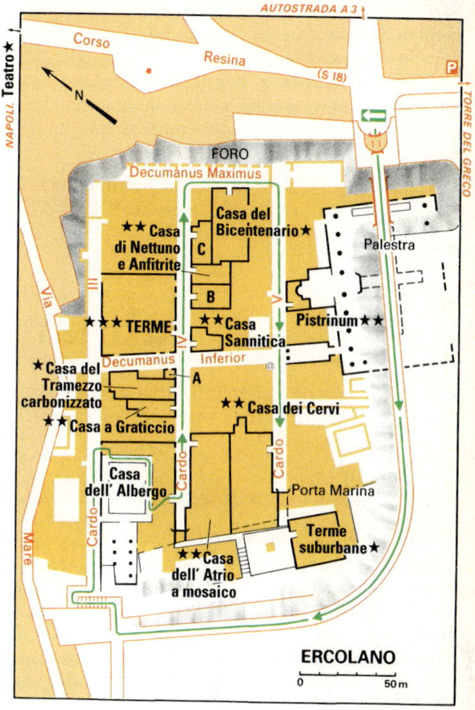

Divisée en cinq quartiers s'ordonnant autour de trois artères principales *(decumani)*, Herculanum présente des types d'habitations très variés, que le torrent de boue qui déferla sur la ville enroba en comblant le moindre recoin ; ainsi, le caractère particulièrement émouvant que revêt la visite d'Herculanum est-il dû en grande partie à ces morceaux de bois qui, brûlés à Pompéi, ont été conservés ici comme dans une carapace protectrice : charpentes, poutres, escaliers, portes ou cloisons qui témoignent de la soudaineté du cataclysme. La population, quant à elle, fut rattrapée par le flot de boue alors qu'elle tentait de fuir hors de la cité.

L'itinéraire de visite commence en bas du cardo III.

La **Casa dell'Albergo** est une vaste maison patricienne qui était sur le point d'être transformée en maison de location, d'où son nom de **maison de l'Auberge**. Ce fut l'une des plus dévastées par l'éruption. La **Casa dell'Atrio a mosaico★★** doit son nom au pavement de son atrium, constitué par une mosaïque en damier. À droite, jardin entouré d'un péristyle ; à gauche, les chambres à coucher. Au fond, agréable *triclinium* (salle à manger). La terrasse, flanquée de deux petites chambres de repos, offrait une vue agréable sur la mer.

Dans la **Casa a graticcio★★**, un treillage de bois (le *graticcio*) formait la trame des murs ; c'est le seul exemple de ce mode de construction à nous être parvenu de l'Antiquité.

Adjacente à la précédente, la **Casa del Tramezzo carbonizzato★**, avec sa façade remarquablement conservée, est un bel exemple de demeure aristocratique capable d'accueillir plusieurs familles. Une clôture *(tramezzo)* de bois, dont il ne reste que les parties latérales, séparait l'atrium du *tablinium* (salle de séjour).

Juste à côté, la **boutique du teinturier (A)** conserve une intéressante presse en bois.

La **Casa Sannitica★★**, construite sur un plan sobre, typique des habitations samnites, possède un superbe **atrium** autour duquel court une galerie à colonnes ioniques. Les chambres sont décorées de fresques.

Datant de l'époque d'Auguste, les **thermes★★★** sont modestes mais très bien conservés. Leur plan, d'une logique distributive remarquable, permet de visiter le **bain des Hommes** avec la palestre, les vestiaires, le *frigidarium*, dont la voûte est ornée de fresques, le *tepidarium* et le *caldarium*. Dans le **bain des Femmes**, on voit successivement la salle d'attente, le vestiaire *(apodyterium)* avec un pavement à mosaïque représentant Triton, le *tepidarium* sur le sol duquel une mosaïque évoque un labyrinthe, et le *caldarium*.

La **Casa del Mobilio carbonizzato★ (B)**, de dimensions modestes, la maison du Mobilier carbonisé est néanmoins d'assez belle allure. Dans une pièce subsiste un lit à montants de bois.

La **Casa del Mosaico di Nettuno e Anfitrite★★** est complétée par une **boutique★** et son comptoir donnant sur la rue. Le nymphée est orné d'une mosaïque représentant Neptune et Amphitrite.

Tout de suite après, une cour à escalier et balcon de pierre tient lieu d'atrium (au beau *cortile* qui désigne ce lieu), fait de la **Casa del Bel Cortile★ (C)** l'une des demeures les plus originales d'Herculanum.

La **Casa del Bicentenario★**, dégagée en 1938, soit deux cents ans après le début officiel des fouilles, est décorée de fresques et d'une croix qui reste l'un des plus anciens témoignages du culte chrétien dans l'Empire romain.

Pistrinum★★ : cette boulangerie appartenait à un certain Sextus Patulus Felix, comme en témoigne une inscription : dans la boutique et l'arrière-boutique, on peut voir des moulins et un grand four.

La **Casa dei Cervi**★★, riche maison patricienne, sans doute la plus belle parmi celles qui donnaient sur le golfe, était abondamment décorée de fresques et d'œuvres d'art, notamment un groupe sculpté représentant des cerfs *(cervi)* assaillis par des chiens.

Terme Suburbane★

La visite se termine par les **Terme Suburbane**★, petits thermes qui conservent une élégante décoration, et par le **teatro**★ *(entrée par la via Mare, 123)*, qui pouvait contenir 2 000 spectateurs.

Fabriano

Fabriano est une petite ville très agréable, célèbre depuis le 13e s. pour ses fabriques de papier qui ont contribué à faire connaître son nom dans le monde entier.

La situation

29 523 habitants – Carte Michelin nº 430 L 20 – Marches. Fabriano se trouve le long de la S 76 qui va d'Ancône en Ombrie. *Comunità Montana Alta Valle dell'Esino, piazza del Comune, 42,* ☎ *0732 53 87.*
Pour poursuivre la visite, voir les chapitres ANCONA, ASSISI et GUBBIO.

visiter

Du papier à la toile

Fabriano a donné naissance à deux artistes délicats, **Allegretto Nuzi** (1320-1373), tête de file de la peinture fabrianaise, très proche de l'école toscane, et **Gentile da Fabriano** (vers 1370-1427), l'un des principaux représentants du gothique international italien, qui fut formé par des artistes tels que Pisanello et Jacopo Bellini, mais dont la ville natale n'a cependant gardé aucune des œuvres.

Piazza del Comune★

Caractérisée par une forme trapézoïdale insolite, elle est close par le sévère **palais du Podestat** (13e s.), l'un des meilleurs exemples de l'architecture civile médiévale des Marches, par le palais épiscopal et par l'hôtel de ville prolongé par la galerie (Loggiato) de San Francesco. Au centre s'élève le **Sturinalto**, belle fontaine gothique qui rappelle la Grande Fontaine de Pérouse.

Piazza del Duomo

Sur cette place calme et séduisante se trouve la **cathédrale** dédiée à saint Venant, qui renferme quelques fresques d'Allegretto Nuzi. En face, se dresse l'ancien hôpital de la Madonna del Buon Gesù (15e s.), siège de la **Pinacothèque municipale** (Pinacoteca Civica), qui met en lumière l'évolution de la peinture de Fabriano, du 13e au 15e s. Sont également présentés deux beaux **groupes en bois**★ de la seconde moitié du 14e s., *L'Adoration des Rois mages* et *Le Mystère*, ainsi qu'une collection de tapisseries. ♿ *La pinacothèque est provisoirement installée dans le musée du Papier et du Filigrane de Fabriano (Museo della Carta e della Filigrana), largo F.lli Spacca 2. Mar.-sam. 10h-18h, dim. et j. fériés 10h-12h, 16h-19h. 3,36€.* ☎ *0732 70 92 30.*

Museo della Carta e della Filigrana★★

Largo F.lli Spacca, 2. (♿) Avr.-sept. : mar.-sam. 10h-18h, dim. et j. fériés 10h-12h, 16h-19h ; oct.-mars : mar.-sam. 10h-18h, dim. et j. fériés 10h-12h, 14h-17h. Fermé 1er janv., 1er mai, 25 déc. 3,36€. ☎ *0732 70 92 97 ; www.museodella carta.com*
Abrité dans les beaux bâtiments de l'ancien couvent St-Dominique (15e s.), c'est un musée « vivant » illustrant les procédés de fabrication du papier à travers la reconstitution d'un atelier médiéval en pleine activité. Le musée comprend également une exposition de cartes anciennes de Fabriano et une collection internationale de filigranes.

alentours

Grotte di Frasassi★★

15 km au Nord-Est. (♿) Visite guidée uniquement (70mn) dont les horaires varient tout au long de l'année. Fermé 1er janv., 10 au 30 janv., 4 déc., 25 déc. 9,30€. ☎ *0732 97 211 ; www.frasassi.com*
Creusées par une dérivation du torrent Sentino, ces **grottes** forment un énorme réseau souterrain. La plus grande de toutes est la **grotte du Vent**, composée de sept salles où l'on admire stalagmites, stalactites et diverses concrétions de couleurs variées.

Faenza

Faenza et la faïence : une association qui va de soi pour cette ville qui s'est fait connaître dans le monde entier grâce à la céramique vernissée ou émaillée, dont elle s'est fait une spécialité dès le 15e s., et à laquelle elle a donné son nom.

La situation

53 452 habitants – Cartes Michelin nos 429 et 430 J 17 – Plan dans le Guide Rouge Italia – Émilie-Romagne. Faenza se trouve le long de la S 9, la Via Emilia, qui va de Bologne à Rimini. *Piazza del Popolo, 1, ☎ 0546 25 231.*

Pour poursuivre la visite, voir les chapitres aussi BOLOGNA, DELTA DEL PO et RAVENNA.

découvrir

LES CÉRAMIQUES

Également nommées **majoliques** parce qu'à la Renaissance les potiers italiens s'inspiraient des pièces importées de l'île de Majorque, les céramiques de Faenza sont réputées pour la finesse de leur pâte, leur émail remarquable, l'éclat de leurs couleurs et la variété de leurs décorations. Un concours international et une biennale internationale de la céramique d'art témoignent d'une vocation que perpétuent aujourd'hui encore à Faenza de nombreux artistes et artisans.

Museo internazionale delle Ceramiche★★

(♿) *Avr.-oct. : mar.-sam. 9h-19h, dim. 9h30-13h, 15h-19h ; nov.-mars : mar.-ven. 9h-13h30, sam. 9h-13h, 15h-18h, dim. 9h30-13h, 15h-18h. Fermé j. fériés. 5,16€. ☎ 0546 21 240 ; www.micfaenza.org*

Ses collections permettent d'étudier l'évolution de la céramique dans le monde. Le premier étage renferme un très bel ensemble de majoliques italiennes de la Renaissance, des exemplaires de la production locale, des pièces d'art populaire et une collection d'Extrême-Orient. Au rez-de-chaussée est présentée la céramique contemporaine d'Italie et un remarquable ensemble de pièces françaises dues à Matisse, Picasso, Chagall, Léger, Lurçat et l'école de Vallauris.

Museo Internazionale delle Ceramiche

Assiette de la fin du 15e s.

visiter

Pinacoteca Comunale★

Fermée pour restauration au moment de la rédaction de ce guide (possibilité de visiter la section antique). Pour s'informer et réserver ☎ 0546 25 231.

Importante collection : œuvres de Giovanni da Rimini, Palmezzano, Dosso Dossi, Rosselino, et quelques tableaux d'écoles étrangères (portraits de Pourbus).

Cattedrale

Élevée au 15e s. par l'architecte florentin Giuliano da Maiano. Sa façade est restée inachevée. À l'intérieur, tombeau de l'évêque saint Savin par Benedetto da Maiano (1471).

Sur la piazza della Libertà, charmante fontaine baroque du 17e s.

Piazza del Popolo

Bordée par le palais du Podestat (12e s.) et l'hôtel de ville (13e-15e s.), elle frappe par sa forme allongée et ses arcades surmontées de galeries.

alentours

Forlì

17 km au Sud-Est. Située le long de la Via Emilia, Forlì fut aux 13e et 14e s. une seigneurie indépendante ; en 1500, Catherine Sforza défendit héroïquement la citadelle contre César Borgia.

La **basilique de S. Mercuriale** *(piazza Aurelio Saffi)*, dominée par un haut campanile roman, possède un portail dont le tympan est orné d'un superbe **bas-relief** du 13e s. À l'intérieur, nombreuses œuvres d'art, dont plusieurs peintures de Marco Palmezzano et le tombeau de Barbara Manfredi par Francesco di Simone Ferrucci.

Au n° 72 du corso della Repubblica se trouve la **pinacothèque** qui rassemble les œuvres de peintres émiliens et romagnols du 13e au 15e s. Noter un délicat ***Portrait de jeune fille*** par Lorenzo di Credi. (♿) *Tlj sf lun. 9h-13h30, mar. et jeu. également 15h-17h30, dim. 9h-13h. Fermé j. fériés, 4 fév. Gratuit. ☎ 0543 71 26 06.*

Cesena

19 km au Sud-Est de Forlì. La ville est groupée au pied de la colline portant le vaste château des Malatesta (15e s.). La **bibliothèque Malatestiana★** *(piazza Bufalini)*, Renaissance, comprend à l'intérieur trois longues nefs dont les voûtes sont portées par des colonnes cannelées aux beaux chapiteaux. On peut y voir de précieux manuscrits dont quelques-uns proviennent de la fameuse école de miniaturistes de Ferrare, ainsi que le *missorium*, plat en argent doré, du 4e s. probablement. (♿) *De déb. juil. à mi-sept. : 8h30-12h30, 15h-19h, dim. et j. fériés 10h-12h30 ; de mi-sept. à fin juin : 8h30-h12h30, 15h-18h, dim. et j. fériés 10h-12h30. Visite guidée uniquement (45mn). Fermé 1er janv. 2,58€. ☎ 0547 61 08 92 ; www.comune.cesena.fc.it/Malatestiana/malatestiana/fs-Homepage.html*

Bertinoro

12 km au Sud-Ouest de Cesena. Cette petite ville est renommée pour son panorama et son vin jaune (albana). Au centre de la localité, une « colonne de l'Hospitalité » est munie d'anneaux correspondant chacun à un foyer du pays ; l'anneau auquel le voyageur attachait sa monture déterminait la famille dont il devait être l'hôte. De la terrasse voisine, **vue★** étendue sur la Romagne.

Fermo★

Jouissant d'une position★ exceptionnelle, Fermo est une très jolie ville, construite autour de l'élégante piazza del Popolo, et située sur les flancs d'une colline d'où elle domine à la fois la campagne et la mer.

La situation

35 617 habitants – Carte Michelin n° 430 M 23 – Marches. Fermo se trouve à quelques kilomètres de l'Adriatique. Il est facile d'y arriver par l'A 14, en sortant à Porto San Giorgio. ℹ *Piazza del Popolo 6, ☎ 0734 22 87 38.*

visiter

Piazza del Popolo★

Située au cœur de la ville, elle est entourée de galeries et d'arcades du 16e s. Plusieurs édifices y trouvent place : le **palais des Prieurs** (15e-16e s.), dont la façade est dominée par une statue de Sixte Quint, ancien évêque de Fermo, le palais des Études, autrefois siège de l'université et désormais bibliothèque municipale, enfin, sur le côté opposé, le palais épiscopal.

Pinacoteca Civica – *De mi-juin à fin sept. : tlj sf lun. 10h-13h, 15h30-19h30 ; de déb. oct. à mi-juin : tlj sf lun. 9h30-13h, 15h30-19h. Fermé 1er nov. 1,55€. ☎ 0734 28 43 27.*
Établie au premier étage du palais des Prieurs, la Galerie municipale de Peinture renferme une belle collection d'œuvres des Marches et de Vénétie essentiellement. Les plus importantes sont ***Lu Marguttu*** (16e s.), statue de Sarrasin en bois qui servait de cible au cours des tournois, les ***Histoires de sainte Lucie★***, de Jacobello del Fiore (1394?-1439), marquées d'une grâce typique du gothique tardif, et ***L'Adoration des bergers★★***, de Rubens (1577-1640), l'une des plus belles toiles qu'il réalisa au cours de son séjour en Italie. Dans la salle de la Mappemonde, un beau **globe terraqué** du 18e s. est exposé.

Non loin de la place, dans la via degli Aceti, se trouvent les **citernes romaines**, un énorme ouvrage du 1er s. après J.-C. constitué de 30 salles communicantes, occupant une surface totale de plus de 2 000 m² et utilisées comme réservoir hydraulique pour la ville et le port. *De mi-juin à fin sept. : tlj sf lun. 10h-13h, 15h30-19h30 ; de déb. oct. à mi-juin : tlj sf lun. 9h30-13h, 15h30-19h. Fermé 1er nov. 2,58€. ☎ 0734 21 71 40 ; www.sistemamuseo.it*

Piazza del Popolo commence le **corso Cefalonia**, l'artère principale du centre historique, bordé de beaux palais Renaissance (Azzolino, Vitali Rosati) et de la tour Matteucci du 13e s.

Piazza del Duomo

De cette esplanade, close par la cathédrale, **vues★★** superbes sur la région d'Ascoli, les Apennins, la mer et la presqu'île du Conero.

Duomo★ – *10h-12h30, 16h-19h30 (téléphoner pour avoir confirmation des horaires). Possibilité de visite guidée. 2,07€. ☎ 0734 22 87 29.*
De style roman-gothique et élevé au 13e s., il possède une majestueuse **façade★** en pierre blanche d'Istrie et un portail finement sculpté. Dans l'atrium (un des restes de l'ancienne église), on peut admirer le sarcophage de Giovanni Visconti, seigneur de la ville (14e s.). L'**intérieur** du 18e s. recèle une belle **icône** byzantine et une **mosaïque★** du 5e s. après J.-C., où le paon qui se désaltère dans un vase symbolise la résurrection du Christ et la renaissance spirituelle.

alentours

Montefiore dell'Aso

20 km au Sud. Cette gracieuse petite ville recèle dans sa **collégiale** un chef-d'œuvre de **Carlo Crivelli**, un **polyptyque★★**, malheureusement incomplet, tout rehaussé d'or et comportant six panneaux de saints. L'évocation de Marie-Madeleine symbolise l'un des plus hauts moments de l'œuvre de Crivelli. La sainte, vêtue de somptueux brocarts d'or et de soie et portant le manteau écarlate, symbole de la passion du Christ, avance avec grâce et majesté, tenant le vase des onguents dans la main. *9h-12h, 15h-19h. Pour s'informer et réserver la visite guidée : ☎ 0734 93 90 19 ; www.montefiore.net*

S. Maria a pié di Chienti★

24 km au Nord-Ouest. Été : 8h-18h, dim. et j. fériés 11h-18h ; hiver : 8h-17h, dim. et j. fériés 11h-18h. Laisser une offrande. ☎ 0733 86 52 41.

Ce célèbre monument roman fut bâti au 12ᵉ s. et plusieurs fois remanié. L'intérieur, admirable, éclairé par la lumière dorée des fenêtres en albâtre, est divisé en trois vaisseaux qui s'ouvrent sur un **déambulatoire★** aux chapelles rayonnantes d'origine clunisienne. Au début du 15ᵉ s., la construction d'un chœur surélevé donna naissance à une deuxième église dont l'abside est ornée de fresques de la même époque.

Ferrara★★

Ferrare

Ferrare est une ville silencieuse, que l'on découvre en parcourant, à pied ou à bicyclette, ses rues rectilignes, bordées de maisons en briques rouges et de palais sévères, et ses grandes places mystérieuses qui ont inspiré la peinture métaphysique de De Chirico et de Carrà. Éblouissante capitale culturelle à la Renaissance, Ferrare est encore aujourd'hui une ville jeune et vivante et l'un des principaux centres d'art et de culture de la Péninsule.

La situation

132 127 habitants – Carte Michelin nº 429 H 16 – Émilie-Romagne. Ferrare est proche du delta du Pô, le long de l'A 13 qui va de Bologne à Padoue. *ℹ Castello Estense, ☎ 0532 20 93 70.*

Pour poursuivre la visite, voir les chapitres BOLOGNA et DELTA DEL PO.

carnet pratique

RESTAURATION

• ***Valeur sûre***

Antica Trattoria Volano – *Viale Volano, 20 - ☎ 0532 76 14 21 - fermé ven. - ▤ - 22/32€ + 12 % serv.* Cette trattoria chargée d'histoire (elle existe depuis le 18ᵉ s. !) propose aujourd'hui une cuisine typique, traditionnelle de Ferrare. Le décor est simple, mais confortable et authentique, et le service est convivial.

Tassi – *Viale Repubblica, 23 - 44012 Bondeno - 20 km au NO de Ferrare sur la S 496 - ☎ 0532 89 30 30 - fermé lun., 1ᵉʳ au 4 janv., 14 juil. au 12 août - 22/28€.* Autrefois célèbre à Ferrare, cette trattoria délicieusement rétro vous initiera à la cuisine traditionnelle locale. Vous resterez bouche bée devant le chariot des *bolliti* (bouillis) et les différentes préparations de viandes que l'on vous énonce à voix haute. Possibilité d'hébergement.

HÉBERGEMENT

• ***Valeur sûre***

Locanda Borgonuovo – *Via Cairoli, 29 - ☎ 0532 21 11 00 - fax 0532 24 800 - ▤ - 4 ch. : 61,97/103,29€ ☕.* Un B&B agréable et raffiné en plein cœur du centre historique qui offre un accueil chaleureux et un décor soigné. Le petit-déjeuner est excellent et servi en abondance et on peut le prendre, en été, sur une jolie terrasse.

Bed & Breakfast Corte Arcangeli – *Via Pontegradella, 503 - 44030 Pontegradella - 3 km au NE direction Pomposa Mare - ☎ 0532 70 50 52 - fax 0532 70 50 52 - info@cortearcangeli.it - ▤ - 6 ch. : 72,30/82,63€ ☕.* Un vrai B&B à l'anglaise, dans une belle ferme entourée de verdure, à quelques minutes seulement du centre. Des chambres personnalisées avec goût (lits anciens, têtes de lits peintes) et de grands espaces communs. Petit-déjeuner pantagruélique et vélos gratuits pour vous balader. Animaux bienvenus.

comprendre

Une dynastie de mécènes

D'abord commune indépendante, Ferrare appartint de 1208 à 1598 aux **Este** qui, en dépit de plusieurs drames familiaux sanglants, surent embellir la ville de nombreux édifices et accueillir peintres et écrivains. **Niccolò III** (1393-1441) supprima sa femme Parisina et son amant mais s'employa à faire de ses deux fils, **Lionel** et **Borso**, des administrateurs efficaces et des mécènes éclairés. **Hercule Ier**, responsable de l'assassinat de son neveu, encouragea les artistes, de même que ses filles Béatrice et Isabelle. **Alphonse Ier d'Este** fut le troisième mari de Lucrèce Borgia. Enfin, Hercule II épousa Renée de France (fille de Louis XII), qui protégea Marot et les calvinistes. À la mort sans enfant d'**Alphonse II** (1533-1597), Ferrare fut annexé aux États pontificaux et les Este ne gardèrent que le duché de Modène.

L'existence d'une université laïque (fondée en 1391) et le mécénat de la famille d'Este assurèrent à Ferrare un extraordinaire rayonnement littéraire et artistique. Bénéficièrent ainsi de la protection de la Cour les trois « couronnes d'Este » : **Matteo Maria Boiardo** (1441-1494), auteur du ***Roland amoureux***, **l'Arioste** (1474-1533), qui fut toute sa vie au service des Este, et **le Tasse** (1544-1595).

Les paladins de France et de la foi

Dans le *Roland furieux*, prenant prétexte des récits de chevalerie et des amours de Roland et d'Angélique, l'Arioste donne libre cours à une imagination enjouée qui entremêle, dans une langue admirablement ciselée et pleine de mouvement, les descriptions de combats et de paysages, l'évocation de monstres merveilleux et les situations sentimentales qui affectent ses héros.

Le Tasse, né à Sorrente, fit plusieurs séjours à Ferrare ; au cours du premier, il rédigea *La Jérusalem délivrée*, qui relate la prise de Jérusalem par les chrétiens et les amours de Renaud et Armide. Dans ce long poème s'exprime avec un lyrisme nouveau et une grande musicalité la personnalité enthousiaste, violente et ténébreuse du Tasse, dont les dernières années furent assombries par des crises de folie qui lui valurent d'être enfermé.

L'« atelier ferrarais »

Dominée par la puissante personnalité de **Cosmè Tura** (vers 1430-1495), l'école ferraraise de peinture se caractérise par un réalisme minutieux emprunté aux écoles du Nord, mais mis au service d'un expressionnisme âpre, issu de Mantegna : une violente tension habite les figures qui paraissent sculptées dans la matière minérale. **Francesco Cossa** (1435-1477), **Ercole de'Roberti** (1450-1496), **Lorenzo Costa** (vers 1460-1530) en sont les principaux représentants. Au 16e s., **Dosso Dossi** et **Garofalo** infléchissent cette dureté graphique grâce à un lyrisme des couleurs s'apparentant aux exemples vénitiens ou romains.

visiter

LA VIEILLE VILLE

Castello Estense★

(♿) *Tlj sf lun. 9h30-17h. Fermé 25 déc. 4,13€.* ☎ *0532 29 92 33 ; www.provincia.fe.it*
Le puissant édifice, défendu par quatre châtelets à ponts-levis et par des douves, fut la résidence des Este. Du rez-de-chaussée, on accède aux étroites prisons où Parisina et son amant furent enfermés ; à l'étage noble, on peut visiter l'orangerie, la tranquille chapelle ducale et les salles ornées de fresques dues aux Filippi, actifs à Ferrare au cours de la seconde moitié du 16e s.

Duomo★★

Érigé au 12e s. dans le style romano-gothique lombard, le **Dôme** possède une **façade★★** tripartite dotée d'un magnifique **auvent**, dont le tympan offre une représentation du *Jugement dernier* rappelant les ornementations des cathédrales gothiques françaises. Sur l'ogive du grand portail, l'image de saint Georges est l'œuvre de Niccolò, maître de l'école romane de Wiligelmo, l'auteur de la décoration sculpturale de la cathédrale de Modène. Sur le flanc droit, la partie supérieure est occupée par deux ordres de galeries, la partie inférieure par le portique et les boutiques de la Loggia des Merciers (15e s.). C'est ici que s'ouvrait le *Portail des Mois*, dont les panneaux sont désormais conservés au musée de la cathédrale. Le campanile, inachevé, fut conçu par Leon Battista Alberti. L'abside semi-circulaire aux ornements de terre cuite est l'œuvre de Biagio Rossetti.

L'**intérieur**, refait au 18e s., renferme quelques œuvres d'art parmi lesquelles, dans le transept droit, *Le Martyre de saint Laurent*, du Guerchin, et deux statues de bronze du 15e s. (saint Maurelius et saint Georges) et enfin, sur la voûte absidiale, le *Jugement dernier* de Bastianino.

Museo della Cattedrale – *Tlj sf lun. 9h30-14h (téléphoner pour avoir confirmation des horaires). Fermé j. fériés. Il est conseillé de laisser une offrande. ☎ 0532 76 12 99 ; www.comune.fe.it/musei-aa/schifanoia/htm*

Le **musée** recèle deux statues de Jacopo della Quercia, les **panneaux★★** de l'ancien orgue, peints par Cosmè Tura et représentant *Saint Georges combattant le dragon* et l'*Annonciation*, et de magnifiques **sculptures★** (12e s.) provenant du *Portail des Mois*, marquées par une grande vivacité et une minutieuse observation de la réalité (le plus bel exemple étant le mois de septembre).

Face à la cathédrale, l'**hôtel de ville** du 13e s. est l'ancienne résidence ducale.

Les rues médiévales

La **via San Romano**, qui a préservé son activité d'artère commerçante, reliait la piazza Trento e Trieste, place du marché, au port (aujourd'hui via Ripagrande). Elle est bordée de nombreuses maisons comportant un porche, particularité insolite pour Ferrare. La **via delle Volte**, unique en son genre, est devenue l'un des symboles de la ville. Les passages couverts *(volte)* rattachaient les maisons des marchands à leur boutique et permettaient de récupérer de la surface habitable.

En tournant dans la via Mazzini, on rejoint les **synagogues**. Cet édifice fut donné à la communauté juive en 1481 par le banquier romain Ser Samuel

La communauté juive de Ferrare

Elle connut sa plus grande époque de prospérité aux 15e et 16e s. grâce à la politique de la maison d'Este, qui accueillit les juifs venus de Rome, d'Espagne et d'Allemagne. Le ghetto fut institué par le gouvernement pontifical en 1624 : cinq portes, fermées du coucher au lever du soleil, bloquaient le quartier compris entre les rues Mazzini, Vignatagliata et Vittoria. Les portes du ghetto furent abattues par le nouveau royaume d'Italie en 1859.

La communauté juive de Ferrare est le protagoniste du *Jardin des Finzi Contini*, roman de **Giorgio Bassani**, dont l'adaptation à l'écran par Vittorio De Sica en 1970 reçut l'Oscar du meilleur film étranger.

Mele. Dans cet ensemble, trois synagogues de rites différents coexistent : le temple de Fano (de la ville des Marches), le temple italien et le temple allemand. *Tlj sf ven. et sam. 10h-13h (la billetterie ferme à 12h). Fermé fêtes juives, août. 3,62€. ☏ 0532 21 02 28 ; www.comune.fe.it/museoebraico*

Casa Romei★

Tlj sf lun. 8h30-19h. Fermé 1er janv., 1er mai, 25 déc. 2,07€. ☏ 0532 24 00 05.
C'est un exemple pratiquement unique de demeure bourgeoise du 15e s. où se mêlent éléments de style gothique tardif, comme les décorations des pièces du rez-de-chaussée (**salle des Sibylles**, salle des Prophètes), et éléments Renaissance, comme le portique de la belle **cour d'honneur**.

Palazzina di Marfisa d'Este★

Tlj sf lun. 9h30-13h30, 15h-18h. Fermé j. fériés. 2,07€, 5,16€ avec l'entrée au palais Schifanoia. ☏ 0532 20 74 50 ; www.comune.fe.it/musei-aa/schifanoia/htm
Cet hôtel particulier, autrefois entouré d'arcades, de pavillons et de jardins, fut la demeure de Marfise d'Este, qui y accueillit le Tasse. À l'intérieur, il faut admirer les grotesques raffinés des plafonds et les meubles des 16e et 17e s. Du jardin, on accède à la loggia des Orangers, dont la voûte est ornée d'une pergola en trompe-l'œil avec des sarments de vigne et des animaux.

Palazzo Schifanoia★

Tlj sf lun. 9h30-19h (la billetterie ferme à 18h30). Fermé j. fériés. 4,13€, 5,16€ avec l'entrée à l'hôtel de Marfise d'Este. ☏ 0532 64 178 ; www.comune.fe.it/musei-aa/schifanoia/htm
Le palais, construit à la fin du 14e s. puis agrandi sous Borso d'Este, renferme les admirables fresques du **salon des Mois★★** : cycle complexe à la gloire de Borso, cette représentation des douze mois de l'année, dont il ne reste malheureusement qu'une partie, met savamment en relation trois registres – le quotidien, l'astrologique et le mythologique – et témoigne du haut niveau de culture atteint par la Renaissance ferraraise. Confiées à différents artistes sous la direction de Cosmè Tura, parmi lesquels Francesco del Cossa (Mars, Avril, Mai) et Ercole de'Roberti (Septembre), les scènes font preuve d'une extraordinaire délicatesse dans le détail et d'une merveilleuse vivacité dans le dessin et la couleur.
Le palais abrite le **musée municipal d'Art ancien** (Museo Civico di Arte Antica), qui contient des collections de pièces archéologiques, médailles, bronzes, marqueteries sur bois et objets en ivoire. Le **Musée lapidaire**, situé dans l'ancienne église S. Libera, constitue une section du musée municipal.
Tout près du palais, la basilique **S. Maria in Vado**, des 15e-16e s., recèle un vaste intérieur couvert de fresques et de peintures.

Palazzo di Ludovico il Moro★

♿ *Tlj sf lun. 9h-14h. Fermé 1er janv., 1er mai, 25 déc. 4,13€, gratuit pendant la Semaine de la culture. ☏ 0532 66 299.*
Conçu à la fin du 15e s. par Biagio Rossetti et resté inachevé, l'édifice possède une jolie cour à arcades et un grand **escalier d'honneur** doté d'une intéressante ornementation en marbre. Le premier étage accueille le **Musée archéologique national**, qui rassemble une riche **collection de vases attiques★** et de mobilier funéraire (6e-4e s. avant J.-C.) provenant des fouilles de la ville de Spina, l'un des ports de commerce les plus importants de la Méditerranée. Elles furent mises au jour au 20e s. après un « scénario policier » archéologique qui dura plus de 2 000 ans et pour lequel, entre autres, même Boccace se passionna.

S. Antonio in Polesine

Tlj sf sam. ap.-midi et dim. 9h15-11h30, 15h15-17h. Fermé j. fériés, 1 j. par mois pour la retraite. Laisser une offrande. Pour toute information ☏ 0532 64 068.
Une paisible atmosphère d'isolement enveloppe le monastère fondé en 1257 par Béatrice II d'Este, religieuse bénédictine. L'**église intérieure** renferme trois chapelles ornées de précieuses **fresques★** de l'école de Giotto ou émiliennes des 14e-16e s.

LA VILLE RENAISSANCE

En 1490, Hercule Ier d'Este chargea **Biagio Rossetti** d'étendre la ville au Nord. Avec l'**adjonction d'Hercule Ier** (Addizione Erculea), on créa donc autour de deux grands axes – le corso Ercole I d'Este et les corsi Porta Po, Biagio Rossetti et Porta di Mare – une grande ville Renaissance, dotée de parcs et de jardins. Par ce grand plan d'aménagement, Ferrare devint, selon l'historien de l'art Jacob Burckhardt, la première « ville moderne d'Europe », inscrite en 1995 au Patrimoine mondial de l'Unesco.

Corso Ercole I d'Este★

Dépourvu de magasins et bordé de magnifiques palais, il conserve aujourd'hui encore son aspect d'origine d'artère résidentielle. Le croisement formé avec l'autre axe de l'adjonction, le **Quadrivio degli Angeli** (carrefour des Anges) constitue le cœur de l'avenue ; il est mis en valeur par la présence de trois palais à la riche ornementation angulaire, dont le splendide palais des Diamants.

Palazzo dei Diamanti★★

Chef-d'œuvre de **Biagio Rossetti**, il doit son nom aux bossages de ses façades : plus de 8 500 « diamants » disposés de manière asymétrique et orientés différemment sur les trois côtés, créant un fort effet plastique. Le palais fut imaginé à partir d'un concept de diagonale ; l'angle en est donc l'élément central, enrichi de **pilastres** et d'un petit balcon. À l'étage noble, se trouve la Pinacothèque nationale.

Pinacothèque nationale★ – ♿ *Tlj sf lun. 9h-14h, jeu. 9h-19h, dim. et j. fériés 9h-13h. Fermé 1er janv., 1er mai, 25 déc., Semaine de la culture (avr.). 4,13€. ☎ 0532 20 58 44.*
Un parcours établi par collection permet de suivre l'évolution de la peinture ferraraise, émilienne et vénitienne du 13e au 18e s. Parmi les œuvres les plus illustres figurent les deux médaillons de **Cosmè Tura** dédiés à saint Maurelius, ***La Mort de la Vierge*** du Vénitien **Carpaccio**, la ***Déposition*** de l'Ortolano, les **retables** de Garofalo et les **fresques** provenant d'églises ferraraises. La collection Strozzi compte les représentations des **Muses Érato et Uranie**, provenant du cabinet de Lionel d'Este au palais de Belfiore, qui se trouvait près de l'actuel corso Ercole I d'Este et fut détruit sous la domination pontificale.
Au nº 17 du corso Ercole I d'Este, le **musée Michelangelo-Antonioni** expose les œuvres picturalo-photographiques du grand cinéaste ferrarais.

R. Mattes/MICHELIN

Quelques-uns des « diamants » du palais... presque une illusion d'optique

Palazzo Massari

♿ *9h-13h, 15h-18h. 4,13€, gratuit 1er lun. du mois. ☎ 0532 20 99 88 ; www.comune.fe.it*
Dans ce palais de la fin du 16e s., le **musée Boldini** rassemble des huiles, des pastels et des dessins illustrant l'évolution de l'activité du peintre (1842-1931) durant ses périodes ferraraise, florentine et parisienne. Quelques œuvres d'autres artistes ferrarais, dont Previati.

Casa dell'Ariosto

Via Ariosto nº 67. Tlj sf lun. 9h-14h, mer. et sam. également 15h-18h, dim. 9h-14h. Fermé j. fériés. Gratuit. ☎ 0532 20 85 64 ; www.provincia.fe.it/musei-aci/schifanoia/htm
Agrémentée d'un jardin où le poète cultivait roses et jasmin, la maison de l'Arioste abrite aujourd'hui un centre culturel.

Fiesole★

La route qui, de Florence, grimpe en lacet parmi les oliveraies, les somptueux jardins et les enfilades de cyprès jusqu'au sommet de la colline de Fiesole offre un paysage★★★ incomparable, entrevu dans maints tableaux des maîtres de la Renaissance italienne.
Fondée au 7e ou 6e s. avant J.-C. par les Étrusques, qui avaient choisi sa position élevée pour des raisons de stratégie et de salubrité, Fiesole fut le centre le plus important de l'Étrurie septentrionale. Longtemps, elle domina sa rivale, la future Florence, qui finit par la conquérir au 12e s.

La situation

14 876 habitants – Carte Michelin nº 430 K 15 – Plan général sur la Carte Michelin nº 430, dans l'Atlas routier Michelin Europe et dans l'Atlas Michelin Italie ou dans le Guide Rouge Italia – Voir aussi Le Guide Vert TOSCANE – Toscane. Fiesole se trouve à 8 km au Nord de Florence. **i** *Via Portigiani, 3, ☎ 055 59 87 20.*
Pour poursuivre la visite, voir le chapitre FIRENZE.

visiter

Couvent S. Francesco★
9h-12h30, 13h-18h30 (visite impossible durant les offices). ☎ 055 59 175.
La via S. Francesco, qui, face au Dôme, monte au couvent, offre une belle **vue★★** sur Florence (depuis une terrasse à mi-pente). Cet humble couvent franciscain au minuscule cloître est admirablement situé au sommet de la colline. Il abrite un musée des Missions.

Duomo★
Fondé au 11e s., agrandi aux 13e et 14e s., il a été restauré à la fin du 19e s. L'**intérieur★**, très dépouillé, de plan basilical avec chœur surélevé, possède des colonnes supportant des chapiteaux pour la plupart antiques. Il abrite en outre deux jolies **œuvres★** sculptées par **Mino da Fiesole**.

Zone archéologique
♿ pour le musée ; (♿) pour la zone archéologique. Été : 9h30-19h ; avr. et oct. : 9h30-18h ; le reste de l'année : 9h30-17h. Fermé mar. (hiver), 1er janv., 25 déc. 6,20€ avec l'entrée au musée Bandini, 14,46€ ticket famille. ☎ 055 59 477 ; www.ups.itpropart/museo-archeo-fiesole/
Située dans un **cadre★** enchanteur, elle rassemble un **théâtre romain★** (vers 80 avant J.-C.), encore utilisé, un petit **temple étrusque** et les vestiges de **thermes** bâtis par les Romains au 1er s. de notre ère. Le **musée★** présente une intéressante collection d'objets provenant de fouilles, allant de l'époque étrusque à l'époque médiévale.

Antiquarium Costantini
Entrée à proximité de la zone archéologique. Belle collection de vases grecs et étrusques. Au sous-sol, résultats des fouilles réalisées à l'emplacement même du musée (peintures murales d'époque romaine).

Museo Bandini
Face à l'entrée de la zone archéologique. Été : 9h30-19h ; hiver : tlj sf mar. 9h30-17h. Fermé 1er janv., 25 déc. 6,20€ avec l'entrée au Musée archéologique et à la chapelle San Giacomo. ☎ 055 59 477.
Il regroupe des peintures toscanes des 14e et 15e s. Au 1er étage, remarquer les ***Triomphes*** de Pétrarque.

S. Domenico di Fiesole
2,5 km au Sud-Ouest (voir le plan d'agglomération de Florence sur la carte Michelin no 430). C'est dans cette église, bâtie au 15e s. puis transformée au 17e s., que **Fra Angelico** prononça ses vœux : une ***Vierge avec l'Enfant et des saints★***, par ce maître, orne la 1re chapelle à gauche. ***Baptême du Christ*** de Lorenzo di Credi dans la 2e chapelle à droite.

Badia Fiesolana
3 km au Sud-Ouest (voir le plan d'agglomération de Florence sur la carte Michelin no 430).
Cet ancien couvent bénédictin fut en partie rebâti au 15e s. grâce à la générosité de Côme l'Ancien, qui y fit de fréquents séjours. La **façade★** de l'église romane d'origine, à motifs géométriques de marbre vert et blanc, a été incorporée à la nouvelle façade, que la mort de Côme laissa inachevée. L'intérieur et le cloître sont très représentatifs du style inauguré par Brunelleschi. Le bâtiment abrite aujourd'hui l'Institut Universitaire Européen.

Firenze★★★

Florence

Prestigieuse cité d'art, considérée comme l'une des plus belles villes d'Italie, Florence est avant tout une terre de génies. Patrie de Dante et de la langue italienne, elle fut le berceau de la civilisation où naquit, dans la 1re moitié du 15e s., l'Humanisme et la Renaissance.

La situation

376 662 habitants – Carte Michelin n° 430 K 15 – Plan d'agglomération dans le Guide Rouge Italia – Voir aussi Le Guide Vert TOSCANE – Toscane. Florence se trouve dans une cuvette de l'Apennin qui s'ouvre sur la plaine de l'Arno. La ville est au centre d'un nœud autoroutier important, au croisement de l'A 1 et de l'A 11 qui va Florence à la mer. 🅸 *Via Cavour, 1, ☏ 055 29 08 32.*

Pour poursuivre la visite, voir les chapitres FIESOLE, PISTOIA et PRATO.

comprendre

Florence est sans doute la ville où le génie italien se manifeste avec le plus d'éclat et la plus grande pureté. Pendant plus de trois siècles, du 13e au 16e s., elle sera le berceau, d'une exceptionnelle prodigalité, de toutes sortes d'esprits créateurs qui façonneront non seulement le visage de l'Italie d'alors, mais également celui de la civilisation moderne de l'Europe entière. Les caractéristiques majeures de ce mouvement, auquel on donnera plus tard le nom de Renaissance, sont d'une part une ouverture au monde, un dynamisme spéculatif qui obligent les inventeurs à fonder leurs nouvelles recherches sur la réinterprétation du passé ou l'élargissement des frontières habituelles ; d'autre part, un souci d'universalité qui les entraîne à multiplier leurs champs d'intérêt. En effet, **Dante** n'est pas seulement un immense poète, mais également un grammairien doublé d'un historien qui réfléchit sur les origines et les pouvoirs de sa langue ; c'est aussi un polémiste actif au cœur de la cité. **Giotto** est peintre, mais aussi architecte. Le prince qui incarne la splendeur de Florence, **Laurent le Magnifique**, fut à la fois un fin diplomate et un politique réaliste, un ami des arts et des artistes, mécène et poète lui-même qui participa étroitement à l'académie de Carreggi, où philosophes (Marsile Ficin, Pic de la Mirandole) et écrivains (Politien, etc.) jetaient les bases d'un nouvel humanisme. Cette recherche d'un équilibre entre la nature et l'ordre trouve sa plus belle illustration en **Michel-Ange**, peintre, architecte, sculpteur, poète et penseur, dont l'œuvre traduit une inquiétude proprement florentine.

Florence est de plus située au cœur d'une **campagne★★★** admirable, baignée d'une lumière diaphane et ambrée, empreinte de sérénité et d'équilibre : les collines basses qui l'entourent sont ornées de rangées d'oliviers, de vignes et de cyprès qui paraissent avoir été consciemment dessinées, disposées pour le plaisir de l'œil selon une harmonie voulue par l'homme.

Les architectes et les peintres florentins ont tenté de traduire dans leurs œuvres cet équilibre de la nature : que ce soit le campanile de la Badia par **Arnolfo di Cambio** ou celui de la cathédrale par **Giotto**, la façade de S. Maria Novella par **Alberti** ou la coupole de S. Maria del Fiore dessinée par **Brunelleschi**, tous ces ouvrages semblent répondre, par la pureté et l'élégance de leurs lignes, à la beauté du paysage et à la palpitation de la lumière.

La recherche de la perspective conduite par les peintres florentins au cours du Quattrocento (15e s.) répond, d'une part, à cette fascination exercée par le paysage et de l'autre, au souci intense de reproduire fidèlement les formes perçues par l'œil.

Cette réunion d'esprits si divers, aux intérêts multiples, désireux d'étendre indéfiniment le champ de leurs connaissances au cœur d'une cité florissante grâce à l'activité de ses artisans et de ses marchands et à la gestion efficace de ses princes mécènes, fait de Florence le principal foyer de l'activité intellectuelle et artistique qui, pendant plusieurs siècles, va influencer de nombreuses inventions humaines.

Fondée par César au 1er s. avant J.-C., cette colonie, qui prit le nom de Florentia, occupait la rive droite de l'Arno à la hauteur de l'actuel Ponte Vecchio : c'est là que stationnaient les soldats chargés de surveiller la Via Flaminia, qui reliait Rome au Nord de l'Italie et à la Gaule.

Ce n'est pourtant qu'au début du 11e s. que la ville acquit une autorité en Toscane quand le comte Ugo, marquis de Toscane, y établit sa résidence et que, vers la fin de ce même siècle, la comtesse Mathilde y affirma son indépendance.

Au cours du 12e s. Florence prospéra sous l'influence de la nouvelle classe des marchands et s'enrichit de quelques édifices comme le baptistère et S. Miniato. Les métiers s'organisèrent en puissantes corporations, les *Arti*, sur lesquels s'appuya le pouvoir législatif lorsque la ville s'érigea en commune libre ; au 13e s. les arts de la laine et de la soie employaient le tiers de la population et, par l'exportation de leurs

La coupole de Brunelleschi, le symbole de Florence

produits dans toute l'Europe et au-delà, contribuèrent à l'essor extraordinaire de la cité. Ces artisans furent aidés dans leur effort par les banquiers florentins qui, succédant aux prêteurs lombards et juifs, acquirent rapidement une grande renommée en créant les premières lettres de change et le célèbre florin, frappé aux armes de Florence, dont la valeur dura jusqu'à ce que le supplante le ducat vénitien, à la fin du 15e s. Les principaux banquiers furent les Bardi-Peruzzi qui avancèrent d'énormes sommes à l'Angleterre au début de la guerre de Cent Ans ; les Pitti, les Strozzi, les Pazzi et, bien sûr, les Médicis, occupèrent bientôt avec eux les premières places.
En dépit de ces richesses, Florence n'échappa pas aux luttes intestines entre les gibelins, partisans de l'empereur, et les guelfes soutenant le pape. Les guelfes, tout d'abord vainqueurs, chassèrent les gibelins. Ces derniers, associés à d'autres cités ennemies de Florence, dont Sienne, reprirent le pouvoir après la bataille de Montaperti en 1260. S'étant ressaisis, les guelfes revinrent à Florence en 1266 et modifièrent sensiblement l'aspect de la cité en abattant les maisons-tours construites par les nobles gibelins. Ayant instauré une république, ils créèrent le gouvernement de la Signoria, où siégèrent des Prieurs, jusqu'à ce qu'une nouvelle dissension divise guelfes noirs et guelfes blancs, ces derniers s'opposant à la papauté : cette tragédie valut à Dante, du parti des « blancs », un exil définitif dès 1302. La peste de 1348, qui emporta la moitié des Florentins, mit fin à ces rivalités.
Parmi les nombreuses familles riches de la ville, celle des **Médicis** donna à Florence plusieurs de ses maîtres, qui exercèrent leur pouvoir à la fois sur la finance et sur les arts. Le fondateur de cette dynastie, Giovanni de' Bicci, était à la tête d'une banque prospère, lorsqu'il légua en 1429 son patrimoine à son fils, **Côme l'Ancien**, qui sut faire de l'héritage familial l'entreprise la plus florissante de la cité. Il exerça discrètement, par personnes interposées, un pouvoir personnel, mêlant habilement ses propres intérêts à ceux de la communauté, assurant à Florence une sorte d'hégémonie pacifique. Mais son mérite principal est d'avoir su s'entourer d'intellectuels et d'artistes auxquels il confiait de nombreux mandats : passionné de construction, ce « père de la patrie » fit édifier de nombreux monuments à l'intérieur de la ville. Son fils, Pierre le Goutteux, ne lui survécut que cinq ans et laissa le pouvoir à **Laurent le Magnifique** (1449-1492) qui, après avoir échappé à la conjuration des Pazzi *(voir p. 198)*, régna comme un prince, bien que toujours officieusement. Il se distingua par une politique habile, conservant à Florence ses prérogatives parmi les villes d'Italie, mais conduisit à la ruine l'empire financier des Médicis. Doué d'une grande sensibilité, épris d'humanisme, amoureux des lettres et des arts, il s'entoura d'une cour de poètes et de philosophes et contribua de la sorte à faire de Florence la capitale incontestée de la première Renaissance.
À la mort du Magnifique, ressentie dans toute l'Europe, le dominicain **Savonarole**, profitant d'une période de troubles, provoque la chute des Médicis. Ascète et fanatique, ce moine devenu prieur de Saint-Marc inverse le goût des Florentins en stigmatisant le plaisir des sens et la passion esthétique, au point que ceux-ci brûlent, sur la piazza della Signoria en 1497, tableaux, instruments de musique, livres de poésie, etc. Ce censeur sera à son tour soumis au supplice du feu, l'année suivante, au même endroit.
Revenus au pouvoir officiel grâce à Charles Quint, les Médicis régneront jusqu'au milieu du 18e s. **Côme Ier** (1519-1574) redonne à Florence l'éclat qu'elle avait perdu, soumet Sienne et devient le premier grand-duc de Toscane ; il perpétue également la tradition du mécénat en protégeant de nombreux artistes.
François Ier (1541-1587), dont la fille Marie sera reine de France, épouse en secondes noces la belle Vénitienne Bianca Cappello. Enfin, le dernier Médicis d'envergure, Ferdinand Ier (1549-1609), épouse une princesse française, Christine de Lorraine. Après les Médicis, le grand-duché passa à la maison de Habsbourg-Lorraine, puis à Napoléon jusqu'en 1814, et revint aux Habsbourg jusqu'en 1859.
Incorporée au royaume d'Italie, Florence en assuma le rôle de capitale de 1865 à 1870.

La formation relativement tardive de la ville comme entité culturelle (11e s.) et son passé romain sans réels vestiges ont sans doute facilité l'apparition d'un langage artistique indépendant qui se développa avec force pendant plusieurs siècles. L'un de ses caractères principaux fut ce souci de clarté et d'harmonie qui guida autant les écrivains que les architectes, les peintres et les sculpteurs.

Dante Alighieri (1265-1321) a jeté les bases de la langue italienne dans plusieurs ouvrages traitant de l'éloquence et en a fait un magistral premier usage dans le récit de la *Vita Nova*, relatant sa rencontre avec une jeune fille, Béatrice Portinari, qui sera l'inspiratrice de ***La Divine Comédie***. Avec le lyrisme de **Pétrarque** et l'ironie des contes de **Boccace**, Dante a façonné dès le 14e s. un outil linguistique d'une exceptionnelle mobilité.

Machiavel (1469-1527) a transcrit dans une prose noble et vigoureuse ses expériences d'homme d'État ; dans son ouvrage majeur, ***Le Prince*** (1513), il s'adresse à Laurent II de Médicis, petit-fils du Magnifique, et lui conseille d'exercer une politique efficace sans se préoccuper de morale quant aux moyens pour y parvenir.

Francesco Guicciardini (1483-1540) écrivit une importante histoire de Florence et de l'Italie, et **Giorgio Vasari** (1511-1574) fut plus tard, avec ses *Vies des plus excellents peintres*, le premier véritable historien de l'art, organisant la peinture en écoles locales et lui donnant son origine au 13e s., dans l'œuvre de Cimabue, que Dante avait déjà loué dans *La Divine Comédie*.

C'est en effet à partir de **Cimabue** (1240-1302) que se développe l'école florentine de peinture, s'écartant de plus en plus de la manière byzantine aux sinuosités décoratives, pour atteindre avec **Giotto** (1266-1337) un réalisme sans fioritures où seuls comptent désormais le mouvement et l'expression. Plus tard, **Masaccio** (1401-1428) accentuera cette recherche en étudiant la profondeur de l'espace et le modelé. La représentation du monde grâce au principe de la perspective préoccupera dès lors tous les peintres florentins, ainsi que les sculpteurs, architectes et théoriciens qui contribueront à perfectionner sans relâche la définition de l'espace. Le Quattrocento voit fleurir une pléiade d'artistes dont certains, comme **Paolo Uccello** (1397-1475), **Andrea del Castagno** (1423-1457), **Piero della Francesca**, originaire des Marches, paraissent obsédés par le jeu des raccourcis et le réseau des lignes, alors que d'autres, comme **Fra Angelico** (1387-1455), plus tard **Filippo Lippi** (1406-1469) et **Benozzo Gozzoli** (1420-1497), héritiers du gothique international, cèdent plus volontiers aux plaisirs de l'arabesque et à la séduction des couleurs vives. Ces tendances opposées sont réconciliées en un harmonieux équilibre dans l'œuvre du peintre en qui Florence aime à se reconnaître, **Sandro Botticelli** (1444-1510) : empruntant ses thèmes à l'Antiquité, comme l'humanisme en vogue à la cour de Laurent le préconisait, il invente des fables dans lesquelles des figures énigmatiques, aux formes souples et serpentines, paraissent soumises à une vibration qui anime l'espace tout entier ; une certaine mélancolie freine pourtant l'élan du mouvement, atténue l'éclat des couleurs. Autour de Botticelli, les frères **Pollaiolo**, **Ghirlandaio** (1449-1494), **Filippino Lippi** (1457-1504) assurent à la peinture florentine sa variété et sa continuité. Au 16e s., la seconde Renaissance, dont Rome et les villes du Nord seront les centres, se prépare à Florence : **Léonard de Vinci**, **Michel-Ange** et **Raphaël** y font leurs premières armes, créant des œuvres dont s'inspireront les jeunes peintres maniéristes comme **le Pontormo**, **le Rosso**, **Andrea del Sarto** (1486-1530) ou le curieux portraitiste des Médicis, **Bronzino** (1503-1572).

Détail du raffiné et lumineux Cortège des Rois mages *de Benozzo Gozzoli*

Circulation réglementée dans le centre-ville

Alamanni (Via L.) .... DT
Albizi (Borgo degli) .... EU
Aleardi (Viale A.) .... CU
Alfani (Via degli) .... ETU
Alfieri (Via V.) .... FTU
Amendola (Viale G.) .... FUV
Ariosto (Viale F.) .... CU 15
Arnolfo (Via) .... FV
Artisti (Via degli) .... FT
Azeglio (Piazza d') .... FU
Bardi (Via de) .... DEV
Bastioni (Via dei) .... EFV
Battisti (Via C.) .... ET 18
Beccaria (Piazza) .... FU
Belfiore (Viale) .... CT
Bellosguardo (Via di) CV
Belvedere (Via di) .... EV
Benci (Via de') .... EUV
Bentaccordi (Via) .... EU 19
Bovio (Via G.) .... FU
Calimala .... DU 24
Campora (Via delle) CVX
Capponi (Via G.) .... ET
Carmine (Piazza del) .... DU
Carraia (Ponte alla) .... DU
Casone (Via del) CV
Cavallotti (Via F.) .... CU
Cavour (Via) .... ETU
Cellini (Lungarno) .... FV

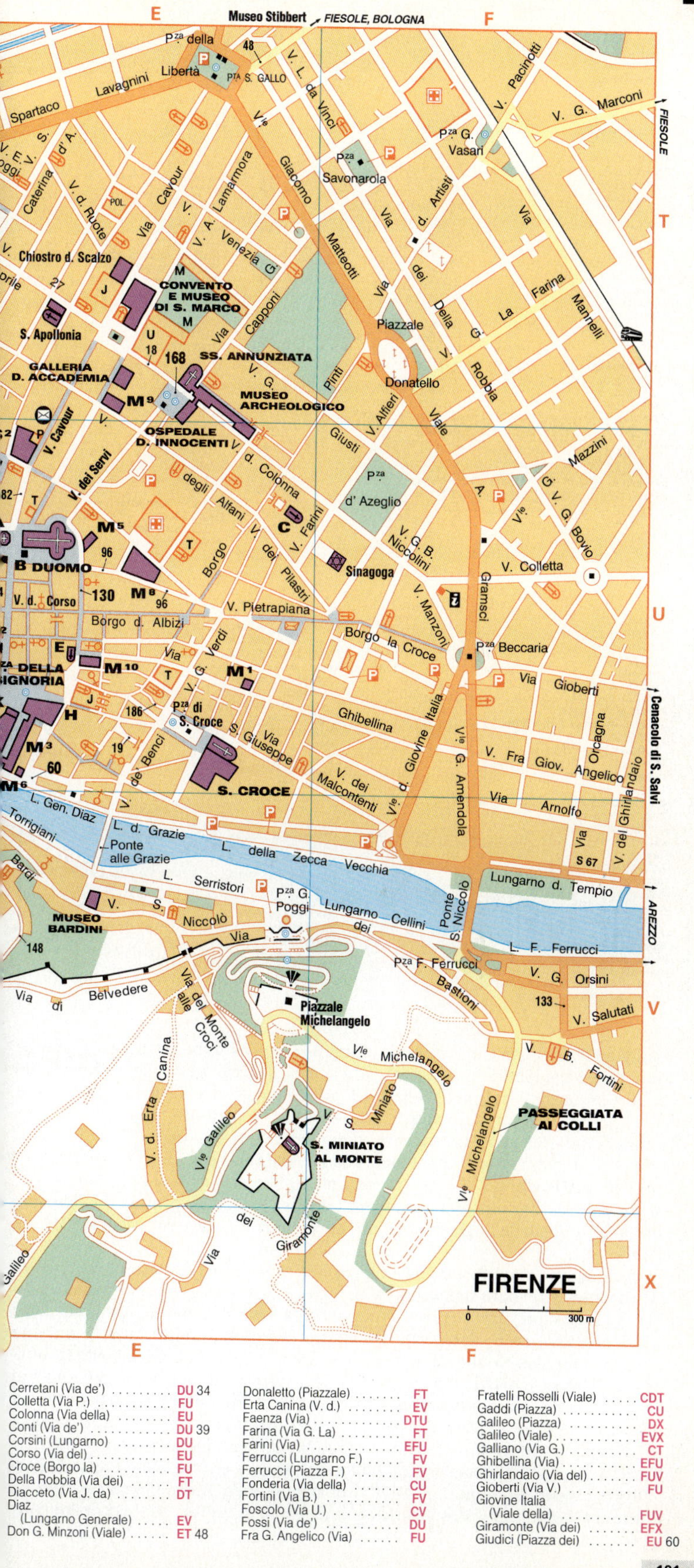

Cerretani (Via de') . . . . DU 34
Colletta (Via P.) . . . . FU
Colonna (Via della) . . . . EU
Conti (Via de') . . . . DU 39
Corsini (Lungarno) . . . . DU
Corso (Via del) . . . . EU
Croce (Borgo la) . . . . FU
Della Robbia (Via dei) . . . . . . FT
Diacceto (Via J. da) . . . . DT
Diaz (Lungarno Generale) . . . . . EV
Don G. Minzoni (Viale) . . . . . . ET 48
Donatello (Piazzale) . . . . FT
Erta Canina (V. d.) . . . . EV
Faenza (Via) . . . . DTU
Farina (Via G. La) . . . . FT
Farini (Via) . . . . EFU
Ferrucci (Lungarno F.) . . . . . FV
Ferrucci (Piazza F.) . . . . FV
Fonderia (Via della) . . . . CU
Fortini (Via B.) . . . . FV
Foscolo (Via U.) CV
Fossi (Via de') . . . . DU
Fra G. Angelico (Via) . . . . . . FU
Fratelli Rosselli (Viale) . . . . . CDT
Gaddi (Piazza) . . . . CU
Galileo (Piazza) . . . . DX
Galileo (Viale) . . . . EVX
Galliano (Via G.) . . . . CT
Ghibellina (Via) . . . . EFU
Ghirlandaio (Via del) . . . . . . FUV
Gioberti (Via V.) . . . . FU
Giovine Italia (Viale della) . . . . FUV
Giramonte (Via dei) . . . . EFX
Giudici (Piazza dei) . . . . EU 60

Firenze

Rue	Carroyage	N°
Giusti (Via G.)	EFTU	
Gramsci (Viale)	FTU	
Grazie (Lungarno delle)	EV	
Grazie (Ponte alle)	EV	
Guelfa (Via)	DT	
Guicciardini (Lungarno)	DU	
Guicciardini (Via de')	DV	66
Indipendenza (Piazza della)	DT	
Isolotto (Piazzale dell')	DV	
Italia (Corso)	CU	
Lamarmora (Via A.)	ET	
Lavagnini (Viale S.)	DET	
Libertà (Piazza della)	ET	
Machiavelli (Viale N.)	DVX	
Maggio (Via)	DV	
Malcontenti (Via dei)	FUV	
Mannelli (Via)	FT	
Manzoni (Via A.)	FU	
Marcello (Via B.)	CT	
Marconi (Via G.)	FT	
Martelli (Via d')	EU	82
Matteotti (Viale G.)	EFT	
Mazzetta (Via)	DV	84
Mazzini (Viale G.)	FU	
Michelangelo (Piazzale)	EFV	
Michelangelo (Viale)	FV	
Monaco (Via G.)	CDT	
Monte alle Croci (Via del)	EV	
Montebello (Via)	CTU	
Nazionale (Via)	DT	
Niccolini (Via G. B.)	FU	
Ognissanti (Borgo)	DU	93
Orcagna (Via)	FUV	
Oriuolo (Via d.)	EU	96
Orsini (Via G.)	FV	
Orto (Via d.)	CU	
Pacinotti (Via A.)	FT	
Palazzuolo (Via)	DU	
Panzani (Via)	DU	102
Petrarca (Viale F.)	CV	
Pietrapiana (Via)	EU	
Pilastri (Via dei)	EU	
Pinti (Borgo)	EFTU	
Pisana (Via)	CU	
Pitti (Piazza di)	DV	
Poggi (Piazza G.)	EV	
Poggi (Via E.)	ET	
Poggio Imperiale (Viale del)	CDX	
Ponte alle Mosse (Via del)	CT	
Ponte Sospeso (Via del)	CU	124
Por S. Maria (Via)	DU	126
Porte Nuove (Via delle)	CT	
Prato (il)	CT	
Proconsolo (Via del)	EU	130
Redi (Viale F.)	CT	
Reppublica (Piazza della)	DU	132
Ricorboli (Via di)	FV	133
Ridolfi (Via C.)	DT	135
Roma (Via)	DU	136
Romana (Via)	CDV	
Rondinelli (Via d')	DU	138
Ruote (Via delle)	ET	
S. Agostino (Via)	DV	145
S. Caterina d'Alessandria (Via)	ET	
S. Croce (Piazza di)	EU	
S. Frediano (Borgo)	CDU	
S. Giorgio (Costa di)	EV	148
S. Giuseppe (Via di)	EU	
S. Jacopo (Borgo)	DU	153
S. Leonardo (Via di)	DX	
S. Miniato (Via)	FV	
S. Monaca (Via)	DU	156
S. Niccolò (Ponte)	FV	
S. Niccolò (Via)	EV	
S. Rosa (Lungarno di)	CU	
S. Spirito (Piazza)	DV	
S. Spirito (Via)	DU	
Salutati (Via C.)	FV	
Santi Apostoli (Borgo)	DU	166
Santissima Annunziata (Piazza della)	ET	168
Sanzio (Viale R.)	CU	
Savonarola (Piazza)	FT	
Scala (Via della)	DTU	
Senese (Via)	CVX	
Serragli (Via de')	DUV	
Serristori (Lungarno)	EV	
Servi (Via dei)	EU	
Signoria (Piazza della)	EU	
Soderini (Lungarno)	CDU	
Speziali (Via degli)	EU	174
Strozzi (Via degli)	DU	178
Strozzi (Viale F.)	DT	
Tasso (Piazza T.)	CUV	
Tempio (Lungarno del)	FV	
Terme (Via delle)	DU	181
Tornabuoni (Via)	DU	184
Torrigiani (Lungarno)	EV	
Torta (Via)	EU	186
Toselli (Via P.)	CT	
Valfonda (Via)	DT	
Vasari (Piazza G.)	FT	
Vecchio (Ponte)	DU	
Veneto (Piazza Vittorio)	CT	
Venezia (Via)	ET	
Verdi (Via G.)	EU	
Vespucci (Lungarno A.)	CDU	
Vespucci (Ponte)	CU	
Vigna Nuova (Via della)	DU	193
Villani (Via)	CV	
Vinci (Via L. da)	EFT	
Viottolone	DV	
Vittoria (Ponte della)	CU	
Zecca Vecchia (Lungarno della)	EFV	
27 Aprile (Via)	ET	

Monument	Carroyage	Repère
Anfiteatro	DV	
Battistero	EU	A
Campanile	EU	B
Casa Buonarroti	EU	M1
Casa Guidi	DV	M2
Cenacolo di Fuligno	DT	
Cenacolo di S. Salvi	FU	
Chiostro dello Scalzo	ET	
Convento e Museo di S. Marco	ET	
Corridoio Vasariano	DV	
Crocifissione del Perugino	EU	C
Duomo	EU	
Farmacia di S. Maria Novella	DU	D
Fontana di Bacco	DV	
Fontana di Nettuno	DV	
Forte del Belvedere	DV	
Galleria d. Accademia	ET	
Galleria degli Uffizi	EU	M3
Giardino di Boboli	DV	
Grotta Grande	DV	
Kaffeehaus	DV	
La Badia	EU	E
Loggia del Bigallo	EU	G
Loggia della Signoria	EU	K
Loggia del Mercato Nuovo	DU	L
Museo «La Specola»	DV	
Museo archeologico	ET	
Museo Bardini	EV	
Museo della Antica Casa Fiorentina	DU	M4
Museo dell'Opera del Duomo	EU	M5
Museo delle Porcellane	DV	
Museo di Storia della Scienza	EU	M6
Museo Marino Marini	DU	M7
Museo Stibbert	ET	
Museo storico topografico «Firenze com'era»	EU	M8
Ognissanti	DU	
Opificio delle Pietre dure	ET	M9
Orsanmichele	EU	R2
Ospedale degli Innocenti	ETU	
Palazzo di Parte Guelfa	Z	S1
Palazzo e museo del Bargello	EU	M10
Palazzo Medici-Riccardi	EU	S2
Palazzo Pitti	DV	
Palazzo Rucellai	DU	S3
Palazzo Strozzi	DU	S4
Palazzo Vecchio	EU	H
Passeggiata ai colli	DFVX	
Ponte Vecchio	DU	
San Lorenzo	DU	V
San Miniato al Monte	EFV	
Sant' Apollonia	ET	
Santa Croce	EU	
Santa Felicita	DV	
Santa Maria del Carmine	DUV	
Santa Maria Novella	DU	W
Santa Trinita	DU	X
Santissima Annunziata	ET	
Santo Spirito	DU	
Sinagoga	FU	

Cependant, l'affirmation d'une école florentine de peinture est indissociable de l'effort mené conjointement par les architectes qui créent un style, inspiré de l'antique, où mesure, rythme, respect des proportions et décors géométriques sont réunis : la construction des espaces intérieurs ou des façades répond à un souci constant de mise en place perspective, dont **Leon Battista Alberti** (1404-1472) fut le théoricien incontesté en même temps que le magistral praticien. Toutefois, c'est **Filippo Brunelleschi** (1377-1446) qui incarna le plus parfaitement l'esprit florentin, en dotant la ville de constructions alliant rigueur et légèreté, comme en témoigne l'admirable coupole de S. Maria del Fiore en laquelle Florence semble avoir trouvé sa définition.

Tout au long du Quattrocento, les édifices s'enrichirent de sculptures admirables conçues pour être harmonieusement intégrées aux projets architecturaux ; les portes du baptistère firent l'objet d'un concours où s'affrontèrent les meilleurs : si **Ghiberti** (1378-1455) l'emporta, **Donatello** (1386-1466) donna par la suite de nombreuses preuves de son génie réaliste et stylisé ; de même **Luca Della Robbia** (1400-1482) et sa dynastie, spécialisés dans la terre cuite vernissée, **Verrocchio** (1435-1488) et de nombreux autres artistes ornèrent les édifices religieux et civils de Florence. Au 16e s. **Michel-Ange**, issu de cette tradition, en offrit l'exemple achevé avec la Nouvelle Sacristie (1520-1555) de San Lorenzo dont il dessina l'architecture et assura la décoration sculptée. Plus tard encore, **Benvenuto Cellini** (1500-1571), **Jean Bologne** (1529-1608) et **Bartolomeo Ammannati** (1511-1592) maintinrent cette unité des genres qui donne à Florence son exceptionnelle beauté.

Transports

• *comment visiter florence ?*

Un conseil : promenez-vous à pied ! La trame urbaine de Florence est fort ancienne et les rues étroites sont sillonnées avec une angoissante vélocité par une myriade d'engins motorisés ; le jeu des sens uniques n'est évident que pour qui connaît la ville ; certains quartiers ne sont accessibles qu'aux seuls résidents, auxquels sont parfois réservés les parkings...
Alors, n'hésitez pas à laisser la voiture à l'un ou l'autre des parkings payants de la Fortezza da Basso ou de la gare S. Maria Novella.

R. Mattes/MICHELIN

• *QUELQUES INFORMATIONS SUR LES BUS...*

Pour se faire une idée du réseau :
– les lignes 12 et 13 vous emmènent dans les Collines et au piazzale Michelangelo
– la ligne 7 va de la gare à Fiesole
– la ligne 10 relie la gare à Settignano
– la ligne 17 mène de la gare à l'auberge de jeunesse.

Prix du ticket : 0,77€ (valable 1h), 1,29€ (valable 3h), 3€ (carnet de 4 tickets valables 1h), 3,10€ (ticket touristique valable 24h une fois composté), 4,13€ (valable 2 jours une fois composté), 5,68€ (valable 3 jours une fois composté), 9,81€ (valable 7 jours une fois composté). Il existe également un ticket nocturne, à 2,58€, permettant de faire 4 trajets entre 20h30 et 1h30.
Il est conseillé de consulter le site Internet très complet de l'ATAF : www.ataf.net/default.asp

• *POUR APPELER un taxi...*

Centraux téléphoniques : ☎ 055 42 42, 055 43 90 ou 055 47 98.

• *LOCATION DE VOITURE*

On peut louer une voiture à l'aéroport ou en ville :

AVIS : borgo Ognissanti, 128r, ☎ 055 21 36 29 ou 055 23 98 826

ITALY BY CAR: borgo Ognissanti, 134r, ☎ 055 28 71 61, fax 055 29 30 21, ☎ 055 30 04 13 (agence de l'aéroport).

EUROPCAR : borgo Ognissanti, 53r, ☎ 055 29 04 37.

HERTZ : via Maso Finiguerra, 33r, ☎ 055 23 98 205.

• *Circuler à bicyclette*

C'est la meilleure solution pour visiter Florence, où le problème de la circulation est permanent.
Certains hôtels louent des bicyclettes. Sinon adressez-vous à l'association **Florence by bike** (www.florencebybike.it), au n° 120r/122r de la via S. Zanobi, qui loue (sauf en hiver) différents types de bicyclettes ou de scooters et propose des circuits sous la conduite d'un guide (évidemment cycliste) qui commente la ville et les alentours.

Visites

Il est vivement conseillé de réserver pour visiter les Offices, sous peine de devoir faire la queue pendant des heures. Bureau des réservations : ☎ 055 29 48 83.

Restauration

Florence regorge de bars, servant sandwichs et plats tout prêts, et de restaurants pour touristes (dans le mauvais sens du terme) et il s'avère en fait très difficile de trouver un endroit où l'on mange bien, à un prix acceptable. Nous vous conseillons donc de vous rendre dans les trattorias typiques où vous pourrez goûter les plats traditionnels florentins : les tripes, le *lampredotto* (tripes avec sauce verte, huile et poivre, parfois servies entre deux tranches de pain), la *ribollita* (soupe à base de pain, choux, haricots et autres légumes), la *pappa al pomodoro* (soupe à base de pain et tomates), les *rigatoni strascicati* (pâtes avec une sauce tomate à base de viande hachée), la *bistecca* (entrecôte très épaisse cuite au grill), le *polpettone in umido* (rouleau de viande hachée accompagné d'une sauce), la *salsiccia con i fagioli all'uccelletto* (saucisse avec haricots à la sauce tomate) et la *schiacciata dolce* (gâteau recouvert de sucre glace).

• *À bon compte*

Cantinetta dei Verrazzano – *Via dei Tavolini, 18/20r [quartier piazza della Repubblica] - ☎ 055 26 85 90 - cantinetta@verrazzano.com - fermé dim. - 8/21€.* Petit restaurant raffiné qui possède quatre points forts : la cuisine, le vin, les pâtisseries et les horaires. Vous pourrez y déguster charcuterie, *bruschette* (tranches de pain frottées à l'ail avec huile d'olive), fromages et desserts, accompagnés d'une bouteille (ou d'un verre) de vin produit par la Fattoria di Verrazzano, et ce, sans interruption de service !

Enoteca Fuori Porta – *Via Monte alle Croci, 10r [quartier S. Niccolò] - ☎ 055 23 42 483 - enos@ats.it - fermé dim., 15 août, Pâques, 25 déc. - réserv. conseillée - 10/15€.* Les propriétaires, jeunes et passionnés, de ce bar à vins très bien fourni en bonnes bouteilles, offrent un menu du jour, composé d'entrées et de plats froids. À goûter absolument, les *crostoni* (grosses tranches de pain grillé garnies) très originaux.

Palle d'Oro – *Via Sant'Antonino, 43/45r [quartier S. Lorenzo] - ☎ 055 28 83 83 - fermé dim., août - ▤ - 10/23€.* À deux pas du très animé marché de San Lorenzo, cet ancien débit de vins du début du 20e s. (qui appartenait à l'arrière-grand-père du propriétaire actuel) propose des spécialités toscanes, des entrées, et, pour ceux qui manquent de temps, un grand choix de sandwichs à déguster au bar.

Vini e Vecchi Sapori – *Via dei Magazzini, 3r [quartier piazza della Signoria] - ☎ 055 29 30 45 - fermé lun., dim. soir, 15 j. en août - ⊭ ▤ - 13/15€.* Derrière le Palazzo Vecchio, un endroit petit mais très sympathique proposant, entre autres délices florentins, la *ribollita* (soupe) et des tripes (également *lampredotto*), et un grand choix de *crostini* (tranches de pain grillé garnies), charcuterie et fromages. Armez-vous de patience.

Osteria de' Benci – *Via de' Benci, 11/13r [quartier Santa Croce] - ☎ 055 23 44 923 - fermé dim. - ▤ - réserv. conseillée - 20/39€ + 10 % serv.* Un décor agréable et une ambiance rustique pour cette trattoria toscane typique avec grosses tables en bois. Des plats traditionnels en fonction de la saison et une bonne carte de vins, uniquement toscans.

Trattoria 13 Gobbi – *Via del Porcellana, 9r [quartier S. Maria Novella] - ☎ 055 28 40 15 - fermé lun. midi - ▤ - réserv. conseillée - 20/40€.* Connue à Florence pour sa cuisine typique et son ambiance conviviale, cette trattoria dispose de deux salles avec décoration et mobilier rustiques. Pendant la belle saison, possibilité de manger dans la jolie cour intérieure.

• ***Valeur sûre***

Vineria Cibreino – *Via dei Macci, 122r [quartier piazza Beccaria] - ☎ 055 23 41 100 - fermé dim., lun., 26 juil. au 6 sept., 31 déc. au 6 janv. - ⊭ ▤ - réserv. conseillée - 22/27€.* Près du marché de Sant'Ambrogio, rattaché à l'élégant restaurant contigu, ce bistro fait partie des endroits à la mode. Une ambiance jeune, éclectique et informelle et de délicieux plats traditionnels que l'on peut accompagner de vins de qualité.

Del Fagioli – *Corso Tintori, 47r [quartier Santa Croce] - ☎ 055 24 42 85 - fermé w.-end, août - ⊭ - 22/30€.* Une trattoria typique très agréable qui propose une cuisine authentique dans la plus pure tradition florentine. Le service est informel et l'ambiance très conviviale. Pour satisfaire sa faim en toute tranquillité.

Il Latini – *Via dei Palchetti, 6r [quartier S. Maria Novella] - ☎ 055 21 09 16 - fermé lun., 24 déc. au 5 janv. - 25/30€.* On mange à la bonne franquette, touristes et Florentins installés au coude à coude sur de grosses tables en bois, dans ce restaurant toujours plein. Vous y apprécierez l'extraordinaire convivialité et la qualité des plats typiques qui y sont servis.

Enoteca Pane e Vino – *Via S. Niccolò, 70a/r [quartier S. Niccolò] - ☎ 055 24 76 956 - fermé midi, dim., 7 au 21 août - ▤ - 28/38€.* Dans un cadre à la fois rustique et distingué, vous pourrez goûter des plats traditionnels cuisinés avec imagination. La carte des vins satisfera les plus exigeants. Sur l'autre rive de l'Arno.

• ***Une petite folie !***

Cibreo – *Via dei Macci, 118r [quartier piazza Beccaria] - ☎ 055 23 41 100 - fermé lun., dim., 31 déc. au 6 janv., 26 juil. au 6 sept. - ▤ - 56/65€.* Près du marché de Sant'Ambrogio, cet élégant restaurant propose des plats traditionnels présentés avec soin. Un service de qualité et une excellente carte des vins. Si vous souhaitez un repas rapide, essayez la Vineria Cibreino juste à côté.

Hébergement

Florence est l'une des destinations les plus prisées du monde et connaît, de mai à septembre, une incroyable déferlante touristique. Par conséquent, nous vous conseillons de réserver votre hôtel longtemps à l'avance.

Les possibilités d'hébergement vont de la simple pension offrant un confort limité au palace grand luxe. Comme à Venise, les prix sont généralement élevés mais, à la différence d'autres grandes villes, on ne trouve pas à Florence de quartier spécifique où seraient regroupés les hôtels à bas prix et dans le centre historique, toutes les catégories se côtoient. Le quartier de la gare fait cependant exception car il fourmille de petites pensions, souvent fréquentées par les étudiants, mais qui se révèlent généralement peu attirantes.

La circulation très importante, source de bruit et de pollution, est un véritable problème dans le centre étroit de Florence. Malgré la fermeture du centre historique aux voitures pendant la journée, de nombreuses rues restent totalement embouteillées et il est très difficile de se garer. Les zones piétonnières sont bien sûr les plus tranquilles. De nombreux hôtels sont équipés de double-vitrage mais s'ils ne disposent pas de l'air conditionné, il vous faudra choisir en été entre le bruit ou la chaleur. Le choix du moindre mal en quelque sorte !

Nous avons sélectionné différents types de logements, allant de la petite pension, avec peu de chambres et salle de bains commune, à l'hôtel tout confort. Quel que soit votre budget, si vous désirez une chambre avec vue, attendez-vous à une augmentation du prix proportionnelle à la beauté de la vue.

À l'occasion de manifestations commerciales ou touristiques, les prix des hôtels peuvent subir une légère hausse : informez-vous au moment de la réservation.

N.B. : Difficile de trouver un hôtel dans les villes d'art de la Péninsule ! À Florence aussi, les prix sont un sujet de préoccupation constante, et hélas justifiée, pour tous les visiteurs. Nombre d'entre vous seront donc certainement ravis d'apprendre que certaines institutions, tenues par des religieux, font office de pension. Les tarifs sont très intéressants... le seul prix à payer,

J. Malburet/MICHELIN

pourrions-nous dire, c'est l'heure de fermeture le soir : il vous faudra rentrer en général avant 22h30.

MAISONS DE SÉJOUR GÉRÉES PAR DES RELIGIEUX

Casa della Madonna del Rosario – *Via Capo di Mondo, 44 - ☎ 055 67 96 21 - fax 055 67 71 33 - ☒ - 32 ch.*

Casa del Santo Nome di Gesù – *Piazza del Carmine, 21 - ☎ 055 21 38 56 - fax 055 28 18 35 - ☒ - 26 ch.*

Istituto Gould – *Via dei Serragli, 49 - ☎ 055 21 53 63 - fax 055 28 02 74 - ☒ - 41 ch.*

Casa del SS. Rosario – *Via Guido Monaco, 24 - ☎ 055 32 11 71 - ☒ - 12 ch.*

Convitto Ecclesiastico della Calza – *Piazza della Calza, 6 - ☎ 055 22 22 87 - fax 055 22 39 12 - calza@calza.it - ☒ - 50 ch.*

Istituto Alfa Nuova – *Via E. Poggi, 6 - ☎ 055 47 62 80 - fax 055 47 62 80 - ☒ - 63 ch.*

Istituto Salesiano dell'Immacolata – *Via del Ghirlandaio, 40 - ☎ 055 62 300 - fax 055 62 30 282 - salesianifi@italwey.it - ☒ - 55 ch.*

Sette Santi Fondatori – *Via dei Mille, 11 - ☎ 055 50 48 452 - fax 055 50 57 085 - 7santi@eidinet.com - ☒ - 65 ch.*

Istituto San Giovanni Battista – *Via di Ripoli, 82 - ☎ 055 68 02 394 - fax 055 68 02 394 - ☒ - 11 ch.*

Istituto Santa Elisabetta – *Viale Michelangelo, 46 - ☎ 055 68 11 884 - fax 055 68 11 884 - mabigus@tin.it - ☒ - 29 ch.*

Istituto Sant'Angela – *Via Fra Bartolomeo, 56 - ☎ 055 57 22 32 - fax 055 57 22 32 - ☒ - 11 ch.*

Oasi del Sacro Cuore – *Via della Piazzola, 4 - ☎ 055 57 75 88 - fax 055 57 48 87 - oasifirenze@.it - ☒ - 58 ch.*

Oblate dell'Assunzione – *Borgo Pinti, 15 - ☎ 055 24 80 582 - fax 055 23 46 291 - ☒ - 30 ch.*

Pio X Artigianelli – *Via Serragli, 106 - ☎ 055 22 50 44 - fax 055 22 50 44 - ☒ - 18 ch.*

Villa Agape – *Via della Torre del Gallo, 8 - ☎ 055 22 00 44 - fax 055 23 37 012 - ☒ - 28 ch.*

Villa I Cancelli – *Via Incontri, 21 - ☎ 055 42 26 001 - fax 055 42 26 001 - ☒ - 31 ch.*

Padri Filippini – *Via dell'Anguillara, 25 - ☎ 055 21 25 93 - ☒ - 18 ch.*

• ***À bon compte***

Ostello Villa Camerata – *Viale Augusto Righi, 2/4 [quartier Salviatino] - 5 km à l'E du centre direction Fiesole, bus 17 - ☎ 055 60 14 51 - fax 055 60 13 00 - ☒ P 🚭 ♿ - 322 lits : 14,46€.* Au milieu des collines toscanes avec vue sur Fiesole, cette villa du 15ᵉ s. transformée en auberge vous fera oublier que vous êtes dans l'une des villes les plus visitées d'Italie. Lits superposés, salle de bains commune et salle de restaurant.

Albergo Scoti – *Via Tornabuoni, 7, 2ᵉ étage sans ascenseur [quartier S. Maria Novella] – ☎ 055 29 21 28 - fax 055 29 21 28 - hotelscoti@hotmail.com - ☒ - 7 ch. : 38,73/56,81€ - ☕ 4,13€.* Une adresse pour les visiteurs éclectiques, dans l'élégante via Tornabuoni. Le palais Renaissance et le salon décoré de fresques créent une atmosphère d'aristocratie décadente. Salle de bains commune minuscule.

Youth Firenze 2000 – *Viale Raffaello Sanzio, 16 [quartier S. Frediano] - ☎ 055 23 35 558 - fax 055 23 06 392 - scatizzi@dada.it - fermé 15 nov. au 15 déc. - ☒ P 🏊 🚭 ♿ - 76 lits - ch. double : 62€ ☕.* Entre l'hôtel et l'auberge de jeunesse, cet établissement se distingue par ses grandes salles de bains individuelles et son système de clés électroniques qui laissent une autonomie totale aux hôtes. À seulement 15mn à pied du Ponte Vecchio.

Hotel Orchidea – *Borgo degli Albizi, 111, 1ᵉʳ étage sans ascenseur [quartier du Dôme] - ☎ 055 24 80 346 - fax 055 24 80 346 - hotelorchidea@yahoo.it - ☒ - 7 ch. : 40/65€ ☕.* Dans cette petite pension, située dans le centre historique, la propriétaire anglaise a su créer une atmosphère tranquille et familiale. Les chambres sont assez spacieuses, avec de hauts plafonds et une décoration simple. La salle de bains est commune.

Residenza Johanna I – *Via Bonifacio Lupi, 1 [quartier piazza della Libertà] - ☎ 055 48 18 96 - fax 055 48 27 21 - ☒ - 11 ch. : 41,32/67,14€ ☕.* Excellente adresse en raison de sa situation (près de la piazza S. Marco), de l'ambiance sympathique et de la modération du prix. Un certain soin du détail allant jusqu'aux livres et magazines mis à disposition des hôtes. Formule « à faire soi-même » pour le petit-déjeuner, pris directement dans la chambre.

Residenza Johanna II – *Via Cinque Giornate, 12 [quartier Fortezza da Basso] - ☎ 055 47 33 77 - fax 055 47 33 77 - ☒ P - 6 ch. doubles : 78€ ☕.* Une petite résidence tranquille, sobre et accueillante. Il est possible de garer sa voiture dans la petite cour, ce qui compense le fait d'être un peu loin du centre (30mn à pied). Le petit-déjeuner, sur un petit plateau, est déjà prêt dans la chambre.

• ***Valeur sûre***

Bed & Breakfast Dei Mori – *Via Dante Alighieri, 12 [quartier piazza della Signoria] - deimori@b&b.it - ▤ - 12 ch. : 46,48/87,80€ ☕.* Dans un édifice du 15e s., situé près de la maison de Dante et à quelques pas du Dôme, un accueillant B&B de style classique avec une décoration à tendance romantique très soignée et des têtes de lit décorées. Fumeurs tolérés mais uniquement sur le balcon.

Albergo Firenze – *Piazza Donati, 4 [quartier piazza Repubblica] - ☎ 055 21 42 03 - fax 055 21 23 70 - ✗ ♿ - 60 ch. : 62/83€ ☕.* Dans les « maisons-tours », datant du 13e s., de la puissante famille Donati, cet hôtel accueillant offre des chambres modernes et fonctionnelles. Compte tenu de sa situation, près de la piazza della Repubblica, le prix est vraiment raisonnable.

Residenze Johlea I e II – *Via San Gallo, 76/80 [quartier piazza della Libertà] - ☎ 055 46 33 292 - fax 055 46 34 552 - www.johanna.it - ✗ - 12 ch. : 67,14/92,96€ ☕.* Dernières-nées d'une petite chaîne de B&B, ces deux petites résidences sont élégantes et très confortables. L'atmosphère est intime, détendue et familiale et l'on s'y sent vraiment à son aise. L'une de nos adresses préférées.

Locanda di Firenze – *Via Faenza, 12 [quartier S. Lorenzo] - ☎ 055 28 43 40 - fax 055 28 43 52 - ▤ - 6 ch. doubles : 108,46€ ☕.* À quelques pas du marché de San Lorenzo, un ancien professeur d'université ouvre sa maison aux touristes, au 3e étage d'un immeuble marqué par le temps. Confortable et soigné.

• ***Une petite folie !***

Hotel Cimabue – *Via B. Lupi, 7 [quartier piazza S. Marco] - ☎ 055 47 56 01 - fax 055 46 30 906 - info@hotelcimabue.it - 16 ch. à partir de : 88€ ☕.* Même si vous n'avez pas la chance de dormir dans l'une des chambres au plafond décoré de fresques ou dans l'une des suites, vous serez néanmoins satisfait de votre chambre spacieuse, de son mobilier recherché et de l'atmosphère tranquille et familiale qui règne dans cet hôtel.

Hotel La Scaletta – *Via Guicciardini,13, 1er étage sans ascenseur [quartier Palazzo Pitti] - ☎ 055 28 30 28 - fax 055 28 95 62 - info@lascaletta.com - ▤ - 13 ch. à partir de : 93€ ☕.* Un hôtel qui ressemble à une maison, grâce à l'atmosphère intime de la salle de petit-déjeuner et de la salle de lecture, toutes deux décorées de meubles anciens. Une magnifique terrasse sur le toit qui domine tout le centre historique. Chambres spacieuses et lumineuses.

Residenza Apostoli – *Borgo Santi Apostoli, 8, 1er étage [quartier Ponte Vecchio] - ☎ 055 28 84 32 - fax 055 26 87 90 - residenza.apostoli@infinito.it - 11 ch. à partir de : 118,79€ ☕.* Dans le palais du Siniscalco, non loin du Ponte Vecchio, des chambres accueillantes et très soignées, meublées avec goût et élégance, dans un style qui touche parfois au rétro. Petit-déjeuner servi directement dans la chambre. Service de qualité.

Relais Uffizi – *Chiasso de' Baroncelli-chiasso del Buco, 16 [quartier piazza della Signoria] - ☎ 055 26 76 239 - fax 055 26 57 909 - ▤ - 10 ch. à partir de : 140€ ☕.* Voilà l'hôtel dont chacun rêve : un décor chaleureux et élégant dans un palais florentin médiéval. Un incroyable salon donnant directement sur la piazza della Signoria, où vous pourrez prendre votre petit-déjeuner pour commencer la journée en beauté.

Petite pause

Cafés

Rivoire – *Via Vacchereccia, 4r [piazza della Signoria] - ☎ 055 21 44 12 /055 21 13 02 - mar.-dim. 8h-24h, fermé 2 semaines en janv.* Sur la superbe piazza della Signoria, que dominent le Palazzo Vecchio et le *Persée* de Cellini, l'immense terrasse de ce célèbre café fondé en 1862 est toujours bondée, ce qui influe sur le prix du café (le plus cher de Florence !).

Gran Caffè Giubbe Rosse – *Piazza della Repubblica, 13/14r - ☎ 055 21 22 80 - giubbe.rosse@tin.it - 8h-2h.* Les serveurs s'enorgueillissent de porter le fameux « gilet rouge », caractéristique de ce très beau café littéraire et artistique, dans lequel se donnaient rendez-vous les premiers futuristes italiens. Sur les murs, de nombreux hommages « picturaux » laissés par les artistes.

Gilli – *Piazza della Repubblica, 39r, à l'angle de via Roma - ☎ 055 21 38 96 /055 23 96 10 - été : mer.-lun. 7h30-1h ; reste de l'année : lun., mer.-jeu. 7h30-21h, ven.-dim. 7h30-1h.* En 250 ans, les établissements Gilli, qui étaient à l'origine des boutiques de *pane dolce*, puis des pâtisseries avant de devenir des cafés, ont souvent changé d'adresse à Florence pour finalement s'installer, en 1910, sur cette belle place dont ils ont fait la renommée.

Il Rifrullo – *Via San Niccolo, 55r - ☎ 055 23 42 621 - 8h-1h.* Un peu isolé du centre touristique, ce bar, qui possède une grande terrasse couverte, est le lieu de rendez-vous des noctambules florentins qui « refont » la Toscane en sirotant l'un des nombreux cocktails de la maison.

Vip Bar – *Viale Giuseppe Poggi, 5r [Piazzale Michelangelo]. - ☎ 0335 54 17 544 (portable) - été : 8h-3h ; hiver : 8h-20h - fermé quand il pleut.* L'une des plus belles vues de Florence ! Spécialisé dans les glaces et les cocktails, ce bar possède une immense terrasse fleurie qui domine la ville et offre une vue panoramique qui n'a rien à envier à celle que doit goûter le David de Michel-Ange non loin de là.

Glaciers

Caffè Ricchi – *Piazza Santo Spirito, 8/9r - ☎ 055 21 58 64 - www.cafferichi.it - lun.-sam. 19h30-23h.* L'un des glaciers artisanaux les plus renommés de Florence. Loin du centre touristique, il possède une terrasse sur la jolie place piétonne dominée par l'église du Santo Spirito de Brunelleschi. La place est très animée les jours de marché.

Il gelato di Vivoli – *Via Isola delle Stinche, 7r - ☎ 055 29 23 34 - vivoli@mail.cosmos.it - mar.-sam. 7h30-1h, dim. 9h30-1h.* Les glaciers ne manquent pas à Florence mais pour les vrais amateurs, cette petite boutique fondée en 1930 est un exemple parfait du savoir-faire italien. À déguster sur place ou à emporter.

PÂTISSERIES ET AUTRES SPÉCIALITÉS

Dolci e Dolcezze – *Piazza Beccaria, 8r - ☎ 055 23 45 458 -mar.-dim. 8h30-21h30.* Avec ses décorations en marbre de couleur et ses lustres en verre, cette minuscule boutique vert pomme possède un style rétro légèrement kitsch. Elle doit cependant sa réputation à ses excellentes pâtisseries, en particulier sa tarte au citron et son gâteau au chocolat.

Procacci – *Via Tornabuoni, 64r - ☎ 055 21 16 56 - mar.-sam. 10h30-20h - fermé août.* Fondée en 1885, cette épicerie de luxe, qui appartient depuis trois ans au marquis Antinori, est devenue une véritable institution à Florence grâce à ses fameuses truffes blanches (vendues fraîches de novembre à mai) et à ses délicieux en-cas.

ŒNOTHÈQUES

Enoteca Bonatti – *Via Gioberti, 66/68r - ☎ 055 66 00 50 - lun. 16-20, mar.-sam. 9h-13h, 16h-20h.* Depuis 1934, la famille Bonatti cultive avec soin la réputation de cette œnothèque de qualité. Parmi les 1 000 bouteilles provenant de toute l'Italie, un très bon choix de chianti et de brunello di Montalcino.

Enoteca Gola e Cantina – *Piazza Pitti, 16 - ☎ 055 21 27 04 - été : mar.-dim. 10h-13h, 15h-19h ; reste de l'année : fermé dim. et lun.* Située sous les arcades de l'Académie italienne, face au palais Pitti, cette cave et librairie œnologique a sélectionné pour vous les plus grands crus des vins toscans. À déguster autour du vieux comptoir en marbre ou dehors en terrasse.

Cantinetta Antinori – *Piazza degli Antinori, 3, palais Antinori. - ☎ 055 29 22 34 - lun.-ven. 12h30-14h30, 19h-22h30.* C'est dans son très beau palais du 15e s. que le marquis Antinori fait déguster ses célèbres vins, dont le « Solaia », le meilleur vin du monde selon les experts. Certains crus très anciens sont exposés dans un bar-œnothèque très élégant.

Sorties

Antico Caffè del Moro « Café des artistes » – *Via del Moro, 4r - ☎ 055 28 76 61 - lun.-jeu. 19h-1h, ven-sam. 19h-2h - fermé 3 semaines en août.* Dans les années 1950, les artistes qui fréquentaient ce café payaient souvent leurs consommations avec des tableaux qui décorent aujourd'hui les murs de cet endroit chaleureux. Cocktails savoureux (aux fruits frais) et ambiance assurée grâce aux nombreux étudiants qui s'y retrouvent.

Jazz Club – *Via Nuova dei Caccini, 3, à l'angle de la via Borgo Pinti. - ☎ 055 24 79 700 / 33 95 63 07 95 (portable) - mar.-dim. 21h-2h - fermé juin-août.*
Le club de jazz de Florence ! Tous les passionnés s'y retrouvent à la moindre occasion et ce ne sont pas les occasions qui manquent : tous les soirs, un nouveau groupe (italien en général) est sur scène. Carte de membre : 5,16€.

Meccano' – *Viale degli Olmi, 1 - ☎ 055 33 13 71 - mar.-sam. 23h-4h.* La plus grande et la plus célèbre discothèque de Florence avec plusieurs pistes de danse et un grand jardin, idéal pour les soirées estivales. Musique techno, underground et alternative.

Tenax – *Via Pratese, 46 - ☎ 055 30 81 60 - mar.-dim. - fermé juin-sept.* En plus d'être une discothèque, le Tenax est également, durant la semaine, une salle de concert où se produisent les groupes de rock italiens et européens. Le jeudi, soirée *house*.

Spectacles

Florence reste une ville d'art et de musique même le soir, lorsque spectacles et concerts animent les salles de théâtre. Pour connaître les programmes, vous pouvez consulter le quotidien florentin *La Nazione* et les autres quotidiens nationaux, ou vous adresser directement aux théâtres.

Box Office – *Via Alamanni, 39r - ☎ 055 21 08 04 - lun. 15h30-19h30, mar.-sam. 10h-19h30.* On peut y réserver des places pour le théâtre della Pergola à partir du mardi précédant le concert, pour le théâtre Verdi, le Théâtre municipal (Teatro communale), le théâtre Goldoni, le Musicus Concentus... Pour connaître les programmes, le plus simple est d'acheter *Firenze Spettacolo*.
La musique classique est un motif d'orgueil dans cette ville d'art et de culture. Tous les mois, de nombreux concerts, opéras et récitals sont programmés dans les différentes salles florentines, comme le théâtre Verdi, le Théâtre municipal, le théâtre della Pergola.

Teatro Comunale – *Corso Italia, 12 - ☎ 055 27 791 - mar.-ven. 10h-16h30, sam. 10h-13h.*

Teatro Verdi – *Via Ghibellina, 99 - ☎ 055 21 23 20 - info@teatroverdifirenze.it - lun.-ven. 10h-14h, 16h-19h ; sam. 10h-13h - billetterie 1h avant le début du spectacle.*

ETI - Teatro della Pergola – *Via della Pergola, 18 - ☎ 055 22 641 - billetterie 1h avant le début du concert.*

Florence est une ville d'art d'une telle importance que la seule visite de ses principales curiosités nécessite au moins quatre jours ; néanmoins, celles-ci étant relativement proches les unes des autres et presque toutes situées dans le centre où la circulation est complexe, nous conseillons vivement les déplacements à pied. Un calendrier doit être établi en fonction des heures d'ouverture des monuments.

PIAZZA DEL DUOMO★★★

Au cœur de la ville, la cathédrale forme, avec le campanile et le baptistère, un extraordinaire ensemble de marbres blanc, vert et rose où l'on peut saisir le passage de l'art florentin du Moyen Âge à celui de la Renaissance.

Duomo S. Maria del Fiore★★★

10h-17h, jeu. 10h-15h30, sam. 10h-16h45 (1er sam. du mois 10h-15h30), dim. et j. fériés 13h30-16h45. Possibilité de visite guidée le matin et l'ap.-midi. La crypte : 10h-17h. Fermé : voir coupole. 2,58€. ☏ 055 23 02 885 ; www.operaduomo.firenze.it

Symbole de la richesse et de la puissance de Florence aux 13e et 14e s., le **Dôme** (ou cathédrale) **Ste-Marie-de-la-Fleur** est l'un des plus vastes édifices du monde chrétien. Commencée en 1296 par **Arnolfo di Cambio**, elle fut consacrée en 1436. Gothique dans son ensemble, l'édifice constitue un éclatant exemple de l'originalité de ce style à Florence : ampleur des volumes, goût pour l'horizontalité et pour la décoration polychrome.

Extérieur – Contourner la cathédrale par la droite afin d'admirer l'effet produit par l'immense marqueterie de marbre qui revêt l'édifice et par le **chevet★★★** d'une extraordinaire ampleur.

L'harmonieuse **coupole★★★** qui s'élève au-dessus du vaisseau coûta quatorze ans de travail à son inventeur **Brunelleschi**, qui remédia à l'excès de la poussée en construisant deux calottes reliées entre elles par des étais invisibles. La façade a été réalisée à la fin du 19e s. *Montée : tlj sf dim. 8h30-19h, sam. 8h30-17h40 (1er sam. du mois 8h30-16h). La billetterie ferme 40mn avant. Fermé du Jeudi Saint à Pâques, 24 juin, j. fériés. 5,16€. ☏ 055 23 02 885 ; www.operaduomo.firenze.it*

Intérieur – La nudité du vaisseau contraste avec la somptuosité de l'extérieur. De hautes voûtes gothiques retombent sur des arcades de forte portée, elles-mêmes soutenues par d'énormes piliers. Le vaste chœur octogonal, ceint d'une élégante clôture de marbre du 16e s., est surmonté par l'immense coupole couverte d'une **fresque** représentant le Jugement dernier.
On peut accéder à la galerie intérieure, d'où l'on a une vue impressionnante sur la nef, et de là au **sommet de la coupole** d'où l'on jouit d'un magnifique **panorama★★** sur la ville.
De chaque côté du maître-autel, les portes des sacristies ont leur tympan orné de terres cuites aux bleus légers par Luca Della Robbia : *Ascension* et *Résurrection*. Dans la nouvelle sacristie *(à gauche)*, armoires marquetées par les frères Da Maiano (15e s.). Dans le chœur se déroula un épisode dramatique de la **conjuration des Pazzi** : ceux-ci, rivaux des Médicis, tentèrent d'assassiner Laurent le Magnifique le dimanche 26 avril 1478, au moment de l'Élévation ; Laurent, bien que blessé par deux moines, réussit à se réfugier dans une sacristie, mais son frère Julien tomba sous les coups des spadassins.
La chapelle axiale contient un chef-d'œuvre de Ghiberti, le sarcophage de saint Zanobi, premier évêque de Florence : un des bas-reliefs représente le saint ressuscitant un enfant.
Fresques du bas-côté gauche : dans la 1re travée depuis le chœur. Dante explique *La Divine Comédie* à Florence (1465) ; plus loin à droite, les deux portraits équestres de condottieri sont l'œuvre de Paolo Uccello (1436) et d'Andrea del Castagno (1456).
Par un escalier situé de l'autre côté de la nef centrale, entre le 1er et le 2e pilier, on accède à la **crypte de S. Reparata**, restes d'une basilique romane démolie lors de la construction de l'actuelle cathédrale et résultant elle-même de la transformation d'une basilique paléochrétienne (5e-6e s.). Les fouilles ont révélé notamment des fragments de pavement à mosaïques appartenant à l'édifice d'origine et la tombe de Brunelleschi (derrière une grille donnant sur la salle au bas de l'escalier, à gauche).

Campanile★★★

8h30-19h30 (la billetterie ferme à 18h50). Fermé 1er janv., Pâques, 8 sept., 25 déc. 5,16€ Librairie. ☏ 055 23 02 885 ; www.operaduomo.firenze.it

Svelte et élancé (82 m de hauteur), il contraste harmonieusement avec la coupole de Brunelleschi, ses lignes droites équilibrant les courbes de celle-ci.

Giotto en fit les plans et en commença la construction en 1334, mais mourut en 1337. Ce campanile gothique, achevé à la fin du 14e s., surprend par sa décoration géométrique où dominent les lignes horizontales.
Des copies ont remplacé les bas-reliefs de la partie inférieure de l'édifice, sculptés, au 1er registre par Andrea Pisano et Luca Della Robbia, au 2e par des élèves d'Andrea Pisano, selon une conception d'ensemble due à Giotto ; les originaux sont au musée de l'Œuvre de la cathédrale.

Du sommet du campanile, beau **panorama★★** sur la cathédrale et la ville.

Battistero★★★

♿ *12h-19h (la billetterie ferme à 18h30), dim. et j. fériés 8h30-14h (la billetterie ferme à 13h30). Fermé 1er janv., Pâques, 24 juin, 25 déc. 2,58€ ☎ 055 23 02 885 ; www.operaduomo.firenze.it*

Revêtu de marbre blanc et vert, le **baptistère** est d'un style roman sobre et équilibré. Ses **portes de bronze★★★** sont universellement connues. La porte Sud *(actuelle entrée)*, sculptée par **Andrea Pisano** (1330), évoque en style gothique la Vie de saint Jean-Baptiste, en haut, et les Vertus théologales (Foi, Espérance, Charité) et cardinales, en bas. Les encadrements, d'une grande virtuosité, sont de Vittorio Ghiberti, le fils de l'auteur des autres portes.

La porte Nord (1403-1424) est la première qu'exécuta **Lorenzo Ghiberti**, à la suite d'un concours auquel participèrent Brunelleschi, Donatello et Jacopo della Quercia ; des scènes de la vie du Christ y sont évoquées, avec une noblesse et une harmonie de composition extraordinaires.

Face à la cathédrale, la porte Est (1425-1452) est celle que Michel-Ange déclarait digne d'être la **« Porte du Paradis »**. Ghiberti y a évoqué l'Ancien Testament ; dans les niches, prophètes et sibylles. L'auteur s'est représenté, chauve et malicieux, dans un médaillon.

Intérieur – Avec ses 25 m de diamètre, ses marbres vert et blanc, son pavement décoré de motifs orientaux, il est grandiose et majestueux. La coupole est couverte de magnifiques **mosaïques★★★** du 13e s. : de part et d'autre du grand Christ en majesté, est représenté le Jugement dernier ; sur les cinq registres concentriques qui couvrent les cinq autres pans de la coupole, on reconnaît, en lisant du sommet vers la base, les Hiérarchies célestes, la Genèse, la Vie de Joseph, des scènes de la Vie de la Vierge et de Jésus, la Vie de saint Jean-Baptiste.
À droite de l'abside, le tombeau de l'antipape Jean XXIII (vers 1370-1419), ami de Côme l'Ancien, est une œuvre remarquable réalisée en 1427 par Donatello aidé de Michelozzo.
Au Sud du baptistère, s'élève la **Loggia del Bigallo** du 14e s. ; sous ses arcades gothiques étaient exposés les enfants perdus ou abandonnés.

Museo dell'Opera del Duomo★★

♿ *9h-19h30 (la billetterie ferme à 18h50), dim. 9h-14h (la billetterie ferme à 13h20). Fermé 1er janv., Pâques, 25 déc. 5,16€. ☎ 055 23 02 885 ; www.operaduomo.firenze.it*

Le **musée de l'Œuvre de la cathédrale** réunit des objets provenant de la cathédrale, du campanile et du baptistère. Ne pas manquer au rez-de-chaussée les maquettes de la coupole de Brunelleschi, à l'entresol la célèbre ***Pietà*★★** inachevée de **Michel-Ange**, dans la grande salle du 1er étage la ***Madeleine*★** pénitente, en bois, et les prophètes Jérémie et Habacuc (ce dernier surnommé *Zuccone*, c'est-à-dire « grosse courge » à cause de la forme de son crâne), tous trois de **Donatello**, sans oublier les fameuses **Cantorie★★** (tribunes de chanteurs de la cathédrale), l'une de **Luca Della Robbia**, l'autre de Donatello. L'étage abrite aussi le célèbre **autel★★** en argent racontant l'histoire de saint Jean-Baptiste (14e-15e s.) et les **bas-reliefs★★** du campanile dont ceux, hexagonaux, représentant la Genèse et les activités humaines sont d'Andrea Pisano et de Luca Della Robbia.

PIAZZA DELLA SIGNORIA★★

La place★★

Visite : une journée. Centre politique de Florence, avec comme toile de fond l'admirable architecture du Palazzo Vecchio, la Loggia della Signoria et, en coulisse, le palais des Offices, cette place grandiose est ornée de nombreuses statues qui en font un véritable musée de sculptures en plein air : vers le centre de la place, statue équestre de Côme Ier, d'après Jean Bologne et, à l'angle du Palazzo Vecchio, fontaine de Neptune (1576) par Ammannati ; devant le palais lui-même ont été placées une copie du *Marzocco* (le lion, emblème de Florence) de Donatello, et une autre du *David* de Michel-Ange.

Loggia della Signoria★★

Bâtie à la fin du 14e s., elle fut lieu d'assemblée, puis corps de garde des « Lanzi », lansquenets de Côme Ier. Elle abrite des statues antiques et Renaissance : il faut noter l'*Enlèvement d'une Sabine* (1583) et *Hercule et Nessus* par Jean Bologne mais surtout, vers l'avant, l'extraordinaire ***Persée*★★★** montrant la tête de Méduse, œuvre exécutée par **Benvenuto Cellini** entre 1545 et 1553.

Palazzo Vecchio★★★

(♿) *9h-19h, jeu., dim. et j. fériés 9h-14h (en été : lun. et ven. 9h-23h). Fermé 1er janv., Pâques, 1er mai, 15 août, 25 déc. Possibilité de visite guidée. 5,68€. ☎ 055 27 68 465 ; www.comune.firenze.it*

Sa masse puissante surmontée d'un élégant beffroi de 94 m domine la place. Construit de 1299 à 1314, probablement d'après un projet d'**Arnolfo di Cambio**, c'est un édifice gothique d'allure sévère, caractérisé par l'absence d'ouvertures au niveau inférieur, une série de baies géminées à l'étage, et un chemin de ronde à mâchicoulis et créneaux d'où surgit la tour.

L'intérieur, Renaissance, contraste avec l'extérieur par son faste et son raffinement. La **cour★**, refaite au 15e s. par **Michelozzo**, fut décorée au siècle suivant par **Vasari** ; son centre est occupé par une élégante fontaine surmontée d'un génie ailé tenant un dauphin (16e s.), copie d'une œuvre de Verrocchio (original à l'intérieur du palais). D'abord siège du gouvernement de la ville, la « Signoria », l'édifice devint au 16e s. la résidence de Côme Ier qui en fit un séjour mieux adapté aux besoins de la Cour. C'est de cette époque que datent la plupart des décorations dues à Giorgio Vasari. Lorsque Côme abandonna cette demeure pour se transporter au palais Pitti, l'édifice, appelé jusque-là Palazzo della Signoria, prit le nom de Palazzo Vecchio. Les salles ont été somptueusement décorées de sculptures par **Benedetto** et **Giuliano da Maiano** (15e s.), et de peintures par Vasari et Bronzino (16e s.) à la gloire de Florence et des Médicis.

Au 1er étage, l'immense salle « des Cinq Cents » (Sala dei Cinquecento), peinte par plusieurs artistes dont Vasari, conserve un groupe sculpté par Michel-Ange : le *Génie terrassant la Force* ; les parois du magnifique **Studiolo★★** (cabinet de travail) de François de Médicis, conçues par Vasari, ont été peintes par Bronzino, auteur des portraits de *Côme Ier* et d'*Éléonore de Tolède* ; l'appartement de Léon X a été décoré par Vasari et ses aides de scènes évoquant des épisodes de l'histoire des Médicis. Au 2e étage, on visite l'appartement de Côme Ier, dit « des Éléments » en raison des scènes allégoriques qui ornent la 1re salle : sa décoration conçue par Vasari a pour thème la mythologie antique ; suit l'appartement d'Éléonore de Tolède, toujours de Vasari, à l'exception de la chapelle, ornée de fresques par Bronzino ; enfin, on remarque dans l'appartement des Prieurs des Arts, la **salle des Lys** avec son magnifique **plafond** à caissons dû à Giuliano da Maiano et la **salle des Garde-robes★**, tapissée de cartes géographiques du 16e s.

GALLERIA DEGLI UFFIZI★★★ (Galerie des Offices)

(♿) *Tlj sf lun. 8h30-19h, sam. 8h30-22h. Fermé 1er janv., 1er mai, 25 déc. 6,20€. Afin d'éviter de faire la queue, il est conseillé de réserver : ☎ 055 29 48 83 (bureau des réservations), ☎ 055 23 88 651 (bureau des informations) ; www.uffizi.firenze.it*

La Galerie des Offices est l'un des plus riches musées du monde. Ses collections, réunies par plusieurs générations de Médicis, permettent de suivre l'évolution de la peinture italienne, depuis les Primitifs jusqu'aux artistes du 17e s. La première collection fut celle de François Ier (1541-1587), suivie plus tard par les collections du grand-duc Ferdinand Ier, de Ferdinand II et de Côme III. En 1737, le dernier membre de la famille Médicis, Anna Maria Ludovica, Électrice palatine, fit définitivement don à la ville de Florence de l'incroyable collection de sa famille. La Galerie des Offices est installée dans le palais Renaissance érigé par Vasari en 1560, qui accueillait autrefois les bureaux *(uffizi)* de l'administration des Médicis.

Au 1er étage sont installés les cabinets de dessins et d'estampes ; au 2e, 45 salles (distribuées autour des deux galeries parallèles du bâtiment) accueillent les collections de peintures et de sculptures.

La première, à l'Est, est principalement consacrée à la peinture florentine et toscane : œuvres de Cimabue, Giotto, Simone Martini ***(Annonciation)***, Paolo Uccello ***(Bataille de San Romano)*** et Filippo Lippi ***(Vierge à l'Enfant avec deux anges)*** pour les Primitifs ; la **salle des Botticelli★★★** réunit ensuite les œuvres majeures du maître : la ***Naissance de Vénus***, ***le Printemps***, la *Vierge à la Grenade*. Cette galerie abrite par ailleurs ***l'Adoration des Mages*** et ***l'Annonciation*** de Léonard de Vinci et de nombreuses œuvres italiennes et étrangères des 15e et 16e s. : Pérugin, Cranach, Dürer, Bellini, Giorgini, Corrège.

Dans la galerie Ouest, les 11 premières salles réunissent des peintures du 16e s. italien : ***Tondo Doni*** de Michel-Ange, la *Vierge au chardonneret* et le portrait de ***Léon X*** de Raphaël, la ***Vierge aux harpies*** d'Andrea del Sarto, la ***Vénus d'Urbino*** du Titien et ***Léda et le Cygne*** de Tintoret. Le 17e et le 18e s. européens clôturent la visite : portrait d'*Isabelle Brandt* de **Rubens**, *Bacchus adolescent* de **Caravage**, œuvres de **Claude Lorrain** et de **Rembrandt**.

PONTE VECCHIO★★

Comme son nom l'indique, c'est le plus ancien pont de Florence, reconstruit plusieurs fois sur l'Arno, au lieu où son lit est le plus étroit. Sa curieuse silhouette lui vient des petites boutiques d'orfèvres qui le bordent et du **Corridoio Vasariano**, corridor construit au-dessus par Vasari pour relier le Palazzo Vecchio au palais Pitti.

B. Pérousse/MICHELIN

Le Ponte Vecchio, bordé de boutiques, relie les Offices au palais Pitti

PALAZZO PITTI★★

Cet édifice Renaissance (15e s.), d'aspect rude et imposant, avec ses énormes bossages et ses nombreuses fenêtres, fut construit sur les plans de Brunelleschi pour la famille rivale des Médicis, les Pitti.

Éléonore de Tolède, la femme de Côme Ier de Médicis, en fit l'acquisition en 1549 ; par l'adjonction des ailes, elle l'agrandit aux proportions d'une résidence princière, où la Cour se déplaça en 1560.

Galleria Palatina★★★ – ♿ *Tlj sf lun. 8h15-18h50. Fermé 1er janv., 1er mai, 25 déc. 6,20€. ☎ 055 29 48 83.*

La Galerie palatine abrite une extraordinaire collection de peintures, dont un **ensemble★★★** prodigieux d'œuvres de **Raphaël** (la ***Femme au voile***, la ***Madone du grand-duc***, la ***Vierge à la chaise***) et du **Titien** (portrait de ***La Belle***, de ***L'Arétin***, de ***L'Homme aux yeux gris*** et ***Le Concert***). On y admire en outre des tableaux de Salvator Rosa, Van Dyck, Rubens, Fra Bartolomeo, l'étonnant *Amour endormi* du Caravage et nombreuses œuvres d'artistes italiens et étrangers.

Au 1er étage, on peut visiter les **appartements royaux★** (Appartamenti reali). ♿ *Mai-oct. : tlj sf lun. 8h15-18h50 ; reste de l'année : sur demande. 6,20€. ☎ 055 23 88 611.*

Le palais abrite également la **galerie d'Art moderne★** (Galleria d'Arte moderna), qui réunit principalement des œuvres toscanes des 19e s. et 20e s. dont un bel **ensemble★★** du groupe des **Macchiaioli** (les impressionnistes toscans) : Fattori, Lega, Signorini, Cecioni. ♿ *8h15-13h50. Fermé 1er, 3e, et 5e lun. du mois, 2e et 4e dim. du mois, 1er janv., 1er mai, 25 déc. Possibilité de visite guidée avec Firenze Musei (Réunion des musées florentins) : ☎ 055 29 01 12. 4,13€, gratuit pendant la Semaine du patrimoine. ☎ 055 23 88 601 ; www.sbas.firenze.it*

L'autre aile expose dans le **musée de l'Argenterie★★** (Museo degli Argenti) des pièces provenant en grande partie du trésor des Médicis. *8h30-13h50. Fermé 1er, 3e, et 5e lun. du mois, 2e et 4e dim. du mois, 1er janv., 1er mai, 25 déc. 2,06€. ☎ 055 23 88 709 ; www.sbas.firenze.it/argenti/*

GIARDINO DI BOBOLI★

Juin-août : 8h-19h30 ; nov.-fév. : 8h-16h30 ; mars et sept. : 8h-18h30 ; oct. : 8h-17h30. Fermé 1er et dernier lun. du mois, 1er janv., 1er mai, 25 déc. 2,07€. ☎ 055 23 48 63 ; www.ambientefi.arti.beniculturali.it/sbaafi/boboli.htm

S'étendant derrière le palais Pitti, ce jardin en terrasses à l'italienne, dessiné en 1549 par Tribolo, est orné de statues antiques et Renaissance. Au bout d'une allée, à gauche du palais, s'ouvre la **Grande Grotte**, aménagée principalement par Buontalenti (1587-1597). Traversant l'amphithéâtre, on monte vers le sommet du jardin. Sur la droite, le **Viottolone★** – allée de pins et de cyprès – descend au **piazzale dell'Isolotto★**, bassin circulaire avec une petite île portant des orangers, des citronniers et une fontaine de Jean Bologne. Dans un pavillon est installé un **musée des Porcelaines★** (Museo delle Porcellane). *8h30-13h50. Fermé 1er, 3e, et 5e lun. du mois, 2e et 4e dim. du mois, 1er janv., 1er mai, 25 déc. 2,07€. ☎ 055 23 88 710.*

Au sommet de la colline, le **fort du Belvédère**, ancien bastion protégeant la ville, constitue, avec l'élégante villa qui le domine (due à l'architecte Buontalenti) un admirable belvédère d'où l'on peut contempler un vaste **panorama★** sur la ville et la campagne environnante.

BARGELLO★★★ (PALAIS ET MUSÉE)

♿ *8h15-13h50 (la billetterie ferme à 13h20). Possibilité de visite guidée (1h) en différentes langues. Fermé 1er, 3e, et 5e dim. du mois, 2e et 4e lun. du mois, Pâques, 1er janv., 1er mai, 25 déc. 4,13€, gratuit pendant la Semaine du patrimoine et la Journée européenne. ☎ 055 23 88 606 ; www.sbas.firenze.it*

Cet austère palais, ancienne résidence du Podestat, puis du chef de la police (*bargello*), est un bel exemple d'architecture civile du Moyen Âge (13e-14e s.) ; sa **cour★★**, ornée d'un portique et d'une loggia, est l'une des plus pittoresques d'Italie.

La Volognona, tour élancée de 57 m de haut, domine le palais. Le musée aménagé dans les salles du palais est d'un grand intérêt pour qui veut connaître la sculpture florentine et italienne de la Renaissance.

Le rez-de-chaussée abrite les œuvres du 16e s. avec en particulier Michel-Ange ***(Tondo Pitti*** et ***Brutus)*** et **Benvenuto Cellini** (**bas-reliefs de son *Persée***). Au 1er étage, magnifique groupe de **sculptures★★★** de **Donatello** dont le ***Marzocco***, le ***David*** en bronze et le ***Saint Georges*** d'Orsanmichele. Au 2e étage, terres cuites vernissées des Della Robbia et œuvres de Verrocchio (***David*** en bronze).

SAN LORENZO★★★

L'**église★★**, commencée vers 1420 par Brunelleschi, située près du palais Médicis, fut la paroisse de cette grande famille et leur servit, pendant plus de trois siècles, de monumental sépulcre.

L'intérieur illustre parfaitement la sobriété du style inauguré ici par **Brunelleschi**.

La rigueur de cette architecture, réfléchie, mesurée, volontaire, à l'échelle de l'homme, trouve son accomplissement dans l'**Ancienne Sacristie★★** *(au fond du transept gauche)*, décorée en partie par **Donatello.** De ce dernier on admire, dans la nef, deux **chaires★★** dont les panneaux en bronze sont des œuvres d'une admirable virtuosité et d'un grand sens dramatique.

Biblioteca Medicea Laurenziana★★

(♿) *8h30-13h30. Fermé j. fériés. Gratuit. ☎ 055 21 07 60 ; www.bml.firenze.sbn.it*

Fondée par Côme l'Ancien, la Bibliothèque laurentienne fut agrandie par Laurent le Magnifique. On y accède depuis le bas-côté gauche de l'église ou par un charmant **cloître★** du 15e s. *(portail à gauche de l'église)*. Dans l'entrée, qui présente la particularité d'être traitée comme l'extérieur d'un édifice, un majestueux **escalier★★**, dessiné avec une suprême élégance par Michel-Ange et réalisé par Ammannati, conduit à la grande **salle de lecture**, due elle aussi à Michel-Ange, où sont exposés, par roulement, quelques-uns des 10 000 manuscrits.

Cappelle Medicee★★

Entrée piazza Madonna degli Aldobrandini. 8h-17h, dim. et j. fériés 8h-13h50. Fermé 1er, 3e, et 5e lun. du mois, 2e et 4e dim. du mois, 1er janv., 1er mai, 25 déc. 5,68€. ☎ 055 23 88 602.

Le terme de **chapelles Médicis** englobe la chapelle des Princes et la Nouvelle Sacristie.

La **chapelle des Princes** (17e-18e s.) frappe par son aspect funèbre et grandiose. Revêtue entièrement de pierres dures et de marbres précieux, elle renferme les monuments funéraires de Côme Ier et de ses descendants.

La **Nouvelle Sacristie**, premier travail de Michel-Ange en tant qu'architecte, est en fait une chapelle funéraire qui fut commencée en 1520 et laissée inachevée par l'artiste à son départ de Florence en 1534. Michel-Ange, usant du contraste entre le gris de la *pietra serena* et la blancheur des marbres et des murs, a donné un rythme d'une pathétique solennité à l'espace dans lequel il a placé les célèbres **tombeaux des Médicis★★★**, dont il est également l'auteur : celui de Julien de Médicis, duc de Nemours (mort en 1516), représenté sous la figure de l'Action, entouré des allégories du *Jour* et de *la Nuit*, et celui de Laurent II (mort en 1519), en Penseur au pied duquel se tiennent *le Crépuscule* et *l'Aurore*. Une extraordinaire puissance en même temps qu'une pesanteur tragique se dégagent de cet ensemble exceptionnel.

Du tombeau qui devait être celui de Laurent le Magnifique, seul a vu le jour l'admirable groupe de la *Vierge à l'Enfant* : le plus célèbre des Médicis repose, avec son frère Julien, dans le simple sarcophage qui se trouve au-dessous.

PALAZZO MEDICI-RICCARDI★★

♿ *Tlj sf mer. 9h-19h. Fermé 1er janv., 25 déc. 4,13€. ☎ 055 27 60 340 ; www.palazzo-medici.it/medici-palace.it/medici-building.it*

Représentatif de la Renaissance florentine par l'austérité de son ordonnance mathématique et ses énormes bossages du rez-de-chaussée s'allégeant vers le haut, ce noble édifice, distribué autour d'une cour carrée à arcades, fut commencé en 1444 par **Michelozzo**, sur l'ordre de son ami Côme l'Ancien. Les Médicis y demeurèrent de 1459 à 1540, et Laurent le Magnifique y tint sa cour de poètes, de philosophes et d'artistes. Dans la deuxième moitié du 17e s., l'édifice passa aux Riccardi, qui lui firent subir d'importantes transformations.

Cappella★★★

1er étage : 1er escalier à droite dans la cour. Cette minuscule chapelle a été décorée d'admirables **fresques** (1459) par **Benozzo Gozzoli**. *Le Cortège des Rois mages* est une évocation brillante de la vie florentine, où se mêlent membres de la famille Médicis et illustres personnages venus d'Orient pour le concile réuni à Florence en 1439.

Sala di Luca Giordano★★

1er étage : 2e escalier à droite dans la cour. La voûte de cette galerie aménagée à la fin du 17e s. par les Riccardi et fastueusement ornée de stucs dorés, de panneaux sculptés et de grands miroirs peints, est entièrement couverte par une fresque représentant l'*Apothéose de la 2e dynastie des Médicis*, composition baroque d'une singulière fraîcheur de couleurs, réalisée avec une extraordinaire virtuosité par **Luca Giordano** en 1683.

S. MARCO★★

♿ 8h30-13h50, sam. 8h30-18h50, dim. et j. fériés 8h30-19h (la billetterie ferme 30mn avant). Fermé 1er, 3e, et 5e dim. du mois, 2e et 4e lun. du mois, 1er janv., 1er mai, 25 déc. 4,13€. ☎ 055 23 88 608 ; www.sbas.firenze.it/sanmarco/

Occupant un couvent de dominicains, reconstruit vers 1436, dans un style très dépouillé, par Michelozzo, ce musée rassemble des **œuvres★★★** de **Fra Angelico** qui, entré dans les ordres chez les dominicains de Fiesole, puis installé à Saint-Marc, y couvrit les murs des cellules de scènes édifiantes. Son art, hérité de la tradition gothique, est empreint de l'humilité et de la douceur mystique qui caractérisent la personnalité de ce moine-peintre. L'utilisation raffinée des couleurs, la délicatesse extrême du dessin, le recours encore hésitant aux lois de la perspective et le dépouillement des thèmes donnent à cette œuvre – et particulièrement en cet endroit silencieux propice à la méditation – un grand pouvoir d'apaisement.

L'ancienne salle des Hôtes s'ouvre à droite du cloître et présente de nombreux panneaux sur bois de Fra Angelico, dont le triptyque de la ***Descente de Croix***, l'éloquent ***Jugement dernier***, et une série d'autres tableaux à thèmes religieux. Dans la salle capitulaire, sévère *Crucifixion*, et dans le réfectoire, ***Cène***★ de **Ghirlandaio**.

L'escalier qui conduit au 1er étage est dominé par une ***Annonciation***, chef-d'œuvre d'équilibre et de sobriété. Les cellules se répartissent le long de trois corridors à la magnifique charpente. Parmi les plus belles compositions, remarquer, dans le corridor de gauche, l'*Apparition du Christ à la Madeleine (1re cellule à gauche)*, la *Transfiguration (6e cellule à gauche)*, le *Couronnement de la Vierge (9e cellule à gauche)*. Au fond du corridor suivant se trouvent les cellules qu'occupait **Savonarole**, qui fut prieur du couvent. Dans le corridor de droite s'ouvre la très belle **bibliothèque★**, l'une des plus harmonieuses réalisations de **Michelozzo**.

GALLERIA DELL'ACCADEMIA★★

♿ Tlj sf lun. 8h15-18h50 (la billetterie ferme à 18h20). Fermé 1er janv., 1er mai, 25 déc. 6,20€. ☎ 055 23 88 612 ; www.sbas.firenze.it/accademia/

Grâce à une présentation judicieuse des œuvres, ce musée permet de comprendre la personnalité extraordinaire de **Michel-Ange**, déchiré entre la pesanteur de la matière et la tentation de l'idéal. La **grande galerie★★★** permet de passer entre les puissantes figures des ***Esclaves*** (1513-1520) et le ***Saint Matthieu***, tous restés à l'état d'ébauche et qui semblent vouloir s'arracher à leur gangue de marbre ; au fond de la salle, dans une abside construite en 1873 pour le recevoir, se dresse le monumental ***David*** (1501-1504), symbole de la force juvénile et maîtrisée, admirable témoignage de la vision humaniste du sculpteur. La **pinacothèque★** présente des œuvres d'artistes toscans du 13e au 19e s., dont le coffre peint Adimari et deux peintures de Botticelli.

S. MARIA NOVELLA★★

9h30-17h, ven. et dim. 13h-17h. 2,58€.

L'église Ste-Marie-la-Nouvelle et le couvent attenant, fondés au 13e s. par les dominicains, ferment au Nord-Ouest une belle place allongée, où avaient lieu autrefois des courses de chars.

L'**église★★** commencée en 1279, ne fut achevée qu'en 1360, à l'exception de la **façade** aux lignes harmonieuses et aux motifs géométriques de marbre blanc et vert, dessinée au 15e s. par **Alberti** *(partie supérieure)*. C'est un vaste édifice (100 m de longueur), fait pour la prédication. Sur le mur de la 3e travée de la nef gauche, on peut voir la fameuse **fresque★★** de la *Trinité avec la Vierge, saint Jean et les donateurs*, sur fond d'architecture brunelleschienne, dans laquelle **Masaccio**, adoptant les théories nouvelles de la Renaissance, déploie une magistrale technique de la perspective. Au fond du transept gauche, la chapelle Strozzi di Mantora (surélevée) est ornée de **fresques★** (1357) par le Florentin Nardo di Cione, qui a décrit avec ampleur le Jugement dernier ; sur l'autel, le **polyptyque★** est dû à Orcagna, frère de Nardo di Cione. La sacristie renferme un beau **crucifix★** *(au-dessus de la porte d'entrée)* de Giotto et une élégante **niche★** en terre cuite émaillée de Giovanni Della Robbia. Dans la chapelle Gondi *(1re à gauche du maître-autel)* est exposé le célèbre ***Crucifix★★*** de **Brunelleschi**, saisissant d'élégance et de vérité, pour lequel Donatello conçut, dit-on, une telle admiration qu'il en laissa choir les œufs qu'il portait. Le chœur est décoré d'admirables **fresques★★★** de **Ghirlandaio** qui, sur le thème de la Vie de la Vierge et de celle de saint Jean-Baptiste, a brossé avec fraîcheur et un sens très vif de la narration un éblouissant tableau de la vie florentine à l'époque de la Renaissance.

Des deux cloîtres qui flanquent l'église, le plus beau est le **cloître Vert★** (Chiostro Verde), ainsi appelé à cause des fresques qui le décorent, dues à **Paolo Uccello** et à ses élèves (scènes de l'Ancien Testament). Il dessert, au Nord, la **chapelle des Espagnols**, couverte de **fresques★★** à la fin du 14ᵉ s. par Andrea di Bonaiuto (dit aussi **Andrea da Firenze**) ; celles-ci, d'un symbolisme compliqué, évoquent le triomphe de l'Église et l'action des dominicains. À l'Est, le réfectoire abrite aujourd'hui le trésor de l'église. *Musée et cloîtres : ♿ tlj sf ven. 9h-14h. Fermé j. fériés. Possibilité de visite guidée. 2,58€, 5,16€ forfait des musées florentins (donne droit à une réduction de 50 % sur le billet plein tarif de tous les musées, valable un an). ☎ 055 28 21 87 ; www.comune.firenze.it*

S. CROCE★★

Avr.-oct. : 9h-18h30, sam. 9h-17h30, dim. et j. fériés : 15h-17h30 ; nov.-mars : 9h-12h30, 15h-18h30, sam. 10h-12h30, 15h-17h30, dim. et j. fériés 15h-17h30. ☎ 055 24 46 19.

L'église et les cloîtres de Ste-Croix donnent sur l'une des plus anciennes places de la ville.

C'est celle des franciscains. Elle date du 14ᵉ s., à l'exception de la façade et du campanile (19ᵉ s.). L'**intérieur**, immense (140 m sur 40 m) car destiné à la prédication, comprend une nef simple et dégagée, et une abside élancée éclairée par de beaux vitraux (15ᵉ s.). Le sol est dallé de 276 pierres tombales, et le long des murs s'alignent de somptueux tombeaux qui font de l'église une sorte de Panthéon des gloires nationales.

Bas-côté droit – Contre le 1ᵉʳ pilier, *Vierge à l'Enfant* d'A. Rossellino (15ᵉ s.) ; en face, tombeau de Michel-Ange (mort en 1564) par Vasari ; face au 2ᵉ pilier, cénotaphe (19ᵉ s.) de Dante (mort en 1321, enterré à Ravenne) ; contre le 3ᵉ pilier, belle **chaire★** par Benedetto da Maiano (1476), et, en face, monument à V. Alfieri (mort en 1803) par Canova ; face au 4ᵉ pilier, monument (18ᵉ s.) à Machiavel (mort en 1527) ; face au 5ᵉ pilier, élégant bas-relief de l'***Annonciation★★*** en pierre rehaussée d'or, par Donatello ; face au 6ᵉ pilier, **tombeau de Leonardo Bruni★★** (humaniste et chancelier de la république, mort en 1444) par B. Rossellino et tombeau de Rossini (mort en 1868).

Croisillon droit – Au fond, chapelle Baroncelli avec les **fresques★** (1338) de la *Vie de la Vierge* par Taddeo Gaddi ; à l'autel, **polyptyque★** du *Couronnement de la Vierge* (atelier de Giotto).

Sacristie★ – *Accès par le corridor à droite du chœur.* Réalisée au 14ᵉ s., elle est ornée de **fresques★** parmi lesquelles une *Crucifixion* de Taddeo Gaddi et, dans la belle chapelle Rinuccini, des scènes de la vie de la Vierge et de Marie-Madeleine par Giovanni da Milano (14ᵉ s.).

Au fond du corridor, harmonieuse chapelle Médicis construite par Michelozzo (1434) avec un beau **retable★** en terre cuite vernissée d'Andrea Della Robbia.

Chœur – La 1ʳᵉ chapelle à droite de l'autel abrite les touchantes **fresques★★** (vers 1320) de **Giotto** contant la *Vie de saint François* ; dans la 3ᵉ chapelle, tombeau de Julie Clary, épouse de Joseph Bonaparte. Le chœur proprement dit est couvert de **fresques★** (1380) d'Agnolo Gaddi, contant la *Légende de la Sainte Croix*.

Croisillon gauche – À l'extrémité, se trouve le célèbre ***Crucifix★★*** de **Donatello** que Brunelleschi voulut surpasser à S. Maria Novella.

Bas-côté gauche – *En tournant* : après le 2ᵉ pilier, beau **monument à Carlo Marsuppini★** par Desiderio da Settignano (15ᵉ s.) ; face au 4ᵉ pilier, pierre tombale de L. Ghiberti (mort en 1455) ; le dernier tombeau (18ᵉ s.) est celui de Galilée (mort en 1642).

Cappella dei Pazzi★★

Au fond du 1ᵉʳ cloître (entrée à droite de l'église). (♿) Mars-sept. : tlj sf mer. 10h-19h ; oct.-fév. : tlj sf mer. 10h-18h. Fermé 1ᵉʳ janv., 25 déc. 4,13€. ☎ 055 24 66 01.

Édifiée par **Brunelleschi**, cette petite chapelle que précède un portique à coupole est un chef-d'œuvre de la Renaissance florentine par l'originalité de la conception, la pureté et la tension des lignes, la noblesse des proportions et l'harmonie de la décoration (terres cuites émaillées de l'atelier des Della Robbia).

Grand Cloître

Entrée au fond du 1ᵉʳ cloître, à droite. D'une grande élégance, ce grand cloître a été dessiné par Brunelleschi, peu avant sa mort (1446), et achevé en 1453.

Museo dell'Opera di Santa Croce

(♿) Mars-sept. : tlj sf mer. 10h-19h ; oct.-fév. : tlj sf mer. 10h-18h. Fermé 1ᵉʳ janv., 25 déc. 4,13€. ☎ 055 24 66 01.

Installé dans les bâtiments donnant sur le 1ᵉʳ cloître, notamment dans l'ancien réfectoire des moines, ce musée abrite entre autres œuvres le célèbre ***Crucifix★*** peint par **Cimabue**, gravement endommagé par les inondations de 1966.

PASSEGGIATA AI COLLI★★

Visite : 2h à pied, 1h en voiture. Longer l'Arno rive gauche, vers l'Est, jusqu'à la tour médiévale située place Giuseppe Poggi (auteur de cette splendide « via dei Colli » tracée entre 1865 et 1870). Prendre la rue piétonne qui monte en zigzag jusqu'au piazzale Michelangiolo d'où la **vue★★★** embrasse toute la ville.

Non loin de la place, bâtie dans un **site★★** remarquable dominant Florence, s'élève l'église **S. Miniato al Monte★★** construite dans un très beau style roman florentin (11e-13e s.). Sa façade, d'une rare élégance, rappelle, par sa décoration géométrique de marbre vert et blanc, le baptistère. L'intérieur, également orné de marbre polychrome, a un pavement du 13e s. Dans la nef gauche, **chapelle du cardinal de Portugal★**, bel ensemble Renaissance. Au pied du chœur, la chapelle du Crucifix a été dessinée par Michelozzo. La chaire et la clôture du chœur forment un **ensemble★★** admirable par le travail d'incrustations de marbre du début du 13e s. À l'abside, mosaïque du Christ bénissant. Dans la **sacristie**, **fresques★** de Spinello Aretino (1387). **Crypte** du 11e s. aux fines colonnes à chapiteaux antiques.

AUTRES MUSÉES ET MONUMENTS

Fresques de Masaccio à S. Maria del Carmine★★★

Cappella Brancacci : cycle de fresques (1427) de **Masaccio** terminé par Filippino Lippi et représentant le Péché originel et la Vie de saint Pierre. *Tlj sf mar. 10h-17h, dim. 13h-17h. Fermé j. fériés, 7 janv., 16 juil. Possibilité de visite guidée. 3,09€, 5,16€ forfait des musées florentins (donne droit à une réduction de 50 % sur le billet plein tarif de tous les musées, valable un an).* ☎ *055 23 82 195 ; www.comune.firenze.it*

La Badia

Église d'une ancienne abbaye *(badia)* du 10e s. à l'élégant **campanile★** hexagonal. À l'intérieur, **plafond★★** à caissons, **tombeaux★** et **bas-relief★★** en marbre de **Mino da Fiesole** et ***Apparition de la Vierge à saint Bernard★*** de **Filippino Lippi**.

Museo Archeologico★★

8h30-14h, lun. 14h-19h, mar. et jeu. 8h30-19h (la billetterie ferme 30mn avant). Fermé 1er janv., 1er mai, 25 déc. 4,13€. ☎ *055 23 575 ; www.comune.firenze.it/soggetti/sat*

Importante réunion de pièces égyptiennes, grecques (**vase François★★**, retrouvé dans une tombe étrusque mais d'origine attique), étrusques (***Chimère d'Arezzo★★***, chef-d'œuvre du 5e s. avant J.-C.) et romaines.

Opificio delle Pietre Dure★

♿ *Tlj sf dim. 8h15-14h, mar. 8h15-19h. Fermé j. fériés, 24 juin. 2,07€.* ☎ *055 26 51 357 ; www.dada.it/propart/opd.htm*

Suivant une tradition antique remise à l'honneur par Laurent le Magnifique, les Florentins taillent, sculptent, assemblent des pierres de couleur en marqueterie. Aujourd'hui l'**atelier des Pierres dures** se consacre essentiellement à la restauration et abrite un petit musée.

Orsanmichele★

Ancien entrepôt de blé reconstruit au 14e s. À l'extérieur, œuvres de Donatello, Ghiberti, Verrocchio. À l'intérieur, splendide **tabernacle★★** gothique d'Orcagna.

Palazzo Rucellai★★

Construit au 15e s. à partir du dessin de Leon Battista Alberti. La façade est le premier exemple de superposition des trois ordres classiques.

Palazzo Strozzi★★

Dernier construit des palais privés de la Renaissance (fin 15e s.), c'est aussi l'un des plus grands et des plus majestueux, avec son appareil à bossages, sa corniche et son élégante cour intérieure.

Piazza della SS. Annunziata★

Belle place ornée d'une statue équestre de Ferdinand Ier par Jean Bologne et de deux fontaines baroques. Autour se dressent l'église de la SS. Annunziata, l'hôpital des Innocents et le palais de la confrérie des Serviteurs de Marie.

SS. Annunziata – Église du 15e s. précédée d'un cloître orné de belles **fresques★** dues au Rosso, au Pontormo et à Franciabigio. L'intérieur est de style baroque. Par le transept gauche, on accède au **cloître des Morts**. Sur la porte d'accès, côté cloître, on peut admirer la ***Vierge au sac★*** (sous vitre) d'**Andrea del Sarto** (16e s.).

Ospedale degli Innocenti★ – *Tlj sf mer. 8h30-14h. Fermé 1er janv., Pâques, 1er mai, 15 août, 25 déc. 2,58€.* ☎ *055 20 37 323 ; www.minori.it/innocenti/index.htm*

S'ouvrant par un élégant **portique★★** de Brunelleschi orné de **médaillons★★** en terre cuite d'**Andrea Della Robbia**, l'hôpital des Innocents (ou des Enfants trouvés) abrite une **galerie d'art** réunissant quelques œuvres intéressantes de peintres florentins.

▶▶ Maison Buonarroti★, Réfectoire de Ste-Apollonie (*Cène★* d'**Andrea del Castagno**), Réfectoire de S. Salvi★ (fresque★★ d'**Andrea del Sarto** représentant la dernière cène), Ognissanti (*Cène★* dans le réfectoire contigu à l'église), S. Spirito★

(œuvres d'art★), S. Trinita (la **chapelle de l'Annonciation★**, œuvre de Lorenzo Monaco, et la **chapelle Sassetti★★**, œuvre de Ghirlandaio), Loge du Marché Neuf★ (Loggia del Mercato Nuovo), Musée de la Demeure florentine★ (Museo della Casa fiorentina antica) dans le palais Davanzati★, Musée Marino Marini, Musée d'Histoire de la Science★ (Museo di Storia della Scienza).

alentours

Voir le plan d'agglomération de Florence sur la Carte Michelin n° 430.

Villas des Médicis★

Aux 15e et 16e s., les Médicis émaillèrent la campagne florentine d'élégantes villas, souvent agrémentées de très beaux jardins.

Villa La Petraia★ – *3 km au Nord. Juin-août : 9h-19h30 ; sept.-mai : 9h-1h avant le coucher du soleil. Fermé 1er et 3e lun. du mois, 1er janv., 1er mai, 25 déc. 2,07€. Réservation obligatoire pour les groupes. ☎ 055 45 26 91 ; www.ambientefi.arti.beniculturali.it*

En 1576, le cardinal Ferdinand de Médicis chargea Buontalenti de transformer cet ancien château en villa. Dans le **jardin** (16e s.), remarquable fontaine par Tribolo, avec une Vénus en bronze de Jean Bologne.

Villa di Castello★ – *5 km au Nord à Castello. ♿ Visite du parc uniquement juin-août : 8h15-19h30 ; mars-mai et sept.-oct. : 8h15-18h30 ; nov.-fév. : 8h15-16h30. Fermé 2e et 3e lun. du mois, 1er janv., 1er mai, 25 déc. 2,07€. ☎ 055 45 47 91.*

Cette villa, embellie par Laurent le Magnifique et restaurée au 18e s., possède un très beau jardin orné de fontaines et de statues.

Villa di Poggio a Caiano★★ – *17 km au Nord-Ouest, par la route de Pistoia, S 66. ♿ 8h15-1h avant le coucher du soleil. Fermé 2e et 3e lun. du mois, 1er janv., 1er mai, 25 déc. 2,06€. ☎ 055 87 70 12.*

La villa a été bâtie par Sangallo pour Laurent le Magnifique. Loggia décorée par les Della Robbia. À l'intérieur, splendide salon, beau plafond à caissons et **fresques** de Pontormo représentant Vertumne et Pomone, dieux des vergers féconds.

Villa La Ferdinanda★

À Artimino, 26 km à l'Ouest. Commandée à Buontalenti par le grand-duc Ferdinand Ier à la fin du 16e s., cette villa occupe une position dominante sur une terrasse. Caractérisée par la profusion de ses cheminées et précédée d'un escalier à double spirale, elle héberge un **Musée étrusque**. *♿ Avr.-sept. : tlj sf mer. 9h30-13h, dim. 9h30-12h30 ; oct.-mars : tlj sf mer. 9h30-12h30. Fermé j. fériés. 4,13€. ☎ 055 87 18 124 ; www.po-NET.prato.it/MUSEI*

Certosa di Galluzzo★★

6 km au Sud, par la route de Sienne. Visite guidée uniquement. Avr.-sept. : tlj sf lun. 9h-12h, 15h-18h ; oct.-mars : tlj sf lun. 9h-12h, 15h-17h. Laisser une offrande au Père qui fait la visite. ☎ 055 20 49 226.

Fondée au 14e s., cette grandiose **chartreuse** subit des transformations jusqu'au 17e s. Dans le palais attenant, fresques du Pontormo. Les habitations des moines entourent un **cloître★** Renaissance.

Gaeta★

Gaète

Cette ancienne place de guerre, encore en partie fortifiée, est bordée, au Sud, par l'agréable plage de Serapo.

La situation

22 687 habitants – Carte Michelin n° 430 S 22 – Latium. Gaeta, petite ville du Sud du Latium, située sur la route côtière, surgit à l'extrémité du promontoire fermant l'harmonieux **golfe★** du même nom, que longe une route procurant des vues magnifiques. *ℹ Corso Cavour, 16, ☎ 0771 46 11 65.*

Pour poursuivre la visite, voir les chapitres MONTECASSINO et TERRACINA.

visiter

Duomo

Intéressant surtout par son campanile roman-mauresque (10e et 15e s.) orné de faïences et analogue aux clochers siciliens ou amalfitains. À l'intérieur, **chandelier pascal★** (fin 13e s.) remarquable par ses dimensions et ses 48 bas-reliefs contant la Vie du Christ et celle de saint Érasme, patron des navigateurs.

Près de la cathédrale s'étend un pittoresque quartier médiéval.

Castello

Remontant au 8e s., il subit de nombreuses transformations. Le château inférieur est dû aux Angevins, le château supérieur aux Aragonais.

Monte Orlando

Été : 9h-21h ; le reste de l'année : 9h-18h. On ne peut entrer dans le parc qu'à pied. Une navette permettant l'accès au sommet fonctionne de juin à mi-sept. 1,03€ AR. Possibilité de visite guidée en prenant contact avec la Cooperativa Elios, ☎ 0771 45 00 93 ; www.parks.it/parco.monte.orlando

Au sommet, on voit encore le tombeau du consul romain Lucius Munatius Plancus, compagnon de César qui fonda les colonies de Lugdunum (Lyon) et d'Augusta Raurica (Augst, près de Bâle).

alentours

Sperlonga

16 km au Nord-Ouest. Ce petit village est situé sur un éperon des monts Aurunci percé de nombreuses grottes.

Grotta di Tiberio et **Museo Archeologico** – ♿ *8h30-19h30 (été : sam. jusqu'à 23h). 2,07€. ☎ 0771 54 80 28.*

La **grotte** se trouve en contrebas de la route Gaète-Terracina *(après le dernier tunnel et à gauche).* C'est là que l'empereur romain Tibère échappa de justesse à la mort, des blocs rocheux s'étant détachés de la voûte de la grotte. Le **musée** est situé au bord de la route. On peut y voir plusieurs statues des 4e et 2e s. avant J.-C., des bustes et têtes remarquables et des masques de scène fort réalistes, ainsi que la reconstruction d'un groupe colossal figurant le châtiment infligé par Ulysse au cyclope Polyphème.

À l'autre sortie du tunnel (vers Gaète), ruines incendiées de la villa de Tibère.

Promontorio del Gargano★★★

Promontoire du Gargano

Le Gargano forme une des régions naturelles les plus attachantes de l'Italie par ses vastes horizons, ses forêts profondes et mystérieuses, sa côte découpée et solitaire. C'est un véritable paradis pour les amoureux du soleil et de la mer, mais, la plupart des plages et des baies sont privées (elles appartiennent aux campings ou aux hôtels) et sont, par conséquent, difficilement accessibles.

La situation

Carte Michelin n° 431 B-C 28-30 – Pouille. Le Gargano est planté tel un éperon dans la botte italienne. Pour s'y rendre, emprunter la A 14.

Pour poursuivre la visite, voir les chapitres PUGLIA et Isole TREMITI.

circuit

146 km – compter une journée.

Monte Sant'Angelo★

Monte Sant'Angelo, bâti sur un éperon de 803 m et dominé par la masse de son château, occupe un **site étonnant**★★, surplombant à la fois le promontoire du Gargano et la mer. Dans une grotte voisine, entre 490 et 493, l'archange saint Michel, chef des milices célestes, apparut à trois reprises à l'évêque de Siponto. Cet événement s'étant répété au 8e s., on

Restauration

• Á bon compte

Medioevo – *Via Castello, 21 - 71037 Monte Sant'Angelo - ☏ 0884 56 53 56 - fermé lun. (sf juil.-sept.) - 15/34€.* Une fois gravis les escaliers menant au cœur du centre historique, vous serez accueillis ici avec courtoisie et professionnalisme et goûterez une cuisine régionale odorante, attentive à la qualité des matières premières. Sous une voûte rustique, l'ambiance y est simple et moderne.

Taverna al Cantinone – *Via Mafrolla, 26 - 71019 Vieste - ☏ 0884 70 77 53 - fermé ven. (jusqu'en mai), nov. à Pâques - ▤ - 16/26€.* Une trattoria simple et accueillante, située en plein centre historique, et qui propose des spécialités maison dans le respect de la tradition régionale. La qualité des produits et un bon rapport qualité/prix en font une adresse intéressante.

• Valeur sûre

La Collinetta – *Località Madonna di Loreto - 71010 Peschici - 2 km au SE de Peschici - ☏ 0884 96 41 51 - fermé à midi et oct. au 15 mars - réserv. conseillée - 26/38€.* Si vous avez envie de déguster des plats de poisson (extra frais !), pourquoi ne pas le faire sur une terrasse avec vue sur le littoral... Vous serez accueillis par des gens sympathiques, cordiaux et passionnés, qui proposent également des chambres où séjourner.

Hébergement

• Á bon compte

Hotel Peschici – *Via San Martino, 31 - 71010 Peschici - ☏ 0884 96 41 95 - fax 0884 96 41 95 - fermé de nov. à mi-mars - P - 42 ch. : 31/49,10€ - ☕ 7,75€.* En plein centre et en à pic sur la mer ? C'est possible dans cette agréable pension, simple et bien tenue, où flotte un petit air d'autrefois. Les propriétaires vous y réserveront un accueil chaleureux et convivial.

• Valeur sûre

Hotel Solemar – *Località San Nicola - 71010 Peschici - 3 km à l'E de Peschici - ☏ 0884 96 41 86 - fax 0884 96 41 88 - fermé 21 sept. au 19 mai - P ⛱ - 66 ch. : 51,65/92,96€ - ☕ 4,13€ - restaurant 15/18€.* Donnant sur une baie privée et encerclée de verdure, cet hôtel accueillant est idéal pour un séjour balnéaire reposant. Les chambres lumineuses sont toutes tournées vers la mer, à laquelle on accède par de petites ruelles fleuries.

Park Hotel Paglianza e Paradiso – *Località Manacore - 71010 Peschici - 7 km à l'E de Peschici - ☏ 0884 91 10 18 - fax 0884 91 10 32 - fermé 15 oct. à mars - P ⛱ ▤ - 110 ch. : 54,23/72,30€ ☕ - restaurant 13/18€.* Situé dans un endroit tranquille, à deux pas de la mer mais à l'abri d'un bois dense de pins maritimes, c'est la solution idéale pour qui recherche un juste milieu entre confort, détente et possibilité de pratiquer une activité sportive.

• Une petite folie !

Hotel Svevo – *Via Fratelli Bandiera, 10 - 71019 Vieste - ☏ 0884 70 88 30 - fax 0884 70 88 30 - fermé 16 oct. au 29 mai - P ⛱ ▤ - 30 ch. : à partir de 144,61€ ☕.* Une terrasse-solarium avec piscine donnant sur la mer et une magnifique vue panoramique font le charme de cet hôtel très agréable, situé à deux pas du château du même nom. L'accueil y est familial et dynamique, et l'ensemble simple mais bien tenu.

décida la fondation de l'abbaye, où, au Moyen Âge, tous les croisés vinrent prier l'archange avant de s'embarquer à Manfredonia. Une fête accompagnée d'une procession de l'Épée de saint Michel a lieu chaque année le 29 septembre.

Santuario di S. Michele★ – Construit en style de transition roman-gothique, ce sanctuaire est flanqué d'un campanile octogonal, isolé (13ᵉ s.). Au-delà de l'entrée, un long escalier couvert descend jusqu'à une très belle **porte de bronze★** richement ouvragée, travail byzantin datant de 1076. Elle donne accès à la nef couverte d'ogives qui s'ouvre sur la grotte *(à droite)* où saint Michel fit son apparition. Statue du saint, en marbre, par Andrea Sansovino (16ᵉ s.) et trône épiscopal du 11ᵉ s., d'un style courant dans la région de la Pouille.

Tomba di Rotari★ – *Descendre l'escalier face au campanile. 8h30-13h, 14h30-19h30. Laisser une offrande. ☏ 0884 56 18 09.*

Le tombeau de Rotharis se trouve à gauche de l'abside de l'ancienne église S. Pietro. Son entrée est surmontée de scènes de la Vie du Christ. À l'intérieur, un carré, un octogone, un tronçon conique se superposent pour recevoir la coupole. L'édifice abritait, dit-on, les restes de Rotharis, roi des Lombards au 7ᵉ s., mais il s'agirait en fait plutôt d'un baptistère du 12ᵉ s.

Un peu d'histoire

Du point de vue physique, le Gargano est complètement indépendant des Apennins : c'est un plateau calcaire creusé de gouffres où disparaissent les eaux. L'actuel promontoire formait jadis une île qui fut rattachée au continent par les alluvions des fleuves descendant des Apennins. Aujourd'hui, le Gargano apparaît comme un massif coupé de hautes vallées où s'est amassée la terre arable permettant les cultures. Son extrémité orientale est couverte de forêts. Les maigres pâturages et les landes des plateaux sont parcourus de troupeaux de moutons, de chèvres et de cochons noirs.

Au même système géologique appartiennent les très pittoresques **îles Tremiti** *(voir ce nom)*.

Chiesa di S. Maria Maggiore – *À gauche du tombeau de Rotharis.* Bâtie dans le style roman des Pouilles, l'église possède un joli portail. L'intérieur renferme les restes de fresques d'époque byzantine, qui recouvraient autrefois tous les murs (dans le bas-côté gauche, on distingue le personnage de saint Michel).

Foresta Umbra★★

Unique dans la région de la Pouille, cette forêt, vaste futaie de hêtres vénérables, érables, pins, chênes chevelus, tilleuls, chênes, châtaigniers et très vieux ifs, couvre plus de 11 000 ha de vallons. Bien entretenue, elle est aussi très bien aménagée pour le tourisme.
Un **centre d'information** est installé dans la maison forestière située un peu au-delà de la bifurcation pour Vieste.

Peschici

Bourg de pêcheurs, devenu station balnéaire, qui occupe un site remarquable sur un éperon rocheux s'avançant dans la mer.

Vieste

Dans une situation semblable à celle de Peschici, cette petite cité ancienne, serrée sur la falaise, est dominée par un château du 13ᵉ s. Au centre du village, se trouve un intéressant **musée de Malacologie** (Museo Malacologico), qui possède une riche collection de coquillages provenant du monde entier. ♿ *Juin-août : 9h30-13h, 17h-24h ; sept.-nov. et mars-mai : 9h30-13h, 16h-21h. Gratuit.* ☎ *0884 70 76 88.*

Au Sud de la localité, immense plage de sable où se dresse un piton calcaire, l'**écueil de Pizzomunno**. De Vieste à Mattinata, très beau **parcours★★** en corniche dominant une côte découpée. À 8 km, une tour carrée, la **Testa del Gargano**, marque l'extrémité orientale du massif : belle **vue★** sur la **crique de San Felice**, fermée par un éperon calcaire percé d'une arche. De **Pugnochiuso**, paradis pour vacanciers, on gagne la **baie des Zagare★**, autre site pittoresque.

Mattinata

La descente sur Mattinata offre une belle **perspective★★** sur cette grande bourgade agricole, formant une tache lumineuse au cœur d'une plaine plantée d'oliviers, encadrée de montagnes.

Genova★★

Gênes

Le chef-lieu de la Ligurie occupe un site★★ extraordinaire, offrant au visiteur le spectacle de ses façades colorées donnant sur le plus important port d'Italie. Gênes « la Superbe » étage sur les pentes d'un amphithéâtre de montagnes ses pittoresques quartiers. C'est une ville de contrastes où de riches palais et de somptueuses églises côtoient des édifices plus modestes au milieu desquels courent d'étroites ruelles, dites *carruggi*. La ville de Christophe Colomb est une cité artistique dont la vie culturelle dynamique lui vaut le titre de Capitale européenne de la Culture en 2004.

La situation

636 104 habitants – Carte Michelin nº 428 I 8 (avec plan général) – Schéma : La RIVIERA LIGURE – Plan d'agglomération dans le Guide Rouge Italia – Ligurie.
Entourée de montagnes, Gênes s'ouvre en arc de cercle sur la mer sur environ 30 km. Le centre de la ville, situé autour du port, est un dédale de petites ruelles étroites, les *carruggi*, tandis que la partie la plus récente de la ville, derrière le port, offre de grands espaces quadrillés d'immenses artères. Si vous arrivez en voiture, nous vous conseillons de laisser votre véhicule au parking (payant) de la piazza della Vittoria ou sur le Vieux Port. 🅸 *Gare Principe,* ☎ *010 24 62 633 ; via al Porto Antico (villa S. Maria),* ☎ *010 24 87 11.*
Pour poursuivre la visite, voir le chapitre RIVIERA LIGURE.

comprendre

Gênes doit son expansion et son prestige à sa flotte qui, dès le 11ᵉ s., manifesta sa puissance dans les eaux tyrrhéniennes afin de les débarrasser de la présence sarrasine. En 1104, la flotte génoise comprend déjà 70 vaisseaux sortis de ses chantiers navals, qui constituent un redoutable pouvoir auquel ont recours, dès le 14ᵉ s., les puissances étrangères, comme les rois de France Philippe IV le Bel et Philippe VI de Valois. Les croisades vont fournir aux Génois l'occasion d'établir des rapports commerciaux avec les villes de la Méditerranée orientale. Assurant l'indépendance de leur ville, qui devient la « République de saint Georges » (1100), marins, commerçants, financiers, banquiers, unissent leurs efforts pour établir l'hégémonie maritime de Gênes. D'abord alliée à Pise dans la lutte contre les Sarrasins (11e s.), Gênes entre en conflit avec celle-ci à propos de la Corse (13e s.), puis se heurte à Venise (14e s.) à laquelle elle cherchera longtemps à disputer le monopole du commerce en Méditerranée. L'empire colonial génois s'étendra jusqu'en mer Noire. Au 14e s., les marins de Gênes assurent la distribution des marchandises précieuses provenant de l'Orient et possèdent le monopole de l'alun servant à fixer les teintures ; à terre, les premières sociétés en commandite apparaissent. Dès 1408 est créée la banque Saint-Georges, réunion de sociétés créancières de l'État, qui gèrent les finances et administrent les comptoirs. En son sein, les marchands se transforment en banquiers ingénieux, utilisant des procédés modernes tels que lettres de change, chèques et assurances pour accroître leurs bénéfices. Cependant, les luttes intestines des grandes familles génoises vont conduire la cité à se choisir, à partir de 1339, un doge élu à vie et à rechercher, principalement au 15e s., des protections étrangères. En 1528, la ville reçoit du grand amiral **Andrea Doria** (1466-1560) une constitution aristocratique qui en fait une « république marchande ». Andrea Doria est l'une des plus glorieuses figures de Gênes, reflet de son esprit d'entreprise et de son indépendance : amiral, condottiere et législateur, intrépide et avisé, il se distingua contre les Turcs en 1519, puis seconda François Ier et, après la défaite de Pavie, protégea la retraite de ses troupes. Mais, en 1528, ulcéré par les injustices du roi de France à son égard, il passa au service de Charles Quint qui le combla d'honneurs. Après sa mort, avec la concurrence des ports atlantiques, s'amorce le déclin du port, que Louis XIV fait détruire en 1684. En 1768, Gênes cède, par le traité de Versailles, la Corse à la France. Sous l'impulsion de Giuseppe Mazzini, la ville fut en 1848 l'un des foyers les plus actifs du Risorgimento.

Les beaux-arts à Gênes – Le déclin commercial de la cité coïncide, aux 16e et 17e s., avec une intense activité artistique qui se manifeste par la construction de nombreux palais et églises, ainsi que par la venue de peintres étrangers, principalement flamands. Rubens publie en 1607 un ouvrage sur les palais de Gênes ; Van Dyck portraiture les nobles génois entre 1621 et 1627. Puget travaille de 1661 à 1667 pour des familles patriciennes, telles les Doria ou les Spinola. L'école génoise, caractérisée par un sens dramatique fiévreux et l'emploi de couleurs sourdes et fondues, est représentée par Luca Cambiaso (16e s.), Strozzi (1581-1644), Castiglione Genovese, admirable graveur, et surtout **Magnasco** (1667-1749), dont la touche rapide, intense et colorée, ainsi que le lyrisme dramatique, annoncent le modernisme.

L'architecte **Alessi** (1512-1572) égala dans ses meilleurs moments Sansovino et Palladio par la noblesse de l'ordonnance et l'ingéniosité des solutions imaginées pour intégrer ses monuments au décor urbain.

découvrir

LE PORT★★

Visite en bateau, avec départ de l'aquarium et du Ponte dei Mille (près de la gare Principe) tous les jours selon des horaires variables en fonction de l'affluence. Durée de la promenade : 45mn. 5,16€. Il est conseillé de téléphoner avant. Des minicroisières sont organisées de mai à septembre pour San Fruttuoso, Portofino, les Cinque Terre et Porto Venere, ainsi que des excursions destinées à découvrir les cétacés, en collaboration avec le WWF. Départ : 9h-12h30, retour à Gênes avant 19h30. 12,91/33,57€. Réserver plusieurs jours à l'avance. ☎ 010 26 57 12.

Le petit port de Sturla

Ph. Orain/MICHELIN

carnet pratique

Transports

Informations – ☏ 010 55 82 414 ; www.amt.genova.it

La route des montagnes (La circonvallazione a monte) – L'autobus n° 33 (départ de la piazza Corvetto ou de la gare Principe) parcourt cette jolie route panoramique flanquée de très beaux édifices du 19e s.

Une promenade en petit train – C'est l'une des sorties dominicales des Génois. À bord de ce joli train coloré (qui circule sur une petite voie), vous pourrez découvrir les villages et les collines qui se succèdent entre Gênes et Casella. Départs réguliers tous les jours de la gare de Gênes-Casella. Pour toutes informations : ☏ 010 83 73 21.

Giro Giro Tour – Cette visite guidée (en plusieurs langues) des lieux historiques et culturels de la ville dure environ 2h et part tous les jours de la piazza Caricamento (face à l'aquarium) à 15h. Le billet coûte 12,91€. Pour toute information : Macramè Viaggi ☏ 010 59 59 779.

Volabus Ligne 100 – Ce bus relie l'aéroport au centre-ville avec un départ toutes les 30mn. 2,07€. Pour toutes informations : ☏ 010 55 82 414.

Informations diverses

Carte des musées – Cette carte (Card Musei) permet de visiter 20 musées de Gênes et donne droit à des réductions, à l'aquarium et aux expositions du palais des Doges par exemple. La carte coûte 10,33€ pour 3 jours et 15,49€ pour 7 jours.

Libreria Ducale – *Dans le palais des Doges. ☏ 010 59 41 12.* Tous les livres d'art du monde sont dans cette très belle librairie, spécialisée également dans les ouvrages sur la ville et son histoire, et qui propose toutes sortes de cartes de Gênes.

Restauration

• À bon compte

Antica Osteria della Foce – *Via Ruspoli, 72/74r - ☏ 010 55 33 155 - fermé dim., sam. et j. fériés à midi, 24 déc. au 2 janv., août, Pâques - réserv. conseillée - 13/18€.* Un décor sympathique et informel, avec un bar et deux grands fours à bois. Vous pourrez y goûter les plats traditionnels ligures, mais aussi des fougasses, des tartes salées et des *farinate* (galettes de farine de pois chiches). Service ultrarapide et prix réduits appréciés.

Cantine Squarciafico – *Piazza Invrea, 3r - ☏ 010 24 70 823 - ⊭ - 18/26€.* Près de l'église S. Lorenzo, ce restaurant, installé dans les anciennes citernes du palais Squarciafico datant du 16e s., propose les plats typiques de la cuisine génoise.

• Valeur sûre

Sur le port - Bar & Restaurants – *Calata Cattaneo, 3e étage du palais Millo [quartier du Vieux Port] - ☏ 010 25 18 384 - fermé lun., sam. à midi, 15 au 30 janv. - ▤.* Un concept novateur et original : rassembler trois restaurants, un bar et un snack dans un seul et même endroit. Vous y trouverez le restaurant à sushis « Irifune » (11/26€), dans le plus pur style japonais, la « Compagnia delle Aragoste » (43/65€), spécialisée dans les langoustes, et enfin le « Portocarlo » (22/55€), brasserie « à la française » avec stand d'huîtres à l'extérieur. Tout près du très fréquenté aquarium.

I Tre Merli – *Calata Cattaneo [quartier du port] - Palais Millo - ☏ 010 24 64 416 - info@itremerli.it - fermé lun. - ▤ - réserv. conseillée - 23/36€.* À deux pas de l'aquarium, installé dans l'ancien entrepôt de café du Vieux Port, un bar à vins original qui, en plus des fougasses et *farinate* (galettes de farine de pois chiches) typiques, propose également de délicieux plats de poisson. Décor élégant, au style composite, avec des parois en pierre brute et des colonnes bicolores en marbre.

Pintori – *Via San Bernardo, 68/r - ☏ 010 27 57 507 - fermé dim., lun., 24 déc. au 7 janv., 10 au 31 août - réserv. conseillée - 27/44€.* Peu visible, cachée dans un étroit *carruggio* de la vieille ville, cette trattoria vaut vraiment le détour. Vous y goûterez la véritable cuisine ligure, mais aussi quelques plats sardes, servis sur les tables rustiques d'une belle salle voûtée. Une cave bien fournie avec 700 vins différents, et des prix plus qu'honnêtes.

Antica Osteria del Bai – *Via Quarto, 12 [Quarto dei Mille] - ☏ 010 38 74 78 - fermé lun., 10 au 20 janv., 1er au 20 août - ▤ ⅹ - réserv. conseillée - 41,31/61,77€.* Ce restaurant plein d'histoire occupe un ancien sémaphore dominant la plage où les Mille de Garibaldi levèrent l'ancre. Le cadre est élégant et accueillant, et la carte marie des produits de la mer et du terroir, toujours extrêmement frais.

Hébergement

À l'occasion de manifestations commerciales ou touristiques (comme le **Salon nautique international**, qui dure une dizaine de jours en octobre), les prix des hôtels peuvent connaître une légère hausse. Il est conseillé de s'informer au moment de la réservation.

• Valeur sûre

Albergo Soana – *Via XX Settembre, 23-8, 4e étage esc. A - ☏ 010 56 28 14 - fax 010 56 14 86 - soana@hotelsoana.it - fermé 23 au 28 déc. - 19 ch. : 46,48/77,47€ - ☕ 3,62€.* Un petit hôtel, situé dans un édifice du début du siècle, qui propose des chambres meublées dans un style moderne très simple. Face au pont monumental, une adresse intéressante pour ceux qui veulent être logés dans le centre.

Albergo Cairoli – *Via Cairoli, 14/4 - ☏ 010 24 61 454 - fax 010 24 67 512 - 12 ch. : 51,65/77,47€ - ☕ 5,16€.* Pour ceux qui aiment les atmosphères intimes, ce petit hôtel permet de jouir de la ville et de son centre animé tout en se sentant comme à la maison. Les chambres ne sont pas très spacieuses, mais la très jolie terrasse fleurie permet de se reposer en toute tranquillité.

Hotel Galles – *Via Bersaglieri d'Italia, 13 - ☏ 010 24 62 820 - fax 010 24 62 822 - ▤ - 20 ch. : 62/93€* ☕. Très bien situé, entre la gare ferroviaire de Porta Principe et la gare maritime du Ponte dei Mille, cet hôtel possède un vaste hall, très lumineux et décoré de plantes vertes, et de chambres spacieuses, modernes et accueillantes. Un décor soigné et tout le confort nécessaire pour un prix très intéressant.

• ***Une petite folie !***

Hotel Bristol – *Via XX Settembre, 35 - ☏ 010 59 25 41 - fax 010 56 17 56 - ▤ - 128 ch. : à partir de 191€* ☕. Le hall, dominé par un splendide escalier, et le mobilier d'époque qui décore certaines des chambres confèrent à cet hôtel de qualité l'atmosphère austère et raffinée de la fin du 19e s. Pour un séjour inoubliable !

PETITE PAUSE

Mangini – *Piazza Corvetto, 3r - ☏ 010 56 40 13 - 7h30-20h30.* Fondé en 1876, ce célèbre café-pâtisserie, autrefois lieu de rendez-vous des hommes de lettres et des journalistes, continue d'exercer la même fascination.

Romanengo – *Via Soziglia, 74/76r - ☏ 010 24 74 574 - mar.-sam. 9h-13h, 15h15-19h15.* Fondée en 1780, cette confiserie est l'une des plus célèbres d'Italie. Bonbons, fruits confits, pralines, gâteaux et chocolats feront le délice de tous les gourmands.

Caffé degli Specchi – *Salita Pollaiuoli, 43r - ☏ 010 24 68 193 - lun.-sam. 7h-20h30.* À deux pas du palais des Doges, vous trouverez dans ce café renommé, au décor Liberty, une atmosphère intime et élégante.

Caffé del Barbarossa - *Piano di S. Andrea, 21/23r - ☏ 010 24 74 574 - lun. 7h30-14h30, mar.-ven. 7h30-02h30, w.-end 16h30-02h.30.* Un petit bar typique sur deux étages, bien connu des Génois et toujours plein, surtout à l'heure de l'apéritif.

La route surélevée *(Strada Sopraelevata)* qui longe le port permet d'avoir une bonne vue d'ensemble sur les principaux bassins de cet immense complexe maritime qui en fait le premier port d'Italie, s'étendant sur près de 30 km. Ce complexe comprend un bassin pour les bateaux de plaisance, des chantiers navals et les quais d'embarquement des bacs à destination des îles ou de l'Afrique. À l'Est, le **Vieux Port** (Porto Vecchio), totalement refait en 1992 à l'occasion des Colombiades (manifestations organisées lors du 500e anniversaire de la découverte de l'Amérique par Christophe Colomb), est devenu, avec ses cafés, ses restaurants et ses magasins, l'un des points de rencontre de la ville. Il est dominé par le **Bigo**, œuvre de **Renzo Piano**. Cette structure métallique semblable à une grue et dotée d'un ascenseur panoramique dévoile une belle **vue★** sur la ville. On y découvre le campanile de la cathédrale, la masse de S. Maria di Carignano et le phare de Gênes, la **Lanterna**, symbole de la ville. À l'Ouest, le port moderne (Porto Nuovo) est relié à une grande zone industrielle constituée par des entreprises de sidérurgie, de chimie lourde et des raffineries de pétrole. L'activité est énorme : importation de matières premières (hydrocarbures, charbon, minerais, céréales, métaux, bois, etc.) et exportation de produits manufacturés tels les machines, les véhicules, les textiles.

Acquario★★

♿ *Mars-oct. : lun.-ven. 9h30-19h30 ; w.-end et j. fériés 9h30-20h30 ; jeu. nocturne jusqu'à 23h (la billetterie ferme 2h avant). 11,36€. Possibilité de visite guidée et de visite avec audioguide en différentes langues. 14,46€ avec l'entrée au Pavillon de la Mer et de la Navigation. ☏ 010 24 81 205 ; www.acquario.ge.it*

Aquarium à la structure moderne et didactique. Des panneaux lumineux expliquent *(en italien et en anglais)* les espèces rassemblées et les milieux, reconstitués dans les nombreuses vasques. En début de parcours est proposé un film introduisant au monde sous-marin, des supports informatiques permettent ensuite une visite « active », tandis que divers points d'observation donnent parfois l'impression de se trouver parmi les poissons et mammifères marins. Ont été recréés les milieux sous-marins de la Méditerranée, de la mer Rouge et de Madagascar, la forêt tropicale et la barrière de corail. Sont particulièrement intéressants : les phoques, les reptiles, les dauphins, les requins, les pingouins, les murènes et le bassin tactile des raies.

Antichi Magazzini del Cotone

Accès par la via del Molo. Bâtis au 19e s., les **anciens entrepôts de coton** ont été restaurés par Renzo Piano à l'occasion des Colombiades. Au 1er étage, ils accueillent la **Cité des Enfants★** (Città dei Bambini), espace réservé aux 3-14 ans, conçu avec le concours et sur le modèle de celle de la Cité des Sciences de La Villette à Paris. À travers toute une série de jeux interactifs, les jeunes visiteurs sont invités à découvrir les sens, le monde naturel, les grands principes technico-scientifiques, et à cultiver leur civisme et les concepts de respect, tolérance, différence. *Entrée autorisée aux enfants accompagnés d'un ou deux adultes. Visite sur réservation : tlj sf lun. 10h-18h, w.-end et j. fériés 11h15-18h. 4,13€ par personne. ☏ 010 24 75 702 ; www.cittadeibambini.net/cdb/*

Le 3e étage, quant à lui, est occupé par le **Pavillon de la Mer et de la Navigation★** (Padiglione del Mare e della Navigazione), passionnant musée qui retrace la tradition maritime de la ville grâce à des instruments et des reconstitutions : on y trouve une collection d'armes, la bibliothèque d'un homme d'affaires, un *carruggio* (ruelle étroite typique des villes ligures) du 19e s. avec ses boutiques (un fabricant de voiles, un peintre de marine, un sculpteur de figures de proue), un chantier naval et un cargo. ♿ *Mars-sept. : 10h30-18h, w.-end et j. fériés jusqu'à 19h ; oct.-fév : tlj sf lun.10h30-17h30 ou 18h (la billetterie ferme 30mn avant). 5,16€, 14,46€ avec l'entrée à l'aquarium. Possibilité de visite guidée. ☎ 010 24 63 678 ; www.acquario.ge.it*

Quartier des marins★

Son noyau est le palais S. Giorgio, du 13e s., remanié au 16e s., jadis siège de la fameuse banque Saint-Georges. Derrière le palais s'élève, sur la **piazza Banchi** (des Banques), la Loge des Marchands (Loggia dei Mercanti). Sur la place, on trouve également un marché aux fleurs et un marché aux puces (selon les jours).

se promener

LA VILLE RENAISSANCE ET BAROQUE★★ *Visite : 2h.*

Partir de la piazza Fontane Marose, entourée de très jolis édifices. On notera en particulier les fresques de la façade du palais Interiano Pallavicini (1565).

Via Garibaldi★★

Vers la moitié du 16e s., quelques familles de la haute bourgeoisie décidèrent de construire leurs demeures dans une rue légèrement éloignée du centre historique. Tout d'abord nommée la Strada Nuova, puis la Via Aurea, cette rue, à l'origine fermée aux deux extrémités, a été redessinée par **Alessi** et bordée de somptueux palais qui en font l'une des plus belles rues d'Italie. Alessi conçut, entre autres palais, le **palais Cambiaso** (1565) au no 1, et, au no 4, le **palais Carrega-Cataldi** (1558-1561). Ce dernier présente un joli vestibule orné de grotesques, suivi du grand salon, qui s'ouvrait autrefois sur un jardin sacrifié au 18e s. pour agrandir le palais. C'est précisément dans l'aile moderne, à l'étage supérieur, que se trouve une éblouissante **galerie★** dorée, de style rococo. (♿) *Visite sur demande uniquement : tlj sf w.-end 9h-18h. Fermé j. fériés. Gratuit. ☎ 010 27 04 358 ; www.lig.camcom.it/cciaa_ge*

Au no 6, le **palais Doria** et, au no 7, le **palais Podestà** (1565-1567), recelant un beau **nymphée★** au fond de la cour, sont l'œuvre du même architecte, G. B. Castello. Au no 9, l'ancien palais Doria Tursi, aujourd'hui **hôtel de ville★**, est orné d'une belle cour à arcades et conserve des manuscrits de Christophe Colomb *(qu'on ne peut, normalement, pas consulter)* ainsi que le violon de Paganini. (♿) *Tlj sf w.-end 8h-16h30. La visite des salles intérieures et de la salle du violon de Paganini requiert une autorisation préalable. Gratuit. ☎ 010 55 72 274 ; www.comunegenova.it*

Le **palais Bianco** (no 11) et le **palais Rosso** (no 18) abritent respectivement une pinacothèque et une galerie d'art *(pour en savoir plus, consulter la rubrique « visiter »)*. Par la via Cairoli et la via della Zecca, on arrive à la piazza del Carmine, où s'élève l'**église de la SS. Annunziata** (17e s.). Sa fastueuse **décoration★★** intérieure mêlant avec bonheur ors, stucs et fresques, constitue un exemple caractéristique du baroque génois.

Via Balbi

Cette artère est bordée de palais intéressants, notamment au no 10 le **Palais Royal**, de 1650, anciennement Balbi Durazzo, qui comporte un étage noble garni de mobilier des 18e et 19e s. La cour aux proportions harmonieuses se prolonge par un joli jardin. À l'intérieur, on peut admirer sur le plafond les fresques de Domenico Parodi (1668-1740), auquel on doit aussi l'éblouissante **galerie des Glaces★** à la manière de la galerie du palais Doria Pamphili de Rome, et de celle, plus célèbre encore, de Versailles. Outre la salle du Trône, on trouve, dans la salle des Audiences, le *Portrait de Catarina Balbi Durazzo* par Van Dyck. Au no 5, l'imposant **palais de l'Université★** (17e s.) possède une cour et un escalier majestueux. Au no 1 s'élève le palais Durazzo Pallavicini, du 17e s. *Palais Royal : 8h15-19h, lun. et mar. 8h15-13h45. Fermé 1er janv., 1er mai, 25 déc. 4,13€, 6,20€ avec l'entrée au palais Spinola. Possibilité de visite guidée (1h). ☎ 010 27 101.*

De la via Balbi, revenez dans la via Lomellini et poursuivez vers l'**église de S. Siro**, dont l'**intérieur★** est décoré de fresques du 17e s. de G. B. Carlone. Le maître-autel en marbre et en bronze est l'œuvre de P. Puget (1670).

Une fois passé le palais Spinola *(pour la description, voir la rubrique « visiter »)*, on arrive à l'église de **S. Maria Maddalena**, dont l'**intérieur★** est l'un des exemples les plus représentatifs du baroque génois.

Poursuivez ensuite la visite par le vico Casana afin de rejoindre la piazza De Ferrari où s'élèvent le prestigieux **théâtre Carlo Felice** et plusieurs autres palais dont l'Académie ligure des beaux-arts. La piazza G. Matteotti est dominée par la façade monumentale du **palais des Doges** (1778), dans lequel on peut admirer la **chapelle★**, décorée de fresques de G. B. Carlone évoquant l'histoire de la ville.

L'**église del Gesù★**, érigée par Tibaldi en 1597, recèle, en son intérieur somptueux, l'*Assomption* de Guido Reni et deux très belles toiles de Rubens, *La Circoncision* et *Saint Ignace guérissant une démente*.

LA VIEILLE VILLE★★ *Visite : 2h.*

Elle s'étend à l'Est du Vieux Port et remonte en un lacis de ruelles étroites et pittoresques flanquées de hauts édifices.

La promenade proposée ci-dessous est la suite de celle précédemment décrite. Longez le côté gauche du palais des Doges pour rejoindre la piazza S. Matteo.

Piazza S. Matteo★

Petite place harmonieuse au cœur de la ville, bordée de palais (13e-15e s.) ayant appartenu à la famille Doria (au n° 17, palais Renaissance offert par la commune de Gênes à Andrea Doria en 1528). L'**église S. Matteo** présente une façade romane de style génois (alternance d'assises noires et blanches) ; l'intérieur est décoré de fresques de Luca Cambiaso (16e s.). La crypte conserve le tombeau et l'épée d'Andrea Doria. À gauche de la façade, on peut admirer, à travers la grille, le gracieux cloître datant du 14e s.

Cattedrale di S. Lorenzo★★

Trésor : visite guidée uniquement, lun.-sam. 9h-12h, 15h-18h (pour réserver ☏ 010 24 71 831). 5,16€. ☏ 010 24 71 831.

Initialement élevée au 12e s. et remaniée jusqu'au 16e s., elle présente une splendide **façade★★** gothique de style génois où l'on reconnaît pourtant l'influence française dans la disposition des portails (13e s.) et de la grande rosace. Au portail central sont représentées des scènes de la Vie du Christ *(aux piédroits)* et, au tympan, le martyre de saint Laurent et le Christ entre les symboles évangéliques. À l'angle droit de la façade, le rémouleur du 13e s. rappelle l'Ange du cadran solaire de Chartres, chargé de la même fonction. Le dôme a été dessiné par Alessi. À l'**intérieur★**, sévère et majestueux, le vaisseau central, surmonté d'une fausse matronée (galerie réservée aux femmes), repose sur des colonnes de marbre. Les ossements du saint sont gardés dans la **chapelle St-Jean-Baptiste★** *(à l'extrémité du bas-côté gauche)*. Le **trésor★** possède le fameux « **Sacro Catino** », coupe hexagonale en verre soufflé, de couleur émeraude, que la légende identifie comme le Saint-Graal, le sarcophage contenant les cendres de saint Jean-Baptiste (14e s.), de style gothique international, et un précieux plat en calcédoine (changeant de tons en fonction de la lumière) du 1er s. après J.-C., portant en son centre la tête du saint (ajoutée au 15e s.).

Le cloître des Chanoines (Chiostro dei Canonici) accueille le **Musée diocésain d'Art sacré**. *Mar.-ven. 10h-13h, w.-end et j. fériés 10h-13h, 15h-19h30. 5,16€. (Possibilité de visite guidée sam. ap.-midi et dim.). ☏ 010 25 41 250.*

Prenez la via Chiabrera jusqu'à la piazza Embriaci.

S. Maria di Castello★

9h-12h, 15h30-18h. Pour s'informer et réserver ☏ 010 25 49 511.

Trois cloîtres entourent cette église romane dont la nef, très sobre, est flanquée de chapelles du 15e et 17e s. Dans la chapelle Grimaldi se trouve le *Polyptique de l'Annonciation* de G. Mazzone (1469). Le second cloître (15e s.), dont la loge domine le port, abrite la fresque de l'*Annonciation* de Just de Ravensburg.

S. Donato

Érigée aux 12e et 13e s., cette église a conservé son portail d'origine et un ravissant **campanile★** octogonal de style roman. L'intérieur, du même style, ne peut que charmer : remarquer une Vierge à l'Enfant (1401) dans la chapelle latérale de droite, et le somptueux polyptyque de l'***Adoration des mages★★*** de Joos Van Cleve.

La via S. Donato conduit à la piazza delle Erbe, point de rencontre des jeunes Génois le soir. La Salita del Priore conduit à la **Porta Soprana★**, l'une des plus vieilles entrées de la ville (12e s.), caractérisée par ses élégantes tours jumelles. Au-delà de la porte, on arrive immédiatement sur les vestiges de la **maison de Colomb**, flanquée de l'élégant cloître de S. Andrea (12e s.).

visiter

Galleria Nazionale di Palazzo Spinola★

(♿) *Mar.-sam. 8h30-19h30, dim. et j. fériés 13h-20h. Fermé 1er janv., 1er mai, 25 déc. 4,13€, 6,20€ avec l'entrée au Palais Royal. ☏ 010 27 05 300.*

Le palais, édifié à la fin du 16e s. par la famille Grimaldi et passé ensuite aux Spinola, a conservé sa décoration intérieure d'origine. Les œuvres qui y sont réunies et le mobilier d'époque composent un très bel ensemble. Les deux étages nobles offrent un magnifique exemple de demeure des 17e (pour le premier étage) et 18e s. (pour le second). Ils permettent ainsi de suivre l'évolution du style des mobiliers, mais aussi de la décoration à fresque grâce aux **plafonds★**, riches et baroques pour ceux de Tavarone (17e s.), plus aérés pour ceux de Ferrari et de Galeotti (18e s.). Entre le premier et le deuxième étage, on voit encore la cuisine. La **collection de**

Balbi (Via)	EX	
Brignole de Ferrari (Via)	FX	4
Cairoli (Via)	FX	
Caricamento (Pza)	FY	5
Chiossone (Via)	FY	8
Embriaci (Pza)	FZ	12
Fontane Marose (Pza)	FGY	13
Fontane (Via delle)	EX	14
Fossatello (Via e Pza di)	FXY	17
Garibaldi (Galleria)	FX	18
Mazzini (Galleria)	GY	22
Nunziata (Pza della)	FX	23
Pollaiuoli (Salita)	FY	27
Polleri (Via)	FX	28
Ponte Calvi (Via al)	FX	29
Porta Soprana (Via)	FZ	32
Portello (Pza del)	FY	33
Prione (Salita del)	FZ	37
Ravasco (Via)	FZ	39
Roma (Via)	GY	
S. Donato (Via)	FZ	40
S. Lorenzo (Via)	FY	
S. Luca (Via)	FY	41
S. Siro (Via)	FX	43
Spinola (Vico)	FY	46
Targa (Via C.)	FX	48
Zecca (Largo della)	FX	49
5 Dicembre (Via)	GY	52
20 Settembre (Via)	FGY	
25 Aprile (Via)	FY	53

Museo Chiossone	GY	M
Palazzo Municipale	FXY	H

peintures★ rassemble des œuvres de la Renaissance italienne et flamande, dont le charmant ***Portrait d'Ansaldo Pallavicino*** de Van Dyck, le *Portrait d'une religieuse* du Génois Strozzi, *L'Amour sacré et l'Amour profane* de Guido Reni et, au troisième étage (qui abrite aujourd'hui la collection de peintures proprement dite), le douloureux ***Ecce homo*★** d'**Antonello da Messina**.

Pinacoteca di Palazzo Bianco★

Tlj sf lun. 9-13, mer. et sam. 9h-19h, dim. 10h-18h. Fermé 24 juin, j. fériés. 3,10€, gratuit le dim. ☎ 010 55 72 013.

La collection de la pinacothèque s'ouvre par le précieux *Pallium orné des histoires de saint Laurent, saint Sixte et saint Hippolyte* (13e s.), offert par l'empereur byzantin à la république, à l'occasion d'un traité en 1261. Témoignant des étroites relations commerciales que Gênes entretenait avec les Pays-Bas, de nombreuses œuvres flamandes et hollandaises du 15e au 17e s. sont exposées, dont la *Crucifixion* de Gérard David, dramatique par ses couleurs sombres et la sobriété de sa composition, l'intense ***Christ bénissant*★** par Hans Memling, des œuvres de Jan Matsys, Van Dyck *(Le Christ de la monnaie)* et Rubens *(Vénus et Mars)*. Cependant, Gênes accueille et apprécie également les artistes italiens tels que Véronèse *(Crucifixion)* et Palma le Jeune *(Jésus et la Samaritaine)*. La collection se poursuit par des œuvres d'artistes espagnols (Murillo), génois, dont B. Strozzi (1581-1644), D. Piola (1627-1703) et sa *Charité*, et G. de Ferrari (1647-1726).

Galleria d'Arte di Palazzo Rosso★

Mêmes conditions de visite que le palais Bianco. ☎ 010 24 76 351.

Dans cette galerie d'art sont exposées des œuvres de Palma le Vieux, Guido Reni, le Guerchin (*Le Père éternel avec un angelot*, 1620), Mattia Preti, et des toiles d'artistes génois, tels que Guidobono. Au 2e étage (ne pas manquer d'admirer les plafonds peints à fresque par les Génois De Ferrari, Piola et Viviano), on trouve de remarquables **portraits★** brossés par Van Dyck, ainsi que les collections de sculptures sur bois d'époque baroque.

Palazzo del Principe★

Piazza Principe, 4 (en dehors du plan), prendre la via Balbi ou la via Gramsci. ♿ *(entrée par la via S. Benedetto, 2). Tlj sf lun. 10h-17h.* Fermé août, j. fériés. 6,20€. *☎ 010 25 55 09 ; www.doriapamphilj.it*

Résidence 16e s. d'Andrea Doria, qui, en 1531, reçut le titre de prince, elle fut décorée par un élève de Raphaël à Rome, **Perin del Vaga**, qui exécuta les **fresques★** du vestibule, de la Loge des Héros et des appartements symétriques du condottiere et de sa femme, auxquels on accède par la loge. Le salon de la Chute des Géants présente une fresque (dont le thème a donné son nom à la salle) particulièrement bien conservée, et recèle un ***Portrait d'Andrea Doria★*** par **Sebastiano del Piombo** (1526) et un portrait du même personnage à 92 ans.

Giovanni Andrea, neveu et héritier du prince, agrandit le palais et fit construire la galerie dorée où l'on trouve une remarquable série de **tapisseries★**, réalisées à Bruxelles (fin 16e s.), qui retracent l'histoire de la bataille de Lépante, soutenue par les flottes chrétiennes contre les Turcs (1571).

Le très joli jardin du palais est orné, en son centre, de la fontaine de Neptune.

S. Giovanni di Prè★

Via A. Gramsci, près du palais du Prince. Cette église romane possède un porche à trois niveaux donnant sur le port. À noter, la flèche en pierre du clocher.

Museo di S. Agostino

(♿) Tlj sf lun. 9h-19h, dim. 9h-12h30. Fermé j. fériés. 3,10€, gratuit le dim. ☎ 010 25 11 263.

Le couvent, avec son église annexe du 13e s. (aujourd'hui auditorium), abrite le **musée d'Architecture et de Sculpture ligures** (Museo di Architettura e Scultura Ligure), qui réunit des fragments et des sculptures provenant d'édifices religieux détruits et de demeures privées. Noter en particulier la pierre tombale du 13e s. de Simonetta et Percivalle Lercari, semblable à la page d'un livre enluminé en pierre, et le *Monument de Marguerite de Brabant* par Giovanni Pisano (14e s.) ; au deuxième étage, on remarque les sculptures de Pierre Puget *(Enlèvement d'Hélène)* et d'Antonio Canova *(Madeleine pénitente)*.

S. Stefano

L'église, en position surélevée, donne sur la via XX Settembre, artère principale de Gênes bordée de palais Liberty. De construction romane, elle comprend une remarquable abside de style lombard. À l'intérieur, on peut admirer le ***Martyre de saint Étienne★*** (vers 1524), chef-d'œuvre de **Giulio Romano**.

S. Maria di Carignano

Accès par la via Ravasco. Cette église monumentale fut élevée au 16e s. sur les plans d'Alessi. À l'intérieur, belle statue de Puget représentant **saint Sébastien★**.

Villetta Di Negro

C'est, au-dessus de la piazza Corvetto, une sorte de belvédère-labyrinthe, avec palmiers, cascades et grottes artificielles. De la terrasse, belle **vue★** sur la ville et la mer. Au sommet de la Villetta Di Negro, le **musée Chiossone★** rassemble la collection du graveur homonyme génois, qui vécut pendant vingt-trois ans au Japon à la fin du 19e s. et fut un passionné d'art oriental : sculptures bouddhiques, objets, armures, remarquable ensemble d'estampes, objets en ivoire et en laque. *Tlj sf lun. et mer. 9h-13h. Fermé 24 juin et j. fériés. Possibilité de visite guidée (1h). 3,10€, 5,16€ avec l'entrée de deux musées municipaux, gratuit le dim. matin. ☎ 010 54 22 85.*

Castelletto

Montée en ascenseur. De la terrasse, très belle **vue★★** sur les toits de la ville.

Cimitero di Staglieno★

1,5 km au Nord. Accès : à partir de la piazza Corvetto, prendre la via Assarotti (en dehors du plan) puis la via Montaldo. Curieux cimetière, où les somptueux mausolées contrastent avec les simples tumuli de glaise.

Albaro⛱

Le quartier balnéaire de Gênes, avec ses grandes avenues arborées et ses maisons élégantes, est l'un des quartiers les plus agréables de la ville. Lieu de villégiature dès le 14e s., on y trouve encore de magnifiques villas du 16e s., parmi lesquelles la **villa Cambiaso Giustiniani★**, d'Alessi. Le **corso Italia**, bordé de belles maisons de style Liberty, est le lieu de promenade préféré des Génois.

Le petit **port de Boccadasse**★, entouré de maisons de pêcheurs multicolores, a su conserver tout son charme. Du cap de Santa Chiara, on jouit d'une superbe **vue**★★ sur la Riviera qui embrasse le promontoire de Portofino. Les ruelles étroites, ombragées par les arbres débordant des jardins, conduisent au **petit port de Sturla**.

Villa Durazzo Pallavicini

À Pegli, via Pallavicini, 13 (près de la gare). (♿) Avr.-sept. : tlj sf lun. 9h-19h (la billetterie ferme à 18h) ; oct.-mars : tlj sf lun. 9h-17h (la billetterie ferme à 16h). Fermé 1er janv., 25 déc. 3,62€ ; www.comune.genova.it

Le **parc**★ de cette Villa est certainement l'un des plus beaux d'Italie. Conçu vers la moitié du 19e s. par Michele Canzio, décorateur du théâtre Carlo Felice, il est organisé comme une succession de scènes de théâtre agrémentées de petits édifices, de lacs, de grottes et de cascades.

Gubbio★★

Cette petite cité disposée sur les pentes du mont Ingino a conservé presque intacts les témoignages de son passé culturel et artistique. Le plan de la ville fortifiée, la couleur ocre de ses bâtiments surmontés de tuiles romaines, la silhouette de ses tours et de ses palais se détachant sur la grandeur austère d'un paysage brûlé, font de Gubbio l'une des villes italiennes évoquant le mieux l'atmosphère médiévale.

La situation

31 483 habitants – Carte Michelin n° 430 L 19 – Ombrie. Gubbio se trouve le long de la S 298, à une quarantaine de kilomètres de Pérouse. *i Piazza Oderisi, 6, ☏ 075 92 20 693.*

Pour poursuivre la visite, voir les chapitres ASSISI et PERUGIA.

carnet pratique

RESTAURATION

• ***Valeur sûre***

Fabiani – *Piazza 40 Martiri, 26a/b - ☏ 075 92 74 639 - fermé mar., janv. - 23/34€.* Un restaurant élégant abrité dans un palais du 15e s. dont il a su conserver le style et l'atmosphère. Vous pourrez y déguster les spécialités régionales tout en profitant, durant la belle saison, de la jolie cour intérieure. Parking juste à côté.

CALENDRIER

Gubbio a ses fêtes traditionnelles, dont la spectaculaire **course des Ceri** (cierges) : trois *ceri*, curieuses pièces de bois de 4 m de haut surmontées chacune de la statue d'un saint (dont saint Ubald, patron de la ville), sont portés au milieu de la foule dans une course effrénée sur 5 km, depuis le centre historique jusqu'à la basilique Sant'Ubaldo, située à 820 m d'altitude sur le mont Igino. La course se contente de prendre en compte l'habileté des porteurs, revêtus de costumes anciens, qui doivent veiller à surtout ne pas faire tomber leur « cierge » et laisser saint Ubaldo entrer le premier dans la basilique, puis fermer la porte derrière les deux autres. Ces trois curieux *ceri*, qui du reste ont une origine préchrétienne, apparaissent sur les armes de l'Ombrie.

découvrir

LA VIEILLE VILLE★★

Elle a pour centre la **piazza della Signoria** et séduit par le charme austère de ses ruelles escarpées – parfois en escalier –, qu'enjambent ici et là de petits ponts aménagés en pièces d'habitation au-dessus de la chaussée. Le long de ces rues, dominées par des palais et des tours nobles, se pressent des maisons qu'occupent souvent des boutiques d'artisans céramistes. Les façades, où la brique se mêle

VOYAGE DANS LE TEMPS

Commune libre, farouchement gibeline, la ville connut aux 11e et 12e s. une forte expansion avant de passer sous la dépendance des Montefeltro au 15e s., puis des Della Rovere, et enfin sous la domination papale (1624). Depuis le Moyen Âge, Gubbio s'est spécialisée dans la céramique, et c'est dans cette ville que Mastro Giorgio inventa, au début du 16e s., le fameux « lustre rouge » à reflets métalliques, dont le secret fut vainement cherché par les cités voisines.

La ville est également connue pour son loup : au temps de **saint François**, cette bête sauvage dévastait la contrée. Le « Poverello », qui demeurait alors à Gubbio, partit à sa rencontre pour lui reprocher ses méfaits. Saisi de repentir, le loup mit sa patte dans la main de saint François et jura de ne plus faire de mal à quiconque. À la suite de quoi « frère loup » fut adopté et nourri par la population jusqu'à la fin de ses jours.

GUBBIO

- Baldassini (Via) 2
- Barbi (Via) 3
- Bruno (Piazza Giordano) . . 4
- Camignano (Via del) 7
- Consoli (Via dei) . . . .
- Dante (Via) 8
- Fabiani (Via) 9
- Falcucci (Via) 12
- Galeotti (Via) 13
- Grande (Piazza) 17
- Nelli (Via) 18
- Parruccini (Viale U.) 19
- Piccardi (Via) 20
- Popolo (Via del) . . . .
- Repubblica (Via della) 21
- S. Lucia (Borgo) 23
- Tifernate (Via) 27
- Vantaggi (Via H.) 28

Palazzo dei Consoli . . B

aux pierres de taille et au blocage, sont parfois percées d'une seconde porte, plus étroite que la principale, dite « porte du Mort » et par laquelle on sortait les cercueils.

Les rues les plus pittoresques sont les via Piccardi, via Baldassini, via dei Consoli, via XX Settembre, via Galeotti, et les bords du torrent Camignano qui ramènent à la piazza 40 Martiri.

Palazzo dei Consoli★★

(♿) *Avr.-sept. : 10h-13h, 15h-18h ; oct.-mars : 10h-13h, 14h-17h. Fermé 1er janv., 13-15 mai, 25 déc. 3,62€. ☎ 075 92 74 298.*

Dominant la piazza della Signoria, le palais des Consuls est un imposant édifice gothique, soutenu par de grands arcs bordant en contrebas la via Baldassini ; il présente une façade majestueuse dont le dessin livre l'organisation interne du palais. En haut de l'escalier s'ouvre l'immense *Salone* où se tenaient les assemblées du peuple (collections statuaire et lapidaire) ; sur le côté, le **Musée municipal**

Le majestueux palais des Consuls

G. Bludzin/MICHELIN

conserve principalement les « **Tavole eugubine** », tables de bronze gravées aux 2e et 1er s. avant J.-C. et écrites en ombrien antique : document linguistique et épigraphique de première importance, elles consignent l'organisation politique et certaines pratiques religieuses de la région pendant l'Antiquité.

Palazzo Ducale★

(♿) *Tlj sf lun. 8h30-19h30. Fermé 1er janv., 25 déc. 2,07€. ☎ 075 92 75 872.*
Érigé au sommet de la ville après 1470 à la demande de Frédéric de Montefeltre, le **palais ducal** est attribué à Laurana, même s'il fut probablement achevé par Francesco di Giorgio Martini. Il possède une élégante cour, finement décorée, et des salles ornées de fresques et de belles cheminées. Le Salone est particulièrement intéressant.

Églises

Duomo – Il élève sa sobre façade ornée de bas-reliefs où sont représentés les symboles des évangélistes au sommet de la ville. L'intérieur est à une seule nef. À droite s'ouvre la **chapelle épiscopale**, luxueux salon décoré au 17e s., d'où l'évêque assistait aux offices.

San Francesco – L'abside gauche est couverte de remarquables **fresques★** du peintre local Ottaviano Nelli (début 15e s.).

S. Maria Nuova – Elle renferme une charmante **fresque★** d'Ottaviano Nelli.

Teatro romano

Assez bien conservé, il date de l'époque d'Auguste.

Isola d'Ischia★★★

Île d'Ischia

Surnommée l'« île Verte », en raison de l'abondante et luxuriante végétation qui la couvre, Ischia est la plus grande île du golfe de Naples et l'une de ses attractions majeures. Une lumière transparente y baigne des paysages variés. Les côtes, jalonnées de pinèdes, sont échancrées de criques et de baies où se nichent des ports bariolés aux maisons cubiques ; les oliviers et les vignes (produisant l'epomeo, blanc ou rouge) couvrent les pentes, parsemées de petits villages dont les maisonnettes blanches à escalier extérieur, parfois surmontées d'un dôme, ont les murs tapissés de treilles.
Surgie de la mer à l'ère tertiaire, lors d'une éruption volcanique, l'île possède un sol constitué de laves et des eaux thermales aux multiples propriétés.

La situation

18 105 habitants – Carte Michelin n° 431 E 23 – Campanie.
L'île étant de dimensions restreintes, on en fait aisément le tour en quelques heures.
Pour poursuivre la visite, voir les chapitres CAPRI, COSTIERA AMALFITANA, NAPOLI et Golfo di NAPOLI.

carnet pratique

Transports

On peut se rendre à Ischia et Procida depuis Naples, Capri et Pozzuoli. Pour **Ischia** : liaisons quotidiennes depuis Naples en bac (1h25) ; depuis Capri, liaisons journalières d'avril à octobre en hydrofoil (40mn) ; depuis Pozzuoli, liaisons journalières en bac ; depuis Procida, liaisons journalières en bac (30mn) et en hydrofoil (15mn). Pour **Procida** : depuis Naples, liaisons journalières en bac (1h) et en hydrofoil (35mn) ; depuis Ischia, liaisons journalières en bac (25mn) ; depuis Pozzuoli, liaisons journalières en bac (30mn) et en hydrofoil (15mn).

ℹ pour la navigation à destination de Naples, Pozzuoli, Procida : **Travels and Holidays Office**, via Iasolino, Pontile 93, ☎ 081 98 48 18 ; **Traghetti Pozzuoli**, via Iasolino, ☎ 081 99 28 03 ; **Alilauro**, via Porto, ☎ 081 99 18 88 ; ☎ 081 89 67 280 ; Alilauro, **Traghetti Pozzuoli**, via Roma, 80078 Pozzuoli, ☎ 081 52 67 736.

Restauration

• ***Valeur sûre***

Da « Peppina » di Renato – *Via Montecorvo, 42 - 80075 Forio - ☎ 081 99 83 12 - fermé à midi, mer. (sf juin-sept.), déc.-fév. - réserv. conseillée - 23/34€.* Une fois remontée la petite rue étroite et tortueuse, vous serez récompensés par une vue spectaculaire sur la mer et la côte. À l'ombre d'une tonnelle, assis sur de drôles de petits canapés en fer forgé recouverts d'anciennes têtes de lits, vous pourrez y déguster une savoureuse cuisine maison.

Il Melograno – *Via Giovanni Mazzella, 110 - 80075 Citara - 2,5 km au S de Forio - ☎ 081 99 84 50 - fermé lun., mar. de nov. au 7 janv., du 7 janv. au 15 mars - réserv. conseillée - 33/50€ + 10 % serv.* Plats de poisson et de fruits de mer, présentés avec soin et qui changent quotidiennement en fonction des arrivages. Deux salles très accueillantes, égayées par une belle cheminée, ou, au choix, un jardin à l'ombre des oliviers.

Hébergement

• ***Valeur sûre***

Hotel Providence Terme – *Via Giovanni Mazzella, 1 - 80075 Citara - ☎ 081 99 74 77 – fax 081 99 80 07 - fermé nov.- mars - P (payant) - 69 ch. : 53/85€ - 8€ - restaurant 16/24€.* Dans un cadre panoramique, tout près des célèbres jardins « Poseidon » et de la plage de Citara, une bonne adresse (où existe également un service thermal). Des chambres modernes et une terrasse agréable avec piscine, pour un séjour placé sous le signe du bien-être.

Villa Angelica – *Via 4 Novembre, 28 - 80076 Lacco Ameno - ☎ 081 99 45 24 - fax 081 98 01 84 - fermé de nov. au 15 mars - 20 ch. : 62/104€ - restaurant 15/21€.* Tenu par des hôtes passionnés et accueillants qui vous proposeront de vastes chambres modernes et des espaces communs lumineux, regroupés autour d'un petit jardin luxuriant. Une piscine thermale très originale, mi-couverte mi-ouverte. Demi-pension et pension complète sur demande. Une adresse séduisante.

Hotel San Giorgio Terme – *Spiaggia dei Maronti - 80070 Barano d'Ischia - au SE de Serrara Fontana - ☎ 081 99 00 98 - fax 081 99 08 76 - fermé du 29 oct. au 6 avr. - P - 81 ch. : 56,81/113,62€.* Tout en sirotant une boisson sur la grande terrasse ou au bord de la piscine thermale, vous jouirez d'une superbe vue sur l'une des plus belles plages de l'île. L'hôtel propose des chambres de différents types et des pièces communes très lumineuses. Pour des vacances détendues.

circuit

40 km : suivre l'itinéraire figurant sur le schéma. La route étroite, qui serpente entre les vignes, dévoile de nombreux et beaux points de vue sur la côte et la mer.

Ischia★

La capitale de l'île est divisée en deux agglomérations, **Ischia Porto** et **Ischia Ponte**. Le corso Vittoria Colonna, bordé de cafés et de boutiques, relie le port occupant un ancien lac de cratère et Ischia Ponte qui doit son nom à la digue construite par les Aragonais pour joindre la côte à l'îlot rocheux où se dresse le **Castello Aragonese**★★, bel ensemble de bâtiments comprenant un château et plusieurs églises. *Juin-sept. : 9h30-19h ; de déb. oct. à mi-nov. : 9h30-17h30 ; mars-mai : 9h30-18h. 5,16€. ☎ 081 99 19 59 ; www.castelloaragonese.it*

De la terrasse du bar homonyme, on bénéficie d'une **vue**★★ enchanteresse. En bordure de l'agglomération s'étendent une grande pinède et une belle plage de sable fin.

Mont Epomeo★★★

Accès à partir de Fontana, par un chemin prenant dans un virage, presque en face du jardin public. 1h30 à pied AR. De ce sommet, étroit piton de tuf apparu lors de l'éruption volcanique qui donna naissance à l'île, le regard embrasse un vaste **panorama** sur toute l'île et le golfe de Naples.

Serrara Fontana

À proximité de cette localité, un belvédère offre une **vue**★★ plongeante sur le site de Sant'Angelo, sa plage et sa presqu'île.

Sant'Angelo★

Tranquille village de pêcheurs, dont les maisons s'étagent autour d'un petit port. À proximité, grande **plage de Maronti** (Marina dei Maronti), transformée par les établissements thermaux *(accessible par un sentier)*.

Spiaggia di Citara★

Fermée par le majestueux cap Imperatore, la plage est occupée par un important établissement thermal, « I Giardini di Poseidone » (Les Jardins de Poséidon), séduisant ensemble de piscines d'eau chaude, disposées parmi les fleurs et les statues.

Forio

Localité dont le centre est formé par la piazza Municipio, jardin tropical bordé d'édifices anciens.

Lacco Ameno

Plan dans le Guide Rouge Italia. Cette première colonie grecque de l'île, l'ancienne Pithecusa (« riche en singes »), est devenue un centre de villégiature. On a découvert sous l'église S. Restituta *(piazza Santa Restituta)* une ancienne basilique paléochrétienne et une nécropole ; petit Musée archéologique. Le tour de l'île s'achève par **Casamicciola Terme** importante station thermale.

alentours

Isola di Procida★

Cette petite île volcanique, dont les cratères ont été arasés par l'érosion, est restée l'île la plus sauvage de tout le golfe de Naples. Les maisons colorées des pêcheurs, jardiniers et vignerons sont à coupole, arcades et terrasses, et peintes en blanc, jaune, ocre ou rose.

B. Morandi/MICHELIN

Couleurs et lumières de la Méditerranée : une vue de Procida

Regione dei Laghi★★★

Région des Lacs

Ces lacs d'origine glaciaire, tous étroits et allongés, bénéficient d'un climat particulièrement doux, et leurs rives s'ornent d'une végétation abondante et variée. Les eaux bleues s'étalant au pied des monts et reflétant les cimes voisines constituent un décor d'une rare harmonie, de tout temps apprécié des artistes et des voyageurs. Le charme de ces lacs, souvent appelés « lombards », vient de l'alternance de paysages alpestres et méridionaux, des nombreuses villas aux somptueux jardins qui en bordent les rives, des fleurs qui s'épanouissent sans interruption au cours des saisons, des petits ports, avec leurs barques à arceaux, où l'on déguste d'excellents poissons. Pourtant voisins, chacun d'entre eux offre un aspect particulier.

La situation

Carte Michelin n° 428 D-F 7/14 - Piémont/Lombardie/Trentin-Haut-Adige/Vénétie. Du Piémont à la Vénétie et, au Nord, de la Suisse au Trentin, la région des Lacs s'étend au pied des Alpes lombardes.

LAGO MAGGIORE★★★

Le **lac Majeur**, par son ampleur, sa beauté variée, tantôt majestueuse, tantôt sauvage, mais surtout grâce aux îles Borromées qui en occupent le centre, est le plus célèbre des lacs préalpins d'Italie. Ses eaux, traversées par le Tessin qui prend sa source en Suisse, sont d'un vert jade au Nord et d'un bleu soutenu au Sud. Protégées des vents froids par les massifs montagneux des Alpes et des Préalpes, les rives du lac Majeur bénéficient d'un climat d'une douceur constante, qui a favorisé l'acclimatation d'une luxuriante flore exotique.

Angera★

Cette belle station de séjour est dominée par la puissante silhouette de la **citadelle Borromée** (Rocca Borromea), d'où l'on jouit d'un vaste panorama depuis la **tour Castellana**. Connue depuis l'époque lombarde (8e s.), la citadelle conserve une salle de Justice ornée d'admirables **fresques★★** du 14e s., évoquant la vie de l'archevêque Ottone Visconti. La forteresse abrite également un riche **musée de la Poupée★** (Museo della Bambola), qui illustre l'évolution de ce jouet depuis le début du 19e s. *Avr.-sept. : 9h30-12h30, 14h-18h ; oct. : 9h30-12h30, 14h-17h. 5,68€. ☎ 0331 93 13 00.*

Arona

Centre commercial du lac Majeur, la ville est dominée par **San Carlone★**, gigantesque statue (24 m de haut et 12 m de socle) représentant **saint Charles Borromée**, cardinal-archevêque de Milan qui se distingua par son autorité dans le rétablissement de la discipline de l'Église aussi bien que par son généreux courage au cours de la peste de 1576. *De mi-mars à fin sept. : 8h30-12h30, 14h-18h30 ; oct. : 8h30-12h30, 14h-17h ; de déb. nov. à mi-mars : dim. et j. fériés 9h-12h30, 14h-17h. 2,58€. ☎ 0322 24 96 69.*

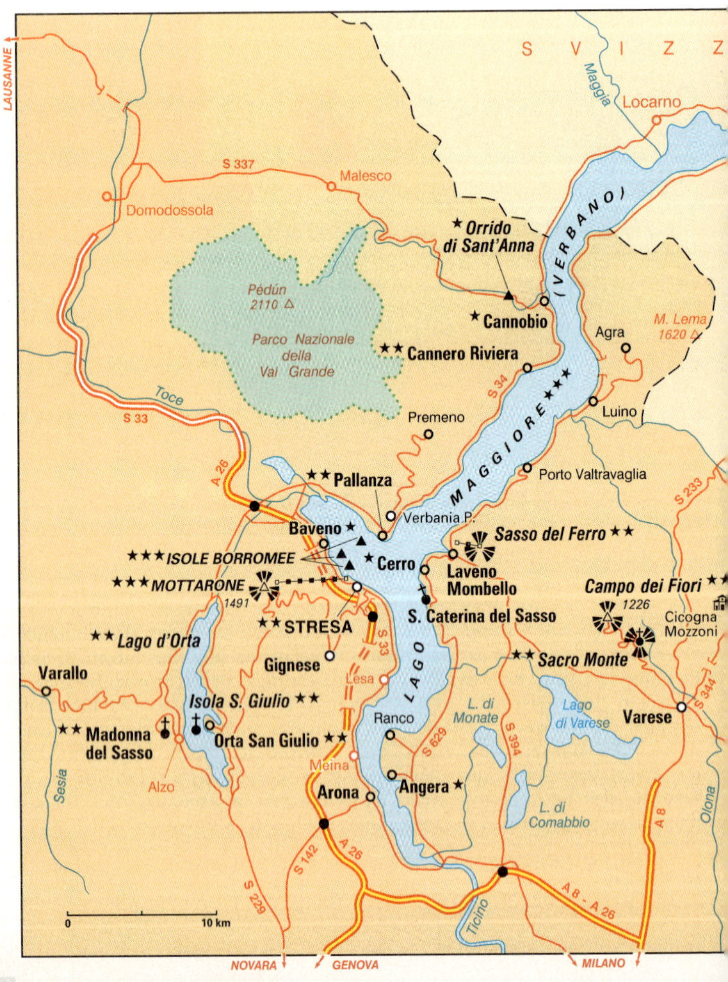

En haut de la vieille ville, l'**église S. Maria** renferme un beau **polyptyque**★ de Gaudenzio Ferrari (1511). De la **citadelle** en ruine s'offre une **vue**★ sur le lac Majeur, Angera et son site de montagnes.

Baveno★

Calme villégiature possédant une église paroissiale romane et un baptistère Renaissance, de plan octogonal.

Isole Borromee★★★

Plan dans l'Atlas Michelin Italie, à Stresa. Condition d'accès : voir « carnet pratique ».
Une grande partie du lac fut donnée en fief au 15e s. à la famille Borromée, qui n'acheta que progressivement toutes les îles du petit archipel désormais appelé **îles Borromées**. Charles III, au 17e s., s'occupa de l'**Isola Bella**, ainsi nommée en l'honneur de sa femme Isabella. Le **palais**, représentatif du baroque lombard, est composé de nombreuses salles d'apparat : salle des Médailles, salon d'Honneur, salle de musique, salle Napoléon, salle de bal et galerie des Glaces. La partie la plus originale est celle des grottes, dont on venait goûter la fraîcheur les jours de grande chaleur. Le thème évoqué par le décor de pierres claires et foncées et de coquillages est celui des fonds aquatiques. Les jardins, plantés d'essences innombrables et odoriférantes, forment une étonnante composition baroque, en pyramide tronquée, de dix terrasses agrémentées de statues, de bassins, de fontaines et perspectives architecturales simulant des décors de théâtre. Au sommet du jardin, l'« amphithéâtre », en forme de coquille, est d'un extraordinaire effet scénique.
La promenade en bateau permet de visiter également l'**Isola dei Pescatori** qui a gardé son cachet primitif, et l'**Isola Madre**, entièrement occupée par un splendide **jardin** de fleurs et de plantes rares ou exotiques. Dans le palais, remarquer le théâtre de marionnettes de la maison Borromée.

Cannero Riviera★★

Station climatique fréquentée qui étage ses maisons au-dessus du lac parmi les oliviers, les vignes, les orangers et les citronniers.

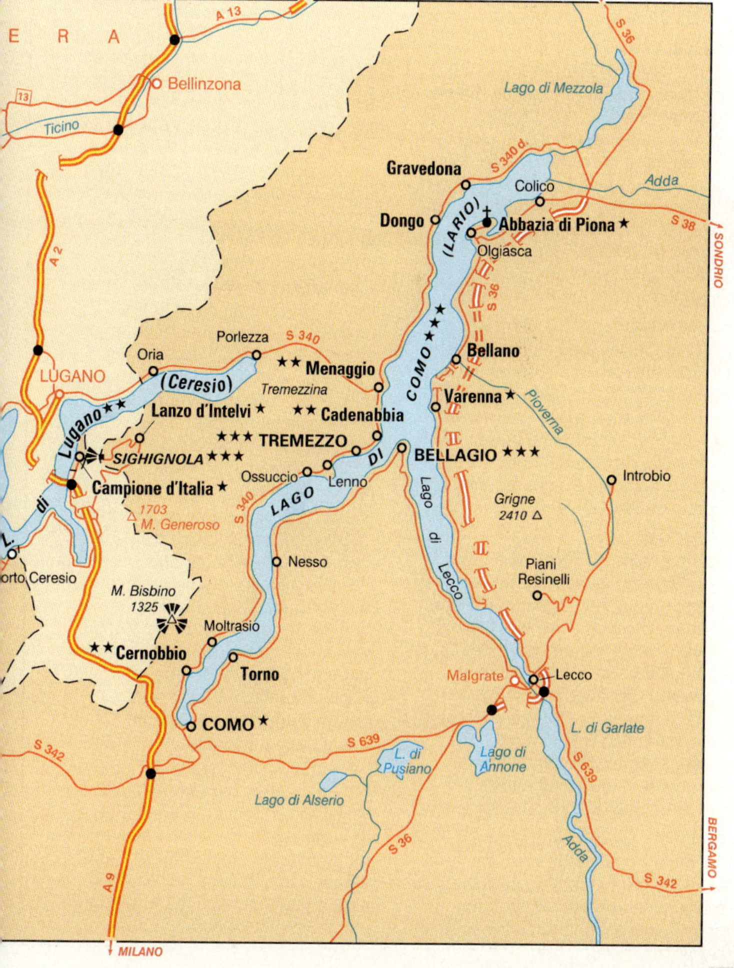

Transports

La découverte des lacs est bien plus agréable lorsque l'on peut se déplacer en bateau. Vous trouverez ci-dessous toutes les informations nécessaires lac par lac.

LAC MAJEUR (LAGO MAGGIORE)

Excursions principales : passage d'Arona ou d'Angera à Locarno avec déjeuner à bord ; de Stresa ou de Laveno vers les îles Borromées et la villa Taranto ; transport de voitures entre Intra et Laveno et vice versa. Il existe également un billet de libre circulation sur le lac valable une journée. Tarifs spéciaux pour groupes et personnes du 3e âge. Croisières nocturnes en été. Pour plus de précisions, composer le ☎ 800 55 18 (n° vert).

Les **îles Borromées**, au milieu du lac, sont des petites merveilles à découvrir. *Billet à la journée en libre circulation pour les îles : 5,68€ (2 îles AR) ou 9,30€ (3 îles et villa Taranto). Pour plus d'informations, contactez l'Office de tourisme de Stresa ☎ 0323 30 150. Isola Bella : 27 mars-24 oct. 9h-12h, 13h30-17h30 (oct. 17h). Fermé 25 oct.- 26 mars. 8,26€. ☎ 0323 30 556. Isola Madre : 27 mars-24 oct. 9h-12h, 13h30-17h30 (oct. 17h). Fermé 25 oct.- 26 mars. 7,75€. ☎ 0323 31 261.*

LAC D'ORTA

Départ d'Orta San Giulio. Pâques-oct. : départ toutes les 30mn ; reste de l'année : uniquement dim. et j. fériés toutes les 45mn (oct., nov. et mars également le sam.). Durée du trajet : 5mn. Prix variable selon la saison. ☎ 0322 84 48 62. Il existe également un service de bateaux à moteur (2,07€ AR) : pour toute information, contactez M. Urani ☎ 338 30 34 904 (portable) ou M. Fabris ☎ 330 87 98 39 (portable).

LAC DE LUGANO

Le « Gran Giro del Lago » a lieu tous les jours, de début avril à mi-octobre, au départ de Lugano à 14h40, retour à 17h15 ; commentaires en 4 langues ; restaurant à bord. D'autres excursions de durée et de prix variables sont possibles : se renseigner auprès de la Società Navigazione del Lago di Lugano. ☎ 00 41 91 97 15 223.

LAC DE CÔME

Liaisons au départ de Côme vers Colico, Lecco, Tremezzo Bellagio ou Menaggio ; de Tremezzo vers Dongo, Domaso et Colico ; par hydroglisseur de Côme vers Tremezzo, Bellagio et Menaggio ; transport de voitures entre Bellagio, Varenna, Menaggio et Cadenabbia. Des billets permettent de circuler librement sur le lac pendant toute une journée. Croisières de nuit le samedi en été. Réduction pour les groupes et personnes du 3e âge. Pour toute information : ☎ 800 55 18 01 (n° vert).

LAC D'ISEO

Tour du lac au printemps et en été, avec départ le matin (de Sarnico, Iseo ou Lovere) et retour dans la soirée ; durée : 7h environ ; arrêt à Monte Isola ; possibilité de déjeuner à bord. Excursion aux 3 îles l'après-midi, au départ d'Iseo ; durée 2h. Au départ de Sarnico, Iseo, Lovere ou Monte Isola, départ l'après-midi et retour dans la soirée. Pour toutes informations, s'adresser à l'Office de tourisme d'Iseo, Lungolago Marconi, 2 : ☎ 030 98 02 09.

LAC DE GARDE

Promenades de Desenzano ou de Peschiera à Riva del Garda, avec possibilité de déjeuner à bord. Excursions pour Sirmione, Gardone, Salò et Limone. Passage des autos entre Maderno et Torri et vice versa. Des billets valables une journée permettent la libre circulation sur le lac. Réductions pour les groupes et personnes du 3e âge. Croisières nocturnes en été. Pour toutes informations : ☎ 800 55 18 01 (n° vert).

Visite

Les localités et curiosités sont classées par ordre alphabétique pour chaque lac. Celles qui sont situées en territoire suisse sont décrites dans *Le Guide Vert SUISSE*.

Restauration

• *À bon compte*

Café delle Rose – *Via Ruga, 36 - 28922 Verbania Pallanza (Lac Majeur) - ☎ 0323 55 81 01 - fermé dim. de mai à sept. - ⊭ - 7€.* Atmosphère « fin de siècle » et décor en grande partie d'époque pour ce petit restaurant qui propose un menu à un prix très intéressant et différents plats à la carte. Le soir, il se transforme en bar à vins où vous pourrez manger sur le pouce jusqu'à tard dans la nuit. Très bonne musique.

Al Porto – *Via Zanitello, 3 - 28922 Verbania Pallanza (Lac Majeur) - ☎ 0323 55 71 24 - fermé nov, lun. et midi. - 15€.* Dans un décor rustique évoquant un ancien voilier, ce restaurant ouvert très tard vous propose quelques plats à la carte, un menu qui change tous les soirs, et des fougasses maison. Vous pouvez aussi simplement y boire un verre. Les plus chanceux pourront profiter de la vue sur le lac de la terrasse du 1er étage.

Papa – *Via Bell'Italia, 40 - 37010 San Benedetto di Lugana (Lac de Garde) - 2,5 km à l'O de Peschiera del Garda - ☎ 045 75 50 476 - 18/28€.* Une cuisine régionale à un prix raisonnable, que vous pourrez déguster sous une jolie tonnelle couverte de glycine. Les clients sont en général des habitués qui viennent chaque année y passer leurs vacances. Chambres simples mais tout à fait correctes.

Ristoro Antico – *Via Bottelli, 46 - 28041 Arona (Lac Majeur) - ☎ 0322 46 482 - fermé dim. soir, lun., juil. - ▤ - réserv. conseillée - 18/29€.* Sous un plafond en briques apparentes et dans un cadre soigné, on s'attable autour d'une cuisine familiale et authentique. Plats différents tous les jours. Un excellent rapport qualité/prix pour ce restaurant qui vaut vraiment le détour.

Il Gabbiano – *Via I Maggio, 19 - 28831 Baveno (Lac Majeur) - ☎ 0323 92 44 96 - fermé mer., jeu. (sf 15 juil.-15 sept.) - réserv. conseillée - 18/34€.* Dans cette ancienne ferme à la sortie de Baveno, vous trouverez des plats traditionnels, préparés et présentés avec style et imagination. Décor rustique garanti.

Italia – *Via Ugo Ara 58, Isola dei Pescatori - 28838 Stresa (Lac Majeur) - ☎ 0323 30 456 - fermé janv. - 21/26€.* Un bar au joli sol en ciment coloré, où vous pourrez vous sustenter d'un sandwich, et une grande terrasse donnant sur le lac, fermée et chauffée en hiver, où vous seront servis plats de poisson et plats traditionnels. Le soir, mouillage privé.

Aurora – *Via Ciucani, 1/7 - 25080 Soiano del Lago (Lac de Garde) - 10 km au N de Desenzano sur la S 572 - ☎ 0365 67 41 01 - fermé mer. - 22/28,50€.* Un très bon rapport qualité/prix pour ce restaurant qui propose une cuisine traditionnelle régionale préparée avec fantaisie et joliment présentée. Une salle lumineuse avec vue panoramique et une décoration élégante, un brin rustique.

• ***Valeur sûre***

Le Oche di Bracchio – *Via Bracchio, 46 - 28802 Mergozzo (Lac Majeur) - 10 km an NO de Pallanza - ☎ 0323 80 122 - fermé mer., 10 janv.-15 fév.- réserv. conseillée - 25/34€.* Pour ceux qui désirent se retrouver, ou simplement jouir de la sérénité et de la paix de cet établissement simple mais soigné, entouré d'arbres fruitiers. Possibilité de pratiquer diverses disciplines orientales et de manger des plats végétariens ou macrobiotiques.

Agriturismo Il Bagnolo – *Località Bagnolo - 25087 Serniga (Lac de Garde) - 1 km au NO de Gardone Riviera - ☎ 0365 20 290 - fermé mar. - oct.-avr. : ouvert uniquement ven. soir au dim. - réserv. conseillée - 27/35€.* En pleine nature, dans un site enchanteur, cet agritourisme de haut niveau propose des plats délicieux préparés avec les produits de la ferme et des chambres élégantes et romantiques, toutes différentes les unes des autres.

Gatto Nero – *Via Monte Santo, 69 - 22012 Rovenna (Lac de Côme) - au N de Cernobbio - ☎ 031 51 20 42 - fermé lun., mar. midi - réserv. conseillée - 35/47€.* Un restaurant très fréquenté, du fait de sa position panoramique sur le lac et les montagnes. Petites salles rustiques très chaleureuses, idéales pour les couples qui veulent un peu d'intimité. Une vue extraordinaire de la terrasse ouverte en été. Cuisine traditionnelle et produits de la mer.

Hébergement

• ***À bon compte***

Agriturismo Il Monterosso – *Località Cima Monterosso - 28922 Verbania (Lac Majeur) - 6 km de Pallanza sur la route qui mène au sommet du col Monterosso - ☎ 0323 55 65 10 - fax 0323 51 97 06 - ilmonterosso@iol.it - fermé janv., fév. (restaurant fermé lun. et mar.) - 8 ch. doubles : 50€ ☕ - restaurant 40€.* Au sommet du col du même nom, entouré de châtaigniers, de pins et de hêtres, cet hôtel rustique offre une vue panoramique sur les quatre lacs environnants et sur la chaîne du Monte Rosa à vous couper le souffle ! Bon goût, sobriété et cuisine authentique. Possibilité de promenade, à pied ou à cheval.

Hotel Il Chiostro – *Via F.lli Cervi, 14 - 28921 Verbania Intra (Lac Majeur) - ☎ 0323 40 40 77 - fax 0323 40 12 31 - chiostrovb@libero.it - P ♿ - 108 ch. : 36,15/77,47€ ☕.* Un couvent du 17e s. et une ancienne fabrique de coton réunis pour former cet établissement, doté de tous les conforts, et où vous trouverez une paix et une tranquillité quasi monastiques. Une salle de lecture décorée de fresques et un cloître enchanteur sur lequel donnent certaines des chambres. Une très bonne adresse.

• ***Valeur sûre***

Hotel Miravalle – *Via Monte Oro, 9 - 38066 Riva del Garda (Lac de Garde) - ☎ 0464 55 23 35 - fax 0464 52 17 07 - fermé nov.-mars - P 🏊 - 29 ch. : 49,06/82,62€ ☕.* Un hôtel très agréable avec un joli jardin pour vous reposer et une piscine pour piquer une tête avant d'aller prendre l'apéritif en ville. Chambres meublées dans un style joliment démodé et buffet bien fourni pour le petit-déjeuner.

Albergo Silvio – *Via Carcano, 10/12 - 22021 Bellagio (Lac de Côme) - 2 km au SO de Bellagio - ☎ 031 95 03 22 - fax 031 95 09 12 - fermé 10 janv. au 20 fév. - 🚭 P - 17 ch. : 51,65/77,47€ ☕ - restaurant 23/36€.* Des chambres simples et tranquilles (celles qui sont mansardées sont particulièrement jolies), non loin du centre, et surtout une cuisine délicieuse avec des plats de poissons (pêchés dans le lac par le propriétaire). Une belle salle panoramique et une grande tonnelle.

Hotel Palazzina – *Via Libertà, 10 - 25084 Gargnano (Lac de Garde) - ☎ 0365 71 118 - fax 0365 71 528 - fermé 10 oct. à mars - P 🏊 - 25 ch. : 49,06/69,72€ - ☕ 8,01€ - restaurant 18/23€.* La gestion familiale et la clientèle d'habitués confèrent à cet endroit une agréable atmosphère de vacances des années 1960. Deux grandes terrasses panoramiques, dont l'une avec piscine.

Hotel Cangrande – *Corso Cangrande, 16 - 37017 Lazise (Lac de Garde) - 5 km au S de Bardolino sur la N 249 - ☎ 045 64 70 410 - fax 045 64 70 390 - fermé 20 déc. à 10 fév. - P ▤ - 17 ch. : 57/99€ ☕.* À l'abri des remparts médiévaux, ce bâtiment des années 1930, siège de l'entreprise vinicole Girasole, propose des chambres élégantes de style moderne. Le décor est original avec ses énormes tonneaux disposés dans les espaces communs. Les passionnés peuvent visiter les caves.

Hotel La Fontana – *Strada statale del Sempione, 1 - 28838 Stresa (Lac Majeur) - ☎ 0323 32 707 - fax 0323 32 708 - fermé déc.-janv. - P - 20 ch. : 60/70€*

- ☕ 7€. Une villa des années 1940, entourée d'un jardin bien entretenu. Chaque chambre possède un petit balcon avec vue sur le lac, ce qui permet d'oublier la décoration un peu vieillotte. Située en plein centre, mais à un prix abordable.

Hotel Rigoli – *Via Piave, 48 - 28831 Baveno (Lac Majeur) - ☏ 0323 92 47 56 - fax 0323 92 51 56 - fermé nov.-Pâques* - 🅿 - *31 ch. : 67,14/87,80€ - ☕ 9,30€ - restaurant 22/35€.* Des chambres spacieuses, décorées dans un style moderne avec des couleurs claires, et des espaces communs tout aussi agréables et lumineux. Atmosphère de vacances, surtout sur la terrasse-jardin au bord du lac, d'où l'on jouit d'une très belle vue sur les îles Borromées. Possibilité de demi-pension.

Hotel Desirée – *Via San Pietro, 2 - 25019 Sirmione (Lac de Garde) - ☏ 030 99 05 244 - fax 030 91 62 41 - fermé de mi-nov. à mi-mars* - 🅿 ▤ *(payant) - 34 ch. : 69/94€ ☕ - restaurant 21/26€.* Un hôtel simple, mais fonctionnel, situé dans une zone tranquille, non loin de la plage et des thermes. Une décoration un peu démodée, mais des chambres spacieuses et une salle à manger très lumineuse, entourée de baies vitrées.

Hotel Garni La Contrada dei Monti – *Via Contrada dei Monti, 10 - 28016 Orta S. Giulio (Lac d'Orta) - ☏ 0322 90 51 14 - fax 0322 90 58 63 - www.orta.net/lacontradadeimonti/ - fermé janv.* - ♿ - *17 ch. : 69,72/77,47€ - ☕ 7,75€.* Pour tous les romantiques, mais aussi pour les autres, un petit joyau de lumière et d'harmonie dans un palais du 18ᵉ s., restauré avec soin. Un cadre extraordinaire dans ses moindres détails, des miroirs dont le cadre est peint à la main dans les salles de bain au plafond voûté décoré de fresques du hall. Pour un séjour enchanteur.

Petite pause

Bar di Lago – *Via Mazzini, 13 - 28832 Feriolo (Lac Majeur) - ☏ 0323 28 101 - été : 7h-24h ; le reste de l'année : jeu.-mar.* Dans un petit port tranquille sur la route entre Stresa et Baveno, ce bar, qui offre une jolie vue panoramique sur le lac, est idéal pour déguster une glace ou boire un verre les « pieds dans l'eau », loin de la foule des touristes.

Caffè Broletto – *Piazza del Popolo, 24 - 28041 Arona (Lac Majeur) - ☏ 0322 46 640 - mar.-dim. 10h-2h, fermé 10 j. en hiver.* Une grande place piétonne, une petite église et l'eau bleue du lac... : c'est la vue que vous aurez de la terrasse de ce café, la plus jolie d'Arona, tout en sirotant un délicieux cocktail aux fruits (avec ou sans alcool).

Gardesana – *Piazza Calderini, 20 - 37010 Torri del Benaco (Lac de Garde) - ☏ 045 72 25 411 - gardesana@easynet.it - été : 9h-24h ; le reste de l'année : mer.-lun. - fermé 10 nov.-janv.* Une belle tour érigée en face du petit port et des vieilles maisons avec balcon en fer forgé entourent cet élégant hôtel et son salon de thé. Une jolie terrasse sous les arcades fleuries et en été, concerts de musique classique tous les soirs.

Gelateria Cremeria Fantasy – *Via Principessa Margherita, 38 - 28838 Stresa (Lac Majeur) - ☏ 0349 35 64 327 - 9h-24h - fermé nov.-janv. sf j. fériés.* Ce glacier, tout simplement exceptionnel, est à la hauteur de la réputation italienne en matière de *gelati* ! 32 parfums proposés et des parfaits maison absolument délicieux.

Gelateria Oasi – *Via Ruga, 15 - 28922 Verbania Pallanza (Lac Majeur) - ☏ 0323 50 19 02 - lun.-sam. 10h-21h30, dim. 9h30-00h30.* Pistache, noix, vanille, carotte, basilic... ce ne sont là que quelques-uns des parfums originaux proposés par ce glacier artisanal qui, depuis quatre ans, surprend et ravit ses clients par ses saveurs nouvelles.

Loisirs

Garda Yachting Charter – *Lungolago Zanardelli - 25088 Maderno (Lac de Garde) - sur le port après l'embarcadère - ☏ 0365 54 83 47 - gyc@mail.gyc.it - sur réservation.* Location de bateaux à moteur, avec ou sans permis, et de différents bateaux à voile, de 3,65 m à 8,50 m.

Cannobio★

Petit bourg proche de la frontière suisse, Cannobio possède un sanctuaire Renaissance dit de la Madonna della Pietà, ainsi que quelques constructions anciennes. À 3 km du centre *(route de Malesco)*, on peut voir l'**Orrido di S. Anna★**, précipice creusé par le torrent.

Cerro★

Paisible village possédant un minuscule port de pêche aux berges ombragées et romantiques. Intéressant **musée de la Céramique**.

Laveno Mombello

De Laveno, une télécabine conduit au sommet du **Sasso del Ferro★★**, d'où l'on jouit d'un vaste **panorama** sur toute la région des lacs. *10h-17h30. Pour toute information ☏ 0332 66 80 12.*

Pallanza★★

Merveilleuse villégiature aux nombreuses villas disposées parmi les fleurs. Ses **quais★★** ombragés de hauts magnolias et de lauriers roses offrent de belles vues. À la sortie de la ville, sur la route d'Intra, le **jardins** de la **villa Taranto★★** sont riches en azalées, bruyères, rhododendrons, camélias, dahlias, érables... (♿) *Avr.-sept. : 8h30-19h30 (la billetterie ferme à 18h30) ; oct. : 8h30-17h30 (la billetterie ferme à 16h30). 6,20€. ☏ 0323 40 45 55 ou 0323 55 66 67 ; www.villataranto.it*

S. Caterina del Sasso, à Leggiuno

À environ 500 m du village. Été : 8h30-12h, 14h30-18h ; hiver : 9h-12h, 14h-17h (nov. et fév. : uniquement w.-end et j. fériés). Laisser une offrande. ☏ 0332 64 71 72 ; www.provincia.va.it/santacaterina
Ermitage fondé par l'anachorète Alberto Besozzo au 13e s. ; agrippé au rocher, il surplombe le lac dans un site très pittoresque.

Stresa★★

Plan dans l'Atlas Michelin Italie. Face aux îles Borromées, cette station climatique appréciée des artistes et des écrivains est un séjour délicieux où l'on peut goûter aussi bien les agréments de la vie balnéaire que pratiquer les sports d'hiver sur les pentes du **Mottarone★★★**, d'où l'on a un magnifique **panorama** sur le lac, les Alpes et le massif du Monte Rosa. *Accès par la « Strada Borromea », route panoramique à péage : 3,62€ AR. Avec le téléphérique de Stresa. Pour toute information ☏ 0323 30 399.*

À l'entrée de Stresa, en venant d'Arona, la **Villa Pallavicino★** abrite un riche parc animalier. *9h-18h. Fermé nov. et fév. 6,20€. ☏ 0323 31 533 ; www.parcozoopallavicino.it*

De Stresa, prendre la direction Vezzo Gignese.

À **Gignese** *(8 km au Sud-Ouest)*, un petit **musée du Parapluie et de l'Ombrelle** (Museo dell'Ombrello e del Parasole) illustre l'histoire de 1850 à nos jours de cet accessoire, largement lié à la mode (dont celle du bronzage) et à l'émancipation de la femme. (♿) *Avr.-sept. : Tlj sf lun. 10h-12h, 15h-18h (juil.-août : ouvert le lun.). 1,29€. ☏ 0323 20 80 64.*

LAGO D'ORTA★★

Jouissant d'un climat très doux et séparé du lac Majeur par le Monte Mottarone qui le domine au Nord-Est, le **lac d'Orta** est l'un des plus petits des lacs lombards mais aussi l'un des plus gracieux, avec ses rives boisées et la minuscule île San Giulio qui émerge en son milieu. Ses berges, habitées dès l'Antiquité, furent évangélisées au 4e s. par saint Jules.

Madonna del Sasso★★

5 km à partir d'Alzo. De la terrasse de l'église, vue magnifique sur le lac enchâssé dans son écrin de montagnes vertes.

Orta San Giulio★★

Cette petite station de villégiature animée occupe un site délicieux à l'extrémité d'une presqu'île. Vieilles ruelles bordées de maisons anciennes aux élégants balcons de fer forgé. L'ancien palais communal du 16e s., le **Palazzotto★**, est orné de fresques.

Sacro Monte d'Orta★

À 1,5 km d'Orta. Sanctuaire dédié à saint François d'Assise, bâti sur une colline et constitué de vingt chapelles baroques intérieurement décorées de fresques servant de toiles de fond à des groupes de personnages en terre cuite, d'un réalisme théâtral.

Isola di San Giulio★★

Accès d'Orta par bateau. Ravissante île de 300 m de long sur 160 m de large, abritant la **basilique S. Giulio**, vraisemblablement fondée au 4e s. lors de la venue de saint Jules. À l'intérieur de l'église, bel **ambon★** du 12e s., fresques de l'école de

Orta San Giulio

Lara Pessina/MICHELIN

Gaudenzio Ferrari (16e s.) et, dans la crypte, châsse contenant le corps du saint. *9h30-12h15 (11h le lun.), 14h-18h35 (hiver : 17h35), dim. et j. fériés 9h30-10h45, 14h-16h45, 17h45-18h45 (hiver : seulement jusqu'à 17h35). Les visites sont suspendues pendant les offices. ☎ 0322 91 19 37.*

Varallo

À une vingtaine de kilomètres du lac, à l'Ouest. Ce centre industriel et commercial du val Sesia est célèbre pour son pèlerinage du **Sacro Monte★★**, dominant la ville, et dont les quarante-trois chapelles sont décorées de fresques et de groupes sculptés grandeur nature (16e-18e s.) mettant en scène le Péché Originel et la Vie de Jésus. Plusieurs artistes ont collaboré à cette entreprise gigantesque, dont le peintre Gaudenzio Ferrari (1480-1546) qui subit l'influence de Léonard de Vinci.

LAGO DI LUGANO★★

Seule une petite partie du **lac de Lugano**, parfois nommé Ceresio, se trouve en Italie. Le reste de ses rives appartient à la Suisse. D'aspect plus sauvage que les lacs Majeur et de Côme, ce lac au dessin compliqué n'en a ni l'ampleur ni la majesté. Mais la douceur de son climat et l'attrait de ses paysages en pentes abruptes en font un lieu de villégiature recherché.

Campione d'Italia★

Enclave italienne en Suisse, ce village riant et coloré est très fréquenté en raison de son casino. L'oratoire St-Pierre est une gracieuse construction de 1326 due aux **maestri campionesi** *(voir p. 82, 270)*, qui rivalisèrent avec les *maestri comacini (voir même page)* pour diffuser le style lombard dans toute l'Italie.

Lanzo d'Intelvi★

Station climatique (907 m) au cœur d'une belle forêt de pins et de mélèzes. Ski en hiver. À 6 km de Lanzo d'Intelvi, le **belvédère de Sighignola★★★** est aussi appelé « balcon d'Italie » en raison de la vue étendue dont on bénéficie sur le lac de Lugano, les Alpes jusqu'au Monte Rosa et, par temps clair, jusqu'au Mont Blanc.

Varese

13 km au Sud-Ouest de Porto Ceresio. Plan dans l'Atlas Michelin Italie. Agréable et vivante, Varèse est une ville moderne qui s'étend non loin du lac homonyme. Son climat doux et ensoleillé est dû à la proximité des lacs lombards.

À 8 km au Nord-Ouest, s'élève la colline du **Sacro Monte★★**, siège d'un important pèlerinage à la Vierge. Quatorze chapelles, ornées de fresques en trompe-l'œil et de sculptures en terre cuite représentant des personnages grandeur nature, conduisent à la basilique.

Du sommet, **vue★★** magnifique sur les lacs et les monts environnants.

À 10 km au Nord-Ouest, se trouve le **Campo dei Fiori★★**, longue arête montagneuse et boisée qui s'étire au-dessus de la plaine. Vaste **panorama★★** sur les lacs.

À une dizaine de kilomètres au Sud, vers Tradate, se trouve **Castiglione Olona**, qui conserve de superbes **fresques★** de **Masolino da Panicale** (1383-vers1440) dans la collégiale *(Histoire de la Vierge)* et dans le baptistère *(Histoire de saint Jean-Baptiste)*.

Villa Cicogna Mozzoni, à Bisuschio

À 8 km de Varese, en direction de Porto Ceresio. (♿) Visite guidée uniquement, sur réservation. Pour toute information sur les horaires ☎ 0347 47 11 34. Fermé nov.-mars. 5,16€.

La villa, entourée d'un beau jardin à l'italienne en terrasses, fut construite au 15e s. comme pavillon de chasse et agrandie au siècle suivant pour être transformée en résidence. Les pièces du premier étage, entièrement meublées, présentent sur les parties hautes des murs et sur certains plafonds, de belles fresques de style Renaissance.

LAGO DI COMO★★★

Entièrement situé en Lombardie, le **lac de Côme** est, de tous les lacs italiens, celui qui présente le plus de variété. Villages accueillants, petits ports, villas aux jardins ombragés et exotiques alternent le long de ses rives qui s'enfoncent dans les Préalpes.

L'intersection des trois bras formant le promontoire de Bellagio en constitue la partie la plus belle.

Bellagio★★★

Admirablement située à la pointe du promontoire qui sépare le lac de Lecco de la branche Sud du lac de Côme, cette station de villégiature est universellement connue pour l'agrément de son cadre et la qualité de son accueil. Les **jardins★★** de la **Villa Serbelloni** et ceux de la **Villa Melzi** constituent les joyaux de Bellagio.

Villa Serbelloni : tlj sf lun. 11h-16h. Fermé nov.-mars. 5,16€. Pour s'informer et réserver ☎ 031 95 02 04 ; www.bellagiolakecomo.com

Villa Melzi : 9h-18h. Fermé nov.-mars. 5,16€. ☎ 031 95 02 04.

Bellano

Au débouché de la Valsassina, vallée creusée par le torrent Pioverna que domine le massif des Grigne, cette petite ville industrielle possède une jolie **église** du 14e s. dont la façade, due à Giovanni da Campione, est d'un agréable style gothique lombard.

Cadenabbia★★

Délicieuse villégiature dans un beau site, face à Bellagio ; elle est reliée à Tremezzo et à la Villa Carlotta par une allée de platanes, la via del Paradiso. De la **chapelle St-Martin** *(1h30 à pied AR)*, **vue★★** sur la presqu'île de Bellagio, le lac de Lecco et les Grigne.

Cernobbio★★

Belle localité qui doit sa réputation à la **Villa d'Este**, luxueuse résidence du 16e s. aujourd'hui transformée en hôtel et environnée d'un beau parc *(l'accès aussi bien du parc que de la villa est réservé aux clients de l'hôtel)*. Si l'on ne peut l'admirer du lac, c'est de la piazza del Risorgimento que l'on a le meilleur point de vue sur la villa, à côté de l'embarcadère depuis l'auvent de style Liberty.

Chiavenna

Au cœur d'une région de vallées sauvages, Chiavenna est la clef *(chiave)* des cols du Splügen et de la Maloja, entre l'Italie et la Suisse. La ville est connue pour ses ***crotti***, établissements installés dans des cavités naturelles où l'on sert des spécialités locales (propres à la Valteline).

À proximité, au-dessus du palais Balbini (15e s.), le rocher **Paradiso**, autrefois fortifié, est aménagé en **jardin botanique et archéologique** (Giardino botanico e archeologico). *Été : tlj sf lun. 10h-12h, 14h-18h ; reste de l'année : 14h-17h, dim. et j. fériés 10h-12h. 1,55€. ☏ 0343 33 795.*

À voir également, les curieuses fresques qui ornent l'extérieur du palais du Prétoire et les portails de la via Dolzino, dont les inscriptions remontent à l'époque de la Réforme.

Collegiata di S. Lorenzo – ♿ *Mars-oct. : tlj sf lun. 15h-18h, sam. également 10h-12h ; nov.-fév. : tlj sf lun. 14h-16h, sam. également 10h-12h, dim. jusqu'à 17h. 3,10€. ☏ 0343 37 152.*

D'origine romane, cette collégiale, reconstruite au 16e s. après un incendie, abrite deux toiles respectivement de Pietro Ligari (1738 - *2e chapelle à droite*), et de Giuseppe Nuvoloni (1657 - *1re chapelle à gauche*). Le **baptistère** renferme une **cuve baptismale★** romane (1156) ornée d'intéressants bas-reliefs (scène de baptême rassemblant des personnages très différents : un enfant, des ecclésiastiques, un noble, un militaire, un artisan).

Le **trésor** recèle une belle **reliure d'évangéliaire** du 12e s. Au-dessus du portail du campanile (16e s.) figurent les armoiries les plus anciennes de la localité, deux clés entrecroisées surmontées d'un aigle.

Route du col du Splügen (Passo dello Spluga)★★

De Chiavenna au col, 30 km. C'est l'une des routes les plus spectaculaires des Alpes, notamment dans sa **section Campodolcino-Pianazzo★★★**, grimpant en lacet au flanc d'une paroi abrupte.

Côme★

Cité florissante sous les Romains, Côme connut son apogée au 11e s. Détruite par les Milanais en 1127, reconstruite par l'empereur Frédéric Barberousse, elle fut reprise par Milan en 1355, dont elle suivit dès lors le destin. Connus dès le 7e s., les « **maestri comacini** » étaient des maçons-architectes-sculpteurs qui diffusèrent le style lombard non seulement en Italie mais dans toute l'Europe.

Duomo★★ – Commencé à la fin du 14e s., complété sous la Renaissance et couronné au 18e s. par l'élégant dôme dû à Juvara, il possède une remarquable **façade★★** richement décorée (1484) par les **frères Rodari**, auteurs également de la virtuose décoration du **portail Nord** (dit « della Rana », en raison de la grenouille, *rana*, qui apparaît sur l'un des pilastres) et du **portail Sud**. L'**intérieur★**, solennel, présente une architecture gothique et une décoration plutôt Renaissance. Outre les bannières tendues entre les piliers et les magnifiques **tapisseries★** des 16e et 17e s., il abrite dans le bas-côté droit des toiles de B. Luini ***(Adoration des Mages, Vierge à l'Enfant entourée de saints★)*** et G. Ferrari ***(Fuite en Égypte)***, ainsi qu'une pathétique ***Descente de Croix★***, sculptée par Tommaso Rodari (1489), dans le bas-côté gauche. Remarquable orgue en 5 corps.

Accolé à la façade, le **Broletto★★**, ancien palais communal du 13e s., est constitué d'un rez-de-chaussée à arcades et d'un étage orné de belles fenêtres à triples baies.

S. Fedele★ – Au cœur d'un quartier pittoresque, cette église de style roman lombard (12e s.) est ornée d'un curieux portail d'abside agrémenté de belles sculptures en méplat. L'intérieur, à trois vaisseaux, conserve un splendide **chœur★** roman polygonal, flanqué d'absidioles et souligné par une double rangée d'arcades.

Basilica di S. Abbondio★ – Chef-d'œuvre de l'architecture romane lombarde, cette basilique, consacrée en 1093, présente une noble et sobre **façade★** précédée d'un beau portail. L'intérieur est à cinq vaisseaux, séparés par de hautes et élégantes colonnes. Remarquable ensemble de **fresques★** du 14e s. évoquant la Vie du Christ.

Villa Olmo – *3 km au Nord, par la route S 35, puis à droite la S 340. Tlj sf dim. 9h-12h, 15h-18h. Fermé j. fériés. Gratuit. ☎ 031 24 25 43.*
Imposant édifice néoclassique de la fin du 18e s. Petit théâtre, et jardins d'où l'on a une belle **vue★** sur Côme et le lac.

Dongo

Dans cette localité, Mussolini et sa maîtresse, Clara Petacci, furent capturés le 27 avril 1945 avant d'être exécutés.

Gravedona

Port de pêche qui possède une charmante église romane, **S. Maria del Tiglio★**, baptistère du 5e s. transformé au 12e s. dans le style lombard.

Menaggio★★

C'est l'une des plus belles stations du lac, très fraîche en été.

Abbaye de Piona★

2 km au départ d'Olgiasca. Fondé au 11e s. par des moines clunisiens, ce gracieux petit monastère est devenu cistercien un siècle plus tard. Remarquable **cloître★** roman lombard (1252).

Torno

À la limite de ce joli port, l'église **S. Giovanni** (14e s.) montre une façade ornée d'un riche **portail★** de style Renaissance lombarde.

Tremezzo★★★

Lieu de séjour très recherché pour la beauté de son site et la douceur de son climat ; le **parc communal★** offre de calmes jardins en terrasses.

La **Villa Carlotta★★** *(entrée à côté du Grand Hôtel de Tremezzo)*, construite au 18e s., occupe une situation admirable face au massif des Grigne. *Avr.-sept. : 9h-18h ; mars et oct. : 9h-11h30, 14h-16h30. 6,20€. ☎ 0344 40 405 ; www.unicei.it/villacarlotta/*

Elle possède une collection de statues, dont une copie de l'*Amour et Psyché* de Canova par A. Tadolini. Mais ce sont les merveilleux **jardins** en terrasses qui constituent son attrait principal.

Un enchantement sur le lac de Côme : la Villa Carlotta à Tremezzo

B. Juge/MICHELIN

Santuario della Madonna di Tirano

Le sanctuaire de la Vierge de Tirano fut construit, à partir de 1505, sur le lieu d'une apparition de la Vierge. L'église à trois vaisseaux, dont la façade date de 1676, présente une somptueuse décoration baroque où l'on remarque des fresques de Cipriano Valorsa di Grosio (1575-1578), surnommé le « Raphaël de la Valteline » *(partie haute de la nef centrale)*, une fresque de l'Apparition, datant de 1513 *(à gauche au-dessus du confessionnal)*, des toiles d'un élève de Morazzone *(chœur)* et un **orgue** grandiose du 17e s., richement décoré : le buffet est dû à Giuseppe Bulgarini et les panneaux du balcon, représentant la *Naissance de l'Enfant Jésus*, l'*Adoration des Mages* et la *Circoncision*, à G.B. Salmoiraghi (1638).

Varenna★

Perdu au milieu des jardins et des cyprès, c'est un bourg charmant bâti sur un petit promontoire. Voir la **Villa Monastero** (16e s.) et ses **jardins★★**. (♿) *Juin-sept. : 9h-19h ; oct. et avr.-mai : 9h-18h. 1,55€. ☎ 0341 29 54 50 ; www.villamonastero.it*

LAGO d'ISEO★

Moins prestigieux que les autres lacs lombards, le petit **lac d'Iseo** *(excursions)* ne manque pas de charme par la variété de ses sites sauvages se découpant sur un fond de hautes montagnes, et par ses rives, tantôt escarpées et tantôt sinueuses, où se blottissent des villages tranquilles. Au centre des eaux d'un bleu profond surgit l'île du Monte Isola (600 m).

Iseo★

L'église romane S. Andrea, au fond d'une charmante petite place, a conservé son campanile du 13e s.

Lovere

Petite ville industrielle où la **Galleria Tadini** présente une collection d'armes, tableaux (Bellini, le Parmesan), porcelaines et sculptures (Canova). (♿) *De mi-avr. à mi-oct. : tlj sf lun. 15h-18h, dim. et j. fériés 10h-12h, 15h-18h. 3,62€. ☎ 035 96 01 32 ; www.intercam.it/tadini*

Monte Isola★★

Navigation : liaisons fréquentes au départ d'Iseo. De Sulzano : départ toutes les 15mn. 2,17€ AR. Départ possible d'autres localités (Sale Marasino par exemple). Pour toute information, s'adresser à l'IAT, Iseo, Lungolago Marconi, 2. ☎ 030 98 02 09.

Cette île verdoyante offre, de la Madonna della Ceriola, un vaste **panorama★★** sur le lac et les Alpes bergamasques.

Pisogne★

Petit port dans un joli site au bord du lac. L'**église S. Maria della Neve** abrite des **fresques★** (16e s.) de Romanino da Brescia.

LAGO DI GARDA★★★

Le **lac de Garde**, le plus vaste d'Italie, est l'un des plus harmonieux, même s'il présente une grande variété d'aspects : côte basse et plate, formée par les alluvions, de la partie méridionale ; abruptes pentes de la rive occidentale ; chaîne montagneuse du Monte Baldo qui domine la rive orientale.

La barrière des Dolomites au Nord favorise, en stoppant les vents, la douceur de ce climat qui a valu, dès l'Antiquité, le surnom de « lac bénéfique » (Il Benaco) à ce plan d'eau d'une importance stratégique et commerciale notable. Au cours des siècles, les puissances voisines s'en partagèrent successivement la domination.

Sur le plan artistique, c'est sans doute l'influence de la république vénitienne (maîtresse de la région du 15e au 18e s.) qui se fit le plus fortement sentir, en architecture comme dans le domaine de la peinture.

Depuis l'époque romaine, les rives du lac de Garde furent élues comme lieux de séjour et, aujourd'hui encore, le touriste peut y trouver de nombreuses villégiatures lui offrant repos, confort et bonne chère.

Bardolino

Célèbre pour son vin rouge, cette bourgade animée a conservé une élégante **église★** romane du 11e s. placée sous le vocable de saint Sévère.

Campione del Garda

Les évêques de Trente, de Brescia et de Vérone s'y réunissaient pour bénir le lac.

Desenzano del Garda

Le vieux port, la pittoresque place Malvezzi et la ville ancienne avoisinante constituent d'agréables lieux de flânerie. L'**église paroissiale** (S. Maria Maddalena), du 16e s., abrite une ***Cène★*** de **Tiepolo**, d'une expression intense.

Au Nord de la localité, via Scavi Romani, la **villa romaine** présente un remarquable ensemble de **mosaïques romaines★** polychromes. ♿ *De déb. mars à mi-oct. : tlj sf lun. 8h30-19h30 ; de mi-oct. à fin fév. : 8h30-17h (la billetterie ferme 30mn avant). Fermé 1er janv., 1er mai, 25 déc. 2,07€. ☎ 030 91 43 547.*

Garda★

Cette villégiature fréquentée, qui a donné son nom au lac, porte les traces de la domination vénitienne : palais des Capitaines du Lac et palais Fregoso, tous deux du 15e s.

Gardone Riviera★★

Élégante villégiature, ensoleillée et très bien équipée en hôtels. À 1 km au-dessus de l'agglomération, le domaine du **Vittoriale★** appartint au poète **Gabriele d'Annunzio** (1863-1938), qui voulut y être enterré. *Avr.-sept. : 8h30-20h ; oct.-mars : 9h-17h. Fermé 24 et 25 déc. 5,16€, 10,33€ avec l'entrée à la villa La Priora. ☎ 0365 29 65 11.*

La **villa La Priora**, néoclassique, évoque l'atmosphère sombre et chargée dans laquelle cet écrivain esthète aimait à vivre. Musée et parc, où sont rassemblés de nombreux souvenirs, rappellent son existence mouvementée. *Avr.-sept. : tlj sf lun. 10h-18h ; oct.-mars : tlj sf lun. 10h-13h, 14h-17h. Fermé 24 et 25 déc. 10,33€ avec l'entrée au Vittoriale. Réserv. conseillée ☎ 0365 29 65 11.*

Gargnano

C'est une charmante station de villégiature entourée de serres, de citronniers et de cédratiers.

L'église **S. Francesco** possède un joli cloître du 15e s. dont les curieuses arcades de style mauresque reposent sur des chapiteaux sculptés d'oranges et de citrons, rappelant la tradition selon laquelle les franciscains auraient introduit ces agrumes sur les bords du lac.

Le long du lac, une promenade mène à la **Villa Feltrinelli**, néoclassique, qui fut le siège du secrétariat de Mussolini durant la république fasciste *(ne se visite pas)*.

Limone sul Garda★

C'est un des villages les plus pittoresques des bords du lac. De nombreuses plantations de citronniers sous serres y sont aménagées en terrasses. Au départ de Limone, une **route panoramique**★★ s'élève vers le plateau de Tremosine, puis redescend vers Tignale, offrant de superbes **vues**★★★ sur le lac et son cadre de montagnes.

Malcesine★

Pittoresque bourg ramassé sur une pointe au pied du Monte Baldo et dominé par la silhouette crénelée du **château fort**★ des Scaliger de Vérone (Castello Scaligero – 13e-14e s.). Au bord de l'eau s'élève le palais des Capitaines du Lac (15e s.), de style vénitien. Du sommet du **Monte Baldo** *(téléphérique)*, splendide **panorama**★★★ sur le lac et, au Nord, les massifs de Brenta et de l'Adamello. *Téléphérique : départ toutes les 30mn à partir de 8h et jusqu'à 17h, 18h ou 18h45 selon la saison. Fermé de mi-mars à fin mars, de nov. à mi-déc. 7,75€ (Aller), 11,36€ (AR). ☎ 045 74 00 206.*

Punta di San Vigilio★★

Cette pointe compose un tableau d'une romantique harmonie. La **Villa Guarienti** *(ne se visite pas)* fut construite au 16e s. pour l'humaniste véronais Agostino Brenzoni, sur les plans de Sanmicheli.

Riva del Garda★

Cette petite station climatique dominée à l'Ouest par d'impressionnants escarpements rocheux fut, dès l'Antiquité, un important noyau stratégique et commercial en raison de sa situation clef sur la route reliant Vérone aux Alpes. Elle possède aujourd'hui encore une pittoresque **vieille ville**★, composée d'un réseau de ruelles étroites et commerçantes. Le principal monument, la **citadelle**, abrite un **musée** (Museo Civico) contenant des sections archéologique et historique. ♿ *Tlj sf lun. 9h30-17h30. Fermé j. fériés. 2,07€. ☎ 0464 57 38 69 ; www.comune.rivadelgarda.tn.it*

Salò★

Autrefois capitale de la « Magnifique Patrie » où résidait le « capitaine de Venise », cette agréable cité a gardé de sa période de splendeur un **Dôme** du 15e s., qui abrite un grand **polyptyque**★ en bois doré de 1510 et quelques œuvres de Moretto da Brescia et Romanino.

Salò fut le siège de l'éphémère République sociale italienne que proclama **Mussolini** en septembre 1943. État fantoche sous domination allemande, il s'effondra lors de la débâcle des troupes germaniques en avril 1945.

S. Martino della Battaglia

Une **chapelle ossuaire**, un **musée** et une **tour monumentale** rappellent la bataille du 24 juin 1859 *(voir Solferino ci-dessous)* et les guerres du Risorgimento menées par les Italiens pour conquérir leur indépendance sur les Autrichiens. *Juin-sept. : 9h-12h30, 14h-19h ; oct.-fév. : 9h-12h, 14h-17h30 ; mars-mai : 8h30-12h30, 14h-18h30 (mars-sept. : dim. 9h-19h). 3,10€. ☎ 030 99 10 370.*

Sirmione★★

À la pointe de la péninsule de Sirmione, longue et étroite langue de terre, cette importante station de villégiature est également connue depuis le début du siècle comme station thermale réputée pour soigner, en particulier, les affections des voies respiratoires. La petite ville groupe ses maisons autour de la puissante **forteresse des Scaliger★** (Rocca Scaligera) du 13e s. *Avr.-sept. : tlj sf lun. 9h-19h ; oct.-mars : tlj sf lun. 9h-16h30. Fermé 1er janv., 1er mai, 25 déc. 4,13€. ☎ 030 91 64 68.*

La petite église S. Maria Maggiore, du 15e s., conserve d'intéressantes fresques des 15e et 16e s. À l'extrémité du promontoire rocheux, on peut voir les vestiges d'une gigantesque villa romaine qui appartint au poète Catulle : la zone archéologique porte le nom de « **Grotte di Catullo** » et permet de distinguer, dans un **site★★** délicieux, de nombreuses traces de constructions. (♿) *De déb. mars à mi-oct. : tlj sf lun. 8h30-19h30 ; de mi-oct. à fin fév. : tlj sf lun. 8h30-17h (la billetterie ferme 30mn avant). Fermé 1er janv., 1er mai, 25 déc. 4,13€. ☎ 030 91 61 57.*

Solferino

Une **chapelle ossuaire** et un **musée** commémorent la bataille (dont le champ s'étendait jusqu'à San Martino, *voir supra*) remportée le 24 juin 1859 sur les Autrichiens par les troupes franco-piémontaises et qui fut déterminante pour l'indépendance de l'Italie. Les très lourdes pertes (11 000 morts et 23 000 blessés) inspirèrent à Henri Dunant la fondation de la **Croix-Rouge**, dont on peut voir le **mémorial**. *Musée :* (♿) *avr.-sept. : tlj sf lun. 9h-12h30 (la billetterie ferme à 12h), 14h30-18h30 ; oct. : tlj sf lun. 9h-12h, 14h-16h30. Fermé nov.-mars. (s'adresser au gardien : ☎ 0376 85 52 23). 1,55€. ☎ 0376 85 40 19.*

Torbole

Cette agréable station climatique fut en 1439 le théâtre d'un événement singulier. Venise, voulant secourir Brescia assiégée par les Visconti de Milan, décida d'armer une flotte sur le lac de Garde et entreprit de lui faire franchir les montagnes qui séparent l'Adige du lac. La flotte atteignit Torbole d'où elle prit le large, occupant bientôt Maderno. Ce qui permit à Venise, l'année suivante, de s'emparer de Riva et du lac.

Valeggio sul Mincio

Quitter l'autoroute Milan-Venise à Peschiera, et suivre la signalisation pour le parc-jardin Sigurtà, situé à 8 km de Peschiera del Garda. Carlo Sigurtà (1898-1983), industriel en produits pharmaceutiques qui se voua pendant quarante ans aux cures thermales, transforma complètement (après avoir obtenu le droit de pomper l'eau du Mincio) le domaine dénudé d'une villa du 17e s. qui servit de quartier général à Napoléon III en 1859.

Aujourd'hui, les 50 ha du **parc-jardin Sigurtà★★** (Parco Giardino Sigurtà), parfaitement entretenus, se visitent uniquement en voiture. Sur les 7 km d'itinéraire ont été aménagés 13 parkings, d'où partent d'évocateurs sentiers pédestres. Outre la magnifique position sur le Mincio, concourent à la magie des lieux la flore méditerranéenne, les vastes étendues d'herbe, les curiosités architecturales et naturelles et la musique classique émise dans certains secteurs. ♿ *Mars-nov. : 9h-18h (juil.-août 9h-20h). 7,75€. Possibilité de visiter le parc en petit train 1,55€ et en vélo (que vous pouvez louer si vous n'en avez pas). 5,16€. ☎ 045 63 71 033 ; www.sigurta.it*

Laguna veneta☼☼

Lagune vénitienne

La lagune vénitienne, la plus grande d'Italie, est née, à l'époque postglaciaire, de la convergence des fleuves venus des Alpes et des Apennins. Ravenne et Aquilée en marquaient autrefois les limites.

La situation

Carte Michelin n° 429 E, F, G 18/22 – Voir aussi le Guide Vert VENISE – Vénétie/Frioul-Vénétie Julienne. La lagune vénitienne est ce bout de mer compris entre Chioggia et Trieste. On y arrive par l'A 4.

Pour poursuivre la visite, voir les chapitres TRIESTE, UDINE et VENEZIA.

L'incroyable beauté d'un coin de la lagune vénitienne

comprendre

Au 11e s., une augmentation sensible de la température, due au climat doux qui régnait alors sur l'Europe depuis un certain temps, provoqua des pluies intenses qui furent la cause d'inondations et de raz de marée. La Brenta sortit de son lit et déborda dans la lagune, charriant immondices et propageant la malaria. La République de Venise chercha à se protéger en installant des palissades le long du littoral, en détournant le cours du fleuve et en créant des barrages. La lagune continua malgré tout à menacer la Sérénissime. Du 15e au 17e s., d'importants travaux furent entrepris pour dévier les fleuves avoisinants (la Brenta, le Piave, la Livenza et le Sile). C'est en 1896 que furent achevés ceux de la Brenta qui se jette désormais dans l'embouchure du Bacchiglione.
Néanmoins, les fleuves continuent à amener dans la lagune du sable que la mer et le vent poussent vers la terre. C'est ainsi que se forment et se renforcent les cordons littoraux qui séparent la lagune de la mer. Ce combat millénaire entre les forces de la nature met en péril la lagune qui, prise entre l'érosion marine et l'action constructrice des fleuves, s'enfonce peu à peu.

DE QUOI EST « FAITE » LA LAGUNE DE VENISE ?

La lagune est un système fragile. En équilibre instable, entre atterrissement, lorsque l'apport de sable et autres matériaux est excessif (se forme alors de la « nouvelle » terre) et érosion, lorsque l'apport de sédiments transportés par la mer et les fleuves est tellement faible qu'une partie de la lagune se transforme en mer, la lagune vénitienne est en danger.

La marée et ses bienfaits

Les marées à Venise ont lieu toutes les 6 heures. Chaque jour, la lagune connaît deux marées hautes et deux marées basses, dont les eaux pénètrent par les trois entrées du port.
Assurant le renouvellement de l'eau, la marée garantit la bonne santé de la lagune : les zones que la marée atteint sont traditionnellement appelées la **lagune vivante**, tandis que les zones plus éloignées, qui ne bénéficient que d'un renouvellement des eaux très réduit, sont désignées sous le terme de **lagune morte**. Dans la lagune morte, on trouve des marais, des canaux, grands et petits, et des « vallées de pêche » (valli da pesca), c'est-à-dire des parcelles emprisonnées de la lagune destinées à l'industrie de la pêche.

La marée et ses dangers

La santé de la lagune dépend désormais uniquement du renouvellement des eaux assuré par les marées. Le cours des fleuves, qui drainaient autrefois les eaux lagunaires vers la mer, ont été progressivement déviés au cours des siècles passés. Durant le reflux, la lagune ne se renouvelle donc qu'en partie, ce qui contribue à l'accumulation de matériaux polluants. Ce problème s'est accru au 20e s. à cause notamment des industries qui se sont installées à Mestre et à Porto Marghera et de la présence des pétroliers. Par manque d'oxygène, la vie disparaît peu à peu des canaux vénitiens.

La montée des eaux

Le phénomène de l'*acqua alta*, les « eaux hautes », se manifeste lorsque la marée, qui connaît le long de ces côtes des variations importantes de niveau, atteint ou dépasse 1,10 m.
Le 4 novembre 1966, la Sérénissime connut une montée des eaux importante, due aux très mauvaises conditions météorologiques qui frappaient alors l'Italie (on se souvient de la terrible inondation de Florence). Heureusement, les prévisions alarmantes d'un possible « engloutissement » de Venise ne se vérifièrent pas, grâce notamment à la fermeture sur la terre ferme des puits artésiens, responsables en partie de l'enfoncement de la ville.

Cependant, l'inondation de 1966 ne fait que rejoindre la longue liste des catastrophes provoquées par la marée, dont la première remonterait à 589. Les compte-rendus des inondations passées se révèlent souvent terrifiants. Ainsi, **Paolo Diacono** (vers 720-799) écrivit à propos de la première montée des eaux : « nous ne vivons en ce moment pas plus sur la terre que sur l'eau » tandis qu'on peut lire à propos de celle de 1410 que « parmi tous ceux qui venaient de la foire de Mestre, presque mille personnes périrent noyées ».
Depuis le 17e s., Venise s'est affaissée de 60 cm. Autrefois, les marées ne dépassaient qu'une fois tous les cinq ans le rempart en pierre d'Istrie (hydrofuge car non poreuse) qui protège du sel la surface submersible des maisons et monuments. Aujourd'hui, dans les zones basses, le rempart est submergé 40 fois par an, et les bâtiments se dégradent peu à peu.

La flore et la faune

La lagune est pleine de vie et les **mollusques** de toutes sortes y pullulent littéralement. Ce sont cependant les **poissons** qui déterminent tant l'aspect de la lagune (certaines zones, les « vallées de pêche », sont closes afin de piéger les poissons en migration) que l'activité humaine environnante.
Le **crabe** et les **crevettes** tiennent également une place importante dans la pêche et la cuisine vénitiennes.
En faisant un tour en bateau, on peut voir que les « vallées de pêche » accueillent une multitude d'oiseaux aquatiques : **canards sauvages** (col-vert et sarcelle d'hiver entre autres), **foulques**, **hérons** ou encore **busards des roseaux**. Il est plus difficile d'apercevoir l'**aigrette**, reconnaissable à son port altier et à la blancheur de ses plumes, dont aimaient à se parer les femmes au début du 20e s. Parmi les mammifères, on trouve quantité de **rongeurs** dont la présence peut s'avérer nuisible. Le **rat** se trouve à son aise à peu près partout, dans les champs comme dans les décharges ou les greniers.
Les **lais** (minuscules îles plates qui apparaissent au fil de l'eau et disparaissent sous les marées hautes) sont couverts de plantes et de fleurs. La **salicorne**, la **lavande de mer** *(Statice limonium)*, et l'**aster** colorent de vert, de rouge, de bleu ou de gris ces petits morceaux de terre. On remarque également quantité de **joncs** balançant leurs longues tiges et leurs fleurs en épis sous le vent de la lagune.

carnet pratique

RESTAURATION

• *À bon compte*

Al Bragosso del Bepi el Ciosoto – *Via Romea, 120 - 30010 Sant'Anna di Chioggia - 8 km au S de Chioggia sur la S 309 Romea - ☎ 041 49 50 395 - fermé mer., janv. - ▤ - 19/34€.* Comme le suggère le bar en forme de bateau, la cuisine familiale de cet établissement est influencée par la mer et se compose de plats de poissons, délicieux et préparés avec des produits frais et de bonne qualité. Prix vraiment intéressants et possibilité d'hébergement.

Da Luigi – *Via Dante, 25 - 30020 Torre di Fine - 40 km au NE de Venise - ☎ 0421 23 74 07 - fermé mer. (sf juin-oct.), oct. - ▤ - 20/30€.* Une trattoria traditionnelle et des plats authentiques toujours préparés avec d'excellents produits. Goûtez les poissons et produits de la mer cuits au grill. Une bonne adresse qui propose également des chambres simples et confortables.

La Colombara – *Via Zilli, 42 - 33051 Aquilée - 2 km au NO d'Aquilée - ☎ 0431 91 513 - fermé lun. - 21/31€.* Même s'il est un peu loin, ce restaurant vaut vraiment le détour, car ses plats de poissons toujours frais, cuisinés avec soin et légèreté, sont absolument délicieux. Gestion familiale, décor rustique et une terrasse agréable.

HÉBERGEMENT

• *À bon compte*

Hotel Cristina – *Viale Martiri della Libertà, 11 - 34073 Grado - ☎ 0431 80 989 - fax 0431 85 946 - fermé oct.-mai - P - 26 ch. : 36/77,50€ ☕ - restaurant 22/32€.* Jouissant d'une position panoramique, cette petite pension au décor et au mobilier années 1970 est particulièrement agréable. De grands espaces extérieurs où vous pouvez vous reposer ou manger en été et une cuisine familiale savoureuse.

• *Valeur sûre*

Hotel Park – *Lungomare Adriatico, 74 - 30019 Lido di Sottomarina - 10 km à l'E de Chioggia - ☎ 041 49 65 032 - fax 041 49 01 11 - P ▤ - 41 ch. : 56,81/67,14€ ☕ - restaurant 16/27€.* Un établissement simple, géré en famille, donnant directement sur la plage et disposant d'un restaurant et d'une plage privée. Les chambres sont spacieuses et fonctionnelles.

Eurotel – *Calle Mendelssohn, 13, à Lignano Riviera - 33054 Lignano Sabbiadoro - 7 km au SO de Lignano Sabbiadoro - ☎ 0431 42 89 92 - fax 0431 42 87 31 - eulignano@orgeurotels.it - ⛱ ▤ - 70 ch. : 67,14/72,30€ ☕.* Dans cet hôtel, situé dans une zone tranquille et verdoyante, vous pourrez plonger dans la piscine et vous replonger dans les années 1970 grâce à la décoration rétro de ses chambres spacieuses et presque toutes équipées d'un coin cuisine. Plage privée, avec parasol et transat gratuits pour les séjours à la semaine.

circuit

Suivre la côte en partant de Grado pour arriver à Chioggia. 220 km.

Grado⛱⛱

Fondée par les habitants d'Aquileia lors des invasions barbares, Grado fut du 5e au 9e s. la résidence du patriarche de cette ville. Aujourd'hui, actif petit port de pêche et station balnéaire et thermale à la renommée croissante, Grado est située au cœur de la lagune, dans un paysage qui ne manque pas de grandeur.

Quartier ancien★ – Les étroites ruelles qui se ramifient entre le port-canal et la cathédrale le rendent pittoresque. La cathédrale S. Eufemia, à plan basilical, remonte au 6e s. ; elle conserve des colonnes de marbre aux chapiteaux byzantins, un pavement de mosaïque du 6e s., un ambon du 10e s. et un précieux **retable★** en argent doré, travail vénitien du 14e s. Tout proche de la cathédrale, le baptistère du 6e s., précédé par une allée de sarcophages et de tombeaux, est orné de mosaïques. Tout à côté s'élève encore la basilique S. Maria delle Grazie (6e s.) qui a conservé des mosaïques d'origine et de beaux chapiteaux.

Aquileia (Aquilée)

Cette ancienne colonie romaine doit son nom à l'aigle *(aquila)* qui traversa le ciel au moment de sa fondation (181 avant J.-C.). Marché florissant sous l'Empire et quartier général d'Auguste lors de sa lutte contre les Germains, Aquileia devint par la suite le siège d'un patriarcat ecclésiastique (554-1751) parmi les plus importants d'Italie.

Basilica★★ – Commencée au 11e s. sur les ruines d'un édifice du 4e s., cette église romane, précédée d'un porche et dotée d'un campanile isolé, a été remaniée au 14e s. Joli baptistère datant des 4e-5e s. et restructuré au 11e s.

L'intérieur à trois nefs, en forme de croix latine, est décoré d'un splendide **pavement★★** en mosaïque (4e s.) qui compte parmi les plus grands et les plus riches de la chrétienté occidentale : de nombreuses scènes religieuses y sont représentées. La charpente et les arcades sont du 14e s., les chapiteaux romans, la décoration du transept Renaissance. Une crypte carolingienne du 9e s., la **cripta degli Affreschi**, est ornée de **fresques★★** du 12e s. De la nef gauche, on accède à une seconde crypte, la **cripta degli Scavi**, où sont rassemblés les produits de fouilles, notamment de splendides **pavements★★** de mosaïque du 4e s. *Avr.-sept. 8h30-19h, dim. et j. fériés 8h30-19h30 ; reste de l'année : 8h30-12h30, 14h30-17h30, dim. et j. fériés 8h30-12h30, 14h30-18h. 2,07€. ☎ 0431 91 067 (basilique), 0431 91 97 19 (bureau) ; www. aquileia.it*

Ruines romaines★ – (♿) *8h30-1h avant le coucher du soleil. Fermé 1er janv., 25 déc. Gratuit. ☎ 0431 91 016 ; www.museoarcheo-aquileia.it*

Aux abords de la basilique, des fouilles ont mis en valeur les restes de l'Aquileia romaine : la Via Sacra (derrière la basilique) qui mène au port fluvial, des maisons et le forum (Foro).

Les **musées** (Museo Archeologico et Museo Paleocristiano) constituent une importante réunion d'objets provenant des fouilles d'Aquileia : remarquer notamment, dans le musée archéologique, une belle série de statues et de bustes et la collection d'ouvrages en pierre dure. *Musée archéologique : ♿ tlj sf lun. ap.-midi 8h30-19h30. Fermé 1er janv., 25 déc. 4,13€. ☎ 0431 91 016 ; www.museoarcheo-aquileia.it*

Musée paléochrétien : tlj sf lun. ap.-midi 8h30-19h30. Fermé 1er janv., 25 déc. Gratuit. ☎ 0431 91 131 ; www.museoarcheo-aquileia.it

Lignano⛱⛱

Plus grande station balnéaire du littoral frioulan, Lignano occupe une longue presqu'île de sable encore largement couverte de pinèdes ; s'étendant à l'Est de l'embouchure du Tagliamento, elle ferme une partie de la lagune de Marano réservée aux pêcheurs. Tournée vers Grado, le golfe de Trieste et les côtes de l'Istrie (souvent visibles), sa **plage★★** est appréciée pour ses 8 km de sable fin et doré qui s'avancent très progressivement dans une mer sûre permettant des séjours familiaux sans danger.

On y distingue trois secteurs. Situé à la pointe de la presqu'île, **Lignano Sabbiadoro** est la partie la plus ancienne, très convivial avec ses petites maisons, ses rues commerçantes et son grand port de plaisance (la *darsena*). Séparé de Sabbiadoro par une grande pinède appartenant au Vatican et réservée à des colonies de vacances, **Lignano Pineta**, élégant et moderne, décrit dans son plan d'urbanisation une spirale, coupée par des rues rayonnant depuis la place centrale. Enfin, **Lignano Riviera** doit son nom à la proximité du Tagliamento : sa plage offre une eau légèrement plus froide, mais c'est aussi le secteur où la végétation y est la plus dense. À l'arrière, les vacanciers peuvent profiter des plaisirs d'un golf 18 trous et d'un zoo, le **Parco zoo Punta Verde**. ♿ *Mars-oct. : 9h au coucher du soleil ; fév. : uniquement le dim. 9h-16h. 7,74€. ☎ 0431 42 87 75 ; www.parcozoopuntaverde.it*

Venezia★★★ *(voir à ce nom)*

Chioggia

Chioggia n'est pas à proprement parler une île de la lagune ; c'est une petite ville « posée » sur deux îles parallèles, reliées à la terre ferme par un long pont.

La ville – La rue principale est le **corso del Popolo**, qui longe le canal de la Vena, autrefois appelé fossa Clodia, avec son marché aux poissons vivant et coloré, et se termine à la piazza Vigo. La colonne au lion ailé indique la fin de la Fossa Clodia. Le pont Vigo en pierre qui enjambe à cet endroit le canal date de 1685.
Le long du corso del Popolo se trouvent le Dôme et quelques-unes des églises de Chioggia, dont **S. Andrea**, avec son campanile roman à base carrée du 11e s., **S. Giacomo** reconstruite au 18e s., et **S. Francesco delle Muneghette**, du 15e s., remaniée elle aussi au 18e s.
Le **Duomo★** (S. Maria Assunta) fut érigé au 11e s. Détruit par un incendie, il fut reconstruit en 1633 par Baldassarre Longhena (1598-1682). Flanqué d'un campanile carré datant du 14e s., le Dôme était à l'origine orienté dans l'autre sens.
Sur l'île de S. Domenico, qui prolonge Chioggia et que l'on peut rejoindre par la calle di S. Croce après le pont Vigo, vous pourrez voir un beau *saint Paul* de Carpaccio (vers 1465-vers 1526) dans l'église. Le campanile date du 13e s.

L'Aquila★

Le Gran Sasso veille avec sévérité sur cette cité austère, d'une grande richesse artistique et historique. Elle invite à la découverte de ses trésors, de son architecture urbaine et des mystérieuses légendes qui entourent sa fondation.

La situation

69 839 habitants – Carte Michelin n° 430 O 22 – Plan dans l'Atlas Michelin Italie – Abruzzes. Pour se rendre à L'Aquila, au cœur du massif des Abruzzes, emprunter la A 24. 🅸 *Piazza Santa Maria di Paganica, 5, ☎ 0862 41 08 08 ; via XX Settembre, 8, ☎ 0862 22 306.*

Pour poursuivre la visite, voir le chapitre ABRUZZO.

comprendre

Selon la légende, L'Aquila naquit au 13e s., lorsque les habitants des 99 châteaux de la vallée située au pied du Gran Sasso s'unirent pour ne former qu'une seule grande agglomération, où, à chaque château, correspondaient une église, une place et une fontaine. Impliquée dans les événements tourmentés du royaume de Naples, L'Aquila fut assiégée, détruite et reconstruite à plusieurs reprises jusqu'à devenir, au 15e s., la deuxième ville du royaume. C'est alors que furent érigés de magnifiques monuments, grâce en particulier au commerce du safran, cet « or vermeil » provenant du haut plateau de Navelli tout proche, et vendu par les marchands de L'Aquila dans toute l'Europe. De cette époque date le séjour de saint Bernardin de Sienne (mort à L'Aquila en 1444), attesté par la présence du monogramme IHS *(Iesus Hominum Salvator)* sur de nombreuses portes.

visiter

S. Maria di Collemaggio★★

Été : 9h-12h, 15h-20h ; le reste de l'année : 9h-12h, 15h-19h. ☎ 0862 23 165.
De par sa valeur historique et architecturale, c'est la basilique la plus célèbre des Abruzzes. Sa construction, commencée en 1287 dans le style roman, est due à l'initiative de Pietro da Morrone, futur **Célestin V**, qui y fut couronné pape en 1294. La vaste **façade★★** à couronnement rectiligne du 14e s., qui se distingue par une magnifique ornementation à motifs géométriques de pierres blanches et roses, est rythmée par des portails et des rosaces datant du 15e s. Sur le flanc gauche s'ouvre la **porte Sainte**, joli portail roman finement décoré. L'intérieur abrite le sépulcre de saint Pierre Célestin, réalisé au 16e s. dans le style Renaissance lombard.

CELUI QUI PAR LÂCHETÉ FIT LE GRAND REFUS... (DANTE, L'ENFER, CHANT III, 59-60)

Pietro da Morrone (1215-1296), ermite et fondateur des Célestins de l'abbaye de Morrone, près de Sulmona, fut inopinément élu au siège pontifical en septembre 1294, sous le nom de Célestin V. Accablé par la pression des intrigues et manœuvres de la Cour, il abdiqua après quelques mois de pontificat et fut enfermé par son successeur Boniface VIII dans le château de Fumone, où il mourut peu après. Il fut sanctifié en 1313 par Clément V.

S. Bernardino★★

Été : 9h30-12h, 16h-19h, dim. et j. fériés 9h30-10h ; hiver : 9h30-12h, 16h-89h, dim. et j. fériés 9h30-10h. ☎ *0862 22 255.*

Cette magnifique église est dotée d'une remarquable **façade★★** très animée due à **Cola dell'Amatrice** (1527), divisée en corniches, qui délimitent les trois ordres de colonnes jumelées (ionique, dorique et corinthien). À l'intérieur, en forme de croix latine, ample et lumineux, on peut admirer un beau plafond de bois baroque, le **mausolée de saint Bernardin★**, orné de figures dues au sculpteur local Silvestro dell'Aquila, et l'élégant **sépulcre★**de Maria Pereira par le même Silvestro.

Castello★

Musée : (♿) tlj sf lun. 9h-20h (la billetterie ferme à 19h30). Fermé 1er janv., 1er mai, 25 déc. 4,13€. ☎ *0862 63 32 39 ; www.muvi.org/museonazionaledabruzzo.*

Réalisé au 16e s. par l'architecte du château Sant'Elmo de Naples, Pirro Luigi Escribà, c'est un bel exemple d'architecture militaire à plan carré renforcé de puissants bastions aux angles. Dans les vastes salles est installé le **Museo Nazionale d'Abruzzo★★**. Au rez-de-chaussée, on trouve, outre l'***Archidiskodon meridionalis vestinus***, fossile d'un ancêtre de l'éléphant qui vécut il y a un million d'années environ, d'intéressants vestiges des Abruzzes de l'époque romaine, parmi lesquels le **calendrier d'Amiterno**. Au premier étage, la **section d'art sacré** (12e-17e s.), noyau du musée, renferme des pièces représentatives de la peinture, de la sculpture et des arts décoratifs des Abruzzes, dont plusieurs statues en bois polychrome, ainsi que la **croix processionnelle★** de Nicola di Guardiagrele, chef-d'œuvre de l'orfèvrerie abruzzaine, et le ***Saint Sébastien*★** en bois de Silvestro dell'Aquila. Enfin, les sections de numismatique et d'orfèvrerie sacrée, la galerie présentant des tableaux de l'école des Abruzzes du 15e au 18e s., et le département d'art contemporain complètent les collections du musée.

Fontana delle 99 cannelle★

Réalisée à partir de 1272 en pierres blanches et roses, sur plan trapézoïdal, ses 99 mascarons, tous différents, rappellent la légende de la fondation de L'Aquila avec ses 99 châteaux.

Lecce★★

L'incroyable richesse de ses monuments a valu à cette ville son surnom de « Florence baroque », et c'est à la tombée du soir qu'elle dévoile tous ses charmes, lorsque ses monuments illuminés la transforment en un fastueux décor de théâtre. L'antique *Lupiæ* des Romains, ville prospère, fut ensuite appréciée par les Normands qui la substituèrent à Otrante comme capitale de cette région, dite Terre d'Otrante. Elle connut entre le 16e et le 18e s. une période de splendeur pendant laquelle elle s'enrichit de monuments Renaissance, rococo et baroques. Ses nombreux édifices baroques, remarquables par la recherche décorative que facilitait la pierre calcaire de la région, aisée à travailler et d'un grain particulièrement fin, sont pour beaucoup l'œuvre des Zimbalo, famille d'artistes particulièrement inventifs, qui répandirent leur style, appliqué aux églises aussi bien qu'aux palais, dans toute la péninsule du Salento.

La situation

98 208 habitants - Carte Michelin n° 431 F 36 - Pouille. Lecce surgit au cœur de la péninsule du Salento ; pour s'y rendre, emprunter la S 613.

ℹ *Corso Vittorio Emanuele, 24,* ☎ *0832 24 80 92.*

Pour poursuivre la visite, voir le chapitre PUGLIA.

découvrir

LA VILLE BAROQUE★★

Le centre historique, jadis clos par une muraille (16e s.) dont il ne subsiste que de rares vestiges et le **château** (édifié par Charles Quint à l'emplacement d'une forteresse angevine antérieure), est maintenant cerné par un anneau de rues. Le cœur de la ville est la vivante **piazza S. Oronzo**, que domine la statue de saint Oronce, patron de la cité, hissée au faîte de l'une des deux colonnes qui marquaient le terme de la Via Appia à Brindisi *(voir ce nom)*.

Dans la partie Sud de la place, on a découvert des restes de l'**amphithéâtre romain** (2e s. après J.-C.). Sur la place même s'affichent la petite église **S. Marco**, attribuée à Gabriele Riccardi et élevée par la colonie vénitienne, et l'antique **palais du Seggio**, où est temporairement gardée une statue de saint Joseph (19e s.) en papier mâché, matériau dont l'usage est typique de la région.

S. Croce★★

Cette basilique, œuvre de plusieurs architectes qui y travaillèrent aux 16e et 17e s., est le monument le plus représentatif du style baroque à Lecce. Sa façade est fastueusement décorée, mais sans lourdeur (la partie basse, dans sa conception au moins, est Renaissance). Le registre supérieur, très richement décoré, est vraisemblablement l'œuvre du Zimbalo. Entre les deux registres, un long balcon est soutenu par des atlantes et des caryatides zoomorphes. La balustrade est, quant à elle, ornée de putti portant des mitres et des livres. Au-dessus, la rosace centrale semble avoir été réalisée par une experte dentellière.

L'**intérieur**, élancé et lumineux, d'une architecture simple rappelant le style inauguré à Florence par Brunelleschi, présente également une abondante ornementation baroque d'une grande finesse. La chapelle située au bout du collatéral gauche se caractérise par un beau **maître-autel**, dont les bas-reliefs sont ornés de scènes de la vie de saint François ciselées par Francesco Antonio Zimbalo.

Everts/RAPHO

La broderie baroque du fronton de la basilique S. Croce

Palazzo del Governo

À côté de l'église, l'ancien couvent des célestins abrite les services préfectoraux. Il fut édifié par le Zimbalo *(rez-de-chaussée)* et G. Cino. Sa façade à bossages est percée de fenêtres chargées de décorations, notamment au 1er étage.

Gesù (ou Il Buon Consiglio)

Via Francesco Rubichi. Construite entre 1575 et 1579 par les jésuites, cette église contraste par son austérité avec les autres édifices religieux de Lecce. Admirer à l'intérieur un somptueux **autel baroque★**.

S. Irene

Construite par Francesco Grimaldi pour les moines théatins, l'église conserve de somptueux **autels baroques★**, attribués à **Francesco Antonio Zimbalo**.

carnet pratique

Restauration

• *À bon compte*

Trattoria Casareccia – *Via Costadura, 19 - ☎ 0832 24 51 78 - fermé dim. soir et lun., 24 déc. au 6 janv., 30 août au 15 sept. - 13/18€.* Une trattoria d'autrefois, au décor simple et soigné et où l'on vous accueillera avec cordialité. La cuisine est plus que correcte, et les savoureuses recettes maison sont préparées à la commande, tout en restant à des prix très compétitifs.

Villa G.C. della Monica – *Via SS. Giacomo e Filippo, 40 - ☎ 0832 45 84 32 - fermé mar., 10 au 30 janv., 30 juil. au 6 août - ▤ - 15/29€.* Un des restaurants les plus cotés de la ville, situé dans un palais du 16e s. du centre historique. Dans le cadre élégant des salles aux plafonds à voûte, où les huisseries précieuses font écho aux cheminées de marbre, vous dégusterez des plats d'inspiration traditionnelle.

Hébergement

• *Valeur sûre*

Hotel Delle Palme – *Via di Leuca, 90 - ☎ 0832 34 71 71 - fax 0832 34 71 71 - P ▤ – 96 ch. : 67,14/108,46€ ☕ - restaurant 18/31€.* À quelques pas de l'atmosphère magique du centre historique, le bois et le cuir présents partout dans cet hôtel lui donnent de petits airs hispaniques. Le soin du détail s'étend aux chambres, lumineuses et dotées de lits en fer forgé et de mobilier décoré.

Hotel Cristal – *Via Marinosci, 16 - ☎ 0832 37 23 14 - fax 0832 31 51 09 - ▤ - 65 ch. : 74,90/105,87€ ☕.* Une structure ultra moderne, en verre et ciment, qui offre des chambres et des espaces communs vastes et très confortables, aux décorations et aux couleurs *flashy*. Aux limites du centre de la « Florence de la Pouille ».

LECCE

Aragona (Via F. d') .... YZ 3
Caracciolo (Via Roberto) .... Z 7
Cavallotti (Viale F.) .... Y 8
Fazzi (Via Vito) .... Y 12
Imperatore Adriano (V.) .... Y 14
Imperatore Augusto (V.) .... Y 15
Jacobis (V. Agostino de) .... Z 17
Ludovico (Via) .... Y 21
Marche (Viale) .... Z 22
Orsini del Balzo (Via) .... Z 25
Palazzo dei Conti di Lecce (Via del) .... Z 26
Pietro (Via M. de) .... Y 28
Realino (Via Bernardino) .... Z 29
Rubichi (Via Francesco) .... Y 32
S. Oronzo (Piazza) .... Y
Taranto (Via) .... Y 38
Trinchese (Via Salvatore) .... Y
Vitt. Emanuele (Cso) .... Y 42
Vitt. Emanuele (Pza) .... Y 43
25 Luglio (Via) .... Y 44

Piazza del Duomo★★

Entièrement entourée par un ensemble homogène d'édifices baroques et précédée d'un arc ouvrant sur le corso Vittorio Emanuele, c'est l'une des places les plus remarquables de l'Italie du Sud. Sur la gauche, le **campanile**, construit de 1661 à 1682 par **Giuseppe Zimbalo**, est suivi du **Dôme** (même architecte – 1659-1682), du **palais épiscopal** (17e s.) et du **palais du Séminaire** (élevé en 1709 d'après un dessin de Giuseppe Cino), dont la cour s'orne d'un **puits★** somptueusement décoré par le même sculpteur.

Duomo – Le premier portail que l'on voit est celui du côté gauche, le plus fastueux. L'imposante entrée est surmontée d'une arcade aérienne abritant une statue de saint Oronce. La façade principale *(visible de la place uniquement)* est beaucoup plus sobre. À l'intérieur, la **crypte**, refaite au 16e s., est soutenue par 92 colonnes, dont les chapiteaux présentent une décoration zoomorphe.

Il Rosario (ou S. Giovanni Battista)★

Dernière œuvre de Giuseppe Zimbalo, la façade de cette église présente une surabondante décoration à la fois minutieuse et gracieuse. L'**intérieur★** est orné de plusieurs retables d'une somptuosité sans égale.

Via Palmieri

Le long de cette rue se présentent plusieurs édifices élégants, dont le palais Marrese (ou Palmieri – 18e s.), en face de la piazzetta Falconieri. Au bout de la rue, la **porte de Naples** (ou Arc de triomphe) fut élevée au 16e s. en l'honneur de Charles Quint.

S. Angelo

Via Manfredi. Bien qu'inachevée, la façade (1663) de cette église, avec ses guirlandes, angelots et chérubins, est typique du style de Francesco Giuseppe Zimbalo.

S. Matteo★

Son harmonieuse façade (1667-1700) conçue par Achille Carducci porte la nette influence du Borromini de Saint-Charles-aux-Quatre-Fontaines de Rome.

visiter

Museo Provinciale Sigismondo Castromediano★

Fermé pour restauration au moment de la rédaction de ce guide. ☎ 0832 30 74 15. Installé dans un bâtiment moderne, il propose une riche section archéologique *(rez-de-chaussée)* et une très importante **collection de céramiques★★** *(1er étage)*, dont se détachent des vases attiques à figures rouges. On y verra encore de nombreuses épigraphes d'origines diverses et deux belles statuettes en bronze (3e s. avant J.-C.) figurant une femme et un prêtre. Au 3e étage, pinacothèque.

►► S.S. Nicolò e Cataldo.

alentours

S. Maria di Cerrate★

14 km au Nord par la S 613 vers Brindisi, puis à droite (signalisation). Totalement isolée dans la campagne, cette ravissante abbaye bénédictine remonte au 12e s. Un portique à beaux chapiteaux historiés (13e s.) flanque le côté gauche de l'**église★**, dont l'archivolte de l'élégant portail est décorée de scènes du Nouveau Testament. À l'intérieur subsiste une partie des fresques qui la décoraient entièrement. D'autres fresques ont été transférées au **musée des Traditions populaires**, installé dans les bâtiments conventuels, où sont encore exposés des outils et du matériel d'autrefois, utilisés surtout pour la fabrication d'huile (l'abbaye possède encore un pressoir souterrain). ♿ *Tlj sf lun. 9h-13h30, 14h30-19h30. Fermé 1er et 6 janv., 25 et 26 déc. Gratuit. ☎ 0832 30 74 15.*

Loreto★

Lorette

La petite cité groupée autour du sanctuaire de Notre-Dame, qui voit affluer sans discontinuer des pèlerins du monde entier, a conservé un noyau ancien partiellement inscrit dans une enceinte de briques du 16e s.

La situation

11 298 habitants - Carte Michelin nº 430 L 22 - Plan dans le Guide Rouge Italia - Marches. Lorette, visible de l'autoroute du fait de sa position dominante, se trouve à 5 km de Porto Recanati. ℹ *Via Solari, 3, ☎ 071 97 02 76.*

Pour poursuivre la visite, voir le chapitre ANCONA.

visiter

Il Santuario della Santa Casa★★

Avr.-sept. : 6h15-20h ; oct.-mars : 6h45-19h (S. Casa fermée entre 12h30 et 14h30). ☎ 071 97 01 04 ; www.santuarioloreto.it

De nombreux architectes, peintres et sculpteurs célèbres ont contribué à l'édification de ce sanctuaire commencé en 1468 et définitivement achevé au 18e s. : **Giuliano da Sangallo** d'abord, puis **Bramante**, qui construisit les chapelles latérales, et **Vanvitelli** qui éleva le campanile à bulbe. En contournant l'église, on peut admirer la belle **abside★★** trilobée et l'élégante coupole de Sangallo. La façade, représentative de la Renaissance tardive, est à la fois sobre et harmonieuse avec ses doubles pilastres surmontés par deux horloges aux angles.

On pénètre à l'intérieur de la basilique par trois **portes de bronze★★** ornées de belles statues (fin du 16e-début du 17e s.). À l'extrémité du bas-côté droit, la coupole de la **sacristie St-Marc★** est couverte de fresques présentant d'audacieux raccourcis, œuvre de Melozzo da Forlì (1477), qui a représenté des anges portant les instruments de la Passion. Dans la **sacristie St-Jean★**, lavabo de Benedetto da Maiano et fresques de Luca Signorelli. À la croisée du transept, la **Santa Casa★★** a été somptueusement décorée au 16e s. de marbres sculptés, notamment par Antonio Sansovino. Dans une salle donnant sur le transept gauche, beau cycle de peintures de Pomarancio (1605-1610).

Un vol d'anges de Nazareth à Lorette

Selon la tradition, la Santa Casa, la « maison de Marie » fut miraculeusement apportée de Nazareth par les anges, et déposée, après plusieurs étapes, dans un bois de lauriers qui aurait donné son nom à la bourgade de « Loreto ». En fait, en 1294, trois murs de la maison de la Vierge furent en effet transférés de Dalmatie, où ils se trouvaient depuis 1291, par la famille Ange, qui régnait alors sur l'Épire, et remontés à Lorette.

Devant la basilique, s'ouvre la belle **piazza della Madonna★**, bordée par l'élégant portique inachevé du palais apostolique, dans lequel une **pinacothèque** a été installée : remarquable **ensemble★** de peintures de Lorenzo Lotto, tableaux de Simon Vouet et de Pomarancio ; des tapisseries flamandes d'après des cartons de Raphaël et des faïences d'Urbino y sont également exposées. ♿ *Avr.-oct. : tlj sf lun. 9h-13h, 16h-19h ; nov.-mars : tlj sf lun. 10h-13h, 15h-18h. Fermé j. fériés. Laisser une offrande.* ☎ *071 97 77 59 ; www.santuarioloreto.it*

UNE ÂME TOURMENTÉE

Le peintre vénitien **Lorenzo Lotto** (1486-1556) vécut à Lorette de 1535 à sa mort, comme oblat de la Santa Casa. Artiste sensible et inquiet, il renonça à la sensualité de la couleur vénitienne en faveur d'une lumière froide, qui illumine le mouvement de ses compositions ; de ses personnages émane une charge émotionnelle témoignant de sa pénétration psychologique.

alentours

Recanati

7 km au Sud-Ouest. Cette petite ville perchée sur une colline a donné naissance en 1798 au plus lucide et au plus désespéré des poètes italiens, **Giacomo Leopardi**, dont quelques souvenirs sont conservés au **palais Leopardi**. (♿) *9h-1h avant le coucher du soleil. Visite guidée uniquement (20mn). Fermé 1er janv., 25 déc. 3,62€.* ☎ *071 75 73 380 ; www.giacomoleopardi.it*

La Villa Colloredo Mels *(via Gregorio XII)* accueille la **Pinacothèque municipale** (Pinacoteca Civica), qui présente plusieurs œuvres marquantes de Lorenzo Lotto, dont l'*Annonciation.* ♿ *Tlj sf lun. 9h-12h, 15h-1h avant le coucher du soleil. Fermé 25 déc. 3,10€.* ☎ *071 75 70 410.*

Lucca★★★

Lucques

Située au cœur d'une plaine fertile, Lucques a conservé de nombreux témoignages du passé : églises, palais, places et ruelles font le charme de cette petite ville que l'urbanisme contemporain a épargnée. Les remparts longs de 4 km font entièrement le tour de la ville. Construits au cours des 16e et 17e s., ils sont constitués de onze bastions en forte avancée, reliés entre eux par des courtines, et sont percés de quatre portes.

La situation

85 484 habitants – Carte Michelin no 430 K 13 – Voir aussi le Guide Vert TOSCANE – Toscane. Lucques est situé le long de l'autoroute qui va de Florence à la mer, à 74 km de Florence et à 20 km de Viareggio. ℹ *Vecchia Porta San Donato-Piazzale Verdi,* ☎ *0583 41 96 89.*

Pour poursuivre la visite, voir aussi COLLODI, GARFAGNANA, MONTECATINI TERME, PESCIA, PISA et VERSILIA.

comprendre

Colonisée par Rome au 2e s. avant J.-C., Lucques a gardé sa configuration de camp militaire romain, avec ses deux grands axes perpendiculaires, dans lequel le Moyen Âge a inscrit son réseau compliqué de ruelles et de places irrégulières.

Commune libre dès le 12e s., elle a vu s'accroître considérablement, jusqu'au milieu du 14e s., son importance économique fondée sur la fabrication et le commerce de la soie : la ville, sous le gouvernement du condottiere Castruccio Castracani, brille alors de tout son éclat. C'est de cette époque que datent ses plus beaux édifices civils et religieux : empruntant leurs modèles au style pisan, les architectes de Lucques savent y apporter leur propre originalité, faite de raffinement et de fantaisie. À partir de 1550, Lucques se tourne vers l'agriculture ; cette nouvelle activité entraîne un regain d'intérêt pour l'architecture : des villas sont édifiées dans la campagne, une ceinture de remparts encercle le noyau urbain et la plupart des maisons sont rebâties ou remaniées.

Au début du 19e s., une figure de femme domina la vie de Lucques au cours d'un bref règne (1805-1813) : **Élisa Bonaparte**, promue par son frère, à la suite des conquêtes italiennes, princesse de Lucques et de Piombino, gouverna avec sagesse et intelligence sa principauté, favorisant le développement de la ville et des arts.

carnet pratique

Restauration

• ***À bon compte***

Osteria Baralla – *Via Anfiteatro, 5/7/9 - ☎ 0583 44 02 40 - fermé dim., de mi-janv. à mi-fév. - réserv. conseillée - 15/21€.* Un joli restaurant, caché dans l'entrée des services d'un palais médiéval. Sous le beau plafond voûté de la salle principale ou dans la petite salle adjacente plus intime, vous pourrez déguster le menu du jour composé de plats typiques.

Da Giulio-in Pelleria – *Via delle Conce, 45 (piazza S. Donato) - ☎ 0583 55 948 - fermé lun., dim. (sf mai, sept., déc.), 20 au 31 déc. - réserv. conseillée - 18/22€.* Trattoria historique qui, malgré un nombre de couverts impressionnant, a su conserver une cuisine de qualité et propose des plats du terroir à un prix raisonnable. Malgré le va-et-vient incessant, l'ambiance est agréable et le service satisfaisant.

Hébergement

• ***À bon compte***

Ostello San Frediano – *Via della Cavallerizza, 12 - ☎ 0583 46 99 57 - fax 0583 61 007 - ⊭ ♿ - 148 lits : 16,01€ - ☕ 1,55€ - repas 8€.* Dans l'enceinte de l'ancien Collège royal et contigu à S. Frediano, cet établissement offre tout le confort d'un hôtel à un prix très modique. De grands espaces communs et un jardin agréable où vous pourrez vous reposer de la fatigue des visites.

• ***Valeur sûre***

Piccolo Hotel Puccini – *Via di Poggio, 9 - ☎ 0583 55 421 - fax 0583 53 487 - 14 ch. : 55/80€ - ☕ 3,62€.* Proche de l'église de San Michele in Foro, un petit hôtel sous le signe de Puccini, très bien tenu et idéal pour s'immerger dans l'atmosphère magique de la ville. Le personnel et la direction sont très sympathiques et parlent plusieurs langues.

Albergo San Martino – *Via Della Dogana, 9 - ☎ 0583 46 91 81 - fax 0583 99 19 40 - ▤ ♿ - 10 ch. : 74/104€ - ☕ 8€.* Pour ceux qui recherchent un hôtel à deux pas du Dôme, avec des chambres spacieuses et claires, une jolie décoration moderne, et un accueil jeune et incroyablement dynamique, voici l'adresse idéale ! Visite guidée de la ville sur demande.

Petite pause

Antico Caffè Di Simo – *Via Fillungo, 58 - ☎ 0583 49 62 34 - avr.-oct. : 8h-24h ; nov.-mars : mar.-dim. 8h-20h30.* Ce café, dont le décor remonte à 1846, a accueilli les plus grands artistes italiens dont Puccini, Verdi et Leopardi. C'est le lieu idéal pour se plonger dans l'histoire et la culture de Lucques tout en sirotant l'un des cocktails de la maison.

Gelateria Sergio Santini – *Piazza Cittadella, 1 - ☎ 0583 55 295 - été : 9h-24h ; reste de l'année : mar.-dim. 9h-20h.* S'asseoir au soleil et déguster l'une des meilleures glaces au chocolat de la ville en compagnie de Puccini, que demander de plus ? Ce glacier artisanal, vous propose également de délicieuses spécialités dont le *paciugo* et le *panettone* glacés.

Calendrier

Chaque année, en l'honneur du Saint Voult, se déroule dans la ville illuminée une très curieuse procession nocturne, la **« Luminara di Santa Croce »**.

La légende du « saint Voult » – Le « **Volto Santo** » (saint Voult) est un crucifix miraculeux conservé à l'intérieur de la cathédrale. On raconte que Nicodème, après le Calvaire, y avait représenté les traits du Christ. L'évêque italien Gualfredo, pèlerin en Terre sainte, réussit à trouver le saint Voult et l'embarqua sur une nacelle sans équipage qui s'échoua sur la plage de Luni, près de La Spezia. Les dévots de Luni et de Lucques se disputant l'image sainte, l'évêque de Lucques eut l'idée de faire placer le crucifix sur un chariot traîné par des bœufs : ceux-ci prirent aussitôt la direction de Lucques.

La renommée du Saint Voult, diffusée par les marchands lucquois, fut immense et les rois de France prêtaient parfois serment par « saint Vaudeluc » (Santo Volto di Lucca).

Piazza dell'Anfiteatro

G. Bludzin/MICHELIN

se promener

La vieille ville

Les rues et les places du **vieux Lucques** ont conservé un charme particulier dû à leurs palais gothiques ou Renaissance, à leurs tours seigneuriales, leurs boutiques anciennes, leurs portes ouvragées, leurs blasons sculptés et leurs élégantes grilles et balcons en fer forgé.

Partant de la **piazza San Michele**, on suit la via Roma, puis la via Fillungo jusqu'à la curieuse **piazza dell'Anfiteatro** située à l'intérieur de l'amphithéâtre romain. De là, il faut poursuivre vers la charmante piazza San Pietro (église des 12e et 13e s.).

Au n° 29 de la via Guinigi, la **maison des Guinigi** (Casa dei Guinigi), surmontée de sa tour couronnée d'arbres (du sommet, **panorama**★ sur la ville), déploie sur une surface impressionnante des fenêtres gothiques à baies multiples ; en face, aux n°s 20 et 22, maisons qui appartinrent également aux Guinigi. *Tour : mars-sept. 9h-19h30 ; oct. 10h-18h ; nov.-fév. 10h-16h30.* Fermé 25 déc. 2,58€. ☎ *0583 48 524.*

On arrive à l'église romane **S. Maria Forisportam**, ainsi appelée parce qu'elle était située hors de l'enceinte romaine. La via Santa Croce, la piazza dei Servi, la piazza dei Bernardini où se dresse le palais (16e s.) du même nom, ramènent à la piazza San Michele.

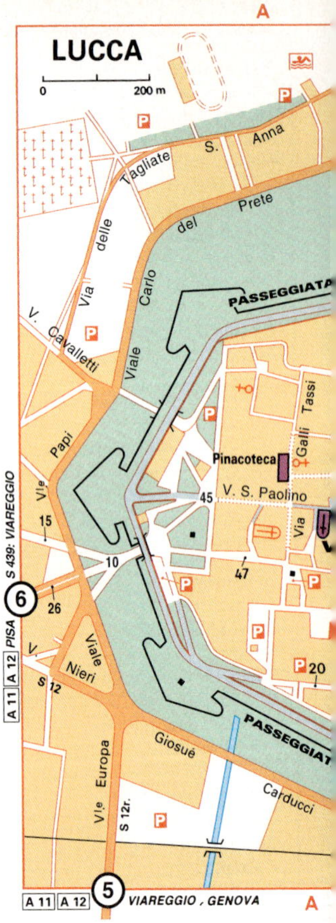

Circulation

Anfiteatro (Pza dell')	C	2
Angeli (Via degli)	B	3
Antelminelli (Pza)	C	4
Asili (Via degli)	B	5
Battisti (Via C.)	B	7
Beccheria (Via)	B	8
Bernardini (Pza dei)	C	9
Boccherini (Pza L.)	A	10
Cadorna (Viale)	D	12
Calderia (Via)	B	13

Battistero e chiesa dei Santi Giovanni e Reparata	B	B
Casa natale di Puccini	B	G

visiter

Duomo★★

Fondé au 6e s. et dédié à saint Martin, il a été reconstruit au 11e s. et presque entièrement refait au 13e s., pour l'extérieur, aux 14e et 15e s., pour l'intérieur. La **façade**★★ en marbres blancs et verts, due à l'architecte Guidetto da Como, produit en dépit de son asymétrie une impression de force et d'équilibre. Elle représente dans sa partie supérieure, à trois étages de galeries, la première expression du style roman pisan à Lucques, dans une version toutefois propre à la ville, plus aérée, exempte de sévérité et ornée avec une fantaisie exubérante – noter la richesse de la sculpture et des motifs de marqueterie de marbres qui envahissent l'ensemble.

Le campanile, puissant et élancé, est allégé par l'alternance des matériaux, brique et marbre, ainsi que par la multiplication des baies, à mesure que la construction s'élève. La décoration du porche d'entrée est extrêmement riche : piliers portant de fines colonnes naïvement sculptées, arcatures, frises, diverses scènes sculptées.

L'**intérieur**, gothique, possède un élégant triforium qui contraste par sa légèreté avec les arcs en plein cintre, supportés par de robustes piliers. Au revers de la façade se trouve l'étonnante sculpture romane de Saint Martin partageant son manteau, dont le style sobre et classique annonce Nicola Pisano.

Dans le bas-côté gauche s'élève le gracieux *tempietto*, construit par l'artiste lucquois Matteo Civitali (1436-1501) pour recevoir le saint Voult : le grand **Christ**★ en bois noirci par le temps, sculpté au 12e s. et dénotant par son aspect hiératique une influence orientale, serait une copie de celui-là même autour duquel se forgea la légende.

La sacristie abrite l'un des chefs-d'œuvre de la sculpture funéraire italienne, réalisé en 1406 par le Siennois **Jacopo della Quercia** : le **monument d'Ilaria del Carretto**★★, épouse de Paolo Guinigi, seigneur de Lucques au début du 15e s. ; la jeune femme est étendue sur un lit, vêtue d'une longue robe au plissé d'une rare souplesse ; à ses pieds veille un chien, symbole de la fidélité.

réglementée dans le centre-ville

Catalani (Via) . . . . A 15
Civitali (Via M.) . . . . C 17
Fillungo (Via) . . . . BC
Fratta (Via della) . . . . C 18
Garibaldi (Corso) . . . . AB 20
Giglio (Pza del) . . . . B 21
Guinigi (Via) . . . . C 22
Indipendenza (Piazza dell') . . . . B 23
Mordini (Via A.) . . . . C 24
Napoleone (Pza) . . . . B 25
Pascoli (Viale) . . . . B 26
Portico (Via del) . . . . C 27
Quarquonia (Via della) . . . . D 28
Repubblica (Viale) . . . . B 29
Risorgimento (Pzale) . . . . B 30
Roma (Via) . . . . B 31
S. Andrea (Via) . . . . C 32
S. Gemma Galgani (Via) . . . . . C 33
S. Giorgio (Via) . . . . B 34
S. Giovanni (Piazza) . . . . B 35
S. Martino (Pza) . . . . B 36
S. Michele (Pza) . . . . B 38
S. Pietro (Pza) . . . . C 40
Servi (Pza dei) . . . . C 42
Varanini (Pza L.) . . . . D 43
Verdi (Pzale G.) . . . . A 45
Vittorio Emanuele II (Via) . . . . AB 47
Vittorio Veneto (Via) . . . . B 50

Museo della cattedrale . . . C M¹
Palazzo Bernardini . . . . . . C N
Palazzo Pretorio . . . . B R
San Cristoforo . . . . B S
San Paolino . . . . A V
San Pietro Somaldi . . . . C X
Santa Maria Forisportam . . . . C W
Torre Civica delle Ore . . . . . B Z

Parmi les autres œuvres d'art : *Présentation de la Vierge au Temple* du Bronzino *(bas-côté gauche)* et **Cène**★ du **Tintoret** au remarquable éclairage *(bas-côté droit)*.

S. Michele in Foro★★

Édifiée sur l'ancien forum romain, du 12e au 14e s., cette église domine de sa haute masse blanche la place environnante que bordent des demeures anciennes et le palais Pretorio. Sa **façade**★★, d'une hauteur exceptionnelle car prévue pour une nef plus élevée, est d'un superbe style lucco-pisan, en dépit des remaniements de la partie inférieure entrepris au siècle dernier. Composée de quatre étages de galeries à colonnettes surmontant des arcatures aveugles, elle présente une ornementation remarquablement variée. À son sommet, deux anges musiciens encadrent la grande statue de saint Michel terrassant le dragon.

L'**intérieur**, roman, contraste avec l'extérieur par sa simplicité. Au 1er autel du bas-côté droit, ***Madone***★ d'**Andrea Della Robbia**. Le croisillon droit abrite un beau **tableau**★, au coloris éclatant, de **Filippino Lippi**.

S. Frediano★

Ayant été reconstruite au 12e s., avant l'influence de l'architecture pisane, cette grande église est l'expression du style roman lucquois d'origine. Sa façade, très dépouillée, est revêtue de marbre blanc provenant de l'amphithéâtre romain. Sa haute partie centrale, remaniée au 13e s., est dominée par une mosaïque représentant l'Ascension, exécutée dans le style byzantin par des artistes lucquois. L'intérieur présente trois vaisseaux charpentés (flanqués de chapelles latérales Renaissance et baroques) sur le modèle des premières basiliques chrétiennes : des colonnes antiques ornées de beaux chapiteaux rythment l'axe central ouvert sur une abside semi-circulaire. À droite, en entrant, une surprenante **vasque baptismale★** romane, exécutée au 12e s., est décorée de sculptures contant dans un style alerte des épisodes de la Vie de Moïse. La chapelle S. Agostino est décorée de fresques dues au peintre ferrarais Amico Aspertini : l'une d'elles évoque le fameux transport du saint Voult de Luni à Lucques.

Pinacoteca

Les **appartements** du **palais Mansi** (17e s.) présentent une remarquable **décoration★** (17e-18e s.). La **pinacothèque** rassemble les œuvres de peintres italiens du 17e s. (V. Salimbeni, Barocci) et tableaux d'écoles étrangères. (♿) *Mar.-sam. 8h30-19h30, dim. et j. fériés 8h30-13h30. Fermé 1er janv., 1er mai, 25 déc. 4,13€. ☎ 0583 55 570 ; www.ambientepi.arti.beniculturali.it*

Museo Nazionale di Villa Guinigi

Via della Quarquonia. (♿) Mar.-sam. 8h30-19h30, dim. et j. fériés 8h30-13h30. Fermé 1er janv., 1er mai, 25 déc. 4,13€, 6,20€ avec l'entrée à la pinacothèque. ☎ 0583 49 60 33 ; www.ambientepi.arti.beniculturali.it

Installé dans l'ancienne résidence champêtre de Paolo Guinigi, il regroupe du matériel archéologique, une section consacrée à la sculpture romane, gothique et Renaissance, et une autre à la peinture lucquoise et toscane.

alentours

Villa Reale, à Márlia

8 km au Nord. (♿) Visite guidée uniquement. Mars-nov. : 10h, 11h, 12h, 15h, 16h, 17h, 18h ; déc.-fév. : sur réservation (uniquement pour les groupes). Fermé lun. (sf lun. fériés). 5,16€. ☎ 0583 30 108.

La Villa Reale est entourée de **jardins★★** du 17e s., modifiés par Élisa Bonaparte : jardin de fleurs, jardin des citronniers, nymphée du 17e s. et ravissant théâtre de verdure.

Villa Grabau

Près de la villa de Márlia. ♿ Pâques-nov. : tlj sf lun. et mar. matin 10h-13h, 15h-19h ; le reste de l'année : uniquement le dim. 11h-13h, 15h-17h30. Fermé période de Noël. Parc et villa 5,16€, parc uniquement 4,13€. ☎ 0583 40 60 98 ; www.island.pisa.it/grabau

La villa se trouve au centre d'une perspective très suggestive qui porte le regard de l'allée de l'entrée au jardin à l'italienne en terrasse. Les fontaines ornées de mascarons de bronze et de statues de marbre blanc contribuent à l'élégante beauté du **parc★★** de 9 ha, que l'on peut considérer comme un véritable jardin botanique. Le visiteur pourra y admirer un « théâtre de verdure », un jardin à l'anglaise, orné d'incroyables arbres géants et plantes exotiques, et un jardin à l'italienne, décoré de citronniers datant du 18e et du 19e s. dans leurs pots d'origine.

Le parc comprend également la Serre hivernale et la **Serre des citronniers** du 17e-18e s.

Villa Mansi

À Segromigno, 11 km au Nord-Est. (♿) Avr.-oct. : tlj sf lun. 10h-13h, 15h-18h ; nov.-mars : tlj sf lun. 10h-13h, 15h-17h. Fermé 1er janv., 24-26 et 31 déc. 6,20€. ☎ 0583 92 00 96 ; www.villamansi.it

Cette construction du 16e s., transformée au 18e s., possède une façade chargée de statues et un vaste **parc★** ombragé, dont les allées bordées de statues conduisent à un beau plan d'eau.

Villa Torrigiani (ou Villa de Camigliano) près de Segromigno★

12 km au Nord-Est. (♿) Avr.-oct. : 10h-12h30, 15h-1h avant le coucher du soleil. Visite libre pour les jardins, visite guidée uniquement pour la villa. 7,74€. ☎ 0583 92 80 41 ; www.uehha.org//it/Toscana/camigliano.htm

Cette villa du 16e s., dite aussi villa **de Camigliano**, fut transformée au 17e s. en une luxueuse résidence d'été par le marquis Nicolao Santini, ambassadeur de la république de Lucques à la cour pontificale et à celle de Louis XIV. Les jardins, dessinés par Le Nôtre, sont embellis de jeux d'eau, de grottes, de nymphées. La demeure, à l'amusante façade rococo, possède des salles peintes à fresque et une galerie de tableaux.

Mantova★★

Mantoue

À l'extrémité Sud-Est de la Lombardie, Mantoue est située au cœur d'une fertile plaine basse, autrefois marécageuse. Entourée au Nord par trois lacs que forme le cours paresseux du Mincio, c'est une ville active et prospère, qui possède d'importantes industries mécaniques et pétrochimiques. De plus, la province de Mantoue occupe un des premiers rangs au monde pour la production de bas et de collants.

La situation

48 288 habitants – Cartes Michelin nos 428 et 429 G 14. Mantoue se trouve à l'extrémité Sud-Est de la Lombardie. On y arrive par l'A 2 du Brenner ou par la S 236 de Brescia.
Piazza Andrea Mantegna, 6, ☎ 0376 32 82 53.
Pour poursuivre la visite, voir le chapitre VERONA.

comprendre

Une légende, reprise par Virgile, prétend que Mantoue aurait été fondée par la Grecque Manto, la fille du devin Tirésias. Plus probablement, elle semble avoir été créée par les Étrusques vers le 6e ou le 5e s. avant J.-C. ; devenue gauloise par la suite, la cité se développa encore sous les Romains, dès le 3e s. avant J.-C. En 70 avant J.-C., elle donna naissance au plus grand poète de l'Antiquité romaine, **Virgile** (Publius Virgilius Maro), l'auteur inoubliable de l'*Énéide*, qui raconte les errances d'Énée fuyant Troie et les origines de Rome ; ses autres ouvrages, les *Bucoliques* et les *Géorgiques*, évoquent les travaux ou les plaisirs de la campagne et reflètent, par leur ton mélancolique et leur musique harmonieuse, la douceur voilée des paysages mantouans.

Au cours du Moyen Âge, la cité fut le théâtre de nombreuses luttes entre factions adverses qui la saccagèrent, avant de devenir commune libre au 13e s., puis de passer, au 14e s., sous le commandement de Louis Ier de Gonzague, nommé « capitaine général de Mantoue ». Sous le mécénat des **Gonzague**, souverains éclairés, protecteurs des arts et des lettres, la cité fut, aux 15e et 16e s., un des principaux centres intellectuels et artistiques de l'Italie du Nord. Jean-François de Gonzague (1407-1444) confia ses enfants au fameux pédagogue Vittorio da Feltre (1379-1446) et fit appel au peintre véronais **Pisanello** (vers 1395-vers 1450) pour décorer les murs du palais ducal. Son fils, Ludovic II (1444-1478), condottiere de son métier, incarna le type même du seigneur mécène de la Renaissance, distribuant la terre aux pauvres, construisant des ponts et favorisant les artistes : l'humaniste siennois Ange Politien (1454-1494), l'architecte florentin Leon Battista Alberti (1404-1472) et le peintre de Padoue **Andrea Mantegna** (1431-1506) furent familiers de sa cour. François II (1484-1519) épousa la belle et sagace Isabelle d'Este, éduquée à Ferrare, qui contribua à la renommée de Mantoue. Leur fils, Frédéric II, fut nommé duc par Charles Quint en 1530 et embellit sa ville natale, faisant appel à l'architecte et peintre **Jules Romain** (1499-1546), élève de Raphaël, qui travailla au palais ducal et au Dôme, et construisit celui du Te (Palazzo Te).

En 1627, Vincent II mourut sans laisser d'héritier. La succession aurait dû revenir aux Gonzague-Nevers, branche cadette de la famille, mais l'empereur Ferdinand II de Habsbourg, opposé à toute candidature française, envoya contre Mantoue une

carnet pratique

Restauration

• ***Valeur sûre***

L'Ochina Bianca – *Via Finzi, 2 - ☎ 0376 32 37 00 - fermé lun. et mar. à midi, 1er au 7 janv. - 23/31€.* Des tables en bois et des chaises en paille composent le mobilier de cette *osteria* traditionnelle, qui propose une véritable cuisine du terroir. Peu de plats du jour, mais une cave très bien fournie pour réchauffer l'atmosphère.

Hébergement

• ***Valeur sûre***

Hotel Paradiso – *Via Piloni, 13 - 7 km au S sur la S 62 direction Modène - ☎ 0376 44 07 00 - fax 0376 44 92 53 - fermé 20 déc. au 2 janv. - P ♿ - 16 ch. : 46,48/72,30€ - ☕ 3,10€.* Dans une zone tranquille, cet hôtel divisé en trois bâtiments entourant un joli jardin offre des chambres simples, mais spacieuses et accueillantes. Le petit-déjeuner est servi à l'extérieur lorsque le temps le permet ou dans un petit « jardin d'hiver » lorsqu'il fait froid.

Calendrier

Début septembre, Mantoue accueille un Festival littéraire (rencontre avec les auteurs, conférences, spectacles, ateliers, parcours littéraires). Pour toute information : www.festivaletteratura.it

armée de mercenaires allemands qui mit la ville à sac en 1630, laissant sur son passage l'épidémie de peste qui aurait ravagé Milan et la Lombardie (c'est avec ces événements dramatiques comme toile de fond que se déroulent les aventures narrées par **Manzoni** dans *Les Fiancés*. Toutefois, les Gonzague-Nevers présidèrent aux destinées de la ville jusqu'en 1707. Ils furent alors destitués et Mantoue fut annexée à l'Empire autrichien, auquel elle appartiendra, exception faite de la parenthèse napoléonienne (1797-1814), jusqu'en 1866, date du rattachement de la ville au royaume d'Italie.

visiter

Palazzo Ducale★★★

Visite : 1h30. (♿) Tlj sf lun. 8h45-19h15 (la billetterie ferme à 18h30). Fermé j. fériés. 6,20€. ☎ 0376 38 21 50.

Cet imposant édifice se compose de bâtiments datant de différentes époques : la Magna Domus et le palais du Capitaine, que les Bonacolsi (seigneurs de Mantoue de 1272 à 1328) firent construire à la fin du 13e s., le castel S. Giorgio du 14e s. et les différents corps intérieurs de bâtiment, édifiés par les Gonzague aux 15e-16e s., tels que l'église palatine S. Barbara du 16e s.

Les appartements★★★ – La visite s'ouvre par le grand escalier des Duchesses, du 17e s., qui conduit à l'étage noble. Dans l'une des premières salles, le tableau de Domenico Morone (1442-1517), *L'Expulsion des Bonacolsi et le Triomphe des Gonzague le 16 août 1328*, met en lumière la configuration médiévale de la piazza Sordello, avec l'ancienne façade du Dôme. Les **salles de Pisanello** renferment des fragments de fresques et de remarquables **sinopies**★★ (dessin préparatoire d'une fresque, tracé avec une terre ocre, voisine de la sanguine), mises au jour en 1969. Œuvres au trait

Nimatallah/ARTEPHOT

Dans le palais ducal de Mantoue, des créatures célestes vous regardent depuis le plafond de la chambre des Époux

raffiné et incisif de Pisanello, elles illustrent, au sein d'un univers fantastique et intemporel et avec un très grand lyrisme, des épisodes inspirés des chansons de geste des Chevaliers de la Table Ronde. L'**appartement des Tapisseries**, néoclassique, autrefois appelé **appartement vert**, est garni de neuf magnifiques tapisseries de Bruxelles, exécutées d'après des cartons de Raphaël. La **chambre du Zodiaque** conduit à la **petite pièce des Maures** (de style vénitien) et à la **salle des Fleuves**, qui donne sur le **jardin suspendu**. Les géants représentés sur les murs symbolisent les fleuves du Mantouan. Le **couloir des Maures** conduit à la célèbre **galerie des Glaces**, destinée à la danse et à la musique. Dans l'élégant **salon des Archers**, antichambre de l'appartement du duc, on trouve désormais des toiles de Rubens et de Domenico Fetti. L'**appartement ducal** se compose d'une série de pièces réaménagées au début du 17ᵉ s. par Antonio Maria Viani pour Vincent Iᵉʳ, parmi lesquelles l'appartement du Paradis et le minuscule appartement des Nains. Jules Romain réalisa le bâtiment appelé la **« Rustica »** et le **manège** (Cortile della Cavallerizza), fermé par la **galerie d'exposition**, exécutée à la fin du 16ᵉ s. par Antonio Maria Viani pour accueillir les collections d'art de Vincent Iᵉʳ, et par la **galerie des Mois**, également de Jules Romain.
Dans le **Castel S. Giorgio**, on visite la célèbre **Chambre des Époux★★★** (Camera degli Sposi, ainsi nommée car on y enregistrait les mariages), que réalisa **Andrea Mantegna** entre 1465 et 1474. Les fresques y glorifient le monde raffiné et superbe de la cour des Gonzague : avec une maîtrise absolue du raccourci et une science prodigieuse de la perspective, le peintre joue avec l'architecture du lieu, créant une vision vertigineuse où s'interpénètrent les espaces et les matériaux. On retrouve également ses caractéristiques décors sculptés en trompe-l'œil (ici combinés aux stucs) et ses guirlandes de feuillages et de fruits. Au mur Nord : on reconnaît Ludovic II, tourné vers son secrétaire, tandis que sa femme Barbara est assise de face ; autour des époux se pressent leurs enfants, des courtisans et la figure énigmatique d'une naine.
Au mur Ouest, Ludovic rencontre son fils, le cardinal François ; en arrière-plan apparaît une cité aux splendides monuments, qui pourrait représenter la ville de Rome, dont l'artiste rêvait tant mais où il n'était pas encore allé. Sur ce même mur, au faux pilier à droite de la dédicace, Mantegna a laissé son propre portrait. L'extraordinaire trompe-l'œil de Mantegna atteint son apogée dans l'oculus, par lequel des amours et des domestiques contemplent la scène. Cette invention connaîtra un immense succès. Ici, le motif donne à l'ensemble solennel, une note légère et étrange.

Piazza Sordello★

Cette place, cœur de l'antique Mantoue, a conservé son aspect médiéval. Elle est bordée à l'Ouest par les palais des Bonacolsi flanqués de la haute tour de la « Cage » (Torre della « gabbia », qui doit son nom à la cage de fer dans laquelle les malfaiteurs étaient exposés), et par le palais épiscopal, dont la façade se distingue par les deux atlantes qui soutiennent un balcon. À l'Est, elle est délimitée par les bâtiments les plus anciens du palais ducal : la Magna Domus et le palais du Capitaine, crénelé.
Le côté Nord est fermé par le **Dôme**, qui mêle différents éléments et plusieurs styles : une façade néoclassique, un flanc droit gothique tardif et un campanile roman. L'intérieur, du 16ᵉ s., a été dessiné par Jules Romain.

Piazza Broletto
Foyer de la vie publique à l'époque communale, c'est ici que s'élève le Broletto, palais du Podestat du 13e s., en partie remanié au 15e s. Sur la façade, statue du 13e s. représentant Virgile en orateur. À l'angle de droite s'élève la tour communale, transformée plus tard en prison.

Piazza delle Erbe★
Ainsi nommée à cause de son pittoresque marché de fruits et légumes, elle est délimitée au Nord par la partie postérieure du Broletto et à l'Est par le palais de la Raison (Palazzo della Ragione, selon la terminologie médiévale pour désigner la justice) du 13e s. Celui-ci est flanqué de la tour de l'Horloge (15e s.) et de la **rotonde St-Laurent★** (Rotonda di S. Lorenzo), église de plan circulaire, élégante et sobre, remontant à l'époque romane, dont l'intérieur possède un déambulatoire à colonnades surmonté d'une loggia et d'une coupole. ♿ *De mi-mars à fin sept. : 10h-12h, 14h-17h ; de déb. oct. à mi-mars : 15h-16h. Laisser une offrande.*

S. Andrea★
Érigée au 15e s. d'après les plans de **Leon Battista Alberti**, cette basilique représente l'un des sommets de la Renaissance italienne. La façade est composée d'éléments architecturaux classiques : tympan, arc de triomphe, et niches entre les pilastres. L'**intérieur** possède une nef unique à voûte en plein cintre et des murs peints à faux reliefs. La première chapelle de gauche renferme la tombe de Mantegna. Au milieu du transept s'élève la coupole, réalisée entre 1732 et 1765 par Filippo Juvara. Dans la crypte, deux vases placés dans une arche contiennent la relique du Sang du Christ, apportée à Mantoue par le soldat romain Longino.

Teatro Accademico
♿ *Tlj sf lun. 9h30-12h30, 15h-18h. Fermé 1er janv., 1er mai, 15 août, 25 déc. 2,07€. ☎ 0376 32 76 53.*
Charmant petit théâtre érigé au 18e s. par Antonio Bibiena, il présente une scène fixe en faux marbre, et quatre ordres de loges en bois, ornées en clair-obscur. Le 13 décembre 1769, le théâtre accueillit Mozart qui avait alors 13 ans. C'est aujourd'hui encore une scène de concerts.

Palazzo d'Arco
Piazza d'Arco. Mars-oct. : tlj sf lun. 10h-12h30, 14h30-18h ; nov.-fév. : uniquement w.-end 10h-12h30, 14h-17h (la billetterie ferme 30mn avant). Fermé j. fériés. 2,58€. ☎ 0376 32 22 42.
Palais néoclassique d'inspiration palladienne *(voir le chapitre Vicenza)* abritant d'intéressantes collections de mobilier, peintures, céramiques du 18e s.

Palazzo di Giustizia
Le palais de justice présente une monumentale façade à cariatides du début du 17e s. Au no 18 de la même rue, maison natale de **Jules Romain**, bâtie en 1544 sur les plans du maître.

Casa del Mantegna
Via Acerbi no 47. Sévère édifice en brique, vraisemblablement dessiné par le peintre lui-même en 1476 et qui possède une jolie cour.

Palazzo Te★★
♿ *Tlj sf lun. matin 9h-18h30. Fermé 1er janv., 1er mai, 25 déc. 6,20€. ☎ 0376 36 38 83.*
Cette immense villa suburbaine fut construite par Jules Romain pour Frédéric II de Gonzague, dans les années 1525-1535, suivant le schéma planimétrique de la maison romaine. Avec son enchevêtrement d'éléments classiques et de créations (tel que l'inquiétant entablement « brisé » de la cour d'honneur), le palais est l'un des plus beaux exemples de l'architecture maniériste. L'**intérieur** fut décoré avec faste par l'artiste et son atelier. Dans le **salon des Chevaux**, destiné aux réceptions, sont représentés les meilleurs éléments des écuries des Gonzague. C'est dans la **salle de Psyché**, réservée aux banquets, que l'art sensuel et énergique de Jules Romain incarne le mieux l'esprit hédoniste présent dans tout le palais. Les fresques de la salle la plus célèbre, la **salle des Géants**, figurent la colère de Zeus contre les Titans. L'ornementation continue des murs et des voûtes produit une impression de flou spatial, tandis que la coupole suspendue dans le vide crée un effet délibérément artificiel, exactement à l'opposé de celui rendu par Mantegna dans la Chambre des Époux du palais ducal.

alentours

Sabbioneta★
34 km au Sud-Ouest de Mantoue. C'est **Vespasien de Gonzague** (1531-1591) qui, à partir de 1558, fit construire la ville. Philippe II d'Espagne, dont il était général, le récompensa de ses services en le décorant de la Toison d'or, ordre institué en 1429 par Philippe le Bon, duc de Bourgogne. Homme raffiné et cultivé, Vespasien tint à diriger lui-même les travaux de construction de sa « ville idéale ».

L'ensemble urbain★ – *Visites organisées par l'Office municipal du tourisme, piazza d'Armi, 1, ☎ 0375 22 10 44 (partie civile), par l'Office du tourisme de la via Vespasiano Gonzaga (n° 27), ☎ 0375 52 039 (synagogue) et par la Paroisse de la via dell'Assunta (n° 3), ☎ 0375 52 035 ou 0375 22 02 99 (partie religieuse).*
L'enceinte fortifiée hexagonale, le plan urbain en étoile et les monuments font de Sabbioneta l'un des joyaux du maniérisme italien.
Le **palais du Jardin**, destiné aux fêtes, présente des murs et des plafonds richement décorés par Bernardino Campi (1522-1591) et ses élèves ; avec ses 96 m, la grande **galerie** est l'une des plus longues de la Renaissance.
Le **Théâtre olympique**, œuvre de Vincenzo Scamozzi (1552-1616), bâti entre 1588 et 1590, est l'une des premières salles d'Europe à avoir été réalisée en dur et couverte. L'intérieur, décoré de fresques de l'école de Véronèse, possède une tribune à colonnade surmontée de statues de divinités.
Dans le **palais ducal**, orné de riches plafonds en bois à caissons d'inspiration espagnole, on peut admirer les statues équestres en bois des Gonzague et la galerie des Ancêtres.
L'**église de l'Incoronata**, de plan octogonal et coiffée d'un dôme, contient le mausolée de Vespasien, que Leone Leoni (1509-1590) a statufié en bronze en empereur romain.
Le **musée d'Art sacré** expose la **Toison d'or** de Vespasien de Gonzague, retrouvée en 1988 à l'intérieur de sa tombe dans l'église de l'Incoronata.
La **synagogue** du 19e s. témoigne de l'histoire de la communauté juive de Sabbioneta. Elle devait son immense renommée au raffinement de ses travaux d'imprimerie, à laquelle avait recours Vespasien lui-même.

Massa Marittima★★

Le nom de Massa Marittima indiquerait, selon certains, une antique proximité de la mer et, selon d'autres, sa relation avec le secteur proche de la Maremme.
Située au cœur d'une douce campagne sur les derniers contreforts des Collines métallifères, elle a conservé son caractère ancien d'importante commune du Moyen Âge associant des activités minières, agricoles et artisanales.

La situation

8 823 habitants – Carte Michelin n° 430 M 14 – Voir aussi Le Guide Vert TOSCANE – Toscane. Massa Marittima, située dans un cadre champêtre typiquement toscan, se trouve sur la route allant de Follonica à Sienne. ℹ *Via Parenti, 22, ☎ 0566 90 27 56.*
Pour poursuivre la visite, voir le chapitre SIENA.

Adresse
Osteria da Tronca – *Vicolo Porte, 5 - ☎ 0566 90 19 91 - fermé mer., 29 déc.-fév. - ▤ - 19/26€.* « J'aime tellement le vin que je maudis ceux qui mangent le raisin » : la devise de cette *osteria* donne tout de suite le ton ! Cuisine du terroir, décor rustique, service informel... et bons vins garantis !

visiter

Piazza Garibaldi★★

Sur cette belle place s'élèvent les principaux monuments de la cité : deux palais d'époque romane, le palais du Podestat aux nombreuses fenêtres jumelées et l'hôtel de ville couronné de merlons, ainsi que la cathédrale, également romane.

Duomo★★

Remontant probablement au début du 11e s., ce majestueux édifice roman de style pisan, entouré d'arcatures aveugles, fut agrandi en 1287 par **Giovanni Pisano** et sa façade complétée d'un fronton à trois flèches. Son beau **campanile★**, autrefois crénelé, est aujourd'hui surmonté de quatre clochetons.
À l'intérieur, de plan basilical, on remarque les chapiteaux variés de la nef. Sur la paroi intérieure de la façade, un bel ensemble de bas-reliefs préromains, aux influences byzantines (10e s.). La chapelle à gauche du chœur abrite la *Vierge des Grâces* attribuée à **Duccio di Buoninsegna** et des éléments de la *Présentation de Jésus au Temple*, œuvre mutilée de Sano di Pietro ; dans l'abside, le sarcophage de saint Cerbone, sculpté par Goro di Gregorio en 1324 ; à droite du chœur, une *Crucifixion* de Segna di Bonaventura (début 14e s.).

Palazzo del Podestà

Il remonte aux années 1225-1230. Orné en façade des blasons des différents podestats qui y vécurent, il est le siège du **Musée archéologique** (Museo Archeologico) : intéressante stèle de Vado all'Arancio (exemplaire unique retrouvé

Massa Marittima, une ville médiévale entourée par la campagne

G. Bludzin/MICHELIN

en Étrurie d'un style caractéristique du Nord-Ouest de la Toscane et du Sud de la France). *Été : tlj sf lun. 10h-12h30, 15h30-19h ; le reste de l'année : tlj sf lun. 10h-12h30, 15h-17h. Fermé 1er janv., 25 déc. 2,58€. ☎ 0566 90 22 89 ; www.coopcollinemetallifere.it*
La palais abrite également une très belle *Vierge en majesté* d'Ambrogio Lorenzetti (14e s.).

Museo della Miniera

(♿) *Tlj sf lun. Visite guidée uniquement. Fermé 1er janv., 25 déc. 5,16€. Pour toute information sur les horaires : ☎ 0566 90 22 89 ; www.coopcollinemetallifere.it*
À proximité de la piazza Garibaldi, ce musée de la Mine évoque, sur environ 700 m de galeries, l'exploitation du minerai de fer dans la région : évolution des techniques de soutènement et d'extraction, exposition de matériel et collection de minéraux.

►► Fortezza dei Senesi et tour du Candeliere★, S. Agostino.

alentours

Abbazia e eremo di S. Galgano★★

32 km au Nord-Est. Cette **abbaye** gothique, dont subsistent uniquement les majestueuses et suggestives ruines, fut élevée entre 1224 et 1288 dans le style cistercien en l'honneur de **saint Galgan** (1148-1181). Première église gothique toscane, elle servit de modèle pour la construction de la cathédrale de Sienne. Seuls l'angle du cloître, la salle capitulaire et le scriptorium témoignent de l'ancien monastère.
Quelque 200 m plus loin, un **ermitage** roman du 12e s. dont le dôme s'inspire des tombes étrusco-romaines domine les ruines de l'abbaye.

Grosseto

52 km au Sud-Est. Capitale provinciale d'aspect moderne, située dans la fertile plaine de l'Ombrone, Grosseto possède un noyau ancien contenu entre de puissants remparts bastionnés, érigés par les Médicis à la fin du 16e s. Il accueille un intéressant **musée archéologique**. ♿ *Mai-oct. : tlj sf lun. 10h-13h, 17h-20h ; mars-avr. : tlj sf lun. 9h-13h, 16h-18h ; nov.-fév. : tlj sf lun. 9h-13h, w.-end et j. fériés 9h-13h, 16h-18h. Fermé 1er janv., 1er mai, 25 déc. 5,16€. ☎ 0564 48 87 50 ; www.gol.grosseto.it*
L'église de **S. Francesco** est une église conventuelle du 13e s. conservant quelques petites fresques de l'école siennoise (14e s.) et un beau crucifix peint du 13e s.

Matera★★

Au cœur d'une région que l'érosion a creusée de gorges profondes, composant un paysage désolé aux vastes horizons, Matera surplombe le ravin qui la sépare des « Murge », collines de la Pouille. La ville moderne, centre actif de Matera, capitale de province, s'étend sur un plateau dominant la ville basse, dont les maisons en partie troglodytiques (d'où leur nom italien de « Sassi », les cailloux) ont été presque entièrement abandonnées. Les rochers de la ville et des environs ont été creusés au point d'y dénombrer quelque 130 églises rupestres : dès le 8e s., en effet, à la suite de l'immigration des colonies monastiques orientales, s'est développée dans la région et dans la Pouille voisine toute une architecture souterraine, dont l'agencement et la décoration révèlent une influence byzantine.

La situation

56 924 habitants – Carte Michelin no 431 E 31 – Basilicate. Matera se trouve au centre de la Basilicate, sur la S 7, Via Appia. ℹ *Via De Viti de Marco, 9, ☎ 0835 33 19 83.* *Pour poursuivre la visite, voir les chapitres CALABRIA et PUGLIA.*

visiter

Adresse

Casa del Pellegrino - Le Monacelle – *Via Riscatto, 10 - ☎ 0835 34 40 97 - fax 0835 33 65 41 - ⊭ - 8 ch. : 41,32/56,81€* ☕. Tout près du Dôme et des fameux « Sassi », cette maison a vue sur la gorge qui borde la ville. Elle propose par ailleurs des chambres et des pièces communes très spacieuses, et deux chambres « dortoir ». Simple et tranquille, elle dispose également d'une chapelle consacrée.

Les « Sassi »★★

De chaque côté du rocher portant la cathédrale s'étagent les deux principaux quartiers troglodytiques, formés par de petites maisons blanchies à la chaux, superposées de telle sorte que les toits servent de rues. Ainsi les niveaux, les ruelles, les escaliers forment-ils un lacis inextricable.

Strada dei Sassi★★

Voie panoramique longeant la gorge sauvage et contournant le rocher portant la cathédrale. Dans la paroi rocheuse qui fait face, on remarque de nombreuses grottes naturelles ou artificielles.

Duomo★

De style roman apulien (13e s.), il possède une façade tripartite, à un seul portail, qui s'orne d'une belle rosace et d'une galerie suspendue. Ses murs sont garnis d'arcs aveugles ; sur le flanc droit s'ouvrent deux riches portails. À l'intérieur, remanié aux 17e et 18e s., Madone de style byzantin (fresque des 12e-13e s.), crèche napolitaine du 16e s. et, dans le chœur, belles stalles sculptées du 15e s. ; la **chapelle de l'Annonciation★** présente un beau décor Renaissance.

S. Pietro Caveoso

Lun.-ven. 9h30-13h30, 15h-19h, dim. et j. fériés 11h-13h30, 15h-18h. ☎ 0835 31 15 10. Église baroque située au pied du mont Errone, et autour de laquelle se trouvent plusieurs églises rupestres, dont certaines décorées de fresques : S. Lucia alle Malve, S. Maria de Idris, S. Giovanni in Monterrone.

Museo Nazionale Ridola

♿ *Tlj sf lun. matin 9h-20h. Fermé 1er janv., 1er mai, 25 déc. 2,58€. ☎ 0835 31 00 58.* Installé dans un ancien couvent, il abrite une intéressante collection de matériel archéologique provenant de la région.

▶▶ Points de vue sur Matera★ depuis les belvédères *(4 km, par la route d'Altamura, puis celle de Taranto et, à droite, par une route signalisée « chiese rupestri »).*

Merano / Meran★★

Merano est un centre touristique important en raison de son climat très doux et de ses eaux curatives, particulièrement recommandées pour soigner les problèmes de circulation artérielle et veineuse, pour les rhumatismes et les douleurs articulaires chroniques, pour les maladies du métabolisme et pour les difficultés respiratoires. Merano s'enorgueillit également de son Grand Prix hippique, la plus célèbre course d'obstacles (steeple-chase) d'Italie. De nombreuses remontées mécaniques permettent d'atteindre rapidement Merano 2000, station appréciée des amateurs de sports d'hiver et d'excursions en montagne.

La situation

34 120 habitants – Carte Michelin no 429 B-C 15 – Plan dans Le Guide Rouge Italia – Trentin-Haut-Adige. Merano se trouve au débouché du val Venosta, dans la vallée de l'Adige, et est reliée par une grande route à Bolzano. ℹ *Corso della Libertà, 35, ☎ 0473 23 52 23.*

Pour poursuivre la visite, voir le chapitre BOLZANO.

visiter

Adresse

Sissi – *Via Galilei, 44 - ☎ 0473 23 10 62 - fermé lun., 8 au 22 janv., 1er au 15 juil. - ⊭ ▤ - réserv. conseillée - 38/49€.* Un restaurant sobre et de bon goût. La grande salle possède de grandes baies vitrées et des luminaires de style Liberty qui adoucissent l'atmosphère le soir. À l'étage, une salle intime accueille les groupes. Cuisine originale avec produits de saison.

Passeggiate d'Inverno e d'Estate★★

Longeant le fleuve Passirio, ces deux promenades font le charme de Merano. Celle d'Hiver, exposée au midi, ombragée et fleurie, bordée de boutiques et de terrasses, est la plus animée, et se prolonge par la passeggiata Gilf, qui finit près d'une puissante chute d'eau. Sur l'autre rive, la promenade d'Été s'enfonce dans un beau parc ombragé (pins, palmiers).

Passeggiata Tappeiner★★

Cette magnifique promenade, longue de 4 km, serpente à 150 m au-dessus de Merano, offrant de remarquables points de vue jusqu'au village de Tirolo.

Duomo di S. Nicolò

Cet édifice gothique, dominé par un puissant clocher et précédé par une façade à pignon crénelé, est orné sur le côté droit d'une statue de saint Nicolas (14e s.) et d'un gigantesque saint Christophe, repeint au 19e s.
L'intérieur, recouvert de belles **voûtes gothiques★** à nervures, abrite deux vitraux du 15e s., deux **polyptyques gothiques★** en bois peints par le Tyrolien Knoller (16e s.). Dans la **chapelle** voisine **Ste-Barbara**, située au début du vieux sentier menant à Tirolo, se trouve un haut-relief de la *Dernière Cène* du 16e s.

Via Portici (Laubengasse)★

Longue rue rectiligne, longée d'arcades et bordée de maisons colorées, à oriel, abritant de curieuses boutiques à façades sculptées (15e s.).

Castello Principesco★

Juil.-août : tlj sf lun. 16h-19h ; le reste de l'année : tlj sf lun. 10h-17h, dim. et j. fériés 10h-13h. Fermé janv.-fév., 25 déc. 2,07€, 3,09€ avec l'entrée au Musée municipal. ☎ 0473 25 03 29 ; www.comune.merano.bz.it/tuttocittà/cultura
Élevé au 14e s. et agrandi au 15e s., le château princier, à pignons crénelés et tour à poivrière, servait de demeure aux princes du Tyrol quand ils séjournaient dans la ville. Il possède de beaux appartements.

alentours

Avelengo / Hafling★

10 km au Sud-Est. Accès par la route panoramique. Joli site sur un plateau dominant la vallée de Merano.

Merano 2000✻

Accès par téléphérique à partir de Val di Nova (3 km à l'Est). Juin-nov. et de mi-déc. à mi-avr. : 9h-17h. ☎ 0473 23 48 21.
Plateau boisé de conifères où s'ouvrent de nombreuses pistes de ski. Point de départ de nombreuses excursions en haute montagne.

Tirolo / Tirol★

4 km au Nord. Accessible par télésiège de Merano. Ce charmant village tyrolien entouré de vignes et de vergers est dominé par le **Castel Tirolo**, édifié au 12e s. par les comtes du val Venosta. *Avr.-nov. : tlj sf lun. 10h-17h. Fermé en hiver. 2,58/4,13€. ☎ 0473 22 02 21.*
Le **castel Fontana** (ou **Brunnenburg**) est une curieuse reconstruction de fortifications du 13e s. : le poète américain **Ezra Pound** y travailla à ses *Cantos* après 1958, quand fut levée l'accusation de collaboration au régime fasciste par ses émissions de radio.

circuits

VAL PASSIRIA / PASSEIERTAL★

50 km jusqu'au col du Rombo / Timmelsjoch ; 40 km jusqu'au col de Monte Giovo / Jaufenpass. La route suit la vallée du Passirio jusqu'à **San Leonardo / St. Leonhard**, aimable village tyrolien groupé autour de son église. La **route du col du Rombo / Timmelsjoch★**, abrupte et parfois taillée dans le rocher, offre des vues imposantes sur les crêtes frontières.
Celle du **col de Monte Giovo / Jaufenpass★** s'élève parmi les conifères. En descendant, **vues★★** sur les hauts sommets enneigés de l'Autriche voisine.

VAL VENOSTA / VINSCHGAU★

De Merano, suivre la S 38, direction Resia. Longue vallée ensoleillée plantée de pommiers, le val Venosta s'élargit progressivement vers l'Ouest, au fur et à mesure que l'on monte vers le col de Resia. Merano marque le débouché de cette voie naturelle de communication, qui assure le transit avec la Valteline par le magnifique **col du Stelvio**, avec la Suisse par le col de Tubre et avec l'Autriche par celui de Resia.
Aussi son histoire est-elle déjà fort ancienne, et nul ne saurait mieux la conter que le célèbre Ötzi, ce témoin venu de 5 300 années dans le passé et surgi dans sa gangue de glace au cœur du val Senales, une branche du val Venosta *(on peut le « rencontrer » au Musée archéologique de Bolzano ; voir le chapitre Bolzano).*

Naturno / Naturns – Quand on quitte Merano vers le col de Resia, on parvient, après être passé devant l'imposante brasserie de Forst et avoir parcouru 15 km, à Naturno, implanté au confluent du val Venosta et du val Senales. Dominant ce

« carrefour » depuis le 13e s., le **Castel Juval** appartient aujourd'hui à l'alpiniste Reinhold Messner, qui l'a garni des précieux souvenirs glanés au cours de ses expéditions au Tibet. *Tlj sf mer. 10h-16h. Fermé juil. et août, nov.-dim. des Rameaux. 6,20€ (tarif famille : 12,91€). ☎ 348 44 33 871.*

Avant de pénétrer dans le village, on aperçoit, légèrement en retrait et immergée parmi les arbres fruitiers, la chapelle de **S. Procolo★** que signale un panneau. Ce minuscule écrin contient les plus anciennes fresques (8e s.) de la région. La plus remarquable d'entre toutes est incontestablement celle dite du **saint sur la balançoire**, sous les traits épanouis et expressifs duquel serait représenté Procule, évêque de Vérone. La scène est censée se situer au moment où il fuit sa ville, suspendu à une corde jetée d'une fenêtre. Mais les regards intrigués des hommes apparaissant à une fenêtre haute et des six personnes s'encadrant dans une troisième laissent à penser qu'il joue à se balancer. ♿ *9h30-12h, 14h30-17h30. Fermé lun. (sf lun. fériés), de déb. nov. à mi-avr. 1,29€. ☎ 0473 66 73 12.*

Sluderno / Schluderns – Le village se blottit au pied du **Castel Coira** (1253), qui fut rhabillé à la Renaissance. La belle terrasse intérieure (1570) est le cadre où se déploie l'arbre généalogique des propriétaires, les comtes Trapp. L'un des attraits du château est constitué par sa grande et antique salle d'armes. *De mi-mars à fin oct. : 10h-12h, 14h-16h30.* Visite guidée uniquement. Fermé lun. (sf lun. fériés). 5,16€ *(tarif famille : 12,91€). ☎ 0473 61 52 41.*

Glorenza / Glurns – Cette ancienne cité mentionnée déjà en 1178 ne dépasse plus le millier d'habitants. Elle mérite néanmoins que l'on s'y arrête, car c'est la seule cité fortifiée du Haut-Adige que le temps ait épargné. L'ensemble des murs existe encore et on y trouve les seules arcades de la vallée. L'église paroissiale, hors de l'enceinte, sert de support à une fresque extérieure de 1496 illustrant le *Jugement dernier*.

Malles / Mals – La localité recèle un petit trésor roman, son **église S. Benedetto**, élevée au 9e s. Les fresques représentent, entre autres, ses deux fondateurs : un chevalier franc, avec son épée, et un ecclésiastique portant le modèle réduit de l'église, tous deux encadrés d'auréoles carrées. *Visite guidée uniquement. Pour toute information : Office du tourisme Malles ☎ 0473 83 11 90. 1,55€.*

Burgusio / Burgeis – En montant vers le col de Resia, on ne peut manquer de voir la masse blanche de l'**abbaye de Montemaria**, même s'il neige, car tranche alors la couleur noire de son toit pentu, des bulbes des tours et du campanile.
La visite de la **crypte** permet d'admirer de splendides fresques romanes, réalisées lors de la construction de l'abbaye au 12e s. Inspirées de l'Apocalypse, elles révèlent une indéniable influence byzantine. Le Christ Pantocrator figure dans une mandorle ourlée d'un arc-en-ciel, symbole de paix. On voit à ses côtés des chérubins et des séraphins pourvus d'ailes se terminant par des flammes, et plus bas, les évangélistes. En face sont représentés les murs de la Jérusalem céleste. *Juil.-oct. : tlj sf dim. 10h, 11h, 15h et 16h, sam. 10h et 11h ; avr.-juin : tlj sf dim. 10h45 et 15h, sam. 10h45 ; nov.-mars : uniquement sur réservation. Fermé j. fériés. 2,32€. ☎ 0473 83 13 06.*

Lago di Resia – Mystérieux et évocateur, un campanile pointe hors de ses eaux. C'est celui de l'ancienne église de Curono, qui fut submergée en 1950 lors de la mise en eau de ce lac artificiel.

Lara Pessina/MICHELIN

Comme par enchantement, un vieux campanile émerge du lac de Resia...

Milano★★★

Milan

Ville trépidante, la métropole de la Lombardie est la deuxième cité d'Italie par sa population, son influence politique, son rôle culturel et artistique, et la première par ses activités commerciales, industrielles et bancaires. Sa situation au pied des Alpes et au cœur de l'Italie du Nord, l'esprit d'entreprise de ses habitants et les circonstances historiques ont fait de Milan l'une des villes les plus dynamiques du pays, aujourd'hui encore en pleine expansion.

La situation

1 300 977 habitants – Carte Michelin n° 428 F 9 (avec plan d'ensemble) et Plan Michelin de Milan n° 46. Milan est au centre d'un nœud autoroutier où se croisent l'A 4 Turin-Venise, l'A 7 Milan-Gênes, l'A 1 Milan-Florence et l'A 8 qui mène à la région des Lacs. Deux anneaux concentriques de boulevards délimitent son pourtour : le plus étroit enserre le noyau médiéval et remplace les fortifications du 14e s., dont la « Porta Ticinese » et la « Porta Nuova » sont les vestiges ; l'autre correspond à l'extension de la ville à la Renaissance. Après 1870, Milan s'est étendue rapidement en dehors des fortifications, le long des voies d'accès. ℹ *Via Marconi, 1, ☎ 02 72 52 41.*
Pour poursuivre la visite, voir les chapitres BERGAMO, Regione dei LAGHI et PAVIA.

comprendre

LA CITÉ DANS L'HISTOIRE

Si Milan est probablement d'origine gauloise, ce sont les Romains qui, en 222 avant J.-C., soumirent la bourgade (Mediolanum) et furent à l'origine de son développement. Dès la fin du 3e s. de notre ère. Dioclétien en fit le siège de l'Empire romain d'Occident ; Constantin y publia en 313 l'**édit de Milan** qui accordait

B. Juge/MICHELIN

aux chrétiens la liberté de culte. En 375, **saint Ambroise** (340-396), l'un des docteurs de l'Église, dont l'éloquence faisait merveille, devint évêque de Milan et contribua au prestige de la ville.

Aux 5ᵉ et 6ᵉ s., les invasions barbares déferlèrent sur la région avant que les Lombards n'y fondent un royaume auquel ils donnèrent Pavie comme capitale. Ce dernier fut repris en 756 par Pépin le Bref, roi des Francs, dont le fils Charlemagne ceignit, en 774, la couronne de fer des rois lombards. Milan ne redevint capitale qu'en 962. Au 12ᵉ s., afin de s'opposer aux tentatives de Frédéric Barberousse, désireux de s'emparer de la région, Milan forma avec les villes voisines la Ligue lombarde (1167) et remporta la **victoire de Legnano**, qui lui valut son autonomie. Au 13ᵉ s., les **Visconti**, gibelins et chefs de l'aristocratie, s'emparèrent du pouvoir : le plus célèbre d'entre eux, **Jean-Galéas** (1351-1402), fut à la fois un militaire habile et un fin lettré, un assassin et un dévot, qui obtint le titre de duc de Milan (1395) et fit édifier le Dôme et la chartreuse de Pavie. Sa fille Valentine épousa le grand-père de Louis XII : cette union fut, par sa descendance, à l'origine des guerres d'Italie.

Après la mort du dernier Visconti, Philippe-Marie, en 1447, et l'intermède de la République ambrosienne proclamée par le peuple, son gendre, François Sforza, fils d'un simple paysan devenu condottiere, conduisit les **Sforza** au pouvoir. Le plus illustre d'entre eux, **Ludovic le More** (1452-1508), fit de Milan une nouvelle Athènes en y attirant les génies de l'époque, comme Léonard de Vinci et Bramante. Mais Louis XII, se proclamant légitime héritier du duché de Milan, entreprit en 1500 sa conquête. Après lui, François Iᵉʳ renouvela cette tentative, mais son rêve de conquérir l'Empire se heurta, à Pavie, à la détermination des troupes de Charles Quint. De 1535 à 1713, Milan fut soumise aux Espagnols ; pendant cette période, deux grandes figures marquèrent la ville de leur empreinte religieuse et humanitaire : saint Charles Borromée (1538-1584) et Frédéric Borromée (1564-1631), tous deux charitables défenseurs de la cité pendant les pestes qui la ravagèrent (1576 et 1630).

Sous Napoléon, Milan fut la capitale de la République cisalpine (1797) et du royaume d'Italie (1805). En 1815, elle devint capitale du Royaume lombard-vénitien.

Transports

En voiture et en train – N'étaient les embouteillages, arriver à Milan en voiture ne représenterait pas de difficulté, la ville étant desservie par un vaste réseau autoroutier (A 4 Turin-Venise, A 8/A 9 Milan-les Lacs, A 7 Milan-Gênes, A 1 autoroute du Soleil). Il est encore plus facile de venir par le train : la gare Centrale, toute proche du centre, est couplée au métro.

En avion – Les voyageurs atterrissant à Malpensa peuvent prendre un train (départ toutes les demi-heures), qui conduit en 40mn à la gare Cardona, desservie par le métro. Le ticket coûte 9,30€ aller et 12,39€ AR. Pour toute information : www.malpensaexpress.com, ☏ 02 27 763 (boîte vocale) ou 02 20 222.
Il est également possible d'emprunter le car, qui part toutes les 20mn et rejoint en 45mn/1h (selon les conditions de circulation) la gare Centrale et la gare Cardona (le car constitue un substitut pratique du train lorsque celui-ci ne fonctionne pas, c'est-à-dire avant 6h50 et après 20h20). Le prix est de 7,75€.
Le taxi est un moyen de transport plutôt onéreux en raison de la distance entre l'aéroport et la ville.
Les voyageurs arrivant à Linate peuvent prendre l'autobus jusqu'à San Babila (n° 73). Le prix est celui d'une course normale (0,77€).

DIFFICULTÉ PRINCIPALE : COMMENT SE DÉPLACER EN VILLE ?

Transports en commun ou véhicule privé ? – Il est vivement conseillé d'emprunter les transports publics : dans l'ensemble, ils sont ponctuels et permettent donc de se déplacer en peu de temps (surtout si l'on emprunte l'une des trois lignes du métro). On évitera ainsi de se retrouver bloqué dans les embouteillages, désagrément existant à toute heure, de se perdre, chose facile à Milan si l'on n'est pas familiarisé avec la ville (notamment dans les quartiers du centre où les itinéraires sont imposés et finissent par conduire loin de la destination souhaitée) et d'errer à la recherche d'une place de stationnement...
Si l'on doit toutefois utiliser sa voiture, il est rappelé que le stationnement dans le centre et autour de la foire est réglementé et payant. Les bandes de couleur jaune indiquent que l'emplacement est réservé aux riverains, celles de couleur bleue que l'on peut stationner pour une durée limitée (sous condition que soit bien en vue la carte autorisant le stationnement pour une heure (1,29€) ou deux (2,58€), en vente auprès des gardiens de parking et des bureaux de tabac). Parfois, cependant, il vaut mieux se garer dans les parkings gardés (signalés par un panneau bleu) ou en périphérie du centre-ville, toujours à l'intérieur des bandes bleues, où l'emplacement coûte un peu moins cher et où l'on pratique aussi des tarifs forfaitaires (demander le prix au gardien à l'avance afin d'éviter les mauvaises surprises).

Restauration

La cuisine milanaise est surtout connue par l'escalope de veau panée *(scaloppina alla milanese)*, l'osso buco, le risotto au safran et le minestrone (potage aux légumes et au lard). On accompagne ces plats des vins de la Valteline ou de la région de Pavie.

• *À bon compte*

Premiata Pizzeria – *Alzaia Naviglio Grande [quartier Navigli] - ☏ 02 89 40 06 48 -* ⊭. On y sert de savoureuses pizzas dans un cadre sympathique. L'endroit ne désemplit pas : en arrivant, on est informé sur la durée de l'attente, et, après avoir laissé son nom, on peut aller faire un tour dans les environs, par exemple dans le vicolo dei Lavandai (venelle des Lavandières) qui se trouve tout près, en attendant d'être appelé.

Rino Vecchia Napoli – *Via G. Chavez, 4 [quartier piazzale Loreto] - ☏ 02 26 19 056 -* ⊭. Excellentes pizzas, de nombreuses fois primées. Ici le client doit faire preuve de patience (la maison fait toujours salle comble) et être disposé à faire de la place aux nouveaux arrivants. Évidemment, le service est empressé.

Pizzeria Geppo – *Via G. B. Morgagni, 37 [quartier piazzale Loreto] - ☏ 02 29 51 48 62 - ⊭ - réserv. conseillée.* C'est un endroit minuscule où l'on confectionne de délicieuses pizzas, aussi grandes que fines. Réservation indispensable si vous ne voulez pas trop attendre : l'adresse est très prisée !

Dulcis in Fundo – *Via Zuretti, 55 [quartier de la gare Centrale] - ☏ 02 66 71 25 03 - dulcis@iol.it - fermé lun., le soir (sf jeu.) - ⊭ ▤ - 15/23€.* Dans un ancien hangar, ce restaurant aux couleurs pastel vous accueillera dans un fouillis original de chaises et de tables de tous styles. Plus de 100 recettes de tartes, salées et sucrées, et quelques plats savoureux. Le jeudi soir, le dîner est grandiose ! Enfants particulièrement bienvenus.

Mykonos – *Via Tofane, 5 [quartier Naviglio Martesana] - ☏ 02 26 10 209 - fermé mar., à midi, 9 au 24 août - ⊭ - réserv. conseillée - 20/24€.* Dans ce restaurant simple de style rustique, installé dans une maison populaire, la propriétaire d'origine grecque vous fera goûter les plats de son pays, préparés dans le plus pur respect de la tradition.

Le panettone milanais : « El panetùn »

Lara Pessina/MICHELIN

• ***Valeur sûre***

Trattoria all'Antica – *Via Montevideo, 4 [quartier Navigli] - ☎ 02 58 10 48 60 - fermé sam. à midi, dim., août, 26 déc. au 7 janv. - ▤ - 24/32€.* Pour goûter la vraie cuisine lombarde, dans une ambiance conviviale. Il vaut mieux oublier votre ligne, au vu des portions plus qu'abondantes de charcuterie, de risotto au safran et de côtelettes fumantes que vous servira le propriétaire original de ce lieu. Un menu intéressant le soir.

Shri Ganesh – *Via Lombardini, 8 [quartier Navigli] - ☎ 02 58 11 09 33 - fermé à midi, sam. (en août), 15 août - ▤ - 27/40€.* Pour ceux qui ont envie de saveurs exotiques, ce restaurant propose une cuisine traditionnelle indienne, tout à fait délicieuse.

Al Mercante – *Piazza Mercanti, 17 [centre historique] - ☎ 02 80 52 198 - fermé dim., 1er au 7 janv., 3 au 28 août - ▤ - 34/46€.* Vous pourrez manger des plats typiques de la région (risotto, osso buco) dans ce restaurant au décor classique, qui dispose d'une jolie terrasse sur la petite place attenante. Le lieu est très fréquenté et le service rapide et informel n'est pas toujours très convivial.

Masuelli San Marco – *Viale Umbria, 80 [quartier Porta Romana-Porta Vittoria] - ☎ 02 55 18 41 38 - fermé dim. et lun. à midi, 25 déc. au 6 janv., 16 août au 10 sept. - ▤ - réserv. conseillée - 35/47€.* Ce restaurant bien connu en ville et géré par la même famille depuis huit générations vous propose des plats régionaux qui varient en fonction de la saison mais aussi du jour de la semaine. Le jeudi, par exemple, c'est le jour de la *cassoela* (viande de porc cuite avec du chou, différents légumes et des épices).

• ***Une petite folie !***

Savini – *Galleria Vittorio Emanuele II [centre historique] - ☎ 02 72 00 34 33 - fermé dim., 1er au 6 janv., 6 au 27 août - ▤ - réserv. conseillée - 62/89€ + 12 % serv.* Un restaurant chargé d'histoire, situé dans l'une des plus belles galeries d'Italie, pour ceux qui aiment le luxe discret et l'atmosphère « fin de siècle » un peu décadente. Cuisine traditionnelle mais avec une touche de modernité.

HÉBERGEMENT

À l'occasion de manifestations commerciales ou touristiques, les prix des hôtels pourraient subir une légère hausse : informez-vous au moment de la réservation. Il est très difficile de trouver à Milan un hôtel convenable à un prix abordable. À ceux qui ne veulent pas payer trop cher, nous conseillons de sortir de la ville *(voir le chapitre PAVIA)*.

• ***Valeur sûre***

Hotel Garden – *Via Rutilia, 6 [quartier Sud-Est] - ☎ 02 55 21 28 38 - fax 02 57 30 06 78 - fermé août - P - 23 ch. : 56,81/82,65€.* Vous ne trouverez pas mieux à Milan pour ce prix-là. L'hôtel est simple, mais les chambres sont fonctionnelles et confortables, et il est situé dans un quartier tranquille bien relié au centre. De plus, il est entouré d'un jardin agréable dominé par un très grand platane. Petit-déjeuner non fourni.

Albergo Città Studi – *Via Saldini, 24 [quartier Città Studi] - ☎ 02 74 46 66 - fax 02 71 31 22 - ▤ - 45 ch. : 64,55/108,45€ - ☕ 7,74€.* Situé dans l'un des quartiers universitaires les plus animés de la ville, un hôtel simple, assez confortable, et tranquille. Un bon rapport qualité/prix.

Hotel Des Etrangers – *Via Sirte, 9 [quartier Navigli] - ☎ 02 48 95 53 25 - fax 02 48 95 53 25 - ▤ - 69 ch. : 69,72/134,28€ ☕.* Situé non loin du quartier des Foires, cet hôtel est dans un quartier tranquille et bien desservi par les transports publics. Les chambres sont fonctionnelles et modernes et les prix pratiqués sont raisonnables, ce qui est rare à Milan.

• ***Une petite folie !***

Hotel Gala – *Viale Zara, 89 [quartier Nord-Est] - ☎ 02 66 80 08 91 - fax 02 66 80 04 63 - fermé août - P ▤ - 23 ch. : à partir de 90€ - ☕ 10€.* Un hôtel pratique pour ceux qui arrivent en voiture par l'autoroute. L'accès facile au centre, la tranquillité du quartier (et du joli jardin) et l'accueil soigné et chaleureux que l'on y reçoit font de cet établissement une bonne adresse.

Hotel Regina – *Via Cesare Correnti, 13 [centre historique] - ☎ 02 58 10 69 13 - fax 02 58 10 70 33 - fermé 24 déc. au 7 janv., août - ▤ ♿ - 43 ch. : à partir de 129€ ☕.* La cour intérieure du palais, avec ses voûtes soutenues par des colonnes, a été fermée par une lucarne et transformée en un très beau hall qui vous fera immédiatement aimer le Milan du 18e s. Souci du détail, élégance, bon goût et sobriété pour un séjour plus qu'agréable.

Hotel Cavour – *Via Fatebenefratelli, 21 [quartier Centro Direzionale] - ☎ 02 65 72 051 - fax 02 65 92 263 - fermé 24 déc. au 6 janv. août - ▤ - 113 ch. : à partir de 174€ ☕.* Sobriété et élégance caractérisent cet hôtel géré avec un grand professionnalisme par l'une des plus anciennes familles de l'hôtellerie milanaise. Chambres fonctionnelles et très bien équipées.

Hotel Spadari al Duomo – *Via Spadari, 11 [centre historique] - ☎ 02 72 00 23 71 - fax 02 86 11 84 - ▤ - 39 ch. : à partir de 208€ ☕.* Donnant directement sur les flèches gothiques du Dôme, cet hôtel raffiné allie confort et art contemporain. Meubles uniques au design original, sculptures et tableaux de jeunes artistes d'avant-garde agrémenteront agréablement votre séjour.

PETITE PAUSE

Bar Basso – *Via Plinio, 39 [quartier de la gare Centrale] - ☎ 02 29 40 05 80 - mar.-dim. 7h30-20h30.* C'est ici que fut inventé le Negroni « sbagliato » (Negroni « raté »). Le Negroni est un cocktail composé de vermouth rouge, de Campari et de gin. Pour le « rater », on remplace le gin par du mousseux. À goûter.

Bar Bianco – *Giardini de Palestro [quartier Porta Venezia].* On y trouve tous les produits de la Centrale del latte (Centrale du Lait).

Bar Magenta – *Via Carducci, 13 [quartier S. Ambrogio] - ☎ 02 80 53 808 - 8h-2h30.* C'est l'un des bars les plus célèbres de Milan, fréquenté, selon les années et les modes, par des générations diverses. Cela vaut la peine d'y prendre l'apéritif et de regarder autour de soi : le comptoir figure parmi les meubles les plus typiques de cet établissement, dans lequel flotte une atmosphère Liberty.

Bar della Crocetta – *Corso di Porta Romana, 67 - ☎ 02 54 50 228 - 8h-1h30.* C'est l'endroit idéal pour les amateurs de sandwichs : il y en a de toutes sortes, et certains atteignent des dimensions impressionnantes. Excellente adresse également pour qui fréquente le théâtre Carcano : il est juste à côté.

Crota piemunteisa – *Piazza Cesare Beccaria, 10 [centre historique] - ☎ 02 80 52 707 - mar.-dim. 7h-2h, lun. 17h-2h.* Dans ce petit établissement derrière le Dôme, il n'y a rien d'autre que des tables et tabourets en bois, un juke-box, deux comptoirs, un pour les bières, l'autre pour les sandwichs (essayez celui au *würstel e crauti* – saucisse et chou – il est excellent !) et cela suffit à ravir une clientèle fidèle et très variée.

Gattullo – *Piazzale Porta Lodovica, 2.* Pour des brioches tout juste sorties du four et un bon cappuccino.

Gelateria Marghera – *Via Marghera, 33 [quartier Fiera] - ☎ 02 46 86 41 - 8h-24h.* Tout près du Théâtre national et de la foire. Les glaces y sont crémeuses à souhait et les parfums infinis.

Moscatelli – *Corso Garibaldi, 93 [zona Brera] - 10h-1h.* L'endroit où il faut aller pour déguster des vins italiens accompagnés de délicieux amuse-gueule.

Taveggia – *Via Visconti di Modrone, 2 [quartier S. Babila] - ☎ 02 76 02 12 57.* Un des meilleurs chocolats de Milan (noir et épais comme on aime).

Viel – *Corso Buenos Aires, 15 - ☎ 02 29 51 61 23 - 9h-1h - Viale Abruzzi, 23 - ☎ 02 20 40 439.* Fréquenté par des étudiants depuis des décennies, un café très célèbre pour ses *frullati* (cocktails de fruits).

La vie milanaise

Les endroits les plus animés se situent autour de la piazza del Duomo, de la via Dante et de la via Manzoni, ainsi que dans la **Galleria Vittorio Emanuele II**, où se pressent à toute heure Milanais et touristes.

Pour acheter des articles de luxe ou simplement pour flâner dans les quartiers les plus en vogue, le corso Vittorio Emanuele II, la piazza San Babila et le corso Venezia, le secteur de la via Monte Napoleone et la via della Spiga – où sont installés les grands couturiers – offrent d'agréables promenades. Quant au corso Magenta et aux rues situées autour de S. Ambrogio, ils conservent le charme du Milan d'autrefois, grâce aux vieilles maisons et ruelles tortueuses, aux vieux cafés et aux boutiques d'antiquaires.

Sorties

Pour une petite promenade ou pour trouver un bar ou un restaurant typique, nous vous conseillons les quartiers Brera et Navigli, très courus des artistes.

Le Scimmie – *Via A. Sforza, 49 [quartier Navigli] - ☎ 02 89 40 28 74 - 9h-1h.* Ce bar comporte quatre salles distinctes, où l'on peut écouter de la musique *live* (généralement du jazz).

Spectacles

Milan est l'un des villes les plus vivantes du point de vue artistique et culturel et les plus grands interprètes de musique classique, de rock, de jazz, de musique klezmer et de théâtre s'y produisent chaque année.

- ***Musique***

La Scala – *Piazza Scala [centre historique] - ☎ 02 72 00 37 44.* Opéras et ballets ; la saison s'ouvre traditionnellement à la saint Ambroise.

Auditorium di Milano – *Corso S. Gottardo [quartier Navigli] - ☎ 02 83 38 92 01.* Musique classique, jazz, musique klezmer. Sont également organisés d'intéressants spectacles musicaux et littéraires, des spectacles pour enfants et des rencontres avec les artistes.

Conservatorio – *Via Conservatorio, 12 [quartier S. Babila] - ☎ 02 76 21 101.* Musique de chambre et musique symphonique.

- ***Théâtre***

Teatro Dal Verme – *Via San Giovanni sul Muro, 5 [centre historique]. Billetterie : via Rovello - ☎ 02 72 33 32 22.*

Piccolo Teatro – Le théâtre de Strehler est divisé en trois salles toutes situées dans le centre : *le théâtre Strehler, largo Greppi ; le théâtre Grassi, via Rovello, 2 et le théâtre Studio, via Rivoli, 6 - ☎ 02 72 33 32 22.*

Teatro Carcano – *Corso di Porta Romana, 63 - ☎ 02 55 18 13 77.*

Teatro Manzoni – *Via Manzoni, 40 [centre historique] - ☎ 02 76 36 901.*

LES BEAUX-ARTS

En architecture, le Dôme marque l'apogée du gothique flamboyant. À la Renaissance, les architectes les plus appréciés sont le Florentin Michelozzo (1396-1472) et **Donato Bramante** (1444-1514), qui fut le maître favori de Ludovic le More avant de se rendre à Rome : admirateur de l'antique, mais aussi imaginatif, il inventa la **« travée rythmique »** (façade composée de baies, pilastres et niches alternés) qui confère leur harmonie à tant de façades Renaissance. En peinture, l'école lombarde fut avant tout à la recherche « de la beauté et de la grâce » : ses représentants les plus connus sont Vincenzo Foppa (1427-1515), Bergognone (1450-1523) et Bramantino (entre 1450 et 1465-1536). Les œuvres des peintres Andrea Solario (1473-vers 1520), Boltraffio (1467-1516), **le Sodoma** (1477-1549) et surtout celles du délicat **Bernardino Luini** (vers 1480-1532) témoignent de l'influence déterminante de **Léonard de Vinci** qui séjourna dans la ville.

Milan est aujourd'hui la capitale de l'édition italienne, où, par ailleurs, l'art contemporain trouve à s'exprimer dans de nombreuses galeries.

découvrir

PIAZZA DUOMO ET SES ABORDS

Duomo★★★

Extérieur - Cet impressionnant chef-d'œuvre de l'architecture gothique flamboyante, à la fois colossal et léger, hérissé de clochetons, pinacles, gâbles, et animé de plusieurs milliers de statues, surgit au fond d'une vaste esplanade peuplée d'innombrables pigeons. Il faut le voir, en fin d'après-midi, éclairé par les rayons du soleil déclinant.

La construction de l'édifice, commencée en 1386 à l'initiative de Jean Galéas Visconti, se poursuivit aux 15e et 16e s. sous la direction de maîtres d'œuvre italiens, français et allemands. C'est Napoléon qui fit achever la façade (1805-1809).

En contournant l'édifice, on pourra admirer le **chevet** aux trois immenses baies à remplages de courbes et contre-courbes et aux merveilleuses rosaces, l'ensemble étant dû au Français Nicolas de Bonaventure et à l'architecte Filippino degli Organi, de Modène.

Du 7e étage de la « Rinascente » (grand magasin situé au Nord du Dôme), intéressante vue rapprochée sur les détails architecturaux et sculpturaux des toits.

Intérieur - Il contraste avec l'extérieur par son austérité et la simplicité de ses lignes qu'accentue l'obscurité. Les cinq vaisseaux sont séparés par cinquante-deux piliers d'une hauteur prodigieuse ; le transept est à trois vaisseaux. La longueur de l'édifice atteint 148 m (N.-D. de Paris : 130 m) ; la largeur maximale au transept est de 91 m. De magnifiques vitraux, dont les plus anciens datent des 15e et 16e s., décorent nef et transepts.

Dans le transept droit, mausolée de Jean Jacques de Médicis par Leone Leoni (16e s.) ; à gauche se trouve la curieuse statue de saint Barthélemy, martyr écorché, par Marco d'Agrate. Passant sous la coupole et devant l'ensemble monumental que forment le maître-autel et le chœur (1570-1590), dû à Pellegrino Tibaldi, on pénètre dans le transept gauche, où se remarque un magnifique candélabre en bronze, travail français du 13e s. Dans la **crypte** et le **trésor**, on peut voir d'une part l'urne en argent contenant les restes de saint Charles Borromée, archevêque de Milan mort en 1584, et d'autre part des chefs-d'œuvre d'orfèvrerie et d'ivoire liés au culte.

La Galleria Vittorio Emanuele

S. Chirol

MILANO

Albricci (V.A.) . . . . KX
Alemagna (Vle E.) . . . . HV
Arena (V.) . . . . JY
Ariberto (V.) . . . . HY
Ariosto (V.) . . . . HV
Augusto (Largo) . . . . KX
Aurispa (V.) . . . . JY 14
Bandello (V.M.) . . . . HX
Battisti (V. C.) . . . . KLX 20
Bianca Maria (Vie) LX
Bocchetto (V.) . . . . JX 30
Borgogna (V.) . . . . KX 36
Borgonuovo (V.) . . . . KV 38
Boscovich (V.) . . . . LU
Botta (V. C.) . . . . LY
Bramante (V.) . . . . JU
Brera (V.) . . . . KV
Broletto (V.) . . . . KX
Buenos Aires (Cso) . . . . LU
Buonaparte (Foro) . . . . JV
Byron (Vie) . . . . HJU
Calatafimi (V.) . . . . JY 45
Caldara (Vie) . . . . LY
Canonica (V. L.) . . . . HU
Canova (V.) . . . . HU
Cappuccio (V.) . . . . JX
Caradosso (V.) . . . . HX 49

Circulation réglementée

Carducci (V.)	HX	
Castello (Pza)	JV	
Cerano (V.)	HY	
Circo (V.)	JX	63
Col di Lana (Vle)	JY	65
Col Moschin (V.)	JY	66
Colombo (Cso C.)	HY	
Commenda (V. della)	KY	
Conca del Naviglio (V.)	JY	69
Coni Zugna (Vle)	HY	
Cordusio (Pza)	KX	73
Correnti (V. C.)	JY	
Corridoni (V.)	LX	
Crispi (Vle)	JU	
Crivelli (V. C.)	KY	
Curie (Vle P. M.)	HV	77
Cusani (V.)	JV	
D'Annunzio (Vle G.)	HJY	
Dante (V.)	JX	
De Amicis (V. E.)	HJY	
Diaz (Pza A.)	KX	
Dugnani (V.)	HY	80
Elvezia (Vle)	JU	
Este (Vle B.)	KY	
Europa (Cso)	KX	
Fatebenefratelli (V.)	KV	92
Filippetti (Vle)	KLY	
Fontana (Piazza)	KX	
Foppa (V. V.)	HY	
Gadio (V.)	JV	

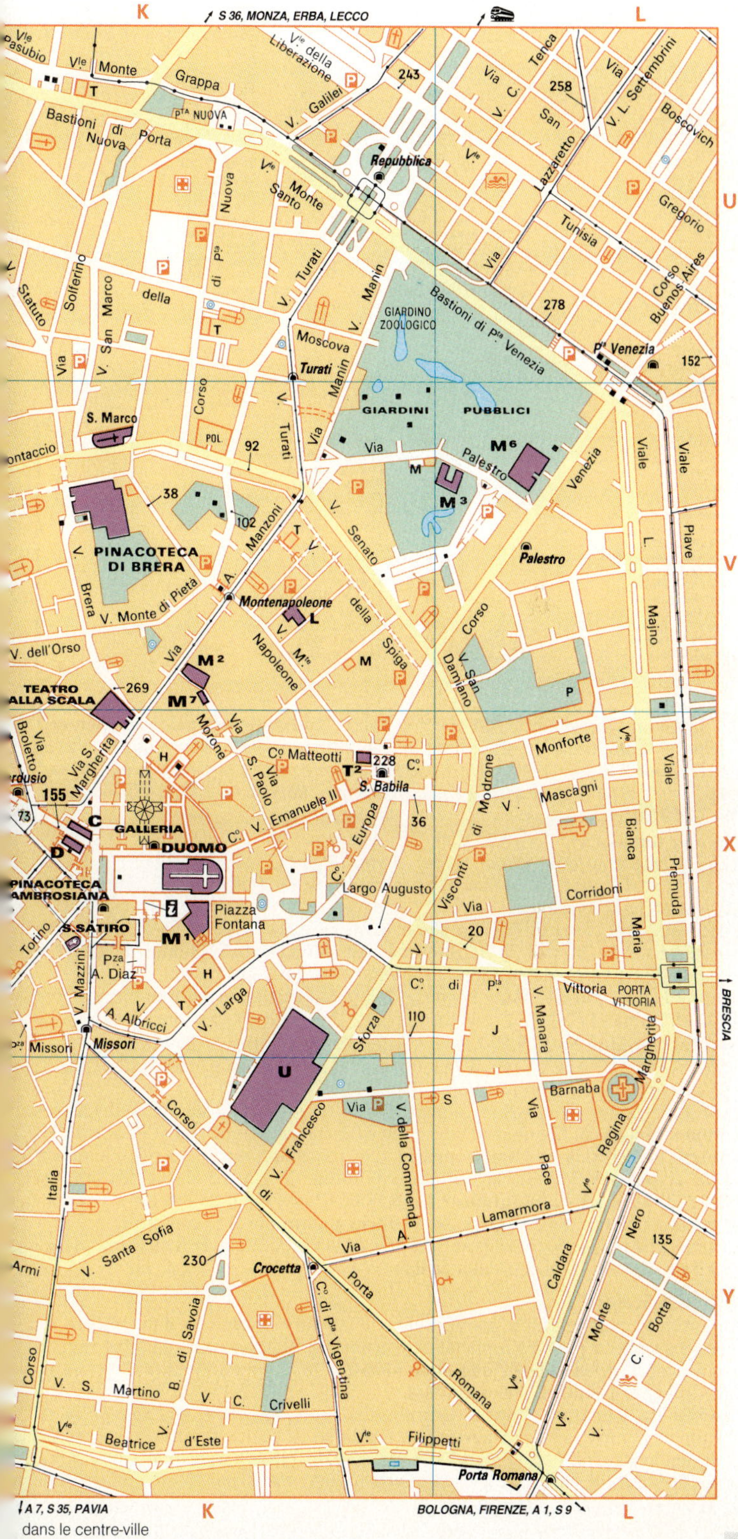

K — S 36, MONZA, ERBA, LECCO — L

U V X Y

BRESCIA

A 7, S 35, PAVIA — K — BOLOGNA, FIRENZE, A 1, S 9 — L

dans le centre-ville

Rue	Carroyage	N°
Galeazzo (Vle G.)	JY	
Galilei (V.)	KU	
Garibaldi (Cso)	JU	
Genova (Cso)	HY	
Ghisleri (V. A.)	HY	101
Giardini (V. dei)	KV	102
Giovanni (V. dei)	HU	
Gorizia (Vle)	HY	
Gramsci (Pza)	HU	
Guastalla (V.)	KX	110
Italia (Cso)	KY	
Lamarmora (V. A.)	KLY	
Lanzone (V.)	HJX	
Larga (V.)	KX	
Lazzaretto (V.)	LU	
Legnano (V.)	JU	
Liberazione (V. della)	KU	
Luini (V.)	JX	
Maffei (V. A.)	LY	135
Magenta (Cso)	HJX	
Majno (Vle L.)	LV	
Manara (V.)	LX	
Manin (V.)	KUV	
Manzoni (V. A.)	KV	
Mascagni (V.)	LX	
Mascheroni (V. L.)	HV	
Massena (V.)	HU	
Matteotti (C°)	KX	
Mazzini (V.)	KX	
Melzi d'Eril	HU	
Melzo (V.)	LU	152
Meravigli (V.)	JX	
Mercanti (Pza e V.)	KX	155
Mercato (V.)	JV	158
Milton (Vle)	HV	
Missori (Pza)	KX	
Modestino (V.)	HY	165
Moliere (Vle E.)	HV	167
Molino delle Armi (V.)	JY	
Monforte (Cso)	KLX	
Monte di Pietà	KV	
Monte Grappa (Vle)	KU	
Monte Napoleone (V.)	KV	
Monte Nero (Vle)	LY	
Monte Santo (Vle)	KU	
Montello (Vle)	JU	
Montevideo (V.)	HY	
Monti (V. V.)	HV	
Morone (V.)	KX	
Moscova (V. della)	JKU	
Oggiono (V. M. d')	HJY	183
Olivetani (V. degli)	HX	
Olona (V.)	HXY	
Orseolo (V.)	HY	189
Orso (V. dell')	KV	
Pace (V.)	LY	
Pagano (V. M.)	HV	
Paleocapa (V.)	JV	191
Palestro (V.)	KLV	
Papiniano (Vle)	HY	
Pasubio (Vle)	KU	
Piave (Vle)	LV	
Pontaccio (V.)	JKV	
Ponte Vetero (V.)	JV	205
Pta Nuova (Bastioni di)	KU	
Pta Nuova (Cso di)	KUV	
Pta Romana (Cso di)	KLX	
Pta Ticinese (Cso di)	JY	
Pta Ticinese (Ripa di)	HY	
Pta Venezia (Bastioni di)	LU	
Pta Vercellina (Vle di)	HX	
Pta Vigentina (Cso di)	KY	
Pta Vittoria (Cso di)	KLX	
Pta Volta (Bastioni di)	JU	
Premuda (Vle)	LX	
Prina (V. G.)	HU	
Regina Margherita (Vle)	LXY	
Ruffini (V. Flli)	HX	225
S. Babila (Pza)	KX	228
S. Barnaba (V.)	KLY	
S. Calimero (V.)	KY	230
S. Damiano (V.)	LV	
S. Gregorio (V.)	LU	
S. Marco (V.)	KU	
S. Margherita (V.)	KX	
S. Marta (V.)	JX	
S. Martino (V.)	KY	
S. Michele del Carso (Vle)	HX	
S. Paolo (V.)	KX	
S. Sofia (V.)	KY	
S. Vittore (V.)	HX	
Sarpi (V. P.)	HJU	
Savoia (V. B. di)	KY	
Savoia (Vle F. di)	KU	243
Sempione (Cso)	HU	
Senato (V.)	KV	
Settembrini (V. L.)	LU	
Sforza (V. F.)	KXY	
Solari (V. A.)	HY	
Solferino (V.)	KU	
Spiga (V. della)	KV	
Statuto (V.)	KU	
Tenca (V. C.)	LU	
Tivoli (V.)	HV	255
Torchio (V.)	JX	257
Torino (V.)	JKX	
Torriani (V. N.)	LU	258
Tunisia (Vle)	LU	
Turati (V.)	KUV	
Valenza (V.)	HY	
Venezia (Cso)	LV	
Vercelli (Cso)	HX	267
Verdi (V.)	KV	269
Verziere (V.)	NZ	270
Vico (V. G. B.)	HX	
Vigevano (V.)	HY	
Visconti di Modrone (V.)	KLX	
Vittorio Emanuele II (Cso)	KX	
Vittorio Veneto (Vle)	LU	278
20 Settembre (V.)	HV	

Monument	Carroyage	Repère
Casa di Manzoni	MZ	M7
Castello Sforzerco	JV	
Cenacolo	HX	
Conservatorio	NZ	T2
Duomo	KX	
Galleria d'Arte Moderna	LV	M3
Galleria	KX	
Giardini Pubblici	KLV	
Museo Civico di Archeologia	JX	M5
Museo Civico di Storia Naturale	LV	M6
Museo del Duomo	MZ	M1
Museo Nazionale della Scienza e della Tecnica L. da Vinci	HX	M4
Museo Poldi Pezzoli	KV	M2
Palazzo Bagatti Valsecchi	KV	L
Palazzo dei Giureconsulti	MZ	C
Palazzo Litta	JX	
Palazzo della Ragione	MZ	D
Parco Sempione	HJV	
Piccolo Teatro	JX	T1
Pinacoteca Ambrosiana	KX	
Pinacoteca di Brera	KV	
Porta Ticinese	JY	
S. Ambrogio	JX	
S. Eustorgio	JY	
S. Lorenzo Maggiore	JY	
S. Marco	KV	
S. Maria delle Grazie	HX	
S. Maurizio	JX	
S. Satiro	KX	
S. Simpliciano	JV	
Teatro alla Scala	KVX	
Università	KY	U

En se dirigeant vers la sortie, on aperçoit l'accès au **baptistère** paléochrétien et à la basilique Santa Tecla du 4e s., dont les contours ont été dessinés sur le parvis. *Crypte et trésor : 9h-12h, 14h30-18h. 1,03€. Entrée libre pour la crypte de saint Charles. ☎ 02 72 02 26 56 ; www.interlandia.com/duomo. Baptistère : 9h45-17h45. 1,03€. ☎ 02 72 02 26 56 ; www.interlandia.com/duomo*

Accès aux terrasses★★★ – (♿) *De mi- fév. à mi-nov. : 9h-18h ; de mi-nov. à mi-fév. : 9h-17h (la billetterie ferme 30mn avant). Fermé 1er janv., 1er mai, 25 déc. 4,65€ en ascenseur, 3,10€ à pied, 6,20€ avec l'entrée au Musée du Dôme. ☎ 02 72 02 26 56 ; www.interlandia.com/duomo*

L'édifice est orné de 135 flèches d'une extraordinaire finesse, et d'un nombre impressionnant de statues de marbre blanc (2 245 au total !) pleines de grâce et d'élégance. On pourra les admirer en montant sur les toits.

Au sommet, le « Tiburio », haute flèche de 108 m, est surmonté par une statue dorée de la Madonnina (1774).

Museo del Duomo★★ – ♿ *9h30-12h30, 15h-18h (la billetterie ferme 30mn avant). Fermé Pâques, 25 avr., 1er mai, 25 déc. 5,16€, 6,20€ avec l'entrée aux terrasses. ☎ 02 72 02 26 56 ; www.interlandia.com/duomo*

Installé à l'intérieur du Palais royal construit au 18e s. par Piermarini, il illustre les différentes phases de la construction et de la restauration du Dôme et abrite des sculptures, tapisseries et vitraux anciens. Ne pas manquer de voir le splendide ***Crucifix d'Aribert★*** (1040), la structure portante originaire de la Madonnina (1772/1773) et la grosse **maquette★** en bois du Dôme au 1/20 (16-19e s.).

Dirigez-vous ensuite dans la **Galleria Vittorio Emanuele II★**, construite en 1877 sur un dessin de Giuseppe Mengoni, et centre de la vie politique et sociale milanaise. Au fond se dessine la piazza della Scala.

Teatro alla Scala★★

Traditionnellement reconnu comme étant le théâtre lyrique le plus célèbre au monde, il surprend par sa simplicité extérieure qui ne laisse transparaître rien de la magnificence de sa salle. Construit de 1776 à 1778, il peut accueillir, avec ses six étages de loges, jusqu'à 2 000 auditeurs.

Le **musée du Théâtre★** (Museo teatrale alla Scala) présente des souvenirs de Toscanini et Verdi, des bustes, portraits et costumes de scène. Du musée, on accède à l'une des loges d'où l'on aperçoit la salle. *9h-12h, 14h-17h (nov.-avr. : tlj sf dim.). Fermé j. fériés. 3,10€. ☎ 02 88 79 473 ; www.museoteatrale.com*

Prenons ensuite la via S. Margherita.

Via et piazza dei Mercanti★

Dans la via dei Mercanti s'élève le palais des Jurisconsultes, érigé en 1564, dont la façade est ornée d'une statue de saint Ambroise enseignant. La piazza dei Mercanti est calme et pittoresque : loggia degli Osii (1316), décorée de blasons et de statues de saints (de son balcon étaient proclamées les condamnations) ; à sa droite, palais baroque des écoles Palatines portant les statues du poète latin Ausone et de saint Augustin. En face, **palais communal** (« Broletto Nuovo »), érigé au 13e s. et agrandi au 18e s. (dans une niche de la façade, la **statue équestre** du podestat Oldrado da Tresseno est une œuvre romane, réalisée par les Antelami).

visiter

LES MUSÉES

Pinacoteca di Brera★★★

Tlj sf lun. 8h30-19h30 (la billetterie ferme 45mn avant). Fermé 1er janv., 1er mai, 25 déc. 4,13€. ☎ 02 89 42 11 46.

La pinacothèque de Brera fait partie d'un ensemble composé de plusieurs institutions - l'Académie des beaux-arts, la Bibliothèque, l'Observatoire astronomique, l'Institut lombard des Sciences, Lettres et Arts - installées dans un beau palais du 16e s. Dans la cour d'honneur trône, depuis 1809, une statue en bronze de **Canova** représentant *Napoléon* en César victorieux.

La visite s'ouvre par la collection Jesi, qui rassemble les grandes tendances artistiques de la première moitié du 20e s. : le sens du mouvement et de la vitesse des peintres futuristes (*La Rixe dans une galerie* de Boccioni - *illustration p. 91*), la géométrie propre, nette, des compositions de la peinture métaphysique (*Nature morte* de Morandi, *La Muse métaphysique* de Carrà). Le groupe des sculpteurs tourne autour de trois noms : Medardo Rosso, Arturo Martini et Marino Marini. Dans le couloir, sur la gauche, une vitre permet de jeter un regard sur les monumentales étagères en bois de la salle Maria Teresa, une des salles de la bibliothèque de Braida.

La chapelle Mocchirolo marque le point de départ d'un bref parcours au sein de la peinture italienne des 13e-15e s. (*Polyptyque de Valle Romita* de Gentile da Fabriano). La grande **école vénitienne**, dont la collection de Brera est, qualitativement et quantitativement, la plus importante en dehors de Venise, est représentée par des chefs-d'œuvre tels que la ***Pietà***★★ de **Giovanni Bellini**, où le paysage désert et le ciel métallique font écho à la tragédie, ou le ***Christ mort***★★★ de **Mantegna**. Méditation sur la mort, le dramatique du réalisme y est accentué par la technique du raccourci. Dans les salles napoléoniennes sont exposées les toiles du **Tintoret** ***(Un miracle de saint Marc***★***)***, de **Véronèse** ***(Le Dîner chez Simon)*** et de Giovanni et Gentile Bellini *(Saint Marc prêchant à Alexandrie d'Égypte)*.

L'**école lombarde** est dominée par la figure de Vincenzo Foppa (**polyptyque**★ de la Vierge et des saints), dont les œuvres sont empreintes des influences de Mantegna et de l'école de Padoue. À la manière de Vinci, en revanche, la très douce ***Madone au buisson de roses***★★ de **Bernardino Luini**.

Une même salle réunit deux chefs-d'œuvre de la peinture Renaissance de l'**Italie centrale** : le ***Retable de Montefeltro***★★★, de **Piero della Francesca**, où l'œuf d'autruche symbolise à la fois l'Immaculée Conception et la perfection abstraite et géométrique de la forme recherchée par l'artiste, et le ***Mariage de la Vierge***★★★, de **Raphaël**, où les personnages pleins de grâce et d'une beauté délicate se rencontrent dans le décor d'un édifice circulaire rappelant Bramante. Quelques salles plus loin, les forts contrastes d'ombre et de lumière et le réalisme du **Caravage** sont parfaitement illustrés par le magnifique ***Repas à Emmaüs***★★★.

Dans la salle de la peinture vénitienne du 18e s., ***Rébecca au puits***★★ par Piazzetta nous charme par le regard étonné et ingénu de la jeune fille.

Les dernières salles sont consacrées aux tableaux des 19e et 20e s. (*Le Baiser* de Hayez, *Le Char rouge* de Fattori). Parmi les artistes étrangers, citons Ribera, Van Dyck, Rubens, Rembrandt et Reynolds.

Castello Sforzesco★★★

Tlj sf lun. 9h30-17h30. Fermé 1er janv., 1er mai, 25 déc. Gratuit. ☎ 02 86 46 36 51.

Dans cet énorme quadrilatère, qui fut autrefois la résidence des ducs de Milan (les Sforza), ont été installées, après la guerre, les **collections municipales d'Art**, réparties en plusieurs sections.

Musée de la Sculpture★★ - *Rez-de-chaussée.* Œuvres romanes, gothiques et Renaissance, de la Lombardie principalement. Les pièces maîtresses sont, pour la période romane, l'imposant **monument funéraire de Bernabò Visconti**★★ (14e s.), surmonté de sa statue équestre ; pour la Renaissance, deux chefs-d'œuvre, le **gisant de Gaston de Foix** et les **sculptures**★★ qui l'accompagnent, par **Bambaia**, exécutés en 1523 dans un style classique et équilibré, et la ***Pietà Rondanini***★★★, œuvre ultime de **Michel-Ange**, qu'il laissa inachevée.

Pinacothèque★ – *1er étage.* Elle abrite des œuvres de Mantegna, Giovanni Bellini, Crivelli, Bergognone, Luini, Moretto, Moroni, Magnasco, Tiepolo, Guardi, Lotto, Boltraffio.

Musée des Instruments de musique★ – Riche collection d'instruments à cordes frottées (par un archet) et pincées, d'instruments à vent et à clavier.

Musée archéologique – *Dans les souterrains de la cour de la Rocchetta.* Sont présentés ici la section préhistorique, l'art égyptien et l'exposition lapidaire détachés du musée municipal d'Archéologie.

Pinacoteca Ambrosiana★★

Tlj sf lun. 10h-17h30. Fermé 1er janv., Pâques, 1er mai, 25 déc. 6,20€. *☎ 02 80 692 ; www.ambrosiana.it*

Elle occupe un palais élevé en 1609 par le cardinal Frédéric Borromée, où fut installée d'abord l'une des premières bibliothèques publiques d'Italie. Quelques années plus tard, le cardinal ayant fait don de sa collection, on y adjoignit la galerie de peinture. La bibliothèque, l'une des plus riches du monde, possède une remarquable collection de dessins, dont ceux de Léonard de Vinci ***(Codice Atlantico)***.

La pinacothèque, aménagée au 1er étage, s'ouvre avec les salles consacrées à la peinture des 15e et 16e s. (collection d'origine du cardinal et acquisitions). Les toiles les plus remarquables sont un ***Portrait de dame*** de De Predis et le délicieux ***Enfant Jésus à l'agneau★★***, de **Bernardino Luini**, baigné d'une chaleur et d'une intimité qui démontrent la capacité de l'artiste à représenter les manifestations d'affection. L'un des principaux témoignages de la peinture lombarde est ***La Sainte Parole***, du Bergognone (1453-1523), encore médiévale dans la perspective, où le personnage de la Vierge placé au centre haut de la composition domine la scène. ***Le Musicien★★*** de **Léonard de Vinci**, par son fond étrangement obscur, traduit la volonté du peintre d'établir une relation entre l'espace et le personnage en premier plan. Dans la salle 3, ***La Vierge à l'Enfant sur son trône et les saints★***, de Bramantino, est chargée de symboles : aux pieds de saint Michel, un énorme crapaud rappelant la mort du dragon est placé en confrontation avec le personnage d'Arius, enflé et grotesque, en référence à l'échec de l'hérésie arienne, contre laquelle combattit saint Ambroise. On remarquera aussi les caractéristiques masculines données à la Vierge, dotée d'un soupçon de barbe... Une délicate ***Crèche★***, du Baroche, est inondée d'une lumière irradiant de l'Enfant Jésus pour illuminer une Madone d'une extrême douceur. Le magnifique **carton★★★** établi par **Raphaël** pour *L'École d'Athènes* (fresque réalisée pour la décoration des Chambres vaticanes *[voir p. 379]*, à Rome) est le seul exemplaire de carton Renaissance parvenu jusqu'à nous. **Le Caravage**, dans ***Le Panier de fruits★★★*** *(illustration p. 89)*, hausse la nature morte au rang de sujet. Sur un fond uniment monochrome, feuilles enroulées en coquille et fruits à leur plus haut degré de maturation semblent présenter en germe les notions de vieillesse et de mort. La collection du cardinal comprend encore quelques belles peintures flamandes de Paul Bril et de Bruegel de Velours, dont l'étrange ***Souriceau aux roses★***. Les salles suivantes sont dédiées essentiellement à l'art italien du 16e au 19e s., avec une prédilection pour les artistes lombards. Les œuvres les plus remarquables sont quatre magnifiques **portraits★** de **Francesco Hayez**.

Museo Poldi Pezzoli★★

Tlj sf lun. 10h-18h. Fermé j. fériés. 6,20€. ☎02 79 48 89.

Aménagé dans le cadre agréable d'une demeure ancienne, ce musée présente des collections d'armes, de tissus, de tableaux, de **pièces d'horlogerie★**, de petits bronzes. Parmi les tableaux du 1er étage (auquel on accède par un vieil escalier inscrit dans une cage octogonale irrégulière) se trouvent des œuvres de l'école lombarde (Bergognone, Luini, Foppa, Solario, Boltraffio), les **portraits★★** de Luther et de sa femme par Lucas **Cranach**, et, dans le salon Doré, autour d'un **tapis persan**, le fameux ***Portrait de femme★★★*** de **Piero del Pollaiolo**, une ***Descente de Croix*** et une ***Vierge à l'Enfant★★*** de **Botticelli**, un pathétique ***Christ mort★*** de **Giovanni Bellini**. Dans les autres salles, œuvres de Pinturicchio, Palma il Vecchio *(Portrait de courtisane)*, Francesco Guardi, Canaletto, Tiepolo, Pérugin, Lotto.

Palazzo Bagatti Valsecchi★★

Tlj sf lun. 13h-17h45. Fermé j. fériés. 5,16€, 1,55€ le mer., 7,23€ avec l'entrée au musée Poldi Pezzoli. ☎ 02 76 00 61 32 ; www.museobagattivalsecchi.org

Situé en face de l'actuelle résidence des Bagatti Valsecchi dont on peut voir la belle cour intérieure, le palais présente une façade à deux corps reliés par une loggia *(1er étage)* surmontée d'une terrasse.

Le musée – Par un escalier agrémenté d'une belle rampe en fer forgé, on arrive à l'étage noble de la demeure de Fausto et Giuseppe Bagatti Valsecchi qui à la fin du siècle dernier, suivant le goût de l'époque, décidèrent de décorer leur intérieur en style Renaissance, mélangeant des pièces authentiques à de très belles copies. On visite leurs deux appartements privés et les salles de réception.

L'appartement de Fausto se compose de la **salle de la fresque** (représentant la *Vierge de Miséricorde*, de 1496), la **bibliothèque** embellie de deux magnifiques globes de cuir du 16e s. et d'objets anciens dont une roulette germanique du 17e s., ainsi que de la **chambre à coucher** où trône un splendide lit sculpté représentant une *Montée au calvaire* et des scènes de batailles ; dans la salle de bains, la vasque est intégrée à une niche Renaissance. Le **passage du labyrinthe** (regarder le plafond pour comprendre l'appellation) donne accès à la **galerie de la coupole** où se rejoignent les différents espaces de l'étage.

La **salle du poêle de la Valteline** (Sala della stufa valtellinese) débouche dans l'appartement de Giuseppe : la chaleureuse atmosphère est due aux belles boiseries ornées d'une frise sculptée de figures anthropomorphes, d'animaux et d'éléments végétaux. La **chambre rouge** de Giuseppe et Carolina Borromeo, sa femme, rassemble des meubles pour enfants et un beau lit sicilien du 17e s., tandis que la chambre de Giuseppe, toute verte, possède un beau plafond sculpté.

De retour dans la galerie de la coupole, on accède aux salles de réception, un ample **salon** à l'imposante cheminée, la **galerie d'armes** (belle collection d'armes blanches) et la **salle à manger** (pièces de céramiques du 17e s.) avec, sur les murs, des tapisseries flamandes du 14e s. intégrées à des toiles peintes.

Casa di Manzoni★

Via G. Morone, 1. Fermé pour restauration au moment de la rédaction de ce guide. Pour toute information : *☎ 02 86 46 04 03.*

C'est dans cette belle demeure cossue que Manzoni habita pendant soixante ans. On visite au rez-de-chaussée la bibliothèque avec les livres et le bureau de l'écrivain. Au premier étage : souvenirs, photographies, portraits, lettres et illustrations de son plus célèbre roman, *Les Fiancés.* La chambre où il mourut conserve son mobilier original.

Museo Civico di Storia naturale★

Corso Venezia, 55. 9h-18h, w.-end et j. fériés 9h30-18h30. Gratuit. ☎ 02 88 46 32 80 ; www.reteculturale.regione.lombardia.it/adm

Intéressantes collections d'histoire naturelle : géologie, paléontologie et zoologie. Présentation didactique soutenue par de nombreux dioramas, largement adaptée aux enfants.

Museo della Scienza e della Tecnica Leonardo da Vinci★

♿ 9h30-17h, w.-end et j. fériés 9h30-18h30. Fermé lun. (sf lun. fériés), 1er janv., 25 déc. 6,20€. ☎ 02 48 55 51 ; www. museoscienza. org

Vaste musée qui présente une intéressante documentation scientifique.

Dans la **galerie Léonard de Vinci** sont exposées des maquettes des inventions imaginées par l'artiste toscan. Les autres sections du musée sont dédiées à l'acoustique, la chimie, les télécommunications, l'astronomie. Grands pavillons réservés aux transports ferroviaires, aériens et maritimes.

Museo Civico di Archeologia★

Tlj sf lun. 9h-17h30. Fermé 1er janv., Pâques, 1er mai, 25 déc. Gratuit. ☎ 02 80 53 972.

Le musée, logé dans ce qui reste de l'ancien grand monastère des bénédictines, s'articule autour de cinq sections thématiques : au rez-de-chaussée, les sections romaine et barbare ; à l'entresol, les sections grecque, étrusque et de l'art du Gandhara. La section romaine recèle les deux chefs-d'œuvre des collections : la **coupe de Trivulce★** (4e s. après J.-C.), travaillée à jour dans un seul bloc de verre, et la **patère de Parabiago★** (4e s. après J.-C.), plat en argent massif orné des rites à la déesse Cybèle.

Dans le jardin, intéressants vestiges de l'enceinte fortifiée Bas-Empire (3e s. après J.-C.).

En face, le **palais Litta** présente une façade du 18e s.

Galleria d'Arte moderna

Via Palestro, 16. Tlj sf lun. 9h30-17h30. Fermé 1er janv., 1er mai, 25 déc. Gratuit. ☎ 02 76 00 28 19.

Elle a été aménagée dans la Villa Reale, construite en 1790, qui abrite également le musée Marino Marini et la Collection Grassi. La galerie présente ***Le Quart État*** de Pellizza da Volpedo, des œuvres de Giovanni Segantini ***(Les Deux Mères, L'Ange de la vie)***, un célèbre ***Portrait d'Alexandre Manzoni*** par Francesco Hayez, et des sculptures du Milanais Medardo Rosso (1858-1928). La **collection Carlo Grassi** présente des œuvres de Gaspare Van Wittel, Pietro Longhi, Cézanne, Van Gogh, Manet, Gauguin, Sisley, Corot, Toulouse-Lautrec, Boccioni, Balla, tandis que le **musée Marino Marini** abrite des sculptures et tableaux de l'artiste. Le **pavillon d'Art Contemporain** (**PAC** - *via Palestro, 14*) est destiné à des expositions temporaires.

LES BASILIQUES ANCIENNES

S. Maurizio★★ (ou Monastero Maggiore)

Église conventuelle de style Renaissance lombarde (début 16e s.). La façade anonyme dissimule un espace intérieur divisé en deux parties entièrement ornées de **fresques★** de **Bernardino Luini** ; on accède en effet au chœur (où ont lieu des concerts) par un passage situé au fond à gauche.

Un Milanais né à Trèves, qui reçut la mitre avant d'être baptisé

Ambroise (vers 337/339-397), haut fonctionnaire impérial né à Trèves, se détache parmi les personnalités de l'Empire romain. Il ramena la paix chez les chrétiens de Milan, divisés après la mort de l'évêque arien Aussenzio (l'arianisme était une hérésie qui niait la nature divine de Jésus), et fut élu évêque par acclamation populaire, avant même d'être baptisé.
Très influent auprès des empereurs, il imposa à Théodose, qui avait fait massacrer les Thessaloniciens, une expiation publique.
Ses sermons déterminèrent la conversion de saint Augustin, qu'Ambroise baptisa en 387.
Il renouvela la liturgie et le calendrier des célébrations de l'Église milanaise, qui aujourd'hui encore se conforme au rite ambrosien.

S. Ambrogio★★

Fondée à la fin du 4e s. par saint Ambroise, cette basilique aux lignes pures précédée d'un très bel **atrium★** orné de chapiteaux est un magnifique exemple du style roman lombard (11e et 12e s.). Deux campaniles, du 9e s. *(à droite)* et du 12e s. *(à gauche)* encadrent la façade percée d'arcs. Au portail, refait au 18e s., vantaux de bronze datant du 9e s.
La crypte, derrière le chœur, renferme les corps des saints Ambroise, Gervais et Protais.
L'intérieur abrite un magnifique **ambon★** roman-byzantin du 12e s. *(nef centrale, à gauche)* et, au maître-autel, un précieux **parement d'autel★★** revêtu de plaques d'or, chef-d'œuvre de la période carolingienne (9e s.). Dans la chapelle San Vittore in Ciel d'Oro *(au fond de la nef droite)* remarquables **mosaïques★** du 5e s. Du fond de la nef gauche, on accède au portique de Bramante.

S. Maria delle Grazie★

Église Renaissance bâtie par les dominicains de 1465 à 1490, achevée par Bramante. À l'intérieur, restauré, on peut voir des fresques de Gaudenzio Ferrari *(4e chapelle à droite)*, l'impressionnante **coupole★**, la tribune ainsi que le cloître, tous trois dus à Bramante. C'est de la via Caradosso que l'on a la meilleure vue sur le **chevet★** de l'église.

Cenacolo – *Tlj sf lun. 8h15-18h45 ; visite guidée mar.-ven. 9h30 et 17h30, w.-end 9h30 et 17h15. 6,20€ + 1,03€ pour la réservation. ☎ 02 89 42 11 46 ; www.cenacolo.brera.it*

C'est dans l'ancien réfectoire *(cenacolo)* du couvent que se trouve la célèbre ***Cène*★★★** de **Léonard de Vinci**, peinte à fresque entre 1485 et 1497 à la demande de Ludovic le More. Composition savante (l'espace peint semble le prolongement de l'espace réel) et dramatique, elle évoque l'institution de l'Eucharistie : la bouche entrouverte du Christ suggère qu'il finit à peine de parler. Sur les visages des disciples se discerne la stupeur qui laisse présager le désastre imminent dont Judas sera l'auteur.

La technique de travail (le peintre opta pour la peinture *a tempera*, peut-être mélangée à de l'huile, et choisit de peindre sur le mur le plus froid de la pièce), la chute d'une bombe sur le réfectoire en 1943, qui exposa l'œuvre aux intempéries et à la poussière, et, ces dernières années, la pollution, ont rendu nécessaires diverses interventions de restauration. L'état de la peinture était déjà altéré en 1517, et, en 1901 D'Annunzio écrivit une ode au titre plutôt explicite : *Pour la mort d'un chef-d'œuvre.*

Depuis mai 1999, après vingt et une années de travail, le réfectoire est de nouveau visible. Aujourd'hui, on appréciera tout particulièrement les couleurs originales des drapés et le clair-obscur des incarnats.

Sur le mur en face figure la ***Crucifixion*★** (1495) de Montorfano, que l'éclat de la *Cène* ternit inévitablement.

S. Eustorgio★

S. Eustorgio était autrefois le siège du tribunal de l'Inquisition, avant que celui-ci ne se transfère à S. Maria della Grazie. La basilique plus ancienne remonte au 5e-6e s. comme en témoignent les restes d'abside et la nécropole chrétienne d'époque romaine. La basilique que nous voyons aujourd'hui est un mélange de différentes époques. Nous vous conseillons de faire un tour à l'intérieur afin d'admirer la composition du côté droit, de l'abside, qui daterait du 10e s., et de la chapelle Portinari. L'église est liée à saint Pierre de Vérone, dominicain et inquisiteur, mort dans un guet-apens en 1252 d'un coup de serpe dans la tête.

Chapelle Portinari★★ – (♿) *uniquement avec accompagnateur. Tlj sf lun. 9h30-12h, 15h30-18h (août : 16h-20h). 5,16€. ☎ 02 89 40 26 71.*

La chapelle, bâtie dans un style Renaissance lombard, abrite le plus grand cycle de fresques du 15e s. milanais, peint par **Vincenzo Foppa** (vers 1427-1515).
Sur l'arc en face de l'entrée, l'*Annonciation* a lieu sur un balcon qui relie deux palais Renaissance. Sur l'arc d'entrée se trouve la *Vierge admise au Ciel.*
Sur la paroi à droite de l'entrée, saint Pierre prêche sur la chaire, autrefois en bois. Un nuage providentiel vient juste de se placer au-dessus du peuple, accablé par la chaleur. Remarquer le personnage singulier qui regarde à travers les poutres, caractéristique de la peinture « soumise » de Foppa, peintre du quotidien.

La scène toute proche représente le Diable qui, ayant pris les traits de la Vierge, se trahit à le vue d'une hostie et révèle sa vraie nature (on peut voir les cornes). Sur la paroi en face, le saint soigne le pied d'un jeune garçon, mutilé pour le punir d'avoir levé la main sur sa mère.

La dernière scène se déroule dans le bois de Barlassina, entre Côme et Milan, où Pierre termina sa vie terrestre. Remarquer comment le paysage ne sert pas seulement de décor, mais possède une dimension véritable, indépendante de la scène dramatique. Cette basilique romane, élevée au 9e s., appartenait aux dominicains. Les chapelles latérales furent ajoutées au 15e s. Derrière le chœur se trouve la **chapelle Portinari★★**, œuvre d'une grande pureté dessinée par l'architecte florentin **Michelozzo**, et où architecture, peinture (fresques évoquant la vie de saint Pierre martyr par Vincenzo Foppa) et sculpture (tombeau de marbre richement sculpté, en 1339, par Giovanni di Balduccio) sont en parfaite harmonie.

S. Satiro★

À l'exception du campanile carré du 9e s. et de la façade de 1871, l'église est, comme le baptistère, l'œuvre de **Bramante**. L'architecte, utilisant un vocabulaire entièrement classique, a résolu le problème posé par l'exiguïté du lieu grâce à un habile décor de stuc doré en trompe l'œil. La **coupole★** est également remarquable. La basilique comprend en outre un petit sanctuaire orientalisant en croix grecque, orné d'une *Descente de Croix* (15e s.) en terre cuite polychrome et de fragments de fresques datant du 9e au 12e s.

S. Lorenzo Maggiore★

Fondée au 4e s. mais refaite au 12e et au 16e s., cette basilique a gardé son plan octogonal d'origine. Devant la façade s'élève un **portique★** formé de seize colonnes romaines, l'un des rares vestiges de l'antique Mediolanum. L'intérieur, majestueux, de style roman-byzantin, est entouré de matronées (tribunes exclusivement réservées aux femmes), surmonté d'une vaste coupole et pourvu d'un ample déambulatoire. À droite du chœur on accède, par un atrium, puis par une porte romaine du 1er s., à la **chapelle Sant'Aquilino★**, du 4e s., qui a conservé sa structure d'origine et des mosaïques paléochrétiennes. *Chapelle : 9h-18h30. 1,55€. ☎ 02 89 40 41 29.*

Non loin, la **Porta Ticinese**, vestige des fortifications du 14e s., donne accès au pittoresque quartier du Naviglio Grande où se réunissent les artistes.

S. Marco

Dans le quartier de la Brera, on peut visiter l'église San Marco, reconstruite en 1286 sur d'antiques fondations ; intéressante fresque en noir et blanc de l'école de Léonard de Vinci *(nef gauche)*, représentant une ***Vierge à l'Enfant et Jean-Baptiste***, découverte en 1975.

Basilica di S. Simpliciano

La basilique a été élevée en 385 sur ordre de saint Ambroise, évêque de Milan ; ont été ajoutées à l'édifice paléochrétien quelques structures durant le Haut Moyen Âge et l'époque romane ; à la voûte de l'abside, ***Couronnement de la Vierge*** par Bergognone (1481-1522).

S. Marco et S. Simpliciano prêtent leur cadre à de bons concerts.

►► Ca'Granda-Ex Ospedale Maggiore★ (Université).

alentours

Abbazia di Chiaravalle★

7 km au Sud-Est. Sortir par la Porta Romana. Puis voir le plan d'ensemble sur la Carte Michelin n° 428. Tlj sf lun. 9h-11h45, 15h-18h45, dim. et j. fériés 11h-12h20, 15h-17h45 (17h45-18h45 pour la visite du cloître uniquement). Pour les visites guidées, il est nécessaire de réserver. Laisser une offrande. ☎ 02 57 40 34 04.

Bâtie en 1135 par saint Bernard de Clairvaux (d'où son nom de Chiaravalle), cette **abbaye** en brique marque l'entrée de l'architecture gothique en Italie. Décorée de pierres blanches dans le style cistercien, elle est dominée par un élégant **clocher★** polygonal ; le porche a été ajouté au 17e s.

L'intérieur, à trois vaisseaux, est surmonté d'une coupole ornée de fresques du 14e s. Dans le croisillon droit, une autre fresque représente l'Arbre des saints bénédictins. Charmant cloître.

Monza

21 km au Nord. À la lisière de la Brianza, région de collines verdoyantes, parsemée de lacs, de bourgs riants et de villas, Monza est une cité industrielle (textiles) non sans attrait.

Dôme★ – Bâti au cours des 13e et 14e s., il présente une élégante **façade★★**, composée d'assises alternées de marbres verts et blancs, remarquable par l'harmonie de ses proportions et la variété de ses ouvertures : elle est due au dessin de Matteo da Campione (1390-1396), architecte et sculpteur, l'un de ces fameux *maestri campionesi* qui divulguèrent le style lombard en Italie. À l'**intérieur★**, refait au 17e s., splendide **parement d'autel★** en argent doré (14e s.). La chapelle de la reine Théodolinde *(à gauche)* est revêtue de belles **fresques★** du 15e s. évoquant sa vie. On peut également admirer la célèbre **couronne de fer★★** (5e-9e s.) des rois lombards, offerte à la reine par le pape Grégoire le Grand. L'original se trouve dans le **trésor★**, qui abrite aussi de nombreuses pièces d'orfèvrerie du 6e au 9e s., des reliquaires du 17e s. et des tapisseries du 16e s. *Trésor : tlj sf lun. (pour le musée) 9h-12h, 15h-17h30 (visite suspendue durant les offices). 3,10€. ☎ 0397 32 34 04.*

Parco di Villa Reale★★ – Derrière le grandiose édifice néoclassique qui fut la résidence d'Eugène de Beauharnais, puis celle d'Humbert Ier (assassiné à Monza par un anarchiste), s'étend un vaste **parc** à l'anglaise. Dans sa partie Nord, plusieurs terrains de sport ont été aménagés, notamment le célèbre circuit automobile où se court chaque année le Grand Prix de Monza pour formule 1.

Modena★

Modène

Modène est une ville pleine d'atouts qui séduira aussi bien les amateurs d'art que passionnés de mécanique (Ferrari, Maserati, Bugatti et Lamborghini), sans oublier les gourmets avec sa cuisine succulente. Outre des produits typiques tels que le célèbre vinaigre balsamique, Modène compte de nombreuses spécialités gastronomiques, parmi lesquelles les *zamponi*, pieds de porc farcis, que l'on accompagne volontiers d'une bouteille de lambrusco, le vin rouge pétillant de la région.

La situation

176 022 habitants – Cartes Michelin nos 428, 429 et 430 I 14 – Plan dans l'Atlas Michelin Italie – Émilie-Romagne. À une quarantaine de kilomètres de Bologne, Modène se trouve le long de l'A 1.

Piazza Grande, 17, ☎ 059 20 66 60.

Pour poursuivre la visite, voir les chapitres BOLOGNA et PARMA.

ADRESSE

Al Boschetto-da Loris – *Via Due Canali Nord, 202 - ☎ 059 25 17 59 - fermé mer. et le soir (sf réservation), 15 au 30 août - 24,25/32,51€.* Un décor à la fois rustique et élégant pour ce restaurant installé dans l'ancien pavillon de chasse du duc d'Este (18e s.) et entouré d'arbres séculaires sous lesquels il est très agréable de manger. Cuisine traditionnelle et vinaigre balsamique provenant de la vinaigrerie familiale.

Vinaigre balsamique

G. Bludzin/MICHELIN

visiter

Duomo★★★

Le Dôme est un chef-d'œuvre de l'art roman auquel travaillèrent l'architecte lombard **Lanfranco**, les ***maestri campionesi*** et le sculpteur lombard **Wiligelmo** (12e s), dont le nom apparaît sur une pierre à gauche du portail, à côté de la date de fondation de l'église (1099). La façade, coiffée par l'Ange de la Mort portant une fleur de lys, est l'œuvre des *maestri campionesi* et le portail central, de Wiligelmo, est magnifié par un porche supporté par deux lions. Le flanc Sud, donnant sur la place, est remarquable par son rythme architectural. On distingue de gauche à droite : la porte des Princes, sculptée par Wiligelmo, la porte Royale, joyau des *maestri campionesi* du 13e s., et une chaire du 16e s. ornée des symboles des évangélistes. On rejoint le côté opposé en passant sous les arcades gothiques qui relient la cathédrale au puissant campanile roman de marbre blanc (88 m) surnommé « Ghirlandina » à cause de la guirlande de colonnettes qui entoure la partie octogonale. Sur le côté Nord s'ouvre la porte de la Pêcherie (école de Wiligelmo), ainsi nommée car proche autrefois du lieu de pêche *(pescheria)* de l'évêché. Les scènes épiques apparaissant sur l'archivolte comptent parmi les premières du genre utilisées en décoration en Italie.

Entièrement en brique, l'**intérieur** de la cathédrale allie l'élan des églises gothiques à la sobriété et à la luminosité des édifices romans. Dans le bas-côté gauche, au-delà de l'autel des Petites Statues (*altare delle statuine* – 15e s.), on remarque une chaire du 14e s. en face de laquelle se trouve un siège rudimentaire de bois que la tradition populaire retient comme celui du bourreau. Les stalles du chœur liturgique

(presbiterio) ont été réalisées au 15e s. par les Da Lendinara. L'harmonieux **jubé★★★**, porté par des lions lombards et de petits atlantes, fut exécuté de 1170 à 1220 par les *maestri campionesi*. Sur le parapet figurent entre autres le *Lavement des pieds*, la *Cène*, la *Condamnation de Jésus*. La crypte, aux nombreuses et fines colonnes, renferme une ***Sainte Famille★*** de Guido Mazzoni (terre cuite du 15e s.) et le tombeau de saint Géminien, patron de Modène à qui le dôme est dédié. Dans le bas-côté droit, près de la sortie, se trouve un petit bijou, une crèche en terre cuite du 16e s.
Le **musée du Dôme** (Museo del Duomo) renferme les fameuses **métopes★★** (12e s.), bas-reliefs qui jadis surmontèrent les arcs-boutants de l'édifice ; représentant des baladins ou des symboles aujourd'hui incompréhensibles, elles sont d'un modelé, d'un équilibre et d'une stylisation quasi classiques. ♿ *Été : 10h-12h30, 16h-19h ; hiver : 9h30-12h30, 15h30-18h30. Fermé le lun. (ouverture sur demande). 3,10€. ☎ 059 21 60 78.*

Palazzo dei Musei

Cet édifice du 18e s. renferme les deux principales collections d'art réunies par la famille d'Este.

Biblioteca Estense★ – *1er étage, escalier à droite. (♿) Tlj sf dim. 8h30-13h. Fermé j. fériés, 2 premières semaines de sept. 2,58€. ☎ 059 22 22 48.*

C'est l'une des plus riches d'Italie : 600 000 volumes, 15 000 manuscrits, dont les plus intéressants sont exposés. La **Bible de Borso d'Este★★**, avec ses 1 020 pages enluminées par des artistes ferrarais du 15e s. (parmi lesquels Taddeo Crivelli), en est la pièce maîtresse.

Galleria Estense★ – ♿ *Tlj sf lun. 8h30-19h30 (la billetterie ferme à 19h). Fermé 1er janv., 1er mai, 25 déc. 4,13€. ☎ 059 43 75 911 ; www.galleriaestense.it/*

La galerie s'ouvre sur le **buste en marbre de François Ier d'Este**, chef-d'œuvre de Gian Lorenzo Bernini. Les collections offrent une belle évocation de l'école modénaise du 15e s. (Bonascia, Francesco Bianchi Ferrari), redevable à l'école ferraraise, elle-même admirablement représentée par la puissante plasticité du ***Saint Antoine*** de Cosmè Tura. Les collections des maîtres vénitiens (Cima da Conegliano, Véronèse, le Tintoret, Bassano), peintres ferrarais du 16e s. (Dosso Dossi, Garofalo) et bolonais liés à l'académie des Incamminati (les Carrache, Guido Reni, le Guerchin) sont considérables. On trouve également de nombreux tableaux des écoles étrangères, parmi lesquels on peut voir le **portrait de François Ier d'Este** par Vélasquez.

Outre les peintures, la galerie renferme de remarquables figures en terre cuite, production originale des « plasticiens » modénais des 15e-16e s. (Nicolò dell'Arca, Guido Mazzoni, Antonio Begarelli), et aussi des collections de majoliques et d'instruments de musique, dont la superbe **harpe des Este** de 1581.

Palazzo Ducale★

Noble et majestueux, commencé en 1634 sous François Ier d'Este, il est d'un dessin recherché ; il abrite aujourd'hui l'Académie d'infanterie et de cavalerie.

alentours

Abbazia di Nonantola

11 km au Nord. 7h-22h30. ☎ 059 54 90 25 ; www.abbazia.nonantola.net
Fondé au 8e s., le monastère connut un certain rayonnement au Moyen Âge. L'église abbatiale remonte au 12e s. ; le portail conserve de remarquables **sculptures romanes★** exécutées en 1121 par l'atelier de Wiligelmo.

Carpi

18 km au Nord. Gracieuse petite ville dont la **piazza dei Martiri★** est fermée par une cathédrale Renaissance élevée sur les plans de Peruzzi. Le **château des Pio★**, imposant édifice orné de tours dont la cour fut dessinée par Bramante, abrite un petit musée. *Jeu., w.-end et j. fériés 10h-12h30, 15h30-19h (la billetterie ferme 15mn avant). Fermé 10 au 20 août, 1er janv., 25 déc. 2,07€. ☎ 059 64 92 98 ; www.carpidiem.it/musei*
L'église de la Sagra (12e-16e s.) est dotée d'un haut campanile roman, la **Torre della Sagra**.

Molise

Autrefois terre de passage des troupeaux qui transhumaient, des armées et des voyageurs, le Molise est dominé par des montagnes, dont les Molisans ont fait depuis l'Antiquité leur défense naturelle et leur refuge : forteresses, châteaux forts et villages perchés sont donc les motifs récurrents du paysage.

La situation

Carte Michelin no 431 A-C 24-27. Le Molise est coincé entre les Apennins et la mer d'une part, entre les Abruzzes et la Pouille d'autre part. On peut s'y rendre par la A 14.
Pour poursuivre la visite, voir les chapitres ABRUZZO et PUGLIA.

visiter le Molise

Les sites sont présentés par ordre alphabétique.

Agnone

42 km au Nord-Est d'Isernia. Cette gracieuse bourgade doit sa réputation à la **fonderie pontificale Marinelli**, la plus vieille fonderie de cloches du monde, qui abrite aujourd'hui le **Museo Internazionale della Campana** (Musée international de la Cloche). ♿ *Visite guidée sur réservation uniquement : 12h et 16h. Fermé j. fériés. 4,13€. ☎ 08 65 78 235.*

Dans la rue centrale, la via Vittorio Emanuele, se trouvent l'**église S. Emidio** (15e s.) et le **Théâtre italo-argentin**, fondé au siècle dernier avec les fonds réunis par les émigrés d'Amérique du Sud. La **via Garibaldi**, bordée de demeures ornées de lions, symbole de la communauté des marchands vénitiens, conduit à la **Ripa★**, jardin-belvédère sur la vallée du Verrino.

Altilia Sæpinum★

25 km au Sud de Campobasso par la S 87. 9h-19h. Gratuit. ☎ 0874 79 02 07. Les ruines de la cité romaine de Sæpinum s'élèvent au centre d'une jolie bourgade édifiée à partir du 17e s. avec des matériaux de récupération. La cité, fondée par les Samnites, fut occupée par les Romains, qui en firent un municipe et la dotèrent à l'époque d'Auguste d'une enceinte de 1 250 m de périmètre, percée de 4 portes et munie de 25 tours.

Visite – On pénètre par la porte de Terravecchia, située à l'extrémité Sud du *cardo*, l'une des voies les plus importantes de la cité. Au niveau du carrefour, formé par le *cardo* et le *decumanus*, subsistent à gauche les vestiges d'une **basilique** (les colonnes ioniques du péristyle), et à droite le **forum**, vaste place dallée rectangulaire. En empruntant à droite le *decumanus*, on remarque les ruines de la curie (où siégeait le Sénat), celles d'un temple dédié à Jupiter, Junon et Minerve, quelques restes de carrelage de mosaïque *(à droite, sous un auvent)*, l'exèdre de la « maison du pressoir », dont les quatre réservoirs à huile, en brique, sont encore visibles, et l'impluvium d'une maison samnite. À l'extrémité Est du *decumanus*, outre la **porte de Bénévent**, s'élève à gauche le **mausolée d'Ennius Marsus**, bel édifice semi-circulaire crénelé reposant sur un socle carré.

On revient vers le carrefour afin de poursuivre la promenade sur le *decumanus*. On traverse l'ancien quartier résidentiel et commercial, où l'on reconnaît les restes de boutiques et du *macellum* (le marché). Au bout de la voie s'élève la **porte de Boiano★**, du haut de laquelle on domine le centre de la ville et la partie Ouest de l'enceinte, la mieux conservée. Passé l'enceinte, on se dirige à droite vers le Nord pour atteindre le **mausolée de Numisius Ligus**, tombeau quadrangulaire d'une élégante simplicité couronné de quatre acrotères.

Adossé à la face intérieure de l'enceinte, le remarquable **théâtre★** a conservé son entrée monumentale en pierre blanche. Les gracieux édifices voisins abritent un **musée** où sont réunis divers objets trouvés au cours des fouilles.

Pietrabbondante

28 km au Nord-Est d'Isernia par la S 650. Dans un bel environnement naturel s'élève le **sanctuaire italique de Pietrabbondante★**, centre sacré des Samnites qui firent de cet endroit un lieu de rassemblement non seulement religieux mais aussi politique. Il fut donc un symbole de la résistance anti-romaine. Du sanctuaire demeurent les fondations du **grand temple**, les restes du petit temple et un joli **théâtre**, aménagé au flanc de la colline. *8h30-1h avant le coucher du soleil. 2,06€. ☎ 0865 76 129.*

S. Maria di Canneto

36 km au Sud-Ouest de Vasto par les S 16 et 650. Cet ensemble monastique érigé au 8e s. est une précieuse expression de la culture bénédictine lombarde. L'**église** renferme deux célèbres travaux sculptés, la **chaire★** (13e s.) et le **parement d'autel★** représentant la *Cène* (10e s.). À côté de l'église, on a retrouvé les vestiges d'une villa romaine au pavement de mosaïque des 3e et 4e s. après J.-C.

San Vincenzo al Volturno

28 km au Nord-Ouest d'Isernia par les S 627 et 158. Visite guidée (2h environ) des fouilles et de l'église gérée par l'Associazione Culturale Atena. Réserver 3 ou 4 j. à l'avance. 2,58€. ☎ 0865 95 13 66.

Dans un milieu naturel enchanteur dont les monts des Mainarde et de spectaculaires villages perchés composent le décor, s'élève ce bel ensemble bénédictin, fondé au 8e s. et plusieurs fois détruit par les Sarrasins. L'**église**, rebâtie vers 1950 avec les matériaux des constructions antérieures, est précédée d'un bel **ordre d'arcs** du 13e s. Les **fouilles** en cours au-delà du Volturno ont mis au jour de très précieux témoignages sur l'abbaye d'origine.

Termoli
La ville, unique port du Molise et point d'embarquement vers les îles Tremiti, possède un joli **château** du 13e s., élément des fortifications commandées par Frédéric II pour défendre le port. Par les étroites ruelles tortueuses de la vieille ville, on parvient à la **cathédrale★** (12e s.), l'un des exemples les plus significatifs du style roman du Molise. La façade est animée de pilastres et d'arcades aveugles aux fenêtres géminées ; le motif décoratif des arcades se poursuit sur le flanc droit et dans la partie absidiale qui remonte au 13e s. À l'intérieur, la crypte recèle des pavements de mosaïque des 10e-11e s.

Abbazia di **Montecassino★★**

Abbaye du Mont-Cassin

Cette abbaye, reconstruite sur les plans anciens, dresse sa masse de quadrilatère tronqué aux puissants soubassements sur le sommet du mont Cassin. On l'atteint par une route en lacet offrant de remarquables vues sur la vallée.

La situation

Carte Michelin nº 430 R 23. On peut facilement rejoindre Montecassino depuis l'A 1 qui va de Rome à Naples.
Pour poursuivre la visite, voir le chapitre GAETA.

visiter

L'abbaye fut fondée en 529 par **saint Benoît** (mort en 547), qui y rédigea la règle bénédictine où l'étude intellectuelle et le travail manuel s'ajoutent aux vertus de chasteté, pauvreté et obéissance. Elle connut l'apogée de sa splendeur sous l'abbé Didier au 11e s. : les moines y pratiquaient alors habilement l'art de la miniature, de la fresque et de la mosaïque, et leurs œuvres influencèrent énormément l'art clunisien.

Un tragique événement

L'abbaye du Mont-Cassin fut le théâtre de la **bataille de Cassino** (mai 1944), l'une des plus terribles batailles de la Second Guerre mondiale, qui coûta la vie à des milliers de soldats et donna lieu au pilonnage de l'un des monastères les plus importants de la chrétienté, fondé par saint Benoît au 6e s. Après la prise de Naples par les Alliés, les Allemands avaient fait de cette ville leur principal point d'appui sur la route de Rome. Le 17 mai, les Alliés lancèrent l'assaut décisif, confié au corps d'armée polonais. Le lendemain, après une bataille acharnée, les Allemands abandonnèrent Cassino et les Alliés firent leur jonction en ouvrant la route de Rome.

L'abbaziale★★

8h30-12h30, 15h30-18h ; (hiver 17h). Gratuit. ☎ 0776 31 15 29 ; http://bertario. it/montecassino/info/orari.htm
Quatre cloîtres communicants, à la solennité étudiée, la précèdent. La façade de la basilique, dépouillée, ne laisse en rien deviner la somptuosité de **l'intérieur★★** : marbres, stucs, mosaïques et dorures y composent un ensemble étincelant, bien qu'assez froid, de style 17e-18e s. Dans le chœur, belles stalles de noyer du 17e s., et sépulcre de marbre renfermant les restes de saint Benoît.

Museo Abbaziale★★

Avr.-oct. : 8h30-12h, 15h30-18h ; reste de l'année seulement dim. et j. fériés : 8h30-12h30, 15h30-17h. 1,55€. ☎ 0776 31 15 29 ; www.apt.frosinone.it
Il retrace l'histoire de l'abbaye et rassemble les œuvres d'art qui ont échappé aux bombardements de 1944.
En redescendant à **Cassino**, on peut visiter le **Museo Archeologico Nazionale** et la zone archéologique voisine (amphithéâtre, théâtre, tombeau d'Umidia Quadratilla). (♿) *9h-20h. Fermé 1er janv., 1er mai, 25 déc. 2,06€. ☎ 0776 30 11 68.*

Montecatini Terme

Cette élégante station thermale, dont les eaux sont connues depuis des siècles pour leurs vertus thérapeutiques, dispose également de nombreux parcs et attractions, ainsi que d'un hippodrome, qui rendent encore plus agréable le séjour des visiteurs.

La situation

20 360 habitants – Carte Michelin nº 430 K 14. Plan dans le Guide Rouge Italia – Voir aussi le Guide Vert TOSCANE – Toscane. Montecatini Terme se trouve entre Florence et Lucques, le long de l'autoroute qui va de Florence à la mer. *Viale Verdi, 66/a, ☎ 0572 77 22 44.*
Pour poursuivre la visite, voir les chapitres LUCCA et PISTOIA.

carnet pratique

RESTAURATION

- ***Valeur sûre***

La Torre – *Piazza Giusti, 8/9, Montecatini Alto - 5 km au NE de Montecatini Terme - ☎ 0572 70 650 - fermé mar. - 23/34€ + 10 % serv.* Sur la place principale, ce restaurant géré par la même famille depuis quarante ans propose une cuisine authentique et des vins de qualité. Vous apprécierez l'accueil chaleureux.

HÉBERGEMENT

- ***Valeur sûre***

La Pia – *Via Montebello, 30 - ☎ 0572 78 600 - fax 0572 77 13 82 - fermé nov.-9 avr. - P ▤ - 41 ch. : 52/105€ - ☕ 6€ - restaurant 18/26€.* Dans un quartier tranquille du centre, un hôtel très bien géré par des propriétaires jeunes qui prennent grand soin de leurs hôtes. Des chambres simples et très propres et un excellent restaurant réservé aux clients.

PETITE PAUSE

Caffè Giusti – *Piazza Giuseppe Giusti, 24 [Montecatini Alto] - 5 km au NE de Montecatini Terme - ☎ 0572 70 186 - jeu.-mar. 9h-24h.* Détendez-vous à la terrasse de ce café situé sur la petite place et profitez de la vue sur la tour médiévale. Si vous avez un petit creux, vous pourrez vous sustenter de délicieuses *bruschette*.

séjourner

Montecatini est avant tout une station thermale qui accueille de nombreux curistes. Ses eaux soignent les troubles de la nutrition, les affections de l'estomac, de l'intestin, du foie et les rhumatismes. De nombreuses thérapies y sont pratiquées, parmi lesquelles la fangothérapie et la balnéothérapie, mais la principale reste la thérapie hydrominérale, à base d'eaux minérales à boire.

▶▶ Musée d'Art moderne (Museo dell'Accademia d'Arte) : œuvres de Guttuso, Primo Conti, Messina et effets personnels de Verdi et de Puccini.

alentours

Collodi★★

15 km à l'Ouest. Ce bourg est devenu célèbre grâce à l'auteur du conte *Pinocchio*, **Carlo Lorenzini**, qui prit le nom du village comme nom de plume (sa mère était née à Collodi). Le **Parco di Pinocchio**★ glorifiant l'écrivain et sa marionnette s'ordonne en une sorte de labyrinthe au bord du torrent Pescia. (♿) *Visite de 8h30 au coucher du soleil. Bar, restaurant. Librairie. 6,71€. ☎ 0572 42 93 42 ; www.pinocchio.it*

Castello e Giardino Garzoni – *9-1h avant le coucher du soleil. Pour toute information : ☎ 0572 42 95 90.*

Surprenante réalisation baroque du 17e s. : dans le **jardin**, perspectives, bassins, arbres taillés en silhouettes, grottes, sculptures et labyrinthes créent un curieux enchantement.

Une petite place italienne typique : Montecatini Alto

G. Bludzin/MICHELIN

Montefalco★

Des remparts du 14e s. entourent cette charmante petite ville située au milieu des vignes et des oliviers. Perchée comme un faucon sur son repaire (d'où son nom mont Faucon), elle a été surnommée la « balustrade de l'Ombrie ». Évangélisée en 390 par saint Fortunat, la ville a sa sainte, Claire, mystique du Moyen Âge qu'il ne faut pas confondre avec la compagne de saint François d'Assise.

La situation

5 601 habitants – Carte Michelin n° 430 N 19 – Ombrie. Montefalco se trouve à proximité de la S 3, qui va de Foligno à Spolète.

Pour poursuivre la visite, voir les chapitres ASSISI et PERUGIA.

visiter

Torre comunale

Fermée pour restauration au moment de la rédaction de ce guide.

Du sommet *(110 marches)* de la **tour communale**, splendide **panorama★★★** sur presque toute l'Ombrie.

Museo di S. Francesco

Juin-août 10h30-13h, 14h-18h. Pour toute information : ☎ 0742 37 95 98.

L'ancienne église franciscaine désormais désacralisée constitue le cadre idéal pour ce musée qui recèle des **fresques★★** relatant l'histoire de saint François et de saint Jérôme, réalisées au milieu du 16e s. par **Benozzo Gozzoli**. On y remarque aussi une *Nativité* du Pérugin, et surtout un impressionnant *Crucifix*, œuvre du Maître expressionniste de Sainte-Claire (actif en Ombrie à la fin du 13e s. et au début du 14e), qui pourrait avoir collaboré avec Giotto à la basilique d'Assise. La galerie de peintures expose entre autres des tableaux de Francesco Melanzio (cité de 1487 à 1526), natif de Montefalco.

S. Illuminata

Église Renaissance dont le tympan du portail et plusieurs niches de la nef sont décorés de peintures de Melanzio.

▶▶ S. Agostino (Église gothique ornée de fresques de l'école ombrienne des 14e, 15e, 16e s.), S. Fortunato (*1 km au Sud* - **fresque★** de Benozzo Gozzoli).

Montepulciano★★

Bâtie sur la crête d'une colline séparant deux vallées, Montepulciano jouit d'une position★★ panoramique exceptionnelle et possède plusieurs édifices religieux et civils inspirés par la Renaissance florentine.

La ville fut fondée au 6e s. par les habitants de Chiusi qui fuyaient les invasions barbares et lui donnèrent le nom de Mons Politianus. Le vin de Montepulciano, de la couleur du rubis, est fort réputé et fut même célébré par de nombreux poètes.

La situation

13 890 habitants – Carte Michelin n° 430 M 17 – Voir aussi le Guide Vert TOSCANE – Toscane. Montepulciano se trouve le long de la S 146, qui va de San Quirico d'Orcia à Chiusi. ℹ *Via di Gracciano nel Corso 59/a,* ☎ *0578 75 73 41.*

Pour poursuivre la visite, voir le chapitre PIENZA.

se promener

Vieille ville★

Pour y entrer, passer par la Porta al Prato, fortifiée. La rue principale, nommée via Roma dans sa première partie, se divise ensuite pour former une boucle dans le quartier monumental de la ville. On remarque via Roma, au n° 91, le palais Avignonesi (16e s.) attribué à Vignola, au n° 73, le palais de l'antiquaire Bucelli orné de fragments lapi-

Personnages célèbres

Montepulciano a donné naissance à l'un des plus exquis poètes de la Renaissance, **Ange Politien** (1454-1494). Grand ami de Laurent le Magnifique qu'il surnommait « il Lauro » et qu'il avait sauvé lors de la conjuration des Pazzi, Politien est l'auteur des *Stances pour le tournoi*, qui décrivent une sorte de Jardin des Délices hanté par de touchantes figures de femmes : l'art délicat de Politien correspond en peinture à celui de son ami Botticelli.

Antonio da Sangallo il Vecchio, l'un des fils aînés d'une famille illustre de sculpteurs et d'architectes de la Renaissance, a laissé à Montepulciano quelques-unes de ses plus belles œuvres.

carnet pratique

Restauration

• ***Valeur sûre***

Borgo Buio – *Via Borgo Buio - ☎ 0578 71 74 97 - borgobuio@bccmp.com - fermé jeu. - 23/28€.* Une bonne adresse pour manger sur le pouce ou déguster un vrai repas, avec un grand choix de plats et des vins de qualité. Décor rustique et élégant sous une belle voûte en pierre.

La Grotta – *Località San Biagio - 1 km au SO de Montepulciano sur la S 146 - ☎ 0578 75 74 79 - fermé mer., janv. et fév. - 37/48€.* Le plaisir de déguster les saveurs typiques de la gastronomie toscane dans un palais du 16e s., sous un splendide plafond voûté. Pendant l'été, vous pourrez manger dehors, dans un jardin frais et entretenu avec soin.

Hébergement

• ***À bon compte***

Agriturismo Relais Ai Battenti – *Via dell'Antica Chiusina, 23 - 1,5 km au S de Montepulciano - ☎ 0578 71 70 09 - Fax 0578 71 70 09 - www.agriturismodella toscana.it - fermé 10 janv. au 20 mars - ⊭ - 4 ch. : 41,32/92,96€* ⊒. Une atmosphère familiale, tout particulièrement au moment du petit-déjeuner servi sur une grande table en bois dans une jolie salle avec cheminée. Les chambres, décorées en style campagnard, sont confortables et disposent de salles de bain privées (mais pas toujours contiguës).

• ***Valeur sûre***

Albergo Meublé Il Riccio – *Via Talosa, 21 - ☎ 0578 75 77 13 - fax 0578 75 77 13 - www.ilriccio.net - fermé les 2 premières sem. de juin et de sept. - 6 ch. : 51,65/77,47€ - ⊒ 7,75€.* Cet hôtel, abrité dans un palais médiéval, propose des chambre simples et fonctionnelles. Il dispose en outre d'un séjour mansardé et rustique où les hôtes peuvent se reposer, ainsi que de deux terrasses avec une très belle vue sur Montepulciano, la vallée et les lacs environnants.

Petite pause

Caffè Poliziano – *Via Voltaia nel Corso, 27/29 - ☎ 0578 75 86 15 - caffepoliziano@libero.it - 6h30-1h.* Pirandello, Malaparte, Fellini... depuis 1868, ce très beau café a accueilli de nombreux artistes. La grande salle panoramique est idéale pour déguster l'une des 30 sortes de chocolats chauds proposées ou découvrir les excellents vins de Montepulciano.

daires étrusques et romains, plus loin **S. Agostino – façade★** Renaissance dessinée par **Michelozzo** (15e s.) – et en face une tour où un polichinelle sonne les heures. Arrivé à la loge au Blé, prendre à gauche la via di Voltaia nel Corso : au no 21, palais Cervini, bon exemple d'architecture Renaissance florentine avec ses bossages et ses frontons curvilignes et triangulaires, dû à **Antonio da Sangallo**, qui a réalisé à Montepulciano quelques-unes de ses œuvres les plus célèbres. Suivre ensuite les rues dell'Opio nel Corso et Poliziano (au no 1, maison natale du poète).

Piazza Grande★★ – Cette vaste place au plan irrégulier et aux façades de styles divers est le centre monumental de la ville. Plusieurs palais s'y élèvent. L'**hôtel de ville★**, gothique, fut remanié au 15e s. par Michelozzo ; du sommet de sa belle **tour** carrée, immense **panorama★★★** sur la ville et les environs. *Tour : tlj sf dim. 8h30-13h30. Fermé j. fériés. Gratuit. ☎ 0578 71 21.*

Le **palais Nobili-Tarugi★**, face à la cathédrale, est attribué à Antonio da Sangallo : il est formé d'un portique et d'un grand portail à arcs en plein cintre, six colonnes ioniques posées sur une haute base supportant les pilastres de l'étage supérieur. Le **puits★** qui orne la place est remarquable par son couronnement de deux lions supportant les armes des Médicis. À l'intérieur du **Dôme**, des 16e-17e s., on peut voir, à gauche en entrant, le gisant de Bartolomeo Aragazzi, secrétaire du pape Martin V, statue qui faisait partie d'un monument conçu par Michelozzo (15e s.). Les bas-reliefs des deux premiers piliers et les statues qui encadrent le maître-autel proviennent de ce même monument. Au-dessus du maître-autel, **retable★** monumental du Siennois Taddeo di Bartolo (1401).

Poursuivre dans la rue principale, d'où on accède à la piazza San Francesco : belle **vue** sur la campagne environnante et sur l'église S. Biagio. Descendre la via del Poggiolo et tourner à droite, via dell'Erbe, où on retrouve la loge au Blé.

▶▶ Musée municipal - Pinacotèque Crociani (terres cuites vernissées d'Andrea Della Robbia ; vestiges étrusques, peintures du 13e au 18e s.).

alentours

Madonna di S. Biagio★★

1 km. Sortir par la Porta al Prato et prendre la route de Chianciano, puis tourner à droite.

Inaugurée en 1529, cette magnifique église bâtie en pierre blonde est le chef-d'œuvre d'**Antonio da Sangallo**. Fortement influencé par le projet de Bramante pour la reconstruction de Saint-Pierre de Rome – qui ne vit pas le jour sous cette forme en raison de la mort de l'artiste –, l'édifice de Sangallo est un témoignage précieux des conceptions de l'architecte du pape. Quoique simplifié,

S. Biagio reprend l'idée du plan centré en forme de croix grecque surmontée d'une coupole, la façade principale étant magnifiée par deux campaniles logés dans les creux de la croix : l'un est inachevé, l'autre comporte les trois ordres (dorique, ionique et corinthien). Le bras Sud est ici prolongé par une sacristie semi-circulaire. Grâce à l'harmonie de ses lignes et la maîtrise des motifs architecturaux qui soulignent la structure du monument, cette église procure un sentiment de plénitude. L'intérieur offre la même sensation de majesté et de noblesse. À gauche de l'entrée, noter une *Annonciation* peinte au 14e s. ; imposant maître-autel en marbre (16e s.).

Face à l'église, la « Canonica », réservée aux moines, est un élégant palais à portique.

Chianciano Terme‡‡

10 km au Sud-Est. Élégante station thermale, agréablement située et bien équipée. Ses eaux aux vertus curatives (affections rénales, hépatiques et biliaires) étaient déjà connues des Étrusques et des Romains. Beaux parcs ombragés.

Chiusi

27 km au Sud-Ouest. Située sur une haute colline couverte d'oliviers, Chiusi, aujourd'hui calme et accueillante, fut l'une des plus puissantes des Douze Cités souveraines d'Étrurie.

Museo Archeologico★ – *Via Porsenna. (♿) 9h-20h (la billetterie ferme à 19h30). Fermé 1er janv., 1er mai, 25 déc. 4,13€. ☎ 0578 20 177.*

Il réunit de nombreux objets provenant des nécropoles voisines : sarcophages, cippes et urnes funéraires, de pierre et d'albâtre, sculptures, canopes à têtes humaines, ex-voto d'argile, ainsi que toutes sortes d'ustensiles, de vases, de lampes et de bijoux, où s'expriment la fantaisie et le goût réaliste du peuple étrusque.

Napoli★★★

Naples

Naples est à elle seule un univers, où se mélangent indissociablement fantaisie, superstition et fatalité. Son golfe, dominé par le Vésuve et fermé par le Pausilippe, les îles et la presqu'île de Sorrente, est l'un des plus beaux lieux au monde, et la beauté de la ville lui fait écho. Une ville chaotique, embouteillée, souvent indomptée, mais d'une richesse historique, artistique et culturelle sans égale, et prête à révéler ses merveilles une fois passé la première impression d'étourdissement. À cela s'ajoute la fascination d'une ville aux mille visages, où présent et passé sont inextricablement liés. Monumentale, populaire, pittoresque ou romantique, la sirène parthénopéenne a enchanté depuis des siècles une foule de poètes, d'écrivains et d'artistes et sa voix suave n'a pas non plus laissé insensible la commission qui en 1995 a inscrit son centre historique sur la liste du Patrimoine mondial de l'Unesco.

La situation

1 002 619 habitants – Carte Michelin n° 431 E 24 (avec plan général) – Plan d'agglomération dans Le Guide Rouge Italia – Campanie.

Naples est accessible par la A 1, Autostrada del Sole, par la A 3 pour qui vient du Sud et par la A 16, qui relie Naples à l'Adriatique. **i** *Piazza dei Martiri, 58, ☎ 081 40 53 11, Piazza del Plebiscito (Palazzo Reale), ☎ 081 41 87 44.*

Pour poursuivre la visite, voir les chapitres CAPRI, CASERTA, COSTIERA AMALFITANA, ERCOLANO, ISCHIA, Golfo di NAPOLI, POMPEI et SALERNO.

comprendre

UN PEU D'HISTOIRE

D'après la légende, la sirène Parthénope donna son nom à la ville qui s'était développée autour de son tombeau ; c'est pourquoi on désigne encore parfois Naples par périphrase comme la « cité parthénopéenne ». En réalité, la ville naquit d'une colonie grecque, nommée Neapolis, conquise par les Romains durant le 4e s. avant J.-C. Les riches habitants de Rome venaient y passer l'hiver, tels Virgile, Auguste, Tibère, Néron. Mais les Napolitains restèrent fidèles à la langue et aux coutumes grecques jusqu'à la fin de l'Empire.

Depuis le 12e s., sept familles princières ont régné sur Naples. Les Normands, les Souabes, les Angevins, les Aragonais, les Espagnols et les Bourbons s'y succédèrent. Après l'éphémère **République parthénopéenne** instaurée en 1799, qu'inspirèrent

les idéaux de la Révolution française, le trône fut occupé à partir de 1806 par **Joseph Bonaparte**, puis de 1808 à 1815 par **Joachim Murat**, tous deux promoteurs d'excellentes réformes. De 1815 à 1860, les Bourbons revenus se maintinrent malgré les révoltes de 1820 et de 1848.

L'ART À NAPLES

Un roi mécène

Sous les princes de la maison d'Anjou, Naples se couvre d'édifices religieux qui empruntent leur caractère gothique à l'architecture française. Le roi **Robert le Sage** (1309-1343) attire à sa cour poètes, savants et artistes de différentes régions d'Italie : Boccace passe une partie de sa jeunesse à Naples où il s'éprend de « Fiammetta », en qui on a voulu voir la propre fille du roi ; son ami Pétrarque y séjourne également.

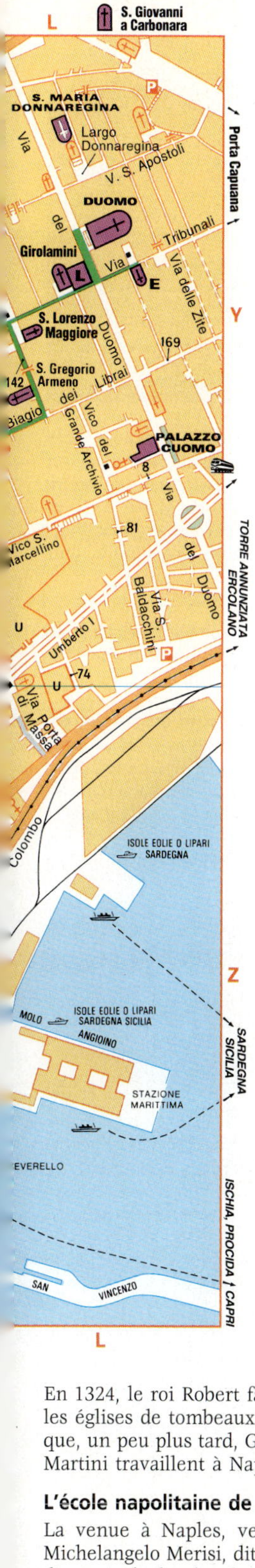

Acton (Via Ammiaglio) KZ
Acton (Via F.) KZ
Anticaglia (Via) KY
Arte della Lana (Via) LY 8
Bagio dei Librai (Via S.) KLY
Baldacchini (Via S.) LY
Battisti (Via C.) KZ
Bellini (Piazza) KY
Bovio (Piazza G.) KZ
Brombeis (Via G.) JKY
Capitelli (Via D.) KY 15
Cardinale G. Sanfelice (Via) KZ
Carità (Piazza d.) JKZ
Cavour (Piazza) KY
Cervantes (Via) KZ
Chiaia (Via) JZ
Colombo (Via C.) KLZ
Concezione a Montecalvario (Via) JZ 31
Console (Via C.) KZ
Conte di Ruvo (Via) KY 32
Correra (Via F. S.) JKY
Cortese (Via Giuio C.) KZ 34
Costa (Via O.) LY
Croce (Via B.) KY
Dante (Piazza) KY
Depretis (Via) KZ
Diaz (Via) KZ
Donnaregina (Largo) LY
Duomo (Via del) LY
Filangieri (Via G.) JZ 57
Forno Vecchio (Via) JY
Gasperi (Via de) KZ
Gesù Nuovo (Piazza del) KY
Girardi (Via F.) JZ
Grande Archivio (Vico del) LY
Imbriani (Via E.) KZ
Imbriani (Via M. R.) JY 67
Maddaloni (Via) KY 72
Marchese Campodisola (Via) KZ 73
Marotta (Via G.) LY 74
Martiri (Piazza dei) JZ
Matteoti (Piazza G.) KZ
Mattia (Via S.) JZ
Mazzini (Piazza) JY
Medina (Via) KZ
Mezzocannone (Via) KY
Miraglia (Piazza) KY
Miroballo al Pendino (Via) LY 81
Monte di Dio (Via) JZ
Monteoliveto (Piazza) KY 82
Monteoliveto (Via) KZ
Montesanto (Scala) JY
Montesanto (Via) JY 83
Morgantini (Via M.) KY 85
Municipio (Piazza) KZ
Museo Nazionale (Piazza) KY 88
Nicotera (Via G.) JZ
Nilo (Piazzetta del) KY
Pessina (Via E.) KY
Pignasecca (Via d.) JY
Pisanelli (Via) KY
Plebiscito (Piazza del) JKZ
Pontecórvo (Salita) JY
Port' Alba (Via) KY 123
Porta di Massa (Via) LZ
Porta Medina (Via) JY
Rosa (Via S.) JY
S. Anna dei Lombardi (Via) KY 136
S. Apostoli (Via) LY
S. Brigida (Via) KZ 138
S. Carlo (Via) KZ
S. Chiara (Via) KY
S. Domenico (Piazza) KY 139
S. Giacomo (Via) KZ
S. Gregorio Armeno (Via) LY 142
S. Marcellino (Vico) LY
S. Maria di Costantinopoli (Via) KY 145
S. Monica (Via) JY
S. Pietro a Maiella (Via) KY 148
S. Sebastiano (Via) KY 149
S. Teresa degli Scalzi KY
Sapienza (Via) KY
Scura (Via P.) JY
Sedile di Porto (Via del) KYZ 154
Sole (Via del) KY
Speranzella (Via) JZ
Tarsia (Via) JKY
Toledo (Via) JKYZ
Tommasi (Via S.) JKY
Tribunali (Via) KLY
Trieste e Trento (Piazza) JZ
Trinità Maggiore (Calata) KY 165
Umberto I (Corso) KLY
Ventaglieri (Via) JY
Verdi (Via) KZ
Vicaria Vecchia (Via) LY 169
Vittoria (Galleria della) JKZ
Vittorio Emanuele (Corso) JYZ
Vittorio Emanuele III (Via) KZ 171
Zite (Via del) LY

Capodimonte KY
Castel Nuovo KZ
Catacombe S. Gennaro KY
Certosa di S. Martino JZ
Croce di Lucca KY B
Duomo LY
Galleria Umberto I KZ
Gesù Nuovo KY D
Girolamini LY
Mergellina JZ
Museo Archeologico Nazionale KY
Palazzo Cuomo LY
Palazzo Reale KZ
Palazzo Spinelli di Laurino KY A
Pio Monte della Misericordia LY E
Porta Capuana LV
Porto di Santa Lucia JZ
Purgatorio ad Arco KY F
Quadreria dei Girolamini LY L
S. Anna d. Lombardi KY
S. Chiara KY
S. Domenico Maggiore KY
S. Francesco di Paola JZ
S. Giovanni a Carbonera LY
S. Gregorio Armeno LY
S. Lorenzo Maggiore LY
S. Maria Donnaregina LY
S. Maria Maggiore KY
S. Nicola alla Carità KY
S. Paolo Maggiore KY
S. Pietro a Maiella KY C
S. Severo KY
Teatro San Carlo KZ T^1

Circulation réglementée dans le centre-ville

En 1324, le roi Robert fait appel au sculpteur siennois Tino di Camaino qui orne les églises de tombeaux monumentaux. Le peintre romain Pietro Cavallini, ainsi que, un peu plus tard, Giotto (dont les œuvres ont aujourd'hui disparu) et Simone Martini travaillent à Naples, ornant notamment plusieurs églises de fresques.

L'école napolitaine de peinture (17e s. – début 18e s.)

La venue à Naples, vers 1606, du grand rénovateur de la peinture italienne Michelangelo Merisi, dit **le Caravage** (1573-1610), va permettre le développement d'une école locale, dont les représentants s'inspirent de la manière ample et dramatique du maître : les principaux protagonistes de ce mouvement restent **Artemisia Gentileschi**, l'Espagnol **José de Ribera**, le Calabrais Mattia Preti et Salvator Rosa.

Les vaisseaux de Ferdinand d'Aragon dans le port de Naples (15e s.)

Très à l'écart des caravagesques, **Luca Giordano** (1632-1705) est un virtuose de la décoration qui couvre les plafonds de compositions fougueuses et claires, rappelant les réalisations du baroque romain. Un peu plus tard, **Francesco Solimena** perpétuera sa manière avant de se rapprocher du ténébrisme de Mattia Preti et même du classicisme : ses peintures se caractérisent alors par des compositions savamment équilibrées, où les effets de clair-obscur modèlent les volumes, leur conférant rigueur et solidité.

L'époque baroque

De nombreux architectes dotèrent Naples et ses environs de beaux édifices de style baroque. Si, parmi eux, **Ferdinando Sanfelice** (1675-1748) fit preuve d'une vive invention de scénographe dans la construction d'escaliers qui, édifiés au fond des cours, constituent le principal ornement des palais, c'est **Luigi Vanvitelli** (1700-1773) qui demeure à Naples le grand architecte du 18e s. : Charles III de Bourbon lui confia notamment les plans de Caserte, dont il souhaitait faire son Versailles *(voir Caserta)*.

Dans un domaine plus populaire, de merveilleuses **crèches de Noël** *(presepi)* furent créées à Naples dès le 17e s.

Le talent artistique naturel des Napolitains

Les Napolitains ont toujours manifesté un goût particulier pour la musique, que ce soit pour l'**opéra** où l'on accorde une grande importance à la virtuosité du chanteur, ou pour la **chanson populaire**, tantôt joyeuse, tantôt mélancolique, qui se pratique sur accompagnement de guitare ou de mandoline. Dans le domaine de la commedia dell'arte, Naples a créé la figure de Scaramouche.

découvrir

SPACCANAPOLI ET LE DECUMANUS MAJEUR★★

Visite : 4h à pied. Pour pouvoir apprécier également l'intérieur des églises et des monuments, nous vous conseillons de faire la promenade le matin.

L'axe formé par les rues S. Benedetto Croce, S. Biagio dei Librai et Vicaria Vecchia coupe en deux ce quartier central surnommé Spaccanapoli (de *spaccare*, fendre, et *Napoli*, Naples). Il correspond au tracé d'un ancien *decumanus* romain (axe Est-Ouest dans un plan en damier) qui constituait une des rues principales de l'antique *Neapolis*. Parallèle à celui-ci courait le *decumanus* majeur, qui coïncide exactement avec l'actuelle via Tribunali. Ces rues populaires permettent de parcourir une grande partie de l'histoire de Naples de l'époque gréco-romaine jusqu'au 18e s.

Sur la piazza del Gesù Nuovo, dont le centre est occupé par la flèche baroque du monument votif dédié à l'Immaculée Conception, s'élève l'**église du Gesù Nuovo** à la belle façade à pointes de diamant toute de péperin. Cette façade est l'unique témoignage de l'ancien palais Sanseverino (du 15e s.) sur lequel fut érigé l'église. À l'intérieur, au revers de la façade, *Héliodore chassé du Temple* par Solimena. *Tlj 9h-13h, 16h-19h. ☎ 081 55 18 613.*

Entrer dans la via Benedetto Croce.

S. Chiara★

7h-12h30, 16h-20h, dim., j. fériés 8h-13h, 16h30-20h. Pour le cloître et le musée 9h30-13h, 14h30-17h30 (dim. matin uniquement). 3,10€. ☎ 081 55 26 209 ; www.santachiara.org

Sancie de Majorque, la pieuse épouse de Robert le Sage, fit édifier cette église de clarisses en style gothique provençal. La façade, d'une grande simplicité, est précédée d'un porche en péperin, dont la couleur grise contraste harmonieusement avec le tuf jaune.

carnet pratique

Transports

Les moyens les mieux adaptés pour se rendre à Naples sont le train ou l'avion. En effet, la circulation chaotique et l'absence de parkings dans la plupart des hôtels rendent l'usage d'un véhicule plutôt difficile à gérer. À 6 km, l'aéroport de Capodichino ☎ 081 78 96 111 ou 848 86 56 41/2 (vols Alitalia internationaux)/3 (renseignements) est relié à la ville par l'autobus n° 14, terminus piazza Garibaldi (Gare ferroviaire) et par le 3 S, qui s'arrête à la gare et au Molo Beverello.

Dans l'ensemble, Naples est pourvue d'un bon réseau de transports en commun, même si ces derniers subissent les conséquences inévitables d'un trafic souvent paralysé. *Les renseignements suivants sont donnés à titre indicatif ; pour plus d'informations, demander les plans des lignes de transport à l'Office de tourisme.*

Les **chemins de fer** : la **Cumana** et la **Circumflegrea** (gare sur la piazza Montesanto) relient Naples à Bagnoli et à la région des Champs Phlégréens. La **Circumvesuviana** (gare sur le corso Garibaldi) offre la possibilité d'atteindre rapidement Ercolano, Pompei, Castellammare, Vico Equense et Sorrente.

Le **métro, ligne FS** (Ferrovia Statale) traverse la ville dans sa longueur, de la piazza Garibaldi à Pozzuoli, tandis que la **metropolitana collinare** remonte de la piazza Vanvitelli à Piscinola/Secondigliano. Le nouveau tracé va de la piazza Vanvitelli au Musée archéologique.

Trois lignes de **funiculaires** permettent de rejoindre le quartier du Vomero en quelques minutes : le funiculaire central (de via Toledo à piazza Fuga), le funiculaire de Chiaia (de via del Parco Margherita à via Cimarosa – accès par le corso Vittorio Emanuele) et le funiculaire de Montesanto (de piazza Montesanto à via Raffaele Morghen). Le funiculaire de Mergellina (à proximité du port Sannazzaro, accès par le tunnel della Vittoria) relie la via Mergellina à la via Manzoni.

Les tickets **« GiraNapoli »** permettent de prendre le bus, le tram, le funiculaire, le métro FS et la collinare. Ils sont de deux sortes : l'un valable 90mn, l'autre, toute la journée. Il existe aussi un abonnement mensuel.

Les compagnies qui gèrent le service de **radio taxi** sont au nombre de 5 : **Cotana** ☎ 081 57 07 070 ; **Free** ☎ 081 55 15 151 ; **Napoli** ☎ 081 55 64 444, **Partenope** ☎ 081 55 60 202 et **Consor Taxi** ☎ 081 55 25 252.

Du môle Beverello et du port de Mergellina (accès par le tunnel della Vittoria), ferries et hydrofoils desservent Capri, Ischia, Procida et Sorrente.

B. Morandi/PHOTONONSTOP

La galerie Umberto I

Restauration

• ***À bon compte***

Pizzeria Di Matteo – *Via Tribunali, 93/94 [quartier Spaccanapoli] - ☎ 081 45 52 62 - fermé dim., 2e et 3e semaine d'août -* ⊭ ▤. Elle a récemment accueilli Bill Clinton, mais d'autres personnages fameux, parmi lesquels le grand Mastroianni, avaient déjà auparavant goûté aux délicieuses pizzas préparées dans cet endroit tout simple. Des prix imbattables et un service très rapide. Attention la tête en montant au 1er étage !

Trianon da Ciro – *Via Pietro Colletta, 42/46 [quartier Castel Capuano] - ☎ 081 55 39 426 - fermé 25 déc., 1er janv. -* ▤. Dans le style années 1920, avec des plafonds en stuc et des murs d'un bel ocre jaune, un endroit agréable qui a déjà une longue histoire. Outre de délicieuses pizzas, le patron vous régalera de poésie à sa façon et vous apprendra que la passion est l'ingrédient essentiel de la pizza « doc ».

Antica pizzeria Da Michele – *Via Cesare Sersale, 1/3/5/7 [quartier v. Duomo] - ☎ 081 55 39 204 - fermé dim., 3 semaines en août -* ⊭. Malgré un décor dépouillé, c'est une adresse ultra-connue qui doit sa réputation à la qualité des pizzas qui y sont servies. Armez-vous de patience car il est pratiquement inévitable de devoir faire la queue.

Antica pizzeria Gino Sorbillo – *Via Tribunali, 32 [quartier Spaccanapoli] - ☎ 081 44 66 43 - ginosorbillo@libero.it - fermé dim., 6 au 25 août -* ⊭ *+ 10 % serv.* Comme l'indique le menu, le jeune et enthousiaste Gino vient « d'une vieille famille où l'on est pizzaiolo de père en fils depuis 21 générations » et est considéré, à raison, comme l'une des étoiles montantes de la pizza napolitaine. Dans son établissement typique, on ne mange que des pizzas... mais quelles pizzas !

Luigi Lombardi a S. Chiara – *Via Benedetto Croce, 59 [quartier piazza S. Domenico Maggiore] - ☎ 081 52 20 780 - www.paginegialle.it/lombardilu - fermé lun., août -* ▤ *+ 13 % serv.* Une « dynastie » de pizzaioli qui remonte au milieu du 19e s. et qui a nourri des générations d'étudiants et d'intellectuels parthénopéens. Dans de belles salles, divisées en espaces plus intimes par des arcs en briques apparentes, on peut savourer d'excellentes pizzas et quelques autres plats typiques.

Brandi – *Salita di S. Anna di Palazzo, 2 [quartier piazza del Plebiscito] -* ⊭. C'est dans ce lieu historique que serait née, le 11 juin1889, la mythique pizza Margherita, ainsi nommée en l'honneur de la reine. Que tous les amateurs lui rendent hommage, au moins après un après-midi passé à faire les emplettes.

Osteria della Mattonella – *Via Nicotera, 13 [quartier piazza S. M. degli Angeli] - ☎ 081 41 65 41 - fermé dim. soir - ▤ - réserv. conseillée - 15/18€.* Vous souhaitez goûter des plats traditionnels napolitains dans une ambiance « authentique »? Serviettes en papier et service informel, cuisine maison avec peu de plats mais tous appétissants et copieux. Pour les amoureux du genre.

Beverino – *Via S. Sebastiano, 62 [quartier piazza Bellini] - ☎ 081 29 03 13 - fermé lun., dim. soir, 15 au 22 août - 13€.* Tout près de la très « littéraire » piazza Bellini, une adresse pour des déjeuners et dîners informels, à l'enseigne des bons vins, des entrées et des plats froids. L'ambiance y est rustique, comme dans tout bar à vins qui se respecte, et les voûtes de la salle en sous-sol vous permettront d'échapper à la chaleur estivale.

B. Morandi/MICHELIN

À l'Ospedale delle bambole, on « soigne » les poupées cassées.

Trattoria Castel dell'Ovo – *Via Luculliana, 28 [quartier S. Lucia] - ☎ 081 76 46 352 - fermé jeu. - 15/21€ + 13 % serv.* Une trattoria toute simple, dont les tables sont installées sur le petit port du charmant faubourg Marinaro. Pour des dîners (ou déjeuners) romantiques avec vue sur l'imposant Castel dell'Ovo, sur le golfe et sur les petites barques de pêcheurs.

'A Tiella – *Riviera di Chiaia, 98/100 [quartier piazza della Repubblica] - ☎ 081 76 18 688 - fermé dim. soir - 15/23€.* Après une promenade sur le bord de mer, un petit restaurant où déguster des spécialités de poisson, entre autres, et des pâtes fraîches faites maison. Installez-vous sous le plafond voûté ou à l'extérieur, où le citron et le lierre ont inspiré une décoration fraîche à laquelle s'ajoutent de belles photographies du Naples d'antan.

Taverna dell'Arte – *Rampe S. Giovanni Maggiore, 1/a (perpendiculaire à la via Mezzocannone) [quartier Spaccanapoli] - ☎ 081 55 27 558 - fermé dim., 4 au 25 août - ▤ - réserv. conseillée - 18/30€.* Si vous souhaitez une expérience culinaire typiquement régionale, vins compris... Les tables de cette petite adresse sont pour le moins recherchées. Nous vous conseillons donc de réserver suffisamment à l'avance.

Marino – *Via Santa Lucia, 118/120 [quartier Santa Lucia] - ☎ 081 76 40 280 - fermé lun., août - ▤ - 18/31€ + 15 % serv.* Une trattoria napolitaine typique, bondée et animée, où l'on se transmet de génération en génération les recettes de poissons et de produits du terroir. Le choix des *antipasti* est particulièrement varié et appétissant.

• ***Valeur sûre***

L'Europeo di Mattozzi – *Via Campodisola, 4/6/8 [quartier Corso Umberto I] - ☎ 081 55 21 323 - fermé dim., le soir (sf jeu.-sam et veilles de j. fériés), 15 au 31 août - ▤ - 23,24/33,50€.* Une cuisine maison, avec des plats régionaux dont la saveur est fondée sur le choix rigoureux des matières premières. Une vraie passion et un réel sens de l'accueil, dans une ambiance simple et agréablement animée, riche de décorations et de « souvenirs ».

La Chiacchierata – *Piazzetta Matilde Serao, 37 [quartier piazza del Plebiscito] - ☎ 081 41 14 65 - fermé le soir (sf ven.), août ; juin-sept. ; fermé également w.-end - réserv. conseillée - 25/37€.* Un restaurant minuscule et on ne peut plus central, avec vue partielle sur la cuisine, où l'on peut déguster de très bonnes spécialités napolitaines, préparées avec simplicité. Une ambiance familiale, où les clients sont pour la plupart des habitués, à des prix vraiment avantageux.

Hébergement

• ***À bon compte***

I Vicoletti – *Via S. Domenico Soriano, 46, (4e étage, sans ascenseur) [quartier piazza Dante] - ☎ 081 56 41 156 - fax 081 54 48 006 - ▤ - 5 ch. : 30,99/56,81€.* Point fort : l'immense terrasse donnant sur Castel Capuano ; mais les grandes chambres, décorées simplement et très colorées, et les hôtes enthousiastes ne sont pas en reste. En plein centre historique, une atmosphère de vacances méditerranéennes. Douches communes. Pour ceux qui ont de bonnes jambes.

• ***Valeur sûre***

La Locanda dell'Arte – *Via Enrico Pessina, 66 (2e étage, ascenseur) [quartier Museo Archeologico] - ☎ 081 56 44 640 - fax 081 56 45 427 - ▤ - 6 ch. : 51,65/92,96€.* Des chambres sobres et élégantes, aux meubles en bois sombre, sol en briques et grandes fenêtres donnant sur une rue piétonne du centre historique. Bon goût et sens du détail, et une délicieuse odeur de fleur d'oranger, dans un vieux palais du début du 19e s., en face de l'Académie des beaux-arts.

Bed & Breakfast Napoli t'amo – *Via Toledo, 148 (1er étage, sans ascenseur) - ☎ 081 55 23 626 - fax 081 55 23 626 - info@napolitamo.it - 12 ch. : 56,81/72,30€.* Dans la plus élégante rue commerçante de la ville, au premier étage d'un palais du 17e s. au portail massif couvert de blasons, un qui propose des chambres et des pièces communes très vastes et meublées de façon simple et fonctionnelle. Un seul regret, les salles de bain « naines » qui arrivent à la moitié des hauts plafonds.

Hotel Le Orchidee – *Corso Umberto I, 7 (5e étage, ascenseur) [quartier Corso Umberto I] - ☎ 081 55 10 721 - fax 081 25 14 088 - ▤ - 7 ch. : 67,14/82,63€ - ☕ 3,10€.* Dans un ancien palais, à deux pas du centre historique et de l'embarcadère pour les îles du golfe, un petit hôtel aux chambres confortables et spacieuses, bien tenues et au style simple et moderne.

Hotel Ausonia – *Via Francesco Caracciolo, 11 [quartier Mergellina] - ☎ 081 68 22 78 - fax 081 66 45 36 - ▤ - 19 ch. : 72,30/98,13€ ☕.* À deux pas du port de Mergellina, des têtes de lit qui rappellent des gouvernails, hublots et roses des vents un peut partout, ainsi qu'un baromètre du 17e s., dans le petit hall, qui donne de précieuses indications sur le temps de la journée. Pour vivre la mer depuis la terre ferme.

Soggiorno Sansevero – *Vicolo S. Domenico Maggiore, 9 (1er étage, ascenseur) [quartier piazza S. Domenico Maggiore] - ☎ 081 55 15 742 - ▤ - 6 ch. : 72,30/92,96€ ☕.* Les hôtels Sansevero offrent de grandes chambres, aux meubles en osier léger et aux lits en fer forgé, dans 3 palais du 18e s. en plein cœur de Naples. L'atmosphère y est fraîche et ensoleillée, et le séjour agréable et à des prix acceptables. Quelques chambres équipées d'une salle de bain commune, vous permettront de faire des économies supplémentaires.

Albergo Sansevero – *Via S. Maria di Costantinopoli, 101 (1er étage, ascenseur) [quartier Spaccanapoli] - ☎ 081 21 09 07 - fax 081 21 16 98 - ▤ - 8 ch. : 72,30/92,96€ ☕.*

Albergo Sansevero (Degas) – *Calata Trinità Maggiore, 53 (3e étage, ascenseur) [quartier piazza del Gesù Nuovo] - ☎ 081 55 11 276 - ♿ - 9 ch. : 82,63/92,96€ ☕.*

• ***Une petite folie !***

Hotel Suite Esedra – *Via Cantani, 12, [quartier Corso Umberto I] - ☎ 081 28 74 51 - fax 081 28 74 51 - ▤ - 16 ch. : à partir de 92,96€ ☕.* Dans un bâtiment titré, décoré de tapisseries damassées, de détails précieux, et où vous pourrez prendre vos petits-déjeuners sur une table du 19e s. Les chambres sont personnalisées avec goût (suite avec baignoire à hydromassage pour deux), et il y a même une petite salle de sport. Le service est à la hauteur de l'ensemble.

Bed & Breakfast Parteno – *Lungomare Partenope, 1 (1er étage, ascenseur) - ☎ 081 24 52 095 - fax 081 24 71 303 - bnb@parteno.it - ▤ - 6 ch. : à partir de 107€ ☕.* B&B d'une élégance raffinée, intime et accueillante, où le mobilier et la décoration sont l'œuvre d'un artiste connu de la région. Une demeure patricienne savamment restaurée, où les hôtes sont traités comme de petits princes. Sauna et salle de sport à disposition.

Hotel Villa Capodimonte – *Via Moiariello, 66 [quartier Capodimonte] - ☎ 081 45 90 00 - fax 081 29 93 44 - P ▤ - 57 ch. : à partir de 145€ ☕ - restaurant 27/41€.* Un peu excentré mais facile d'accès, un hôtel-dalle aux allures de villa, perdu dans un parc et offrant une vue magnifique sur le golfe de Naples. De grandes chambres style Art nouveau, très confortables et disposant pour la plupart d'une terrasse panoramique.

Petite pause

Gran Caffè Gambrinus – *Via Chiaia, 1/2 - ☎ 081 41 75 82 - 8h-1h.* Le plus célèbre café napolitain. On croirait presque y entendre résonner les frous-frous des robes à crinoline d'autrefois. Depuis plus de 150 ans, ces salles décorées avec faste sont témoins des principaux événements de l'histoire de Naples.

Intra Moenia – *Piazza Bellini Vincenzo, 70 - ☎ 081 29 07 20 - 10h-3h.* Lieu de rencontre privilégié des intellectuels, dans le vieux cœur de la cité. Ce café-librairie-glacier est également le siège d'une maison d'édition « engagée ». À déguster sans modération.

La Caffettiera – *Piazza dei Martiri, 25/26 - ☎ 081 76 44 243 - 7h30-23h.* Pour ceux qui souhaitent goûter à un bon café accompagné d'une petite douceur.

Scaturchio – *Piazza S. Domenico Maggiore, 19 - ☎ 081 55 16 944 - 7h30-20h40.* Pour déguster une *sfogliatella riccia* (feuilleté fourré de ricotta, fruits confits et parfumé à la fleur d'oranger) tout juste sortie du four, ou un baba, pâtisserie d'origine étrangère mais très répandue et appréciée dans le « Royaume de Naples ».

Sorties

Dizzy Club – *Corso Vittorio Emanueleh 19/20 - Jeu.-mar. 20h-2h.* Un choix étourdissant de 150 cocktails ! Possibilité également de jouer aux cartes ou aux échecs.

Spectacles

Teatro San Carlo – *Via San Carlo, 98 - ☎ 081 79 72 111 - biglietteria@teatrosancarlo.it - saison lyrique : déc.-mai - guichet : mar.-dim. 10h-13h, 16h30-18h30.* Le théâtre San Carlo, avec sa troupe lyrique permanente, est l'un des plus célèbres opéras du monde.

Achats

Cela vaut la peine d'acheter au moins l'une des superbes figurines de la crèche (via San Gregorio Armeno).

Dans la région de Naples (surtout à Torre del Greco) vous trouverez un large choix de camées et de coraux.

Calendrier

Les fêtes religieuses à Naples sont somptueuses. Celles de la Madone de Piedigrotta, le 8 septembre, de Santa Maria del Carmine, le 16 juillet, et surtout celles du Miracle de saint Janvier (1er dim. de mai et 19 sept.) sont les plus connues ; au moment de Noël et de l'Épiphanie, de magnifiques crèches sont installées dans les églises.

L'intérieur, autrefois richement baroque, fut reconstruit avec sobriété dans le style gothique d'origine, après l'incendie provoqué par un bombardement en 1943. Sur la nef unique, éclairée d'étroites fenêtres hautes à baies géminées, s'ouvrent 9 chapelles. Le chœur à fond plat abrite plusieurs mausolées de la dynastie angevine : derrière l'autel, le **tombeau★★** de Robert le Sage fut exécuté par des artistes florentins en 1345 ; à droite, celui de Charles de Calabre est attribué à Tino di Camaino, à qui l'on doit le **sépulcre★** de Marie de Valois, contre le mur à droite. À droite de la partie réservée au clergé *(presbiterio)*, un vestibule conduit au ***coro*★** du 14e s., auquel on accède par un beau portail de marbre ; aux murs, restes de fresques de l'école de Giotto.

Chiostro★★ – Son agencement est l'œuvre de Domenico Antonio Vaccaro (18e s.) : le centre, à ciel ouvert, fut transformé en un jardin dont les lignes médianes sont soulignées par deux allées couvertes d'une pergola, dessinant ainsi une croix. Le muret soutenant les arcades du cloître, les colonnes des allées et les bancs qui les relient sont carrelés de magnifiques **faïences★** ornées de motifs floraux, paysages, scènes champêtres ou sujets mythologiques.

S. Domenico Maggiore

8h-13h, 16h-19h. ☎ 081 55 73 111.

Son abside donne sur une place ornée d'un petit obélisque baroque dédié à saint Dominique. À l'intérieur se mêlent éléments gothiques (**cariatides** de Tino di Camaino supportant un cierge pascal) et baroques. La 2e chapelle du bas-côté droit a été peinte à fresque par Pietro Cavallini (1309). La sacristie (18e s.), tapissée de boiseries, abrite en hauteur derrière une balustrade les cercueils de personnalités de la cour d'Aragon.

Cappella Sansevero

Tlj sf mar. 10h-20h, dim. et j. fériés 10h-13h30. 4,13€. ☎ 081 55 18 470 ; www.ic-napoli.com/sansevero

Édifiée au 16e s., la chapelle surprend par son intérieur, entièrement réaménagé au 18e s. dans un style baroque exubérant à la demande du prince Raimondo de Sangro, personnage éclectique que sa passion pour l'alchimie et la science nimbe de légende. En sont pour preuve les deux présumés « squelettes » complets, dont l'appareil circulatoire fut pétrifié dit-on grâce à une substance inventée par lui *(salle souterraine, accès par le côté droit)*.

Le principal attrait de la chapelle réside dans les étonnantes **sculptures★** de marbre qu'elle abrite : de part et d'autre du chœur, la *Pudeur* (femme voilée) et le *Désespoir* (homme cherchant à se dégager d'un filet) et, au centre de la nef, le magnifique ***Christ voilé*★**, œuvre magistrale de **Giuseppe Sammartino**. Les plis du voile sont si légers que le tissu semble non pas sculpté, mais déposé sur le corps allongé, tandis que la sérénité des traits du visage donne l'impression que le Christ repose paisiblement dans un sommeil profond.

Avant de poursuivre dans la via S. Biagio dei Librai, on passe par la charmante **piazzetta del Nilo** qui doit son nom à la présence d'une statue antique symbolisant le Nil. Un peu plus loin, tourner à gauche dans la pittoresque via S. Gregorio Armeno qu'agrémentent ses nombreux petits magasins et ateliers de *pastori*, ces célèbres santons de crèches. Aux côtés des santons traditionnels, les artisans (dont l'art se transmet de père en fils depuis le 19e s.) ont placé des sujets modernes qui représentent des personnalités actuelles *(le secteur est caractéristique surtout en décembre)*.

Au fond, au-dessus d'un arc enjambant la rue, se détache le clocher de l'église S. Gregorio Armeno.

S. Gregorio Armeno

9h30-12h. Laisser une offrande. ☎ 081 55 20 186.

En passant par son profond atrium, on accède à **l'intérieur★** de l'église, de style baroque exubérant. Les fresques qui ornent l'unique nef ainsi que la coupole sont de Luca Giordano. On remarque au fond de la nef deux **orgues** baroques monumentaux ; dans le chœur, le maître-autel marqueté de marbres polychromes ; en haut à droite, la loge fermée d'une grille en laiton derrière laquelle les nonnes suivaient, cachées, la messe ; enfin le très beau plafond de boiseries dorées, orné de médaillons peints par Teodoro di Enrico.

Le **cloître** *(accès par l'escalier du couvent)* est ponctué au centre d'une belle fontaine aux effigies du Christ et de la Samaritaine (fin 18e s.).

Au bout de la via S. Gregorio Armeno, on débouche via dei Tribunali, dont le tracé coïncide avec celui du decumanus majeur de l'antique cité romaine.

S. Lorenzo Maggiore

8h-12h, 17h-19h.

Cette église fut élevée au 14e s. sur un édifice paléochrétien dont elle a conservé les murs extérieurs, deux mosaïques et les colonnes bordant sa nef unique. Remaniée en style baroque, elle a retrouvé son apparence d'origine suite à une restauration récente.

Elle présente à la croisée du transept un très bel **arc triomphal★** en plein cintre. La nef, rectangulaire et nue (hormis une chapelle nobiliaire sur le côté droit à l'exubérante décoration baroque), est le témoignage de la rigueur et de la sévérité franciscaine. En revanche, **l'abside polygonale★** de style gothique français est surmontée de hautes fenêtres géminées en lancette et cernée d'un déambulatoire sur lequel s'ouvrent des chapelles ornées de fresques par des disciples de Giotto. Le croisillon gauche abrite la grande chapelle St-Antoine (cappellone di Sant'Antonio) avec, au-dessus de l'autel, une peinture du saint entouré d'anges (1438) sur fond doré. À droite du maître-autel, on peut admirer le **monument funéraire★** de la reine Catherine d'Autriche, taillé par Tino di Camaino.
Par le cloître de l'église, on pénètre dans la **salle capitulaire**, aux voûtes et murs ornés de fresques, où est conservée une singulière « bible illustrée », constituée de sujets en terre cuite placés dans des coquilles de noix, minutieux travail réalisé dans les années 1950. Dans le cloître toujours, commence le parcours archéologique des **fouilles** qui ont mis au jour une petite rue de la ville gréco-romaine et un forum (on y distingue le Trésor public – *aerarium* –, un four et le marché – *macellum*).
Complexe archéologique : (♿) entrée par le Vico dei Maiorani. 9h-13h, 15h30-17h30, dim. et j. fériés 9h-13h30. Possibilité de visite guidée (1h). 2,58€. ☎ 081 45 49 48.

Duomo★

Visite du trésor de San Gennaro : 8h30-12h30, 16h30-19h, dim. 8h30-12h30. ☎ 081 44 90 97.

Construit au 14e s. et dédié à N.-D.-de-l'Assomption, il fut plusieurs fois remanié par la suite. Particulièrement vénéré par le peuple, le **trésor de San Gennaro★** est placé dans une chapelle d'un style baroque très riche, précédée par une belle grille de bronze du 17e s. : on y conserve derrière l'autel les deux ampoules contenant le sang de saint Janvier, qui doit se liquéfier deux fois l'an, sous peine de terribles calamités pour la ville (cette fête, dite du **Miracle de saint Janvier**, a lieu le premier dimanche de mai et le 19 septembre) ; à la coupole, fresque mouvementée de Lanfranco *(Le Paradis)*. Le transept droit recèle une ***Assomption*** du Pérugin et la **chapelle** gothique **Minutolo**, qui renferme un beau pavement de mosaïque du 13e s. et des parois ornées de fresques. La **crypte** (Succorpo) est une élégante création Renaissance. Une porte située au milieu du collatéral gauche donne accès à la **basilique S. Restituta**, cathédrale primitive du 4e s., transformée à l'époque gothique puis au 17e s. : au fond de sa nef, le **baptistère S. Giovanni**, du 5e s., a gardé une belle structure et des **mosaïques★** de cette époque. L'abside de gauche donne accès à un spectaculaire **parcours archéologique** dans le Naples grec, romain et du Haut Moyen Âge.

Decumanus Majeur★★

Coïncide essentiellement avec la via dei Tribunali. Visite des monuments du decumanus : 9h-13h30. Pio Monte della Misericordia ☎ 081 44 69 44 ; Quadreria dei Girolamini : 9h-13h (la billetterie ferme à 12h20). Fermé août. Gratuit. ☎ 081 44 91 39.

Bibliothèque fermée pour restauration au moment de la rédaction de ce guide. ☎ 081 29 44 44. Chiesa dei Girolamini - Pinacothèque ☎ 081 44 91 39 ; S. Paolo Maggiore : visite dim. matin également. ☎ 081 45 40 48 ; Purgatorio ad Arco : visite dim. matin également. ☎ 081 45 93 12 ; Croce di Lucca : ☎ 081 56 52 85 ; S. Pietro a Maiella : visite dim. également. ☎ 081 45 90 08.

Rejoindre le **Pio Monte della Misericordia** (confrérie de la Miséricorde, 17e s.), où sont conservés six retables dont le sujet est lié aux œuvres de charité de l'institution. Remarquer plus spécialement *La Libération de saint Pierre* par Caracciolo et le très beau tableau du Caravage ***Les Sept Œuvres de Miséricorde★★★***.

Revenir sur ses pas, et au carrefour avec la via Duomo, prendre à droite.

Quadreria dei Girolamini – *Entrée via Duomo, 142.* Logée au premier étage du couvent des oratoriens, la galerie recèle une riche collection d'œuvres du 16e au 18e s. des écoles napolitaine, romaine et florentine, dont des toiles de Luca Giordano, G.B. Caracciolo, José de Ribera ***(Apôtres)***, Guido Reni et Francesco Solimena *(Prophètes)*. Le couvent comprend en outre une **bibliothèque** avec une splendide **salle du 18e s.★**.
L'**église des Hiéronymites** (les « Girolamini », dont le patron est saint Jérôme) conserve des œuvres de Pietro Bernini (père de Lorenzo), Pietro da Cortona, Luca Giordano et Francesco Solimena. Un peu plus loin, l'église **S. Paolo Maggiore**, précédée d'un majestueux escalier et caractérisée par un fastueux intérieur baroque (noter l'autel polychrome). La sacristie conserve deux belles **fresques★** de **Solimena**, la *Chute de Simon le Magicien* et la *Conversion de saint Paul*, qui sont au nombre de ses chefs-d'œuvre.
Au-delà sur la droite, l'**église del Purgatorio ad Arco** possède un petit cimetière souterrain où, il y a encore quelques années, on pratiquait la singulière cérémonie du nettoyage des ossements afin d'obtenir une grâce (pratique en usage à Naples). Au nº 362 se trouve le **palais Spinelli di Laurino**, à la curieuse cour intérieure elliptique ornée d'un escalier, œuvre de Sanfelice.
Sur le parvis de **S. Maria Maggiore**, au beau pavement de brique et majolique (1764), s'élèvent, à gauche, la chapelle Pontano Renaissance, et sur la droite, le beau clocher de l'église d'origine (11e s.).

Après la **Croce di Lucca**, église du 17e s. au plafond à caissons de bois doré, on arrive à l'église **S. Pietro a Maiella**, d'époque gothique, mais remaniée au 17e s. On y admire les belles stalles marquetées qui ornent le chœur et les fresques de l'abside. Ensuite, on rejoint la piazza Bellini, où il est agréable de s'arrêter, surtout en soirée. Au centre de la place sont encore visibles des restes de murs grecs. Un peu plus loin, la **piazza Dante**, en hémicycle, est l'œuvre de Vanvitelli.

visiter

MUSEO ARCHEOLOGICO NAZIONALE★★★ *visite : 2h*

Tlj sf mar. 8h30-14h ou 8h30-19h30 (la billetterie ferme 1h avant). Fermé 1er janv., 1er mai, 25 déc. 6,20€. Pour toute information sur les horaires ☎ *84 88 00 288 (no vert) ; www.athena.cib.na.cnr.it/vhf-it/sanc/welcome.html*

Il occupe des bâtiments construits au 16e s. pour abriter la cavalerie royale et qui furent, de 1610 à 1777, le siège de l'université. Ses collections, essentiellement constituées par les œuvres d'art ayant appartenu aux Farnèse et par le matériel retrouvé à Herculanum et à Pompéi, en font l'un des plus riches musées du monde pour la connaissance de l'Antiquité grecque et romaine.

Rez-de-chaussée

Sculptures gréco-romaines★★★

Le grand atrium renferme des sculptures provenant de Pompéi et Herculanum. À l'entrée de la salle sur la droite, un escalier conduit à l'entresol consacré à la **section épigraphique** et à la **collection égyptienne**.

Galerie des « Tyrannicides » – *Prendre à droite à l'entrée de l'atrium.* Cette salle regroupe, parmi de nombreuses œuvres archaïques, l'***Aphrodite Sosandra*** (magnifique réplique d'un bronze grec du 5e s. avant J.-C.) à l'expression hautaine et au drapé d'une rare élégance, et le célèbre groupe des ***Tyrannicides*** Harmodios et Aristogiton qui, au 6e s. avant J.-C., libérèrent Athènes de la tyrannie d'Hipparque (copie en marbre d'un bronze grec).

Galerie des Grands Maîtres – *Accès par la galerie des Tyrannicides.* On y voit la majestueuse *Pallas Farnèse* (Athéna), et un émouvant bas-relief évoquant les adieux d'Orphée à Eurydice, réplique d'une œuvre du 5e s. avant J.-C., ainsi qu'une copie du fameux ***Doryphore*** de Polyclète (5e s. avant J.-C.).

Au fond de la galerie des Tyrannicides, à gauche, se trouve une galerie qui héberge la célèbre *Vénus Callipyge* (« aux belles fesses » – 1er s.), l'admirable ***Artémis d'Éphèse*** (2e s.), en albâtre et en bronze, représentation de l'idole vénérée dans le célèbre temple ; elle a la poitrine couverte de mamelles, symboles de son caractère nourricier.

Galerie du « Taureau Farnèse » – *Accès par la galerie précédente.* Elle abrite les groupes monumentaux découverts au 16e s. dans les thermes de Caracalla à Rome.

Au centre se dresse la colossale *Flore Farnèse*. Dans la dernière salle se détache l'imposant groupe dit du ***Taureau Farnèse*** sculpté dans un seul bloc de marbre et évoquant le supplice de Dircé, la légendaire reine de Thèbes. C'est une copie romaine du 2e s. qui, comme tant d'autres œuvres de la collection Farnèse, a subi de nombreux remaniements et restaurations qui ont en partie dénaturé son aspect originel. Dans l'aile droite, on admire le monumental ***Hercule Farnèse***, sculpté au repos après avoir achevé ses célèbres travaux.

La section suivante, consacrée aux **gemmes taillées**, compte l'un des joyaux du musée, la célèbre **Tasse Farnèse★★★**, énorme camée en forme de coupe, réalisée à Alexandrie d'Égypte au 2e s. avant J.-C.

Mosaïques★★

Entresol à gauche. Provenant pour la plupart de Pompéi, Herculanum et Stabies, elles offrent une grande variété de styles et de sujets : on remarquera avant tout les deux petites scènes réalistes (*Consultation chez la magicienne* et *Musiciens ambulants*) signées Dioscourides de Samos et des *Acteurs en scène* retrouvés à Pompéi dans la maison du Poète tragique (salle LIX). Les salles LX et LXI abritent les mosaïques de la maison pompéienne du Faune (dont la frise à festons et masques) et la belle ***Bataille d'Alexandre***, qui illustre avec un sens admirable du mouvement et de la profondeur (cheval vu de dos au 1er plan) la victoire du roi de Macédoine sur le roi des Perses Darius. La collection comprend également de beaux exemples d'opus sectile (salle LVII).

Premier étage

Salles de la villa des Pison ou des Papyrus★★★

À l'entrée du salon du Cadran solaire, à droite. On suppose que cette villa, découverte à Herculanum au 18e s., puis réensevelie, appartenait à L. Calpurnius Pison, beau-père de Jules César. Son propriétaire avait fait de cette demeure un véritable musée.

La salle des Papyrus (CXIV) renferme des photographies de quelques-uns des 800 papyrus qui formaient la bibliothèque. La salle CXVI rassemble les **statues en bronze** qui ornaient le péristyle de la villa : on reconnaît le ***Silène ivre***, tout à son allégresse, et un jeune ***Satyre endormi*** au visage admirable dans l'abandon du sommeil ; les deux ***Athlètes***, saisissants de vie, sont inspirés de Lysippe (4e s. avant J.-C.) ; les fameuses ***« Danseuses » d'Herculanum*** sont probablement des porteuses d'eau ; le célèbre ***Hermès au repos***, au corps élancé et vigoureux, reflète l'idéal de Lysippe. Dans la salle CXVII, outre le **portrait** dit à tort **« de Sénèque »**, l'un des plus remarquables de l'Antiquité par sa puissance d'expression, on note une « Tête idéale », identifiée à Artémis, et la majestueuse *Athéna Promachos*.

Argenterie, ivoires, terres cuites vernissées et verrerie★

À l'entrée du salon du Cadran solaire, à gauche. Dans ces salles sont rassemblés des objets provenant principalement d'Herculanum et de Pompéi : trésor en argent retrouvé dans la maison de Ménandre à Pompéi, petits ustensiles d'ivoire, armes grecques et italiques et objets en verre, dont le splendide **vase bleu★★** décoré de petits amours et de scènes de vendanges.

De cette section, on accède à la salle où est exposée la **maquette de Pompéi** en chêne-liège, exécutée au 19e s.

Salles du temple d'Isis★★★

Après les salles d'argenterie. Objets et peintures du temple découvert à Pompéi au dos du grand théâtre. Trois espaces sont plus particulièrement évoqués et partiellement reconstruits : le portique, l'*ekklesiasterion* (où se réunissaient les adeptes d'Isis) et le *sacrarium* (sanctuaire où étaient déposés les objets sacrés). Les fresques des murs représentent des natures mortes : figues, raisins, oies et colombes, éléments tous en relation avec le culte de la déesse égyptienne. On remarque surtout les beaux et grands panneaux (bien conservés), où sont représentés des paysages sacrés et des scènes liées au mythe de Io.

Salles des fresques★★★

Au fond du salon du Cadran solaire, à gauche, ou après les salles du temple d'Isis. Très belles fresques provenant essentiellement de Pompéi, Herculanum et Stabies. Leur diversité de style et la variété des couleurs attestent de la richesse décorative romaine *(voir le chapitre Pompei et son introduction sur la peinture pompéienne).* Splendides peintures inspirées par la mythologie (légende d'Héraclès, d'Ariane), par la tragédie *(Médée, Iphigénie)* ou encore par des poèmes épiques (épisodes de la guerre de Troie), souvent encadrés par des perspectives architecturales, des frises d'amour, de satyres et de ménades. Remarquer la douceur et la légèreté des figures féminines retrouvées à Stabies, représentant *Léda, Médée, Flore* et *Artémis*. D'une villa de Boscotrecase nous sont parvenus des cadres et médaillons représentant des paysages de Campanie.

Au fond du salon du Cadran solaire, à droite, est prévue une **section topographique**, qui accueillera des pièces archéologiques de Campanie, depuis la préhistoire jusqu'à l'époque romaine.

PALAZZO E GALLERIA NAZIONALE DI CAPODIMONTE★★

Visite : 2h. Au Nord de la ville. ♿ Tlj sf lun. 8h30-14h ou 8h30-19h30 (la billetterie ferme 1h avant). Fermé 1er janv., 1er mai, 25 déc. 7,23€. Pour toute information sur les horaires ☎ 84 88 00 288 (nº vert) ; www.beniculturali.it

Cet ancien **domaine royal★** s'étend sur les hauteurs de la ville : il est formé du palais, massif et austère, bâti entre 1738 et 1838, et d'un grand parc où subsistent notamment les restes d'une fabrique de porcelaines qui fut célèbre au 18e s. Le palais abrite une pinacothèque et les appartements royaux.

Pinacoteca★★

La collection des Farnèse, héritée des Bourbons et enrichie au fil du temps, constitue le noyau de la pinacothèque. La disposition des œuvres, essentiellement chronologique, permet de retracer certaines des grandes étapes de l'histoire de la peinture italienne, mise en regard avec quelques exemples étrangers importants.

La collection s'ouvre par la galerie Farnèse, qui présente de célèbres portraits des principaux représentants de la famille, dont ***Paul III avec ses neveux★★***, chef-d'œuvre de profondeur psychologique du **Titien**.

Dans l'émouvante ***Crucifixion★★★*** de Masaccio, le personnage de Marie-Madeleine vêtu d'un habit rouge feu et tendant les bras vers la croix dans un geste dramatique, est un parfait exemple du travail de perspective qui fit de Masaccio un précurseur de la Renaissance. La position rentrée de la tête du Christ n'est pas une erreur mais est due au fait que le panneau, placé à l'origine au sommet d'un haut polyptyque, était vu d'en bas. Un exemple admirable de l'école vénitienne est ***La Transfiguration★★*** de **Bellini**, où l'utilisation de la lumière et des nuances produit une impression de sérénité qui baigne tout le paysage.

Le célèbre *Portrait de Fra' Luca Pacioli* est également exposé dans la section vénitienne. Parmi les maniéristes, on remarque Sebastiano del Piombo ***(Portrait de Clément VII★)***, Pontormo et le Rosso. Les recherches sur la lumière du Titien trouvent toute leur expression à travers la sensuelle ***Danaé*** et les travaux du Greco :

dans *Jeune garçon allumant une bougie à l'aide d'une braise*, la lumière semble être le personnage principal. Sérénité et douceur émanent de la petite toile du Corrège, les ***Noces mystiques de sainte Catherine***, tout comme de la *Sainte Famille* du **Parmesan**, qui souligne ici le rôle primordial de la maternité : la figure de l'Enfant n'apparaît pas entièrement dans le tableau. Du même artiste, on admire aussi la *Lucrèce* et l'élégante ***Antea***★. Dans la section flamande, on relève deux belles œuvres de **Pieter Bruegel**, *Le Misanthrope* et ***La Parabole des aveugles***★★.

Le second étage accueille la « Galerie napolitaine », collection constituée par Murat avec des œuvres acquises lors de la dissolution des ordres monastiques. Figurent parmi les chefs-d'œuvre exposés ***Saint Louis de Toulouse*** de Simone Martini, le célèbre ***Saint Jérôme dans sa cellule*** de Colantonio et la ***Flagellation***★★ du **Caravage** ainsi que des œuvres de Caracciolo, Ribera, Mattia Preti, Luca Giordano et Francesco Solimena.

Le troisième étage est consacré à la collection d'art contemporain.

Appartements royaux

1er étage. Ils sont remarquables par la qualité du mobilier présenté, dont se détache notamment un **cabinet**★ entièrement plaqué de porcelaine décorée de pampres et de scènes d'inspiration chinoise. On verra aussi une collection de porcelaines, dont l'*Aurore*, élégante série en biscuit du début du 19e s., et l'armurerie royale, particulièrement riche.

CERTOSA DI S. MARTINO★★

Visite : 1h. Tlj sf lun. 8h30-19h30. Fermé 1er janv., 25 déc. ☎ 84 88 00 288 (nº vert).

Cet immense couvent de chartreux est admirablement situé sur une avancée de la colline du Vomero. Le **Castel S. Elmo**, fort massif à bastions, refait au 16e s. par les Espagnols et longtemps utilisé comme prison, le domine à l'Ouest *(aujourd'hui réservé à des expositions temporaires)*. De la place d'armes *(accès à pied ou par ascenseur)*, très beau panorama sur la ville et son golfe. La chartreuse, fondée par la dynastie d'Anjou au 14e s., fut à peu près totalement remaniée aux 16e et 17e s. On visite aujourd'hui la partie monumentale et le musée qui s'ordonne autour du cloître des Procurateurs.

Chiesa

L'intérieur★★ de l'église, à la fastueuse décoration baroque, abrite des toiles de Carracciolo, Guido Reni et Simon Vouet. À gauche du chœur, après la sacristie entièrement marquetée, on rejoint la salle du Trésor ornée de fresques de Luca Giordano et d'une toile de Ribera, *La Pietà*.

Grand cloître – Harmonieuse construction due à l'architecte sculpteur Fanzago.

Museo★

La section des fêtes et des costumes contient une exceptionnelle collection de figurines et de **crèches**★★ *(presepi)* napolitaines des 18e s. et 19e s. en terre cuite polychrome. Très riche collection d'objets (depuis des petits paniers de fruits et légumes en cire, jusqu'à des animaux et des ustensiles) servant à décorer la traditionnelle crèche napolitaine, comme on peut le remarquer dans les quatre crèches exposées. La visite se conclut par une grande crèche de la fin du 19e s. (dont quelques figurines remontent au 18e s.).

Depuis le côté gauche du cloître, on accède à la riche section des **sculptures**, parmi lesquelles on admire des œuvres de Tino di Camaino.

LE CENTRE MONUMENTAL★★ *visite : 2h30*

Castel Nuovo (ou Maschio Angioino)

(♿) *9h-19h (la billetterie ferme à 18h), dim. 9h-14h cour uniquement. 5,16€. ☎ 081 79 52 003.*

Imposant et entouré de profonds fossés, le Nouveau Château fut construit en 1282 par les architectes de Charles Ier d'Anjou, Pierre de Chaulnes et Pierre d'Agincourt, sur le modèle du château d'Angers.

Un remarquable **arc triomphal**★★ embellit son entrée côté ville. Celui-ci, exécuté sur les plans de **Francesco Laurana** en 1467, est orné de sculptures à la gloire de la maison d'Aragon. Au fond de la cour intérieure, un escalier, à gauche, conduit à la **salle des Barons**, à la belle voûte ornée d'un réseau d'ogives en étoiles. La **chapelle palatine** (14e s.) est précédée d'un élégant portail Renaissance autrefois surmontée d'une *Vierge* de Laurana, aujourd'hui conservée avec d'autres œuvres de l'artiste dans la sacristie. La chapelle elle-même abrite le long de ses murs des fresques provenant du château de Casaluce (province de Caserta).

Teatro S. Carlo★

♿ *Visite guidée uniquement, w.-end 14h-15h30. 2,58€. ☎ 081 79 72 331 ; www.teatrosancarlo.it*

Édifié sous Charles de Bourbon en 1737, reconstruit en 1816 dans un style néoclassique. L'intérieur, à la fastueuse décoration de stucs, boiseries dorées et velours rouge, comporte six étages de loges. Sa parfaite acoustique et l'ampleur de sa scène permettent à ce théâtre d'occuper une place de premier plan dans la vie musicale italienne.

Piazza del Plebiscito★

Aménagée sous le règne de Murat, cette place en hémicycle, d'un noble aspect, est fermée d'un côté par le Palais royal, et de l'autre par la façade néoclassique de l'église **San Francesco di Paola**, construite sur le modèle du Panthéon de Rome et prolongée par une colonnade curviligne. Au centre de la place s'élèvent les statues équestres de Ferdinand de Bourbon par Canova et de Charles III de Bourbon.

Palazzo Reale★

♿ Tlj sf mer. 9h-20h ; mai-oct. : sam. 9h-23h. Fermé 1re quinzaine de mars, 1er janv., 1er mai, 25 déc. 4,13€. ☎ 081 79 44 021.

Bâti au début du 17e s. par l'architecte Domenico Fontana, le **Palais royal** a été plusieurs fois remanié, mais sa façade présente à peu de choses près son aspect d'origine. Les niches abritent, depuis la fin du 19e s., les huit statues des souverains les plus importants qui régnèrent sur Naples.

Un immense **escalier** à double rampe surmonté d'une voûte à caissons donne accès aux **appartements★** et à la **chapelle royale**, somptueusement décorée. En pénétrant dans les appartements, qui ne furent habités par les rois qu'à partir de 1734, on voit tout d'abord, à droite, la salle de théâtre ; les pièces, à la riche décoration, conservent de nombreuses œuvres d'art, tapisseries, peintures, meubles et porcelaines. Remarquer en particulier les magnifiques **battants★** de porte en bois : sur un fond d'or, angelots, jeunes filles et animaux émergent d'une composition florale.

Porto di Santa Lucia★★

Voir plan d'agglomération dans Le Guide Rouge Italia ou l'Atlas Michelin. Une des plus célèbres chansons du répertoire napolitain a immortalisé ce minuscule port, blotti entre un îlot rocheux et la jetée qui le relie à la rive. Le **Castel dell'Ovo** (château de l'Œuf), qui doit son nom à une légende selon laquelle Virgile aurait caché dans ses murs un œuf magique dont la destruction entraînerait celle de tout l'édifice, est une sévère construction d'origine normande, refaite en 1274 par les Angevins.

De la jetée, on jouit d'une **vue★★** admirable sur le Vésuve, d'une part, sur la partie occidentale du golfe, d'autre part.

Si, à la nuit tombée, on s'avance un peu en direction de la piazza Vittoria, la **vue★★★** sur le Vomero et le Pausilippe brillant de tous leurs immeubles étagés devient féerique.

Lara Pessina/MICHELIN

Castel dell'Ovo, autour duquel flottent légendes et mystères

ICI ET LÀ DANS LE CENTRE HISTORIQUE...

S. Anna dei Lombardi

Mar.-sam. 9h-12h30. Fermé j. fériés. ☎ 081 55 13 333.

C'est un édifice Renaissance riche en **sculptures★** florentines de cette époque. Elle abrite notamment le tombeau de Marie d'Aragon *(1re chapelle à gauche)*, œuvre d'Antonio Rossellino, et une *Annonciation (1re chapelle à droite)* par Benedetto da Maiano. On voit encore, dans l'oratoire à droite du chœur, une Déposition de Croix en terre cuite exécutée à la fin du 15e s. par Guido Mazzoni, exemple d'un genre réaliste et théâtral appelé à connaître un vif succès en Italie méridionale. L'ancienne sacristie possède de belles stalles dues à Fra Giovanni da Verona (1457-1525).

Palazzo Cuomo★

Ce majestueux palais de la fin du 15e s., dont la façade à bossages évoque la Renaissance florentine, abrite le **musée municipal Filangieri** : collections d'armes, de céramiques et de porcelaines, meubles ; peintures de Ribera, Caracciolo, Mattia Preti, etc. *Fermé pour restauration au moment de la rédaction de ce guide.*

Porta Capuana★

La porte de Capoue, fortifiée, fut construite en 1484 sur un dessin de Giuliano da Maiano ; elle est encadrée de deux tours massives qui contrastent avec la fine décoration Renaissance de l'arc en marbre blanc.

Tout proche, le **Castel Capuano** est l'ancienne résidence des princes normands et des Hohenstaufen.

S. Giovanni a Carbonara★

Un élégant escalier du 18e s. mène au portail gothique de cette église fondée au 14e s. À l'intérieur se trouve l'imposant tombeau de Ladislas d'Anjou (15e s.) ; les chapelles Caracciolo del Sole *(derrière le chœur)* et Caracciolo del Vico *(à gauche de celui-ci)* sont riches en œuvres d'art.

S. Maria Donnaregina★

C'est une petite église gothique (14e s.) d'inspiration française, à laquelle on accède par une église baroque portant le même nom, après avoir traversé un cloître orné de faïences du 18e s. Elle conserve le **tombeau★**, par Tino di Camaino, de la reine Marie de Hongrie, veuve de Charles II d'Anjou, qui fonda l'édifice. Les murs du chœur des moniales ont été couverts de **fresques★** au 14e s.

EN DEHORS DU CENTRE HISTORIQUE

Les curiosités décrites ci-dessous se situent en dehors du plan. Pour les situer, voir plan d'agglomération dans Le Guide Rouge Italia, ou l'Atlas Italie.

Villa Floridiana★

À l'Ouest de la ville. Agréablement situé sur la frange du Vomero, c'est un élégant petit palais blanc de style néoclassique, entouré d'un beau parc planté de nombreuses essences. La façade s'ouvre sur le jardin, d'où l'on jouit d'un beau **panorama★**. La villa abrite le **Museo Nazionale di Ceramica Duca di Martina★**, qui présente d'intéressantes collections d'émaux, d'ivoires, de faïences et surtout de porcelaines. ♿ *Tlj sf lun. 8h30-14h ou 8h30-19h30 (la billetterie ferme 1h avant). Fermé 1er janv., 1er mai, 25 déc. 2,58€. Pour toute information sur les horaires ☎ 84 88 00 288 (no vert).*

Catacombe di S. Gennaro★★

Au Nord de la ville. Visite guidée uniquement (40mn) 9h30, 10h15, 11h et 11h45. Fermé 1er janv. 2,58€. ☎ 081 74 11 071.

Entièrement creusé dans le tuf, ce vaste complexe se développe sur deux niveaux. Les amples galeries peu éclairées s'élargissent jusqu'à former, au niveau inférieur, un « baptistère » et, au supérieur, une spacieuse basilique à trois vaisseaux (4e-6e s.). Le tombeau de saint Janvier (Gennaro en italien), dont la dépouille fut transportée ici au 6e s., est orné de fresques représentant le saint. On remarque les très belles peintures décorant les niches funéraires (3e-10e s.) et, en particulier, la voûte du vestibule, au niveau supérieur, avec les premières représentations chrétiennes et les portraits des défunts ornant les sépultures familiales. La crypte des évêques, au-dessus du tombeau de saint Janvier, conserve quant à elle des mosaïques.

Villa Comunale

En direction de Mergellina, en suivant le bord de mer. Créés par Vanvitelli en 1780, ces jardins longent le bord de mer sur près de un kilomètre et demi. C'est une promenade fréquentée des Napolitains, en fin de journée surtout. Au centre, se trouve l'**aquarium**, qui présente un choix intéressant d'espèces sous-marines vivant dans le golfe de Naples. ♿ *Mars-oct. : mar.-sam. 9h-18h, dim. et j. fériés 10h-19h30 ; nov.-fév. : mar.-sam. 10h-19h30, dim. et j. fériés. 10h-14h. 1,55€. ☎ 081 58 33 263.*

Museo Principe di Aragona Pignatelli Cortes

Riviera di Chiaia, face à la Villa Comunale. (♿) Tlj sf lun. 8h30-14h ou 8h30-19h30 (la billetterie ferme 1h avant). Fermé 1er janv., 1er mai, 25 déc. 2,07€. Pour toute information sur les horaires ☎ 84 88 00 288 (no vert).

On visite le rez-de-chaussée de la résidence d'été de la princesse Pignatelli, qui y vécut jusqu'à la fin des années 1950. L'ameublement remonte au 19e s. Dans le jardin, les anciennes écuries abritent une intéressante collection de carrosses de la même époque. Les véhicules parfaitement conservés sont de fabrication anglaise, française et italienne.

Mergellina★

Au pied de la colline du Pausilippe, Mergellina, avec Sannazzaro, son petit port, est l'un des plus tranquilles endroits de Naples. On y jouit d'une **vue★★** splendide sur la baie : la colline du Vomero que couronne le château Sant'Elmo s'abaisse doucement jusqu'à la pointe de Santa Lucia, prolongée par le château de l'Œuf ; au fond, le Vésuve.

Golfo di Napoli★★★

Golfe de Naples

La région qui s'étend de Cumes à Sorrente le long du golfe de Naples est, de toutes celles d'Italie, à la fois l'une des plus riches en beautés naturelles et l'une des plus chargées d'histoire. On y trouve confrontés, avec une brusquerie de contrastes peu commune, des lieux d'une solitude extrême, favorables à la méditation (ainsi les champs de ruines, les pentes dénudées du Vésuve, la grotte de la Sibylle ou le lac d'Averne) et, à quelques mètres de là, l'explosion de la vie, affirmée par le bruit, une circulation intense et l'exubérance de la population. La légendaire beauté du golfe est aujourd'hui quelque peu gâtée par le développement industriel, qui a gagné sans souci d'ordre les environs de Naples. Toutefois, ses îles, ses caps, ses sommets, nous enchantent aujourd'hui comme hier.

La situation

Carte Michelin n° 431-E-F 24-26 – Campanie. Pour rejoindre le golfe de Naples, emprunter la A 1, Autostrada del Sole, la A 3 si vous arrivez du Sud, et la A 16, qui relie Naples à l'Adriatique. ℹ *à Naples : Piazza dei Martiri, 58,* ☎ *081 40 53 11 ; Piazza del Plebiscito (Palazzo Reale)* ☎ *081 41 87 44.*

Pour poursuivre la visite, voir les chapitres CAPRI, CASERTA, COSTIERA AMALFITANA, ERCOLANO, ISCHIA, NAPOLI, POMPEI et SALERNO. Pour le 5e itinéraire, voir le chapitre COSTIERA AMALFITANA.

carnet pratique

Restauration

• ***À bon compte***

Taverna Azzurra-da Salvatore – *Via Marina Grande, 166 - 80067 Sorrento - ☎ 081 87 72 510 - fermé lun. (janv.-mai) - ▤ - réserv. conseillée - 15/39€.* Fréquenté essentiellement par les gens des alentours, elle offre des produits de la mer d'une qualité et d'une fraîcheur exceptionnelles, et qui varient en fonction des arrivages quotidiens du marché. Une ambiance simple, dans un décor marin agréable, avec quelques tables à l'abri de la plage.

Zi'ntonio – *Via De Maio, 11 - 80067 Sorrento - ☎ 081 87 81 623 - fermé mar. (sf mars-oct.) - ▤ - 22/40€.* Un endroit à l'ambiance composite, avec des salles caractéristiques, couvertes de majolique peinte ou de tuf, et une soupente rustique en bois. Il séduit aussi bien les habitants que les touristes et propose une cuisine typique, des plats nationaux et de très bonnes pizzas. À essayer.

• ***Valeur sûre***

Taverna del Capitano – *Piazza delle Sirene, 10/11, Località Nerano - 80068 Marina del Cantone - 5 km au SO de Sant'Agata sui Due Golfi - ☎ 081 80 81 028 - fermé lun. (sf juin-sept.), 8 janv.-fév. - ▤ – réserv. conseillée - 47/65€.* Sobre et élégante, avec d'immenses baies vitrées donnant sur la mer qui en étendent la profondeur jusqu'à l'horizon ; les saveurs proposées sont typiquement méditerranéennes, basées sur la qualité des matières premières, et en tout premier lieu du poisson. Le bon goût et le soin des détails caractérisent également les chambres adjacentes.

Hébergement

• ***Valeur sûre***

Hotel Sant'Agata – *Via dei Campi, 8/A - 80064 Sant'Agata sui due Golfi - ☎ 081 80 80 800 - fax 081 53 30 749 - fermé nov. à mi-mars - P ▤ (payant) - 30 ch. : 58/80€ ☐ - restaurant 18/23€.* Point de départ idéal pour découvrir les beautés de la Côte amalfitaine et les sites de Pompei et Herculanum ; l'hôtel est situé dans le centre de la ville et propose des pièces communes vastes et lumineuses, des chambres raffinées par une multitude de détails, et une cuisine soignée. À des prix qu'il ne faut pas manquer.

Hotel Désirée – *Via Capo, 31/bis - 80067 Sorrento - ☎ 081 87 81 563 - fax 081 87 81 563 - fermé fév. - ☒ P - 22 ch. : 51,65/82,63€ ☐.* Un petit hôtel qui a su rester fidèle au style familial et à la simplicité qui lui sont propres. En à-pic sur la mer, avec une vue spectaculaire sur le golfe de Naples et le Vésuve, il offre une belle terrasse-solarium et une plage privée accessible par un ascenseur... à des prix d'un autre temps.

Hotel Regina – *Via Marina Grande, 10 - 80067 Sorrento - ☎ 081 87 82 722 - fax 081 87 82 721 - fermé nov.-fév. - P - 36 ch. : 72,40/149,80€ ☐ - restaurant 36,20€.* À deux pas du centre et dans un endroit tranquille, cet hôtel dispose d'un agréable jardin-orangeraie et d'une terrasse-solarium avec une vue splendide. Les chambres sont minimalistes, mais convenables et très bien tenues. Restaurant panoramique au dernier étage.

Petite pause

Bar Ercolano – *Piazza Tasso, 28 - 80067 Sorrento - ☎ 08 18 07 29 51 - mer.-lun. 6h-1h.* Sur la place principale, l'endroit idéal pour se détendre lors d'une chaude soirée d'été.

Circolo dei Forestieri – *Via L. De Maio, 35 - 80067 Sorrento - ☎ 081 87 73 263 - 9h30-1h.* Une superbe terrasse au sommet du rocher, d'où l'on découvre un panorama extraordinaire. Concerts presque tous les soirs.

circuits

4 circuits vous sont ici proposés (dont les deux premiers au départ de Rome), chacun d'eux constituant une suite idéale au précédent. Le circuit 5 *se trouve au chapitre COSTIERA AMALFITANA.*

I CAMPI FLEGREI★★ 1

De Naples à Cumes. 45 km – 6h environ. S'incurvant le long du golfe de Pouzzoles, cette région fut appelée par les Anciens « **Champs Phlégréens** » en raison de son caractère volcanique (« phlégréen » vient d'un verbe grec signifiant « brûler »). Du sol et de la mer jaillissent des sources thermales, des fumerolles, des gaz et des vapeurs sulfureuses, qui témoignent d'une vive activité souterraine ; plusieurs lacs occupent d'anciens cratères. Enfin, des phénomènes de **bradisisme**, lentes variations du niveau du sol, s'y observent.

Naples★★★ *(voir Napoli)*

Posillipo★

On nomme **Pausilippe** la célèbre colline qui, se terminant en promontoire, sépare le golfe de Naples de celui de Pouzzoles. Couvert de villas et de jardins, hérissé d'immeubles modernes, ce quartier résidentiel de Naples procure à ses habitants de beaux points de vue sur la mer.

Marechiaro★

Une célèbre chanson napolitaine, *Marechiare*, a fait connaître ce petit port, dont les maisons de pêcheurs se dressent au-dessus de l'eau.

Parco Virgiliano

Appelé aussi **Parco della Rimembranza** (parc du Souvenir). De son extrémité, on découvre de splendides **vues**★★ sur tout le golfe, du cap Misène à la presqu'île de Sorrente, ainsi que sur les îles de Procida, Ischia et Capri.

Museo Vivo di Città della Scienza a Bagnoli – *Mar.-sam. 9h-17h ; dim. 10h-19h. Fermé 1er janv., 15 août et 25 déc. 7€. Planétarium : sur réservation, 1,5€. ☎ 081 37 23 72 ; www.citadellascienza.it/*
Un bel édifice industriel des années 1850 abrite ce très innovant *Science Center* divisé en sections thématiques (la physique classique, la nature, l'évolution, les communications). Ne pas oublier l'**Atelier des petits** où les enfants jusqu'à 10 ans pourront s'instruire tout en s'amusant, non plus que le grand Planétarium.

Pozzuoli★

Fondée par les Grecs, Pouzzoles fut aménagée en port maritime à l'époque romaine. Située au cœur de la zone volcanique des Champs Phlégréens, elle souffre irrémédiablement des mouvements de la plaque tectonique qui affectent la région : le centre-ville a été évacué.

La ville a, en outre, donné son nom à la pouzzolane, roche siliceuse d'origine éruptive, utilisée dans la composition de certains ciments.

Anfiteatro Flavio★★ – *Corso Terracciano. 9h-1h avant le coucher du soleil. Fermé 1er janv., 1er mai, 25 déc. 2,07€. ☏ 081 52 66 007.*

Datant de l'époque de Vespasien, c'est l'un des plus grands amphithéâtres d'Italie : il pouvait contenir 40 000 spectateurs. Bâti en brique et en pierre, il est assez bien conservé : on voit notamment ses enceintes, ses entrées et les **souterrains★★**, pratiquement intacts.

Tempio di Serapide★ – *En retrait de la via Roma.* Situé près de la mer, c'est en fait l'antique marché dont le périmètre était occupé par des boutiques. Dans une abside de la paroi du fond se trouvait autrefois la statue de Sérapis, dieu protecteur des commerçants. La corrosion marine que présentent jusqu'à 5,70 m au-dessus du sol les colonnes subsistant du pavillon central montre que celles-ci furent à certaines époques immergées.

Tempio di Augusto★ – Au sommet de la ville, ce temple datant des premières années de l'Empire a été transformé au 11e s. en église chrétienne. En 1964, un incendie a permis de retrouver une grandiose colonnade de marbre.

Solfatara★★

♿ *8h30-1h avant le coucher du soleil. 4,13€. ☏ 081 52 62 341 ; www.solfatara.it*

Il s'agit du cratère d'un ancien volcan éteint où subsistent néanmoins d'impressionnants phénomènes, tels que fumerolles d'anhydride sulfureux dégageant une forte odeur et laissant des dépôts jaunes, volcans en miniature crachant de la boue, et jets de sable bouillonnant. Le sol, dont la surface est chaude, sonne creux quand on le frappe. Les émanations de soufre ont été utilisées dès l'époque romaine à des fins thérapeutiques.

Lago Lucrino
Sur les rives de ce lac, où l'on pratiquait dans l'Antiquité la culture des huîtres, s'élevaient de luxueuses villas dont l'une appartint à Cicéron ; une autre fut le théâtre de l'assassinat d'Agrippine, ordonné par son fils Néron.

Terme di Baia★★
Tlj sf lun. 9h-1h avant le coucher du soleil. 2,07€. ☎ 081 86 87 592 ; www.ulixes.it
Colonie fondée par les Grecs, Baia était au temps des Romains une plage à la mode et une station thermale qui disposait de la plus grandiose installation hydrothérapique de l'Empire. Les patriciens et les empereurs y possédaient d'immenses villas disparues sous la mer à la suite de l'affaissement du sol. En revanche, les ruines des thermes subsistent : sur la colline, de gauche à droite, s'alignent face à la mer les thermes de Vénus, les thermes de Sosandra et les thermes de Mercure.

Bacoli
Sur la hauteur, dans la vieille ville, on visite les **Cento Camerelle★** *(via Cento Camerelle, à droite de l'église)* : ce monumental réservoir à eau qui appartenait à une villa privée est aménagé sur deux étages ; le niveau supérieur, bâti au 1er s., est grandiose avec ses quatre nefs et ses immenses arcades ; le niveau inférieur, d'époque bien antérieure, comprend un réseau de galeries étroites, sur plan en croix, débouchant à-pic sur la mer. La fameuse **Piscina Mirabile★** *(accès par la via Ambrogio Greco que l'on prend à gauche, à l'église, puis par la via Piscina Mirabile, tout droit)* est une immense citerne qui alimentait en eau la flotte romaine du port de Misène ; longue de 70 m, large de 25, haute de 15, elle est divisée en cinq nefs dont les voûtes sont supportées par 48 piliers ; la lumière y produit de remarquables effets. *Cento Camerelle : 9-1h avant le coucher du soleil. Prendre contact avec le gardien via Cento Camerelle. Laisser une offrande. Pour toute information : ☎ 081 86 87 541 (Bureau des biens culturels de la commune de Bacoli).*
Piscina Mirabile : 9h-1h avant le coucher du soleil. Laisser une offrande. Pour toute information ☎ 081 86 87 541 (Bureau des biens culturels de la commune de Bacoli).

Miseno
Un lac, un port, un village, un promontoire et un cap portent ce nom. Le lac de Misène, ancien cratère, était considéré par les Anciens comme le Styx, que faisait franchir aux âmes des morts le nautonier Charon. Sous l'empereur Auguste, il fut relié par un canal au port de Misène, qui servait de base à la flotte romaine. Le bourg est dominé par le mont Misène, au pied duquel aurait été enterré le héros du même nom, compagnon d'Énée. Sur les pentes du promontoire s'élevaient des villas somptueuses, parmi lesquelles celle où, en 37, l'empereur Tibère périt étouffé.

Lago di Fusaro
Lac lagunaire avec une petite île, où Carlo Vanvitelli créa en 1782 un pavillon de chasse pour le roi Ferdinand IV de Bourbon.

Cuma★

Cumes, l'une des premières colonies grecques en Italie, fondée au 8e s. avant J.-C., ne tarda pas à dominer la région phlégréenne, y compris Naples, et marqua toute la contrée de son empreinte hellénique. Néanmoins, les Romains la soumirent en 334 avant J.-C. et, depuis lors, elle ne cessa de décliner jusqu'à son sac définitif par les Sarrasins en 915 de notre ère. Là où s'étendait la partie basse de *Cumæ*, les restes d'un amphithéâtre, d'un temple Capitolin, de thermes, ont été retrouvés.

Parco Archeologico★★ – (♿) *9-1h avant le coucher du soleil. Fermé 1er janv., 1er mai, 25 déc. 2,07€. ☎ 081 85 43 060.*

Établie sur une colline de lave et de tuf d'origine volcanique, dans un paysage solitaire, l'acropole est précédée par une allée de lauriers. Après une voûte s'ouvre à gauche l'**antre de la Sibylle★**, un des lieux les plus vénérés du monde antique, où la prophétesse, qu'Énée vint consulter, rendait ses oracles. La galerie, creusée par les Grecs vers le 6e ou le 5e s. avant J.-C., se termine par une salle rectangulaire à trois niches.

Ayant rejoint par un escalier la Voie Sacrée, on accède à un belvédère offrant une belle **vue★** sur la mer, où sont rassemblés quelques objets de fouilles, puis aux vestiges du **temple d'Apollon**, transformé plus tard en église chrétienne. Le **temple de Jupiter**, qui s'élevait plus loin, subit le même sort : on reconnaît même, vers le centre, la grande vasque des fonts baptismaux et, à proximité du sanctuaire, quelques tombes chrétiennes.

La Sibylle de Cumes

Vierges prêtresses, vouées au culte d'Apollon, les sibylles étaient considérées pendant l'Antiquité comme des créatures semi-divines, presque immortelles, et réputées devineresses. Selon la croyance, Apollon les aidait à entrer en transe, état dans lequel elles pouvaient prophétiser. Leurs prédications sur l'avenir se faisaient toutefois en termes obscurs, donnant lieu à diverses interprétations, d'où l'appellation de sibyllin pour désigner quelque chose dont le sens est énigmatique ou caché.

Une des sibylles les plus connues est celle de Cumes (haut lieu de rayonnement de la civilisation grecque en Italie). On rapporte qu'elle vendit au roi étrusque de Rome Tarquin l'Ancien ou Tarquin le Superbe (6e s. avant J.-C.), les *Livres Sibyllins*, recueil de prophéties utilisées ensuite par les souverains en cas de nécessité pour répondre aux questions et exigences les plus variées de leurs sujets. Une des représentations les plus connues de la Sibylle de Cumes est celle qu'en fit Michel-Ange à la voûte de la chapelle Sixtine à Rome.

Arco Felice★

En prenant la petite route en direction de Naples, on peut admirer cet arc élevé au-dessus de l'antique Via Domitiana, chaussée romaine dont demeurent des vestiges.

Lago d'Averno★

En contrebas de la route de Cumes à Naples : belvédère, à droite, environ 1 km au-delà de l'Arco Felice. Ce lac repose, immobile, sombre et silencieux, au fond d'un cratère dont les flancs sont couverts de forêts. L'atmosphère de mystère dont il est empreint était dans l'Antiquité d'autant plus grande que les oiseaux qui le survolaient s'y engloutissaient, asphyxiés par les gaz qui s'en dégageaient. Virgile y plaçait l'entrée du monde des Morts (l'Averne). Sous l'Empire romain, Agrippa, général au service de l'empereur Auguste, le fit transformer en base navale et le relia par un canal au lac Lucrino, qui lui-même reçut un débouché sur la mer. Une galerie souterraine de 1 km, dite **grotte de Cocceius**, permettait aux chars d'atteindre Cumes.

LE VÉSUVE★★★ 2

De Naples à Torre Annunziata. 45 km – environ une journée.

La route nationale qui longe cette partie du golfe traverse une zone sans attrait – suite ininterrompue d'agglomérations industrielles et populeuses –, qui fut pourtant au 18e s. et au début du 19e s. le lieu de villégiature préféré de l'aristocratie napolitaine.

Portici

La route traverse la cour du **palais royal** élevé en 1738 pour le roi Charles III de Bourbon, aujourd'hui siège de la faculté d'Agronomie de Naples. Auber, dans son opéra *La Muette de Portici* (1828), a illustré l'histoire de la révolte fomentée au 17e s. contre les Espagnols par Masaniello, un jeune pêcheur de Portici.

Herculanum★★ *(voir Ercolano)*

Vesuvio★★★

Indissociable du paysage napolitain, le Vésuve est l'un des rares volcans européens encore en activité. Il est formé de deux sommets : au Nord le **mont Somma** (1 132 m), au Sud le Vésuve proprement dit (1 277 m). Avec le temps, les matériaux éruptifs qui couvraient ses basses pentes se sont transformés en terres fertiles, où croissent aujourd'hui des arbres fruitiers et des vignes produisant le fameux lacrima-christi.

Les éruptions du Vésuve – Avant le séisme de 62 après J.-C. et l'éruption de 79 qui ensevelit Herculanum et Pompéi, le Vésuve semblait mort : des vignes réputées et des bois garnissaient ses pentes. Jusqu'en 1139, sept éruptions furent enregistrées, puis suivit une période de calme, au cours de laquelle la montagne se couvrit de cultures. Le 16 décembre 1631, le Vésuve eut un terrible réveil, détruisant toutes les habitations situées à son pied : 3 000 personnes périrent. L'éruption de 1794 dévasta Torre del Greco, puis le volcan se manifesta à intervalle rapprochés tout au long de la deuxième moitié du 19e s. Après celle de 1929, l'éruption de 1944 a modifié le profil du cratère. Depuis, hors une brève manifestation liée au séisme de 1980, le Vésuve ne souffle plus que quelques fumerolles.

Ascension – *À partir d'Herculanum, avec retour par Torre del Greco : 27 km, plus 3/4h à pied AR (chaussures de marche nécessaires). Parking payant à côté de la route ou à Herculanum ; service d'autobus, départ de la gare ferroviaire, ligne Circumvesuviana. Guide obligatoire pour aller jusqu'au bord du cratère 5,16€. Chef guide : Sig. Pompilio ☎ 0335 24 71 54, Sig. Maddaloni ☎ 0337 94 22 49. Association régionale des guides alpins, via Panoramica, 172, Ercolano, ☎ 081 77 75 720.*

Une route en bon état conduit au milieu des coulées de lave à un carrefour, où l'on prend à gauche *(parking quelques kilomètres plus haut)*. Après avoir laissé la voiture, on gravit, par un chemin facile mais impressionnant, le flanc du volcan dans un décor plombé de cendres et de lapilli.

Du sommet, on embrasse un immense **panorama★★★** sur toute la baie de Naples, avec les îles et la presqu'île de Sorrente au Sud, le cap Misène au Nord ; au-delà, se déploie le golfe de Gaète.

Par l'ampleur de ses dimensions, l'aspect de désolation que présentent ses parois en à-pic et les fumerolles qui s'en dégagent, le cratère béant, dont la couleur rose flamboie sous les rayons du soleil, offre une vision inoubliable.

Torre del Greco
Plusieurs fois détruite par les éruptions du Vésuve, cette petite ville est réputée pour ses productions d'objets en corail, en pierre de lave et pour ses camées.

Torre Annunziata
C'est là que sont produites les pâtes napolitaines (spaghettis, macaronis). La ville a été recouverte sept fois par les laves du Vésuve. On y visite la somptueuse villa d'Oplontis, inscrite en 1997 au Patrimoine mondial de l'humanité par l'Unesco.

Villa di Oplontis★★ – *Avr.-oct. : 8h30-19h30 (la billetterie ferme à 18h) ; nov.-mars : 8h30-17h (la billetterie ferme à 15h30). Fermé 1er janv., 25 déc. 8,26€ avec entrée (valable 1 journée) à Pompei, Oplontis, Stabia et Boscoreale ; 13,42€ (valable 3 j.) à Pompei, Ercolano, Oplontis, Stabia et Boscoreale. ☎ 081 85 75 347 ; www.pompeiisites.org*

Ce bel exemple de villa romaine suburbaine a peut-être appartenu à la femme de Néron, Poppée. Le vaste édifice, où l'on reconnaît l'aile réservée aux domestiques *(à l'Est)* et le secteur des appartements impériaux *(à l'Ouest)*, a conservé quelques très belles **fresques** d'origine. On peut admirer en particulier des perspectives avec des éléments architecturaux, des médaillons avec des portraits et des natures mortes, parmi lesquelles se détachent une corbeille de figues et des compositions de fruits (respectivement dans les deux espaces à l'Est et à l'Ouest de l'atrium, identifiés comme des tricliniums). En raison des nombreuses représentations de paons, on a pensé que le nom de la villa pouvait être lié à cet oiseau. On reconnaît aisément la cuisine (avec four et évier) et les latrines, qui présentent un système avancé d'écoulement et de chasse d'eau. Les locaux à l'Ouest de la piscine, peut-être aménagés en serres, conservent de belles fresques avec des compositions florales et des fontaines.

ENTRE LE VÉSUVE ET LA PRESQU'ÎLE DE SORRENTE★★★ 3

Circuit au départ de Torre Annunziata. 70 km – environ une journée.

Pompéi★★★ *(voir ce nom)*

Castellammare di Stabia‡
C'est l'antique ville romaine des eaux minérales. Après avoir été osque, étrusque et samnite, **Stabies** passa sous domination romaine au 4e s. avant J.-C. mais, s'étant révoltée contre la capitale, elle fut détruite par Sylla au 1er s. avant J.-C. Elle fut reconstruite en petites agglomérations, auxquelles s'ajoutèrent bientôt de luxueuses villas édifiées sur les hauteurs et où séjournaient les riches patriciens, avant de disparaître sous les cendres de l'éruption du Vésuve en 79. Le naturaliste Pline l'Ancien, venu observer le phénomène par bateau, périt asphyxié par les gaz.

Au 18e s., les Bourbons entreprirent les fouilles, remirent en état le port et fondèrent des chantiers navals encore actifs aujourd'hui.

Antiquarium★ – *Via Marco nº 2. Fermé pour restauration au moment de la rédaction de ce guide.*

Matériel mis au jour par les fouilles de l'antique Stabiae, dont surtout une magnifique série de **peintures murales** provenant des villas voisines, et de très beaux **bas-reliefs** en stuc.

Villas romaines – *2 km à l'Est. En venant du Nord, prendre la S 145, suivre la direction d'Agerola-Amalfi, emprunter la voie surélevée et, à la sortie du tunnel, tourner à gauche en direction des fouilles. Avr.-oct. : 8h30-19h30 (la billetterie ferme à 18h) ; nov.-mars : 8h30-17h (la billetterie ferme à 15h30). Fermé 1er janv., 25 déc. 8,26€ avec l'entrée (valable 1 journée) à Pompei, Oplontis, Stabia et Boscoreale ; 13,42€ (valable 3 jours) à Pompei, Ercolano, Oplontis, Stabia et Boscoreale. ☎ 081 85 75 347 ; www.pompeiisites.org*

La **Villa di Arianna** était une riche demeure admirablement située face au golfe de Naples et au Vésuve. La **Villa di S. Marco**, construite sur deux niveaux dans une architecture raffinée et agrémentée de jardins et piscines, devait également être une somptueuse villa de campagne.

Monte Faito★★
Accès depuis Vico Equense par une route panoramique ou depuis Castellammare di Stabia par un funiculaire partant de la piazza Circumvesuviana (trajet : 10mn). Avr. à oct. : départs toutes les 20/30mn 9h25-16h25 ; de mi-juin à fin août : 7h25-19h15. 6,20€. Pour toute information ☎ 081 87 11 334.

Il appartient au massif des **monts Lattari**, qui sépare le golfe de Naples de celui de Salerne et se termine par la presqu'île de Sorrente. Son nom lui vient des hêtres (*fagus* en latin) qui y procurent en été une agréable fraîcheur. Du belvédère dei Capi, on jouit d'une splendide **vue★★★** sur le golfe de Naples. De là, une route en montée mène à la **chapelle S. Michele** d'où l'on découvre un **panorama★★★** incomparable : on demeure stupéfait par le contraste entre les paysages sauvages des monts Lattari et le spectacle riant offert par le golfe de Naples et la plaine du Sarno.

Vico Equense★
Petite station climatique et balnéaire occupant un **site** pittoresque sur un promontoire rocheux.

SORRENTE ET SA PRESQU'ÎLE★★ 4

30 km – une demi-journée environ.

Sur un parcours de 30 km environ, le voyageur découvre des paysages magnifiques où se succèdent des rochers à l'aspect fantastique plongeant à-pic dans la mer, des gorges profondes franchies par des ponts vertigineux, des tours sarrasines perchées sur des pitons : ce relief accidenté et sauvage est dû à l'érosion de la chaîne calcaire des monts Lattari dont la Côte amalfitaine constitue l'extrême rebord *(voir Costiera amalfitana)*. Dans cette région que fréquentent volontiers les étrangers et les artistes, la gastronomie joue un rôle important : la table est constituée avant tout de poissons fins, de crustacés et de coquillages ; on y déguste également la mozzarella que l'on accompagne des vins rouges de Gragnano ou des vins blancs de Ravello, Positano, etc.

Sorrento★★

Cette importante villégiature du Sud de l'Italie, dont les hôtels et les villas se dissimulent au milieu de jardins merveilleusement fleuris, domine une vaste baie. D'exubérantes plantations d'orangers et de citronniers envahissent la ville et la campagne. Enfin Sorrente a vu naître, en 1544, le poète **le Tasse** *(voir aussi FERRARA)*.

Museo Correale di Terranova★ – *Tlj sf mar. 9h-14h. Fermé janv., 14 fév., j. fériés. 5,16€. ☎ 081 87 81 846.*
Installé dans un palais du 18e s., il abrite quelques remarquables pièces de marqueterie en mosaïque de Sorrento (**secrétaire** de 1910), une petite collection archéologique ; au premier étage, mobilier des 17e et 18e s. et intéressantes peintures napolitaines (17e-18e s.). Deux salles sont consacrées aux paysagistes de l'**école de Pausilippe**, née vers 1830 et qui avait pour chef de file **Giacinto Gigante** (1806-1876). Au deuxième étage, belle collection de porcelaines et de majoliques. En traversant le jardin du musée, on parvient à un belvédère en terrasse qui dévoile une **vue**★★ magnifique sur le golfe.

Le centre historique – La via San Cesareo, *decumanus* de la ville romaine, conduit au **Sedile Dominova**, siège de l'administration urbaine à l'époque angevine, qui se présente comme une loggia ornée de fresques et surmontée d'une coupole en majoliques du 17e s. En suivant la via San Giuliani, perpendiculaire, on atteint l'église baroque **S. Francesco**, surmontée d'un campanile à bulbe et flanquée d'un ravissant **cloître**★ du 13e s. Ses chapiteaux décorés de motifs végétaux soutiennent des arcs entrecroisés de style siculo-arabe.
Juste à côté, les jardins de la **Villa Comunale** offrent un magnifique **point de vue**★★ sur le golfe de Naples.

Presqu'île de Sorrente

Quitter Sorrente par la route S 145 en direction de l'Ouest et, à une bifurcation, prendre à droite la route de Massa Lubrense.

La petite route sinueuse qui, de Sorrente, permet de faire le tour de la presqu'île procure des vues magnifiques sur les collines verdoyantes, couvertes d'oliviers, d'orangers et de citronniers, auxquels se mêle la vigne ; celle-ci grimpe à l'assaut de curieux treillis, où sont empilés des nattes destinées à protéger les agrumes du froid de l'hiver.

De la **pointe du cap de Sorrente** *(accès à pied, à partir de l'église de Capo di Sorrento, par une route à droite puis, au-delà d'un collège, un chemin pavé, 1h AR)*, on jouit d'une **vue**★★ superbe sur Sorrente.
À **Sant'Agata sui Due Golfi**, bâti sur une crête qui domine les golfes de Naples et de Salerne, le **belvédère del Deserto** (monastère bénédictin situé à 1,5 km à l'Ouest du village) offre un splendide **panorama**★★. *Comme il s'agit d'un monastère de clôture téléphoner d'abord à la communauté monastique pour convenir d'une visite : ☎ 081 87 80 199.*
Après Sant'Agata, la descente vers Colli di San Pietro, extrêmement rapide, est spectaculaire. Le retour à Sorrente par la route S 163 offre, dans sa descente vers la ville, de superbes **vues**★★ sur le golfe de Naples. Vous pouvez aussi continuer en direction de Positano *(voir l'itinéraire 5 au chapitre Costiera amalfitana)*.

LES ÎLES★★★

Capri★★★ *(voir ce nom)*

Ischia★★★ *(voir ce nom)*

Procida★ *(voir Ischia)*

Orvieto★★

Important centre étrusque au cours de l'Antiquité, puis place forte papale où se réfugia Clément VII durant le sac de Rome (1527), Orvieto est une agréable cité, riche en monuments. Posée sur un socle de tuf volcanique, elle jouit d'une position★★★ particulièrement attrayante pour qui arrive de Bolsena ou de Montefiascone.

La région produit un agréable vin blanc, frais et bouqueté, l'orvieto.

La situation

20 703 habitants – Carte Michelin nº 430 N 18 – Ombrie. Orvieto se trouve dans la partie méridionale de l'Ombrie, près du lac de Bolsena. On y arrive par l'A 1.

Piazza del Duomo, 24, ☎ 0763 34 17 72.

Pour poursuivre la visite, voir les chapitres TODI et VITERBO.

visiter

IL DUOMO★★★

Visite : 1h. Chapelle de S. Brizio : avr.-sept. 10h-12h45, 14h30-19h15 ; mars et oct. jusqu'à 18h15 ; nov.-fév. jusqu'à 17h15 ; dim. et j. fériés 14h30-18h45 (en hiver 17h45). Visite suspendue pendant les offices. 1,55€. ☎ 0763 34 24 77.

S'élevant sur une tranquille et majestueuse place bordée de plusieurs autres édifices intéressants, tel l'austère **palais des Papes★** qui abrite le **musée de l'Œuvre** (Museo dell'Opera del Duomo), le Dôme construit en tuf à la fin du 13e s. constitue un parfait exemple du style de transition roman-gothique. Commencé en 1290 pour accueillir les reliques du miracle de Bolsena *(voir p. 301)*, il nécessita la collaboration d'une centaine d'architectes, sculpteurs, peintres et mosaïstes pour sa réalisation définitive, qui n'intervint qu'en 1600. *Musée : fermé pour restauration au moment de la rédaction de ce guide.*

La façade★★★

C'est la plus hardie et la plus riche en couleurs de tout le gothique italien. La verticalité des lignes est mise en valeur par l'élancement des gâbles et par le jaillissement des contreforts, composés de petits panneaux de marbre coloré et surmontés de pinacles. Mais c'est surtout la somptueuse décoration, sculptures dans la partie inférieure, marbres et mosaïques polychromes en haut, qui en constitue la rareté.

Le Siennois **Lorenzo Maitani** (1310-1330 ?) établit le premier projet, repris par Andrea Pisano, Orcagna et Sanmicheli. Maitani est également l'auteur des étonnants **bas-reliefs★★** qui ornent les piliers : remarquer, de gauche à droite, la Genèse,

Circulation réglementée dans le centre-ville

Alberici (Via degli) ... 2
Cava (via della) ... 5
Cavallotti (Via Felice) ... 6
Cavour (Corso)
Duomo (Pza del) ... 7
Duomo (Via del) ... 9
Garibaldi (Via) ... 10
Maitani (Via) ... 12
Malabranca (Via) ... 13
Nebbia (Via) ... 14
Orvieto (Via A. da) ... 15
Popolo (Piazza del) ... 16
Pza del Popolo (Via di) ... 17
Repubblica (Pza della) ... 19

Museo Archeologico Faina M1
Palazzo dei Papi ... M2

carnet pratique

Restauration

• ***Valeur sûre***

I Sette Consoli – *Piazza Sant'Angelo, 1/a - ☎ 0763 34 39 11 - fermé 24 au 26 déc., 15 au 25 fév., mer., et dim. soir (de déb. nov. à mi-mars) - réserv. conseillée - 35/44€.* Une cuisine recherchée et créative, avec quelques plats de poisson originaux. L'intérieur rustique, aux détails très soignés et emprunt d'une certaine noblesse, ne manque pas de charme, mais rien ne vaut un repas dans le jardin, d'où l'on jouit d'une vue superbe sur le Dôme.

Hébergement

• ***Valeur sûre***

Albergo Filippeschi – *Via Filippeschi, 19 - ☎ 0763 34 32 75 - fax 0763 34 32 75 - fermé 25 déc. - ▤ - 15 ch. : 54,23/82,64€ - ☕ 5,16€.* Un hôtel familial simple, abrité dans un ancien palais et très bien situé. Idéal pour découvrir la ville.

Calendrier

En hiver (vers la fin de l'année), Orvieto accueille le festival de jazz **Umbria Jazz** *(voir la chapitre Perugia).*

l'Arbre de Jessé, les scènes du Nouveau Testament et le Jugement dernier. La rosace, inscrite dans un carré lui-même entouré de statues des apôtres et des prophètes, est due à Orcagna. La mosaïque de la flèche, qui traite le Couronnement de Marie, est une œuvre de la fin du 18e s.

Les **portes en bronze** sont l'œuvre du sculpteur sicilien Emilio Greco (1970) : sur celle du milieu sont représentées les sept Œuvres de la Miséricorde.

Intérieur

Trois vaisseaux à assises de pierre noire et blanche reposent sur des arcades en plein cintre soutenues par de beaux chapiteaux à crochets ; au-dessus des arcades, une coursière fait saillie. Les plafonds des vaisseaux sont couverts de bois, tandis que des voûtes gothiques surmontent le transept et le chœur. Le pavement monte vers le chœur, rétrécissant la perspective. Des vitraux d'albâtre livrent passage à une abondante lumière.

À l'entrée, on remarque un bénitier du 15e s. et des fonts baptismaux gothiques. Dans le collatéral gauche, fresque *(Vierge à l'Enfant)* due à Gentile da Fabriano (1425). Dans le bras gauche du transept, sous l'orgue monumental (16e s.), s'ouvre l'entrée de la **chapelle du Corporal**, qui garde les reliques du miracle de Bolsena et, notamment, le corporal qui enveloppa l'hostie ensanglantée ; un tabernacle renferme le **reliquaire★★** du corporal, chef-d'œuvre d'orfèvrerie médiévale (1338) enrichi d'émaux et de gemmes. Dans la chapelle à droite, *Madone de miséricorde*, du peintre siennois Lippo Memmi (1320).

Dans le chœur, le **vitrail★** gothique figure des scènes de la vie de la Vierge, des prophètes, des évangélistes et des docteurs de l'Église.

Du transept droit, on accède, au-delà d'une grille en fer forgé (1516), à la célèbre **chapelle de la Madone de St-Brice**, dont les admirables **fresques★★** furent commencées (voûte) en 1447 par Fra Angelico. Inachevées par celui-ci, c'est **Luca Signorelli** qui les reprit en 1499. Ayant toujours montré plus d'intérêt pour les personnages que pour le paysage et même que pour la couleur, il trouva là l'occasion de porter son art à son total épanouissement. Bien qu'il n'ait pas la profondeur spirituelle de Michel-Ange, on peut le considérer comme son précurseur par la touche presque sculpturale, le souci de vérité anatomique, le sens dramatique de la composition, l'expressivité des visages et la fluidité du mouvement.

Marbre, mosaïques et dentelles de pierre animent la façade du Dôme

R. Mattes/MICHELIN

Quelques instants devant les fresques de Luca Signorelli

La scénographie de la chapelle de saint Brice, destinée à imaginer ce que pourrait être l'Apocalypse, se révèle plus inquiétante que touchante. La présence de monstres, les tortures infligées aux damnés, l'aspect cadavérique des démons ajoutent à l'angoisse. Tout y atteint le comble de la laideur, voire du grotesque. Regardons les fresques à partir du mur de gauche. La première est consacrée aux sermons et aux actes de l'Antéchrist, qui, conseillé par Satan, a pris les traits de Jésus. Signorelli s'est représenté dans le noble personnage sombre apparaissant à l'extrême gauche. Suit l'appel des Élus.
Sur le mur de l'autel, à gauche, les anges guident les Élus vers le paradis ; à droite, ils chassent les réprouvés vers l'enfer, où coule l'Achéron.
Sur le mur de droite : les damnés en enfer, et la résurrection des morts.
Sur le mur de l'entrée se déroule la fin du monde : le soleil et la lune sont devenus hostiles, la terre est agitée de mouvements telluriques, apparaissent sur la scène une sibylle, un prophète et les démons.

« Orvieto Underground »

(♿) *Visite guidée uniquement. 5,16€. Pour s'informer sur les horaires et réserver : ☎ 0339 73 32 764.*

La ville repose sur des matériaux volcaniques, tuf et pouzzolane. On comprendra mieux son histoire et son apparence en descendant à la « cave », ce qui n'est pas ici un euphémisme... En effet, la majeure partie des souterrains creusés, dès la période étrusque, sous la colline est utilisée comme caves.

Au cours de la visite des grottes (on en a dénombré plus de mille), on pourra voir des niches funéraires du Moyen Âge, les fondations et les meules d'un moulin à huile du 14e s., et des puits du 6e s. avant J.-C., creusés jusqu'à la nappe phréatique et « équipés » d'un système sommaire de descente.

Pozzo di San Patrizio★★

Avr.-sept. : 10h-19h ; oct.-mars : 10h-18h. 3,10€, 4,13€ avec l'entrée au musée Emilio Greco. ☎ 0763 34 37 68.

Creusé sur l'ordre de Clément VII de Médicis pour pourvoir la ville en eau au cas où elle serait assiégée, le puits de St-Patrice est l'œuvre d'Antonio Cordiani da Sangallo, dit **Antonio da Sangallo le Jeune** ; deux escaliers en spirale, éclairés par 72 fenêtres, et superposés de telle sorte que deux personnes, l'une montant, l'autre descendant, ne peuvent se croiser, atteignent une eau très pure à 62 m de profondeur.

Palazzo del Popolo★

Édifice de style roman-gothique en tuf volcanique, il possède un grandiose balcon, d'élégantes fenêtres et de curieux merlons à volutes.

Quartiere Vecchio★

Désert et silencieux, le vieux quartier a gardé ses édifices médiévaux. À son extrémité Ouest s'élève l'**église S. Giovenale**, dont l'abside est ornée de fresques des 13e et 15e s.

Museo Archeologico Faina

(♿) *Avr.-sept. : 9h30-18h ; oct.-mars : 10h-17h. Fermé 1er janv., 25 et 26 déc. 4,13€. ☎ 0763 34 15 11 ; www.systemnet.it/museo-faina*

Importante **collection étrusque★**, comprenant notamment de splendides vases peints, des urnes funéraires en terre cuite sculptée et un rare sarcophage du 4e s.

S. Bernardino

Fascinante église baroque de forme elliptique très richement décorée.

Piazza della Repubblica

Sur l'emplacement de l'ancien forum, elle est dominée par l'église **S. Andrea** dont le curieux campanile roman compte douze côtés.

▶▶ Nécropole étrusque (Necropoli etrusca del Crocifisso).

alentours

Bolsena

22 km au Sud-Ouest d'Orvieto. Face au plus grand lac d'origine volcanique d'Italie, dont le niveau se trouve sans cesse modifié par des secousses telluriques, la Volsinies étrusque accueille sur sa plage et le long de ses rives ombragées, baignées d'une lumière transparente, de nombreux visiteurs. La ville ancienne serre sur une petite hauteur ses maisons de couleur sombre ; on en a une jolie vue, de la route S 2 reliant Viterbe à Sienne.

Le miracle de Bolsena

Il est à l'origine de la fête du Corpus Domini (Fête-Dieu). Un prêtre venant de Bohême avait des doutes sur la transsubstantiation (c'est-à-dire le changement du pain et du vin, au moment de l'eucharistie, en corps et sang du Christ). Alors qu'il célébrait la messe à Sainte-Christine, l'hostie se mit à saigner, signe miraculeux du mystère de l'incarnation du Christ.

S. Cristina★ – *Été : 9h-12h30, 15h30-19h ; le reste de l'année : 9h-12h, 15h-17h. Pour les catacombes, visite guidée uniquement (réserver) toutes les 30mn, 9h30-11h30, 15h-1h avant la fermeture.* ☎ *0761 79 90 67.*

Originaire des environs de Bolsena, sainte Christine vécut au 3e s. et fut victime des persécutions ordonnées par Dioclétien. L'édifice qui lui est dédié date du 11e s., mais sa façade, que rythment des pilastres sculptés avec grâce, est Renaissance. L'intérieur repose sur des colonnes romaines. De la nef gauche, on pénètre dans la **chapelle du Miracle**, où l'on révère le pavement teinté du sang de l'hostie, puis dans la grotte, où se trouvent l'autel du miracle et un gisant de sainte Christine, attribué aux Della Robbia.

Padova★★

Padoue

Centre économique actif, ville d'art et de pèlerinage, Padoue vit autour de la très animée piazza Cavour. Près de la place se dresse la façade néoclassique du café Pedrocchi, fréquenté par l'élite libérale à l'époque romantique.

La situation

211 391 habitants – Carte Michelin nº 429 F 17 – Plan d'agglomération dans Le Guide Rouge Italia – Vénétie. À une quarantaine de kilomètres de Venise, Padoue se trouve le long de l'A 4 et est reliée à Bologne par l'A 13. ℹ *Gare,* ☎ *049 87 52 077.*

Pour poursuivre la visite, voir les chapitres Riviera del BRENTA, LAGUNA VENETA, TREVISO, VENEZIA et VICENZA.

comprendre

L'histoire – Il ne reste que quelques vestiges de l'antique *Patavium* qui, grâce au commerce fluvial, à son agriculture et à la vente des chevaux, devint au 1er s. avant J.-C. l'une des cités romaines les plus prospères de la Vénétie. Détruite par les Lombards au 7e s., Padoue réussit à devenir une « commune libre » du 11e au 13e s., époque à laquelle de nombreux palais et églises y furent édifiés. Elle connut l'apogée de sa vie économique et culturelle sous l'autorité éclairée de la famille Da Carrara (1337-1405). En 1405, la ville passa sous la domination de la République de Venise, à laquelle elle demeura fidèle jusqu'à l'abolition de la Constitution de la Sérénissime par Bonaparte, en 1797.

La ville de saint Antoine – Bien qu'originaire de Lisbonne où il naquit en 1195, le nom de ce moine franciscain, thaumaturge d'une prodigieuse éloquence, demeure lié à celui de Padoue – dans les environs de laquelle il mourut à 36 ans. On l'invoquait autrefois pour le sauvetage des naufragés et la libération des prisonniers. Il est habituellement représenté tenant un livre et une branche de lys.

Une université célèbre – Fondée en 1222, cette université (la plus ancienne d'Italie après Bologne) connut un rapide développement et attira des étudiants de l'Europe entière. Galilée y enseigna, Pic de la Mirandole, Copernic et le Tasse y étudièrent.

L'art à Padoue – En 1304, **Giotto** se rendit de Florence à Padoue pour y décorer la chapelle des Scrovegni, où il réalisa un cycle de fresques aujourd'hui reconnu comme l'un des chefs-d'œuvre de la peinture italienne.

Au 15e s., la Renaissance à Padoue fut marquée par le séjour d'un autre Florentin, **Donatello**, de 1444 à 1453. Au 15e s. également, la cité connut un extraordinaire rayonnement artistique grâce à la diffusion de l'œuvre du peintre padouan **Andrea Mantegna** (1431-1506), artiste d'une puissante originalité, passionné d'anatomie et d'archéologie, novateur dans la représentation de la perspective.

carnet pratique

Restauration

• ***Valeur sûre***

Trattoria la Ragnatela – *Via Caltana, 79 - 30030 Scaltenigo - 13 km au NE de Padoue -* ☎ *041 43 60 50 - fermé mer. -* ▤ *- 27/35€.* Un décor simple et informel qui accueille à l'heure du déjeuner une clientèle très variée, de l'ouvrier en bleu de travail au cadre en costume-cravate. Cuisine régionale délicieuse et originale, préparée avec soin et imagination. Une adresse à essayer absolument.

Hébergement

• ***Valeur sûre***

Hotel Al Fagiano – *Via Locatelli, 45 -* ☎ *049 87 53 396 - fax 049 87 53 396 -* ▤ *- 29 ch. : 51,65/77,47€ -* ☕ *6,20€.* Très bien situé, à 100 m de la basilique de S. Antonio et à 10mn à pied du centre, cet hôtel chaleureux propose des chambres spacieuses et fonctionnelles à un prix intéressant.

PADOVA

Altinate (Via) ... DYZ
Carmine (Via del) ... DY 10
Cavour (Piazza e via) ... DY 15
Cesarotti (Via M.) ... DZ 17
Dante (Via) ... CY
Erbe (Piazza delle) ... DZ 20
Eremitani (Piazza) ... DY 21
Filiberto (Via E.) ... DY 24
Frutta (Piazza della) ... DZ 25
Garibaldi (Corso) ... DY 27
Garibaldi (Piazza) ... DY 28
Gasometro (Via dell' ex) ... DY 29
Guariento (Via) ... DY 35
Insurrezione (Piazza) ... DY 39
Monte di Pietà (Via del) ... CZ 45
Petrarca (Via) ... CY 50
Ponte Molino (Vicolo) ... CY 52
Ponti Romani (Riviera dei) ... DYZ 53
Roma (Via) ... DZ
S. Canziano (Via) ... DZ 57
S. Fermo (Via) ... DY
S. Lucia (Via) ... DY 59
Vandelli (Via D.) ... CZ 66
Verdi (Via G.) ... CY 67
Vittorio Emanuele II (Corso) ... CZ 70
8 Febbraio (Via) ... DZ 74
58 Fanteria (Via) ... DZ 75

Battistero ... CZ D
Caffè Pedrocchi ... DZ N
Museo civico agli Eremitani ... DY M
Oratorio di San Giorgio e Scuola di Sant'Antonio ... DZ B
Palazzo del Capitano ... CZ E
Palazzo della Ragione ... DZ J
Statua equestre del Gattamelata ... DZ A
Università ... DZ U

visiter

Cappella degli Scrovegni : affreschi di Giotto★★★

Chapelle fermée pour restauration au moment de la rédaction de ce guide. ☎ 049 82 04 550 ; *www.padovanet.it/museicivici*

Vers 1305-1310, l'artiste a orné les murs de la **chapelle des Scrovegni**, élevée en 1303, de **trente-neuf fresques** évoquant les Vies de Joachim et Anne, de la Vierge et du Christ (la *Fuite en Égypte*, le *Baiser de Judas* et la *Mise au tombeau* sont parmi les scènes les plus célèbres). Au registre inférieur, les puissantes figures en grisaille représentent à gauche les Vices, à droite les Vertus. Le *Jugement dernier*, au revers de la façade, sert de conclusion à l'œuvre. Cet ensemble, d'une exceptionnelle unité d'exécution, constitue le sommet de l'œuvre de Giotto par la puissance dramatique des scènes, l'harmonie de la composition et le sentiment religieux intense qui s'en dégage. À l'autel, ***Vierge**★ de **Giovanni Pisano**.

Affreschi della chiesa degli Eremitani★★

Très endommagée par les bombardements de 1944, cette église du 13ᵉ s. a été reconstruite dans son style roman d'origine. La chapelle Ovetari *(la seconde à droite de la chapelle du chœur)* conserve des fragments de **fresques** de **Mantegna**, où l'on devine la puissance visionnaire de cet artiste hanté par le rendu perspectif et le souci du détail archéologique : *Martyre de saint Jacques (mur de gauche), Assomption (abside), Martyre de saint Christophe (mur de droite)*. Dans la chapelle du chœur, splendides fresques de **Guariento**, artiste vénitien disciple de Giotto.

Museo Civico agli Eremitani★

♿ 9h-1h avant le coucher du soleil. Fermé lun. (sf lun. fériés), 1er janv., 1er mai, 15 août, 25 et 26 déc. 5,16€ avec l'entrée à la chapelle des Scrovegni. ☎ 049 82 04 550 ; www.padovanet.it/museicivici/informazioni.html

Installé dans le couvent des Ermites de saint Augustin, il comprend une section archéologique (périodes égyptienne, étrusque, préromaine et romaine), une collection numismatique (donation Bottacin), un ensemble de peintures vénitiennes et flamandes du 15ᵉ au 18ᵉ s. (collection Emo Capodilista), ainsi que la riche collection provenant de l'ancienne pinacothèque, qui rassemble, outre des meubles, céramiques et sculptures, des **peintures**★★ essentiellement vénitiennes (14ᵉ-18ᵉ s.) : voir en particulier les œuvres de Giotto, Guariento, Giovanni Bellini, Véronèse et Tintoret, ainsi que l'*Expédition d'Uri*, splendide tapisserie du 15ᵉ s.

Basilica del Santo★★

Mai-oct. : 6h20-20h ; nov.-avr. : 6h20-19h. ☎ 049 87 55 23 25 ; www.mess-s-antonio.it/basilica

Important lieu de pèlerinage dédié à saint Antoine. Sur la place qui précède l'église, **Donatello** érigea une admirable **statue équestre du Gattamelata**★★ (surnom donné au condottiere vénitien Erasmo da Nardi qui mourut à Padoue en 1443), la première œuvre de cette taille coulée en bronze en Italie.

Bâtie entre 1232 et 1300 dans un style de transition roman-gothique, la basilique évoque, avec ses huit coupoles byzantines, celle de St-Marc de Venise. L'**intérieur**★★, imposant, contient de nombreuses œuvres d'art : dans la nef gauche, **chapelle du Saint**★★, chef-d'œuvre de la Renaissance abritant l'« arca di sant'Antonio », autel-tombeau de Tiziano Aspetti (1594) ; sur les parois, magnifiques **hauts-reliefs**★★ exécutés au 16ᵉ s. par plusieurs artistes. Dans le chœur, se trouve le célèbre **maître-autel**★★ orné de bronzes de Donatello (1450). La 3ᵉ chapelle du collatéral droit est décorée de **fresques**★ du peintre véronais Altichiero (14ᵉ s.). Des cloîtres, à droite de la basilique, bonne **vue d'ensemble**★ sur l'édifice.

Oratorio di S. Giorgio et Scuola di S. Antonio★ (DZ B)

Avr.-sept. : 9h-12h30, 14h30-19h ; oct.-mars : 9h-12h30, 14h-17h. 1,55€. ☎ 049 87 55 235 ; www.mess-s-antonio/basilica/index/htm

L'oratoire St-Georges est une chapelle votive décorée de 21 **fresques**★ (1377) par Altichiero et ses élèves, évoquant diverses scènes religieuses.

La Scuola di S. Antonio, contiguë, possède, au 1er étage, une salle dont les murs sont couverts de 18 **fresques**★ du 16ᵉ s. narrant la Vie de saint Antoine, dont quatre sont de la main du Titien.

Palazzo della Ragione★

♿ Fév.-oct. : tlj sf lun. 9h-19h ; nov.-janv. : tlj sf lun. 9h-18h. Fermé j. fériés. 3,62€. ☎ 049 82 05 006 ; www.padovanet.it/museicivici/monumenti/regione.html

S'élevant entre deux **places**★ pittoresques, la piazza della Frutta et la piazza delle Erbe, c'est un édifice remarquable par ses loggias et son toit en forme de carène ; dans le **salon**★★ du 1er étage, un cycle de fresques du 15ᵉ s. représente les travaux des mois, les arts libéraux, les métiers et les signes du zodiaque.

Piazza dei Signori

Vaste place bordée par le palais du Capitano des 14ᵉ-16ᵉ s., résidence des gouverneurs vénitiens, par la **tour de l'Horloge**★ percée d'une arcade et par l'élégante loggia del Consiglio, de style Renaissance.

Università

Située dans le palais « Bo », du nom de l'auberge à l'enseigne du « Bœuf » qui le précéda, l'université conserve une belle cour du 16ᵉ s. et un amphithéâtre d'anatomie, dit « **Teatro Anatomico** » (1594). *Visite guidée uniquement. Mars-oct. : lun., mer., ven. 15h, 16h et 17h (hiver : uniquement 15h et 16h) ; mar., jeu., sam. 9h, 10h et 11h (hiver : uniquement 10h et 11h). Fermé j. fériés. 2,58€. ☎ 049 82 09 711.*

L'ambiance universitaire est extrêmement sensible, et les improvisations et débordements d'enthousiasme des étudiants qui, à la réception de leurs diplômes, coiffent les caractéristiques chapeaux à pointes, sont des plus pittoresques.

Caffè Pedrocchi

L'édifice néoclassique (1831) abrite un café aux salles blanche, rouge et verte, théâtre de l'insurrection estudiantine contre les Autrichiens en 1848. À l'étage, **salles** de réunion et de concerts, de styles divers. *Tlj sf lun. 9h30-12h30, 15h30-18h. 2,58€. ☎ 049 82 05 007 ; www.padovanet.it/musei civici/monumenti/pedrocchi.html*

Battistero

Contigu à la cathédrale, le baptistère abrite d'intéressantes fresques et un polyptyque de Menabuoi (14e s.).

S. Giustina

Édifice classique du 16e s., rappelant par ses coupoles la basilique du Saint *(voir plus haut)*. Au fond du chœur, **retable★** de **Véronèse**.

Orto Botanico

(♿) *Avr.-oct. : 9h-13h, 15h-18h ; hiver : tlj sf dim. 9h-13h ; nov.-mars : 9h-13h. 2,58€. ☎ 049 82 72 119.*

Fondé en 1545, c'est l'un des plus anciens jardins botaniques d'Europe ; on peut y admirer une abondante flore exotique et le palmier qui inspira à Goethe ses considérations sur la métamorphose des plantes.

Prato della Valle

Ce charmant jardin ovale du 17e s., planté de platanes, est entouré d'un canal tranquille bordé de statues d'hommes illustres.

alentours

Montagnana★

47 km au Sud-Ouest. Petite ville entourée d'impressionnants **remparts★★** du 14e s., jalonnés de vingt-quatre tours polygonales et percés de quatre portes. Le **Dôme**, attribué à Sansovino, renferme au maître-autel une *Transfiguration* de Véronèse, des fresques et des stalles du 16e s. L'**église S. Francesco**, accolée à l'enceinte, possède un beau clocher gothique.

Colli Euganei★

Situées au Sud de Padoue, ces collines d'origine volcanique forment une agréable région accidentée, riche en vergers et en vignobles, que les Romains appréciaient déjà pour ses nombreuses sources thermales et ses vins.

Abano Terme⚕⚕⚕ – *Plan dans Le Guide Rouge Italia.* Cette moderne et élégante station thermale ombragée de pins est l'une des plus célèbres d'Italie.

Montegrotto Terme⚕⚕ – Moins importante qu'Abano, l'ancienne *Mons Ægrotorum* (« mont des Malades ») des Romains est une station thermale en pleine extension.

Monselice★ – Dominée par les ruines d'un château, cette localité, dont le nom latin *Mons Silicis* témoigne de son activité minière à l'époque romaine, a conservé une partie importante de son enceinte.

De la piazza Mazzini monte la pittoresque via del Santuario menant au château (13e-14e s.), au Dôme de style roman, au sanctuaire des Sette Chiese (début 17e s.) et à la Villa Balbi, précédée d'un jardin à l'italienne. De la terrasse supérieure, jolie **vue★** sur la région.

Arquà Petrarca★ – *6,5 km au Nord-Ouest de Monselice.* Dans ce petit pays d'aspect médiéval s'éteignit en 1374 **Pétrarque**. Né à Arezzo en 1304, sa vie tourmentée le mena en divers lieux d'Italie et d'ailleurs. En Avignon, il rencontra dans une église Laure, la femme qu'il aima toute sa vie et immortalisa dans son recueil de sonnets intitulé le *Canzoniere*. Son œuvre devint en Europe une référence pour toute la poésie lyrique, donnant lieu à la Renaissance à un phénomène d'imitation et de culte du poète.

On visite la **maison★** (Casa del Petrarca), où il vécut et mourut : fresques du 16e s. et plafond à caisson d'origine ; souvenirs du poète et autographes de visiteurs illustres, comme Carducci ou Byron. Son tombeau de marbre rose a été érigé en 1380 sur la place de l'église. *Fév.-sept. : 9h-12h, 15h-18h30 ; oct.-janv. : 9h-12h, 14h30-17h30. Fermé lun. (sf lun. fériés), 1er janv., 1er mai, 15 août, 25 et 26 déc. 3,10€. ☎ 0429 71 82 94 ; www.padovanet.it/museicivici/monumenti/petrarca.html*

Este – Berceau de la célèbre famille d'Este, la ville est cernée au Nord de pittoresques **remparts★**. Le **Museo Nazionale Atestino★**, installé dans le palais Mocenigo (16e s.), abrite une riche collection archéologique témoignant de l'activité agricole locale du paléolithique à l'époque romaine (la ville romaine se nommait Ateste). À l'intérieur du Dôme, au plan elliptique, grande toile de Tiepolo (1759). *Musée : 9h-20h (la billetterie ferme à 19h30). Fermé 1er janv., 1er mai, 25 déc. 2,07€, gratuit pendant la Journée européenne du patrimoine. ☎ 0429 20 85.*

Riviera de la Brenta★★ *(voir ce nom)*

Paestum★★★

Pæstum

Le site archéologique fut découvert par hasard vers 1750 lors de la construction, décidée par les Bourbons, de la route qui traverse aujourd'hui encore cette zone. L'antique Poseidonia grecque, fondée vers l'an 600 avant J.-C. par les habitants de Sybaris, tomba aux mains des Lucaniens deux siècles plus tard. Devenue romaine en 273 avant J.-C., elle déclina à la fin de l'Empire, quand la malaria obligea les habitants à fuir les lieux. Les temples, appareillés en un beau calcaire doré, surgissent parmi les ruines des habitations, derrière les cyprès et les lauriers roses.

La situation

Carte Michelin n° 431 F 26-27 – Campanie. Paestum surgit comme de la mer, tout près de la S 18, à 48 km au Sud de Salerne.

🅘 *Via Magna Grecia, 165,* ☎ *0828 81 10 16.*

Pour poursuivre la visite, voir les chapitres COSTIERA AMALFITANA et SALERNO.

visiter

L'itinéraire indiqué (2h) conduit du Sud vers le Nord. Si l'on souhaite visiter d'abord le musée, il est préférable de partir du Nord. 9h-2h avant le coucher du soleil. Fermé j. fériés. 4,13€, 6,20€ avec l'entrée au musée. ☎ *0828 81 10 16 ; www.paestum.org Musée :* (♿) *Tlj 8h45-19h. Fermé également 1er et 3e lun. du mois.*

Après avoir franchi par la porte de la Justice l'**enceinte★** qui encercle la ville sur près de 5 km, suivre la **Via Sacra**, axe routier principal de la ville grecque et romaine.

Basilica★★

À droite de la Via Sacra se présente la façade postérieure de cet édifice, baptisé basilique par les archéologues du 18e s. En fait, ce temple, le plus ancien de la ville (milieu du 6e s. avant J.-C.), était dédié à Héra, sœur et épouse de Zeus. Son caractère archaïque est attesté par le renflement accusé du centre des colonnes *(entasis)* et par le tassement prononcé de l'échine des chapiteaux, particularités répondant à la conception antique qui voulait que les structures d'un édifice, comme des membres vivants, se bombent sous l'action de l'effort et se tassent sous celle d'un poids. Précédée d'un *pronaos*, la salle centrale est divisée en deux vaisseaux, probablement parce que deux cultes y étaient célébrés.

Tempio di Nettuno★★★

Ce temple magnifiquement conservé n'est pas consacré à Neptune (ou Poseidon en grec, d'où l'ancien nom de la ville, *Poseidonia*), mais à Zeus ou Apollon. Datant du milieu du 5e s. avant J.-C., il est

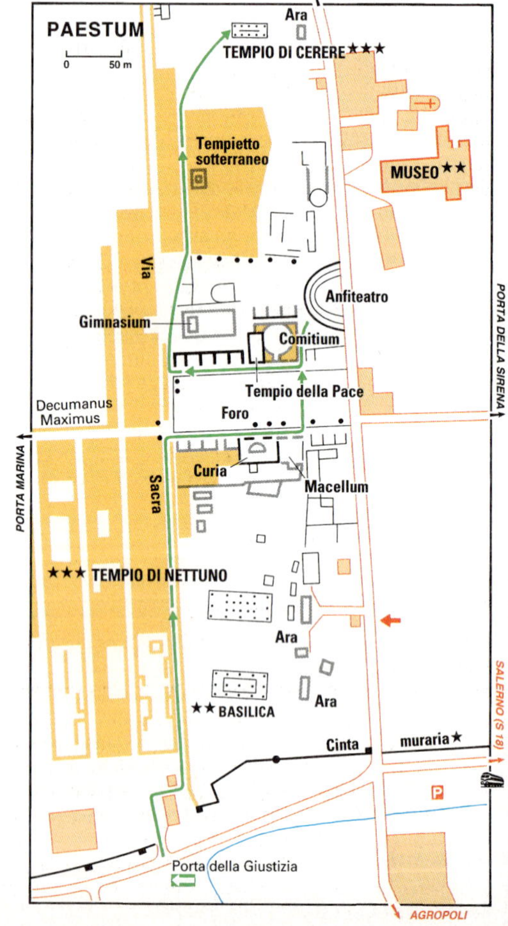

d'un style dorique d'une étonnante harmonie : parmi les différentes astuces de construction, l'élément le plus marquant est la légère convexité (2 cm) des lignes horizontales, qui permet d'éviter aux nombreuses colonnes de donner une impression de divergence ; pour la même raison, les cannelures des colonnes d'angle sont légèrement inclinées vers l'intérieur.

Au centre de la cité se trouve le **forum**, entouré d'un portique et de boutiques et sur lequel s'ouvrent la **curie**, le **macellum** (marché couvert) adjacent, puis le **comitium** (3e s. avant J.-C.), édifice public le plus important où avaient lieu les élections des magistrats. À la gauche du comitium s'appuie le **temple de la Paix** (2e-1er s. avant J.-C.), orienté Nord-Sud selon l'usage italique.

À l'Est du forum, échappant au principe général de l'emplacement excentré (destiné à faciliter les mouvements de foule), s'élève, coupé en deux par la route, l'**amphithéâtre**, construit à cheval sur les périodes républicaine et impériale.

Ce qu'on appelle le **gimnasium** (3e s. avant J.-C. environ) était probablement un sanctuaire renfermant une piscine. Au cours des célébrations rituelles, la statue de la divinité était immergée dans le bassin puis placée sur une estrade située sur le côté Ouest. Dès le 1er s. après J.-C., la piscine était comblée et l'édifice accueillait le gymnase.

Le **petit temple souterrain** (6e s. avant J.-C.) est considéré comme un *héróon*, sorte de cénotaphe consacré au culte du fondateur de la cité, élevé au rang de héros après sa mort. On y a retrouvé des vases de bronze, exposés au musée et contenant des restes de miel.

Tempio di Cerere★★★

Élevé à la fin du 6e s. avant J.-C. en l'honneur d'Athéna, il présente une intéressante fusion des styles : massif et puissant pour la colonnade dorique extérieure, plus gracieux et ornemental pour les colonnes ioniques de l'intérieur. À côté se trouve l'autel des sacrifices.

Musée★★

On peut y admirer les célèbres **métopes★★**, bas-reliefs doriques du 6e s. avant J.-C., qui ornaient le *Thesauros* (épisodes de la vie d'Héraclès et de la guerre de Troie) et le Grand Temple (jeunes femmes dansant) du sanctuaire d'Héra à Sele *(10 km au Nord, près de l'embouchure du Sele)*. Noter également la **tombe du Plongeur★★**, rare exemple de peinture funéraire grecque. On y voit des scènes vivantes de banquet, ainsi que le célèbre plongeon, allégorie du passage de la vie à la mort, que symbolise le saut au-delà des colonnes d'Hercule (l'actuel détroit de Gibraltar) qui marquent la frontière du monde connu. Le musée renferme également de superbes **vases★**, chefs-d'œuvre de l'art du bronze du 6e s. avant J.-C. et provenant du petit temple souterrain, des tombes peintes lucaniennes (4e s. avant J.-C.) et des représentations typiques de Paestum : Héra Argienne avec un grenadier (symbole de fertilité) et femme-fleur en terre cuite, utilisée comme brûle-parfums.

Parma★★

Parme

Cette cité au charme raffiné concentre son activité autour la piazza Garibaldi, où aiment à se retrouver ses habitants. Ville de musique et patrie de nombreux artistes (parmi lesquels le célèbre chef d'orchestre Arturo Toscanini), Parme possède également une riche tradition gastronomique avec des produits mondialement connus tels que le parmesan ou le jambon... de Parme.

La situation

168 717 habitants – Carte Michelin nº 428, 429 H 12/13 – Émilie-Romagne. Parme se trouve le long de l'A 1, entre le Pô et les Apennins.

Via Melloni, 1/b, ☎ 0521 21 88 89.

Pour poursuivre la visite, voir les chapitres MODENA et REGGIO EMILIA.

comprendre

Fondée par les Étrusques vers 525 avant J.-C., Parme devint une colonie romaine en 183 avant J.-C. Devenue commune libre au Moyen Âge (11e-13e s.), elle fut membre de la Ligue lombarde. Après la chute de son gouvernement communal en 1335, Parme fut tour à tour gouvernée par les Visconti, les Sforza puis les Français, avant d'être annexée en 1513 par l'Église. Mais, en 1545, le pape **Paul III** Farnèse, la détachant avec Plaisance de l'État pontifical, en fit un duché qu'il confia à son fils Pierre-Louis (assassiné en 1547). La **dynastie Farnèse** régna cependant jusqu'en 1731, comptant de nombreux mécènes, collectionneurs et bâtisseurs, protecteurs des arts et des lettres.

Passée aux Bourbons, son premier souverain fut Charles, successivement roi de Naples puis d'Espagne. De 1748 à 1801, grâce au mariage de Philippe de Bourbon (fils de Philippe V d'Espagne et d'Élisabeth Farnèse) avec la fille préférée de Louis XV, Louise Élisabeth, la ville connut une période où les mœurs, l'administration et les arts furent marqués par la prépondérance française et de nombreux artistes traversèrent les Alpes pour y goûter un certain art de vivre ; et n'oublions pas Stendhal qui la choisit comme cadre de son roman *La Chartreuse de Parme* (1839). Les Bourbon-Parme avaient leur Versailles, aujourd'hui délabré, à Colorno, au Nord de la ville. Dernière grande figure, Marie-Louise d'Autriche, seconde femme de Napoléon, y régna de 1814 à 1847.

L'école de Parme en peinture

Elle est illustrée par deux peintres importants, le Corrège et le Parmesan, dont les œuvres contribuèrent à assurer la transition entre les formes de la Renaissance et le baroque. Antonio Allegri (1489-1534), dit **le Corrège**, exprima, avec une virtuosité et une science du clair-obscur nouvelles, une sensualité et un optimisme semblant parfois annoncer le 18e s. français. Francesco Mazzola (1503-1540), dit **le Parmesan** (Parmigianino), fut un esprit autrement inquiet et mélancolique ; il étira ses figures, utilisa des coloris nouveaux, souvent froids, caractéristiques du maniérisme ; il créa un canon de beauté féminine qui influença, par l'entremise du Primatice et de Nicolò dell'Abate, l'école de Fontainebleau et tous les maniéristes européens du 16e s.

visiter

Le noyau historique de la ville comprend, d'une part, l'**ensemble épiscopal★★★** roman formé par la cathédrale et le baptistère, d'une exceptionnelle harmonie, l'église baroque St-Jean et les palais alentour ; d'autre part, le palais de la Pilotta (16e-17e s.), et la Chambre du Corrège.

Duomo★★

De style roman-lombard, le Dôme est flanqué d'un élégant campanile gothique. Sa façade est précédée d'un beau porche reposant sur des lions et surmonté d'une loggia. À l'intérieur, les **fresques** de la coupole sont du Corrège (1526-1530) : le thème de l'Assomption de la Vierge (dont la figure est noyée au milieu d'un

PARMA

Basetti (Viale) .... BZ 2
Cavour (Strada) .... BY 3
Duomo (Strada al) .... CY 8
Farini (Strada) .... BZ
Garibaldi (Piazza) .... BZ 9
Garibaldi (Strada) .... BCY
Mazzini (Strada) .... BZ 13
Pace (Piazza della) .... BY 15
Pilotta (Piazza) .... BY 17
Ponte Caprazucca .... BZ 19
Ponte di Mezzo .... BZ 21
Ponte Verdi .... BY 22
Regale (Borgo) .... CZ 25
Repubblica (Strada della) .... CZ
Studi (Borgo degli) .... CY 27
Toscanini (Viale) .... BZ 28

Antica spezieria di San Giovanni Evangelista ... CY N
Battistero .... CY A
Casa Toscanini .... BY M2
Madonna della Steccata .... BZ E
Museo Glauco-Lombardi .... BY M1
Teatro Regio .... BY T1

carnet pratique

Restauration

• ***Valeur sûre***

Osteria del Gesso – *Via Ferdinando Maestri, 11 - ☎ 0521 23 05 05 - fermé 25 juil. au 18 août, dim. et lun. à midi (19 juin-août) ; mer. et jeu. à midi (reste de l'année) - ▤ - réserv. conseillée - 27/36€.* Fréquentée par les avocats et les membres du barreau, exerçant au tribunal tout proche, cette *osteria* propose de savoureux plats du terroir, légers et présentés avec soin. Intime et confortable, malgré des tables un peu serrées.

Hébergement

À l'occasion de manifestations commerciales ou touristiques, les prix des hôtels pourraient subir une légère hausse : informez-vous au moment de la réservation.

• ***Valeur sûre***

Hotel Button – *Via della Salina, 7 - ☎ 0521 20 80 39 - fax 0521 23 87 83 - fermé 23 déc. au 2 janv., 5 au 31 juil. - 40 ch. : 62/88€ - ☕ 8€.* En plein centre historique, entre le théâtre Regio et la piazza del Duomo, cet hôtel, installé dans un ancien couvent, est très pratique pour ceux qui arrivent en train. Décor soigné, mélangeant plusieurs styles, avec une touche Liberty.

Achats

Il est inimaginable de quitter Parme sans goûter son fameux jambon !

Lara Pessina/MICHELIN

Le label Parma : une garantie de qualité

tourbillon d'anges) est le prétexte à un vertigineux mouvement ascendant. La maîtrise de la perspective et de l'anatomie en mouvement donne lieu à une prodigalité inventive déjà toute baroque. Dans le transept droit, ***Déposition de Croix*** (1178) du sculpteur roman Antelami où, malgré la solennité des figures, on reconnaît l'influence de l'école provençale. L'Ange (1284) en cuivre doré, qui jadis ornait la pointe du campanile, se trouve désormais sur le troisième pilastre de la nef principale.

Battistero★★★

Commencé en 1196, c'est le monument médiéval d'Italie du Nord le plus homogène, l'architecture et le décor sculpté - étroitement liés - datant du 13e s. Réalisé en marbre rose de Vérone sur un plan octogonal, il est sans doute l'œuvre du Parmesan **Antelami**, dont on reconnaît la main dans les sculptures et dont la signature figure sur le linteau du portail Nord. À l'intérieur, d'inspiration byzantine, remarquable ensemble de **fresques** de forme polygonale à 16 côtés, également du 13e s., représentant des scènes de la Vie du Christ et de la *Légende dorée*.

S. Giovanni Evangelista

Édifice Renaissance à façade baroque. À l'intérieur, les **fresques de la coupole★★**, peintes par **le Corrège** de 1520 à 1524, représentent la *Vision de saint Jean à Patmos* et la *Translation de l'Évangéliste*. On doit celles des arcs des chapelles de gauche (1er, 2e et 4e) au Parmesan.
On visitera, dans le couvent contigu, les **cloîtres Renaissance**. *Monastère : 9h-12h, 15h-18h, dim. et j. fériés 10h-13h, 15h30-18h. Église : 8h-12h, 15h30-20h. Laisser une offrande. ☎ 0521 23 55 92 ; www.offigm.com/sangiovanni*

Antica spezieria di S. Giovanni Evangelista

(♿) 8h30-14h (la billetterie ferme à 13h45). Fermé 1er janv., 1er mai, 25 déc. 2,07€. ☎ 0521 23 36 17 ou 0521 23 33 09.
L'ancienne apothicairerie du 13e s., fondée par les moines bénédictins, fut redécorée au 16e s.

Palazzo della Pilotta

Ainsi nommé parce qu'on y jouait à la pelote dans les cours. Cet austère édifice, construit sous l'impulsion des Farnèse, de 1583 à 1622, abrite aujourd'hui le Musée archéologique et la Galerie nationale, la bibliothèque Palatine et le théâtre Farnèse.
Museo Archeologico Nazionale★ – *(♿) 8h30-19h30 (la billetterie ferme à 19h). 2,06€. ☎ 0521 23 37 18.*
Matériel archéologique préromain et romain trouvé dans la région de Parme (fouilles de Velleia).
Galleria Nazionale★★ – *♿ 8h30-14h (la billetterie ferme à 13h30). Fermé 1er janv., 1er mai, 25 déc. 6,20€. ☎ 0521 23 33 09.*

Tableaux des écoles émilienne, toscane et vénitienne des 14e, 15e et 16e s. Le Parmesan est représenté par un stupéfiant portrait de femme, l'***Esclave turque***, d'une suprême élégance, et le Corrège par son chef-d'œuvre, la ***Vierge de saint Jérôme*** (1528) et quelques autres tableaux. Enfin, des œuvres de Nattier, Hubert Robert et Mme Vigée-Lebrun témoignent de la présence française à Parme au 18e s. À remarquer encore, une ébauche de Léonard de Vinci, la *Tête d'adolescente*.

Teatro Farnese★★ – ♿ *8h30-14h (la billetterie ferme à 13h30). Fermé 1er janv., 1er mai, 25 déc. 2,07€. ☎ 0521 23 33 09.*

Ravissant théâtre bâti entièrement en bois par G.B. Aleotti en 1619, sur le modèle du Théâtre olympique de Vicence *(voir p. 457)*. Inauguré pour le mariage de Marguerite de Médicis et d'Édouard Farnèse, il fut presque totalement détruit en 1944 et reconstruit à l'identique dans les années 1950.

Camera del Correggio★

♿ *8h30-14h (la billetterie ferme à 13h45). Fermé 1er janv., 1er mai, 25 déc. 2,07€. ☎ 0521 23 33 09.*

Dite également **Camera di San Paolo**, c'était la salle à manger de l'abbesse du couvent de St-Paul. Les fresques de la voûte, lumineuse évocation mythologique, constituent le premier décor monumental du Corrège (1519-1520) : l'influence de Mantegna, qu'il côtoya dans sa jeunesse à Mantoue, se retrouve dans les motifs de guirlandes de fruits et de treilles, et dans les reliefs et détails d'architecture peints à la base de la voûte.

S. Maria della Steccata

10h30-12h, 15h-16h et 17h30-18h30. Laisser une offrande. *☎ 0521 23 49 37 ; www.santuari.it/steccata*

Cette église du 16e s., conçue par les architectes Bernardino et Zaccagni, abrite de belles **fresques★** du *Parmesan* représentant les Vierges folles, entre Moïse et Adam, et les Vierges sages, entre Ève et Aaron. On y voit également les tombeaux des Farnèse et des Bourbon-Parme (crypte), ainsi que le mausolée de Neipperg, que Marie-Louise, devenue duchesse de Parme, avait épousé.

Teatro Regio

Réalisé entre 1821 et 1829 à la demande de Marie-Louise d'Autriche, le Théâtre royal présente une façade classique. Il fut inauguré avec l'opéra de Bellini, *Zaira*. Bonne acoustique.

Palazzo del Giardino

Le **jardin ducal★** fut dessiné par Petitot et orné de statues par Boudard, tous deux Français.

Fondazione-Museo Glauco-Lombardi★

(♿) *Tlj sf lun. 10h-15h, dim. 9h-13h. Fermé j. fériés. 4,13€. ☎ 0521 23 37 27 ; www.museolombardi.it*

Essentiellement consacré à la vie du duché de Parme-Plaisance aux 18e et 19e s., le musée rassemble des tableaux et des objets évoquant Marie-Louise, qui régna avec sagesse sur le duché jusqu'en 1847. De nombreux peintres français y sont représentés : La Tour, Boucher, Hubert Robert, Mme Vigée-Lebrun, David, Millet...

Casa Toscanini★

Tlj sf lun., dim. ap.-midi. 1,55€. Pour toute information sur les horaires : ☎ 0521 28 54 99 ; www.archivio.biblcom.unipr.it/museotoscanini

La maison natale du célèbre chef d'orchestre (1867-1957) présente d'intéressants documents pour les passionnés de musique : distinctions et décorations reçues, sculptures et objets liés à la famille Toscanini ainsi qu'à Verdi et Wagner, lettres de Mazzini, Garibaldi, D'Annunzio et Einstein, nombreux témoignages de l'activité américaine du maître. Audiovisuel sur la carrière de l'artiste.

alentours

Torrechiara★

17 km au Sud, route de Langhirano. Mai-oct. : tlj sf lun. 8h30-19h30 ; nov.-avr. : tlj sf lun. 8h-16h. Fermé 1er janv., 1er mai. ☎ 0521 35 52 55.

Bâti sur une colline, ce **château fort** qu'entoure une double enceinte renforcée de puissantes tours carrées d'angle, d'un donjon et de courtines à merlons, a été construit au 15e s. Les salles supérieures (salle des Jeux, chambre d'Or...) sont revêtues de remarquables **fresques★**.

De la terrasse, **vue★** superbe portant jusqu'à la chaîne des Apennins.

Fidenza

23 km à l'Ouest. Sortir par la via Massimo D'Azeglio. Cette petite ville agricole possède une remarquable **cathédrale★**, construite au 11e s. et achevée au 13e s.,

Dans un petit village de la vallée du Taro...

... que surplombe un château, se déroule chaque année le prix littéraire du PEN Club italien, qui fut décerné entre autres à Mario Rigoni Stern. Ce petit village dans la province de Parme s'appelle Compiano.

en style gothique. Son **porche central★★** présente une très belle décoration sculptée qui serait due à Antelami. Les trois beaux **portails** de style roman sont ornés de lions, une caractéristique de l'Émilie.

Fontanellato

19 km au Nord-Ouest, par la route de Fidenza, puis à droite par celle de Soragna. Dans la **Rocca Sanvitale**, vaste citadelle entourée de douves occupant le centre de la ville, on peut admirer, à la voûte d'une salle de bains, la **fresque★** peinte par le Parmesan, illustrant la fable de Diane et Actéon. (♿) *Avr.-oct. : 9h30-12h30, 15h-19h ; nov.-mars : tlj sf lun. 9h30-12h30, 15h-18h. Fermé 25 déc. 6,20€. ☎ 0521 82 90 55 ; www.fontanellato.org*

Pavia★

Pavie

Pavie est riche de monuments romans et Renaissance. Importante place militaire du temps des Romains, elle fut successivement capitale des rois lombards, commune rivale de Milan au 11e s., centre intellectuel et artistique renommé au 14e s. sous les Visconti, enfin place forte au 16e s., avant de devenir l'un des foyers les plus ardents des mouvements indépendantistes au 19e s. Son université, fondée au 11e s., est l'une des plus anciennes et des plus renommées d'Europe : elle accueillit Pétrarque, Léonard de Vinci et le poète Ugo Foscolo, futur auteur des *Dernières Lettres de Jacopo Ortis*.

La situation

73 752 habitants – Carte Michelin n° 428 G 9 – Plan dans Le Guide Rouge Italia – Lombardie. Située sur les bords du Tessin, Pavie se trouve à 38 km de Milan, à laquelle elle est reliée par l'A 7 et la S 35. ℹ *Via Fabio Filzi, 2, ☎ 0382 22 156.*
Pour poursuivre la visite, voir les chapitres MILANO et PIACENZA.

carnet pratique

Restauration

• À bon compte

Enoteca Enotria – *Via dei Mille, 160/162 - ☎ 0382 56 67 55 - fermé dim., lun. et à midi - réserv. conseillée - 18/26€.* Une œnothèque agréable, située de l'autre côté du fleuve, dans le Borgo Ticino. La propriétaire des lieux, pleine d'enthousiasme, propose des plats classiques accompagnés de vins soigneusement choisis. Une jolie petite salle dans les tons roses avec tomettes et une ambiance détendue et familiale.

Hébergement

• À bon compte

Agriturismo Tenuta Camillo – *27010 Pavie - ☎ 0382 66 509 - fax 0382 66 509 - agrimillo@libero.it - fermé sept.-oct. - ⊠ - 2 ch., 2 appartements : 30,99/61,97€ - restaurant 23€.* Dans la plaine florissante, entre rizières et peupliers, cet agritourisme est idéal pour ceux qui souhaitent un logement tranquille mais pas trop loin de Milan. Les chambres et les appartements sont meublés et décorés avec goût. Cuisine paysanne.

visiter

Castello Visconteo★

Déc.-fév., juil.-août : tlj sf lun. 9h-13h30, dim. 9h-13h ; sept.-nov. et mars-juin : tlj sf lun. 9h-13h30, w.-end 10h-19h. Fermé j. fériés. 4,13€, 1,03€ pour la cour du château. ☎ 0382 33 853.

Imposante construction de brique, due aux Visconti, ce château abrite aujourd'hui les **collections municipales★** (Musei Civici), riches en matériel archéologique, en sculptures médiévales et Renaissance, et surtout en peintures. La **pinacothèque★**, installée au 1er étage, conserve en effet de nombreux chefs-d'œuvre, dont un beau retable du peintre de Brescia, Vincenzo Foppa, une *Vierge à l'Enfant* de Giovanni Bellini, et un expressif *Christ porte-croix* du Lombard Bergognone ; la dernière salle abrite une grande maquette de la cathédrale, en bois, exécutée au 16e s. par Fugazza, d'après les plans de Bramante.

Duomo★

Ce vaste édifice, surmonté de l'une des plus grandes coupoles d'Italie, fut commencé en 1488 : Bramante et Léonard de Vinci auraient contribué à la conception de ses plans. La façade date du 19e s. À gauche, tour communale du 11e s., et, en face, évêché du 16e s. Sur la piazza Vittoria, contiguë, s'élève le **Broletto**, palais communal du 12e s., d'où l'on a une vue intéressante sur le chevet de la cathédrale.

S. Michele★★

Cette belle église romane possède une **façade★** en grès blond, remarquable par l'équilibre et la variété de son décor sculpté. Au flanc droit, porte romane présentant un linteau sculpté où l'on voit le Christ remettant à saint Paul un *volumen* de papyrus et à saint Pierre les clefs de l'Église. L'intérieur offre d'intéressants éléments architecturaux (coupole sur trompes, tribunes soulignées de frises et de modillons, chœur surélevé, mosaïques, chapiteaux, etc.). À l'abside, belle **fresque★** du 15ᵉ s. *(Couronnement de la Vierge).*

S. Pietro in Ciel d'Oro★

Consacrée en 1132, cette église de style roman-lombard est précédée d'un riche **portail★**. Le chœur renferme le **tombeau de saint Augustin★** (354-430) réalisé par les *maestri campionesi* *(voir p. 82, 270).*

S. Lanfranco

2 km à l'Ouest. Le chœur renferme un **cénotaphe★** exécuté à la fin du 15ᵉ s. par Amadeo en mémoire de Lanfranc, né à Pavie et mort archevêque de Canterbury en 1098, où il est enterré.

alentours

CERTOSA DI PAVIA★★★

10 km au Nord. Mai-sept. : 9h-11h30, 14h30-18h ; oct.-avr. : jusqu'au coucher du soleil. Possibilité de visite guidée (1h). Fermé lun. (sf lun. fériés). Laisser une offrande.

La *Gratriarum Cartusia* (chartreuse des Grâces), est l'un des monuments les plus caractéristiques de l'art lombard et la maison d'une petite communauté cistercienne. Fondée en 1396 par **Jean-Galéas Visconti** pour servir de mausolée à sa famille, la chartreuse fut bâtie en grande partie aux 15ᵉ et 16ᵉ s. par plusieurs architectes. Dans la cour s'élèvent, à droite, l'ancien palais des ducs de Milan (1625) et, à gauche, les ateliers des sculpteurs chargés de la décoration.

Façade – Œuvre élaborée, elle surprend par la profusion et la richesse des détails, mais conserve une élégante sobriété dans sa structure.

La moitié inférieure, la plus ornée, fut exécutée entre 1473 et 1499 par les frères Mantegazza, ainsi que par le célèbre architecte-sculpteur Amadeo, qui travailla notamment à Bergame, et par son élève Briosco ; la partie supérieure est en revanche due à l'architecte-sculpteur Cristoforo Lombardo, qui acheva la construction en 1560. Sculptures de marbre polychrome, médaillons de la base, statues de saints dans les niches, rinceaux et guirlandes, motifs ornementaux, sont d'une variété infinie. Autour des fameuses fenêtres d'Amadeo, ce sont des scènes de la Bible, de la Vie du Christ, de la Vie de Jean-Galéas Visconti. Les bas-reliefs de Briosco entourant le portail central évoquent des épisodes de l'histoire des chartreux. Avant de pénétrer dans l'église, contourner par la gauche, afin d'admirer le superbe ensemble de style gothique lombard tardif avec ses galeries d'arcades superposées.

Intérieur et cloîtres – D'une beauté solennelle, il est gothique, mais on y reconnaît des signes avant-coureurs de la Renaissance, notamment dans le transept et le chœur.

À peine entré, en levant les yeux, on aperçoit, par-delà les chapelles de droite, un chartreux (en trompe-l'œil), qui examine les visiteurs depuis une fenêtre géminée. Encore plus haut, seules les étoiles illuminant le bleu profond des voûtes regardent les hôtes.

Dans le croisillon droit se trouve une *Vierge à l'Enfant* du **Bergognone** (1481-1522), auteur également de la *Madone au tapis*, au-dessus de l'entrée du **petit cloître**. Sur le plafond du **réfectoire**, attenant au petit cloître, figure une *Madone allaitant*, toujours du Bergognone. Au-dessus des arcades du **grand cloître**, vaste espace plein

La chartreuse de Pavie : mélange d'harmonie et de spiritualité

B. Juge/MICHELIN

de charme, se profilent les toits et les cheminées des cellules où logeaient, jusqu'en 1968, les **chartreux** : bien que d'une extrême sobriété, chacune d'elles constitue un véritable appartement indépendant ouvrant sur un jardin.
De retour dans l'église, on peut admirer, ornant le cul-de-four qui accueille l'autel droit du transept, la fresque du Borgognone représentant la Vierge sur un trône recevant de Jean-Galéas Visconti la maquette de la chartreuse. Le monument funéraire du duc date de la fin du 15e s.
Le **lavabo** abrite la *Vierge à l'œillet*, fresque de Bernardo Luini (vers 1480-1532). Le transept est séparé du chœur liturgique *(presbiterio)* par une clôture de marbre ; la marqueterie des stalles fut réalisée à partir des dessins du Bergognone.
L'**ancienne sacristie** recèle un **triptyque** de **Baldassarre degli Embriachi** (fin du 14e s.) en dents d'hippopotame et ivoire. Au centre se trouve une *Vierge à l'Enfant*, présence constante dans la chartreuse, rappelant la profonde reconnaissance que Catherine, épouse de Jean-Galéas, nourrissait pour la Vierge. Le triptyque évoque des épisodes des Vies de Marie et de Jésus.

LA TRISTE HISTOIRE, MAIS LA FIN HEUREUSE, D'UN CHEF-D'ŒUVRE

En 1984 le triptyque de Baldassarre degli Embriachi fut volé. De chagrin, le prieur mourut d'un infarctus. Afin de rassembler la somme réclamée pour la rançon, on organisa un concert auquel participa le grand flûtiste Severino Gazzelloni (1919-1992). Le triptyque fut retrouvé et les voleurs arrêtés. Il honore à nouveau la chartreuse de sa présence.

Le croisillon gauche porte également la signature du Bergogogne avec un *Ecce Homo* et abrite le cénotaphe de Ludovic le More et de Béatrice d'Este, par Cristoforo Solari (1497).
En longeant les chapelles de gauche vers la sortie, on voit, dans la deuxième chapelle, un *Père éternel* du Pérugin (vers 1445-1523).

La Lomellina

Cette région, située entre le Tessin et le Pô, doit son apparence d'étendue inondée et cloisonnée de bosquets de saules ou de peupliers à la riziculture. On y recense trois villes intéressantes : **Lomello** *(32 km au Sud-Ouest de Pavie)*, dont l'église S. Maria du 11e s. et son baptistère du 8e s. forment un ensemble remarquable et harmonieux ; **Mortara** *(15 km au Nord de Lomello par la S 211)* et son église S. Lorenzo, du 14e s., qui renferme d'intéressants tableaux de G. Ferrari ; **Vigevano** *(12 km au Nord-Est de Mortara par la S 494)*, dont la remarquable **place ducale★★** développe son élégante ellipse au pied du château Sforza, dominé par l'imposante tour élevée par Bramante.
Dans la même zone géographique (mais situé dans le Piémont) se trouve **Novare**, centre industriel et commercial. On peut y visiter la **Basilica di S. Gaudenzio★**, élevée entre 1577 et 1659, sur les plans de l'architecte lombard Pellegrino Tibaldi, et couronnée, entre 1844 et 1878, par une belle **coupole★★**, réalisation audacieuse d'A. Antonelli, architecte originaire de Novare. L'intérieur de l'église renferme quelques œuvres intéressantes : peintures de Morazzone (17e s.) et Gaudenzio Ferrari (16e) ; **sarcophage★** en argent de saint Gaudens, patron de Novare.
On peut également signaler le **Cortile del Broletto**, une jolie cour carrée que bordent plusieurs édifices intéressants, dont le palais du Podestat du 15e s., le palais communal (dit « broletto ») du 13e s., et le palais des Paratici **(Musée municipal)**, ainsi que le **Dôme**, monumental édifice néoclassique élevé par A. Antonelli, avec un baptistère paléochrétien des 6e et 7e s. et un **pavement★** de style byzantin en mosaïques blanc et noir.

Perugia★★

Pérouse

Pérouse fut l'une des plus puissantes des Douze Cités, nommées lucumonies, qui formaient l'Étrurie aux 7e et 6e s. avant J.-C. Une forte muraille percée de portes témoigne de cet âge de splendeur, mais la ville conserve également de nombreux édifices religieux et civils du Moyen Âge. Aujourd'hui capitale de l'Ombrie, c'est un centre industriel et commercial, et une ville universitaire fréquentée.

La situation

156 673 habitants – Carte Michelin nº 430 M 19 – Ombrie. Pérouse est située sur une colline, au cœur de l'Ombrie. On y arrive par l'E 45, qui la relie à l'Émilie-Romagne.
ℹ *Piazza IV Novembre, 3, ☎ 075 57 23 327.*
Pour poursuivre la visite, voir les chapitres ASSISI, CORTONA et GUBBIO.

Terre d'artistes

À l'image de leur terre, les peintres ombriens ont l'âme mystique et douce. Amoureux des paysages aux lignes pures, rythmés par des arbres au feuillage léger, ils y inscrivent des compositions stylisées et donnent aux visages de femmes une grâce tendre, parfois un peu mièvre ; un dessin d'une extrême finesse et des couleurs caressantes caractérisent leur technique. Les principaux représentants de cette manière sont Giovanni Boccati (1410- vers 1485). Fiorenzo di Lorenzo (mort en 1520), mais surtout Pietro Vannucci, dit **le Pérugin** (1445-1523), qui fut le maître de Raphaël et dont les œuvres, à caractère plutôt religieux et parfois quelque peu entachées de maniérisme, témoignent d'un exceptionnel sens de l'espace, de l'atmosphère et des paysages. Influencé par le Pérugin, **il Pinturicchio** (1454-1518), auteur de scènes d'un charmant réalisme, peint de façon plus naïve que son aîné.

découvrir

PIAZZA IV NOVEMBRE★★

Visite : 2h. Cœur de la cité, c'est l'une des places les plus prestigieuses d'Italie. Elle rassemble les principaux monuments de la glorieuse époque communale : le palais des Prieurs, la Grande Fontaine et la cathédrale. Au fond de la place descend la pittoresque **via Maestà delle Volte★** avec ses maisons médiévales.

Fontana Maggiore★★

Dessinée en 1278 par Fra Bevignate, cette grande fontaine présente d'admirables proportions et une très belle décoration de panneaux sculptés, œuvre de **Nicola Pisano** (vasque inférieure) et de son fils **Giovanni** (bassin supérieur) ; les panneaux ont été en partie remplacés par des copies, les originaux se trouvant à la Galerie nationale de l'Ombrie.

Palazzo dei Priori★★

Commencé au cours du 13e s., mais agrandi aux siècles suivants, il forme un ensemble imposant et austère. La façade donnant sur la place est ornée d'un majestueux escalier conduisant à la chaire des harangues. La façade côté corso Vannucci présente un beau portail du 14e s. À l'intérieur, on peut voir de belles salles peintes à fresque (14e s.) ou décorées de fines boiseries sculptées (salle des Notaires et collège de la Mercanzia : 15e s.).

Galleria Nazionale dell'Umbria★★

♿ *8h30-19h30 (la billetterie ferme à 19h). Fermé 1er lun. du mois, 1er janv., 25 déc. 6,20€.*
☏ *075 57 41 257.*

Installée au dernier étage du palais des Prieurs, elle présente la collection la plus importante pour la connaissance de l'art ombrien et permet d'en suivre l'évolution du 13e s. jusqu'à la fin du 18e s.

Elle réunit des œuvres de Duccio ***(Madone)***, du maître de San Francesco ***(Crucifix)***, de Fra Angelico, Piero della Francesca ***(Polyptyque de saint Antoine)***, Boccati, Fiorenzo di Lorenzo. Du Pinturicchio et du Pérugin, on peut admirer un ***Christ mort*** et une très belle ***Madone de la Consolation***. À voir également : des statuettes de marbre de Nicola et Giovanni Pisano, provenant de la Grande Fontaine, et les sculptures d'Arnolfo di Cambio. Le 17e s. est représenté par des œuvres de Federico Barocci, Pietro da Cortona, Orazio Gentileschi, etc.

R. Mattes/MICHELIN

carnet pratique

RESTAURATION

- ***À bon compte***

Dal Mi' Cocco – *Corso Garibaldi, 12 - ☎ 075 57 32 511 - fermé lun., 25 juil. au 15 août - ⊭ - réserv. conseillée - 12,91€.* « Comme chez des amis », c'est la devise de cet établissement original abrité dans une ancienne étable. Accueilli par un petit verre de vin rouge et salué par un verre de vino santo, vous y dégusterez un menu unique composé de spécialités de la région. Le pain et les pâtes sont faits maison.

Locanda degli Artisti – *Via Campo Battaglia, 10 - ☎ 075 57 35 851 - fermé mar., 10 au 20 janv. - ▤ - 19/34€.* Dans un palais médiéval du centre historique, ce petit restaurant, avec voûtes et murs en briques, vous propose de délicieux plats régionaux mais aussi des plats de toute l'Italie et des pizzas. Les murs sont « prêtés » à de jeunes peintres et l'accompagnement musical est garanti pour le dîner.

- ***Valeur sûre***

Caffè di Perugia – *Via Mazzini,10 - ☎ 075 57 31 863 - www.caffediperugia.it.* Un palais médiéval restauré, le Caffè di Perugia est le « point de rencontre entre l'infinité de l'art et le plaisir des saveurs ». Sous la voûte de la pizzeria, dans la salle décorée de fresques du restaurant ou dans l'œnothèque, une chose est sûre, vous vous régalerez !

HÉBERGEMENT

- ***Valeur sûre***

Hotel Priori – *Via dei Priori - ☎ 075 57 23 378 - fax 075 57 23 213 - 60 ch. : 60/85€* ☕. Détendez-vous sur la magnifique terrasse de cet hôtel simple et agréable et laissez errer votre regard sur les petites rues et les toits du centre historique... Chambres sobres, certaines avec vue, et mobilier en bois massif.

Hotel La Rosetta – *Piazza Italia, 19 - ☎ 075 57 20 841 - fax 075 57 20 841 - 94 ch. : 76/115€ ☕ - restaurant 23/37€ + 15 % serv.* Certaines des chambres possèdent un plafond décoré de fresques et des meubles d'époque de très bon goût ; d'autres ont moins de charme et présentent un style plus varié, mais n'en sont pas moins agréables et spacieuses. En plein cœur de la ville.

CALENDRIER

Depuis trente ans, Pérouse accueille l'important festival de jazz **Umbria Jazz**. Pour toute information : ☎ 075 57 32 432.

La chapelle des Prieurs (15e s.) est dédiée aux patrons de la ville, saint Ercolano et saint Louis de Toulouse, dont Benedetto Bonfigli (mort en 1496) a conté l'histoire dans des **fresques** captivantes. En outre, le musée possède de beaux ivoires et émaux français (13e-14e s.).

Cattedrale★

Elle est gothique, mais sa façade, piazza Dante, a été complétée par un portail baroque. Elle abrite, dans la chapelle de droite, une intéressante ***Déposition*** (1567) de Barocci qui inspira Rubens. Dans celle de gauche, on conserve l'anneau réputé être l'anneau nuptial de la Vierge. Dans ces deux chapelles, remarquer les belles **stalles** en marqueterie du 16e s.

visiter

S. Pietro★★

On accède à cette église par la magnifique **porte S. Pietro★**, due au Florentin Agostino di Duccio, qui la laissa inachevée. Construite à la fin du 10e s., l'église a été remaniée à la Renaissance. L'intérieur recèle onze excellentes toiles de l'Aliense, compatriote et contemporain du Greco. **Tabernacle sculpté** par Mino da Fiesole et **stalles★★** du 16e s.

S. Domenico★

Imposant édifice gothique dont l'intérieur a été modifié au cours du 17e s. À droite du chœur, **monument funéraire de Benoît XI** (14e s.).

Museo Archeologico Nazionale dell'Umbria★★

(♿) 8h30-19h30. Fermé 1er janv., 1er mai, 25 déc. 2,07€. ☎ 075 57 59 61 ; www.archeopg.arti.beniculturali.it

Il comprend une section étrusque et romaine et une section préhistorique. Remarquable collection d'urnes funéraires, de sarcophages et de bronzes étrusques.

Collegio del Cambio★

Mars-oct. et dernière quinzaine de déc. : tlj sf lun. 9h-12h30, 14h-17h30, dim. et j. fériés 9h-12h30 ; janv.-mars et déb. nov. à mi-déc. : tlj sf lun. 8h-14h. Fermé 1er janv., 25 déc. 2,58€. ☎ 075 57 28 599 ; www.perusia.it/cambio/

Édifié au 15e s. pour abriter les changeurs de monnaie, il conserve une salle d'audience décorée de **fresques★★** par **le Pérugin** et ses élèves, dans lesquelles s'exprime un humanisme cherchant à concilier la culture antique et la doctrine chrétienne. On admire également une statue de la Justice, de Benedetto da Maiano (15e s.).

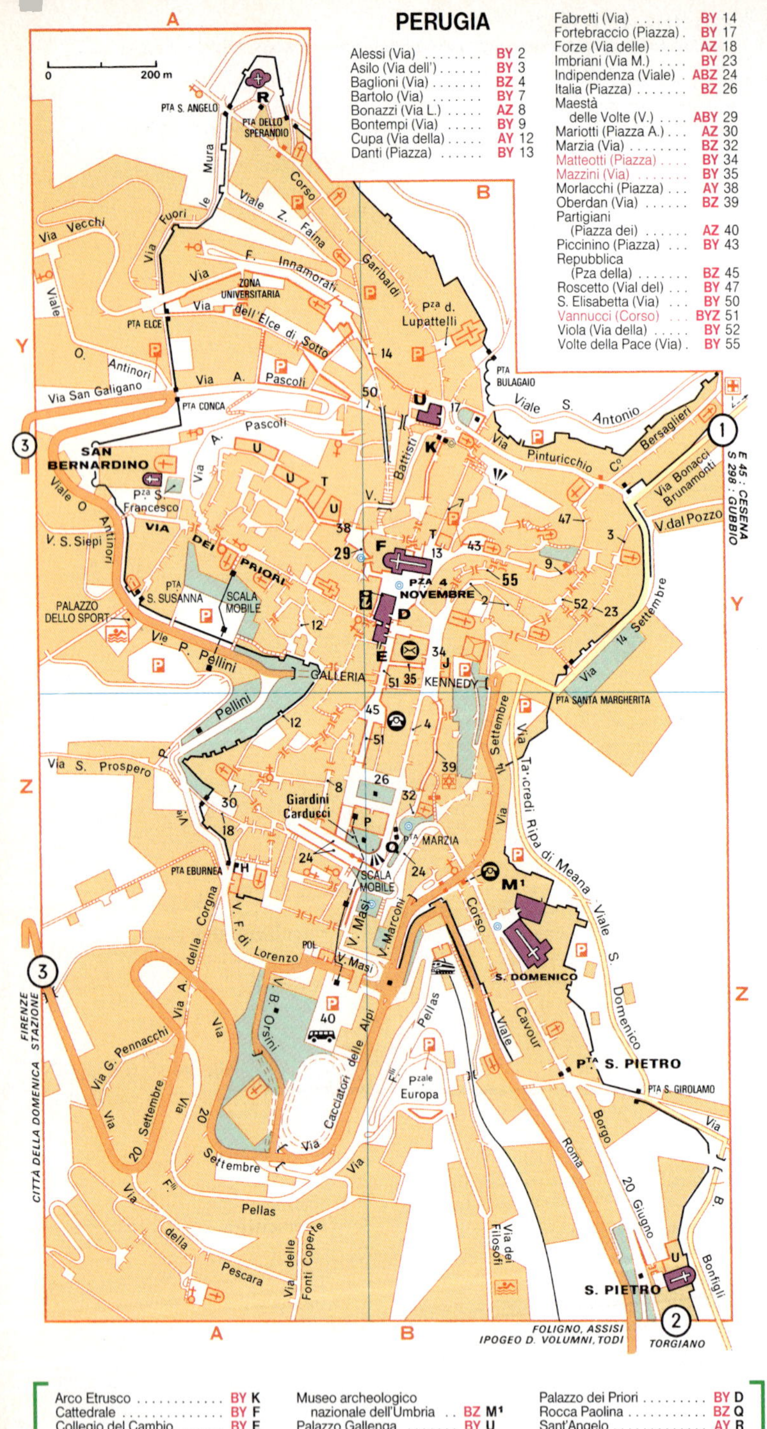

Oratorio di S. Bernardino★★

S'y rendre à pied par la pittoresque **via dei Priori★**. C'est un joyau de l'architecture Renaissance (1461), dû à **Agostino di Duccio**, qui sut mêler harmonieusement à la pureté des lignes une délicate décoration de fines sculptures et de marbres de couleur. Les bas-reliefs de la façade montrent, au tympan, saint Bernardin en gloire et, au linteau, des scènes de sa vie ; dans les piédroits, ravissants anges musiciens. À l'intérieur, l'autel est constitué d'un sarcophage paléochrétien du 4e s.

Via delle Volte della Pace★
Pittoresque rue médiévale, formée par un long portique gothique du 14e s. qui suit la muraille étrusque.

S. Angelo★
Petite église édifiée sur un plan circulaire aux 5e-6e s., ornée à l'intérieur de seize colonnes antiques.

Rocca Paolina★
Accès par la Porta Marzia. Il s'agit des vestiges d'une forteresse érigée par le pape Paul III, d'où son nom de « Pauline », en 1540.
L'intérieur, impressionnant, conserve d'imposantes murailles, des rues et des puits datant du 11e au 16e s. Des escaliers roulants y ont été aménagés afin de faciliter la traversée de l'ensemble.

Arco etrusco★
Imposante construction faite d'énormes blocs de pierre. La loggia surmontant la tour, à gauche, date du 16e s.
À côté, le majestueux **palais Gallenga**, du 18e s., abrite l'université pour étudiants étrangers, nombreux en été.

Giardini Carducci
Dominant le quartier de S. Pietro, ces jardins offrent une **vue★★** superbe sur la vallée du Tibre.

alentours

Ipogeo dei Volumni★
6 km au Sud-Est. Juil.-août : 9h-12h30, 16h30-19h ; sept.-juin : 9h-13h, 15h30-18h30. Fermé 1er janv., 1er mai, 25 déc. 2,07€. ☎ 075 39 33 29.
Cet hypogée est une sépulture étrusque creusée dans le roc, comprenant un atrium et neuf salles funéraires. La plus importante est la tombe des Volumni, qui recèle six stèles funéraires (ou cippes) de la famille portant ce nom, celui du chef de famille étant le plus remarquable (2e s. avant J.-C.).

Torgiano
16 km au Sud-Est. Ce village dominant la vallée du Tibre possède un intéressant **musée du Vin★** (Fondazione Lungarotti) qui présente des objets liés aux traditions vinicoles ombriennes et italiennes dans un décor très bien conçu (on se croirait dans une vraie cave). *Été : 9h-13h, 15h-19h (hiver jusqu'à 18h). Fermé 25 déc. 3,61€. ☎ 075 98 80 200 ; www.lungarotti.it*

Panicale
32 km au Sud-Ouest. Emprunter la S 220. Peu après Tavernelle, tourner à droite. Ce village médiéval se pelotonne sur une colline d'où il veille sur le lac Trasimène. L'église S. Sebastiano est ornée du *Martyre de saint Sébastien*, du Pérugin.

Città della Pieve
42 km au Sud-Ouest. Emprunter la S 220. L'ancien *Castrum Plebis* fondé vers les 7e-8e s., qui a la chaude couleur ocre de la terre ombrienne, a vu naître Pietro Vannucci, devenu célèbre sous le nom du **Pérugin**. Il a laissé à la cathédrale de sa cité natale un *Baptême de Jésus* et une *Vierge entre les saints Pierre et Paul, Gervais et Protais.* L'oratoire S. Maria dei Bianchi est doté, quant à lui, d'une élégante composition, *L'Adoration des Mages*, en harmonie avec la douceur des paysages ombriens, tandis que l'église S. Maria dei Servi abrite une *Descente de Croix.*
Un artiste de l'école siennoise du milieu du 14e s., Jacopo di Mino del Pellicciaio, a peint à fresque (le deuil des anges) l'oratoire S. Bartolomeo.
De nombreux édifices bâtis entre le Moyen Âge et le 18e s. parent la ville. On retiendra surtout le palais della Corgna, élevé vers le milieu du 16e s. par l'architecte pérugin Galeazzo Alessi et orné de fresques par Niccolò Pomarancio et Salvio Savini.

Pesaro

Au débouché de la riante vallée Foglia, le long de laquelle s'étagent vignobles, vergers et peupliers d'Italie, Pesaro est la patrie du célèbre compositeur Gioacchino Rossini.

La situation
88 987 habitants – Carte Michelin n° 430 K 20 – Plan dans l'Atlas Michelin Italie – Marches. Pesaro est situé au bord de la mer Adriatique, le long de l'autoroute A 14.
Viale Trieste, 164, ☎ 0721 69 341.
Pour poursuivre la visite, voir les chapitres RIMINI, Repubblica di SAN MARINO, URBINO.

visiter

Musées★

La **pinacothèque** s'enorgueillit de posséder plusieurs tableaux du peintre vénitien **Giovanni Bellini**, dont le grandiose **retable de Pesaro** (1475), représentant le *Couronnement de la Vierge* au panneau central. Le **musée de la Céramique★★** illustre la production des Marches mais présente également des pièces provenant d'Ombrie. *Juil.-août : tlj sf lun. 9h30-12h30, 17h-20h (mar. et jeu. jusqu'à 23h) ; sept.-juin : tlj sf lun. 9h30-12h30, 16h-19h (mar. et mer. 9h30-12h). Fermé 1er janv., 25 déc. 2,58€, 4,13€ avec l'entrée à la maison de Rossini. ☏ 0721 38 75 41.*

Palazzo Ducale

Construit au 15e s. pour un Sforza, le palais ducal domine de sa masse puissante la piazza del Popolo, ornée d'une fontaine à tritons et chevaux marins. Sa façade crénelée est formée d'un portique à arcades et d'un étage à fenêtres décorées au 17e s. de festons et de putti.

▶▶ Musée Oliveriano (vestiges archéologiques), ancienne église S. Domenico.

GIOACCHINO ROSSINI (PESARO 1792-PARIS 1868)

La carrière de Rossini fut un « crescendo » qui de Pesaro le propulsa vers les grandes villes italiennes, puis auprès des principales cours européennes. Expéditivement étiqueté auteur « léger », son œuvre, dans une atmosphère humoristique typiquement théâtrale, laisse par moments transparaître un certain détachement ironique à propos de la vaine inquiétude concernant les choses de la vie, aboutissant à une forme de pessimisme similaire à celui de son contemporain, Leopardi. À 37 ans, alors qu'il était au faîte de sa carrière, il cessa de produire pour se consacrer à sa vie privée.

L'Italienne à Alger, *Le Barbier de Séville*, *Cendrillon* et *Guillaume Tell* comptent parmi ses œuvres les plus connues ; les ouvertures de ses opéras sont désormais entrées dans le répertoire habituel des concerts. La **maison natale** du compositeur *(au n° 34 de la via Rossini)* a été transformée en musée. *Juil.-août : tlj sf lun. 9h30-12h30, 17h-20h (mar. et jeu. jusqu'à 23h) ; sept.-juin : tlj sf lun. 9h30-12h30, 16h-19h (mar. et mer. 9h30-12h). Fermé 1er janv., 25 déc. 2,58€, 4,13€ avec l'entrée au musée de la Céramique. ☏ 0721 38 75 41.*

alentours

Gradara

15 km au Nord-Ouest. C'est un bourg médiéval presque intact que ceignent des murs et des portes à mâchicoulis. La **citadelle★** (Rocca), bâtie sur un plan carré avec des tours aux angles, est un bon exemple d'architecture militaire des 13e et 14e s. C'est dans cette forteresse que Gianni Malatesta aurait surpris et assassiné sa femme, Francesca da Rimini, et son frère, Paolo Malatesta, dont l'amour s'était éveillé à la lecture d'un roman courtois. Dante évoque dans sa *Divine Comédie* ce couple, inséparable même dans la mort.

(♿) Tlj sf lun. ap.-midi 8h30-19h15 (la billetterie ferme à 18h45). Fermé 1er janv., 1er mai, 25 déc. 4,13€. ☏ 0541 96 41 15.

Fano

11 km au Sud-Est. Aujourd'hui ville et station balnéaire appréciées, Fano fut du 13e s. au 15e s. un fief des Malatesta de Rimini. Montaigne y passa en avril 1581.

Corte Malatestiana★ – Cet ensemble Renaissance (15e s.), composé d'une cour-jardin et d'un palais, forme un décor de théâtre idéal. Le palais abrite le **Musée municipal** (Museo Civico). *Tlj sf lun. 9h30-12h30, 16h-19h (en été, également 21h-23h). Fermé j. fériés. 2,58€. ☏ 0721 82 83 62.*

S. Maria Nuova – 16e-18e s. Cette église abrite des **œuvres★** du Pérugin, remarquables par la finesse du dessin et la douceur des coloris.

Fontana della Fortuna – *Piazza XX Settembre.* La fontaine date du 16e s. La déesse protectrice est juchée sur un globe, prenant un vent changeant dans son manteau.

Arco d'Augusto – *À l'extrémité de la rue du même nom.* Du 1er s. après J.-C., il est formé d'une porte cochère et de deux passages pour piétons ; on en trouve l'état primitif reproduit dans un bas-relief de la façade de l'église San Michele, contiguë. À gauche de l'arc, restes de l'enceinte romaine.

Piacenza★

Plaisance

Construit par les Romains sur la rive droite du Pô, à l'extrémité de la Via Emilia, Plaisance fut au Moyen Âge une ville florissante qui adhéra à la Ligue lombarde. En 1545, Alexandre Farnèse, alors pape sous le nom de Paul III créa le duché de Parme et Plaisance, et en confia le gouvernement à son fils naturel Pierre Louis. Avec un certain nombre de vicissitudes, les Farnèse régnèrent sur la ville jusqu'en 1731, date à laquelle le duché passa aux Bourbons.

La situation

98 384 habitants - Carte Michelin n° 428 G 11 - Plan dans l'Atlas Michelin Italie - Émilie-Romagne. Plaisance se trouve le long du Pô. C'est la première ville que l'on rencontre en entrant en Émilie lorsqu'on arrive de Lombardie par l'A 1. Plaisance est reliée à Turin et Brescia par l'A 21. *Piazzetta Mercanti 7, ☎ 0523 32 93 24.*
Pour poursuivre la visite, voir le chapitre CREMONA.

visiter

Piazza Cavalli

Ancien centre de la politique et du commerce locaux, la place doit son nom aux chefs-d'œuvre baroques de Francesco Mochi (1580-1654), les **statues équestres★★** des ducs Alexandre et Ranuce Ier Farnèse. Elle est dominée par l'énorme bâtiment du « **Gotico** »★★, l'ancien hôtel de ville, magnifique exemple de l'architecture gothique lombarde (13e s.). L'édifice a une allure à la fois sévère et harmonieuse : en effet, la partie inférieure en marbre et le revêtement en brique de l'étage supérieur contrastent avec les grandes arcades et la gracieuse ornementation des fenêtres.
Sur la gauche de la place s'élève la façade de l'**église S. Francesco** (13e s.), intéressant spécimen d'architecture gothique franciscaine.

Duomo★

7h-12h, 16h-19h. ☎ 0523 32 93 24.
Remarquable édifice de style roman lombard (12e-13e s.), dont la façade est percée d'une rosace et de trois admirables portails précédés d'un portique. Les deux portails latéraux témoignent des expériences des écoles de sculpture de Modène et Nonantola. L'**intérieur** en croix latine, d'une grande simplicité, est enrichi des fresques grandioses (17e s.) de la coupole, œuvre du Guerchin et du Morazzone, et de celles des voûtes du chœur, réalisées par C. Procaccini et L. Carrache.

S. Antonino

Piazza S. Antonino. 8h-12h, 16h-18h45, dim. et j. fériés 8h15-12h30, 20h-21h. ☎ 0523 32 93 24.
Ancienne cathédrale paléochrétienne remaniée au 11e s. Intéressante pour sa tour octogonale de 40 m de haut, ses lanternons et son vestibule Nord, gothique, dit du Paradis (1350).

Galleria d'Arte Moderna Ricci-Oddi

Via S. Siro, 13. Fermée pour restauration au moment de la rédaction de ce guide. ☎ 0523 32 07 42.
Collection présentant la peinture des différentes régions italiennes du romantisme au 20e s. : œuvres du paysagiste Antonio Fontanesi, des Macchiaioli (Fattori), de peintres au goût français (Boldini, Zandomeneghi), tableaux orientalistes et figuratifs contemporains (De Pisis), futuristes (Boccioni), peinture métaphysique (De Chirico, Carrà)... On remarque aussi quelques sculptures (Medardo Rosso) et des tableaux d'artistes étrangers ayant influencé la production italienne (Klimt).

S. Savino

Près de la bifurcation de la via G. Alberoni et de la via Roma. 7h30-10h30, 16h-17h15. ☎ 0523 32 26 61.
Cette église du 12e s., aux lignes architecturales d'une grande pureté, renferme de précieux témoignages de l'édifice d'origine, tels que les remarquables chapiteaux et les **pavements de mosaïque★**.

Palais Farnèse

Cette imposante construction inachevée de la fin de la Renaissance, conçue par Vignole, abrite les **Musées municipaux★** (Musei Civici). ♿ *Tlj sf lun. 9h-13h, ven. et w.-end également 15h-18h. Fermé j. fériés. 5,16€. ☎ 0523 32 69 81 ; www.farnese.net*
Au rez-de-chaussée, ***Les Fastes des Farnèse★***, cycle grandiose encadré de stucs peint par S. Ricci (1659-1734) et G. Draghi (1657-1712), relatent les exploits du condottiere Alexandre Farnèse et du pape Paul III. On peut aussi admirer la **reproduction★★** étrusque en bronze d'un **foie divinatoire** (2e-1er s. avant J.-C.), sorte de

mémorandum des aruspices. Le premier étage, au plafond richement orné, renferme une collection d'œuvres émiliennes, lombardes et ligures des 16e-19e s., la ***Vierge adorant l'Enfant avec saint Jean★★***, de **Botticelli**, et les *Fastes des Farnèse*, dédiés à Élisabeth Farnèse. On peut également visiter le **musée des Voitures** et le **musée du Risorgimento**.

S. Sisto

À l'extrémité de la via San Sisto. 7h-10h, 16h30-18h30, sam. 7h-10h, 15h-18h, dim. et j. fériés 7h-10h, 15h-17h30. ☎ 0523 32 93 24.

Cet édifice du 16e s., œuvre du Placentin Alessio Tramello, présente une curieuse architecture. Sa façade est précédée d'un portail de 1622 qui introduit dans un atrium du 16e s. L'**intérieur** recèle une intéressante ornementation Renaissance et un splendide **arrière-chœur de bois** (16e s.). Pour cette église, **Raphaël** exécuta sa célèbre *Vierge de saint Sixte*, aujourd'hui remplacée par une copie.

Madonna di Campagna★

Via Campagna. 7h-12h, 15h-18h. ☎ 0523 32 93 24.

Cette admirable église en croix grecque, réalisée par Alessio Tramello dans un style inspiré de Bramante, constitue l'un des ensembles les plus importants de la Renaissance italienne. L'intérieur renferme de splendides **fresques★** du Pordenone (1484-1539).

Galleria Alberoni

Via Emilia Parmense, 77. 2,5 km au Sud-Est. Visite sur réservation uniquement. ☎ 0523 32 20 74 ou 0523 32 93 24.

Située dans l'enceinte d'un collège fondé au 18e s. par le cardinal Alberoni, elle réunit des **tapisseries** flamandes et italiennes des 16e et 17e s. et une riche collection de peintures italiennes (G. Reni, Baciccia, L. Giordano) et flamandes (Jan Provost) des 15e-19e s., dont le joyau est l'***Ecce homo★★*** d'**Antonello da Messina**.

Pienza★★

Pienza, et tout particulièrement sa place centrale, est un exemple parfait de l'harmonie architecturale de la Renaissance. Sur l'instigation du pape Pie II, grand homme de lettres, la ville fut conçue pour être la « cité idéale », telle que la définissaient les Humanistes du 15e s., une cité quelque peu utopique.

La situation

2 258 habitants – Carte Michelin n° 430 M 1 – Voir aussi Le Guide Vert TOSCANE – Toscane. Pienza se trouve le long de la S 146, entre San Quirico d'Orcia et Montepulciano. ℹ *Via Casenuove, 22, ☎ 057 87 48 072.*

Pour poursuivre la visite, voir le chapitre MONTEPULCIANO.

visiter

Le centre de Pienza est l'œuvre du Florentin **Bernardo Rossellino** (1409-1482), élève d'Alberti : il en dessina les principaux monuments et les agença sur l'axe longitudinal de la ville. Face à la cathédrale s'élève l'hôtel de ville, qui s'ouvre sur une loggia au rez-de-chaussée ; les autres côtés de la place sont fermés par le palais épiscopal (simplement restauré au 15e s.) et le palais Piccolomini, devant lequel se trouve un joli puits. Derrière la cathédrale, jolie **vue★** sur le Val d'Orcia.

Cattedrale★

Terminée en 1462, elle présente une façade Renaissance. L'intérieur, de tendance gothique, abrite une ***Assomption★★***, chef-d'œuvre du peintre **Vecchietta**.

Museo Diocesano

♿ *De mi-mars à fin oct. : tlj sf mar. 10h-13h, 15h-18h ; de déb. nov. à mi-mars : uniquement w.-end et j. fériés. 4,13€. ☎ 0578 74 90 71 ; www.infinito.it/utenti/ufficio.turistico*

Il renferme des tableaux de l'école siennoise des 14e et 15e s. et une chape historiée, travail anglais du 14e s.

Palazzo Piccolomini★

Juil.-août : 10h-12h30, 16h-19h ; sept.-juin : 10h-12h30, 15h-18h. Fermé lun. (sf lun. fériés). 3,10€. ☎ 0578 74 85 03.

Fortement inspiré par le palais Rucellai de Florence, c'est le chef-d'œuvre de Rossellino. Les trois façades côté ville sont semblables, alors que celle qui regarde le Val d'Orcia présente trois étages de galeries et surplombe l'un des premiers jardins suspendus. La cour intérieure doit son élégance à des colonnes corinthiennes très élancées.

alentours

Montalcino★

24 km à l'Ouest. Cette petite ville à flanc de colline a conservé une partie de son enceinte du 13e s. et une magnifique **forteresse★★** (Rocca), construite en 1361, dont les hauts murs à mâchicoulis surmontés d'un chemin de ronde sont rythmés par cinq tours : l'une d'entre elles servait de logement aux officiers et accueillait la noblesse en cas de siège, tandis que la population se réfugiait alors dans la vaste enceinte. C'est ici que se réfugia le gouvernement de Sienne après la prise de la ville en 1555 par Charles Quint. *Avr.-oct. : tlj sf lun. 9h-20h ; nov.-mars : tlj sf lun. 9h-18h. 2,07€, 5,16€ avec l'entrée au Musée diocésain. ☎ 0577 84 93 31 ; www.prolocomontalcino.it*

Montalcino, célèbre également pour son **brunello**, vin rouge de très haute qualité au vignoble limité, offre à la promenade un pittoresque dédale de rues médiévales menant tour à tour à quelque église romano-gothique, à son **hôtel de ville★** du 13e s. – flanqué d'une loggia et surmonté d'une haute tour –, ou à son petit **Musée diocésain** (Museo Diocesano). ♿ *Tlj sf lun. 10h-13h, 14h-18h. 4,13€, 5,16€ avec l'entrée à la forteresse. ☎ 0577 84 60 14 ; www.prolocomontalcino.it*

Abbazia di S. Antimo★★

35 km au Sud-Ouest. 10h30-12h30, 15h-18h30, dim. et j. fériés 9h15-10h45, 15h-18h. Chant grégorien pendant les offices. ☎ 0577 83 56 59 ; www.antimo.it

Solitaire dans un harmonieux **paysage★** de collines plantées d'oliviers et de cyprès, cette **abbaye** fut fondée au 9e s. Elle atteint son apogée au 12e s., époque qui voit la construction de l'**église**, très bel exemple d'architecture cistercienne romane d'inspiration bourguignonne comme en témoigne le déambulatoire à chapelles rayonnantes. Le porche et les lésènes qui ornent le campanile et les différentes façades sont en revanche typiquement lombards. À l'intérieur, spacieux et dépouillé, la nef charpentée est séparée des bas-côtés voûtés d'arêtes par des colonnes surmontées de beaux chapiteaux d'albâtre. Les bâtiments conventuels ont partiellement disparu.

G. Bludzin/MICHELIN

Dans le monastère de S. Antimo, chaque jour le silence devient musique, lorsque la petite communauté entonne des chants grégoriens

Pisa★★★

Pise

Cette ville tranquille et agréable, proche de la mer, où règne une atmosphère de petite capitale, a conservé d'admirables témoignages de sa grandeur passée.
Moins austère que Florence grâce à ses façades colorées de jaune, de rose ou d'ocre, Pise est elle aussi traversée par l'Arno, qui décrit ici l'une des ses boucles les plus majestueuses. Le charme aristocratique, la douceur de vivre et la beauté de la lumière – due sans doute à la proximité de la mer – qui la caractérisent en font une ville fascinante.
Presque entièrement entourée de remparts dans lesquels s'ouvrent d'étroites portes, la cité est en partie traversée par une grande artère commerçante qui court du Nord au Sud, formée, sur la rive droite, par le Borgo Stretto, étroit et bordé de portiques, et par le Corso Italia sur la rive gauche. La tortueuse via Santa Maria, à la fois noble et joyeuse, qui relie la piazza del Duomo à l'Arno, est l'une des rues les plus caractéristiques de Pise. Elle délimite avec le Borgo Stretto le quartier le plus animé de la ville, où se trouve une multitude de magasins et restaurants.

La situation

92 379 habitants – Carte Michelin n° 430 K 13 – Voir aussi le Guide Vert TOSCANE – Toscane. Pise, qui se trouve presque à l'embouchure de l'Arno, est séparée de la mer par le Parc naturel de Migliarino-S. Rossore-Massaciùccoli. *Via Carlo Cammeo 2, ☎ 050 56 04 64.*

Pour poursuivre la visite, voir les chapitres LUCCA, VERSILIA.

G. Bludzin/MICHELIN

comprendre

Base navale romaine jusqu'à la fin de l'Empire, Pise, république indépendante dès le 9e s., sut tirer parti de sa situation géographique. Devenue l'égale de Gênes et de Venise, elle contribua à préserver le bassin méditerranéen de la domination musulmane. C'est au 12e s. et au début du 13e s. que le commerce portuaire de la ville fut le plus florissant et que sa puissance maritime atteignit son apogée. C'est à cette époque également qu'elle doit ses plus beaux monuments et la fondation de son université. Dans le conflit qui opposa au 13e s. l'empereur à la papauté, Pise se rangea du côté des gibelins, entrant ainsi en lutte, sur mer avec Gênes, et sur terre avec Lucques et Florence. En 1284, la flotte pisane fut anéantie au cours de la **bataille de la Meloria**. Ayant cédé à Gênes ses droits sur la Corse et sur la Sardaigne, sur lesquelles elle régnait depuis le 11e s., ruinée, en proie à des luttes intestines, elle assista à la dislocation de son empire maritime et passa, dès 1406, sous la tutelle de Florence.

Néanmoins, les Médicis accordèrent une attention particulière à la cité, notamment dans le domaine scientifique. L'enfant le plus célèbre de Pise est **Galilée** (1564-1642), qui se consacra tout jeune à la physique et à l'astronomie ; comblé d'honneurs par Côme II, grand-duc de Toscane, il dut répondre de ses théories concernant la rotation de la Terre sur elle-même devant le tribunal de l'Inquisition et, à l'âge de 70 ans, fut contraint de renier sa doctrine.

La prospérité économique et la puissance maritime de Pise ont contribué, du 11e au 13e s., à l'éclosion d'un art nouveau qui se manifesta particulièrement dans les domaines de l'architecture et de la sculpture.

Le **style roman pisan**, dont la cathédrale est l'exemple le plus rigoureux, se caractérise par un goût prononcé pour la décoration extérieure : alternance de marbres précieux composant une savante géométrie polychrome, jeux d'ombres et de lumières créés par les galeries de colonnettes courant le long de la partie supérieure des façades, décoration à motifs de marqueterie qui révèlent l'influence stylistique du monde islamique et de l'Orient chrétien avec lesquels la république maritime était en contact. C'est grâce à **Nicola Pisano**, originaire de la Pouille (1220-vers 1280), puis à son fils **Giovanni** (1250-vers 1315), que Pise devint le foyer de la sculpture gothique en Italie.

carnet pratique

RESTAURATION

- ***À bon compte***

Osteria Dei Mille – *Via dei Mille, 32 - ☏ 050 55 62 63 - osteriadeimille@csinfo.it* - ▤ ⅹ - *12/25€ + 15 % serv.* À cinq minutes de la très fréquentée piazza dei Miracoli, cette *osteria* caractéristique propose une cuisine toscane typique et un grand choix de plats végétariens. Les casseroles en cuivre suspendues au mur confèrent à l'endroit une touche d'originalité.

La Clessidra – *Via Santa Cecilia, 34 - ☏ 050 54 01 60 - fermé sam. à midi, dim., 27 déc. au 8 janv.* - ▤ - *réserv. conseillée - 17/23€.* Un restaurant simple agréable dans l'un des quartiers les plus jolis et les mieux préservés de la ville. Vous y dégusterez des plats toscans traditionnels, auxquels le chef rajoute parfois sa touche personnelle.

HÉBERGEMENT

- ***À bon compte***

Hotel Galileo – *Via. S. Maria, 12 (1er étage sans ascenseur) - ☏ 050 40 621 - www.csinfo.it/hotelgalileo - 9 ch. : 36,15/49,06€.* Une bonne adresse pour ceux qui veulent se loger dans le centre à un prix raisonnable. Les chambres simples, avec meubles modernes et grandes fenêtres, disposent toutes d'une salle de bains privée, mais non contiguë.

- ***Une petite folie !***

Hotel Francesco – *Via S. Maria, 129 - ☏ 050 55 41 09 - fax 050 55 61 45 - info@hotelfrancesco.it* - ▤ ♿ - *13 ch. : à partir de 87,79€* ☕. Dans un quartier tranquille, près de la tour, voici un hôtel confortable avec un mobilier en bois de style moderne et des chambres et salles de bains spacieuses. En été, vous pourrez prendre le petit-déjeuner sur la jolie terrasse.

PETITE PAUSE

Caffè dell'Ussero – *Lungarno Pacinotti, 27 - ☏ 050 58 11 00 - dim.-ven. 7h30-21h - fermé août.* Situé au rez-de-chaussée du palais Rosso, ce café, fondé au 18e s., était à l'origine le lieu de rendez-vous des intellectuels, avant de devenir un café-concert puis un cinéma. Aujourd'hui, c'est un petit salon de thé qui accueille, entre autres, les réunions de l'Accademia Nazionale dell'Ussero. Avec vue sur l'Arno.

découvrir

PIAZZA DEL DUOMO (CAMPO DEI MIRACOLI)★★★

Sur cette place prestigieuse, dite également **Campo dei Miracoli**, se côtoient quatre édifices qui composent un ensemble monumental parmi les plus célèbres du monde. Il faut y pénétrer à pied par la **porte Santa Maria**, d'où l'inclinaison de la fameuse tour penchée est le plus spectaculaire.

Duomo★★

Avr.-sept. : 10h-19h45, dim. et j. fériés 13h-19h45 ; nov.-fév. : 10h-12h45, 15h-16h45, dim. et j. fériés 15h-16h45 (mars et oct. 10h-17h45). 1,55€, 9,81€ avec l'entrée à cinq musées. ☏ 050 56 05 47 ; www.duomopisa.it

La construction de ce somptueux édifice, élevé grâce au fabuleux butin rapporté des expéditions contre les musulmans, fut entreprise dès 1063 sous la direction de Buscheto et poursuivie sous celle de Rainaldo. La **façade★★★**, due à Rainaldo, équilibre, par la légèreté de ses quatre étages de galeries à colonnettes, ce puissant ensemble bâti sur plan en croix latine et à l'appareillage de marbres clairs et sombres alternés. Des **portes★** de bronze, fondues en 1602 d'après des dessins de Jean Bologne, ont remplacé celles d'origine. La porte ouvrant sur le transept droit possède de très beaux **vantaux★★** romans, en bronze, réalisés vers la fin du 12e s. par Bonanno Pisano : scènes de la vie du Christ traitées dans une manière naïve, mais d'une prodigieuse liberté créatrice.

L'**intérieur** est très imposant avec ses 100 m de longueur, ses cinq vaisseaux, son abside profonde, son transept lui-même divisé en trois vaisseaux et ses innombrables colonnes offrant une étonnante multiplicité de perspectives. On y admire principalement la **chaire★★★** sculptée de **Giovanni Pisano**, réalisée entre 1302 et 1311, qui repose sur six colonnes de porphyre et cinq piliers décorés de figures religieuses et allégoriques ; la cuve se compose de huit panneaux légèrement incurvés qui créent un plan circulaire : ils sont illustrés de scènes de la vie du Christ et rassemblent une foule de personnages aux expressions dramatiques. Près de la chaire, on remarque la lampe de Galilée, dont les oscillations auraient suggéré au savant sa théorie des mouvements isochrones.

Torre pendente★★★ (Tour penchée)

Visite sur réservation uniquement. Pour toute information ☏ 050 56 05 47 ; www.duomo.pisa.it

À la fois clocher et beffroi de 58 m de haut, cette tour en marbre blanc, d'un style roman très pur, fut commencée en 1173 par Bonanno Pisano et achevée en 1350. Cylindrique à la manière des tours byzantines, l'édifice comporte six étages de

Circulation réglementée dans le centre-ville

Amicis (Via de) .... BY 2	Consoli del Mare (Via) ...... BY 15	Niccolini (Via) .... AY 25
Arcivescovado (Piazza) ..... AY 4	Garibaldi (Piazza) .... BY 16	Oberdan (Via) .... BY 27
Azeglio (Via d') .... AZ 5	Giovanni di Simone (Via) .... BY 17	Pietrasantina (Via) .... AY 29
Banchi (Via di) .... BZ 7	Gramsci (Viale) .... AZ 18	Ponte alla Fortezza .... BZ 30
Borgo Stretto .... BY 9	Italia (Corso) .... AZ	Ponte della Cittadella .... AZ 32
Buozzi (Lungardo B.) .... BZ 10	Lavagna (Via) .... AZ 20	Ponte della Vittoria .... BZ 33
Cammeo (Via) .... AY 12	Manin (Piazza) .... AY 21	Ponte di Mezzo .... BZ 34
Cascine (Via delle) .... AY 13	Mazzini (Piazza) .... BZ 22	Ponte Solferino .... AZ 35
	Mille (Via del) .... AY 24	Zerboglio (Via) .... AZ 37

Loggia di Bianchi ...... BZ A	Palazzo dei Cavalieri ...... BY N	Palazzo Gambacorti (Municipio) .... BZ H
Museo dell'Opera del Duomo .... AY M¹	Palazzo dei Medici (Prefettura) .... BZ P	Palazzo Upezzinghi .... AY S
Museo delle Sinopie .... AY M²	Palazzo della Gherardesca . AY R	San Michele in Borgo ..... BY V

galeries à colonnes, qui semblent s'enrouler en spirale en raison de l'inclinaison du monument ; au niveau inférieur, on retrouve les arcades aveugles ornées de losanges, propres au style pisan. Son lent mouvement de bascule (constaté dès 1178 et se poursuivant depuis à raison de 1 à 2 millimètres par an) est dû à la nature alluvionnaire du terrain, insuffisamment résistant pour supporter le poids de l'édifice. En vain, les architectes successifs cherchèrent-ils à corriger ce « penchant » malheureux. Fermée au public en 1990, elle fut ceinturée par des câbles d'acier inoxydable et, en 1993, son socle fut renforcé par une gaine de béton armé où 670 tonnes de plomb contrebalançaient son mouvement d'inclinaison. Au début de l'année 1994, la tour s'était relevée de 9 mm. En décembre 1998, on lui installa des « bretelles » d'acier qui furent retirées en 2001 lorsqu'il fut établi que la tour s'était redressée de 40 cm.

Battistero★★★ (Baptistère)

(♿) *Avr.-sept. : 8h-20h, dim. et j. fériés 8h-19h40 ; nov.-fév. : 9h-17h, dim. et j. fériés 9h-16h40 (mars et oct. : 9h-18h, dim. et j. fériés 9h-17h40). Fermé 1er janv., 25 déc. 4,65€, 9,81€ avec l'entrée à cinq musées. ☎ 050 56 05 47 ; www.duomo.pisa.it*

Commencé en 1153, il présente dans sa partie inférieure les caractéristiques du style roman pisan ; en revanche, les gâbles et les pinacles qui surmontent les arcades du 1er étage sont gothiques. Une singulière coupole se terminant en forme de pyramide tronquée couvre l'édifice qui s'ouvre par quatre beaux portails sculptés. L'intérieur, qui compte 35 m de diamètre, frappe par sa majesté et sa luminosité. Sobrement décoré de marbres sombres et clairs alternés, il est orné en son centre d'une belle **cuve baptismale★** octogonale, œuvre d'un artiste venu de Côme, Guido Bigarelli, qui l'exécuta en 1246. La pièce maîtresse du baptistère est l'admirable **chaire★★** due à Nicola Pisano, datant de 1260. Plus sobre que celle réalisée par son fils pour la cathédrale, elle repose sur de simples colonnes ; la cuve est formée de cinq panneaux sculptés retraçant la vie du Christ ; l'artiste s'est sans doute inspiré des sarcophages romains, entreposés dans le Camposanto voisin, pour dessiner ses figures d'une plénitude et d'une noblesse toute classiques.

Camposanto★★

(♿) *Avr.-sept. : 8h-20h, dim. et j. fériés 8h-19h40 ; nov.-fév. : 9h-17h, dim. et j. fériés 9h-16h40 (mars et oct. : 9h-18h, dim. et j. fériés 9h-17h40). Fermé 1er janv., 25 déc. 4,65€, 9,81€ avec l'entrée à cinq musées, gratuit le 1er et 2 nov. ☎ 050 56 05 47 ; www.duomo.pisa.it*

La construction du cimetière fut entreprise en 1277 par l'un des architectes du campanile, Giovanni di Simone. Les travaux, interrompus par la bataille de la Meloria, ne furent achevés qu'au 15e s.

Sa vaste enceinte rectangulaire est délimitée par un portique entièrement aveugle à l'extérieur. À l'intérieur, ses majestueuses arcades en plein cintre sont ornées de remplages gothiques dessinant quatre baies lancéolées d'une merveilleuse légèreté.

Parmi les fresques, admirer le cycle composé par ***Le Triomphe de la Mort★★★***, le ***Jugement dernier★★*** et l'***Enfer★***, attribué à Buffalmacco. La brièveté et la vanité des plaisirs terrestres y sont évoquées avec beaucoup de réalisme.

Museo dell'Opera del Duomo★★

(♿) *Avr.-sept. : 8h-20h, dim. et j. fériés 8h-19h40 ; nov.-fév. : 9h-17h, dim. et j. fériés 9h-16h40 (mars et oct. : 9h-18h, dim. et j. fériés 9h-17h40). Fermé 1er janv., 25 déc. 4,65€, 9,81€ avec l'entrée à cinq musées. ☎ 050 56 05 47 ; www.duomo.pisa.it*

Il présente des œuvres d'art provenant du complexe monumental de la piazza del Duomo : sculptures du 12e au 16e s. (période romane, avec une part d'influences islamique et bourguignonne, puis gothique et Renaissance) ; trésor (***Vierge à l'Enfant*** en ivoire de Giovanni Pisano) et argenterie de la cathédrale. À l'étage : peintures et sculptures du 15e au 18e s. ; fragments de stalles Renaissance et textes enluminés des 12e et 13e s. ; habits et ornements épiscopaux ; pièces archéologiques retrouvées au début du 19e s. dans le cimetière par Carlo Lasinio, qui grava une série de planches relatives aux fresques du Camposanto.

Museo delle Sinopie★

(♿) *Avr.-sept. : 8h-20h, dim. et j. fériés 8h-19h40 ; nov.-fév. : 9h-17h, dim. et j. fériés 9h-16h40 (mars et oct. : 9h-18h, dim. et j. fériés 9h-17h40). Fermé 1er janv., 25 déc. 4,65€. ☎ 050 56 05 47 ; www.duomo.pisa.it*

Il regroupe les *sinopie* (esquisses rouges dessinées avec de la terre provenant de la ville de Sinope sur les bords de la mer Noire) que l'incendie de 1944 révéla sous la peinture des fresques du Camposanto. Remarquablement mises en valeur, ces préparations font apprécier la vivacité et la liberté de dessin de ces peintres des 13e-15e s.

visiter

Piazza dei Cavalieri★

Centre historique de Pise, cette place tire son nom de l'ordre des chevaliers de St-Étienne, spécialisé dans la lutte contre les Infidèles. On y voit : le **palais des Chevaliers**, siège de la célèbre École Normale de Pise, présentant une **façade★** décorée par Vasari ; l'**église S. Stefano**, édifiée en 1569, à la façade de marbre blanc, vert et rose ; le **palais della Gherardesca**, reconstruit par Vasari en 1607 sur les restes de la Torre della Fame, dans laquelle le comte Ugolino della Gherardesca, accusé de trahison après la défaite de la Meloria, fut condamné à mourir de faim avec ses enfants.

Museo Nazionale di S. Matteo★★

♿ *Tlj sf lun. 8h30-19h30, dim. et j. fériés 8h30-14h (la billetterie ferme 30mn avant). Fermé 1er janv., 1er mai, 25 déc. 4,13€, 6,20€ avec l'entrée au musée du Palais Royal. ☎ 050 54 18 65 ; www.ambientepi.arti.beniculturali.it*

Il rassemble des œuvres du 13e au 15e s. À voir, la ***Vierge allaitant*** de Nino Pisano et le ***Saint Paul*** de Masaccio.

S. Maria della Spina★★
Du début du 14e s., cette église a l'apparence d'une châsse toute ciselée de gâbles, pinacles, statues et statuettes de l'école des Pisano (certaines ont été remplacées par des copies).

►► S. Caterina (façade★), S. Michele in Borgo (façade★), les quais (palais Agostini★), S. Sepolcro (chœur★), S. Paolo a Ripa d'Arno (façade★).

alentours

Basilica di S. Piero a Grado★
6 km au Sud-Ouest. Sortir par du plan, via Conte Fazio. Cette église romane fut construite sur le lieu même où saint Pierre aurait débarqué en venant d'Antioche. Remarquable abside à trois absidioles.

Livorno
24 km au Sud-Ouest de Pise. Livourne est un important port marchand d'Italie où transitent avant tout le bois, le marbre, l'albâtre, les automobiles et les produits de l'artisanat florentin. Reconstruit par Côme Ier de Médicis pour remplacer Porto Pisano ensablé par les alluvions, le port fut achevé en 1620 sous Côme II. L'animation de Livourne est concentrée via Grande, bordée d'immeubles à arcades, via Cairoli et via Ricasoli. Sur la piazza Micheli, d'où l'on aperçoit la « Fortezza Vecchia », s'élève le **monument★** à Ferdinand Ier de Médicis, œuvre du sculpteur Pietro Tacca (1624).

Montenero
9 km au Sud. Construit au 18e s., le sanctuaire dédié à Notre-Dame-des-Grâces comprend une église baroque richement décorée, un couvent et (protégé par une grille) le « famedio », composé de chapelles où reposent les citoyens illustres de Livourne.

Pistoia★★

Pistoia est une ville industrielle dont le riche noyau historique reflète l'importance acquise par cette petite commune au cours des 12e, 13e et 14e s. Convoitée par Lucques et Florence, elle fut définitivement annexée à cette dernière en 1530 par les Médicis.

La situation
85 866 habitants – Carte Michelin n° 430 K 14 – Plan dans le Guide Rouge Italia – Voir aussi le Guide Vert TOSCANE – Toscane. Pistoia se trouve le long de l'autoroute qui va de Florence à la mer, à 36 km de Florence. ℹ *Piazza del Duomo (palais épiscopal), ☎ 0573 21 622.*

Pour poursuivre la visite, voir les chapitres FIRENZE, MONTECATINI TERME, PRATO.

visiter

Piazza del Duomo★★
Elle séduit par l'équilibre de ses proportions et l'harmonieuse disposition des monuments civils et religieux qui l'entourent.

Dôme★ – *Chapelle de S. Jacopo : 8h-9h30, 10h-12h30, 15h-18h, dim. et j. fériés 8h-10h, 11h-12h, 15h-18h. 1,55€. ☎ 0573 29 095 ; http://www.diocesi.pistoia.it*
Rebâti aux 12e et 13e s., remanié à l'intérieur au 17e s., il offre une **façade★** revêtue de marbres qui allie avec bonheur le style roman pisan (galeries superposées de la partie haute) et celui de la Renaissance florentine (porche à fines colonnes, ajouté au 14e s.). Le campanile, massif dans sa partie inférieure, s'allège vers le haut grâce à trois étages de galeries à colonnettes. Dans une **chapelle** intérieure, le célèbre **autel de San Jacopo★★★**, chef-d'œuvre d'orfèvrerie réalisé au 13e s., transformé et agrandi au cours des deux siècles suivants présente autour de l'apôtre, assis dans une niche, une théorie de saints et, au-dessus, le Christ en gloire. Des scènes de l'Ancien et du Nouveau Testament complètent la décoration.
Dans la chapelle à gauche du chœur, belle ***Vierge en majesté★*** de Lorenzo di Credi (vers 1480).

Baptistère★ – *Avr.-sept. : tlj sf lun. 9h30-12h30, 16h-19h ; oct.-mars : tlj sf lun. 9h30-12h30, 15h30-18h30 ; dim. et j. fériés : 9h30-12h30.*
Construction gothique de plan octogonal en marbres polychromes, remontant au 14e s. Le portail principal est orné au tympan d'une ***Vierge à l'Enfant*** entre saint Pierre et saint Jean-Baptiste, attribuée à Nino et Tommaso Pisano.

Palazzo Pretorio – Ancien palais du Podestat, construit au 14e s. et remanié au siècle dernier.

Palazzo del Comune – Élevé entre 1294 et 1385, il présente une **façade★** sur arcades, agrémentée d'élégantes fenêtres géminées ou de triplets. Il abrite aujourd'hui le **Musée municipal** (Museo Civico), où sont rassemblés des tableaux et des sculptures du 13e au 20e s. ♿ *Tlj sf lun. 10h-19h, dim. et j. fériés 9h-12h30. Fermé 1er janv., 1er mai, 25 déc. 3,10€, 6,20€ forfait musées. ☎ 0573 37 12 96 ; www.comune.pistoia.it*

S. Andrea★

Construite dans le plus pur style roman pisan, cette église recèle la fameuse **chaire★★** exécutée entre 1298 et 1308 par Giovanni Pisano. Cinq scènes de la vie du Christ sont représentées de façon dramatique et pleine de vie sur les panneaux de la cuve. Admirer aussi le beau **crucifix★** en bois doré de Giovanni Pisano *(dans une niche après le 1er autel à droite).*

▶▶ Palazzo del Tau (Centre de documentation relatif à l'œuvre du sculpteur Marino Marini), Ospedale del Ceppo (**frise★★** de Giovanni Della Robbia), S. Giovanni Forcivitas (flanc Nord★, chaire★, *Visitation★* de Luca Della Robbia).

alentours

Vinci★

24 km au Sud. C'est la **patrie** de Léonard. Le château abrite le **Museo Leonardiano★**. *Mars-oct. : tlj sf lun. 9h30-19h ; nov.-fév. : tlj sf lun. 9h30-18h. 3,62€, 4,13€ avec l'entrée pour les musées de la Collégiale et de la Cire. ☎ 0571 56 055.*

À 2 km au Nord de la localité, on peut visiter la **maison natale** de l'artiste, perdue au milieu des oliviers et baignant dans une douce lumière transparente. (♿) *Mars-oct. : 9h30-19h ; nov.-fév. : 9h30-18h. Fermé 25 déc. Gratuit. ☎ 0571 56 055.*

Golfo di **Policastro★★**

Golfe de Policastro

De la pointe d'Infreschi à Praia a Mare, ce magnifique golfe est encastré dans des montagnes dont les sommets se dressent parfois comme des aiguilles ; les pentes sont couvertes, en bas, de cultures de céréales et d'oliviers, plus haut, de futaies et de châtaigniers.

La situation

Carte Michelin no 431 G 28 – Campanie-Basilicate-Calabre. Pour rejoindre le golfe de Policastro, emprunter la A 3 ou la route S 18.

Pour poursuivre la visite, voir le chapitre CALABRIA.

carnet pratique

Restauration

• ***À bon compte***

Taverna Antica – *Piazza Dei Martiri, 3 - 87028 Praia a Mare - 12 km au SE de Maratea sur la S 18 - ☎ 0985 72 182 - fermé mar. (sf juin-oct.) - ▤ - réserv. conseillée - 18/26€.* Difficile de prévoir un menu fixe, étant donné que le poisson frais est seul au programme ; assis à l'une des tables de la petite terrasse ou dans la salle intérieure rustique, plus intime, laissez-vous donc conseiller par le compétent propriétaire des lieux, toujours disponible.

La Tana – *Località Castrocucco - 85040 Maratea Porto - au S de Maratea - ☎ 0973 87 72 88 - fermé jeu. (sf 15 juin au 15 sept.) - 18/31€.* L'aquarium en exposition, destiné à l'élevage et à au nettoyage des mollusques, sert d'introduction à des plats de poisson et de fruits de mer savoureux et d'une remarquable fraîcheur. Si vous souhaitez séjourner quelque temps, il existe également de belles chambres, disposant toutes d'une terrasse ou d'un jardin et d'un accès privatif.

Hébergement

• ***Valeur sûre***

Hotel Germania – *Via Roma, 44 - 87028 Praia a Mare - 12 km au SE de Maratea sur la S 18 - ☎ 0985 72 016 - fax 0985 72 755 - fermé oct.-mars - P ♿ - 60 ch. : 43,90/67,14€ - ☕ 7,75€ - restaurant 15,50/17,05€.* Un hôtel tout simple, où les pièces communes, vastes et lumineuses, donnent sur une mer cristalline et font passer au second plan l'ameublement et le décor, un peu anciens. Rien à dire en revanche sur l'emplacement, qui donne directement sur la plage, ni sur la grande terrasse-solarium du dernier étage.

Hotel Martino – *Via Citrosello, 16, Località Marina di Maratea - 85046 Maratea - 7 km au SE de Maratea - ☎ 0973 87 91 26 - fax 0973 87 93 12 - P 🏊 - 33 ch. : 51,65/82,63€ - ☕ 4,13€ - restaurant 15/26€.* Tourné vers la mer, dos à la montagne, cet hôtel propose également de très belles chambres, vastes et meublées avec goût, et (pour certaines) dotées de terrasses privées avec vue. Piscine couverte originale, plage privée et possibilité de demi-pension ou pension complète.

découvrir

De Sapri à Praia a Mare, la route en corniche surplombe une mer d'émeraude où s'ouvrent de nombreuses et charmantes criques. De petites localités se succèdent dans un cadre enchanteur.

Maratea☼☼

Cette station balnéaire aux nombreuses plages et criques dissimule villas et hôtels dans une végétation luxuriante. Le village se développe sur les pentes du mont Biagio, au sommet duquel se dressent la basilique S. Biagio et la gigantesque statue blanche (22 m) du Rédempteur, par Innocenti (1965). De là, on bénéficie d'un superbe **panorama**★★ sur le golfe de Policastro et la côte calabraise.

Pompei★★★

Pompéi, ville somptueuse ensevelie en 79 après J.-C. par une énorme éruption du Vésuve, constitue un document capital sur l'Antiquité. Par leur ampleur et leur variété, par la beauté du paysage environnant, les ruines de Pompéi procurent une vision grandiose et émouvante de ce que pouvait être une cité romaine de l'époque impériale.
Pompéi a été inscrite sur la liste du Patrimoine mondial de l'Unesco en 1997.

La situation

26 018 habitants - Carte Michelin n° 431 E 25 - Campanie - Voir carte au chapitre Golfo di Napoli. Située au pied du Vésuve qui l'a rendue mondialement connue, on accède à Pompéi par la A 3. *i Via Sacra, 1, ☎ 081 85 07 255.*
Pour poursuivre la visite, voir les chapitres COSTIERA AMALFITANA, CAPRI, ERCOLANO, ISCHIA, NAPOLI, Golfo di NAPOLI et SALERNO.

R. Mattes/MICHELIN

Dans la villa des Mystères, un enfant, représentant peut-être Dionysos, lit le texte rituel sous le regard de deux prêtresses

comprendre

Fondée au 8e s. avant J.-C. par les Osques, Pompéi subit au 6e s. une influence hellénistique par l'intermédiaire de Cumes, alors puissante colonie grecque. Devenue samnite à la fin du 5e s., la cité vécut une période prospère jusqu'au début du 1er siècle : constructions urbaines et activités artistiques s'y développèrent. En 80 avant J.-C., la ville tomba sous la domination de Rome et devint un séjour apprécié des riches familles romaines, qui y imposèrent leur langue, leurs mœurs, leur organisation et leur façon de construire et de décorer. À la veille de l'éruption du Vésuve, Pompéi était donc une ville aisée comptant quelque 25 000 habitants. Au cœur d'une région fertile, elle pratiquait le commerce et la petite industrie, possédait un port sur la mer. Les nombreuses boutiques et ateliers qu'on y a découverts, la largeur imposante des rues et les ornières creusées par les chars suffisent à suggérer l'activité intense qui devait y régner. Pourtant, les Pompéiens appréciaient également les spectacles, jeux et affrontements politiques, comme en témoigne une fresque conservée au Musée archéologique de Naples : en 59 avant J.-C., à la suite d'une violente rixe avec les « supporters » de Nuceria, le camp pompéien fut disqualifié pour dix ans, et seule l'intervention de Poppée, épouse de Néron, permit la réouverture anticipée de l'amphithéâtre. En 62 après J.-C., un tremblement de terre avait déjà fortement endommagé la ville, et les travaux de restauration n'étaient pas achevés, quand, un jour d'août 79, débuta la terrible éruption qui détruisit également Herculanum et Stabies. En deux jours, Pompéi fut recouverte d'une couche de cendres atteignant 6 à 7 m d'épaisseur. Ce n'est qu'au 18e s. que commencèrent de vraies fouilles officielles et systématiques, sous le règne de Charles de Bourbon. La découverte eut un tel retentissement dans toute l'Europe que, quelques années plus tard, on vit naître une mode « pompéienne ».

ARCHITECTURE ET DÉCORATION

Les modes de construction – Pompéi présente une grande diversité dans la nature des matériaux utilisés et dans leur mode d'agencement pour la construction des ouvrages. On distingue **quatre grands procédés** : l'***opus quadratum*** (gros blocs de pierre de taille empilés sans liaison de mortier) ; l'***opus incertum*** (éléments en tuf ou en lave, de taille indifférente, amalgamés dans du mortier) ; l'***opus reticulatum*** (constitué de petits blocs carrés en calcaire ou en tuf, disposés en losanges de manière à former une sorte de réseau décoratif) ; l'***opus testaceum*** (revêtement de briques triangulaires posées à plat, la pointe à l'intérieur). En outre, les murs recevaient souvent un revêtement supplémentaire de plâtre ou de marbre. On trouve à Pompéi presque tous les types de maisons antiques : sobres et sévères à l'époque des Samnites, beaucoup plus vastes et plus richement décorées dès que la ville subit l'influence hellénistique. Avec l'arrivée des Romains et l'accroissement important de la population, on compensa la limitation de l'espace par le faste de la décoration.

La peinture pompéienne – La plupart des peintures qui ornaient les parois des maisons pompéiennes ont été transportées au Musée archéologique de Naples. Néanmoins, la visite des ruines permet de se faire une large idée de la richesse de cette décoration picturale, dans l'histoire de laquelle on distingue **quatre styles**. Le premier se caractérise par une peinture sans sujet, imitant par un jeu de relief et de légères touches de couleur un placage de marbre. Le deuxième style, le plus beau d'entre tous, couvre les murs d'architectures graciles, colonnes feintes surmontées de frontons ou couronnées de petits temples, fausses ouvertures destinées à provoquer des illusions de perspective ; l'utilisation du fameux « rouge pompéien » obtenu à partir du sulfure de mercure, le cinabre, opposé à un noir éclatant, donne à ces peintures leur éclat particulier. Le troisième style remplace le trompe-l'œil par des scènes ou des paysages brossés avec légèreté dans des couleurs pastel. Le quatrième style, le plus fréquent à Pompéi, reprend certains éléments du deuxième style pour les combiner, dans des compositions opulentes, à ceux du troisième.

ADRESSE

Snack wine's Todisco – *Piazza Schettini, 19 - ☎ 081 85 05 051 - fermé lun. - ⊭ - 5€.* Près du sanctuaire, à l'ombre d'un oranger parfumé, une adresse très simple, fréquentée par les riverains, qui propose de bons plats à des prix presque incroyables. Et étant donné les alternatives peu alléchantes...

découvrir

Compter une journée. Attention, certaines des maisons décrites peuvent être fermées pour des travaux de restauration et de conservation. Avr.-oct. : 8h30-19h30 (la billetterie ferme à 18h) ; nov.-mars : 8h30-17h (la billetterie ferme à 15h30). Fermé 1er janv., 25 déc. 8,26€ avec l'entrée (valable 1 journée) à Pompei, Oplontis, Stabia et Boscoreale ; 13,42€ (valable 3 j.) à Pompei, Ercolano, Oplontis, Stabia et Boscoreale. Accès par la Porta Marina (via Villa dei Misteri ou piazza Esedra) ou par la piazza Anfiteatro. Un guichet d'information se trouve Porta Marina (9h-17h). ☎ 081 53 65 154 ; www.pompeiisites.org

Porta Marina

La route descendant vers la mer franchissait cette porte. Des passages distincts pour les animaux et les piétons y sont ménagés.

Les rues

Elles sont rectilignes et se coupent à angle droit. Encaissées entre de hauts trottoirs, elles sont fréquemment interrompues par des blocs de pierre qui permettaient aux piétons de traverser sans descendre du trottoir et qui étaient particulièrement utiles les jours de pluie, lorsque la chaussée se transformait en ruisseau ; ces bornes étaient placées de façon à laisser les espaces nécessaires au passage des chars. Les fontaines, de forme très simple, étaient toutes construites sur le même modèle à bassin carré.

Forum★★★
C'était le centre de la vie publique. Aussi, la plupart des grands édifices s'y trouvent-ils rassemblés. On y célébrait les cérémonies religieuses, on y faisait du commerce, on y rendait la justice.

La place, immense et réservée aux piétons, était pavée de grandes dalles de marbre et ornée de statues d'empereurs. Un portique surmonté d'une terrasse l'entourait sur trois côtés.

Le plus vaste édifice de Pompéi était la **basilique**★★ (67 m x 25 m), où se réglaient les affaires commerciales et judiciaires.

Le **temple d'Apollon**★★ a pour fond la silhouette majestueuse du Vésuve. Devant les marches qui conduisaient à la *cella* se trouve l'autel. Se faisant face, copies des statues d'Apollon et de Diane retrouvées à cet endroit (originaux au musée de Naples).

Le **temple de Jupiter**★★ (Giove), traditionnellement situé en position prééminente, dédié à la triade capitoline (Jupiter, Junon et Minerve), est encadré par deux arcs de triomphe, autrefois recouverts de marbre.

Le grand marché couvert, le ***macellum***, était bordé de nombreuses boutiques. Au centre, un édicule à coupole entouré de colonnes renfermait un bassin, utilisé pour nettoyer les poissons.

Le **temple de Vespasien** possédait un autel en marbre orné d'une scène sacrificielle. Un beau **portail**★ à corniche de marbre sculptée de motifs végétaux donne accès à l'**édifice d'Eumachie**, construit par les soins de cette prêtresse pour la puissante corporation des foulons *(voir plus loin : Fullonica Stephani)*, dont elle était la patronne.

Foro triangolare★
Un majestueux propylée, dont on peut voir encore plusieurs colonnes ioniques, le précédait. Son petit **temple dorique**, dont quelques vestiges émergent du sol, est l'un des rares témoignages de l'existence de la ville au 6e s. avant J.-C.

Teatro Grande★
Élevé au 5e s. avant notre ère, puis remanié à l'époque hellénistique (entre 200 et 150 avant J.-C.), à nouveau transformé par les Romains au 1er s. après J.-C., il pouvait être couvert d'un vélum si le soleil était trop ardent et recevoir 5 000 spectateurs.

Caserma dei Gladiatori
Cette grande esplanade limitée par un portique, utilisée à l'origine comme foyer des théâtres, fut ensuite affectée à l'entraînement des gladiateurs.

Odeion★★
Les odéons étaient des théâtres couverts, utilisés pour les concerts, les séances de déclamation et les ballets. Celui-ci pouvait accueillir 800 spectateurs. Il était surmonté d'un toit en bois. Sa construction date du début de la colonisation romaine.

Tempio d'Iside★
Le culte de la déesse égyptienne Isis se propagea à l'époque hellénistique grâce aux contacts avec l'Orient et l'Égypte. Ce petit temple s'élève sur un podium, lui-même situé au centre d'une cour entourée d'arcades. Sur la gauche du temple, se trouve le *purgatorium*, pièce destinée aux cérémonies de purification où l'on gardait les eaux puisées dans le Nil. Le décor pictural du temple se trouve aujourd'hui au Musée archéologique de Naples.

Casa di Lucius Ceius Secundus
Intéressante pour sa façade couverte de stuc imitant un revêtement de pierre, dans la manière du premier style, et pour son joli petit atrium.

Casa del Ménandro★★
Cette grande demeure patricienne, richement décorée de peintures (quatrième style) et de mosaïques, possédait ses propres thermes. Un corps de bâtiment était réservé au logement des domestiques. On note, dans un angle de l'atrium, un laraire en forme de petit temple. Remarquable péristyle à colonnes doriques recouvertes de stuc, entre lesquelles court une cloison basse décorée de plantes et d'animaux.

On débouche dans la **via dell'Abbondanza**★★, l'une des rues commerçantes de Pompéi, et aujourd'hui l'une des plus suggestives, bordée de boutiques et de maisons.

Casa del Criptoportico
Après avoir traversé le péristyle (peinture laraire : Mercure, avec un paon, des serpents et de fins feuillages), on descend dans le cryptoportique, grand couloir souterrain surmonté d'une belle voûte en berceau et prenant jour par des soupiraux. Ce type de couloir, à l'honneur dans les villas romaines de l'époque impériale, constituait un passage et un lieu de promenade, à l'abri du soleil et des intempéries.

Fullonica Stephani★★
N° 7. Exemple d'une maison d'habitation transformée en atelier. L'industrie du vêtement était prospère chez les Romains, dont le costume à l'abondant drapé nécessitait une grande quantité de tissu. Dans les *fullonicæ*, on nettoyait les étoffes neuves, qui recevaient là leur traitement de finition, et les vêtements ayant déjà

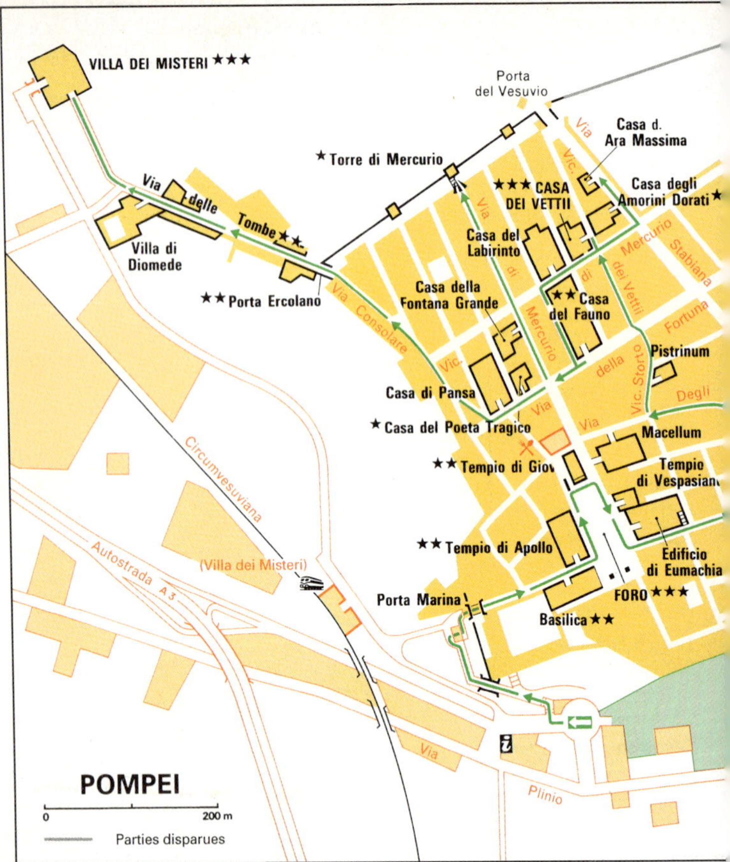

servi. Les **foulons** *(fullones)* y lavaient les étoffes en les foulant aux pieds dans des cuves remplies d'un mélange d'eau et de soude ou bien d'urine. Plusieurs de ces ateliers ont été retrouvés à Pompéi.

Termopolio di Asellina

Le *termopolium* était le débit de boissons où l'on vendait aussi des plats préparés. Un comptoir en maçonnerie donnant sur la rue formait la devanture ; les jarres qui y étaient encastrées contenaient les produits à vendre.

Termopolio Grande★

Boutique semblable à la précédente, avec laraire peint.

Casa di Trebius Valens

Inscriptions, en façade, qui tenaient lieu d'affiches électorales. Au fond du péristyle, amusante fresque polychrome imitant un mur de pierre.

Casa di Loreius Tiburtinus★

À en juger par le bel impluvium en marbre, le triclinium orné de fresques, la **décoration★** de l'une des pièces offrant sur fond blanc l'un des plus beaux exemples de peinture du quatrième style, il s'agissait d'une riche demeure. Son plus bel ornement réside pourtant dans son **jardin★** aménagé pour les jeux d'eau.

Villa di Giulia Felice★

Bâtie à la limite de la ville, elle s'ordonne originalement en trois corps : la partie réservée à l'habitation ; des bains, que la propriétaire avait ouverts au public ; un ensemble destiné à la location, comprenant une hôtellerie et des boutiques. Le vaste jardin, bordé d'un beau **portique★**, est agrémenté d'une suite de bassins.

Anfiteatro★

C'est le plus ancien du monde romain que l'on connaisse (80 avant J.-C.) ; il fut excentré afin que l'affluence du public ne perturbe pas la vie alentour. Par temps chaud, les spectateurs étaient protégés par un vélum de lin soutenu par des mâts de bois. À côté, la grande **palestre** servait à l'entraînement des athlètes.

Nécropoli fuori Porta di Nocera★

Elle aligne ses tombeaux, selon la coutume, le long de l'une des routes qui sortaient de la ville.

Par la via di Porta di Nocera, revenir à la via dell'Abbondanza et prendre à gauche.

Terme Stabiane★★★

Cet établissement de bains, le plus ancien de Pompéi (2e s. avant J.-C.), comprend une section pour les femmes et une section pour les hommes. On pénètre dans la palestre, à gauche de laquelle se trouvent un vestiaire et une piscine. Au fond, à droite, commence le **bain des femmes** : vestiaires avec cases à vêtements ; à côté, se trouvaient le tepidarium (tiède) et le caldarium (chaud). L'installation du chauffage central sépare le bain des femmes du **bain des hommes**, comportant vestiaires vastes et bien conservés, frigidarium, tepidarium, caldarium ; belle décoration de stucs, en caissons.

Lupanare

Établissement officiel de la ville, il était orné de peintures aux sujets obscènes, visant à illustrer les « spécialités » des différentes prostituées. En retour, les graffiti gravés sur les murs rapportent les remarques des clients sur les prestations obtenues.

Pistrinum

Four de boulanger, avec ses meules à farine.

Casa dei Vettii★★★

Les frères Vettius étaient des riches marchands. Leur demeure qui, pour la décoration, surpasse en somptuosité toutes les autres, représente l'exemple le plus célèbre de maison et de jardin fidèlement reconstitués. L'atrium, dont le toit a été rétabli, donne directement sur le péristyle entourant un délicieux jardin embelli de statuettes, de vasques, de jets d'eau.

Les **fresques** du triclinium *(à droite du péristyle)*, représentant des scènes mythologiques et des frises d'amours occupés aux tâches domestiques, sont parmi les plus belles de l'Antiquité.

Casa degli Amorini Dorati★

Elle dénote le goût raffiné de son propriétaire, qui vécut probablement sous Néron, et son penchant pour ce qui avait trait au théâtre. Les médaillons en verre et en or représentant des Amours, qui ont donné son nom à la villa, ont été détériorés. Mais l'ensemble, avec un remarquable péristyle (dont une aile est surélevée à la façon d'une scène), reste bien conservé. Remarquer le miroir en obsidienne incrusté dans le mur, près du passage entre le péristyle et l'atrium.

Casa dell' Ara massima
Peintures★ (dont une en trompe-l'œil) très bien conservées.

Casa del Labirinto
Dans une des pièces s'ouvrant au fond du péristyle, mosaïque figurant un labyrinthe avec Thésée tuant le Minotaure.

Casa del Fauno★★
C'était une demeure d'un faste exceptionnel. De proportions grandioses, elle occupait l'espace de tout un pâté de maisons et comptait deux atriums, deux péristyles et des salles à manger pour toutes les saisons. L'original de la statuette de faune en bronze qui ornait l'un des impluviums est au musée de Naples. Les pièces renfermaient d'admirables mosaïques, dont la fameuse *Bataille d'Alexandre* (musée de Naples), qui couvrait le sol entre les deux péristyles.

Casa della Fontana Grande
Sa principale parure est sa **fontaine★** en forme de niche tapissée de mosaïques et de fragments de verres polychromes, dans le goût égyptien.

Torre di Mercurio★
C'est l'une des tours carrées qui jalonnaient l'enceinte. Du sommet, **vue★★** sur les fouilles.

Casa del Poeta Tragico★
Cette maison doit son nom à une mosaïque, aujourd'hui au musée de Naples. Sur le seuil, chien de garde en mosaïque et inscription *Cave Canem*.

Casa di Pansa
Immense, elle avait été en partie transformée pour la location.

Porta Ercolano★★
C'est la plus importante de Pompéi, avec deux passages pour piétons et un pour les chars.

Via delle Tombe★★
De cette voie bordée de tombes monumentales et de cyprès se dégage une grande mélancolie. Toutes les formes de l'architecture funéraire gréco-romaine s'offrent ici : tombes à niches, petits temples de plan circulaire ou carré, autels reposant sur un socle, mausolées en forme de tambour, simples bancs semi-circulaires (ou exèdres).

Villa di Diomède
Important ensemble avec loggia surplombant un jardin et une piscine.

Villa dei Misteri★★★
Accès possible en voiture. Située à l'écart de la ville, cette ancienne villa patricienne se compose de deux parties : l'une résidentielle *(à l'Ouest)*, qui se distingue par son luxe et sa finesse, et l'autre composée de dépendances *(à l'Est)* réservées aux travaux domestiques et agricoles et au logement des serviteurs. Dans le quartier d'habitation des maîtres, la salle à manger *(difficile à trouver dans ce labyrinthe de pièces que forme la villa : de la salle en hémicycle située à l'Ouest devant la véranda, entrer dans le tablinum, tourner à droite dans le cubiculum, puis de nouveau à droite dans une salle qui donne accès au triclinium)* renferme la splendide **fresque** à laquelle la villa doit sa célébrité et son nom : autour de la pièce, sur fond rouge pompéien, se déroule une grande composition qui représenterait l'initiation d'une jeune épouse aux mystères dionysiaques (*de gauche à droite* : lecture par un enfant du texte rituel ; scènes d'offrandes, sacrifices et rites dionysiaques ; flagellation d'une jeune fille ; danse d'une bacchante ; toilette de l'épouse). Le culte de Dionysos, dont la maîtresse de céans aurait été prêtresse, était alors en grande faveur en Italie méridionale. Un beau péristyle et un cryptoportique complètent la demeure.

Promontorio di Portofino★★★

Promontoire de Portofino

S'avançant en promontoire rocheux et tourmenté, la presqu'île de Portofino constitue l'un des paysages les plus séduisants de la Riviera ligure, grâce notamment à sa lumière tamisée qui baigne le littoral découpé et les petits ports qui s'y sont blottis.
La péninsule a été en partie instituée parc naturel, zone dans laquelle faune et flore sont protégées. Quelques routes en corniche et de nombreux itinéraires pédestres permettent de mieux découvrir les secrets de sa beauté.

La situation

Carte Michelin n° 428 J 9 – Schéma au chapitre RIVIERA LIGURE – Ligurie. Le promontoire de Portofino est à environ 40 km de Gênes, le long de la S 1.
Via Roma, 35, ☎ 0185 26 90 24.
Pour poursuivre la visite, voir les chapitres GENOVA et RIVIERA LIGURE.

carnet pratique

RESTAURATION

• ***Valeur sûre***

Oca Bianca – *Via XXV Aprile, 21 - 16038 Santa Margherita Ligure - ☎ 0185 28 84 11 - fermé lun. et à midi (sf w.-end), juil. et août ouv. le soir uniquement, 7 janv. au 13 fév. - ▤ - réserv. conseillée - 39/53€ + 10 % serv.* Un petit restaurant très agréable pour tous ceux qui n'aiment pas le poisson ou qui veulent simplement varier les saveurs : viandes, légumes et fromages règnent ici en maîtres. Cuisine créative et prix attractifs.

HÉBERGEMENT

• ***Valeur sûre***

Albergo La Camogliese – *Via Garibaldi, 55 - 16032 Camogli - ☎ 0185 77 14 02 - fax 0185 77 40 24 - camogliese@libero.it - fermé 15 au 30 nov., 10 au 25 janv. - 21 ch. : 48/80€ ▭ - restaurant 26/47€.* Cet hôtel partage l'accès aux étages avec les habitants de l'immeuble mais dispose d'un joli hall indépendant et d'une salle de petit-déjeuner attenante. Quelques chambres avec vue sur la mer où vous dormirez bercé par le doux bruit du ressac. Un établissement confortable et un excellent rapport qualité/prix.

Bed & Breakfast Villa Gnocchi – *Via Romana, 53 - 16030 S. Lorenzo della Costa - 3 km à l'O de Santa Margherita Ligure - ☎ 0185 28 34 31 - fermé 18 oct.-Pâques - ⊭ - 9 ch. : 61,97/77,47€ ▭ - repas 15€.* Un site enchanteur, dominant Santa Margherita et le golfe du Tigullio, et une agréable terrasse-jardin, d'où l'on jouit d'une vue magnifique, pour prendre le petit-déjeuner. Chambres lumineuses et très soignées, joliment décorées avec des meubles en bois massif. Possibilité de demi-pension.

découvrir

Portofino★★★

Route privée avec accès libre. Pour toute information sur le trajet, s'adresser à l'hôtel Portofino Kulm, ☎ 0185 73 61. Pour les informations touristiques, s'adresser à la Pro Loco Camogli, ☎ 0185 77 10 66.
Navigation : départ de Rapallo, Santa Margherita Portofino et S. Fruttuoso de 2,58€ à 12,39€ (AR), Service maritime du Tigullio, ☎ 0185 28 46 70. De Camogli à S. Fruttuoso : 7,23€ (AR), Transports maritimes touristiques Golfo Paradiso, ☎ 0185 77 20 91.

On y accède, à partir de **Santa Margherita Ligure**⛱⛱ *(5 km)*, élégante station balnéaire chère à Valery Larbaud, par une

route de corniche★★ ménageant de très belles vues sur la côte rocheuse de la péninsule. Petit village de pêcheurs, Portofino groupe ses maisonnettes colorées au fond d'une crique naturelle. La **promenade au phare★★★** *(1h AR à pied)* offre de magnifiques points de vue au cœur d'une végétation faite d'oliviers, d'ifs et de pins. L'effectuer de préférence à la tombée du jour, lorsque le soleil éclaire le golfe de Rapallo.

Du **château** – anciennement Castello San Giorgio *(accès par les escaliers partant du port et la petite église S. Giorgio)* – splendides **vues★★★** sur Portofino et le golfe de Rapallo ; en continuant le sentier jusqu'au phare, la vue embrasse toute la côte jusqu'à La Spezia.

Été : tlj sf mar. 10h-18h ; hiver : tlj sf mar. 10h-17h. Fermé 1er janv., Pâques. 1,55€. ☏ 0185 26 90 46.

San Lorenzo della Costa

10 km. À Santa Margherita Ligure, prendre la **route panoramique★★** qui offre une succession de belles vues sur le golfe de Rapallo. Dans l'**église** de S. Lorenzo, remarquer le **triptyque★** d'un maître brugeois (1499) qui pourrait être l'œuvre de Gérard David, lequel séjourna à Gênes.

Portofino Vetta★★

14 km. De ce promontoire (450 m), on découvre une très belle vue sur la péninsule et la côte ligure.

San Fruttuoso★★

Accès à pied : *de Portofino, sentier balisé, 5h AR ; de Portofino Vetta, sentier abrupte en fin de parcours, 3h AR.* **Accès en bateau** : *de Rapallo, Santa Margherita Ligure, Portofino ou Camogli.* Ce délicieux village de pêcheurs, auquel n'aboutit aucune route carrossable, est logé au fond d'une anse étroite sous le mont Portofino. On peut y admirer la belle **abbaye de S. Fruttuoso★**, érigée entre le 13e et le 14e s.

Belvedere di S. Rocco★★

13 km. De la terrasse de l'église, vue sur Camogli et la côte, de la pointe de la Chiappa jusqu'à Gênes. On peut gagner la **pointe Chiappa★★★** *(1h30 à pied AR par un sentier en escalier partant à droite de l'église)* : vues inoubliables sur la péninsule de Portofino et, de la chapelle, sur la côte génoise.

Camogli★★

15 km. De hautes maisons se pressant autour d'un antique petit port composent le cadre de Camogli.

Prato★★

Longtemps opposée à Florence, Prato passa en 1351 sous l'influence de son illustre voisine, dont elle suivit le destin jusqu'au 18e s. Les principales curiosités de la ville sont rassemblées à l'intérieur de l'hexagone formé par l'enceinte fortifiée construite au 14e s.

La situation

172 473 habitants – Carte Michelin n° 430 K 15 – Voir aussi le Guide Vert TOSCANE – Toscane. Prato est située à seulement 17 km de Florence. On y arrive par l'A 1 Bologne-Florence, ou par l'A 11 qui va de Florence à la mer. ℹ *Piazza delle Carceri, 15, ☏ 0574 24 112.*

Pour poursuivre la visite, voir les chapitres FIRENZE et PISTOIA.

visiter

Duomo

Édifié aux 12e et 13e s., avec adjonctions aux siècles suivants, le Dôme allie avec bonheur les styles roman et gothique.

La façade présente une fine décoration sculptée et une **chaire circulaire★★**, surmontée d'un auvent, œuvre de **Michelozzo** et **Donatello** (15e s.).

À l'intérieur, sobre et aux massives colonnes de marbre vert, la **chapelle de la Sainte Ceinture** est fermée par deux **grilles★** en bronze élégamment travaillées : fresques d'A. Gaddi et ses élèves (1392-1395) et ***Vierge à l'Enfant*★** (1317) de Giovanni Pisano.

Dans la chapelle axiale, on peut admirer les **fresques★★** de **Filippo Lippi**. Noter ***Le Banquet d'Hérode*★★★**, avec la *Danse de Salomé*. La chapelle à droite de l'autel porte sur ses murs des **fresques★** commencées par Paolo Uccello et terminées par Andrea di Giusto.

Il faut encore remarquer la **chaire★** en marbre, au dessin original en forme de calice et, dans une niche, la ***Vierge à l'Olive★***, en terre cuite, de Benedetto da Maiano (1480).

Palazzo Pretorio★

D'architecture en partie romane, en partie gothique, il dresse sa masse austère sur une charmante petite place, la **piazza del Comune**, ornée d'une gracieuse fontaine en bronze due à Tacca (1659). À l'intérieur, la **Galerie municipale** rassemble des œuvres de l'école toscane des 14e et 15e s., notamment une importante collection de **polyptyques★**.

▶▶ Château de l'Empereur (Castello dell'Imperatore), S. Maria delle Carceri, S. Francesco (fresques★), Musée du Dôme (panneaux★ sculptés par Donatello).

Puglia

La Pouille

À l'exception du promontoire du Gargano et des collines calcaires des Murge qui se profilent derrière Bari, c'est un pays de plaine où l'on cultive céréales, oliviers et vignes, ou de pâture.
À l'écart des grandes migrations touristiques, la Pouille offre au visiteur la beauté sévère de ses paysages, ses plages relativement peu fréquentées et quelques merveilles d'architecture religieuse et militaire.

La situation

Carte Michelin n° 988 D-H 29-37. Cette région, dont le nom dérive de l'ancienne Apulie romaine, s'étend de l'éperon au talon de la botte, le long de la côte méridionale de l'Adriatique. On s'y rend en empruntant la A 14 depuis le Nord et la A 16 depuis Naples.

Pour poursuivre la visite, voir les chapitres BRINDISI, Promontorio del GARGANO, LECCE, TARANTO et Isole TREMITI.

comprendre

Dès la fin du 8e s. avant J.-C., des Grecs de Laconie et de Sparte fondent sur les rivages de la Pouille les villes de Gallipoli, Otrante et, surtout, Tarente, qui, aux 5e et 4e s. avant J.-C. fut le centre le plus florissant de la Grande Grèce. Les populations autochtones, les Lapyges, opposèrent une résistance farouche à la colonisation grecque ; mais plus tard, au 3e s., cités grecques et peuples italiotes durent se soumettre à la puissance romaine. Tarente déclina alors au profit de Brindisi, reliée à Rome grâce à la Via Appia prolongée par Trajan, port ouvert sur la Méditerranée orientale. Tant sur le plan des voies de communication que sur celui de l'organisation politique, l'Apulie profita largement de la colonisation romaine.

Le christianisme, implanté dès le 3e s. dans la région, s'affirma au 5e s. grâce à l'apparition de l'archange saint Michel à Monte Sant'Angelo. Puis, successivement occupée par les Byzantins, les Lombards et les musulmans, au 11e s., la Pouille fit appel aux Normands, qui établirent leur domination sur tout le territoire. Grâce aux

Vue de la mer, en Pouille

G. Bludzin/MICHELIN

premières croisades qui partaient des ports de la côte apulienne et au règne de Roger II, la Pouille accrut considérablement sa fortune commerciale et son patrimoine architectural.

C'est pourtant avec l'arrivée de **Frédéric II de Souabe**, étonnant personnage autoritaire et cruel, athée, mais cultivé et d'une très haute intelligence, que la région connut dans la première moitié du 13e s. l'apogée de sa splendeur : le souverain, qui aimait le pays et l'habita, en favorisa l'essor économique, le réunifia et le dota d'une administration. Son œuvre fut poursuivie par son fils Manfred, qui dut se soumettre à Charles d'Anjou en 1266. Les Français se désintéressèrent de la région, qui perdit bientôt de son prestige et de sa vitalité. La Pouille passa ensuite sous la domination des Aragon qui, en l'isolant, contribuèrent très largement à l'appauvrir.

Après une brève période de domination autrichienne, le règne des Bourbons de Naples améliora quelque peu les conditions d'immobilisme et de misère auxquelles les Espagnols avaient réduit le pays. Ce fut également le souci de la brève période napoléonienne. En 1860, la Pouille se ralliait massivement à l'Italie unifiée. Au cours du 20e s., elle s'est progressivement dégagée de cette difficile situation d'infériorité qu'elle partage avec tout le « Mezzogiorno » italien : elle a su gagner une indépendance dont témoignent des villes industrielles comme Tarente ou Lecce, la foire de Bari et les universités qui se sont créées dans les principaux centres de la région.

visiter la Pouille

Les localités sont classées par ordre alphabétique.

Altamura

Ce gros bourg des Murge possède un beau quartier ancien qui se serre sur une butte. En haut de la rue principale s'élève la **cathédrale**, construite au 13e s. dans un style de transition roman-gothique. Sa façade, couronnée de deux clochers à bulbe ajoutés au 16e s., s'orne d'une **rosace★** finement décorée (13e s.) et d'un **portail★** richement sculpté (14e-15e s.).

Bari *(voir ce nom)*

Barletta

Aux 12e et 13e s. Barletta fut une ville importante, base de départ des croisés se rendant en Orient, que de nombreux ordres militaires ou hospitaliers avaient choisie comme siège de leur institution. La ville, aujourd'hui centre agricole et commercial, possède un joli centre historique aux édifices civils et religieux médiévaux. Le symbole de la ville est une statue datant de la période romaine : le **Colosse★★** (ou statue d'Hercule). D'une hauteur de plus de 4,5 m, il représente un empereur byzantin, difficilement identifiable (sans doute Valentinien Ier). L'œuvre remonte probablement au 4e s. et présente un très grand intérêt en tant que témoignage du passage de l'art romain décadent à l'art chrétien primitif : la rigidité du personnage est atténuée par la forte intensité de l'expression.

Derrière la statue se trouve la **basilique du St-Sépulcre** (12e-14e s.), qui recèle un beau **reliquaire★** de la Sainte Croix, dont le socle est revêtu d'émaux de Limoges.

Le **château★** est une imposante construction, érigée sous Frédéric II et amplement remaniée par la suite, surtout sous Charles Quint au 16e s. C'est à ce dernier que l'on doit la forme singulière des quatre bastions d'angle en pointe de lance, qui renferment deux vastes casemates (l'une au-dessus de l'autre) hémisphériques. L'intérieur du château abrite une **pinacothèque** (Pinacoteca comunale), présentant une belle **collection★** de tableaux de Giuseppe de Nittis (1846-1884), qui travailla surtout à Paris. *Mai-sept. : tlj sf lun. 9h-13h, 15h-19h ; oct.-avr. : tlj sf lun. 9h-13h, 16h-19h. Fermé 1er janv., 1er mai, 25 déc. 2,58€. ☎ 0883 57 86 20.*

Dans la via Cialdini, au rez-de-chaussée du palais de Don Diego de Mendoza (14e s.), se trouve la « **cantina** » où, dit-on, fut lancé le fameux **défi de Barletta**.

Un peu plus loin, le **palais della Marra** (17e s.) présente une façade à la riche décoration baroque.

Le défi de Barletta

Nous sommes en 1503. La ville, aux mains des Espagnols, est assiégée par les Français. Un prisonnier français, le capitaine La Motte, accuse les Italiens de lâcheté ; ces derniers lancent alors un défi. Treize chevaliers italiens, conduits par Ettore Fieramosca, combattent et vainquent autant de chevaliers français. Au 19e s., cet incident devient le modèle même du patriotisme et Ettore Fieramosca est tenu pour un héros... À tel point que Massimo d'Azeglio fait de l'événement le point de départ de son roman *Ettore Fieramosca, ou le défi de Barletta* (1833).

Bitonto

17 km au Sud-Ouest de Bari. Entourée d'une mer d'oliviers, cette petite ville ancienne possède une belle **cathédrale★** imitée de celles de Trani et de Bari. La façade tripartite est animée de larges ouvertures richement sculptées ; sur le flanc droit court une élégante galerie à colonnettes supportée par de hautes arcades. À l'intérieur, des colonnes à beaux chapiteaux soutiennent une galerie à triplets ; remarquable chaire de 1229.

RESTAURATION

• ***À bon compte***

Trattoria Iolanda – *Via Montanara, 2 - 73014 Lucugnano - 12 km au N de Santa Maria di Leuca sur la S 275, tourner ensuite à gauche - ☎ 0833 78 41 64 - fermé mer. (sf 16 juin à sept.) - - réserv. conseillée - 13/18€.* Si vous ne laissez pas impressionner par l'absence d'enseigne, par les rideaux à bandes de plastique, par le pain servi dans des corbeilles du même matériau ou par le choix totalement imposé... Une sorte de rite initiatique, dans un de ces lieux en voie de disparition.

Trattoria delle Ruote – *Via Monticello 1 - 74015 Martina Franca - 4,5 km à l'E de Martina Franca - ☎ 080 48 37 473 - fermé lun. - - réserv. conseillée - 18,08/25,82€.* Dans un *trullo* du 19e s. remanié au fil des ans, le gérant très sympathique et sa famille proposent une cuisine maison, profondément ancrée dans la tradition. Roues agricoles à gogo et riche collection d'objets ruraux aux murs.

U.P.E.P.I.D.D.E. – *Corso Cavour à l'angle de Trapp. Carmine - 70037 Ruvo di Puglia - ☎ 080 36 13 879 - fermé lun., 10 juil. au 10 août - 18/28€.* Spécialités à la braise, saveurs traditionnelles et spécialités maison interprétées de façon très originale, le tout servi dans de petites salles aux plafonds en berceau et aux murs en pierre. Un bon choix de vins régionaux et du pays.

Osteria del Tempo Perso – *Via Tanzarella Vitale, 47 - 72017 Ostuni - ☎ 0831 30 33 20 - fermé lun., à midi (sf dim. et j. fériés), 10 au 31 janv. - réserv. conseillée - 20/37€.* Avez-vous jamais mangé dans une grotte ? Vous en aurez l'occasion dans cette auberge, où les saveurs traditionnelles sont en parfait accord avec la rusticité des lieux. Une deuxième salle, un peu moins « troglodyte », est décorée d'objets de loisir (et religieux !) ruraux.

Baccosteria – *Via San Giorgio, 5 - 70051 Barletta - ☎ 0883 53 40 00 - fermé lun., dim. le soir, 1 au 20 août - - réserv. conseillée - 22/34€.* La nostalgie a heureusement fait revenir des États-Unis ce couple passionné, qui vous régalera d'une cuisine d'une qualité jamais prise en défaut : spaghettis aux oursins et calmars farcis à la ricotta, dans un bistrot élégant et soigné, dont le sol vitré laisse voir les caves anciennes du sous-sol.

• ***Valeur sûre***

Da Mimì – *Via del Mare - 73053 Patù - 5 km au N de Santa Maria di Leuca - ☎ 0833 76 78 61 - fermé nov. - réserv. conseillée - 22,47/36,93€.* Située en haut de la falaise, une belle terrasse ombragée avec une vue panoramique sur la mer. La cuisine s'appuie sur des produits de la mer toujours frais et de bonne qualité. À des prix vraiment abordables.

HÉBERGEMENT

• ***À bon compte***

Agriturismo Curatori – *Via Conchia, 227, Contrada Cristo delle Zolle - 70043 Monopoli - 15 km au NE de Castellana Grotte sur la S 377 - ☎ 080 77 74 72 - fax 080 77 74 72 - 2 ch. doubles : 51,65€ .* Appartements aux pièces simples mais avec des lits en fer forgé, avec possibilité de cuisine, dans une ferme du 18e s. entourée d'oliviers séculaires. Une atmosphère intime et familiale, et pour ceux qui le souhaitent, des produits de la ferme cuisinés par la maîtresse de maison.

• ***Valeur sûre***

Hotel Rosa Antico – *Strada statale, 16 - 73028 Otranto - ☎ 0836 80 15 63 - fax 0836 80 15 63 - P - 12 ch. : 46,48/82,63€ .* Vous aurez l'impression d'être chez des amis, tant l'ambiance est cordiale et chaleureuse. Vous serez logés dans des chambres simples, mais mignonnes et aux détails soignés, et vous dégusterez de copieux petits-déjeuners.

Hotel Lo Scoglio – *Sur un îlot où l'on peut se rendre en voiture - 73010 Porto Cesareo - 30 km au N de Gallipoli - ☎ 0833 56 90 79 - fax 0833 56 90 78 - P ♿ - 47 ch. : 51,65/82,63€ - restaurant 18/34€.* Sur deux îlots reliés à la côte par un embarcadère, au milieu de la verdure luxuriante d'un jardin fleuri et entourés par une mer cristalline, vous vous demanderez si vous ne seriez pas sous les Tropiques. Pour des vacances placées sous le signe de la détente.

Hotel Novecento – *Contrada Ramunno - 72017 Ostuni - 1,5 km au S d'Ostuni - ☎ 0831 30 56 66 - fax 0831 30 56 68 - P - 16 ch. : 61,97/103,29€ - restaurant 15,49/25,82€.* Une véritable oasis de tranquillité, entourée de verdure, où vous profiterez de tout le confort moderne dans une villa qui a su conserver le charme et l'atmosphère d'autrefois. Possibilité de demi-pension et pension complète.

Hotel Orsa Maggiore – *Litoranea en direction de Santa Cesarea Terme 303 - 73030 Castro Marina - 18 km au S d'Otranto sur la S 173 - ☎ 0836 94 70 28 - fax 0836 94 77 66 - P - 30 ch. : 70/93€ - restaurant 18/30€.* Non loin de la fameuse grotte de Zinzulusa, l'hôtel domine la mer du haut de la falaise et offre une vue apaisante. La cuisine brille tout particulièrement dans les plats de poissons, proposés à des prix honnêtes. Possibilité d'hébergement dans des chambres simples, mais avec vue panoramique.

Grand Hotel D'Aragona – *Route départementale en direction de Cozze - 70014 Conversano - 10 km au NO de Castellana Grotte sur la S 634 - ☎ 080 49 52 344 - fax 080 49 54 265 - P - 68 ch. : à partir de 80,05€ - 6,20€ - restaurant 23/36€.* Cet hôtel un peu éloigné satisfera néanmoins les plus exigeants. Les nageurs confirmés, débutants et les enfants trouveront chacun leur bonheur dans la piscine, et pourront ensuite récupérer dans de vastes chambres modernes. Un grand jardin soigné pour la détente.

ACHATS

Vous trouverez à Rutigliano, près de Bari, une production artisanale de sifflets *(figuli)* en terre cuite et aux décorations colorées.

Brindisi *(voir ce nom)*

Canosa di Puglia

23 km au Sud-Ouest de Barletta. Les habitants de cette antique cité grecque, puis romaine, produisaient des vases en céramique *(askoi)*. Sa **cathédrale** romane du 11e s., remaniée au 17e s. après un tremblement de terre, présente des influences byzantines. La façade a été refaite au 19e s. Remarquer à l'intérieur le trône épiscopal (11e s.) et le **tombeau★** de Bohémond, fils de Robert Guiscard, mort en 1111, curieux mausolée cubique surmonté d'une coupole. Via Cadorna, on peut visiter trois **hypogées** (Ipogei Lagrasta) du 4e s. avant J.-C. et, à droite de la route d'Andria, les vestiges de la basilique paléochrétienne de **S. Leucio**, édifiée sur un temple romain. *Hypogées : pour toute information sur les horaires ☎ 0883 66 21 83.*

Canne della Battaglia

12 km au Sud-Ouest de Barletta. Cet endroit, qui, depuis l'Antiquité, doit son développement à sa position stratégique, fut rendu célèbre par la bataille entre Carthaginois, conduits par Hannibal, et Romains, conduits par Scipion (216 avant J.-C.), bataille qui s'acheva par une très nette victoire carthaginoise. On peut encore y voir, sur un versant, les vestiges d'une nécropole médiévale et d'un village apulien et, sur l'autre versant, la citadelle, où l'on distingue toujours le *decumanus* romain traversé de ruelles, les restes des basiliques bâties à l'époque médiévale, et ceux du château normand.

Castel del Monte★★

29 km au Sud de Barletta. (♿) Mars-sept. : 10h-13h30, 14h30-19h30 ; oct.-fév. : 9h-13h30, 14h30-18h30 (la billetterie ferme 30mn avant). Fermé 1er janv., 1er mai, 25 déc. 3,10€. ☎ 080 52 86 238.

Au sommet d'une éminence des Murge, ce puissant château hautain et solitaire, élevé vers 1240 par Frédéric II de Souabe, domine la plaine environnante. Par son plan original, il fait exception dans la série de quelque deux cents châteaux en forme de quadrilatère que ce souverain fit construire en Italie à son retour de croisade. En effet, bâti en pierre blonde, cet ouvrage présente un plan octogonal garni de huit tours d'angle de 24 m de haut, elles-mêmes octogonales. Un superbe portail en arc de triomphe d'époque gothique mais d'inspiration antique ouvre sur la cour intérieure, autour de laquelle se succèdent huit pièces en trapèze à voûtes d'ogives. À l'étage supérieur, huit pièces identiques sont éclairées par des baies finement décorées. L'aménagement des conduites d'eau était très raffiné : l'eau tombée sur les toits et dans les citernes des tours était ensuite canalisée vers les différentes pièces.

Les châteaux de Frédéric II

Homme éclectique et cultivé, Frédéric II (1194-1250) fit édifier sur les terres de Pouille nombre de châteaux et forteresses dont il suivit de près la construction. La formule de base, qui est le quadrilatère, dérivé du *castrum* romain, témoigne également de la symbolique numérique à laquelle on conféra, au Moyen Âge, une valeur magique. Le carré et le cercle étaient en fait considérés comme les symboles des deux forces vitales de la terre et du ciel, de l'homme et de Dieu. Cette synthèse « pratique et magique » connut son apogée avec le plan octogonal de Castel del Monte. L'octogone était apprécié comme le juste compromis entre le carré et le cercle, ce qui réunit et mêle en soi l'humain et le divin. Le huit est un chiffre qui revient sans cesse dans cet édifice : huit côtés, huit tours d'angle, huit pièces à chaque étage.
Parmi les nombreux châteaux élevés par Frédéric II en Pouille, citons ceux de Bari, Barletta, Brindisi, Castel del Monte, Gioia del Colle, Lagopesole, Manfredonia (érigé par le fils de Frédéric II, Manfred), Trani.

Grotte di Castellana★★★

À Castellana-Grotte (40 km au Sud-Est de Bari). Visite guidée uniquement, également en anglais, français et allemand à heures fixes. Visite courte (1 km, environ 1h). Avr.-nov. : 8h30-13h, 14h30-19h (dép. toutes les heures). 7,75€. Visite longue, jusqu'à la grotte Blanche (3 km, 2h). Avr.-nov : 9h-12h, 15h-18h (dép. toutes les heures). 12,91€. Visite déconseillée aux personnes souffrant de maladies cardio-vasculaires. Pour toute information ☎ 800 21 39 76 (n^o^ vert), ou 080 49 98 211.

Les grottes suivent le parcours d'une ancienne rivière souterraine qui sillonnait le sous-sol calcaire des Murge. Découvertes en 1938, elles ont révélé de magnifiques concrétions d'une infinie diversité : draperies, stalactites et stalagmites aux riches coloris. Le spectacle se hausse au grandiose avec la **grotte Blanche★★★**, qui étincelle grâce à ses cristaux de calcite.

Foggia

Plan dans Le Guide Rouge Italia. Situé au cœur du Tavoliere, vaste plateau cultivé de céréales, cet actuel centre industriel et commercial fut fondé vers 1050 par le Normand Robert Guiscard. Frédéric II de Souabe y bâtit en 1223 un château aujourd'hui détruit.

De l'édifice élevé en 1172, la **cathédrale** conserve la partie inférieure, avec une rangée d'arcatures aveugles surmontée d'une corniche sculptée, et la crypte ; le reste fut détruit par le tremblement de terre de 1731.

Galatina

Centre artisanal et vinicole du Salento, péninsule plate et caillouteuse, Galatina possède une cathédrale dont la façade baroque rappelle le style gracieux de Lecce. L'église **S. Caterina d'Alessandria★** (14e s.), commandée par Raimond des Baux Orsini, abrite un merveilleux cycle de **fresques★** dues à plusieurs artistes du 15e s. et dans lesquelles les personnages féminins adoptent souvent les traits de Marie d'Enghien, épouse de Raimond. Dans la nef centrale, on peut admirer des scènes de l'Apocalypse, de la Genèse, de l'histoire de la Vie de Jésus ; le long du bas-côté droit, la Vie de la Vierge ; dans le chœur, des scènes de la Vie de sainte Catherine. L'abside de forme octogonale avec sa voûte en croix à tierceron fut exécutée en 1455-1460.

Galatone

24 km au Sud-Ouest de Lecce. L'**église du Crocifisso della Pietà** présente une belle **façade★** dorée d'un style baroque typique de la région de Lecce. Fastueux intérieur de stucs et d'ors.

Gallipoli

La vieille cité, blottie sur une île, est reliée à la ville moderne par un pont et possède un ravissant petit port. On y voit un château au donjon impressionnant, reconstruit au 16e s., où s'élevait un fortin angevin, et une **cathédrale** à la façade baroque qui rappelle le style de Lecce (à l'intérieur, nombreuses peintures des 17e et 18e s., d'artistes salentins pour l'essentiel). Le long de la Riviera empruntant le tracé de l'ancien mur, dont subsistent encore les remparts, se dresse l'**église de la Purità**, dont l'**intérieur★** décoré de stucs fastueux présente de belles toiles du 18e s. et un remarquable pavement de majolique.

Promontoire du Gargano★★★ *(voir ce nom)*

Gioia del Colle

Au centre de la petite ville s'élève un imposant **château normand** édifié sur une ancienne forteresse byzantine et conforme au plan des châteaux de Frédéric II. La cour carrée donne accès aux pièces du rez-de-chaussée qui accueillent un Musée archéologique (beau cratère apulien à figures rouges du 4e s. avant J.-C., avec des représentations d'offrandes et, au centre, un petit temple funéraire) et où se trouvent le four et les prisons. À l'étage supérieur, la salle du Trône, éclairée par une belle fenêtre géminée, est caractérisée par un grand arc en plein cintre. (♿) *8h30-19h30. Fermé 1er janv., 1er mai, 25 déc. 2,07€. ☎ 080 34 81 305.*

Lecce★★ *(voir ce nom)*

Lucera

Cité importante sous l'Empire romain, attribuée par Frédéric II de Souabe aux Sarrasins de Sicile que Charles II d'Anjou chassa, Lucera conserve une imposante **forteresse★** (900 m de périmètre), érigée au 13e s. par les Angevins, d'où l'on découvre un beau **panorama★** sur le Tavoliere. Le centre historique est dominé par le **Dôme** (14e s.) qui s'ouvre sur une belle place, lieu de rencontre de la ville. Non loin se trouve une autre belle église romane aux lignes sobres, dédiée à saint François d'Assise, mais liée aussi au personnage de saint François Fasani, qui vécut dans la région au 18e s. et s'occupa de sa restauration. À proximité, un joli palais malheureusement en mauvais état accueille le **musée municipal G. Fiorelli**, qui recèle une **Vénus★** marbre, copie romaine d'un demodèle de l'école de Praxitèle. (♿) *Mar.-sam. 9h-13h, 16h-19h ; dim. et j. fériés : 9h-13h. 0,77€. ☎ 0881 54 70 41.* Tout près du centre, l'**amphithéâtre romain★**, construit sous Auguste, est très bien conservé.

Manfredonia

Fondé au 13e s. par Manfred, fils de Frédéric II, ce port est protégé par un beau **château** caractérisé par un bastion en pointe de lance. De Manfredonia, on peut se rendre *(3 km au Sud par la route S 89)* à **S. Maria di Siponto★**, élégante église romane du 11e s. qui mêle des influences orientales (plan carré, toit en terrasse dissimulant une coupole) et pisanes (arcades aveugles reposant sur des colonnes et renfermant des losanges).

L'**église S. Leonardo** *(au-delà de S. Maria, prendre à droite vers Foggia)*, de la fin du 11e s., s'orne d'un beau **portail★** finement sculpté (début du 13e s.).

Ostuni★

35 km à l'Ouest de Brindisi par la S 16. Ce gros bourg occupant plusieurs collines possède une vieille cité ceinte de remparts aragonais qui enroule ses ruelles blanches au pied de la **cathédrale**. Celle-ci, édifiée à la fin du 15e s., présente des éléments romans et gothiques. La **façade★** s'achève sur un insolite jeu de lignes concaves *(partie centrale)* et convexes *(sur les côtés)* souligné par une décoration de petit arceaux. Au centre se détache une très belle **rosace★**, à la symbolique complexe liée au passage du temps : le nombre des arcades externes est de 24, comme les heures, celui des arcades internes est de 12, comme les mois, tandis que le Christ, au centre, est entouré de 7 têtes d'ange, comme les jours de la semaine.

Santa Maria di Leuca

Un peu plus loin, l'église S. Vito (ou S. Maria Maddalena dei Pazzi) abrite un minuscule **Musée archéologique** où est conservé le moulage de **Délia**, jeune femme qui vécut il y a environ 25 000 ans et qui mourut juste avant d'accoucher (le squelette montre les osselets du fœtus). (♿) *Mar.-sam. 9h-13h ; mar. et jeu. également 15h30-19h, dim. et j. fériés 10h-12h30, 15h30-19h. 1,55€. ☎ 0831 33 63 83.*

Otranto

Situé à l'extrémité de l'Italie, sur la rive orientale du talon de la botte, ce port de pêche fut autrefois la capitale de la Terre d'Otrante, dernier réduit byzantin qui résista longtemps aux Lombards puis aux Normands. Au 15e s., les habitants, vaincus par les troupes de Mehmed II, se réfugièrent dans la cathédrale où ils furent massacrés ; les survivants, faits prisonniers, furent tués sur la colline de Minerve où a été élevé un sanctuaire en mémoire de ces « martyrs d'Otrante ». Sur la Terre d'Otrante, l'influence grecque fut telle qu'aujourd'hui encore les habitants parlent un dialecte très proche du grec.

Città Vecchia – On a une belle vue de la « Vieille Ville » depuis le port *(môle Nord-Est)* ; à gauche, **château aragonais** (15e s.) de forme trapézoïdale flanqué de grosses tours cylindriques. On accède à cette cité juchée sur une falaise par la Porta di Terra et la Porta Alfonsina (15e s.).

Cattedrale★ – Construite au 12e s., elle a été remaniée à la fin du 15e s. L'intérieur, à trois vaisseaux séparés par des colonnes antiques, est remarquable par son **pavement★★★** de mosaïques réalisé entre 1163 et 1165 par un prêtre, **Pantaleone**. La décoration, aux formes simples, presque primitives, fascine par la vivacité des attitudes, la fraîcheur du coloris et la richesse des symboles. Dans la nef centrale, l'Arbre de vie, soutenu par deux éléphants indiens, déploie ses branches où bestiaires médiévaux, héros de poèmes chevaleresques, images mythologiques, cycle des mois et signes du zodiaque se mêlent aux scènes bibliques. Ce schéma est reproduit à l'extrémité des deux bas-côtés, avec deux autres arbres représentant le Paradis et l'Enfer *(à gauche)*, ainsi que des personnages bibliques et mythologiques *(à droite)*. Remarquer aussi l'immense **crypte** divisée en cinq vaisseaux et reposant sur une véritable forêt de chapiteaux antiques (classiques, byzantins et romans).

La costa meridionale★ – D'Otrante à **Santa Maria di Leuca** *(51 km)*, la route procure de très belles vues sur les indentations du littoral, encore sauvage. Peu avant **Castro Marina**, la **grotte Zinzulusa**, au fond d'une crique rocheuse, abrite quelques concrétions et deux lacs, l'un marin, l'autre d'eau douce, où vivent des espèces animales rares. *De mi-juil. à mi-sept. : 9h30-19h ; de mi-sept. à mi-juil. : 10h-16h. Visites guidées uniquement (20mn), les visites sont suspendues les jours de grosse mer. 2,58€. ☎ 0836 94 38 12 ; www. castro.it*

Ruvo di Puglia

34 km à l'Ouest de Bari. Aux confins de la région des Murge, Ruvo possède une **cathédrale★** de style roman apulien dont la sobre façade est rehaussée d'une rosace, d'une baie géminée, d'un beau portail sculpté et, au sommet, d'une frise d'arcs. À l'intérieur, la nef très élevée est scandée par de hautes arcades que surmonte une épaisse corniche soutenue par des consoles sculptées. Le **Musée archéologique Jatta** possède une belle collection de **vases★** attiques, italiques et apuliens, d'où se détache le **cratère de Talos★★**, superbe vase noir à figures rouges. *8h30-13h30 ; sam. également 14h30-19h30. Fermé 1er janv., 1er mai, 25 déc. Gratuit. ☎ 080 36 12 848.*

Par la via De Gasperi, où se trouvent la tour de l'Horloge (16e s.) et, de l'autre côté, le palais Renaissance Caputi, on parvient à la piazza Matteotti, bordée de beaux palais et des restes d'un château médiéval.

San Giovanni Rotondo

43 km au Nord-Est de Foggia par la S 89 et la S 273. Lieu de pèlerinage cher aux myriades de fidèles du **Padre Pio** (1887-1968), le moine capucin de **Pietrelcina**, près de Bénévent. C'est ici qu'il fut ordonné prêtre et vécut. En 1918 il reçut les stigmates, qui disparurent à sa mort. Il a été béatifié en 1999.

Trani

Important marché vinicole possédant un port antique entouré de vieilles maisons, Trani s'enorgueillit de sa **cathédrale★★** romane, une des plus belles de la Pouille. Dédiée à saint Nicolas le Pèlerin, humble berger grec qui serait arrivé à Trani sur le dos d'un dauphin, elle fut construite entre les 11e et 13e s. Entourée d'arcatures aveugles, sa belle **porte de bronze★** a été fondue vers 1180. Le transept, très élevé, précède le chevet percé d'une fenêtre finement décorée. Sur le côté droit s'élève le campanile. L'intérieur est marqué par des influences normandes. Légèrement surélevés, les vaisseaux sont bâtis sur deux immenses cryptes dont la plus basse est peuplée d'une forêt de colonnes antiques. L'église supérieure, claire et sobre, présente de fines colonnes géminées soutenant les grandes arcades et l'élégante galerie à triplets (baies à trois ouvertures).

Du **jardin public★**, situé à l'Est du port, on a une jolie vue sur la vieille ville et sa haute cathédrale. Le **château**, au bord de la mer, fut édifié par Frédéric II de Souabe.

Troia

17 km au Sud-Est de Foggia. Bien situé sur une colline dominant la plaine du Tavoliere, ce centre agricole possède une belle **cathédrale** de style roman apulien, commencée au 11e s., et achevée au 13e s. Sa façade est ornée d'arcatures et d'une **rosace★** asymétrique. Une belle **porte de bronze★** du 12e s., de style byzantin, s'ouvre sur un intérieur à trois vaisseaux séparés par des colonnes à beaux chapiteaux. À l'extérieur, sur le flanc gauche, la porte est surmontée d'un **tympan** sculpté où figure le Christ entre deux anges.

Tarente★ *(voir Taranto)*

Tremiti (îles)★ *(voir ce nom)*

Terra dei Trulli★★★

Entre Fasano, Ostuni, Martina Franca et Alberobello s'étend une région dont le nom vient des curieuses habitations qui la couvrent, les *trulli*, constructions carrées surmontées d'un toit conique couvert de *chiancarelle*, tuiles en calcaire gris de la région. À l'origine, elles étaient édifiées sans utiliser de mortier ; leurs murs et l'extrémité de leur toit sont peints à la chaux. Au sommet se détachent des pinacles dont les formes relèvent du symbolisme lié à la magie. Chacune d'elles correspond à une pièce d'habitation ; aussi sont-elles groupées en principe par trois ou quatre. Sur le côté s'élève une haute cheminée ; un escalier extérieur conduit aux greniers ; un arc avec gâble souligne la porte ; l'intérieur est couvert d'une coupole.

Alberobello★★★ – Cette petite ville possède un important quartier de trulli (vers 1400), souvent accolés les uns aux autres ; ils s'échelonnent sur une colline au Sud de la ville (Zona Monumentale, Rioni Monti et Aia Piccola). Au sommet s'élève l'**église S. Antonio**, elle-même imitée des trulli *(accès par la via Monte S. Angelo)* ; à l'intérieur, la croisée du transept est surmontée d'une coupole identique à celle que l'on voit dans les habitations particulières.

On peut visiter de nombreux trulli à Alberobello ; de leurs toits on jouit d'une belle vue sur l'ensemble de l'agglomération. C'est la possibilité qu'offre aussi le **musée du Territoire** (Museo del Territorio, dans le quartier neuf, piazza XXVII Maggio), un grand trullo remontant au 18e s. et destiné aujourd'hui à recevoir des expositions temporaires. *9h-21h. 3,62€. ☎ 080 43 25 171.*

Près de l'église principale, piazza Sacramento, s'élève le **Trullo Sovrano★**, le plus grand de la ville, à deux étages, et comprenant pas moins de douze cônes. Érigé vers le milieu du 8e s., il conserve quelques meubles qui permettent d'établir la nature des différents locaux. (♿) *10h-13h, 16h-19h30. 1,29€. ☎ 0335 80 32 082.*

Lara Pessina/MICHELIN

Les trulli d'Alberobello, habitations originales au toit conique

Locorotondo – Cette ville est bâtie sur une colline autour de laquelle s'enroulent des ruelles concentriques, d'où son nom (*loco rotondo* : lieu rond). Le **centre historique★** renferme les églises S. Giorgio, néoclassique, et S. Maria la Greca, dont la façade est ornée d'une belle rosace gothique.

La route de Locorotondo à Martina Franca traverse la **vallée d'Itria★★**, fertile et vaste plaine cultivée de vignes et d'oliviers et parsemée de trulli.

Martina Franca★ – Cette cité toute blanche occupe une colline des Murge. Au sommet, la vieille ville, entourée de remparts, forme un pittoresque ensemble baroque et rococo. Sur l'agréable **piazza Roma** s'élève l'ancien **palais ducal** (1668), dont le premier étage est enrichi de belles fresques du 18e s. *Lun.-sam. 8h-20h ; dim. et j. fériés 9h-12h, 17h-20h. Gratuit. (Téléphoner pour avoir confirmation des horaires) ☎ 080 48 36 252.*

En empruntant le corso Vittorio Emanuele, on rejoint la piazza Plebiscito, que domine la façade blanche de l'**église S. Martino**, dont le portail est orné d'un haut relief à l'effigie du saint. À l'intérieur, le maître-autel (1773) est flanqué de deux belles statues de femmes en marbre personnifiant la Charité et l'Espérance. Sur la piazza Maria Immacolata attenante, caractérisée par des arcades à exèdres, s'ouvre la **via Cavour★** bordée de nombreux palais baroques. Tout près, dans la via Principe Umberto, l'église S. Domenico arbore une belle façade baroque.

Ravenna★★★

Ravenne

Paisible ville d'allure provinciale, Ravenne a conservé, à l'intérieur de constructions à l'architecture sobre, d'éblouissants trésors accumulés quand elle fut capitale de l'Empire d'Occident, puis siège d'un exarchat byzantin. Les mosaïques qui couvrent les murs des édifices religieux de Ravenne composent un ensemble éblouissant par l'éclat des couleurs, la richesse du décor et le puissant symbolisme, évocateur d'une grande spiritualité.

La situation

138 418 habitants – Cartes Michelin n°s 429 et 430 I 18 – Émilie-Romagne. Ravenne se trouve sous le delta du Pô, auquel elle est reliée par la S 309. La ville est facile à rejoindre par l'A 14 (prendre l'embranchement après Imola). *Via Salara, 8/12, ☎ 0544 35 404.*

Pour poursuivre la visite, voir les chapitres DELTA DEL PO et RIMINI.

comprendre

C'est en 404 qu'Honorius, abandonnant définitivement Rome, déjà affaiblie par le partage de l'Empire réalisé par Théodose en 395, choisit Ravenne comme siège de la puissance impériale. **Galla Placidia**, sœur d'Honorius, régna avec un faste romain sur la ville avant que les rois goths Odoacre (476-493) et **Théodoric** (493-526) ne la conquièrent et ne l'embellissent à leur tour. La situation privilégiée de son port,

carnet pratique

Restauration

• ***À bon compte***

Ca' de' Vén – *Via C. Ricci, 24 - ☎ 0544 30 163 - fermé lun. - - réserv. conseillée - 13/18€.* L'épicerie la plus élégante de Ravenne (1876) est devenue une trattoria-œnothèque renommée. Vous pourrez y manger sur de longues tables en bois des plats froids et quelques plats cuisinés, mais surtout des sandwichs et les typiques *piadine romagnole* (sorte de galettes de pain azyme garnies). Très bon choix de vins italiens.

Hébergement

• ***À bon compte***

Casa di accoglienza Galletti Abbiosi – *Via di Roma, 140 - ☎ 0544 21 51 27 - fax 0544 21 11 96 - info@ostellora.org - ♿ - 70 lits : 25,82€* . Dans un palais du 19e s., restauré avec soin, vous trouverez des chambres sobres et fonctionnelles (certaines avec plafond décoré de fresques) auxquelles vous accéderez par un imposant escalier. De nombreux étudiants y logent en hiver, mais vous y trouverez facilement de la place le reste de l'année.

Hotel Ravenna – *Via Maroncelli, 12 - ☎ 0544 21 22 04 - fax 0544 21 20 77 - P - 26 ch. : 30,99/56,81€.* Cet hôtel très bien entretenu propose des chambres simples qui satisferont ceux qui ne veulent pas dépenser une fortune mais souhaitent un bon rapport qualité/prix. Pas de service de petit-déjeuner.

Classis, sur l'Adriatique, ouverture sur le monde grec, a inévitablement conduit Ravenne à entrer en rapport avec Byzance, où s'était déplacée la capitale de l'Empire en 476. Passée sous la domination byzantine, la ville devint sous l'empereur **Justinien** (482-565) le siège d'un exarchat qui continua d'exercer son influence sur une grande partie de la péninsule.

découvrir

LES MOSAÏQUES

Les mosaïques les plus anciennes sont celles qui ornent le baptistère néonien et le mausolée de Galla Placidia (5e s.) ; puis viennent, dans l'ordre chronologique, celles qui décorent le baptistère des Ariens, S. Apollinare Nuovo, S. Vitale et enfin S. Apollinare in Classe (6e s.). Deux grandes écoles de l'époque antique se mêlent en ce qui concerne ce patrimoine : l'école gréco-romaine, caractérisée par la plasticité et l'attention apportée au réalisme et aux paysages, et l'école byzantine, où les personnages se raréfient et se schématisent jusqu'à se fixer hiératiquement sur des fonds d'or. Les monuments paléochrétiens de Ravenne ont été inscrits sur la liste du patrimoine mondial de l'Unesco en 1996.

C. Guégan/MICHELIN

Portrait en mosaïque de la chapelle S. Andrea, dans le Musée archiépicopal

Visite – *Vous trouverez ci-dessous les horaires des monuments qui conservent des mosaïques.*

Basilique de S. Vitale, mausolée de Galla Placidia, baptistère néonien, musée archiépiscopal et basilique de S. Apollinare Nuovo : avr.-sept. 9h-19h ; oct.-mars téléphoner. Fermé 1er janv., 25 déc. 6,20€ comprenant l'entrée de tous les musées cités. ☎ 0544 21 81 58.

Baptistère des Ariens : ♿ 8h30-19h30. Gratuit. ☎ 0544 34 424.

Musée national : ♿ tlj sf lun. 8h30-19h30 (la billetterie ferme à 19h). Fermé 1er janv., 25 déc. 4,13€, 5,16€ avec l'entrée au mausolée de Théodoric, 6,20€ avec l'entrée au mausolée de Théodoric et à S. Apollinare in Classe. ☎ 0544 34 057.

S. Apollinare in Classe : 8h30-19h30 (la billetterie ferme à 19h). 2,07€. ☎ 0544 47 36 43.

Mausolée de Théodoric : été 8h30-19h30 (la billetterie ferme à 19h) ; hiver : 8h30-18h (la billetterie ferme à 17h30).

curiosités

S. Vitale★★

Le parcours d'accès à la basilique permet d'admirer la précieuse **fresque** recomposée provenant de l'église S. Chiara, œuvre de Pietro da Rimini (vers 1320). Consacrée en 547 par l'archevêque Maximien, la basilique est un chef-d'œuvre d'architecture où s'expriment le goût du faste, l'invention, la recherche de lumières variées, propres à l'art antique finissant. De plan octogonal, sur deux étages d'exèdres concaves, cernées par un déambulatoire et une abside profonde, l'intérieur surprend par la richesse de sa décoration : marbres précieux, chapiteaux byzantins admirablement ciselés, fresques et, surtout, **mosaïques** de l'abside, d'un coloris éclatant. Sur les côtés et en avant du chœur, scènes de l'Ancien Testament ; sur les murs latéraux du chœur, groupes de **Théodora** avec sa suite et de **Justinien** accompagné de sa cour. On retrouve dans ces œuvres le faste, la puissance hiératique et l'écriture nettement affirmée du style byzantin. À la voûte, le ***Christ en majesté*** est assis entre saint Vital et l'évêque Ecclesio, fondateur de l'église.

Mausoleo di Galla Placidia★★★

Élevée au 5e s., cette admirable construction en forme de croix latine est ornée de merveilleuses mosaïques. La coupole et la voûte, scintillant de motifs stellaires et floraux, sont peintes d'un bleu profond, rendu plus magique et plus évocateur encore par le peu de lumière filtrant de la fenêtre d'albâtre. Les tympans et les pendentifs présentent des scènes d'un symbolisme serein, tel l'idyllique Bon Pasteur sur le mur de l'entrée. Les sarcophages qui occupent les bras du mausolée étaient destinés à recevoir les dépouilles mortelles de Galla Placidia et de sa famille.

Le monastère bénédictin annexe à la basilique accueille le **Musée national** (Museo Nazionale), qui renferme des matériaux des époques romaine tardive et paléochrétienne : étoffes, ivoires, icônes de l'école crétoise-vénitienne et mosaïques.

Battistero Neoniano (o degli Ortodossi)★

Construit au 6e s. par l'évêque Néon, ce baptistère est également dit des Orthodoxes par opposition à celui des Ariens que fit élever Théodoric. De plan octogonal, il se compose de deux ordres d'arcades sur lesquels repose la voûte, ornée de superbes mosaïques : sur la coupole figure le ***Baptême du Christ*** accompagné du cortège des apôtres ; sur la partie inférieure apparaissent 8 petits temples avec des autels portatifs alternés de trônes surmontés par la Croix (motif iconographique d'origine orientale qui renvoie à la préparation du trône du Très-Haut pour le Jugement dernier). De part et d'autre des fenêtres se trouvent des sculptures byzantines en méplats (prophètes).

Attenante au baptistère, la **cathédrale** du 18e s. possède un campanile cylindrique des 10e-11e s. et un ambon du 6e s. décoré d'animaux symboliques.

Museo Arcivescovile

Outre une petite collection lapidaire, il conserve la **chaire**★★ de l'archevêque Maximien (6e s.), chef-d'œuvre de sculpture sur ivoire. La **chapelle S. Andrea**★★ recèle de remarquables mosaïques.

Qu'est-ce que l'arianisme ?

Diffusée à partir du 4e s. à travers la prédication du prêtre **Arius** (280-336), l'hérésie arienne affirmait que la nature du Christ n'était pas pleinement divine. Condamné par le premier concile de Nicée en 325, l'arianisme continua néanmoins à s'imposer en Orient tout au long du 4e s. ainsi que parmi les Goths, les Vandales et les Lombards jusqu'au 6e s.

Battistero degli Ariani

Construit au 6e s., vraisemblablement par Théodoric. Sa coupole est décorée de belles **mosaïques** représentant le baptême du Christ et, dans le bandeau, les apôtres et le trône crucifère.

Basilique de S. Apollinare Nuovo★★

Élevée entre 493 et 526 par Théodoric, probablement pour servir d'église à son palais, cette belle basilique à trois vaisseaux séparés par des colonnes corinthiennes de marbre grec est finement ouvragée. Les murs latéraux sont ornés d'une série d'éblouissantes **mosaïques** à fond d'or, disposées sur trois registres. Les deux registres du haut sont de l'époque de Théodoric, tandis que celui du bas fut refait sous Justinien qui fit éliminer toute référence à l'arianisme. Sur les deux côtés du registre supérieur sont représentées dans un cadre « naturel » encore gréco-romain des scènes de la Vie du Christ, tandis que la partie centrale entre les baies vitrées est scandée de saints et de prophètes. Sur le côté droit du registre inférieur, une **procession de martyrs** quitte le palais de Théodoric, guidée par saint Martin vers le Christ en majesté. Les draperies du somptueux palais se substituent aux dignitaires de Théodoric, dont seules les mains apparaissent sur les colonnes. De l'autre côté, partant du port de Classe où sont ancrés trois bateaux et de la ville de Ravenne, se déploie le **cortège des vierges** guidées par les Rois mages, dont la représentation bigarrée et dynamique contraste singulièrement avec le cortège compassé et hiératique. Remarquer la douce représentation de la Vierge à l'Enfant entourée d'anges.

Basilique de S. Apollinare in Classe★★

5 km au Sud. Sortir de la ville par la route S 67.

La basilique se dresse dans la campagne, non loin de la mer ; commencée en 534, consacrée en 549, elle a été complétée au 11e s. d'un campanile cylindrique séparé de la construction.

L'intérieur, majestueux, est à trois vaisseaux séparés d'arcades supportées par des colonnes de marbre aux splendides chapiteaux corinthiens. Les collatéraux ont reçu de superbes sarcophages chrétiens (5e au 8e s.). L'arc triomphal et l'abside sont ornés de magnifiques **mosaïques** (6e et 7e s.), d'une grande simplicité de composition et d'une belle harmonie de couleurs. Sur l'arc triomphal trône un Christ en majesté parmi les symboles des Évangiles, tandis qu'au-dessous deux groupes de 6 agneaux (les apôtres) sortent de deux villes dotées de tours (Bethléem et Jérusalem). La cuvette de l'abside accueille une Transfiguration : dominée par la main de Dieu et entourée d'un ciel étoilé, la Croix se détache avec l'image du Christ. Les lettres grecques alpha et oméga placées au bout de ses bras indiquent qu'Il est commencement et fin de tout. Le médaillon est flanqué des prophètes Moïse et Élie, tandis que trois agneaux représentent Pierre, Jacques et Jean, témoins de la Transfiguration. Dans la partie basse, le personnage de saint Apollinaire parmi ses brebis (le troupeau des fidèles) se détache au milieu d'un précieux pré fleuri.

visiter

Mausoleo di Teodorico★

Été : 8h30-19h ; hiver : 8h30-16h30. Fermé 1er janv., 1er mai, 25 déc. 2,07€, 5,16€ avec l'entrée au musée national, 6,20€ avec l'entrée au musée national et à S. Apollinare in Classe. ☎ 0544 45 16 83.

Curieux monument élevé vers 520 par Théodoric lui-même. En pierres de taille énormes, assemblées sans liaison, il est constitué de deux étages et coiffé d'un étonnant dôme monolithe en pierre d'Istrie de 11 m de diamètre. À l'intérieur, d'une grande sobriété, bassin roman de porphyre transformé en sarcophage.

Sepolcro di Dante

Exilé de Florence, Dante mourut à Ravenne en 1321. Sa tombe est surmontée d'un monument classique construit en 1780.

S. Francesco

Église romane datant du 10e s., flanquée d'un campanile de la même époque et remaniée après la Seconde Guerre mondiale. Belles colonnes de marbre grec, maître-autel du 5e s. et crypte du 10e s.

Pinacoteca Comunale

Tlj sf lun., mer. et sam. ap.-midi, dim. matin 9h-13h30, 15h-18h. Visite guidée sur réservation (Mme Ceroni Nadia ☎ 0544 48 20 41). Fermé j. fériés (le matin). 3,10€. ☎ 0544 48 20 54 ou 0544 48 23 56 ; www.comune.ravenna.it ou www.racine.ra.it/ravenna/pinacoteca

L'ancien monastère des chanoines du Latran, dont la façade sur le jardin public présente la belle **Loggetta lombardesca** (16e s.), abrite la galerie municipale de peinture. Elle rassemble des tableaux de plusieurs écoles (le plus souvent émiliennes et romagnoles) du 14e au 20e s., mais la pièce maîtresse du musée est le beau **gisant★** du chevalier Guidarello Guidarelli (homme d'armes au service de César Borgia), par Tullio Lombardo (1525).

Jeunes filles en quête d'un mari...

... vous trouverez l'oiseau rare dans l'année, veut la légende, si vous embrassez Guidarello. Veillez à ne pas attendre les derniers jours de décembre !

Reggio di Calabria

Reggio de Calabre

Agréablement située le long du détroit de Messine, appuyée à l'Aspromonte, Reggio est une ville d'aspect moderne, entièrement reconstruite après le tremblement de terre de 1908. Elle est entourée de cultures d'oliviers, de vignes, d'orangers, de citronniers et de fleurs utilisées en parfumerie : près de la moitié de la production mondiale de bergamote provient des environs de la ville. De Reggio partent bateaux et bacs pour la Sicile.

La situation

179 617 habitants – Carte Michelin no 431 M 28 – Plan dans l'Atlas Michelin Italie – Calabre. Reggio est le « terminus » de la A 3. ℹ *Corso Garibaldi, 329, ☎ 0965 89 20 12.* *Pour poursuivre la visite, voir les chapitres CALABRIA et MESSINA.*

visiter

Lungomare★

Longue et élégante promenade de bord de mer, plantée de magnifiques palmiers et de magnolias. On y jouit d'une ample vue sur les côtes siciliennes et l'Etna.

Museo Nazionale Archeologico★★

♿ *9h-20h. Fermé 1er et 3e lun. du mois, 1er janv., 1er mai, 25 déc. ☎ 0965 81 22 55.*
Même si nombre de visiteurs ne franchissent le seuil de ce musée que pour les deux mystérieux guerriers sortis des ondes, il serait dommage de ne pas consacrer quelques instants aux autres vestiges qu'il conserve. On s'arrêtera donc devant les ***pinakes*★**, bas-reliefs en terre cuite qui, à Locres, au 5e s. avant J.-C., faisaient office d'ex-voto. Ils étaient destinés à Perséphone, épouse d'Hadès, qui enleva la déesse alors qu'elle cueillait des fleurs et l'emmena aux Enfers. *La Femme rangeant un peplum à l'intérieur d'un coffre historié* constitue une scène d'intérieur familière.
Le sous-sol est la demeure des deux ***Guerriers de Riace*★★★**, statues en bronze découvertes en 1972 au fond de la mer.

Un moment devant les Guerriers de Riace

Nés en Grèce au 5e s. avant J.-C., ils mesurent respectivement 1,98 m et 2 m, et, quoique vides à l'intérieur, pèsent 250 kg chacun. Si leur désignation par les lettres A et B leur confère un anonymat certain, leurs expressions, quant à elles, sont des plus parlantes... Leurs yeux (il en manque un à A) sont pourvus de cornée en ivoire et en calcaire, de pupilles en pâte de verre et de cils en argent, métal utilisé aussi pour les dents de A, le seul à en avoir. S'ils portent encore tous deux la courroie d'un bouclier au bras gauche, la hampe qu'ils tenaient de la main droite a disparu. Des sentiments différents semblent les animer : A, la tête légèrement tournée, l'air invincible et agressif, est figé dans un mouvement en avant de sa jambe gauche et semble sur le point de parler ; B, au contraire, le regard effrayé, paraît hésiter et ébaucher un mouvement de recul.

Reggio Emilia

Riche centre industriel et commercial sur la Via Emilia, Reggio est la ville natale de l'Arioste et du paysagiste Antonio Fontanesi (1818-1882). Comme Modène et Ferrare, Reggio appartint à la famille d'Este de 1409 à 1776.

La situation

143 664 habitants - Cartes Michelin nos 428 et 429 H 13 - Plan dans l'Atlas Michelin Italie - Émilie-Romagne. Reggio Emilia se trouve le long de l'A 1, entre Parme et Modène. *Piazza Prampolini, 5/c, ☎ 0522 45 11 52.*

Pour poursuivre la visite, voir les chapitres MODENA et PARMA.

visiter

Le centre historique

Sur la **piazza Prampolini**, cœur politique, religieux et commerçant de la ville, s'élèvent la cathédrale, de fondation antique mais remaniée au 15e s., le baptistère roman et l'hôtel de ville, avec sa tour du Bordello (16e s.).

À droite de la cathédrale, la pittoresque **via Broletto**, très animée, conduit à la piazza San Prospero, dominée par la façade du 18e s. et le clocher inachevé de l'**église S. Prospero,** dont la coupole de l'abside recèle un beau cycle de fresques de C. Procaccini et B. Campi, et de précieuses stalles marquetées. *☎ 0522 43 46 67.*

Musei Civici

Via Spallanzani, 1. Tlj sf lun. 9h-12h, w.-end et j. fériés 9h-13h, 15h-19h. Fermé 1er janv. matin. Gratuit. ☎ 0522 45 64 77 ; www.musei.comune.re.it/servizi/

Ils comprennent le musée Spallanzani d'Histoire naturelle, un département paléontologique et ethnologique renfermant des pièces trouvées dans la région, des mosaïques romaines et médiévales, des marbres, des toiles de peintres locaux (15e-20e s.), dont ***Solitude***★ de A. Fontanesi, et une section consacrée à M. Mazzacurati (1908-1969).

Madonna della Ghiara★

Corso Garibaldi. 10h-12h, 16h-17h30, dim. et j. fériés 10h25-10h50, 15h30-17h. ☎ 0522 43 97 07.

Cette belle église, érigée au début du 17e s. à la suite d'un événement miraculeux, recèle un **intérieur** aux splendides fresques, retables et peintures sur bois, qui forment une magnifique anthologie de la peinture émilienne du 17e s. Parmi les œuvres les plus importantes, le tragique ***Christ en Croix*** du Guerchin.

▶▶ Galleria Parmeggiani.

alentours

Brescello

28 km au Nord-Ouest. Elle doit son nom (Brixellum) aux Celtes installés dans la plaine du Pô, qui déjà fondèrent sur leur passage Bressanone (Brixen) et Brescia (Brixia). Mais la notoriété récente de Brescello est liée à la série des films mettant en scène **Don Camillo** et **Peppone**. Le **musée** du même nom rassemble articles et affiches relatifs aux films et objets utilisés lors des tournages. (♿) *10h-12h, 15h-18h, dim. et j. fériés 9h30-12h30, 14h30-19h (réserver la visite quelques jours avant : M. Carpi, 8h-13h30). Laisser une offrande. ☎ 0522 68 75 26 ; www.pragmanet.it/pro-loco/museo-it.htm*

Un petit monde plein de poésie

Giovanni Guareschi (1908-1968), journaliste et romancier qui, littéralement, a trempé sa plume dans l'humour, fonda avec Giovanni Mosca (1908-1983) le *Candide* et fut l'auteur du ***Petit Monde de Don Camillo***, duquel fut tirée la très célèbre version cinématographique interprétée par Fernandel et Gino Cervi.

Château de Canossa

32 km au Sud-Ouest. Il ne reste plus que les ruines romantiques, perchées sur un rocher, de cet imposant château où la « grande comtesse de Toscane », **Mathilde**, soutint une lutte de trente ans contre l'empereur et en faveur du pape, lors de la querelle des Investitures *(voir p. 64)*. L'empereur d'Allemagne Henri IV y vint, en chemise, pieds nus dans la neige, faire amende honorable au pape Grégoire VII en 1077 ; il dut attendre trois jours avant d'obtenir le pardon de ses fautes ; de là l'expression « aller à Canossa », c'est-à-dire s'humilier après avoir résisté à quelqu'un.

Rieti

Située à un carrefour de vallées, au cœur d'un bassin cultivé, Rieti est le centre géographique de l'Italie. C'est également un bon point de départ pour les excursions permettant de suivre les pas de saint François, qui vécut et exerça son ministère dans les proches environs.

La situation

46 100 habitants – Carte Michelin nº 430 O 20 – Latium. Rieti surgit au pied du Terminillo. Pour s'y rendre, emprunter la S 4, Via Salaria, qui la relie à L'Aquila et à la A 1, et la S 79, qui mène à Terni.

Piazza Vittorio Emanuele, 17, Portici del Comune, ☎ 0746 20 32 20.

Pour poursuivre la visite, voir le chapitre ABRUZZO.

se promener

Piazza Cesare Battisti

Elle constitue le centre monumental de la ville. Par la grille située à droite du Palazzo del Governo (16e-17e s.) et de son élégante loggia, on pénètre dans l'agréable **jardin public★** (belle vue sur la ville et les environs).

Duomo

Porche du 15e s. et un beau campanile roman de 1252. À l'intérieur, fresque de 1494 représentant la Madone. **Crypte** du 12e s.

Palazzo Vescovile

Derrière la cathédrale. Construit au 13e s., ses imposantes **voûtes★** à bandeaux épais délimitent deux vastes nefs.

alentours

Convento di Fonte Colombo

5 km au Sud-Ouest. Suivre la route de Contigliano pendant 3 km, puis prendre à gauche. 9h-12h30, 15h30-18h30. Possibilité de visite guidée sur demande. Laisser une offrande. ☎ 0746 21 01 25 ; www.fratilazio.it

Dans l'ancien ermitage, **saint François** subit une opération des yeux ; dans la grotte, il dicta la règle franciscaine après avoir jeûné quarante jours. La chapelle della Maddalena, du 12e s., est ornée de fresques où apparaît le « T », emblème de la croix dessiné par le « Poverello ». On peut voir également la chapelle S. Michele, la grotte où François jeûna, le tronc d'arbre où Jésus lui apparut, l'ancien ermitage et l'église du 15e s.

Convento di S. Francesco★, à Greccio

15 km au Nord-Ouest. Se rendre à Greccio par la voie rapide et Spinacceto. 2 km après le village, laisser la voiture sur une esplanade au pied du couvent. 9h-12h45, 15h-18h45 (hiver 18h). ☎ 0746 75 01 27.

Accroché à un surplomb du rocher, à 638 m d'altitude, ce monastère est formé de bâtiments datant du 13e s. C'est ici que saint François institua la tradition de la crèche de Noël *(presepio)*. On visite la chapelle de la Crèche (fresques de l'école de Giotto), les lieux où vécut le saint et, à l'étage supérieur, l'église primitive érigée en 1228 et qui a gardé son mobilier d'origine.

Convento di S. Giacomo, à Poggio Bustone

10 km au Nord par l'ancienne route de Terni. 9h-12h, 15h-18h. Visite sur réservation. Gratuit. ☎ 0746 68 89 16.

Perché à 818 m d'altitude, dans un site verdoyant, ce couvent comprend une église du 14e s., très remaniée, qui a conservé des fresques datant des 15e, 16e et 17e s., un charmant petit cloître des 15e-16e s., un réfectoire du 14e s. et deux grottes qu'habita saint François.

Convento La Foresta

5 km au Nord. Été : 8h30-12h, 15h-19h ; hiver : 8h30-12h, 14h30-18h. Visite guidée uniquement. ☎ 0746 20 00 85. C'est là que saint François composa le *Cantique des créatures* et accomplit le miracle de la vigne. On visite le cellier avec la cuve qu'emplit le raisin miraculeux, et la grotte où vécut le saint.

Rimini☼☼☼

Autrefois destination privilégiée du tourisme d'élite (le roi Humbert Ier fut l'un de ses hôtes), Rimini est aujourd'hui une station balnéaire de renommée internationale, dotée d'équipements hôteliers modernes, d'un port de plaisance, d'un aéroport et surtout d'une immense plage de sable fin. Cette capitale du divertissement estival des temps présents côtoie un riche passé dont témoignent les monuments du centre historique.

La situation

131 062 habitants – Cartes Michelin n°s 429 et 430 J 19 – Plan dans l'Atlas Michelin Italie – Émilie-Romagne. On arrive à Rimini par l'A 14, la S 9, la Via Emilia, et la S 16.
i *Piazzale Cesare Battisti, 1 (à la gare),* ☏ *0541 51 331.*
Pour poursuivre la visite, voir les chapitres PESARO, RAVENNA et SAN MARINO.

comprendre

Grâce à sa situation au carrefour des voies romaines Emilia et Flaminia, cette antique colonie ombrienne et gauloise s'épanouit sous l'Empire. Au 13e s., la famille des **Malatesta** porta la renommée de la ville à son comble. Dante a conté dans *La Divine Comédie* les amours contrariées de Paolo Malatesta et de Francesca da Rimini, assassinés par leur frère et époux Gianni Malatesta ; plus tard, Sigismond Ier (1417-1468) sut allier action politique sans scrupules et obscurs démêlés familiaux à une attitude de mécène, appelant à sa cour Piero della Francesca et Leon Battista Alberti. Au 16e s., la ville passa sous domination pontificale.

Dans le domaine artistique, l'activité de Giotto dans l'église S. Francesco (désormais Tempio Malatestiano) a favorisé l'essor d'une **école de Rimini**, inspirée du giottisme mais d'un style plus dramatique et précis.

Rimini est également la patrie du grand cinéaste **Federico Fellini** (1920-1993) qui, à travers des chefs-d'œuvre tels que *I Vitelloni* et *Amarcord*, a rendu hommage à ses origines romagnoles.

visiter

Tempio Malatestiano★★

Construite au 13e s. par les franciscains et devenue mausolée des Malatesta dès le 14e s., cette église fut transformée à partir de 1447 par **Leon Battista Alberti** à la demande de Sigismond Ier. Conforté par l'idée que l'église devait glorifier le tyran et son épouse bien-aimée, Isotta, en abritant leurs tombeaux, l'architecte florentin n'hésita pas à adopter le modèle antique de l'arc de triomphe (en s'inspirant de l'arc d'Auguste voisin) et toute une série d'éléments d'inspiration classique. Bien qu'inachevé, le « temple » Renaissance de Rimini inaugure ainsi un nouveau type de façade d'édifice religieux, auquel se référera quelques décennies plus tard, la basilique St-André de Mantoue.

L'**intérieur** présente une décoration allégorique de style gothique tardif, sculptée avec une grâce exquise par Agostino di Duccio et constituant une sorte d'encyclopédie médiévale enrichie d'éléments classiques et païens (il faut souligner les délicieux ***Jeux d'enfants*** de la 2e chapelle de gauche). Le bas-côté droit renferme le tombeau de Sigismond *(au revers de la façade)* et la salle des Reliques *(en cas de fermeture, s'adresser à la sacristie)*, qui recèle le célèbre ***Sigismond Malatesta devant saint Sigismond★★*** de **Piero della Francesca**. La toile est frappante par le contraste entre la figure de profil, immatérielle, de l'homme et le relief du saint assis en diagonale. Dans la chapelle suivante, le tombeau d'Isotta repose sur des éléphants (animaux préférés de son époux), qui soutiennent les chiffres « SI » de Sigismond. Dans la 3e chapelle de droite, la représentation des planètes et des signes du zodiaque (remarquer la vue de Rimini dans l'évocation du Cancer, signe zodiacal de la ville) honore l'œuvre du Divin, opposée à l'activité de l'homme, symbolisée par les arts libéraux représentés en face, dans la chapelle du bas-côté gauche. Derrière l'autel, trône un **Crucifix★★** de **Giotto**.

Arco d'Augusto

Piazzale Giulio Cesare. Élevé en 27 avant J.-C., il offre un aspect majestueux grâce, notamment, à ses belles colonnes cannelées à chapiteaux corinthiens.

Le centre historique

La piazza Cavour est bordée par l'hôtel de ville, le palais de l'Assemblée (Palazzo dell'Arengo) et le palais du Podestat, datant des 13e-14e s. mais largement remaniés. En passant sous les arcades de l'ancienne poissonnerie et en prenant à droite la via Cairoli, on parvient à l'**église S. Agostino**, qui recèle d'intéressants témoignages

Restauration

• À bon compte

La Baracca – *Via Marecchiese, 373 - 47037 Vergiano - 4,5 km au SO de Rimini - ☎ 0541 72 74 83 - fermé mer. - 18/26€.* Si vous voulez connaître les environs de Rimini, essayez ce petit restaurant, à l'ambiance familiale et informelle, et ses délicieux plats du terroir. Excellent rapport qualité/prix.

Dei Cantoni – *Via Santa Maria, 19 - 47020 Longiano - 22 km au NO de Rimini par la Via Emillia, puis route régionale - ☎ 0547 66 58 99 - fermé mer., janv. - ▤ - 19/22€.* Dans ce restaurant situé dans le centre historique, adossé au château Malatestiano, les sympathiques propriétaires vous proposent une cuisine typique et raffinée, préparée avec des produits de saison. Service en terrasse l'été. Idéal pour ceux qui veulent sortir de la ville.

• Valeur sûre

Osteria la Sangiovesa – *Via Saffi, 27 - 47822 Santarcangelo di Romagna - 13 km à l'O de Rimini sur la Via Emilia - ☎ 0541 62 07 10 - fermé à midi, 1er janv., 25 déc. - ▤ - 26/33€.* Une étape gastronomique conseillée par de nombreux hôtels de la riviera. Un décor éclectique et des plats traditionnels élaborés avec soin et imagination. Bonne carte des vins.

Acero Rosso – *Viale Tiberio, 11 - ☎ 0541 53 577 - fermé à midi (sf dim. et j. fériés), lun. de juin à sept., dim. soir et lun. le reste de l'année, 12 au 16 août, 23 au 26 déc. - 36,92/49,92€.* Pour une fête une occasion particulière ou simplement pour vous faire plaisir, pourquoi ne pas déguster un délicieux risotto au homard avec sa sauce au vin rouge et crustacés, ou un carpaccio de langoustine au basilic ? Décor raffiné et terrasse en été.

Hébergement

• À bon compte

Hotel Diana – *Via Porto Palos, 15 - 47811 Viserbella - 8 km au N de Rimini - ☎ 0541 73 81 58 - fax 0541 73 80 96 - fermé oct.-mars - P ⛱ ▤ (payant) - 38 ch. : 33,5/60€ - ☕ 5,50€ - restaurant 15,50/18,10€.* Les chambres, modernes et bien tenues, donnent sur les piscines (pour les petits et pour les grands) dans le prolongement de la plage. Une bonne adresse compte tenu de l'accueil chaleureux réservé aux clients.

Hotel Rondinella et Dependance Viola – *Via Neri, 3 - ☎ 0541 38 05 67 - fax 0541 38 05 67 - P ⛱ ▤ (payant) - 52 ch. : 36,15/51,64€ - ☕ 4,13€ - restaurant 12,91/15,49€.* Cet hôtel, construit dans un style années 1970 comme la plupart des immeubles du coin, vous offre un accueil et une hospitalité qui vous laisseront sans voix. Absolument impeccable... et on ne parle même pas des prix !

• Valeur sûre

Hotel Giglio – *Viale Principe di Piemonte, 18 - 47831 Miramare di Rimini - 7 km au S de Rimini - ☎ 0541 37 20 73 - fax 0541 37 74 90 - fermé oct.-Pâques - P ⛱ ▤ (payant) - 42 ch. : 46,50/72,30€ - ☕ 5,17€ - restaurant 16,53/19,11€.* Si vous voulez des vacances tranquilles et vous déplacer le moins possible, cet hôtel, qui donne directement sur la plage et possède une terrasse-solarium, vous conviendra parfaitement. Chambres modernes, atmosphère familiale et cuisine de qualité.

Hotel Villa Lalla – *Via Vittorio Veneto, 22 - ☎ 0541 55 155 - fax 0541 23 570 - ▤ - 40 ch. : 50/83€ ☕ - restaurant 15,50/26€.* Dans un quartier résidentiel, à quelques minutes à pied de la mer et du centre, une bonne solution pour les longs séjours. Hôtel écologique (poubelles différenciées pour le tri des déchets dans chaque chambre) et petit-déjeuner sous la véranda.

Hotel Avila In – *Via San Salvador 192 - 47812 Torre Pedrera - 9 km au N de Rimini - ☎ 0541 72 01 73 - fax 0541 72 11 82 - fermé nov. - P ⛱ ▤ - 65 ch. : 47/103,30€ ☕ - restaurant 16/26€.* Sur le front de mer, un hôtel très bien équipé avec un petit centre de remise en forme, de grands espaces verts pour se reposer au frais, de belles piscines et un court de tennis pour les férus de sport, et une aire de jeux pour les enfants.

• Une petite folie !

Grand Hotel – *Parco Fellini, 1 - ☎ 0541 56 000 - fax 0541 56 866 - P ⛱ ▤ ♿ - 105 ch. : à partir de 201,42€ ☕ - restaurant 44/62€.* Lié pour l'éternité à Federico Fellini, ce palace de haut niveau possède un intérieur raffiné et quelques pièces de mobilier exceptionnelles, dont certaines datent du 15e s. Le charme du passé et une atmosphère enchanteresse pour un séjour d'exception.

Petite pause

Bounty – *Via Weber, 6 - ☎ 0541 39 19 00 - juin-sept. : 7h30-3h ; oct.-mai : mar. et mer., ven.-dim.* C'est le plus grand pub de Rimini et le principal point de rendez-vous de la ville. Ce bar gigantesque décoré comme un bateau organise de nombreuses soirées à thème : cabaret, musicale, théâtrale...

Sorties

Antica Drogheria Spazi – *Piazza Cavour, 5 - ☎ 0541 23 439 - 11h-15h,18h-24h.* Une élégante cave à vins, dans la partie haute de la ville. Loin de l'agitation de la plage, dans un grand espace ouvert, vous pourrez déguster des vins de toute l'Italie et d'ailleurs.

Club Paradiso – *Via Covignano, 260 - ☎ 0541 75 11 32 - info@paradisoclub.it - 5 au 20 août : 21h-5h ; reste de l'année : ven. et sam.* Avec son jardin luxuriant et sa décoration baroque, le Paradiso, quarante-cinq ans d'existence, est sans aucun doute la plus belle discothèque de Rimini. Fêtes gigantesques et tous les styles de musique.

Mon Amour – *Viale Principe di Piemonte, 30 - ☎ 0541 37 34 34 - mar., ven.-dim. à partir de 22h30.* Ceux qui ont passé 30 ans apprécieront cette discothèque-piano bar, au décor sobre et à l'ambiance latino-américaine. Point de rendez-vous des hommes d'affaires italiens en vacances à Rimini.

Spectacles

Delfinario – *Lungomare Tintori, 2 - ☎ 0541 50 298 - dolphins@iper.net - avr.-sept. : tlj ; oct. : w.-end - fermé nov.-mars.* Ce « parc à dauphins » fera la joie des plus petits qui, après avoir visité le musée, pourront assister et participer à un joli spectacle avec cinq dauphins (durée 40mn). Les dauphins du parc sont également utilisés pour soigner les personnes autistes.

Achats

Stamperia Ruggine – *Via Bertani, 36 - ☎ 0541 50 811 - mar.-sam. 9h-13h, 15h30-19h30.* Vous y trouverez la spécialité de Rimini : les motifs à grandes fleurs qui ornent tissus et céramiques. Ils seront imprimés sous vos yeux selon la technique traditionnelle.

Sport

Blue Beach Center – *Quartier Pascoli - devant les plages 62, 63, 63 A, 63 B, 64, 65 - ☎ 0541 38 24 56 - www.spiaggia63ª.it - 8h-19h30 - fermé 20 sept.-mai.* De tous les centres nautiques, celui-ci est le plus complet : nombreuses activités pour les enfants, centres de massage et de fitness, salle télévision, terrains de sport, mais aussi ski nautique et scooters de mer. Il est également pourvu d'une petite salle à l'intérieur, où vous trouverez un peu de fraîcheur, et d'une terrasse donnant directement sur la plage.

de l'école picturale de Rimini du 14e s. Sur la piazza Malatesta toute proche, s'élève le massif bâtiment du **Castel Sismondo**, austère édifice que Sigismond Ier fit construire, aidé des conseils de Brunelleschi.

Museo della Città

Via Tonini, 1. ♿ Été : tlj sf lun. et dim. matin 10h-12h30, 16h30-19h30 ; le reste de l'année : tlj sf lun. et dim. matin 8h30-12h30, 17h-19h. 3,62€, gratuit le dim., le 6 janv. et à Pâques. ☎ 0541 21 482 ; www.comune.rimini.it/musei/città/index.htm

Il rassemble le matériel archéologique de l'*Ariminum* romaine et une large collection d'œuvres des 14e-19e s., d'où se détachent les peintures sur bois et les crucifix de l'école de Rimini, la délicate ***Pietà**** de **Giovanni Bellini**, le **retable de saint Vincent Ferrier** de Domenico Ghirlandaio et, pour la section consacrée au 17e s., certaines toiles du Guerchin et de Guido Cagnacci.

Ponte di Tiberio

Commencé sous Auguste, ce pont fut achevé en 21 après J.-C., sous Tibère. Son appareil est formé de pierres massives provenant d'Istrie.

Riviera ligure**

La Riviera ligure est le paradis des vacanciers. Son climat particulièrement doux y rend agréables les séjours en hiver également. Les bords de mer sont jalonnés de stations fréquentées et bien aménagées du point de vue hôtelier ; mais l'arrière-pays procure aux amoureux de promenades solitaires de nombreuses possibilités.

La situation

Carte Michelin n° 428 I-K 4-12 - Ligurie. De Vintimille à La Spezia, au pied des Alpes et de l'Apennin ligure, et donc protégée des vents, s'étend une côte dessinant un ample arc dont le centre est occupé par la ville de Gênes. Le long de la côte setrouvent l'A 10 (Riviera du Ponant), l'A 12 (Riviera du Levant) et la S 1, Via Aurelia. *Pour poursuivre la visite, voir les chapitres GENOVA et Promontorio di PORTOFINO.*

circuits

RIVIERA DU PONANT* 1

Les schémas situent, outre les localités et sites décrits, d'autres lieux particulièrement pittoresques (indiqués dans le plus petit caractère noir).

De Vintimille à Gênes. 175 km – Compter une journée.

L'antique voie romaine Aurelia constitue aujourd'hui encore le principal axe routier. Difficile en raison de son parcours sinueux, de son étroitesse et du trafic intense qui l'emprunte, cette route offre néanmoins de fréquents points de vue remarquables, qu'elle s'élève en corniche ou qu'elle longe de près la mer. L'autoroute A 10,

carnet pratique

Restauration

• À bon compte

Osteria Mezzaluna-Wine Bar – *Vico Berna, 6 - 17021 Alassio - ☎ 0182 64 03 87 - osteria.mezzaluna@iol.it - fermé lun. en hiver -* ⊭. Les tables et les murs de cette *osteria* sont décorés de jolies faïences, tandis que les plafonds voûtés sont ornés de rames, de gouvernails et de bouées anciennes. C'est dans ce cadre pittoresque que vous pourrez déguster, au son de la musique *live*, charcuteries, fromages, *bruschette* et différents plats froids ou chauds.

Luchin – *Via Bighetti, 51 - 16043 Chiavari - ☎ 0185 30 10 63 - fermé dim. -* ⊭ *- 13/18€.* Cette *osteria*, située en plein centre, vous propose en plus de la traditionnelle *farinata* (galettes de farine de pois chiches) des plats ligures traditionnels à des prix particulièrement honnêtes. Décor simple et chaleureux avec grandes tables en bois d'époque.

La Favorita – *Località Richelmo - 18030 Apricale - 16 km au N de Ventimille - ☎ 0184 20 81 86 - fermé mer. (sf août), 24 juin au 8 juil., 12 nov. au 6 déc. - réserv. conseillée - 20/25€.* Une jolie fermette transformée en restaurant, géré en famille et avec passion. Les fleurs sur les tables et les plantes grimpantes sur les parois créent une harmonie parfaite avec le paysage que l'on aperçoit par les grandes baies vitrées. Cuisine authentique.

Sotto la Scala – *Via Cerisola, 7 - 16035 Rapallo - ☎ 0185 53 630 - fermé dim. soir, lun. (sf juil.-août), à midi (sf j. fériés) - réserv. conseillée - 22/33€.* Derrière la voie ferrée, une petite villa ancienne, décorée de meubles rustiques et de lampes d'époque, et dont les murs sont ornés de cartes postales et d'ustensiles du 19e s. Cuisine traditionnelle variée (il n'y a pas que des produits de la mer), préparée avec passion et amour.

• Valeur sûre

U Giancu – *Via San Massimo, 78 - 16035 Rapallo - ☎ 0185 26 12 12 - fermé 23 déc. au 2 janv., 3 janv.-Pâques (ouvert uniquement ven.-dim.), 5 au 25 nov. - réserv. conseillée - 23/33€.* Une belle collection de bandes dessinées originales accrochées aux murs et une aire aménagée pour les enfants qui peuvent manger à l'intérieur d'un petit train. À l'extérieur, on se croirait en pleine campagne et l'on oublie presque que la mer est toute proche.

Da Casetta – *Piazza San Pietro, 12 - 17022 Borgio Verezzi - 4 km au SO de Finale Ligure sur la Via Aurelia - ☎ 019 61 01 66 - fermé mar. et à midi (sf w.-end et j. fériés, sept.-juin) - réserv. conseillée - 27/38€.* Les plafonds voûtés en briques apparentes et les murs passés à la chaux créent un décor rustique et élégant très agréable, où émerge une paroi rocheuse naturelle. Plats du terroir et légumes provenant de l'exploitation familiale.

Quintilio – *Via Gramsci, 23 - 17041 Altare - 12 km au NO de Savona sur la S 29 - ☎ 019 58 000 - fermé dim. soir, lun., à midi (sf dim.), juil. - 32/43€.* Dans un cadre très sobre, élégamment rustique, ce restaurant propose une cuisine familiale ligure et piémontaise, pleine d'imagination, et un service convivial. L'établissement dispose également de quelques chambres confortables et soignées.

Hébergement

• À bon compte

Albergo Rosita – *Via Mànie, 67 - 17024 Finale Ligure - 3 km au NE - ☎ 019 60 24 37 - fax 019 60 17 62 - fermé 5 au 20 janv., nov. -* ⊭ 🅿 *- 9 ch. : 41,40/58€ - ☕ 6,20€ - restaurant 21,60/28,20€.* Donnant à pic sur la mer et entouré de verdure, cet hôtel spacieux et lumineux, sobrement décoré de meubles en bois, est très bien tenu. Les chambres confortables disposent d'un balcon avec vue sur la mer et le petit-déjeuner est servi dans la véranda, sur la terrasse-solarium.

Pensione Miramare – *Via Fiascherino, 22 - 19030 Tellaro - 4 km au SE de Lerici - ☎ 0187 96 75 89 - fax 0187 96 65 34 - fermé de nov. au 22 déc., 9 janv. à Pâques -* 🅿 *- 14 ch. : 50/62€ - ☕ 6€ - restaurant 20/33€.* Une pension simple et accueillante, très bien gérée par les propriétaires. Donnant sur Tellaro et le golfe des Poètes, l'établissement dispose d'une terrasse-jardin et pratique des prix plus que raisonnables.

• Valeur sûre

Hotel Delle Rose – *Via de Medici, 17 - 18014 Ospedaletti - 6 km au NE de Bordighera sur la Via Aurelia - ☎ 0184 68 90 16 - fax 0184 68 97 78 - 14 ch. : 54,23/72,30€ ☕ - restaurant 23/34€.* Un beau jardin, rempli de plantes exotiques, et un accueil chaleureux et courtois dans cet hôtel familial, éloigné des zones fréquentées. Parties communes et chambres de style classique un peu démodé.

Hotel Ca' d'Andrean – *Via Discovolo, 101 - 19010 Manarola - ☎ 0187 92 00 40 - fax 0187 92 04 52 - fermé 10 au 25 nov. -* ⊭ *- 10 ch. : 55/73€ - ☕ 6€.* Le décor rustique de cet hôtel, situé dans une zone piétonne dans la partie haute de la ville, n'est pas sans évoquer la campagne toute proche. Les chambres sont spacieuses et lumineuses, meublées dans un style moderne, le salon pourvu d'une cheminée est agréable et le jardin de citronniers est idéal pour se reposer.

Hotel Due Gemelli – *Via Litoranea, 9, Località Campi - 19017 Riomaggiore - 4,5 km à l'E de Riomaggiore - ☎ 0187 92 06 78 - fax 0187 92 01 11 -* 🅿 *- 13 ch. : 67,14/77,47€ - ☕ 6,20€- restaurant 21/36€.* L'hôtel ne dispose pas d'un accès direct à la mer mais la vue panoramique que l'on a du balcon des chambres et de la terrasse-restaurant est très jolie. Établissement simple et familial qui, sans être extraordinaire, est idéal pour ceux qui veulent visiter les Cinque Terre.

Petite pause

Caffè Gino – *Piazza Milite Ignoto, 1 - 17026 Noli - ☏ 019 74 84 57 - 8h-1h - fermé mi-janv. à mi-fév. Des tables installées sur la jolie place piétonne de cet élégant village, vous aurez une belle vue sur la tour rouge de l'horloge et les maisons anciennes aux balcons fleuris. Une oasis de paix et de fraîcheur.*

Caffè S.M.S. – *Via Chiesa, 1 - 17011 Albissola Capo - sur la promenade - ☏ 019 48 32 83 - 7h30-1h, hiver : mar.-dim.* Petit café, à l'ambiance joyeuse et chaleureuse, avec une terrasse sur la jolie promenade du bord de mer.

Enoteca Marone – *Via San Francesco, 61 - 18038 San Remo - ☏ 0184 50 69 16 - lun. 16h-19h30, mar.-sam. 8h45-12h30, 16h-19h30.* Depuis dix-huit ans, les propriétaires de cette œnothèque choisissent eux-mêmes leurs vins directement auprès des producteurs. Vous bénéficierez de précieux conseils pour choisir parmi les 1 200 références proposées et élégamment exposées.

Enoteca Olioteca San Giorgio – *Via Volta, 19 - 18010 Cervo - ☏ 0183 40 01 75 - mer.-lun. 9h-15h, 17h30-3h.* En plus de l'huile d'olive extra-vierge et du fameux *pesto alla Genovese*, vous trouverez également un choix intéressant de vins ligures dont le vermentino, le pigato, le vignamare, l'ormeasco et le rosolio, préparé selon la recette traditionnelle.

Gelatomania – *Via Cavour, 56/d - 18039 Ventimiglia - ☏ 0184 35 26 16 - été : lun. 15h-23h30, mar.-jeu, sam. 9h-12h30, 14h30-23h30, ven. 9h-23h30, dim. 9h-13h, 16h-23h30 ; reste de l'année : mar.-dim. 9h-12h30, 15h-23h30.* C'est non seulement le plus ancien glacier de la ville, mais également le meilleur. Faites une petite pause pour déguster l'un des 44 parfums proposés, aux fruits de saison ou à la meringue.

Gelateria Haiti – *Via Roma, 28 - 18039 Ventimiglia - ☏ 0184 35 16 18 - été : 10h-13h, 14h30-24h ; reste de l'année : jeu.-mar.* À essayer en priorité, la glace au soja, et le parfum nougat-Nutella.

Living Garden – *Giardino Vittorio Veneto, 1 - 18038 San Remo - ☏ 0184 50 34 64 - lun. 14h-1h, mer.-dim. 10h-1h.* En face du casino et donnant directement sur la mer, un agréable café-salon de thé durant la journée qui se transforme le soir en discothèque où se retrouvent tous les jeunes de la ville. Nombreuses soirées à thème.

Mondino – *Via Roma, 38/b - 18039 Ventimiglia - ☏ 0184 35 13 61 - lun.-sam. 7h-13h, 15h30-19h30, fermé de mi-sept. à mi-oct.* Une excellente pâtisserie où vous pourrez déguster de délicieux gâteaux *(panettoni)* et d'autres spécialités, préparés avec les produits de la région.

Pasticceria-Focacceria Scalvini – *Via Colombo, 3 - 17026 Noli - ☏ 019 74 82 01 - été : 7h15-13h, 15h30-20h ; reste de l'année : mer.-lun. 8h-13h, 15h30-19h30.* De la tarte aux amandes aux pains de Gênes en passant par les *amaretti*, chaque gâteau est le fruit de la longue tradition de cet établissement fondé en 1820.

U Gumbu – *Via Matteotti, 31 - 18010 Cervo - mer.-lun. 10h-12h, 15h-18h.* Cette jolie maison toute en bois et en pierre abrite le musée de l'olive et propose une sélection de produits artisanaux, dont, évidemment, de l'huile d'olive extra-vierge, du *pesto* mais aussi des confitures et autres délices.

Vino e Farinata – *Via Pia, 15/r - 17100 Savona - mar.-sam. 12h-14h, 18h-21h30, fermé 10 j. août-sept.* Depuis 130 ans, la minuscule entrée carrelée de la plus ancienne boutique de *farinate* (galettes de farine de pois chiches) n'a pas changé et celles-ci sont encore cuites comme autrefois, dans le grand four derrière le comptoir.

Sorties

Bagni Miramare – *Corso Bigliati - 17012 Albissola Marina - devant la piazza del Popolo - ☏ 019 48 02 85 - fermé oct.-fév.* Pendant que les enfants s'amusent dans l'eau, les parents peuvent se détendre en buvant un cocktail dans ce bar sympathique à la décoration balinaise. Le soir, le Miramare se transforme en discothèque.

Casino Municipal de San Remo – *Corso Inglesi,18 - 18038 San Remo - ☏ 0184 53 40 01 - 10h-2h30.* Principale attraction nocturne de la ville, le casino est abrité dans un majestueux édifice dont la décoration date du début du 20e s. Service de style et professionnalisme des croupiers comme dans les casinos d'autrefois.

Loisirs

La Superba – *Pontile Marinetta - 17100 Savona - sous le petite tour L. Pancaldo - ☏ 010 26 57 12 - sur réservation.* Excursions d'une journée à Gênes (visite de l'aquarium et de la Lanterna), à Portofino (baie de S. Fruttuoso), ou aux Cinque Terre (tour des îles de Palmaria). Et surtout, une occasion d'observer des baleines dans leur milieu naturel, commentée par des spécialistes du WWF.

où alternent viaducs et tunnels, la double. Tantôt d'innombrables stations de villégiature et villas se succèdent au cœur d'une végétation abondante et variée, tantôt l'Aurelia traverse des plaines deltaïques, débouchés des nombreux torrents provenant de la montagne. L'exposition solaire de la Riviera du Ponant, exceptionnelle, a favorisé la culture des fleurs, produites tout au long de l'année dans les serres qui occupent les collines.

Contrastant violemment avec le littoral derrière lequel il s'élève brutalement, l'arrière-pays frappe par son silence et l'aspect sauvage de ses espaces boisés.

Ventimiglia

Plan dans Le Guide Rouge Italia. Toute proche de la frontière française, **Vintimille** a gardé sa ville haute médiévale (Città Vecchia), constituée d'un lacis de ruelles étroites où s'élèvent un Dôme des 11e et 12e s., un baptistère octogonal du 11e s., l'église S. Michele (11e-12e s.) et l'oratoire des Neri (17e s.). À **Mortola Inferiore**, les **jardins Hanbury**★★ *(6 km à l'Ouest, en direction de la frontière française)*, disposés en terrasses au-dessus de la mer, réunissent une végétation exotique très variée. (♿) *De mi-juin à fin sept. : 9h-18h ; de déb. avr. à mi-juin. et oct. : 10h-17h ; nov.-mars : 10h-16h (la billetterie ferme 1h avant). Fermé mer. (hiver). 6,20€ (tarif famille : 15,49€).* ☏ *0184 22 95 07 ; www.cooperativa-omnia.com*

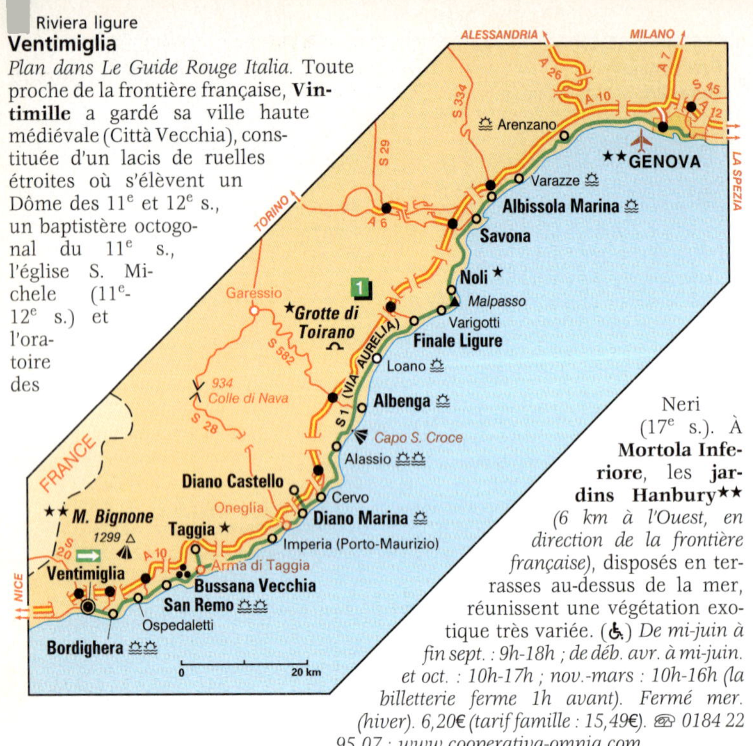

Bordighera

Célèbre station balnéaire aux nombreuses villas et hôtels disséminés parmi des jardins fleuris qu'ombragent de superbes palmiers. La vieille ville aux ruelles tortueuses possède encore ses portes d'enceinte.

San Remo

Plan dans Le Guide Rouge Italia. Coincée entre mer et montagne, le long d'une ample baie délimitée par le cap Noir et le cap Vert, la luxueuse capitale de la Riviera du Ponant jouit d'une délicieuse température tout au long de l'année et du plus fort ensoleillement de la Ligurie. En plus de ces avantages, elle offre de nombreux hôtels et établissements de bains, ainsi que port de plaisance, casino, hippodrome, fêtes brillantes, manifestations culturelles et sportives. San Remo est le principal centre du commerce des fleurs d'Italie : des millions de roses, œillets, brins de mimosa, etc., sont expédiés dans le monde entier (d'octobre à juin, entre 6 et 8h, caractéristique marché aux fleurs).

Corso Imperatrice – Célèbre pour ses palmiers des Canaries, cette promenade le long de la mer est l'une des plus élégantes de la Ligurie.

La Pigna★ – C'est le nom donné à la ville haute à cause de sa forme pointue (*pigna* : bec). D'aspect médiéval, elle est parcourue par un lacis de ruelles bordées de hautes et étroites maisons. De la piazza Castello, monter au sanctuaire baroque de la Madonna della Costa : jolie **vue**★ sur la ville et la baie.

▶▶ Mont Bignone★★ (panorama★★).

Bussana Vecchia

Village médiéval perché, détruit par un tremblement de terre en 1887, il est resté inhabité jusqu'à la fin des années 1960. Aujourd'hui y vivent des artistes, étrangers pour la plupart, qui y ont ouvert le long des ruelles pavées de petites boutiques.

Taggia

Ce gros bourg situé au milieu des vergers, vignobles et oliveraies commande la vallée de l'Argentina. Taggia fut, aux 15e et 16e s., un important centre artistique qui rassemblait des peintres tels que le Niçois Louis Brea, le Piémontais Canavese, les Génois Perin del Vaga et Luca Cambiaso.

L'**église S. Domenico** recèle un bel ensemble de **peintures**★ de Louis Brea : *Vierge de miséricorde, Baptême du Christ.*

Diano Marina

De là, on peut gagner le bourg fortifié de **Diano Castello** dont la chapelle des chevaliers de Malte (12e s.) est couverte d'un toit en bois polychrome.

Albenga

Située légèrement en retrait de la mer, dans une fertile plaine d'alluvions riche en cultures maraîchères, Albenga possède une **vieille ville**★ médiévale qui groupe ses ruelles autour de la **cathédrale**. Celle-ci est dominée par un imposant campanile de la fin du 14e s. et présente à la nef une belle voûte peinte à fresque, en trompe-l'œil. Un baptistère du 5e s., de plan octogonal, conserve une cuve baptismale et une ravissante mosaïque paléochrétienne de style ravennate.

Grotte di Toirano★

Juil.-août : 9h30-13h, 14h-17h30 ; sept.-juin : 9h30-12h30, 14h-17h. Visite guidée uniquement. Fermé 1er janv., 10 au 25 déc. 7,74€. ☎ 0182 98 062.
Les premières parties des **grottes** furent habitées dès l'époque néolithique (on y voit encore des empreintes humaines, des traces de torche, des restes et des empreintes d'ours, ainsi que des boules d'argile utilisées comme armes) ; elles se développent ensuite en une belle série de cavernes renfermant des stalactites et stalagmites. Un temps envahie par l'eau, la dernière partie présente de ce fait de surprenantes formes arrondies.

Finale Ligure

À **Finale Marina**, une basilique offre une fantaisiste façade baroque. À **Finale Pia**, l'église abbatiale est flanquée d'un élégant campanile de la fin du 13e s. À 2 km à l'intérieur des terres, le vieux bourg de **Finale Borgo★** a conservé son enceinte fortifiée et sa collégiale S. Biagio à l'élégant campanile polygonal du 13e s. ; à l'intérieur, polyptyque de sainte Catherine (1533) et tableau du 16e s. représentant saint Blaise entouré de saints.

Du **château S. Giovanni** *(1h à pied AR au départ de la via del Municipio)*, **vue★** sur Finale Ligure, la mer et l'arrière-pays ; plus haut, le **château Gavone** conserve une belle tour ronde du 15e s. à bossages en pointes de diamant.

Nolia

Village de pêcheurs ayant conservé des maisons anciennes, des tours du 13e s. et une église romane abritant un Christ en bois, également roman.

Savona

Plan dans Le Guide Rouge Italia. Septième port d'Italie, assurant le fret de pétrole, charbon et cellulose, ainsi que le transport des automobiles italiennes en direction de l'Angleterre et des États-Unis.
La vieille ville conserve quelques palais Renaissance, un Dôme du 16e s. et, en bordure de mer, la **forteresse Priamar** (16e s.) où le patriote Mazzini fut emprisonné en 1830. L'église S. Maria di Castello, à côté du Dôme, conserve un remarquable **polyptyque★** de **Vincenzo** (fin du 15e s.) représentant la Vierge et les saints.

Albissola Marina

La production artisanale de céramiques perpétue une tradition née au 13e s. À la fin du 16e s., Louis de Gonzague, duc de Nevers, fit venir à Nevers les frères Conrade d'Albissola pour y fonder la célèbre fabrique de faïences. La **villa Faraggiana** (18e s.), entourée d'un beau **parc★** exotique, abrite le Centre ligure de l'histoire de la céramique : riche mobilier Empire, pavements de céramique et superbe **salle de bal★** revêtue de fresques et de stucs. *(♿) Tlj sf lun. 15h-19h. Fermé Pâques, oct.-fév. 4,13€. ☎ 019 48 06 22.*

Gênes★★ *(voir le chapitre Genova)*

RIVIERA DU LEVANT★★★ 2

De Gênes à La Spezia. 173 km – Compter une journée.

Cette côte présente plus de caractère et de rudesse que la Riviera du Ponant : des promontoires aigus avançant dans la mer, de petites anses abritées des vents où se blottissent de minuscules ports de pêche, de grandes baies lumineuses, des falaises, des bois de pins et d'oliviers occupant les collines de l'arrière-pays, constituent le charme de ce paysage. La route, sinueuse, accidentée, est toutefois rarement en corniche et s'éloigne souvent du rivage.

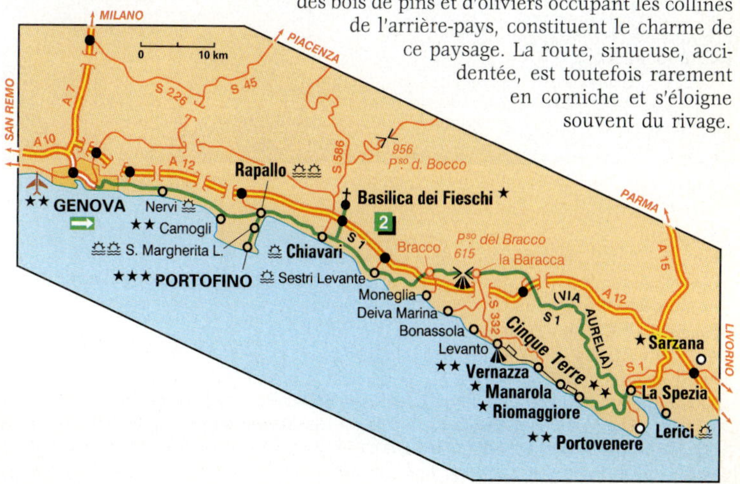

Nervi
Cette petite station balnéaire aux façades multicolores était très à la mode au début du 20e s. La superbe **promenade Anita Garibaldi★** longe la mer au-dessus des rochers et offre une belle vue des Alpes maritimes au mont de Portofino. Les **parcs de Nervi**, débordant de palmiers, réunissent les jardins de trois anciennes villas.

Portofino★★★ *(voir le chapitre Promontorio di Portofino)*

Rapallo
Plan dans le Guide Rouge Italia. Élégante station balnéaire admirablement située au fond d'un golfe, à la base de la péninsule de Portofino. Une jolie **promenade★** (lungomare Vittorio Veneto) ombragée de palmiers longe la mer.

Chiavari
Station balnéaire possédant une vaste plage et un port de plaisance. À 2 km au Nord-Est, à San Salvatore, s'élève la **basilique des Fieschi★**, petite église du 13e s. à assises alternées de marbres noirs et blancs (intérieur à voûtes ogivales) ; face à la basilique, le palais Fieschi est un élégant édifice de style gothique génois (13e s.).

Cinque Terre★★
Au Nord-Ouest du golfe de La Spezia, les Cinque Terre restent aujourd'hui encore d'un accès difficile : c'est sans doute pourquoi cette côte escarpée, plantée de vignobles et qui abrite quelques villages de pêcheurs, a gardé presque intacts ses traditions et son paysage farouche et surprenant. En 1997, les Cinque Terre ainsi que Portovenere et les îles de Palmaria, Tino et Tinetto, furent inscrites sur la liste du Patrimoine mondial de l'Unesco et sont devenus en 1999 un Parc national.
Un sentier, longeant la côte, relie les cinq villages, Riomaggiore, Manarola, **Corniglia**, Vernazza et **Monterosso**, et offre une vue panoramique magnifique.

Vernazza★★ – C'est le village le plus attrayant des Cinque Terre, avec ses hautes maisons colorées et son église, agglutinées autour d'une anse bien protégée contre les assauts de la mer.

Manarola★ – Bourg de pêcheurs, entouré de vignobles en terrasses, et possédant une petite église du 14e s. De la gare, une splendide **promenade★★** *(1/4h à pied)* offre de beaux points de vue sur la côte et les autres villages.

Riomaggiore★ – *Accès par une bretelle sur la route La Spezia-Manarola.* Les vieilles maisons de ce bourg médiéval s'entassent dans l'étroit vallon d'un torrent. Le minuscule port de pêche est blotti dans une crique aux étranges rochers noirs stratifiés, typiques de la région.

Lara Pessina/MICHELIN

Riomaggiore

La Spezia
Plan dans l'Atlas Michelin Italie. *Viale Mazzini, 47, ☎ 0187 77 09 00.* Base navale et port marchand, La Spezia possède l'arsenal le plus important d'Italie et se consacre aussi à l'industrie des armes.

Museo Lia★★ – (♿) *Tlj sf lun. 10h-18h. Fermé 1er janv., 1er mai, 25 déc., j. fériés (ouv. lun. de Pâques). 6,20€. Pour s'informer et réserver ☎ 0187 73 11 00 ; www.castagna.it/mal*
Installée à l'intérieur d'un couvent du 17e s. entièrement restauré, la collection est le fruit de la passion d'Amedeo Lia qui, au cours de sa vie, a recueilli plus de 1 100 œuvres (désormais données à la ville) allant de l'époque romaine au 18e s. Divisée en sections thématiques, elle comprend une importante ensemble d'ivoires,

émaux, croix et objets de culte, une magnifique série de manuscrits enluminés, des tableaux, de la verrerie et des cristaux de roche. Certaines des œuvres les plus significatives sont énumérées ci-dessous (la numérotation indiquée en italique est celle du musée). Salle I – La collection s'ouvre par une *Vierge à l'Enfant* ombrienne, en bois polychrome (13ᵉ s.). À droite de l'entrée, dans une vitrine consacrée à l'art romain, une **petite tête en améthyste** représenterait peut-être l'une des sœurs de Caligula. Sur la gauche sont rassemblés des ivoires (très riche coupe allemande d'époque baroque avec Alboïn et Rosemonde – *A20*) et des émaux (volute de crosse ornée d'un saint Georges et d'un dragon en émail et or ; médaillon *(565)* d'or et émail représentant l'Adoration des Mages) ; au fond, exposition de croix, dont une croix de procession française (Limoges) du 13ᵉ s. *(516)*. Salle II – Dédiée aux miniatures, elle renferme trois antiphonaires complets et de nombreuses pages enluminées, d'origine italienne principalement (14ᵉ-16ᵉ s.). À partir de la salle IV s'ouvre la collection de tableaux (13ᵉ-18ᵉ s.), présentée par ordre chronologique. Parmi les nombreux artistes rassemblés, il faut signaler les disciples de Giotto, Bernardo Daddi et Pietro Lorenzetti *(Saint Jean l'Évangéliste)*, Alvise Vivarini *(La Pénitence de saint Jérôme)*. Pour le 16ᵉ s., on remarque surtout Giampietrino *(Vierge à l'Enfant et saint Jean)*, Bellini, et un autoportrait du **Pontormo**. La peinture des 17ᵉ et 18ᵉ s. est représentée par les caravagesques et par les paysages et portraits de style vénitien (Longhi, Guardi). Les salles XI et XII rassemblent de précieux bronzes, cristaux de roche et de la verrerie romaine, dont une petite bouteille à bandes dorées du 1ᵉʳ s. avant J.-C. La dernière salle réunit des natures mortes, du 17ᵉ s. principalement.

▶▶ Musée naval.

Sarzana★

16 km à l'Est de La Spezia. Autrefois base avancée de Gênes et rivale de Pise, cette ville active conserve de nombreux témoignages de son importance passée. La **cathédrale** abrite un **retable★** en marbre (1432), finement sculpté par Riccomani ; à droite du chœur, une chapelle recèle une ampoule qui aurait contenu le sang du Christ ; dans la chapelle à gauche du chœur, on admire un **crucifix★**, chef-d'œuvre de la peinture romane, par Guglielmo de Lucques (1138).

La **forteresse de Sarzanello★**, élevée en 1322 par le condottiere lucquois Castruccio Castracani, se trouve sur une hauteur au Nord-Est de la ville : curieux exemple d'architecture militaire, avec ses profonds fossés et ses courtines massives, cantonnées de tours rondes. *Pour toute information, s'adresser au Bureau de la Culture (Ufficio Cultura) ☎ 0187 61 42 48, 0187 61 42 90 ou 0187 61 42 27 (8h-13h30).*

Du donjon, magnifique **panorama★★** sur la ville et les premiers contreforts des Apennins.

Portovenere★★

Cette petite ville d'aspect sévère, dominée par une imposante citadelle des 12ᵉ-16ᵉ s., a gardé de très anciennes maisons dont certaines datent du 12ᵉ s. Certaines d'entre elles furent jadis fortifiées par les Génois. L'église S. Lorenzo a été édifiée au 12ᵉ s., l'église S. Pietro conserve des vestiges du 6ᵉ s. ; de la terrasse, très belle vue sur le golfe de La Spezia et les Cinque Terre.

Lerici

Petit port et station balnéaire retirée au fond d'une anse bien abritée ; imposant château bâti au 13ᵉ s. et reconstruit par les Génois au 16ᵉ s.

Roma★★★

Rome

« Ville éternelle », capitale d'un empire auquel elle donna son nom, emblème du christianisme quand disparut le monde antique, Rome a conservé de son passé des trésors qui lui valent d'être considérée comme l'un des trésors artistiques du monde. Aujourd'hui, elle n'est plus seulement la cité de marbre laissée par Auguste et les empereurs romains, ni le cadre fastueux de la politique appliquée par la cour papale. Devenue capitale de l'Italie unifiée en 1870, elle a connu une expansion urbaine peu commune et, surtout depuis la Seconde Guerre mondiale, souvent incontrôlée.

Pourtant, le visiteur ne pourra qu'être séduit : c'est des belvédères du Janicule (Gianicolo), de l'Aventin (Aventino) ou du Pincio, que l'on mesure le mieux l'étendue de la cité. Le voyageur y découvrira, vers la fin du jour, dans une lumière dorée particulière à la ville, les taches vert sombre des jardins, la silhouette des pins parasols coiffant les champs de ruines, ainsi que les innombrables coupoles et clochers qui émergent des toits de tuile rose.

Sa campagne, en revanche, est restée quasi intacte et constitue encore, avec ses cyprès et ses pins, son ciel d'une incomparable limpidité et sa lumière dorée, un merveilleux écrin pour cette Rome vers laquelle on revient toujours.

La situation

2 643 581 habitants – Carte Michelin n° 430 Q 19 (avec plan général). Plan Michelin au 1/10 000 n° 1038 – Voir aussi Le Guide Vert ROME – Latium.« Tous les chemins

B. Morandi/MICHELIN

mènent à Rome », a-t-on coutume de dire. En effet, Rome se trouve au centre d'un réseau autoroutier complexe : les autoroutes A 1, A 12, et A 24 convergent toutes vers le Raccordo Anulare, rocade distante des limites de la ville, au trafic très dense.
Via Parigi, 5, ☎ 06 48 89 91 ; Aéroport de Fiumicino, ☎ 06 65 95 60 74.
Pour poursuivre la visite, voir le chapitre ANZIO.

comprendre

Aucune ville au monde ne mêle avec autant d'harmonie et de liberté autant de témoignages divers du passé (vestiges antiques, édifices médiévaux, palais Renaissance, églises baroques). Loin de se nuire, les époques composent ici une manière de continuité logique où les reprises, les influences, les contrastes sont autant de nuances du génie des architectes et constructeurs romains. Certes, les ruines d'aujourd'hui n'ont plus la splendeur qu'elles devaient avoir quand elles étaient encore recouvertes de marbres, à l'époque impériale ; sans doute, un bon nombre de palais ont-ils perdu leur décoration peinte en façade ; et, c'est vrai que le trafic intense et les bouleversements liés à la modernisation d'une capitale ont profondément modifié l'aspect de la Rome que découvrirent Goethe ou Stendhal. Il n'empêche que le visiteur contemporain ne pourra manquer d'être séduit par le grandiose développement de la capitale. C'est depuis les belvédères que l'on peut apprécier toute l'importance de « la ville aux sept collines ». Coupoles et clochers se détachent sur cette immense toile : Rome est en effet la ville des églises et l'on en dénombre environ 300, certaines se faisant face dans la même rue. Leurs façades, qu'il est souvent difficile d'observer avec beaucoup de recul, compensent ce défaut par la richesse de leur décor et l'artifice du trompe-l'œil. La plupart du temps, l'intérieur procure un étonnement renouvelé grâce à l'invention et à l'audace des solutions adoptées ou par le silence et la lumière qui y règnent. Dans la « Vecchia Roma », autour du Panthéon, de la piazza Navona ou du Campo dei Fiori, les palais succèdent aux palais.
Pour celui qui s'aventure dans ces quartiers, il n'est pas rare d'apercevoir, entre les façades aux teintes ocre, une place où se tient un marché, une enfilade d'escaliers au pied desquels coule une fontaine. Les promenades nocturnes dans ces rues, éclairées par des lampadaires haut placés diffusant une lumière féerique, ont un charme que l'animation des principales artères ne laisse guère présager.
Le commerce de luxe est localisé entre la piazza del Popolo, la via del Corso, la piazza di Spagna et les rues perpendiculaires qui les joignent. La via Veneto est bordée, dans sa partie supérieure, de luxueux hôtels et de terrasses de cafés où se rassemble le tourisme international. La piazza Navona est un lieu de rendez-vous à la mode, le **Trastevere**, ancien quartier populaire, offre de nombreux restaurants ; la via dei Coronari réunit antiquaires et brocanteurs.

ENTRE HISTOIRE ET LÉGENDE

Rome possède une origine mythique qu'ont créée et alimentée les poètes et les historiens latins, notamment Virgile dans son long poème de l'Énéide et Tite-Live dans les livres de son *Histoire romaine*. C'est ainsi que l'on apprend que le héros troyen **Énée**, de souche divine, fuyant sa patrie, aurait abordé à l'embouchure du Tibre afin d'y fonder une nouvelle Troie ; ayant vaincu les rois locaux, il jeta les bases de Lavinium. Son fils Ascagne (Iule) fonda Albe-la-Longue, où naquirent les jumeaux **Remus et Romulus**, issus de l'union de Mars avec une vestale. Livrés au Tibre, les deux enfants furent rejetés par le fleuve sur le rivage du Palatin où une louve les nourrit. Plus tard, Romulus traça à cet endroit un sillon où devait s'élever la nouvelle cité ; son frère Remus, ayant franchi l'enceinte sacrée par jeu, fut tué. Pour peupler son village, Romulus attira des hors-la-loi, qui s'installèrent sur le Capitole, et leur donna pour épouses les Sabines.
Plus prosaïquement, les historiens modernes considèrent que seuls les avantages stratégiques des collines romaines, en particulier du Palatin, étape idéale sur la voie du sel (la Via Salaria), incitèrent les populations voisines à s'y établir dès le 8e s. avant J.-C.
Deux siècles plus tard, les Étrusques transformèrent ce village de cabanes en une véritable ville organisée et installèrent une citadelle sur la colline du Capitole. À la suite d'une royauté étrusque, dont Tarquin le Superbe fut le dernier représentant (509 avant J.-C.), Rome institua le Consulat, puis une République ambitieuse et expansionniste. Au cours des 2e et 1er s., le régime républicain sombra dans les guerres civiles ; il fallut attendre l'avènement d'un homme habile et volontaire pour que Rome, déchirée par les rivalités politiques, fût à nouveau en mesure de dominer efficacement les nouveaux territoires conquis. **Jules César** (101-44 avant J.-C.) s'imposa à ses adversaires par son audace de stratège (il soumit la Gaule en 51), son intelligence des affaires politiques, ses talents d'orateur et son ambition sans mesure ; nommé consul et dictateur à vie, il mourut assassiné aux Ides de Mars (le 15 mars) de l'année 44 avant J.-C. Lui succéda **Octave**, son neveu, de santé fragile et sans gloire militaire, mais doué d'une ténacité et d'un génie politique incomparables, qui se débarrassa habilement de ses adversaires à la succession ; en

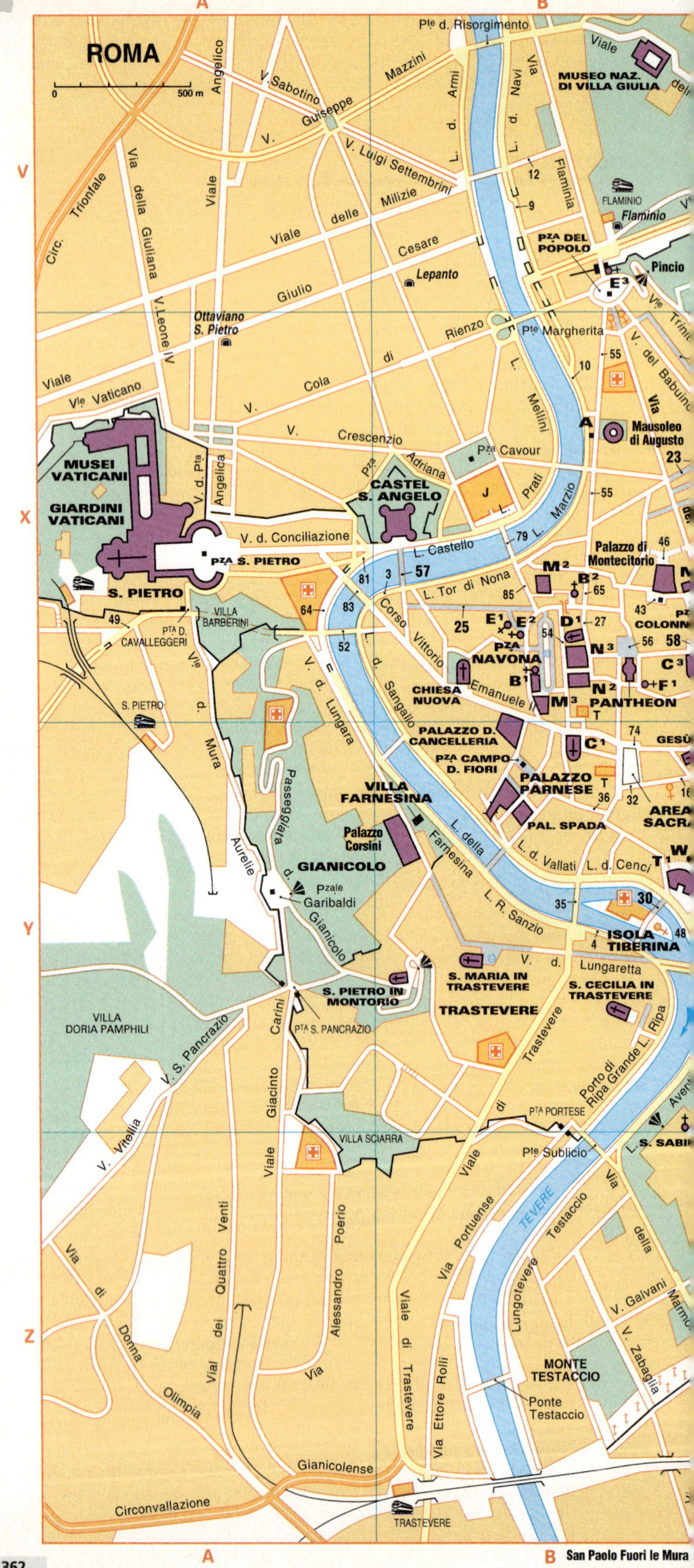

ROMA
0
500 m
A
B
V
X
Y
Z
Pte d. Risorgimento
MUSEO NAZ. DI VILLA GIULIA
FLAMINIO
Flaminio
PZA DEL POPOLO
Pincio
Ottaviano S. Pietro
Lepanto
Pte Margherita
Mausoleo di Augusto
MUSEI VATICANI
GIARDINI VATICANI
CASTEL S. ANGELO
Pza Cavour
V. d. Conciliazione
PZA S. PIETRO
S. PIETRO
PTA D. CAVALLEGGERI
VILLA BARBERINI
Palazzo di Montecitorio
PZA NAVONA
CHIESA NUOVA
PANTHEON
PALAZZO D. CANCELLERIA
PZA CAMPO D. FIORI
PALAZZO FARNESE
PAL. SPADA
AREA SACRA
VILLA FARNESINA
Palazzo Corsini
GIANICOLO
Pzale Garibaldi
ISOLA TIBERINA
S. MARIA IN TRASTEVERE
S. CECILIA IN TRASTEVERE
S. PIETRO IN MONTORIO
TRASTEVERE
VILLA DORIA PAMPHILI
PTA S. PANCRAZIO
PTA PORTESE
VILLA SCIARRA
Pte Sublicio
TEVERE
MONTE TESTACCIO
Ponte Testaccio
Circonvallazione Gianicolense
San Paolo Fuori le Mura

R

C D

V. Aldrovandi
GIARDINO ZOOLOGICO
M
GALLERIA NAZ. D'ARTE MODERNA
Belle Arti
Via Mercadante
Via Salaria
Via Po
Viale Regina
Corso Trieste
VILLA PAGANINI
S. Costanza
GALLERIA BORGHESE
Pinciana
VILLA ALBANI
V
VILLA BORGHESE
V.le P. Canonica
Nomentana
VILLA TORLONIA
Margherita
Piazza Galeno
Corso d'Italia
Via
Muro Torto
PTA PINCIANA
Villa Medici
Monti
VIA V. VENETO
V. Boncompagni
XX Settembre
Pta Pia
Castro Pretorio
V.le Castro Pretorio
V. Goito
TRINITÀ DEI MONTI
68
V. Bissolati
S. MARIA D. VITTORIA
V. Cernaia
Terme di Diocleziano
PZA DI SPAGNA
VIA V. VENETO
Barberini
F2
M1
X
33
28
V. d. Quattro
PAL. BARBERINI
41
63
Tritone
Via
D3
29
Pza d. Repubblica
Pza dei Cinquecento
Via
V.le Pretoriano
S. Lorenzo Fuori le Mura
Via del 75
69
PAL. DEL QUIRINALE
C2
Fontane
Nazionale
T
PAL. MASSIMO
TERMINI (AIR TERMINAL)
Marsala
53
FONTANA DI TREVI
B3
POL
V. A. Depretis
Cavour
Via
Corso
T
80
26
PZA DEL QUIRINALE
75
Pal. d. Consulta
MTE VIMINALE
Pza dell' Esquilino
Giovanni
M5
88
T
Via
V. Milano
S. MARIA MAGGIORE
PZA VENEZIA
V. dei Serpenti
V.
Panisperna
P
87
20
Filippo
Giolitti
Via
14
M7
2
V.
Cavour
Cavour
FORI IMPERIALI
G. Lanza
Pza Vittorio Emanuele II
Turati
50
73
Vittoriano
D2
17
M6
77
Via
V. d. Fori
MTE ESQUILINO
S. PIETRO IN VINCOLI
PARCO OPPIO
V. Conte Verde
Manzoni
M4
H
FORO ROMANO
6
Imperiali
DOMUS AUREA
Merulana
19
CAMPIDOGLIO
Pza d. Colosseo
F3
X
47
COLOSSEO
Via Labicana
Viale Manzoni
Y
V
15
Arco di Giano
ORTI FARNESIANI
Gregorio
ARCO DI COSTANTINO
V. d. S. Giovanni in Laterano
S. CLEMENTE
31
Pza di S. Giovanni in Laterano
Scala Santa
Y
S. MARIA IN COSMEDIN
PALATINO
San
PARCO D. CELIO
V. Claudia
V.
Circo
V. d. Cerchi
Via di
BATTISTERO
Pal. Lateranense
51
V. d.
Massimo
Pza di Pta Capena
SAN GIOVANNI IN LATERANO
Circo Massimo
V. d. Amba Aradam
V. d. Navicella
MTE CELIO
Via Magna Grecia
VILLA CELIMONTANA
MTE AVENTINO
V.le Aventino
V.le delle Terme
PARCO DI PTA CAPENA
V. Druso
PTA METRONIA
Via Gallia
Viale Metronio
Pza Albania
Pzale Numa Pompilio
Pza Tuscolo
V. Piram. Cestia
V. di Pta S. Sebastiano
TERME DI CARACALLA
di Caracalla
V. Concordia
Z
PTA S. PAOLO
PARCO D. SCIPIONI
PTA LATINA
V. Acaia
Piramide
V.le di Porta
Marco Polo
PTA ARDEATINA
PTA S. SEBASTIANO
V. C. Colombo
Ardeatina
Via Cilicia
OSTIENSE

C
E.U.R.
D
Catacombe Via Appia Antica

RÉPERTOIRE DES RUES ET SITES DE ROME :

- Acaia (Via) DZ
- Adriana (Piazza) BX
- Aldrovandi (Via) CV
- Alessandra (Via) CY 2
- Altoviti (L. degli) BX 3
- Amba Aradam (Via d.) DY
- Angelico (Viale) AV
- Anguillara (L. degli) BY 4
- Annibaldi (Via degli) CY 6
- Aracœli (Piazza e Via) CY 7
- Armi (L. d.) BV
- Arnaldo da Brescia (L.) BV 9
- Augusta (L. in) BX 10
- Aventino (L.) BYZ
- Aventino (Viale) CZ
- Azuni (Via D. A.) BV 12
- Babuino (Via del) BX
- Battisti (Via C.) CXY 14
- Belle Arti (Viale delle) BCV
- Bissolati (Via) CX
- Bocca della Verità (Piazza della) CY 15
- Boncompagni (Via) CX
- Botteghe Oscure (Via) BY 16
- Campidoglio (Piazza del) CY 17
- Campidoglio (Via del) CY 19
- Campo di Fiori (Piazza) BY
- Canonica (Viale P.) CV
- Carini (Viale G.) AYZ
- Carlo Alberto (Via) DY 20
- Castello (L.) BX
- Castro Pretorio (Viale) DX
- Cavour (Piazza) BX
- Cavour (Via) CDXY
- Cenci (L. d.) BY
- Cerchi (Via d.) CY
- Cernaia (Via) DX
- Cilicia (Via) DZ
- Cinquecento (Piazza dei) DX
- Circo Massimo (Via d.) CY
- Claudia (Via) CDY
- Cola di Rienzo (Via) ABX
- Collegio Romano (Piazza del) CX 22
- Colombo (Via C.) DZ
- Colonna (Piazza) BX
- Colosseo (Piazza d.) CDY
- Conciliazione (Via d.) AX
- Concordia (Via) DZ
- Condotti (Via dei) BCX 23
- Conte Verde (Via) DY
- Coronari (Via dei) BX 25
- Corso (Via del) BCX
- Crescenzio (Via) ABX
- Dataria (Via della) CX 26
- Depretis (Via A.) CDX
- Dogana Vecchia (Via della) BX 27
- Donna Olimpia (Via di) AZ
- Druso (Via) DZ
- Due Macelli (Via) CX 28
- Einaudi (Viale L.) DX 29
- Esquilino (Piazza dell') DX
- Fabricio (Ponte) BY 30
- Farnesina (L. della) BY
- Filiberto (Via E.) DY 31
- Flaminia (Via) BV
- Florida (Via) BY 32
- Fori Imperiali (Via d.) CY
- Frattina (Via) BCX 33
- Gallia (Via) DZ
- Galvani (Via) BZ
- Garibaldi (Piazzale) AY
- Garibaldi (Ponte) BY 35
- Gianicolense (Circ.) AZ
- Gianicolo (Passeggiata d.) AY
- Giolitti (Via G.) DXV
- Giubbonnari (Via dei) BY 36
- Giuliana (Via della) AV
- Giulio Cesare (Viale) ABV
- Goito (Via) DX
- Italia (Corso d') CDV
- Labicana (Via) DY
- Lanza (Via G.) CDY
- Leone IV (Via) AX
- Lungara (Via d.) AXY
- Lungaretta (Via d.) BY
- Magna Grecia (Via) DYZ
- Manzoni (Viale) DY
- Marco Polo (Via) CZ
- Margutta (Via) BX 39
- Marmorata (Via della) BZ
- Marsala (Via) DX
- Marzio (L.) BX
- Mazzini (Viale G.) ABV
- Mellini (L.) BX
- Mercadante (Via) CV
- Mercede (Via della) CX 41
- Merulana (Via) DY
- Metronia (Porta) DZ
- Metronio (Viale) DZ
- Milano (Via) CX
- Milizie (Viale delle) ABV
- Montecitorio (Piazza di) BX 43
- Mura Aurelie (Viale d.) AXY
- Muro Torto (Viale del) BCVX
- Navi (L. d.) BV
- Navicella (Via d.) DYZ
- Navona (Piazza) BX
- Nazionale (Via) CX
- Nomentana (Via) DV
- Numa Pompilio (Piazzale) DZ
- Ostiense (Via) BZ
- Panisperna (Via) CY
- Parlamento (Piazza del) BX 46
- Petroselli (Via L.) CY 47
- Pierleoni (L. dei) BY 48
- Pinciana (Via) CV
- Piramide Cestia (Via) CZ
- Po (Via) CDV
- Poerio (Via A.) AZ
- Popolo (Piazza del) BV
- Porta Angelica (Via del) AX
- Porta Ardeatina (Viale di) CDZ
- Porta Capena (Piazza di) CY
- Porta Cavalleggeri (Via di) AX 49
- Porta S. Giovanni (Piazza) DY 51
- Portal S. Sebastiano (Via) DZ
- Portuense (Via) BZ
- Prati (L.) BX
- Pretoriano (Viale) DX
- Principe Amedeo Savoia Aosta (Ponte) AX 52
- Quattro Fontane (Via d.) CX
- Quattro Venti (Viale dei) AYZ
- Quirinale (Piazza del) CX
- Ramni (Via dei) DX 53
- Regina Margherita (Ponte) BX
- Regina Margherita (Viale) DV
- Repubblica (Piazza) DX
- Rinascimento (Corso d.) BX 54
- Ripa (L.) BY
- Ripa Grande (Porto di) BY
- Ripetta (Via di) BX 55
- Risorgimento (Ponte d.) BV
- Rolli (Via E.) BZ
- Rotonda (Piazza d.) BX 56
- Sabotino (Via) AV
- Salaria (Via) DV
- S. Angelo (Ponte) BX 57
- S. Giovanni in Laterano (Pza d.) DY
- S. Giovanni in Laterano (Via d.) DY
- S. Gregorio (Via d.) CY
- S. Ignazio (Piazza) BX 58
- S. Marco (Piazza di) CY 60
- S. Pancrazio (Via) AY
- S. Pietro (Piazza) AX
- S. Silvestro (Piazza) CX 63
- Sangallo (L. d.) ABX
- Sanzio (L. R.) BY
- Sassia (L. in) AX 64
- Scrofa (Via della) BX 65
- Serpenti (Via dei) CXY
- Settembrini (Via L.) ABV
- Sistina (Via) CX 68
- Spagna (Piazza di) CX
- Stamperia (Via della) CX 69
- Sublicio (Ponte) BZ
- Teatro di Marcello (Via del) CY 73
- Terme di Caracalla (Viale delle) CDZ
- Testaccio (L.) BZ
- Testaccio (Ponte) BZ
- Tor di Nona (L.) BX
- Torre Argentina (Largo di) BY 74
- Traforo (Via del) CX 75
- Trastevere (Viale di) BYZ
- Trieste (Corso) DV
- Trinità dei Monti (Viale) BVX
- Trionfale (Cir.) AV
- Tritone (Via del) CX
- Tulliano (Via del) CY 77
- Turati (Via F.) DY
- Tuscolo (Piazza) DZ
- Umberto I (Ponte) BX 79
- Umiltà (Via) CX 80
- Vallati (L. d.) BY
- Vaticano (L.) ABX 81
- Vaticano (Viale) AX
- Veneto (Via Vittorio) CX
- Venezia (Piazza) CXY
- Vitellia (Via) AZ
- Vittorio Emanuele II (Corso) BX
- Vittorio Emanuele II (Piazza) DY
- Vittorio Emanuele II (Ponte) AX 83
- Zabaglia (Via) BZ
- Zanardelli (Via) BX 85
- 4-Novembre (Via) CXY 87
- 24-Maggio (Via) CX 88
- XX Settembre (Via) CDX

- Ara Pacis Augustae BX A
- Arco di Costantino CY
- Arco di Giano CY
- Area Sacra BY
- Aula Ottagona DX M¹
- Battistero DY
- Campidoglio CY
- Castel S. Angelo BX
- Catacombe DZ
- Chiesa Nuova BX
- Colosseo CDY
- Domus Aurea DY
- E.U.R. DZ
- Fontana di Trevi CX
- Fori Imperiali CY
- Foro Romano CY
- Galleria Borghese CV
- Galleria Naz. d'Arte Moderna CV
- Gesù BY
- Gianicolo AY
- Giardini Vaticani AX
- Isola Tiberina BY
- Mausoleo di Augusto BX
- Musei Vaticani AX
- Museo Naz. di Villa Giulia BV
- Palatino CY
- Palazzo Altemps BX M²
- Palazzo Barberini CX
- Palazzo Braschi BX M³
- Palazzo d. Cancelleria BY
- Palazzo Chigi BX N¹
- Palazzo dei Conservatori CY M⁴
- Palazzo d.Consulta CX
- Palazzo Corsini ABY
- Palazzo Doria Pamphili CX M⁵
- Palazzo Farnese BY
- Palazzo Lateranense DY
- Palazzo Madama BX N³
- Palazzo Massimo DX
- Palazzo di Montecitorio BX
- Palazzo Nuovo CY M⁶
- Palazzo del Quirinale CX
- Palazzo della Sapienza BX N²
- Palazzo Senatorio CY H
- Palazzo Spada BY
- Palazzo Venezia CY M⁷
- Pantheon BX
- Pincio BV
- Piramide di Caio Cestio CZ R
- Porta Pia DX
- Porta S. Paolo CZ
- Porta S. Sebastiano DZ
- S. Agnese in Agone BX B¹
- S. Agostino BX B²
- S. Andrea al Quirinale CY B³
- S. Andrea della Valle BY C¹
- S. Carlo alle Quattro Fontane CX C²
- S. Cecilia in Trastevere BY
- S. Clemente DY
- S. Costenza DV
- S. Giovanni in Laterano DY
- S. Ignazio BX C³
- S. Lorenzo fuori le Mura DX
- S. Luigi dei Francesi BX D¹
- S. Maria degli Angeli DX D³
- S. Maria dell' Anima BX E²
- S. Maria d'Aracœli CY D²
- S. Maria in Cosmedin CY
- S. Maria Maggiore DX
- S. Maria della Pace BX E¹
- S. Maria del Popolo BV E³
- S. Maria Sopra Minerva BX F¹
- S. Maria in Trastevere BY
- S. Maria d. Vittoria CDX
- S. Paolo fuori le Mura AZ
- S. Pietro in Montorio ABY
- S. Pietro in Vincoli CY
- S. Pietro AX
- S. Sabina BZ
- S. Susanna CX F²
- S.S. Cosma e Damiano CY F³
- Scala Santa DY
- Teatro di Marcello BY T¹
- Tempio di Apollo Sosiano BY W
- Tempio della Fortuna Virile CY V
- Tempio di Venere e Roma CY X
- Tempio di Vesta CY Y
- Terme di Caracalla CZ
- Terme di Diocleziano DX
- Trastevere BY
- Trinità dei Monti CX
- Via Appia Antica DZ
- Villa Borghese CV
- Villa Farnesina BY
- Villa Medici CX
- Vittoriano CY

Circulation réglementée dans le centre-ville

Transports

En train – Les lignes nationales arrivent aux gares Termini ou Tiburtina, reliées au centre-ville par le métro (lignes A et B). Pour toute information : ☎ 8488 88 088, ou consulter le site www.trenitalia.com

En avion – L'aéroport principal, Leonardo da Vinci, se trouve à Fiumicino, à 26 km au Sud-Ouest de Rome. Il est relié à la capitale par deux lignes de chemin de fer.
Le train direct **Fiumicino-Roma Termini** part de la gare Termini toute les 30mn environ (9,30€), et des stations Tiburtina, Tuscolana, Ostiense toutes les 15mn environ (*4,65€*).
Il existe en outre un service nocturne d'autobus au départ de la gare Tiburtina pour l'aéroport et vice-versa (45mn).

Numéros utiles – Aéroport Leonardo da Vinci, Fiumicino ☎ 06 65 951 ; **Ciampino** ☎ 06 79 49 41 ; **réservations vols nationaux** ☎ 06 65 641 (Alitalia), 06 65 95 52 19 (autres vols) ; **renseignements sur les vols** ☎ 06 65 95 36 40 et 06 65 95 44 55.

En voiture – L'accès à la ville s'effectue principalement grâce à deux anneaux routiers. Le plus extérieur, le Grande Raccordo Anulare (ou GRA), se situe en dehors de l'agglomération ; les autoroutes A 1, A 2, A 18 et A 24, ainsi que les routes nationales y convergent. Le second, la Tangenziale Est, est un boulevard périphérique qui relie directement le stade olympique à la piazza S. Giovanni in Laterano en traversant les quartiers Est (Nomentano, Tiburtino, Prenestino...).

POUR SE DÉPLACER EN VILLE

En taxi – Pour appeler un taxi, composer l'un des numéros suivants : ☎ 06 88 22, 06 49 94, 06 55 51, 06 41 57.

En autobus, tramway et métro – Se procurer un plan des transports publics, en vente dans les librairies ou les kiosques, ou le plan édité par l'ATAC (Azienda Tramvie e Autobus del Comune di Roma, ☎ 06 46 951), en vente dans le kiosque information de la piazza dei Cinquecento. Acheter le billet avant de monter dans l'autobus.

En voiture – À déconseiller. L'accès au centre de la ville est difficile : de nombreuses rues sont réservées aux piétons, taxis, autobus et riverains. Le centre historique s'inscrit dans la *fascia blu* (zone bleue), interdite aux voitures particulières de 6h à 19h30 (et en outre de 22h à 2h du matin, les vendredis et samedis). Il existe deux vastes parkings souterrains au centre de Rome : l'un sous la Villa Borghese, près de la porta Pinciana ; l'autre, le parking Ludovisi, via Ludovisi au nº 60. Les zones piétonnes sont celles du Colisée, des forums impériaux et de l'Appia Antica. Pour toute information : www.comune.roma.it
Informations utiles

Commissariat central (Questura Centrale), via S. Vitale, 15, ☎ 06 46 86.

Service des étrangers (Ufficio Stranieri), via Genova, 2, ☎ 06 46 29 87.

Police urbaine (Vigili Urbani), intervention d'urgence ☎ 06 67 691.

Objets trouvés (Ufficio Oggetti smarriti), via N. Bettoni, 1, ☎ 06 58 16 040.

Ambulances de la Croix-Rouge (Pronto Soccorso Autoambulanze – Croce Rossa), ☎ 06 55 10.

Médecins de garde (Guardia Medica Permanente), ☎ 06 58 20 10 30.

Farmacia S. Paolo, via Ostiense, 168 (24h/24), ☎ 06 57 50 143.

Banques – Elles sont généralement ouvertes du lundi au vendredi de 8h30 à 13h30 et de 15h à 16h. Quelques agences sont ouvertes le samedi matin dans le centre-ville et les quartiers commerçants.

Pharmacies – Dans le centre, les officines ouvertes 24h/24 se trouvent piazza dei Cinquecento, 49/50/51 (gare Termini) ; via Cola di Rienzo, 213 ; corso Vittorio Emanuele, 343/343A ; corso Rinascimento, 50 ; piazza Barberini, 49 ; via Arenula, 73 ; piazza della Repubblica, 67 et via Nazionale, 228.

Les visites

La municipalité de Rome a installé dans le centre de la capitale (largo Goldoni, piazza Sonnino, piazza Cinque Lune, angle de la via Minghetti – quartier Fontaine de Trevi) des kiosques d'information renseignant sur toutes les activités touristiques, artistiques et culturelles de la ville. Ils sont ouverts du mardi au samedi de 10h à 18h et le dimanche de 10h à 13h. Les informations fournies sont actualisées quotidiennement et sont proposées au touriste en italien et en anglais.

B. Pérousse/MICHELIN

Les adeptes d'**Internet** trouveront un service d'informations à l'adresse suivante : http://www.comune.roma.it/

Visites pour handicapés – CO.IN (Consorzio Cooperative Integrate, via Enrico Giglioli, 54/a, ☎/fax 06 23 26 75 04/5) indique quels sont les monuments accessibles aux handicapés et les visites guidées mises au point pour eux (bureaux ouverts du lundi au vendredi de 9h à 17h ; sam. et veilles de j. fériés de 9h à 13h). Consulter également le site : www.coinsociale.it

Restauration

Pendant votre séjour, vous remarquerez, surtout dans les endroits les plus touristiques, que ce ne sont pas les restaurants, trattorias et pizzerias qui manquent à Rome. Vous n'aurez que l'embarras du choix !

POUR TOUS LES GOÛTS

RESTAURANTS, TRATTORIAS ET OSTERIAS

Il n'est plus si facile aujourd'hui de distinguer nettement ces trois types d'établissements : en règle générale, dans un **restaurant**, vous trouverez un service et une ambiance soignés, voire élégants ; dans une **trattoria** ou une **osteria**, de gestion familiale, on vous servira une cuisine bourgeoise à des prix plus abordables, dans une atmosphère animée et conviviale, arrosée par un pichet de vin maison (de qualité variable). Dans les trattorias typiques, ne vous étonnez pas si le serveur ou le propriétaire vous énonce à haute voix la liste des plats du jour ; pour éviter toute mauvaise surprise au moment de l'addition, n'hésitez pas à demander un menu ! Attention au menu touristique : le choix est parfois très limité.

Le déjeuner est généralement servi de 12h30 à 15h, et le dîner de 20h à 23h, même si les clients restent souvent jusqu'à la fermeture (en général vers minuit). Le jour de fermeture hebdomadaire est variable, mais d'habitude les établissements ne ferment pas le week-end. Au mois d'août, beaucoup de restaurants et de trattorias ferment pendant 2 ou 3 semaines.

BARS À VINS

Les bars à vins, appelés *enoteche*, ont connu ces dernières années un large succès. Vous pourrez y passer la soirée entre amis, autour d'un verre de bon vin, en grignotant quelques amuse-gueules ou autres plats à picorer, sans nécessairement prendre un vrai repas.

PIZZERIAS

En général ouvertes uniquement le soir, les pizzerias offrent la possibilité de dîner entre amis sans avoir de surprise concernant le prix, et sont donc par conséquent très fréquentées. Si possible, il est conseillé de réserver afin d'éviter l'inévitable file d'attente devant la pizzeria. Parmi les adresses indiquées ci-dessous, vous trouverez aussi des pizzerias pour les amateurs (toujours plus nombreux) de pizza napolitaine qui la préfèrent à la pizza traditionnelle « fine, imbibée d'huile et croustillante » typique de Rome. Après les hors-d'œuvre ou **antipasti**, auxquels les Romains ne renoncent jamais, comme la **bruschetta** (pain grillé aillé souvent tomaté) et le **fritto misto** à la romaine (constitué de croquettes de riz à la sauce, avec mozzarelle, olives farcies de viande, croquettes de pomme de terre, fleurs de courgettes aux olives, mozzarelle et filets de morue), si vous ne voulez pas manger de pizza, vous pourrez commander le non moins typique **crostino al prosciutto** (pain recouvert de fromage fondu avec une tranche de jambon cru), ou une variante, comme par exemple le **crostino ai funghi** (aux champignons).

POUR MANGER SUR LE POUCE...

Si vous n'avez pas beaucoup de temps (ou d'argent) pour manger, essayez donc l'un des nombreux snack-bars, rôtisseries, ou *pizzerie al taglio* répartis à travers Rome. En général, ces établissements ne sont ouverts que pendant la journée.

Les *pizzerie al taglio* sont des établissements où l'on sert la pizza en quarts, à emporter, ou à manger sur place, assis sur un tabouret devant une tablette.

Il faut aussi signaler certaines boulangeries qui se distinguent pour leurs excellentes pizzas « blanches » (huile et romarin) ou « rouges » (sauce tomate). Il faut savoir que ces établissements pratiquent les mêmes horaires que les boutiques et sont donc fermés pendant l'heure du déjeuner.

Pizzeria Da Baffetto – *Via del Governo Vecchio, 114 [Piazza Navona] - ☎ 06 68 61 617 -* ⊭. Historique pour sa pizza à pâte fine et croustillante, fréquenté depuis les années 1960 par des étudiants. Il faut faire la queue, mais le service est rapide.

Pizzeria Dar Poeta – *Vicolo del Bologna, 45 [Trastevere] - ☎ 06 58 80 516 - www.darpoeta.it -* ⊭. Une adresse animée, à l'atmosphère rustique, où sont servies des pizzas à partir d'une pâte spéciale. Et puis une infinité de *bruschette* et, pour les plus gourmands ou les plus affamés, des pizzas en chausson fourrées de *ricotta* et de Nutella.

RESTAURANTS, TRATTORIAS

• *À bon compte*

Eau Vive – *Via Monterone, 85 [Panthéon] - ☎ 06 68 80 10 95 - fermé août et dim. - ▤ ⊭ - réserv. conseillée - 8/26€.* Un restaurant insolite à l'intérieur du palais Lante qui date du 16ᵉ s. et à deux pas du Panthéon. Dans le salon décoré de fresques, on pourra goûter des spécialités françaises et exotiques, cuisinées par des sœurs missionnaires de nationalités diverses.

Enoteca La Bottega del Vino da Anacleto Bleve – *Via S. Maria del Pianto, 9/a [Largo Argentina] – ☎ 06 68 65 970 - fermé soir et j. fériés - réserv. conseillée - 10/26€.* Au cœur du ghetto, ce bar à vins propose de délicates timbales, petits roulés, salades et fromages à choisir dans la vitrine avant de vous mettre à table. Les petites coupes à la crème de citron et de marrons sont délicieuses. Atmosphère familiale et service très soigné.

Augusto – *Piazza de' Renzi, 15 [Trastevere] - ☎ 06 58 03 798 - fermé sam. soir et dim. - ⊭ - 13/17€.* Les grandes tables en bois, avec leurs nappes en papier, signalent la présence de cette trattoria familiale, située sur l'une des petites places les plus caractéristiques du quartier. Une cuisine simple servie dans une atmosphère informelle et joyeuse. L'attente est presque toujours obligatoire.

Da Francesco – *Piazza del Fico, 29 [Piazza Navona] - ☎ 06 68 64 009 - fermé mar. midi - ⊭ - réserv. conseillée - 15/31€.* Sur la charmante piazza del Fico, cette trattoria animée propose des pizzas, une excellente *focaccia* au jambon cru et différents types de pâtes, dans la pure tradition romaine. Avec les touristes et les célébrités qui viennent ici, il règne une ambiance joyeuse et hétéroclite.

Trattoria dal Cavalier Gino – *Vicolo Rosini, 4 [Montecitorio] - ☎ 06 68 73 434 - fermé dim., août - ✗ - 18/23€.* Une trattoria qui a su conserver une certaine authenticité et qui propose des produits à des prix encore abordables. À l'heure du déjeuner, les places sont rares compte tenu de la capacité limitée de la salle et de la proximité de nombreux bureaux.

• ***Valeur sûre***

Ditirambo – *Piazza della Cancelleria, 74 [Piazza Navona] - ☎ 06 68 71 626 - fermé août, lun. midi - ▤ - réserv. conseillée - 23/39€.* Derrière le Campo dei Fiori, ce petit restaurant vous accueillera dans deux petites salles meublées avec goût et vous pourrez y goûter des délicieux plats. Les différents types de pain, les pâtes et les desserts sont faits maison. Une bonne adresse.

Pommidoro – *Piazza dei Sanniti, 44 [S. Lorenzo Fuori le Mura] - ☎ 06 44 52 692 - fermé dim. - 26/31€.* Cette authentique trattoria romaine est spécialisée dans les entrées, les plats de résistance à base de gibier et la préparation de viandes et de poissons sur le grill. C'est un lieu fréquenté par des politiciens, des artistes et des journalistes.

La Penna d' Oca – *Via della Penna, 53 [Piazza del Popolo] - ☎ 06 32 02 898 - fermé 20 j. en août, 10 j. en janv., dim., sam. midi - réserv. conseillée - 26/62€.* À deux pas de la piazza del Popolo, un restaurant à l'ambiance intime, qui propose des plats à base de fruits de mer classiques et moins classiques (parmi lesquels la tourte de coquillages à l'oignon rouge de Tropea) et un pain maison. Véranda agréable en été.

Paris – *Piazza San Callisto, 7/a [Trastevere] - ☎ 06 58 15 378 - fermé août, dim. soir et lun. - ▤ - 28/52€.* Au cœur du *Trastevere*, ce restaurant propose une cuisine essentiellement judéo-romaine, dans une salle baroque. Vous adorerez sûrement les *tagliolinis* à la sauce de poisson, les artichauts à la juive *(alla giudìa)*, les légumes frits et, pour finir, les délicieuses boulettes de ricotta.

Checchino dal 1887 – *Via Monte Testaccio, 30 [Testaccio] - ☎ 06 57 46 318 - fermé 24 déc. au -2 janv., août, dim. et lun. - ✗ - réserv. conseillée - 34/62€.* On vient ici pour goûter une cuisine romaine de haut niveau, arrosée des meilleurs vins nationaux. Parmi les spécialités, on signale les macaronis *alla pajata*, les ris de veau au vin blanc ou la queue de bœuf à *la vaccinara*. Pour le déjeuner, possibilité d'un repas plus économique à base de légumes et de fromages.

Sora Lella – *Via di Ponte Quattro Capi, 16 [Île Tibérine] - ☎ 06 68 61 601 - fermé 24 au 26 déc., 1er janv., Pâques, août et dim. - ▤ 34/67€.* Ce restaurant historique, tenu autrefois par Lella Fabrizi, sœur de l'acteur Aldo Fabrizi, est actuellement géré par son fils, qui s'est lancé dans de nouvelles spécialités tout en gardant les traditionnelles recettes de famille. Ne pas manquer les fromages avec les confitures et les gâteaux faits maison.

• ***Une petite folie !***

La Rosetta – *Via della Rosetta, 9 [Panthéon] - ☎ 06 68 61 002 - fermé 8 au 22 août, sam. midi, dim. - ▤ ✗ - réserv. conseillée - 70/108€.* Ce restaurant, spécialisé dans les poissons de mer, doit sa célébrité à la fraîcheur de ses produits et aux recettes très inspirées du chef. Il est possible, sur recommandation du patron, de se composer un repas avec les seuls *antipasti*, froids et chauds, qui permettent de savourer le poisson sous toutes ses formes !

La Pergola – *Via Cadlolo, 101 [Monte Mario] - ☎ 06 35 091 - ▤ ✗ - réserv. conseillée - 71/120€.* Tout est ici superlatif : la vue sur Rome et la coupole de St-Pierre, le décor de la salle, le service de la table, les garçons, discrets et omniprésents sous l'œil vigilant d'Umberto, et la cuisine, minutieuse, inspirée, inventive du Chef Beck, assurément l'un des meilleurs cuisiniers de la Péninsule... et du monde. Et que dire des vins ? de la carte des cafés ? Un moment inoubliable qui, évidemment fait grimper les prix aussi vite que l'ascenseur qui vous conduit à ce Paradis. Mais le Paradis a-t-il un prix ?

CAFÉ

Caffè Greco – *Via dei Condotti, 86 - ☎ 06 67 91 700 - 8h-20h30.* En 1760, un Grec fonda dans cette rue un café, rendez-vous des artistes et des gens de lettres. Goethe, Berlioz, Wagner, Leopardi, D'Annunzio ont fait partie des hôtes. Andersen le fréquentait assidûment puisqu'il habitait la maison même ; Stendhal y venait depuis le n° 48, son dernier domicile romain. On peut imaginer l'élégance de ce lieu et l'impopularité du pape Léon XII qui, le 24 mars 1824, interdit à ses sujets, sous peine de trois mois de galères, de se rendre au café. La porte devait rester fermée et le tavernier ne pouvait servir ses clients qu'à travers une fente pratiquée dans la devanture. La salle au fond du café, appelée « l'omnibus » pour son étroitesse, conserve encore des portraits de célébrités.

S. Eustachio – *Piazza S. Eustachio, 82 [Panthéon] - ☎ 06 68 61 309 - 8h30-1h.* On vient ici pour déguster le *gran caffè speciale*, crémeux et plein d'arôme, dont le créateur garde précieusement le secret. Comme le breuvage est servi sucré par avance, il est préférable que les amateurs de café amer préviennent les serveurs.

Tazza d'Oro – *Via degli Orfani, 84 [Panthéon] - ☎ 06 67 89 792 - lun.-sam. 7h-20h.* Ce bar est aussi une maison du café où l'on peut goûter un café fort et plein d'arôme. Il propose également un grand choix de mélanges à emporter. À ne pas manquer en été : la *granita* au café avec double chantilly.

Rosati – *Piazza del Popolo, 4 - ☎ 06 32 25 859 - 7h30-24h. Avec ses tables en terrasse directement sur la place, ce* café-restaurant est une adresse agréable pour un rendez-vous élégant ou pour une petite pause.

Bar del Fico – *Piazza del Fico, 26/27 [Piazza Navona] - ☏ 06 68 65 205 - 8h-2h.* Ce bar est l'un des plus fréquentés du quartier avec ses tables en terrasse, à l'ombre du figuier (*fico* en italien) qui donne son nom à la place. Dans la première salle, qui accueille des expositions temporaires de peinture et de photographie, vous pourrez déguster des amuse-gueules et des tartines à l'heure de l'apéritif. Très bonne musique d'ambiance.

Antico Caffè della Pace – *Piazza della Pace, 4 - ☏ 06 68 61 216 - 10h-2h.* Sur une magnifique petite place proche de la piazza Navona, ce café attire de nombreux représentants du monde du spectacle, qui prennent place le soir à la terrasse. Dans les deux salles intérieures, les divans rembourrés, les lumières diffuses et les miroirs fumés créent une atmosphère typique de l'Europe centrale.

Caffè Capitolino – *Piazzale Caffarelli, 4 [Campidoglio – Capitolino] - ☏ 06 67 10 20 71 - lun.-sam. 9h30-21h.* Sur la terrasse du palais Caffarelli, le bar des Musées du Capitole offre une vue exceptionnelle sur les alentours. Autour d'un sandwich, d'une boisson chaude ou froide, ou encore d'un cocktail ou d'une liqueur, vous profiterez d'un panorama spectaculaire au coucher du soleil.

GLACIERS

Si vous demandez à un Romain quel est le meilleur glacier de la ville, il vous indiquera certainement celui du quartier où il habite. En général, manger une bonne glace n'est pas difficile à Rome, et chaque glacier a ses spécialités. Et pour se griser d'un moment de fraîcheur, on entrera chez l'un des excellents glaciers romains ou on rôdera auprès d'un « historique » **grattacheccaro** : un cornet appétissant, une **granita** (glace pilée) ou une **grattachecca** aux parfums choisis pourront sûrement combler l'irrépressible besoin d'oublier la touffeur de la capitale. La **grattachecca** est la version romaine de la glace pilée vendue en été dans les kiosques que l'on voit le plus souvent à l'angle de certaines rues. Les raclures de glace obtenues par les *grattacheccari* à l'aide d'une spatule spéciale sont mises dans des gobelets en carton et arrosées de sirops sucrés colorés. Parsemées de petits morceaux de fruits frais, il n'y a plus qu'à déguster.

Il Gelato di S. Crispino – *Via della Panetteria, 42 - ☏ 06 67 93 924 - mer.-lun. : 11h-24h.* Cet artisan glacier, considéré comme l'un des meilleurs de la ville, ne vous proposera que les parfums qu'il aime. Essayez les spécialités au miel, au gingembre avec de la cannelle, à la crème d'armagnac, au réglisse, à la meringue avec des noisettes ou du chocolat et à la crème de vin de paille de Pantelleria.

Giolitti – *Via Uffici del Vicario, 40 - ☏ 06 67 98 147 - 7h-2h.* Avec son agréable salle à l'intérieur, ce bar est une excellente adresse du centre historique où l'on peut savourer des glaces et des *frullati*.

Hébergement

Entre les pensions, plus économiques, et les hôtels de luxe, Rome offre des possibilités de logement pour tous les goûts, même si parfois les prix sont relativement élevés par rapport à la qualité proposée. Dans la mesure où de nombreux touristes et pèlerins visitent la Ville éternelle, et ceci quelle que soit la saison, il vaut mieux réserver longtemps à l'avance. En principe, la basse saison se compose ainsi : janvier à mi-février, les deux dernières semaines de juillet, août et novembre, les quinze premiers jours de décembre. De plus, à cette période, certains hôtels pratiquent des tarifs intéressants ou proposent des forfaits pour le week-end ou pour des séjours plus longs.

Pendant l'été, saison particulièrement chaude à Rome, préférez plutôt un hôtel avec l'air conditionné dans les chambres (indiqué dans nos adresses).

À l'occasion de certaines manifestations commerciales ou touristiques, les prix des hôtels peuvent sensiblement augmenter ; renseignez-vous au moment de la réservation.

LE QUARTIER

Le **centre historique**, très recherché pour son charme et pour la grande concentration d'attractions touristiques et de magasins, propose des pensions en tout genre et des hôtels, qui sont malheureusement souvent complets à cause de leur capacité limitée.

Dans le **Trastevere**, malgré l'atmosphère très agréable qui y règne et l'animation nocturne de ce quartier, l'offre de logement est malheureusement limitée.

Les quartiers du **Vaticano et du Prati**, à proximité du centre, sont plus calmes et moins chers que le centre historique et le *Trastevere* (surtout le quartier du Prati, qui offre un grand choix d'hôtels). Dans les environs de la **via Cavour** (près du Rione Monti), entre la gare Termini et les Forums impériaux, vous trouverez de nombreux hôtels, surtout de catégorie moyenne.

De nombreuses pensions et petits hôtels aux prix abordables sont concentrés autour de la **gare Termini**, dans un quartier légèrement excentré et par moments un peu impersonnel, mais bien desservi par le bus et le métro.

En ce qui concerne les hôtels de luxe, ils sont nombreux dans la **via Veneto** et dans les environs de la **Villa Borghese**.

En voiture – Se garer à Rome n'est pas chose aisée, et la majorité des hôtels du centre n'ont pas de parking privé. Compte tenu du nombre insuffisant de garages privés et de leur prix particulièrement élevé, sans oublier la circulation limitée dans le centre (permis spécial nécessaire), la meilleure chose à faire est encore de ne pas prendre de voiture !

LES COUVENTS ET MAISONS RELIGIEUSES

Les couvents constituent la forme de logement privilégiée des pèlerins, mais cette formule à un prix abordable séduira aussi les visiteurs au budget limité. Inconvénients : la majorité des maisons ferment leurs portes le soir (en général vers 22h30), et parfois, les chambres ne sont pas mixtes.

Renseignements auprès du centre **Peregrinatio ad Petri Sedem**, *piazza Pio XII, 4 (Vatican – St-Pierre) ☎ 06 69 88 48 96, fax 06 69 88 56 17.*

POUR RÉSERVER

Vous pouvez réserver votre chambre d'hôtel par l'intermédiaire du service **Hotel Reservation** ☎ 06 69 91 000, de 7h à 22h. Entièrement gratuit, il permet de choisir parmi environ 350 établissements de la capitale. Si vous optez pour un des hôtels associés, le transport depuis l'aéroport de Fiumicino vous sera proposé pour 9,55€ par personne. Les réservations peuvent être effectuées directement par téléphone. Vous pouvez aussi vous rendre à l'un des guichets de l'aéroport (arrivées internationales, européennes et nationales), de la gare Termini (face au quai n° 20), de l'aéroport de Ciampino et de l'autoroute A1 Milan-Rome (station service Tevere Ovest). Une autre solution : www.hotelreservation.it.

- ***À bon compte***

Ostello Foro Italico A. F. Pessina – *Viale delle Olimpiadi, 61 [Monte Mario] - depuis la gare Termini, prendre le métro (ligne A) jusqu'à la station Ottaviano, et le bus 32 (7 arrêts) - ☎ 06 32 36 267 - fax 06 32 42 613 - - 400 lits : 14,46€ - repas 8€.* La seule auberge officielle de Rome. Grand bâtiment moderne entouré de verdure, avec un self et un bar. Dortoirs uniquement (à 6 lits pour les hommes et à 10 pour les femmes), qui doivent être évacués entre 10h et 14h pour le ménage. Pendant ce temps, vous pourrez aller au bar, ou vous promener à travers Rome. Fermé de 24h à 7h.

Pensione Ottaviano – *Via Ottaviano, 6 (2e étage avec ascenseur) [Vatican] - ☎ 06 39 73 81 38 - gi.costantini@agora.stm.it - - 25 ch. : 15,49/46,48€.* Fréquenté surtout par de jeunes étrangers, cet hôtel joyeux propose des chambres décorées des souvenirs des anciens clients (posters, peintures...). Pas de petit-déjeuner. Après 20h30, service de courrier électronique gratuit.

Hotel Pensione Tizi – *Via Collina, 48 (1er étage avec ascenseur) [Porta Pia] - ☎ 06 48 20 128 - fax 06 47 43 266 - - 25 ch. : 36,15/56,81€ - 5,16€.* En entrant ici, vous croirez entrer dans la maison d'une typique famille romaine. Vous y serez probablement accueillis par Tiziana (qui a donné son nom à l'hôtel). Chambres soignées et silencieuses, avec ou sans salle de bain. Bon rapport qualité/prix.

Pensione Panda – *Via della Croce, 35 [Piazza di Spagna] - ☎ 06 67 80 179 - fax 06 69 94 21 51 - www.hotelpandaparadise.com - 20 ch. : 36,15/61,97€.* Des chambres sobres mais soignées et tranquilles, dont certaines avec salle de bain commune, dans un palais du 17e s. non loin de la piazza di Spagna. Très bon emplacement et prix raisonnables.

Bed & Breakfast Maximum – *Via Fabio Massimo, 72 (1er étage) [Vatican] - ☎ 06 32 42 037 - fax 06 32 42 156 - bbmaximum@tiscalinet.it - - 4 ch. : 36,15/72,30€.* Ventilateurs au plafond et chambres colorées dans ce B&B situé près de la piazza S. Pietro. Les chambres et les salles de bain, dont une avec bain à remous, sont disposées le long d'un gracieux couloir à petites arcades. Petit-déjeuner directement dans les chambres. Prix spéciaux en basse saison.

- ***Valeur sûre***

Hotel Perugia – *Via del Colosseo, 7 [Colisée] - ☎ 06 67 97 200 - fax 06 67 84 635 - htlperugia@isl.it - 13 ch. : 56,81/90,38€.* Compte tenu de la proximité du Colisée, les prix pratiqués par ce petit hôtel, aux chambres claires, sont raisonnables. Au 4e étage, une chambre, sans salle de bain, mais avec un balcon, permet d'apercevoir le Colisée.

Hotel Navona – *Via dei Sediari, 8 (1er étage sans ascenseur) [Piazza Navona] - ☎ 06 68 21 13 92 - fax 06 68 80 38 02 - info@hotelnavona.com - - 30 ch. : 72,30/103,29€.* Chambres agréables et fraîches de style anglais (du goût de la sympathique propriétaire des lieux ayant vécu longtemps en Australie) dans un palais du 16e s. construit sur des fondations antiques. Le repas est servi sur une longue table dans un petit salon accueillant. Un établissement de charme.

Hotel Trastevere Manara – *Via Luciano Manara, 24/a-25 [Trastevere] - ☎ 06 58 14 713 - fax 06 58 81 016 - hoteltrastevere@tiscalinet.it - 9 ch. : 77,47/98,13€.* Tout près de la charmante piazza S. Maria in Trastevere, cet hôtel propose des chambres de style moderne et dotées de différents éléments appréciables, notamment des coffres où ranger vos affaires de valeur.

Pensione Barrett – *Largo Torre Argentina, 47 [Torre Argentina] - ☎ 06 68 68 481 - fax 06 68 92 971 - - 20 ch. : 77,47/92,96€ - 5,16€.* Simple mais soigné et très bien situé. Les chambres sont dotées de petits « plus » : vous pourrez par exemple vous accorder un bain de pieds avec hydromassage tout en vous préparant une boisson chaude. Pour plus de tranquillité, mieux vaut éviter les chambres donnant sur la place, très passante.

Hotel Coronet – *Piazza Grazioli, 5 - [quartier Panthéon] - ☎ 06 67 92 341 - fax 06 69 92 27 05 - hotelcoronet@tiscalinet.it - 13 ch. : 77,47/144,61€.* Le palais Doria Pamphili accueille ce petit hôtel qui possède des chambres spacieuses et confortables au charme antique. Atmosphère romantique et service soigné.

Hotel Pensione Suisse – *Via Gregoriana, 54 (3e étage avec ascenseur) [Piazza di Spagna] - ☎ 06 67 83 649 - fax 06 67 81 258 - suisse.hotel@tiscalinet.it - 12 ch. : 85,22/129,11€.* Dans un palais résidentiel, près de la Casa dei Mostri, une famille polyglotte vous accueillera chaleureusement. Chambres décorées avec raffinement et situées autour de la cour intérieure. Les clients sont priés de ne pas rentrer après 2h du matin. Petit-déjeuner servi dans les chambres.

• ***Une petite folie !***

Hotel Due Torri – *Vicolo del Leonetto, 23 [Piazza Navona] - ☎ 06 68 76 983 - fax 06 68 65 442 - ▤ - 26 ch. : à partir de 90€* ▭. Très central, mais situé dans une rue tranquille et charmante, cet hôtel raffiné à l'ambiance feutrée fut jadis la résidence de hauts prélats. Chambres avec parquet, personnalisées, avec meubles de style. Une de nos adresses préférées.

Hotel Cisterna in Trastevere – *Via della Cisterna, 7/8/9 [Trastevere] - ☎ 06 58 17 212 - fax 06 58 10 091 - ▤ - 19 ch. : à partir de 98,13€* ▭. L'hôtel est situé dans une ruelle où se trouve une fontaine originale, la « citerne », dans un petit palais du 18e s. Plafond mansardé et poutres en bois dans quelques chambres, et petite terrasse dans une chambre du dernier étage.

Hotel Venezia – *Via Varese, 18 [Termini] - ☎ 06 44 57 101 - fax 06 49 57 687 - ▤ - 61 ch. : à partir de 106€* ▭. Un hôtel confortable et soigné avec de bons services. Candélabres en fer forgé, ameublement rustique de facture remarquable et raffinement des étoffes... le contraste est impressionnant et particulièrement agréable dans les parties communes. Mérite le détour.

Hotel Teatro di Pompeo – *Largo del Pallaro, 8 [Campo dei Fiori] - ☎ 06 68 30 01 70 - fax 06 68 80 55 31 - ▤ - 13 ch. : à partir de 150€* ▭. Cet hôtel enchantera les amoureux de la Rome antique, qui pourront manger dans la surprenante salle caractérisée par les voûtes originales du Théâtre de Pompée. Chambres spacieuses, sobres, avec plafonds à caissons et sol en briques. Un établissement de charme.

Sant'Anselmo – *Piazza Sant'Anselmo, 2 [Aventin] - ☎ 06 57 48 119 - fax 06 57 83 604 - 44 ch. : à partir de 188,50€* ▭. Situés loin du trafic de la ville, dans la verdure de l'Aventin, trois villas résidentielles entourées de luxuriants jardins proposent des chambres à l'ameublement ancien. Petit-déjeuner servi dans une belle véranda.

Hotel Fontana – *Piazza di Trevi, 96 [Fontaine de Trevi] - ☎ 06 67 86 113 - fax 06 67 90 024 - 25 ch. : à partir de 188,50€* ▭. Envie d'admirer la fontaine de Trevi loin des touristes qui envahissent la place ? Alors offrez-vous un séjour dans l'une des charmantes petites chambres de cet hôtel et vous pourrez l'admirer d'en haut, en toute tranquillité. Une adresse qui satisfera aussi les plus romantiques.

Hotel Lord Byron – *Via De Notaris, 5 [Villa Giulia] - ☎ 06 32 20 404 - fax 06 32 20 405 - ▤ - 32 ch. : à partir de 229,82€* ▭. Face aux jardins de Villa Borghese, une petite « bonbonnière » élégante et raffinée, où règne l'atmosphère des années 1920.

Sorties

Si vous aimez danser et écouter de la musique, vous n'aurez aucun mal à animer vos soirées romaines : entre les célèbres boîtes de nuit et les « disco bars », le plus dur sera de choisir. On distingue à Rome trois quartiers selon le type d'établissements et le type de clientèle. Le premier, situé entre **piazza Campo dei Fiori** et **piazza Navona**, compte de nombreux pubs, brasseries et bars, où vous croiserez, dans une ambiance musicale, une clientèle hétérogène constituée d'étudiants, de touristes étrangers et de personnalités du spectacle (surtout dans les bars élégants autour de la piazza Navona). Ensuite, les ruelles caractéristiques du **Trastevere** abritent un grand nombre de petits établissements, souvent originaux ou à thème, et où sont organisés des concerts. Enfin, les jeunes qui voudront aller en boîte de nuit préféreront le quartier du **Testaccio**, surtout dans la via di Monte Testaccio, où les établissements sont nombreux et variés, ou encore, non loin de là, la via di Libetta.

Achats

À la différence d'autres capitales européennes, Rome ne possède pas énormément de grands magasins, mais dispose de nombreuses boutiques et de petits commerces vendant toutes sortes d'articles. Dans les innombrables petits magasins disséminés un peu partout dans la ville, en particulier dans le centre historique, il est facile d'acheter des objets antiques, des produits artisanaux, notamment alimentaires, d'excellente qualité, et les nombreuses boutiques de vêtements vous permettront forcément de trouver votre style et votre bonheur.

Attention cependant aux jours et heures de fermeture ! Les boutiques de vêtements sont fermées le lundi matin, tandis que les magasins d'alimentation baissent en général le rideau le jeudi après-midi. À l'exception du centre historique, où de nombreux magasins restent ouverts en continu, les horaires d'ouverture sont généralement de 10h à 13h et de 16h (en hiver) ou 17h (en été) jusqu'à 19h30 (hiver) ou 20h (été). Les cartes de crédit sont acceptées dans la plupart des établissements, exception faite des petits commerces d'alimentation.

LES VITRINES DE LA MODE

L'historique **via Veneto** se distingue entre toutes par ses luxueuses vitrines, tandis que dans le quartier compris entre la **via del Corso** et **la piazza di Spagna** – notamment la via Frattina, la via Borgognona (où se trouvent les boutiques de Laura Biagiotti, Versace ou Fendi) et la via Bocca di Leone (Versace) – sont rassemblés les grands noms de la haute couture italienne. Toujours dans ce quartier, et plus précisément au début de la **via dei Condotti**, les vitrines de **Bulgari**, fondateur de l'orfèvrerie romaine, méritent une attention toute particulière. Dans la même rue, la bijouterie **Raggi** est toujours en vogue auprès des jeunes romaines pour ses splendides bijoux, colliers et bracelets, tous à des prix abordables. Restent bien sûr les incontournables Armani, Gucci, Prada, Valentino...

Tout le long de la **via del Corso**, envahie tous les samedis après-midi par une foule de jeunes, dans la **via Nazionale**, la **via del Tritone** et la **via Cola di Rienzo**, se trouvent de nombreux magasins aux prix beaucoup plus raisonnables que les précédents et à même de satisfaire les clientèles les plus diverses.

MARCHÉS

Borgo Parioli – *Via Tirso 14, quartier Catacombes de Priscilla - w.-end : 9h-20h.* Un grand garage qui abrite une brocante où vous pourrez acheter des tableaux, des gravures, des cadres, des horloges, des dentelles, des broderies, des livres et des revues. Vous pourrez en outre y goûter de délicieuses spécialités culinaires.

Mercato di Via Sannio – *Via Sannio, quartier S. Giovanni in Laterano - lun.-sam. : 10h-13h.* Ce marché est plutôt spécialisé dans l'habillement : vous pourrez y acheter des vêtements neufs ou d'occasion, ainsi que des chaussures de marques dégriffées. Les prix y sont réellement intéressants.

Porta Portese – *Quartier Trastevere - dim. de l'aube à 14h.* Né dans le second après-guerre, du regroupement de plusieurs marchés de quartier, il s'étend le long de la via Portuense. Véritable caverne d'Ali-Baba, on y trouve un peu de tout : de la brocante aux vêtements neufs et d'occasion, en passant par du matériel photographique, des livres et des disques.

G. Bludzin/MICHELIN

27 avant J.-C., le Sénat lui décerna le titre d'**Auguste**, lui conférant un caractère de sainteté. Cumulant toutes les fonctions, politiques aussi bien que judiciaires et religieuses, Auguste devint bientôt le premier empereur romain ; son œuvre fut considérable : il étendit la domination de Rome à l'ensemble du bassin méditerranéen, mais il lui donna également la paix.

La mort d'Auguste fut suivie par une longue succession d'empereurs, dont certains, tels Caligula, Néron et Domitien, se signalèrent par des actes de folie et de cruauté. D'autres, comme Vespasien (bon administrateur), Titus (surnommé « le délice du genre humain », Trajan (« le meilleur des empereurs », inlassable constructeur) et Hadrien (voyageur infatigable, épris d'hellénisme), continuèrent l'œuvre de civilisation romaine.

LE CHRISTIANISME

Alors que le monde antique vacille, miné par la misère, la concentration du pouvoir dans les mains d'un seul homme et les attaques répétées des Barbares, une nouvelle puissance spirituelle et culturelle, apparue dès l'époque d'Auguste, s'affirme. Venue de Palestine et de Syrie, la religion de Jésus de Nazareth, diffusée dans le monde païen par ses disciples, avait gagné Rome. Dès la fin du 1er s. et le début du 2e s. après J.-C., l'Église chrétienne était organisée, mais elle se heurta aussitôt au pouvoir des empereurs. Il fallut attendre l'**édit de Milan** (en 313) tolérant la pratique du culte chrétien, et la conversion de l'empereur **Constantin**, pour que les églises puissent s'édifier en plein jour.

Aux premiers temps du christianisme, le représentant du Christ sur terre était l'évêque. L'évêque de Rome, siégeant dans la capitale traditionnelle de l'Empire, revendiqua le premier rang dans la hiérarchie ecclésiastique. C'est ainsi que sous le nom de **pape** (du bas latin *papa* : père), les chefs de la chrétienté déterminèrent l'histoire de l'Église et façonnèrent le visage particulier de la Ville éternelle. Au XIe s., **Grégoire VII** restaura une situation de désordre au sein de l'Église qui ne lui faisait guère honneur, combattit le trafic des biens ecclésiastiques et le mariage des prêtres ; il déclencha la fameuse querelle des Investitures, qui opposa le souverain pontife à l'empereur. Au cours de la Renaissance, de nombreux papes, érudits, actifs mécènes, et ambitieux, contribuèrent largement, en attirant à la Cour de prestigieux artistes comme Raphaël et Michel-Ange, à l'embellissement de la capitale. Parmi eux, il faut rappeler le nom de Pie II, Sixte IV (bâtisseur de la chapelle Sixtine, de Sainte-Marie-de-la-Paix et S. Maria del Popolo), Jules II (qui confia à Michel-Ange le décor des plafonds de la Sixtine), Léon X (immensément riche, il nomma Raphaël intendant des arts), Clément VII, Sixte Quint qui fut un infatigable bâtisseur, et Paul III qui fit élever le palais Farnèse.

visiter

Rome est une ville tellement riche en art, aussi bien religieux que profane, que nous vous conseillons vivement d'y passer au moins 2 ou 3 jours. Les quelques paragraphes qui suivent donnent des indications générales sur une vingtaine de centres de grand intérêt. À la fin du chapitre, les doubles flèches indiquent d'autres monuments importants, sites ou musées, qui valent également la peine d'être visités si vous disposez d'un peu plus de temps.

CHAQUE PIERRE RACONTE LA VILLE ÉTERNELLE

Campidoglio★★★ (Capitole)

Sur l'antique colline qui symbolisa la puissance de Rome et où siège aujourd'hui la municipalité de la ville ont pris place l'église S. Maria d'Aracoeli, la place du Capitole et ses palais, et d'agréables jardins.

S. Maria d'Aracoeli★★

Précédée de son bel escalier construit en ex-voto après la peste de 1346, l'église présente une façade plate et austère. Elle fut élevée en 1250 à l'endroit où la sibylle de Tibur annonça à Auguste la venue du Christ. À l'intérieur, 1re chapelle à droite décorée de **fresques★** par **Pinturicchio** (vers 1485).

Piazza del Campidoglio★★★

Son aménagement fut conçu et en partie réalisé par Michel-Ange à partir de 1536. Elle est cernée par trois palais et une balustrade que dominent les statues des Dioscures ; au centre, Michel-Ange avait installé la statue de Marc Aurèle, aujourd'hui aux musées du Capitole.

Musei Capitolini★★★ (Musées du Capitole) – *Tlj sf lun. 9h30-19h (la billetterie ferme à 18h). Fermé j. fériés, 1er janv., 1er mai, 25 déc. 6,20€. ☎ 06 39 96 78 00.*

Ils sont installés dans le **Palazzo Nuovo★★★**, construit en 1655 par Girolamo Rainaldi, dans le **Palazzo Senatorio★★★**, édifice du 12e s., retouché de 1582 à 1602 par Giacomo Della Porta et Girolamo Rainaldi dans et dans le **Palazzo dei Conservatori**. Une partie des collections des musées du Capitole, et notamment les œuvres retrouvées dans la région de Rome, se trouve dans la **Centrale Montemartini★★**, viale Ostiense, 106. ♿ *Tlj sf lun. 9h30-19h. Fermé 1er janv., 1er mai, 25 déc. 4,13€. ☎ 06 57 48 030.*

Dans le Palazzo Nuovo, allez voir la statue **équestre de Marc Aurèle★★** (fin du 2e s.), le ***Galate mourant*★★★**, sculpture romaine qui imita une œuvre en bronze de l'école de Pergame (3e-2e s. avant J.-C.) ; la **salle des Empereurs★★**, qui renferme les portraits de tous les empereurs ; la ***Vénus du Capitole*★★**, copie romaine dérivée de la Vénus de Cnide de Praxitèle. Le Palazzo dei Conservatori, construit au 15e s. et transformé en 1568 par Giacomo Della Porta, abrite la ***Louve*★★★** (6e-5e s. avant J.-C.), le ***Tireur d'épine*★★**, original grec ou très bonne réplique du 1er s. avant J.-C., le **buste de Junius Brutus★★**, remarquable tête du 3e s. avant J.-C. placée sur un buste à la Renaissance. La **pinacothèque★** *(2e étage)* renferme des peintures du 14e s. au 17e s. (Titien, Caravage, Rubens, Guerchin, Reni).

Depuis la via del Campidoglio, **vue★★★** sur les ruines du Forum romain.

B. kaufmann/MICHELIN

Le Palazzo Senatorio et les Dioscures

Terme di Caracalla★★★

♿ *Tlj sf lun. ap.-midi 9h-1h avant le coucher du soleil (la billetterie ferme 1h avant). Fermé 1er janv., 25 déc. 4,13€. ☎ 06 39 96 77 00 ; www.pierreci.it*

Bâtis par Caracalla en 212, ces établissements de bains couvraient plus de 11 ha et pouvaient accueillir 1 600 baigneurs à la fois. Dans les ruines du caldarium, salle circulaire de 34 m de diamètre réservée au bain très chaud, sont données, l'été, des représentations d'opéra.

Catacombe★★★

Ces cimetières souterrains utilisés à l'époque chrétienne sont nombreux aux abords de la **Via Appia Antica★★**. En usage à partir du 2e s., les catacombes furent découvertes au 16e et au 19e s. Elles consistent en longues galeries développées à partir d'un hypogée, ou tombeau souterrain, appartenant à une famille noble qui, convertie au christianisme, mettait son domaine à la disposition des chrétiens. Les décorations des catacombes constituent les premiers exemples d'art chrétien et consistent en gravures ou peintures de motifs symboliques.

Le touriste pressé devra se limiter à la visite de l'une des catacombes suivantes. **Catacombes de S. Callisto★★★**, sur la Via Appia, **Catacombes de S. Sebastiano★★★**, sur la Via Appia, **Catacombes de Domitilla★★★**, au n° 282 de la via delle Sette Chiese. *Visite guidée uniquement (45mn à 1h) en plusieurs langues, 8h30-12h30, 14h30-17h30 (hiver 17h). 4,13€, gratuit le dernier dim. de sept.*

S. Callisto : tlj sf mer. Fermé fév., 1er janv., Pâques, 25 déc. ☎ 06 51 30 15 80 ; www.catacombe.roma.it. S. Sebastiano : tlj sf dim. Fermé de mi-nov. à mi-déc., 1er janv., Pâques, 25 déc. ☎ 06 78 50 350. Domitilla : tlj sf mar. Fermé 1er janv., Pâques et 25 déc. ☎ 06 51 10 342 ; www.catacombe.domitilla.it

Castel S. Angelo★★★ (Château St-Ange)

Tlj sf lun. 9h-20h (la billetterie ferme à 19h). Fermé 1er janv., 25 déc. 5,16€. ☎ 06 39 96 76 00 ; www.pierreci.it

Cet imposant édifice fut construit en 135 après J.-C. comme mausolée de l'empereur Hadrien et de sa famille. Grégoire le Grand, au 6e s., bâtit une chapelle sur le mausolée pour commémorer l'apparition d'un ange qui, remettant son épée au fourreau, signifia la fin d'une épidémie de peste. Au 15e s., Nicolas V dota le bâtiment d'un étage en briques et pourvut de donjons les angles de l'enceinte. Alexandre VI (1492-1503) fit ajouter les bastions octogonaux.

En 1527, lors du sac de Rome, Clément VII s'y réfugia, dans un appartement plus tard embelli par Paul III. Isolé au sommet de la forteresse, l'**appartement pontifical★** témoigne de la vie raffinée des papes d'alors. Un long passage relie la forteresse aux palais du Vatican. On pénètre dans le château par une belle rampe hélicoïdale, datant de l'Antiquité. De la terrasse du sommet, magnifique **panorama★★★** sur toute la ville. Le château St-Ange est relié à la rive gauche du Tibre par le joli **Ponte Sant'Angelo★** orné d'anges baroques sculptés par **le Bernin** et des statues des saints Pierre et Paul (16e s.).

Lara Pessina/ROMA

L'ange gardien du Castel S. Angelo

Domus Aurea★★

Dans le parc Oppio. ♿ Tlj sf mar. 9h-19h45 ; juin-sept. : sam. jusqu'à 23h (la billetterie ferme 1h avant). Fermé 1er janv., 25 déc. 5,16€ + 1,03€ pour la réservation (obligatoire). ☎ 06 39 96 77 00 ; www.pierreci.it

La **Maison Dorée** est la luxueuse résidence construite par Néron après l'incendie de Rome (64 après J.-C.). Les salles souterraines, semblables à des grottes et décorées de dessins géométriques, de racèmes, de voûtes et d'animaux, inspirèrent le motif ornemental du grotesque aux artistes de la Renaissance.

Colosseo★★★ (Colisée)

(♿) 9h-1h avant le coucher du soleil (la billetterie ferme 1h avant). Fermé 1er janv., 25 déc. 5,16€. ☎ 06 39 96 77 00 ; www.pierreci.it

Cet amphithéâtre, inauguré en 80, est aussi appelé amphithéâtre Flavien, du nom du premier des empereurs Flaviens (Vespasien), qui fit entreprendre sa construction. Il fut surnommé Colosseo peut-être en raison de la proximité du Colosso di Nerone, gigantesque statue de bronze de plus de 35 m de haut, à moins que ce ne soit à cause de ses dimensions mêmes (527 m de circonférence et 57 m de haut). Avec ses trois ordres classiques superposés (dorique, ionique, corinthien), il est un chef-d'œuvre d'architecture antique. Des combats d'hommes et d'animaux, des duels de gladiateurs, des courses, des simulations de combats navals s'y déroulaient. Il pouvait contenir près de 50 000 personnes.

Aujourd'hui indissociable du décor du Colisée, l'**arc de Constantin★★★** fut élevé en 315 pour commémorer la victoire de Constantin sur Maxence. Certains bas-reliefs ont été prélevés sur des monuments du 2e s.

Fori Imperiali★★★ (Forums impériaux)

Entrée depuis la via 4 Novembre. Ils furent construits par César, Auguste, Trajan, Nerva et Vespasien ; de ces deux derniers ensembles, il ne reste presque rien. La via dei Fori Imperiali, ouverte en 1932 par Mussolini, a divisé les Forums impériaux. Les **marchés de Trajan★★** (Mercati Traianei), marchés composés d'environ 150 boutiques, ont conservé leur façade en hémicycle : lieu de vente au détail, ils étaient également un centre d'approvisionnement et de redistribution des produits. (♿) *Avr.-sept. : tlj sf lun. 9h-19h (la billetterie ferme à 18h30) ; oct.-mars : tlj sf lun. 9h-17h (la billetterie ferme à 16h30). Fermé 1er janv., 1er mai, 25 déc., j. fériés ap.-midi. 6,20€. ☎ 06 67 90 048 ; www.comune.roma.it/cultura*

La **tour des Milices★** est un reste d'une forteresse érigée au 13e s. Du **forum de Trajan★★★**, la **colonne Trajane★★★**, où sont racontés en plus de cent scènes les épisodes de la guerre de Trajan contre les Daces, est un chef-d'œuvre jamais égalé. Du **forum d'Auguste★★** *(l'observer de la via Alessandrina)*, on voit quelques colonnes du temple de Mars vengeur, des vestiges de son escalier d'accès et le mur fermant le forum *(derrière le temple)*. La maison des Chevaliers de Rhodes, construite au Moyen Âge sur des vestiges antiques, reconstruite au 15e s., domine l'ensemble. Du **forum de César★★** *(l'observer de la via del Tulliano)*, il reste trois belles colonnes du temple de Vénus Genitrix.

Foro Romano★★★ (Forum romain)

♿ *9h-1h avant le coucher du soleil. Fermé 1er janv., 25 déc. Gratuit. Possibilité de visite guidée et audioguidée. ☎ 06 39 96 77 00.*

Les vestiges du Forum romain, centre religieux, politique et commerçant de la Rome antique, sont le reflet des douze siècles d'histoire qui ont forgé la civilisation romaine. Le Forum fut fouillé aux 19e et 20e s.

La **basilique Emilia** fut la seconde basilique construite à Rome (170 av. J.-C.). En empruntant la **Via Sacra★**, qui vit défiler les triomphes des généraux vainqueurs, on rejoint la **Curie★★** reconstruite au 3e s. par Dioclétien ; cet édifice abrita les séances du Sénat et renferme aujourd'hui les **bas-reliefs de Trajan★★**, panneaux sculptés au 2e s. de scènes de la vie impériale et d'animaux conduits au sacrifice. À proximité, le bel **arc de Septime-Sévère★★** fut élevé en 203, après les victoires de l'empereur sur les Parthes. Au pied du Capitole se dressait un ensemble de monuments particulièrement remarquables : le **temple de Vespasien★★** (fin du 1er s.), dont subsistent trois élégantes colonnes corinthiennes, le **temple de Saturne★★★**, dont il reste huit colonnes du 4e s., et le **portique des Dieux Conseillers★**, ensemble de colonnes à chapiteaux corinthiens datant d'une restauration de 367 (le portique était dédié aux douze dieux principaux du panthéon romain). La **colonne de Phocas★** fut érigée en 608 en l'honneur de Phocas, empereur d'Orient, qui donna le Panthéon au pape Boniface IV. La **basilique Julienne★★**, divisée en cinq nefs, fut élevée par César, achevée par Auguste et destinée au commerce et à la justice. Le **temple de Castor et Pollux★★★** dresse encore trois belles colonnes à chapiteaux corinthiens. Circulaire, le **temple de Vesta★★★** avoisine la **maison des Vestales★★★** (gardiennes du feu sacré). Le **temple d'Antonin et Faustine★★** était dédié à l'empereur Antonin le Pieux et à son épouse ; les colonnes de son pronaos sont monolithes. La grandiose **basilique de Maxence★★★** fut achevée par Constantin. L'**arc de triomphe de Titus★★** fut élevé en 81 pour commémorer la prise de Jérusalem par cet empereur qui ne régna que deux ans.

Palatino★★★ (Mont Palatin)

9h-1h avant le coucher du soleil (la billetterie ferme 1h avant). Fermé 1er janv., 25 déc. 6,20€. Possibilité de visite guidée (75mn) et audioguidée. ☎ 06 39 96 77 00 ; www.prc.it

Sur cette colline, où furent recueillis Remus et Romulus, Domitien bâtit le palais impérial : la **Domus Flavia★**, où se déroulait la vie officielle, la **Domus Augustana★★**, résidence privée des empereurs, et le **stade★**. La **maison de Livie★★** *(fermée pour restauration au moment de la rédaction de ce guide)* fut peut-être la demeure d'Auguste (beaux restes de peintures). Des **jardins Farnèse** (Orti Farnesiani), qui ont recouvert au 16e s. le palais de Tibère, **vue★★** sur le Forum et la ville.

Quitter le Palatin par la porte voisine de l'arc de Titus.

Tempio di Venere e di Roma★

Édifié entre 121 et 136 par Hadrien, le **temple de Vénus et de Rome** fut le plus vaste des temples de l'*Urbs* (110 m par 53 m). Il se distinguait par deux *cellæ* à absides adossées : l'une abritait la déesse Rome et regardait vers le Forum, l'autre, dédiée à Vénus, était orientée vers le Colisée.

Gesù★★★

Église principale des jésuites à Rome, construite par Vignola en 1568, elle est le modèle des édifices de la Contre-Réforme. En façade, les colonnes engagées ont remplacé les pilastres plats de la Renaissance ; des décrochements et des jeux d'ombre et de lumière apparaissent. L'intérieur, très ample pour favoriser la prédication, fut paré d'une somptueuse décoration baroque : à la voûte, les **fresques** du **Baciccia★★** illustrent le *Triomphe du nom de Jésus* (1679) ; la **chapelle St-Ignace★★★** *(croisillon gauche)*, œuvre du frère jésuite **Andrea Pozzo** (1696-1700), est d'une richesse incomparable.

Pantheon★★★

(♿) *8h30-18, dim. 9h-18h (j. fériés ouvrables 9h-13h). Fermé 1er janv., 25 déc. Gratuit.* ☎ *06 68 30 02 30.*

Édifice antique parfaitement conservé, le Panthéon élevé par Agrippa en 27 avant J.-C., reconstruit par Hadrien (117-125), fut un temple transformé en église au 7e s. On y entre par un porche à seize colonnes de granit, monolithes, antiques à l'exception des trois du côté gauche. La porte serait encore pourvue de ses battants antiques. L'**intérieur★★★**, chef-d'œuvre d'harmonie et de grandeur, est dominé par la **coupole antique★★★** de diamètre égal à la hauteur à laquelle elle s'élève. Les chapelles latérales sont garnies de frontons alternativement courbes et triangulaires ; elles abritent les tombeaux des rois d'Italie et de Raphaël *(à gauche)*.

Piazza del Popolo★★

La piazza del Popolo a été aménagée par **Giuseppe Valadier** (1762-1839). On y remarque la **Porta del Popolo★**, porte ouverte dans l'enceinte d'Aurélien au 3e s. et érigée au 16e s. (façade extérieure) et au 17e s. (façade intérieure, par le Bernin). L'**église S. Maria del Popolo★★**, de style Renaissance, modifiée à l'époque baroque, renferme des **fresques★** exécutées au 15e s. par Pinturicchio *(1re chapelle à droite)*, deux **tombeaux★** par Andrea Sansovino *(dans le chœur)*, et deux **tableaux de Caravage★★★** – *Le Martyre de saint Pierre* et *La Conversion de saint Paul* – *(1re chapelle à gauche du chœur)* ; la **chapelle Chigi★** *(2e à gauche)* a été élevée par Raphaël. L'obélisque central fut transporté d'Égypte à l'époque d'Auguste et érigé ici au 16e s. à l'initiative de Sixte Quint.

De la piazza del Popolo se détache, entre les églises « jumelles », la **via del Corso**, bordée de palais et de boutiques, principale rue du centre de Rome.

Pincio

Ce beau parc public aménagé au 19e s. par Giuseppe Valadier offre une **vue★★★** particulièrement somptueuse au crépuscule lorsque celui-ci met en valeur la lumière dorée caractéristique de Rome.
Du Pincio part le viale della Trinità dei Monti, où se dresse la **Villa Médicis**, siège de l'Académie de France à Rome.

Piazza di Spagna★★★

Cette place prit son nom au 17e s., quand l'ambassade d'Espagne s'installa au palais d'Espagne. Elle est dominée par le majestueux **escalier de la Trinità dei Monti★★★**, construit au 18e s. par De Sanctis et Specchi, héritiers du goût baroque pour les perspectives et le trompe-l'œil ; au pied de l'escalier, **fontaine de la Barcaccia★**, œuvre de Pietro Bernini (17e s.).

La piazza di Spagna, l'une des places mythiques de Rome, qui en compte beaucoup !

J. Malburet/MICHELIN

Au sommet, l'**église de la Trinità dei Monti★** est une propriété française édifiée au 16e s., restaurée au 19e s. ; à l'intérieur, ***Déposition de Croix*★** (1541) par Daniele da Volterra, admirateur de Michel-Ange *(2e chapelle à gauche)*.

De la piazza di Spagna part la **via dei Condotti**, bordée de boutiques luxueuses ; le « caffè Greco », fondé en 1760 et fréquenté par d'illustres hôtes (Goethe, Berlioz, Wagner, Stendhal, etc.), la rendit célèbre dans le monde entier.

Piazza Navona★★★

Elle a conservé la forme du stade de Domitien dont elle occupe l'emplacement. Réservée aux piétons, elle est un lieu de rendez-vous agréable et animé. Au centre se dresse la **fontaine des Fleuves★★★**, chef-d'œuvre baroque dû au **Bernin**, achevée en 1651. Les statues représentent les quatre fleuves (le Danube, le Gange, le Rio de la Plata et le Nil), symboles des quatre parties du monde.

Parmi les églises et les palais qui l'entourent, remarquer **S. Agnese in Agone★★**, dont la façade baroque est l'œuvre de **Borromini** (séduisant **intérieur★** sur plan en croix grecque) et le **palais Pamphili**, contigu (17e s.).

Piazza Venezia★

Au centre de Rome et bordée de palais : Palazzo Venezia, palais Bonaparte, où la mère de Napoléon mourut en 1836, Palazzo delle Assicurazioni Generali di Venezia élevé au début du 20e s.

Palazzo Venezia★

Élevé par le pape Paul II (1464-1471), il fut un des premiers édifices de la Renaissance. Au 1er étage, un **musée** expose des collections d'art médiéval (ivoires, émaux byzantins et limousins, peintures primitives italiennes sur bois, orfèvrerie), ainsi que des céramiques et des petits bronzes (15e au 17e s.). ♿ *Tlj sf lun. 8h30-19h30. Fermé 1er janv., 1er mai, 25 déc. 4,13€.* ☎ *06 67 98 865.*

La **basilica di S. Marco**, incluse dans le palais au 15e s., présente une jolie **façade★** Renaissance sur la piazza di San Marco.

Monument à Victor-Emmanuel II (Vittoriano)

Élevé en 1885 par Giuseppe Sacconi à la gloire de Victor-Emmanuel II, premier roi de l'Italie unifiée, il écrase les autres monuments de Rome par sa taille et sa couleur blanche. Il offre une **vue★★** centrale sur la ville.

S. Giovanni in Laterano★★★ (St-Jean-de-Latran)

7h-19h. ☎ *06 69 88 64 93.*

St-Jean-de-Latran, l'une des quatre basiliques majeures, assume le rôle de cathédrale de Rome, et le président de la République française appartient de droit à son chapitre *(le 13 décembre, une messe y est célébrée pour la France)*. Constantin édifia la première basilique du Latran avant Saint-Pierre au Vatican. Mais elle fut reconstruite à l'époque baroque par Borromini et, plus tard, au 18e s. La façade principale d'Alessandro Galilei date du 18e s. et la porte centrale est pourvue des battants de bronze de la curie du Forum romain (modifiés au 17e s.). À l'intérieur, d'une ampleur solennelle, le **plafond★★** est une œuvre du 16e s., restaurée au 18e s. Dans la nef centrale, les **statues des apôtres★**, dues à des élèves du Bernin, sont placées dans des niches aménagées par Borromini. La **chapelle Corsini★** *(1re à gauche)* est l'œuvre raffinée d'Alessandro Galilei. Le **plafond★★** du transept date de la fin du 16e s. Dans la **chapelle du St-Sacrement** *(croisillon gauche)*, belles **colonnes★** antiques en bronze doré. Le **cloître★** est une jolie réalisation des Vassalletto (13e s.), marbriers associés aux Cosmates. Dans le **baptistère★**, fondé au 4e s., belles mosaïques des 5e et 7e s.

Sur la **piazza di S. Giovanni in Laterano** s'élève un obélisque égyptien, le plus haut de Rome, du 15e s. avant J.-C. Le **palais du Latran**, reconstruit en 1586, fut le palais des papes jusqu'à leur départ pour Avignon. Du palais médiéval subsiste la **Scala sancta**, escalier traditionnellement identifié avec celui que le Christ emprunta dans le palais de Ponce Pilate ; les fidèles en gravissent les marches à genoux ; au sommet, la chapelle privée des papes est appelée « Sancta Sanctorum » en raison des précieuses reliques qu'elle renferma.

S. Maria Maggiore★★★ (Ste-Marie-Majeure)

Une des quatre basiliques majeures de Rome, dont l'origine remonte au pape Sixte III (432-440), elle a subi de notables remaniements au cours des siècles. Son campanile, érigé en 1377, est le plus haut de Rome. La façade est l'œuvre (1743-1750) de Ferdinando Fuga. On peut voir le **décor de mosaïques★** de la façade d'origine, réalisé à la fin du 13e s. par Filippo Rusuti et restauré au 19e, en visitant la **loggia** qui lui fut adossée.

L'**intérieur★★★**, majestueux, renferme un remarquable ensemble de **mosaïques★★★** : dans la nef centrale, au-dessus de l'entablement, elles comptent parmi les plus anciennes mosaïques chrétiennes de Rome (5e s.) et illustrent des scènes de l'Ancien Testament ; à l'arc triomphal, du 5e s. également, scènes du Nouveau Testament ; à l'abside, elles sont composées d'éléments du 5e s. mais furent refaites au 13e s.

Le **plafond★** est à caissons, dorés, dit-on, avec le premier or venu du Pérou.

Sortir de la basilique par la porte au fond de la nef droite.
De la **piazza dell'Esquilino** (obélisque égyptien), **vue**★★ sur l'imposant chevet du 17e s.

S. Paolo fuori le Mura★★ (St-Paul-hors-les-Murs)

7h-18h30 (hiver 18h). ☏ *06 54 08 383.*

Sortir par la via Ostiense, puis voir le plan Michelin n° 1038 (carré W 11).
Une des quatre basiliques majeures. Constantin la fit édifier au 4e s. sur la tombe de saint Paul. Elle fut reconstruite au 19e s. après l'incendie de 1823. Son plan basilical est celui des premiers édifices chrétiens.
L'**intérieur**★★★, saisissant de grandeur, renferme la porte de bronze du 11e s. exécutée à Constantinople *(au bas de la 1re nef droite)*, et le **ciborium**★★★ gothique d'**Arnolfo di Cambio** (1285) placé sur l'autel, lui-même disposé au-dessus de la plaque de marbre gravée au nom de Paul et datée du 4e s. Dans la **chapelle du St-Sacrement**★ *(à gauche du chœur)*, Christ en bois du 14e s. attribué à Pietro Cavallini, statue de sainte Brigitte agenouillée par Stefano Maderno (17e s.), et statue de saint Paul (14e ou 15e s.) ; le **chandelier pascal**★★ est une œuvre de l'art romain du 12e s., due aux Vassalletto.
Le **cloître**★ est probablement en partie l'œuvre de cette même famille d'artistes.

Fontana di Trevi★★★

Grandiose monument du baroque finissant, la **fontaine de Trevi** est l'un des sites les plus assidûment fréquentés de Rome, où l'on vient sans doute autant pour rechercher l'ineffable atmosphère qu'en rendait Fellini dans *La Dolce Vita*, quand il faisait s'y baigner en robe du soir Anita Ekberg, que pour obéir à la tradition qui veut que tout visiteur jette dans la vasque, en lui tournant le dos, deux pièces de monnaie : l'une doit assurer son retour à Rome, l'autre lui permettre de réaliser un vœu.
Nicola Salvi, qui la conçut en 1762 à la demande du pape Clément XIII, lui donna les dimensions du palais auquel elle est adossée et l'allure d'un arc de triomphe. De sa niche centrale jaillit la figure de l'Océan, juchée sur un char guidé par deux chevaux marins et deux tritons.

VATICANO

La Cité du Vatican est limitée par l'enceinte qui surplombe le viale Vaticano et, à l'Est, par la colonnade de la place St-Pierre. Elle constitue la plus grande partie de l'État du Vatican, défini en 1929 par les accords du Latran. Réduit à 44 ha et à moins d'un millier d'habitants, l'État du Vatican, le plus petit du monde, est issu des États de l'Église nés au 8e s. à la suite de la donation de Quiersy-sur-Oise et disparus en 1870 lorsque l'Italie devint un royaume unifié avec Rome pour capitale. L'État du Vatican, dont le pape est le chef, a son propre drapeau, son hymne, émet ses propres timbres, frappe sa monnaie (en euros) qui a libre cours en Italie et en Europe, et édite sa propre presse ; les corps armés ont été dissous par Paul VI en 1970 ; seul subsiste le corps des Gardes suisses, habillés d'un pittoresque uniforme dessiné, dit-on, par Michel-Ange.
Chef d'État, le pape est aussi le chef suprême de l'Église universelle, et à travers sa personne s'exerce partout dans le monde le rayonnement spirituel de l'Église. Lorsqu'il séjourne à Rome, le saint-père accorde des **audiences publiques**.

Les cérémonies religieuses – Vendredi Saint : chemin de croix nocturne entre le Colisée et le Palatin. **Pâques** : à midi sur la place St-Pierre, le pape donne la bénédiction *« urbi et orbi »*. **28 et 29 juin** : offices à St-Pierre à l'occasion de la fête des saints Pierre et Paul, la plus prestigieuse des fêtes religieuses romaines.

Jardins du Vatican★★★

Visite guidée uniquement. Tlj sf mer. et dim. Fermé j. fériés du Vatican. 8,78€. Réserver auprès des musées du Vatican. ☏ *06 69 88 44 66 ou 06 69 88 45 87, fax 06 69 88 51 00.*
Vastes et splendides, ils sont ornés de fontaines et de statues, dons de différents États. Ils renferment aussi la maisonnette *(casina)* de Pie IV, gracieux édifice du 16e s. décoré de stucs et de peintures. Les jardins du Vatican permettent d'admirer le dôme de Michel-Ange dans toute sa majesté.

Piazza S. Pietro★★★ (Place St-Pierre)

Cernée par les deux bras en arc de cercle de la colonnade, sobre et solennelle, elle fut commencée en 1656 par **le Bernin**, le maître du baroque. Au centre se dresse l'obélisque, du 1er s. avant J.-C., transporté d'Héliopolis à Rome en 37, sur l'ordre de Caligula. Il fut érigé ici en 1585, à l'initiative de Sixte Quint, par Domenico Fontana.

Basilica di S. Pietro★★★

7h-19h (hiver 18h), en fonction du déroulement des cérémonies pontificales. ☏ *06 69 88 44 66.*
C'est Constantin, le premier empereur chrétien, qui décida en 324 la construction d'une basilique là où saint Pierre avait été déposé après avoir été martyrisé dans le cirque de Néron. Au 15e s., la réfection de l'édifice s'imposa. Pendant deux siècles,

le plan de la nouvelle basilique ne cessa d'être remis en question. Le plan en croix grecque surmonté d'un dôme, conçu par **Bramante** et repris par **Michel-Ange**, se transforma en croix latine, en 1606, à l'initiative de Paul V, qui chargea **Carlo Maderna** d'ajouter deux travées et une façade au plan carré de Michel-Ange. **Le Bernin**, à partir de 1629, para la basilique d'une somptueuse décoration baroque. La **façade**, achevée par C. Maderna en 1614, avec ses 115 m de largeur et ses 45 m de hauteur, masque le dôme. De la loggia centrale, le pape donne sa bénédiction *« urbi et orbi »*.

Sous le **porche**, remarquer la première porte à gauche, aux battants de bronze sculptés par Giacomo Manzù (1964) ; la porte centrale en bronze, Renaissance (1455) ; à droite la Porte sainte, que seul le pape a le droit d'ouvrir et de fermer pour marquer le début et la fin d'une Année sainte.

À l'intérieur, s'avancer près des bénitiers de la nef centrale : leur taille, normale en apparence, s'avère immense et permet d'apprécier les dimensions gigantesques de la basilique et la justesse de ses proportions. On peut comparer la longueur de Saint-Pierre à celle des autres grandes églises du monde grâce à des repères placés au sol de la nef.

La première chapelle à droite abrite la ***Pietà*★★★**, chef-d'œuvre de **Michel-Ange**, sculpté en 1499-1500 ; cette œuvre de jeunesse qui allie maîtrise technique, puissance créatrice et émotion spirituelle fut saluée comme la révélation d'un génie. Dans le collatéral droit, après la chapelle du St-Sacrement, le **monument funéraire de Grégoire XIII★** porte un bas-relief illustrant l'institution du calendrier grégorien, œuvre de ce pape. Aussitôt après le croisillon droit, **monument funéraire de Clément XIII★★★**, œuvre néoclassique de **Canova** (1792). L'abside est dominée par la **« chaire de Saint-Pierre »★★★** du **Bernin** (1666), grand trône de bronze sculpté abritant un siège épiscopal du 4e s., attribué symboliquement à saint Pierre et surmonté d'une « gloire » en stuc doré. Cette œuvre, achevée en 1666 alors que le Bernin était presque septuagénaire, constitue le couronnement de son art étourdissant de mouvement et de lumière. Dans le chœur à droite, **monument d'Urbain VIII★★★**, du Bernin (1647), chef-d'œuvre de l'art funéraire ; à gauche, **monument de Paul III★★★** par Guglielmo Della Porta (16e s.), disciple de Michel-Ange.

À l'**autel de St-Léon-le-Grand** *(chapelle à gauche du chœur)*, beau **retable★** baroque sculpté en haut-relief par l'Algarde. À côté, **monument d'Alexandre VII★**, œuvre tardive du Bernin (1678) aidé de ses élèves, excessivement mouvementée.

Le **baldaquin★★★** qui surmonte l'autel pontifical, d'une hauteur de 29 m (égale à celle du palais Farnèse), valut au **Bernin** de vives critiques ; exécuté avec le bronze prélevé au Panthéon et taxé de procédé théâtral, il s'intègre pourtant parfaitement à l'élan général de l'architecture *(voir illustration p. 233)*.

La **coupole★★★**, conçue par **Michel-Ange**, fut élevée par lui-même jusqu'au lanternon, puis achevée en 1593 par Giacomo Della Porta et Domenico Fontana. Du **sommet de la coupole** *(accès en sortant à droite de la basilique)* : **vue★★★** sur la place St-Pierre, la Cité du Vatican et Rome, du Janicule au Monte Mario. *Avr.-sept. : 8h-18h ; oct.-mars : 8h-16h30. 4,13€ en ascenseur, 3,62€ à pied. Pour toute information ☎ 06 69 88 44 66.*

La **statue de saint Pierre★★**, en haut du vaisseau central, est une œuvre en bronze du 13e s. attribuée à Arnolfo di Cambio et très vénérée des pèlerins, qui viennent baiser son pied. Le **monument d'Innocent VIII★★★** *(collatéral gauche, entre la 2e et la 3e travée)* date de la Renaissance et est dû à Antonio del Pollaiolo (1498). Au **monument des Stuarts** *(nef gauche, entre la 1re et la 2e travée)*, sculpté par Canova, beaux **anges★** en bas-relief.

Le **Museo Storico★** *(entrée dans le collatéral gauche, face au monument des Stuarts)* abrite le trésor de St-Pierre. ♿ *Avr.-sept. : 9h-19h (la billetterie ferme à 18h30) ; oct.-mars : 9h-18h (la billetterie ferme à 17h30). Fermé Pâques, 25 déc. 4,13€. ☎ 06 69 88 18 40.*

Musei Vaticani★★★ (Musées du Vatican)

Accès : viale Vaticano. ♿ *Deux itinéraires ont été spécialement aménagés pour les visiteurs handicapés :*

Itinéraire A : Antiquités classiques-Musée étrusque et itinéraire B : Palais du Vatican-Pinacothèque.

Mars-nov. : 8h45-16h45 (la billetterie ferme à 12h30) ; sam., dernier dim. du mois, déc.-fév. : 8h45-13h45 (la billetterie ferme à 12h30). Fermé dim. (sf dernier dim. du mois), 1er et 6 janv., 11 fév., 19 mars, dim. et lun. de Pâques, 1er mai, Ascension, Fête-Dieu, 29 juin, j. fériés. Visite audioguidée en plusieurs langues. 9,30€, gratuit 27 sept. et dernier dim. du mois. Bar, cafétéria et self-service. ☎ 06 69 88 49 47.

Pour la Loge de Raphaël, visite réservée aux spécialistes. Museo delle Carrozze fermé pour restauration au moment de la rédaction de ce guide. ☎ 06 69 88 30 41.

Ils occupent une partie des palais construits par les papes à partir du 13e s., agrandis et embellis jusqu'à nos jours.

Parmi leurs nombreux départements, sont très vivement recommandés : au 1er étage, le **musée Pio-Clementino★★★** (antiquités grecques et romaines) avec le ***Torse du Belvédère*★★★** (Ier s. avant J.-C.), très admiré de Michel-Ange, la ***Vénus***

J. Malburet/MICHELIN

Chambres de Raphaël : détail du Couronnement de Charlemagne

de Cnide★★, copie romaine de la Vénus de Praxitèle, le **groupe de Laocoon**★★★, œuvre hellénistique du 1er s. avant J.-C., l'***Apollon du Belvédère***★★★, copie romaine du 2e s., le ***Persée***★★, œuvre néoclassique de Canova, qui fut acheté à l'artiste après que le traité de Tolentino (1797) eut dépouillé le musée, l'***Hermès***★★★, œuvre romaine du 2e s. dérivée de Praxitèle, l'***Apoxyomène***★★★, athlète nettoyant sa peau, copie romaine du 1er s. d'après Lysippe.

Au 2e étage, le **Musée étrusque**★ renferme une remarquable **fibule**★★ en or (7e s. avant J.-C.) ornée de lions et de canetons en haut relief (salle II) et le fameux ***Mars***★★ de Todi, rare exemplaire de statue de bronze du 5e s. avant J.-C. (salle III). La **salle du Bige** doit son nom à un **char à deux chevaux**★★ *(bige)*, œuvre romaine du 1er s., reconstituée au 18e s.

Les **Chambres (ou Stanze) de Raphaël**★★★ sont quatre pièces de l'appartement de Jules II, décorées par Raphaël et ses élèves de 1508 à 1517 ; on y admire les fresques de *L'Incendie du Borgo, L'École d'Athènes, Le Parnasse, Héliodore chassé du Temple, Le Miracle de Bolsena, La Délivrance de saint Pierre ;* elles constituent un chef-d'œuvre de la Renaissance.

La **collection d'art religieux moderne**★★, réunie par Paul VI, est en partie installée dans l'appartement d'Alexandre VI.

De nouveau au Ier étage, la **Chapelle Sixtine**★★★ attire les visiteurs du monde entier, venus admirer la voûte peinte par **Michel-Ange** de 1508 à 1512, illustrant la Bible, de la Création du monde au Déluge, et le *Jugement dernier* peint au-dessus de l'autel par le même artiste à partir de 1534. Au registre inférieur des parois latérales, compositions du Pérugin, de Pinturicchio et Botticelli. La **pinacothèque**★★★ renferme quelques tableaux de premier ordre : trois **œuvres de Raphaël**★★★ (*Couronnement de la Vierge, Madone de Foligno, Transfiguration* – salle VIII), un ***Saint Jérôme***★★ de **Léonard de Vinci** (salle IX), et la ***Descente de Croix***★★ du **Caravage** (salle XII).

SI VOUS AVEZ UN PEU PLUS DE TEMPS...

B. Morandi/MICHELIN

Qui osera plonger la main dans la Bouche de la Vérité ?

▶▶ **Églises** : Chiesa Nuova★, S. Andrea al Quirinale★★, S. Andrea della Valle★ (façade★★, coupole de Maderna★★), S. Agnese Fuori le Mura★, S. Agostino★ *(Madone des Pélerins★★★ du Caravage), S. Carlo alle Quattro Fontane★★, S. Cecilia in Trastevere★ (Jugement dernier★★★ de Pietro Cavallini), S. Clemente★★ (mosaïque★★★ de l'abside), S. Ignazio★★ (fresque★★ d'Andrea Pozzo), S. Ivo★★ (clocher de Borromini), S. Lorenzo Fuori le Mura★★, S. Luigi dei Francesi★★ (tableaux★★★ du Caravage), S. Maria degli Angeli★★, S. Maria in Cosmedin★★ (Bouche de la Vérité sous le porche), S. Maria sopra Minerva★★, S. Maria della Pace★, S. Maria in Trastevere★★ (mosaïques★★★ du coeur), S. Maria della Vittoria★★ (Extase de sainte Thérèse★★★ du Bernin), S. Pietro in Montorio★ (tempietto de Bramante), S. Pietro in Vincoli★ (Moïse★★★ de Michelangelo), S. Sabina★★, S. Susanna★★.*

▶▶ **Musées et palais** : Galleria Borghese★★★ (œuvres du Bernin, de Raphaël, du Caravage, de Canova),

Museo Nazionale Romano★★★ (Palazzo Massimo alle Terme★★★, Palazzo Altemps★★★, Aula Ottagona★★★), Museo Nazionale di Villa Giulia★★★(entièrement consacré aux Étrusques), Palazzo Barberini★★ (Galleria Nazionale di Arte Antica★★), Palazzo della Cancelleria★★, Palazzo Farnese★★, Palazzo del Quirinale★★, Villa Farnesina★★, Palazzo Braschi★ (Museo di Roma★), Palazzo Doria Pamphili★ (galerie★★ de peinture), Palazzo della Sapienza (S. Ivo★★), Palazzo Spada★, Galleria Nazionale d'Arte Moderna★.

▶▶ **Monuments antiques** : Ara Pacis Augustæ★★, Area Sacra del Largo Argentina★★, Tempio di Apollo Sosiano★★, Piramide di Caio Cestio★, Tempio della Fortuna Virile★, Tempio di Vesta★, Tomba di Cecilia Metella★.

▶▶ **Places, rues, parcs et jardins** : Piazza del Quirinale★★, Villa Borghese★★, Piazza Bocca della Verità★, Piazza Campo dei Fiori★, Piazza Colonna★ (colonne de Marc Aurèle★), Piazza S. Ignazio★, Porta S. Paolo★, Porta di S. Sebastiano★, Via dei Coronari★, E.U.R.★ (Museo della Civiltà Romana★★), Isola Tiberina★ (Ponte Fabricio★), Gianicolo★ (vues★★★).

alentours

Castelli Romani★★

S'étendant au Sud-Est de Rome sur les flancs des monts Albains (Colli Albani), d'origine volcanique, cette région doit son nom *(litt. : les bourgs romains)* à une série de places fortes édifiées au cours du Moyen Âge par les familles nobles qui fuyaient l'insécurité et le désordre de l'ancienne capitale. Chacun de ces bourgs occupe une position protégée sur le pourtour d'un immense cratère, lui-même criblé de cratères secondaires, qu'occupent, entre autres, les lacs d'Albano et de Nemi. Des pâturages et des châtaigneraies couvrent les sommets, tandis qu'en bas poussent les oliviers et la vigne qui produit un excellent vin.

Les Romains aiment beaucoup s'y rendre dès que la saison est chaude : ils trouvent là tranquillité et fraîcheur, une lumière exceptionnelle, des lieux de promenades et des auberges de campagne aux tonnelles ombragées.

Un petit tour au départ de Rome – *122 km, 1/2 journée.* Sortir de Rome par la Via Appia, en direction de **Castel Gandolfo★**. Cette petite cité est la résidence d'été du souverain pontife ; on pense que Castel Gandolfo occupe l'emplacement de l'antique Albe-la-Longue, puissante rivale de Rome qui opposa les trois Curiaces aux trois fils de Rome, les Horaces, dans le fameux combat évoqué par Tite-Live. Élevée sur le terrain de l'antique villa de Domitien, **Albano Laziale** possède une jolie église, **S. Maria della Rotonda★**, édifiée dans un nymphée de la villa et conservant un imposant campanile roman. Les jardins appelés **Villa Comunale★** accueillent une villa ayant appartenu à Pompée (106-48 avant J.-C.). Près du Borgo Garibaldi se trouve la prétendue **tombe des Horaces et des Curiaces★**.

Plus loin, **Ariccia** présente une belle place dessinée par le Bernin, un palais ayant appartenu aux Chigi et une église placée sous le vocable de l'Assomption. **Velletri** est une agglomération prospère, au Sud des monts Albains, située au cœur des vignobles.

À partir de Velletri, revenir en arrière par la via dei Laghi.

Cette belle route, qui serpente à travers les bois de châtaigniers et de chênes, permet de rejoindre **Nemi**, petit village dans un **site★★** charmant sur les pentes du lac de même nom. Elle monte ensuite en direction du **Monte Cavo** (949 m), où s'élevait autrefois un temple de Jupiter, transformé depuis en couvent et aujourd'hui en hôtel : de l'esplanade, belle **vue★** sur la région des Castelli et jusqu'à Rome. Après **Rocca di Papa**, pittoresquement située face aux lacs, la route traverse **Grottaferrata**, qui a conservé une **abbaye★** fondée au 11e s. par des moines grecs. Une fois passé **Tusculo**, fief des comtes de Tusculum qui dominèrent la région des Castelli, on parvient à **Frascati★**, agréablement disposée sur les flancs d'une colline en direction de Rome : célèbre pour ses vins, la petite cité s'orne de quelques belles villas des 16e et 17e s., notamment la **Villa Aldobrandini★**, dont le parc est aménagé en terrasses aux arbres bien taillés. Au retour, on passe, avant d'entrer dans Rome, devant les studios de **Cinecittà**, le Hollywood italien. *Jardins : tlj sf w.-end 9h-13h, 15h-18h (hiver 17h). Fermé j. fériés. Réserver la visite auprès de la IAT, piazza Marconi, 1, ☎ 06 94 20 331 y compris le jour même.*

Ostia Antica★★ (Ostie)

Ostie, à l'embouchure du Tibre, doit son nom au mot latin *ostium* (embouchure). La légende, reprise par Virgile, en fait le lieu où aurait débarqué la flotte d'Énée, mais sa fondation remonte en fait au 4e s. avant J.-C., lorsque Rome se lança à la conquête de la Méditerranée. Dès lors, le port suivit la destinée de Rome : port militaire tout au long de son expansion, port de commerce dès que la ville organisa rationnellement son économie. Autour d'une forteresse simplement destinée à protéger des pirates les activités du port, Ostie devint au 1er s. avant J.-C. une véritable ville, que Sylla fit entourer d'un rempart (79 avant J.-C.). Son déclin s'amorça au 4e s. de notre ère avec celui de la capitale. L'agglomération, progressivement enfouie sous les alluvions du fleuve et minée par la malaria, ne fut redécouverte qu'au début de ce siècle, en 1909. Aujourd'hui dégagée, elle offre d'intéressants vestiges d'entrepôts *(horrea)*, de thermes, de sanctuaires, de luxueuses habitations *(domus)* et de constructions populaires à plusieurs étages *(insula)*, toutes bâties en briques *(pour la maison romaine, voir p. 60)*. On peut y voir de nombreux lieux de réunion, les places où traitaient marchands, armateurs et mandataires, le forum où se déroulait la vie politique et sociale. Ostie atteignit sous l'Empire 100 000 habitants, parmi lesquels se trouvaient de nombreux étrangers.

B. kaufmann/MICHELIN

Difficile aujourd'hui d'imaginer l'effervescence qui régnait autour du forum et du Capitole d'Ostie

Les fouilles – ♿ *(pour le musée uniquement, avec assistance) Musée et fouilles : été : tlj sf lun. 9h-19h30 (la billetterie ferme à 18h) ; le reste de l'année : tlj sf lun. 9h-17h30 (la billetterie ferme à 16h). Fermé 1er janv., 1er mai, 25 déc. 4,13€. ☎ 06 56 35 809.*

Suivre l'itinéraire de visite indiqué en vert sur le plan. Celui-ci situe, outre les curiosités décrites ci-après, d'autres vestiges particulièrement intéressants. *Pour une description plus détaillée, consulter le Guide Vert ROME.*

Après avoir traversé la **via delle Tombe** et pénétré dans la ville par la Porta Romana (entrée principale en venant de Rome), le visiteur emprunte le **Decumanus Maximus**, axe Est-Ouest que l'on retrouve dans toutes les cités romaines. Pavé de larges dalles, il était bordé de maisons à portiques et de magasins. Sur la droite, on rencontre les **Terme di Nettuno** (2e s.) ; de la terrasse de ces thermes, on a vue sur un bel ensemble de **mosaïques★★** figurant les noces de Neptune et d'Amphitrite. On découvre à quelques pas de là à gauche, l'**Horrea di Hortensius★**, grandiose entrepôt du 1er s. avec une cour à colonnes bordée de boutiques. En face, se trouve le théâtre qui, bien que très restauré, constitue un des lieux les plus évocateurs de la vie de la cité.

Piazzale delle Corporazioni★★★ : cette place était entourée d'un portique sous lequel se tenaient les 70 bureaux des représentations du monde commercial romain ; les mosaïques du pavement témoignent par leurs emblèmes de l'origine et du type de métier exercé. Au centre de la place, restes d'un temple attribué parfois à Cérès, déesse des moissons.

On passe devant la maison d'Apulée *(à droite)* avant de rejoindre le **Mitreo**, un des temples les mieux conservés d'Ostie.

Le **Thermopolium★★** : bar avec comptoir de marbre, pour les boissons chaudes.

Casa di Diana★ : remarquable exemple d'insula, avec pièces et couloirs disposés autour d'une cour intérieure.

Musée★ : Il recueille les objets trouvés à Ostie : salle des métiers, des cultes orientaux (nombreux à Ostie), salle de sculptures et de **portraits★**, salles consacrées à la décoration intérieure des maisons.

Consacré à la triade capitoline (Jupiter, Junon, Minerve), le Capitole (2e s.) était le plus grand temple d'Ostie. Le forum, agrandi au 2e s., conserve quelques colonnes du portique qui l'entourait. Au fond de la place, temple de Rome et d'Auguste (1er s.), autrefois recouvert de marbre.

Après la **Casa del Larario★**, ainsi nommée en raison de sa gracieuse niche en briques ocre et roses, on rencontre l'**Horrea Epagathiana★**, qui présente un beau portail à colonnes et fronton.

Casa di Amore e Psiche★★ : Construite au 4e s. en direction de la mer, la maison d'Amour et Psyché conserve d'intéressants vestiges de mosaïques et de marbres, et un très joli nymphée.

On rencontre successivement les **Terme di Mitra**, desquels sont visibles un escalier et des restes du frigidarium, puis l'**Insula del Serapide★**, les **Terme dei Sette Sapienti★** avec un beau pavement de mosaïques dans la salle ronde. En dehors des murs, les **Terme della Marciana** conservent encore une très belle **mosaïque** dans le frigidarium.

Schola del Traiano★★ : Imposant bâtiment des 2e-3e s. qui fut le siège d'une corporation de commerçants. À l'intérieur, plusieurs cours bordées de colonnes et bassin rectangulaire central.

Rejoindre la **Basilica cristiana**, édifice chrétien du 4e s., dont on distingue les colonnes séparant les nefs, l'abside et une inscription sur l'architrave d'une colonnade fermant une pièce identifiée comme le baptistère.

Peu après, les **Terme del Foro★** étaient les plus grands établissements de bains d'Ostie. À côté, ensemble de latrines publiques, particulièrement bien conservées. Dans l'enclos triangulaire qui constitue le **Campo della Magna Mater** s'élèvent les restes du temple de Cybèle (ou Magna Mater).

Cerveteri

L'antique Cerveteri, Cære, était un centre étrusque puissant, bâti sur une hauteur à l'Est de l'agglomération actuelle. Son apogée se situe aux 7e et 6e s. avant J.-C., époque à laquelle la cité connaît une vie culturelle et religieuse intense. Mais au 4e s. commence son déclin. Ce n'est qu'au début de notre siècle que des fouilles sont entreprises, les objets trouvés allant principalement enrichir le Musée étrusque de la Villa Giulia à Rome *(voir le Guide Vert ROME).*

Necropoli della Banditaccia★★ – *Tlj sf lun. 8h30-1h avant le coucher du soleil. Fermé 1er janv., 25 déc. 4,13€. ☎ 06 99 40 001.*

Témoignage important des cultes funéraires étrusques, cette admirable nécropole s'étend à 2 km au Nord de la ville. Elle se présente comme une cité, avec une voie principale ouvrant sur de nombreuses tombes en forme de tumulus, dressées au cœur d'une végétation dont l'ordonnance et les couleurs dégagent une grande sérénité ; les tombes à tumulus, qui créent l'étrangeté de ce lieu, datent généralement du 7e s. avant J.-C. : un tertre conique et herbu repose sur un socle de pierre parfois cerné de moulures, au-dessous duquel se trouvent les chambres funéraires. D'autres tombes consistent en chambres souterraines, accessibles par une porte simplement ornée. Les chambres sont desservies par un vestibule et renferment souvent deux lits funéraires disposés côte à côte et marqués d'une petite colonne s'il s'agit d'un homme (soutien de la famille), d'un petit toit si le défunt était une femme (protection du foyer). Parmi les tombes sans tumulus, visiter la **tombe des Reliefs★★** (Tomba dei Rilievi), décorée de peintures et de stucs évoquant de multiples aspects de la vie quotidienne.

Autour du lac de Bracciano★★

De Cerveteri, parcourir 18 km vers le Nord jusqu'à Bracciano (voir aussi Le Guide Vert ROME). D'origine volcanique et situé à 164 m, le lac de Bracciano a une superficie de 57,5 km^2 (8e lac d'Italie en étendue) et une profondeur maximale de 160 m. Le *Lacus Sabatini* a joué un rôle très important dans l'approvisionnement en eau de la ville de Rome : Trajan, par exemple, fit construire un aqueduc de 30 km qui alimentait le quartier du Trastevere et qui fonctionna par intermittence jusqu'au 17e s.

Bracciano★ est dominée par le splendide **château Orsini-Odescalchi★★★** (14e-15e s.), que délimitent six imposantes tours rondes et deux enceintes. L'**intérieur** présente une belle salle ornée de fresques, des plafonds du 15e s. et du mobilier de différentes époques. Depuis le chemin de ronde, on jouit d'une superbe vue sur le bourg et sur le lac. Mais, c'est la ravissante **cour centrale★** qui constitue le joyau du château : véritable machine à remonter le temps, elle transporte comme par enchantement le visiteur aux temps des exploits légendaires des héros et chevaliers. *Été : mar.-ven. 11h-12h, 15h-18h, w.-end et j. fériés 9h-12h30, 15h-18h30 ; le reste de l'année : tlj sf lun. 10h-12h, 15h-17h, w.-end et j. fériés 10h-12h30, 15h-18h30. Fermé 1er janv., 25 déc. 5,68€. ☎ 06 99 80 43 48 ; www.odescalchi.it*

Anguillara Sabazia : ce gracieux petit bourg médiéval, accroché à un promontoire, offre de magnifiques vues sur le lac que l'on rejoint par de charmantes ruelles.

Avec ses maisons de pêcheurs disposées en épi près du lac, le village de **Trevignano Romano** est caractéristique des anciens bourgs.

Salerno★

Salerne

Le long de la courbe harmonieuse de son golfe, Salerne conserve un quartier médiéval, sur les pentes d'une colline couronnée d'un château. Du Lungomare Trieste★, belle promenade agrémentée de palmiers et de tamaris, on découvre une large vue sur le golfe.

La situation

142 055 habitants – Carte Michelin n° 431 E-F 26 – Campanie. Salerne est le « terminus » de l'itinéraire qui longe la Côte amalfitaine. On put s'y rendre par la A 3, la S 18, la S 163 et la route panoramique de la côte.

Piazza Ferrovia o Vittorio Veneto, ☎ 089 23 14 32.

Pour poursuivre la visite, voir aussi les chapitres COSTIERA AMALFITANA, NAPOLI, Golfo di NAPOLI et PAESTUM.

Voyage dans le temps

D'abord dominée par les Étrusques, puis par les Romains, Salerne fut érigée en principauté par les Lombards. Le Normand **Robert Guiscard** en fit sa capitale en 1077. Riche cité commerçante, elle acquit un vaste renom intellectuel en Europe grâce à son université et notamment à son école de médecine (accessible aussi aux femmes) qui rayonna surtout du 11e s. au 13e s. et lui valut le surnom de « cité hippocratique ». À l'arrivée de la maison d'Anjou, Salerne perdit de son importance au profit de sa voisine et rivale, Naples. Au cours de la Seconde Guerre mondiale, la 5e armée américaine débarqua le 9 septembre 1943 près de Salerne, qui fut le siège du gouvernement royal de l'Italie libérée de février à juillet 1944.

visiter

Duomo★★

8h-12h, 16h-20h. Laisser une offrande. *☎ 089 23 13 87.*

Dédié à saint Matthieu, dont le corps se trouve dans la crypte, il fut construit sous l'impulsion de Robert Guiscard et consacré par le pape Grégoire VII en 1085. De style normand, il a été remanié au 18e s. et le séisme de 1980 l'a fortement ébranlé. On parvient à la porte des Lions (11e s.) par un escalier. L'**atrium** carré à appareil de pierre polychrome, colonnes antiques et arcades, précède l'église proprement dite ; à droite, tour carrée du 12e s. Le portail central a des **portes de bronze★** du 11e s. provenant de Constantinople. À l'intérieur, de dimensions imposantes, les deux **ambons★★**, richement ornés de mosaïques et reposant sur de fines colonnes à chapiteaux merveilleusement sculptés, forment avec le **chandelier pascal** et l'élégante **iconostase** qui ferme l'arrière-chœur un ensemble exceptionnel (12e-13e s.). Dans l'abside de droite s'ouvre la chapelle des Croisés, où ceux-ci venaient faire bénir leurs armes. Sous l'autel, tombeau de Grégoire VII, mort en exil à Salerne. Dans le bas-côté gauche, tombeau (15e s.) de Marguerite de Duras (Durazzo), femme de Charles III d'Anjou.

Museo Archeologico

(♿) *9h-20h, dim. et j. fériés : 9h-14h. Gratuit. ☎ 089 23 11 35.*

Abrité dans l'agréable ensemble de S. Benedetto, il rassemble des vestiges de la préhistoire à la dernière époque impériale, dont une admirable **tête d'Apollon★** en bronze (1er s. avant J.-C.) et une belle collection d'ambres préromains.

Via Mercanti★

Pittoresque rue du vieux Salerne avec des boutiques, maisons anciennes, oratoires ; elle se termine par l'**arc d'Arechi** construit au 8e s. par les Lombards.

Saluzzo★

Saluces

Cette gracieuse petite ville, dont le centre médiéval veillé par un imposant château s'étend en éventail sur le versant d'une colline, fut, du 12e au 16e s., le siège d'un puissant marquisat, qui fit de Saluces un centre culturel raffiné et prospère.

Les étroites ruelles et escaliers revêtus de galets invitent à d'agréables promenades pour découvrir les beaux témoignages du passé tout en jetant un coup d'œil aux vitrines des boutiques d'antiquités et aux échoppes d'ébénisterie et ferronnerie d'art.

La ville vit naître le patriote et écrivain Silvio Pellico (1789-1854), auteur de *Mes Prisons*, et le général Carlo Alberto Dalla Chiesa (1920-1982), célèbre victime d'un attentat à Palerme.

La situation

15 746 habitants – Carte Michelin n° 428 I 4 – Piémont. Saluces se trouve entre Cuneo et Turin, auxquelles elle est reliée par la S 20 et la S 662.

Via Griselda, 6, ☎ 0175 46 710.

Pour poursuivre la visite, voir le chapitre TORINO.

visiter

Casa Cavassa★

Mer.-sam. 9h-12h15, 15h-18h15 (hiver 17h15), dim. et j. fériés 9h-12h15, 14h-17h45. Fermé lun., mar. (ouvert sur réservation uniquement), 1er janv., 1er mai, 25 déc. 2,58€, 3,10€ avec l'entrée à la tour municipale. ☎ 0175 46 710.

Un beau portail Renaissance, surmonté de la devise « Droit quoy qu'il soit » et de l'emblème des Cavassa (un poisson – *chavasse* en patois local – remontant le courant), donne accès à cette élégante demeure du 15e s. Sur la belle galerie panoramique au balcon orné des *Travaux d'Hercule*, œuvre en grisaille réalisée par l'artiste flamand et bourguignon Hans Clemer (appelé le Maître d'Elva), s'ouvrent plusieurs salles qui conservent des décors d'origine, des meubles Renaissance et un splendide retable, également de Clemer, ***La Vierge de Miséricorde***★, trônant parmi de précieuses stalles du 15e s.

S. Giovanni

8h-12h, 15h-19h. ☎ 0175 24 03 52 ; www.comune.saluzzo.cn.it

Érigée au 14e s., l'église St-Jean renferme derrière sa façade dépouillée un riche intérieur. À l'entrée du bas-côté gauche se trouve un beau **cycle de fresques**★ du 15e s. où les épisodes de la Vie du Christ sont encadrés de représentations d'édifices urbains et de groupes de personnages pleins d'animation. La pièce maîtresse de l'édifice est l'extraordinaire **abside**★★, joyau d'art gothique bourguignon, « brodée » de pierre verte de Sampeyre. La niche sur la gauche accueille le **tombeau de Louis II de Saluces**, exécuté par Benedetto Briosco (maître maçon de la chartreuse de Pavie après Amadeo) ; celle de droite était destinée à recevoir le tombeau de sa femme, Marguerite de Foix, enterrée finalement en Espagne (remarquer la petite console dans l'angle intérieur gauche, où se trouve le curieux personnage du prophète doté de lunettes). Depuis le bas-côté gauche, on accède au cloître, sur lequel s'ouvre la salle capitulaire conservant le **mausolée de Galeazzo Cavassa**.

Près de l'église, de l'autre côté de la place, s'élève la **tour municipale** (Torre Civica), construite par le marquis Louis Ier au 15e s. L'effort fourni pour son ascension est récompensé par la belle **vue**★ dont on jouit du sommet. *Mêmes conditions de visite que la Casa Cavassa. 1,29€, 3,10€ avec l'entrée à la Casa Cavassa. ☎ 0175 46 710.*

alentours

Abbazia di Staffarda★

10 km au Nord par la S 589. 9h-12h30, 14h30-18h (hiver 17h). ☎ 0175 27 32 15 ; www.mauriziano.it

Cet imposant ensemble monastique, érigé par les moines cisterciens aux 12e et 13e s. dans le style de transition romano-gothique, fut un important centre économique, siège de foires et de marchés. À droite de l'entrée se trouve l'hôtellerie et son beau réfectoire gothique, tandis qu'un peu plus loin sur la gauche s'ouvre la terrasse du marché (Loggia del Mercato – 13e s.). En face, par le long bâtiment où logeaient les frères convers, on accède au **cloître**. Au fond à droite s'élève l'**église**, précédée d'un portique. L'austérité solennelle de l'intérieur, où le seul motif décoratif est le contraste entre les briques rouges et les pierres blanches, est animée par une recherche d'asymétrie, possible allusion à l'imperfection de l'œuvre humaine. Le visiteur se sentira peut-être observé sous la voûte de l'abside : il s'agit du regard un peu perplexe du sympathique petit visage du soleil (15e s.).

On pourra admirer le bel **ensemble absidial** depuis la rue qui conduit à l'abbaye.

Castello della Manta

4 km au Sud par la S 589. Fév.-sept. : tlj sf lun. 10h-13h, 14h-18h ; oct.-déc. : tlj sf lun. 10h-13h, 14h-17h (la billetterie ferme 30mn avant). Fermé janv., 2 dernières sem. de déc. 4,65€. ☎ 0175 87 822.

Cette forteresse du 12e s. fut transformée en demeure seigneuriale au 15e s. par Valeran, fils de Thomas III, marquis de Saluces. Les splendides **fresques**★★ de la salle seigneuriale (première moitié du 15e s.) représentent, avec l'élégance et le goût décoratif qui caractérisent le gothique international, *La Parade des héros et héroïnes* – avec des personnages inspirés du poème chevaleresque *Le Chevalier errant* composé par Thomas III – et la vivante allégorie de la Fontaine de jouvence.

On peut aussi se rendre à **Savigliano** *(13 km à l'Est de Saluces par la P 7)* pour admirer la **piazza Santarosa**★ qu'encadrent des édifices médiévaux et Renaissance.

Les Langhe

De Bra à Alba, promenade d'environ 90 km. Le Tanaro et la Bormida di Spigno délimitent cette région de collines calcaires, qui présente des crêtes effilées et de profondes vallées creusées par les torrents. Les vignobles qui tapissent les flancs des collines donnent des vins prestigieux comme le barolo et le nebbiolo. Les autres produits typiques de la région sont les célèbres truffes blanches d'Alba et les noisettes. On peut déguster les spécialités des Langhe dans les nombreuses œnothèques. L'itinéraire par La Morra, Monforte d'Alba, Dogliani, Belvedere Langhe, Bossolasco, Serralunga d'Alba et Grinzane Cavour, offre de splendides **panoramas★** sur un paysage dominé par les châteaux et les vignobles. Au château de Grinzane Cavour siège depuis 1982 le jury du prix littéraire homonyme.

Champignons de coffre-fort

La truffe blanche *(tartufo bianco)* est un champignon souterrain ayant la forme d'un tubercule, qui croît en terrain humide, argileux et peu exposé au soleil, en symbiose avec les racines de chênes, de saules ou de peupliers. Il est essentiellement composé d'eau et de sels minéraux, absorbés à travers les racines de l'arbre. Les *trifolai* (de *trifola*, mot patois signifiant truffe) s'emploient à sa recherche, accompagnés de leurs chiens parfaitement dressés, qui doivent repérer la truffe sans l'abîmer.

Alba – C'est l'antique cité romaine d'Alba Pompeia qui donna à Rome l'empereur Pertinax (126-193 après J.-C.). Aujourd'hui, relais gastronomique réputé pour ses **truffes blanches** (foire en automne) et ses vins, la ville s'orne de plusieurs **tours seigneuriales**, d'églises et de maisons médiévales. À l'intérieur de la **cathédrale** de style gothique dédiée à saint Laurent, remarquer les stalles marquetées datant de la Renaissance, sculptées avec une grande virtuosité.

San Gimignano★★★

Située au sommet d'une colline de la vallée de l'Elsa, immergée dans un paysage enchanteur de vigne et d'oliviers, San Gimignano a conservé intact son aspect de ville médiévale, bâtie en brique. Entourée de remparts percés de cinq portes, elle dresse ses quatorze tours de pierres grises au-dessus de la campagne toscane.

La situation

7 027 habitants – Carte Michelin n° 430 L 15 – Voir aussi Le Guide Vert TOSCANE – Toscane. Pour aller à San Gimignano en partant de Florence, prendre la route Florence-Sienne jusqu'à Poggibonsi, puis de suivre la direction de San Gimignano (13 km de Poggibonsi). *Piazza Duomo, 1, ☎ 0577 94 00 08.*

Pour poursuivre la visite, voir les chapitres SIENA et VOLTERRA.

carnet pratique

Restauration

• *À bon compte*

Osteria del Carcere – *Via del Castello, 13 - ☎ 0577 94 19 05 - fermé mer., jeu. (uniquement en hiver), janv., fév. - - 15/21€.* Près de la piazza della Cisterna, dans un décor simple et rustique, cette *osteria* vous propose ses plats du jour (sur l'ardoise) et d'excellentes viandes provenant de la boucherie de Panzano in Chianti. Un bon choix de vins et de fromages.

Hébergement

• *À bon compte*

A La Casa de' Potenti – *Piazza delle Erbe, 10 - ☎ 0577 94 31 90 - fax 0574 94 31 90 - - 6 ch. : 38,35/56,80€ - 5€.* Cet hôtel, abrité dans un palais du 14e s. est on ne peut plus central : certaines des chambres donnent sur la place, avec vue sur le Dôme. Sa situation, son décor caractéristique et ses prix raisonnables ne peuvent que vous séduire.

• *Valeur sûre*

Agriturismo Il Casale del Cotone – *Via Cellone, 59 - 2,5 km au N de San Gimignano direction Certaldo - ☎ 0577 94 32 36 - info@casaledelcotone - fermé 2 nov., 23 déc. - - 11 ch. : 72,30/92,96€.* Une élégante résidence de campagne du 18e s., décorée avec quelques pièces de mobilier ancien et d'autres de style Art pauvre savamment assorties. Appartements indépendants dans la dépendance. Pour un séjour reposant en pleine nature.

Petite pause

Caffè delle Erbe – *Via Diacceto, 1 - ☎ 0577 90 70 83 - juin-oct. : mer.-lun. 8h-24h, reste de l'année : 8h-20h.* Un accueil chaleureux et une bonne humeur communicative vous attendent dans le café le plus élégant de la ville. Dans le petit bar musical, très joliment décoré, une lucarne donne sur la petite salle de l'étage inférieur où vous pourrez trouver un peu de fraîcheur. Terrasse directement sur la place.

Achats

Via San Giovanni – C'est dans cette rue que se concentrent les magasins de souvenirs, les chais et les charcuteries spécialisées dans la viande de sanglier.

R. Mattes/MICHELIN

visiter

Piazza della Cisterna★★

Pavée de briques posées de chant et en arête de poisson, cette place doit son nom au puits *(cisterna)* du 13e s. qui en occupe le centre. Les hautes tours et les demeures austères des 13e et 14e s. qui l'entourent en font un des lieux les plus suggestifs d'Italie.

Piazza del Duomo★★

La collégiale, des palais et sept tours nobles lui font un cadre majestueux.

S. Maria Assunta★ – *3,10€. ☏ 0577 94 22 26.*

La collégiale romane du 12e s. fut agrandie au 15e s. par Giuliano da Maiano. La façade a été restaurée au 19e s. À l'intérieur, ***Martyre de saint Sébastien*** (1465) de **Benozzo Gozzoli** et ***Annonciation*** en bois sculpté de Jacopo della Quercia *(au revers de la façade)* ; au mur du bas-côté gauche, **fresques★** illustrant des scènes de l'Ancien Testament par Bartolo di Fredi (14e s.) ; le long du bas-côté droit, **fresques★★** dues à **Barna da Siena** (vers 1350) : dans ses récits de la Vie du Christ *(les lire en partant du haut)*, l'élégance du dessin se mêle à la délicatesse des couleurs. À l'intérieur de la **chapelle S. Fina** (fermée de grilles), due à Giuliano da Maiano, harmonieux **autel★** de Benedetto da Maiano et **fresques★** de **D. Ghirlandaio** (1475).

Palazzo del Popolo★

Il date des 13e-14e s. Du sommet de la haute **tour** qui le domine s'ouvre une curieuse **vue★★** sur les tours et les toits couleur pain brûlé.

La salle du Conseil renferme une remarquable ***Maestà★*** de Lippo Memmi (1317), restaurée vers 1467 par Benozzo Gozzoli. Au 2e étage, visitez le **Musée municipal★**.

▶▶ Palais du Podestat, S. Agostino (fresques★★, tombeau★ de saint Barthole de Benedetto da Maiano).

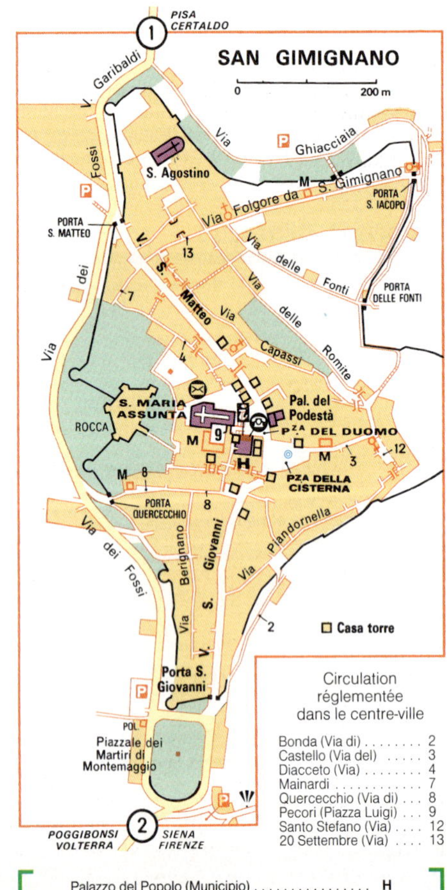

alentours

S. Vivaldo★

17 km au Nord-Ouest. En 1500, des franciscains s'installent en ces lieux pour vénérer le corps de saint Vivaldo, mort ici en 1320. En quinze ans, ils construisent un couvent et, profitant de la configuration des lieux, une série de chapelles (dont dix-sept seulement subsistent) reproduisant en miniature les sanctuaires de Jérusalem. Les chapelles du **Sacro Monte** abritent en effet des terres cuites peintes représentant presque grandeur nature les scènes évangéliques de la Passion à la Pentecôte. *9h-11h30, 15h-coucher du soleil. 1,03€. ☏ 0571 68 01 14.*

Certaldo

13 km au Nord. Bâti en brique rose dans l'attirante vallée de l'Elsa, ce vieux bourg a peut-être vu naître, et en tout cas vieillir et mourir **Boccace**, un des pères de la littérature et de la langue italiennes. Dans la ville haute, on visite sa **maison** (Casa del Boccaccio), transformée en musée, l'église S. Jacopo où l'écrivain fut enterré, et le **Palazzo Pretorio**, reconstruit au 16e s. *Maison-musée : avr.-oct. 10h-19h ; nov.-mars 10h30-16h30 (hiver : tlj sf mar.). 1,55€. ☏ 0571 66 42 08.*
Palazzo Pretorio : avr.-oct. 9h30-13h, 14h-19h30 ; nov.-mars 10h30-12h30, 14h-17h (hiver : tlj sf lun.). 2,58€. ☏ 0571 66 12 19 ; www.comune.certaldo.fi.it

Repubblica di San Marino★

République de Saint-Marin

Dans un **site★★★** admirable, l'un des plus petits États du monde (61 km^2) occupe les pentes du mont Titano, arête de grès déchiqueté. Cette très ancienne république bat monnaie, émet des timbres, possède ses propres corps de troupes et de gendarmes.
Saint-Marin aurait été fondé au 4e s. par un pieux maçon fuyant les persécutions de Dioclétien. Le système politique qui régit la petite république a peu changé depuis neuf siècles. Deux capitaines-régents choisis parmi les soixante membres du Conseil sont investis tous les six mois de la charge de chef d'État, au cours d'une grande fête. La vie économique est entretenue par le tourisme, le commerce, la philatélie, l'artisanat et l'agriculture. On savoure à Saint-Marin un muscat très agréable.

La situation

San Leo : 2 675 habitants – Cartes Michelin nos 429 et 430 K 19 – Plan dans l'Atlas Michelin Italie. Saint-Marin se trouve à 22 km de Rimini, le long de la S 72. *Office du tourisme, contrada Omagnano, 20, ☏ 0549 88 29 98.*
Pour poursuivre la visite, voir le chapitre RIMINI.

Adresse

Righi la Taverna – *Piazza della Libertà, 10 - ☏ 0549 99 11 96 - fermé mer. (sf avr.-oct.), 10 au 20 janv. - ▤ - 24/35€.* La « taverne » la plus célèbre de la république : vous pourrez y déguster des plats traditionnels, agrémentés d'une touche de modernité, dans l'élégante salle à l'étage ou simplement grignoter un en-cas au rez-de-chaussée.

visiter

Palazzo Pubblico

Piazza della Libertà. Avr.-sept. : 8h-20h ; oct.-mars : 8h50-17h. Fermé 1er janv., 25 déc., 2 nov. ap.-midi. 2,07€ avec l'entrée au musée de saint François (museo di S. Francesco). ☏ 0549 88 27 08.
Reconstruit à la fin du 19e s. en style gothique (voir notamment la salle du Grand Conseil).

S. Marino

La basilique conserve les reliques de saint Marin.
À l'intérieur de l'église S. Pietro, contiguë, niches taillées dans le roc ayant servi de lits à saint Marin et saint Leo.

Les « citadelles » (Rocca Guaita, Rocca Cesta ou della Fratta, Rocca Montale)

Les sommets de ces trois éperons constituant des forteresses naturelles reliées par un chemin de ronde offrent des **vues★★★** magnifiques sur les Apennins, la plaine, Rimini et la mer jusqu'à la côte dalmate. Dans la Torre Cesta, vous pouvez visiter le **Musée des Armes anciennes** (Museo delle Armi Antiche). *Avr.-sept. : 8h-20h ; oct.-mars : 8h50-17h. Fermé 1er janv., 25 déc., 2 nov. ap.-midi. 2,07€, 3,10€ avec l'entrée au musée de saint François (museo di S. Francesco). ☏ 0549 88 26 70.*

Museo-Pinacoteca di S. Francesco

Mêmes conditions de visite que le musée des Armes anciennes. 2,07€, 3,10€ avec l'entrée au Musée des Armes anciennes. ☎ 0549 88 26 70.

Peintures du 12e au 17e s., et modernes (20e s.). Poteries étrusques et objets de culte.

alentours

San Leo★★

16 km au Sud-Ouest. Sortir par le Nord, puis emprunter à gauche la route vers la vallée de la Marecchia : avant Pietracuta et la S 258, prendre à gauche. Une route escarpée et sinueuse permet d'accéder au sommet de l'énorme **rocher calcaire★★** (639 m) à l'aspect impressionnant, déjà célébré par Dante dans sa *Divine Comédie*, où sont juchés le vieux bourg historique de San Leo et sa **forteresse★** du 15e s., qui vit mourir captif Cagliostro. Édifiée par Francesco di Giorgio Martini, elle abrite aujourd'hui un **musée** et offre un immense **panorama★★★**.

La cathédrale, de style roman-lombard (1173), et l'église paroissiale préromane (restaurée) méritent l'attention. Le **Musée d'Art sacré** (Museo di Arte Sacra [œuvres du 14e au 18e s.]) occupe le palais Médicis du 16e s. *(piazza Dante Alighieri, 14). Musées : 9h-19h, juil. et août jusqu'à 23h (la billetterie ferme 30mn avant). Fermé 25 déc. matin. Musée d'Art sacré : 2,58€ ; musée municipal de la forteresse : 6,20€. ☎ 0541 91 63 06 ou 800 55 38 00 (n° vert) ; www.comune.san-leo.ps.it*

Sansepolcro★

Cette petite ville industrielle (spécialité de pâtes) a conservé ses remparts et de nombreuses demeures anciennes★ du Moyen Âge au 18e s., témoignage de sa précoce et durable prospérité : les deux plus belles rues sont à cet égard la via XX Settembre et la via Matteotti où s'élève aussi une sobre cathédrale romano-gothique. Le titre de gloire de Sansepolcro reste pourtant d'avoir donné le jour, vers 1415, au plus grand peintre italien du Quattrocento, Piero della Francesca.

La situation

15 760 habitants – Carte Michelin n° 430 L 18 – Voir aussi le Guide Vert TOSCANE – Toscane. Sansepolcro se trouve à l'extrémité de la Toscane, tout près de l'Ombrie, le long de la route express qui va de Cesena à Pérouse. *Piazza Garibaldi, 2, ☎ 0575 74 05 36.*

Pour poursuivre la visite, voir le chapitre AREZZO.

visiter

Museo Civico★★

Via Aggiunti, 65. (♿) Juin-sept. : 9h-13h30, 14h30-19h30 ; oct.-mai : 9h30-13h, 14h30-18h. 5,16€. ☎ 0575 73 22 18 ; www. sansepolcro.net

L'atout majeur du **Musée municipal** est de conserver plusieurs **œuvres★★★** admirables de **Piero della Francesca** : une *Résurrection* – impressionnant témoignage d'un art parvenu à sa maturité –, le très beau polyptyque de la *Vierge de Miséricorde* et deux fragments de fresques, un *Saint Julien* et un *Saint Ludovic.* On admire aussi des œuvres de Bassano, de Signorelli, de l'école des Della Robbia, des estampes et quelques ornements de culte. À l'étage, belle vue sur la via Matteotti et fragments de fresques et de sinopies *(voir p. 326)* du 14e s. Au sous-sol : sculptures et ornements architecturaux du 13e au 18e s.

►► S. Lorenzo (*Descente de Croix★ du maniériste le Rosso*).

excursions

Camaldoli★★

76 km au Nord-Ouest. Berceau de l'ordre des Camaldules fondé au 11e s. par saint Romuald, qui imposa une règle sévère, le couvent (13e s.) est situé au cœur de la montagne et d'une immense forêt. Au-dessus, dans un site austère et retiré, se trouve l'**ermitage★**, véritable village de moines, entouré de murailles.

Couvent de la Verna★

36 km au Nord-Ouest. C'est ici que **saint François** reçut les stigmates. Dans la basilique et la petite église se trouvent des terres cuites d'Andrea Della Robbia.

Poppi★

61 km au Nord-Ouest. Cette fière et pittoresque cité, ancienne capitale du Casentino, domine le val d'Arno. Elle est elle-même couronnée par l'altier **château★** des comtes Guidi, palais gothique du 13e s. qui conserve une curieuse **cour★** décorée de blasons. *De mi-juin à fin oct. : 10h-19h ; de déb. nov. à mi-juin : 10h-18h, w.-end et j. fériés. 10h-19h. 2,58€. ☎ 0575 52 05 16 ; www.casentino.net/poppi*

Monterchi

17 km au Sud. La chapelle du cimetière abrite une œuvre d'un étrange pouvoir méditatif de Piero della Francesca, la ***Madonna del Parto★*** *(Vierge de l'Enfantement)*, fresque détachée et placée au-dessus de l'autel.

Sienne

Ville ocre, ville gothique construite sur trois collines au cœur du haut plateau toscan, Sienne est une cité d'art dont le plan serpentin, inscrit à l'intérieur de remparts d'une ampleur surprenante, et les rues bordées de multiples palais convergeant vers la célèbre piazza del Campo suggèrent mieux que partout ailleurs la réalité d'une cité médiévale.

La situation

54 256 habitants – Carte Michelin nº 430 M 15/16 – Plan d'agglomération dans Le Guide Rouge Italia – Voir aussi Le Guide Vert TOSCANE – Toscane. Sienne est à 68 km de Florence, à laquelle elle est reliée par une route express. **i** *Piazza del Campo, 56, ☎ 0577 28 05 51.*

Pour poursuivre la visite, voir le chapitre VOLTERRA.

comprendre

La richesse de Sienne date des 13e et 14e s., au cours desquels cette république indépendante, aux structures fortement organisées, devint prospère grâce à ses marchands et à ses banquiers.

Dans la lutte qui divisait les cités italiennes guelfes et gibelines, Sienne s'opposa à sa puissante voisine Florence et entretint avec elle une longue lutte dont l'épisode le plus mémorable fut, en 1260, la cuisante défaite infligée par les gibelins siennois aux guelfes florentins à **Montaperti**. Cependant, c'est au cours de cette période troublée que la ville se dota de ses monuments les plus prestigieux et que prit naissance l'école siennoise de peinture, appelée à jouer un rôle primordial dans l'évolution de l'art italien.

La peste de 1348, qui décima sa population, amorça le déclin de la cité que vinrent confirmer de furieuses dissensions entre factions rivales. Au début du 15e s. l'époque de la splendeur de Sienne était achevée.

Sienne est également une cité mystique. Elle vit naître, en 1347, **sainte Catherine** qui, ayant décidé, à 7 ans, de n'avoir d'autre époux que le Christ, embrassa la règle dominicaine à 16 ans, connut de nombreuses visions et extases, reçut les stigmates à Pise et, en 1377, contribua au retour à Rome de la cour pontificale, déplacée depuis 1309 à Avignon.

Une autre figure très vénérée des Siennois est celle de **saint Bernardin** (1380-1444), qui abandonna ses études pour assister les pestiférés de Sienne, revêtit à 22 ans la bure franciscaine et fonda la congrégation des Frères de l'Observance, fidèles à la règle de saint François ; orateur redouté, il dispensa son enseignement dans toute l'Italie.

L'ART SIENNOIS

Sienne ne fut pas seulement opposée à Florence sur le plan politique. En effet, alors que dans la cité de Dante s'affirmait, au travers de peintres tels que Cimabue et Giotto, la manière « romaine » soucieuse d'équilibre et de réalisme, qui devait conduire à la plénitude des formes de la Renaissance, Sienne de son côté s'attachait à perpétuer la manière grecque ou « byzantine ». Dans celle-ci, l'arabesque de la ligne et la préciosité des couleurs assurent aux images cette élégance chatoyante qui constitue l'un des principaux charmes de la peinture gothique. Le premier, **Duccio di Buoninsegna** (vers 1260-1318) inventa cette nouvelle sensibilité alliant concentration intérieure, attention aux données de l'espace et de la composition, et chromatisme resplendissant.

Son exemple fut décisif auprès de **Simone Martini** (vers 1285 – mort en Avignon en 1344) qui orienta le lyrisme de cette leçon vers plus de naturel, mais dans un suprême raffinement de couleurs et de détails.

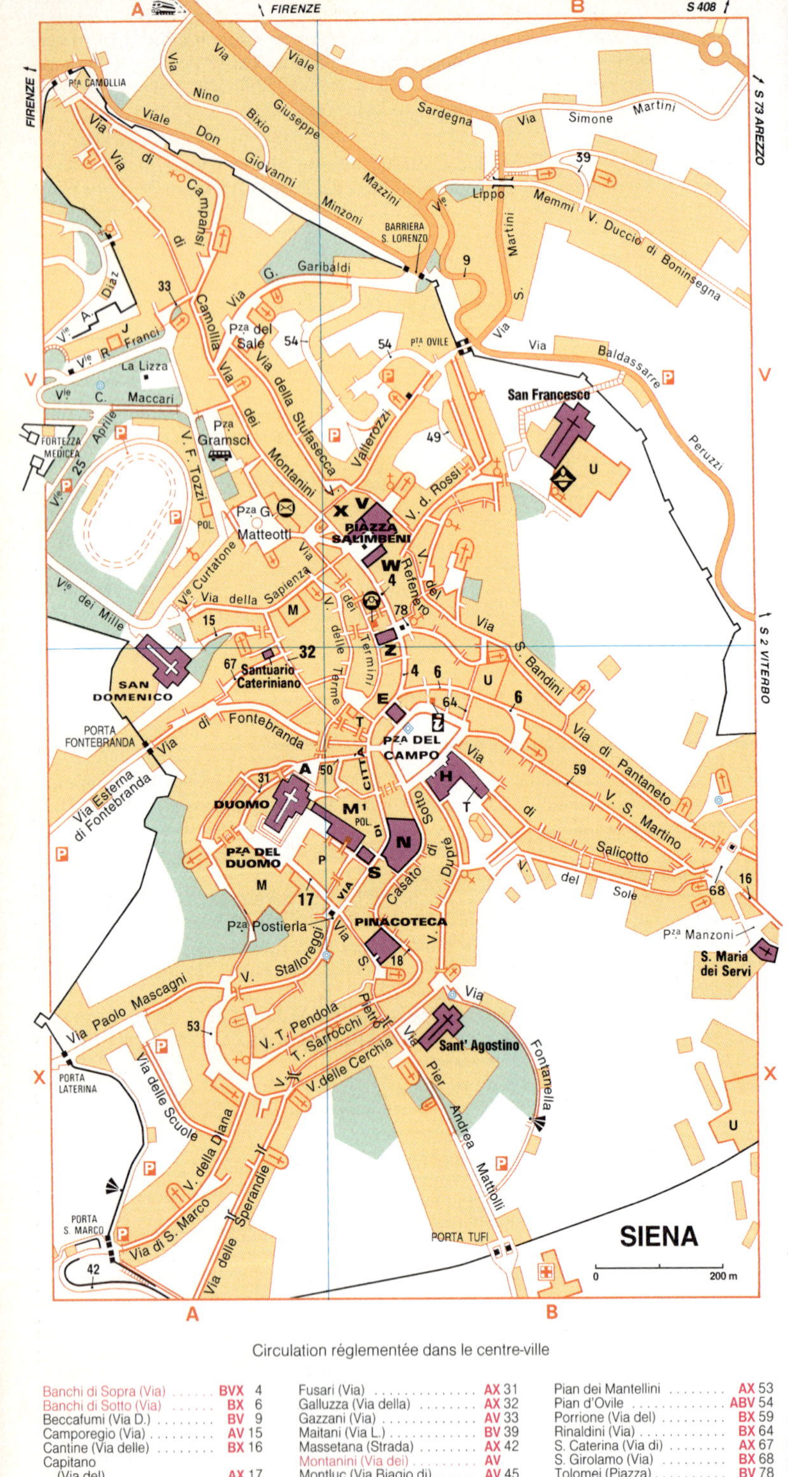

Circulation réglementée dans le centre-ville

Banchi di Sopra (Via) ...... BVX 4
Banchi di Sotto (Via) ...... BX 6
Beccafumi (Via D.) .... BV 9
Camporegio (Via) .... AV 15
Cantine (Via delle) .... BX 16
Capitano (Via del) .... AX 17
Casato di Sopra .... BX 18
Città (Via di) .... BX
Fusari (Via) .... AX 31
Galluzza (Via della) .... AX 32
Gazzani (Via) .... AV 33
Maitani (Via L.) .... BV 39
Massetana (Strada) .... AX 42
Montanini (Via dei) .... AV
Montluc (Via Biagio di) ...... AV 45
Orti (Via degli) .... BV 49
Pellegrini (Via dei) .... BX 50
Pian dei Mantellini .... AX 53
Pian d'Ovile .... ABV 54
Porrione (Via del) .... BX 59
Rinaldini (Via) .... BX 64
S. Caterina (Via di) .... AX 67
S. Girolamo (Via) .... BX 68
Tolomei (Piazza) .... BV 78
Vittorio Emanuele II (Viale) .... AV 85

Battistero S. Giovanni .... AX A
Duomo .... AX
Loggia dei Mercanti ..... BX E
Museo dell'Opera Metropolitana ...... BX M¹
Palazzo Chigi-Saracini ... BX N
Palazzo Piccolomini ...... BX S
Palazzo Pubblico .... BX H
Palazzo Salimbeni .... BV V
Palazzo Spannocchi ...... BV W
Palazzo Tantucci .... BV X
Palazzo Tolomei .... BV Z
Pinacoteca .... BX
San Domenico .... AX
San Francesco .... BV
Sant' Agostino .... BX
Santa Maria dei Servi ...... BX
Santuario Cateriniano .... AX

Les frères **Lorenzetti**, **Pietro** et **Ambrogio**, chacun avec sa personnalité propre, donnèrent à la tradition siennoise un ton plus inquiet, plus proche de la réalité, tout en restant fidèles à la ductilité linéaire de leurs aînés. Le thème privilégié de l'école de Sienne fut la représentation de la Vierge à l'Enfant.

Au cours du Quattrocento, l'art siennois continua de manifester un attachement fondamental aux valeurs gothiques : alors que Florence s'adonnait passionnément à la redécouverte de l'Antiquité et de ses mythes, des peintres comme **Lorenzo Monaco**, **Giovanni di Paolo** et **Sassetta** accentuèrent encore la préciosité des images, la flexibilité des lignes et la subtilité des rythmes colorés, faisant de Sienne le refuge idéal de la sensibilité gothique.

Dans le domaine de l'architecture civile, le style gothique revêtit à Sienne un caractère particulier, avec l'apparition d'éléments tendant à une plus grande légèreté : association de la pierre et de la brique au niveau inférieur des édifices, abondance des ouvertures, notamment de ces fenêtres à arc double (arc aigu sous-tendu par un arc surbaissé) dit « siennois ». C'est toutefois autour du chantier de la cathédrale, dont la construction et les tentatives de transformation durèrent plus de deux siècles, que se concentra essentiellement l'activité architecturale ; là encore, dans la façade, s'affirme pleinement l'originalité du gothique siennois, avec le passage du style roman au gothique flamboyant dans une interprétation tout empreinte de préciosité.

La sculpture, également liée au chantier de la cathédrale, bénéficia de l'apport capital des Pisans Nicola et Giovanni Pisano ; ce dernier, qui orna la façade de la cathédrale de figures d'unc formidable expressivité, influença **Tino di Camaino**, né à Sienne vers 1280, et qui acheva sa vie auprès de la cour angevine de Naples. Pourtant, la grande figure de la sculpture proprement siennoise fut **Jacopo della Quercia** (1371-1438) qui parvint à mêler harmonieusement dans son œuvre la tradition gothique et la manière florentine de la Renaissance.

carnet pratique

Restauration

• *À bon compte*

Osteria la Chiacchiera – *Costa di Sant'Antonio, 4 - ☎ 0577 28 06 31 - 12/25€.* L'été, des tables supplémentaires sont installées dehors dans la petite rue qui mène du sanctuaire de sainte Catherine à la piazza del Campo, ce qui permet de réduire considérablement le temps d'attente. Le reste de l'année, armez-vous de patience pour goûter les délicieux plats toscans servis dans la toute petite salle intérieure.

Hosteria Il Carroccio – *Via Casato di sotto, 32 - ☎ 0577 41 165 - fermé mer., 20 jours en janv., fév. - 18/23€.* À deux pas de la piazza del Campo, cette *osteria* vous surprendra par son authenticité. Elle est fréquentée principalement par des Siennois qui y apprécient la cuisine traditionnelle et les délicieuses salades, servies dans une petite salle rustique et accueillante.

Antica Trattoria Papei – *Piazza del Mercato, 6 - ☎ 0577 28 08 94 - fermé lun. non fériés, 20 au 30 juil. - 20,14/26,34€.* Une trattoria siennoise, à l'atmosphère vivante et conviviale et au décor simple et classique. L'été, vous pourrez manger dehors sur la très animée piazza del Mercato, en admirant le dos de la Torre del Mangia. Bon rapport qualité/prix.

• *Une petite folie !*

Antica Trattoria Botteganova – *Nationale, 408, pour Montevarchi - ☎ 0577 28 42 30 - fermé lun. - ▤ - réserv. conseillée - 43/55€ + 10 % serv.* Considéré comme l'un des meilleurs restaurants de la ville, cet établissement vaut vraiment le détour même s'il est un peu loin du centre. Un décor élégant de style rustique, un service de qualité et de délicieuses spécialités préparées avec soin (produits de la mer et du terroir).

Hébergement

• *À bon compte*

Bed & Breakfast Casa per Ferie Convento San Francesco – *Piazza San Francesco, 5/6 - ☎ 0577 22 69 68 - fax 0577 22 69 68 - fermé 20 j. en janv. - ♿ - 16 ch. : 20,66/41,32€ - ☕ 5,16€.* À l'intérieur du complexe de la basilique, cette petite structure est en parfaite harmonie avec la simplicité de l'ordre franciscain. Les chambres modernes et fonctionnelles sont combinées deux à deux, partageant la même salle de bains.

Santuario Casa di S. Caterina Alma Domus – *Via Camporegio, 37 - ☎ 0577 44 177 - ⊭ - 30 ch. : 41,32/54,23€ - ☕ 5,16€.* Avec un peu de chance, vous logerez dans l'une des chambres disposant d'un petit balcon, avec une très jolie vue dur le Dôme. Dans tous les cas, vous pourrez toujours vous détendre dans la salle de lecture ou visiter le sanctuaire (2ᵉ étage).

• *Valeur sûre*

Albergo Cannon d'Oro – *Via Montanini, 28 - ☎ 0577 44 321 - fax 0577 28 08 68 - cannondoro@libero.it - 30 ch. : 67,14/80,05€ - ☕ 6,71€.* C'était le palais de Sapia, l'un des personnages du *Purgatoire* (Chant XIII) de Dante. Un escalier très ancien permet d'accéder aux chambres simples et spacieuses réparties sur les trois étages de cet hôtel chargé d'histoire. Il y a également des chambres au rez-de-chaussée.

Petite pause

Piazza del Campo – Difficile de choisir parmi tous les cafés qui se côtoient sur cette place somptueuse. Le mieux est de suivre le soleil et de choisir les tables qui vous semblent les plus agréables.

Nannini – *Via Banchi di Sopra, 22/24 - ☏ 0577 23 60 09 - 7h30-24h.* Certainement le café le plus célèbre de la ville, devenu le digne représentant des spécialités siennoises en Italie et à l'étranger. Faites-vous plaisir avec un gâteau ou une petite glace : c'est une expérience inoubliable !

Pasticceria Bini – *Via dei Fusari, 9/13 - ☏ 0577 28 02 07 - mar.-dim. 7h-13h30, 15h30-20h.* Ouverte en 1943, cette pâtisserie est l'une des meilleures de Sienne. Au choix, goûtez le *panforte margherita* (gâteau au cédrat confit) ou le *panforte oro* (au melon confit), les *copate* (petites galettes avec miel, noix et pistaches) ou les *cannoli* aux amandes.

Petits plaisirs

Enoteca Italiana – *Fortezza Medicea - ☏ 0577 28 84 97 - info@enoteca-italiana.it - lun. 12h-20h, mar.-sam. 12h-1h - fermé 10 j. en janv.* Destinée à la promotion des vins italiens, et plus particulièrement des vins toscans, cette grande œnothèque, située dans la forteresse, propose plus de 1 000 vins à déguster, ainsi que des conférences de spécialistes.

Antica Drogheria Manganelli – *Via di Città, 71/73 - ☏ 0577 28 00 02 - admanganelli@tin.it - 9h-20h - fermé janv.* Cette très belle épicerie, ouverte en 1879, propose des produits d'une qualité exceptionnelle, en se fournissant auprès des meilleurs artisans. Vins, *cantucci* (gâteaux secs aux amandes, pignons et anis), pâtes et un incroyable vinaigre balsamique de 80 ans d'âge, au goût de noisette !

Calendrier

Deux fois par an, le 2 juillet et le 16 août, Sienne s'exalte et se déchire pour le très célèbre **Palio delle Contrade**. Cette fête, à la préparation de laquelle participe durant plusieurs semaines la ville tout entière, reflète dans son organisation l'administration médiévale de la cité, divisée en trois grands quartiers, eux-mêmes scindés en paroisses *(contrade)*. Celles-ci s'affrontent, aujourd'hui encore, au terme d'un défilé haut en couleur, dans une folle course de chevaux montés à cru ; la cavalcade autour de la place se joue en quelques minutes, au cours desquelles tous les coups sont permis. L'honneur de la victoire est entretenu par de nombreux parieurs. Au vainqueur est remis le *palio*, bannière à l'effigie de la Vierge, protectrice de la ville à qui est dédié le tournoi.
À voir si vous trouvez de la place au milieu de la foule... qui, elle-même vaut le détour !

B. Morandi/MICHELIN

Le Palio

découvrir

Piazza del Campo★★★

Visite : 1h15. C'est l'une des plus belles places du monde : en forme de coquille ou d'éventail, elle est en pente légère, pavée de briques que cerne un anneau de pierre. À sa base se déploie, mariant également la brique et la pierre, la longue façade du Palazzo Pubblico. De là rayonnent huit lignes blanches divisant le Campo en neuf parties, symboles de l'un des gouvernements de Sienne, formé de neuf membres issus de la petite bourgeoisie des artisans et des banquiers qui, de la fin du 13e s. jusqu'au milieu du 14e s., fit connaître à la ville sa plus grande prospérité.

Dans le haut de la place, la **Fonte Gaia** (fontaine de la Joie), ainsi nommée en raison de la liesse que déchaîna en 1348 son inauguration (les fontaines étaient, à cette époque, le signe de la puissance de la cité), reçut en 1419 des panneaux sculptés par Jacopo della Quercia ; ceux-ci, très détériorés, ont été remplacés par des copies.

Sur la piazza del Campo se déroule, deux fois par an, le célèbre « **Palio delle Contrade** » *(voir plus haut)*.

Palazzo Pubblico★★★

De mi-mars à nov. : 10h-19h (tour et musée) ; reste de l'année : 10h-18h30 (musée) et 10h-16h (tour). 6,20€, 8,78€ avec l'entrée aux musées municipaux, 9,30€ avec l'entrée pour la tour et le musée. ☏ 0577 29 22 26 ; www.comune.siena-it/ARTE E CULTURA

Élevé en style gothique, entre la fin du 13e s. et le milieu du siècle suivant, c'est un édifice d'une rare élégance avec les multiples fenêtres à triples baies qui ajourent sa façade parcourue d'un léger mouvement incurvé. Au centre du corps principal flamboie un grand cercle de cuivre portant le trigramme IHS (*Iesus Hominum Salvator* : Jésus sauveur des hommes) qu'arborait saint Bernardin. De l'une des extrémités du palais jaillit la svelte **Torre del Mangia**, haute tour de 88 m, dessinée par Lippo Memmi. Au pied de la tour, la **Cappella di Piazza**, chapelle en forme de loggia construite en 1352 au lendemain de la terrible peste, fut transformée un siècle plus tard, dans le style Renaissance. *Montée de la tour : juil.-août 10h-23h, de mi-mars à oct. 10h-19h, de nov. à mi-mars 10h-16h (tour) et 10h-19h (musée). 5,16€, 9,30€ avec l'entrée pour la tour et le palais (Palazzo Pubblico).*

Le palais, siège des gouvernements successifs de Sienne, fut décoré par la plupart des grands peintres de l'école siennoise.

Salle des Prieurs – Fresques de Spinello Aretino (1407) narrant la lutte du pape Alexandre III contre Frédéric Barberousse.

Chapelle★ – Fermée par une très belle **grille★**, elle contient des fresques de Taddeo di Bartolo contant la Vie de la Vierge, et de splendides **stalles★★** du début du 15e s. illustrant le Credo. À l'autel, *Sainte Famille* par le Sodoma.

Salle de la Mappemonde★★ – Admirable ***Vierge en majesté★★*** (1315), première œuvre connue de **Simone Martini**. En face, le fameux ***Portrait équestre de Guidoriccio da Fogliano★★***, œuvre du même artiste, présente un curieux contraste entre le réalisme avec lequel est traité le personnage et l'irréalité du fond de paysage sur lequel celui-ci se détache.

Salle de la Paix★★ – On y voit les précieuses peintures, malheureusement très abîmées pour certaines, qu'y exécuta entre 1335 et 1340 Ambrogio Lorenzetti ; pour évoquer les ***Effets du Bon et du Mauvais Gouvernement★★***, l'artiste a mêlé avec verve et naturel le ton noble et doctrinal de l'allégorie et celui, plus léger, de la narration minutieuse.

Tour – Du sommet, superbe **panorama★★** sur la ville avec le stupéfiant enchevêtrement de ses toits couleur de pain brûlé, et sur la campagne siennoise doucement vallonnée.

B. Morandi/MICHELIN

C'est Piazza del Campo que résonnent depuis des siècles les hurlements de la foule et les hennissements des chevaux lors du Palio.

visiter

Duomo★★★

De mi-mars à oct. : 7h30-19h30 ; reste de l'année : 7h30-13h, 14h30-17h, dim. 7h30-13h, 14h30 jusqu'à la fin de la messe. ☎ *0577 28 30 48 ; www.operaduomo.it*

Sa riche façade, commencée à la fin du 13e s. par Giovanni Pisano qui l'orna de nombreuses statues d'une remarquable expressivité, a été achevée dans sa partie supérieure sur le modèle de celle d'Orvieto *(voir ce nom)*. Le sobre campanile roman date de 1313.

L'**intérieur**, à assises alternées de marbres clairs et sombres, offre, grâce à la multitude des piliers, de surprenants effets de perspective. Le **pavement★★★** des 15e et 16e s. est unique au monde : à la réalisation de ses 56 panneaux de marbre portant, exécutés en graffiti ou en marqueterie, des personnages mythiques tels que sibylles, vertus, allégories, ainsi que des scènes de l'Ancien Testament prodigieuses de finesse et de vie, travaillèrent une quarantaine d'artistes dont **Beccafumi**. Dans le chœur, tabernacle en bronze par Vecchietta (15e s.) et **stalles★★** richement décorées (14e et 16e s.). À l'entrée du transept gauche se trouve la célèbre **chaire★★★** exécutée entre 1266 et 1268 par **Nicola Pisano**, qui y a conté en sept panneaux, avec un sens de la grandeur et une puissance dramatique exceptionnels, la vie du Christ. Dans le bas-côté gauche, un charmant portail donne accès à la fameuse **bibliothèque Piccolomini** : les **fresques★★** relatant des épisodes de la vie du pape Pie II Piccolomini dont, de 1502 à 1509, **Pinturicchio** couvrit ses murs, ont une finesse de dessin propre aux œuvres des miniaturistes et l'éclat de couleur des enluminures ; au centre de la salle, les *Trois Grâces*, élégante sculpture romaine (mutilée) d'influence hellénistique (3e s.).

Museo dell'Opera Metropolitana★★

De mi-mars à fin sept. : 9h-19h30 ; oct. : 9h-18h ; de déb. nov. à mi-mars : 9h-13h30 (pour obtenir une autorisation, contacter le Centro Servizi ☎ 0577 41 169). Fermé 1er janv. et 25 déc. 5,16€, 7,23€ avec l'entrée à la librairie, au baptistère, à l'oratoire Saint-Bernardin. ☎ 0577 28 30 48 ; www.operaduomo.it

Il est installé dans les restes de l'immense cathédrale projetée en 1339, dont l'actuel édifice ne devait constituer que le transept ; en raison de difficultés techniques au niveau des soubassements et surtout de la terrible peste de 1348, les travaux furent abandonnés. Le musée abrite les sculptures originales de la façade dues à Giovanni Pisano, un bas-relief de Jacopo della Quercia, et surtout la célèbre ***Vierge en majesté*** de **Duccio**, retable peint sur ses deux faces (aujourd'hui séparées) et dont le revers, divisé en de nombreux panneaux, relate avec une exceptionnelle richesse narrative des scènes de la Passion du Christ.

Battistero di S. Giovanni★

De mi-mars à sept. : 9h-19h30 ; oct. : 9h-18h ; de déb. nov. à mi-mars : 9h-13h30, 14h30-17h. Fermé 1er janv. et 25 déc. (pour obtenir une autorisation, contacter le Centro Servizi ☎ 0577 41 169). 2,07€, 7,23€ avec l'entrée au musée, à la librairie, à l'oratoire Saint-Bernardin. ☎ 0577 28 30 48 ; www.operaduomo.it

Situé en contrebas de la cathédrale, sous le prolongement du chœur de celle-ci, il date du 14e s. Sa façade, commencée en style gothique, est restée inachevée. L'intérieur, orné de fresques du 15e s., abrite des **fonts baptismaux★★** dont le dessin est attribué à Jacopo della Quercia ; les panneaux en bronze de la cuve sont dus au ciseau de plusieurs maîtres de la Renaissance toscane, tels **Lorenzo Ghiberti** et **Donatello**, dont on admire particulièrement ***Le Festin d'Hérode***.

Pinacoteca Nazionale★★

♿ Tlj sf lun. ap.-midi 8h15-19h15, dim. et j. fériés 8h15-13h15. Fermé 1er janv., 1er mai, 25 déc. Librairie. 4,13€. ☎ 0577 28 61 43.

Aménagée dans le **palais Buonsignori★** du 15e s., elle présente un intérêt exceptionnel pour la connaissance de la peinture siennoise du 13e au 16e s.

La très riche collection de **Primitifs** occupe le 2e étage. Après la série des crucifix peints (fin 12e, début 13e s.) et les œuvres du premier peintre local connu, Guido da Siena, on aborde la grande peinture siennoise avec Duccio ***(Madone des Franciscains)***, Simone Martini ***(Vierge à l'Enfant)***, les frères Lorenzetti ***(Retable du Carmel)*** et Giovanni di Paolo ***(Vierge de l'Humilité)***.

Au 1er étage, on note des toiles de Pinturicchio, Beccafumi ***(Naissance de la Vierge)*** et le Sodoma ***(Christ à la Colonne)***.

Via di Città★, via Banchi di Sopra

Ces rues animées et étroites, sans trottoirs et dallées, sont bordées de remarquables **palais★**.

Venant de la via San Pietro, on rencontre dans la via di Città, à gauche, le **palais Piccolomini** ou « delle Papesse » du 15e s., avec une façade dont la partie inférieure est à bossages, dans le style de la Renaissance florentine. Presque en face se déploie, légèrement incurvée, la longue façade gothique du **palais Chigi-Saracini**, siège de l'Académie de Musique. Plus loin, à droite, la **Loggia dei Mercanti** ou des Marchands, de style transition gothique-Renaissance, servait de siège au tribunal de commerce ; l'étage supérieur a été ajouté au 17e s.

Plus avant encore, à gauche, le **palais Tolomei**, du 13e s., est empreint d'austérité mais aussi d'élégance ; Robert d'Anjou, roi de Naples, y logea en 1310. La **piazza Salimbeni★** est close sur trois côtés par trois édifices dont l'architecture marque trois styles : les **palais Salimbeni**, du 14e s., au fond, gothique ; **Spannocchi**, du 15e s., à droite, Renaissance ; **Tantucci**, du 16e s., à gauche, baroque.

S. Domenico★

C'est dans cette église conventuelle gothique (13e-15e s.) que sainte Catherine eut ses extases. Elle renferme un portrait authentique de la sainte par Andrea Vanni, qui fut son contemporain.

À l'intérieur de la chapelle S. Caterina *(vers le milieu de la nef, à droite)*, dans un beau **tabernacle★** Renaissance en marbre sculpté par Giovanni di Stefano, est conservée la tête de la sainte ; aux murs, **fresques★** du **Sodoma** représentant des épisodes de sa vie.

Casa di S. Caterina

La maison natale de sainte Catherine forme un ensemble d'oratoires superposés. On voit encore, à l'étage inférieur, la cellule où vécut la sainte ; à l'étage supérieur est vénéré le crucifix peint (13e s.) devant lequel elle aurait reçu les stigmates.

S. Agostino

Élevée au 13e s., elle possède un intérieur baroque. On y admire une ***Adoration du crucifix**★* par le Pérugin et, dans la chapelle du St-Sacrement, des **œuvres★** d'Ambrogio Lorenzetti, Matteo di Giovanni et le Sodoma.

alentours

Abbazia di Monte Oliveto Maggiore★★

36 km au Sud-Est de Sienne. (♿) 9h-12h, 15h15-18h (hiver 17h). ☎ 0577 70 76 11 ; www.ftbcc.it/monteoliveto

Les immenses bâtiments en briques roses de cette célèbre **abbaye** se dissimulent au milieu des cyprès, dans un paysage de collines érodées. Monte Oliveto est la maison mère des Olivétains, congrégation de l'ordre de saint Benoît fondée en 1313 par le Bienheureux Bernard Tolomei de Sienne.

Grand cloître – Il a été décoré d'une superbe série de trente-six **fresques★★**, illustrant la Vie de saint Benoît, par **Luca Signorelli** dès 1498, et par **le Sodoma** de 1505 à 1508. Le cycle commence à droite de l'entrée de l'église, au grand arc où sont peints le Christ à la colonne et le Christ portant sa Croix, chefs-d'œuvre du Sodoma. La plus grande partie du cycle est de la main de ce peintre : esprit raffiné, influencé par Vinci et le Pérugin, il est surtout attiré par l'évocation séduisante des types humains, du paysage et du détail pittoresque comme en témoignent la 4e fresque où saint Benoît reçoit l'habit d'ermite, la 12e où le saint accueille deux jeunes gens au milieu d'une foule de personnages aux attitudes variées, la 19e où de langoureuses courtisanes sont envoyées pour tenter les moines (magnifiques détails d'architecture ouvrant sur un paysage profond). Quant à Signorelli, auteur de huit fresques seulement, ses travaux se distinguent par la puissance sculpturale de ses figures et la mise en place dramatique des scènes choisies, où les paysages se réduisent à une simple évocation spatiale, comme à la 24e fresque où saint Benoît ressuscite un moine tombé du haut d'un mur.

Depuis le cloître, accès au réfectoire (15e s.), à la bibliothèque et à la pharmacie.

Église abbatiale – Intérieur refait en style baroque au 18e s. : la nef est entourée de **stalles★★** marquetées (1505) dues à Fra Giovanni da Verona. À droite du chœur, accès à la crèche.

Spoleto★

Spolète

Ancien municipe romain, puis siège, aux 6e et 8e s. d'un important duché lombard, Spolète étage ses constructions sur les pentes d'une colline couronnée par la forteresse des Papes (Rocca dei Papi). Le caractère austère de la cité, chère à saint François qui y séjourna, est tempéré par la grâce des ruelles étroites et tortueuses, des palais et des nombreux monuments médiévaux qui en constituent l'ornement.

La situation

37 647 habitants – Carte Michelin n° 430 N 20 – Ombrie. Spolète se trouve le long de la S 3, la Via Flaminia, qui relie Foligno à Terni. *ℹ Piazza Libertà, 7, ☎ 0743 22 03 11. Pour Norcia et le Parc des monts Sibillini : ℹ Maison du Parc, via Solferino, 22, Norcia, ☎ 0743 81 70 90.*

Pour poursuivre la visite, voir le chapitre ASSISI.

visiter

Duomo★★

Flanqué d'un baptistère, il ferme l'harmonieuse et tranquille **piazza del Duomo★**. Sa façade s'orne d'un beau portique Renaissance, d'une rosace et d'une mosaïque du 13e s.

À l'intérieur, on admirera la croix d'autel (1187) peinte sur parchemin et appliquée sur une planche, d'Alberto Sozio *(immédiatement à gauche)*, des fresques du Pinturicchio *(1re chapelle droite)*, le monument funéraire de **Fra Filippo Lippi**

Rosace du Dôme

G. Bludzin/MICHELIN

(transept droit) et surtout, dans l'abside, les **fresques** où ce peintre et ses aides représentèrent la Vie de la Vierge. Lippi s'est représenté sur la droite de *La Dormition de la Vierge*, vêtu en dominicain.

Ponte delle Torri★★

Il donne accès à une charmante promenade. Long de 230 m, il domine de 80 m le cours d'un torrent et surmonte l'aqueduc romain qui servit de base à sa construction au 13e s. Formé de dix arches gothiques, il se termine par une forteresse chargée de protéger son accès.

carnet pratique

Restauration

• ***Valeur sûre***

Apollinare – *Via Sant'Agata, 14 - ☎ 0743 22 32 56 - 31/36€.* Un restaurant réputé et apprécié dans la région. Le décor est élégant avec ses poutres apparentes et ses murs de briques anciens, mis en valeur par le contraste du bleu et du jaune. À la lueur des bougies, vous dégusterez une cuisine traditionnelle et imaginative.

Hébergement

À l'occasion de manifestations commerciales ou touristiques, les prix des hôtels pourraient subir une légère hausse : informez-vous au moment de la réservation.

• ***Valeur sûre***

Hotel Aurora – *Via Apollinare, 3 - ☎ 0743 22 03 15 - fax 0743 22 18 85 - ♿ - 23 ch. : 59,39/75,40€* ☕. Dans une ruelle tranquille du centre, un petit hôtel familial qui propose des chambres modernes et fonctionnelles avec un excellent rapport qualité/prix. Pension complète ou demi-pension au restaurant contigu Apollinare.

Calendrier

Chaque été, le Festival de Spolète est un rendez-vous à ne pas manquer pour tous les passionnés de musique.

S. Salvatore★

Cette basilique, élevée au 4e s. par des moines venus d'Orient et modifiée au 9e s., fut l'une des premières églises chrétiennes d'Italie. De nombreux matériaux romains furent réutilisés pour sa construction.

S. Gregorio Maggiore★

Église romane du 12e s., modifiée au 14e s. À gauche du portique d'entrée, le baptistère (14e s.) a ses murs couverts de fresques *(Massacre des Innocents)*. Le campanile est formé de blocs provenant d'édifices antiques. Trois nefs sobres et austères reposent sur de lourdes colonnes à chapiteaux épannelés. Dans l'arrière-chœur, fresque du 15e s. et armoire en pierre sculptée de la même époque.

Arco di Druso

Érigé en 23 après J.-C. en l'honneur du fils de Tibère, Drusus.

S. Domenico

Belle église des 13e et 14e s., aux murs de pierres blanches et roses en couches alternées. Dans l'unique nef, fresques des 14e et 15e s. et, dans le croisillon droit, toile de Lanfranco.

alentours

Sources du Clitumne★

13 km au Nord. Pour s'informer sur les horaires de visite, ☎ 0743 52 11 41. 0,77€.
Les eaux limpides du Clitumne, qui surgissent au milieu d'une végétation aquatique, étaient sacrées aux yeux des Romains, qui y plongeaient les animaux destinés aux sacrifices afin de les purifier. À 1 km en contrebas s'élève le **temple**★ de Clitumne, minuscule édifice paléochrétien du 5e s., à colonnes et à fronton sculpté.

Route de Monteluco★

8 km à l'Est. Cette jolie route en lacet conduit à **Monteluco★** (850 m), lieu d'un culte antique, aujourd'hui station climatique où l'on peut encore admirer un couvent fondé par saint François.
Au début de la montée, l'**église S. Pietro** offre une belle et intéressante **façade★** romane du 13e s. à reliefs sculptés.

circuit

DANS LE SUD DE L'OMBRIE

Ce long itinéraire *(155 km)* dans le Sud de l'Ombrie se termine au cœur des monts Sibillini. De Spolète, nous allons à Carsulæ par la S 418, en suivant la direction de S. Gemini et S. Gemini Fonte.

Ruines romaines de Carsulæ

16 km au Nord-Ouest. Accès par S. Gemini et S. Gemini Fonte. Vestiges d'une ville romaine détruite au 9e s.

Poursuivre vers Terni en prenant la S 3 bis.

Terni

Terni est un centre industriel important qui a conservé un noyau ancien où l'on peut admirer quelques beaux palais, l'église S. Francesco avec son clocher du 15e s. et l'église S. Salvatore, d'origine paléochrétienne (5e s.). La piazza della Repubblica et la via Roma en constituent le centre animé.

Suivre ensuite la S 79 jusqu'à la cascade (Cascata delle Marmore).

Cascata delle Marmore★★

Pour toute information sur les horaires et les prix, s'adresser à la Coopérative GEA ☎ 0744 43 18 42, ou à l'Infopoint ☎ 0744 62 98.
Cette chute d'eau artificielle créée par les Romains effectue trois bonds successifs dans des abrupts de marbre, avant de disparaître au fond d'un ravin boisé. *On peut s'y rendre soit par la route de Macerata, S 209 (7 km à l'Est de Terni) ; soit par celle de Rieti, S 79 (9 km à l'Est, plus 30mn à pied AR).*

Prendre la S 209 jusqu'à Ferentillo.

Ferentillo

18 km au Nord-Est. Village pittoresque dominé par deux châteaux ruinés.
De là, on peut atteindre la solitaire **abbaye S. Pietro in Valle**, fondée au 7e s. et reconstruite au 12e s. Cloître, fresques du 12e s., sarcophages romains. *10h-12h, 14h-17h. Laisser une offrande. ☎ 0744 78 03 16 ; www.umbria2000.it*

Reprendre la S 209 jusqu'au croisement avec la S 320 et continuer vers Norcia.

Norcia★

Entourée de remparts, Norcia est tranquillement installée dans le **Parc des monts Sibillini**, dont le sommet le plus haut, le mont Vettore, culmine à 2 476 m. C'est là que naquit en 480 saint Benoît, père du monachisme occidental et patron d'Europe.
La promenade sur le corso Sertorio pour rejoindre la piazza S. Benedetto est particulièrement plaisante, car vous y longerez toutes les petites boutiques regorgeant de truffes, de fromages, d'épeautre, de pâtes, de charcuteries et de légumes.

Castelluccio, un petit village posé sur la montagne, célèbre pour ses lentilles.

T. Zane/MICHELIN

Sur la piazza S. Benedetto se trouvent la **Castellina**, érigée par Vignole, qui accueille le **Musée municipal diocésain** (Museo Civico-Diocesano), et l'église **S. Benedetto**, construite à la fin du 13e s., qui a conservé sa façade gothique. À l'intérieur, visiter l'église inférieure, décorée de fresques (14e s.).

La montagne de Norcia – À une vingtaine de kilomètres de Norcia, en direction d'Ascoli Piceno, dans un paysage qui rappelle la toundra, apparaît soudainement **Castelluccio**. Ce charmant petit village est situé à 1 453 m. d'altitude, au fond d'un **grand plateau★★** qui se recouvre de fleurs au printemps. Remarquer sur les murs des étables les inscriptions à la craie qui relatent avec ironie la vie du village.

Sulmona★

Patrie du poète latin **Ovide**, qui immortalisa ses origines par ce vers : *« Sulmo mihi patria est »* (d'où le sigle SMPE des armoiries de la ville), Sulmona fut, et demeure, un centre dynamique de commerce et d'artisanat, renommé surtout pour ses ateliers d'orfèvrerie.

La situation

25 407 habitants – Carte Michelin n° 430 P 23 – Abruzzes. ℹ *Corso Ovidio, 208,* ☎ *0864 53 276.* La ville occupe le fond d'un riche bassin dans un majestueux cadre de montagnes. On s'y rend par la A 25 depuis Pescara, ou la S 5, Via Tiburtina Valeria.

Pour poursuivre la visite, voir le chapitre ABRUZZO.

visiter

Porta Napoli★

À l'entrée de la ville, au Sud. Cette porte gothique aux chapiteaux historiés (14e s.) présente une singulière décoration de bossages dorés, armoiries angevines et reliefs d'époque romaine. Ici commence l'élégant **corso Ovidio** qui traverse le cœur médiéval de la ville.

Achats

Confetti Pelino – *Via Stazione Introdacqua, 55 -* ☎ *0864 21 00 47 - www.pelino.it.* L'endroit rêvé pour qui se marie, célèbre un baptême, un diplôme ou un anniversaire de mariage.

Piazza Garibaldi

Cette place, qui accueille tous les mercredis et samedis un marché très coloré, est délimitée par les arcades en ogive de l'**aqueduc★** du 13e s., par l'angle baroque de S. Chiara et le portail gothique de S. Filippo. Sur le côté extérieur de l'aqueduc, en direction de corso Ovidio, la **fontaine** Renaissance dite **du Vieillard** (Fontana del Vecchio) doit son nom à l'inscription portée sous la tête barbue, située sous un tympan semi-circulaire.

Le dimanche de Pâques se déroule sur la place Garibaldi la **fête de la « Madonna che scappa in piazza »** : la statue de la Vierge est portée à la rencontre de celle du Christ ressuscité ; quittant ses vêtements de deuil à la vue de celui-ci, elle apparaît dans une robe d'un vert éblouissant et s'élance à sa rencontre.

G. Bludzin/MICHELIN

Un bouquet de dragées Pelino

S. Francesco della Scarpa

L'église, érigée au 13e s. par les franciscains chaussés et sans sabots (d'où son nom), présente, sur le corso Ovidio, un beau **portail★** roman.

Palazzo dell'Annunziata★★

Cet ensemble architectural monumental illustre quatre siècles d'art à Sulmona. Construit par une confrérie de Pénitents à partir de 1415, c'est une synthèse d'éléments gothiques (riche ornementation du portail de gauche, avec les statues de la Vierge et de saint Michel, somptueux **triplet★** et statues des quatre docteurs de l'Église), Renaissance (l'élégant portail central, le portail de droite et les deux fenêtres géminées) et baroques (fastueuse façade de l'église attenante). À mi-hauteur court une **frise★** extraordinaire (scènes de chasse et amours). L'intérieur du palais abrite le **Musée municipal** (Museo Civico). *Mar.-ven. 10h-13h, w.-end et j. fériés 10h-13h, 16h-19h. 1,55€.* ☎ *0864 21 02 16.*

Petits plaisirs colorés

Dans les vitrines du corso Ovidio pointent d'insolites bouquets de fleurs : ce sont les célèbres dragées de Sulmona, nées à la fin du 15e s. La dégustation de ces bonbons réserve d'agréables surprises : sous un glaçage de sucre pur se dissimulent amandes siciliennes, noisettes, chocolat et fruits secs. Pour en savoir plus, à côté de l'usine Pelino, au 55 de la via Introdacqua, se trouve le petit **musée de l'Art et de la Technologie de la Confiserie** (Museo dell'Arte e della Tecnologia Confetteria). ♿ *Visite guidée uniquement (en plusieurs langues) lun.-sam. 9h-12h, 15h30-18h30. Fermé j. fériés. Gratuit. ☎ 0864 21 00 47 ; www.pelino.it*

alentours

Basilique de S. Pelino★

13 km au Nord-Ouest, près du village de Corfinio. 8h30-12h, 15h-18h30 ; hiver sur demande uniquement. Laisser une offrande. ☎ 0864 72 81 20.

Édifié aux 11e et 12e s., cet ancien siège épiscopal offre de l'arrière une belle vue sur l'**ensemble absidial★** et la chapelle annexe St-Alexandre. L'intérieur renferme une belle **chaire** du 12e s.

Popoli

17 km au Nord-Ouest. Cette jolie petite ville se serre autour de la piazza Matteotti, que ferme à gauche l'église St-François, à façade gothique et couronnement baroque, et à droite un quartier s'élevant en gradins jusqu'à l'église de la Trinité (18e s.). À côté de la place, la **Taverna ducale★** est un élégant édifice gothique orné de blasons et de bas-reliefs, qui servait à la fois d'entrepôt aux dîmes du prince et de relais de poste.

Taranto★

Tarente

Fondée au 7e s. avant J.-C., ce fut une des plus importantes cités de la Grande Grèce. Aujourd'hui, c'est un port militaire bien défendu qui occupe le fond d'une vaste rade fermée par deux îles fortifiées.

La Semaine sainte donne lieu à des cérémonies impressionnantes : le Jeudi et le Vendredi, plusieurs processions – dont l'une dure douze heures, l'autre quatorze heures – parcourent la ville, allant d'église en église, avec une indescriptible lenteur.

La situation

208 214 habitants – Carte Michelin n° 431 F 33 – Plan dans l'Atlas Michelin Italie – Pouille.

Pour se rendre à Tarente, blottie dans le creux formé par le talon de la botte italienne, emprunter la S 106, depuis la Calabre, la S 7, Via Appia et la S 172.

🅸 *Corso Umberto, 113, ☎ 099 45 32 392.*

Pour poursuivre la visite, voir le chapitre BRINDISI.

visiter

Museo Nazionale★★

Siège central fermé pour restauration au moment de la rédaction de ce guide.

Il évoque, grâce à un matériel archéologique recueilli dans la région de Tarente, l'histoire de la Grande Grèce. Parmi les statues, le ***Poséidon*★★** retrouvé à Ugento mérite une mention particulière : il est probable, en raison de sa posture archaïque, que cette statue de bronze remontant au 6e s. avant J.-C. soit de facture locale ; on a voulu y reconnaître le dieu de la Mer, mais on a supposé ensuite qu'il s'agissait de Zeus, tenant à la main un éclair et un oiseau (aujourd'hui perdus). La collection comprend un remarquable **ensemble de céramiques★★★** comptant des vases de style corinthien, attique, proto-italiote et apulien à la décoration élégante et raffinée et surtout une exceptionnelle réunion de **joyaux en or★★★**, extraordinaires réalisations en filigrane et feuille d'or parfois incrustées de pierres dures et d'émaux, remontant à la période hellénistique (4e et 3e s. avant J.-C.).

Giardini comunali Villa Peripato★

Embellis par une végétation exotique et luxuriante, ces jardins publics procurent une vue magnifique sur le bassin intérieur du port (Mare Piccolo).

Lungomare Vittorio Emanuele★★

Face à la mer, superbe promenade plantée de palmiers et de lauriers-roses.

Vieille ville

C'est une île reliée au continent par deux ponts, dont l'un pivotant. À l'extrémité orientale se dresse le **château aragonais**, aujourd'hui siège du commandement de la Marine militaire.

Duomo

Datant des 11e s. et 12e s., cet édifice remanié (façade baroque) présente un intérieur à trois vaisseaux séparés par des colonnes antiques à chapiteaux romains ou byzantins, un plafond du 17e s. et la **chapelle de S. Cataldo★** revêtue de marbres polychromes et ornée de statues au 18e s.

S. Domenico Maggiore

Fondée au 14e s., cette église fut considérablement remaniée à l'époque baroque. Sa belle façade, bien que détériorée, présente un portail ogival surmonté d'une rosace.

Tarquinia★

La ville couronne un plateau rocheux, face à la mer, parmi les champs d'orge, de blé et les oliveraies. Son renom lui vient de sa nécropole étrusque située à quelques kilomètres.

La situation

15 079 habitants – Carte Michelin n° 430 P 17 – Latium. Tarquinia se trouve au Nord du Latium, par la S 1, Via Aurelia. *Piazza Cavour, 1, ☎ 0766 85 63 84.*
Pour poursuivre la visite, voir le chapitre Promontorio dell'ARGENTARIO.

VOYAGE DANS LE TEMPS

La fondation légendaire de la ville remonte au 12e ou 13e s. avant J.-C. Les archéologues ont retrouvé des vestiges du 9e s. avant notre ère, appartenant à la civilisation villanovienne qui se développa vers l'an 1000 avant J.-C. dans la plaine du Pô, en Toscane et dans le Nord du Latium, là où s'établirent plus tard les Étrusques. Port très actif grâce au fleuve Marta, Tarquinia dominait au 6e s. toute l'Étrurie maritime. Placée dans l'orbite de Rome au 4e s. avant J.-C., décimée par la malaria, elle reçut un coup fatal au 7e s., lors des invasions lombardes, et ses habitants durent l'abandonner pour se réfugier à l'emplacement de la ville actuelle.

visiter

Necropoli etrusca★★

4 km au Sud-Est. Tlj sf lun. 8h30-1h avant le coucher du soleil. Fermé 1er janv., 25 déc. 4,13€, 6,20€ avec l'entrée au musée.

La nécropole se trouve sur un plateau désert parallèle à celui qu'occupait la cité antique de Tarquinia. S'étendant sur 5 km de long et presque 1 km de large, elle comprend environ six cents tombes datant du 6e s. au 1er s. avant J.-C. Aucune architecture extérieure n'est visible (comme à Cerveteri, par exemple), mais en descendant sous terre on découvre aux parois des chambres funéraires un remarquable ensemble de **peintures★★★**, colorées et vives, d'un intérêt capital pour la connaissance de la civilisation étrusque.

Parmi les plus importantes de ces tombes, on admire tout particulièrement : la **tombe du Baron**, du 6e s. avant J.-C. ; la **tombe des Léopards** (5e s. avant J.-C.), l'une des plus belles de la nécropole, où sont représentées, outre ces animaux, des scènes de danse et de banquet ; la **tombe des Taureaux** (6e s. avant J.-C.), illustrée de scènes érotiques ; la **tombe des Lionnes** datée de 530-520 avant J.-C.; la **tombe Giglioli** (4e s. avant J.-C.) ornée de costumes et d'armes figu-

Ross/RAPHO

Les Chevaux ailés *du Musée National*

rés en trompe l'œil ; la **tombe de la Chasse et de la Pêche** (fin 6e s. avant J.-C.) constituée de deux salles où apparaissent un retour de chasse et des scènes de banquet et de pêche.

Museo Nazionale Tarquiniese★

Tlj sf lun. 8h30-19h30. Fermé j. fériés. 4,13€, 6,20€ avec l'entrée au musée et à la nécropole de Monterozzi. ☏ 0766 85 60 36.

Installé dans le **palais Vitelleschi★** édifié en 1439, il abrite une remarquable collection étrusque d'œuvres provenant des fouilles de la nécropole : on y voit des sarcophages, des céramiques, des ivoires, des ex-voto, des cratères et des amphores attiques du 6e s. avant J.-C. On notera particulièrement deux admirables ***Chevaux ailés★★★*** en terre cuite et, au second étage, un certain nombre de tombes reconstituées, notamment la **tombe du Lit funèbre** (460 avant J.-C.) et celle du **Triclinium** (480-470 avant J.-C.) qui fut l'une des plus belles découvertes de cette « cité des morts » souterraine.

S. Maria in Castello★

Pour la visite, s'adresser à la Signora Colomba Bassi qui habite derrière la tour (laisser une offrande). Accès par la via Mazzini, puis via di Porta Castello, au-delà de l'enceinte.

Proche d'une haute tour noble du Moyen Âge, cette église romane (1121-1208) est incluse dans la citadelle fortifiée qui protégeait la ville. Elle présente un élégant portail et un intérieur majestueux.

alentours

Civitavecchia

20 km au Sud. Civitavecchia, l'antique *Centumcellæ*, devenue dès le règne de Trajan le principal port de Rome, assure aujourd'hui la liaison avec la Sardaigne. Le port est défendu par le fort Michel-Ange, solide construction Renaissance commencée par Bramante, continuée par Sangallo le Jeune et le Bernin, achevée enfin par Michel-Ange en 1557. **Stendhal** y fut nommé consul en 1831.

Museo Nazionale Archeologico – *Largo Plebiscito n° 2 A.* (♿) *Tlj sf lun. 8h30-19h30. Fermé 1er janv., 1er mai, 25 déc. Gratuit. ☏ 0766 23 604.*

Il réunit des collections étrusques et romaines provenant des fouilles de la région ; remarquer une étonnante série d'ancres romaines.

Terme di Traiano (o Terme Taurine) – *3 km au Nord-Est.* (♿) *Tlj sf lun. 9h-1h avant le coucher du soleil. 5,16€. ☏ 0368 77 06 631 ; www.comune.civitavecchia.rm.it/terme.html*

Ces thermes sont composés de deux ensembles dont le premier *(à l'Ouest)* remonte à la période républicaine, et le second, mieux conservé, est dû au successeur de Trajan, Hadrien.

Tuscania★

25 km au Nord. Puissante ville étrusque, municipe romain, important centre médiéval, Tuscania a conservé des vestiges de son enceinte et deux superbes églises, situées un peu en dehors de la ville. Le tremblement de terre de février 1971 a considérablement endommagé son patrimoine artistique.

S. Pietro★ – Au fond d'une place déserte, à l'emplacement de l'acropole étrusque, s'élève la façade dorée de l'église dédiée à saint Pierre. À gauche, deux tours médiévales, à droite, l'ancien palais épiscopal encadrent la perspective.

Cette façade, très équilibrée, date du début du 13e s. ; les symboles évangéliques entourent une rosace probablement d'école ombrienne ; plus bas, un atlante (ou un danseur ?) et un homme (Laocoon ?) étouffé par un serpent proviennent sans doute des monuments étrusques. L'intérieur remonte au 11e s. et a été bâti par des maîtres lombards. Des colonnes massives aux admirables chapiteaux soutiennent de curieuses arcades à denticules. La nef centrale a conservé son pavement original très décoratif. À l'abside en cul-de-four, fresques du 12e s. La **crypte★★** comprend une forêt de petites colonnes, toutes différentes et d'époques variées (romaines, préromanes, romanes), portant des voûtes d'arêtes. *Crypte : horaires de visite indicatifs : 9h-13h, 14h30-19h (hiver jusqu'à 17h). ☏ 0761 43 63 71.*

S. Maria Maggiore★ – Bâtie à la fin du 12e s., l'église reprend les principaux éléments de St-Pierre. Il faut remarquer principalement les **portails★★** romans du 13e s., sculptés avec maîtrise.

À l'intérieur, l'ambon est formé de fragments des 8e, 9e et 12e s. Au-dessus de l'arc triomphal, une fresque du 14e s., de facture réaliste, montre le Jugement dernier.

Terracina

Terracina, qui fut à l'époque romaine déjà une élégante station de villégiature alors nommée **Anxur**, a gardé une partie de son enceinte médiévale et quelques vestiges romains.

La situation

38 662 habitants – Carte Michelin nº 430 S 21 – Latium. Agréablement située au bord d'un joli golfe et au pied d'une falaise calcaire, on peut s'y rendre par la S 148 et la S 213. *Via Leopardi, ☎ 0773 72 77 59.*

Pour poursuivre la visite, voir le chapitre GAETA.

visiter

Duomo

Il se dresse sur la jolie **piazza del Municipio** qui a conservé les dalles de l'ancien forum romain. Consacré en 1075, il est précédé d'un portique à colonnes antiques supportant une frise de mosaïques du 12e s. Le campanile à colonnettes est de transition roman-gothique. À l'intérieur, on peut voir une **chaire** et un **chandelier pascal**★, beau travail cosmatesque du 13e s.

Tempio di Giove Anxur★

4 km, plus un quart d'heure à pied AR, par la via S. Francesco Nuovo. Bien qu'il ne reste plus du **temple de Jupiter Anxurus** que le soubassement, une galerie voûtée et un cryptoportique, sa visite vaut par la beauté du lieu où il s'élève et d'où l'on jouit d'un large **panorama**★★ sur la ville, ses canaux et son port, le mont Circeo et les marais Pontins, la plaine de Fondi et ses lacs, la côte jusqu'à Gaète.

alentours

Parco Nazionale del Circeo★

Fondé en 1934, ce parc s'étire sur une étroite bande côtière entre Anzio et Terracina et englobe une partie des anciens marais Pontins. Parmi ses plus beaux sites : le **mont Circeo**, refuge de la magicienne Circé qui retint Ulysse et ses compagnons ; le **lac de Sabaudia** que l'on peut approcher par le pont menant à **Sabaudia**, villégiature appréciée ; la **route panoramique** *(5 km, de S. Felice à Torre Cervia)*, bordée de villas cossues, de fleurs et de plantes typiquement méditerranéennes. Le Parc fait partie des Réserves de la biosphère protégées par l'Unesco.

Abbazia di Fossanova★★

7h-12h, 16h-18h, 18h30-19h30, dim. et j. fériés 9h-10h30, 16h-17h30. Visite guidée sur demande. ☎ 0773 93 90 61.

Conformément à la règle cistercienne, l'**abbaye de Fossanova**, la plus ancienne de cet ordre en Italie, s'élève dans un site solitaire. Les moines de Cîteaux s'installèrent en cet endroit en 1133. En 1163, ils commencèrent à bâtir leur abbatiale, qui servit de modèle à de nombreuses églises italiennes. Bien qu'assez fortement restaurée, elle a conservé intacts son architecture et son plan d'origine, conçus d'après les impératifs d'austérité voulus par saint Bernard. L'ordonnancement des bâtiments est fonction de l'activité autonome de la communauté, divisée en moines profès, vivant cloîtrés, et en moines convers, attachés aux travaux manuels.

Église – Consacrée en 1208, elle est de style bourguignon, mais sa décoration rappelle parfois la facture lombarde avec quelques effets d'inspiration mauresque. À l'extérieur, le plan en croix latine à chevet plat, la tour octogonale de la croisée du transept, les rosaces et le triplet du chevet sont typiquement cisterciens. L'intérieur, haut, lumineux et sobre, a une nef équilibrée par des bas-côtés à voûtes d'arêtes.

Cloître – Avec ses trois côtés romans et le quatrième, au Sud, prégothique (fin 13e s.), il est très pittoresque. La forme et la décoration de ses colonnettes sont lombardes. La belle salle capitulaire, gothique, ouvre sur le cloître ses baies jumelées. Isolé, le bâtiment des hôtes vit saint Thomas d'Aquin rendre l'âme le 7 mars 1274.

Anzio

66 km au Nord de Terracina. Adossée à un promontoire et face à la mer, Anzio forme avec **Nettuno** une agréable station balnéaire dotée d'un port de plaisance. C'est l'antique *Antium*, cité volsque où se réfugia Coriolan après avoir renoncé à entreprendre une lutte fratricide contre Rome. C'est également la patrie de Néron qui y possédait une villa où furent trouvés l'*Apollon du Belvédère*, la *Fanciulla* (jeune fille) *d'Anzio* et le *Gladiateur Borghese*, aujourd'hui respectivement au Vatican, au Musée National Romain à Rome et au Louvre. Anzio a enfin donné son nom au

carnet pratique

Transports
Pour toute information sur les liaisons vers et à partir de l'Île de Ponza : Agenzia Regine, môle Musco, Ponza, ☎ 0771 80 565 ; Libera Navigazione Mazzella, via S. Maria, Ponza, ☎ 0771 80 99 65.

Restauration à Ponza
• ***À bon compte***
La Scogliera – *Via Banchina Nuova - 04020 Ponza - ☎ 0771 80 97 62 - 21/28€.* Sur le bord de mer, face au quai des bacs, une adresse où il est possible de déguster des plats de poisson sans se ruiner, ou d'opter pour une bonne pizza cuite au feu de bois. Le tout en admirant les reflets du soleil jouant sur la mer.

Hébergement à Ponza
• ***Valeur sûre***
Albergo Feola – *Via Roma, 2 - 04020 Ponza - ☎ 0771 80 205 - fax 0771 80 617 - fermé janv.-fév. - ▤ - 12 ch. : demi-pension 80,05€* ☕. Un petit hôtel familial, sis non loin du port et où règne la bonne humeur. Petit-déjeuner (avec confitures maison) et dîner sont servis sous l'agréable tonnelle de la cour intérieure, d'où l'on accède également à quelques-unes des chambres.

débarquement effectué par les Anglais et les Américains le 22 janvier 1944, qui permit, au prix de longs combats, la reconquête de Rome le 4 juin suivant. Plusieurs cimetières, monuments et musées commémorent le sacrifice des soldats tombés au cours de cette opération militaire.

Île de Ponza★

Accès depuis Anzio, Formia, Fiumicino et Terracina. Au large du golfe de Gaète, cette île d'origine volcanique présente une échine verdoyante et des falaises blanches ou gris-bleuté, bordées d'étroites plages, ou plongeant à-pic dans la mer. Au Sud-Est de l'île, le village de **Ponza**⛯⛯ aligne en amphithéâtre ses maisons cubiques gaiement colorées autour d'un petit port fréquenté par les bateaux de pêche, de cabotage ou de plaisance, et par ceux qui assurent la liaison avec le continent. L'île est particulièrement appréciée des amateurs de pêche sous-marine.

Tivoli★★★

Tivoli fut un lieu de villégiature autant à l'époque romaine qu'à la Renaissance, comme en témoignent ses villas. Dans l'ancienne Tibur, soumise par les Romains au 4e s. avant J.-C., professait une sibylle qui prédit à l'empereur Auguste la venue de Jésus-Christ.

La situation

52 809 habitants – Carte Michelin n° 430 Q 20 – Latium. Plan dans Le Guide Rouge Italia et Le Guide Vert ROME. Cette petite ville se perche là où la rivière Aniene, surgie des dernières pentes des Apennins, se déverse en cascade dans la campagne romaine. On y arrive par la S 5, Via Tiburtina, à 36 km de Rome. ℹ *Piazza Garibaldi, ☎ 0774 31 12 49.*
Pour poursuivre la visite, voir aussi le chapitre ROMA.

Le Canope, à la Villa Adriana

B. Kaufmann/MICHELIN

Villa d'Este★★★

Visite : 2h. Tlj sf lun. 8h30-1h avant le coucher du soleil. Fermé 1er janv., 1er mai, 25 déc. 6,19€. ☎ 0774 31 20 70.

Voir plan détaillé de la Villa dans Le Guide Vert ROME.

En 1550, le cardinal **Hippolyte d'Este**, élevé à de grands honneurs par François Ier, mais tombé en disgrâce auprès du fils de celui-ci, Henri II, décida de se retirer à Tivoli et d'y faire construire une villa là où s'élevait un couvent de bénédictins. Il en confia les plans à l'architecte napolitain Pirro Ligorio qui agrémenta la demeure de somptueux jardins où les jeux d'eaux, les fontaines et les statues composent un décor caractéristique de la grâce du maniérisme.

À gauche de l'entrée de la Villa, s'élève l'**église S. Maria Maggiore** pourvue d'une jolie façade gothique. À l'intérieur, dans le chœur, deux triptyques du 15e s. et, au-dessus de celui de gauche, *Vierge* de Jacopo Torriti, peintre et mosaïste de la fin du 13e s.

Palais et jardins★★★ – On entre dans le cloître de l'ancien couvent, puis on descend à travers les anciens appartements, finement décorés. Parvenu au rez-de-chaussée, après avoir joui d'une **vue★** agréable sur les jardins et sur Tivoli, on gagne, par l'escalier à double rampe, l'allée supérieure des jardins. On rencontre tout d'abord la **fontaine du Gros Verre** (Bicchierone), en forme de coquille, dont le dessin est attribué au Bernin. En prenant à gauche on aboutit à la « **Rometta** », fontaine où sont reproduits plusieurs monuments de la Rome antique. De là, la merveilleuse **allée aux Cent Fontaines★★★** (viale delle Cento Fontane) aboutit à la **Fontaine ovée★★★** (dell'Ovato) que domine une statue de Sibylle ; plus bas, surplombant l'esplanade des **Viviers** (Pescherie), la **fontaine de l'Orgue★★★** (Organo) émettait autrefois des sons musicaux produits par un orgue mû grâce à la force de l'eau. Tout en bas du jardin, on voit la **fontaine de la Nature** ornée d'une statue de Diane d'Éphèse. En remontant par le centre on admire la **fontaine des Dragons** (Draghi), élevée en 1572 en l'honneur du pape Grégoire XIII et, en revenant par la droite, la **fontaine de la Chouette** (Civetta), qui émettait des chants d'oiseaux, et la **fontaine de Proserpine**, modernisée.

Villa Adriana★★★

À 6 km au Sud-Ouest par la route de Rome (S 5), puis une petite route prenant à gauche, à 4,5 km de Tivoli. Visite : 2h30. Mai-sept. : 9h-20h ; oct.-avr. : 1h avant le coucher du soleil (la billetterie ferme 1h30 avant). Fermé 1er janv., 1er mai, 25 déc. 6,20€. ☎ 06 39 96 79 00.

Passionné d'art et d'architecture, l'empereur **Hadrien** (76-138), qui avait parcouru l'Empire jusqu'à ses marges, voulut que soient évoqués les ouvrages et les sites qu'il avait visités au cours de ses voyages. La villa était pratiquement achevée en 134 ; mais Hadrien, malade et affecté par la disparition de son favori Antinoüs, mourut quatre ans plus tard. Si les empereurs qui lui succédèrent continuèrent à se rendre à Tivoli, la villa fut bientôt oubliée et tomba en ruine. Explorée du 15e au 19e s., elle fut dépouillée de ses œuvres d'art, qui rejoignirent les collections publiques et privées. Ce n'est qu'à partir de 1870 que l'État italien entreprit des fouilles qui révélèrent l'admirable ensemble, sans doute l'un des plus riche de toute l'Antiquité. Avant de commencer la visite, se rendre dans une salle voisine du bar où est exposée une maquette de la villa. *Puis suivre l'itinéraire indiqué sur le plan.*

Pecile★★ – Il évoque un portique d'Athènes ; ce grand rectangle rempli d'eau, aux petits côtés arrondis, était bordé de portiques dont la disposition avait été calculée afin qu'il y ait toujours un côté protégé par l'ombre. La salle à abside, appelée « **salle des Philosophes** », fut peut-être une salle de lecture.

Teatro Marittimo★★★ – Construction circulaire formée d'un portique et d'un édifice central séparés par un canal, et où l'empereur, devenu misanthrope, aimait sans doute à s'isoler. En se dirigeant vers le Sud, on aperçoit les restes d'un **nymphée**, et de grandes colonnes qui appartenaient à un ensemble formé de trois salles semi-circulaires s'ouvrant sur une cour.

Terme★★ – La disposition des thermes illustre le raffinement architectural que dut atteindre la villa. On distingue les Petits Thermes, et les Grands Thermes dont la salle est pourvue d'une abside et d'une voûte superbe.

La construction en hauteur appelée **prétoire** abrita sans doute des entrepôts.

Canopo★★★ – Après avoir dépassé le **musée** qui renferme quelques œuvres récemment découvertes, on aboutit à l'admirable restitution du site égyptien de Canope, accessible par un canal bordé de temples et de jardins. À l'extrémité Sud, un édifice évoque le temple de Sérapis.

Après avoir gagné les vestiges qui dominent le nymphée et obliqué vers la droite, on longe un grand **vivier** entouré d'un portique.

Palazzo imperiale – Il s'étendait de la piazza d'Oro aux bibliothèques. La **piazza d'Oro★★**, rectangulaire, entourée d'un double portique, fut un caprice d'esthète, dénué de toute utilité. Au fond, on voit les vestiges d'une salle octogonale et, de l'autre côté, ceux d'une salle couverte d'un dôme.

Sala dei Pilastri Dorici★★ – Salle ainsi nommée parce qu'elle était bordée d'un portique à pilastres dont les chapiteaux et les bases étaient doriques.

On peut encore voir la **caserne des pompiers** les vestiges d'une salle à manger d'été, d'un nymphée. Ces constructions donnaient sur une cour séparée de la **cour des Bibliothèques** par un des nombreux cryptoportiques de la villa. Les dix petites salles situées à côté de la cour des Bibliothèques constituaient une infirmerie ; beau **parterre★** de mosaïques. Les **bibliothèques** sont réparties, selon l'usage de l'époque, en une bibliothèque grecque et l'autre latine. En direction de la **terrasse de Tempé**, on traverse un groupe de salles pavées de mosaïques qui appartenaient sans doute à une salle à manger. Du frais bosquet de Tempé qui domine la vallée, on rejoint l'entrée de la villa en passant devant un petit **temple circulaire** attribué à Vénus ; puis, sur la gauche, on devine l'emplacement d'un **théâtre**.

Villa Gregoriana★

Fermée pour restauration au moment de la rédaction de ce guide. ☎ 0774 31 12 49. C'est un vaste parc boisé, sillonné de sentiers qui permettent de franchir l'Aniene à l'endroit où la rivière coule dans un ravin étroit et tombe en cascade. L'eau s'y déverse à la **Grande Cascade**, à la **grotte de la Sirène** et à celle de **Neptune**. Après être remonté le long du versant opposé du ravin, on sort de la Villa Gregoriana par le **temple de la Sibylle** ou de Vesta, élégante construction circulaire de style corinthien datant de la fin de la République. À côté s'élève un temple ionique.

alentours

Palestrina★

23 km au Sud-Est. Sa situation panoramique sur les monts de Préneste, son noyau antique et les vestiges du célèbre temple de la Fortune Primigénie, font de Palestrina une destination très agréable. Splendide cité qui connut son apogée aux 8e et 7e s. avant J.-C., elle fut, après diverses vicissitudes, soumise aux Romains, et devint le lieu de villégiature privilégié des empereurs et des patriciens. Le culte de la déesse Fortune se poursuivit jusqu'à la fin du 4e s. après J.-C., époque où le sanctuaire fut abandonné ; la ville médiévale s'éleva alors sur ses restes.

Tempio della Fortuna Primigenia – Ce magnifique sanctuaire (2e-1er s. avant J.-C.), l'un des meilleurs exemples d'architecture hellénistique en Italie, occupait à l'origine une succession de terrasses. Il subsiste du sanctuaire inférieur la salle basilicale, deux édifices latéraux, une grotte naturelle et la salle de l'Abside, d'où provient la célèbre mosaïque du Nil *(voir ci-après)*. Le sanctuaire supérieur s'élevait sur le quatrième et dernier niveau (actuelle piazza della Cortina). C'est là que fut érigé au 11e s. le palais Colonna, par la suite palais Barberini, qui accueille le Musée archéologique. La terrasse sur le devant offre une belle **vue★** sur la ville et la vallée.

Museo Archeologico Prenestino – (♿) *9h-19h. Fermé j. fériés. 2,07€. ☎ 06 95 38 100.* Le Musée archéologique de Préneste présente des pièces provenant de plusieurs nécropoles et des objets qui faisaient partie des collections des Barberini. L'impressionnante **mosaïque du Nil★★** représentant l'Égypte durant la crue du fleuve en constitue le chef-d'œuvre.

Todi★★

Ville ancienne, perchée dans un joli site, Todi conserve trois enceintes concentriques : l'étrusque (porte Marzia), la romaine et la médiévale.

La situation

16 905 habitants – Carte Michelin n° 430 N 19 – Ombrie. Todi se trouve presque à égale distance de Pérouse, Terni, Orvieto, et Spolète. Elle est reliée à Pérouse par la S 3 bis. **i** *Piazza Umberto I, 6, ☎ 075 89 43 395.*

Pour poursuivre la visite, voir les chapitres PERUGIA, ORVIETO et SPOLETO.

visiter

Piazza del Popolo★★

Cette place centrale est entourée de monuments qui illustrent la vitalité de la vie communale au Moyen Âge. Le **palais des Prieurs★** (13e s.), gothique, est l'ancien siège du podestat ; ses baies ont été refaites à la Renaissance ; une curieuse tour trapézoïdale du 14e s. le domine. Le **Palazzo del Capitano★**, datant du 13e s. également, s'orne de baies à colonnettes et repose sur de puissants piliers surmontés d'arcs en plein cintre. Relié au précédent et également sur arcades, l'**hôtel de ville★** (Palazzo del Popolo) est l'un des plus anciens (1213) d'Italie ; il abrite un Musée

carnet pratique

RESTAURATION

• ***À bon compte***

Antica Osteria De La Valle – *Via Ciuffelli, 19 - ☎ 075 89 44 848 - fermé lun. - 21/28€.* Cette petite *osteria* comprend une salle unique, au décor rustique, avec un bar et des bouteilles exposées. C'est le propriétaire lui-même qui est aux fourneaux et les plats très variés sont préparés avec les produits de la région, selon la saison.

HÉBERGEMENT

• ***Valeur sûre***

Bed & Breakfast San Lorenzo Tre – *Via San Lorenzo, 3 (2e étage) - ☎ 075 89 44 555 - fax 075 89 44 555 - fermé janv., fév. - ⊭ - 6 ch. : 51,65/98,13€ ☕.* Pour un séjour à la fois tranquille et raffiné, dans un décor chargé d'histoire et une ambiance familiale. Meubles d'époque et décoration soignée dans les chambres personnalisées avec goût. Certaines (il faut les demander !) ont une jolie vue sur la campagne environnante.

lapidaire, une pinacothèque, ainsi qu'un Musée étrusque et romain. ♿ *Tlj sf lun. 10h30-13h, 14h30-18h (avr. : ouv. lun.). Fermé 1er janv., 25 déc. 3,10€. ☎ 075 89 56 216 ; www.umbrars.com/sistemamuseo*

S. Fortunato★★

Piazza della Repubblica. Élevée de 1292 à 1460, cette église mêle des éléments gothiques au style Renaissance. Son **portail central★★** est remarquable par la richesse et la finesse de son décor sculpté. À l'intérieur, clair et élancé, **fresques** de Masolino (1432) dans la 4e chapelle à droite, et tombeau de Jacopone da Todi (1230-1307), frère franciscain et poète, auteur du *Stabat Mater*.

Duomo★

C'est un important édifice, élevé au début du 12e s. Un majestueux escalier précède son harmonieuse façade en marbres rose et blanc ornée d'une grande rosace. Contourner l'édifice pour admirer l'abside romane. L'intérieur recèle des chapiteaux gothiques, des fonts baptismaux Renaissance et de belles stalles en marqueterie (1530).

Piazza Garibaldi

Contiguë à la piazza del Popolo, cette place est ornée d'un monument à la gloire du grand homme ; de la terrasse, très jolie **vue★★** sur la vallée et les collines, au loin.

Rocca

En passant à droite de S. Fortunato, on monte aux ruines de la **forteresse** (14e s.). Agréable jardin public, ombragé.

S. Maria della Consolazione★

1 km à l'Ouest, sur la route d'Orvieto. Cette église de la Renaissance a été bâtie, de 1508 à 1609, en pierre blonde, par plusieurs architectes, d'après un dessin de **Bramante**. Sur plan en croix grecque, elle comporte quatre absides polygonales renforcées par des pilastres à chapiteaux composites. Au centre s'élève le dôme, dont le tambour est conçu selon la fameuse « travée rythmique » de Bramante *(voir p. 260)*. L'intérieur est lumineux et sobre ; la coupole a été décorée au 16e s. ; les douze statues d'apôtres ont été exécutées par Scalza (16e s.).

Tolentino

Dans cette petite ville des Marches, Bonaparte et Pie VI signèrent en 1797 le traité ratifiant le retour d'Avignon à la France.

La situation

18 934 habitants – Carte Michelin no 430 M 21 – Marches. Tolentino est à 18 km de Macerata, à laquelle elle est reliée par la S 77 et par la route express.

ℹ *Piazza Libertà, 18, ☎ 0733 97 29 37.*

visiter

S. Nicola★★

Basilique : 7h-12h, 15h-19h30. Musées : 9h30-12h, 16h-19h. ☎ 0733 97 63 11 ; www.sannicoladatolentino.it

La basilique est dédiée au moine augustin, vénéré pour ses qualités de thaumaturge, mort à Tolentino en 1305 et enterré dans la crypte du sanctuaire. L'aspect extérieur, composite, de cette église reflète les différentes étapes de sa construction, qui s'échelonnèrent de 1305 au 18e s. La façade, refaite au 17e s. dans le goût baroque, a cependant gardé un élégant portail de style gothique tardif, réalisé au 15e s. par le Florentin Nanni di Bartolo, disciple de Donatello.

L'**intérieur** se distingue par un fastueux décor de marbres, ors et stucs et par un magnifique plafond à caissons (1628). La première chapelle à droite renferme la *Vision de sainte Anne* du Guerchin (1591-1666). La **grande chapelle St-Nicolas**, qui fait office de croisillon droit, est la partie la plus célèbre du sanctuaire, en raison des **fresques★★** du 14e s., dues à un maître anonyme de l'école de Rimini. Aux voûtes apparaissent les évangélistes et les docteurs de l'Église, tandis que les murs sont ornés de scènes de la vie de la Vierge et du Christ *(partie supérieure et centrale)* et de saint Nicolas *(partie inférieure)*.

Musées – Ils comprennent le **Musée de la Céramique**, le **Musée de l'Œuvre**, qui renferme une belle **Nativité** en bois du 14e s., et la **Galerie des Ex-voto**, collection de plus de 500 pièces des 15e-19e s., remarquables par leur image de foi ingénue et spontanée.

Museo dell'Umorismo nell'arte

Piazza della Libertà. ♿ Tlj sf lun. 10h-13h, 15h-18h30. Fermé 1er janv., 1er mai, 25 déc. 2,59€. ☎ 0733 96 97 97 ; www.biennaleumorismo.org

En 1961, à l'initiative de plusieurs artistes locaux, fut créée la **Biennale internationale d'humour en art**, dont le succès croissant incita à la création de cet original **musée de la Caricature**, installé dans le palais Sangallo.

alentours

San Severino Marche

11 km au Nord-Ouest. Groupée autour de la **piazza del Popolo**, à la forme elliptique originale, cette petite ville possède un noyau urbain médiéval et Renaissance. Du haut de la colline où s'élève le vieux Dôme, la **vue★** sur la ville et les monts avoisinants est enchanteresse *(monter par la via della Pitturetta)*.

Pinacoteca Civica – *Palais Tacchi-Venturi, via Salimbeni, 39. Été : tlj sf lun. 9h30-13h, 16h30-19h ; reste de l'année : tlj sf lun. 9h-13h, 16h30-18h30. Fermé 2e et 4e dim. du mois (hiver). 2,07€. ☎ 0733 63 80 95 ; www.comunesanseverinomarche.it*

La précieuse collection réunit d'intéressants exemples de l'école locale de peinture : **Lorenzo Salimbeni** et son frère **Jacopo** révolutionnèrent le langage pictural du 15e s. grâce à un style où les expériences du gothique courtois se trouvèrent allégées par des représentations d'un vif dynamisme. La pinacothèque recèle en outre un somptueux **polyptyque** de Vittore Crivelli et une délicate ***Madone de la Paix*** du Pinturicchio (1454-1513).

Non loin *(tourner à gauche au bout de la via Salimbeni)*, se trouve l'**église S. Lorenzo in Dolìolo** (11e s.), présentant une architecture intéressante et une jolie **crypte★** recouverte d'un cycle de fresques, attribué aux frères Salimbeni et à leur école. *8h-19h. ☎ 0733 63 83 51.*

Torino★★

Turin

La ville ne se prête guère au tourisme hâtif, incapable de saisir les profonds contrastes qui font l'âme et le charme de Turin. Ville qui, par deux fois, a dû se forger un rôle de capitale (celle du nouveau royaume d'Italie d'abord, puis celle de l'industrie automobile), elle cherche désormais à échapper au cliché de « ville-usine » en se portant candidate pour devenir le grand centre culturel du prochain millénaire. Ville qui a fait de la technologie son moteur économique et culturel, sans perdre cet esprit conservateur qui, lui, a douloureusement vécu les mutations historiques et sociales dont il fut le protagoniste à son insu. Ville qui, depuis des siècles, conserve jalousement le « saint suaire », sans renoncer à sa vocation ésotérique et mystérieuse, puisqu'elle attira Paracelse, Nostradamus et Cagliostro. Nietzsche y vécut ses dernières années de lucidité et y composa ses œuvres majeures, affirmant : « Turin est le premier endroit où je suis possible. »
La tradition militaire de la maison de Savoie a conféré à Turin un caractère austère et rigoureux, reflété par un baroque sublime, mais mesuré, équilibré, bien loin de l'opulence romaine.

La situation

903 705 habitants – Carte Michelin n° 428 G 4/5 – Plan d'agglomération dans l'Atlas Michelin Italie – Piémont. Au pied des massifs alpins, Turin se trouve à l'entrée de l'A 4, et est reliée au Val d'Aoste par l'A 5, à la vallée de Suse et au Moncenisio par l'A 32, à Plaisance par l'A 21 et à Coni par l'A 6. 🅸 *Piazza Castello, 161, ☎ 011 53 51 81 ; Gare Porta Nuova, ☎ 011 53 13 27.*

Pour poursuivre la visite, voir le chapitre VALLE D'AOSTA.

UN PEU D'HISTOIRE

Au 1er siècle, la capitale des *Taurini* (tribu celte) fut transformée par les Romains en colonie militaire, sous le nom d'*Augusta Taurinorum*. Christianisée, elle devint le siège d'un évêché au début du 5e s. Au 6e s., elle fut confiée à un duc lombard, et passa plus tard sous la domination des Francs. À partir du 11e s. et pendant presque neuf cents ans, Turin eut son sort lié à celui de la **maison de Savoie** et en partagea les vicissitudes. Issue de Humbert aux Blanches Mains, mort en 1056, cette dynastie régna en effet sur la Savoie et le Piémont, puis sur la Sardaigne et l'Italie – à qui elle donna des rois de 1861 à 1946. Les Savoie, gouvernant avec habileté, prenant tantôt le parti du pape, tantôt celui de l'empereur, sachant maintenir plus tard un équilibre entre la France et les ducs de Milan, étendirent peu à peu leur domination sur la région. C'est au début du 18e s. que Charles-Emmanuel II et Victor-Amédée II dotèrent la ville de riches monuments en faisant appel aux architectes Guarini et Juvara.

L'élégance et la pureté des lignes de Juvarra caractérisent le pavillon de chasse de Stupinigi

G. Bressi/Archivio Turismo Torino

Charles-Emmanuel III renforça encore l'importance de Turin au cours de son règne (1732-1773), en réformant l'administration de son royaume et en instaurant dans la capitale une cour à l'étiquette rigide qui rappelait celle de Versailles. En 1798, les troupes françaises chassèrent Charles-Emmanuel IV de Turin afin d'imposer un régime issu des principes révolutionnaires de 1789. Mais, à la chute de Napoléon, Victor-Emmanuel Ier, revenu sans difficultés à la tête de son royaume, instaura une politique hostile à toute ingérence étrangère dans les affaires piémontaises. Turin devint alors le foyer des luttes contre l'Autriche et le centre de l'unification italienne. À la suite des efforts de son ministre **Cavour** pour réorganiser l'État piémontais, de l'alliance France-Piémont contre l'Autriche, des victoires de Magenta et de Solferino (1859), **Victor-Emmanuel II** fut proclamé premier roi d'Italie et Turin fut la première ville à accueillir un gouvernement italien. La maison de Savoie régna sur la Péninsule jusqu'à la proclamation de la République italienne en 1946.

ÉCONOMIE

Une intense activité industrielle a fait de Turin la capitale italienne de la mécanique. C'est du reste dans la capitale piémontaise que naquit l'**industrie automobile italienne** avec la fondation de la FIAT en 1889 par Giovanni Agnelli, et celle en 1906 par Vincenzo Lancia de Lancia, que le groupe FIAT racheta en 1969. **Le Lingotto**, établissement historique de la FIAT élevé en 1920 sous le signe du fonctionnalisme et possédant des moyens techniques d'avant-garde, tels que ces spectaculaires rampes d'essai hélicoïdales situées sur le toit, fut défini par Le Corbusier comme « l'un des spectacles les plus impressionnants présentés par l'industrie ». Quand l'activité de production cessa, l'édifice fut transformé, d'après un projet de **Renzo Piano**, en un complexe très moderne accueillant congrès et salons, et contenant un auditorium et un espace commercial. D'importantes usines

Il n'y a pas que Fiat...

Tout le monde associe Turin à Fiat, mais d'autres sociétés d'importance mondiale sont nées ou ont leur siège dans cette ville et ses environs : Lavazza, Cinzano, Martini & Rossi, Gancia, Caffarel et Peyrano pour le secteur alimentaire ; le groupe textile GFT, parrain des marques Armani, Valentino, Cerruti et Ungaro ; l'institut bancaire San Paolo et la Cassa di Risparmio di Torino, la deuxième en Italie, pour les banques ; la SAI, la Toro et la Reale Mutua Assicurazioni pour les assurances ; la STET-Telecom Italia pour les télécommunications ; Robe di Kappa, Superga et Invicta pour les vêtements de sport et De Fonseca pour les chaussures. Sans oublier, évidemment, Michelin, qui inaugura en 1906 sa première usine à l'étranger dans le célèbre édifice de la via Livorno.

de pneumatiques et des maîtres-carrossiers de renommée mondiale (dont le mondialement connu Pinin Farina), ont contribué à affirmer et accroître la vocation de la ville dans le domaine automobile.

Mais Turin revendique d'autres solides traditions : la création de maisons d'édition, dont Einaudi, Lattes, Loescher, Paravia, SEI et UTET, la fondation en 1895 de *La Stampa*, l'un des plus grands quotidiens nationaux, ainsi qu'une intense activité dans le domaine musical, grâce à la présence de l'Orchestre Symphonique de la RAI et du prestigieux Teatro Regio.

Pour preuve de ces multiples traditions, la ville accueille de nombreuses manifestations commerciales et culturelles, telles que le *Salon de l'automobile* (tous les deux ans), le *Salon du livre*, le *Salon de la musique* et le festival *Settembre Musica*, auxquels il faut ajouter le prestigieux festival *Cinema Giovani*, hommage au « septième art » d'une ville qui, jusqu'à la Première Guerre mondiale, fut la capitale de l'industrie cinématographique italienne.

visiter

LE CENTRE HISTORIQUE

Piazza San Carlo★★

Cette place, aux bâtiments harmonieusement distribués, constitue un bel ensemble d'architecture urbaine. Au Sud, les églises **S. Carlo** et **S. Cristina** encadrent la via Roma : l'amusante façade de Santa Cristina *(sur la gauche)*, surmontée de candélabres, a été dessinée par **Juvara** (1678-1736), le fameux architecte d'origine sicilienne à qui Turin doit quelques-unes de ses plus belles réalisations. À l'Est, le palais du 17e s., occupé par l'académie philharmonique, fut le siège des ambassadeurs de France de 1771 à 1789. Au milieu de la place, s'élève le célèbre « caval d'bronz » de Marocchetti (1838), monument équestre à la gloire d'Emmanuel-Philibert qui, vainqueur des Français à Saint-Quentin en 1557, recouvra ses États après vingt-cinq ans d'occupation par la France (traité du Cateau-Cambrésis, 1559).

Palazzo dell'Accademia delle Scienze

Ce palais, élevé au 17e s. d'après les plans de Guarini, abrite deux des grands musées italiens.

Museo Egizio★★★ – *Rez-de-chaussée et 1er étage. (♿) Tlj sf lun. 8h30-19h30. Fermé 1er janv., 1er mai, 25 déc. 6,20€, 7,75€ avec l'entrée à la Galleria Sabauda. ☎ 011 56 18 391 ; www.museoegizio.it*

C'est l'un des plus riches musées égyptiens du monde. Dans les souterrains sont exposées les fouilles réalisées en 1911 par les deux archéologues italiens Schiaparelli et Farina.

Au rez-de-chaussée, la **section d'Art statuaire** rassemble, outre une vingtaine de statues, assises ou debout, de la déesse Sakmis de Karnak, à tête de lion, une importante **collection de statues de pharaons** appartenant au Nouvel Empire (1580-1100 avant J.-C.), âge d'or de l'Égypte pharaonique. Dans une pièce à part, le **temple rupestre de Thoutmès III** (vers 1450 avant J.-C.), don de la République Arabe Unie, a été transporté d'Elessiya (200 km au Sud d'Assouan) et recomposé.

Le 1er étage regroupe des collections évoquant tous les aspects de la civilisation de l'Ancienne Égypte. On retiendra : la série des **sarcophages**, plus simples durant le Moyen Empire (2100-1580 avant J.-C.), sculptés sous le Nouvel Empire ; un intéressant ensemble de **canopes** (vases funéraires qui servaient à recueillir les viscères des morts) ; une importante collection de momies, accompagnées notamment de rouleaux de papyrus (les fameux **Livres des morts**). Aux **chambres funéraires** reconstituées (Guizèh – 2 500 avant J.-C.) s'ajoute une exceptionnelle collection de **stèles funéraires** (Moyen et Nouvel Empire). Bijoux et céramiques datent de l'Égypte prédynastique (« civilisations nagadiennes », 4000 à 3000 avant J.-C.).

À partir du 4e s. avant J.-C. (conquête d'Alexandre le Grand), l'influence hellénique se fait sentir (masques, statuettes) puis, à partir de 30 avant J.-C., l'influence romaine s'impose (vases de bronze). Une salle est consacrée aux **inscriptions** : hiéroglyphes (déchiffrés par Champollion en 1824) et « écriture hiératique » (tracé cursif des hiéroglyphes) sur papyrus, morceaux de calcaire, tessons de poterie.

Galleria Sabauda★★ – *2e et 3e étages. (♿) Tlj sf lun. 8h30-19h30. Fermé 1er janv., 1er mai, 25 déc. 4,13€, 7,75€ avec l'entrée au Musée égyptien. ☎ 011 54 74 40.*

La galerie, qui rassemble les collections d'art de la maison de Savoie, est divisée en sections thématiques et chronologiques.

Au 2e étage, le département des **Écoles piémontaises du 14e au 16e s.★** présente des œuvres de Martino Spanzotti (1455-1528), chef de file du gothique tardif piémontais, de son élève Defendente Ferrari (actif de 1510 à 1531), de Macrino d'Alba (actif de 1495 à 1528) et de Gaudenzio Ferrari (1475-1546), artiste profondément lié au milieu milanais et dont la ***Crucifixion*★** est considérée comme l'un de ses chefs-d'œuvre. La section des **Écoles italiennes du 14e au 16e s.** réunit

Transports

En voiture – Malgré sa position excentrée (la ville se situe seulement à une centaine de kilomètres des frontières françaises), Turin bénéficie d'un bon réseau autoroutier qui la relie rapidement à plusieurs villes. Par ailleurs, grâce à son fameux plan octogonal et à ses larges avenues percées au 19e s., la circulation, même importante, est encore aisée, et venir à Turin en voiture est moins angoissant que pour d'autres grandes villes.

En car – Le terminus se trouve à l'angle du corso Inghilterra et du corso Castel Fidardo, ☎ 011 53 52 47.

En train – Les principales gares sont :

Porta Nuova, corso Vittorio Emanuele II, 53, ☎ 8488 88088 (n° vert) ;

Porta Susa, piazza XVIII Dicembre, 8, ☎ 8488 88088 (n° vert).

En avion – L'aéroport international de Turin est situé à 11 km au Nord de la ville, à Caselle, ☎ 011 56 76 361/2 – fax 011 56 76 420, www.turin-airport-com. Il est desservi par les principales compagnies aériennes nationales et internationales, qui le relient aux grandes villes italiennes et européennes. Le trajet en **taxi** pour rejoindre le centre-ville (environ 30mn) varie entre 23,24€ (de jour) et 38,73€ (de nuit). Service de taxi à l'aéroport : ☎ 011 99 14 419.
Les **cars** de la Sadem assurent une liaison avec la ville toutes les 30-45mn, de 5h15 à 22h30 (au départ de Porta Nuova – corso Vittorio Emanuele II, à l'angle de la via Sacchi – et Porta Susa – corso San Martino, à l'angle de la piazza XVIII Dicembre) et de 6h30 à 23h30 (au départ de l'aéroport, niveau arrivées, en face de la sortie des vols nationaux). Le ticket (4,13€) s'achète auprès des revendeurs proches des terminaux ou à bord du car (0,52€) au départ de Turin ; au départ de l'aéroport, près du kiosque du hall des départs, au guichet automatique ou dans le hall des arrivées nationales.

TORINO CARD (TRANSPORTS ET MUSÉES)

Cette carte permet d'emprunter tous les moyens de transports de la ville pendant 48h (à partir de la date indiquée au dos de la carte), d'entrer gratuitement dans les musées et d'obtenir des réductions pour les concerts, les spectacles et pour différents services. 13€ (un adulte et un enfant jusqu'à 12 ans). Pour toute information, contacter l'Office de tourisme : ☎ 011 58 11 900.

TURIN LE JOUR...

Le meilleur moyen de découvrir la ville est de la visiter à pied, car, si elle est étendue, le centre historique, lui, est plutôt réduit et se parcourt agréablement à l'abri des élégantes arcades qui bordent les rues principales.
Pour les moins sportifs, voici quelques informations utiles :

Transports urbains – L'ATM (Azienda Trasporti Municipali) se trouve corso Turati,19/6, ☎ 800 019 152 (n° vert), www.comune.torino.it/-atm. Les tickets sont en vente auprès des bureaux de tabac, des kiosques et de quelques bars agréés ; il en existe plusieurs types : le ticket ordinaire urbain (0,77€) est valable 70mn, le ticket à la journée (2,58€) permet une libre circulation pour une journée entière, le ticket Shopping (1,55€) est valable 4 heures, une fois validé, entre 9h et 20h, le Shopping insieme (2,58€) n'est valable que le samedi et permet une libre circulation pour 3 personnes de 14h30 à 20h.

Taxis – Central Taxi Radio ☎ 011 57 44 ou 011 57 48 ; Centrale Radio ☎ 011 57 37 ; Radio Taxi ☎ 011 57 30.

D'AUTRES FAÇONS DE DÉCOUVRIR LA VILLE

Navigation sur le Pô – Du Lungo Po Diaz partent des excursions de durées diverses sur le fleuve. Pour toute information ☎ 011 58 11 900.

Touristbus – Ce service propose des visites de la ville, de la colline et des résidences de la maison de Savoie. Pour tout renseignement et réservation (obligatoire), contacter l'Office de tourisme ☎ 011 58 11 900.

Une belle balade à bicyclette... – À travers le magnifique parc de la Mandria, à Venaria Reale (1 340 ha de parc à 15 km au Nord-Ouest du centre-ville) : locations de bicyclettes, promenades à cheval et sentiers de découverte. Il est également possible de louer des bicyclettes dans d'autres parcs de la ville ; pour toutes informations ☎ 800 48 66 64 (n° vert).

Restauration

• ***À bon compte***

Pizzeria La Stua – *Via Mazzini, 46 - ☎ 011 81 78 339 - fermé lun., dim. à midi - ⌧ - réserv. conseillée.* Pendant l'hiver, la cheminée réchauffera agréablement les chanceux qui auront pu trouver de la place dans la salle du rez-de-chaussée. Les retardataires devront quant à eux se contenter de rejoindre la salle du premier étage en grimpant l'escalier en colimaçon.

Pizzeria Gennaro Esposito – *Via Passalacqua, 1/G - ☎ 011 53 59 05 - fermé sam. à midi, dim. - réserv. conseillée.* Une pizzeria minuscule et pittoresque : les cornes contre le mauvais œil et les portraits du célèbre Totò décorent les murs, et le menu est aussi le manuel de l'ancienne Tombola napolitaine. Pour éviter la queue, présentez-vous vers 19h.

Porto di Savona – *Piazza Vittorio Veneto, 2 - ☎ 011 81 73 500 - fermé lun., mar. à midi - ⌧ ▤ - 21/26€.* Une trattoria typique comme on n'en trouve plus, avec ses murs ornés de vieilles photos de la ville et de célébrités. L'endroit idéal pour s'immerger dans la tradition gastronomique de la région.

• ***Une petite folie !***

Del Cambio – *Piazza Carignano, 2 - ☎ 011 54 37 60 - fermé dim., 3 au 31 août - ▤ - réserv. conseillée - 46/60€ + 15 % serv.* Un endroit où semblent se confondre le passé et le présent...

Le comte de Cavour est toujours assis à sa table, entouré de stucs dorés, de majestueux miroirs et de précieuses œuvres d'art, et regarde pensif la façade du palais Carignano.

Hébergement

À l'occasion de manifestations commerciales ou touristiques, les prix des hôtels pourraient subir une légère hausse : informez-vous au moment de la réservation.

• ***À bon compte***

Hotel Centrale – *Via Mazzini, 13 - ☎ 011 81 24 182 - fax 011 88 33 59 - ⊭ - 12 ch. : 41,32/72,30€.* Les chambres sont confortables, meublées moderne et fonctionnel. Les prix sont plus qu'abordables et si vous êtes seul, vous pourrez économiser en demandant l'une des chambres simples avec salle de bains extérieure.

• ***Valeur sûre***

Hotel Magenta – *Corso Vittorio Emanuele II, 67 - ☎ 011 54 26 49 - fax 011 54 26 49 - 18 ch. : 46,48/61,97€.* Tout proche de la gare de Porta Nuova, et donc particulièrement pratique pour ceux qui arrivent en train, cet hôtel, installé dans un beau palais d'époque, propose des chambres très simples mais tout à fait convenables. Quelques-unes avec salle de bains commune.

Hotel Artuà – *Via Brofferio, 1 (4e étage avec ascenseur) - ☎ 011 51 75 301 - fax 011 51 75 141 - info@artua.it - P ▤ ⊭ - 20 ch. : 65/100€ ☕.* Dans un joli palais, situé dans le quartier très tranquille de la piazza Solferino, vous trouverez des chambres sobres mais confortables dont les prix varient selon le confort. Les moins chères ne comprennent pas le petit-déjeuner.

Hotel Dogana Vecchia – *Via Corte d'Appello, 4 - ☎ 011 43 66 752 - fax 011 43 67 194 - P - 50 ch. : 82,63/134,28€ ☕.* Construit à la fin du 18e s. cet hôtel était autrefois un relais de poste qui vit passer d'illustres voyageurs, tels que Mozart, Napoléon et Verdi. Des chambres de style élégantes mais aussi des chambres modernes plus fonctionnelles. En plein centre.

• ***Une petite folie !***

Hotel Roma e Rocca Cavour – *Piazza Carlo Felice, 60 - ☎ 011 56 12 772 - fax 011 56 28 137 - hotel.roma@tin.it - 90 ch. : à partir de 85,22€ ☕.* Ses chambres sont très bien tenues et meublées avec le bon goût d'antan : mobilier de style, splendides revêtements en parquet ou en marbre, tapis, lustres de Murano. Le week-end, en août, à Pâques et à Noël, l'hôtel propose des tarifs très réduits et constitue ainsi une adresse précieuse. En 1950, Cesare Pavese mit fin à son existence tourmentée dans la chambre 346.

Villa Sassi – *Strada al Traforo del Pino, 47 - ☎ 011 89 80 556 - fax 011 89 80 095 - fermé août - P ▤ - 17 ch. : à partir de 170,43€ ☕ - restaurant 43,89/56,81€.* Cette villa, dont la construction remonte au 17e s., se dresse dans un immense parc séculaire de plus de 20 000 m², blotti au pied de la colline turinoise, à 4 km du centre historique. Belles chambres, spacieuses et confortables. Pour un séjour luxueux.

Petite pause

Al Bicerin – *Piazza della Consolata, 5 - ☎ 011 43 69 325 - mar.-sam. 11h-19h30.* Fondé en 1763, il servait de refuge à Cavour qui venait y oublier les soucis de la politique.

Baratti & Milano – *Piazza Castello, 29 - ☎ 011 56 12 666 - lun. et mar., jeu.-sam. 8h30-19h30, dim. 8h30-13h, 15h30-19h30.* Inauguré en 1875 comme confiserie, ce café, avec ses élégantes salles Liberty, était l'endroit préféré des dames de la haute société turinoise. Pour le déjeuner, plat unique ou menu léger à déguster dans la très jolie salle.

Caffè San Carlo – *Piazza San Carlo, 156 - ☎ 011 53 25 86 - mar.-dim. 7h-24h.* Né en 1822, cet élégant café, somptueux, fut l'une des places fortes des patriotes à l'époque du Risorgimento, pour devenir plus tard le salon de la ville, où se retrouvaient artistes, hommes de lettres et d'État.

Caffè Torino – *Piazza San Carlo, 204 - ☎ 011 54 51 18 - 8h-1h.* Fondé en 1903, ce café Liberty, avec ses frises dorées, ses grands lustres et ses petites cheminées en bois et marbre, vit ses tables occupées par des membres de la famille royale, des intellectuels et des acteurs, dont James Stewart, Ava Gardner et Brigitte Bardot.

Lara Pessina/MICHELIN

Caffè Torino

Fiorio – *Via Po, 8 - ☎ 011 81 73 225 - mar.-dim. 8h-1h.* Fondé en 1785, il fut par tradition le lieu de rencontre des aristocrates et intellectuels conservateurs. Ses glaces sont une des gloires de Turin.

Hafa Cafè – *Via S. Agostino, 23/c - 11h30-1h.* Jumelé au magasin de meubles et objets ethniques du même nom (fermeture à 21h), ce café marocain décoré avec goût et raffinement vous permettra de faire une petite pause exotique.

Mulassano – *Piazza Castello, 15 - ☎ 011 54 79 90 - 7h30-21h.* Fondé en 1907, intime et charmant, précieusement décoré de marbre, bronze, bois et cuir, il était fréquenté par les notables de la maison de Savoie et les artistes du Teatro Regio, tout proche. Parmi ses habitués, le comique Macario et le poète Guido Gozzano.

Platti – *Corso Vittorio Emanuele II, 72 - ☎ 011 50 69 056 - mar.-sam. 7h30-24h, lun. et dim. 7h30-21h.* Ce marchand de liqueurs devint au fil du temps un élégant café, fréquenté principalement par des intellectuels et des écrivains, dont Cesare Pavese. Aujourd'hui entièrement restauré, l'endroit accueille également un restaurant.

Stratta – *Piazza San Carlo, 191 - ☎ 011 54 79 20 - mar.-sam. 9h30-13h, 15h-19h30, lun. 15h-19h30.* Confiserie créée en 1836, célèbre pour ses bonbons multicolores.

Sorties

Tre Galli – *Via Sant'Agostino, 25 - ☎ 011 52 16 027 - 19h-2h.* Agréable bar à vins-restaurant au cadre « rustique et minimaliste » avec terrasse en été, c'est une bonne adresse après le théâtre.

Spectacles

Les mélomanes... – Ils trouveront en ville plusieurs salles de concerts de grand prestige, dont l'**Auditorium Giovanni Agnelli** del Lingotto, via Nizza, 262/43, ☎ 011 66 44 551 (musique symphonique), et le **Conservatorio Giuseppe Verdi**, via Mazzini, 11, ☎ 011 88 84 70. Sans oublier évidemment le **Teatro Regio**, piazza Castello, 215, ☎ 011 88 15 241, où il sera possible avec un peu de chance d'assister à un opéra ou à un ballet.

Achats

Ce sont bien 18 km d'arcades qui parcourent la promenade du centre historique. La via Roma, bordée de magasins de luxe et de l'élégante galerie San Federico, doit son aspect moderne datant des années 1930, en particulier sur la première moitié de l'artère *(en venant de la gare de Porta Nuova)*, à l'architecte Piacentini.

Non loin, pour les passionnés d'art et d'antiquités, les points de rencontre sont la via Cavour et la via Maria Vittoria, tandis que la via Lagrange est la patrie des gourmets. C'est ici en effet que l'on peut trouver en abondance la fine fleur des spécialités turinoises : les *agnolotti* (raviolis farcis à la viande), la *bagna cauda* (sauce à l'ail et aux anchois), les célèbres gressins et, naturellement, les friandises au chocolat (chocolats fourrés, *gianduiotti* pralinés, *bonet*), le tout accompagné des prestigieux (et parfois très coûteux) vins de la région : arneis (blanc), barolo, barbera, grignolino, nebbiolo (rouges), asti spumante, brachetto et moscato d'Asti (pour le dessert), et aussi le *vermouth*, qui vit le jour à Turin à la fin du 18ᵉ s.

Sur la piazza Castello s'ouvrent l'historique via Po *(voir ci-après)* et la via Garibaldi, animée et commerçante, l'une des plus longues rues piétonnes d'Europe, au style jeune et informel. Le samedi matin et le deuxième dimanche du mois, se tient un rendez-vous à ne pas manquer : le **Balòn** de la Porta Palazzo, traditionnel marché aux puces de Turin depuis 1856.

entre autres, des œuvres de Fra Angelico, de Pollaiuolo et de son frère Piero (école toscane), de Bergognone (école lombarde), de Bartolomeo Vivarini et Giovanni Bellini (école vénitienne). Les **collections du prince Eugène** regroupent des œuvres italiennes et étrangères, dont un ensemble de **peintures flamandes et hollandaises★★** parmi les plus riches d'Italie. Il comprend *Les Stigmates de saint François* par Van Eyck (1390-1441), les *Scènes de la Passion du Christ* par Hans Memling (vers1435-1494), le *Vieillard endormi* de Rembrandt (1606-1669) et de charmants **paysages** de Bruegel de Velours (1568-1625).

Au 3ᵉ étage, les **collections dynastiques**, partagées en trois sections chronologiques, recèlent d'admirables témoignages de la peinture italienne et européenne des 15ᵉ-18ᵉ s. Parmi les œuvres d'une importance majeure, il faut souligner ***La Visitation★*** et ***Le Dévot en adoration★*** du Flamand Van der Weyden (1400-1464), ***Le Repas chez Simon★***, œuvre de jeunesse de **Véronèse** (1528-1588), *La Trinité* du Tintoret (1519-1594), les grandes toiles des Bassano (16ᵉ s.), dont les effets de lumière décisifs annoncent le Caravage, ***L'Assomption★★*** de **Gentileschi** (1563-1639), l'un des chefs-d'œuvre de l'artiste, marqué par un violent réalisme, ***Les Fils de Charles Iᵉʳ d'Angleterre★***, admirable portrait officiel de Van Dyck (1599-1641), *Les Quatre Éléments* du Bolonais Albani (1578-1660), qui tire son classicisme des leçons de Guido Reni et des Carrache, le portrait de *Philippe IV d'Espagne* par Vélasquez (1599-1660), *Le Triomphe d'Aurélien* de Tiepolo (1696-1770) et les jolis **paysages★** du Vénitien Bellotto (1720-1780), neveu de Canaletto. La **collection Gualino**, d'une grande valeur, possède des œuvres de peinture, sculpture et arts appliqués, d'époques et provenances différentes, parmi lesquelles de précieuses sculptures chinoises.

Palazzo Carignano★★

Admirable réalisation baroque de **Guarini**, caractérisé par une façade originale très animée, ce palais vit naître Victor-Emmanuel II (1820-1878), artisan de l'unité italienne et premier roi d'Italie (1861). Le **musée national du Risorgimento italien★★**, qui y a été installé, réunit un riche ensemble de documents et témoignages sur l'histoire du pays de la fin du 18ᵉ s. à la Seconde Guerre mondiale, illustrant plus particulièrement les événements du Risorgimento. Au cours de la visite, on peut voir la **salle du Parlement subalpin★** qui, dans les années 1848-1860, entendit s'exprimer Cavour, Garibaldi, Verdi et Manzoni, et la **salle du Parlement**

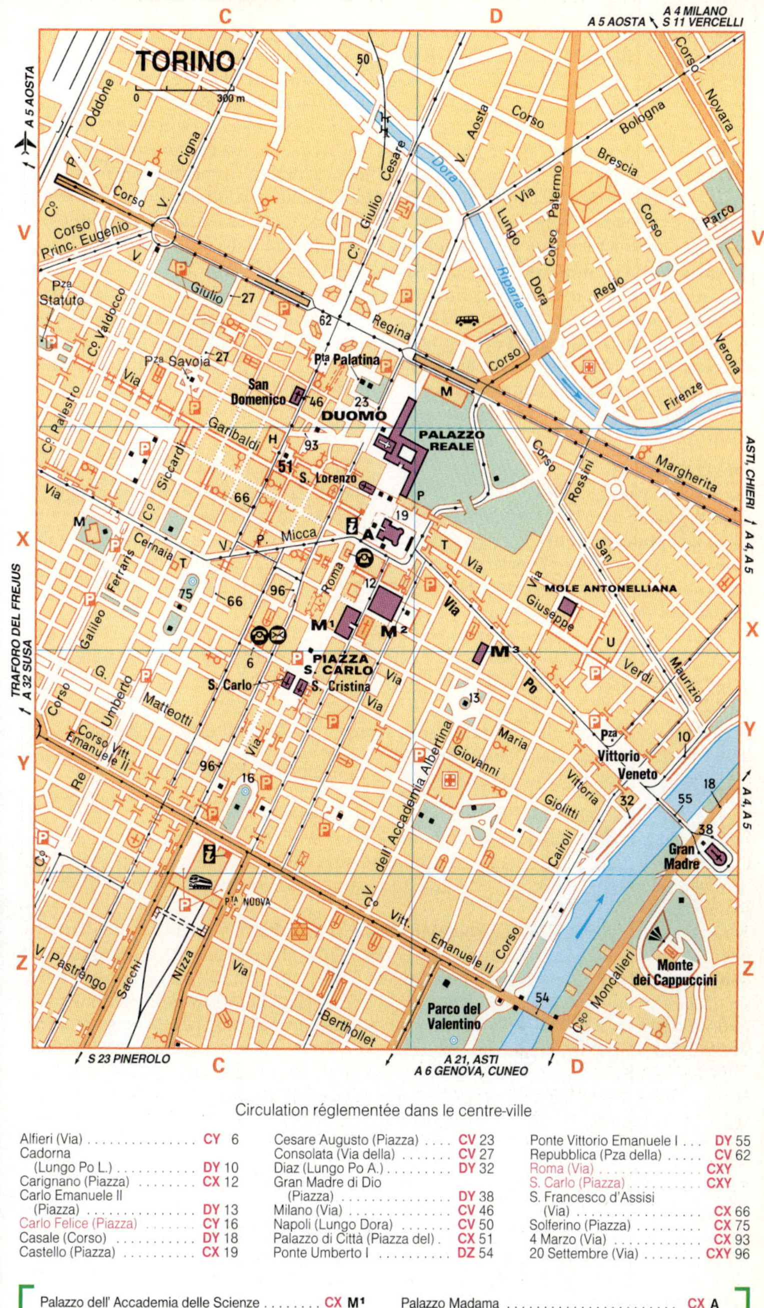

Circulation réglementée dans le centre-ville

Alfieri (Via) . . . . CY 6
Cadorna (Lungo Po L.) . . . . DY 10
Carignano (Piazza) . . . . CX 12
Carlo Emanuele II (Piazza) . . . . DY 13
Carlo Felice (Piazza) . . . . CY 16
Casale (Corso) . . . . DY 18
Castello (Piazza) . . . . CX 19
Cesare Augusto (Piazza) . . . . CV 23
Consolata (Via della) . . . . CY 27
Diaz (Lungo Po A.) . . . . DY 32
Gran Madre di Dio (Piazza) . . . . DY 38
Milano (Via) . . . . CV 46
Napoli (Lungo Dora) . . . . CV 50
Palazzo di Città (Piazza del) . CX 51
Ponte Umberto I . . . . DZ 54
Ponte Vittorio Emanuele I . . . DY 55
Repubblica (Pza della) . . . . . CV 62
Roma (Via) . . . . CXY
S. Carlo (Piazza) . . . . CXY
S. Francesco d'Assisi (Via) . . . . CX 66
Solferino (Piazza) . . . . CX 75
4 Marzo (Via) . . . . CX 93
20 Settembre (Via) . . . . CXY 96

Palazzo dell' Accademia delle Scienze . . . . CX M¹
Palazzo Carignano . . . . CX M²
Palazzo Madama . . . . CX A
Pinacoteca Albertina . . . . DXY M³

italien, que l'on fit construire pour accueillir les députés toujours plus nombreux, mais qui ne fut jamais utilisée, car, durant les travaux, la capitale fut transférée à Florence. ♿ *Tlj sf lun. 9h-19h. Fermé j. fériés. Possibilité de visite guidée (1h30). 4,13€. ☎ 011 5621 147; www.regione.piemonte.it/cultura/risorgimento/index.htm*

Piazza Castello

Cœur politique et religieux de Turin, elle résulte de la réorganisation urbaine opérée par l'architecte Ascanio Vitozzi (1539-1615). Vaste place où prennent naissance les artères principales de la ville, elle est fermée par le Palais royal et les arcades derrière lesquelles se trouve le **Teatro Regio**. Inauguré en 1740 et gravement endommagé par les bombardements de la Seconde Guerre mondiale, celui-ci fut reconstruit et rouvert en 1973. Une grille d'Umberto Mastroianni, intitulée ***Odyssée musicale***, ferme le hall du théâtre. Au centre, l'imposante masse du château domine la place à laquelle il a donné son nom avant d'être rebaptisé Palazzo Madama.

Palazzo Madama★

Fermé pour restauration au moment de la rédaction de ce guide. ☎ *011 44 29 911.*
Il doit son nom aux deux « Madame Royale » qui y séjournèrent aux 17ᵉ-18ᵉ s. : Christine de France (1606-1663), veuve de Victor-Amédée Iᵉʳ, et Jeanne de Savoie-Nemours, veuve de Charles-Emmanuel II. Le château fut élevé au cours des 14ᵉ et 15ᵉ s. sur les restes d'une porte romaine, la Porta Pretoria, élément des anciens remparts d'Auguste. La façade occidentale, en revanche, fut dessinée au 18ᵉ s. par Juvara dans le cadre d'un vaste projet de reconstruction, interrompu par la mort de Jeanne de Nemours. Cette élégante façade classique et l'escalier monumental, inspirés de modèles français et romains, apparaissent mieux proportionnés que ces derniers grâce au sens de la mesure qui caractérise le baroque turinois.

Un **musée d'Art ancien★** (Museo d'Arte antica) est aménagé au rez-de-chaussée. On y remarque des sculptures gothiques, des stalles de la fin du 15ᵉ s., des peintures (15ᵉ-16ᵉ s.) de l'école piémontaise (Gian Martino Spanzotti, Macrino d'Alba, Defendente et Gaudenzio Ferrari), un *Portrait d'homme* (1475) par Antonello da Messina et une *Madone* par Barnaba da Modena (14ᵉ s.). La section des arts décoratifs regroupe des pièces d'orfèvrerie grecque, barbare et romane, des émaux, des ivoires, des coffres en bois, diverses céramiques, une importante collection de verre gravé et du mobilier du 15ᵉ s.

Palazzo Reale★

Le **Palais royal**, sobre édifice dont la façade fut dessinée par Amedeo di Castellamonte au 17ᵉ s., fut la résidence des princes de la maison de Savoie jusqu'en 1865. Les **appartements** *(1ᵉʳ étage)*, auxquels on accède par l'admirable **escalier des Ciseaux** (Scala delle Forbici) de Filippo Juvara, présentent une somptueuse décoration baroque, rococo et néoclassique. ♿ *Tlj sf lun. 9h-19h. Fermé 1ᵉʳ janv., 1ᵉʳ mai, 25 déc. 4,13€, 5,16€.* ☎ *011 43 61 455.*
Le palais abrite également l'**armurerie royale★** (Armeria Reale), qui réunit une belle collection d'armes, d'armures et de souvenirs militaires du 13ᵉ au 20ᵉ s. *Tlj sf lun. 8h30-19h30 (la billetterie ferme à 19h). Fermé 1ᵉʳ janv., 1ᵉʳ mai, 25 déc. 4,13€.* ☎ *011 51 84 358.*

À gauche du palais s'élève l'**église S. Lorenzo**, que Guarini enrichit d'un dôme et d'un couronnement assez audacieux.

Duomo★

7h-12h, 15h-19h. ☎ *011 43 61 540.*
Édifice Renaissance dédié à saint Jean, patron de la ville, le **Dôme** fut construit à la fin du 15ᵉ s. par le cardinal Della Rovere. Sa façade possède trois portails finement sculptés. Le couronnement du campanile de brique a été réalisé par Juvara.
À l'**intérieur**, derrière le maître-autel, **Guarini** a réalisé un chef-d'œuvre baroque avec la chapelle en rotonde surmontée d'une haute coupole qui garde le **« saint suaire »★★★** (Sacra Sindone), dans lequel le Christ aurait été enveloppé après la descente de la Croix. La nuit du 11 avril 1997, un incendie a gravement endommagé la coupole (provisoirement remplacée par une peinture en trompe-l'œil), mais on put sauver l'urne contenant la précieuse, bien que contestée, relique.

À proximité du Dôme se trouvent d'intéressants vestiges de la cité romaine : les restes d'un théâtre du 2ᵉ s. après J.-C. et la **porte Palatine** (1ᵉʳ s. après J.-C.), bel exemple de porte d'enceinte romaine.

La via IV Marzo traverse le plus ancien noyau de la ville et conduit à l'élégante et harmonieuse **piazza del Palazzo di Città**, que domine l'hôtel de ville érigé au 17ᵉ s. par Francesco Lanfranchi.
Un peu plus loin *(prendre à droite la via Milano)* s'élève **S. Domenico** (14ᵉ s.), la seule église gothique de la ville, qui recèle, outre des œuvres de D. Ferrari et M. Spanzotti, un précieux cycle de fresques du 14ᵉ s. *7h-12h, 16h-18h30.* ☎ *011 52 29 711.*

DE LA PIAZZA CASTELLO AU PÔ

Via Po★

Tracée entre le 17ᵉ et le 18ᵉ s. pour relier le centre monumental au Pô, elle est, avec ses palais à arcades d'une rare unité architecturale, l'une des rues les plus belles et les plus harmonieuses de la ville.
Non loin s'élève la **pinacothèque Albertine**, qui réunit des œuvres représentatives du Piémont, de la Lombardie et de la Vénétie, une section flamande-hollandaise et un magnifique ensemble de **cartons★** de Gaudenzio Ferrari et de son école. *Tlj sf lun. 9h-13h, 15h-19h. Fermé j. fériés. 4,13€* ☎ *011 81 77 862 ; www.nes.it/accademialbertina.torino*

Mole Antonelliana★

Ce singulier édifice d'une hauteur de 167 m, emblème de Turin, est une œuvre audacieuse et originale de l'architecte Alessandro Antonelli (1798-1888). Projeté en 1863 en tant que temple de la communauté juive, il fut cédé à la municipalité en 1877. Du sommet, vaste **panorama★★** sur la ville. À l'intérieur se trouve le

musée du Cinéma. (♿) *Tlj sf lun. 9h-20h, sam. 9h-23h. 5,16€, 6,71€ avec l'entrée au musée et à l'ascenseur panoramique. ☎ 011 81 25 658 ; www.museonazionaledelcinema.org*

Piazza Vittorio Veneto

Cette grande place du 19e s. offre une **vue★★** enchanteresse sur la colline turinoise et s'abaisse vers le fleuve, que l'on atteint en descendant vers les **Murazzi** (Lungo Po Diaz), énormes murs de défense érigés au 19e s. Au-delà du pont Vittorio Emanuele I, que fit construire Napoléon, se profile le bâtiment néoclassique de l'**église de la Gran Madre**.
À la droite de celle-ci, le **mont des Capucins** (Monte dei Cappuccini) offre du haut de ses 284 m un inégalable **panorama★★★** sur la ville.

Parco del Valentino

S'étendant le long du Pô sur 1,5 km environ, ce parc boisé offre une agréable promenade en bordure du fleuve. Au Nord se trouve le **Castello del Valentino**, construit dans la première moitié du 17e s. pour la duchesse Christine de France. On y voit également le palais des Expositions, le Teatro Nuovo et le **Borgo Medievale★**, amusante reconstitution d'un ensemble urbain du Moyen Âge et d'un château. ♿ *(le château n'est pas accessible). Visite du village : été tlj sf lun. 9h-20h ; reste de l'année 9h-19h. Visite du château : tlj sf lun. 9h-18h15. Visite guidée ou audioguidée. Fermé j. fériés (château). Gratuit pour le village ; 2,58€ pour le château, gratuit le 1er ven. du mois. ☎ 011 44 31 701 ; www.medieval-revival.org*

EN S'ÉLOIGNANT DU CENTRE

Galleria Civica di Arte Moderna e Contemporanea★★

Via Magenta, 31. ♿ Tlj sf lun. 9h-19h. 5,16€, gratuit le 1er ven. du mois, 13h-19h. ☎ 011 44 29 518 ; www.gamtorino.it

Cette grande collection de peintures et sculptures, qui offre un panorama de l'art italien des 19e et 20e s. et de ses principaux acteurs, porte une attention particulière au milieu piémontais. On trouve au deuxième étage, consacré au 19e s., le plus vaste ensemble d'œuvres de l'artiste de Reggio **Antonio Fontanesi** (1818-1882), dont les paysages sont marqués par une composition solennelle, une lumière voilée, la densité et la richesse dans la couleur. Le premier étage, dédié au 20e s., retrace l'évolution de l'art italien et des expériences européennes contemporaines, à travers les événements et les artistes les plus significatifs : G. Balla, F. Casorati, A. Martini, le groupe milanais du Novecento, la peinture métaphysique de Ferrare (C. Carrà, De Chirico), l'école romaine (Scipione, M. Mafai), le groupe des Six de Turin (J. Boswell, G. Chessa, N. Galante, C. Levi, F. Menzio et E. Paolucci), jusqu'aux expériences de l'art informel et de l'Arte povera des années 1960. Au rez-de-chaussée se trouve la production artistique internationale de ces trente dernières années.

Museo dell'Automobile Carlo Biscaretti di Ruffia★★

Corso Unità d'Italia, 40, au Sud de la ville (accès par le corso Massimo d'Azeglio). Voir le plan d'agglomération de l'Atlas Michelin Italie. ♿ Tlj sf lun. 10h-18h30. Fermé 1er janv., 25 déc. 5,20€. ☎ 011 67 76 66 ; www.museoauto.org

Dans un vaste bâtiment sont exposés une très riche collection de véhicules ainsi que des châssis, des moteurs et documents graphiques retraçant l'histoire de l'automobile, depuis les origines jusqu'au seuil des vingt dernières années. Une **salle** consacrée à l'**histoire du pneumatique** présente également la prodigieuse évolution des matériaux, de la structure, de la technicité et de la recherche en matière de pneus (évocation des grandes courses, rappel des divers types de véhicules chaussés : du vélocipède à l'avion, etc.). Une bibliothèque et des archives *(visibles sur rendez-vous)* complètent le musée.

Museo dell'Automobile Carlo Biscaretti di Ruffia

Un hommage obligé à l'industrie historique de la ville : le musée de l'Automobile Carlo Biscaretti di Ruffia

alentours

Voir le plan d'agglomération de Turin dans l'Atlas Michelin Italie.

Palazzina di Caccia de Stupinigi★

11 km au Sud-Ouest. (♿) Été : tlj sf lun. 10h-18h (la billetterie ferme à 17h20) ; reste de l'année : tlj sf lun. 10h-17h (la billetterie ferme à 16h20). Fermé 1er janv., 1er mai, 25 déc. 6,19€. ☎ 011 35 81 220.

Cet immense édifice, élevé par Juvara pour Victor-Amédée II de Savoie, est en fait un pavillon de chasse. Napoléon y résida avant de se faire couronner roi d'Italie. Le palais abrite aujourd'hui un **musée d'Art et du Mobilier** où l'on peut visiter des appartements richement décorés dans le goût rococo du 18e s. Un vaste parc l'entoure.

circuits

LA COLLINE TURINOISE★

Circuit de 32 km. Sortir de Turin à l'Est.

Basilica di Superga★

Pour la basilique, avr.-oct. : tlj sf ven. matin 9h-12h, 15h-18h ; nov.-mars : jusqu'à 17h. ☎ 011 89 80 083. Pour la visite des tombeaux royaux, avr.-oct. : tlj sf ven. matin 9h30-13h30, 14h30-18h30, sam. et dim. 9h30-19h30 ; nov.-mars : tlj sf ven. matin 9h30-13h, 14h30-17h30, sam. et dim. 9h30-13h30, 14h30-18h30. Fermé 1er janv., Pâques, 1er nov., 25 déc. 2,58€. ☎ 011 89 80 083.

Bâti au sommet d'une colline de 670 m d'altitude, cet imposant édifice construit de 1717 à 1731 est le chef-d'œuvre de l'architecte **Juvara**. De plan circulaire, coiffé d'un dôme, il est surtout remarquable par sa monumentale façade, ses colonnes et pilastres imposants. Dans le chœur, la chapelle dédiée à la Vierge est un lieu de pèlerinage. Mais la basilique est avant tout le « Panthéon » des rois de Sardaigne. **Tombeaux royaux** : la crypte renferme les tombeaux de Victor-Amédée II, qui fit construire la basilique pour commémorer, dit-on, la levée du siège de Turin par les troupes franco-espagnoles en 1706, de Charles-Albert et de nombreux princes de la maison de Savoie.

De l'esplanade, admirable **vue★★★** sur Turin, la plaine du Pô et les Alpes.

CE 4 MAI 1949...

Une forte pluie, ainsi que la neige, s'abattent sur Turin. Un avion s'approche de Superga avec de fameux passagers : les 18 joueurs du Grande Torino, la légendaire équipe de football qui avait remporté 5 fois de suite le championnat italien et constituait avec une dizaine de ses joueurs le plus gros de l'équipe nationale. Un match amical avait appelé à Lisbonne joueurs, techniciens, dirigeants et journalistes. La visibilité est nulle. À 17h05, l'avion perd le contact radio et décroche ; l'aile gauche percute la basilique et l'appareil s'écrase au sol. La ville de Turin est paralysée par la stupéfaction et la douleur : le Grande Torino cesse d'exister, emportant avec lui une autre vision du sport.

Colle della Maddalena★

De Superga, la jolie route de Pino Torinese offre de larges **vues★★** sur Turin. De Pino Torinese, on peut gagner la **colline de la Madeleine**, où a été aménagé, en souvenir des morts de la Première Guerre mondiale, le **parc du Souvenir** (Rimembranza), grand parc public très fréquenté. La descente sur Turin offre de belles **perspectives★** ; à Cavoretto, le **parc Europa** domine la partie Sud de la ville.

LA VALLÉE DE SUSE★

150 km, prévoir une journée. Quitter Turin à l'Ouest par le corso Francia.

Castello di Rivoli

Œuvre baroque de Juvarra (18e s.), cette résidence d'agrément, que Victor-Amédée II de Savoie voulut grandiose, resta inachevée. Seules l'aile gauche (décorée dans certaines pièces) et la partie basse du pavillon central ont été réalisées. Un **musée d'Art contemporain★** (Museo d'Arte Contemporanea) y a été installé (œuvres des années 1960 à nos jours, expositions). *♿ Tlj sf lun. 10h-17h, sam. et dim. 10h-19h (1er et 3e sam. du mois 10h-22h). Fermé 1er janv., 1er mai, 25 déc. 6,20€. ☎ 011 95 65 222 ; www.castellodirivoli.torino.it*

Emprunter la S 25. Pour aller à l'abbaye, sur la S 25, prendre la bifurcation à gauche, 6 km après Rivoli.

Abbazia di S. Antonio di Ranverso★

Été : tlj sf lun. 9h-12h30, 14h30-18h ; reste de l'année : tlj sf lun. 9h-12h30, 14h-17h. 2,58€. ☎ 011 93 67 450.

Située sur l'historique Via Francigena, l'abbaye était un lieu d'assistance pour les pèlerins et un centre de cure pour les malades atteints du « feu de saint Antoine ». L'église, fondée au 12e s., présente une belle façade percée de trois portails surmontés de gâbles et de pinacles du 15e s. L'intérieur renferme de précieuses **fresques★** de **Giacomo Jaquerio** (actif de 1401 à 1453), où le réalisme de l'art bourguignon se mêle au raffinement du gothique international. Dans la sacristie se trouvent les fresques les mieux conservées : la scène des deux paysans qui offrent les cochons se rapporte au traitement traditionnel de la maladie du feu de saint Antoine, que l'on soignait avec de la graisse de porc. Au maître-autel, beau **polyptyque** de Defendente Ferrari (actif de 1510 à 1531).

Avigliana

Jusqu'au 15e s., cette petite ville fut l'une des résidences préférées des Savoie. Le centre historique, groupé autour de la charmante **piazza Conte Rosso**, proche de l'église paroissiale romano-gothique **S. Giovanni**, est dominé par les ruines du **château** (10e s.). Au Sud-Est du centre se dresse l'**église S. Pietro★** (10e-11e s.), qui recèle un beau cycle de fresques des 14e-15e s. pour la plupart. *Avr.-oct. : 9h-12h, 15h-18h (sur réservation uniquement). ☎ 011 93 28 300.*

D'Avigliana, une route panoramique longe les deux lacs d'Avigliana, d'origine glaciaire, et remonte jusqu'à la Sacra di San Michele (13,5 km).

Sacra di S. Michele★★★

De mi-mars à mi-oct. : mar.-sam. 9h30-12h30, 15h-18h, dim. et j. fériés 9h30-12h, 14h40-18h ; de mi-oct. à mi-mars : mar.-sam. 9h30-12h30, 15h-17h, dim. et j. fériés 9h30-12h, 14h40-17h. Dim. ap.-midi : visite guidée uniquement. Fermé lun. (sf lun. fériés). ☎ 011 93 91 30 ; www.sacradisanmichele.com

Perchée sur un piton rocheux à 962 m d'altitude, cette **abbaye bénédictine** comptait au 13e s. plus de cent religieux et commandait à cent quarante monastères. Édifiée à la fin du 10e s. par un Auvergnat, Hughes de Montboissier, elle rappelle par son plan général l'abbaye du Mont-St-Michel. Après avoir franchi les portes de fer du châtelet d'entrée, on gravit le grand escalier, dit à juste titre « escalier des Morts », qui conduit à la **porte du Zodiaque**, dont les pilastres et les chapiteaux sont ornés de sculptures du « maestro Nicolò » (1135). Au sommet de la pointe rocheuse, l'**église abbatiale**, de style roman-gothique, est décorée de fresques du 16e s. Au maître-autel, triptyque dû à Defendente Ferrari (début 16e s.). Remarquables chapiteaux sculptés.

De l'esplanade, belle **vue★★★** sur les montagnes et la vallée de la Doire.

Revenir sur la S 25 ou sur l'A 32 en direction du Fréjus.

D. Zane/MICHELIN

La masse imposante et un peu inquiétante de la Sacra di S. Michele

Susa★ (Suse)

Au pied d'un énorme cercle de montagnes dominé par le Rocciamelone (3 538 m), la ville est située à l'intersection des deux routes qui conduisent en France, ce qui lui valut l'appellation de « porte de l'Italie ». En raison de sa position stratégique, Susa, de fondation celtique et centre de commerce florissant à l'époque romaine, fut plusieurs fois détruit (par Constantin en 312 et Barberousse en 1174).

Symbole de la ville, la **porte de Savoie★**, qui emprunte son nom français de la région, remonte à la fin du 3e s.-début du 4e s. après J.-C., lorsque les remparts furent élevés. À côté de la porte se dresse la **cathédrale**, fondée vers 1027-1029 et agrandie dans des formes gothiques au 14e s. Le côté Sud donne sur la petite place San Giusto, dominée par un magnifique **campanile roman★★**.

Dans un petit coin de nature enchanteur se trouve l'élégant **arc d'Auguste★**, le plus vieux monument de la ville (8 avant J.-C.). Les bas-reliefs exécutés par l'école locale représentent le pacte d'alliance entre Cottius, seigneur de Suse, et Auguste. Précédant l'arc, vestiges d'un **aqueduc romain** (4e s. après J.-C.), au-delà desquels on parvient aux **rochers** celtiques **en forme de coupelles** (*rocce coppelliformi* – 6e-5e s. avant J.-C.) utilisés par les druides pour les rites sacrificiels.

Au Sud, excentré suivant l'usage, se trouve un **amphithéâtre** dans un cadre paisible, érigé aux 1er-2e s. après J.-C.

Abbazia della Novalesa – *8 km au Nord-Est. Visite guidée uniquement : sam. et dim. 9h-11h30, juil. et août également à 10h30 et 16h30. Du fait de la fragilité des fresques, la chapelle S. Eldrado est fermée en cas de pluie ou de neige. Laisser une offrande. ☎ 0122 65 32 10.*

Cette imposante abbaye bénédictine, fondée au 8e s. comme tête de pont de la domination franque en zone lombarde, fut détruite par les Sarrasins au 10e s., puis reconstruite, pour ensuite décliner progressivement à partir du 13e s. Joyau de l'abbaye, les extraordinaires **fresques★★** de la **chapelle S. Eldrado** (12e s.), illustrant les Vies de saint Eldred et saint Nicolas de Bari.

LE MONTFERRAT★

150 km, prévoir une journée. Sortir de Turin à l'Est par la route S 10.

L'itinéraire proposé ci-dessous permet de traverser cette agréable région de collines calcaires, délimitée au Nord par le Pô, à l'Est par la plaine d'Alexandrie et au Sud-Ouest par les collines des Langhe. La dépression de Villafranca d'Asti et le cours inférieur du Tanaro divisent la région en Bas et Haut-Montferrat (respectivement au Nord et au Sud, en dépit du nom). Défendu par de nombreuses forteresses et parsemé d'une myriade de châteaux, tours et bourgs fortifiés, le Montferrat est une terre généreuse, qui offre au Piémont plusieurs de ses meilleurs vins : barbera, dolcetto et grignolino parmi les rouges ; cortese et gavi dans les blancs ; asti spumante, muscat et brachetto pour accompagner les desserts.

Chieri

Ville connue pour sa gastronomie, elle conserve de précieux monuments représentatifs du gothique piémontais, dont le Dôme (15e s.), flanqué d'un baptistère romano-gothique, et l'église S. Domenico (13e-15e s.), dotée d'un beau campanile.

Suivre la signalisation pour Castelnuovo Don Bosco (4 km au Sud, à **Colle Don Bosco**, se trouve la maison natale de saint Jean Bosco et son sanctuaire) *et Albugnano.*

Abbazia di Vezzolano★

17 km au Nord-Est de Chieri. Été : tlj sf lun. 9h30-12h30, 14h-18h ; reste de l'année : tlj sf lun. 9h30-12h30, 14h-17h. Fermé 1er janv., 1er mai, 26 déc. Gratuit. ☎ 011 99 20 607 (à l'heure des repas).

Noyée dans la verdure d'un bassin silencieux, cette abbaye constitue un des plus grands témoignages de l'art roman-gothique piémontais. Sur la belle façade en brique et en grès de l'église s'ouvre un portail orné de reliefs, donnant accès au joyau de Vezzolano, un splendide **jubé★★** de 1189, dont les magnifiques bas-reliefs polychromes représentent les patriarches et des scènes de la Vie de la Vierge. Ses vastes proportions permettaient de séparer les fidèles de la partie réservée aux moines. L'intérieur de l'église, à deux vaisseaux, présente des arcs en ogive et des voûtes d'arête reposant sur des pilastres. À l'extrémité du bas-côté droit, on accède à l'élégant **cloître★** (englobant un des vaisseaux de l'église), qui abrite des restes de fresques des 13e et 14e s.

Rejoindre la S 458.

Asti

Plan dans Le Guide Rouge Italia. La patrie du poète tragique Vittorio Alfieri s'anime chaque année pour la Fête du vin et pour la course du Palio, précédée d'un défilé de près d'un millier de personnages en costumes des 14e et 15e s. Le **baptistère S. Pietro★**, du 12e s., forme avec l'ancienne église St-Pierre du 15e s. et le cloître gothique un ensemble harmonieux. Au cœur d'un pittoresque vieux quartier, **cathédrale** gothique du 14e s. ornée de peintures baroques.

Prendre la route express E 74, puis la S 456 vers Acqui Terme.

Route des châteaux du Haut-Montferrat★

D'Acqui Terme à Gavi *(24 km jusqu'à Ovada par la S 456, puis encore 24 km jusqu'à Gavi par les petites routes)*, une route panoramique, appelée aussi « route du Vin », emprunte la ligne de crêtes des coteaux plantés de vignobles. **Acqui Terme‡‡**, déjà connu à l'époque des Romains pour ses bains de boue et ses eaux thermales, est une agréable petite ville conservant des témoignages des époques romaine et médiévale. On traverse une série de villages perchés, dotés de châteaux forts, parmi lesquels Visone, Morsasco, Cremolino, Molare, Tagliolo, Lerma, Casaleggio, Mornese et, en faisant un petit crochet au Nord-Est, Montaldeo, Castelletto d'Orba et Silvano d'Orba.

Isole Tremiti★

Îles Tremiti

Ce minuscule archipel, le seul de la côte adriatique, comprend deux îles principales, San Nicola et San Domino, ainsi que deux îlots inhabités, Capraia et la lointaine Pianosa. Le trajet en bateau au départ de Manfredonia offre des vues★★★ inoubliables sur le littoral du Gargano et ses hautes falaises calcaires d'un blanc lumineux. L'approche pittoresque de Vieste, Peschici et Rodi Garganico qui occupent des sites escarpés ajoute à la splendeur du parcours. Sur les pointes rocheuses, on aperçoit le traditionnel *trabocco*, plate-forme aménagée pour la pêche et munie de perches auxquelles sont fixés les carrelets (grands filets carrés).

La situation

373 habitants – Carte Michelin n° 431 A 28 – Pouille. Les îles Tremiti se trouvent au large du promontoire du Gargano dont elles partagent la nature géologique.
Pour poursuivre la visite, voir les chapitres Promontorio del GARGANO et PUGLIA.

carnet pratique

Transports

On peut se rendre aux îles Tremiti depuis Termoli (en bac : 1h40, en hydrofoil : 50mn-1h), depuis Ortona (2h en hydrofoil), depuis Vieste (1h30 en vedette) ou depuis Punta Penne di Vasto (1h en hydrofoil).
ℹ Compagnies de navigation : Navigazione Libera del Golfo, Agenzia Dibrino, corso Umberto I, 23, 86039 Termoli (Campobasso), ☎ 0875 70 39 37 ; Adriatica di Navigazione, Agenzia Cafiero, via degli Abbati, largo Marina, 71040 Isole Tremiti, ☎ 0882 46 30 08.

Hébergement

Hotel San Domino – *71040 San Domino (Île) - ☎ 0882 46 34 04 - fax 0882 46 32 21 - 25 ch. : 54,23/129,11€ - restaurant 20/29,44€.* Pour des vacances placées sous le signe de la détente, du soleil et de la mer. Plongé dans un océan de verdure et situé dans un endroit isolé, cet hôtel vous permettra de passer un séjour agréable. Vous y serez accueillis chaleureusement et disposerez de chambres simples et confortables.

découvrir

San Nicola★

Au sommet d'une falaise abrupte se dresse l'abbaye **S. Maria al Mare**, fondée au 9e s. par les moines bénédictins. On y accède par une rampe fortifiée. À l'intérieur, vestiges d'un pavement de mosaïque du 11e s., polyptyque gothique du 15e s. et crucifix byzantin du 13e s. Des cloîtres, on bénéficie de beaux aperçus sur San Domino. *Juin-sept. : 9h30-19h30 ; oct.-mai : 8h30-14h. ☎ 0882 46 30 63.*

San Domino★

Une promenade en bateau permet de découvrir les côtes rocheuses très découpées de cette île sauvage couverte d'une pinède. *Excursions : pour faire le tour de l'île, de l'île de San Nicola ou de l'archipel tout entier, prendre contact avec la Società Cooperativa AMAR BLU, ☎ 0360 37 35 27.*

Trento★

Trente

Point de rencontre des influences germaniques et italiennes, cet important nœud de communications au carrefour des routes du Brenner, de Brescia et de Venise est un centre à la fois agricole et industriel.

La situation

104 906 habitants – Carte Michelin n° 429 D 15 – Plan dans l'Atlas Michelin Italie – Trentin-Haut-Adige. Trente, capitale du Trentin, est située sur l'Adige dans un cirque de montagnes pelées, de coteaux et de vallons, à proximité du massif de Brenta. Elle se trouve le long de l'A 22 (Brenner). ℹ *Via Manci, 2, ☎ 0461 98 38 80.*
Pour poursuivre la visite, voir les chapitres BOLZANO, DOLOMITI et Regione dei LAGHI.

Voyage dans le temps

Colonie romaine sous l'Empire, puis siège d'un évêché dès le 4e s., Trente fut occupée par les Ostrogoths de Théodoric, puis au 6e s. par les Lombards avant d'être réunie au Saint-Empire romain germanique à la fin du 10e s. De 1004 à 1801, elle fut gouvernée par des princes-évêques.
La ville accueillit le fameux **concile de Trente** (1545-1563) qui chercha à s'opposer à la montée du protestantisme et marqua le début de la Contre-Réforme, mouvement qui changea la face de l'Église. Ses principales décisions, notamment l'obligation de résidence des évêques et la répression du trafic des Indulgences, s'efforçaient de relever la crédibilité de l'Église et son autorité.
Après avoir subi le joug napoléonien, Trente fut donnée à l'Autriche en 1814. Ce n'est qu'à la suite de luttes acharnées que la ville et sa région furent libérées en 1918 par les troupes italiennes.

visiter

Piazza del Duomo★

Entourée par la cathédrale, le palais Pretorio (13e s., restauré), le beffroi et les maisons Rella couvertes de fresques au 16e s., elle forme le centre de la ville.

Duomo★

Ce majestueux édifice fut élevé aux 12e-13e s. dans le style roman lombard. La façade du transept Nord est percée d'une baie où figure l'allégorie de la Fortune, présidant à la destinée des hommes.
À l'intérieur, on remarque les originales montées d'escalier conduisant aux tours. À droite, la chapelle du Crucifix (17e s.) abrite un grand Christ devant lequel furent proclamés les décrets du concile ; dans le transept droit, pierre tombale de Sanseverino, condottiere vénitien tué en 1486.
Sous le chœur ont été dégagés les vestiges d'une **basilique paléochrétienne** (5e s.).
Tlj sf dim. 10h-12h, 14h30-18h. Fermé j. fériés. 1,03€, 2,58€ avec l'entrée au Musée diocésain. ☎ 0461 23 44 19 ; www.asteria.it/museo.htm

Museo Diocesano★

♿ Tlj sf dim. 9h30-12h30, 14h30-18h. Fermé 1er et 6 janv., 15 août, 8 et 12 déc. 2,58€. ☎ 0461 23 44 19 ; www.asteria.it/museo.htm

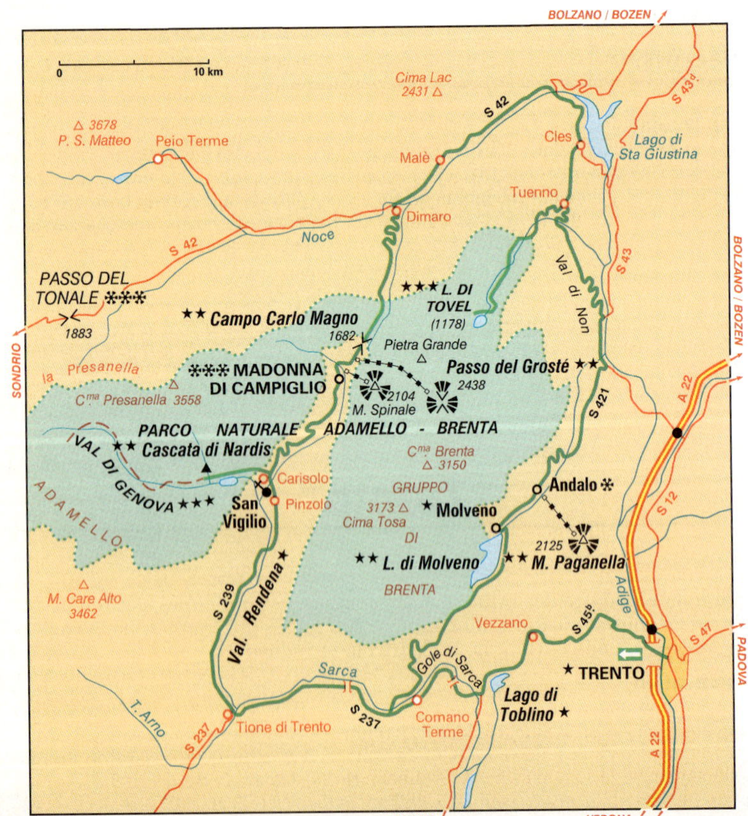

carnet pratique

Restauration

• *À bon compte*

Antica Trattoria Due Mori – *Via San Marco, 11 - ☎ 0461 98 42 51 - fermé lun. - ▤ - 21/31€.* Un décor rustique, avec plafonds en bois du 15e s. et voûtes en berceau, pour ce restaurant classique où vous pourrez goûter, entre autres, les plats traditionnels de la région, préparés avec des produits de saison.

• *Valeur sûre*

Osteria a Le Due Spade – *Via Don Rizzi - à l'angle de la via Verdi, 11 - ☎ 0461 23 43 43 - fermé dim. et lun. à midi - réserv. conseillée - 38/51€.* Une expérience culinaire à ne pas manquer, si vous arrivez à trouver une table. Fondée au 16e s., cette *osteria* intime et élégante propose une cuisine régionale, revisitée avec talent, et un service de qualité. Dans une *stube* trentinoise *(pièce traditionnelle souvent équipée d'un poêle)* du 18e s.

Hébergement

• *Valeur sûre*

Hotel Aquila d'Oro – *Via Belenzani, 76 - ☎ 0461 98 62 82 - fax 0461 98 62 82 - fermé 23 déc. au 7 janv. - ⊭ - 19 ch. : 51,65/71,47€ ☕.* En plein centre historique, à deux pas du Dôme, un petit hôtel avec des chambres spacieuses et modernes, ce qui compense les espaces communs un peu étroits. Juste à côté se trouve le bar du même nom, très agréable.

Hotel America – *Via Torre Verde, 50 - ☎ 0461 98 30 10 - fax 0461 23 06 03 - P ▤ - 66 ch. : 70/103€ ☕ - restaurant 20,50/33€.* Le bois et les couleurs claires que l'on retrouve dans les espaces communs comme dans les chambres, et la vue sur la ville et le château du Buonconsiglio ou sur les montagnes environnantes créent une atmosphère relaxante pour un séjour vraiment agréable.

Installé dans le palais Pretorio, il rassemble les objets les plus remarquables du trésor de la cathédrale, tableaux, **panneaux de bois★** sculptés, **retable★**, et huit **tapisseries★** bruxelloises exécutées au début du 16e s. par Pierre Van Aelst.

Via Belenzani

Sévère et noble, elle est bordée de palais de style vénitien. En face de l'hôtel de ville (16e s.), maisons aux murs peints de fresques.

Via Manci

Cette rue mêle les styles vénitien (loggias et fresques) et montagnard (toits débordants) ; au n° 63, palais Galazzo (17e s.).

Castello del Buon Consiglio★★

♿ *(avec l'aide d'un employé du musée) Avr.-sept. : tlj sf lun. 9h-12h, 14h-17h30 (été 10h-18h) ; oct.-mars : tlj sf lun. 9h-12h, 14h-17h. Fermé 1er janv., 1er mai, 25 déc. 4,65€. ☎ 0461 23 37 70.*

Dans ce château vécurent, du 13e s. à l'aube du 19e s., les princes-évêques de Trente. Castelvecchio en est, comme son nom l'indique, la partie ancienne, qui comprend la **tour de l'Aigle** (Torre Aquila – *la visite, à ne pas manquer, est accompagnée. Il suffit de s'adresser aux gardiens de la Loggia del Romanino*). Un peintre de Bohême du 15e s. y peignit à fresque les **mois★★** de l'année, belle expression du gothique international. Chacun « choisira » la scène qui lui convient le mieux : janvier, où les châtelains se lancent des boules de neige ; mai, saison de l'amour ; octobre, époque des vendanges ; décembre, où l'on ramasse le bois de chauffe.

Au 16e s., la principauté fut gouvernée par un prince-évêque qui eut une grande influence sur la vie de Trente, Bernard Clès. Il agrandit le château en y ajoutant le Grand Palais (Magno Palazzo). Authentique prince de la Renaissance, il fit appel à des artistes de renom pour décorer sa résidence. Parmi eux, Dosso et Battista Dossi, peintres ferrarais, décorèrent les salles les plus importantes, telle la Grande Salle. Les fresques des voûtes, aux thèmes bibliques et mythologiques (Phaéton sur son char du Soleil est représenté en haut), et celles des lunettes de la **loggia** sont du Romanino, artiste de Brescia.

La visite du château permet aussi d'admirer les collections d'art, de numismatique et d'archéologie, et le musée du Risorgimento.

Palazzo Tabarelli★

Remarquable édifice de style vénitien Renaissance, à pilastres, colonnettes de marbre rose et médaillons.

S. Maria Maggiore

De nombreuses séances du concile se tinrent dans cette église Renaissance, qui a conservé un campanile roman. Dans le chœur, élégante tribune d'orgue en marbre sculpté, de Vincenzo et Gerolamo Grandi (1534). Au 2e autel de droite, dans la nef, se trouve un retable, *Madone et saints*, dû à Moroni (16e s.).

S. Apollinare

Petite église d'origine romane, sur la rive droite de l'Adige. Une curieuse toiture pointue recouvre deux voûtes gothiques bombées.

GRUPPO DEL BRENTA★★★ (MASSIF DE LA BRENTA)

Itinéraire au départ de Trente 233 km – prévoir 2 jours.

Ce massif calcaire et sauvage prolonge les Dolomites au-delà de la vallée de l'Adige. Son paysage est composé de profondes vallées au fond desquelles reposent des lacs solitaires, ainsi que de rocs abrupts déchiquetés par l'érosion.

Le schéma indique, outre les localités et sites décrits, d'autres lieux particulièrement pittoresques (indiqués dans le plus petit caractère noir). Prendre la route S 45 bis vers Vezzano.

Lago di Toblino★

Charmant lac qui surgit au milieu des herbes aquatiques, sur un fond de murailles rocheuses. Sur la presqu'île se dresse un castel, ancienne résidence des princes-évêques de Trente.

Val Rendena★

Ample val boisé de sapins et de mélèzes, peuplé de riants villages dont les églises sont couvertes de fresques et protégées par des toits débordants.
Près de Pinzolo, l'**église S. Vigilio** s'enorgueillit d'une remarquable *Danse macabre* (1539), œuvre de S. Baschenis.

Val di Genova★★★

Taillée dans les granits de l'Adamello, cette vallée est célèbre par sa grandeur sauvage. La route, longeant un torrent qui bouillonne parmi les rocs, aboutit à la **cascade de Nardis**★★, qui tombe d'une falaise haute de 100 m.

Madonna di Campiglio✲✲✲

Agréable station de villégiature (hiver et été), réputée pour ses hôtels et ses nombreuses possibilités d'excursions.

Campo Carlo Magno★★

C'est un hypothétique passage de Charlemagne qui a donné son nom à cet endroit boisé, où l'on pratique aujourd'hui les sports d'hiver. Du **col du Grosté** *(accès par téléphérique, puis à pied)*, on jouit d'un **panorama**★★ complet sur le massif de la Brenta. *Téléphérique : pour toute information sur les horaires, ☎ 0465 44 77 44.*

Gagner Dimaro puis Malè et, à Cles, prendre à droite vers Tuenno.

Lago di Tovel★★★

Protégé par des gorges sauvages, ce lac solitaire aux versants couverts de forêts prend parfois, lors des grandes chaleurs, une teinte rouge due à la présence d'une algue microscopique.

Andalo✲

Petite station de villégiature située dans un paysage majestueux, au cœur d'immenses forêts de conifères, et dominée par les crêtes du massif de Brenta. Du **mont Paganella** *(accès par téléphérique)*, à 2 125 m d'altitude, on découvre un splendide **panorama**★★ sur toute la région. *Accès par téléphérique ou par télésiège de fin juin à mi-sept. et déc.-avr. Accès possible également de Fai della Paganella, en télésiège, aux mêmes conditions. Pour toute information, ☎ 0461 58 55 88 ; www.paganella.it*

Molveno★

Situé au milieu de prairies en pente douce et à l'extrémité d'un **lac**★★ posé au fond d'un cirque, c'est un lieu de séjour recherché.

Treviso★

Trévise

Située dans la riche plaine de la Vénétie, Trévise est un important centre agricole et industriel qui a conservé sa vieille ville ceinte de remparts. Depuis le 14e s., le destin de Trévise est lié à celui de son alliée toute proche Venise.

La situation

81 771 habitants – Carte Michelin n° 429 E/F 18 – Plan dans l'Atlas Michelin Italie – Vénétie. Trévise se trouve tout près de Venise, à laquelle elle est reliée par la S 13.
ℹ Piazza Monte di Pietà, 8, ☎ 0422 54 76 32.
Pour poursuivre la visite, voir les chapitres LAGUNA VENETA, PADOVA et VENEZIA.

visiter

Piazza dei Signori★

Elle occupe le cœur de la vieille ville et s'entoure de nombreux monuments : le palais du Podestat, surmonté d'un haut beffroi communal, le **Palazzo dei Trecento**★ (1207), le Palazzo Pretorio, Renaissance. En contrebas (piazza Monte di Pietà) se trouvent l'ancien **Mont-de-Piété** et, piazza San Vito, deux églises accolées, **S. Lucia** et **S. Vito** ; la première est ornée de remarquables **fresques**★ de Tommaso da Modena, l'un des meilleurs peintres du 14e s., après Giotto.

S. Nicolò★

Ce grand édifice roman-gothique est orné de fresques intéressantes, notamment, aux colonnes, celles de Tommaso da Modena ; dans la chapelle Onigo, portraits de Trévisans par Lorenzo Lotto (16e s.) ; au fond du chœur, *Vierge en majesté* de Savoldo (16e s.). Dans le **couvent** attenant, la salle du chapitre renferme des portraits de dominicains illustrés par Tommaso da Modena.

Museo Civico Bailo★

Borgo Cavour, 22. (♿) Tlj sf lun. 9h-12h30, 14h30-17h, dim. 9h-12h. Fermé j. fériés. 1,55€. ☎ 0422 65 84 42.

Œuvres de Tommaso da Modena, Girolamo da Treviso (15e s.) et de peintres de l'école vénitienne : Cima da Conegliano, G. Bellini, Titien, Paris Bordone, Jacopo Bassano, Lotto.

Duomo

Cet édifice des 15e et 16e s. est couvert de sept dômes ; façade néoclassique, crypte romane. À gauche, baptistère des 11e et 12e s. Dans la chapelle de l'Annonciation *(à droite du chœur)*, fresques maniéristes de Pordenone et retable de l'*Annonciation* par Titien.

S. Francesco

Viale S. Antonio da Padova. De style roman-gothique, l'église possède un beau plafond de bois, la pierre tombale de la fille de Pétrarque, le tombeau de l'un des fils de Dante, ainsi que des fresques de Tommaso da Modena *(1re chapelle à gauche du chœur)*.

alentours

Maser

29 km au Nord-Ouest, par la route S 348. Cette petite cité agricole s'enorgueillit d'une célèbre **villa**★★★ construite en 1560 par **Palladio** pour les frères Barbaro, Daniele, patriarche d'Aquileia, et Marcantonio, ambassadeur de la république de Venise. L'intérieur a été orné entre 1566 et 1568 d'un admirable ensemble de **fresques**★★★ par **Véronèse**, qui a déployé ici toutes les ressources de sa science des perspectives, trompe-l'œil et raccourcis, ainsi que son sens du mouvement et des couleurs. *Été : tlj sf dim. matin 15h-18h ; le reste de l'année : uniquement w.-end et j. fériés 14h30-17h. Visite guidée pour les groupes uniquement : lun., mer., jeu. et ven. 9h-12h, 15h-18h, mar. et sam. 9h-12h. Fermé Pâques, 24 déc. au 6 janv. 4,91€. ☎ 0423 92 30 04.*

Non loin de la villa se trouve le **Tempietto**, gracieuse chapelle de plan circulaire, coiffée d'un dôme, également due à Palladio.

Conegliano

28 km au Nord. Au cœur de collines plantées de vergers et de vignobles produisant un excellent vin blanc, cette petite ville est la patrie du peintre **Cima da Conegliano** (1459-1518), admirateur de Giovanni Bellini, coloriste séduisant qui place ses personnages sur fond de paysages idéalisés par une lumière cristalline. Le **Dôme** possède une belle ***Conversation sacrée***★ de ce peintre. *Avr.-sept. : 15h30-19h ; oct.-mars : 15h-18h30. Réservation obligatoire. Gratuit lun.-sam., 1,55€ dim. et j. fériés, valable également pour le château. ☎ 0438 22 606 ; www.conegliano2000.it*

Voir également le **château** qui abrite deux petits **musées**, et d'où l'on découvre un beau **panorama**★ sur le site de la ville. *Musée municipal du château : avr.-sept. 10h-12h30, 15h30-19h ; oct.-mars 10h-12h30, 15h-18h30 (août : ven. et sam. également 21h-22h30 ; ven. entrée gratuite). Fermé lun. (sf lun. fériés), nov. 1,55€. (le dim., le billet est également valable pour la visite de la Sala dei Battuti – Dôme). ☎ 0438 22 871 ; www.conegliano2000.it*

La **Scuola dei Battuti** (des Flagellés), voisine du Dôme, est ornée de **fresques**★ lombardes et vénitiennes des 15e et 16e s.

Vittorio Veneto

41 km au Nord. Son nom évoque la victoire des Italiens sur les Autrichiens en 1918 : documents au **musée de la Bataille** (Museo della Battaglia) situé à Ceneda, au Sud de la ville, dans la loggia de Sansovino (ou Loggia Cenedese), du 16e s., ornée d'un portique à fresques. *Mai-sept. : tlj sf lun. 10h-12h30, 15h30-19h ; oct.-avr. : tlj sf lun. 9h30-12h30, 14h-17h. Réservation obligatoire. Fermé j. fériés. 2,58€. ☎ 0438 57 695.*

Au Nord, le quartier de Serravalle a conservé son cachet ancien. L'**église S. Giovanni** *(accès par la via Roma puis la via Mazzini)* renferme d'intéressantes **fresques★** attribuées à Jacobello del Fiore et à Gentile da Fabriano (15e s.).

Portogruaro★

56 km à l'Est. La ville se développa à partir du 11e s. autour du fleuve Lemene, voie commerciale à l'origine de sa richesse. Deux belles artères, ourlées d'agréables portiques, encadrent la rivière. De nombreux palais de caractère typiquement vénitien, datant de la fin du Moyen Âge et de la Renaissance (14e-16e s.), s'y succèdent. Sur le **corso Martiri della Libertà★★** (l'artère la plus commerçante) se dresse, non loin de la cathédrale (19e s.) et de son campanile roman penché, le curieux **hôtel de ville★** de style gothique tardif (14e s.) à la façade crénelée de merlons gibelins. Derrière le palais, on découvre le fleuve (sur lequel on aperçoit à droite deux moulins du 15e s. restaurés) et un petit **oratoire de pêcheur** (17e s.) avec son propre embarcadère. Via del Seminario (principale rue de la rive opposée), le **Musée archéologique** *(au no 22)* possède des collections romaines (petit bronze de Diane chasseresse) et paléochrétiennes provenant de Concordia Sagittaria *(3 km au Sud)*, colonie romaine fondée en 40 avant J.-C. *9h-20h (été sam. jusqu'à 23h). Fermé 1er janv., 1er mai, 25 déc. 2,07€. ☎ 0421 72 674.*

Trieste★

Ville d'Europe centrale, Trieste est un centre culturel très actif, mais c'est également le port le plus important de l'Adriatique (12 km de quais). Un oléoduc le relie aux raffineries étrangères et de puissants chantiers navals, spécialisés dans la construction de gros navires, contribuent à son activité.

La situation

216 459 habitants – Carte Michelin no 429 F 23 – Plan d'agglomération dans Le Guide Rouge Italia – Frioul-Vénétie Julienne. Trieste est une ville moderne qui s'allonge, au fond du golfe du même nom, au pied du plateau du Karst dont le rebord forme au Nord, jusqu'à Duino, une côte escarpée aux magnifiques falaises blanches. Trieste se trouve tout au bout de l'autoroute A 4, qui part de Turin et traverse toute la plaine du Pô et de Vénétie. *Via San Nicolò, 20, ☎ 040 67 96 11.*
Pour poursuivre la visite, voir le chapitre LAGUNA VENETA.

comprendre

L'origine de la ville est fort ancienne : les Celtes et les Illyriens se la disputaient avant que les Romains ne la colonisent sous le nom de *Tergeste*, centre commercial actif et place forte protégeant les frontières orientales de l'Empire. Après avoir été placée sous la dépendance du patriarche d'Aquileia, la ville fut rattachée à Venise en 1202 ; mais, en rébellion contre la domination de la Sérénissime, elle se mit en 1382 sous la protection de l'Autriche et joua un rôle d'intermédiaire entre les deux puissances jusqu'au 15e s. En 1719 Charles VI la déclara « port franc » et en fit le siège de la Compagnie d'Orient et du Levant ; la cité connut alors une nouvelle période de prospérité, s'enrichit de multiples édifices et servit de refuge à de nombreux exilés. Trieste ne fut rattachée qu'en 1919 au royaume d'Italie, après de farouches combats. La ville a connu, au début du 20e s., une intense activité littéraire, grâce au romancier **Italo Svevo** et au poète **Umberto Saba**.

visiter

Colle di S. Giusto★★

Visite : 1h. Au sommet de la ville, à l'emplacement de l'antique *Tergeste* installée sur cette colline, la **piazza della Cattedrale★** rassemble les restes d'une basilique romaine que domine le château (15e-16e s.), une colonne vénitienne datant de 1560, l'autel de la IIIe armée (1929) et la basilique St-Just.

S. Giusto★ – La basilique a été fondée au 5e s. à l'emplacement d'un édifice romain, mais les bâtiments actuels datent en grande partie du 14e s. Sa façade, percée d'une belle rosace gothique, est décorée d'un bas-relief et de bustes en bronze. Le robuste campanile porte, incorporés dans sa partie inférieure, des fragments de colonnes romaines, et s'orne d'une statue de saint Just (14e s.). De son sommet, jolie **vue★** sur Trieste.

L'**intérieur★** comprend cinq nefs dont les quatre latérales appartenaient à deux basiliques primitives reliées entre elles au 14e s. par la construction de la nef centrale. Dans l'abside droite, on remarque une belle mosaïque du 13e s. et des

carnet pratique

Restauration

• ***Valeur sûre***

Ai Fiori – *Piazza Hortis, 7 - ☎ 040 30 06 33 - fermé lun., dim. 25 déc. au 1er janv., 1er au 20 juil. - ▤ - 34,58/45,22€.* Géré avec professionnalisme et compétence par toute une famille, ce restaurant propose une cuisine du terroir pleine d'imagination, à des prix modérés. Spécialité de poissons.

Hébergement

• ***Valeur sûre***

Hotel Abbazia – *Via della Geppa, 20 - ☎ 040 36 94 64 - fax 040 36 97 69 - ▤ - 21 ch. : 77/119€ ☕.* Dans cette ville où il est difficile de se loger à un prix raisonnable, cet hôtel simple, un peu démodé mais confortable, est une bonne solution. Situé en plein centre et fréquenté principalement par des hommes d'affaires, il convient également très bien à ceux qui veulent s'adonner au tourisme.

Petite pause

CAFÉS

Les deux cafés historiques de Trieste, dont l'atmosphère n'est pas sans rappeler l'Europe centrale, sont le **Caffè San Marco**, dans la via Cesare Battisti, où se retrouvaient autrefois les irrédentistes et qui est fréquenté aujourd'hui par des lettrés et des intellectuels, et le **Caffè Tommaseo**, sur la piazza Tommaseo.

fresques du 11e s. évoquant la vie de saint Just. Dans l'abside gauche, magnifique **mosaïque★★** du 12e s., montrant la Vierge en majesté, les archanges Michel et Gabriel, et les apôtres.

Castello di S. Giusto – *Avr.-sept. : 9h-19h ; oct.-mars : 9h-17h. Fermé j. fériés. 1,03€. ☎ 040 31 36 36 ; www.triestecultura.it*

Il renferme le musée du Château et le Musée lapidaire : mobilier et remarquable collection d'**armes anciennes★**.

Museo di Storia e d'Arte – Il réunit notamment un remarquable ensemble de **vases grecs★** à figures rouges et de ravissants **petits bronzes★** romains archaïques. *Tlj sf lun. 9h-13h.* Fermé j. fériés. 1,55€. *☎ 040 31 05 00 ; www.triestecultura.it*

Teatro romano – Au pied de la colline St-Just subsistent les vestiges d'un théâtre élevé au début du 2e s.

La ville basse

Piazza dell'Unità d'Italia★ – Trois palais de style 1900 s'y élèvent : le palais du Gouvernement, l'hôtel de ville et celui de la compagnie de navigation Lloyd Triestino.

Museo del Mare★ – *Via Campio Marzio, 5. Accès par la Riva Nazario Sauro. Tlj sf lun. 8h30-13h30.* Fermé j. fériés. *2,58€. ☎ 040 30 49 87 ; www.retecivica.trieste.it/museicivici*

Le musée de la Mer retrace l'histoire générale du navire, des origines au 18e s. Les instruments de l'*Elettra*, le bateau de Guglielmo Marconi, l'inventeur de la radio, et la **section de la pêche★★** sont particulièrement remarquables.

alentours

Santuario del Monte Grisa

10 km au Nord. Sortir par la piazza della Libertà en direction de Prosecco puis de Villa Opicina, et suivre la signalisation « Monte Grisa ». Sanctuaire moderne dédié à la Vierge. De sa terrasse, splendide **panorama★★** sur le golfe de Trieste.

Villa Opicina

9 km au Nord. Sortir par la via Fabio Severo. À 4,5 km, quitter la route S 14 et prendre à gauche la route S 58. Accès possible également par téléphérique, au départ de la piazza Oberdan. 7h-20h (départ d'Opicina), 7h11-20h11 (départ de piazza Oberdan). Le funiculaire d'Opicina fonctionne toutes les 20mn. 0,77€. ☎ 800 01 66 75.

Située à 348 m d'altitude, sur le rebord du haut plateau du Karst. Du belvédère signalé par un obélisque, se découvre une magnifique **vue★★** étendue sur Trieste et son golfe.

Grotta Gigante★, à Borgo Grotta Gigante

13 km au Nord. Même route que pour Villa Opicina, où l'on poursuit à gauche en direction de Borgo Grotta Gigante. Avr.-sept. : 10h-18h visite guidée toutes les 30mn ; mars et oct. : 10h-16h toutes les heures ; nov.-fév. : 10h-12h, 14h-16h toutes les heures. Fermé lun. (sf lun. fériés et juil.-août), 1er janv., 25 déc. 6,71€. ☎ 040 32 73 12.

Un impressionnant escalier permet de descendre dans cette grotte formée d'une unique salle aux dimensions gigantesques, et de se promener parmi les magnifiques concrétions.

Un **musée de Spéléologie** a été aménagé à l'entrée de la grotte.

Castello e giardino di Miramare★★

8 km au Nord-Ouest, par la route côtière. (♿) 9h-19h ; mars-oct. : à partir de 17h, l'entrée au château se fait par le viale dei Lecci (la billetterie ferme à 18h30). 4,13€. ☎ 040 22 47 013 ; www.castello-miramare.it

À l'extrémité d'un promontoire, ce **château**, agrémenté d'un ravissant **jardin** en terrasses, fut bâti en 1860 pour l'archiduc Maximilien d'Autriche, fusillé au Mexique en 1867, et pour sa femme Charlotte de Belgique, morte folle. *Parc : avr.-sept. 8h-19h ; mars et oct. 8h-18h ; nov.-fév. 8h-17h. Gratuit. ☎ 040 22 41 43 ; www.castello-miramare.it*

Muggia

14 km au Sud. Sortir par la Riva Nazario Sauro. Face à Trieste, cette petite ville de style vénitien possède une cathédrale gothique du 15e s. au joli campanile pointu et à l'élégante façade en calcaire d'Istrie.

Udine★

Cette charmante ville fut le siège des patriarches d'Aquileia de 1238 à 1420, avant de passer sous la domination de Venise. Elle se groupe autour d'une colline (circonscrite par le pittoresque vicolo Sottomonte), dont le sommet porte un château. Son charme réside dans ses monuments gothiques et Renaissance, ses places retirées, ses rues étroites souvent bordées d'arcades. Udine a fortement souffert du tremblement de terre qui affecta tout le Frioul en 1976.

La situation

94 932 habitants – Carte Michelin n° 429 D 21 – Plan dans l'Atlas Michelin Italie – Frioul-Vénétie Julienne. Udine est reliée à l'A 4 par l'A 23 qui mène au col de Tarvis.
🅸 Piazza I Maggio, 7, ☎ 0432 29 59 72.
Pour poursuivre la visite, voir le chapitre LAGUNA VENETA.

visiter

Piazza della Libertà★★

Autour de cette harmonieuse place d'aspect Renaissance s'élèvent plusieurs édifices. La **Loggia del Lionello**, ancien hôtel de ville, tient son nom de l'architecte qui l'éleva en 1457 ; son style gothique vénitien se reconnaît dans la légèreté de ses arcades et son appareil de pierre blanc et rose.

carnet pratique

RESTAURATION

• ***À bon compte***

Al Vecchio Stallo – *Via Viola, 7 - ☎ 0432 21 296 - fermé dim., 25 déc. au 4 janv. - ⌧ - 13/21€.* Dans un palais du 17e s., une vraie *osteria* comme on n'en trouve presque plus qui propose une cuisine issue d'une longue tradition familiale. Dans un décor rustique, où sont exposés des harnais, vous dégusterez des plats typiques, absolument délicieux, pour un prix très honnête.

• ***Valeur sûre***

Alla Vedova – *Via Tavagnacco, 9 - ☎ 0432 47 02 91 - fermé dim. soir, lun., 10 au 25 août - 24/31€.* Ce restaurant, vieux d'un siècle, décoré d'une multitude d'objets en cuivre, de trophées de chasse, d'armes anciennes ou encore de cuillères, est divisé en petites salles, dont certaines sont pourvues d'une cheminée. Viandes cuites au grill et gibier principalement.

HÉBERGEMENT

• ***Valeur sûre***

Hotel Clocchiatti – *Via Cividale, 29 - ☎ 0432 50 50 47 - fax 0432 50 50 47 - fermé 20 déc. au 15 janv. - 🅿 ▤ - 13 ch. : 61,97/92,96€ - ☕ 7,75€.* Ce petit hôtel intime et accueillant propose des chambres au mobilier simple et fonctionnel (les chambres mansardées du 2e étage sont particulièrement agréables), dispose d'un bar, où est servi le petit-déjeuner, et d'une terrasse.

ACHATS

Concurrent du jambon de Parme, le fameux jambon San Daniele est fabriqué à San Daniele del Friuli, dans la province d'Udine.

Lara Pessina/MICHELIN

Le célèbre jambon de S. Daniele

En face, sur la place surélevée, la **Loggia di S. Giovanni** (16e s.) est un portique Renaissance surmonté par la tour de l'Horloge (16e s.) à jacquemarts maures. Devant elle, colonnes de St-Marc et de la Justice, statues d'Hercule et de Cacus, jolie fontaine du 16e s.

Castello

♿ *Tlj sf lun. 9h30-12h30, 15h-18h, dim. 9h30-12h30. Fermé 12 juil. ap.-midi, j. fériés. 2,58€, gratuit dim. ☎ 0432 50 18 24 ; www.comune.udine.it*

Cet imposant bâtiment du 16e s., précédé d'une esplanade d'où l'on jouit d'une belle vue sur la ville et le Frioul, fut le siège des représentants de la Sérénissime République.

Juste à côté se dresse l'**église S. Maria del Castello** du 13e s., avec façade et campanile du 16e s. portant à son sommet l'archange Gabriel, et renfermant une *Déposition*, fresque peinte au 13e s.

Duomo

Édifice gothique du 14e s., remanié au 18e s., dont la façade s'orne d'un beau portail gothique flamboyant. Son robuste campanile présente, sur l'une de ses faces, les statues de l'ange de l'Annonciation et de l'archange Gabriel (14e s.). À l'intérieur, belle **décoration baroque★** : buffets d'orgue, chaire, tombeaux, retables et stalles historiées. Dans la chapelle du Saint Sacrement, **Tiepolo** a peint à la voûte des fresques en trompe-l'œil.

À droite de la cathédrale, l'**oratoire de la Pureté** (Oratorio della Purità) possède un plafond peint *(Assomption)* en 1757 par Tiepolo. *8h-12h, 16h-19h, sam. 8h-12h, 16h-18h, dim. et j. fériés 16h-18h. ☎ 0432 50 68 30 ; www.spaziocultura.it/duomoud*

Palazzo Arcivescovile

Piazza Patriarcato. Tlj sf lun. et mar. 10h-12h, 15h30-18h30. 3,62€.

16e-18e s. Le **palais archiépiscopal** s'enrichit de **fresques★** exécutées par **Tiepolo** : à la voûte du grand escalier, *Chute des anges* ; dans les appartements, splendides compositions illustrant des scènes de l'Ancien Testament.

Piazza Matteotti

Cette jolie place carrée, où se tient le marché, est entourée de maisons à arcades. On y voit également l'élégante église baroque de S. Giacomo (16e s.), une fontaine du 16e s. et une colonne de la Vierge du 15e s. On peut flâner dans les pittoresques via Mercato Vecchio et via Vittorio Veneto, où les boutiques se succèdent sous les arcades.

alentours

Villa Manin★★

À Passariano, 30 km au Sud-Ouest. ♿ *Tlj sf lun. 9h-12h30, 15h-18h. Gratuit. ☎ 0432 90 66 57.*

Installés depuis le 13e s. dans le Frioul (territoire sous contrôle vénitien), les Manin occupèrent de très hautes charges au service de la Sérénissime. Servant de résidence d'été, la villa du 16e s. fut reconstruite au 17e s., rapidement complétée par deux ailes en retour imitant la grandeur de Versailles, et enfin prolongée par des communs semi-circulaires inspirés de la place St-Pierre de Rome. Cet ensemble grandiose fut choisi par Bonaparte pour préparer le **traité de Campoformio** *(8 km au Sud-Ouest d'Udine)* qui, ironie de l'histoire, fut signé (sans être débaptisé, et alors qu'il mettait fin à la République de Venise) dans la demeure même du dernier doge, Ludovico Manin, le 17 octobre 1797.

On peut voir dans l'aile droite la magnifique chapelle et sa sacristie, l'écurie abritant des carrosses et voitures du 18e au 19e s., et la salle d'armes (pièces du 15e au 19e s.). Beau parc orné de statues.

Cividale del Friuli★

16 km à l'Ouest. C'est l'ancien *Forum Julii*, qui a donné son nom au Frioul, situé en surplomb de la rivière Natisone. Les Lombards, originaires de Scandinavie, s'y installèrent au 6e s. et y fondèrent le premier de leurs nombreux duchés d'Italie du Nord. La ville devint plus tard la résidence des patriarches d'Aquileia ; dès le 15e s., elle fut soumise à la république de Venise. C'est là que naquit l'historien Paolo Diacono (8e s.).

Atteinte par le séisme de 1976, Cividale a été reconstruite.

Duomo – Reconstruit au 16e s. en style Renaissance par Piero Lombardo (1435-1515), le Dôme conserve une façade partiellement gothique, et son intérieur reprend des éléments gothiques préexistants. Le maître-autel porte un retable en argent doré vénéto-byzantin du 12e s. Le petit **Musée chrétien** d'art lombard (Museo Cristiano, *dans la nef droite*) contient, parmi d'autres objets précieux, le baptistère du patriarche Callisto, octogonal, datant du 8e s., et l'« autel » (8e s.) du duc Ratchis, en marbre et aux parois sculptées de scènes de la vie du Christ. *Musée : tlj sf dim. matin 9h30-12h, 15h-19h (hiver 18h). Fermé j. fériés le matin. Gratuit. ☎ 0432 73 11 44.*

Museo Archeologico Nazionale★★ – *À gauche de la cathédrale. ♿ 8h30-19h30, lun. 9h-14h (la billetterie ferme 30mn avant). Fermé 1er janv., 25 déc. 2,06€. ☎ 0432 70 07 00.* Installé dans un beau palais de la fin du 16e s. qui aurait été conçu par Palladio, il présente au 2e étage les nombreuses découvertes faites dans les nécropoles lombardes de Cividale et des alentours : parures féminines et masculines (dont des pièces d'orfèvrerie), armes et objets usuels offrant un bon aperçu de la culture et de l'art lombards, du 6e s. à l'époque carolingienne ; remarquer le sarcophage romain réutilisé et le mobilier funéraire de la tombe du duc Gisulfo (7e s.). Au rez-de-chaussée, collection lapidaire d'époques surtout romaine et lombarde.

Tempietto★★ – *Près de la piazza San Biagio. (♿) Avr.-oct. : 9h-12h30, 15h-18h30, dim. et j. fériés 9h30-13h, 15h-19h30 ; nov.-mars : 9h30-12h30, 15h-17h, dim. et j. fériés 9h30-12h30, 14h30-18h. 2,07€. ☎ 0432 70 08 67 ; www.comune.cividale-del-friuli.ud.it* Cet élégant petit temple lombard du 8e s., formé d'une salle carrée en croisées d'ogives, s'orne d'une admirable **décoration** lombarde de fresques et de stucs.

Urbino★★

Urbin

Bâtie en brique rose sur deux collines et entourée de ses remparts, Urbino domine un paysage vallonné baigné d'une lumière dorée.
Soumise à la famille de Montefeltre dès le 12e s., la ville connut son époque de splendeur sous le règne du duc Federico da Montefeltro (1444-1482), condottiere avisé, fin lettré, collectionneur et mécène. Raffaello Sanzio, plus connu sous le nom de Raphaël (1483-1520) y naquit.
Le très évocateur centre historique d'Urbino a été inscrit sur la liste du Patrimoine mondial de l'Unesco en 1998.

La situation

15 147 habitants – Cartes Michelin n° 429, 430 K 19 – Plan dans le Guide Rouge Italia – Marches. Urbino se trouve à 36 km de Pesaro, à laquelle la ville est reliée par la S 423.
ℹ *Piazza Rinascimento, 1, ☎ 0722 26 13.*
Pour poursuivre la visite, voir le chapitre PESARO.

carnet pratique

Restauration

• ***À bon compte***

Nenè – *Via Crocicchia - 2 km au NO de la ville - ☎ 0722 29 96 - 15/27€.* En pleine campane, mais à seulement 2 km du palais ducal, une belle bâtisse restaurée dans le respect de la tradition. Vous y trouverez une cuisine simple et des chambres élégantes de style rustique, avec un accès indépendant.

Vanda – *Via Mari, 4 - 61029 Castelcavallino - 8 km au NO d'Urbino, direction Montecalende - ☎ 0722 34 91 17 - fermé mer. et à midi (sf j. fériés), 22 déc. au 22 janv., 8 au 23 juil. - 19/48€.* C'est l'occasion de sortir de la ville et de découvrir ce charmant village, évoqué par le poète Giovanni Pascoli. Ce restaurant vous propose une délicieuse cuisine régionale et la salle principale, une sorte de véranda, offre une jolie vue sur le château. Petite terrasse pour les beaux jours.

visiter

Palazzo Ducale★★★

Visite : 1h30. Chef-d'œuvre d'équilibre et de goût, il fut élevé, entre 1444 et 1472 sur ordre du duc Federico, par l'architecte dalmate **Luciano Laurana**, auquel succéda le Siennois **Francesco di Giorgio Martini**. Conçu en fonction du panorama qui s'étend à l'Ouest de la vieille ville, le palais présente, face à la vallée, une haute façade percée de loggias superposées qu'encadrent deux tours rondes élancées constituant un ensemble d'une élégante originalité. À l'Est, le palais offre un aspect sévère : une longue façade, aux ouvertures irrégulières, longe la piazza Rinascimento, tandis qu'en retour, la façade Nord présente un agencement d'une rigoureuse majesté en intercalant ses trois grandes portes du rez-de-chaussée avec quatre fenêtres rectangulaires de l'étage. La cour du palais, inspirée des récentes créations florentines, est un modèle d'harmonie Renaissance par la pureté et la légèreté de ses lignes, la sérénité de ses rythmes architecturaux et le doux mariage des tons roses et blancs de la brique et du marbre.

Le rez-de-chaussée accueille le **Musée archéologique** (fragments lapidaires : inscriptions, stèles, éléments architecturaux...), la **bibliothèque du duc** et les **caves** du palais.

G. Bludzin/MICHELIN

Le majestueux palais ducal

Galleria Nazionale delle Marche★★ – (♿) *8h30-19h20 (été sam. jusqu'à 22h30), lun. 8h30-14h. Fermé 1er janv., 1er mai, 25 déc. 4,13€.* ☎ *0722 27 60.*

Les salles du premier étage, qui conservent leur décoration d'origine, abritent quelques très grands **chefs-d'œuvre★★★** comme la prédelle de la *Profanation de l'hostie* (1465-1469) de **Paolo Uccello**, la *Madone de Senigallia* et une étonnante *Flagellation* de **Piero della Francesca**, la *Cité idéale* de **Laurana** et un célèbre portrait de femme, dit *La Muette*, par **Raphaël**. Le **petit cabinet★★★** *(studiolo)*, où le duc Federico se retirait pour s'adonner à sa passion de la lecture, est orné de magnifiques panneaux marquetés.

Le deuxième étage présente une collection de peintures italiennes des 16e et 17e s. et des majoliques des 17e et 18e s.

Au Nord du palais s'élève la cathédrale construite au 19e s. par Valadier.

Casa di Raffaello★

Via Raffaello, 57. (♿) *Mars-oct. : 9h-13h, 15h-19h, dim. et j. fériés 9h-13h ; nov.-fév. : 9h-14h. Fermé 1er janv., 25 déc. 2,58€.* ☎ *0722 32 010 ; www.comune.urbino.ps.it*

Raphaël vécut jusqu'à l'âge de 14 ans dans cette typique maison bourgeoise du 15e s. qui appartenait à son père, Giovanni Sanzio ou Santi. Souvenirs et mobilier d'époque.

S. Giovanni Battista et S. Giuseppe

Via Barocci. Mars-oct. : tlj sf dim. ap.-midi 10h-12h30, 15h-17h30 ; nov.-fév. : tlj sf dim. ap.-midi 10h-12h30, 15h-17h. Fermé fév. 1,55€, pour chaque église. ☎ *347 67 11 181.*

De ces deux sanctuaires voisins, le premier, église-oratoire du 14e s., abrite de curieuses **fresques★** des Salimbeni évoquant la Vie de saint Jean-Baptiste ; le second, du 16e s., renferme une statue colossale de saint Joseph (18e s.) peinte en grisaille, quatre grandes toiles de Carlo Roncalli (17e-18e s.) et une fort belle **crèche★** en stuc, grandeur nature, œuvre de Federico Brandani (1522-1575).

Strada panoramica★★

Partant de la piazza Roma, la route longe une colline. On découvre des **vues★★** admirables sur les remparts, la ville basse, le palais ducal et la cathédrale, formant un ravissant camaïeu de briques roses.

Valcamonica

Cette vallée, qui conduit de Lovere à Edolo, est reliée à la Valteline par le col de Gavia ; industrialisée dans sa partie basse, elle devient plus pittoresque à mesure qu'on la remonte : de nombreux châteaux en ruine jalonnent alors ses versants. Sur un territoire de près de 60 km de long, on trouve de très nombreuses gravures rupestres (inscrites sur la liste du Patrimoine mondial de l'Unesco) datant de la préhistoire au début de la romanisation.

La situation

Carte Michelin nº 428 et 429 E-D 12-13 - Lombardie. Le Valcamonica suit le cours de l'Oglio jusqu'au lac d'Iseo. En partant de Bergame, on y arrive par la S 42.
Pour poursuivre la visite, voir les chapitres BERGAMO, BRESCIA et regione dei LAGHI.

découvrir

Les gravures rupestres★★

Les rochers du Valcamonica, polis par le glissement des glaciers alpins (disparus il y a 10 000 ans), offrent un support lisse, favorable à une expression figurée. Les gravures, réalisées en piquetant la pierre ou en la griffant à plusieurs reprises, ont livré divers témoignages sur la vie quotidienne des peuplades dites camuniennes qui occupaient le site : uniquement chasseurs au paléolithique (environ 8 000 à 5 000 avant J.-C.), ces hommes s'initièrent à l'agriculture, durant le néolithique, puis à la métallurgie à l'âge du bronze (à partir de -1 800) et l'âge du fer (de -900 au début de notre ère). On trouve principalement quatre types de représentation : cervidés (scènes de chasse) ; attelages de bovidés et araires ; armes (poignards, haches) et guerriers ; représentations religieuses : orants, symboles, idoles...
Les gravures sont facilement visibles dans le **Parco Nazionale delle Incisioni Rupestri** *(visite 2h - accès à partir de Capo di Ponte)* et dans la **Riserva Naturale Regionale di Ceto**, **Cimbergo e Paspardo** ; s'adresser au **musée** de Nadro à **Ceto** (consacré au sujet) pour accéder à la réserve. *Parc : ♿ de mars à mi-oct. : 8h30-19h30 ; le reste de l'année : 8h30-17h. Fermé lun. (sf lun. fériés). 4,13€. ☎ 0369 92 190. Réserve : (♿) été : 9h-18h ; hiver : 9h-12h, 13h30-17h. Fermé 1er janv., 25 déc. 1,55€ avec l'entrée au musée de Nadro. ☎ 0364 43 34 465 ; www.Kernunos.it. Musée : (♿) 9h-17h. Fermé 1er janv., 25 déc. 1,55€. ☎ 0364 43 34 65 ; www.g3informatica.it/museo* ou *www.Kernunos.it*

►► Breno : château du 10e s., S. Antonio (14e-15e s.), S. Salvatore.

Valle d'Aosta★

Val d'Aoste

La nature préservée des vallées retirées, les nombreux châteaux de la vallée centrale, les vals jalonnés de villages aux toits de lauzes et balcons de bois, les innombrables possibilités d'excursions et les routes splendides aboutissant au pied d'éblouissants glaciers, font du Val d'Aoste l'une des plus belles régions d'Italie. Formé par la vallée centrale de la Doire Baltée (Dora Baltea) et les pittoresques vallées secondaires (Valtournenche, val de Gressoney, val d'Ayas, val Grisenche), le Val d'Aoste est situé au cœur des hauts sommets des Alpes françaises et suisses : Mont Blanc, Cervin (Cervino), Mont Rose (Monte Rosa), Grand Combin, Dent d'Hérens, Grand Paradis (Gran Paradiso), Grande Sassière. Le Val d'Aoste est depuis 1948 une région autonome sur le plan administratif ; on y parle encore un dialecte franco-provençal et les actes publics sont rédigés en italien et en français.

La situation

Carte Michelin nº 428 E 3/4. Le Val d'Aoste est au Nord-Ouest de l'Italie, touchant les frontières française et suisse. La vallée est traversée par l'A 5. ℹ *Piazza Chanoux, 8, ☎ 0165 23 66 27.*

découvrir

Parco Nazionale del Gran Paradiso★★

L'Organisme du Parc national organise des excursions avec les Guides du parc : ces accompagnateurs spécialisés vous feront découvrir les particularités de chacune des vallées. S'adresser au Bureau touristique du parc à Noasca, qui est ouvert toute l'année y compris les j. fériés. ☎ et fax 0124 90 10 70, sturpngp@misper.it

RESTAURATION

• ***À bon compte***

Casale – *Frazione Condemine, 1 - 11020 Saint Christophe - 4 km au NE d'Aoste - ☎ 0165 54 12 03 - fermé dim. soir, lun. (hiver), 5 au 20 janv., 5 au 20 juin - 20,66/33,57€.* Une cuisine de qualité, à la fois originale et traditionnelle, dans une atmosphère familiale (le propriétaire se fera un plaisir de vous conseiller). Chambres confortables situées à l'étage supérieur et une jolie terrasse avec vue sur la vallée.

• ***Valeur sûre***

Hostellerie de la Pomme Couronnée – *Frazione Resselin, 3 - 11020 Gressan - 3 km au SO d'Aoste - ☎ 0165 25 11 91 - fermé mar., mer. à midi - ▤ - réserv. conseillée - 32/48€.* Un restaurant situé dans une petite ferme restaurée avec soin pour conserver son aspect originel (remarquez l'entrée et les salles avec pierres apparentes). La pomme y est bien évidemment la reine incontestée de tous les plats.

HÉBERGEMENT

• ***À bon compte***

Hotel Miravalle – *Località Porossan - Aosta - ☎ 0165 23 61 30 - fax 0165 35 705 - ⊄ P - 24 ch. : 41,32/77,47€ ☕.* Un hall avec cheminée (allumée le soir), une grande salle lumineuse, entourée de baies vitrées, pour prendre le petit-déjeuner en profitant d'une jolie vue et une terrasse-solarium pour se reposer : voilà ce que vous propose cet hôtel, en plus d'un cadre harmonieux et original, décoré avec goût de porcelaines et de poupées, un accueil chaleureux et une atmosphère hors du temps... que demander de plus ?

Á l'Hostellerie du Paradis – *Eau Rousse - 11010 Eau Rousse - 3 km au S du val Savarenche - ☎ 0165 90 59 72 - fax 0165 90 59 71 - ♨ ♿ - 30 ch. : 41,32/51,65€ - ☕ 7,75€ - restaurant 21/46€.* Dans un petit village caractéristique et tranquille, où les maisons en pierre semblent construites les unes sur les autres, cet hôtel dispose de chambres accueillantes et personnalisées (certaines avec cheminée), d'une salle de lecture et d'une salle de billard. Cuisine traditionnelle.

• ***Valeur sûre***

Albergo La Barme – *Località Lillaz - 11012 Cogne - 4 km au SE de Cogne - ☎ 0165 74 91 77 - fax 0165 74 92 13 - fermé oct.-nov. - ♿ - 13 ch. : 40/80€ ☕ - restaurant 18/32€.* Un petit hôtel géré en famille, idéal pour les excursions dans le Parc du Grand Paradis en été et pour la pratique du ski de fond en hiver. Tout en pierre et en bois avec un mobilier de couleur claire, l'établissement dispose d'un restaurant, d'un jardin estival et d'un sauna.

Albergo dei Camosci – *Località La Saxe - 11013 Courmayeur - ☎ 0165 84 23 38 - fax 0165 84 21 24 - fermé mai, mi-juin, 23 sept. au 3 déc. - P ♿ - 23 ch. : 46,48/69,72€ ☕ - restaurant 21/28€.* Un hôtel confortable tout en pierre et en bois et des chambres fonctionnelles et accueillantes, de style montagnard, avec vue sur le Mont Blanc. Cuisine traditionnelle de la région préparée par le propriétaire lui-même.

Albergo Granta Parey – *Località Chanavey - 11010 Rhêmes-Notre-Dame - 1,5 km au N de Rhêmes-Notre-Dame - ☎ 0165 93 61 04 - fax 0165 93 61 44 - fermé nov. - P - 33 ch. : 41,32/81,63€ - ☕ 7,75€ - restaurant 21/29€.* Les enfants sont les bienvenus dans cet hôtel géré en famille, situé à quelques mètres des remontées mécaniques et des pistes de ski de fond. Des chambres confortables avec parquet et mobilier en pin et une salle de restaurant réservée aux hôtes.

Hotel Tourist – *Via Roma, 32 - 11028 Valtournenche - 8 km au S de Cervinia - ☎ 0166 92 070 - fax 0166 93 129 - fermé oct. et nov. - P ♿ - 34 ch. : 61,97€ - ☕ 7,75€ - restaurant 18/23€.* Cet hôtel au décor accueillant et lumineux (couleurs claires et finitions en bois et en pierre) propose des chambres spacieuses avec mobilier en cerisier. Le restaurant sert une cuisine typique et un minibus gratuit vous conduit jusqu'aux pistes.

PETITE PAUSE

La Bottega degli Antichi Sapori – *Via Porta Praetoria, 63 - 11013 Courmayeur - ☎ 0165 23 96 66 - lun.-sam. 8h-13h, 15h-19h30.* Fromages, jambons, vins... ce ne sont pas les spécialités qui manquent dans la région d'Aoste. Dans cette appétissante épicerie climatisée, vous n'aurez que l'embarras du choix et vous pourrez également trouver différents types de pâtes et de sauces.

Old Distillery Pub – *Via Près Fosses, 7 - Aosta - ☎ 0165 23 95 11 - été : mar.-dim. 18h-2h, reste de l'année : tlj.* Avec ses vitres de couleur, ses rideaux à fleurs et ses tables anciennes, ce pub est un véritable bout d'Écosse transporté en Italie. Ambiance assurée.

SORTIES

Caffè della Posta – *Via Roma, 51 - 11013 Courmayeur - ☎ 0165 84 22 72 - jeu.-mar. 8h30-2h30 - fermé 2 sem. en hiver et en été.* Tout en pierre, ce très beau café accueille depuis 1911 les voyageurs qui veulent reprendre des forces et les invite à se réchauffer près de son immense cheminée avant de retourner dans le froid hivernal.

Ce Parc englobe, sur près de 70 000 ha, l'ancienne réserve royale de chasse. On peut y accéder par le val de Rhêmes, le val Savarenche, le val de Cogne, ou encore par Locana et la route du col du Nivolet. Refuge de très nombreux animaux sauvages, dont les derniers bouquetins d'Europe, et réserve des espèces les plus rares de la flore alpine.

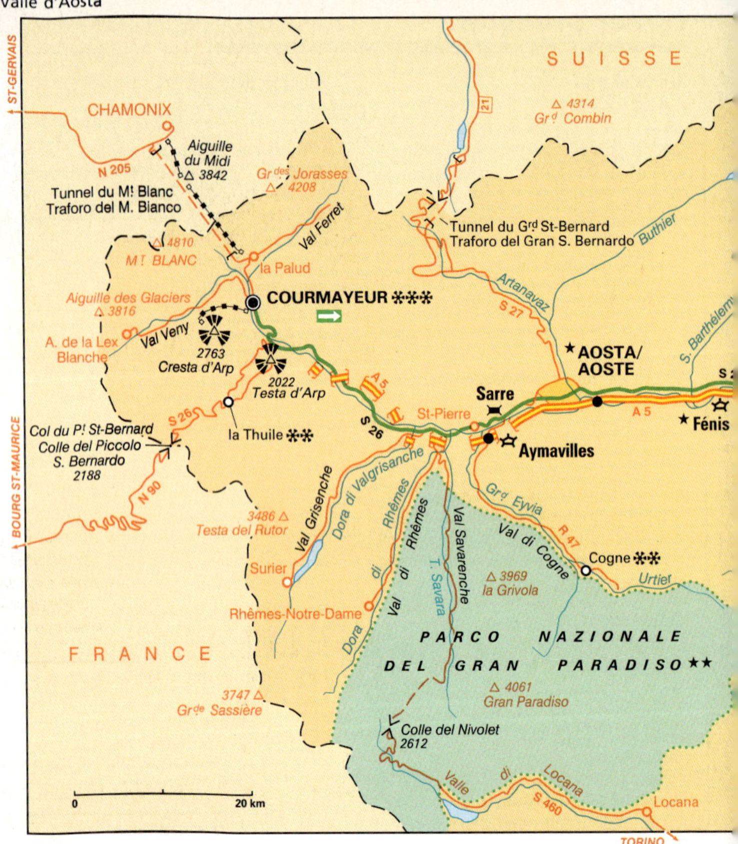

séjourner

Le Val d'Aoste, par sa position privilégiée, offre de splendides **vues★★★** et se révèle être un véritable paradis pour les passionnés de ski (stations de Breuil-**Cervinia★★★**, **Courmayeur★★★**, **La Thuile★★**, **Gressoney★**, **Champoluc★**). Traversant les forêts et les bois, frôlant les glaciers, comme celui particulièrement spectaculaire du Mont Rose, les pistes offrent des panoramas magnifiques. Quant aux amateurs de ski de fond, ils trouveront leur bonheur dans le Parc national du Grand Paradis **(Cogne★★)**.

Les activités économiques de la région se concentrent autour de l'élevage et de l'artisanat. Le travail du bois occupe une place importante et la production est très variée : meubles (buffet, banc), objets en tous genres (comme les *grolle*, coupes en bois caractéristiques de la région), sculptures et jouets (principalement des animaux stylisés).

circuit

DE COURMAYEUR À IVREA

160 km – compter une journée.

Courmayeur★★★

Plan de la ville et des environs dans l'Atlas Michelin Italie. De cette station connue des alpinistes et des skieurs, on peut effectuer diverses excursions. Par téléphérique : traversée du massif du Mont-Blanc *(à partir de la Palud, voir Le Guide Vert ALPES)* ; la Cresta d'Arp. En voiture : le val Veny ; le val Ferret ; la Testa d'Arpi ; la route du Petit St-Bernard, l'un des principaux passages des Alpes déjà utilisé dans l'Antiquité par les Romains.

À la sortie de Saint-Pierre, après avoir laissé à droite la route du val de Cogne, apparaissent à gauche le **château de Sarre** qui fut résidence d'été des comtes de Savoie ; puis, à droite, la **forteresse d'Aymavilles** (14e s.) cantonnée de grosses tours rondes crénelées.

Aosta★ (Aoste)

Située au centre du val qui porte son nom, Aoste, capitale de la région, conserve son plan d'ancien *castrum* romain et quelques monuments de cette époque. Actif foyer religieux au Moyen Âge, Aoste a donné naissance à saint Anselme, archevêque de Canterbury, mort en 1109. C'est aujourd'hui un actif centre industriel et, depuis la percée du tunnel du Mont-Blanc en 1965, un noyau touristique d'importance, au carrefour de la route menant au col du Grand St-Bernard et en Suisse.

Monuments romains★ – Groupés au centre de la ville, ce sont principalement la **porte Pretoria** et le majestueux **arc d'Auguste**, tous deux datant du 1er s. avant J.-C., le **pont romain**, le **théâtre** et les ruines de l'**amphithéâtre**.

Complesso Ursino – Construite sur plusieurs étages, l'église abrite de très belles **stalles** de bois sculpté (15e s.) et un jubé baroque. À côté de la **crypte** datant du 11e s., une porte donne accès à un charmant petit **cloître★** roman dont les **chapiteaux★★** historiés illustrent des scènes bibliques et profanes. Le **prieuré** est un bâtiment de style Renaissance aux **fenêtres★** élégantes. *Juil. et août : 9h-20h ; mars-juin et sept. : 9h-19h ; oct.-fév. : 10h-12h30, 13h30-17h ; dim. et j. fériés 10h-12h30, 13h30-18h. Pour voir les fresques de la collégiale, s'adresser au gardien. ☎ 0165 23 66 27 ; www.regione.vda.it*

Cattedrale – Construite au 12e s. et maintes fois remaniée, elle présente une façade néoclassique (1848). Dans le chœur, pavement à mosaïque du 12e s., stalles gothiques du 15e s. et tombeau de Thomas II de Savoie (14e s.). Riche **trésor**. Cloître du 15e s. *Trésor : ♿ avr.-sept. 8h-11h30, 15h-18h30, dim. et j. fériés 8h-10h, 15h-17h30 ; oct.-mars uniquement dim. et j. fériés 8h-10h, 15h-17h30 ; pendant les vacances, s'adresser au gardien ☎ 0165 40 413. 2,07€. ☎ 0165 54 02 51 ; www.regione.vda.it/turismo*

Castello di Fénis★

Juil. et août : 9h-20h ; mars-juin et sept. : 9h-19h ; oct.-fév. : tlj sf mar. 10h-12h30, 13h30-17h, dim. et j. fériés 10h-12h30, 13h30-18h (la billetterie ferme toujours 30mn avant). Fermé 1er janv. (matin), 25 déc. 3,10€. ☎ 0165 23 66 27 ; www.regione.vda.it

Cette imposante **forteresse** renferme des meubles de bois sculpté typiques de la production valdôtaine. La cour intérieure est remarquable par ses fresques illustrant la *Légende dorée*.

Breuil-Cervinia✲✲✲

Station de sports d'hiver admirablement située à 2 050 m d'altitude. Excursion en téléphérique au Plateau Rosà et au Furggen (3 491 m).

Lara Pessina/MICHELIN

La silhouette unique du Cervin, ou Matterhorn

St-Vincent★

Son casino, au cœur d'un beau parc, est très fréquenté.

Le long de la route s'égrènent les châteaux de Montjovet puis de **Verrès** (14e s.) qui, curieusement, n'a ni tours d'angle ni donjon.

Castello d'Issogne★

Juil. et août : 9h-20h ; mars-juin et sept. : 9h-19h ; oct.-mars : tlj sf mer. 10h-12h30, 13h30-17h, dim. et j. fériés 10h-12h30, 13h30-18h (la billetterie ferme 30mn avant). 5,16€.
☎ 0165 23 66 27 ; www.regione.vda.it

Construit à la fin du 15e s. par Georges de Challant, ce château est remarquable par sa cour ornée d'une fontaine surmontée d'un grenadier en fer forgé, sa galerie à arcades décorée de scènes paysannes (fresques du 15e s.) et son mobilier valdôtain.

Fortezza di Bard★

Démantelée en 1800 par Napoléon, reconstruite au 19e s., cette forteresse commande la haute vallée de la Doire Baltée.

Pont-St-Martin

Cette petite ville doit son nom au pont romain protégé par une chapelle dédiée à saint Jean Népomucène.

Ivrea (Ivrée)

Au débouché de la vallée d'Aoste, cette cité industrielle est située à l'Ouest de la plus grande muraille morainique d'Europe, la « serra d'Ivrea ».

Venezia★★★

Venise

Venise est une ville légendaire : pour naître et vivre en souveraine pendant plus de deux mille ans, elle a choisi les eaux de la lagune, qui continuent de la protéger des atteintes du temps, mais pourtant menacent son existence. Venise est de toutes les humeurs : vivante et gaie pour ses habitants, qui emplissent ses ruelles et ses places de leurs *ciacole* (bavardages) ; proche de l'adieu déchirant pour ceux qui la préfèrent sous l'éclairage de *Mort à Venise*. La ville offre à chacun un reflet différent, très personnel.

La situation

277 305 habitants - Carte Michelin n° 429 F 18/19 - Voir aussi Le Guide Vert VENISE - Vénétie. On arrive à Venise par l'A 4. La ville est reliée à Mestre par le pont della Libertà.

Calle Ascensione, San Marco, 71/f, ☎ 041 52 98 711.

Pour poursuivre la visite, voir les chapitres Riviera del BRENTA, LAGUNA VENETA, PADOVA et TREVISO.

comprendre

Venise est bâtie sur 117 îles ; 150 canaux et 400 ponts y ont été dénombrés. Un canal se nomme *rio*, une place *campo*, une rue *calle* ou *salizzada*, un quai *riva* ou *fondamenta*, un canal comblé *rio terrà*, un passage sous une maison *sottoportego*, une cour *corte*, une placette *campiello*.

Les rues, étroites, aux noms évocateurs, sont dallées et sans trottoirs : balcons fleuris, Madones, enseignes, lanternes les jalonnent ; boutiques d'artisans et palais s'y côtoient. Les places sont charmantes avec leur puits à margelle sculptée dite *vera da pozzo*.

La gondole - Depuis des siècles, c'est le moyen de transport de Venise. La gondole est austère et sobre, ne serait-ce que par son noble fer, partie la plus caractéristique, faisant contrepoids au gondolier et tenant lieu d'ornement symbolique : la courbe serait l'insigne du bonnet des doges *(corno ducale)* et les six dents, les quartiers qui divisent la ville. La dent tournée vers la poupe représenterait l'île de la Giudecca.

Les Vénitiens - Ils ont le teint clair, parlent en zézayant légèrement un dialecte extrêmement vivace, qui supplante l'italien même dans la toponymie, et manifestent sens pratique et habileté commerciale. Pendant longtemps, ***bautta*** (loup de velours noir) et ***domino*** (large manteau à capuche), encore portés aujourd'hui lors du Carnaval, ont assuré leur incognito, sans lequel la sincérité des propos eut été impossible.

Venise sillonnée par le Grand Canal

Y. Arthus-Bertrand/ALTITUDE-HOA QUI

Accademia (Ponte dell') BV 3
Bandiera e Moro (Campo) FV 6
Cannaregio (Fondamenta di) BT
Capello (Ramo) FT 10
Fabbri (Calle dei) EU
Foscarini (Rio Terà A.) BV
Frari (Campo dei) BU
Frezzeria ET
Fumo (Calle del) FT
Gallina (Calle Larga G.) FT 18
Garibaldi (Via) GV
Guglie (Ponte d.) BT
Leoncini (Piazzetta dei) EV 21
Libertà (Ponte della) AT 24
Lista di Spagna (Rio Terà) BT
Manin (Campo) DUV
Misericordia (Fondamenta della) DT
Nuova (Strada) DET 28
Nuove (Fondamenta) FT
Orefici (Ruga d.) DT

Orologio (Merceria dell') EV 31
Pensieri (RioTerà dei) AU
Pescaria (Campo della) DT 34
Rialto (Ponte) ET
Roma (Piazzale) AT
S. Barnaba (Calle Lunga) BV
S. Bartolomeo (Campo) ET 39
S. Biagio (Campo) FV
S. Eufemia (Fondamenta) BV
S. Geremia (Campo) BT
S. Giobbe (Campo) AT
S. Giovanni Crisostomo (Salizz.) ET 43
S. Leonardo (Rio Terà) BT
S. Lio (Salizzada) ETU
S. Lorenzo (Calle Larga) FT 46
S. Lorenzo (Campo) FT
S. Marco (Calle Larga) EV 49
S. Marco (Piazza) EV
S. Marco (Piazzetta) EV 52
S. Margherita (Campo) BV
S. Maria Formosa (Campo) FT

S. Maurizio (Campo) DV 55
S. Moisè (Salizzada) EV 58
S. Polo (Campo) CT
S. Salvador (Merceria) EU 61
S. Samuelle (Campo) BV 64
S. Silvestro (Campo) DTU
S. Simeon Profeta (Campo) BT 66
S. Zulian (Merceria) EU 67
Sant' Angelo (Campo) DV 70
Santi Apostoli (Rio Terà dei) ET 75
Sáuro (Campo N.) BT 76
Scalzi (Ponte d.) BT
Schiavoni (Riva d.) FV
Seriman (Salizzada) ET 78
Sospiri (Ponte dei) FV
Traghetto (Calle del) BV
Traghetto (Campo dei) DV 79
Verona (Calle della) DV 82
Widman (Campiello) FT
2 Aprile (Via) ET 85
7 Martiri (Riva dei) GV
22 Marza (Calle Larga) DV

Angelo Raffaele . . . AV	Murano . . . FT	S. Giorgio Maggiore . . . FV
Arsenale . . . FGU	Museo Correr . . . EV	S. Giovanni in Bragora . . . FV
Biblioteca Marciana . . . EV	Museo Diocesano di Arte Sacra . FV M	S. Lazaro d. Armeni . . . GV
Burano . . . FT	Museo Ebraico . . . BT	S. Marco . . . EFV
Ca' Cornet della Regina . . . DT	Museo Storico Navale . . . FV	S. Maria della Grazia . . . FV
Ca' Dario . . . DV	Palazzo Balbi (Pal. della Ragione) BVB	S. Maria d. Miracoli . . . ET
Ca' Foscari . . . BV	Palazzo Bernardo . . . CU	S. Maria della Salute . . . DV
Ca' d'Oro . . . DT	Palazzo dei Camerlenghi . . . ET A	S. Pantalon . . . BU
Ca' Pesaro . . . CDT	Palazzo Corner della	S. Pietro . . . GV
Ca' Rezzonico . . . BV	Ca' Granda (Prefettura) . . . DV P	S. Sebastiano . . . ABV
Campanile . . . EV Q	Palazzo Ducale . . . FV	S. Servolo . . . GV
Canal Grande . . . BDTV	Palazzo Fortuny . . . DUV	S. Stefano . . . CDV
Collezione Peggy Guggenheim CDV	Palazzo Grassi . . . BCV	S. Trovaso . . . BV
Dogana da Mar . . . EV	Palazzo Labia . . . BT	S. Zaccaria . . . FV
Fondaco d. Tedeschi . . . ET	Palazzo Lando Corner Spinelli CDU E	S. Zanipolo . . . FT
Fondaco dei Turchi	Palazzo Loredan dell'	Scala del Bovolo . . . DV
(Museo di Storia Naturale) . BT M5	Ambasciatore . . . BV	Scuola Grande dei Carmini . ABV
Fondazione Querini Stampala FU	Palazzo Loredan (Municipio) . . . DU H	Scuola Grande di S. Marco . FT
Gallerie dell' Accademia . . . BV	Palazzo Mocenigo . . . BCV	Scuola Grande di S. Rocco . BU
Gesuiti . . . ET	Palazzo Vendramin Calergi . . . CT	Scuola di S. Giorgio
Ghetto . . . BT	S. Alvise . . . BT	degli Schiavoni . . . FU
I Frari . . . BTU	S. Clemente . . . FV	Sinagoga Spagnola . . . BT
Isola di S. Giorgio Maggiore . FV	S. Elena . . . GV	Teatro Goldoni . . . DU T1
La Fenice . . . DV	S. Erasmo . . . FT	Torcello . . . FT
Lido . . . GV	S. Francesco d. Deserto . . . FT	Torre dell' Orologio . . . EV N
Madonna del Orto . . . DT	S. Francesco della Vigna . . . FT	Torri d. Arsenale . . . FV
Mercerie . . . EU	S. Giacomo dall' Orio . . . BT	Zattere . . . BDV

Une longue histoire

Venise fut fondée en 811 par les habitants de Malamocco, près du Lido, qui, fuyant les Francs, s'établirent sur les îles plus sûres du Rivo Alto, aujourd'hui Rialto, et élurent alors leur premier doge, Agnello Partecipazio. L'aventure millénaire de la Sérénissime République ainsi inaugurée, la ville était placée dès 828 sous la protection de saint Marc, dont le corps avait été ramené d'Alexandrie.

L'empire vénitien – Du 9e au 13e s., Venise va exploiter sa position privilégiée entre l'Orient et l'Occident. Sa puissance maritime et commerciale lui permettra de conquérir des marchés importants en Istrie et en Dalmatie. En 1204, grâce à la ruse habile de son doge Dandolo, elle conquiert Constantinople avec l'aide des Croisés. Les produits du pillage affluent à Venise, tandis que prospère le commerce des denrées précieuses. **Marco Polo** (1254-1324) revient de Chine avec des richesses fabuleuses et éblouit l'Europe par les récits de ses voyages – *Le Livre des merveilles du monde* –, rédigés en français. De la rivalité qui l'oppose longtemps à Gênes, jalouse de son hégémonie maritime, la République sort victorieuse en 1381.

La 1re moitié du 15e s. est celle de l'apogée de la puissance vénitienne. Les Turcs sont battus à Gallipoli en 1416 et les Vénitiens tiennent en Orient les royaumes de Morée, de Chypre, de Candie. En Italie, ils s'emparent, entre 1414 et 1428, de Vérone, Vicence, Padoue, Udine, puis Brescia et Bergame. L'Adriatique est « mare Veneziano », de Corfou au Pô.

La prise de Constantinople par les Turcs en 1453 annonce la décadence. La découverte de l'Amérique déplace les courants commerciaux, Venise est obligée de soutenir une lutte épuisante contre les Turcs, qui s'emparent de Chypre en 1500, mais sont défaits en 1571 lors de la bataille navale de **Lépante** à laquelle les Vénitiens prennent une part importante. Au 17e s., la décadence s'affirme après que les Turcs eurent conquis Candie, à la suite d'un siège de vingt-cinq ans.

En 1797, c'est la mort de la Sérénissime République : Napoléon pénètre à Venise et abolit une constitution vieille de dix siècles. Puis, avec le **traité de Campoformio**, il cède la ville à l'Autriche. Venise et la Vénétie seront réunies à l'Italie en 1866.

L'organisation de la république de Venise s'efforça, dès les origines, d'éviter la prise de pouvoir par un seul homme ; de telle sorte que la fonction suprême assumée par le doge fut rapidement soumise à la surveillance de plusieurs conseils : le Maggior Consiglio élaborait les lois ; le Sénat était chargé de la politique étrangère, des affaires militaires et économiques ; le Conseil des Dix assurait la sécurité de l'État et disposait d'un réseau de policiers et de délateurs qui entretenaient un climat de méfiance dans la ville.

La peinture vénitienne

L'école de Venise se caractérise par une sensualité affirmée qui se traduit par la primauté donnée à la couleur sur le dessin, et par un sens inné de la lumière qui se manifeste dans des paysages baignés d'une atmosphère voilée atténuant les contours. Les historiens ont souvent opposé à l'art savant et idéaliste des Florentins la manière plus spontanée et plus libre des peintres vénitiens, dont l'exemple s'est perpétué jusqu'aux impressionnistes.

Les véritables débuts de la peinture vénitienne commencent avec la dynastie des **Bellini** : Jacopo, le père, son fils aîné Gentile, mais surtout le cadet, **Giovanni** ou **Giambellino** (1430-1516), artiste d'une profonde spiritualité, l'un des premiers de la Renaissance à avoir su intégrer avec naturel le paysage à ses compositions de figures. Parallèlement se développe l'œuvre de chroniqueur de leur élève **Carpaccio** (1455-1525), à la fois minutieux et imaginatif, tandis que s'exerce l'influence de **Giorgione**. L'élève de ce dernier, **Lorenzo Lotto**, sait accepter également la leçon du réalisme nordique.

La Renaissance s'achève de manière éblouissante grâce à la personnalité de trois grands artistes : **Titien** (vers 1490-1576), auteur de scènes dramatiques où le mouvement s'estompe dans des effets de fondu ; **Véronèse** (1528-1588), décorateur fastueux qui sait traduire par la richesse de ses coloris et de ses matières la splendeur de la Sérénissime ; enfin le **Tintoret** (1518-1594), visionnaire dont la technique, violente, rapide, traduit l'inquiétude intérieure.

Les artistes du 18e s. captent la lumière gris bleuté, irisée, un peu voilée, de la ville : ce sont **Canaletto** (1697-1768) et son disciple Bellotto (1720-1780) qui trouvent essentiellement leur inspiration dans les paysages, **Francesco Guardi** (1712-1793) qui peint par touches lumineuses, **Pietro Longhi** (1702-1758), auteur de scènes intimes, Giambattista **Tiepolo** (1696-1770), virtuose de fresques légères et transparentes, et son fils Giandomenico (1727-1804).

Les qualités de spontanéité et de couleur propres à la peinture vénitienne se retrouvent chez les musiciens, dont le plus célèbre reste **Antonio Vivaldi** (1678-1741) qui, durant de longues années, fut maître de violon et de viole à l'anglaise à l'hôpital de la Piété (les hôpitaux étaient des institutions caritatives et des orphelinats qui servaient aussi de conservatoires).

carnet pratique

Venise se prête à des visites d'une journée, autour de la place Saint-Marc ; de deux ou trois jours, pour avoir le temps d'entrer à l'Académie et dans les « écoles » *(scuole)* et églises qui recèlent nombre de ses trésors ; ou d'une semaine, pour vivre l'atmosphère de ses ruelles et des îles de la lagune.
Le centre de la vie publique est la place Saint-Marc, où touristes et autochtones viennent s'asseoir aux terrasses des célèbres cafés Florian et Quadri. Le Quadri est le plus fréquenté, mais le Florian est le plus connu : fondé en 1720, il reçut, dans ses salons décorés de miroirs et d'allégories, Byron, Goethe, George Sand et Musset, Henri de Régnier et Wagner. De la place Saint-Marc, où de somptueuses vitrines exposent dentelles, bijoux, miroirs des célèbres verreries de Murano, on suit les Mercerie, rues commerçantes. Elles conduisent au Rialto ; de l'autre côté du pont se pressent les éventaires des marchands de légumes *(erberia)* et des poissonniers *(pescheria)* que viennent alimenter d'innombrables barques de charge.

Transports

Il va de soi qu'à Venise les moyens de transport n'empruntent que des itinéraires aquatiques. Il est cependant bon de savoir qu'en raison de la circulation intense – donc lente – qui règne sur le Grand Canal et de l'emplacement des arrêts du *vaporetto* (certes commodes, mais ne correspondant presque jamais au site desservi, en raison de la physionomie même de la ville), le temps d'attente et de déplacement peut s'avérer supérieur à celui que l'on emploierait pour effectuer le trajet à pied.
Il est toutefois certain qu'arriver à Venise avec armes et bagages se présente toujours comme une opération plutôt éprouvante. Il suffira pour s'en convaincre de jauger la pente, particulièrement raide, du premier pont, celui des Scalzi que l'on découvre à la sortie de la gare. Une journée passée à monter et à descendre les ponts de Venise mettra aussi à rude épreuve le marcheur même entraîné.
C'est donc souvent et volontiers que l'on aura recours au célèbre *vaporetto*. Nous n'indiquons ici que les lignes les plus utiles, qui portent les numéros suivants :
– **1** : cet « omnibus », qui effectue tous les arrêts le long du Grand Canal et va jusqu'au Lido, dessert le piazzale Roma, la gare ferroviaire *(Stazione Santa Lucia)* et la place Saint-Marc.
– **82** : cette ligne, qui comporte moins d'arrêts que la précédente, est de ce fait plus rapide. Elle dessert Tronchetto, piazzale Roma, la Giudecca, San Giorgio, Saint-Marc et aboutit au Lido. Un trajet simple coûte 3,10€, un trajet AR 5,16€. Il est possible d'acheter un ticket valable 24h (9,30€) ou 72 h (18,08€), que l'on ne valide que lors du premier voyage. Il existe également une carte hebdomadaire (30,99€).
Pour ceux qui veulent utiliser un taxi, il est conseillé de vérifier que le véhicule comporte une bande jaune avec le symbole noir de la ville et le numéro du taxi et que le compteur soit bien visible.
L'Office de tourisme donne quelques recommandations à ce sujet :
– en cas de contestation sur le prix de la course, notez bien le numéro du taxi et l'heure du trajet, et surtout demandez un reçu qui indique le parcours et le prix payé ;
– il est fortement déconseillé d'utiliser les « taxis non autorisés » qui stationnent près de la gare, des parkings ou de l'aéroport.
Pour appeler un taxi :
Radio Taxi ☎ 041 522 23 03, 72 31 12 ; Gare ☎ 041 71 62 86 ; Piazzale Roma (S. Chiara) ☎ 041 71 69 22 ; Rialto ☎ 041 523 05 75, 72 31 12 ; S. Marco (Molo) ☎ 041 522 97 50 ; Lido ☎ 041 526 00 59 ; Aéroport (Marco Polo) ☎ 041 541 50 84.
Celui qui aura opté pour la marche apprendra sans doute avec soulagement que les possibilités de franchir le Grand Canal ne se limitent pas aux trois ponts qui l'enjambent (Scalzi, Rialto, Accademia) et qu'il est possible de le franchir à bord d'un **traghetto**. Cette brève traversée ne coûte que 0,36€ (sauf lorsqu'il y a des expositions au palais Grassi : le traghetto de S. Samuele coûte alors 0,52€) et s'effectue traditionnellement debout (gare à l'équilibre !). Il existe huit embarcadères spécifiquement affectés à ce service : la gare ferroviaire (Stazione), S. Marcuola, S. Sofia, Carbon, S. Tomà, S. Samuele, S. Maria del Giglio et Dogana.
Si l'on souhaite effectuer une promenade en **gondole** dans les règles de l'art, il faut s'attendre à payer des prix bien plus élevés. Au prix officiel de base, le circuit de 50mn le long des canaux et des *rii* coûte 61,97€, accompagnement musical non compris ! Le prix de cette petite heure de romantisme peut toutefois être divisé en six, puisque tel est le nombre de passagers que peut accueillir une gondole. Pour toute tranche supplémentaire de 25mn, il faut ajouter 30,99€ au tarif de base. Si une promenade de nuit en gondole est une expérience particulièrement romantique, le plaisir aura toutefois son prix ! Entre 20h et 8h, il en coûtera 77,47€ pour les premières 50mn et 38,73€ par 25mn supplémentaires. Pour toute information complémentaire, s'adresser à l'Istituzione per la Conservazione della Gondola e la Tutela dei Gondolieri, ☎ 041 528 50 75.

POUR LES JEUNES

Pour ceux qui ont la chance d'avoir entre 14 et 29 ans, la carte **Rolling Venice**, vendue 2,58€, donne droit à diverses réductions auprès de quelque 200 services : hôtels, auberge de jeunesse, campings, transports en commun, restaurants universitaires, musées, Biennale et commerces conventionnés.
On peut se la procurer sur simple présentation d'une pièce d'identité :
– dans les billetteries ACTV ;

– à l'*Assessorato alle politiche giovanili* (Office municipal de la jeunesse), situé corte Contarina, San Marco, 1529, ☎ 041 27 47 651 (ouv. lun.-ven. 9h30-13h, mar. et jeu. 15h-17h) ;
– à l'*Agenzia Arte e Storia*, corte Canal, 659, Santa Croce, ☎ 041 52 40 232 (ouv. lun.-ven. matin 9h-12h45 et 15h30-18h15) ;
– à l'*Associazione Italiana Alberghi per la Gioventù*, calle del Castelforte San Rocco, 3101, San Polo, ☎ 041 52 04 414 (ouv. lun.-sam. 8h-14h).
Pour 5,16€, vous pourrez avoir, en plus de la carte, un guide de Venise et un agenda d'adresses utiles. Avec 7,75€, vous aurez la carte, un guide, un agenda et/ou un tee-shirt de *Rolling Venice*.

Restauration

Les repas dans les *trattorie* sont un des plaisirs de la vie vénitienne. On y consomme surtout des poissons et des fruits de mer : filets de saint-pierre, calmars *(calamaretti)*, seiches, anguilles, moules à la vénitienne, mais aussi le foie de veau préparé avec des oignons. Ces mets sont arrosés d'agréables vins, produits dans les régions voisines de Venise : valpolicella, bardolino, amarone pour les rouges ; soave et prosecco pour les blancs.

- ***À bon compte***

Da Sergio – *Castello, 5870/A- ☎ 041 52 85 153 - ⊭ - 13€.* Une trattoria typiquement vénitienne qui propose une cuisine simple et traditionnelle à des prix plus qu'intéressants. Au comptoir, vous trouverez un vaste choix de boulettes de viande, de *nervetti* (plats composé de viande hachée, haricots et petits oignons qui se mange froid) et produits de la mer.

Alla Patatina – *San Polo, 2741/A [Calle Saoneri] - ☎ 041 52 37 238 - www.lapatatina.it - fermé dim., 3 sem. en août, 1 sem. en déc. - réserv. conseillée - 13€.* Un restaurant style années 1950 sympathique et animé. On vous y offrira des boulettes de viande à la sauce tomate, un vaste choix de plats de légumes (spécialités de pommes de terre) à consommer au comptoir ou différents plats à déguster tranquillement assis.

Gam-Gam – *Fondamenta Pescaria, 1122 - ☎ 041 71 52 84 - www.jewishvenice.org - fermé ven., sam. à midi (sam. soir en été) - ⊭ - réserv. conseillée - 15/34€.* Pour changer un peu et peut-être découvrir de nouvelles saveurs, ce restaurant juif, au cadre intime, sobre et moderne, vous propose une cuisine kasher traditionnelle.

S. Trovaso – *Dorsoduro, 1016 - ☎ 041 52 03 703 - giorgiocassan@tin.it - fermé lun., 31 déc. - réserv. conseillée - 15/41€.* Près de l'Académie, ce restaurant toujours bondé propose un vaste choix de plats et de savoureuses pizzas. Si vous voulez éviter l'attente, réservez !

La Zucca – *Sestiere S. Croce, 1762 - ☎ 041 52 41 570 - fermé dim., 1 sem. en août et en déc. - réserv. conseillée - 21/31€.* Si vous voulez goûter une cuisine variée et créative tout en mangeant léger, nous vous recommandons les plats de légumes proposés dans cette sympathique trattoria toute jaune.

- ***Valeur sûre***

Ai Frati – *Fondamenta Venier, 4 - 30141 Murano - ☎ 041 73 66 94 - fermé jeu., fév. - 26/42€ + 12 % serv.* Ancienne œnothèque créée au 19e s. et transformée au fil du temps en *osteria*. Depuis cinquante ans, on y mange une cuisine véritablement authentique et traditionnelle. Les deux salles à l'intérieur sont très agréables... mais la terrasse sur le canal est exceptionnelle.

Al Mascaron – *Calle Longa Santa Maria Formosa, 5225 - ☎ 041 52 25 995 - fermé dim., 15 déc. au 15 janv. - ⊭ - 32/53€.* Il suffit de dire que c'est l'*osteria* la plus courue de la ville et tout est dit ! Joyeuse et animée, elle propose une cuisine absolument délicieuse. À ne pas rater si vous arrivez à trouver une table.

Trattoria Favorita – *Via Francesco Duodo, 33 - 30126 Venezia Lido - ☎ 041 52 61 626 - fermé lun., mar. à midi, 15 janv. au 15 fév. - 37/50€.* Après une petite promenade ou une journée au bord de la mer, rien n'est plus agréable que de déguster un bon plat de poisson, préparé dans le respect de la tradition. Fréquentée principalement par une clientèle locale, cette trattoria vous accueille dans ses petites salles rustiques ou sur sa terrasse.

Alle Testiere – *Calle del Mondo Novo, 5801 [Castello] - ☎ 041 52 27 220 - fermé dim. et lun., 24 déc. au 12 janv., 25 juil. au 25 août - ▤ ⅹ - réserv. conseillée - 40/55€.* Ce tout petit restaurant, très simple, offre une cuisine de qualité. Service informel et spécialités de poisson selon l'arrivage du marché : voilà de quoi satisfaire votre estomac et votre portefeuille !

- ***Une petite folie !***

Harry's Dolci – *Fondamenta San Biagio, 773 [Giudecca] - ☎ 041 52 24 844 - fermé mar., 8 nov. au 26 mars - ▤ - 54/77€ + 12 % serv.* Fauteuils et tables basses proches les unes des autres dans cette pâtisserie qui fait également office de restaurant (un peu moins cher que son voisin). La jolie terrasse qui donne directement sur le canal de la Giudecca, offre une vue spectaculaire.

Hébergement

- ***À bon compte***

Istituto San Giuseppe – *Ponte della Guerra, 5402 [Castello] - ☎ 041 52 25 352 - ⊭ - 11 ch.*

Casa Caburlotto – *Fondamenta Rizzi, 316 [S. Croce] - ☎ 041 71 08 77 - fax 041 71 08 75 - ⊭ - 30 ch.*

Casa Capitanio – *S. Croce, 561 - ☎ 041 52 03 099 - fax 041 52 23 975 - ⊭ - 12 ch.*

Casa Cardinal Piazza – *Cannaregio, 3539/A - ☎041 72 13 88 - fax 041 70 02 33 - ⊭ - 24 ch.*

Casa Murialdo - Circolo ANSPI – *Cannaregio, 3512 - ☎ 041 71 99 33 - fax 041 72 00 02 - ⊭ - 12 ch.*

Domus Civica – *S. Polo, 3082 - ☎ 041 72 11 03 - fax 041 52 27 139 - ⊭ - 100 places.*

Foresteria Valdese – *Castello, 5170 - ☎ 041 52 86 797 - fax 041 24 16 238 - ⊭ - 6 ch.*

Opera Pia Istituto Ciliota – *Calle delle Muneghe, 2976 - ☎ 041 52 04 888 - fax 041 52 12 730 - ⊭ - 39 ch.*

Patronato Salesiano Leone XIII – *Castello, 1281 - ☎ 041 24 03 611 - fax 041 24 03 610 - ⊭ - 15 ch.*

Santa Fosca – *Cannaregio, 2372 - ☎ 041 71 57 75 - fax 041 71 57 75 - ⊭ - 121 places.*

Ostello della Giudecca – *Fondamenta Zitelle, 86, Isola della Giudecca - ☎ 041 52 38 211 - fax 041 52 35 689 - vehostel@tin.it - ⊭ - 260 lits : 15,49€ ☕ - repas 8€.* Un emplacement idéal pour partir (en vaporetto !) à la découverte de la ville la plus fascinante du monde. Sur l'île de la Giudecca, donnant directement sur la lagune, voici une bonne adresse pour se loger à Venise sans se ruiner.

Hotel Bernardi - Semenzato – *Calle dell'Oca, 4366 - Vaporetto Cà d'Oro - ☎ 041 71 04 01 - fax 041 71 08 17 - fermé 1 sem. fin nov., de mi-déc. au 25 déc., 15 au 31 janv. - 25 ch. : 33,57/98,13€ ☕.* Un hôtel fonctionnel et des chambres décorées avec fantaisie. Dans une petite ruelle, près du campo S.S. Apostoli et du Rialto, cet établissement se trouve au cœur de la ville, moins touristique.

R. Mattes/MICHELIN

• ***Valeur sûre***

Locanda Cà Foscari – *Calle della Frescade, 3887/B - Vaporetto San Tomà - ☎ 041 71 04 01 - fax 041 71 08 17 - valtersc@tin.it - fermé de mi-nov. à mi-janv. - ⊭ - 11 ch. : 51,65/82,63€ ☕.* Cet hôtel au décor très sobre et à l'ambiance familiale propose des chambres lumineuses à des prix raisonnables, ce qui, comme vous aurez pu le constater, est fort rare à Venise.

Hotel Locanda Fiorita – *Campiello Novo, 3457/A [San Marco] - ☎ 041 52 34 754 - fax 041 52 28 043 - ▤ - 10 ch. : 77,47/108,46€ ☕.* Situé sur l'une des places les plus caractéristiques de la ville, tout près de la place Saint-Marc, ce petit hôtel possède une architecture originale et ses chambres sont modernes et fonctionnelles. Les espaces communs ne sont pas très jolis, mais on ne reste pas enfermé dans son hôtel quand on est à Venise !

Hotel Serenissima – *Calle Goldoni, 4486 [San Marco] - ☎ 041 52 00 011 - fax 041 52 23 292 - fermé 15 nov. au 2 fév. - ▤ - 37 ch. : 77/170€ ☕.* Très bien situé, entre le pont du Rialto et la place Saint-Marc, l'établissement offre des chambres simples, mais tout à fait convenables et bien tenues (certaines de style vénitien). Le petit plus ? L'atmosphère chaleureuse et familiale qui y règne.

La Calcina – *Fondamenta Zattere ai Gesuati, 780 [Dorsoduro] - Vaporetto Zattere - ☎ 041 52 06 466 - fax 041 52 27 045 - ▤ - 29 ch. : 77/176€ ☕.* Il ne subsiste qu'une photographie, placée dans l'entrée, de la *locanda* où séjourna Ruskin en 1876. L'hôtel s'élève à l'emplacement même de cette maison et se révèle très agréable par sa situation privilégiée sur le canal de la Giudecca et la lumière qui l'inonde, si rare dans les étroites rues de Venise.

• ***Une petite folie !***

Hotel La Residenza – *Campo Bandiera e Moro, 3608 [Castello] - ☎ 041 52 85 315 - fax 041 52 38 859 - ▤ - 13 ch. : à partir de 93€ ☕.* Une atmosphère enchanteresse règne dans ce palais du 16e s. magnifiquement restauré, tout près de la place Saint-Marc. Stucs du 18e s., décorations et lustres d'époque et une vue magnifique sur la place. Pour un séjour de rêve à un prix abordable.

Pensione Seguso – *Zattere, 779 - ☎ 041 52 86 858 - fax 041 52 22 340 - fermé déc.-fév. - 35 ch. : à partir de 100,71€ ☕.* Ce sont peut-être les boiseries ou les fenêtres rondes ou polygonales qui confèrent à cette agréable pension l'atmosphère d'antan, un peu anglo-saxonne, qui fait son charme. Italo Calvino et Ezra Pound y ont séjourné.

Hotel Paganelli – *Riva degli Schiavoni, 4687 [Castello] - ☎ 041 52 24 324 - fax 041 52 39 267 - ▤ - 22 ch. : à partir de 113,62€ ☕.* Cet établissement familial ouvre sur le bassin de Saint-Marc. Quelques chambres en façade, de style vénitien, bénéficient de la vue, d'autres (dans l'annexe) ouvrent sur le campo S. Zaccaria.

Hotel Falier – *Salizzata San Pantalon, 130 [Santa Croce]- ☎ 041 71 08 82 - fax 041 52 06 554 - 19 ch. : à partir de 129,11€ ☕.* Toute proche de l'église des Frari, c'est l'adresse à recommander à qui cherche un hôtel agréable et tranquille dans un quartier légèrement retiré. De style rustique, mais agrémenté d'éléments classiques, il dispose d'une jolie cour intérieure pour prendre le petit-déjeuner ou se reposer.

Hotel Abbazia – *Calle Priuli dei Cavalletti, 68 [Cannaregio] - ☎ 041 71 73 33 - fax 041 71 79 49 - fermé 7 janv. au 7 fév. - ▤ - 39 ch. : à partir de 144,61€ ☕.* Installé dans le couvent des carmes, l'hôtel en a conservé certains détails comme la chaire d'où prêchait l'un des frères durant les repas. Géré avec soin et professionnalisme, l'établissement propose des chambres austères mais spacieuses et dispose d'un joli jardin pour la détente.

Hotel Danieli – *Riva degli Schiavoni, 4196 [Castello] - ☎ 041 52 26 480 - fax 041 52 00 208 - ▤ ⅍ - 233 ch. : à partir de 320,98€ - ☕ 48€ - restaurant 86/124€.* Cet hôtel, au charme et au raffinement légendaires, est peut-être le plus célèbre du monde. Le palais Dandolo, symbole de la République de Venise et de sa puissance, a accueilli les rois et les ambassadeurs du monde entier avant de devenir en 1822 l'hôtel Danieli. Depuis, George Sand et Alfred de Musset, Balzac, Dickens, Wagner, Proust... et bien d'autres s'y sont succédé.

Petite pause

Caffè Florian – *Piazza San Marco, 55 - ☎ 041 52 05 641 - www.paginegialle.it/caffeflorian – 10h-24h.* Le Florian est une étape obligée sur la place Saint-Marc pour ses petits salons du 18e s., ses serveurs d'un autre temps, sa magnifique terrasse, très animée durant la belle saison, et ses concerts de musique classique très appréciés.

Caffè Quadri – *Piazza San Marco, 120 - ☎ 041 52 22 105 - quadri@quadrivenice.com - 9h-24h.* Pourquoi ne pas faire une pause entre les visites ou simplement s'arrêter prendre un « espresso » dans ce café de luxe ? Au 19e s., ce fut l'un des premiers endroits à servir le vrai café turc.

Da Zorzi – *San Marco, 4359 [Rialto] - ☎ 041 52 08 816.* Si vous aimez la crème Chantilly, nous vous conseillons de goûter celle du Zorzi, où elle est encore faite à la main.

Devil's Forrest – *San Marco (Calle degli Stagneri), 5185 - S. Giorgio degli Schiavoni - ☎ 041 52 00 623 - mar.-dim. 10h-1h.* Pour tous les amateurs de bières et de jeu de fléchettes !

Harry's Bar – *San Marco (Calle Vallaresso), 1322 - Piazza San Marco. - ☎ 041 52 85 777 – 10h30-23h.* Situé à deux pas de la place Saint-Marc, le légendaire Harry's Bar, ouvert en 1931 par Giuseppe Cipriani, a autrefois accueilli Ernest Hemingway. Aujourd'hui, Vénitiens et touristes s'y arrêtent pour siroter, dans un cadre chic, un « Bellini », le cocktail de la maison à base de champagne et de jus de pêche.

Marchini – *San Marco, 2769 [La Fenice] - près du campo Santo Stefano, dans la très fréquentée Calle del Piovan, en direction de Saint-Marc - ☎ 041 52 29 109 - www.golosessi.com - mer.-dim. 8h30-20h30.* Une élégante pâtisserie à la vitrine fort alléchante !

Paolin – *Sestiere San Marco, 3464 [La Fenice] - ☎ 04 15 22 07 10 - dim.-ven. 6h30-23h.* Un vaste choix de glaces absolument délicieuses et des parfums originaux. Outre les goûts classiques tels que tiramisù, nougat, yaourt, stracciatella ou autres, goûtez également les parfums « bonbon », « Donatello » et « crema veneziana » (un savant mélange de nougat, fruits confits, crème pâtissière et une saveur indéfinissable de réglisse et d'anis).

Piero e Mauro – *Calle dei Fabbri, 881 [Piazza San Marco] - ☎ 04 15 23 77 56 - 6h30-2h.* Piero et Mauro proposent un choix de sandwichs, de *crostini* et de bonnes bières. Et ils ont eu la bonne idée d'aménager comme un bateau le peu d'espace de l'établissement.

Rosa Salva – *San Marco (Marzaria San Salvator), 5020 – [La Fenice] - ☎ 041 52 25 385 - lun.-sam. 7h45-20h30, dim. 8h-21h.* Il n'y a pas de place assise mais cela vaut la peine de goûter les pâtisseries (surtout les flans) accompagné d'un bon cappuccino, le meilleur de Venise paraît-il.

The Fiddler's Elbow – *Cannaregio (Corte dei Pali), 3847 [Ca' D'Oro] - ☎ 041 52 39 930 - 17h-1h.* Un pub irlandais typique pour prendre une bière ou un « Irish coffee ».

Sorties

Al Volto – *San Marco, 4081 [La Fenice] - à proximité du campo Manin - ☎ 041 52 28 945 - lun.-sam. 10h-14h30, 17h-22h.* Ce bar à vins chaleureux et accueillant, toujours bondé, permettra aux amateurs de faire d'intéressantes découvertes.

Il Paradiso perduto – *Cannaregio (Fondamenta della Misericordia), 2540 - Ca' D'Oro - ☎ 041 72 05 81 - lun.-ven. 19h-1h, sam. 19h-2h - fermé mer.* Une *osteria* originale qui vous fera apprécier, en plus de la bonne chère, la musique et la poésie.

Linea d'Ombra – *Dorsoduro (Punta della Dogana), 19 [La Salute] - ☎ 041 52 85 259 - 20h-2h - fermé mer. et dim. soir.* Juste après la Dogana del Mar, sur les Zattere, un piano-bar élégant avec vue sur la Giudecca.

Spectacles

La musique et le théâtre font depuis toujours partie intégrante de l'art de vivre de la Sérénissime. La ville compte trois grandes salles de spectacle, mais de nombreuses églises, comme celles de la Pietà, des Frari et de S. Stefano, accueillent des concerts. Vous trouverez dans le journal de Venise, le *Gazzettino*, tous les programmes et horaires des différentes manifestations qui ont lieu en ville.

Gran Teatro La Fenice – Bien que la salle ait été détruite, et en attendant qu'elle soit reconstruite, les spectacles sont donnés au PalaFenice, sur l'île du Tronchetto. Consulter les affiches apposées dans la ville, ou s'adresser au ☎ 041 78 65 28, ou au ☎ 041 52 10 161.

Teatro Goldoni – Il donne sur la calle del Teatro et offre un programme étoffé de pièces de théâtre et de concerts. ☎ 041 520 54 22.

Teatro a l'Avogaria – Calle Avogaria, Dorsoduro, 1617. ☎ 041 520 61 30.

Teatro Fontamenta Nuove – Il se trouve sur la *fondamenta* du même nom, à proximité de la sacca della Misericordia (Cannaregio, 5013), et propose en alternance théâtre, musique et danse. Se renseigner au ☎ 041 522 44 98.

SAN MARCO, LE SALON DE VENISE

Piazza San Marco★★★ (Place St-Marc)

La place Saint-Marc est le salon de Venise. Tout autour, les galeries des **Procuraties** abritent des cafés, dont le Florian et le Quadri, et des boutiques de luxe. Elle s'ouvre sur le Grand Canal par la ravissante **piazzetta**. Les deux colonnes de granit de « Marc et Théodore » sont arrivées d'Orient en 1172.

Basilica★★★ – Dans Saint-Marc se mêlent influences byzantines et occidentales. La construction commença peu après l'an 1000. À l'occasion de sa consécration (1094), le corps de saint Marc y fut miraculeusement retrouvé.
L'émerveillement qu'éprouve tout visiteur entrant dans la basilique est évidemment lié au décor de marbre et de **mosaïque**. Sur plan en forme de croix grecque, la basilique est surmontée d'un dôme central à bulbe et de quatre autres dômes d'inégale hauteur au-dessus des bras.
La façade s'ouvre par cinq portails ornés de marbres et de sculptures.
Des copies des quatre célèbres **chevaux de bronze** *(originaux dans la galerie de la basilique)* ont pris place sur la balustrade au-dessus du portail central, à trois arcs ornés de bas-reliefs romano-byzantins (sur la première arcade gauche est représentée la translation du corps de saint Marc).

Sur le côté droit, près du palais des Doges, le groupe des **Tétrarques★** (4e s.), en porphyre, semble saisi d'inquiétude sous le coup d'une sentence tombée de la toute proche « pierre du ban », d'où les lois étaient proclamées. À gauche s'ouvre la jolie piazzetta dei Leoncini.

Atrium : prélude au « récit » des mosaïques intérieures, celles de l'atrium représentent des scènes de l'Ancien Testament. De l'atrium, on accède à la galerie et au **musée de Saint-Marc** (Galleria e Museo Marciano), où sont exposés les **chevaux de bronze doré★★**. *16 mai-29 sept. : 9h45-17h30, reste de l'année : 9h45-16h30. 1,55€. ☎ 041 52 25 205 ; www.chorus-ve.org*

Intérieur : on demeure frappé tant par la luminosité des mosaïques, dont les premières (1071) furent créées par les mosaïstes de Constantinople, que par le pavement (12e s.), à motifs animaliers et géométriques, ondulé par les jeux du terrain. Autour du maître-autel, le *presbiterio* surélevé est séparé de la grande nef par une iconostase. Derrière, un ciborium, soutenu par des **colonnes d'albâtre★★**, précède le **retable d'or★★★** *(Pala d'oro)*, chef-d'œuvre de l'orfèvrerie gothique commencé au 10e s. Le maître-autel renferme la dépouille de saint Marc. *Retable d'or : de mi-mai à fin sept. : lun.-sam. 9h45-17h, dim. et j. fériés 14h-17h ; de déb. oct. à mi-mai : 9h45-16h, dim. et j. fériés 14h-16h. 1,55€. ☎ 041 52 25 205 ; www.chorus-ve.org*

L'ornementation faite de mosaïques évoque des scènes du Nouveau Testament, depuis la coupole de l'abside, qui porte le *Christ triomphant*, jusqu'au-dessus de l'atrium, où figure le Jugement dernier. Au grand arc de l'Apocalypse, le premier en entrant, sont retracées les visions du texte de saint Jean. La coupole la plus proche du portail représente la Pentecôte. En se dirigeant vers la coupole centrale, le grand arc occidental offre une synthèse de l'histoire de la Passion et de la mort du Christ. Sur l'arc Sud, qui conduit au croisillon droit, on peut voir les tentations de Jésus, l'entrée à Jérusalem, la Cène et le lavement de pieds. À la coupole centrale, dite de l'Ascension, figurent les Apôtres et la Vierge, les Vertus, les Béatitudes. Un *Christ bénissant* domine la scène. La coupole surmontant le *presbiterio* représente l'Avènement du Messie. Les mosaïques de l'arc Nord qui conduit au croisillon gauche, ont été réalisées d'après des cartons du Tintoret (saint Michel et Cène, Noces de Cana) et de Véronèse (Guérison des lépreux). À la coupole de saint Jean l'Évangéliste, dans le croisillon droit : le Sermon sur la montagne et des scènes de la Vie de saint Jean.
Du croisillon droit, on gagne le **trésor★** (Tesoro), constitué par une collection d'objets ornementaux et de culte dont la Sérénissime entra en possession après la conquête de Constantinople (1204). *Mêmes conditions de visite que le retable d'or. 2,07€. ☎ 041 52 22 205 ; www.chorus-ve.org*

Campanile★★ – *Été : 9h30-jusqu'au coucher du soleil ; reste de l'année : 9h30-16h. Fermé janv. 5,16€. ☎ 041 52 24 064 ; www.chorus-ve.org*
Signe distinctif de Venise (96 m), que l'on aperçoit même depuis la terre ferme, c'est une exacte réplique du campanile du 16e s. qui s'écroula en 1902. Du sommet, la **vue★★** s'étend du canal de la Giudecca au Grand Canal, des toits en terrasse aux îles de la lagune.
Le campanile s'appuie sur la **Loggetta Sansoviniana**, dont les niches renferment les statues de Minerve, Apollon, Mercure et la Paix. La terrasse est fermée par une balustrade où s'ouvre une grille du 18e s.

Palazzo Ducale★★★ (Palais des Doges)

Avr.-oct. : 9h-19h (la billetterie ferme à 17h30) ; nov.-mars : 9h-17h (la billetterie ferme à 15h30). Fermé 1er janv., 25 déc. 9,30€ avec l'entrée au musée Correr, au Musée archéologique, à la bibliothèque Marciana, au palais Mocenigo, au musée de l'Art verrier de Murano et au musée de la Dentelle de Burano. ☎ 041 52 24 951.

Symbole de la gloire et de la puissance vénitienne, c'était la résidence des Doges et le siège du gouvernement, d'un tribunal et d'une prison d'état. Construit au 12e s., il fit, entre la fin du 13e et le 16e s., l'objet de radicales transformations.

Un joli décor géométrique, fait de marbres blancs et roses, donne beaucoup de charme aux deux **façades**. Aux angles du palais, des groupes de sculptures représentent, de gauche à droite, le ***Jugement de Salomon***, dû sans doute à Bartolomeo Bon, *Adam et Ève*, et l'***Ivresse de Noé*** (sculptures gothiques des 14e et 15e s.). La galerie du premier présente un délicat travail à motifs quadrilobés. De style gothique flamboyant (1442), la **porte du Papier★★** (Porta della Carta), ainsi nommée par référence peut-être aux copistes et aux archives, en est l'entrée principale. Au tympan, le doge Foscari s'agenouille devant le lion de Saint-Marc. Parvenu sous le portique Foscari, on se trouve face à l'escalier des Géants, qui se distingue par les statues de Mars et Neptune, œuvres de Sansovino.

Intérieur – C'est en haut de l'**escalier d'Or** de Sansovino que commence la visite du palais. On traverse la **salle des Quatre Portes**, où les ambassadeurs attendaient d'être reçus par le doge, la **salle de l'Anticollège**, antichambre des ambassades et délégations, la **salle du Collège**, où le doge présidait aux réunions, la **salle du Sénat**, dite des « **Pregadi** », car les membres du Sénat étaient « priés » de présenter une demande écrite pour participer aux réunions, la **salle du Conseil des Dix**, où se réunissait cette magistrature extraordinaire (qui disposait d'une police secrète et de confidents chargés de sauvegarder les institutions), la **salle de la Boussole**, pièce où attendaient les personnes qui devaient subir un interrogatoire, la **salle d'armes**, la **salle du Grand Conseil** (1 300 m²), où se déroulaient les séances de cette assemblée, chargée d'élire presque tous les fonctionnaires – dont le doge – de la République. Parmi les toiles et les portraits des 76 doges figure ***Le Paradis*** du Tintoret. La visite se poursuit par la **salle du Scrutin**, où se déroulaient les votes, les **Nouvelles Prisons**, au-delà du pont des Soupirs, la **salle des Censeurs**, où siégeait un tribunal de justice, et la **salle de l'« Avogaria »** (les *avogadori* étaient des avocats de l'État, chargés de veiller au respect des lois).

Ponte dei Sospiri★★

Il relie le palais des Doges aux Nouvelles Prisons. Construit entre les 16e et 17e s., il doit son nom aux écrivains romantiques, pour qui il était la seule image d'une Venise perdue que pouvaient avoir les prisonniers.

Torre dell'Orologio

Fermée pour restauration au moment de la rédaction de ce guide.

Sur la tour, les deux Maures battent les heures depuis la fin du 15e s.

Museo Correr★★

(♿) *Avr.-oct. : 9h-19h (la billetterie ferme à 17h30) ; reste de l'année : 9h-17h. Fermé 1er janv., 25 déc. 9,30€ avec l'entrée au palais des Doges, au Musée archéologique et à la bibliothèque Marciana.* ☎ *041 52 25 625.*

Installé dans l'aile napoléonienne qui ferme la place à l'Ouest, il rassemble peintures, sculptures, et objets liés à l'histoire millénaire de la ville.

Libreria Sansoviniana★

C'est un harmonieux et noble bâtiment dû à Sansovino (1553) qui abrite au n° 7 la **Bibliothèque nationale Marciana**, où l'on peut consulter manuscrits, cartes géographiques et estampes.

CANAL GRANDE★★★ (Grand Canal)

En forme de **S** inversé, long de 3,8 km, large de 30 à 70 m et profond en moyenne de 5,5 m, le Grand Canal est la meilleure terrasse pour découvrir les palais qui s'y reflètent. Si l'on regarde vers la rive gauche, on apercevra :

Palazzo Labia★★ – Élégante demeure des Labia, famille de marchands espagnols, datant de la fin du 17e s.

Les délicates ouvertures d'un palais donnant sur le Grand Canal

G. Targat/MICHELIN

Palazzo Vendramin Calergi★ – Œuvre de Codussi du début 16ᵉ s., **Richard Wagner** y habita et y mourut.

Ca' d'Oro★★★ – Cette délicate création du gothique fleuri, bien que désormais privée des ornementations qui lui valurent son nom, a conservé néanmoins sa beauté, qui transparaît déjà dans la façade. Elle abrite la **galerie Franchetti**, qui renferme un beau ***Saint Sébastien★★*** de **Mantegna**. *Galerie : ♿ 8h15-19h15, lun. 8h15-14h. Fermé 1ᵉʳ janv., 1ᵉʳ mai, 25 déc. 3,10€. ☎ 041 52 22 349.*

Ponte di Rialto★★ – Principale liaison entre les deux rives, initialement (12ᵉ s.) en bois, cette œuvre d'Antonio da Ponte inaugurée en 1591, est la sixième version du pont, mais la première en pierre.

Palazzo Grassi★ – Construit au 18ᵉ s. par Giorgio Massari, c'est le dernier grand palais vénitien réalisé avant la chute de la République. Il accueille d'importantes expositions.

En regardant la rive droite, on découvre :

Ca' Pesaro★ – Œuvre de Longhena, il présente un rez-de-chaussée en bossage à pointe de diamant. Il abrite le **musée d'Art oriental** et la **Galerie internationale d'Art moderne**. *Musée d'Art oriental : tlj sf lun. 8h15-14h (la billetterie ferme à 13h30). Fermé 1ᵉʳ janv., 1ᵉʳ mai, 25 déc. 2,07€, 9,30€ avec l'entrée à l'Académie et à la galerie Franchetti à la Cà d'Oro, 4,13€ avec l'entrée à la galerie Franchetti à la Cà d'Oro. ☎ 041 52 41 173.*

Galerie : fermée pour restauration au moment de la rédaction de ce guide.

Ca' Rezzonico★★ – Dernier palais dessiné par Longhena, achevé par Massari, il renferme le **musée du 18ᵉ s. vénitien** (Museo del Settecento Veneziano). *♿ Été : tlj sf mar. 10h-18h ; reste de l'année : tlj sf mar. 10h-17h. Fermé 1ᵉʳ janv., 1ᵉʳ mai, 25 déc. 6,71€. ☎ 041 24 10 100.*

Ca' Dario★ – Petit palais de la fin du 15ᵉ s., il présente une décoration raffinée en marbre polychrome. Il est enveloppé d'une atmosphère un peu sinistre, à la suite de la mort non naturelle qui surprit certains de ses propriétaires malchanceux.

visiter

LES TABLEAUX

Gallerie dell'Accademia★★★

8h15-19h15, lun. 8h15-14h. Fermé 1ᵉʳ janv., 1ᵉʳ mai, 25 déc. 6,20€. *☎ 041 52 00 345.*

Rassemblant des œuvres réalisées entre les 14ᵉ et 18ᵉ s., les Galeries constituent le panorama le plus significatif des arts de Vénétie. Il faut souligner la ***Vierge en majesté*** et la ***Vierge à l'Enfant entre sainte Catherine et Marie-Madeleine*** de **Giovanni Bellini**, la ***Vocation des fils de Zébédée*** de Marco Basaiti, le ***Saint Georges*** d'**Andrea Mantegna**, la ***Tempête*** de **Giorgione**, cristallisation d'un état d'âme plus que d'un moment dans le temps, le ***Portrait d'un jeune gentilhomme dans son cabinet***, où **Lorenzo Lotto** laisse entrevoir dans le regard perdu de l'homme lisant, une pensée ou un souvenir, et la ***Pietà*** du **Titien**, presque sinistre, ***Le Repas chez Lévi*** de **Véronèse**, le cycle des clairs et lumineux tableaux des ***Miracles de la relique de la Sainte Croix*** de Gentile Bellini et Carpaccio. **Carpaccio** est aussi l'auteur des toiles très colorées de ***La Légende de sainte Ursule***.

LES ÉGLISES

S. Maria della Salute★★

En 1630, les Vénitiens firent le vœu de bâtir une église une fois l'épidémie de peste vaincue. C'est ainsi que s'éleva, d'après un projet de Longhena, la blanche « Salute », à la physionomie universellement connue, grâce entre autres à ses « grandes oreilles » *(orecchioni)*, modillons en volutes concentriques. La sacristie renferme ***Les Noces de Cana*** du **Tintoret**, qui s'est représenté lui-même dans le personnage du premier apôtre à gauche.

S. Giorgio Maggiore★

C'est du haut du **campanile** de cette église de **Palladio** que l'on a la plus belle **vue★★★** sur Venise. Dans le chœur, deux grandes toiles du Tintoret : *La Cène* et *La Récolte de la manne dans le désert. Campanile : (♿) Montée 9h30-12h30, 14h30-30mn avant le coucher du soleil, dim. et j. fériés fermé 11h-12h. 1,55€ (ascenseur). ☎ 041 52 27 827.*

S. Zanipolo★★

La place, sur laquelle s'élève le **monument équestre à Bartolomeo Colleoni★★** de Verrocchio, est animée sur l'un de ses côtés par les effets en trompe-l'œil de la **Scuola Grande di San Marco★**. Elle est dominée par la basilique gothique dédiée aux saints Jean et Paul, deux saints qui, en dialecte vénitien, n'en sont

R. Mattes/MICHELIN

La place Saint-Marc donne directement sur S. Giorgio Maggiore

plus qu'un, *Zanipolo*. Nécropole des Doges, elle apparaît grandiose et solennelle et elle resplendit des couleurs lumineuses que diffuse le vitrail du croisillon droit.

I Frari★★★

9h-18h, dim. et j. fériés 13h-18h. 1,55€. Chorus Associazione Chiese di Venezia. ☎ 041 27 50 462 ; www.chorus-ve.org

Cette église aussi est baptisée d'un nom abrégé : c'est l'église des Petits Frères ou « Fra*(ti Mino)*ri. Elle a encore en commun avec S. Zanipòoo sa majesté et ses monuments funéraires. Point central de la perspective, l'***Assomption*** du chœur, par **le Titien**.

S. Zaccaria★★

Un regard même rapide depuis les fenêtres du palais des Doges permet de découvrir nettement cette belle église gothico-Renaissance à la haute façade blanche en trois parties. L'intérieur est revêtu de toiles, mais l'on choisira de s'arrêter devant la ***Sainte Parole*** de **Giovanni Bellini**, qui irradie de pureté.

S. Sebastiano★★

C'est l'église peinte à fresque par Véronèse. Le martyr auquel elle est dédiée constitue le sujet de nombre des fresques.

AUTRES CURIOSITÉS DE VENISE

Arsenale★

Une première darse existait déjà à Venise en 1104, lorsque les croisades ont donné essor aux constructions navales. Entouré de murailles médiévales scandées de tours, l'arsenal a deux entrées : l'une sur terre, composée d'un portail de guet précédé de lions grecs antiques, et l'autre sur mer, marquée par les deux tours entre lesquelles passe le vaporetto.

Ghetto★★

Dans un coin reculé de Cannaregio, à l'abri de la bruyante et joyeuse strada Nuova, il est d'une beauté poignante. C'est le premier ghetto dans l'histoire de l'Occident. En dialecte vénitien, on prononçait *geto* [djeto] pour indiquer la coulée *(getto)* de la fonderie qui se trouvait là. Le *g* était prononcé [gu] par les juifs d'origine germanique, et c'est ainsi que s'est formé le mot « ghetto », évocateur de barbaries. On y visite le Musée hébraïque et les **synagogues**.

Giudecca

Paisible, presque délaissée, cette île charmante offre au visiteur un visage glorieux de Venise. C'est ici que s'élève l'**église du Rédempteur★**, de **Palladio**, qui doit son origine, comme la Salute, à un vœu fait au moment de la peste (1576). Le troisième dimanche de juillet, l'église est en fête pour les célébrations du Rédempteur qui s'achèvent par les *foghi*, spectacle pyrotechnique.

Les « scuole »

Les *scuole*, qui furent jusqu'à quatre cents à Venise, étaient des confréries laïques vouées à la dévotion et aux œuvres de bienfaisance, auxquelles se consacrèrent, du Moyen Âge jusqu'à la chute de la République, des citoyens de la classe moyenne. Chacune avait son saint protecteur et son statut, la *mariegola*. Leurs sièges étaient de magnifiques palais, dont l'intérieur était décoré par d'illustres artistes.

Pour avoir une idée de la richesse artistique de ces institutions, il suffit de visiter la **Scuola Grande di S. Rocco★★★**, où le Tintoret a représenté des scènes de l'Ancien et du Nouveau Testament, et celle de **S. Giorgio degli Schiavoni★★★**, précieux écrin pour les œuvres pleines de finesse de Carpaccio qui, puisant dans ses couleurs chaudes, y a illustré les histoires de saint Georges, saint Tryphon et saint Jérôme.

S. Rocco : (♿) avr.-nov. : 9h-17h30 ; déc.-mars : 10h-16h. Fermé 1er janv., Pâques, 25 déc. 5,16€, gratuit le 16 août (S. Rocco). ☎ 041 52 34 864 ; www.sanrocco.it

S. Giorgio degli Schiavoni : ♿ tlj sf dim. ap.-midi et lun. 10h-12h30, 15h-18h. Fermé j. fériés. 2,58€. ☎ 041 52 28 828.

Collection Peggy Guggenheim★

Tlj sf mar. 10h-18h (avr.-oct. : sam. jusqu'à 22h). Fermé 25 déc. 6,20€. ☎ *041 24 05 411 ; www.guggenheim-venice.it*

Il s'agit de la collection d'œuvres du 20e s. que Peggy Guggenheim choisit pour la luxueuse demeure, où elle vécut de la fin de la guerre jusqu'à sa mort.

Fondation Querini-Stampalia★

(♿) *Tlj sf lun. 10h-13h, 15h-18h, ven. et sam. 10h-13h, 15h-22h. 6,20€.* ☎ *041 27 11 411 ; www.provincia.venezia.it/querini*

C'est le musée fait pour les amoureux du passé qui veulent goûter au charme du Venise d'autrefois. Le meilleur leur sera sans doute donné par les **toiles★★** de **Pietro Longhi**, dédiées aux sacrements et à la chasse.

alentours

Le Lido♨♨

C'est la plage des Vénitiens, un centre de villégiature à l'atmosphère un peu décadente, siège du Casino et de la Mostra, le festival de cinéma.

Murano★★

À la fin du 13e s., craignant les grands incendies qui étaient courants dans cette ville entièrement en bois, le Grand Conseil décida le transfert des verreries à Murano, qui est depuis l'île du verre (**Museo di Arte vetraria★**). Les fours, l'appel des vendeurs invitant à visiter boutiques et verreries, ne devraient pourtant pas détourner les attentions du souffle artistique de l'île, que l'on respire en se promenant jusqu'à **S.S. Maria e Donato★★**, basilique où l'abside est une apothéose de la décoration vénéto-byzantine et les **mosaïques★★** du pavement rappellent celles de St-Marc. *Musée de l'Art verrier : (♿) été tlj sf mer. 10h-17h ; reste de l'année : 10h-16h (la billetterie ferme 30mn avant). Fermé 1er janv., 1er mai, 25 déc. 4,13€.* ☎ *041 73 95 86.*

Burano★★

C'est l'île la plus colorée de la lagune. Sur le seuil des maisons, qui se sont imprégnées des couleurs de l'arc-en-ciel, les femmes travaillaient sur leur coussin de dentellière.

Torcello★★

Sur cette île fantôme, seules les pierres relatent un passé glorieux, qui commença avec les habitants d'Altino fuyant les Lombards. Torcello devint le siège d'un évêché et, en 639, l'église fut construite. À partir du 10e s., Venise acquit sa splendeur, reléguant Torcello à ce petit bout de lagune qui, malgré les ravages de la malaria, se chargea dès lors d'un charme intense.

Sur l'herbe reposent des ruines et les nobles pierres de **S. Maria Assunta** et de **S. Fosca**. Dans la **basilique**, la simplicité dépouillée, dont l'île est inondée, s'illumine des lueurs des **mosaïques★**. Avec le ***Jugement dernier***, Torcello semble se repeupler d'hommes qui, au son des trompettes angéliques, sont rappelés du fond même des viscères des animaux marins qui en avaient fait leur pâture. *Basilique : été 10h30-17h30 ; reste de l'année : 10h-17h. 2,58€. Pour le campanile : il est conseillé de téléphoner.* ☎ *041 27 02 464.*

Verona★★★

Vérone

Prise dans un méandre de l'Adige, dans un site de collines, Vérone est la plus belle ville d'art de Vénétie, après Venise. La piazza Bra, reliée au noyau ancien par la pittoresque via Mazzini, en constitue le centre élégant.

La situation

255 268 habitants – Cartes Michelin nos 428 et 429 F 14/15 – Plan général dans l'Atlas Michelin Italie – Vénétie. Vérone jouit d'une position privilégiée : elle se trouve à quelques kilomètres du lac de Garde, à l'entrée de l'A 22 du Brenner, tout près des collines Euganéennes et de Venise, à laquelle elle est reliée par l'A 4.

Piazza delle Erbe, 38, ☎ 045 80 00 065 ; Gare Porta Nuova, ☎ 045 80 00 861 ; Aéroport Villafranca, ☎ 045 86 19 163.

Pour poursuivre la visite, voir les chapitres BRESCIA, Regione dei LAGHI, MANTOVA et VICENZA.

comprendre

Colonie romaine sous l'Empire, la ville fut convoitée par les Ostrogoths, les Lombards et les Francs. Sous la seigneurie des **Scaliger**, qui régnèrent pour le compte de l'empereur de 1260 à 1387, elle connut son apogée. Elle passa ensuite sous la domination des Visconti de Milan, avant de tomber en 1405 sous la tutelle de la république de Venise. Occupée par les Autrichiens en 1814, elle a été rattachée à l'Italie en 1866, avec la Vénétie.

Pisanello – Perméables à l'influence septentrionale de la vallée du Rhin, les peintres de Vérone ont développé un art gothique alliant la souplesse de la ligne à la préciosité du détail.

Grand voyageur, peintre actif, prodigieux médailleur et inlassable dessinateur, **Pisanello** (vers 1395-vers 1450) est le plus remarquable représentant de l'école véronèse.

Sa peinture porte, par l'irréalisme des couleurs, la précision de l'observation et la souplesse du trait, à la fois la nostalgie d'un monde médiéval en train de disparaître et les prémices du réalisme propre à la Renaissance.

Roméo et Juliette

Vérone forme le cadre de la tragédie de Shakespeare qui met en scène les amours contrariées de deux adolescents, issus de familles rivales : le drame eut lieu en 1302, à l'époque où la ville était en proie aux luttes intestines opposant les guelfes auxquels appartenaient les Montaigu (Montecchi) et les gibelins, parti des Capulet (Capuleti).

Vérone, vue d'en haut

R. Mattes/MICHELIN

VERONA

Circulation réglementée dans le centre-ville

Acqua Morta (Int. dell') ...... BV 2
Anfiteatro (Via) .... BV 3
Battisti (Via C.) .... AX 6
Bosco (Largo D.) .... AV 7
Cappello (Via) .... BV
Cattaneo (Via) .... AV 9
Costa (Via della) .... BV 10
Erbe (Pza delle) .... BV
Farinata degli Uberti (Via) .... AV 15
Garibaldi (Ponte) .... BV 16
Leoni (Via) .... BV 20
Malenza (Via G.B.) .... BV 22
Manin (Via D.) .... AX 23
Mazzini (Via) .... BV
Nizza (Via) .... BV 26
Oberdan (Via) .... BV 28
Pontiere (Via dei) .... BX 35
Porta Borsari (Corso) .... BV 37
Porta Palio (Stradone) .... AX 38
Redentore (Via) .... BV 40
Regaste Redentore .... BV 42
Roma (Via) .... AVX 46
S. Anastasia (Corso) ...... BV 50
S. Chiara (Via) .... BV 52
S. Cosimo (Via) .... BV 53
S. Francesco (Via) .... BX 54
S. Tomaso (Piazza) .... BV 55
SS. Trinità (Via) .... BX 56
Signori (Pza dei) .... BV
Sottoriva (Via) .... BV 58
Stella (Via) .... BV 59
Tezone (Via) .... BX 60

Loggia del Consiglio .... BV E
Museo archeologico .... BV M1
Palazzo del Comune .... BV D
Palazzo del Governo .... BV P
Palazzo Maffei .... BV B
Palazzo dei Tribunali .... BV J1

carnet pratique

Restauration

• ***À bon compte***

La Stueta – *Via Redentore, 4/b - ☎ 045 80 32 462 - fermé lun., mar. à midi, 7 au 14 janv., 4 au 25 juil. - 21/25€.* Tout près de l'amphithéâtre romain, cette trattoria traditionnelle, tant par son décor que par sa cuisine, vous propose des plats substantiels à des prix raisonnables. Particulièrement conseillée aux amateurs de polenta.

San Basilio alla Pergola – *Via Pisano, 9 - ☎ 045 52 04 75 - fermé 1er au 15 janv., 14 au 21 sept. - 21/31€.* Une agréable atmosphère de campagne flotte dans les deux salles de ce restaurant, aménagées dans un style rustique avec un très joli parquet. Plats traditionnels préparés avec soin et un bon rapport qualité/prix.

• ***Valeur sûre***

Ciccarelli – *Via Mantovana, 171, Località Madonna di Dossobuono - 8 km au SO de Vérone sur la S 62 en direction de Mantoue - ☎ 045 95 39 86 - fermé ven. soir et sam., 3 au 16 août - ▤ - 25/31€.* Une trattoria véritablement traditionnelle dont les spécialités sont sans aucun doute les viandes grillées et les *bolliti* (bouillis). Vaste choix de légumes crus ou cuits et délicieux desserts maison. Si vous êtes tout seul, vous devrez certainement partager votre table. Les misanthropes sont prévenus.

Hébergement

À l'occasion de manifestations commerciales ou touristiques, les prix des hôtels pourraient subir une légère hausse : informez-vous au moment de la réservation.

• ***Valeur sûre***

Cavour – *Vicolo Chiodo, 4 - ☎ 045 59 01 66 - fax 045 59 05 08 - fermé 9 janv. au 9 fév. - ⊭ ▤ - 22 ch. : 73/117€ - ☕ 9€.* Vous pourriez presque écouter les plus beaux opéras confortablement installé dans votre chambre, s'il ne vous manquait la magie de les « vivre » en vrai à l'Arena. Cet hôtel tranquille et très central propose des chambres simples et modernes, dont certaines avec poutres apparentes.

Hotel Torcolo – *Vicolo Listone, 3 - ☎ 045 80 07 512 - fax 045 80 04 058 - fermé 7 janv. au 8 fév. - ▤ - 19 ch. : 70/99€ - ☕ 10,30€.* Voici une bonne solution pour loger dans le centre sans se ruiner, ce qui n'est pas facile à Vérone. Les gérants sont dynamiques, et les chambres agréables, dont certaines décorées en style rétro. Le petit-déjeuner est servi dans la chambre ou à l'extérieur lorsque cela est possible.

Calendrier

La saison lyrique de l'Arena qui attire tous les mélomanes du monde est l'un des atouts de la belle Vérone.

se promener

Une promenade dans la ville vous permettra de découvrir les plus belles rues et places de Vérone, ainsi que ses églises et ses théâtres. Partons de la piazza delle Erbe.

Piazza delle Erbe★★

Ancien forum romain, c'est aujourd'hui une jolie place particulièrement colorée et animée les jours de marché.

Dans l'axe central s'alignent la colonne du Marché, le « Capitello » ou « Tribuna » (16e s.), tribune où étaient lus les décrets et les sentences, la fontaine de Madonna Verona surmontée d'une statue romaine personnifiant la ville, et la colonne de St-Marc (1523) portant le lion ailé, symbole de Venise.

Autour de la place, palais et maisons anciennes, dont certaines sont encore ornées de colonnes de marbre et de fresques, composent un cadre séduisant ; remarquer sur le côté Nord le **palais Maffei**, baroque.

Dans la via Cappello (au n° 23) se trouve la **maison de Juliette** (Casa di Giulietta), palais gothique qui aurait appartenu aux Capulet, avec, dans la cour intérieure, le célèbre « balcon de Juliette ». *Tlj sf lun. 9h-18h30.* 3,10€. *☎ 045 80 34 303.*

Piazza dei Signori★★

Par la via della Costa, on pénètre sur cette élégante place qui a l'aspect d'un salon en plein air. À droite, le **Palazzo del Comune**, dit aussi Palazzo della Ragione, du 12e s., est dominé par la **tour des Lamberti**, en brique et en pierre, avec un couronnement octogonal ; une arche le relie au **Palazzo dei Tribunali**, anciennement « del Capitano », flanqué d'une massive tour en brique, le torrione Scaligero. Sur le côté opposé, la **Loggia del Consiglio** est un élégant édifice vénitien de la Renaissance. *Tour : tlj sf lun. 9h-18h30. Fermé 25 et 26 déc. Ascenseur : 2,07€, escalier 1,55€. ☎ 045 80 32 726.*

Au fond de la place et la fermant, la **préfecture** occupe un **palais** de la fin du 13e s., couronné de merlons et s'ouvrant par un beau portail classique (1533) dû à Sanmicheli, qui fut résidence des Scaliger puis des podestats vénitiens.

Arche Scaligere★★

Les Scaliger firent élever leurs tombeaux (ou *arche*) entre leur palais et leur église. Les sarcophages portent les blasons de la famille avec l'échelle *(scala)* symbolique. Ce sont d'élégants mausolées gothiques entourés d'une balustrade en marbre avec une grille en fer forgé, décorés de scènes religieuses et de statues de saints.
Au-dessus de la porte de l'église romane **S. Maria Antica** se trouve le tombeau du populaire Cangrande Ier (mort en 1329) juché sur un cheval *(original au musée du Castelvecchio)*.

Duomo★

Roman pour le chœur, gothique pour la nef, il a été rehaussé d'une tour classique. Remarquable portail principal, de style roman lombard, orné de sculptures et de bas-reliefs de maître Nicolò. À l'intérieur, on admire notamment les piliers de marbre rose, une *Assomption* de Titien *(1er autel de gauche)* et la clôture du chœur en marbre due à Sanmicheli (16e s.).
Le quartier des chanoines qui entoure la cathédrale est amusant à parcourir.

visiter

Arena★★

Tlj sf lun. 9h-18h30 (pendant la saison lyrique 9h-15h, ouvert lun.). 3,10€. ☎ 045 8003 204.
Ce splendide amphithéâtre, l'un des plus grands du monde romain, peut contenir, sur ses 44 étages de gradins, quelque 25 000 spectateurs. Son appareillage de blocs de marbre rose, de silex et de briques agglomérés, permet de situer sa construction vers la fin du 1er s. Chaque été, de prestigieuses représentations lyriques y sont données.
Du sommet des gradins, ample **panorama★★** sur la ville, son cadre de collines et, par temps clair, jusqu'aux Alpes.

Castelvecchio et Ponte Scaligero★★

Ce bel ensemble fortifié a été construit en 1354 par Cangrande II. Le château est formé de deux parties séparées par un passage que commande un donjon. Le Castelvecchio abrite un **musée d'Art★★**, brillante œuvre de la muséologie moderne due à l'architecte Carlo Scarpa. Sa **section de peinture** permet de se faire une bonne idée de la peinture véronaise du 12e au 16e s., dans ses rapports avec Venise et le gothique international *(voir p. 84)*. Fresques de peintres locaux, peintures de Stefano da Verona, Pisanello, Giambono, Carlo Crivelli (splendide *Madone de la Passion*), Mantegna, Carpaccio, ainsi que des Bellini.
Les salles supérieures présentent des œuvres de l'école véronaise de la Renaissance : Morone, Liberale da Verona *(Vierge au chardonneret)*, Girolamo dai Libri et Véronèse. On voit également des œuvres vénitiennes du Tintoret, Guardi, Tiepolo et Longhi. Le musée réunit aussi des collections d'armes, de bijoux et de sculptures. *Musée : tlj sf lun. 9h-19h (la billetterie ferme à 18h30). Fermé 1er janv., 25 et 26 déc. 3,10€, gratuit le 1er dim. du mois. ☎ 045 59 47 34.*

S. Zeno Maggiore★★

Accès par le largo D. Bosco. Voir plan d'agglomération du Guide Rouge Italia. Construite sur plan basilical, en style lombard, au 12e s., elle compte parmi les plus belles églises romanes d'Italie du Nord. L'extérieur est remarquable pour son décor de bandes lombardes et d'arcatures en façade, et l'alternance sereine des assises de brique et de pierre sur les côtés et le campanile. Le porche reposant sur deux lions abrite d'admirables **portes★★★** en bronze (11e et 12e s.) où sont figurées des scènes de l'Ancien et du Nouveau Testament. De part et d'autre du portail, bas-reliefs dus aux maîtres Nicolò et Guglielmo (12e s.) ; au tympan, statue de saint Zénon, patron de la ville.
L'intérieur impose par la nudité et la hauteur de sa nef, coiffée d'une charpente en berceau continu, flanqué de deux demi-berceaux. Le maître-autel est surmonté d'un splendide **triptyque★★** (1459) de **Mantegna**, remarquable témoignage de la manière de l'artiste, dont les compositions se caractérisent par leur rigueur et le rendu scuptural de ses figures, ainsi que par leur richesse d'ornementation. Sur la clôture du chœur, statues du 14e s. et, dans l'absidiole de gauche, curieuse statue polychrome du « saint Zénon qui rit ».
Sur le flanc gauche de l'église, petit cloître roman.

S. Anastasia★

Mars-oct. : 9h-18h, dim. et j. fériés 13h-18h ; nov.-fév. : 10h-13h, 13h30-16h, dim. et j. fériés 13h-17h. 2,07€. Pour toute information, s'adresser à l'Association Églises vivantes (Associazione Chiese Vive) ☎ 045 59 28 13 ; www.veronatuttintorno.it

Commencée à la fin du 13e s., achevée au 15e s., elle présente une belle façade percée d'un double portail du 14e s., décoré de fresques et de sculptures. Remarquable campanile. L'intérieur, ample et élancé, renferme plusieurs chefs-d'œuvre : quatre **effigies d'apôtres** peintes par Michele da Verona ; la célèbre fresque de **Pisanello** *(au-dessus de la chapelle des Pèlerins, à droite du maître-autel)*, ***Saint Georges délivrant la princesse de Trébizonde***★★ (1436), scène irréelle où se mêlent étrangement la précision de l'observation et le fantastique gothique ; dix-sept **terres cuites**★ de Michele da Firenze *(chapelle des Pèlerins)* ; ***Les Guerriers de la famille Cavalli présentés à la Vierge***★ (1380), fresque votive du Véronais Altichiero *(1re chapelle du croisillon droit)*.

S. Fermo Maggiore★

Elle fut construite aux 11e et 12e s., puis remaniée. Sa façade juxtapose les styles roman et gothique. L'intérieur, à nef unique, est coiffé d'une jolie charpente en carène renversée à multiples ressauts. En entrant à gauche, la fresque de l'***Annonciation***★ par **Pisanello** encadre le mausolée Brenzoni (1430).

Teatro romano★

Tlj sf lun. 9h-18h30 (pendant la saison théâtrale estivale 9h-15h). Fermé 1er janv., 25 déc. 2,58€, gratuit le 1er dim. du mois. ☎ 045 80 00 360.

Datant d'Auguste mais très restauré, il accueille aujourd'hui encore des représentations théâtrales.

De là, on peut monter *(ascenseur)* à l'ancien **couvent S. Girolamo**, où est installé le petit **Musée archéologique** et d'où l'on a une belle **vue** sur la ville. *Musée : mêmes conditions de visite (et même billet) que pour le Théâtre romain.*

Castel S. Pietro

Accès par un escalier prenant sur la Regaste Redentore. Des terrasses de l'édifice, dont la construction remonterait à l'époque des Visconti et de la domination vénitienne, on découvre de splendides **vues**★★ sur Vérone.

Tomba di Giulietta

Via del Portiere. Tlj sf lun. 9h-19h (la billetterie ferme à 18h30). Fermé 1er janv., 25 et 26 déc. 2,58€. ☎ 045 80 00 361.

Le tombeau de Juliette se trouve dans le cloître de l'église S. Francesco al Corso, où aurait eu lieu le mariage des deux jeunes gens.

Versilia★

Jouissant d'un climat agréable, la Versilia est une terre de contrastes où la montagne (barrière naturelle contre les vents du Nord) cohabite avec la mer, et où les douces collines côtoient une plaine verdoyante bordant la côte, formée au quaternaire par les alluvions des torrents des sommets voisins. Le long de la mer se succèdent de belles stations balnéaires dont les plages de sable fin peuvent atteindre 100 m de long et s'enfoncent progressivement dans la mer, ce qui les rend accessibles aux familles avec des enfants en bas âge. De la côte, on aperçoit les sommets des Alpes apuanes qui recèlent les merveilleuses carrières de marbre blanc, de marbre rouge et d'ardoise du Nord de la Versilia. À l'intérieur des terres et sur les hauteurs, la nature reprend le dessus et les petits villages traditionnels, entourés d'oliviers et de châtaigniers, font oublier la foule qui envahit le bord de mer.

Les Alpes apuanes, devenues parc naturel, comprennent les villages de Camaiore, Pietrasanta, Seravezza et Stazzema, et se prêtent à une multitude d'activités : du vol à voile au trekking à cheval, de l'escalade à la spéléologie.

La situation

Carte Michelin no 430 J 12 – K12/13 – Voir aussi Le Guide Vert TOSCANE – Toscane.

Pour aller en Versilia, empruntez l'autoroute qui va de Gênes à Livourne ou celle de Florence à la mer. ℹ *Office de tourisme Versilia, Bureau d'informations, via G. Donizetti, 14, 55045 Pietrasanta (Lucques), ☎ 0584 20 331 ; Viale Carducci, 10, 55049 Viareggio (Lucques), ☎ 0584 96 22 33.*

Pour poursuivre la visite, voir les chapitres LUCCA et PISA.

carnet pratique

RESTAURATION

• *À bon compte*

Rino – *Via della Chiesa, 8 - 55040 Bargecchia - 4 km au S de Camaiore - ☎ 0584 95 40 00 - fermé mar. (oct.-juin) - 13/22€.* Dans le centre du village, ce restaurant vous propose une cuisine traditionnelle (pâtes fraîches et viandes au grill) dans un cadre non moins traditionnel. Joli jardin pour manger dehors en été et possibilité de louer l'une des chambres attenantes au restaurant.

Mokambo – *Viale della Repubblica, 4 - 55042 Forte dei Marmi - ☎ 0584 89 446 - fermé mer. - ▤ ⊁ - 13/31€ + 10 % serv.* Après une journée à la mer, c'est le lieu idéal pour manger une bonne pizza (goûtez celle préparée avec une pâte à pita), un sandwich ou un repas complet à base de poisson frais. Ce restaurant, animé et spacieux, est fréquenté aussi bien par des groupes de jeunes que par des familles.

Osteria alla Giudea – *Via Barsanti, 4 - 55045 Pietrasanta - ☎ 0584 71 514 - fermé lun. - ▤ - réserv. conseillée - 17,50/22,50€ + 10 % serv.* Ce sont les propriétaires eux-mêmes qui préparent, dans la cuisine ouverte, les plats du jour indiqués sur le tableau à l'entrée. Les tables en marbre et fer forgé vous feront penser à un bistrot bien de chez nous, mais les plats sont vraiment de la région.

• *Valeur sûre*

Il Centro Storico – *Via Cesare Battisti, 66 - 55041 Camaiore - ☎ 0584 98 97 86 - fermé lun. - 23/34€.* Une trattoria simple, à l'ambiance familiale, et des plats typiques de la région avec des spécialités à base de truffes et de champignons « cuisinés à toutes les sauces ». L'établissement loue également quelques chambres bien tenues.

Il Puntodivino – *Via Mazzini, 229 - 55049 Viareggio - ☎ 0584 31 046 - fermé à midi du 15 juil. au 31 août, 7 au 28 janv. - ▤ - 23,24/31€.* Une ambiance jeune et sympathique pour un déjeuner rapide en choisissant parmi les plats du jour inscrits sur le tableau à l'entrée. Le soir, la carte est plus étoffée et les menus dégustation sont particulièrement intéressants. Un bon choix de vins, à des prix abordables.

Trattoria al Porto – *Via Coppino, 319 - 55049 Viareggio - ☎ 0584 38 38 78 - fermé dim. et lun. à midi, 15 déc. au 15 janv. - ▤ - réserv. conseillée - 31/36€.* Il vous faudra réserver plusieurs jours à l'avance pour pouvoir manger dans ce restaurant toujours plein ! Les spécialités de la mer vous seront proposées de vive voix, d'une façon joviale et amusante, et sont toujours préparées avec des produits extra-frais.

HÉBERGEMENT

• *À bon compte*

Hotel Grande Italia – *Via Torino, 5 (à Tonfano) - 55044 Marina di Pietrasanta - ☎ 0584 20 046 - fax 0584 24 350 - fermé 20 sept. à mai - ⊭ P - 23 ch. : 41/73€ - ☕ 7€ - restaurant 16/21€.* Une maison populaire du début du 20e s., presque inchangée, qui plaira certainement aux amateurs d'atmosphère rétro. L'ambiance simple et familiale et la pinède environnante vous garantissent un séjour agréable et tranquille.

• *Valeur sûre*

Albergo Dei Cantieri – *Via Indipendenza, 72 - 55049 Viareggio - ☎ 0584 38 81 12 - fax 0584 38 85 61 - fermé 20 au 30 nov. - ⊭ - 7 ch. : 50/85€ ☕.* Au bord de la pinède, au Sud de la ville, deux pavillons d'une maison de maître aménagés avec goût. Si le temps le permet, vous pourrez prendre votre petit-déjeuner dans le petit kiosque du jardin. Hôtel et chambres bien tenus.

Hotel Sylvia – *Via Manfredi, 15 - 55043 Lido di Camaiore - ☎ 0584 61 79 94 - fax 0584 61 79 94 - fermé oct.-mars - P - 21 ch. : 51,64/63,13€ - ☕ 7,75€.* Une pension familiale, simple et agréable, entourée d'un joli jardin et située dans une zone tranquille, non loin de la mer. Chambres lumineuses et spacieuses et cuisine authentique. Au rez-de-chaussée, une bibliothèque est à la disposition des hôtes.

Hotel Arcangelo – *Via Carrara, 23 - 55049 Viareggio - ☎ 0584 47 123 - fax 0584 47 314 - fermé oct.-Pâques - 19 ch. : 51,65/64,56€ - ☕ 6,20€ - restaurant 18/21€.* Bien qu'elle soit située non loin de la grande route qui longe la mer, cette maison transformée en hôtel est tranquille et dispose d'un plaisant jardin intérieur. Espaces communs soignés et chambres simples de style années 1950. Accueil agréable.

Hotel Pardini – *Viale Carducci, 14 - 55049 Viareggio - ☎ 0584 96 13 79 - fax 0584 96 16 79 - hotelpardini@virgilio.it - fermé 20 j. en nov. - ♿ - 14 ch. : 67,14/92,96€ - ☕ 7,75€.* Sur la promenade de Viareggio, à proximité des plages, des restaurants et des commerces, cet hôtel familial vous promet un séjour tranquille et agréable. Des chambres spacieuses, décorées dans un style moderne et simple, et un service soigné et attentionné.

PETITE PAUSE

Pasticceria Bar Fappani – *Viale Marconi, bord de mer - 55049 Viareggio - ☎ 0584 96 25 82 - mar.-dim. 8h-24h.* Avec sa grande terrasse face à la mer, voici une bonne adresse qui satisfera les gourmands. Géré en famille depuis 1921, ce bar-pâtisserie vous offre un accueil chaleureux dans un cadre reposant.

SORTIES

Discothèques de la Versilia – *Le bord de mer entre Lido di Camaiore et Forte dei Marmi - 55042 Forte dei Marmi.* Chaque soir, le bord de mer est dédié à la danse. De Viareggio à Forte dei Marmi, les discothèques se suivent et ne se ressemblent pas. La « Bussola », créée en 1970, est la plus ancienne et c'est elle qui a fait de la

Versilia un haut lieu de la nuit. Les noctambules entre 25 et 30 ans se retrouvent généralement au « Seven Apples » équipé d'une piscine, ou à la « Capannina », qui organise l'été des soirées à thème avec orchestre. Les jeunes de la région fréquentent quant à eux le « Faruck », l'« Agorà » et le « Midho » (qui comprend une salle, le « Kupido », réservé à la musique techno). Enfin, à la sortie de Forte dei Marmi se trouve la « Canniccia », point de rencontre des plus de 30 ans, qui dispose de 4 pistes de danse et d'un grand jardin.

Agorà – *Viale Cristoforo Colombo, 666 - 55043 Lido di Camaiore - ☎ 0584 61 04 88 - mer.-jeu. et sam. 21h-4h.*

Faruk – *Viale Roma, 53/55, Tonfano - 55044 Marina di Pietrasanta - ☎ 0584 21 57 8/ 05 84 21 744 - jeu.-sam. 24h-4h.*

La Bussola – *Viale Roma, 44, Focette - 55044 Marina di Pietrasanta - ☎ 0584 22 737 - jeu.-dim. 22h-4h.*

La Canniccia – *Via Unità d'Italia, 1, sortie A 12 Versilia. - 55044 Marina di Pietrasanta – ☎ 0584 23 225/ 0584 74 56 85 - ven.-dim. 23h-4h30.*

La Capannina – *Viale della Repubblica, 18 - 55042 Forte dei Marmi - ☎ 0584 80 169 - ven.-sam. 17h30-5h.*

Midho' e Kupido – *Viale Achille Franceschi, 12 - 55042 Forte dei Marmi - ☎ 0584 89 114 - ven.-sam. et mar. 23h30-4h.*

Seven Apples – *Viale Roma, 109, Focette. - 55044 Marina di Pietrasanta - ☎ 0584 20 458/0584 22 433 - www.geniusnet.it/seven - ven.-dim. 20h30-4h.*

Achats

Atelier de carton-pâte – *Via Morandi - 55049 Viareggio - visite organisée. Informations piazza Mazzini.* Des masques et des statues en carton-pâte, qui peuvent atteindre des dimensions impressionnantes, sont fabriqués chaque année à l'occasion du célèbre carnaval de Viareggio. Dans cet atelier, vous pourrez observer les artistes au travail et acheter l'une de leurs œuvres.

circuit

MARBRE, MER ET LAC

50 km environ. Compter une demi-journée.

Carrara (Carrare)

Les carrières de marbre : le paysage farouche et le travail gigantesque effectué par les hommes autour de ces carrières offrent un extraordinaire spectacle. Des **carrières de Fantiscritti★★** *(5 km au Nord-Est)*, sauvages et impressionnantes, et de celles de **Colonnata★** *(8,5 km à l'Est)*, dans un décor verdoyant, les blocs sont acheminés vers la plaine. **Marina di Carrara** *(7 km au Sud-Ouest)* est le port d'exportation des marbres.

Marina di Massa et Marina di Carrara

Après quelques kilomètres d'un littoral un peu plus sauvage, ces deux stations (séparées par le port où sont entassés les blocs de marbre destinés à l'exportation) comportent de belles constructions du début du siècle.

Forte dei Marmi⛱⛱⛱

Enfouie dans une forêt de pins, cette élégante station balnéaire fréquentée par des artistes et par la jet-set italienne offre une plage accueillante, bordée de cabines multicolores. En regardant vers le Nord, on peut apercevoir les montagnes ligures qui, plongeant dans la mer, interrompent la continuité de la côte de la Versilia.

Marina di Pietrasanta⛱⛱

Comme le Lido di Camaiore, cette partie du littoral, qui regroupe les localités de Focette, Motrone, Tonfano et Fiumetto, porte le nom du village situé à l'intérieur des terres, au pied des montagnes.

La station balnéaire de Marina di Pietrasanta est bordée par une plage bien équipée de plus de 5 km. Les jolies allées qui traversent la pinède sont très agréables à parcourir à pied ou en vélo. La ville est également pourvue de nombreuses infrastructures sportives et la vie nocturne y est très animée.

À la sortie de Marina di Pietrasanta, juste après la rivière et légèrement en retrait par rapport à la plage, se trouve le **parc de la Versiliana** (petit bois d'environ 80 ha), dont la villa accueillit régulièrement Gabriele d'Annunzio au début du siècle. Le parc est traversé par d'agréables allées et durant les mois d'été, s'y déroulent diverses manifestations culturelles.

Lido di Camaiore⛱⛱

La station balnéaire du Lido di Camaiore touche Viareggio mais elle est plus moderne et plus familiale que sa prestigieuse voisine. Partageant la même plage de sable fin et les mêmes pinèdes, elle offre également une jolie promenade en bord de mer.

Après le Lido di Camaiore, la route qui longe la côte devient plus aérée et plus verdoyante. Les hôtels y sont plus éloignés les uns des autres et sont situés en pleine nature, ce qui permet de jouir d'une belle vue sur les Alpes apuanes toutes proches.

Viareggio☼☼

Viareggio est une agréable station balnéaire offrant de belles plages et de multiples distractions. Le viale Regina Margherita et le viale Guglielmo Marconi, dans le prolongement du premier, qui furent reconstruits en peu de temps, feront le bonheur des amateurs d'architecture de la fin des années 1920, de style Liberty et d'Art déco. Ce mélange des styles est parfaitement illustré par le **Gran Caffè Margherita**, dont les coupoles comportent des éléments baroques très colorés.

À **Torre del Lago Puccini** *(5 km au Sud-Est)*, **Puccini** écrivit ses opéras *La Bohème, Madame Butterfly* et *La Tosca*. Dans la **villa Puccini**, on peut voir le tombeau du musicien et quelques souvenirs de sa vie. *Villa : tlj sf lun. 10h-12h30, 15h-18h30 (hiver 17h30). Fermé nov., 25 déc. 3,62€, gratuit le 29 nov. ☎ 0584 34 14 45 ; www.giacomopuccini.it*

Lara Pessina/MICHELIN

L'atmosphère d'antan sur le viale Regina Margherita, à Viareggio

Massaciuccoli*

Rejoindre la Via Aurelia (S 1), direction Viareggio, et sortir à Torre del Lago. En suivant cette route, vous traverserez une partie du parc naturel **Migliarino-San Rossore-Massaciuccoli**. C'est dans ce parc que se trouvent le lac (1,60 m de profondeur en moyenne) et le marais de Massaciuccoli, et ce qui reste de l'ancienne forêt pisane qui s'étendait depuis les environs de La Spezia jusqu'à Castiglioncello au Sud de Livourne. La faune du lac est particulièrement riche : on y trouve de nombreux poissons et tortues et plus de 250 espèces d'oiseaux, dont certaines très rares, qui vivent, nidifient ou s'arrêtent pendant leur migration à proximité du lac. L'immense forêt qui couvre le reste du parc témoigne de l'introduction massive, à partir du 16ᵉ s., du pin et ce, malgré la présence d'autres espèces.

Vicenza★★

Vicence

Noble et fière, un centre industriel et commercial actif qui ajoute aux traditionnelles productions textiles le travail particulier de l'orfèvrerie, ainsi que les industries mécaniques et chimiques. Vicence est aussi un important carrefour de routes reliant la Vénétie au Trentin. Mais, pour les amateurs d'art, Vicence est d'abord la ville de Palladio, l'architecte des palais, des villas et du Teatro Olimpico.
La ville possède une spécialité gastronomique, la *baccalà alla Vicentina*, morue en sauce accompagnée de tranches de polenta ; on la déguste avec les vins venant des monts Berici (barbarano, gambellara, breganze).

La situation

109 738 habitants – Carte Michelin n° 429 F 16 – Plan dans l'Atlas Michelin Italie – Vénétie. Vicence se trouve dans un joli site au pied des monts Berici. On y arrive par l'A 4. *Piazza Matteotti, 12, ☎ 0444 32 08 54.*
Pour poursuivre la visite, voir les chapitres LAGUNA VENETA, PADOVA et VERONA.

comprendre

Peuplée dès la préhistoire, occupée par les Romains sous le nom de *Vicetia*, la ville fut commune libre au 12e s. Après plusieurs conflits avec ses voisines, Padoue et Vérone, Vicence se mit sous la protection de la République de Venise dès le début du 15e s. Sous le gouvernement de celle-ci, Vicence s'enrichit, grâce à d'orgueilleux et généreux mécènes, d'un nombre impressionnant de palais.

Andrea Palladio

Cette activité architecturale qui lui a valu d'être surnommée la « Venise de Terre-Ferme » est principalement redevable à un artiste exceptionnel qui vécut longtemps à Vicence, Andrea Palladio. Né à Padoue en 1508, mort à Vicence en 1580, Palladio fut le dernier grand architecte de la Renaissance qui réussit, dans un art d'un équilibre suprême, la synthèse de la leçon antique et des préoccupations modernes. Encouragé par l'humaniste Trissino, il entreprit plusieurs voyages à Rome, médita l'enseignement de Vitruve et publia en 1570 le fruit de ses recherches dans le traité des ***Quatre Livres de l'architecture*** qui fit connaître son œuvre dans l'Europe entière.

Le **style palladien** se caractérise par la rigueur du plan où les formes simples et symétriques prédominent, par l'harmonie musicale des façades qui combinent le fronton et le portique, comme à S. Giorgio Maggiore de Venise *(voir Venise)*. Palladio travailla pour la riche clientèle vénitienne qui souhaitait se faire construire des demeures dans la campagne voisine. À l'ordonnance rythmique du plan, à la noblesse du dessin, l'architecte ajouta, dans le cas de ces constructions isolées, une science parfaite du décor et de l'implantation, donnant de l'importance au socle, de telle sorte que ces villas surgissent comme de nouveaux temples sur les rives du Brenta *(voir ce nom)* ou sur les pentes des monts Berici.

L'élève de Palladio, **Vincenzo Scamozzi** (1552-1616), acheva plusieurs œuvres du maître et continua sa manière.

visiter

Piazza dei Signori★★

Comme la place St-Marc à Venise, elle est un lieu de réunion en plein air, survivance du forum antique ; comme sur la « piazzetta », deux colonnes y sont dressées, portant le lion de St-Marc et le Rédempteur.
Avec l'altière **Torre Bissara★**, tour-beffroi du 12e s., la **Basilica★★** (1549-1617) occupe un côté de la place : c'est, pour l'élévation, un chef-d'œuvre de **Palladio**, aux galeries superposées, d'ordres dorique et ionique, admirables de force, de proportions et de pureté ; le grand toit en carène, détruit par un bombardement, a été refait. La destination de l'édifice n'était nullement religieuse : là se rassemblaient les notables. *Tlj sf lun. 9h-17h.* 1,03€, *6,71€ Carte Musées. ☎ 0444 32 36 81 ; www.comune.vicenza.it*

En face, des fresques ornent le **Mont-de-Piété** (15e s.), dont les bâtiments encadrent la façade baroque de l'église S. Vincenzo. À gauche, au coin de la contrà del Monte, la **Loggia del Capitanio★**, autrefois résidence du gouverneur de Venise, fut

carnet pratique

RESTAURATION

• ***À bon compte***

Al Pestello – *Contrà Santo Stefano, 3 - ☎ 0444 32 37 21 - fermé dim., 24 au 30 mai, 10 au 30 oct. - 18/34€.* Dans la salle décorée d'une grande fresque ou sur l'agréable terrasse, vous pourrez choisir parmi les délicieux plats traditionnels proposés sur la carte écrite en dialecte local.

• ***Valeur sûre***

Antica Osteria da Penacio – *Via Soghe, 22 (località Soghe) - 36077 Arcugnano - 10 km au S de Vicence sur la S 247 - ☎ 0444 27 30 81 - fermé mer., jeu. à midi, 20 au 30 janv., 20 au 30 juil., 20 au 30 oct. - ▤ - 24/31€.* L'enseigne extérieure ne laisse en aucun cas soupçonner l'élégance de l'intérieur. Les deux salles décorées dans un style moderne et la minuscule, mais très bien fournie, œnothèque, font de ce restaurant le cadre idéal pour déguster une cuisine de qualité.

HÉBERGEMENT

• ***Valeur sûre***

Hotel Victoria – *Strada padana vers Padoue 52 - 7 km à l'E de Vicence sur la SS 11 - ☎ 0444 91 22 99 - fax 0444 91 25 70 - P ▤ ♿ - 56 ch. : 55/62€ ☕.* Cet hôtel bien équipé offre des prix abordables, ce qui est plutôt rare à Vicence. Chambres spacieuses et appartements de style classique, fonctionnels et confortables. Près de l'autoroute et non loin du centre, il s'avère très pratique pour ceux qui arrivent en voiture.

• ***Une petite folie !***

Giardini – *Via Giuriolo, 10 - ☎ 0444 32 64 58 - fax 0444 32 64 58 - fermé 23 déc. au 3 janv. - P ▤ ♿ - 17 ch. : à partir de 103,29€ ☕.* À deux pas du Teatro Olimpico, un petit hôtel dont l'extérieur, de style « villa vénitienne », rend hommage au grand Palladio. L'établissement est confortable et les chambres, au mobilier moderne, sont accueillantes.

commencée sur les plans de Palladio en 1571 et resta inachevée : elle est caractérisée par son ordre colossal à chapiteaux composites, ses statues et ses stucs évoquant la victoire de Lépante.

Teatro Olimpico★★

(♿) Juil.-août : tlj sf lun. 9h-19h ; sept.-juin : 9h-17h. 6,71€. ☎ 0444 22 28 00 ; www.comune.vicenza.it

Ce splendide théâtre de bois et de stucs fut dessiné en 1580 par Palladio sur le modèle des théâtres antiques. L'hémicycle des gradins est surmonté d'une très belle **colonnade** dont la balustrade porte des statues. La **scène**★★★ est admirable : des niches, des colonnes, des statues s'y superposent et laissent entrevoir d'étonnantes perspectives en trompe-l'œil dessinées par **Scamozzi** qui acheva les travaux.

Corso Andrea Palladio★

C'est la grande artère de Vicence ; de nombreux palais dessinés par Palladio et ses élèves l'embellissent, ainsi que les rues avoisinantes. Au début du corso, le **palais Chiericati**, œuvre suggestive et imposante de l'architecte ; au n° 147, le **palais Da Schio**, de style gothique vénitien (15e s.), jadis appelé Ca' d'Oro parce qu'il était couvert de fresques à fond d'or. Dans la contrà S. Gaetano Thiene, la façade orientale du **palais Thiene** est une œuvre originale de Palladio ; la façade principale, Renaissance, date de la fin du 15e s. *(au n° 12, contrà Porti)*. En face se dresse le **palais Porto-Barbaran**, également dessiné par Palladio. Au n° 98 du corso, le **palais Trissino** est une œuvre très réussie de Scamozzi (1592). Le solennel **palais Valmarana**, élevé par Palladio en 1566, occupe le n° 16 du corso Fogazzaro.

Museo Civico★

Au 1er étage du palais Chiericati. ♿ Juil.-août : tlj sf lun. 9h-19h ; sept.-juin : tlj sf lun. 9h-17h. Fermé 1er janv., 25 déc. 6,71€ avec l'entrée aux autres musées de Vicence. Pour toute information ☎ 0444 32 13 48.

La musée rassemble des primitifs vénitiens (Paolo Veneziano : *Dormition de la Vierge*), la ***Crucifixion***★★ de Hans Memling, chef-d'œuvre du musée, des toiles de Bartolomeo Montagna (élève de Giovanni Bellini très actif à Vicence), de Mantegna et de Carpaccio.

On voit également des œuvres vénitiennes de L. Lotto, Véronèse, Bassano, Piazzetta, Tiepolo, le Tintoret, ainsi que des œuvres flamandes de Bruegel de Velours et Van Dyck.

S. Corona

Contrà S. Corona. L'église fut bâtie au 13e s. pour abriter la sainte Épine offerte par Saint Louis, roi de France, à l'évêque de Vicence. L'intérieur, à trois nefs ogivales et chœur Renaissance, recèle deux chefs-d'œuvre : un ***Baptême du Christ***★★ de **Giovanni Bellini** *(5e autel de gauche)* et une ***Adoration des Mages***★★ (1573) de **Véronèse** *(3e chapelle de droite)*. La 4e chapelle de droite possède un beau **plafond**★ à compartiments peints et stucs dorés, et une peinture de B. Montagna : *Marie-Madeleine et saints.*

Duomo

Élevé entre les 14e et 16e s., il présente une jolie façade bicolore gothique et un chevet Renaissance. À l'intérieur, beau **polyptyque★** (1356) de Lorenzo Veneziano (*5e chapelle de droite*).

Giardino Salvi

Ce jardin qu'agrémentent statues et fontaine est entouré sur deux côtés de canaux dans lesquels se reflètent deux ravissantes loggias de style palladien des 16e et 17e s.

alentours

Villa Valmarana « ai Nani »★★

2 km au Sud, par la route d'Este, puis 1re route à droite. Mai-sept. : tlj sf lun., mar. et ven. matin 10h-12h, 15h-18h ; oct.-avr. : tlj sf lun., mar. et ven. matin 10h-12h, 14h30-17h30. Fermé 6 nov. au 14 mars. 5,16€, 20,66€ Carte Villas. ☎ 0444 32 18 03.
Dans cette villa du 17e s., **Giambattista et Giandomenico Tiepolo** ont brossé en 1757 de remarquables **fresques★★★** pleines de verve et de saveur, qui évoquent divers aspects de la vie quotidienne en Vénétie, notamment le carnaval, thème cher à cet artiste.

La Rotonda★

2 km au Sud-Est, par la route d'Este, puis 2e route à droite. Tlj sf lun. 10h-12h, 15h-18h (visite de l'intérieur uniquement le mer.). Fermé 6 nov. au 14 mars. 5,16€ pour l'intérieur, 2,58€ pour le jardin. ☎ 0444 32 17 93.
C'est l'une des œuvres les plus célèbres de Palladio. Surmontée d'un dôme, elle est bâtie sur un plan carré. Chacun des flancs s'ouvre par un fronton à colonnes qui évoque un temple antique.

Basilica di Monte Berico e monti Berici★

2 km au Sud, par le viale Venezia, puis le viale X Giugno. Un portique du 18e s. pourvu de chapelles flanque le viale X Giugno jusqu'au sommet de la colline, où s'élève la basilique de style baroque, coiffée d'un dôme. De l'esplanade, vaste **panorama★★** sur Vicence, la plaine de Vénétie et les Alpes. La sacristie conserve l'une des célèbres ***Cènes*** de **Véronèse**, la ***Cène de S. Grégoire le Grand*★★★**. Dans l'église, on trouve également la *Pietà* de B. Montagna (1500).

De la basilique, une route parcourt les monts Berici, riantes collines volcaniques, et conduit à Arcugnano et Barbarano. On aperçoit de temps à autre des villas patriciennes, parfois transformées en fermes.

Montecchio Maggiore

13 km au Sud-Ouest, par la route S 11. Les ruines de deux châteaux évoquent le souvenir de Roméo et Juliette ; on y jouit de belles **vues★** sur la plaine du Pô et Vicence.

À la sortie de Montecchio, route de Tavernelle, la **Villa Cordellina-Lombardi** abrite un **salon★** tout décoré de fresques de Tiepolo. *D'avr. à mi-oct. : tlj sf lun. 9h-13h, w.-end et j. fériés 9h-12h, 15h-18h. 2,07€. ☎ 0444 69 60 85.*

Vipiteno / Sterzing

À 15 km de l'Autriche, Vipiteno est une jolie ville ramassée autour d'une rue qui affiche de typiques oriels nordiques et des arcades. La longue histoire de Vipiteno commence à l'âge du bronze, se poursuit à l'époque romaine (*Vipitenum* était un relais sur la route de la Rhétie) et médiévale (un document de 1180 mentionne *Stercengum*, dont dérive Sterzing). La période faste de la cité se situe aux 15e et 16e s., quand les vallées voisines exploitaient les gisements d'argent et de plomb (une visite des mines du val Ridanna voisin ou de celles de la vallée Aurina, à Predoi, peuvent donner un aperçu de ces activités dans le Haut-Adige).

La situation

5 702 habitants – Carte Michelin n° 429 B 16 – Trentin-Haut-Adige. Vipiteno est la dernière sortie de l'A 22 (Brenner). ℹ *Piazza Città, 3, ☎ 0472 76 53 25.*
Pour poursuivre la visite, voir les chapitres DOLOMITI et MERANO.

T. Zane/MICHELIN

Vipiteno : une petite ville colorée, typique de la vallée Isarco

se promener

La tour des Douze (Torre delle Dodici – 15e s.) partage la rue en deux sections, nommées **via Città Nuova★** (la section Sud, la plus typique) et **via Città Vecchia**. C'est le long de la première que s'élève l'hôtel de ville (16e s.).
Sur la place située à leur point de jonction se trouve l'église de l'Esprit-Saint, riche en fresques du 15e s.

alentours

Cascate di Stanghe
Prendre la direction de Racines / Ratschings, puis de Stanghe. Mai-oct. : 9h-17h30. 2,07€. *☎ 0472 75 66 66 ; www.ratschings.org*
Les **cascades de Stanghe** dégringolent d'une gorge étroite et sinueuse, parfois striée de blanc et de vert, que l'eau a façonnée. On peut aisément en franchir les anfractuosités en empruntant parfois des passerelles de bois ancrées au rocher. Le parcours dans la gorge et dans le bois derrière le village est des plus agréables, et peut se faire en remontant la rivière (il est alors plus fatigant), ou en la descendant. Pour diversifier la promenade, on peut descendre en longeant les cascades *(laisser la voiture au-dessus, près d'une cafétéria et d'un oratoire)* et remonter par le sentier nº 13, qui traverse les prairies et offre une belle vue sur les alpages, en face. Mais on peut aussi opter pour le sens contraire ! Quel que soit celui que l'on choisit, il faut prévoir une heure pour la montée, trois quarts d'heure pour la descente.

Montecavallo
Le long de la route du Brenner, peu après le terme de la via Città Vecchia, un téléphérique emporte sur le Montecavallo, à près de 2 000 m d'altitude. De la station d'arrivée, on peut procéder à de nombreuses promenades.

Viterbo★

Viterbe

Encore entourée de son enceinte, Viterbe a gardé un aspect médiéval, notamment dans les rues qui forment le quartier S. Pellegrino★★, populaire et artisanal, très caractéristique avec ses voûtes, ses tours, ses escaliers extérieurs.

La situation
60 212 habitants – Carte Michelin nº 430 O 18 – Latium – Plan dans Le Guide Rouge Italia. Viterbe se trouve à environ 20 km au Sud-Est du lac de Bolsena. Elle est reliée à la A 1 par une voie rapide. *Piazza San Carluccio, ☎ 0761 30 47 95.*
Pour poursuivre la visite, voir le chapitre ORVIETO.

visiter

Piazza S. Lorenzo★★
Située à l'emplacement de l'acropole étrusque, cette place transporte en plein Moyen Âge : on y voit une maison du 13e s. sur soubassement étrusque *(aujourd'hui dispensaire)*, la cathédrale (1192), nantie d'un beau campanile gothique et, surtout, le **palais des Papes★★** du 13e s., l'un des plus intéressants édifices de l'architecture civile du Moyen Âge dans le Latium. De la piazza Martiri d'Ungheria, on a une belle vue de l'ensemble.

Museo Civico

Piazza F. Crispi. ♿ *Avr.-oct. : tlj sf lun. 9h-19h (hiver 18h). Fermé j. fériés. 3,10€.* ☏ *0761 34 82 76.*

Installé dans l'ancien couvent S. Maria della Verità, il rassemble des témoignages des civilisations étrusque et romaine de la région : sarcophages et matériel funéraire trouvé dans les tombes. Au 1er étage, une pinacothèque abrite une terre cuite des Della Robbia et quelques tableaux (Salvator Rosa, Sebastiano del Piombo, Pastura, peintre local des 15e-16e s.).

alentours

Teatro romano di Ferento★

9 km au Nord. ♿ *Tlj sf lun. 9h-13h30. 2,07€.* ☏ *0761 32 59 29.*

Cet édifice du 1er s., assez bien conservé, est le plus important vestige de la Ferentium romaine, dont les ruines parsèment un mélancolique plateau. Serré entre la route et l'ancien *decumanus*, il dresse encore son mur de scène en brique, ainsi qu'un portique en bel appareil de pierres de taille juxtaposées sans mortier, dominant treize rangées de gradins.

Santuario della Madonna della Quercia

3 km au Nord-Est. De style Renaissance, ce sanctuaire présente une façade à bossages ornée de tympans par Andrea Della Robbia. Cloître mi-gothique, mi-Renaissance.

Villa Lante★★, à Bagnaia

5 km au Nord-Est. (♿) *Tlj sf lun. 8h30-1h avant le coucher du soleil. Visite des jardins à l'italienne et des loges situées sous les deux pavillons (30mn). Fermé 1er janv., 1er mai, 25 déc. 2,07€.* ☏ *0761 28 80 08.*

Cette élégante villa du 16e s., édifiée sur un projet de Vignola, fut le séjour de nombreux papes. Elle est ornée de jardins à l'italienne aux dessins géométriques savants et aux nombreuses fontaines.

Une des fontaines de la Villa Lante, à Bagnaia

M. Gurfinkel/MICHELIN

Bomarzo

21 km au Nord-Est, par la route S 204. En contrebas du bourg, le **parc des Monstres** (Parco dei Mostri) est une invention maniériste de Vicino Orsini (16e s.) qui fait apparaître, au gré de la promenade, une série de **sculptures★** de formes fantastiques. *Parc : 8h-coucher du soleil. 7,75€.* ☏ *0761 92 40 29.*

Lago di Vico★

18 km au Sud-Est, par la via Santa Maria di Gradi. Ce charmant lac solitaire occupe le fond d'un cratère dont les pentes sont couvertes de forêts (hêtres, châtaigniers, chênes et, sur les rives, noisetiers).

Civita Castellana

36 km au Sud-Est. La ville, qui occupe l'emplacement du centre étrusque de *Falerii Veteres* détruit par les Romains en 241, fut reconstruite au 8e ou 9e s. Sa **cathédrale** est précédée d'un élégant **portique★** de 1210 dû aux **Cosmates**. La **citadelle**, construite à la fin du 15e s. par Sangallo l'Ancien, fut la demeure de César Borgia.

Palazzo Farnese di Caprarola

18 km au Sud-Ouest. Tlj sf lun. 8h30-18h45 (visites guidées toutes les 30mn) Fermé 1er janv., 1er mai, 25 déc. 2,07€. ☏ *0761 64 60 52.*

À cinq étages et sur plan pentagonal, il s'ordonne autour d'une cour ronde. À l'intérieur, à gauche du salon d'entrée, un **escalier hélicoïdal★★**, dessiné par Vignola, est soutenu par trente colonnes doubles et décoré de grotesques et de paysages peints par Antonio Tempesta. Les peintures qui ornent plusieurs salles de ce palais, dues à Taddeo (1529-1566) et Federico Zuccari (1540-1609) ainsi qu'à Bertoja (1544-1574), constituent l'une des ultimes manifestations de ce maniérisme raffiné et sophistiqué, caractéristique de la fin de la Renaissance italienne.

Montefiascone

17 km au Nord-Ouest. Située au cœur de vignobles qui produisent le fameux vin blanc « Est, Est, Est », Montefiascone possède une imposante **cathédrale**, surmontée d'un dôme dû à Sanmicheli, et une curieuse église de style roman lombard formée de deux églises superposées, **S. Flaviano★** : dans l'église inférieure, des fresques illustrent la brièveté et la vanité de l'existence *(Dict des trois morts et trois vifs)* ; en face, pierre tombale de Hans Fugger : lors d'un voyage à Rome, ce prélat allemand, très gourmand, se fit précéder d'un valet qu'il chargea de marquer les auberges où le vin était le meilleur par un « Est » *(Vinum est bonum)* ; arrivé à Montefiascone, le serviteur écrivit « Est, Est, Est » et son maître en but tant, tant, tant... qu'il en mourut.

Volterra★★

Volterra, entourée de remparts étrusques et médiévaux, se trouve dans un site★★ insolite et fascinant : la ligne de la colline est interrompue à l'Ouest par les « **Balze** »★, éboulements chaotiques et grandioses dus à l'érosion, tandis que la campagne fertile s'étend avec douceur au Nord.

La situation

11 686 habitants – Carte Michelin nº 430 L 14 – Voir aussi Le Guide Vert TOSCANE – Toscane. Volterra se trouve au sommet d'une colline qui sépare les vallées du Cecina et de l'Era, le long de la S 68 qui relie Poggibonsi à Cecina. ℹ *Piazza dei Priori, 20, ☎ 0588 87 257.*

Pour poursuivre la visite, voir les chapitres SAN GIMIGNANO et SIENA.

visiter

Piazza dei Priori★★

Elle est entourée de palais sobres et sévères. Le palais Pretorio (13e s.), percé de baies géminées, est accompagné par la tour du Podestat, dite « del Porcellino » en raison du petit sanglier érigé sur une console dans sa partie supérieure.

En face, le palais des Prieurs, le plus ancien de Toscane, date de la première moitié du 13e s. : sa façade est ornée de nombreux blasons en terre cuite, marbre ou pierre de gouverneurs florentins.

ADRESSE

L'Incontro – *Via Matteotti, 18 - ☎ 0588 80 500 - fermé mer., 2 sem. en janv. - 10/15€.* Tout en bois foncé, ce petit bar-restaurant propose un grand choix de pâtisseries maison (au bar) et des en-cas variés (dans la salle) : fromages, charcuterie, soupes, ou *bruschette* que vous pourrez accompagner d'un verre de vin.

Volterra

B. Morandi/MICHELIN

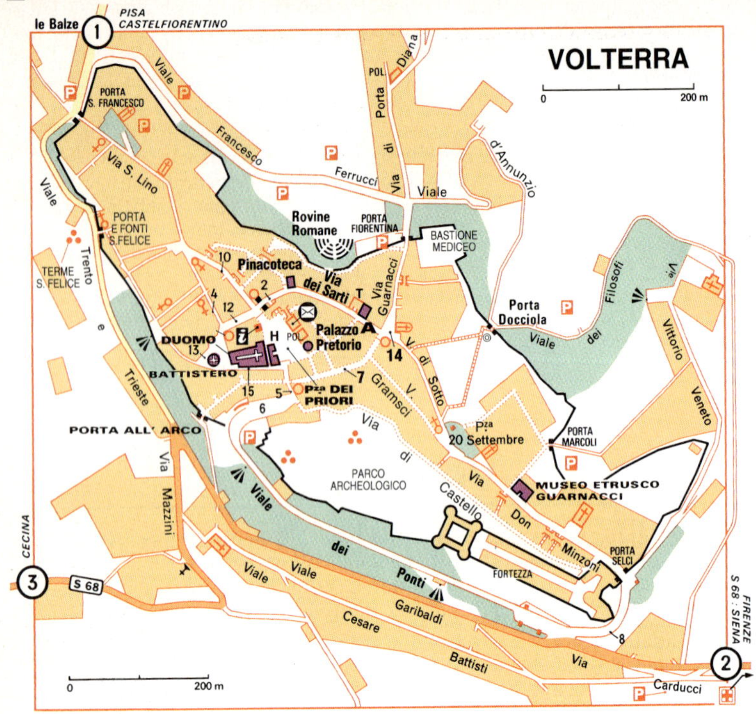

Circulation réglementée dans le centre-ville

Buonparenti (Via) 2
Franceschini (Via) 4
Marchesi (Via) 5
Martiri della Libertà (Piazza) 6
Matteotti (Via) 7
Porta Selci (Via di) 8
Ricciarelli (Via) 10
Roma (Via) 12
S. Giovanni (Piazza) 13
S. Michele (Piazzetta) 14
Turazza (Via) 15

Palazzo Viti . . . . A

Duomo e battistero★

Sur la pittoresque piazza S. Giovanni, le Dôme, de style roman pisan, a été plusieurs fois modifié ; il comporte trois nefs à colonnes monolithes et chapiteaux du 16e s. ; au 2e autel du collatéral gauche, on admire une belle *Annonciation* (fin 15e s.) ; le transept abrite, dans le bras gauche, une *Vierge* de l'école siennoise du 15e s. et, dans le bras droit, une ***Déposition***★★ en bois polychrome du 13e s. ; dans le vaisseau central, superbe chaire du 17e s. incorporant des bas-reliefs sculptés du 12e s. Le baptistère, octogonal, date de 1283.

Via dei Sarti

Elle est bordée de palais, dont les plus intéressants sont : au no 1, le palais Minucci-Solaini attribué à Antonio da Sangallo et abritant la pinacothèque ; au no 37, le **palais Viti**, dont la superbe façade Renaissance a été dessinée par Ammannati. C'est ici que Luchino Visconti tourna, en 1964, quelques scènes de *Sandra (Vaghe stelle dell'orsa)*. On y admire aussi les beaux vêtements indiens de Giuseppe Viti, un marchand d'albâtre qui fut également vizir et émir du Népal. *10h-13h, 14h30-18h30. Fermé 5 nov. au 29 mars (visite uniquement sur réservation ☎ 0588 84 047). 3,62€. www.palazzoviti.it*

Pinacoteca

Via dei Sarti, 1. De mi-mars à déb. nov. : 9h-19h ; de déb. nov. à mi-mars : 9h-13h. Fermé 1er janv., 25 déc. 6,71€, avec l'entrée au Musée étrusque et au musée d'Art sacré. ☎ 0588 86 290 ; www.volterratur.it

Elle présente des œuvres d'art sacré dues à des maîtres toscans du 14e au 17e s., notamment une belle *Annonciation* de Luca Signorelli et une *Déposition de Croix*, chef-d'œuvre du maniérisme florentin, due au Rosso.

Museo Etrusco Guarnacci★

♿ *Mêmes conditions de visite que la pinacothèque.*

On y voit plus de six cents urnes cinéraires étrusques en tuf, albâtre et terre cuite.

▶▶ Porta all'Arco★, Théâtre romain, Porta Docciola, Viale dei Ponti (vues★★).

alentours

Larderello

33 km au Sud. Au centre des **Collines métallifères★**, ainsi appelées pour les mines de fer, de cuivre, de pyrite qui y étaient jadis exploitées, Larderello est l'une des plus singulières localités de Toscane. La désolation de la terre, le sifflement des soufflards (jets de vapeur s'échappant du sous-sol), les fumées qui se répandent autour des hauts fourneaux, la rumeur des machines créent une atmosphère tout à fait particulière.

La terre s'effrite et forme les « Balze »

Somelet/PHOTONONSTOP

Les eaux enchanteresses de la Maddalena en Sardaigne

Les îles

LA SARDAIGNE

Si l'on tente de se représenter la terre à ses origines, cette île répondra éventuellement à ce que l'on peut imaginer : roches façonnées par le vent et les eaux, silence troublé par les seuls bruits de la nature, forêts de chênes-lièges, chênes verts et lauriers roses, fragrances de plantes aromatiques et transparences marines surprenantes.

La situation

La Sardaigne est la deuxième île méditerranéenne en surface (24 089 km²) après la Sicile. Séparée de la Corse au Nord par les Bouches de Bonifacio, elle fait le partage entre le bassin occidental de la Méditerranée, à l'Ouest, et la mer Tyrrhénienne à l'Est et au Sud.

Elle est échancrée par quatre golfes principaux : Asinara au Nord, Orosei à l'Est, Cagliari au Sud et Oristano à l'Ouest.

Quelques petites îles en dépendent, dont Asinara, l'archipel de la Maddalena, Tavolara, S. Antioco et S. Pietro. Le point culminant est la pointe La Marmora (1 834 m), dans le massif du Gennargentu.

carnet pratique

Informations générales

On ne se lassera pas d'une île qui possède une nature âpre aux réserves inépuisables, des couleurs marines et des empreintes laissées par l'homme depuis des millénaires. Cependant, si l'on est pressé, il est conseillé de séjourner au moins une semaine et de rester... itinérant.

Si l'on voyage sur les routes de la partie orientale, il vaut mieux ne pas attendre de tomber en panne pour prendre de l'essence car les stations-service n'abondent guère.

Sur la carte, les lieux décrits dans les pages suivantes sont marqués en gras ; en noir, d'autres destinations que nous conseillons à ceux qui disposent d'un peu plus de temps.

Transports

Des **liaisons maritimes** saisonnières relient la Sardaigne à Toulon et Marseille. Toute l'année, on peut gagner l'île au départ de Bonifacio, Gênes, Livourne, Civitavecchia ou Naples. Il est conseillé, aux voyageurs qui ont choisi la saison estivale pour leur séjour, de réserver longtemps à l'avance.

Par **avion**, on arrive à Alghero, Cagliari, Olbia ou Sassari.

Le Guide Rouge Italia et la carte Michelin n° 433 fournissent des informations complémentaires sur les compagnies et les itinéraires.

À table !

La Sardaigne est une île aux parfums intenses, généreusement diffusés par ses plantes et ses herbes. Ce sont ces mêmes arômes que l'on retrouve dans ses spécialités aux plats simples et savoureux.

Le pain est souvent celui de la mince feuille du **carasau**, ou « papier à musique » *(carta da musica)* pour qui n'est point Sarde.

Parmi les sortes de pâtes, on trouve les *gnocchettis* sardes, qui n'ont rien à voir avec les gnocchis mais sont constitués d'une pâte travaillée comme les coquillettes.

Ils sont aussi appelés **« malloreddus »** et sont souvent accompagnés de saucisses et sauce tomate.

Nombreuses sont les variétés de fromages, de chèvre ou de brebis, mais aussi *fiore sardo* (sorte de mozzarelle au lait de vache).

En pâtisserie, les **« papassinos »**, polyédriques et souvent recouverts de sucre glace où sont éparpillées de minuscules boules de sucre colorées, sont très courants, tout comme les **« sebadas »**, ou *seadas*, de forme ronde, frites et recouvertes de miel.

Les repas sont accompagnés de vins fameux tels que l'**anghelu ruju** et le **cannonau** ; parmi les liqueurs, le **mirto** est excellent.

Voir les différents chapitres pour notre sélection des restaurants de Sardaigne.

Ateliers d'artisans

La Sardaigne est aussi l'île des artisans qui se consacrent à l'art ancien de l'orfèvrerie, travaillent céramique, cuir, bois et liège, tissent des tapis et tressent des paniers.

B. Morandi/MICHELIN

Couleurs des costumes sardes

SARDEGNA
0
40 km
CORSE
Bonifacio
Arcipelago della Maddalena ★★
Sta-Teresa Gallura
Porto Rafael
Capo Testa
Baia Sardinia
PORTO CERVO
Costa Smeralda ★★
Palau
Arzachena
Li Golghi
Cala di Volpe
PORTO ROTONDO
Isola Asinara
Golfo dell' Asinara
Capo del Falcone
Spiaggia della Pelosa
Stintino
l'Elefante
Castelsardo
Tempio Pausania
Olbia
I. Tavolara
Porto Torres
1359
M. Limbara
S. Pietro di Simbranos
S. Teodoro
SASSARI
Lago del Coghinas
Necropoli di Anghelu Ruju
Santissima Trinità di Saccargia ★★
971
M. Nieddu
Porto Ferro
Porto Conte
Palmavera ★
★★★ GROTTA DI NETTUNO
Alghero ★
San Pietro di Sorres
Torralba
M. Albo 1127
Santu Antine
Dorgali
Nuoro
Golfo di Orosei
Barbagia
Parco Naz. del Golfo di Orosei
Macomer
Santa Sabina
Fonni
Losa
★★★ STRADA ARBATAX-DORGALI
M. Ferru 1050
L. Omodeo
Abbasanta
Baunei
Tonara
Monti
Sorgono
1834
P. la Marmora
Lotzorai
Santa Cristina
del Gennargentu
Arbatax
Stagno di Cabras
Aritzo
Tortoli
Oristano
Gennargentu ★★
★ Tharros
Sta Giusta ★
Golfo di Oristano
Arborea
Isili
Lago del Flumendosa
★★ Barumini
★★ Nuraghi Su Nuraxi
Santa Vittoria di Serri ★
Sardara
L. Mulargia
Menhirs
Goni
Flumendosa
Mannu
1236
M. Linas
Dolianova
S'Oro
Muravera
1067
M. Serpeddì
STRADA DI MURAVERA ★★★
Iglesias
Costa Rei
I. di San Pietro
Poetto
Villasimius
CAGLIARI
Carloforte
1116
M. is Caravius
Golfo di Cagliari
Capo Carbonara
S. Antioco
Nora
★ I. di S. Antioco
Porto Pino
S. Margherita
Costa del Sur
C. Teulada
Capo Spartivento
Capo Malfatano
T. Sologo
F. Cedrino
Sa Ena 'e Thomes
Serra Orrios ★
M. Ortobene ★
955
Lago del Cedrino
Ispinigòli ★★
Golfo di Orosei
NUORO
Motorra
R. d'Oliena
★ Su Gologone
M. Bardia
882
Cala Gonone
DORGALI
Oliena
Tiscali
Grotta del Bue Marino
P. Corrasi
1463
Parco
Supramonte
Nazionale
Cala Luna
★★★ STRADA ARBATAX-DORGALI
Barbagia
Ollolai
del Golfo di Orosei
Orgosolo
Gola Su Gorruppu
R. Flumineddu
e del Gennargentu
0
10 km

comprendre

Une histoire ancienne

Il était une fois... – Les roches de Sardaigne – *domus de janas* (maisons des sorcières) aux inquiétants traits humains, dolmens surgissant au beau milieu d'un champ ou nuraghi insensibles au temps qui passe – content une histoire ancienne. La civilisation nuragique se maintint de 1800 à 500 avant J.-C. et devint « la belle époque des nuraghi » de 1200 à 900 avant J.-C.

Les ***nuraghi***, 7 000 environ, sont des tours tronconiques, creuses et surmontées d'une voûte. Leur nom provient de la racine *nur*, que l'on retrouve également dans *nurra*, qui signifie « monticule » mais aussi « cavité ». Les pierres qui les constituent ont été disposées à sec, sans doute à l'aide d'un plan incliné, où elles étaient poussées sur des rouleaux. Les *nuraghi* servaient d'habitation, de tour de guet d'où l'on surveillait le bétail et le territoire, et, dans le cas des *nuraghi* multiples, de forteresse.

Cette époque lointaine a laissé d'autres traces : les dolmens d'abord, ou allées couvertes, monuments funéraires constitués d'une salle rectangulaire couverte par des dalles de pierre et un tumulus, et les tombes des géants ensuite *(voir Arzachena)*.

La religion de la population nuragique se rapportait à l'eau, bien précieux. La divinité qui habitait les sources et les puits et qui savait éloigner la sécheresse, était le taureau, très souvent représenté.

Après les peuples nuragiques, le temps des invasions – D'autres populations viennent fouler la terre de Sardaigne.

Au 8e s. avant J.-C. arrivent les Phéniciens, suivis des Carthaginois : ces marins commerçants s'établissent surtout sur les côtes, évitant certes la montagne mais déboisant notamment la plaine de Campidano pour la culture céréalière. Les Romains, qui arrivent en 238 avant J.-C., pratiquent en revanche une véritable colonisation agricole. Les Vandales (455 après J.-C.) puis les Byzantins (534) soumettent l'île, qui, vers le 7e s., est attaquée par les Sarrasins. Après l'an 1000, les républiques maritimes de Gênes et Pise se la disputent. L'an 1295 marque le début de la domination espagnole, qui s'achèvera en 1713, lorsque la guerre de Succession entérinera l'appartenance de l'île à l'Autriche.

En 1718, celle-ci l'échange contre la Sicile avec **Victor-Amédée II de Savoie**, qui fonde les États sardes et prend le titre de roi de Sardaigne.

À partir de 1861, le sort de l'île est lié à celui de l'unité italienne. En 1948 elle devient région autonome, jouissant d'un statut particulier.

Alghero★

On ignore l'origine de ce charmant petit port, que ceinturent oliviers, eucalyptus et pins parasols, où se pratique encore la pêche au corail. En 1354, la principale ville de la côte de Corail fut conquise par les Catalans, qui y introduisirent leur style gothique, que l'on reconnaît dans certains édifices du centre, et leur langue, toujours parlée. C'est pourquoi Alghero est appelé la « Barcellonetta sarde », du nom de ce vieux quartier de Barcelone. Une plage de 5 km de long s'étend au Nord de la localité.

La situation

40 574 habitants – Carte Michelin n° 433 F 6. Alghero se trouve à 35 km au Sud-Ouest de Sassari. *Piazza Portaterra, 9, ☎ 079 97 90 54.*

Pour poursuivre la visite, voir le chapitre SASSARI.

se promener

Vieille ville★

Ses rues étroites se serrent au milieu d'une petite presqu'île que ceignent des fortifications. La **cathédrale** *(via Roma)* possède un beau portail et un campanile de style gothique catalan. L'**église S. Francesco**, des 14e-15e s., présente un bel intérieur gothique et un charmant **cloître** en tuf doré.

Le port de pêche est situé au Nord, au pied des fortifications. De là partent les excursions en bateau pour la **grotte de Neptune★★★**. *Avr.-sept. : 9h-19h ; oct. : 10h-17h ; nov.-mars : 9h-14h. 7,75€. ☎ 079 94 65 40 ; www.infoalghero.it*

B. Morandi/MICHELIN

Jeux de couleur dans la coupole de S. Michele

alentours

Grotta di Nettuno★★★

27 km à l'Ouest, mais on peut également y accéder en barque. Une route, offrant de splendides **vues★★** sur la côte escarpée, conduit au **cap Caccia**, dans lequel s'ouvre la profonde grotte dégagée par la mer.

On y accède par un escalier de 654 marches accroché à la falaise. Un lac aux reflets marmoréens (d'où son nom de Lamarmora), des concrétions en forme de tuyaux d'orgue ou aussi délicates et étincelantes que des cheveux d'ange constituent les attraits de cette visite.

Nuraghe Palmavera★

À 10 km environ, sur la route de Porto Conte. Avr.-oct. : 9h-19h ; nov.-mars : 9h30-16h. 2,06€, 3,62€ avec l'entrée à Anghelu Ruju. ☎ 079 95 32 00 ; web.tiscalinet.it/coopsilt

Ce *nuraghe* est entouré des restes d'un village préhistorique formé de cabanes tassées les unes contre les autres. C'est une belle construction en calcaire blanc groupant deux tours voûtées, et qui possède deux entrées.

Nécropole d'Anghelu Ruju

À 10 km sur la route de Porto Torres. Mêmes conditions de visite que pour les Nuraghe Palmavera.

Elle est composée de 38 hypogées du début de l'âge du bronze (3000 avant J.-C.).

carnet pratique

Restauration

• *À bon compte*

La Muraglia – *Bastioni Marco Polo, 7 - 07041 Alghero - ☎ 079 97 55 77 - fermé mer. - 21/31€.* Directement sur les remparts ou assis sur la terrasse au dernier étage, la vue sur la rade d'Alghero et sur le promontoire de Capo Caccia vous laissera sans voix ; ajoutée la délicieuse cuisine du lieu, ce serait vraiment dommage de ne pas réserver une table à l'extérieur !

Hébergement

• *Valeur sûre*

Hotel Al Gabbiano – *Viale Mediterraneo, 5 - 08013 Bosa Marina - 45 km au Sud d'Alghero sur la route du littoral - ☎ 0785 37 41 23 - fax 0785 37 41 09 -* P ▤ *- 30 ch. : 69,72/72,30€ - ☕ 5,16€ - restaurant 22,73/33,58€.* Sur le bord de mer, avec une plage privée et une pizzeria comme alternative au restaurant traditionnel à l'intérieur de l'hôtel. Et si cela ne vous suffisait pas, quelques appartements situés dans la villa adjacente, de style Art nouveau, vous permettraient de profiter d'une totale indépendance. Quoi d'autre ? La simplicité et la vraie courtoisie de l'accueil.

Arzachena

La renommée d'Arzachena, autrefois petit village de paysans et d'éleveurs, est due à sa situation au pied d'un étrange rocher érodé en forme de champignon, à sa position au cœur de l'arrière-pays de la Costa Smeralda et aux vestiges archéologiques des environs.

La situation

10 448 habitants – Carte Michelin n° 433 D 10. Arzachena est située le long de la S 125, qui traverse l'arrière-pays de la Costa Smeralda.

🅸 *Via Paolo Dettori,* ☎ *0789 82 624.*

Pour poursuivre la visite, voir le chapitre COSTA SMERALDA.

Les tombes de géants

L'imagination populaire a donné ce nom aux tombes d'époque nuragique, évolution de sépultures plus rudimentaires telles que les dolmens. La chambre sépulcrale, un couloir, était surmontée d'un tumulus. Sur l'avant se trouvait l'exèdre, pièce rituelle formée de dalles verticales. La « façade » est constituée d'une grande stèle ornée de reliefs et percée d'un passage pour le corridor. Cette « fausse porte » symbolisait peut-être l'union avec l'au-delà.

découvrir

VIEILLES PIERRES

À deux pas d'Arzachena, s'élèvent, solitaires, les restes d'une tombe de géants et d'une nécropole.

Tomba di Giganti di Li Golghi★

D'Arzachena, prendre la direction de Luogosanto. Après 7 km environ, tourner à droite. Suivre les indications.

Cette tombe mégalithique remonte à une période située entre 1800 et 1200 avant J.-C. Un tumulus ellipsoïdal long de 27 m la surmontait.

Nécropole de Li Muri

De retour à l'intersection, suivre la direction de la nécropole de Li Muri et continuer jusqu'à la première ou deuxième maison, où il est conseillé de laisser sa voiture, car la route, non revêtue, est en assez mauvais état. Terminer à pied sur 500 m environ.

Cette nécropole circulaire remonte à 3500-2700 avant J.-C. Elle est composée d'un dolmen central, la sépulture, autour duquel cinq cercles concentriques en pierre régissaient le tumulus de couverture.

carnet pratique

Restauration

• *À bon compte*

Pinocchio – *Località Cascioni - 07021 Arzachena - rte. départementale en direction de Porto Cervo -* ☎ *0789 98 886 - 21/31€.* Saveurs de la mer, plats traditionnels et délicieuses pizzas cuites au feu de bois, à quelques kilomètres de la Côte d'Émeraude. Possibilité de logement dans des chambres simples, mais confortables, disposant d'un accès indépendant depuis le jardin. À des prix plus qu'abordables.

Hébergement

• *À bon compte*

Centro Vacanze Isuledda – *07020 Cannigione - 6,5 km au NE d'Arzachena -* ☎ *0789 86 003 - fax 0789 86 089 - www.isuledda.it - 34,09€.* Idéalement situé, face à l'archipel de la Maddalena, ce centre propose des emplacements de tente, des bungalows, des chambres, des cases et des mobile homes... de quoi satisfaire des plus aux moins aventureux. Supermarchés, services et commerces en tout genre. Pour des vacances animées.

Hotel Citti – *Viale Costa Smeralda, 197 - 07021 Arzachena -* ☎ *0789 82 662 - fax 0789 81 920 - hotelcitti@katamail.com - fermé 25 déc. au 6 janv. - 🅿 - 50 ch. : 41,32/72,30€.* Son bon rapport qualité/prix fait de cette adresse une excellente base pour « s'approprier » toute la Côte d'Émeraude. Sur une route assez passante, l'hôtel propose des chambres simples mais vastes et confortables, et derrière, un coin détente plus tranquille, avec une piscine.

• *Valeur sûre*

Hotel Selis – *Località Santa Teresina - 07021 Arzachena - rte départementale en direction de Porto Cervo -* ☎ *0789 98 630 - fax 0789 98 631 - 18 ch. : demi-pension 92,96€ - restaurant 28€.* Un peu à l'écart, dans un beau bâtiment en pierre apparente, des chambres spacieuses et lumineuses, sol en briques et lits en fer forgé, dotées, pour certaines, d'une terrasse-jardin idéale pour les petits ou pour « rosir » au soleil.

• *Une petite folie !*

Residence Hotel Riva Azzurra – *Località Banchina - 07020 Cannigione - 6,5 km au NE d'Arzachena -* ☎ *0789 89 20 05 - fax 0789 88 072 - rivazzurra@tiscalinet.it - fermé 15 avr. au 15 oct. - 21 appartements - pour 4 personnes : semaine à partir de 1301,47€.* De belles constructions aux tons pastels, de style méditerranéen, parfaitement intégrées à l'environnement. Disposées en arc autour d'un espace vert et situées à quelques mètres seulement de la plage, elles offrent des deux-pièces confortables, pour un séjour joyeusement animé.

La Barbagia

Terre sauvage pleine de charme, la Barbagia abonde en crevasses connues des seuls bergers, où vivent de nombreuses variétés végétales (chênes verts, châtaigniers, noisetiers, houx, genévriers nains, thym, ifs, etc.) et animales (aigle royal, aigle de Bonelli, faucon pèlerin, milan, sanglier, renard, mouflon).

Elle fait partie intégrante des monts du Gennargentu★★ et englobe le Supramonte, haut plateau calcaire proche d'Orgosolo, Oliena et Dorgali.

La situation

Carte Michelin n° 433 G, H 9 et 10. Cette région sarde, traditionnellement vouée à l'élevage, est abritée par le Gennargentu.

Pour poursuivre la visite, voir le chapitre NUORO.

carnet pratique

Restauration

• ***Valeur sûre***

Ristorante presso Hotel Monteviore – *Route S 125 au km 196, Località Monteviore - 08022 Dorgali - 9 km au S de Dorgali - ☎ 0784 96 293 - 24/30€.* Plongée dans un océan de verdure et loin des destinations touristiques habituelles, une ferme réaménagée avec goût et qui propose des spécialités régionales, ainsi que de grandes et belles chambres. À quelque distance, se trouve également un camping... naturiste.

Hébergement

• ***Valeur sûre***

Hotel L'Oasi – *Via Garcia Lorca, 13 - 08020 Cala Gonone - ☎ 0784 93 111 - fax 0784 93 444 - fermé 10 oct. à Pâques - P ▤ (payant) - 30 ch. : 61,97/82,63€ - ☕ 10,85€ - restaurant 13,43/18€.* Autrefois habitation privée, c'est aujourd'hui un petit complexe hôtelier qui propose des chambres et des appartements pleins d'espace et agréablement meublés. Point fort : la partie dans laquelle a été installé le restaurant surplombe la falaise et la mer, offrant une magnifique vue sur tout la baie.

circuit

VOYAGE AU CŒUR D'UNE TERRE ANTIQUE

Tortolì

Tortolì est le centre principal de l'**Ogliastra**, région sauvage caractérisée par ses roches tronconiques appelées « talons » *(Tacchi)*. Dans les terres, on pratique l'élevage, sur la côte, l'agriculture.

La mer polit le littoral, surtout à Gairo, où les galets sont appelés *coccorocci*. À **Orrì** pousse le genévrier cade.

Arbatax

C'est l'ouverture sur la mer de Tortolì. Ce sont les rochers rouges de porphyre, près du port, qui donnent à Arbatax son visage le plus connu. La vue sur la baie, fermée par les montagnes, est très belle. La Cala Moresca est plus intime et plus petite *(suivre les indications)*.

Entre Lotzorai et Baunei

Magnifique et déserte, la **route d'Arbatax à Dorgali★★★** *(S 125)* s'enfonce dans un paysage de plus en plus impressionnant au fur et à mesure qu'elle pénètre dans la Barbagia.

À **Lotzorai**, un panneau jaune signale la route d'accès aux **domus de janas**. La zone archéologique comprend une dizaine de ces constructions de pierre, à l'allure assez inquiétante (les ouvertures dans la roche sont parfois conçues de telle sorte que l'on a l'impression de voir des visages).

Du point le plus élevé de la zone, qui s'élève à plus de 1 000 m, un arrêt donne l'occasion de contempler la montagne, qui, à la belle saison, se constelle du jaune des genêts en fleur, dont le parfum soutenu envahit alors l'atmosphère.

Dorgali

Principale localité touristique de la Barbagia, c'est aussi un centre d'artisanat, de culture et de gastronomie, dont l'ouverture sur la mer se situe à Cala Gonone. Sa rue principale, la via Lamarmora, bordée de boutiques typiques (les tapis locaux sont tissés selon un nœud

Domus de janas

Cette dénomination, qui signifie « maison de fées », a été donnée à des hypogées réalisés entre le début du 4e millénaire et le milieu du 3e millénaire avant J.-C. Ils ont été creusés dans des roches granitiques, calcaires, basaltiques et gréseuses. Certains renferment des dessins représentant des bovidés ou des caprins.

particulier), évoque à travers ses pierres un passé particulièrement riche. De ses caves sortent depuis deux millénaires un vin réputé, produit avec le raisin cannonau.

Dans les environs, on peut voir le village nuragique de **Serra Orrios★**, sur la route qui relie Dorgali à la S 129, et la tombe de géants **Sa Ena 'e Thomes**, en poursuivant vers Lula.

Conforme au schéma traditionnel des tombes de géants, cette dernière présente une chambre funéraire à couloir, couverte de dalles à la manière des dolmens. Elle est précédée d'une rangée de pierres dressées en arc de cercle, que domine une belle dalle centrale ovale gravée d'une moulure et creusée d'un petit passage inférieur.

Cala Gonone

Une **route★★** en lacet descend vers ce petit village que ceint une belle baie et dont le petit port sert de point de départ aux vedettes assurant les excursions.

Cala Luna – La plage s'étend au bord d'une mer transparente qui caresse les grottes et déferle faiblement.

Grotta del Bue Marino – *Visite guidée sur demande. Fermé nov.-mars. Pour toute information sur les horaires et les prix ☎ 0784 96 243, 0784 93 696 ou 0784 93 305 ; www.dorgali.it*

Le « bœuf marin » est le phoque moine qui, autrefois et jusqu'à la fin des années 1970, vivait dans cette grotte. Au milieu de stalactites et stalagmites, on se promène jusqu'au bout de la partie ouverte au public, où s'écoule une rivière.

Dolmen Mottorra

En allant vers le Nord, après un tournant, au km 207 de la S 125, un panneau signale le sentier qui conduit au dolmen.

Il faut prendre ce sentier et ne pas s'étonner si le dolmen n'apparaît pas immédiatement. Une marche de 5mn est nécessaire pour le découvrir, seul au milieu d'un champ. La couverture repose sur sept stèles (placées debout). Il date des débuts du 3e millénaire avant J.-C.

Grotta di Ispinigòli★★

À 7 km environ de Dorgali, sur la SS 125 se trouve la route conduisant à la grotte. Visite guidée uniquement, toutes les heures. Pour toute information sur les horaires, les prix et les réservations ☎ 0784 96 243 ; www.dorgali.it

Que la forme de cette grotte soit en puits et non en tunnel, on le comprend sitôt entré dès que l'on se trouve au-dessus d'un gouffre. Le regard impressionné est absorbé par la **stalagmite** qui semble soutenir le plafond. De par sa hauteur (38 m), c'est la deuxième du monde (la première se trouvant au Nouveau-Mexique). La grotte est désormais fossile, et l'eau, indispensable à la formation de concrétions ici lamellaires (en couteau ou en rideau) et en chou-fleur (si elles se sont formées sous l'eau, comme les coraux) n'y coule plus.

La couleur dominante est le rouge, car la couche rocheuse du plafond est assez mince. Si celle-ci avait été épaisse, elle aurait filtré l'eau qui n'aurait ainsi déposé que le calcaire, conférant aux concrétions une tonalité blanche.

Les stalagmites sont beaucoup plus grandes que les stalactites, car l'eau, en descendant abondamment, déposait rapidement la matière en bas.

Les bijoux de facture phénicienne et les ossements humains retrouvés ici donnent à penser que la grotte servait de site sacrificiel ou qu'elle pouvait aussi avoir été choisie par les populations nuragiques comme lieu de sépulture.

Su Gologone★

17 km à l'Ouest de Dorgali par la route d'Oliena. Au-delà d'**Oliena**, grosse bourgade située au pied d'un versant particulièrement escarpé du Supramonte et dont les femmes revêtent encore le costume traditionnel, on atteint *(par*

Les murailles d'Orgosolo racontent la fierté d'un peuple

B. Morandi/MICHELIN

une petite route s'embranchant à gauche, environ 6 km après cette localité) la belle source de Su Gologone, surgissant d'une fissure rocheuse dans un site verdoyant.

Dans le secteur du Supramonte de Dorgali, dans une grotte à ciel ouvert se dissimule le **village nuragique de Tiscali**.

Orgosolo

18 km au Sud d'Oliena. Cette grosse bourgade pastorale, tristement célèbre pour les actes de banditisme qui s'y déroulèrent (le metteur en scène Vittorio De Seta les a popularisés dans son film *Bandits à Orgosolo* en 1961), a retrouvé un aspect accueillant, auquel contribuent ses murailles colorées.

Barumini★★

C'est à Barumini que l'on trouve les vestiges nuragiques les plus intéressants de Sardaigne.

La situation

1 432 habitants - Carte Michelin n° 433 H 9. Barumini se trouve au centre de la Sardaigne, à 10 km au Nord de Villanovaforru, sur la S 197.

Pour poursuivre la visite, voir le chapitre ORISTANO.

B. Morandi/MICHELIN

Le plan complexe de Su Nuraxi

découvrir

Nuraghe Su Nuraxi★★

2 km à l'Ouest, à gauche de la route de Tuili. 9h-1h avant le coucher du soleil. 4,13€. ☎ 070 93 68 510.

La partie la plus ancienne de Su Nuraxi date du 15ᵉ s. avant J.-C. La menace que représentaient les Phéniciens, entre le 8ᵉ et le 7ᵉ s. avant J.-C., rendit indispensable la consolidation de la forteresse, qui fut finalement conquise par les Carthaginois entre le 5ᵉ et le 4ᵉ s. avant J.-C. Le grand village nuragique qui s'étendait à l'Est de la forteresse fut abandonné au 3ᵉ s., lors de l'arrivée des Romains.

alentours

Santa Vittoria di Serri★

38 km à l'Est, par la route de Nuoro, puis à Nurallao une route à droite. Vestiges d'un centre religieux préhistorique. La route qui y conduit traverse le village d'**Isili**, où l'artisanat est vivace (mobilier, tissage).

Cagliari

Capitale de l'île, Cagliari est une ville d'aspect moderne, dotée d'un port actif, ayant conservé un noyau enfermé à l'intérieur de fortifications élevées au 13e s. par les Pisans. Cagliari fut une florissante cité carthaginoise sous le nom de Karalis, avant de devenir romaine.
De la **Terrazza Umberto I**, on jouit d'une **vue**★★ admirable sur la ville, le port et le golfe. La **fête de Sant'Efisio**, saint patron de la Sardaigne, est l'une des plus fabuleuses qu'il soit donné de voir en Italie *(voir le chapitre Calendrier festif, dans les Informations pratiques)*.

La situation

165 926 habitants – Carte Michelin n° 433 J 9. Cagliari se trouve dans le golfe du même nom, au Sud de l'île. On s'y rend par la S 195, la S 130, la S 131, la S 125 et la route côtière qui mène à Villasimius. *Piazza Matteotti, 9, ☎ 070 66 92 55.*
Pour poursuivre la visite, voir le chapitre Isola di SANT'ANTIOCO.

visiter

Cattedrale

Élevée au 13e s. en style pisan, elle fut remaniée au 17e s. L'édifice renferme deux magnifiques **chaires**★★ exécutées par **Guglielmo da Pisa** (1162), dont les panneaux sont sculptés de scènes de la vie du Christ remarquablement composées.
Par une petite porte à droite du chœur, on descend au **santuario**, crypte décorée au 17e s. qui abrite 292 dépouilles de martyrs chrétiens dans des urnes disposées le long des murs. Une porte s'ouvre à droite sur une chapelle renfermant le tombeau de Marie-Louise de Savoie, épouse du futur Louis XVIII et sœur du roi de Sardaigne.

Museo Archeologico Nazionale★

Tlj sf lun. 9h-20h (la billetterie ferme à 19h). Fermé 1er janv., 1er mai, 25 déc. 4,13€, 5,16€ avec l'entrée à la Pinacothèque nationale. ☎ 070 65 59 11.
Il abrite des collections d'armes, de poteries et surtout de petits **bronzes**★★★ des premiers temps de l'histoire sarde. Les arts phénicien, punique et romain sont représentés dans les autres salles.

> **Adresse**
> Lillicu – *Via Sardegna, 78 - 09124 Cagliari - ☎ 070 65 29 70 - fermé dim., 10 août au 1er sept. - - 18/28€.* Entre deux journées de plage, un petit tour à Cagliari sera sans doute le bienvenu. Voici donc une adresse où déguster un savoureux plat régional, bien préparé et pas trop cher. Sur de grandes tables en marbre, au coude à coude avec les autres convives.

Torre dell'Elefante et Torre di S. Pancrazio★

Datant du début du 14e s., ces deux tours sont des vestiges des fortifications pisanes.

Anfiteatro Romano

C'est l'édifice romain le plus important de Sardaigne.
►► Orto Botanico.

alentours

Route de Muravera★★★

À 30 km de Cagliari, cette route (S 125) s'enfonce dans des défilés rocheux sauvages d'une coloration rougeâtre (granits porphyriques).

Costa Smeralda★★

La Côte d'Émeraude

Ici, la terre, modelée par le vent, a un aspect sauvage. Les collines, où le maquis recouvre le granit, descendent vers la mer aux couleurs et aux transparences d'émeraude.
Il n'y a pas si longtemps encore, elle était terre de bergers et de paysans ; depuis 1962, c'est un lieu de séjour pour la jet-set du monde entier. À cette époque en effet, le prince Karim Agha Khan eut l'idée de réaliser ici, avec un groupe d'investisseurs, un paradis touristique.
Ainsi, cette partie orientale de la Gallura est aujourd'hui un endroit de rêve pour les amateurs de voile, planche à voile, golf et tennis.
Les principaux centres sont Porto Cervo≏≏≏, Cala di Volpe et Baia Sardinia≏.

La situation

Carte Michelin n° 433 D 10. La Côte d'Émeraude, portion de côte située au Nord-Est de l'île, doit son nom à la magnifique couleur vert émeraude de ses eaux.

Pour poursuivre la visite, voir le chapitre ARZACHENA.

La Gallura

La Gallura est la « pointe » Nord-Est de la Sardaigne. Le voyageur qui en visite l'intérieur, dominé par le mont Limbara (1 359 m), découvrira de hauts plateaux granitiques, chênes-lièges et roches creusées de grottes. Qui se tournera vers la côte embrassera un paysage tout aussi âpre, et ne pourra certes se rappeler avoir jamais vu dans la nature des couleurs semblables à celles que la mer revêt ici.

découvrir

ARCIPELAGO DELLA MADDALENA★★

Aux **Bouches de Bonifacio**, l'archipel de la Maddalena se compose des îles de La Maddalena, de Caprera, Santo Stefano, Spargi, Budelli, Razzoli, Santa Maria et autres îlots.

Ces îles solitaires, où se rassemblaient parfois les bergers, furent annexées au royaume de Sardaigne en 1767. La Maddalena, qui fut dès lors une base militaire (plus récemment, de l'Otan), est depuis 1996 un **parc national**.

carnet pratique

Restauration

• ***À bon compte***

Panino Giusto – *Piazzetta Clipper - 07020 Porto Cervo - ☎ 0789 91 259 - fermé nov.-mai -* ✉. Juste à l'entrée de Porto Cervo Marina, face au port de voiles, l'endroit conviendra à ceux qui veulent manger rapidement ou préfèrent passer du temps sur la plage. À n'importe quelle heure, plats uniques, grandes salades et sandwiches à manger dehors, en profitant de la vue sur les barques, ou dans la salle de style « pub ».

La Vecchia Costa – *Località La Punga - 07021 Arzachena - 5 km au SO de Porto Cervo direction Arzachena - ☎ 0789 98 688 - ✉ - 21/26€.* Si vous avez envie d'une bonne pizza, l'endroit est fait pour vous. Et dans l'île du *carasau*, le pain ne peut être que fin et croquant, et d'une taille... respectable ! Étant donné la situation, les prix, plus qu'honnêtes, sont en revanche presque incroyables.

Tattoo – *Liscia di Vacca Alta - 07020 Porto Cervo - 2 km de Porto Cervo - ☎ 0789 91 944 - fermé oct.-mars - ✉ ▤ - 21/26€.* Au milieu des élégantes résidences méditerranéennes aux délicates couleurs pastels, à deux kilomètres de la plage de Liscia di Vacca, sélective s'il en est, une adresse qui permet de « survivre » plus que dignement dans cette enclave mondaine. Et qui est d'ailleurs également fréquentée par les VIP.

La Terrazza – *Via Villa Glori, 6 - 07024 La Maddalena - ☎ 0789 73 53 05 - fermé dim. (sf mai-sept.) - ▤ - 21/36€.* Les gérants, Bolonais d'origine, se sont laissés séduire par cette belle terre et sa cuisine savoureuse. Sur la terrasse panoramique qui domine le port, vous pourrez choisir entre de nombreux plats de poisson, frais et de grande qualité, et des plats régionaux.

UN PEU PLUS ÉLOIGNÉ...

Terza Spiaggia – *Località Terza Spiaggia - 07020 Golfo Aranci - 44 km au SE d'Arzachena - ☎ 0789 46 485 - fermé oct.-mars - 21/41€.* Pour déguster un bon sandwich à l'ombre d'un parasol, sur une plage où la mer est d'une clarté sans égale, avec une vue imprenable sur le golfe d'Aranci. À moins que vous préfériez un plat à base de poisson ultra-frais (pêché par les propriétaires eux-mêmes), dans la salle toute simple aux allures balnéaires.

Il Portico – *Via Nazionale, 107 - 08020 Budoni - 34 km au SE d'Olbia sur la S 125 - ☎ 0784 84 44 50 - fermé lun. (hiver), 10 oct. au 10 déc. - ▤ - 21/41€.* L'endroit idéal pour goûter à une bonne cuisine sarde et à des plats de poisson ou de fruits de mer, qui varient en fonction de la disponibilité quotidienne des produits. Vous pourrez choisir de vous installer dans la salle intérieure, la véranda ou sur la petite terrasse. Pendant l'été, on y fait également des pizzas au feu de bois.

Hébergement

• ***Valeur sûre***

Hotel Da Cecco – *Via Po, 3 - 07028 Santa Teresa di Gallura - 17 km à l'O de Palau sur la S 133b - ☎ 0789 75 42 20 - fax 0789 75 56 34 - fermé nov. au 24 mars -* **P** *- 32 ch. : 41,32/67,14€ - ☕ 7,75€.* Depuis les chambres, et surtout depuis la terrasse-solarium du dernier étage, vous bénéficierez d'une vue magnifique sur les bouches de Bonifacio. Un petit hôtel moderne, pour des vacances sous le digne de la détente et de l'hospitalité sarde.

• ***Une petite folie !***

Hotel Villa Gemella – *Baia Sardinia - 07020 Baia Sardinia - ☎ 0789 99 303 - fax 0789 99 560 - hotelvillagemella@tiscalinet.it -* **P** *- 26 ch. : à partir de 147,19€ ☕ - restaurant 31€.* Pour la détente, un jardin soigné où pousse une végétation typiquement sarde ; pour la forme, piscine à volonté... sans compter la superbe mer de Baia Sardinia à quelques pas seulement ! Des chambres lumineuses, bien orientées, meublées avec goût, et, pour beaucoup, dotées d'une terrasse avec vue (à demander lors de la réservation !).

Lara Pessina/MICHELIN

Des eaux véritablement « claires et fraîches »

La Maddalena★★

Il suffit de suivre la **route panoramique** *(20 km)* pour comprendre la raison de la renommée d'une si petite île. En se faufilant dans les baies et les criques, la mer se teinte de couleurs surprenantes.

Caprera★

Cette île, dont Garibaldi acheta une partie, est reliée à La Maddalena par la digue du Passo della Moneta. Elle accueille aujourd'hui un célèbre centre de voile.

Casa di Garibaldi★ – *Juin à mi-sept. : visite guidée uniquement 9h-18h30 ; reste de l'année : 9h-13h30. 2,07€. Gratuit le 2 juin. ☏ 0789 72 71 62.*

Dans le jardin, l'arbre planté par Garibaldi (1807-1882) à la naissance de sa fille Clelia (1867) est toujours en vie. À l'intérieur, les pièces renferment des objets et des vêtements liés à l'histoire du « généralissime », des femmes qu'il aima et de ses enfants. De la fenêtre d'une des pièces, on aperçoit la Corse ; c'est là que Garibaldi choisit de mourir en 1882. Il est enterré dans le jardin, à côté de ses enfants et de sa dernière épouse.

Nuoro

Situé au pied du mont Ortobene, à la lisière de la Barbagia *(voir ce nom)* et des monts du Gennargentu, ce gros bourg du centre de la Sardaigne a gardé ses coutumes et ses traditions folkloriques. Celles-ci se manifestent tout particulièrement le jour de la Fête du Rédempteur (Sagra del Redentore), qui donne lieu à un grand défilé en costumes régionaux à travers la ville et s'accompagne d'un Festival du Folklore *(voir le chapitre Calendrier festif, dans les Informations pratiques)*.

L'écrivain Grazia Deledda (prix Nobel en 1926) était originaire de Nuoro.

La situation

37 863 habitants – Carte Michelin n° 433 G 9-10. Nuoro se trouve sur la S 131 d.c.n.

Piazza Italia, 19, ☏ 0784 30 083.

Pour poursuivre la visite, voir le chapitre BARBAGIA.

visiter

Museo della Vita e delle Tradizioni Popolari Sarde

Via A. Mereu, 56. (♿) De mi-juin à sept. : 9h-20h ; le reste de l'année : 9h-13h, 15h-19h. 2,58€. ☏ 0784 84 29 00.

Il rassemble une belle collection de vêtements typiques de toutes les régions sardes.

alentours

Monte Ortobene★

9 km à l'Est. Promenade appréciée des habitants de Nuoro, la route conduit au sommet, d'où l'on jouit de beaux points de vue sur la région.

Oristano

Principal centre de la région occidentale de l'île, Oristano, fondé en 1070 par les habitants de Tharros, opposa une lutte farouche à la domination aragonaise au 14e s.

La situation

33 007 habitants – Carte Michelin nº 433 H 7. Oristano fait face au golfe du même nom. Pour s'y rendre, emprunter la S 131. *Via Vittorio Emanuele, 8, ☎ 0783 70 621.*

Pour poursuivre la visite, voir le chapitre BARUMINI.

ADRESSE

Hotel La Caletta – *Località Torre dei Corsari - 09031 Marina di Arbus - 20 km au S d'Arborea par le Stagno di Marceddi - ☎ 070 97 70 33 - fax 070 97 71 73 - fermé oct.-Pâques - P - 32 ch. : 56,60/87,70€ - restaurant 21/28,30€.* Peut-être pas en harmonie avec le paysage, mais dans une splendide position panoramique, dos à la falaise et avec vue sur une mer et une côte d'une rare beauté. Les chambres sont simples et modernes.

se promener

Piazza Roma

Vaste esplanade où s'élève la Torre di S. Cristoforo, tour crénelée qui faisait partie d'une muraille construite en 1291. De là part le **corso Umberto**, principale artère commerçante de la ville.

S. Francesco

Réédifiée au 19e s., cette église conserve d'intéressantes **œuvres d'art★**, dont un Christ en bois (école rhénane du 14e s.), un fragment de polyptyque *(Saint François recevant les stigmates)* par Pietro Cavaro, peintre sarde du 16e s., et une statue de saint Basile par Nino Pisano (14e s.).

alentours

S. Giusta★

3 km au Sud. Dans la bourgade du même nom, groupant ses maisons sur les rives d'un étang, s'élève cette **basilique** édifiée entre 1135 et 1145. Elle a la sobriété et l'élégance caractéristiques de ces églises sardes, où se conjuguent harmonieusement les influences pisane et lombarde : façade tripartite à la manière lombarde, possédant un joli portail sculpté de type pisan. À l'intérieur, les trois nefs reposent sur des colonnes dont les bases et les chapiteaux proviennent d'édifices romains et médiévaux. Le vaisseau central est surélevé et à plafond angulaire, tandis que les collatéraux présentent des voûtes d'arête. Les chapelles du collatéral droit et le campanile sont des réalisations modernes. Sous l'arrière-chœur, surélevé, s'ouvre une crypte.

Tharros★

Sur le cap S. Marco, qui ferme le golfe au Nord. Cette ville, fondée par les Phéniciens vers le 8e ou 7e s. avant J.-C. au bord de la mer sur l'étroite presqu'île de Sinis qui ferme au Nord le vaste golfe d'Oristano, devint une importante escale entre Marseille et Carthage, avant d'être conquise, au 3e s. avant J.-C., par les Romains. Vers l'an 1000, elle fut soudainement abandonnée par ses habitants qui s'installèrent à Oristano, et laissée aux sables qui l'ensevelirent.

Zone archéologique – *Été : 9h-20h ; le reste de l'année : 9h-17h. 4,13€. ☎ 0783 37 00 19.* Elle s'étend près d'une colline couronnée par une tour espagnole (Torre di S. Giovanni). On y reconnaît le canevas urbain, tout à fait punique dans sa conception, matérialisé par les égouts, les citernes et les thermes, les quartiers d'habitation, le temple punique à demi-colonnes doriques et, sur la colline, le tophet *(voir Sant'Antioco)*. Les deux colonnes qui se détachent, blanches et solitaires, ont été refaites dans les années 1960.

Arborea

18 km au Sud. Cette coquette petite ville a été créée de toutes pièces en 1928 dans une région de marécages assainis par le gouvernement fasciste.

Isola di Sant'Antioco★

Île de Sant'Antioco

C'est l'île la plus importante de l'archipel de Sulcis, d'origine volcanique, assez vallonnée et bordée à l'Ouest par de hautes falaises. Le centre principal de l'île, lui aussi dénommé Sant'Antioco, est relié à la côte sarde par une route. Juste sous la basilique dédiée à saint Antioche se trouvent les **catacombes**, taillées dans des hypogées puniques. Elles remontent aux 4e-6e s. après J.-C.

La situation

11 827 habitants – Carte Michelin n° 433 J-K 7. Sant'Antioco est un contrefort de la côte Sud-Ouest, qui s'avance dans la mer, et où l'on accède par la S 126. *Piazza Repubblica, 31/a, ☏ 078 18 20 31.*

Pour poursuivre la visite, voir le chapitre CAGLIARI.

découvrir

Vestiges de Sulci★

(♿) *9h-13h, 15h30-19h, (hiver jusqu'à 18h). Fermé j. fériés. 5,16€. ☏ 0781 83 590.* L'antique ville de Sulci, fondée par les Phéniciens, a donné son nom à l'archipel. La visite s'articule en différentes phases. La **nécropole** permet de voir les tombes, creusées dans le tuf volcanique, qui furent utilisées par les Carthaginois jusqu'à l'arrivée des Romains. Le **Musée archéologique** présente des objets provenant des fouilles, notamment une belle collection de **stèles★**. La **zone archéologique**, quant à elle, inclut le **tophet★**, successivement utilisé par les Phéniciens et les Carthaginois, qui y sacrifiaient rituellement leurs premiers-nés mâles, et servit ensuite de cimetière réservé aux mort-nés et aux enfants décédés en bas âge.

alentours

Tratalias

18 km environ au Nord-Est de Sant'Antioco. Dans un village semblant venu du Far West se dresse l'église romano-pisane S. Maria (13e s.).

Monte Sirai

19 km au Nord de Sant'Antioco. Sur une colline subsistent les traces d'une fondation phénicienne (vers 750 avant J.-C.), que les Carthaginois détruisirent vers 520 avant J.-C., avant de s'y établir et de la fortifier. Puis vinrent les Romains, qui à leur tour rasèrent (238 avant J.-C.) et reconstruisirent, avant que la ville ne fût désertée par ses habitants en 110 avant J.-C.

Sassari

Deuxième ville de Sardaigne, Sassari présente au touriste le contraste de ses quartiers modernes, aérés, avec son noyau médiéval, serré autour de la cathédrale. La piazza d'Italia et le corso Vittorio Emanuele II sont les lieux les plus animés de la ville.

La situation

120 803 habitants – Carte Michelin n° 433 E 7 – Plan dans Le Guide Rouge Italia. Sassari se situe à une vingtaine de kilomètres du golfe de l'Asinara. On s'y rend par la S 131, la S 291 et la S 597. *Via Roma, 62, ☏ 079 23 17 77.*

Pour poursuivre la visite, voir le chapitre ALGHERO.

Calendrier

De nombreuses fêtes se déroulent à Sassari, notamment la célèbre **Cavalcata sarda** : un cortège folklorique formé de groupes venus de toutes les parties de l'île parcourt les rues ; ce défilé, à l'occasion duquel il est donné d'admirer la beauté et l'extraordinaire variété des costumes sardes, s'achève par une cavalcade effrénée. Une autre fête importante, la ***Festa dei Ceri*** (cierges), instituée à la fin du 16e s. en accomplissement d'un vœu fait à la Vierge lors d'une épidémie de peste, donne lieu à un défilé des représentants des différentes corporations, qui transportent à travers la ville d'énormes cierges enrubannés, en bois doré ou argenté. *Voir aussi le chapitre Calendrier festif, dans les Informations pratiques.*

visiter

Museo Nazionale Sanna★

♿ *Tlj sf lun. 9h-20h. Fermé 1er janv., 1er mai, 25 déc. 2,07€.* ☏ *079 27 22 03.*
Il abrite de riches collections archéologiques, une intéressante section consacrée à l'ethnographie sarde, et une pinacothèque.

Le symbole de Sassari

Il s'agit de la fontaine de Rosello, près de l'église de la Trinità di Saccargia. Elle a conservé son aspect actuel depuis 1605, date de sa construction par les Génois, mais on a retrouvé des documents indiquant la présence d'une fontaine à cet endroit dès la fin du 13e s.

Duomo

On remarque la diversité des styles : campanile du 13e s. avec couronnement du 17e s., **façade★** de style baroque espagnol (fin 17e s.) et intérieur gothique.

alentours

SS. Trinità di Saccargia★★

17 km au Sud-Est, par la route de Cagliari (S 131), puis celle d'Olbia (S 597).
Au milieu du paysage dépouillé que l'on traverse en venant de Sassari apparaît soudain cette église, vestige d'un couvent de camaldules. Elle fut bâtie au 12e s. en strates de pierres blanches et noires comme le requérait le style pisan. La façade, flanquée d'un campanile très élancé, possède un portique du 13e s.
L'intérieur a le charme de toute église romane. Dans l'abside, les fresques d'inspiration byzantine (13e s.) représentent des scènes de la Passion, et, sur le registre supérieur, la Vierge et les Apôtres, dans la coupole, le Christ entre des anges et les archanges.

Porto Torres

Cette ville, située au fond d'un vaste golfe, sert de port à Sassari. Fondée par César, elle eut une importance considérable à l'époque romaine, ainsi qu'en témoignent certains vestiges aux abords de la gare.

S. Gavino★ – Église bâtie à la fin du 11e s. par les Pisans (comme en témoigne la longue série d'arcatures aveugles de son flanc gauche) et modifiée peu après par des maîtres lombards qui l'agrandirent, c'est un bel exemple de l'art médiéval sarde. Entre les arcatures s'ouvre un portail du 15e s. de style gothique catalan. À l'intérieur, l'alternance de groupes de quatre colonnes avec des piliers est d'un bel effet. Une grande **crypte** abrite les reliques de saint Gavin et un beau **sarcophage★** romain, orné de sculptures représentant les muses.

B. Morandi/MICHELIN

Un joyau roman solitaire : l'église SS. Trinità di Saccargia

LA SICILE

Terre brûlée en été, et verdoyante sitôt que le soleil unit ses rayons aux pluies printanières, terre au centre montagneux mais destination privilégiée des passionnés de mer, riche d'arts et de traditions populaires, la Sicile sait offrir à chacun les sensations et les images qu'il est venu chercher.

La situation

La Sicile est la plus grande des îles méditerranéennes : elle couvre une superficie de 25 709 km^2. Sa forme triangulaire lui valut le nom de **Trinacrie** sous la domination grecque. Près de 5 millions d'habitants occupent son sol, montagneux dans l'ensemble. Le point culminant, le volcan Etna, atteint 3 340 m.
Au cours de son histoire la Sicile eut à subir de nombreux tremblements de terre : le séisme de 1693 endommagea la plus grande partie des localités de la partie Sud-Ouest, celui de 1908 détruisit presque entièrement Messine, et, plus récemment, celui de 1968 affecta l'Ouest de l'île.

Un peu d'histoire et d'art

La position même de la Sicile, grande île contrôlant la Méditerranée et proche du continent, lui valut d'être l'objet d'incessantes convoitises au cours des siècles. De la part des Grecs tout d'abord, qui, au 8e s. avant J.-C., la trouvent partagée entre deux groupes ethniques, les **Sicanes** (les plus anciens habitants) et les **Sicules** venus d'Italie. Durant des siècles, les Grecs vont s'opposer aux Carthaginois, implantés sur le littoral, et parvenir à les confiner dans la partie occidentale de l'île, où ils se maintiendront jusqu'au siège de Mozia par Denys l'Ancien en 397 avant J.-C.

Malgré les égarements des tyrans de Gela et de Syracuse, le 5e s. marque l'apogée de la domination grecque en Sicile : l'île se couvre de splendides monuments, les adversaires sont neutralisés, Syracuse devient la rivale d'Athènes.

Mais l'arrivée des Romains, attirés par les richesses agricoles de l'île, fait basculer cet équilibre précaire. À l'issue de la première guerre punique, en 241 avant J.-C., la Sicile est entièrement entre leurs mains. Devenue province romaine, gouvernée par un préteur, elle subit ensuite les multiples invasions barbares, dont est victime tout le Sud de la Péninsule.

En 535, elle devient possession byzantine, avant de connaître sous la domination arabe des Aghlabides (9e s.) une grande prospérité. Les Sarrasins sont chassés à leur tour par les Normands (11e s.), qui procurent à la Sicile, notamment avec **Roger II**, installé à Palerme, des années de puissance politique et de rayonnement culturel.

La grande figure de **Frédéric II** de Hohenstaufen domine le règne de la famille de Souabe, à laquelle succède, en 1266, la maison d'Anjou. Dès 1282 cependant, les **Vêpres siciliennes**, dont Palerme est le théâtre, chassent Charles d'Anjou au profit de la dynastie d'Aragon : Alphonse le Magnanime, réunissant Naples à la Sicile, prend le titre de roi des Deux-Siciles (1442), mais dès 1458 les deux royaumes sont divisés et la Sicile reste possession des rois d'Aragon, puis d'Espagne.

En 1713, l'île est accordée à la maison de Savoie, qui l'échange avec les Habsbourg contre la Sardaigne en 1720, avant que le royaume des Deux-Siciles ne soit reconstitué en 1734 au profit des Bourbons, qui, en 1860, lors de l'insurrection des Mille dirigée par Garibaldi, sont à leur tour renversés.

Chacun de ces occupants a imprimé sa marque particulière sur cette terre, tant par ses mœurs que par les manifestations de son art. Les Grecs ont laissé d'admirables temples doriques, bâtis dans la belle pierre calcaire de la région, ainsi que de somptueux théâtres. Les Normands, pendant la brève période où ils dominèrent la Sicile, surent assurer sa prospérité économique et un développement artistique unique grâce à des constructions (églises, palais) qui mêlent des influences très diverses : l'architecture y est encore normande mais la décoration (les arcs outrepassés, les clochers à bulbe et les plafonds ouvragés) provient d'influences arabes, tandis que le revêtement des murs par des mosaïques étincelantes d'or dénote une provenance byzantine. Ce style, qui se manifeste à Palerme, Monreale, Cefalù et Messine, notamment, est qualifié d'**arabo-normand** ou de **siculo-normand**.

Si la Renaissance a peu marqué la Sicile, à de merveilleuses exceptions près – dont **Antonello da Messina** qui œuvra davantage sur le continent –, les Siciliens adoptèrent en revanche sans réserve, à la fin du 18e s., le style baroque marqué d'hispanisme, qu'illustrent des architectes comme **Rosario Gagliardi** à Noto et Raguse, **Vaccarini** à Catane, et **Giacomo Serpotta**, qui orna maints oratoires palermitains de ses fantaisies sculptées.

La littérature sicilienne présente une grande richesse, en particulier au 19e s., grâce à **Giovanni Verga** qui renouvela le roman italien et à **Luigi Pirandello**. Parmi les nombreux écrivains du 20e s. qui ont décrit la réalité sicilienne de l'époque, il faut citer **Elio Vittorini** (1908-1966), **Vitaliano Brancati** (1907-1954) et, surtout, **Leonardo Sciascia** (1921-1989), auxquels on peut ajouter **Gesualdo Bufalino** (1920-1996) et le poète **Salvatore Quasimodo** (1901-1968).

La Sicile d'aujourd'hui

Ce n'est pas seulement dans l'art, la culture et la littérature, que les longues colonisations en Sicile ont laissé leur marque, mais aussi dans l'économie de la région. Les dominations qui suivirent celle des Arabes, à l'exception de la domination normande, en appauvrissant les ressources naturelles, en exploitant la population et en empêchant l'île de se développer et d'exploiter au mieux son potentiel, provoquèrent sa lente décadence économique.

Aujourd'hui la Sicile se concentre de plus en plus sur la riche industrie du tourisme. Pour permettre le développement des infrastructures nécessaires à l'accueil d'un flux toujours grossissant de touristes, la région doit encore faire des efforts pour pallier à des capacités d'accueil insuffisantes, à des liaisons limitées et à une insuffisante décentralisation.

Géographiquement et économiquement, la Sicile est divisée en trois zones. La première (provinces de Catane, Syracuse et partie méridionale de Messine) a vu se développer l'industrie chimique et pétrochimique (raffinage du pétrole) ; l'agriculture y est intensive et de grande qualité. Dans la deuxième (Palerme, Trapani et une partie de Messine), le secteur tertiaire et le bâtiment ont connu un essor notable. Dans la troisième (provinces d'Agrigente, de Caltanissetta et d'Enna), la plus pauvre, les faibles revenus de l'agriculture et le sous-développement ont causé exode rural et dégradation de l'économie.

La pêche représente encore en Sicile l'un des domaines économiques les plus actifs, notamment la pêche au thon, dans la contrée de Trapani, et celle de l'espadon autour de Messine, toutes deux considérées comme traditionnelles.

carnet pratique

Transports

Les principales liaisons **maritimes** avec la Sicile se font au départ de Cagliari, Gênes, Livourne, Naples, Reggio di Calabria ou Villa San Giovanni.

En avion, on arrive à Palerme et Catane, les deux principaux aéroports siciliens, auxquels s'ajoutent Trapani, Pantelleria et Lampedusa, qui effectuent surtout des liaisons en période de grande affluence touristique (à Pâques et en été). Un autre aéroport utile, même s'il ne se trouve pas directement en Sicile, est celui de Reggio di Calabria, situé tout près du détroit de Messine.

Visite

Une visite rapide de l'île peut se faire en six ou sept jours. La carte situe, outre les localités et sites décrits, d'autres lieux particulièrement pittoresques (indiqués dans le plus petit caractère noir).

Pour une visite approfondie de la Sicile, il est recommandé de se procurer Le Guide Vert SICILE.

Achats

La céramique est l'un des produits les plus typiques de l'artisanat sicilien. Les centres de production les plus importants sont Caltagirone, Santo Stefano di Camastra et Sciacca. Si vous vous trouvez dans la région de Trapani, ne manquez pas de jeter un œil aux bijoux et objets en corail ; à Erice, vous admirerez surtout les tapis ; à Pantelleria les éponges naturelles et à Syracuse le papyrus. Chez les antiquaires et les brocanteurs, vous pourrez trouver des marionnettes siciliennes et des éléments de charrettes.

Les traditions

Le folklore qui animait autrefois la rue a pratiquement disparu : on ne voit plus guère sur les routes ce qui fut le mode de transport le plus utilisé jusque dans les années 1950, ces fameuses **charrettes siciliennes**, peintes de scènes aux couleurs vives et véritables « dentelles » de ferronnerie, qui n'apparaissent plus qu'à l'occasion des fêtes ou dans les musées.

À Palerme, on peut encore assister à des représentations populaires de théâtre de marionnettes (les *pupi*) qui s'inspirent de la *Chanson de Roland* ou du *Roland furieux* de l'Arioste.

Agrigento★★★

Agrigente

Admirablement étagée à flanc de colline, face à la mer, Agrigente, l'ancienne Akragas grecque, « la plus belle des villes mortelles » selon Pindare, se compose de deux parties : une cité médiévale précédée d'une agglomération moderne occupe les hauteurs ; en contrebas, de grandioses vestiges antiques (inscrits en 1997 sur la liste du Patrimoine mondial de l'Unesco) s'alignent sur une longue crête improprement appelée « Vallée des Temples ».

La situation

55 521 habitants – Carte Michelin nº 4432 P 22 – Plan dans le Guide Rouge Italia.
Agrigente est relié à Palerme par la S 189 et à la côte ionienne par laS 640 et la A 19.
Via Cesare Battisti, 15, ☎ 0922 20 454.

découvrir

VALLE DEI TEMPLI★★★ *visite : 3h*

8h30-1h avant le coucher du soleil. 2,07€, 6,20€ avec l'entrée au Musée archéologique d'Agrigente. ☎ 0922 29 702.

Des nombreux temples élevés entre la fin du 6ᵉ s. et celle du 5ᵉ s. avant J.-C., neuf sont encore partiellement visibles. Leur écroulement a été attribué par certains aux effets des séismes, par d'autres à la rage iconoclaste des premiers chrétiens. Seul le temple de la Concorde, transformé en église à la fin du 6ᵉ s., a échappé à la ruine.

Tyrans, philosophes et écrivains

Fondée en 580 avant J.-C. par des habitants de Gela originaires de Rhodes, la ville fut gouvernée par des tyrans, dont le plus cruel fut au 6ᵉ s. **Phalaris**, et le plus grand bâtisseur **Théron**, qui vécut au siècle suivant. Elle est la patrie du philosophe **Empédocle** (5ᵉ s. avant J.-C.). C'est aussi celle de **Luigi Pirandello** (1867-1936), prix Nobel en 1934, qui créa le genre théâtral moderne en Italie *(Chacun sa vérité, Six personnages en quête d'auteur)*, inventant de nouvelles relations entre les personnages, fondées sur l'incompréhension et l'absurde.

carnet pratique

Restauration

• ***À bon compte***

Kokalo'S – *Via Cavaleri Magazzeni, 3 [Valle dei Templi] - ☎ 0922 60 64 27 - réserv. conseillée - 10/34€.* Une fois visitées les merveilles de la Valle dei Templi et satisfaits les appétits mystico-culturels, cet endroit rustique, au bar à vins bien fourni, sera en mesure d'apaiser des faims un peu moins spirituelles grâce à ses pizzas et ses plats typiques.

Hébergement

• ***Valeur sûre***

Hotel Villa Eos – *Contrada Cumbo, villaggio Pirandello - Sulla S 115 - ☎ 0922 59 71 70 - fax 0922 59 71 88 - - 23 ch. : 77,47/98,13€ - restaurant 22/29€.* Après une épuisante journée de tourisme culturel, vous pourrez apprécier un plongeon rafraîchissant dans la piscine ou, pour les plus courageux, une bonne partie de tennis... Les chambres sont agréables et bien aménagées, à deux pas de la mer et à quatre de la maison natale de Pirandello.

Tempio di Zeus Olimpio★ (Giove)

S'il avait été achevé, le **temple de Zeus Olympien**, aujourd'hui presque entièrement ruiné, aurait été, avec ses 113 m de longueur et ses 56 m de largeur, l'un des plus grands de l'Antiquité. Son entablement était soutenu par des colonnes de 20 m de haut entre lesquelles se succédaient probablement les **télamons** ou atlantes, colossales statues dont l'une, dépassant 7,50 m, se trouve au Musée archéologique : sa reproduction, gisant sur le sol au centre du temple, donne la mesure de l'ampleur du monument projeté.

B. Kaufmann/MICHELIN

Le temple de Castor et Pollux

Tempio di Castore e Polluce o dei Dioscuri★★

Il ne reste du **temple des Dioscures**, les jumeaux Castor et Pollux, que quatre colonnes supportant un fragment d'entablement sous lequel apparaît, à l'angle, une petite rose, symbole de Rhodes.

Sur la droite s'étend une **zone sacrée** dédiée à Déméter et Perséphone, divinités chthoniennes (infernales) : on y remarque deux autels des sacrifices, l'un circulaire avec un puits sacré au centre, l'autre carré.

Revenir au Piazzale et prendre la via dei Templi.

Tempio di Eracle★★

De style dorique archaïque, le **temple d'Hèraklès** (Hercule), est sans doute le plus ancien d'Agrigente (520 avant J.-C.) ; seules huit colonnes ont été relevées.

Un peu plus avant, à gauche, on distingue de profondes ornières que l'on identifie généralement comme des traces de roues de chars. Leur profondeur très marquée est probablement due à une transformation progressive en conduites d'eau.

Tempio della Concordia★★★

Le **temple de la Concorde** est le plus puissant, le plus majestueux et le mieux conservé des temples doriques de Sicile. Il est entouré d'un péristyle formé de 34 colonnes en tuf calcaire. Les stucs qui couvraient la construction ont disparu. Son nom lui vient d'une inscription romaine trouvée dans le voisinage, mais on ignore à quelle divinité il était réellement consacré. On voit encore, à l'intérieur, les aménagements datant de l'époque chrétienne.

Tempio di Hera Lacinia★★

À l'extrémité de la colline, le **temple d'Héra Lacinia** (Junon, dont le culte célébré au promontoire Lacinium rayonnait sur toute la Grande Grèce – *voir Crotone, Environs*) a conservé une partie de sa colonnade. Vers l'Est subsiste un autel des sacrifices, et à l'arrière du temple, une citerne.

visiter

Museo Archeologico Regionale★

Entrée par le cloître de l'église S. Nicola. 9h-16h. Les horaires peuvent changer, téléphonez pour plus de sécurité. 4,13€. ☏ 0922 40 15 65.

Il abrite une collection de **vases grecs★** (dont l'original **cratère de Persée et Andromède**, à fond blanc). Une salle est consacrée aux **télamons★** du temple de Zeus. On y voit également l'***Éphèbe d'Agrigente★★*** *(salle 10)*, statue en marbre du 5e s. avant J.-C, et le très beau **cratère de Gela★★** *(salle 15)*, orné d'une centauromachie au registre supérieur et d'un combat contre des amazones au registre inférieur.

Oratorio di Falaride

9h-16h30. Gratuit.

La légende situait à proximité le palais de Phalaris, premier tyran d'Agrigente. L'oratoire de Phalaris serait en réalité un petit temple hellénistique transformé à l'époque normande.

S. Nicola

9h30-12h, 15h30-19h30.

Cette sobre église de transition romano-gothique abrite un magnifique **sarcophage romain★** sur lequel est représentée la mort de Phèdre. De la terrasse, belle **vue★** sur les temples.

Quartiere ellenistico-romano★

♿ *Tlj sf dim. 8h30-17h. Gratuit.*

Cet ensemble de maisons ordonnées autour des rues principales atteste un sens développé de l'urbanisme au 4e s. avant J.-C.

La ville actuelle

Son animation se concentre autour du **piazzale Aldo Moro**, d'où s'articule la belle **via Atenea** bordée de nombreux commerces. Au sommet de la vieille ville aux rues en escalier, s'élève la **cathédrale**, d'origine normande mais fortement remaniée aux siècles suivants. *9h-12h30, 16h30-19h.*

En redescendant en direction du piazzale A. Moro, on peut visiter l'**abbatiale S. Spirito★** qui renferme quatre charmants **hauts-reliefs★** en stuc attribués à Giacomo Serpotta.

Pour la visite, s'adresser au monastère contigu.

alentours

Tomba di Terone

Visible de la route de Caltagirone. Ce monument, haut de 3 m, porte le nom de l'un des tyrans d'Agrigente, mais aurait été érigé à l'époque romaine en l'honneur des soldats tombés pendant la seconde guerre punique.

Casa di Pirandello

6 km à l'Ouest, par la route de Porto Empedocle (S 115). Peu après le viaduc Morandi, prendre à gauche. (♿) 9h-19h. 2,07€. ☏ 0922 51 17 98 ; www.regione.sicilia.it

Dans une petite maison isolée parmi les vignes naquit Luigi Pirandello, qui repose, plus loin, au pied d'un grand pin.

Caltagirone★

En arrivant à Caltagirone, il est une présence qu'on ne peut fuir et qui semble accompagner la ville : celle de la céramique, qui, non seulement trône à l'intérieur des magasins dans une euphorie de vases, assiettes et bibelots, mais embellit encore les ponts, balustrades, balcons (dont celui, très joli, de la **casa Ventimiglia** du 18e s.) et façades de palais, nombreux dans la via Roma, la rue centrale.

La situation

39 225 habitants – Carte Michelin nº 432 25 P. Caltagirone n'est pas très éloignée de la S 417, qui mène de Catane à Gela. *Palazzo Libertini, ☎ 0933 53 809.*

Pour poursuivre la visite, voir le chapitre Villa Imperiale del CASALE.

visiter

Scala di Santa Maria del Monte★

Bâti au 17e s. pour relier la partie vieille (haute) de la ville à la partie moderne, cet escalier compte 142 marches en lave, décorées sur la contremarche de beaux carreaux de majolique polychrome, dans une alternance de motifs géométriques, floraux et ornementaux. Les 24 et 25 juillet, l'escalier est envahi de petites lumières formant des « tableaux » toujours différents ; le plus courant est celui du symbole de la ville : un aigle portant l'écusson croisé sur sa gorge.

Villa Comunale★

C'est un magnifique jardin, dessiné à la fin du siècle dernier par Basile, et inspiré des jardins anglais. Le côté donnant sur la via Roma est délimité par une balustrade ornée de vases en majolique. Sur une esplanade trône le délicieux **petit kiosque à musique**, aux formes arabes et orné de majolique.

Museo della Ceramica

(♿) *9h-18h30. 2,58€. ☎ 0933 21 680.*
Le **Teatrino**, singulière construction du 18e s. ornée de majolique, abrite cet intéressant musée qui permet de retracer l'histoire locale de la céramique, de la préhistoire aux débuts du 20e s. La diffusion et l'importance du travail de l'argile sont attestées par un beau **cratère★** du 5e s. avant J.-C., portant la représentation d'un potier et d'un jeune homme travaillant au tour.

Villa Imperiale del Casale★★★

Villa impériale du Casale

Cette immense villa (3 500 m²) du 3e ou 4e s. après J.-C., qui appartenait sans doute à un personnage important, est intéressante pour son **pavement en mosaïques★★★** recouvrant la presque totalité du sol. D'une gamme de tons très étendue, les mosaïques, probablement l'œuvre d'un maître africain, traitent les sujets les plus divers, empruntés aussi bien à la mythologie qu'à la vie quotidienne ou à des événements particuliers tels qu'une grande chasse et les jeux du cirque.
En 1997, l'Unesco a inscrit la villa au Patrimoine mondial de l'humanité.

R. Mattes/MICHELIN

Est-on bien sûr que « l'invention » du bikini remonte au 20e s. ?

La situation

Carte Michelin n° 432 0 25. La villa se trouve près de Piazza Armerina, sur la S 117b.
🅱 *Via Cavour, 15,* ☎ *0935 68 02 01.*
Pour poursuivre la visite, voir les chapitres CATALGIRONE et ENNA.

visiter

I mosaici★★★

8h-17h30. 4,13€. ☎ *0935 68 00 36.*
Les mosaïques les plus remarquables sont celles figurant des **amours★★** occupés à pêcher ou à jouer avec des dauphins ; celles de la **salle de la Petite Chasse★★★**, qui mettent en scène les moments marquants d'une battue ; celles du **promenoir de la Grande Chasse★★★**, avec la capture et la vente d'animaux destinés aux jeux du cirque ; celles de la **salle des Dix Jeunes Filles en bikini★★**, représentées au cours de leurs exercices physiques ; enfin, celles du **triclinium★★★**, qui évoquent les **travaux d'Hercule**.

alentours

Piazza Armerina

Environ 5 km au Sud-Ouest. Dans un site verdoyant, sur le versant d'une petite vallée, l'intéressant **centre historique médiéval★** de Piazza Armerina se serre au pied d'une **cathédrale** baroque. *8h-12h30, 15h30-18h30.* ☎ *0935 68 02 14.*

Catania★

Catane

Bien que détruite à plusieurs reprises par les éruptions de l'Etna, Catane est un port actif et une ville industrielle, dont le développement s'est fortement accru ces dernières années. Elle présente un plan urbain constitué de longues et larges avenues rectilignes, enrichies de nombreux monuments baroques dus à l'architecte Vaccarini qui les édifia après le tremblement de terre de 1693. La ville a donné naissance au musicien Vincenzo Bellini (1801-1835), auteur de *La Norma*, et à Giovanni Verga.

La situation

337 862 habitants – Carte Michelin n° 432 O 27 (avec plan général) – Plan d'agglomération dans le Guide Rouge Italia. Faisant face à la mer Ionienne, Catane est accessible par la A 18, qui conduit jusqu'à Messine, par la A 19, pour Enna, et par la S 114, pour Syracuse. Catane détient le record de chaleur en Italie (plus de 40 °C).
🅱 *Via Cimarosa, 10,* ☎ *095 73 06 211.*
Pour poursuivre la visite, voir les chapitres ETNA, SIRACUSA et TAORMINA.

visiter

Piazza del Duomo★

Vaccarini a fait de cette place, centre monumental de Catane, un bel ensemble baroque comprenant la **fontaine de l'Éléphant**, conçue par l'architecte en 1735, le **palais Senatorio**, ou **palais des Éléphants** (hôtel de ville), à la façade équilibrée, et le **Dôme★**, dédié à sainte Agathe, patronne de la ville. Érigé à la fin du 11e s. par

carnet pratique

RESTAURATION

• ***Valeur sûre***

Cantine del Cugno Mezzano – *Via Museo Biscari, 8 - ☎ 095 71 58 710 - fermé dim. midi, 10 au 28 août - 23/36€.* Un endroit jeune et branché, sis dans un palais du 18e s. en plein centre ville. Cuisine « moderne », avec quelques plats plus recherchés, et une grande attention aux vins. Dans une ambiance rustique, avec de grandes tables en bois.

HÉBERGEMENT

• ***Valeur sûre***

Hotel La Vecchia Palma – *Via Etnea, 668 - ☎ 095 43 20 25 - fax 095 43 20 25 - ▤ - 11 ch. : 46,48/72,30€* ☕. Un bâtiment Art nouveau, qui a su respecter le style d'origine et propose des chambres vastes et confortables, équipées de tout le confort moderne. La gestion familiale en fait également une bonne adresse pour son accueil chaleureux et sympathique.

CATANIA

Street	Grid	No.
Angelo Custode (Via)	DZ	3
Benedetto (Piazza A. d.)	DZ	11
Biondi (Via)	EY	12
Bovio (Piazza G.)	EY	15
Carlo Alberto (Piazza)	EY	19
Castello Ursino (Via)	DZ	21
Conte di Torino (Via)	EY	25
Currò (Piazza)	DZ	26
Cutelli (Piazza)	EZ	27
Dante (Piazza)	DY	29
Etnea (Via)	DXY	
Giuffrida (Via Vincenzo)	EX	39
Guardie (Piazza delle)	EY	42
Imbriani (Via Matteo Renato)	DEX	43
Landolina (Via)	EZ	45
Lupo (Piazza Pietro)	EY	47
Museo Biscari (Via)	EZ	57
Orlando (V. Vitt. E.)	EX	60
Porticello (Via)	EZ	68
Rabbordone (Via)	EY	69
Rapisardi (Via Michele)	EY	70
Rotonda (Via d.)	DYZ	77
S. Anna (Via)	DZ	79
San Francesco d'Assisi (Piazza)	DZ	80
San Gaetano alle Grotte (Via)	DEY	81
San Giuseppe al Duomo (Via)	DZ	82
Spirito Santo (Piazza)	EY	87
Stesicoro (Piazza)	DY	91
Teatro Massimo (Via)	EYZ	92
Trento (Piazza)	EX	95
Umberto I (Via)	DEX	
Università (Piazza dell')	DZ	96
Verga (Piazza)	EX	98
Vittorio Emanuele III (Piazza)	EY	100

Monument	Grid	Key
Anfiteatro	DY	A
Badia di S. Agata	EZ	B
Casa di Verga	DZ	C
Collegiata	DY	D
Museo Belliniano	DZ	M1
Museo Emilio Greco	DZ	M1
Odeon	DZ	N
Palazzo Asmundo	DZ	R1
Palazzo Manganelli	EY	R2
Palazzo S. Demetrio	DY	R3
S. Agata al Carcere	DY	S1
S. Benedetto	DZ	S2
S. Francesco	DZ	S4
S. Francesco Borgia	DYZ	S5
S. Giuliano	DY	S6
S. Michele Arcangelo	DY	S7
S. Nicolò l'Arena	DY	S8
Teatro Antico	DZ	T1
Teatro Bellini	EY	T2
Terme della Rotonda	DZ	V

le Normand Roger Ier et reconstruit après le tremblement de terre de 1693, celui-ci fut doté, toujours par Vaccarini, d'une élégante **façade★**. À gauche du Dôme, la belle **Badia di S. Agata★**, contribue à compléter l'harmonie de la place.
Un peu plus loin, dans la via Museo Biscari, se trouve le **palais Biscari★**, le plus beau palais civil de la ville. Le côté Sud présente une très riche **décoration★★** de personnages, de *putti* et de volutes. *Visite guidée uniquement (20mn). Lun.-sam. 9h30-12h30, 16h-19h.* Réservation obligatoire. ☎ *095 32 18 18.*

Via Etnea★

Cette célèbre artère de plus de 3 km, animée par les principales boutiques de la ville, offre une vue sur l'Etna tout au long de son parcours, le long duquel s'ouvrent de nombreux palais et églises, et surtout les jardins dits **Villa Bellini★**.

Le quartier occidental

Il s'articule le long de la via Vittorio Emanuele II, qui croise la **via Crociferi★**, considérée comme la rue du baroque catanien par excellence, et passe devant le **théâtre antique**. *Fermé pour restauration au moment de la rédaction de ce guide.* ☎ *095 74 72 111.*

Castello Ursino

Tlj sf lun. 9h-13h, 15h-18h (dim. : 9h-13h). ☎ *095 34 58 30.*
Construction sévère et nue, due à Frédéric II de Souabe (13e s.), qui abrite le **Musée municipal** (Museo Civico). Sur plan carré, ce château est cantonné de quatre tours.

alentours

Acireale

17 km au Nord. La route traverse **Aci Castello**, avec son **château★** noir en pierre de lave, et **Aci Trezza**, bourg de pêcheurs en face duquel se dressent les **écueils du Cyclope★** (Faraglioni del Ciclope), que Polyphème aurait jetés contre la flotte d'Ulysse qui l'avait aveuglé en enfonçant un pieu dans son œil unique.
La route atteint ensuite **Acireale**, ville moderne qui présente de nombreux ensembles baroques, dont la **piazza del Duomo★**, avec la basilique S.S. Pietro e Paolo et l'hôtel de ville, ainsi que l'**église S. Sebastiano**, à l'harmonieuse **façade★** ornée de colonnes sculptées, de niches, de frises à angelots et guirlandes.

Cefalù★★

Dans un site★★ exceptionnel, serrée entre la mer et un promontoire rocheux, Cefalù, petite ville de pêcheurs, s'enorgueillit de sa splendide cathédrale romane.

La situation

14 026 habitants - Carte Michelin n° 432 M 24. Face à la mer Tyrrhénienne, Cefalù se trouve sur la A 20, qui mène à Palerme, et la S 113, pour Messine.
i *Corso Ruggero, 77,* ☎ *0921 42 10 50.*
Pour poursuivre la visite, voir le chapitre PALERMO.

visiter

Duomo★★

8h-12h, 15h30-coucher du soleil. ☎ *0921 92 20 21.*
Sa pierre dorée se confond avec celle de la falaise. Cette cathédrale aurait été construite à la suite d'un vœu du roi normand Roger II (12e s.) sur le point de faire naufrage. Aussi l'édifice, élevé entre 1131 et 1240, a-t-il un caractère normand bien établi, dans sa haute abside flanquée de deux absidioles peu marquées, et surtout dans sa façade encadrée de tours carrées. Le portique a été refait au 15e s. par un maître lombard.
Les charpentes qui couvrent deux des trois vaisseaux et les galeries du transept sont elles aussi normandes. Les colonnes sont couronnées de splendides **chapiteaux★★** de style siculo-normand *(voir en Introduction le chapitre sur l'Art)*.
Le *presbiterio* est couvert de **mosaïques★★** de toute beauté, sur fond or, avec des tons d'une variété étonnante, expression admirable de l'art byzantin à son déclin (12e s.) ; on voit, en haut, le Christ Pantocrator et, au-dessous, sur trois registres, la Vierge, quatre archanges et les douze apôtres. Les anges de la voûte et les prophètes des murs latéraux du chœur datent du 13e s.

Remarquer dans le chœur, à droite, le trône épiscopal et, à gauche, le trône royal, tous deux en marbre et mosaïque.

►► Museo Mandralisca (renferme ***L'Homme au rictus★*** par **Antonello da Messina**).

Isole Egadi★

Îles Égades

Les îles Égades séduisent par leur aspect sauvage, la beauté de leur côtes et la transparence des eaux qui les entourent.
C'est aux îles Égades (ou Égates) que fut conclu, en 241 avant J.-C. le traité mettant fin à la première guerre punique et par lequel Carthage cédait la Sicile à Rome.

La situation

4 410 habitants – Carte Michelin n° 432 M-N 18-19. Les trois îles – Favignana, Levanzo et Marettimo – font partie du petit archipel situé au large de Trapani. *Piazza Madrice, 8, ☎ 0923 92 16 47.*
Pour poursuivre la visite, voir les chapitres ERICE, TRAPANI et SEGESTO.

carnet pratique

TRANSPORTS
Des liaisons quotidiennes sont assurées de Trapani par bacs (1h à 2h45) et par hydrofoils (15mn à 1h).
Navigation : Catalano Viaggi, môle San Leonardo, 91023 Favignana (Trapani) ☎ 0923 92 13 68.

HÉBERGEMENT
• ***À bon compte***
Hotel Egadi – *Via Colombo, 17 - 91023 Favignana - ☎ 0923 92 12 32 - fax 0923 92 12 32 - fermé oct. à mi-mai - 12 ch. : 44/78€* . Une véritable institution sur l'île, modèle d'hospitalité et de disponibilité. Les chambres sont simples mais propres et très bien tenues et la cuisine, basée sur des produits de qualité, propose en soirée un large choix de plats soignés et originaux.
• ***Valeur sûre***
Hotel Aegusa – *Via Garibaldi, 11/17 - 91023 Favignana - ☎ 0923 92 24 30 - fax 0923 92 24 40 - - 28 ch. : 72,30/123,95€ - restaurant 23/31€.* Un vaste choix de plats de poissons et de plats traditionnels, et un menu qui satisfaira les palais autant que les porte-monnaie, servis dans une cour-jardin très agréable. Les chambres sont lumineuses, et le mobilier en osier ajoute à l'impression de fraîcheur et à l'atmosphère de vacances.

visiter

Favignana★

En forme de papillon, cette île d'à peine 20 km² est parcourue dans toute sa longueur par la **Montagna Grossa**, culminant à 302 m et se terminant dans la mer par des versants déchiquetés. Les insulaires étaient maîtres dans la pêche au thon, qu'ils pratiquaient en mai-juin pendant une cinquantaine de jours : piégés dans un vaste réseau de filets, les poissons étaient ramenés dans des conditions périlleuses et tués au harpon.
Le chef-lieu de l'archipel, **Favignana**, est dominé par le fort S. Caterina, ancienne tour de guet sarrasine réédifiée par le roi normand Roger II, qui servit de prison sous les Bourbons. À l'Est du port, se trouvent d'anciennes **carrières de tuf** englouties par la mer. Des promenades en bateau (demander aux pêcheurs sur le port) permettent de visiter les grottes – parmi lesquelles la **Grotta Azzurra** – qui s'ouvrent le long de la côte Ouest.

Le charme un peu rude de Levanzo

M. Reitano/Lara Pessina/MICHELIN

Levanzo★
On a découvert, en 1950 sur ce minuscule îlot (moins de 6 km^2), des traces de présence humaine remontant à l'ère préhistorique, notamment dans la **Grotta del Genovese★** que l'on atteint à pied ou en bateau à partir de Cala Dogana. *Excursions : pour la visite, contacter Sig. Castiglione, via Calvario, Levanzo. ☎ 0923 92 40 32, 0360 63 92 61 ou 339 74 18 800 (portable).*

Marettimo★
Assez à l'écart du flux touristique, Marettimo et sont pittoresque petit **port** *(qui ne possède pas d'embarcadère et dont on rejoint le quai en barque)*, compte quelques restaurants mais est dépourvu d'hôtels. Le **tour de l'île en barque★★** (demander aux pêcheurs sur le port) permet de découvrir les nombreuses grottes qui s'ouvrent dans les parois escarpées.

Enna★

D'aspect quelque peu sévère, Enna s'élève dans un paysage brûlé par le soleil. Son site★★ panoramique lui a valu le nom de « belvédère de la Sicile ». C'est à 10 km de là, sur les rives du lac de Pergusa, que Pluton enleva Proserpine pour en faire la reine des mondes infernaux.

La situation
28 424 habitants – Carte Michelin n° 432 O 24. Enna occupe, à 942 m d'altitude, une position isolée au centre de l'île, sur la A 19. ℹ *Piazza N. Colajanni, 6, ☎ 0935 26 119.*
Pour poursuivre la visite, voir le chapitre Villa Imperiale del CASALE.

visiter

Castello di Lombardia★
Été : 8h-20h, dim. et j. fériés 9h-13h, 15h-18h ; le reste de l'année : 9h-13h, 15h-17h. Gratuit. ☎ 0935 40 347.
Ce château médiéval a conservé six de ses vingt tours primitives. Du haut de la plus élevée, on jouit d'un exceptionnel **panorama★★★** sur le village perché de Calascibetta, l'Etna et la plupart des montagnes siciliennes. Au-delà du château, le **belvédère**, où s'élevait jadis un temple dédié à Déméter, permet de jouir d'une belle **vue★** sur Calascibetta et sur Enna.

Duomo
9h-13h. ☎ 0935 50 31 65.
Reconstruit en style baroque aux 16e et 17e s., il a conservé ses absides gothiques du 14e s. À l'intérieur, le **plafond★** à caissons est finement sculpté et présente à l'extrémité de chaque « poutre » d'étranges créatures ailées.

Torre di Federico★
À l'extrémité opposée de via Roma par rapport au Castello di Lombardia. Dans le passé, Enna aurait peut-être pu être surnommée la cité des tours. Leur nombre élevé était lié à la fonction défensive et la position stratégique de la ville. La **tour octogonale** construite sous Frédéric II de Souabe se trouve en hauteur, au centre d'un petit jardin public.

Isole Eolie★★★

Îles Éoliennes

Les îles Éoliennes ou **Lipari** sont ainsi appelées parce que les Anciens les croyaient habitées par Éole, dieu des Vents. L'archipel comprend sept îles principales : Lipari, Vulcano, Stromboli, Salina, Filicudi, Alicudi et **Panarea**, toutes d'un intérêt exceptionnel par leur nature volcanique et leur beauté, par leur lumière et leur climat.
Une mer transparente et chaude, d'un bleu profond, peuplée d'une faune très originale (poissons volants, espadons, tortues, hippocampes, poissons marteaux) et propice à la chasse sous-marine fait de ces îles le refuge de ceux qui aiment une vie proche de la nature. De nombreuses **excursions en bateau** permettent de découvrir les très belles côtes découpées, les anses cachées et les baies.
Les habitants pêchent, cultivent la vigne et, à Lipari, exploitent la pierre ponce.

La situation

11 026 habitants – Carte Michelin n° 432 L 25-27 et K 27. Les îles Éoliennes se trouvent dans la mer Tyrrhénienne, au large de Milazzo.

visiter

Lipari★

Cette île, la plus vaste de l'archipel, est formée de rochers volcaniques plongeant à pic dans la mer. Dans l'Antiquité, Lipari était un grand fournisseur d'obsidienne, lave vitrifiée de couleur noire, et on extrayait la pierre ponce sur la côte orientale (à l'heure actuelle, l'activité est en baisse) ; de nos jours on y cultive céréales et câpres et on y pratique la pêche.

carnet pratique

Transports

Les principales liaisons se font au départ de Milazzo, Messine, Reggio di Calabria, Palerme et Naples. *Navigation : Eolian Tours, via Amendola, 10, 98055 Lipari (Messine), ☎ 090 98 11 312 ; Eoltravel, via Vittorio Emanuele, 83, 98055 Lipari (Messine), ☎ 090 98 11 122.*

Restauration

• ***Valeur sûre***

E Pulera – *Via Diana - 98055 Lipari - ☎ 090 98 11 158 - fermé le midi, nov.-mai - réserv. conseillée- 29/37€ + 12 % serv.* Dans le très beau jardin fleuri, offrez-vous un dîner typiquement éolien. Vous pourrez également, lors des chaudes soirées de juillet et d'août, y profiter d'animations musicales « live » et de spectacles folkloriques.

Filippino – *Piazza Municipio - 98055 Lipari - ☎ 090 98 11 002 - fermé lun. (sf juin-sept.), 16 nov. au 15 déc. - ▤ - 30/38€ + 12 % serv.* Avec ses nombreuses tables extérieures installées sur la piazza della Rocca, ce restaurant est une véritable institution, aussi bien dans l'archipel que dans toute la Sicile. Le poisson local, préparé de manière traditionnelle, est servi dans une ambiance décontractée, qui n'empêche pas un service rapide et efficace.

Punta Lena – *Via Marina, località Ficogrande - 98050 Stromboli - ☎ 090 98 62 04 - fermé nov.-mars - 31/43€.* Le poisson y est toujours excellent, très frais, cuisiné selon de savoureuses recettes, mais si cela n'était pas un argument suffisant, sachez aussi qu'il vous sera servi sous une tonnelle, avec une magnifique vue sur la mer.

Hébergement

• ***Valeur sûre***

Hotel La Canna – *Contrada Rosa - 98050 Filicudi - ☎ 090 98 89 956 - fax 090 98 89 966 - fermé nov. - 7 ch. : 51,64/103€ - 7,74€ - restaurant 27/31€.* Dominant le port et la mer, cet ensemble de style éolien est bien intégré dans le paysage environnant. Deux chambres romantiques avec une petite terrasse sont réservées aux éventuels « jeunes mariés » ; la terrasse-solarium et la piscine sont quant à elles à la disposition de chacun.

Hotel Poseidon – *Via Ausonia, 7 - 98055 Lipari - ☎ 090 98 12 876 - fax 090 98 80 252 - fermé nov.-fév. - ▤ - 18 ch. : 56,81/108,46€ - 7,75€.* On ne peut plus central, un petit complexe de style méditerranéen où dominent les teintes de blanc et de bleu. Les chambres, extrêmement bien entretenues, sont meublées de façon fonctionnelle et disposent de tout le confort moderne. Agréable terrasse-solarium. Un accueil plein de courtoisie.

• ***Une petite folie !***

Locanda del Barbablù – *Via Vittorio Emanuele, 17/19 - 98050 Stromboli - ☎ 090 98 61 18 - fax 090 98 63 23 - fermé le midi, nov. et fév. - 6 ch. doubles : à partir de 123,95€ - restaurant 31€.* Une auberge qui accueillera et abritera les « voyageurs » dans ses chambres très agréables, où art moderne et quelques objets anciens se marient avec succès. Au menu du jour, des plats d'inspiration variée, qui satisferont les goûts les plus divers.

M. Andreini/Lara Pessina/MICHELIN

Vapeurs de soufre à Vulcano

Deux baies (Marina Lunga bordée d'une plage et Marina Corta) encadrent la ville de **Lipari★**, dominée par son vieux quartier qu'entourent des murailles édifiées aux 13e et 14e s. et d'où s'élève un château rebâti par les Espagnols au 16e s. sur un édifice normand. Celui-ci abrite un **Musée archéologique★★** (Museo Archeologico Eoliano) : reconstitutions de nécropoles de l'âge du bronze, belle collection de **cratères à figures rouges★**, d'**amphores★** et de **masques de théâtre★★** en terre cuite. (♿) *9h-13h30, 15h-19h (la billetterie ferme 1h avant). 4,13€. ☎ 090 98 80 174 ; www.museolipari.org*

On peut effectuer, à partir de Marina Corta, une **promenade en bateau★★** qui permet d'admirer la côte très accidentée du Sud-Ouest de l'île. Si l'on fait le **tour de l'île en voiture★★**, on s'arrêtera à Canneto et à Campo Bianco où l'on peut visiter des **carrières★** de pierre ponce. Du promontoire des Puntazze, la **vue★★**, splendide, embrasse cinq îles : Alicudi, Filicudi, Salina, Panarea et Stromboli. Mais c'est du belvédère de **Quattrocchi** que l'on bénéficie de l'un des plus beaux **panoramas★★★** de l'archipel.

Vulcano★★★

Dans cette île de 21 km^2, née de la fusion de quatre volcans, la mythologie situait les forges de Vulcain, dieu du Feu ; de ce nom vient le terme volcanisme. Bien qu'aucune éruption n'ait eu lieu à Vulcano depuis 1890, les manifestations y restent importantes : fumerolles, jets de gaz parfois sous-marins, jaillissements de boues sulfureuses et chaudes appréciées pour leurs propriétés thérapeutiques. Des côtes rocheuses, d'un tracé tourmenté, des espaces désolés, un sol que la présence de soufre, d'oxydes de fer, d'alun, pare de couleurs étranges, confèrent à cette île une inquiétante et farouche beauté.

Au pied du Grand Cratère, **Porto di Levante**⛱ est le principal centre de Vulcano. Sa plage a pour particularité d'être baignée par des eaux très chaudes, grâce à des émanations sous-marines de gaz.

L'**excursion au Grand Cratère★★★** *(environ 2h AR)* revêt un exceptionnel intérêt pour l'aspect impressionnant que présente le cratère lui-même et pour les vues qu'elle procure sur l'archipel. Du **cap Grillo**, on embrasse plusieurs îles.

Le **tour de l'île en bateau** *(au départ de Porto Ponente)* constitue un périple riche en perspectives curieuses, notamment le long de la côte Nord-Ouest frangée d'impressionnants écueils basaltiques.

Stromboli★★★

Surmonté de son panache, le volcan Stromboli, d'une sombre beauté, forme une île sauvage aux pentes abruptes, que ne parcourt pratiquement aucune route. Le peu de terre cultivable est occupé par des vignes fournissant le délicieux vin doré malvasia (malvoisie). Les petites maisons blanches et cubiques sont d'un type arabe prononcé.

Le **cratère★★★**, formé d'un cône de 924 m de haut, se manifeste fréquemment : explosions bruyantes accompagnées d'éruptions de lave. On peut assister au **spectacle★★★** en montant au cratère *(environ 5h AR, marche pénible ; il est préférable de se faire accompagner d'un guide)*, ou bien observer, d'une barque, la fameuse coulée vers la mer, dite *sciara del fuoco* (traînée de feu). *Excursions : guides autorisés CAI-AGAI, Porto di Scari et Piazza San Vincenzo, Stromboli. ☎/fax 090 98 62 11 ou 090 98 62 63, 368 66 49 18 ou 330 96 53 67 (portable).*

La nuit, la vision prend toute sa grandeur, terrible et féerique.

Salina★

Elle est constituée par six anciens volcans, dont deux ont gardé leur caractéristique profil. Le plus élevé, le **mont Fossa delle Felci** (962 m), est le point culminant de l'archipel. Une agréable route panoramique parcourt l'île. Sur les basses pentes, cultivées en terrasses, croissent les câpriers et la vigne produisant le malvasia.

Erice★★★

Cette antique cité phénicienne, puis grecque, occupe un **site★★★** unique en balcon sur la mer. Enfermée dans ses remparts, elle est sillonnée par un labyrinthe de ruelles tranquilles aux gracieuses maisons. Dans l'Antiquité, Erice fut une cité religieuse réputée pour son temple consacré à Astarté, puis à Aphrodite et à Vénus, que les navigateurs invoquaient pour leur protection.

La situation

31 026 habitants - Carte Michelin n° 432 M 19. Erice, perchée à 750 m d'altitude sur le mont Eryx, se trouve à 14 km de Trapani, sur la pointe occidentale de la Sicile.
Viale Conte Pepoli, 11, ☎ 0923 86 93 88.
Pour poursuivre la visite, voir les chapitres Isole EGADI, SEGESTA et TRAPANI.

carnet pratique

RESTAURATION

• ***Valeur sûre***

Monte San Giuliano – *Vicolo San Rocco, 7 - ☎ 0923 86 95 95 - fermé lun., 7 au 25 janv. et 5 au 23 nov. - réserv. conseillée - 24,27/34,09€.* Au cœur de la magnifique ville d'Erice, un restaurant soigné où goûter la cuisine locale. Si les belles salles rustiques constituent un cadre fort agréable, nous vous conseillons cependant de vous faire servir sous la fraîche tonnelle de la cour intérieure, d'où vous dégusterez également la vue panoramique.

HÉBERGEMENT

• ***À bon compte***

Azienda Agricola Pizzolungo – *Contrada S. Cusumano - 96016 Erice Casa Santa - ☎ 0923 56 37 10 - fax 0923 56 97 80 - fraadr@tin.it - 6 appartements : 30,99€.* Une note à la fois rustique et romantique, dans une ferme du 19e s., entourée d'un jardin luxuriant, à quelques mètres de la mer. Et que dire d'un plongeon dans une eau de source, recueillie dans une vieille vasque en pierre ? Appartements de 2, 4 et 6 personnes, avec cuisine.

• ***Valeur sûre***

Hotel Baglio Santacroce – *91019 Valderice - 2 km à l'E de Valderice - ☎ 0923 89 11 11 - fax 0923 89 11 92 - P - 25 ch. : 67/108€ - restaurant 18/23€.* Un petit bâtiment rural du 17e s., perdu dans la campagne, avec une vue splendide sur le golfe de Cornino. Raffiné, il propose des chambres (plutôt petites) avec poutres en bois au plafond et sol en briques.

se promener

Castello di Venere

Édifié au 12e s. par les Normands sur l'emplacement du temple dédié à Vénus, ce château couronne un rocher isolé, à l'extrémité du mont Éryx. De là comme des jardins del Balio s'offrent des **vues★★** admirables : par temps clair, on peut distinguer la côte tunisienne.

Chiesa Matrice★

Bâtie au 14e s. avec des pierres provenant du temple de Vénus, cette église est précédée d'un porche ajouté au 15e s. et flanquée d'un campanile carré à merlons, aux élégantes ouvertures (13e s.).

Etna★★★

Point culminant de l'île, encapuchonné de neige une grande partie de l'année, l'Etna, encore en activité, est le plus grand et l'un des plus fameux volcans d'Europe.
Il naquit d'éruptions sous-marines qui formèrent aussi la plaine de Catane, occupée auparavant par un golfe marin.

La situation

Carte Michelin n° 432 N-O 26-27. L'Etna domine la côte ionienne de Catane à Taormine. En 1987, fut fondé le **Parc de l'Etna**, qui couvre une superficie de 59 000 ha. Au centre, la montagne apparaît sous la forme d'un énorme cône noir et convulsé, visible à 250 km à la ronde. À sa base, extrêmement fertile, croissent de nombreuses cultures d'agrumes, oliviers et vignes produisant l'excellent vin de l'Etna. Puis, au-dessus de 500 m, poussent les châtaigniers, que remplacent plus haut les chênes, les hêtres, les bouleaux et les pins.
Passé 2 100 m, c'est la zone déserte où l'on identifie seulement quelques buissons d'**épineux** *(Astragalus siculus)*, épars sur les pentes des cratères secondaires, sur les scories et la pierre ponce.
Pour poursuivre la visite, voir les chapitres CATANIA et TAORMINA.

Les réveils du Géant endormi

Les manifestations de l'Etna furent très nombreuses dans l'Antiquité : 135 d'entre elles nous sont connues. C'est en 1669 qu'eut lieu le cataclysme le plus terrible : le flot de lave dévalant jusqu'à la mer dévasta en partie Catane sur son passage.
De nos jours, les éruptions les plus marquantes ont été celle de 1910 avec la formation de vingt-trois nouveaux cratères, celle de 1917 où une fontaine de lave jaillit jusqu'à 800 m au-dessus de sa base, celle de 1923 après laquelle la lave éjectée resta chaude pendant plus de dix-huit mois. Les colères du volcan sont fréquentes... La dernière, en 2001, qui s'est produite dans le cratère Sud-Est, a détruit les installations du funiculaire et menacé le Rifugio Sapienza et la commune de Nicolosi.

découvrir

Ascension du volcan★★★

La montée à l'Etna peut se faire soit par le versant Sud au départ de Catane, par Nicolosi, soit par le versant Nord-Est au départ de Taormine, par Linguaglossa. *Se vêtir chaudement et se munir de chaussures solides.*

Versant Sud – *Les excursions, en fonction de l'enneigement, sont possibles de la semaine précédant Pâques au 31 oct. Durée : environ 3h AR. 28,41€ (assurance et guide compris). Pour plus de détails et des informations sur les excursions de nuit, s'adresser au Bureau des guides alpins Etna Sud, via Etnea, 49, Nicolosi, ☎ 095 79 14 755 ou au funiculaire de l'Etna, piazza V. Emanuele, 45, Nicolosi, ☎ 095 91 11 58 ou 095 91 41 41. Sur demande, les guides alpins organisent des trekkings, du ski alpin et des visites de grottes*

L'Etna

M. Magni/MICHELIN

formées par écoulement de lave. Certains tracés ont été détruits par l'éruption de 2001 et les chemins permettant d'atteindre les coulées du sommet plus difficile d'accès. Le parcours du funiculaire a été remplacé par un minibus.

L'excursion conduit jusqu'à 3 000 m d'altitude environ et varie avec l'état du volcan. On s'arrête près de la grandiose **Valle del Bove** limitée par des murailles de lave de plus de 1 200 m de hauteur, percée de gouffres et de crevasses crachant de la fumée.

Versant Nord-Est – *Mai-oct. Point de départ des excursions : Piano Provenzana. Durée : 3h environ AR. 36,15€ (guide compris). Pour plus de détails et des informations sur les excursions de nuit, s'adresser à la STAR, via Santangelo Fulci, 40, Catania, ☎ 095 37 13 33 ou à l'hôtel Le Betulle di Piano Provenzana, Linguaglossa, ☎ 095 64 34 30.*

Après avoir traversé, au-delà de Linguaglossa, une belle pinède peuplée de pins Laricio, on dépasse Villaggio Mareneve (sports d'hiver).

La route revêtue se termine à Piano Provenzana (1 800 m). Des abords du nouvel observatoire, on bénéficie d'une **vue★★** magnifique. L'ascension se termine dans un extraordinaire paysage de lave parfois encore fumante.

Circumetnea

Cette route qui ceinture l'Etna permet d'en apprécier tous les visages et de découvrir quelques habitations intéressantes.

Messina

Messine

En dépit des innombrables destructions qu'elle a subies au cours des siècles, Messine, l'ancienne Zancle des Grecs, est aujourd'hui à nouveau un marché actif. Tremblements de terre répétés (dont le plus meurtrier, en 1908, détruisit la cité à plus de 90 % et fit 60 000 victimes dans la région), épidémies, bombardements ne découragèrent pourtant jamais les habitants de ce port, admirablement protégé, d'établir et de perpétuer des liens culturels et commerciaux avec les autres centres de la Sicile et le continent.

La situation

259 156 habitants – Carte Michelin n° 432 M 28 (avec plan général). Messine veille sur ce détroit, où Charybde et Scylla se regardent depuis toujours en chiens de faïence.

ℹ Via Calabria, isol. 301 bis, ☎ 090 67 42 36.

Pour poursuivre la visite, voir le chapitre TAORMINA.

visiter

Museo Regionale★

Au Nord de la ville, à l'extrémité du viale della Libertà qui longe le bord de mer. ♿ Été : 9h-13h30, mar., jeu. et sam. 9h-13h30, 16h-19h ; dim. et j. fériés 9h-12h30 ; hiver : 15h-18h. Possibilité de visite guidée et audioguidée. 4,13€. ☎ 090 36 12 92.

Il rassemble des collections de sculptures, d'arts décoratifs et une pinacothèque. Parmi les sculptures, on voit notamment un crucifix en bois de la fin du 14e s. Parmi les peintures, on remarque le ***Polyptyque de saint Grégoire*** (1473), d'**Antonello da Messina**, remarquable composition qui conjugue les leçons toscanes et les premières influences flamandes ; une ***Déposition de Croix*** du Flamand Colyn de Coter (fin 15e s.) ; deux tableaux du **Caravage**, une ***Adoration des Bergers*** et une ***Résurrection de Lazare***, exécutés à la fin de sa vie entre 1608 et 1610. La **berline du Sénat★**, de 1742, est de belle facture.

Duomo

9h30-19h, dim. 10h30-11h, 16h-19h. ☎ 090 77 48 95.

Presque entièrement rebâti après le séisme de 1908 et les bombardements de 1943, il conserve les lignes de son style normand d'origine (12e s.). Le **portail central★**, du 15e s., est finement sculpté. À gauche de l'édifice s'élève un campanile haut de 60 m, doté d'une **horloge astronomique★** construite à Strasbourg en 1933, et qui serait la plus grande du monde.

ANTONELLO DA MESSINA (VERS 1430-1479)

Ce peintre né à Messine vers 1430 se forma à Naples, et assimila la leçon flamande qui y était alors diffusée. Plus tard, il s'intéressa aux découvertes de la peinture toscane qui donnaient pleine valeur aux volumes et aux architectures grâce à l'invention de la perspective.

Son œuvre offre l'image d'une parfaite maîtrise : formes et couleurs servent, dans un équilibre savant, une vision entièrement tournée vers l'intérieur, qui influencera les artistes de la Renaissance vénitienne, notamment Carpaccio et Giovanni Bellini. Il mourut en Sicile vers 1479.

SS. Annunziata dei Catalani

Rejoindre la via Cesare Battisti par la via Lepanto partant du flanc droit de la cathédrale. Construite en 1100 sous le règne des Normands, remaniée au 13e s., elle tient son nom des marchands catalans, dont elle fut la paroisse. L'**abside★** est caractéristique de ce style normand composite où se mêlent apports romans (arcatures aveugles sur colonnettes), influences arabes (motifs géométriques de pierres polychromes), et éléments byzantins (coupole sur tambour).

alentours

Tindari★

62 km à l'Ouest de Messine. L'antique Tyndaris grecque, fondée en 396 avant J.-C., se trouve sur le sommet du cap homonyme où s'élève également un **sanctuaire** abritant une Vierge noire, but d'un important pèlerinage. Les **ruines** sont essentiellement constituées de l'imposante **enceinte** urbaine, d'un **théâtre** faisant face à la mer et de ce que l'on appelle **basilique**, édifice romain à arcades précédant le forum et auquel conduit le *decumanus* (artère principale de la ville). *9h-2h avant le coucher du soleil. 2,07€. ☏ 0941 36 90 23.*

Noto★

Totalement anéantie par le terrible tremblement de terre de 1693, la ville de Noto, dont l'origine remonte au temps des Sicules, fut reconstruite à 10 km de son ancien emplacement. Le long des rues tracées selon un plan géométrique, on vit s'élever toute une série de palais, d'églises, de monuments baroques, bâtis dans le calcaire blanc local qui a pris avec le temps une merveilleuse teinte dorée. Plusieurs artistes siciliens ont collaboré à cette entreprise, parmi lesquels il faut citer le plus inventif, Rosario Gagliardi.

La situation

21 663 habitants – Carte Michelin n° 432 Q 27. Noto se trouve dans le Sud de la Sicile. Pour s'y rendre, emprunter la S 115. *Piazza XVI Maggio, ☏ 0931 83 67 44.*
Pour poursuivre la visite, voir les chapitres RAGUSA et, SIRACUSA.

découvrir

Le centre baroque★★

Il s'élève autour du **corso Vittorio Emanuele**, scandé en trois places, sur lesquelles donnent les façades d'églises monumentales dessinées dans un style baroque imposant et souple : **S. Francesco all'Immacolata**, la **cathédrale★★** (dont le dôme et une grande partie de la nef centrale se sont malheureusement effondrés en 1996), sur la ravissante **piazza Municipio★**, et **S. Domenico★**. Sur la droite, devant l'église, se trouve la **via Corrado Nicolaci★**. *S. Francesco : 8h-12h, 16h-18h. ☏ 0931 83 50 05.*

S. Domenico : pour toute information, contacter l'Association Allakatalla. ☏ 0931 83 50 05.

Cette rue, en légère déclivité, bordée de palais aux beaux balcons, parmi lesquels se détache le **palais Nicolaci di Villadorata** aux **balcons★★★** d'une fantaisie exubérante, offre une ravissante perspective scénique dont la toile de fond est constituée par l'église de Montevergine.

Palermo★★★

Palerme

Principal port et capitale de la Sicile, Palerme est bâtie au fond d'une ample et magnifique baie que ferment au Nord le mont Pellegrino et au Sud le cap Zafferano ; derrière elle s'étend une plaine d'une fertilité extraordinaire, limitée par un demi-cercle de collines, la **Conca d'Oro**, où foisonnent les plantations d'agrumes.

La situation

683 794 habitants – Carte Michelin n° 432 M 21-22 (avec plan général) – Plan d'agglomération dans Le Guide Rouge Italia. Située sur la côte septentrionale, on se rend à Palerme grâce à la A 19 et la A 29.

Piazza Castelnuovo, 34, ☎ 091 58 38 47.

Pour poursuivre la visite, voir les chapitres CEFALÙ et USTICA.

comprendre

Fondée par les Phéniciens, conquise par les Romains, puis devenue byzantine en 535, Palerme resta, de 831 à 1072, soumise aux Sarrasins ; ces derniers lui donnèrent cette atmosphère très particulière que suggèrent aujourd'hui l'exotisme de ses jardins et la courbure de ses coupoles. Conquise par les Normands de 1072, elle devint, sous **Roger II**, capitale du royaume de Sicile : grand bâtisseur, ce souverain sut allier l'apport architectural normand aux traditions décoratives des Sarrasins et des Byzantins, et l'âge d'or artistique de la ville coïncide avec son règne. Par la suite, les Hohenstaufen et les Angevins introduisirent le style gothique (13e s.). Après une domination espagnole de plus de trois siècles, les Bourbons donnèrent à Palerme son fastueux aspect baroque.

Les Vêpres siciliennes

Depuis 1266, le frère de Saint Louis, Charles Ier d'Anjou, soutenu par le pape, tenait la ville. Mais sa domination était difficilement supportée : les Siciliens avaient surnommé les Français, qui parlaient difficilement l'italien, les *tartaglioni* (bredouilleurs). Le lundi (ou mardi) après Pâques 1282, comme les cloches appelaient aux vêpres, des Français outragèrent, dans l'église Santo Spirito, une jeune Palermitaine. L'insurrection se déclencha alors ; tous les Français rencontrés qui prononçaient mal le mot *cicero* (pois chiche) étaient massacrés.

découvrir

Palazzo dei Normanni★★

De l'immense palais royal que les Normands avaient bâti sur une ancienne forteresse arabe, il ne subsiste plus que la partie centrale et la massive « tour pisane ».

Cappella Palatina★★★

Au 1er étage du palazzo dei Normanni. La **Chapelle palatine** témoigne du faste et du raffinement de cette époque : bâtie sous le règne de Roger II, entre 1130 et 1140, elle présente une merveilleuse décoration arabo-normande ; dix colonnes antiques partagent l'édifice en trois vaisseaux ; la partie supérieure des murs, la coupole et les absides sont recouvertes d'éblouissantes **mosaïques★★★** qui, avec celles de Constantinople et de Ravenne, constituent l'un des sommets de cet art en Europe ; un plafond à alvéoles sculptées de stalactites, un pavement de marbre, une chaire et un chandelier pascal richement décorés complètent ce prestigieux ensemble. *Mar.-ven. 9h-12h, 15h-17h, sam. : 9h-12h, dim. : 9h-10h, 12h-13h (l'entrée ferme 30mn avant). Fermé j. fériés. Gratuit. ☎ 091 70 54 879.*

Au 2e étage se situent les **anciens appartements royaux★★** avec la **salle du roi Roger II★★**, du 12e s., ornée de mosaïques évoquant des scènes de chasse. *Visite guidée uniquement (30mn) lun., ven. et sam. : 9h-12h ; pour les groupes, après demande d'autorisation auprès du Service de questure, fax 091 70 54 737.*

Face au palais, la **villa Bonanno★** est un très beau jardin agrémenté de palmiers.

DU PALAZZO DEI NORMANNI À LA CALA

Visite : 3h. La visite commence par le palais des Normands, fer de lance de la vie politique passée et présente, pour atteindre deux jolies places, centre animé de la ville, et continuer jusqu'à la Cala, l'ancienne porte de la ville.

S. Giovanni degli Eremiti★★

Lun.-sam. 9h-18h30 ; dim. et j. fériés. 9h-13h. 4,13€. ☎ 091 65 15 019.

À quelques pas du palais, cette église, entourée d'un jardin, est une petite oasis de verdure où les bruits de la rue finissent par sembler lointains. Élevée en 1132 à la demande de Roger II et avec la collaboration d'architectes arabes, elle est coiffée de coupoles roses. À côté, s'étendent un ravissant jardin exotique et un délicieux **cloître★** (13e s.) à colonnettes géminées.

Prendre la via Vittorio Emanuele, artère centrale à fort trafic qui coupe la ville en deux. La cathédrale se dresse sur la gauche.

Cattedrale★

Lun.-sam. 7h-19h ; dim. et j. fériés : 8h-13h, 16h-19h. ☎ 091 33 43 76.

Érigée à la fin du 12e s. dans le style siculo-normand, elle a, au cours des siècles, fait l'objet de nombreuses modifications et adjonctions (porche Sud au 15e s., coupole au 18e s.). Le **chevet★** a en revanche conservé sa décoration géométrique, caractéristique du style siculo-normand.

À l'intérieur, refait au 18e s., se trouvent les tombeaux de Frédéric II et d'autres souverains souabes, angevins et aragonais. Le **trésor** renferme la somptueuse **couronne impériale★** ayant appartenu à Constance d'Aragon. *Trésor : lun.-sam. 10h-12h30, 14h-16h. 1,03€, 1,55€ avec l'entrée au trésor et à la crypte.*

Quattro canti★

À l'intersection de la via Vittorio Emanuele et de la via Maqueda, cette place aux « quatre coins » en arrondi ornés de statues et de fontaines, est un bel exemple de style baroque espagnol du début du 17e s. L'église **S. Giuseppe ai Teatini** présente un **intérieur★** théâtral.

La Martorana★★

Avr.-sept. : 8h-13h, 15h30-19h ; le reste de l'année : 8h-13h, 15h30-17h30 ; dim. et j. fériés 8h30-13h. ☎ 091 61 61 692.

Son véritable nom est S. Maria dell'Ammiraglio. L'église fut fondée en 1143 par un amiral de la flotte du roi Roger II, puis remaniée aux 16e et 17e s. (adjonction d'une façade baroque sur le flanc gauche). Après être passé sous l'élégant clocher-porche du 12e s., on pénètre dans l'église dont la partie primitive est ornée d'admirables **mosaïques★★** byzantines : on y voit notamment des scènes du Nouveau Testament *(Annonciation, Nativité, Mort de la Vierge)*, et dans le cul-de-four de l'abside l'imposant Christ Pantocrator. Aux deux extrémités des collatéraux, remarquer les deux mosaïques du roi Roger couronné par le Christ et de l'amiral Georges d'Antioche aux pieds de la Vierge.

S. Cataldo★★

Lun.-ven. 8h30-15h, sam. 8h30-13h, dim. 9h-13h. Fermé j. fériés. ☎ 091 87 28 047.

Fondée au 12e s., cette merveilleuse église rappelle les édifices arabes par sa sévère forme carrée, ses coupoles « en bonnet d'eunuque », son couronnement de merlons dentelés, et les baies de sa façade ajourées de claustras.

Les deux églises se dressent sur la petite **piazza Bellini★** qui, surtout en raison de la présence des trois coupoles rouges de San Cataldo, affiche cette allure arabo-normande caractérisant différents monuments de la ville.

B. Kaufmann/MICHELIN

Une petit air d'Orient : S. Giovanni degli Eremiti

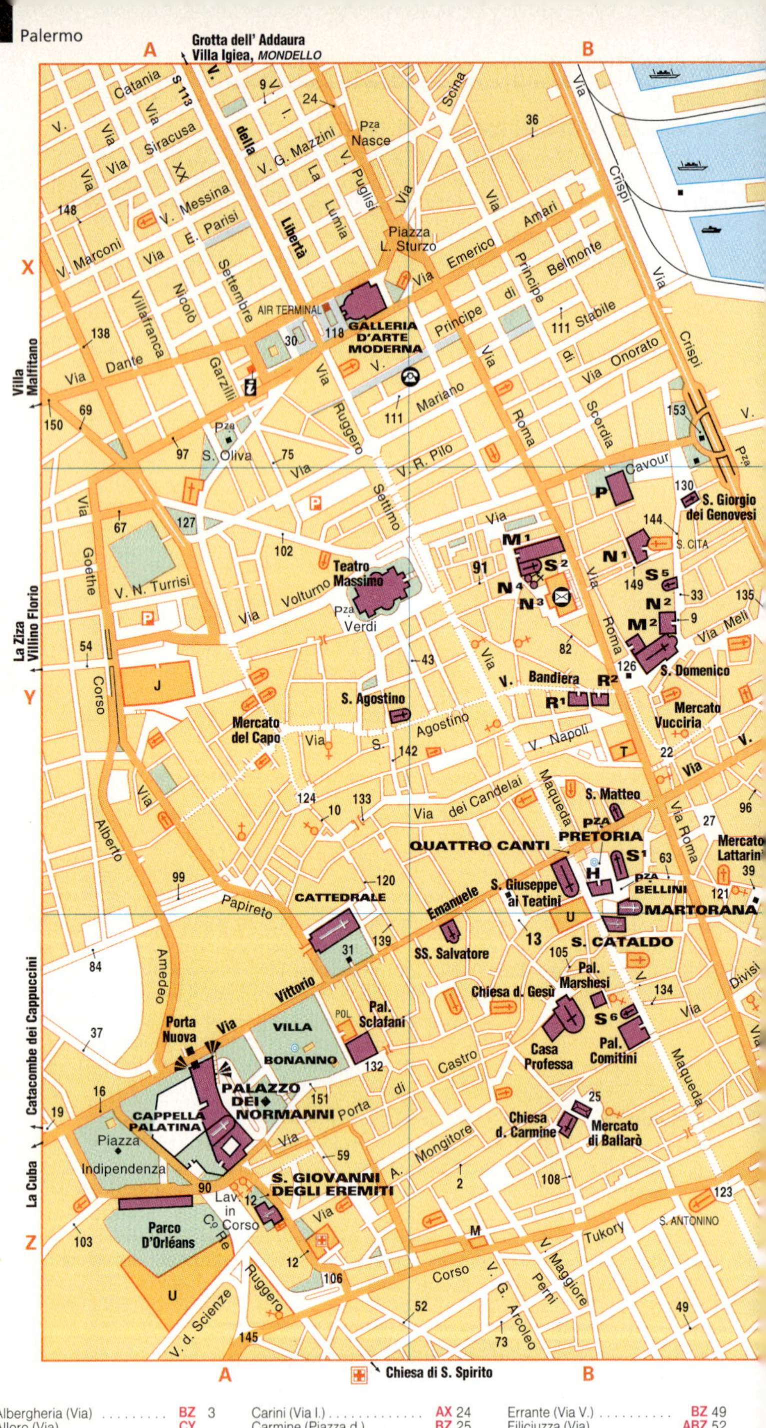

Albergheria (Via) . . . . BZ 3
Alloro (Via) . . . . CY
Amari (Via E.) . . . . BX
Amedeo (Corso A.) . . . . AYZ
Aragona (Piazza) . . . . CY 6
Aragona (Via) . . . . CY 7
Archimede (Via) . . . . AX 9
Archirafi (Via) . . . . CZ
Arcoleo (Via G.) . . . . BZ
Ballaro (Piazza) . . . . BZ
Bandiera (Via) . . . . BY
Beati Paoli (Via) . . . . AY 10
Bellini (Piazza) . . . . BY
Benedettini (Via d.) . . . . AZ 12
Boccone (Via S.) . . . . CZ
Bologni (Piazza) . . . . BYZ 13
Butera (Via) . . . . CY
Cala (Via d.) . . . . CY
Calatafimi (Corso) . . . . AZ 16
Candelai (Via d.) . . . . BY
Cappuccini (Via d.) . . . . AZ 19
Caracciolo (Piazza) . . . . BY 22
Carini (Via I.) . . . . AX 24
Carmine (Piazza d.) . . . . BZ 25
Cassa di Risparmio (Piazza) . . . . BY 27
Cassari (Via) . . . . BCY 28
Castello (Piazza) . . . . BCY
Castelnuovo (Piazza) . . . . . . AX 30
Catania (Via) . . . . AX
Cattedrale (Piazza d.) . . . . . . AZ 31
Cavalieri di Malta (Largo) . . . BY 33
Cavour (Via) . . . . BXY
Cervello (Via) . . . . CY 34
Cipolla (Via) . . . . CZ
Collegio di Maria (Via) . . . . . BX 36
Colonna Rotta (Via) . . . . AZ 37
Crispi (Via) . . . . BX
Croce dei Vespri (Piazza d.) . . . . BY 39
Dante (Via) . . . . AX
Divisi (Via) . . . . BZ
Don Sturzo (Piazza) . . . . ABX
Donizetti (Via G.) . . . . ABY 43
Errante (Via V.) . . . . BZ 49
Filiciuzza (Via) . . . . ABZ 52
Finocchiaro Aprile (C.) . . . . . AY 54
Fonderia (Piazza) . . . . CY 57
Garibaldi (Via) . . . . CZ 58
Garzilli (Via N.) . . . . AX
Gasometro (Piazza) . . . . DZ
Generale Cardona (Via) . . . . AZ 59
Giudici (Discesa d.) . . . . BY 63
Giulio Cesare (Piazza) . . . . . CZ
Goethe (Via) . . . . AY
Indipendenza (Piazza) . . . . . AZ
Ingrassia (Via G. F.) . . . . CZ
Italico (Foro) . . . . CYDZ
Juvara Cluviero (Via) . . . . . . AY 67
Kalsa (Piazza d.) . . . . CY
La Lumia (Via I.) . . . . AX
Latini (Via B.) . . . . AX 69
Libertà (Via d.) . . . . AX
Lincoln (Via) . . . . CZDY
Maggiore Perni (Via) . . . . . . BZ
Maqueda (Via) . . . . BYZ

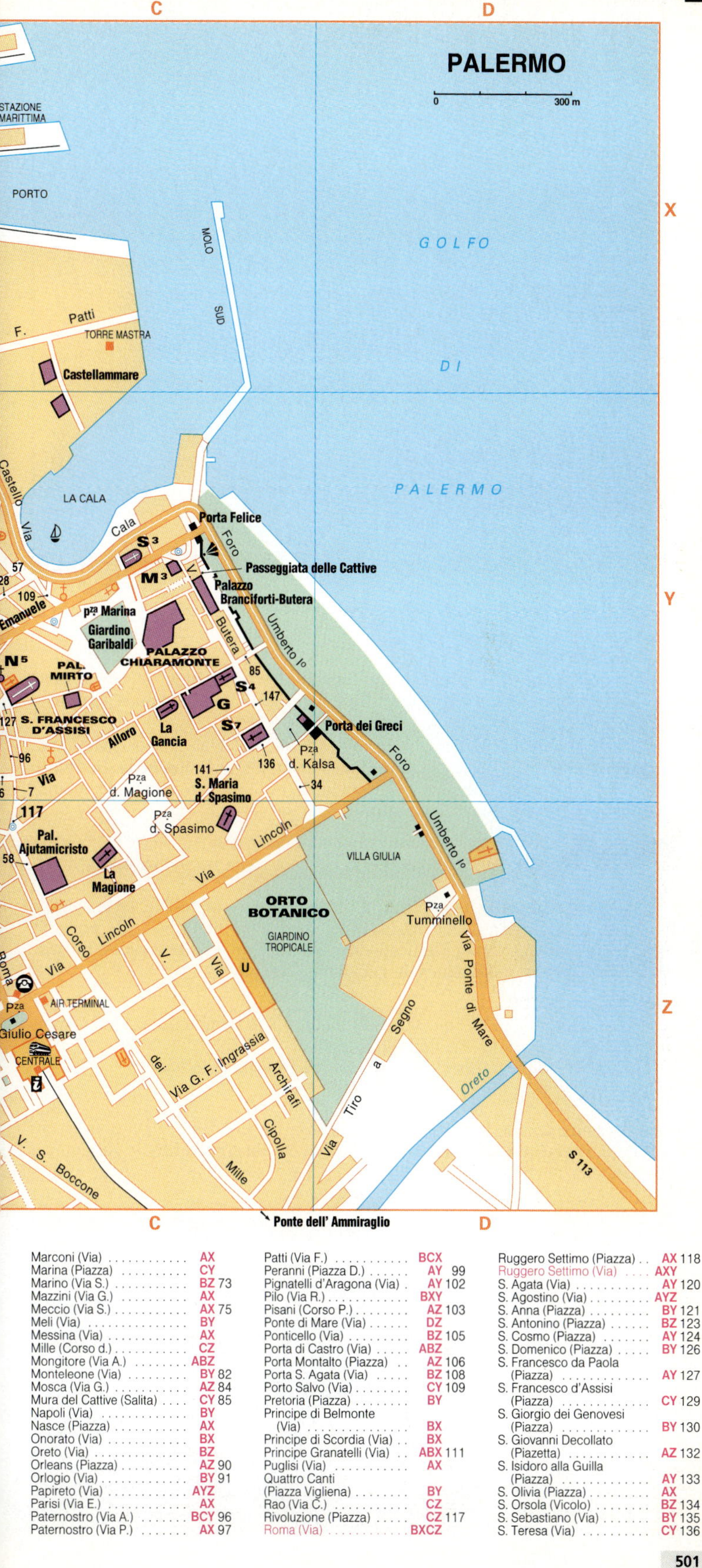

Marconi (Via) . . . . AX
Marina (Piazza) . . . . CY
Marino (Via S.) . . . . BZ 73
Mazzini (Via G.) . . . . AX
Meccio (Via S.) . . . . AX 75
Meli (Via) . . . . BY
Messina (Via) . . . . AX
Mille (Corso d.) . . . . CZ
Mongitore (Via A.) . . . . ABZ
Monteleone (Via) . . . . BY 82
Mosca (Via G.) . . . . AZ 84
Mura del Cattive (Salita) . . . . CY 85
Napoli (Via) . . . . BY
Nasce (Piazza) . . . . AX
Onorato (Via) . . . . BX
Oreto (Via) . . . . BZ
Orleans (Piazza) . . . . AZ 90
Orlogio (Via) . . . . BY 91
Papireto (Via) . . . . AYZ
Parisi (Via E.) . . . . AX
Paternostro (Via A.) . . . . BCY 96
Paternostro (Via P.) . . . . AX 97

Patti (Via F.) . . . . BCX
Peranni (Piazza D.) . . . . . . AY 99
Pignatelli d'Aragona (Via) . . AY 102
Pilo (Via R.) . . . . BXY
Pisani (Corso P.) . . . . AZ 103
Ponte di Mare (Via) . . . . . . DZ
Ponticello (Via) . . . . BZ 105
Porta di Castro (Via) . . . . . ABZ
Porta Montalto (Piazza) . . . AZ 106
Porta S. Agata (Via) . . . . . BZ 108
Porto Salvo (Via) . . . . CY 109
Pretoria (Piazza) . . . . BY
Principe di Belmonte (Via) . . . . BX
Principe di Scordia (Via) . . BX
Principe Granatelli (Via) . . ABX 111
Puglisi (Via) . . . . AX
Quattro Canti (Piazza Vigliena) . . . . BY
Rao (Via C.) . . . . CZ
Rivoluzione (Piazza) . . . . . CZ 117
Roma (Via) . . . . BXCZ

Ruggero Settimo (Piazza) . . AX 118
Ruggero Settimo (Via) . . . . AXY
S. Agata (Via) . . . . AY 120
S. Agostino (Via) . . . . AYZ
S. Anna (Piazza) . . . . BY 121
S. Antonino (Piazza) . . . . . . BZ 123
S. Cosmo (Piazza) . . . . AY 124
S. Domenico (Piazza) . . . . . BY 126
S. Francesco da Paola (Piazza) . . . . AY 127
S. Francesco d'Assisi (Piazza) . . . . CY 129
S. Giorgio dei Genovesi (Piazza) . . . . BY 130
S. Giovanni Decollato (Piazzetta) . . . . AZ 132
S. Isidoro alla Guilla (Piazza) . . . . AY 133
S. Olivia (Piazza) . . . . AX
S. Orsola (Vicolo) . . . . BZ 134
S. Sebastiano (Via) . . . . BY 135
S. Teresa (Via) . . . . CY 136

Rue	Carroyage	N°
Sammartino (Via)	AX	138
Scienze (Via d.)	AZ	
Scina (Via)	BX	
Scuole (Via d.)	AZ	139
Siracusa (Via)	AX	
Spasimo (Piazza d.)	CYZ	
Spasimo (Via d.)	CY	141
Spirito Santo (Via d.)	ABY	142
Squarcialupo (Via)	BY	144
Stabile (Via M.)	AYBX	
Stazzone (Piazza)	AZ	145
Tiro a segno Nazionale (Via)	DZ	
Torremuzza (Via)	CY	147
Tukory (Corso)	ABZ	
Turrisi (Via N.)	AY	
Turrisi Colonna (Via)	AX	148
Valver de (Via)	BY	149
Verdi (Piazza)	ABY	
Villafranca (Via)	AX	
Virgilio (Piazza)	AX	150
Vittoria (Piazza d.)	AZ	151
Vittorio Emanuele (Corso)	AZCY	
Volturno (Via)	AY	
XIII Vittime (Piazza d.)	BX	153
XX Settembre (Via)	AX	

Curiosité	Carroyage	Repère
Cappella Palatina	AZ	
Casa Professa	BZ	
Castello a Mare	CXY	
Catacombe dei Cappuccini	AZ	
Cattedrale	AZ	
Chiesa del Carmine	BZ	
Chiesa del Gesù	BZ	
Chiesa di S. Spirito	ABZ	
Galleria d'Arte Moderna (Teatro Politeama)	AX	
Galleria Regionale di Sicilia (Pal. Abatellis)	CY	G
Giardino Garibaldi	CY	
Grotta dell'Addaura	AX	
La Gancia	CY	
La Magione	CZ	
La Cuba	AZ	
La Ziza	AY	
Martorana	BY	
Mercata Vucciria	BY	
Mercato di Ballarò	BZ	
Mercato di Capo	AY	
Mercato Lattarini	BY	
Museo Archeologico Regionale	BY	M1
Museo Internazionale delle Marionette	CY	M3
Museo del Risorgimento	BY	M2
Oratorio del Rosario di S. Cita	BY	N1
Oratorio del Rosario di S. Domenico	BY	N2
Oratorio di S. Caterina d'Alessandria	BY	N3
Oratorio di S. Filippo Neri	BY	N3
Oratorio di S. Lorenzo	CY	N4
Orto Botanico	CDZ	
Palazzo Ajutamicristo	CZ	
Palazzo Branciforti-Butera	CY	
Palazzo Chiaramonte	CY	
Palazzo Comitini	BZ	
Palazzo dei Normanni	AZ	
Palazzo Marchesi	BZ	
Palazzo Mirto	CY	
Palazzo Oneto di Sperlinga	BY	R1
Palazzo Pretorio (Municipio)	BY	H
Palazzo Sclafani	AZ	
Palazzo Termine	BY	R2
Parco d'Orléans	AZ	
Passeggiata delle Cattive	CY	
Ponte dell'Ammiraglio	CDZ	
Porta dei Greci	CY	
Porta Felice	CY	
Porta Nuova	AZ	
Prefettura	BY	P
Quattro Canti	BYZ	
S. Agostino	AY	
S. Cataldo	BZ	
S. Caterina	BY	S1
S. Domenico	BY	
S. Francesco d'Assisi	CY	
S. Giorgio dei Genovesi	BY	
S. Giovanni degli Eremiti	AZ	
S. Giuseppe ai Teatini	BY	
S. Ignazio all'Olivella	BY	S2
S. Maria della Catena	CY	S3
S. Maria della Pietà	CY	S4
S. Maria dello Spasimo	CYZ	
S. Maria di Valverde	BY	S5
S. Matteo	BY	
S. Orsola	BZ	S6
S. Teresa alla Kalsa	CY	S7
SS. Salvatore	BZ	
Teatro Massimo	AY	
Villa Bonanno	AZ	
Villa Igiea	AX	
Villa Malfitano	AX	
Vucciria	BY	

Piazza Pretoria★★

Elle est occupée par une spectaculaire **fontaine★★** surmontée de nombreuses statues de marbre dues à un artiste florentin du 16e s. Le **palais Pretorio**, aujourd'hui hôtel de ville, occupe un de ses côtés.

Immédiatement au Nord du corso Vittorio Emanuele, se tient chaque matin (sauf le dimanche) un marché d'alimentation très caractéristique, la **Vucciria**. De l'autre côté de cette rue s'ouvre une zone plus tranquille, où il est agréable de déambuler à la découverte des églises et des palais.

S. Francesco d'Assisi★

Lun.-ven. 10h-16h, sam. 9h-12h. Contacter le prêtre quelques jours à l'avance, ☎ 091 58 23 70.

Édifiée au 13e s. mais détruite pendant la Seconde Guerre mondiale, cette église a été reconstruite dans son style d'origine. Sont particulièrement beaux le **portail★** (original) et la rosace qui ornent la façade. L'intérieur, d'un volume ample et simple, conserve huit statues allégoriques de Giovanni Serpotta.

Palazzo Chiaramonte★

Beau palais gothique de 1307, qui servit de modèle à de nombreuses constructions civiles en Sicile et dans le Sud de la Péninsule.
En face, dans le jardin Garibaldi, spectaculaires ***Ficus magnolioides★★***.

La Cala

La Cala, le vieux port de la ville, était autrefois fermé par des chaînes conservées dans l'église **S. Maria dellla Catena★**, d'un style de transition entre le gothique et le Renaissance.

Piazza Pretoria, le scintillement nocturne de la fontaine

B. Kaufmann/MICHELIN

carnet pratique

Transports

L'arrivée – **L'avion** constitue le moyen le plus rapide pour rejoindre Palerme. L'aéroport **Falcone-Borsellino** (anciennement appelé Punta Raisi – ☎ *091 70 20 111*) est situé à 30 km au Nord de la ville, sur l'autoroute A 29. Plusieurs compagnies le desservent (Alitalia, Alpi Eagles, Air Sicilia, Med Airlines, Meridiana, Air Europe) mais n'assurent que des liaisons intérieures ; de l'étranger, il faut presque systématiquement transiter par Rome. La liaison entre l'aéroport et le centre-ville est assurée par autobus (départ chaque demi-heure, de 5h jusqu'à l'arrivée du dernier vol), avec arrêts viale Lazio, piazza Ruggero Settimo devant le théâtre Politeama, et à la gare centrale devant l'hôtel Elena. Durée du trajet : 1h environ. 4,65€ (passage simple). Pour toute information ☎ 091 58 04 57 ou 091 58 63 51.
Si vous préférez les voyages par **car-ferry**, il existe des liaisons depuis :

Gênes : Grandi Navi Veloci, via Fieschi, 17, ☎ 010 58 93 31, fax 010 55 09 225 (20h).

Livourne : Grandi Navi Veloci, varco Galvani Darsena,1, ☎ 0586 40 98 04, fax 0586 42 97 17 (seulement certains jours, 17h).

Naples : Tirrenia Navigazione, Stazione Marittima, molo Angioino, ☎ 081 25 14 740, fax 25 14 767 (11h) ; Aliscafi SNAV, via Caracciolo, 10, ☎ 081 76 12 348, fax 081 76 12 141 (avr.-oct., 4h30).

Cagliari : Tirrenia Navigazione (www.tirrenia.it), agenzia Agenave, Molo Sanità, Stazione Marittima, ☎ 070 66 60 65, fax 070 65 23 37 (une seule liaison hebdomadaire, 13h30).

Circuler en ville – L'utilisation de la voiture est déconseillée en raison du trafic intense ou des difficultés de stationnement. Il existe tout de même quelques grands parcs de stationnement disséminés à la périphérie (voir le symbole 🅿 sur le plan). À 300 m de l'Orto Botanico sur la piazza Maggiore, se trouve un parking gratuit. Parkings payants : piazza Giulio Cesare, 43, Porto ; via Guardione, 81, Porto ; via Stabile, 10. La via Lincoln, située juste à côté de l'Orto Botanico, à deux pas de la Kalsa, offre également de bonnes possibilités de stationnement.
Les meilleurs moyens de transport restent le bus, le taxi pour les longues distances et... ses propres jambes une fois atteint le quartier que l'on souhaite visiter.

Autobus – On peut utiliser soit des billets horaires (0,77€ pour 90mn), soit des coupons quotidiens, valables jusqu'à minuit (2,58€), conseillés si l'on doit effectuer plus de trois voyages dans la journée.

Taxis – Autoradio Taxi ☎ 091 51 27 27 et Radio Taxi Trinacria ☎ 091 22 54 55.

Restauration

• *À bon compte*

Pizzeria Tonnara Florio – *Discesa Tonnara, 4 [quartier Arenella] - ☎ 091 63 75 611 - fermé lun.* - ⊭. Ce bel édifice Art nouveau, qui mériterait toutefois une petite rénovation, possède un joli jardin et quelques pièces consacrées autrefois au travail du thon et à l'entreposage des petites barques utilisées pour la pêche. Aujourd'hui, les lieux ont été en partie aménagés en discothèque et en pizzeria.

Antica Focacceria S. Francesco – *Viale Sandro Paternostro, 58 - ☎ 091 32 02 64* - ⊭. Au cœur du quartier médiéval, face à l'église du même nom, on peut déguster des *focacce farcite* (fougasses farcies), *arancini di riso* (ça ressemble à une orange, mais c'est du risotto !), *torte salate* (tartes salées), *ricotta fritta* (fromage blanc à base de lait de brebis frit) et le *sfincione*, dans un beau cadre ancien style avec des tables en marbre et un vieux poêle en guise de comptoir.

Di Martino – *Via Mazzini, 54* - ⊭. Après la visite de la Palerme du 19e s., et peut-être aussi celle du musée d'Art moderne, vous aurez sans doute un petit creux. À défaut d'un vrai repas, vous pourrez emporter d'ici un délicieux panini, ou manger également assis à l'une des tables installées à l'extérieur.

Lara Pessina/MICHELIN

Les marionnettes siciliennes ou « pupi »

• *Valeur sûre*

Capricci di Sicilia – *Via Istituto Pignatelli, 6 (à l'angle de la piazza Sturzo) - ☎ 091 32 77 77 - ▤ - 24/40€.* Un endroit un peu particulier, où des mimes et des vendeurs ambulants viennent parfois faire un saut. Le décor est simple et le service plutôt informel, mais vous y trouverez un excellent choix de plats palermitains.

Bye Bye Blues – *Via del Garofalo, 23 [quartier Mondello] - ☎ 091 68 41 415 - fermé à midi (sf dim. et j. fériés), mar. - ▤ - réserv. conseillée - 23/46€.* Une petite adresse à ne pas manquer, tant pour l'atmosphère qui y règne que pour l'originalité de la cuisine, à mi-chemin entre terre et mer. Les plats proposés, très créatifs, sont accompagnés d'une carte des vins bien fournie.

Santandrea – *Piazza Sant'Andrea, 4 - ☎ 091 33 49 99 - fermé dim. (juil. et août), mar., janv. - ▤ – réserv. conseillée - 31/41€.* Située au cœur de la Vucciria, la maison propose une cuisine sicilienne classique, préparée dans les règles de l'art.

HÉBERGEMENT

• ***À bon compte***

Hotel Azzurro di Lampedusa – *Via Roma, 111 (5e étage, avec ascenseur) - www.hotelazzurrodilampedusa.it - 16 ch. : 36,15/54,23€* ☕. Dans un palais du centre historique, vous serez plongés dans l'atmosphère de la ville. Les chambres proposées sont surtout intéressantes pour leur rapport qualité/prix bien étudié.

Hotel Moderno – *Via Roma, 276 - ☎ 091 58 86 83 - fax 091 58 82 60 - ▤ - 38 ch. : 46,48/61,97€ - ☕ 2,58€.* Des chambres simples mais assez grandes, meublées de façon pratique et moderne et bien tenues. La direction est familiale, toujours prête à satisfaire les exigences des hôtes et à leur rendre se séjour agréable.

• ***Valeur sûre***

Hotel Gardenia – *Via Mariano Stabile, 136 - ☎ 091 32 27 61 - fax 091 33 37 32 - gardeniahotel@gardeniahotel.com - ▤ - 16 ch. : 61,97/87,80€* ☕. Un petit hôtel familial, situé dans un palais de la vieille ville, au 7e étage avec ascenseur. Certaines des chambres, possèdent un balcon qui donne sur le centre ville. Des prix intéressants pour un bon confort.

• ***Une petite folie !***

Massimo Plaza Hotel – *Via Maqueda, 437 - ☎ 091 32 56 57 - fax 091 32 57 11 - ▤ - 15 ch. : à partir de 98,13€* ☕. Juste en face du théâtre Massimo, un hôtel qui cultive élégance et distinction. Murs aux couleurs chaudes, parquet et petites touches raffinées dans les chambres comme dans les pièces communes.

Centrale Palace Hotel – *Corso Vittorio Emanuele, 327 - ☎ 091 33 66 66 - fax 091 33 48 81 - P ▤ ♿ - 63 ch. : à partir de 144€ - ☕ 10,33€ - restaurant 33/51€.* Dans un palais du 17e s. bien restructuré, un hôtel très élégant, notamment dans les espaces communs, de très belle facture. Restaurant panoramique au dernier étage.

PETITE PAUSE

Bar Costa – *Via G. d'Annunzio, 15 - mer.-lun. 8h-21h.* Spécialiste des pâtisseries, en particulier la mousse à l'orange et au citron.

Mazzara – *Via Generale Magliocco, 15 - ☎ 091 32 14 43 - dim.-ven. : 8h-21h ; sam. : 8h-23h30.* Pâtisserie historique où Giuseppe Tomasi di Lampedusa, auteur du *Guépard*, venait régulièrement déjeuner.

Oscar – *Via Mariano Migliaccio, 39 - ☎ 091 68 22 381 - 8h-21h, fermé mar.* La spécialité la plus connue de cette adresse est la torta Devil.

ACHATS

Les plus pittoresques sont assurément les marchés alimentaires, déploiement de bâches colorées, avec des étals aux couleurs multiples (admirer les comptoirs de fruits et de légumes et ceux de poissons) éclairés par de simples ampoules. La bruyante **Vucciria** est sûrement le marché alimentaire le plus connu de Palerme : il se tient chaque matin (sauf le dimanche) jusqu'à 14h près du vieux port, la Cala, dans la via Cassari-Argenteria et ses abords (jusqu'aux environs de la piazza S. Domenico). Le marché alimentaire de **Ballarò**, dans le quartier de la piazza del Carmine, et celui de **Capo** (avec une première partie pittoresque autour de la piazza Beati Paoli, consacrée aux produits alimentaires, et une seconde, via S. Agostino et via Bandiera, réservée aux vêtements) sont très animés.

visiter

LE TRIPODIUM DES STUCS BAROQUES

Oratorio del Rosario di S. Domenico★★★

Pour toute information sur les visites, ☎ 329 61 95 122.

Œuvre de **Giacomo Serpotta**, décorateur baroque d'importance majeure, l'oratoire est un joyau de l'ornementation en stuc. Des nichées de putti se pressent dans une incroyable liberté de mouvement.

Oratorio del Rosario di S. Cita★★★

Lun.-sam. 9h-13h, 15h-17h, dim. : s'adresser aux sœurs de l'Istituto del Sacro Cuore, tout proche. Laisser une offrande. ☎ 091 33 27 79.

C'est le chef-d'œuvre de **Giacomo Serpotta**, qui y travailla de 1686 à 1718. Dans un tourbillon, anges et putti semblent jouer entre eux, encadrant les tableaux qui retracent les Mystères.

Oratorio di S. Lorenzo★★★

9h-16h. Chef-d'œuvre de la maturité de **Giacomo Serpotta**, il voit se multiplier les scènes pour marionnettes : les vies de saint François *(côté droit)* et de saint Laurent *(côté gauche)* y sont contées par de ravissants putti en liesse, saisis dans les attitudes et les expressions les plus fantasques.

PALAIS ET MUSÉES

Galleria regionale di Sicilia★★

Lun.-sam. 9h-13h30, mar. et jeu. également 15h-19h30, dim. et j. fériés 9h-12h30. 4,13€. ☎ 091 62 30 011.

Installée dans le beau **palais Abatellis**★ (15e s.), elle comprend une section d'art médiéval et une pinacothèque (11e-18e s.).

La galerie a été réalisée dans les années 1950 par le fameux architecte et designer Carlo Scarpa, qui prit le parti d'adapter les tons des murs et les supports aux œuvres et utilisa au maximum la lumière naturelle.
On admire en particulier la magnifique fresque du ***Triomphe de la mort★★★***, provenant du palais Sclafani et le **buste d'Éléonore d'Aragon★★** de F. Laurana. Parmi les peintures : ***Vierge de l'Annonciation★★*** d'**Antonello da Messina**, dont le visage traduit la paix et l'acceptation intérieures, et le ***Triptyque des Malvagna★★*** du Flamand Mabuse.

Museo Internazionale delle Marionette★★

Lun.-ven. 9h-13h, 16h-19h, sam. matin uniquement. Fermé j. fériés, 1er sept., août. 1,55€. Projection. ☎ 091 32 80 60.
Fortement ancrés en Sicile (surtout par le passé), les traditionnels spectacles de *pupi* relatent généralement des aventures chevaleresques, dont les deux héros sont Roland (Orlando) et Renaud (Rinaldo), deux personnages aux comportement et tempérament opposés, inspirés par les romans épiques de l'Arioste et du Tasse (16e s.).
Le musée conserve une très belle collection de ces *pupi* siciliens. Admirer la délicatesse des traits de ceux du théâtre de Gaspare Canino, parmi les plus anciens (19e s.).
La seconde partie du musée est dédiée aux marionnettes d'autres pays d'Europe et d'ailleurs, avec une large place réservée à la tradition orientale.

Museo Archeologico Regionale★

(♿) *Lun.-sam. 8h30-13h45, mar., mer. et ven. également 15h-18h45, dim. 8h30-13h45 (la billetterie ferme 30mn avant). 4,13€. ☎ 091 61 16 805.*
Installé dans un couvent du 16e s., il abrite des objets provenant de nombreux sites antiques de Sicile, notamment : au rez-de-chaussée, deux sarcophages phéniciens, une inscription égyptienne dite « Pierre de Palerme », et surtout les admirables **métopes★★** qui ornaient les temples de Sélinonte (6e et 5e s. avant J.-C.), ainsi que la reconstitution du fronton du temple C *(salle Gabrici)*. Le 1er étage réunit les statues : bronzes tels ***Hercule abattant un cerf★*** et le fameux **Bélier★★**, œuvre hellénistique provenant de Syracuse, et marbres, dont un ***Satyre versant à boire★***, copie d'une œuvre de Praxitèle. Au 2e étage, deux belles mosaïques du 3e s. après J.-C. : ***Orphée parmi les animaux***, et la mosaïque des Saisons.

Palazzo Mirto★

(♿) *Lun.-sam. 9h-19h (la billetterie ferme à 18h30), dim. et j. fériés. 9h-13h30 (la billetterie ferme à 13h). 2,58€, 5,16€ ou 7,75€ avec l'entrée à deux ou trois musées. ☎ 091 61 64 751 ; www.manol.com/soprintendenza.pa*
Résidence des princes Lanza-Filangieri, il conserve son ameublement originel des 18e et 19e s. Avant d'accéder au palais, on admire les belles **écuries★** du 19e s. La visite de l'intérieur se limite à l'étage noble (1er étage) avec ses salons et ses salles de réception. Remarquer le beau **petit salon chinois** au sol couvert de cuir et aux murs habillés de soie peinte représentant des scènes de vie quotidienne, et le singulier **fumoir★** aux murs de cuir buriné et peint. Le **petit salon Pompadour★** frappe par la richesse des soieries qui tapissent les murs. Parmi les objets exposés, on note en particulier un service de table napolitain du 19e s. représentant de beaux costumes *(dans la pièce donnant accès au salon chinois)* et, dans la salle à manger, des porcelaines de Meissen décorées de fleurs et d'animaux (18e s.).

HORS DU CENTRE

Villa Malfitano★★

Hors plan ; emprunter la via Dante. Visite guidée uniquement (30mn). Tlj sf dim. 9h-13h. Fermé j. fériés, 15 juil. 2,58€. ☎ 091 68 20 522.
Dissimulée au sein d'un magnifique **jardin★★**, cette villa Art nouveau recèle une décoration intérieure très soignée, riche d'objets orientaux. S'en détache la **décoration** du **salon d'été**, œuvre d'Ettore de Maria Bergler : un trompe-l'œil qui transforme la pièce en une fraîche véranda perdue dans la végétation.

Catacombe dei Cappuccini★★

Accès par la via dei Cappuccini, au bout du Corso Vittorio Emanuele. 9h-12h, 15h-17h30 (hiver 17h). 1,29€.
La visite de ces catacombes est impressionnante : environ 8 000 cadavres momifiés, alignés et pour la plupart vêtus de leurs habits de gala, placés là entre le 17e s. et la fin du 19e s., y ont été conservés grâce à l'air exceptionnellement sec qui y règne.

La Zisa★

Accès par le corso Finocchiaro Aprile. Lun.-sam. 9h-18h30, dim. et j. fériés 9h-13h. 2,58€. ☎ 091 65 20 269.
Palais de plaisance de style arabo-normand construit au 12e s. transformé au 17e s. en demeure patricienne. Restaurée, la Zisa abrite aujourd'hui une collection d'objets égyptiens de la période mamelouke et ottomane, art qui faisait probablement écho à la décoration du palais. Austère à l'extérieur, ce palais présente une décoration intérieure raffinée, creusée de niches et d'alvéoles.

Orto Botanico★

Avr.-oct. : 9h-18h (hiver 17h) ; w.-end et j. fériés 9h-13h. Fermé 1er janv., Pâques, 15 août, 25 déc. 3,10€. ☎ 091 62 38 241.

Tranquille et solitaire, ce jardin rassemble une magnifique variété d'arbres et de plantes exotiques, parmi lesquels de très beaux spécimens de ***Ficus magnolioides***★★.

Parco della Favorita

3 km au Nord, le long du viale Diana. Créé par les Bourbons au 18e s. À côté de la villa chinoise (Palazzina Cinese), le **Musée ethnographique Pitrè** abrite de nombreux objets traditionnels siciliens. (♿) *Tlj sf ven. 8h30-20h (la billetterie ferme à 19h30). Fermé j. fériés, Pâques. 3,10€. ☎ 091 74 04 893.*

alentours

Monreale★★★

8 km au Sud-Ouest. La ville, qui domine la verdoyante Conca d'Oro palermitaine, s'est édifiée autour d'une célèbre **abbaye** bénédictine fondée par le Normand Guillaume II au 12e s.

Duomo★★★ – *8h-18h30.*

Le portail central sculpté a gardé ses admirables **portes de bronze**★★ (1185) ornées de figures stylisées par Bonanno Pisano. Le **portail**★ s'ouvrant dans le flanc gauche, plus byzantin, est l'œuvre de Barisano da Trani (12e s.). Le **chevet**★★ présente une remarquable décoration qui mêle le style arabe au style normand. L'intérieur, de plan basilical, éblouit par sa décoration de marbres, de peintures, et surtout par l'ensemble de **mosaïques**★★★ des 12e et 13e s. qui couvre les voûtes et les murs : on peut y lire le cycle complet de l'Ancien et du Nouveau Testament. Dans l'abside centrale, gigantesque **Christ Pantocrator**. Dans le chœur, au-dessus du trône épiscopal, représentation du roi Guillaume II offrant la cathédrale à la Vierge ; en face, surmontant le trône royal, une autre mosaïque montre le même Guillaume recevant sa couronne des mains du Christ.

La **montée aux terrasses**★★★ offre de magnifiques **vues**★★ sur le cloître et sur la Conca d'Oro.

Chiostro★★★ – *Lun.-sam. 9h-19h (hiver 18h30) ; dim. et j. fériés 9h-13h. 4,13€, 7,75€ avec l'entrée (valable 2 j.) au cloître de S. Giovanni degli Eremiti, à la Cuba et à la Zisa di Palermo. ☎ 091 64 04 403.*

Situé à droite du Dôme, le cloître n'est pas moins célèbre ; il procure des vues caractéristiques sur l'abbatiale. Sur le côté Sud s'élève une fontaine qui servait de lavabo aux moines. Les galeries aux arcatures très aiguës sont soutenues par des colonnettes géminées : détailler les chapiteaux sculptés, d'une étonnante liberté de facture.

Monte Pellegrino

14 km au Nord. La route qui y conduit offre de splendides **échappées**★★★ sur Palerme et la Conca d'Oro. Au cours de la montée, on peut visiter le **sanctuaire de Ste-Rosalie** (17e s.).

Bagheria

16 km à l'Est. Cette ville est connue pour ses villas baroques dont la plus célèbre, la **villa Palagonia**★, est ornée de **sculptures**★, de grotesques et de monstres. La villa Cattolica accueille la **galerie municipale d'Art moderne et contemporain Renato Guttuso** et le tombeau du peintre, réalisé par Giacomo Manzù. *Villa Palagonia : avr.-oct. 9h-13h, 16h-19h ; le reste de l'année : 9h-13h, 15h15-17h15. 2,58€. ☎ 091 93 20 88 ; www.villa pagonia.it. Galerie d'Art moderne et contemporain : ♿ mai-sept. tlj sf lun 10h-20h ; reste de l'année : 9h-19h. Fermé 1er janv., Pâques, 15 août, 25 déc. 4,13€. ☎ 091 90 54 38.*

Rovine di Solunto★

19 km à l'Est. Été : 9h-18h ; hiver : 9h-16h ; dim. et j. fériés 9h-13h. 2,07€. ☎ 091 90 45 57.

Dans un site admirable, sur le ressaut d'un promontoire dominant le cap Zafferano, Solonte était une cité punique qui, au 3e s. avant J.-C., passa sous influence romaine. Sa **zone archéologique** conserve des vestiges des thermes, du forum, d'un théâtre, de rues, maisons, canalisations, et de nombreuses citernes. Par la via Ippodamo da Mileto, on peut atteindre le sommet de la colline d'où l'on découvre une **vue**★★ splendide sur la baie de Palerme et le mont Pellegrino.

Isola di Pantelleria★★

Île de Pantelleria

Ses côtes déchiquetées, ses versants escarpés couverts de cultures en terrasses, ses maisons cubiques ou *dammusi* d'aspect arabe, donnent beaucoup de caractère à la « perle noire de la Méditerranée ». Son relief, d'origine volcanique, culmine à la **Montagna Grande** (836 m). Couverte de vignobles donnant d'agréables vins comme le solimano, mousseux, et le tanit, un muscat. Pantelleria produit également des câpres. Des vestiges préhistoriques attestent le peuplement de l'île à une époque reculée. Elle subit au cours de son histoire pratiquement les mêmes envahisseurs que la Sicile : Phéniciens, Carthaginois, Grecs, Romains, Vandales, Byzantins, Arabes et Normands qui, dès 1123, lièrent le sort de l'île à celui de la Sicile.

La situation

7 436 habitants - Carte Michelin n° 432 Q 17-18. Située dans le détroit de Sicile, l'île de Pantelleria ne se trouve qu'à 84 km du cap Bon en Tunisie ; c'est l'île la plus occidentale de la Sicile et sa latitude est la même que celle de Tunis.

circuits

TRANSPORTS

Le moyen le plus rapide consiste à rejoindre l'île par avion. Des liaisons régulières sont assurées par Alitalia et Air Sicilia depuis Trapani et Palerme, et des vols directs sont aussi mis en place depuis Rome et Milan en été. ℹ *Aéroport, ☎ 0923 91 13 98.* De Trapani, on peut emprunter des bacs (5-6h de traversée) et, pendant l'été, des hydrofoils (2h30). ℹ *Agenzia Rizzo, via Borgo Italia, 22, ☎ 0923 91 11 04.*

Tour de l'île en voiture★★

40 km - environ 3h. Une route très pittoresque suivant constamment la côte permet de découvrir les nombreuses beautés naturelles de l'île : côtes découpées, falaises, criques, grottes, sources thermales, petits lacs.

En partant de la localité de Pantelleria et en poursuivant vers le Sud, on rencontre des indications pour le village néolithique où se trouve le **Sese Grande★**, monument funéraire au plan elliptique. On rencontre ensuite le village de **Scauri★** qui occupe un beau **site★**. Au Sud de l'île, vers **Dietro Isola**, la route procure de splendides **vues★★** sur cette zone côtière qu'elle domine d'une hauteur vertigineuse. Le cap dit **Punta dell'Arco★** se termine par une spectaculaire arche de lave grise dénommée « **arc de l'Éléphant★** ».

Au Nord-Est, la crique appelée **Cala dei Cinque Denti★** et la côte qui lui succède composent un beau paysage volcanique. De là, il est possible de rejoindre, à l'intérieur des terres, le **Miroir de Vénus★** (Specchio di Venere), magnifique lac aux eaux vertes.

La Montagna Grande★★

13 km au Sud-Est de Pantelleria. Du sommet, splendide **panorama★★** sur l'île. Par beau temps, on aperçoit la Sicile et la Tunisie.

Ragusa★

Raguse

La ville, en partie reconstruite à la suite du tremblement de terre de 1693, occupe un **site★** caractéristique sur un plateau enserré de profonds ravins. À l'Ouest s'étend la ville moderne ; à l'Est, la ville ancienne, Ragusa Ibla, se regroupe sur un promontoire des monts Hybléens.

De la route venant de Syracuse s'offrent de magnifiques vues★★ sur la vieille cité. Aux environs immédiats de la ville, on exploite l'asphalte et le pétrole dans de puissants complexes industriels.

La situation

69 631 habitants - Carte Michelin n° 432 Q 26. Ragusa est située dans la partie la plus au Sud de l'île. On s'y rend par la S 115. ℹ *Via Capitano Bocchieri, 33 (Ibla-Palazzo La Rocca), ☎ 0932 62 14 21.*

Pour poursuivre la visite, voir le chapitre NOTO.

visiter

Ragusa Ibla★★

Formée par un dédale de rues pour une part encore médiévales, la cité ancienne fut reconstruite dans le goût baroque. On peut y admirer de beaux édifices présentant des balcons aux consoles richement ornées de figures et de masques caricaturaux. Le centre s'articule autour de la piazza del Duomo où s'élève l'**église S. Giorgio★★**, élégant édifice baroque réalisé par l'architecte **Rosario Gagliardi**, qui travailla également à Noto. Sa façade en pierre rosée se compose d'un corps central convexe, fermé par trois ordres de colonnes et deux ailes couronnées de volutes. *9h-12h, 16h-18h. ☎ 0932 22 00 85.*

Non loin, l'**église S. Giuseppe★** possède de telles ressemblances avec S. Giorgio que l'on pourrait croire qu'elle est l'œuvre du même architecte. *9h-12h, 15h30-17h. (S'agissant d'un monastère géré par les religieuses bénédictines en adoration perpétuelle, garder le plus grand silence lors de la visite.)*

La ville moderne

Tracée selon un quadrillage régulier de rues perpendiculaires, elle est dominée par la **cathédrale S. Giovanni** du 18e s., que précède une vaste terrasse. *8h-12h, 16h-19h30 ; dim. et j. fériés 8h-12h30, 16h30-20h. ☎ 0932 62 15 99.*

À proximité, le **Musée archéologique** (Museo Archeologico Ibleo – *Palazzo Mediterraneo, via Natalelli*) rassemble le produit des fouilles effectuées dans la région, en particulier les découvertes faites dans l'ancienne cité grecque de Camarina. *9h-13h, 15h30-18h30. 2,07€. ☎ 0932 62 29 63.*

alentours

Modica★

15 km au Sud. Cette petite ville, encaissée dans une étroite vallée, renferme de beaux édifices baroques parmi lesquels se distingue la majestueuse **église S. Giorgio★★**, audacieuse construction précédée d'un très long escalier. *Été : 8h-20h ; hiver : 8h-19h30. Laisser une offrande. ☎ 0932 94 12 79.*

Le **musée des Arts et Traditions populaires★** (Museo delle Arti e Tradizioni Popolari) propose une intéressante reconstitution de certains lieux d'activité (des ateliers, une ferme). *Juin-oct. : 10h-13h, 16h-19h ; le reste de l'année : 10h-13h, 15h30-18h30. Fermé le matin du 1er janv. 2,07€. ☎ 0932 75 27 47 ; www.ragusaonline.com*

Segesta★★★

Ségeste

Dans un site exceptionnel, entre des collines aux pentes douces, ocre et rouge brun, qui forment un agréable contraste avec les infinies tonalités de vert, le parc archéologique est dominé par l'imposant volume du beau temple dorique qui, solitaire, se découpe sur le paysage.

Probablement fondée par les Phéniciens comme Erice, Ségeste devint rapidement une des principales cités grecques du bassin méditerranéen ; grande rivale de Sélinonte au 5e s. avant J.-C., elle fut, semble-t-il, détruite par les Vandales.

La situation

Carte Michelin n° 432 N 20. Ségeste se trouve à 35 km au Sud-Est de Trapani. *Pour poursuivre la visite, voir les chapitres ERICE, SELINUNTE et TRAPANI.*

visiter

Tempio★★★

9h-1h avant le coucher du soleil. 4,13€. Une navette conduit au théâtre. 1,03€. Bar et restaurant. ☎ 0924 95 23 56.

Il s'élève, solitaire, dans un paysage aux vastes horizons, sur une butte encerclée par un profond ravin. C'est un édifice dorique (430 avant J.-C.), élégant et pur, entouré d'un péristyle de 36 colonnes en calcaire doré. On en a une **vue★★** magnifique lorsqu'on gravit la petite route *(2 km, parcourable en navette)* conduisant au théâtre.

B. Kaufmann/MICHELIN

Le paysage entoure et protège le temple dorique, d'une élégance parfaite

Teatro★
Construit à l'époque hellénistique, il est constitué par un hémicycle de 63 m de diamètre aménagé sur un versant rocheux. Les gradins sont légèrement orientés vers le golfe de Castellammare que l'on découvre au-delà des collines.

Antica città di Selinunte★★

Cité antique de Sélinonte

Fondée au milieu du 7e s. avant J.-C. par des habitants de Megara Hyblæa, Sélinonte fut détruite en 409, puis à nouveau en 250 avant J.-C. par les Carthaginois, mais la ruine de ses temples semble plutôt due à des tremblements de terre.

La situation
Carte Michelin n° 432 O 20. Sélinonte se dresse sur la côte méridionale. Pour s'y rendre, emprunter la S 115 e la S 115d. 🛈 ☎ *092 44 62 51.*
Pour poursuivre la visite, voir le chapitre SEGESTA.

découvrir

Zone archéologique
9h-3h avant le coucher du soleil. 4,13€. ☎ 0924 46 277.
On arrive d'abord sur une esplanade où se trouvent les ruines de trois **temples**. Le premier à apparaître est le **temple E** (5e s. avant J.-C.), recomposé en 1957. À droite, **le temple F**, entièrement à terre. Le dernier, le **temple G**, probablement voué à Apollon, était l'un des plus imposants du monde antique ; sa longueur dépassait 100 m et les blocs qui composaient ses colonnes pesaient plusieurs tonnes.

Au-delà de la dépression dite « Gorgo Cottone » se trouve l'**acropole**, entourée d'une enceinte et dominée par les colonnes du **temple C** (le plus ancien, 6e s. avant J.-C.), réédifié en 1925. À proximité, se dressaient également quatre autres temples, aujourd'hui en ruine. À l'Ouest, sur l'autre rive du Modione, s'élevait un **sanctuaire** consacré à Déméter Malophoros (porteuse de grenades).

Siracusa★★★

Syracuse

Superbement située au fond d'une baie harmonieuse, bénéficiant d'un climat très doux, Syracuse fut l'une des plus prestigieuses cités de Sicile, voire de la Grande Grèce, qui, au temps de sa splendeur, rivalisa avec Athènes.

La situation

126 282 habitants – Carte Michelin n° 432 P 27. Tournée vers la mer Ionienne, Syracuse est accessible depuis Catane par la S 114 et depuis le Sud par la S 115.
Via della Maestranza, 33, ☏ 0931 65 201.
Pour poursuivre la visite, voir les chapitres CATANIA et NOTO.

comprendre

Une colonie grecque

Colonisée vers le milieu du 8e s. avant J.-C. par des Grecs de Corinthe qui occupèrent l'île d'Ortygie, Syracuse tomba rapidement sous le joug de tyrans qui développèrent et enrichirent la ville ; celle-ci comptait aux 5e-4e s. avant J.-C. près de 300 000 habitants. Prise par les Romains lors de la deuxième guerre punique (212 avant J.-C.), elle fut successivement occupée par les Barbares, les Byzantins (6e s.), les Arabes (9e s.) et les Normands.

Tyrans et intellectuels

Dans le monde grec, des dictateurs, nommés tyrans (du grec *turannos*), exercèrent un pouvoir sans limites sur certaines cités, dont Syracuse. Déjà en 485, **Gélon**, tyran de Gela, était devenu maître de la cité. Son frère **Hiéron**, personnage peu amène, protégea néanmoins les poètes et accueillit à sa cour **Pindare** et **Eschyle**, mort à Gela en 456. **Denys l'Ancien** (405-367) fut le plus célèbre d'entre eux : vivant dans une crainte perpétuelle, il fit suspendre une épée au-dessus de la tête de Damoclès, courtisan envieux de son bonheur, pour prouver que la vie d'un souverain pouvait aussi être mise en péril ; il ne quittait guère son château d'Ortygie, portait sous ses vêtements une cuirasse, et changeait de chambre toutes les nuits ; il vendit comme esclave le philosophe Platon venu étudier les mœurs politiques sous sa tyrannie.

carnet pratique

Restauration

• *Valeur sûre*

Darsena-Da Jannuzzo – *Riva Garibaldi, 6 - une fois sur l'Ortigia, tourner à droite - ☏ 0931 61 522 - fermé mer. - ▤ - 24/30€.* À l'entrée, un étal de poisson frais vous donne une idée des références de la maison. Le poisson y est préparé de façon simple mais savoureuse, et vous sera servi dans la salle ou sous la véranda, avec vue sur le canal.

Hébergement

• *Valeur sûre*

Agriturismo La Perciata – *Via Spinagallo, 77 - 10 km au SO de Syracuse sur la rte Maremonti en direction de Canicattini, au carrefour, suivre Floridia - ☏ 0931 71 73 66 - fax 0931 62 301 - pergiata@pergiata.it - ▤ - 9 ch. : 46,48/72,30€.* Entourée de verdure, une villa aux accents méditerranéens, pour des vacances à l'enseigne de la détente. Les effets bénéfiques de la campagne se conjuguent à ceux des parties de tennis, et les promenades à cheval sont aussi agréables que les hydromassages. Chambres et appartements élégants et très confortables.

Bed & Breakfast Dolce Casa – *Via Lido Sacramento, 4, Località Isola - S 115 direction Noto, puis déviation à gauche vers Isola - ☏ 0931 72 11 35 - fax 0931 72 11 35 - giuregol@qconsult.it - ▤ - 10 ch. : 51,60/72,50€ - 5,50€.* À mi-chemin entre les merveilles de Syracuse et la mer, une villa privée transformée en un B&B accueillant. Les grandes chambres lumineuses meublées à l'ancienne, avec une touche romantique, et le beau jardin rempli de palmiers et de pins, vous promettent un très agréable séjour.

• *Une petite folie !*

Albergo Domus Mariae – *Via Vittorio Veneto, 76 - ☏ 0931 24 854 - fax 0931 24 858 - ▤ - 12 ch. : à partir de 92,96€ - restaurant 18/23€.* Gestion mise à part (l'endroit appartient à des religieuses ursulines), il s'agit d'un hôtel traditionnel, au décor et à l'ameublement raffinés, tant dans les grandes chambres que dans les pièces communes, plus petites. Une terrasse-solarium avec vue sur la mer vient parfaire l'atmosphère de détente qui y règne.

Plus tard, le célèbre mathématicien **Archimède**, né à Syracuse en 287 avant J.-C., distrait au point d'en oublier le boire et le manger, trouva dans sa baignoire le principe qui porte son nom ; ravi de sa découverte, il se rua hors de l'eau et courut nu dans les rues de la ville en criant « *Eurêka* » (c'est-à-dire : « j'ai trouvé ! »). Lors du siège de la cité par les Romains, il inventa un jeu de miroirs et de lentilles destiné à incendier la flotte des assiégeants, mais, ceux-ci ayant réussi à pénétrer dans la ville, il fut assassiné par un soldat qui le surprit plongé dans ses calculs.

visiter

L'ORTIGIA★★★

Visite : 45mn. L'île d'Ortygie est riche en beaux palais médiévaux et baroques. Ces derniers, particulièrement nombreux dans la **via della Maestranza★**, jalonnent ses rues étroites et fraîches, propices à la promenade.

La **piazza del Duomo★** est particulièrement harmonieuse avec ses palais aux élégants balcons et la monumentale façade du **Dôme★**, bâti au 7e s. sur le soubassement d'un temple dorique dédié à Athéna ; on voit encore les colonnes de ce dernier incluses dans la construction chrétienne *(sur le flanc gauche et à l'intérieur)*. On admire à l'intérieur plusieurs œuvres sculptées (dont la *Madone de la neige*) dues aux Gagini, famille d'artistes établis en Sicile au 16e s. *Été : 8h-12h40, 16h-18h30 ; le reste de l'année : 8h-12h40, dim. et j. fériés 9h-10h15, 11h20-10h15, 16h-17h30.*

Fonte Arethusa★

C'est le berceau légendaire de la cité : la nymphe Aréthuse, poursuivie par le fleuve Alphée, se serait réfugiée dans l'île où elle aurait été changée en source par Artémis. Bien que proche de la mer, la fontaine, emprisonnée dans une muraille, est alimentée en eau douce.

En contrebas, le **Passeggio Adorno** est le lieu de promenade favori des Syracusains.

Galleria Regionale di Palazzo Bellomo★

9h-13h30 ; mer. et ven. 9h-13h30, 14h30-18h ; dim. et j. fériés 9h-13h30. 2,58€. ☎ 0931 69 511.

Un beau palais du 13e s., remanié au 15e s. dans le style catalan, accueille la pinacothèque. Celle-ci abrite en particulier l'***Annonciation★*** d'**Antonello da Messina**, endommagée mais encore admirable, et ***L'Enterrement de sainte Lucie★***, du **Caravage**. On peut également voir des collections d'orfèvrerie, de crèches siciliennes, d'ornements liturgiques et de mobilier.

PARCO ARCHEOLOGICO DELLA NEAPOLIS★★★

Visite à pied : 2h. Accès par la via Rizzo ou la via Paradiso. (♿) Avr.-oct. : 9h-18h ; le reste de l'année : 9h-15h. 4,13€. ☎ 0931 48 11 11.

Teatro Greco★★★

Datant du 5e s. avant J.-C., c'est l'un des plus grands de l'Antiquité ; ses gradins sont creusés dans la roche. C'est sur cette scène que fut donnée la première représentation des *Perses* d'Eschyle. Plus loin s'ouvre la **voie des Tombeaux** (Via dei Sepolcri), creusée dans le roc.

Latomia del Paradiso★★★

Cette ancienne carrière, dont une partie des voûtes s'écroula lors d'un séisme en 1693, remonte à l'Antiquité. Un joli jardin d'orangers a été aménagé sur les déblais. L'**Oreille de Denys★★★** (Orecchio di Dionisio) est une grotte artificielle dont la cavité évoque la forme d'une oreille : en 1608, le Caravage lui donna ce nom qui rappelle une légende selon laquelle un écho exceptionnel permettait à Denys l'Ancien d'entendre les conciliabules des prisonniers qui y étaient enfermés.

Pour compléter la visite, ne manquez pas l'**autel de Hiéron II**, long de près de 200 m et en partie taillé dans le roc, sur lequel on pratiquait les sacrifices publics, et l'**amphithéâtre romain★**. Datant du 3e ou 4e s., il mesurait 140 m sur 119 m. Taillé dans le rocher, il est agrémenté de pins.

MUSEO ARCHEOLOGICO REGIONALE P. ORSI★★

(♿) 9h-14h (la billetterie ferme à 13h) ; lun. et mer. également 15h30-19h30 (la billetterie ferme à 18h30) ; dim. et j. fériés : téléphoner pour toute information. 4,13€. ☎ 0931 46 40 22 ; www.regione.sicilia.it

Installé au cœur du parc de la **Villa Landolina** et dédié à l'archéologue Paolo Orsi (1859-1935), il évoque l'histoire de la Sicile depuis la préhistoire jusqu'aux colonies de Syracuse (7e s. avant J.-C.).

Après la géologie de l'île, dont la faune est illustrée notamment par les squelettes de deux éléphants nains, la préhistoire est retracée depuis le paléolithique supérieur qui vit l'apparition de l'homme en Sicile. Une deuxième section est consacrée à la colonisation grecque (à partir du milieu du 8e s. avant J.-C.), brillamment représentée par les découvertes faites sur le site de Lentinoi (*kouros* en marbre) et surtout à Megara Hyblæa et à Syracuse même : statue de **déesse-mère★** en calcaire,

Agrigento (Via) BCY 2	Gelone (Corso) BY	Regina Margherita (Viale) BYZ 31
Archimede (Piazza) CZ 3	Maestranza (Via d.) CZ 18	Romagnoli (Via) ABY 33
Capodieci (Via) CZ 4	Marconi (Piazzale) BZ 19	S. Giovanni (Viale) BY 34
Castello Maniace (Via) CZ 6	Matteotti (Corso G.) CZ 21	S. Martino (Via) CZ 36
Catania (Via) BY 7	Mergulensi (Via) CZ 22	Sepolcri (Via d.) AY 37
Crispi (Via F.) BY 9	Mirabella (Via) CZ 24	Svevia (Piazza F. d.) CZ 38
Diaz (Viale A.) BY 10	Necropoli Groticelle (Via d.) BY 25	Testaferrata (Via G.) BY 39
Dionisio il Grande (Riviera) CY 12	Pancali (Piazza) CZ 27	Tripoli (Via) BZ 40
Duomo (Piazza) CZ 13	Paradiso (Via) AY 28	Umberto I (Corso) BZ
Foro Siracusano BYZ 16	Puglia (Via) CY 30	Von Platen (Via A.) BY 41
		XX Settembre (Via) CZ 42

Basilica di S. Giovanni Evangelista BY A	Latomia del Casale BY L¹	Palazzo del Senato CZ R²
Chiesa dei Gesuiti CZ C¹	Latomia del Paradiso AY L²	Palazzo Mergulese-Montalto CZ R⁴
Chiesa di S. Benedetto CZ C²	Latomia di S. Venera BY L³	S. Filippo Neri CZ S¹
Duomo CZ D	Latomia Intagliatella AY L⁴	S. Francesco all'Immacolata CZ S²
Galleria Civica d'Arte Moderna CZ M¹	Museo del Papiro BY M²	S. Lucia CZ S³
Grotta dei Cordari AY E	Orecchio di Dionisio AY Q	S. Nicolò dei Cordari AY S⁴
	Palazzo Beneventano del Bosco CZ R¹	Tempio di Apollo CZ V
		Tomba di Archimede BY W

céramique, fragments architecturaux et maquettes des grands sanctuaires d'Ortygie, quartier le plus ancien de Syracuse, etc. Avant la section consacrée à Syracuse est *(provisoirement)* exposée la ***Vénus Anadyomède****★*, copie romaine d'une œuvre de Praxitèle. Dans la troisième section sont présentées les colonies de Syracuse qui, devenue puissante, fonda en 664, Akrai (Palazzolo Acreide), en 644, Kasmenai (Monte Casale) et en 598, Camarina : statuaire en calcaire, **cavalier** qui dut orner un temple de Camarina, etc. Cette section fait aussi une place aux sites hellénisés de l'intérieur de la Sicile (grande statue de Déméter ou Korê sur un trône) et aux fouilles de Paolo Orsi à Gela et Agrigente.

CATACOMBE DI S. GIOVANNI★★

Tlj sf mar. 9h-13h, 14h-17h. 2,07€. ☎ 0931 67 955.
Syracuse est la ville d'Italie la plus riche en catacombes après Rome. À la différence des catacombes romaines, creusées dans un tuf particulièrement fragile, celles de Syracuse ont été déblayées dans des roches calcaires suffisamment résistantes pour permettre le dégagement de vastes espaces en mesure d'accueillir jusqu'à sept tombes. Elles sont formées par une galerie principale, d'où partent des galeries secondaires aboutissant à des chapelles circulaires, ou « rotondes » ; nombre de tombes se présentent sous forme de niches surmontées d'un arc.

alentours

Fonte Ciane★★

8 km au Sud-Ouest. Accès en barque conseillé. Visite guidée uniquement. Pour toute information : sig. Vella ☎ 0931 39 889 ou 368 72 96 040 (portable).
On y parvient en remontant la **rivière Ciane★★** où pousse une végétation de papyrus, unique en Italie. C'est là que la nymphe Cyané, voulant s'opposer à l'enlèvement de Perséphone par Hadès, le dieu des Enfers, aurait été changée en source.

Castello Eurialo★

9 km au Nord-Ouest du plan. 9h-1h avant le coucher du soleil. Gratuit. ☎ 0931 71 17 73.
Érigé au 4ᵉ s. avant J.-C. par Denys l'Ancien, c'est l'une des plus vastes forteresses de l'époque grecque. Du sommet, on bénéficie d'un beau **panorama★**.

Taormina★★★

Taormine

Dans un site★★★ spectaculaire, à 250 m d'altitude, Taormine, en balcon sur la mer et face à l'Etna, est réputée pour son calme, la beauté de ses monuments et de ses jardins. Tout à côté, la petite ville de Giardini Naxos est connue pour ses nombreux événements culturels et musicaux.

La situation

10 669 habitants – Carte Michelin nº 432 N 27 – Plan dans le Guide Rouge Italia. Faisant face à la mer Ionienne, Taormine est accessible par la A 18. ℹ *Piazza Santa Caterina (Palazzo Corvaja), ☎ 0942 23 243 ;* ℹ *pour Giardini Naxos : via Tysandros, 54, 98030, Giardini Naxos, (ME), ☎ 0942 51 010.*
Pour poursuivre la visite, voir les chapitres CATANIA, ETNA et MESSINA.

visiter

Teatro Greco★★★

(♿) *9h-2h avant le coucher du soleil. 4,13€. ☎ 0942 23 220 ; www.regione.sicilia.it*
Datant du 3ᵉ s. avant J.-C., il fut transformé par les Romains pour accueillir les jeux du cirque. On y donne en été de nombreux spectacles, des représentations classiques notamment. Du haut des gradins, entre les colonnes de la scène, on découvre une **vue★★★** admirable sur le littoral et l'Etna.

Corso Umberto★

Artère principale de Taormine, le cours est jalonné par trois portes : de Catane, du Milieu (porta di Mezzo) avec la tour de l'Horloge, et de Messine.
Sur la piazza del Duomo, ornée d'une jolie fontaine baroque, s'élève la **cathédrale** à la façade gothique. *8h30-11h30, 16h-18h. ☎ 0942 23 123.*
À peu près à mi-parcours, la **piazza 9 Aprile★** forme une terrasse offrant un splendide **panorama★★** sur le golfe. Sur la piazza Vittorio Emanuele, jadis forum, s'élève le **palais Corvaja** datant du 15ᵉ s.

Giardini della Villa Comunale★

Agrémentés de fleurs et de plantes exotiques, ces jardins en terrasses, dominent toute la côte.

B. Morandi/MICHELIN

Le théâtre grec et l'Etna

alentours

Castello★

4 km, par la route de Castelmola, puis un chemin à droite. Accès également possible par un sentier (1h à pied AR).
Bâti à l'époque médiévale, au sommet du mont Tauro (390 m), sur les restes de l'ancienne acropole. **Vues★★** sur Taormine.

Castelmola★

5 km au Nord-Ouest. Ce petit village perché en **situation★** panoramique derrière Taormine s'épanouit autour de la charmante petite piazza del Duomo, qui donne naissance à un enchevêtrement de ruelles pavées. De plusieurs endroits, on découvre de belles **vues★** sur l'Etna, la côte Nord et les plages qui s'étendent au pied de Taormine.

Gole dell'Alcantara★ (Gorges de l'Alcantara)

17 km environ à l'Ouest. Mai-oct. : 7h-20h ; le reste de l'année : 7h-17h. 2,07€. Location de bottes-salopettes 6,71€. Les prix indiqués peuvent changer. ☎ 0942 98 50 10.
À cet endroit, le cours du fleuve se resserre entre de hautes parois de lave taillées de formes géométriques irrégulières, miroirs prismatiques où le scintillement des cascades semble soudain se réfracter. Équipé de bottes-salopettes *(location à l'entrée)*, on remonte une courte mais charmante partie du fleuve.

carnet pratique

Restauration

• *Valeur sûre*

Vicolo Stretto – *Via Vicolo Stretto, 6 - ☎ 0942 23 849 - fermé lun. (sf 15 juin au 15 sept.), 9 au 20 déc., 8 janv. au 12 fév. - ▤ - réserv. conseillée - 26/44€.* Un endroit où l'on se sent tout de suite à l'aise, que l'on soit installé dans la petite salle, chaleureuse et accueillante, ou sur la terrasse donnant sur les toits de Taormine. Les plats, à base de poisson, trahissent les origines du cuisiner (natif de Trapani)... thon et couscous ne manquent donc pas !

Hébergement

• *À bon compte*

Bed & Breakfast Villa Regina – *Punta San Giorgio - 98030 Castelmola - 5 km au NO de Taormine - ☎ 0942 28 228 - fax 0942 28 083 - www.tao.it/intelisano - 10 ch. : 30,99/49,06€ - ☕ 7,75€.* Très simple, mais avec un petit jardin frais et ombragé, ce B&B jouit d'une vue enchanteresse sur Taormine et sur la côte. Prix mis à part, c'est une adresse à ne pas manquer si vous voyagez en couple et cherchez un endroit intime et romantique.

• *Valeur sûre*

Andromaco Palace Hotel – *Via Fontana Vecchia - ☎ 0942 23 436 - fax 0942 24 985 - ⛱ ▤ - 20 ch. : 82/114€ ☕.* En dépit de son nom un peu pompeux, il s'agit d'un hôtel familial, intime et accueillant, où vous serez accueillis par des gens très sympathiques. Avec une vue panoramique, situé non loin du centre, un endroit confortable, tout simplement.

Petite pause

Caffè San Giorgio – *Piazza S. Antonio, 1 - 98030 Castelmola - ✉.* Fondé au début du 20e s., il a compté parmi ses clients Rolls et Royce, Rockefeller et le duc d'Aoste. Depuis sa splendide terrasse, vous profiterez d'un panorama époustouflant sur Taormine et sur la côte.

Trapani

Face aux îles Égades, Trapani possède un port bien abrité, animé par le commerce du sel.

La situation

69 453 habitants - Carte Michelin n° 432 M 19 - Plan dans le Guide Rouge Italia. Pour se rendre à Trapani, situé à l'extrême-Ouest de l'île, emprunter la A 29 et la S 113.
Piazza Saturno, ☎ 0923 29 000.
Pour poursuivre la visite, voir les chapitres Isole EGADI et ERICE.

visiter

L'Annunziata★

7h-12h, 16h-20h (hiver 19h). Prévenir le prêtre quelques jours à l'avance, ☎ 0923 53 91 84. Laisser une offrande.
Bâti au 14e s., ce sanctuaire a été transformé et agrandi au 17e s. Son campanile est baroque. Sur le côté gauche, la **chapelle des Marins** est une jolie construction Renaissance surmontée d'une dôme. À l'intérieur, la **chapelle de la Madone★**, introduite par un bel arc Renaissance, abrite l'harmonieuse statue de ce que l'on appelle la **Vierge de Trapani** (14e s.) attribuée à Nino Pisano.

Museo Pepoli★

Lun.-sam. 9h-13h30, dim. et j. fériés 9h-12h30. 2,58€. ☎ 0923 55 32 69.
Situé dans l'ancien couvent des Carmélites, contigu à l'Annunziata, il rassemble des sculptures (œuvres des Gagini) et des peintures parmi lesquelles le **polyptyque de Trapani★** du 15e s., une ***Pietà*★** de Roberto di Oderisio et *Saint Barthélemy* par Ribera. Il expose également des productions de l'artisanat local : remarquables travaux en corail, en particulier une crèche d'une exquise finesse.

Le centre historique★

Occupant la pointe qui s'avance sur la mer et fermé à l'Est par la Villa Margherita, il possède de beaux palais, en particulier le long de la Rua Nova (actuelle via Garibaldi) et de la Rua Grande (actuel corso Vittorio Emanuele).

alentours

30 km de Trapani à Marsala. Compter une journée avec la visite de Mozia.

Via del Sale (Salines du Stagnone)

La route côtière qui conduit de Trapani à Marsala est longée de **marais salants** qui agrémentent la **vue★★** : ces miroirs d'eau divisés par de très fines bandes de terre forment un damier irrégulier aux couleurs subtiles. Quelques moulins à vent témoignent d'une époque où ils étaient l'instrument principal pour pomper l'eau et moudre le sel. C'est l'été, au moment de la récolte, que le spectacle est le plus beau : la teinte rosée des différents bassins s'intensifie en fonction de la salinité de l'eau, et ceux du centre, asséchés, brillent au soleil, en attendant que les tas de sel viennent former d'harmonieux alignements en bordure des marais.
À **Nubia**, le petit **musée du Sel** (Museo del Sale) est aménagé dans une maison de saunier du 17e s. : panneaux et instruments de travail permettent de découvrir cet ancien métier. ♿ *Lun.-sam. 9h30-13h, 15h30-18h30 (hiver 17h), dim. matin seulement. Possibilité de visite guidée (30mn). Projection. 1,03€. ☎ 0923 86 71 42.*

M. Magni/MICHELIN

Les salines, déjà exploités par les Phéniciens

Près de Mozia, on peut visiter l'un des **moulins**, remis à neuf.
S'il y a assez de vent, le moulin fonctionne en été mer. et sam. 16h-18h ; le reste de l'année : w.-end sur demande uniquement. 2,58€. Pour toute information, contacter les Saline Ettore e Infersa ☎ 0923 96 69 36

Isola di Mozia★

14 km environ au Sud de Trapani. Laisser sa voiture à l'embarcadère. La liaison est assurée par les pêcheurs. C'est une ancienne colonie phénicienne, fondée au 8e s. avant J.-C. sur l'une des quatre îles de la **lagune du Stagnone**. Un sentier permet de faire le tour de l'île et de découvrir les restes de la cité phénicienne *(1h30 environ. Il est conseillé de le suivre dans le sens inverse des aiguilles d'une montre).* Un petit **musée** rassemble les objets retrouvés sur l'île, dont le superbe ***Éphèbe de Mozia***★★, noble de par son port altier et son long vêtement à petits plis, et de nette influence grecque. ♿ *Accès à l'île et visite du musée : 9h-13h, 15h-1h avant le coucher du soleil. Trajet en bac : 2,58€ ; entrée au musée : 4,13€. ☎ 0923 71 25 98.*

Marsala

L'antique *Lilybée*, située sur le cap du même nom, à l'extrémité occidentale de la Sicile, doit son nom actuel aux Sarrasins qui la reconstruisirent après l'avoir détruite et l'appelèrent Marsah el Ali (port d'Ali). Sa renommée lui vient principalement de ses vins doux (le marsala) qu'un commerçant anglais, John Woodhouse, remit à l'honneur au 18e s.

C'est à Marsala que débarqua en 1860 **Garibaldi**, accompagné d'un millier de volontaires vêtus de chemises rouges : cette « **Expédition des Mille** » allait triompher des Bourbons et libérer l'Italie du Sud de leur domination.

Le centre de la vie citadine tourne autour de la **piazza della Repubblica**, délimitée par la cathédrale et l'hôtel de ville.

Près de la mer *(via Boeo)*, le **Museo Archeologico di Baglio Anselmi**, installé dans une ancienne coopérative vinicole, abrite l'épave d'un **bateau de guerre punique**★ retrouvée près de Mozia. ♿ *9h-14h, 16h-19h (lun., mar. et jeu. : matin uniquement). 2,07€. ☎ 0923 95 25 35.*

Ustica★★

Île d'Ustica

Cette minuscule île volcanique, aux côtes découpées dissimulant de magnifiques grottes marines, criques et petites baies, est une réserve marine depuis 1987.

La situation

1 373 habitants – Carte Michelin n° 432 K 21. Ustica est située le long de la côte palermitaine.
Pour poursuivre la visite, voir le chapitre PALERMO.

TRANSPORTS
Depuis Palerme, il existe des liaison régulières en bac. En été, s'y ajoutent des trajets en hydrofoils Trapani-Favignana-Ustica-Naples. ℹ *Agenzia Militello, piazza Di Bartolo, 7, ☎ 091 84 49 002.*

découvrir

L'île

Le petit centre habité d'**Ustica**★ se déploie en amphithéâtre autour d'une baie qui abrite le port. Près des **Faraglioni** (écueils rocheux face à la localité de Colombaia), on a découvert un grand **village préhistorique**★ remontant à l'âge du bronze. *On peut toujours admirer le village à travers une clôture de protection.*

Le long de la côte se trouvent de petites plages et des baies rocheuses, telles que la **piscine naturelle**★.

La réserve marine

8h-14h ; août également 16h-22h. Gratuit. Pour toute information : ☎ 091 84 49 456.
Elle a été instituée pour préserver le milieu naturel et protéger l'immense patrimoine faunique qui se dissimule dans les profondeurs autour d'Ustica, particulièrement dépourvues de tout type de pollution (Ustica se trouve en plein passage d'un courant venant de l'Atlantique). La Réserve organise des visites accompagnées dans certaines grottes, mais aussi des sorties en mer avec... masque et tuba. Les plus experts, qui plongent équipés de bouteilles, pourront profiter de l'incomparable **spectacle sous-marin**★★ qu'offrent les fonds près du **rocher du Médecin** (Scoglio del Medico).

Index

URBINO *Marche* .... Titre de chapitre et région d'Italie à laquelle la ville ou le site appartient.
Sirmione *Lombardia* .... Site intéressant
Vivaldi, Antonio .... Noms historiques ou célèbres et termes faisant l'objet d'une explication.

Abano Terme *Vénétie* ... 305
Abruzzes (parc national) ... 107
Abruzzo (Abruzzes) ... 55, 106
Aci Castello *Sicile* ... 489
Aci Trezza *Sicile* ... 489
Acireale *Sicile* ... 489
Acqui Terme *Piémont* ... 418
Agnone *Molise* ... 272
Agostino di Duccio ... 85, 316
Agrigento *Sicile* ... 483
Alatri *Latium* ... 112
Alba Fucens *Abruzzes* ... 109
Alba *Piémont* ... 385
Albano Laziale *Latium* ... 380
Albenga *Ligurie* ... 356
Alberobello *Pouille* ... 343
Alberti (Giuseppe) ... 127
Alberti (Leon Battista) ... 85, 192, 203, 250, 351
Albinoni (Tomaso) ... 97
Albissola Marina *Ligurie* ... 357
Alcantara (gorges) *Sicile* ... 514
Alessi (Galeazzo) ... 210
Alfedena *Abruzzes* ... 108
Alfieri (Vittorio) ... 93
Alghero *Sardaigne* ... 468
Alleghe *Trentin-Haut-Adige* ... 173
Alpe di Siusi *Trentin-Haut-Adige* ... 171
Alpes ... 50
Altamura *Pouille* ... 338
Altilia Sæpinum *Molise* ... 272
Altomonte *Calabre* ... 149
Amadeo ... 130
Amati (Andrea) ... 164
Amatrice (Cola) ... 118, 238
Ambroise (saint) ... 257, 268
Ammannati (Bartolomeo) ... 192
Anacapri *Campanie* ... 151
Anagni *Latium* ... 111
Ancona (Ancône) *Marches* ... 112
Andalo *Trentin-Haut-Adige* ... 422
Andrea del Castagno ... 85, 189
Andrea da Firenze (Andrea di Bonaiuto, dit) ... 204
Andrea del Sarto ... 189, 205
Angera *Lombardie* ... 222
Anghelu Ruju (nécropole) *Sardaigne* ... 469
Anguillara Sabazia *Latium* ... 382
Antoine de Padoue (saint) ... 302
Antonelli (Alessandro) ... 90
Antonello da Messina ... 86, 215, 320, 482, 489, 496, 505, 511
Antonio da Sangalo le Jeune (Antonio Cordiani da Sangallo, dit) ... 276, 301
Antonio da Sangallo le Vieux ... 275
Antonioni (Michelangelo) ... 100, 185
Anzio *Latium* ... 402
Aosta/Aoste *Val d'Aoste* ... 433
Aoste (Val d') ... 50
Apennins ... 50
Aquileia (Aquilée) *Frioul-Vénétie Julienne* ... 236
Arbatax *Sardaigne* ... 471
Arborea *Sardaigne* ... 477
Archimède ... 511
Arétin (Pietro Aretino, dit l') ... 93
Arezzo *Toscane* ... 114
Argentario (promontoire) *Toscane* ... 116
Ariccia *Latium* ... 380
Arioste (Ludovico Ariosto, dit l') ... 92, 182, 185
Arius ... 346
Arno (bassin de l') *Toscane* ... 53
Arnolfo di Cambio ... 84, 198, 200, 377
Arona *Piémont* ... 222
Arquà Petrarca *Vénétie* ... 305
Arzachena *Sardaigne* ... 470
Ascoli Piceno *Marches* ... 118
Asolo *Vénétie* ... 126
Aspromonte (massif) *Calabre* ... 55, 145
Assisi (Assise) *Ombrie* ... 120
Asti *Piémont* ... 418
Atrani *Campanie* ... 162
Auguste (empereur) ... 63, 371
Avelengo *Trentin-Haut-Adige* ... 254
Averno (lac) *Campanie* ... 296
Avigliana *Piémont* ... 417
Aymavilles (forteresse) *Val d'Aoste* ... 432

B*aciccia (Giovanni Battista Gaulli, dit le)* ... 88, 375
Bacoli *Campanie* ... 294
Badia Fiesolana *Toscane* ... 186
Bagheria *Sicile* ... 506
Bagnaia *Latium* ... 460
Bagnoli *Campanie* ... 292
Baia Sardinia *Sardaigne* ... 474
Baldassare degli Embriachi ... 313
Baldo (mont) *Vénétie* ... 232
Balla (Giacomo) ... 90
Balze ... 461
Bambaia ... 265
La Barbagia *Sardaigne* ... 471
Bard (fort) *Val d'Aoste* ... 434
Bardolino *Vénétie* ... 231
Bari *Pouille* ... 124
Barletta *Pouille* ... 338
Barna da Siena ... 386
Barumini *Sardaigne* ... 473
Basilicate ... 55
Bassani (Giorgio) ... 183
Bassano del Grappa *Vénétie* ... 125

Bassano
(Jacopo da Ponte, dit Jacopo) 87, 125
Baunei *Sardaigne* 471
Baveno *Piémont* 223
Beccaria (Cesare Bonesana) 93
Bellagio *Lombardie* 228
Bellano *Lombardie* 229
Bellini (Vicenzo) 99, 487
Bellini (Jacopo, Gentile
et Giovanni) 86, 265, 266,
287, 318, 353, 438, 445, 446, 457
Belluno *Vénétie* 126
Benevento *Campanie* 127
Benigni (Roberto) 101
Benoît de Nursie (saint) 112
Benoît (saint) 273
Bentivoglio (famille) 134
Bergamasque 128
Bergamo (Bergame) *Lombardie* 128
Berici (monts) *Vénétie* 458
Bernardin (saint) 122, 237, 389
Bernin (Gian Lorenzo Bernini,
dit le) 89, 373, 376, 377,
378, 378, 378
Bertinoro *Émilie-Romagne* 180
Bignone (mont) *Ligurie* 356
Biodola *Toscane* 174
Bisceglie *Pouille* 125
Bitonto *Pouille* 338
Bloomsbury Group 163
Boccace (Giovanni Boccaccio,
dit) 92, 189, 387
Boccherini (Luigi) 97
Boccioni (Umberto) 90
Boiardo (Matteo Maria) 92, 182
Bologna (Bologne) *Émilie-Romagne* 132
Bologne (Jean) 87, 135, 192
Bolsena *Latium* 301
Bolzano *Trentin-Haut-Adige* 139
Bomarzo *Latium* 460
Bominaco *Abruzzes* 109
Bonaparte (Élisa) 242
Bonaparte (Joseph) 278
Boniface VIII (pape) 111
Bordighera *Ligurie* 356
Borgo Grotta Gigante
Frioul-Vénétie Julienne 425
Borromée (saint Charles) 222
Borromee (îles) *Piémont* 223
Borromini (Francesco) 89, 376
Botticelli (Sandro) ... 85, 189, 200, 266, 320
Bozen : voir Bolzano
Bracciano *Latium* 382
Braies (lac) *Trentin-Haut-Adige* 173
Bramante
(Donato) 86, 241, 260, 269, 378, 406
Brembana (Val) *Lombardie* 131
Breno *Lombardie* 430
Brenta (riviera) *Vénétie* 140
Brenta (massif) *Trentin-Haut-Adige* 422
Brescello *Émilie-Romagne* 349
Brescia *Lombardie* 141
Bressanone *Trentin-Haut-Adige* 171
Breuil-Cervinia *Val d'Aoste* 433
Brianza (la) *Lombardie* 51
Brindisi *Pouille* 144
Brixen : voir Bressanone
Bronzino 189
Bruegel (Pieter) 288
Bruneck : voir Brunico
Brunelleschi (Filippo) 84, 192, 198, 203
Brunico *Trentin-Haut-Adige* 172
Bucchero 57
Bue Marino (grotte) *Sardaigne* 472
Burgusio/Burgeis *Trentin-Haut-Adige* 255
Burri (Alberto) 91
Busoni (Ferrucio) 103
Bussana Vecchia *Ligurie* 356
Buzzati (Dino) 95

Caccia (cap) *Sardaigne* 469
Cadenabbia *Lombardie* 229
Cadore *Vénétie* 167
Cagliari *Sardaigne* 474
Cala Gonone *Sardaigne* 472
Cala Luna *Sardaigne* 472
Calabria (Calabre) 55, 145
Calanchi (réserve naturelle) *Abruzzes* 110
Caltagirone *Sicile* 486
Calvino (Italo) 95
Camaldoli *Toscane* 388
Don Camillo 349
Camogli *Ligurie* 336
Campanella (Tommaso) 148
Campanie 55
Campi Flegrei *Campanie* 292
Campione del Garda *Lombardie* 231
Campione d'Italia *Lombardie* 228
Campo Carlo Magno
Trentin-Haut-Adige 422
Campo dei Fiori *Lombardie* 228
Campo Fiscalino *Trentin-Haut-Adige* 173
Campoformio (traité) 427
Campo Imperatore *Abruzzes* 108
Canaletto (Antonio Canal, dit) 438
Canazei *Trentin-Haut-Adige* 167
Canne della Battaglia *Pouille* 340
Cannero Riviera *Piémont* 223
Cannobio *Piémont* 226
Canosa di Puglia *Pouille* 340
Canossa (château) *Émilie-Romagne* 349
Canova (Antonio) 90, 126, 265, 378
Capanne (mont) *Toscane* 175
Capoliveri *Toscane* 176
Caprarola *Latium* 460
Caprera (île) *Sardaigne* 476
Capri (île) *Campanie* 149
Caravage (Michelangelo Merisi,
dit le) 88, 164, 265, 266,
279, 288, 375, 379, 496, 511
Carceri (ermitage) *Ombrie* 122
Carducci (Giosuè) 94
Carezza (lac) *Trentin-Haut-Adige* 167
Carpaccio (Vittore) 438, 445
Carpi *Émilie-Romagne* 271
Carrà (Carlo) 90
Carrache (Ludovic,
Augustin et Annibal) 88, 135, 137
Carrara (Carrare) *Toscane* 454
Carsulae *Ombrie* 397
Il Casale (villa impériale) *Sicile* 486
Casamari (abbaye) *Latium* 111
Caserta Vecchia *Campanie* 154
Caserta (palais royal) *Campanie* 153
Cassino (bataille) 273
Castel del Monte *Puglia* 340
Castel Gandolfo *Latium* 380
Castelfranco Veneto *Vénétie* 126
Castellana Grotte *Pouille* 340
Castelli Romani *Latium* 380
Castelli *Abruzzes* 108
Castelluccio *Ombrie* 398
Castelmola *Sicile* 514
Castiglione Olona *Lombardie* 228
Castro Marina *Pouille* 342
Catania (Catane) *Sicile* 487
Catherine de Sienne (sainte) 389, 394
Cavallini (Pietro) 84
Cavo *Toscane* 176

Cavour ... 66
Cefalù *Sicile* ... 489
Célestin V (pape) ... 237
Cellini (Benvenuto) ... 87, 93, 192, 199, 202
Cernobbio *Lombardie* ... 229
Cerro *Lombardie* ... 226
Certaldo *Toscane* ... 387
Cerveteri *Latium* ... 382
César (Jules) ... 63
Cesena *Émilie-Romagne* ... 180
Ceto *Lombardie* ... 430
Champoluc *Val d'Aoste* ... 432
Charlemagne ... 64
Charybde et Scylla ... 147
Chianciano Terme *Toscane* ... 277
Chianti (région du) *Toscane* ... 53
Chiappa (pointe) *Ligurie* ... 336
Chiaravalle (abbaye) *Lombardie* ... 269
Chiavari *Ligurie* ... 358
Chiavenna *Lombardie* ... 229
Chieri *Piémont* ... 418
Chieti *Abruzzes* ... 109
Chioggia *Vénétie* ... 237
Chiusi *Toscane* ... 277
Cicogna Mozzoni (villa) *Lombardie* ... 228
Cilento (parc national) *Campanie* ... 155
Cima da Conegliano ... 423
Cimabue (Cenni di Pepo, dit) ... 84, 115, 121, 136, 189, 204
Cimarosa (Domenico) ... 97
Cinecittà *Latium* ... 380
Cinque Terre *Ligurie* ... 358
Cinquemiglia (plateau) *Abruzzes* ... 108
Ciociaria (la) *Latium* ... 55
Circeo (parc national) *Latium* ... 402
Citara (plage) *Campanie* ... 221
Città delle Pieve *Ombrie* ... 317
Cittadella *Vénétie* ... 126
Cividale del Friuli *Frioul-Vénétie Julienne* ... 427
Civita Castellana *Latium* ... 460
Civitavecchia *Latium* ... 401
Civitella del Tronto *Marches* ... 119
Clementi (Muzio) ... 103
Clitunno (Clitumne, fleuve) *Ombrie* ... 396
Cogne *Val d'Aoste* ... 432
Colleoni (Bartolomeo) ... 128
Collodi (Carlo Lorenzini, dit) ... 274
Collodi *Toscane* ... 274
Colonna (cap) *Calabre* ... 148
Colonnata (carrières) *Toscane* ... 454
Comacchio (Valli di) *Émilie-Romagne* ... 53
Comacchio *Émilie-Romagne* ... 165
Comitium ... 307
Commedia dell'arte ... 128
Como (Côme, lac) *Lombardie* ... 228
Como (Côme) *Lombardie* ... 229
Compiano *Émilie-Romagne* ... 310
Conca d'Oro *Sicile* ... 498
Conegliano *Vénétie* ... 423
Conero (riviera) *Marches* ... 114
Constantin (empereur) ... 63, 371
Cordevole (vallée) *Trentin-Haut-Adige* ... 173
Corelli (Arcangelo) ... 103
Cornedo (château) *Trentin-Haut-Adige* .. 167
Corniglia *Ligurie* ... 358
Corrège (Antonio Allegri, dit le) ... 308
Cortina d'Ampezzo *Vénétie* ... 171
Cortona *Toscane* ... 157
Cosa (cité antique) *Toscane* ... 117
Cosenza *Calabre* ... 149
Cosmates ... 83, 460
Cossa (Francesco) ... 182
Costa Smeralda *Sardaigne* ... 474
Costa (Lorenzo) ... 182
Costalunga (col) *Trentin-Haut-Adige* ... 167
Costiera Amalfitana (Côte amalfitaine) *Campanie* ... 158
Courmayeur *Val d'Aoste* ... 432
Cremona (Crémone) *Lombardie* ... 163
Cristofori (Bartolemeo) ... 103
Crivelli (Carlo) ... 118
Crivelli (Carlo) ... 181
Crotone *Calabre* ... 148

Dallapiccola (Luigi) ... 99
D'Annunzio (Gabriele) ... 94, 231
Dante (Durante Alighieri, dit) ... 92, 187, 189, 347
Da Ponte (Lorenzo) ... 98
De Chirico (Giorgio) ... 90, 181
De Gasperi ... 68
Deledda (Grazia) ... 94
Della Robbia (Andrea) ... 116, 122
Della Robbia (Luca) ... 85, 192, 199
Delta du Pô *Émilie-Romagne/Vénétie* ... 164
Denys l'Ancien (tyran de Syracuse) ... 510
Desenzano del Garda *Lombardie* ... 231
De Sica (Vittorio) ... 100
Desiderio da Settignano ... 85
Diano Castello *Ligurie* ... 356
Diano Marina *Ligurie* ... 356
Dioclétien ... 63
Dobbiaco *Trentin-Haut-Adige* ... 173
Dolomiti (Dolomites) *Trentin-Haut-Adige* ... 52, 166
Dominique (Domenico Guzman, saint) ... 137
Domus de janas ... 471
Donatello (Donato di Betto Bardi, dit) ... 85, 192, 199, 202, 204, 302, 304, 336, 394
Dongo *Lombardie* ... 230
Donizetti (Gaetano) ... 99
Dorgali *Sardaigne* ... 471
Doria (Andrea) ... 210
Dosso Dossi (Giovanni Luteri, dit) ... 182
Duccio di Buoninsegna ... 84, 251, 389, 394

Eco (Umberto) ... 95
Ega (Val) *Trentin-Haut-Adige* ... 167
Egadi (Égades, îles) *Sicile* ... 490
Eggental : voir Ega (Val)
Elbe (île) *Toscane* ... 174
Émilie-Romagne ... 53
Énée ... 361
Enna *Sicile* ... 491
Eolie (Éoliennes, îles) *Sicile* ... 492
Epomeo (mont) *Campanie* ... 220
Ercolano *Campanie* ... 176
Erice *Sicile* ... 494
Este (dynastie) ... 182
Este (cardinal Hippolyte d') ... 404
Este *Vénétie* ... 305
Etna (volcan) *Sicile* ... 495
Étrusque (civilisation) ... 56
Euganei (Euganéennes, collines) *Vénétie* ... 51, 305
Expédition des Mille ... 516

Fabriano *Marches* ... 178
Faenza *Émilie-Romagne* ... 179
Faito (mont) *Campanie* ... 297
Falzarego (col) *Trentin-Haut-Adige* ... 171
Fano *Marches* ... 318
Fantiscritti (carrières) *Toscane* ... 454
Farnèse (dynastie) ... 307, 319
Fattori (Giovanni) ... 90

Favignana (île) *Sicile* 490
Fedaia (lac) *Trentin-Haut-Adige* 168
Fellini (Federico) 100, 351
Feltre *Vénétie* 127
Fénis (château) *Val d'Aoste* 433
Ferentillo *Ombrie* 397
Ferento *Latium* 460
Fermo *Marches* 180
Ferrara (Ferrare) *Émilie-Romagne* 181
Fidenza *Émilie-Romagne* 310
Fiesole *Toscane* 185
Finale Borgo *Ligurie* 357
Finale Ligure *Ligurie* 357
Finale Marina *Ligurie* 357
Finale Pia *Ligurie* 357
Firenze (Florence) *Toscane* 187
Badia (église La) 205
Battistero 199
Biblioteca Medicea Laurenziana 202
Boboli (jardin) 201
Campanile 198
Cappelle Medicee 202
Cappella dei Pazzi 204
Duomo 198
Galleria dell'Accademia 203
Galleria d'Arte moderna 201
Galleria Palatina 201
Galleria degli Uffizi 200
Loggia della Signoria 199
Museo archeologico 205
Museo degli Argenti 201
Museo dell'Opera del Duomo 199
Museo dell'Opera di Santa Croce 204
Museo delle Porcellane 201
Museo di Storia della Scienza 206
Opificio delle Pietre dure 205
Orsanmichele 205
Ospedale degli Innocenti 205
Palazzo del Bargello 201
Palazzo Medici-Riccardi 202
Palazzo Pitti 201
Palazzo Rucellai 205
Palazzo Strozzi 205
Palazzo Vecchio 200
Passeggiata ai Colli 205
Piazza del Duomo 198
Ponte Vecchio 200
San Lorenzo (église) 202
San Marco (couvent et musée) 203
San Miniato al Monte (église) 205
Santa Croce (église) 204
Santa Maria del Carmine (église) 205
Santa Maria Novella (église) 203
Santissima Annunziata (place et église) 205
Santo Spirito (église) 205
La Signoria (place) 199
Fischleinboden : voir Campo Fiscalino
Fo (Dario) 95
Foggia *Pouille* 340
Foligno *Ombrie* 123
Fontana (Lucio) 91
Fontanellato *Émilie-Romagne* 311
Fontanesi (Antonio) 415
Fonte Colombo (couvent) *Latium* 350
Foppa (Vincenzo) 268, 357
Foresta Umbra *Pouille* 209
Forio *Campanie* 221
Forlì *Émilie-Romagne* 179
Forte dei Marmi *Toscane* 454
Foscolo (Ugo) 94
Fossanova (abbaye) *Latium* 402
Fra Angelico 85, 157, 186, 189, 203
François d'Assise (saint) 92, 121, 217, 350, 388
Frasassi (grottes) *Marches* 178
Frascati *Latium* 380
Frédéric II de Souabe (empereur) ... 338, 340
Frescobaldi (Girolamo) 96
Frioul-Vénétie Julienne 52
Furore (gorge) *Campanie* 160
Fusaro (lac) *Campanie* 294

Gabrieli (Andrea et Giovanni) 96
Gadda (Carlo Emilio) 95
Gaeta (Gaète) *Latium* 206
Gagliardi (Rosario) 482, 497, 508
Galatina *Pouille* 341
Galatone *Pouille* 341
Galilée (Galileo Galilei, dit) 93, 323
Galla Placidia 344
Gallipoli *Pouille* 341
La Gallura *Sardaigne* 475
Galluzzo (chartreuse de) *Toscane* 206
Galuppi 97
Garda (Garde, lac) *Lombardie, Vénétie* .. 231
Garda *Vénétie* 231
Gardena (Val) *Trentin-Haut-Adige* 169
Gardone Riviera *Lombardie* 231
Gargano (promontoire) *Pouille* 55, 207
Gargnano *Lombardie* 232
Garibaldi (Giuseppe) 66, 476, 516
Garofalo 182
Gavia (col) *Lombardie* 430
Gennargentu (massif) *Sardaigne* 471
Genova (val) *Trentin-Haut-Adige* 422
Genova (Gênes) *Ligurie* 209
Gentile da Fabriano 84, 178
Gentileschi (Artemisia) 279
Gentileschi (Orazio Lomi, dit) 412
Gerace *Calabre* 147
Germi (Pietro) 101
Ghiberti (Lorenzo) 85, 192, 199, 394
Ghirlandaio (Domenico) 85, 189, 203, 203, 386
Gibelins 64
Gignese *Piémont* 227
Gioia del Colle *Pouille* 341
Giolitti 67
Giordano (Luca) 203, 280
Giorgio Martini (Francisco di) 428
Giorgione (Giorgio da Castelfranco, dit) 87, 126, 438, 445
Giotto 84, 121, 187, 189, 199, 204, 302, 303, 303, 351
Giovinazzo *Pouille* 125
Glorenza *Trentin-Haut-Adige* 255
Glurns : voir Glorenza
Goldoni (Carlo) 93
Li Golghi (tombe de géants) *Sardaigne* .. 470
Gonzague (Vespasien de) 250
Gonzague (dynastie) 247
Gozzoli (Benozzo) .. 85, 189, 202, 275, 386
Grabau (villa) *Toscane* 246
Gradara *Marches* 318
Grado *Frioul-Vénétie Julienne* 236
Gran Paradiso (parc national) *Val d'Aoste* 430
Grande Grèce 58
Gran Sasso *Abruzzes* 108
Grappa (mont) *Vénétie* 125
Gravedona *Lombardie* 230
Greccio *Latium* 350
Grégoire VII (pape) 371
Grégoire XIII (pape) 134
Grégoire Ier (pape) 64
Gressoney *Val d'Aoste* 432
Grödnertal : voir Gardena (Val)
Grosseto *Toscane* 252
Grosté (col) *Trentin-Haut-Adige* 422
Grotta Azzurra (Capri) *Campanie* 152
Grottaferrata *Latium* 380

Guardi (Francesco) ... 438
Guareschi (Giovanni) ... 349
Guarini (Guarino) ... 89, 414
Guarneri (Andrea) ... 164
Gubbio *Ombrie* ... 217
Guelfes ... 64
Guglielmo da Pisa ... 474
Guichardin
(Francesco Guicciardini, dit) ... 92, 189
Guido d'Arezzo ... 96, 114, 165
Guttuso (Renato) ... 91

H*adrien (empereur)* ... 404
Hafling : voir Avelengo
Hannibal ... 62
Hayez (Francesco) ... 90, 266
Herculanum : voir Ercolano

Innichen : voir San Candido
Innocent III ... 64
Ischia (île) *Campanie* ... 219
Iseo (lac) *Lombardie* ... 231
Isili *Sardaigne* ... 473
Ispinigòli (grotte) *Sardaigne* ... 472
Issogne (château) *Val d'Aoste* ... 434
Ivrea/Ivrée *Val d'Aoste* ... 434

J*acopo della Quercia* ... 244, 391
Jaufenpass : voir Monte Giovo (col)
Jesi *Marches* ... 113
Jules César ... 361
Juliette ... 448
Juvara (Filippo) ... 89, 409, 416

Karerpass : voir Costalunga

La Foresta (couvent) *Latium* ... 350
La Maddalena (archipel) *Sardaigne* ... 475
La Maddalena *Piémont* ... 416
La Spezia *Ligurie* ... 358
La Thuile *Val d'Aoste* ... 432
La Verna (couvent) *Toscane* ... 388
Lacco Ameno *Campanie* ... 221
Regione dei Laghi (Région des lacs) ... 221
Ladins (population des Dolomites) ... 172
Lagune vénitienne
Vénétie/Frioul-Vénétie Julienne ... 233
Lanfranco (Giovanni) ... 270
Langhe (les) ... 385
Lanzo d'Intelvi *Lombardie* ... 228
L'Aquila *Abruzzes* ... 237
Larderello *Toscane* ... 463
Latium ... 54
Laurana (Francesco) ... 288
Laurana (Luciano) ... 428, 505
Laveno Mombello *Lombardie* ... 226
Lecce *Pouille* ... 238
Lega (Silvestro) ... 90
Leggiuno *Lombardie* ... 227
Léonard de Vinci ... 87, 189, 261, 266, 267, 268, 328, 379
Leopardi (Giacomo) ... 94, 242
Lerici *Ligurie* ... 359
Levanzo (île) *Sicile* ... 491
Lido di Camaiore *Toscane* ... 454
Lignano *Frioul-Vénétie Julienne* ... 236
Ligue lombarde ... 64
Ligurie ... 53
Limone sul Garda *Lombardie* ... 232
Lipari (île) *Sicile* ... 492
Lippi (Filippino) ... 137, 189
Lippi (Filippo) ... 189, 336
Livorno (Livourne) *Toscane* ... 327
Locatelli (Pietro) ... 103
Locorotondo *Pouille* ... 344
Locri (Locres) *Calabre* ... 147
Lombardie ... 51
Lomellina *Piémont* ... 313
Lomellina (la) *Lombardie* ... 51
Lomello *Piémont* ... 313
Longhi (Pietro) ... 438, 447
Lorenzetti (Pietro et Ambrogio) ... 84, 121, 391, 394
Loreto (Lorette) *Marches* ... 241
Lotto (Lorenzo) ... 88, 113, 128, 131, 242, 438, 445
Lotzorai *Sardaigne* ... 471
Lovere *Lombardie* ... 231
Lucanie : voir Basilicate
Lucca (Lucques) *Toscane* ... 242
Lucera *Pouille* ... 341
Luchetti (Daniele) ... 101
Lucrino (lac) *Campanie* ... 294
Lugano (lac) *Lombardie, Suisse* ... 228
Luini (Bernardino) ... 261, 265, 266

M*acchiaioli* ... 90, 201
Macellum ... 307
Machiavel (Nicolà) ... 92, 189
Maderna (Carlo) ... 378
Madonna di Campiglio
Trentin-Haut-Adige ... 422
Madonna di S. Luca (sanctuaire de la)
Émilie-Romagne ... 138
Madonna del Monte *Toscane* ... 175
Madonna del Sasso *Piémont* ... 227
Maestri campionesi ... 82, 270
Maestri comacini ... 82
Maggiore (Majeur, lac)
Lombardie, Piémont ... 222
Magnasco (Alessandro) ... 210
Maiano (Benedetto et Giuliano da) ... 200
Maitani (Lorenzo) ... 299
Majeur (lac) : voir Maggiore
Majolique ... 179
Malatesta (famille) ... 351
Malcesine *Vénétie* ... 232
Malcontenta *Vénétie* ... 141
Malga Ciapela *Trentin-Haut-Adige* ... 168
Malles/Mals *Trentin-Haut-Adige* ... 255
Manarola *Ligurie* ... 358
Manfredonia *Pouille* ... 341
Manin (famille) ... 427
Mansi (villa) *Toscane* ... 246
Manta *Piémont* ... 384
Mantegna (Andrea) ... 86, 247, 250, 265, 302, 304, 445, 445, 451
Mantova (Mantoue) *Lombardie* ... 247
Manzoni (Alessandro) ... 94, 248, 267
Manzù (Giacomo) ... 91
Maratea *Basilicate* ... 329
Marcello (Benedetto et Alessandro) ... 97
Marches ... 54
Marciana Marina *Toscane* ... 174
Marciana *Toscane* ... 175
Marcillat (Guillaume de) ... 158
Marechiaro *Campanie* ... 292
Maremme (le) *Toscane* ... 53
Marettimo (île) *Sicile* ... 491
Marina di Campo *Toscane* ... 175
Marina di Carrara *Toscane* ... 454
Marina di Massa *Toscane* ... 454
Marina di Pietrasanta *Toscane* ... 454
Marinetti (Filippo Tommaso) ... 90, 94
Marini (Marino) ... 267
Marius ... 62

Marlia *Toscane* 246
Marmolada *Vénétie/Trentin-Haut-Adige* . 167
Marmolada (massif) *Trentin-Haut-Adige* . 168
Marmore (cascata delle) *Ombrie* 397
Marostica *Vénétie* 126
Marsala *Sicile* 516
Martina Franca *Pouille* 344
Martini (Simone) 84, 120, 389, 393
Masaccio (Tommaso di Ser Giovanni, dit) 85, 189, 203, 205
Maser *Vénétie* 423
Masolino da Panicale 228
Massa Marittima *Toscane* 251
Massaciuccoli *Toscane* 455
Matera *Basilicate* 252
Mathilde (comtesse de Toscane) 349
Mattinata *Pouille* 209
Mazzini (Giuseppe) 66
Médicis (Laurent de dit le Magnifique) 65, 92, 187, 188
Médicis (dynastie) 188
Médicis (Come Ier de, grand-duc de Toscane) 188
Médicis (Côme de, dit l'Ancien) 188
Menaggio *Lombardie* 230
Merano/Meran *Trentin-Haut-Adige* 253
Mesola *Émilie-Romagne* 165
Messina (Messine) *Sicile* 496
Métastase (Pietro Trapassi, dit) 93
Michel-Ange (Michelangelo Buonarroti, dit) 86, 87, 93, 137, 187, 189, 199, 202, 203, 265, 378, 379
Michelozzo (Michelozzo di Bartolomeo Michelozzi, dit) 200, 202, 269, 276, 336
Milan (Édit de) 256
Milano (Milan) *Lombardie* 256
Biblioteca Ambrosiana 266
Casa di Manzoni 267
Castello Sforzesco 265, 261, 267
Galleria Vittorio Emanuele II 264
Museo Civico di Archeologia 267
Museo del Duomo 264
Museo Poldi Pezzoli 266
Museo nazionale della Scienza e- della Tecnica Leonardo da Vinci 267
Museo teatrale alla Scala 264
Museo civico di Storia naturale 267
Palazzo Bagatti Valsecchi 266
Palazzo Litta 267
Pinacoteca di Brera 265
Porta Ticinese 269
San Lorenzo Maggiore (basilique) 269
San Marco (église) 269
San Maurizio (église) 267
San Satiro (basilique) 269
San Simpliciano (basilique) 269
Santa Maria delle Grazie (église) 268
Sant'Ambrogio (basilique) 268
Sant'Eustorgio (église) 268
La Scala (théâtre) 264
Via e piazza dei Mercanti 265
Mino da Fiesole 85, 186, 205
Mira *Vénétie* 141
Miramare (château) *Frioul-Vénétie Julienne* 426
Miseno *Campanie* 294
Misurina (lac) *Trentin-Haut-Adige* 173
Modena (Modène) *Émilie-Romagne* 270
Modica *Sicile* 508
Molfetta *Pouille* 125
Molise 55, 271
Molveno *Trentin-Haut-Adige* 422
Monferrato (le Montferrat) *Piémont* 418
Monicelli (Mario) 101
Monreale *Sicile* 506
Monselice *Vénétie* 305
Montagnana *Vénétie* 305
Montalcino *Toscane* 321
Montale (Eugenio) 94
Monte Giovo (col) *Trentin-Haut-Adige* ... 254
Monte Grisa (sanctuaire) *Frioul-Vénétie Julienne* 425
Monte Isola (île) *Lombardie* 231
Monte Oliveto Maggiore (abbaye) *Toscane* 395
Monte Sant'Angelo *Pouille* 207
Monte Sirai *Sardaigne* 478
Montecassino (Mont-Cassin, abbaye) *Latium* 273
Montecatini Terme *Toscane* 273
Montecavallo *Trentin-Haut-Adige* 459
Montecchio Maggiore *Vénétie* 458
Montefalco *Ombrie* 275
Montefeltro (Federico da) 428
Montefiascone *Latium* 461
Montefiore dell'Aso *Marches* 181
Montegrotto Terme *Vénétie* 305
Monteluco *Ombrie* 397
Montemaria (abbaye) *Trentin-Haut-Adige* 255
Montenero *Toscane* 327
Montepulciano *Toscane* 275
Monterchi *Toscane* 389
Monterosso *Ligurie* 358
Monteverdi (Claudio) 96, 163
Montferrat : voir Monferrato
Monza *Lombardie* 269
Morandi (Giorgio) 135
Morandi (Giorgio) 90
Morante (Elsa) 95
Moravia (Alberto) 95
Moretti (Nanni) 101
Moretto da Brescia 88
Mortara *Piémont* 313
Mortola Inferiore *Ligurie* 356
Mottarone *Piémont* 227
Mottorra (dolmen) *Sardaigne* 472
Mozia (île) *Sicile* 516
Muggia *Frioul-Vénétie Julienne* 426
Murat (Joachim) 278
Muravera *Sardaigne* 474
Li Muri (nécropole) *Sardaigne* 470
Mussolini (Benito) 67, 108, 232

Napoli (Naples, golfe) *Campanie* 291
Napoli (Naples) *Campanie* 277
Aquarium 290
Capodimonte (palais et galerie) 287
Castel Capuano 290
Castel Nuovo 288
Catacombe di San Gennaro 290
Croce di Lucca (église) 286
Decumanus Majeur 285
Dôme 285
Gesú Nuovo (église) 280
Girolamini (église) 285
Maschio Angioino : voir Castel Nuovo
Mergellina 290
Miracle de saint Janvier 285
Museo Archeologico Nazionale 286
Museo nazionale di Ceramica Duca di Martina 290
Museo civico Filangieri 289
Museo Principe di Aragona Pignatelli Cortes 290
Castel dell'Ovo (port) 289
Palazzo Cuomo 289
Palazzo Reale 289
Palazzo Spinelli di Laurino 285
Piazza Dante 286
Piazza del Plebiscito 289
Pio Monte della Misericordia 285
Porta Capuana 290
Purgatorio ad Arco (église) 285

Quadreria dei Girolamini 285
San Domenico Maggiore (église) 284
San Giovanni a Carbonara (église) 290
San Gregorio Armeno (église) 284
San Lorenzo Maggiore (église) 284
San Martino (chartreuse) 288
San Paolo Maggiore (église) 285
San Pietro a Maiella (église) 286
San Severo (chapelle) 284
Sant'Anna dei Lombardi (église) 289
Santa Chiara (église) 280
Santa Lucia (port) 289
Santa Maria Donnaregina (église) 290
Santa Maria Maggiore (église) 285
Santa Restituta (basilique) 285
Sant'Elmo (château) 288
Spaccanapoli 280
Villa comunale 290
Villa Meridiana 290
Nardis (cascade) *Trentin-Haut-Adige* 422
Naturno/Naturns *Trentin-Haut-Adige* 254
Nemi *Latium* 380
Néron 63
Nettuno *Latium* 402
Nettuno (Neptune) (grotte) *Sardaigne* 469
Neustift : voir Novacella
Noli *Ligurie* 357
Nonantola (abbaye) *Émilie-Romagne* 271
Nono (Luigi) 99
Norcia *Ombrie* 397
Noto *Sicile* 497
Nova Levante *Trentin-Haut-Adige* 167
Novacella (abbaye) *Trentin-Haut-Adige* .. 172
Novalesa (abbaye) *Piémont* 418
Novara (Novare) *Piémont* 313
Nubia *Sicile* 515
Numana *Marches* 114
Nuoro *Sardaigne* 476
Nuraghe (pluriel nuraghi) 468
Nuzi (Allegretto) 178

Ogliastra *Sardaigne* 471
Oliena *Sardaigne* 472
Ombrie 53
Orbetello *Toscane* 116
Orgosolo *Sardaigne* 473
Oristano *Sardaigne* 477
Orrì *Sardaigne* 471
Orso (cap) *Campanie* 163
Orta San Giulio *Piémont* 227
Orta (lac) *Piémont* 227
Ortisei *Trentin-Haut-Adige* 171
Ortobene (mont) *Sardaigne* 476
Orvieto *Ombrie* 299
Ostia Antica (Ostie) *Latium* 380
Ostuni *Pouille* 341
Otranto (Otrante) *Pouille* 342
Otton Ier (empereur du Saint-Empire) 64
Ovide 398

Padova (Padoue) *Vénétie* 302
Padre Pio 343
Padula *Campanie* 156
Paestum (Pæstum) *Campanie* 306
Paganella (mont) *Trentin-Haut-Adige* 422
Paganini (Niccolò) 98, 164
Paisiello (Giovanni) 97
Palermo (Palerme) *Sicile* 498
Palestrina *Latium* 405
Palestrina (Giovanni Pierluigi da) 96
Palinuro (cap) *Campanie* 156
Palladio (Andrea) 86, 423, 445, 446, 456
Pallanza *Piémont* 226
Palmavera (nuraghe) *Sardaigne* 469
Palmi *Calabre* 147
Panarea (île) *Sicile* 492
Panicale *Ombrie* 317
Pantaleone 342
Pantelleria (île) *Sicile* 507
Paola *Calabre* 146
Parco Virgiliano *Campanie* 292
Parini (Guiseppe) 93
Parma (Parme) *Émilie-Romagne* 307
Parmesan (Francesco Mazzola, dit le) 288, 308
Pascoli (Giovanni) 94
Pasolini (Pier Paolo) 95, 100, 148
Passeiertal : voir Passiria (Val)
Passiria (Val) *Trentin-Haut-Adige* 254
Paul III (pape) 307, 319
Pavese (Cesare) 95
Pavia (chartreuse) *Lombardie* 312
Pavia (Pavie) *Lombardie* 311
Pazzi (conjuration des) 198
Pellegrino (mont) *Sicile* 506
Pellico (Silvio) 383
Pellizza da Volpedo (Guiseppe) 90
Pentedattilo *Calabre* 147
Peppone 349
Pergolèse (Jean-Baptiste) 97, 113
Pergusa (lac) *Sicile* 491
Persano (oasis) *Campanie* 156
Pertosa (grotte) *Campanie* 156
Perugia (Pérouse) *Ombrie* 313
Pérugin (Pietro Vannucci, dit le) 137
Pérugin (Pietro Vannucci, dit le) 314, 315, 317
Pesaro *Marches* 317
Pescasseroli *Abruzzes* 108
Peschici *Pouille* 209
Pescocostanzo *Abruzzo* 108
Pétrarque (Francisco di ser Petracco, dit) 92, 189, 305
Piacenza (Plaisance) *Émilie-Romagne* 319
Piano (Renzo) 212, 408
Piazza Armerina *Sicile* 487
Pie II (pape) 320
Piémont 51
Pienza *Toscane* 320
Pieraccioni (Leonardo) 101
Piero della Francesca 86, 114, 189, 265, 351, 388, 429
Pierre de Cortone (Pietro Berrettini, dit) .. 157
Pietrabbondante *Molise* 272
Pieve di Cadore *Vénétie* 173
Pinocchio 274
Pinturicchio (Bernardino di Betto, dit il) 122, 314
Piona (abbaye) *Lombardie* 230
Pirandello (Luigi) 94, 482, 483, 485
Pisa (Pise) *Toscane* 322
Pisanello (Antonio di Puccio di Cerreto, dit) 84, 247, 248, 448, 452
Pisano (Andrea, Nicola et Giovanni) 84, 137, 199, 251, 304, 314, 323, 393
Pisogne *Lombardie* 231
Pistoia *Toscane* 327
Plaisance : voir Piacenza
Plose (cime) *Trentin-Haut-Adige* 172
Pocol (belvédère) *Vénétie* 171
Poggio Bustone *Latium* 350
Polésine *Émilie-Romagne* 164
Policastro (golfe) *Campanie, Basilicate, Calabre* 328
Politien (Agnolo Ambrogini, dit le) ... 92, 275
Pollaiolo (Piero del) 266
Pollino (parc national) *Basilicate/Calabre* 55, 145
Polo (Marco) 438

Pompei *Campanie* 329
Pomposa (abbaye) *Émilie-Romagne* 165
Pont-St-Martin *Val d'Aoste* 434
Pontormo (Jacopo Carucci, dit le) .. 189, 359
Ponza (île) *Latium* 403
Popoli *Abruzzes* 399
Poppi *Toscane* 389
Pordoi (col) *Trentin-Haut-Adige* 171
Portici *Campanie* 296
Porto Azzuro *Toscane* 176
Porto Cervo *Sardaigne* 474
Porto Ercole *Toscane* 116
Porto San Stefano *Toscane* 116
Porto Torres *Sardaigne* 479
Portoferraio *Toscane* 174
Portofino Vetta *Ligurie* 336
Portofino *Ligurie* 335
Portogruaro *Vénétie* 424
Portonovo *Marches* 114
Portovenere *Ligurie* 359
Posilippo *Campanie* 292
Positano *Campanie* 158
Possagno *Vénétie* 126
Pouille : voir Puglia
Pound (Ezra) 254
Pozzo (Andrea) 375
Pozzuoli (Pouzzoles) *Campanie* 293
Pragser Wildsee : voir Braies
Prato *Toscane* 336
Previati (Gaetano) 90
Procida (île) *Campanie* 221
Puccini (Giacomo) 99, 455
Puglia (Pouille) 55, 337
Pugnochiuso *Pouille* 209
Pusteria (Val) *Trentin-Haut-Adige* 171
Pustertal : voir Pusteria (Val)
Pythagore 148

Q*uasimodo (Salvatore)* 94
Quattrocento 84

Ragusa (Raguse) *Sicile* 507
Rapallo *Ligurie* 358
Raphaël (Raffaello Sanzio, dit) 87, 137, 189, 201, 265, 266, 320, 379, 428, 429,
Ravello *Campanie* 162
Ravenna (Ravenne) *Émilie-Romagne* 81, 344
Recanati *Marches* 242
Reggio di Calabria *Calabre* 348
Reggio Emilia *Émilie-Romagne* 349
Remus et Romulus 361
Rendena (val) *Trentin-Haut-Adige* 422
Reni (Guido) 138
Renon (plateau) *Trentin-Haut-Adige* 140
Resia (lac) *Trentin-Haut-Adige* 255
Respighi (Ottorino) 99
Ribera (José de) 279
Rieti *Latium* 350
Rimini *Émilie-Romagne* 351
Rio Marina *Toscane* 176
Riomaggiore *Ligurie* 358
Riva del Garda *Trentin-Haut-Adige* 232
Riviera du Ponant *Ligurie* 353
Riviera ligure *Ligurie* 353
Rivoli *Piémont* 416
Robert le Sage (duc d'Anjou et roi de Naples) 278
Robert Guiscard 383
Roberti (Ercole de) 182
Rocca Imperiale *Calabre* 148
Rocca di Papa *Latium* 380
Rodengo (château) *Trentin-Haut-Adige* 172
Roger II (roi de Sicile) 482, 498
Roma (Rome) *Latium* 360
Arc de Constantin 374
Arc de Septime Sévère 374
Arc de Titus 374
Basilique Julienne 374
Basilique de Maxence 374
Campidoglio 372
Capitole (musées) 372
Capitole : voir Campidoglio
Castel Sant'Angelo 373
Catacombe 372
Colonne Trajane 374
Colosseo (Colisée) 373
Domus Aurea 373
Fontaine des Fleuves 376
Fontaine de Trevi 377
Fori Imperiali (Forums impériaux) 374
Foro Romano (Forum romain) 374
Forum d'Auguste 374
Forum de César 374
Forum de Trajan 374
Gesù (église) 374
Maison Dorée 373
Maison des Vestales 374
Marchés de Trajan 374
Palatino (Mont Palatin) 374
Palazzo dei Conservatori 372
Palazzo Nuovo 372
Palazzo Senatorio 372
Pamphili (palais) 376
Pantheon 375
Piazza dell'Esquilino 377
Piazza Navona 376
Piazza del Popolo 375
Piazza San Pietro (Place St-Pierre) 377
Piazza di Spagna 375
Piazza Venezia 376
Pincio (jardin) 375
San Giovanni in Laterano (basilique) 376
San Marco (basilique) 376
San Paolo fuori le Mura (basilique) 377
San Pietro (basilique) 377
Sant'Agnese in Agone (église) 376
Santa Maria d'Aracoeli (église) 372
Santa Maria Maggiore (basilique) 376
Santa Maria del Popolo (église) 375
Temple d'Antonin et Faustine 374
Temple de Castor et Pollux 374
Temple de Saturne 374
Tempio di Venere e di Roma (Temple de Vénus et de Rome) 374
Temple de Vespasien 374
Temple de Vesta 374
Terme di Caracalla 372
Tour des Milices 374
Trinità dei Monti (église et escalier) 376
Vatican (musées) 378
Vaticano (Vatican) 377
Venezia (palais) 376
Via Appia Antica 372
Via dei Condotti 376
Via del Corso 375
Via Sacra 374
Villa Médicis 375
Vittoriano 376
Romain (Giulio Pippi, dit Jules) 216, 247, 250
Romanino (Gerolamo Romani, dit) 88
Rombo (col) *Trentin-Haut-Adige* 254
Roméo 448
Romulus (fondateur légendaire de Rome) 62
Rosi (Francesco) 100
Rossano *Calabre* 148
Rossellini (Roberto) 100
Rossellino (Bernardo) 320
Rossetti (Biagio) 184
Rossini (Gioacchino) 99, 317
Rosso (Giovanni Battista de Rossi, dit le) 189

La Rotonda *Vénétie* 458
Ruvo di Puglia *Pouille* 342
Ruzzante (Angelo Beolco, dit le) 93

S. Clemente al Vomano (église) *Abruzzes* 110
S. Domenico di Fiesole *Toscane* 186
S. Pietro in Valle *Ombrie* 397
Sa Ena 'e Thomes (tombe de géants) *Sardaigne* 472
Saba (Umberto) 94, 424
Sabaudia *Latium* 402
Sabbioneta *Lombardie* 250
Sabiona (couvent) 172
Sacra di S. Michele *Piémont* 417
Sacro Monte d'Orta (sanctuaire) *Piémont* 227
Sacro Monte di Varese (sanctuaire) *Lombardie* 228
Sagittario (gorges) *Abruzzes* 109
St. Ulrich : voir Ortisei
St-Vincent *Val d'Aoste* 434
Saint Voult 243
Salerno (Salerne) *Campanie* 383
Salieri (Antonio) 97
Salimbeni (Lorenzo et Jacopo) 407
Salina (île) *Sicile* 493
Salò *Lombardie* 232
Saluzzo (Saluces) *Piémont* 383
Salvi (Nicola) 377
Sammartino (Giuseppe) 284
San Candido *Trentin-Haut-Adige* 173
San Clemente a Casauria (abbaye) *Abruzzes* 110
San Damiano (couvent) *Ombrie* 122
San Domino (île) *Pouille* 419
San Fruttuoso *Ligurie* 336
San Galgano (abbaye) *Toscane* 252
San Gimignano *Toscane* 385
San Giovanni in Fiore 145
San Giovanni Rotondo *Pouille* 343
San Giovanni in Venere (abbaye) *Abruzzes* 110
San Giulio (île) *Piémont* 227
San Leo *Marches* 388
San Leonardo (St. Leonhard) *Trentin-Haut-Adige* 254
San Lorenzo della Costa *Ligurie* 336
San Marino (Saint-Marin, République de) 387
San Martino della Battaglia *Lombardie* ... 233
San Martino di Castrozza *Trentin-Haut-Adige* 173
San Martino (villa Napoléon de) *Toscane* 176
San Nicola (île) *Pouille* 419
San Pelino (basilique) *Abruzzes* 399
San Pellegrino Terme *Lombardie* 131
San Piero a Grado (basilique) *Toscane* 327
San Remo *Ligurie* 356
San Rocco (belvédère) *Ligurie* 336
San Severino Marche *Marches* 407
San Vigilio (pointe) *Vénétie* 232
San Vincenzo al Volturno (abbaye) *Molise* 272
San Vito di Cadore *Vénétie* 173
San Vivaldo *Toscane* 387
Sanfelice (Fernando) 280
Sangallo (Giuliano da) 241
San Martino in Badia *Trentin-Haut-Adige* 172
Sansepolcro *Toscane* 388
Sant'Elia (Antonio) 90
Sant'Agata sui Due Golfi *Campanie* 298
Santa Caterina del Sasso (ermitage) *Lombardie* 227
Santa Giusta *Sardaigne* 477
Santa Margherita Ligure *Ligurie* 335
Santa Maria degli Angeli (basilique) *Ombrie* 122
Santa Maria di Canneto (monastère) *Molise* 272
Santa Maria Capua Vetere *Campania* 154
Santa Maria del Casale (église) 144
Santa Maria del Cedro *Calabre* 149
Santa Maria di Cerrate (abbaye) *Pouille* . 241
Santa Maria a pié di Chienti (église) 181
Santa Maria di Siponto (église) *Pouille* ... 341
Santa Severina *Calabre* 148
Santa Vittoria di Serri *Sardaigne* 473
Santissima Trinità di Saccargia (abbatiale) *Sardaigne* 479
Sant'Angelo in Formis (basilique) *Campanie* 154
Sant'Angelo *Campanie* 221
Sant'Antimo (abbaye) *Toscane* 321
Sant'Antioco (île) *Sardaigne* 478
Sant'Antonio di Ranverso (abbaye) *Piémont* 416
Sant'Apollinare in Classe (basilique) *Émilie-Romagne* 347
Sarre (château) *Val d'Aoste* 432
Sarzana *Ligurie* 359
Sassari *Sardaigne* 478
Sasso del Ferro *Lombardie* 226
Savigliano *Piémont* 384
Savoie (dynastie) 408
Savoldo (Girolamo, dit le Bresciano) 88
Savona *Ligurie* 357
Savonarole (Jérôme) 188
Scamozzi (Vincenzo) 456, 457
Scanno *Abruzzes* 109
Scarlatti (Alessandro et Domenico) 96
Schluderns : voir Sluderno
Sciascia (Leonardo) 95, 482
Scilla *Calabre* 147
Scipion 62
Scola (Ettore) 101
Scuola 446
Sebastiano del Piombo 216
Segantini (Giovanni) 90
Segesta (Ségeste) *Sicile* 508
Seiser Alm : voir Alpe di Siusi
Selinunte (Sélinonte, cité antique) *Sicile* 509
Sella (col) *Trentin-Haut-Adige* 169
Selva di Val Gardena *Trentin-Haut-Adige* 171
Serpotta (Giacomo) 482, 504
Serra Orrios *Sardaigne* 472
Serra San Bruno *Calabre* 149
Serrara Fontana *Campanie* 220
Sesto *Trentin-Haut-Adige* 173
Severini (Gino) 90, 157
Sextental : voir Sesto
Sforza (Ludovic, dit le More) 257
Sforza (famille) 257
Sibari *Calabre* 148
Sibillini (monts) 397
Sibylle 296
Siena (Sienne) *Toscane* 389
Sighignola (belvédère) *Lombardie* 228
Signorelli (Luca) 157, 300, 301, 395
Signorini (Telemaco) 90
La Sila (massif) *Calabre* 145
Siracusa (Syracuse) *Sicile* 510
Sirmione *Lombardie* 233
Sirolo *Marches* 114
Sluderno *Trentin-Haut-Adige* 255

Smeraldo (grotte) *Campanie* 161
Sodoma (Giovanni Antonio Bazzi, dit le) 261, 394, 395
Soldini (Silvio) 101
Solfatara *Campanie* 293
Solferino *Lombardie* 233
Solimena (Francesco) 280
Solunto *Sicile* 506
Sordi (Alberto) 46
Sorrento (Sorrente) *Campanie* 298
Spello *Ombrie* 122
Sperlonga *Latium* 207
Splügen/Spluga (col) *Lombardie* 229
Spoleto (Spolète) *Ombrie* 395
Stabies (ville romaine) 297
Staffarda *Piémont* 384
Stagnone (salins) *Sicile* 515
Stanghe (cascades) *Trentin-Haut-Adige* 459
Stefano da Zevio 84
Stelvio (col) *Lombardie* 254
Stendhal 401
Sterzing : voir Vipiteno
Stilo *Calabre* 148
Strà *Vénétie* 141
Stradivarius (Antonio Stradivari, dit) 164
Stresa *Piémont* 227
Stromboli (île et volcan) *Sicile* 493
Stupinigi *Piémont* 416
Su Gologone (source) *Sardaigne* 472
Subiaco *Latium* 112
Sulci (ruines) *Sardaigne* 478
Sulmona *Abruzzes* 398
Superga (basilique) *Piémont* 416
Supramonte (plateau) *Sardaigne* 471
Susa (Suse) *Piémont* 417
Svevo (Italo) 94, 424
Sylla 62

Taggia *Ligurie* 356
Taormina (Taormine) *Sicile* 513
Taranto (Tarente) *Pouille* 399
Tarquin (roi étrusque de Rome) 62
Tarquinia *Latium* 400
Tartini (Giuseppe) 103
Tasse (Torquato Tasso, dit le) 182
Tasse (Torquato Tasso, dit le) 93, 182, 298
Terme di Baia *Campanie* 294
Termoli *Molise* 273
Terni *Ombrie* 397
Terracina *Latium* 402
Tharros *Sardaigne* 477
Théodoric 344
Théodose le Grand 63
Tiepolo (Giambattista et Giandomenico) 89, 141, 231, 427, 438, 458
Timmelsjoch : voir Rombo (col)
Tindari *Sicile* 497
Tino di Camaino 391
Tintoret (Jacopo Robusti, dit le) 87, 245, 265, 438, 445
Tirano *Lombardie* 230
Tirolo (Tirol) *Trentin-Haut-Adige* 254
Tiscali (village nuragique) *Sardaigne* 473
Titien (Tiziano Vecellio, dit le) 87, 173, 201, 287, 438, 445, 446
Tivoli *Latium* 403
Toblach : voir Dobbiaco
Toblino (lac) *Trentin-Haut-Adige* 422
Todi *Ombrie* 405
Tofana di Mezzo *Vénétie* 171
Toirano *Ligurie* 357
Tolentino *Marches* 406
Tombes de géants 470
Tondi di Faloria *Vénétie* 171
Torbole *Trentin-Haut-Adige* 233
Torelli (Giuseppe) 103
Torgiano *Ombrie* 317
Torino (Turin) *Piémont* 407
Torno *Lombardie* 230
Torre Annunziata *Campanie* 297
Torre del Greco *Campanie* 297
Torre del Lago Puccini *Toscane* 455
Torrechiara *Émilie-Romagne* 310
Villa Torrigiani *Toscane* 246
Tortolì *Sardaigne* 471
Toscane 53
Toscanini (Arturo) 310
Tovel (lac) *Trentin-Haut-Adige* 422
Trabocco 419
Trani *Pouille* 343
Trapani *Sicile* 515
Tratalias *Sardaigne* 478
Tre Cime di Lavaredo *Trentin-Haut-Adige* 173
Tremezzo *Lombardie* 230
Tremiti (îles) *Pouille* 419
Trente (concile de) 420
Trentin-Haut-Adige 52
Trento (Trente) *Trentin-Haut-Adige* 419
Trevignano Romano *Latium* 382
Treviso (Trévise) *Vénétie* 422
Trieste *Frioul-Vénétie Julienne* 424
Troia *Pouille* 343
Troisi (Massimo) 46, 101
Tropea *Calabre* 146
Trullo (pluriel trulli) 343
Tura (Cosmè) 86, 131, 182
Tuscania *Latium* 401
Tusculo *Latium* 380

U*ccello (Paolo di Dono, dit Paolo)* 85, 189, 204, 429
Udine *Frioul-Vénétie Julienne* 426
Ungaretti (Guiseppe) 94
Urbino (Urbin) *Marches* 428
Ustica (île) *Sicile* 516

V*accarini (Giovanni Battista)* 487
Valadier (Giuseppe) 375
Valcamonica *Lombardie* 430
Valeggio sul Mincio *Trentin-Haut-Adige* . 233
Valle d'Aosta (Val d'Aoste) 430
Vanvitelli (Luigi) 153, 241, 280
Varallo *Piémont* 228
Varenna *Lombardie* 231
Varese *Lombardie* 228
Vasari (Giorgio) 88, 93, 189, 200
Vecchietta (Lorenzo di Pietro, dit) 320
Velia *Campanie* 156
Velletri *Latium* 380
Vénétie 51
Venezia (Venise) *Vénétie* 435
- Arsenale 446
- Burano 447
- Ca' Dario 445
- Ca' d'Oro 445
- Ca' Pesaro 445
- Ca' Rezzonico 443, 445
- Canal Grande 444
- Collezione Peggy Guggenheim 447
- Doges (palais) 443
- Fondazione Querini-Stampalia 447
- I Frari (église) 446
- Galleria internazionale di Arte moderna 445

Galleria Franchetti 445
Gallerie dell'Accademia 445
Ghetto 446
Giudecca 446
Grand Canal 444
Libreria Sansoviniana 444
Lido 447
Murano 447
Museo di Arte orientale 445
Museo del Settecento Veneziano 445
Palazzo Ducale 443
Palazzo Grassi 445
Palazzo Labia 444
Palazzo Vendramin Calergi 445
Piazza San Marco (Place St-Marc) 443
Ponte di Rialto 445
Ponte dei Sospiri (Pont des Soupirs) 444
Procuraties 443
Redentore (église) 446
San Giorgio Maggiore (église) 445
San Giorgio degli Schiavoni (scuola) ... 443, 446
San Rocco (scuola) 446
San Sebastiano (église) 446
San Zaccaria (église) 446
San Zanipòlo (église) 445
Santa Maria della Salute (église) 445
Torcello 447
Torre dell'Orologio 444
Venosta (Val) *Trentin-Haut-Adige* 254
Ventimiglia (Vintimille) *Ligurie* 356
Vêpres siciliennes 64, 498
Verdi (Giuseppe) 99
Verga (Giovanni) 94, 482, 487
Vernazza *Ligurie* 358
Verona (Vérone) *Vénétie* 448
Véronèse (Paolo Caliari, dit) 87, 265, 305, 412, 423, 438, 445, 457, 458
Verrès (château) *Val d'Aoste* 434
Verrocchio (Andrea del) 192
Versilia *Toscane* 53, 452
Vesuvio (Vésuve) *Campanie* 296
Vettica Maggiore *Campanie* 160
Vezzolano (abbaye) *Piémont* 418
Viareggio *Toscane* 455
Vicenza (Vicence) *Vénétie* 456
Vico Equense *Campanie* 297
Vico (lac) *Latium* 460
Vico (Giambattista) 93
Victor-Amédée II de Savoie (roi de Sardaigne) 468
Victor-Emmanuel II (roi d'Italie) 66, 408
Vieste *Pouille* 209
Vietri sul Mare *Campanie* 163
Vigevano *Piémont* 313
Vignole (Giacomo Barozzi, dit le) 86
Vigo di Fassa *Trentin-Haut-Adige* 167
Villa Manin *Frioul-Vénétie Julienne* 427
Villa Opicina *Frioul-Vénétie Julienne* 425
Villa de Poggio a Caiano *Toscane* 206
Villa de Castello *Toscane* 206
Villa La Ferdinanda *Toscane* 206
Villa La Petraia *Toscane* 206
Villa Valmarana ai Nani *Vénétie* 458
Vinci *Toscane* 328
Vinschgau : voir Venosta (val)
Vintimille : voir Ventimiglia
Viotti (Giovanni Battista) 98
Vipiteno *Trentin-Haut-Adige* 458
Virgile 247
Visconti (Jean-Galéas, duc de Milan) 257, 312
Visconti (Luchino) 100
Visconti (famille) 257
Viterbo (Viterbe) *Latium* 459
Vittorio Veneto *Vénétie* 423
Vivaldi (Antonio) 97, 438
Volterra *Toscane* 461
Volto Santo 243
Volumni (hypogée) *Ombrie* 317
Vomano (vallée) *Abruzzes* 108
Vulcano (île et volcan) *Sicile* 493

W*agner (Richard)* 162, 445
Welschnofen : voir Nova Levante
Wiligelmo 270
Wolkenstein : voir Selva di Val Gardena

Zagare (baie) *Pouille* 209
Zimbalo (famille) 238
Zimbalo (Francesco Antonio) 239